21世纪通才教育系列教材

企业文化学

第4版

罗长海 著

中国人民大学出版社
·北京·

通才教育、通识教育，或者素质教育、博雅教育，是一组具有家族相似性的概念。尽管不少学者撰文辨析这些概念之间的细微差别，但是大体来说，它们都指向一种共同的教育理念，即教育的目的是使受教育者不仅具备一定的专业知识和能力，而且要兼具多种才能，具有较宽的知识面、较高的文化素质和健全的人格，成为全面发展的创新人才。

当代大学生应该具备哪些知识、能力和素质，可能仁者见仁，智者见智。从我国高等教育的人才培养目标来看，大学生不论学习什么专业，都应该是复合型的高素质人才，不仅应该掌握某个专业的知识和技能，还要具备人文精神与科学精神。许多高校在借鉴国外高等教育经验的基础上，根据我国国情和社会对人才的需要，设计出了各具特色的公选课程体系，在通才的培养方面进行了有益的探索。但是，课程设置随意性大、缺乏适用教材的情况还比较普遍，不利于通才教育规范而有效地开展。

为了满足全国普通高等学校进行通才教育的需要，我们在广泛征求专家意见和对几十所大学进行调研的基础上，推出“21 世纪通才教育系列教材”。其宗旨是拓宽大学生的视野，扩大其知识面，提高其人文素养，塑造其科学精神。我们将陆续推出由兼具专业功底和教学经验的优秀作者编写的、涵盖人文社会科学和自然科学的系列教材，供高校教师和学生选用，从而为我国的高等教育和人才培养服务。

中国人民大学出版社

代序

企业文化问题的进一步思索

——在 1996 年东亚企业文化研讨会上想到的

于光远

一、关于广义的企业文化

它既包括企业为客体的企业文化，也包括企业为主体的企业文化。

企业为客体的企业文化包括：第一，对企业这个客体的调查和研究；第二，对企业这个客体的描绘和表现，这两者互相交叉。

对企业这个客体的调查和研究包括：(1) 什么是企业；(2) 企业在国民经济中的地位和作用；(3) 企业的分类，包括按所有制分类与按行业分类，按大小分类，按地区分类，按其他标准分类；(4) 企业经营管理的现状和规律性；(5) 改革和开放在企业中；(6) 文化在企业经营管理中的意义；(7) 企业形象；(8) 企业的历史（全社会的和个别的）；(9) 企业学；(10) 企业文化的现状与历史；(11) 有关企业这个客体的其他侧面（或角度）等等。

中国人对企业具体的研究应着重于中国的情况和问题，着重于当前的情况和问题，但也不能不作对外国和以往的研究，即应该采取“中外古今法”，采取“比较法”。

对企业作为客体的描绘和表现，包括文学（其中又包括小说、剧本、诗歌等)、美术、雕塑、音乐、舞蹈或影视表演。

对调查取得的结果进行科学的描写不属于这里所说的描绘和表现。

企业为主体的企业文化，是企业中要运用的各种文化。即不同的企业，为了不同的目的，把各种文化作为手段去运用，以取得预期目的。

在1988年我提出的企业文化五层次说所说的那五个层次属于以企业为主体的企业文化，它们是：(1) 20世纪80年代在美国、日本首先推行开来的一种企业管理方面的文化（对这，我是接受的）；(2) 企业要运用的各种经营文化和管理文化；(3) 旨在提高企业职工文化水平、文化素质和满足企业职工文化需求的文化；(4) 由企业去进行的满足企业外社会广泛需要的文化；(5) 旨在提高企业家参与国家有关经济政策制定和实行的意识和提高企业家这方面能力的文化。

广义企业文化中的企业作为主体运用的企业文化，是建立在一个企业为客体的企业文化的基础上的。但有些不属企业文化范围内的文化也会间接成为企业作为主体的企业文化的基础。

二、当代企业文化发展的一个值得重视的趋势

现代企业是在资本主义制度下形成和发展的。企业文化向来以西方文化为主。中国的企业文化从来是向西方学习来的。

中国古代不是没有市场经济，也有一些“学号”、“工场”。它同西方资本主义没有关系，其中也有许多对现代企业很有价值的东西。

十月革命和中国革命的胜利建立了一种新型的社会主义企业。这就丰富了企业作为客体的企业文化——如苏联首先推行（在中国也推行）的劳动英雄和英雄榜，也发展出其他企业为主体的企业文化，如毛泽东曾经概括过的“两参一改三结合”等。

第二次世界大战前，资本主义社会和社会主义社会中的企业文化缺少交流。许多西方企业文化中优秀的东西，社会主义企业拒绝接受。资本主义企业也漠视社会主义企业中发展起来的某些企业文化。第二次世界大战后开始转变，西方国家出现了在自己的企业管理中吸取社会主义国家企业的某些办法。“文化大革命”后我曾请人翻译了日本人写的《管理工学》，毛泽东的许多观点被写在这本书中。20世纪80年代美国、日本开始倡导的企业文化，也吸收了社会主义企业某些经验，只是企业文化这个概念是当时社会主义国家没有的。在系统化和理论概括方面，社会主义国家落后了一步。当时社会主义国家拒绝市场经济的体制，许多企业文化中有用的东西也就不能很好发挥作用。

20世纪80年代起提出企业文化时讲到中国的儒学中“仁”即重视“人”的思想，其实近代社会学说中许多学者也都强调这一点，它不完全是中国儒学的，但儒学中的确强调了这一点，而且它是最老的学说，对它的重视是有意义的，但是我认为不能把它与西方社会中的企业文化思想对立起来。总的说来，企业文化的发展趋势是摄取东西方文化之所长，融会贯通。

1997年3月11日

目　录

上卷　企业文化学基本原理

第三篇　中国特色的企业文化

下卷　企业文化学个案评析

第四篇　国外优秀企业文化评介

第五篇　当代中国企业文化突出类型的个例评介

第六篇　失败公司的企业文化评析

上卷

企业文化学基本原理

导 论

企业文化建设，正在向纵深发展。广泛而深入的实践，要求明晰而深刻的理论，以便能够覆盖方方面面，透析层层本质。企业文化，是丰富多彩、千姿百态的文化中的一种。企业文化的准确把握和成功驾驭，已经到了需要整理和发展“文化”范畴的阶段。

一、文化生成的五个因素

世界文献中的文化定义，多达250个以上。如果逐个陈述这些定义，会使人感到眼花缭乱，不得要领。考虑到企业文化是当代正在迅速生成的文化，为了使“文化研究”和“企业文化研究”相互呼应，彼此促进，有必要给文化下一个生成性定义：

> 所谓文化：是人对环境挑战所作的应战，包括应战的过程和结果，以及在应战过程中逐步发展起来、在应战结果中充分显示出来的人的本质力量。

任何一种文化的生成，都有五个值得关注的因素：

第一个因素是挑战者。这个挑战者，总括地说，就是人所在的环境，或者是自然环境，或者是社会环境，或者是自然与社会相结合的环境。环境不会总是完全适合于人的生存和发展，从而随时随地对人形成挑战。可以根据环境挑战者的情况，将文化区分为不同的类型，如：海洋文化、流域文化、山地文化，封建文化、资本主义文化、社会主义文化，等等。

第二个因素是应战者。这个应战者，总起来说，就是人，人是文化的主体，是文化的创造者和建设者。作为应战者的人，或者是人的个体，或者是人的群体，甚至是人的类体。人不会总是逆来顺受地适应环境，更不会无条件地屈服于环境，因而随时随地进行应战。根据应战者的情况，文化也可以区分为三种不同的类型：个体文化（如孔子文化、老子文化等），群体文化（如家庭文化、公司文化、校园文化、民族文化等），类体文化（如人类文化、全球文化等）。

第三个因素是应战方法。人的应战方法，虽然丰富多彩，但概括地说，就是思考的方法，实践的方法，自律的方法。思考的方法，主要用来认识环境的实际情况及其发展规律；实践的方法，用来改造环境，使之更适合于人的生存和发展；自律的方法，用来约束、调整和改造人自身，以求适应那些无法加以改变的环境。根据应战方法的不同，文化也可以区分为不同的类型，如：理性文化、感性文化，农耕文化、工业文化，坐禅文化、修炼文化，等等。

第四个因素是应战结果。就具体结果来看，就是各种各样的文化，其表现虽然千千万万，但它们具有共同的特征，那就是：或者在客观自然界打上了人的烙印，形成了人化自然；或者提升了人自身，使人类离开动物界更远；或者两者兼而有之。正是在这个意义上，完全可以简练地说“文化就是人化”。

第五个因素是“人的本质力量”的形成和显现。“人的本质力量”不是先天具有的，而是在应战的过程中，逐步形成起来的，因而是不断变化发展的。从这个角度来看，文化建设的过程，就是人性形成和完善的过程。

二、文化生成的五种情况

1. 联合应战，生成社会文化。

人是从类人猿进化而来的。人在形成过程中，一开始就面临“进攻性食人猛兽”的挑战，而人的一个明显的劣势就是“个体自卫能力的不足”。因此形成中的人，不得不以集体的行动来应战。正如恩格斯所说：“为了在发展过程中脱离动物状态，实现自然界中的最伟大的进步，还需要一种因素：以群的联合力量和集体行动来弥补个体自卫能力的不足。”① 这就是“联合应战”。

联合应战的结果，是创造出“社会文化”，是形成和显示人的“建立组织与制度、形成有序社会”的本质力量。马克思说：“人的本质不是单个人所固有的抽象物，在其现实性上，它是一切社会关系的总和。”② 这个著名论断，是深入研究社会文化、阐明人的本质力量如何形成和显现的指路明灯。

联合应战的另一个结果，就是随着时间的流逝，人的个体自卫能力不是越来

① 《马克思恩格斯选集》，2版，第4卷，30～31页，北京，人民出版社，1995。

② 《马克思恩格斯选集》，2版，第1卷，56页，北京，人民出版社，1995。

越强大，而是越来越弱小，从而也就越来越依赖于联合，越来越依赖于社会，越来越需要发展社会文化。当今时代的每一个人，如果脱离了和其他人的联合，如果脱离了社会，他不仅会因为缺乏衣服食品等物质资料而冻死饿死，还会因为缺乏思想交流而孤独哀伤致死。这里存在一个规律：人类的历史越是悠久，社会文化就越繁荣。

2. 实践应战，生成物质文化。

环境中有许多不利于人类生存和发展的条件，它们虽然不是直接针对人的进攻性力量，不是直接吃人的猛兽，但却对人形成各种各样的挑战。例如，河湖港汊、高山深谷，对人的顺利出行形成挑战；不毛之地、含毒之水，对人的觅食饮水形成挑战；雨雪交加、天寒地冻，对人的健康形成挑战；等等。

面对这类挑战，人们建造车船桥梁、开凿道路栈道，以方便出行；开荒种地、引泉打井，以利于求食饮水；建造房屋、织布制衣，以利于挡风遮雨、防寒保暖、保障健康；等等。这就是实践应战。

实践应战的结果，是创造出了各种“物质文化”（如服装文化、饮食文化、建筑文化、车船文化、桥梁文化等等），是形成和显示人的“创造工具、进行劳动”的本质力量。

3. 理性应战，生成科学文化。

人生活于其中的自然界，总是只把现象显示在外，而把本质隐藏起来。例如，每个人都只能直接看到太阳的东升西落，直接感受到气候的四季变化，却不能直接看到这些现象背后的本质。人面临着“自然之谜”的挑战。

面对自然之谜，人不会无动于衷，而是认真思考，积极应战，以求揭开谜底。例如：从太阳东升西落等现象中，认识到地球的自转。从四季变化以及天文现象的观测中，不仅认识到地球绕太阳的公转，而且发现了行星公转的三个定律。第一定律：行星公转的轨道是一个椭圆，太阳在椭圆的一个焦点上；第二定律：行星公转时，向径在相同时间扫过相等面积；第三定律：行星公转周期的平方与公转轨道半长径的立方成正比。这就是“理性应战”。

“理性应战”的结果，是创造出了“科学文化”，是形成和显示人的“运用理性、认识规律”的本质力量。

无论科学怎样发达，无论有多少“自然之谜”已经被人类揭开，但总还是有尚未揭开的自然之谜，所以“理性应战”的任务不会有彻底结束之日，科学文化的前景是无限的。

4. 理想应战，生成艺术文化。

无论自然环境，还是社会环境，都千变万化，奥妙无穷，经常对人形成新的挑战。其中的某些挑战，无论是靠人的联合应战，还是靠人的实践应战，或是靠人的理性应战，都暂时还无法取胜。古代的山火洪水，现今的火山地震，就属于这类挑战。

对这类暂时无法加以战胜的挑战，人也不会保持沉默，而是发挥想象，通过吟诗作画、讲故事、写小说等等，塑造理想人物，在思想上建构应战取胜的情景。

例如，自战国至汉朝初年，有许多人创作神话故事，后来集成为《山海经》一书。该书以故事夸张的手法，描述了恶劣自然环境对古代人的挑战：十个太阳同时照耀，烈日炎炎，所有的庄稼，所有的树木花草，都被晒死，老百姓没有食物可吃。样子像龙头、善于奔走而以人为食物的凶兽“猰貐”，牙齿如锉刀般锋利的怪兽“凿齿”，能喷水吐火的九头怪兽“九婴”，张开翅膀起飞时能够掀起强风而坏人屋舍的“大鹏”，会咬人的巨型“野猪”，张口能吞下大象的巨蛇，都严重地威胁着人的生存。同时，《山海经》也以同样的故事夸张的手法，塑造了一个名字叫“羿”的理想人物，他“诛凿齿于畴华之野，杀九婴于凶水之上，缴大风于青邱之泽，上射十日而下杀猰貐，断修蛇于洞庭，禽封豨于桑林，万民皆喜”（《淮南子·本经训》）。

再如吴承恩在小说《西游记》中所塑造的孙悟空，则是一个能够克服高山大河阻隔，可以应对火山地震，不畏任何强暴，能够战胜一切困难的理想人物。

在封建社会走向没落的时代，官场风气普遍败坏，官员很难做到清明廉洁。这是对当官者人生道德的严重挑战。现实中的清官凤毛麟角。明朝官员于谦（1398—1457），就写出诗歌《石灰吟》来进行应战。诗曰：“千锤万凿出深山，烈火焚烧若等闲，粉身碎骨浑不怕，要留清白在人间。”为自己和同僚塑造了一种不怕打击、不怕烧烤、碎尸万段也要保持清白的理想状态。

以上所述就是“理想应战”。理想应战的结果，是创造了“艺术文化”，是形成和显示人的“树立理想、建立信心”的本质力量。

5. 崇拜应战，生成宗教文化。

对暂时无可奈何的挑战，人们容易产生恐惧心理。为了适应环境中那种似乎压倒一切的力量，人们塑造出了全知全能、主持公道、扬善惩恶的上帝或天神，并通过信仰、顺从、崇拜的方式来予以应战。坚信天神们会公正地给人类一个美好的未来而应战取胜。

这属于“崇拜应战”，其结果是创造出“宗教文化”，包括塑造崇拜对象，举行崇拜仪式，执行宗教戒规。信徒们把光明的未来，都寄托在崇拜对象上，即使自苦、自残、自死，也心甘情愿。它显示出人具有“依靠精神寄托而有所作为”的本质力量。

三、企业文化的五种形态

世界上本来没有企业。企业，也是人在一定的历史阶段上，对环境挑战作出应战而创办起来的。企业创办起来以后，职工们随时随地也都要应战内外环境的种种挑战。因此，只要是企业，就会有企业文化。区别只在于，在不同的企业里，不仅企业文化的先进程度不一样，而且企业文化的形态也不一样。企业文化的形态是多种多样的，概括起来，主要有五种：

1. 自发形态。

企业中自生自灭、或优或劣、没有进入管理者视野、没有得到重视的文化，就是自发形态的企业文化。

例如，创立于 1837 年的美国宝洁公司，即 P&G（Procter & Gamble）公司，其早期是制造蜡烛和肥皂的，产品制造出来以后，由工人把货送达客户。

当然，客户的需求是各不相同的：有的要蜡烛，有的要肥皂，有的两种都要，但所要的数量各不相同。而这两种产品的外包装完全一样，区别只在于外包装上所写的文字不同。这对不识字的搬运送货工人来说，是一个挑战。

不识字的工人积极应战。他们为了能把包装好了的这两种产品区别开来，以便准确、快捷地送货，就在蜡烛包装箱上画上了“十”字。即工人选择了改造产品包装的应战方法。

显然，在这里，客观上已经萌发了卓越的文化，那就是送货工人所具有的：第一，为顾客着想的动机；第二，追求送货“准确、快捷”的理念；第三，利用图案来表示和传达信息的实际做法。

遗憾的是，对于送货工人的所思所行，当时管理者竟然毫无所知。

1851 年，即公司创建 14 年之后的一个早晨，创始人之一（威廉·普罗克特）才注意到了蜡烛箱上的黑十字，并询问了这样做的原因，但对此不置可否。

既然老板没有表示反对，工人们认为那就是默许。于是，有艺术细胞的工人，开始放手施展自己的才能，把画在蜡烛包装箱上的黑十字，改成了星星和月亮。

又过了若干时候，P&G 公司的管理者们经过讨论后认为，星星和月亮之类的图案完全没有必要，责令全部擦掉，并教训工人们要学会识字。送货工人们无可奈何地照办。

显然，搬运送货工人应战环境挑战而形成的上述文化，虽然是发生在企业内部的文化，但却是管理者视野之外的文化，属于自发形态的企业文化。

2. 操作形态。

所谓操作形态的企业文化，就是已经进入企业管理者视野，并且在经营管理中加以控制和利用的文化。

仍以宝洁公司为例。虽然该公司早期的管理者们，运用自己手中的权力，不允许工人在蜡烛包装箱上画任何图案，但他们万万没有料到的事情发生了：有一位批发商，鉴于当时的市场竞争日趋激烈，假冒产品增多，认定那些包装箱上没有画上任何图案的蜡烛，一定是假货，是冒牌的东西，拒绝接受，把货统统退了回去！

顾客的退货，使 P&G 公司管理者们的头脑清醒了很多。他们再也不敢掉以轻心，不敢轻率地对待生产一线工人行之有效的一些做法。他们经过认真研究，决定承认月亮和星星图案的价值，把它们注册为商标，重新加以使用。

这是 P&G 公司第一次根据顾客的态度，来判定公司内部行为的是非功过，也是它对市场挑战所做的一次积极的应战。正是在这次应战中，该公司的管理者们，开始确立起“顾客至上”的思想意识；该公司的企业文化，也从自发形态，提升为操作形态。

如果说，任何一个企业，都会有自发形态的文化；那么，操作形态的文化，就只属于那些管理者头脑清醒、眼睛向下、目光犀利、机智灵活的企业。

从自发形态的企业文化，前进到操作形态的企业文化，是企业管理中的一大进步。

我国文化悠久，我国管理者应该更容易把文化纳入自己的视野。事实证明也的确是这样。操作形态的企业文化，在我国可以追溯得更早。

我国北宋（960—1127）时期，虽然没有近代意义下的企业，但有了类似当今微小企业的作坊或店铺。有些店铺或作坊的管理者，已经把文化纳入自己的视野，并且用印刷广告的形式，让公众了解自己。

下方左面是保存在博物馆中的有关实物的照片，右面是仿照实物描绘出来的字迹清晰的图画：

<table>
<tr><td colspan="7">鋪針夫功家劉南濟</td></tr>
<tr><td>兔兒爲記</td><td colspan="5"></td><td>認門前白</td></tr>
<tr><td>饒請記白</td><td>販別有加</td><td>用客转为</td><td>誤宅院使</td><td>夫細針不</td><td>鋼條造功</td><td>收買上等</td></tr>
</table>

这个大约一千年前制作的铜铸底版印刷广告，文化底蕴非常深厚。短短的44个字，就清晰地阐明了七个方面的内容：

商家名称：“济南刘家功夫针铺”；

生产经营范围：“收买上等钢条”、“造功夫细针”；

视觉识别：白兔捣药图形；

商标：“白兔”；

品牌：“刘家功夫针”；

经营理念：“不误宅院使用”；

经销方式：“客转为贩，别有加饶”，意思是如果批发的话，还有特别优惠。

3. 经验形态。

经验形态的企业文化，是一个公司在生产经营过程中，进行文化建设和文化积累的经验总结。一般由企业家本身完成，多以传记、回忆录的形式出现。

日本和美国许多著名公司的企业家们，进行了大量的写作，出版了许多书籍，使得经验形态的企业文化丰富多彩。下面是其中有一定代表性的六本：

(1) 日本企业家松下幸之助1977年出版的《实践经营哲学》，是他开办企业长达60年的经验总结。他以亲身的经历，运用如同与你坦诚交心的语言，述说了他形成“社会使命至上、使整个社会脱贫致富”这种价值观念的过程，论证了他的“自来水哲学”。

(2) 盛田昭夫1986年出版的《日本造》，则是索尼公司生产经营创新40年的经验之谈。书中讲述了索尼公司进行产品创新、营销创新、学习创新和管理创新过程中的许多故事，非常生动地阐明了索尼公司的“创新价值体系”。

(3) 井植薰1986年出版的《我和三洋》，既是他在松下公司就业、任职25年所受到的培养的陈述，也是他离开松下而创办“三洋公司”达35年之久的经验总结，鲜明地描绘了“塑造自己”与“造就他人”这一颇具特色的企业文化。

(4) 美国企业家玛丽·凯·阿什（也译为“玫琳凯·艾施”）1984年出版的《用人之道》，既是她干直接销售工作25年而没有得到公正对待的愤慨之作，也是她退休后创办玫琳凯化妆品公司达20年之久的经验总结。她用大量的事实，展示了高超的待人艺术，阐明了关注“人与爱”高于关注“盈和亏”的企业价值体系。

(5) 虞有澄博士1995年出版的《我看英特尔》，是他加入英特尔公司任职23年的切身体会与管理经验的总结。该书开宗明义的第一句话，就指出了英特尔成功的经验是“无尽的成长与学习”。细读全文之后，确实可以体会到，导致英特尔成功的文化是：从不轻言已经“学成”，坚信学习永无止境；从不以为技术已经达到了巅峰，坚信技术创新永远只能向极限逼近；从不因为怕犯错误而无所作为，坚信不断尝试才是企业竞争取胜的永恒法则。

(6) 比尔·盖茨 1995 年出版的《未来之路》，是他中断在名牌大学哈佛的学习、创办微软公司已经 20 年的经验总结。这些经验就是：正确预见未来，眼光尽量放远，立志肩负“让个人电脑进入每一个家庭、占据每一张书桌”的历史使命；敢于付出代价，果断抓住机遇，在计算机行业发展的转折点上辍学、辞职创办公司；兴趣高度集中，紧张快乐工作，始终保持软件创新的激情；等等。

4. 理论形态。

理论家从文化的角度，对很多家企业的经验，进行深入总结、对比、研究，进而抽象概括成一种具有普遍意义的理论，这就是理论形态的企业文化，多以专著形式出现。

20 世纪 80 年代初，美国出版的四部理论形态的企业文化专著，是国际企业文化潮流兴起的理论标志（详见本书第二篇）。随后，世界各地便有这类专著陆续出版。

劳伦斯·米勒 1984 年出版的《美国企业精神——未来企业经营的八大原则》，可以用来说明这种理论形态的企业文化。

作者协助美国优秀公司提高管理效率达 14 年之久，曾经深入研究并给予咨询服务的公司有 100 多个，所以他在专著中所阐明的未来经营原则，不是适用于一个企业，而是适用于所有美国企业。作者所发现的问题，是美国企业的通病；他的建议，是针对所有的美国企业。

美国企业的高级主管，普遍养成了“独断专行”的作风，还认为这是管理者应该具备的“不踢皮球”、“有水平、有魄力”的良好素质。米勒针对这点指出：必须对“管理在美国公司里扮演的角色”重新加以说明，应该发展出一种下属更能参与和认可的文化。基于这种考虑，米勒开始改变他和企业高级主管谈话的内容，重点讨论企业文化的核心——企业价值观。经过这些讨论之后，米勒觉得有了把握，就写出了这本专著，目的是要界定美国未来公司文化的价值观。

米勒明确地指出：八种基本价值观，是企业文化具有竞争力的基础，它们适用于所有组织的管理。他还认为，许多公司的成功，事实上都是用以下八种价值观指导行动的结果：

第一，确立崇高目标。米勒指出：美国的公司向来被认为是一个不讲人情的唯物主义机构，它们没有赢得一般大众的热爱。这是因为它们既不激励人类去追求崇高的目标，又不激励个人为了自己而对公司忠诚和献身。美国公司这种实用主义的传统，需要崇高的、能激发想象力的并使普通人也能忠诚和献身的价值观来平衡。米勒认为：“追寻意义”是最根本的人性。人人都喜欢在自己的工作中寻找意义。公司应该提供这种机会。一个组织若被视为在追求一个崇高的目标和理想，并且前后一贯地遵循，人们就会相信他代表组织所做的努力具有个人的意义。把投资报酬率当作目标，并不能激发出人们灵魂深处最尊贵的力量。美国公司应该确立崇高的目标，应该从产品、服务以及对顾客有益的角度来制定目标，而且应该采用能够鼓舞和激励公司员工的方式来制定目标。

第二，形成一致共识。米勒说：管理人员不应该迷恋掌握指挥大权时那种“不可一世”的兴奋感。“我一个人指挥、你们大家执行”只适合于存在战争危机的时代，未来的公司不会朝战场进军。未来企业的成功，要看是否能聚集创意，是否能激励员工和管理人员一起从事创造性思维，必须从“指挥”变成“共识”。

第三，实现全员一体。米勒非常肯定地指出：对公司里的人进行划分，区分为“管理阶层和劳工阶层”、“拿固定薪资的人和拿计时工资的人”、“豁免者与未豁免者”、“脑力劳动者和体力劳动者”，那必然有碍生产力。有竞争力的公司，总是使员工充分参与制定决策，使员工觉得自己拥有工作，自己与工作场所合而为一。

第四，永不满足，追求卓越。米勒指出：“满足”与“卓越”先天就有冲突。“满足”暗指对现状之接受，贪图舒适。“不满足”是激励之源，它能引发“求变”的行动，“求变”就不能贪图舒适。只有当组织提倡“创造性不满足”的文化时，才会出现追求卓越的行为。

第五，按成效记功论赏。米勒认为：按权力分配奖赏，是导致自我毁灭的种子。当奖赏与成效连在一起时，个人和公司的生产力就都会进步。一个公司若要在新时代经营成功，就必须按成效的大小给予奖赏。

第六，坚持实证，系统思考。米勒承认：美国人不是训练有素的思考者，美国是由漫不经心地思考着的人组成的。美国人都用极易操纵的直觉反应做决定；当直觉建立在有事实根据的基础上，是最为有用的。米勒认为：坚持用事实来证明是对的，但这不能成为懒得做系统分析的借口。若要改善公司的成效，就必须训练思维，提高统计的价值，了解统计如何在各阶层中运用。

第七，培育亲密感。米勒指出：美国的传统，是管理者冷漠自恃，不与职工发生亲密的关系。未来公司将面对不同的挑战，公司之所以还要招聘员工，主要不是因为需要他们的体力，而是需要他们的精神力量。这就必须改变冷漠自恃的管理作风，必须培育具有亲密感的文化。米勒特别声明，这里所说的亲密感，不是靠施与物质利益、由公司提供社会福利，来使员工与公司相互依赖。亲密感应该建立在相互尊重、彼此独立以及相互关心的基础上。

第八，倡导正直和诚实。米勒认为，美国人是生活在一个法律社会中，律师变成了公司仲裁是非的高级神父。管理人员与公司一般都坚持守法。可是，法律并未具体规定何事是正确的，也无法用来指导如何做决策，从而不可能利用法律在个人和组织之间、在顾客和供应商之间建立信任和一体的关系。这导致“诚实”与“守法”在美国经常混淆不清。米勒指出：应该大力提倡正直和诚实。“正直”（integrity）是一个基础，循此可以建立起个人与公司之间的信任与一体的关系。当管理人员有能力辨识何事合乎正直精神并能遵循时，就能重新建立彼此信任的企业关系。

5. 学科形态。

企业文化的学科形态，就是对各种企业文化理论进一步系统化、条理化，把企业文化作为一门学科来建设，明确它在现代整个科学技术中的地位，以利于传承和发展。这是大学里相关专业的教师，必须承担的责任。

我国著名理论家于光远，一贯支持新学科的发展。他认为，学者们对“企业文化”有不同的理解，并不妨碍我们去建立企业文化学这门学科，各种见解都可以包容在这门学科之中。他还说，当我们对具有丰富内涵的某个对象进行了系统的研究（包括基础研究在内）并把成果整理出来时，就可以说建立了一门特定的学科。

中国人民大学出版社大力支持把企业文化作为一门学科来发展，1991 年 6 月出版了罗长海编著的《企业文化学》，1999 年 5 月又进一步出版了罗长海所著《企业文化学》的修订版，2006 年 5 月出版了第 3 版，并多次重印。

2002 年 10 月，经济管理出版社出版了王成荣、周建波所著《企业文化学》。

《企业文化学》的多次再版及重印，以及多种《企业文化学》的出版，既表明有把企业文化作为学科来发展的社会需求，也表明了我国企业界、教育界和理论界，在推动企业文化学科发展这一点上，获得了共识。

作为学科形态的企业文化，承担着极为艰难的任务：一方面，必须深入准确地阐明和企业文化相关的所有基本概念，必须构建和完善企业文化的理论框架体系，以便能够接纳和解释各种企业文化实践经验；另一方面，必须积累实证资料，发掘具有典型意义的个案，同时还要把这两个方面有机地结合起来，统一起来，以揭示企业文化的发展规律。当前离这个任务的完成，还有很大的差距。企业文化的学科建设，任重而道远。

第一篇

企业文化学的基本内容

第一章 企业文化学的创立

企业文化学（The Science of Corporate Culture）是一门新学科，是企业内部的文化从自发形态到操作形态和经验形态，再到理论形态和学科形态顺势发展的必然结果，也是对客观实际中的企业文化①现象进行深入研究的结果。

第一节　企业文化现象

要掌握企业文化学这门学科，首先要熟悉企业文化现象。企业出现以前，历史上早就已经形成但现今却与企业的生产经营发生直接联系、造成影响的文化，以及企业出现以后，在企业内部酝酿起来的文化，都属于企业文化现象。

文化，如同经济与政治，也是客观存在着的东西。虽然对企业文化自觉研讨的历史不长，但企业文化现象却同企业的存在一样久远。精明的企业家，早就认

① “企业文化”作为专业术语，首先出自西方管理学界，20世纪80年代初开始被频繁使用。它的英文是“Corporate Culture”，直译成中文应该是“公司文化”。可是在当时的中国，“公司”一词实际表示的是“部——局——公司——厂”这种垂直管理中的一级行政组织，为了避免产生误会，翻译家们把这个新的术语译成了“企业文化”。

识到文化对企业发展前途有着重大的影响，注意到不同的企业往往有不同的文化，并执著地塑造本企业特有的优秀文化。

一、风俗、习惯、舆论

所谓风俗，是历代相沿、积久而成，在一定范围内几乎人人都自然参与的活动。我国最普遍的风俗，是过春节。西方规模最大的风俗，是过圣诞节。穆斯林人最为盛大的风俗，是过开斋节。印度人一大风俗，是过洒红节（人们不管相识与否，都互相往对方的脸上、身上和衣服上涂抹彩色粉末或喷洒彩水，以示祝福）。风俗对企业来说，既是商机，也是挑战。符合风俗的商品必然畅销，有违风俗的商业活动必然碰壁，所以风俗牢牢地吸引着企业家们的注意。

商人去世界各国推销商品，必须尊重当地的风俗，否则就别指望谈成生意。到了西班牙，最好穿黑色礼服出席晚宴；在法国，出席晚宴别忘了给主人送上一束鲜花，但千万别送菊花（菊花在法国是用于葬礼的），也不能送黄色的花（法国人认为黄色是不忠诚的表示）；在美国，红玫瑰是送给情人的，当然不适于商人把它送给主顾；意大利人忌讳菊花；日本人忌讳荷花；在印度尼西亚，见面时要立即递上名片；在新加坡，不要向对方说“恭喜发财”，他们认为“发财”即“横财”，乃不义之财；如此等等。

所谓习惯，是当事人多次重复而巩固下来的，自我感到“最为舒服”的行为方式。世界上许多地方（中、日、韩、朝、越等）的人习惯用筷子进餐，那里有不少制造精美筷子的企业；许多地方（欧洲、北美）的人习惯用刀叉进餐，那里有不少制造精美餐用刀叉的工厂；而在非洲、中东、印度还有许多人习惯用手指进餐，无论筷子或餐刀的市场都很小。

不同的习惯，也表现在生产中。如果告诉一名日本工人，某个部件可以允许的误差不得超过正负 5，他肯定会主动地将误差控制在接近于零的极限。但如果向美国工人说允许的误差不得超过正负 5，那么他们不是制作到正 5 就是负 5。不是美国工人技术水平差，而是他们有按标准范围做的习惯，而日本工人则有提高标准做的习惯。如果要求美国工人把误差控制到接近于零的极限，他们同样也能做得到。跨国公司的主管们不无感叹地说，面对不同国家的工人有不同的习惯，就得采用不同的方法。

所谓舆论，是由于多种原因而形成的广大公众大体一致的意见。在不同的国家，如果一个职工假日不休息，仍然坚持上班工作，舆论对他的评价是不同的。在日本，舆论会认为他对公司忠心耿耿，对工作兢兢业业，给予赞扬和尊重；在美国，舆论会认为这个人的工作效率低，连假期也用于工作，给予批评；在西欧，舆论会表示惋惜，认为这是不会享受生活的表现。精明的企业家在推出每一项重大措施的时候，都会密切注意舆论的评价。

按照一位法国学者的解释，卢梭的《社会契约论》一书中关于文化概念的定义是最准确的，即文化是风俗、习惯，特别是舆论；它的特点，一是铭刻在人们的内心，二是缓慢诞生，但每天都在获得新生力量并取代权威力量，三是能够维持人们的法律意识、激活已经疲软的法律或取代已经消亡的法律。[①]

根据这个定义，风俗、习惯和舆论对贸易与生产的影响，是文化对贸易与生产具有重大影响的表现。

二、思维方式

有一个笑话说：一个美国人和一个日本人在森林中散步，突然一头饥饿的狮子朝他们跑来。日本人马上坐下来，开始换穿便于奔逃的跑鞋。美国人嘲笑说："你实在是个傻瓜，难道你以为你能跑过一头狮子?"日本人回答说："我不必跑过那头狮子，我只需跑过你就行!"这个笑话说明，美国人和日本人的思维方式是不一样的。

确实，美国人思维方式的特点，是直截了当、规范地思考矛盾。既然是"狮子与人"的矛盾，那么解决矛盾的办法就是：或者比狮子跑得快，求得"狮子口下逃生"的结果；或者比狮子更有力，将狮子打败甚至杀死。而日本人思维方式的特点，是间接迂回、灵活地思考矛盾，把"狮子与人"的矛盾，转换成为"人与人"的矛盾。解决矛盾的办法是：让日本人跑得比美国人快。

日本人和美国人思维方式的差别，也表现在企业的经营管理中。日本索尼公司的盛田昭夫，经常讲起的一个故事就是：两个卖鞋的商人旅行，来到非洲一个落后的农村地区，其中一个商人向他的公司发电报，说"当地人都赤脚，没有销售前景"；另一个商人也向他的公司发电报，内容却是"居民赤脚，急需鞋子，立即运货"。这后一位商人，就代表索尼公司的思维方式和经营观念。

1959年和1962年，索尼公司先后推出了当时世界上最小的两款晶体管微型电视机，并且都拿到美国市场上去销售。当时，美国无线电公司的高级主管和许多美国市场专家都认为：索尼事先不做市场调查，就生产这种小电视机，是非常错误的；它们根本就卖不出去，索尼这样做等于自杀，将会彻底完蛋。

可是对于这类新产品的销售，索尼公司有它自身特有的思维方式。盛田昭夫（简称"盛田"）说得很干脆："我们不相信对民众不熟悉的新产品所做的市场调查，因此我们从不做这种调查。我们是这方面的专家。"[②] 索尼公司的领导人认为，生产厂家首先要做的是，搞清楚新产品的全部用途，精益求精；然后，通过各种途径，如介绍、展览、演示、试用等等，把新产品的用途传授给公众。盛田

---

① 参见［法］维克多·埃尔：《文化概念》，30～33页，上海，上海人民出版社，1988。

② 转引自［美］尼克·莱昂斯：《索尼奇迹的幕后——人和事》，89页，北京，世界知识出版社，1988。

昭夫认为：微型电视机有特殊用途，可以使电视收看个人化；随着电视频道的数目与日俱增，随着同一时间播出的节目越来越多，人们必然会产生购买个人单独使用的电视机的愿望；小电视机的优点，是可以放在厨房，或者放在卧室，甚至在白天放到户外，当美国人在院子外面吃烤肉或躺在靠椅上休息时，就需要便携式小电视机。基于这种认识，索尼公司在纽约建立了新产品陈列室，实地向公众演示新产品的用途；又通过妙趣横生的广告，宣传微型机的优越性。就这样，索尼公司在美国创造了销售微型电视机的市场。

事实表明，索尼公司有一种思考问题的特殊方式：从事商业活动，绝不仅仅是寻找买主，而且要创造顾客。这种思维方式，是索尼文化的特性之一。

三、行为准则

日本企业和美国企业虽然都属于资本主义性质，但行为准则却各不相同。美国企业认为适当的、可接受的行为，日本企业却接受不了；反之，日本企业视作理所当然的行为，美国企业却大惑不解。

1960 年，盛田昭夫组建了索尼美国公司，并招募了许多新雇员。后来盛田昭夫对其中一个人有反感，于是和他的美国同事们一起讨论这个人。盛田问："该怎样对待这个家伙呢?"美国人回答说："当然是开除他。"这个回答使盛田不知所措，因为盛田从未开除过任何人，在这次也没有想到要开除这个人。不轻易开除人，这可以说是日本大企业的行为准则；虽然没有明文规定，但一般都加以遵守。美国企业则不然，经理通过开除雇员来解决问题，被看成是明确、果断而合乎逻辑的行为。这种行为准则上的差异，使盛田难以接受美国人的建议，而认为美国是管理人员的乐园，可以随心所欲地行事。

但是，行为准则是一个复杂的系统，事情还有另一方面。盛田发现美国一个地区的销售经理很有发展前途，于是加以重点培养，送他去东京旅行，去会见索尼总公司的每一个干部，回到美国后打算对他予以重用。可是，有一天他突然找到盛田说，他不打算在索尼美国公司干下去了，因为索尼的竞争对手答应给他两倍甚至三倍的工资，他无法拒绝。盛田对这种行为十分恼怒，认为他是个"叛徒"。可是这个美国人却认为他的行为光明正大。

几个月后，在一个展览会上，这个美国人发现了盛田，非但不躲着盛田，反而冲上前去热情问候，向盛田介绍索尼的竞争对手的新产品，毫无内疚之感，亦不认为他自己有过什么背信弃义之举。这个人的表现，完全符合美国企业的行为准则。因此盛田又觉得美国未必是管理人员的乐园，因为雇员可以随时离开，尽管你很需要他也留不住。

有一种意见认为："可为人所接受的现代文化定义便是：文化是一系列规范或准则，当社会成员按照它行动时，所产生的行为应限于社会成员认为合适和可接受的变动范围之中。”[①] “管理人员不轻易开除雇员、雇员不轻易脱离公司”的准则，在日本企业中被认为是合适和可接受的，属日本企业文化；“管理人员可以随意开除雇员、雇员也可以随意决定脱离公司”的准则，在美国企业中被认为是合适和可接受的，属美国企业文化。显然，日本企业文化不同于美国企业文化。

四、价值观念

对于企业来说，什么是最要紧、最有价值的东西呢？长期以来，资本主义国家的绝大多数企业家都认为，企业最要紧的是赚钱，利润对企业是最有价值的东西。这就是“利润价值观”，是彻底“资本化”了的企业家的看法。以这种观点来经营管理企业，必然是把职工当作赚取利润的工具，把社会当作捞钞票的赌场。

但是，资本主义国家某些企业家，却未必把利润（特别是短期利润）视作企业最要紧、最有价值的东西。20世纪50年代盛田昭夫在美国推销晶体管收音机时，布洛瓦地方的一个厂商要求订货10万台。这可是宗大买卖，订货款相当于当时索尼公司全部资金的好几倍，是一个赚大钱的机会。但做这笔生意有一个条件，必须把布洛瓦的名字放在收音机上。买主笑着说：“在这个国家，没有人知道索尼，用索尼的名字恐怕我们一台也卖不出去。”而“布洛瓦”在当地是块金字招牌。当时索尼总公司从东京给盛田的指示是：“接受订货，忘记索尼的名字。”可是盛田却认为不能随声附和总公司的意见，他把这桩买卖回绝了。买主十分诧异地问：“为什么有钱不赚呢？放着我们已经赢得的声誉不用，那不太可笑了吗？”盛田回答说：“我要索尼的名字。……如果不用索尼的名字，我们就永远不会有自己的历史。”这就是说，盛田把企业的知名度和品牌，看得比利润更要紧、更有价值。有人认为盛田干了件蠢事，盛田后来却经常说：“这是我一生中作出的最英明的决定。”

不久，盛田又遇上一家美国买主，需要大宗货，且并不要求使用买主商号的名字。这使盛田大喜过望。买主要求盛田报价，订购5 000台、1万台、3万台、5万台、10万台的单价各是多少。当时的推销商，对于买得多的主顾，总是乐意开出更低的单价，因为大宗买卖赚的钱也多。可是盛田经过慎重考虑，却给出了一条有点像字母U的单价曲线：购5 000台的单价是常规价格，相当于U字笔画的开始；1万台要给折扣，那是U字的底部；3万台的单价则是从底部向上升；5万台的单价比5 000台的高；至于10万台的单价，比第一个5 000台的单价高得多。买主看了报价单大惑不解，说：“我干采购已经快30年了，这种报价单还

① ［美］威廉·A·哈维兰：《当代人类学》，242页，上海，上海人民出版社，1987。

是头一回碰到。买得越多，单价反而越高，真没有道理!”盛田解释说，要是签了 10 万台那么大数目的合同，就得新建一座工厂，增加许多工人，购进更多的设备，如果第二年签不到续订合同就将陷入困境。盛田郑重地声明：“在日本，我们不能按订货的上升和下降来雇用和解聘员工；我们对职工负有长期义务，职工对我们也是这样。”① 听了盛田的解释，买主笑着摇摇头，最后订购了 1 万台。这件事表明，盛田把维持企业职工就业的稳定性，看得比为企业赚取更多的利润更加重要一些。

20 世纪后半期以来，已经有越来越多的企业家主张：不应该把获取利润当作企业最有价值的事情。罗马俱乐部创办人说：“对任何事业的首要要求是明确的社会效益，然后才是确认它的赢利性——二者不能颠倒。”② 日本的松下幸之助也说：“如果公司没有把促进社会繁荣当作目标，而只是为了利润而经营，那就没有意义了。”③ “即使是个人的企业，在制定企业方针时，绝不能站在个人的立场、个人的利益来考虑。必须从‘自己所做的事业对大众生活会产生何种影响，是有益还是有害’的观点来衡量和判断。”④ 这种把为社会、为职工提供优质服务，看得比赢利更重要、更有价值的观念，就是“社会使命价值观”。以这种观念来经营管理企业，必然尊重构成社会的人的主体地位，必然把人作为服务和依靠对象，必然重视社会、企业、职工三者的协调发展。

尽管文化的含义极其广泛，但是“历史上形成的价值观念是文化的核心。不同质的文化，可依据价值观念的不同进行区别”⑤。相应地，企业价值观是企业文化的核心；企业价值观不同，企业文化的性质也就不同。从一定意义上说，企业价值观决定着企业的发展方向。

五、精神境界

任何一个企业，在生产物质产品和提供物质服务的同时，必然伴随着某些精神的形成和传播。这是因为，产品要人来生产，服务要人来提供，而人总是有某种精神的。顾客从企业得到产品和服务的同时，也能同时感受到相应企业的精神境界。企业的产品和服务有优劣之分，企业的精神境界也有高低之别。优秀企业家之所以高明，在于能够有意识地培育高尚的企业精神或精神境界。

索尼公司的前身东京通信工业株式会社成立之初，创始人井深大就说：“我

---

① ［日］盛田昭夫：《日本造》，90 页，北京，三联书店，1988。

② ［意］奥雷利奥·佩西：《人类的素质》，52 页，北京，中国展望出版社，1988。

③ 王敦婵选编：《松下领导艺术》，18 页，沈阳，辽宁人民出版社，1988。

④ 同上书，6 页。

⑤ 覃光广等主编：《文化学辞典》，110 页，北京，中央民族学院出版社，1988。

们要凭着别的公司都无法超越的决心，创造我们自己的独一无二的产品。”① 后来盛田昭夫回忆说：“建立公司之初，我们没有写一首公司之歌（要我们这位爱沉思而内向的井深大唱歌是不可想象的事），但是我们确实有‘一首’我们信奉的纲领，称之为‘索尼精神’。首先，我们说索尼是开拓者，它绝不跟在人后，随波逐流。……公司将‘始终是一个未知世界的开拓者’。”②

“开拓，独创!”这就是井深大和盛田昭夫要在索尼公司有意识地加以培育的企业精神。为了开拓创新，索尼公司必须付出相应的代价。首先，他们必须不断在研究和发展方面，进行约占销售额6%的大量投资，从而要牺牲一些眼前的利润和现时的利益；其次，他们必须在搞好当前生产的同时，冥思苦索三五年后的下一代商品，甚至要考虑10年、20年以后的事情；再次，推出一个新产品，若不使技术进步十倍是无济于事的，有关技术研究队伍为了突破这个“进步十倍”的关卡，必须以“险过独木桥”的决心去向极限挑战，而新产品一旦制造成功，同行便一齐模仿，转瞬之间类似商品便充斥市场；最后，为了保证创新产品出自索尼公司，他们必须建立和接受“新产品将于某年某月某日试制成功”的目标，然后就莽撞地不顾一切地去进军。正是由于这种情况，已故日本杂文作家大宅壮一，曾把索尼所从事的工作叫做“豚鼠工业”。在茫茫黑夜里，豚鼠总是用它短肢上的三角形大爪，漫无边际地挖掘。很多人都把“豚鼠”作为尖酸刻薄的语言来嘲笑索尼的做法。可是索尼公司的经理们却说：“总得有人甘当豚鼠”，“没错，我们就是那种人，我们也确实正在做那些事。”因此，当1960年索尼公司创始人井深大由于对日本工业的贡献而受到日本政府表彰时，索尼的雇员们为表示祝贺而送给他的礼品，就是一只装在木托上的铜铸镀金的豚鼠。井深大也把这只金属豚鼠放在自己的办公室，作为他献身于远大理想的最有意义的象征。所以索尼公司的企业精神，可以形象地称之为“豚鼠精神”。

如果说，索尼公司对于企业精神，用乐于接受别人的形象比喻来表达，那么日本松下电器公司的企业精神，则由公司创始人松下幸之助以明确的口号来表达。松下早就拟订了被称为松下公司灯塔的“七精神”，即产业报国、光明正大、和亲一致、奋斗向上、礼貌谦让、顺应同化、感恩报德。公司上上下下人人皆知，并且认真遵守。当松下公司成为世界生产家用电器最大厂家的时候，松下幸之助又提出了“饥饿精神”的口号。所谓“饥饿精神”，就是“经常对自己公司的产品、组织和风气感到不满”，不断地对企业进行“体格检查”，精益求精，永不停步。

六、作风

这里所说的“作风”，是指一个企业及其主管，在生产经营中一贯表现出来

① 转引自［美］尼克·莱昂斯：《索尼奇迹的幕后——人和事》，116页。

② ［日］盛田昭夫：《日本造》，155页。

的态度和行为。不同国家的企业，不同的主管，可以有不同的作风。企业及其主管的作风，是一个企业的文化的标志。

例如，被美国公众称赞为最优经理的哈罗德·吉宁，自 1959 年起在国际电话电报公司担任总裁，达 20 年之久。他的作风可以概括为：突出个人，说一不二；加大压力，制造紧张；热衷数据，寻求事实；恩威并用，重奖严罚。这是独裁作风的典型。

一位国际电话电报公司的老职工说："吉宁好像巴顿将军，他懂得佩带两把手枪意味着什么。当吉宁最初接管这个公司时，他需要让人们知道他是公司的领导，是发号施令的人。他通过随时给某人打电话，询问报告的……内容，以显示他对所有的事实和数字都非常熟悉。"吉宁利用他那照相机一样的记忆和快速阅读能力，常常提醒下属人员许多年前所要求的每一笔资金和所做的每一项预测，从而使部属们吃惊叹服。吉宁一直把自己摆在业务问题的中心，相当多的小问题也都得由他来拍板。吉宁一旦定了方向，就要求下属人员竭力去完成，他不愿听到一个"不"字。任何一个通过应聘或提升而进入公司领导核心的人员，都必须通过能否与吉宁合得来的测验。这种突出总裁个人的作风，一直保持到他退休的那一天。

顽强地追求"不容置疑的事实"，是吉宁作风的核心。他在给下属人员写的备忘录中说："专业管理人员的最高艺术就是能够从大量的资料中找出真正的事实。"他曾指出："做出决策是非常困难的，大多数公司做决策所依据的许多事实，并不真是事实。"为了避免这种易犯的错误，吉宁总是毫不留情地掀开一层层的"虚假事实"。因此吉宁的一名助手说："如果你凭感觉向吉宁表达你的意见，你就得完蛋。"国际电话电报公司的管理活动，绝大部分是围绕着寻求可靠的事实来展开的。

为了掌握事实，吉宁巧妙地制造紧张气氛。他在直线部门之外，设置了许多参谋职务，这些参谋人员可以在整个公司内畅通无阻，建立他们自己独立的信息渠道。用吉宁的话来说就是："任何参谋部的工作人员，都可以到公司的任何地方去了解问题，如果他想要提批评性意见，就可以向厂长提，谁也不能加以阻拦。假若厂长不接受，他们可以将意见往上提。"这样，直线人员和参谋人员的关系十分紧张。一位部门经理说："这是一个告密的制度。在你尚没有做什么之前，参谋人员就已经想向头头汇报了，而且他们常把问题夸大，借以表现他们自己。但如果你真有一个经营管理上的严重问题，你没有任何机会去隐瞒它，他们会发现你。如果没有主动地反映，你就不能在公司待下去了。"吉宁把制造直线人员和参谋人员的紧张关系，作为揭露事实的一个推动力。

吉宁办事的一大特点，是采用大型"高压锅"似的会议来进行决策。吉宁认为，只有在面对面开会的高压锅似的气氛下，才可能过滤出可靠的事实，才可能将它们蒸馏成为健全而又可行的决策。因此吉宁主持的会议，充满着质问、敌对、高压和恐惧的气氛。在这种会议上，典型的情况是参谋人员向汇报人员提出种种质询，汇报人员详尽申辩。吉宁稳坐在他的蓝色转椅上听双方的对话，一旦找到了头绪，他就打断对话，并指派某个人去研究这个问题，或者作出某种决定。国际电话电报公司的一位高级管理人员说："吉宁方法中最为了不起的一点，就是让有关的人员都能了解内情。当在政策或措施上发生争执时，通过摆事实可以解决这些争执。"

在吉宁主管下，国际电话电报公司内部充满着敌对的气氛，所有的人员都不得不全力以赴，而公司付给他们的报酬也是优厚的，一般比其他公司要高 10%～12%。但是一个成绩较差的管理人员，则会在公开会议上被揭露，如果此后仍无起色就会被开除。吉宁明确说："我们积极支持我们的经理人员，如果支持行不通，我们就采取惩罚的方法。"

对比之下，日本松下电器公司的领导则具有另一种作风，那就是：事必躬亲，深入现场；敬谢员工，培育下属；推心置腹，不下命令；赏罚适度，创造和谐。这是民主作风的典型。

松下和他的亲信高桥，在主管公司期间，对公司事务总是亲自认真过问，仔细阅读来自基层的冗长报告和数字表格，不分昼夜地打电话给在现场的高级管理人员，几乎每天都与公司下属的产品部经理个别面谈或电话交谈。此外，他们还挤出时间深入现场，巡视工厂，拜访顾客；在他们的带动下，松下公司高级管理人员以待在办公室的时间较少而著称。因此，松下公司各级主管有一种勤劳吃苦的作风。松下曾多次明确指出："身为一个主管，应是部门里最勤劳的工作者。"① "不要认为当了主管就可以轻松了，事实正好相反，职位愈高，工作愈苦。而我认为只有能吃别人不能吃的苦，忍别人不能忍的痛，才会是社长、部长这些领导阶层的材料。"②

但是，松下公司的领导之所以要辛辛苦苦地工作，并不是由于他们认为部下的能力差，工作必须由领导亲自过问才能做好。相反，而是由于他们认为部下比自己行，想以自己的工作热忱来感动普通职工，充分发挥一般员工的才能。关于这点，松下说得很明确："经营者不一定是全能，但如对工作具有热忱，在行动上表现出对新知的渴望，往往会激励起部属开发的雄心。如果同时对技术的创新，怀着欣赏的态度去学习，也会促使部属在工作业务方面日益精进。"③ 因此松下公司领导事必躬亲的作风，和所谓领导包办一切的作风是有本质区别的。

① 王敦蝉选编：《松下领导艺术》，133 页。

② 同上书，153 页。

③ 同上书，134 页。

当松下公司的领导责备下属时，主观上是想帮助下属成长，客观上下属们也确实有接受培训的感受。松下公司的一个产品部经理就说："高级管理人员在进行干预时，令人难以理解的是他们并不像是责问你，而是让你感到是在培训你，建立起一旦他们不在时你所应具有的工作能力。松下的一个基本原则是：'在普通人中间培养出异常的素质'。这个基本目标使得原本严厉冷酷解决问题的方式充满了人情。"① 这种培育下属的作风，和美国吉宁的爱找下属岔子的作风，也是截然相反的。

如果说吉宁作风的核心是顽强地追求"不容置疑的事实"，那么松下作风的核心则是执著地以一个"真实的我"和部属坦诚相见。松下认为"说一大堆道理，还不如讲一句肺腑之言"。他说："根据我自己的体验，用人之道，贵在顺乎自然，千万不可矫揉造作。该生气的时候就生气，该责备的时候就责备，越自然越好。"② "无论赞扬或责备部属，都极为认真，毫不做作地表现自己的诚意，实实在在地与部属相处。我觉得，或许正因为这样，使部属容易了解我的为人，并且决心帮助我。"③ 因此在绝大多数情况下，松下只是和自己的部下推心置腹地谈心，除了在重大问题上指明方向或原则外，基本上不下达什么命令。正如松下自己所说："当我和我的经理人员会面时，很少是正式的，而是促膝畅谈。……尽管我提出问题并指出其含义，但我并不下命令。"④ 因为松下认为："一位领导者最重要的工作，就是要启发部属自主的能力，使每个人都能独立作业，而不是变成惟命是从的傀儡。""如果指示太过详尽，就可能使部属养成依赖的心理，惟命是从，不肯再动脑筋。一个命令一个动作，只是机械性地工作，不但谈不上做事的方法，又怎能培养人才呢?"⑤ 这种向部下坦陈思想而不是下达命令的作风，在松下退休以后，仍然在松下公司中保持了下来。1977 年上任的松下公司总经理山下俊彦，总是一有机会就向每一个事业部部长级的干部说明自己的想法，并把这叫做"给每个人洗脑"。山下俊彦不无自豪地声称："据说，美国企业从不以给每个人洗脑的方式来制造气氛，一切都按总经理的命令去干。但由于工作人员对所从事的工作缺乏信心，所以往往是脆弱的。而日本的企业，却是把经营方针贯彻到基层，不是由上边简单地命令下边去做什么，而是工作人员以主人翁的精神去从事工作，所以是强有力的。"⑥

和国际电话电报公司的重奖严罚的作风不同，松下公司提倡赏罚适度。所谓

---

① ［美］理查德·帕斯卡尔、安东尼·阿索斯：《日本企业管理艺术》，32 页，北京，中国科学技术翻译出版社，1984。

② 王敦蝉选编：《松下领导艺术》，330 页。

③ 同上书，392 页。

④ 转引自［美］理查德·帕斯卡尔、安东尼·阿索斯：《日本企业管理艺术》，34 页。

⑤ 王敦蝉选编：《松下领导艺术》，297 页。

⑥ 转引自［日］柳田邦男：《企业活力的奥秘》，21 页，北京，国际文化出版公司，1989。

“适度”，一是指时间上要及时，赏和罚都应该在大家印象犹新的时候立即施行，从而有利于大家效法或警惕。二是指程度上要适当，大功大赏，小功小赏；大过严惩，小错薄罚。责任由领导承担，即“站在领导地位的人，一旦措施失败就应负起完全的责任，尽管是部属的失误，也要检讨是不是交代不清，或是监督不周。绝不可以认为错误是别人的，完全不是自己的责任”①。因此，部属犯错误，领导也应受罚。

如果说吉宁作风的特点是制造并保持紧张气氛，那么松下作风的特点则是创造和谐。松下公司的信条就是：惟有全体职工和睦相处、共同协力，才能实现进步和发展。松下还说：“不得人和，是无从发挥真正的技术能力的。做主管的除了培养部属自主的精神外，也要谋求人事方面的调和。”② 在松下电器公司，总部也派人到各个产品部去。这些人不仅没有被产品部视作总部派出的“密探”，而且被喻为传统日本家庭中的“妻子”，因此直线人员和总部派出人员之间的关系是和谐的。松下为了和谐上下关系，还在公司总管理处树立一个他自己形象的皮人。如果工人对公司不满，除了提意见外，还可以抽打这个皮人，以泄心头之火。

七、待人艺术

任何企业都不可能没有人。所谓“无人车间”、“无人工厂”，是就企业的局部而言，就整个企业来说总得有或多或少的人。怎样对待人，是一切企业管理者无法回避的问题。所谓“艺术”，从哲学的高度来说，就是善于发现和处理事物本身所固有的矛盾着的两个方面。这里所说的“待人艺术”，就是要善于认识、处理和人相关的一切矛盾。事实告诉我们，不同的企业，待人艺术的差别很大，有的企业甚至完全不懂这一艺术。下面从几个方面予以说明。

（1）主体和客体。美国企业的某些高级管理人员（如吉宁），认为企业中所有其他的人，不过是用来达到他个人目标的客体。而日本企业的高级管理人员（如松下），则认为企业员工既是供使用的客体，也是应该给予尊重的主体；所谓企业目标，既是领导者个人的，也是全体职工的，甚至是整个社会的。

（2）人的经济、安全需要和人的社会、心理、精神需要。美国和日本的高级管理人员，虽然都承认每一个人均有这五个方面的需要，但这些需要由谁来满足则看法迥异。美国高级管理人员认为，企业仅限于满足职工的经济需要，其他需要应该由家庭、国家、社会和教会去满足。这就等于说，一首钢琴曲子固然有高音、中音、低音，但企业管理者永远只需要弹低音，企业管理不是艺术。相反，

---

① 王敦蝉选编：《松下领导艺术》，140～141页。

② 同上书，310页。

日本高级管理人员则认为，照顾一个人的整个生活（物质生活和精神生活、个人生活和集体生活、工作生活和业余生活）乃是企业的职责，而不能推卸给其他机构（如家庭、政府或宗教机构）。因此，企业管理是方方面面都要照顾到的、必须十个指头同时动作的“弹钢琴”艺术。

（3）抓紧和放松。任何企业中，都必然存在着不清楚（如某人或某事的意义不清楚）、不确定（如采取某项措施将产生的结果不确定）和不完善（如人们自身以及所用的理论和方法不完善）的现象，因此各级管理人员要对部属抓紧，以便使局面变得清楚、确定和完善。但是，向清楚、确定、完善转化的客观条件，需要一定的时间才能成熟起来。即使客观条件已经成熟，人们要在主观上认识和运用这些条件，也会有一个过程。因此，各级管理人员对部属要给予认识和等待的时间，即要适时适地加以放松。既要抓紧又要放松，有张有弛，这就是艺术。美国企业管理一般说总是强调抓紧，把不清楚、不确定、不完善的情况看成应该立即予以歼灭的大敌。美国传统企业管理所推崇的理想人物，就是行动迅速而能够跳上赛车、爬上飞机或冲进会议室的活跃分子，是如同吉宁一样通过严密控制、蛮横对质等措施来减少拍桌子的硬汉。他们发布命令，像是用枪对准人的脑袋，把弦绷得很紧很紧，结果往往是对生产造成不利的影响。相反，日本企业管理的经验则是既要抓紧又要放松，例如松下既提出要“维持 24 小时的危机感”，又提出要“等待时机”。所谓“维持 24 小时的危机感”，就是“对于此刻就能充分准备以应付竞争的任何工作，都要立刻去做，不稍犹豫。须知耽延片刻工夫，就可能形成莫大的遗憾”①。而所谓“等待时机”，就是认为“凡是能成大事的人都善于等待时机的来临。从不发愁，从不紧张，静候时机的到来。等待时机的心情如等待春天一样”②。松下电器公司的高级管理人员每当有事情要说服下级时，总是考虑给予接受时间，适应人们认识事物需要有一个过程的现实，而不是依靠等级和权势使人屈服。日本企业管理所推崇的理想人物，是深思熟虑型的人，而不是鲁莽向前冲的人。

本节所说的风俗、习惯、舆论、思维方式、行为准则、企业价值观、企业精神、作风和待人艺术，都和企业的生产经营等经济活动紧密相关，但它们本身并不属于经济范畴；同时，它们也没有强烈的政治色彩，既不以政治为目的，也不是依靠国家政权的力量来强制推行的，因而也不能归属于政治范畴。它们有三个共同的基本特征：第一，它们都是一种属于人、以人为中心、既以人为主体也以人为载体的现象，而不是一种属于企业中的物、以物为中心、以物为主体和载体的现象；第二，它们能够为一个企业的全体成员共同接受，普遍享用，而不是企

---

① 王敦蝉选编：《松下领导艺术》，61 页。

② 同上书，70 页。

业中某些人所特有的；第三，它们是能够在企业发展过程中逐渐积累和形成起来的，是和一个企业的历史和特殊环境相适应的。这三个基本特征，也是“文化”的基本特征，因此可以而且也应该把它们归属于文化范畴，并称之为“企业文化”。

第二节　企业文化面面观

什么是企业文化？国外学者各有自己的理解，但没有进行过多的讨论，甚至在有关专著中也没有给出严格的定义。而在我国，关于企业文化这个概念的定义、内涵、外延等，却讨论得较多，有各种各样的见解。

一、国外对企业文化概念的理解

国外管理学界对企业文化的理解，应该说是基本一致的。且看四部被人们誉为“当今管理人士必读的经典著作”对企业文化的理解。

特雷斯·E·迪尔和阿伦·A·肯尼迪合著的《企业文化——现代企业的精神支柱》一书没有明确地给企业文化下定义，但从全书的内容不难看出作者们的理解：企业文化是由五个因素组成的系统，其中，价值观、英雄人物、习俗仪式和文化网络，是它的四个必要的因素，而企业环境则“是形成企业文化惟一的而且又是最大的影响因素”。

因此，理解企业文化的重要性，就是重视“运用价值观形成、塑造英雄人物、明确规定习俗和仪式并了解文化网络来培养其职工行为的一致性”①。

《成功之路》一书，详细地阐明了超群出众的企业所具有的八种文化品质，却没有给企业文化下一个明确的定义。作者所说的企业文化，是指一个企业的共有价值观与指导观念，是一种能使各个部分互相协调一致的传统，是给人们提供崇高的意义和大展宏图机会的活动，是进行道德性的领导等等。或者如该书译者所说：“作者们还在书中一再提及一个我们较为陌生的概念和术语，即企业的‘文化’；它与我们通常理解的作为社会意识形态及其相应的组织和制度总和的社会、国家或民族的文化不尽相同，指的是一个企业独特的价值观、传统、习惯和作用。”②

---

① ［美］特雷斯·E·迪尔、阿伦·A·肯尼迪：《企业文化——现代企业的精神支柱》，13～14页，上海，上海科学技术文献出版社，1989。

② ［美］托马斯·J·彼得斯、小罗伯特·H·沃特曼：《成功之路》，“译者前言”，6页，北京，中国对外翻译出版公司，1985。

《日本企业管理艺术》一书援引著名美国管理学家彼得·德鲁克的观点，认为“企业管理不仅是一门学科，还应是一种文化，即有它自己的价值观、信仰、工具和语言的一种文化”①。

《Z理论》一书的作者威廉·大内，也许是较为明确、集中而完整地给出企业文化概念的第一人。他说：“一个公司的文化由其传统和风气所构成。此外，文化还包含一个公司的价值观，如进取性、守势、灵活性——即确定活动、意见和行动模式的价值观。经理们从雇员们的事例中提炼出这种模式，并把它传达给后代的工人。”②

如果我们不拘泥于个别文字，而是从总体内容去把握，那么不难发现，国外对企业文化的理解，至少在以下三点上是一致的：

第一，企业文化是一种重视人、以人为中心的企业管理方式，它强调要把企业建成一种人人都具有社会使命感和责任感的命运共同体。因此，那种忽视人、以物为中心的企业管理方式，那种拒绝考虑人的使命感与责任感的纯客观、纯理性决策模式，那种“用不着讨厌的人来操作机器”的观点，不能归于企业文化范畴。

第二，企业文化的核心要素，是共有价值观，也就是一个企业的基本概念和信仰，或者说是指导职工和企业行为的哲学。

第三，企业文化的内涵中，既不包括厂房、设备、产品之类的物质性因素，也不包括科学技术知识，更不包括行政性的、务必强制执行的规章制度，因而其含义比较狭窄而专一。

国外“企业文化”概念的狭窄专一性，来源于这个概念本来是作为“日本的生产率何以能超过美国（或美国的生产率何以会落后于日本）”这个问题的经验（或教训）总结而得出的。显然，美国的物质技术条件并不比日本差，科学技术水平也不比日本低，规章制度的完整性和严密性更不比日本逊色，可是美国的生产率就是没有日本那么高。因此，在美国人所写的许多著作中，重视人的作用的企业文化，恰恰是作为设备、科学技术、规章制度等等的对立面出现的。例如，《Z理论》中说：“作为一个国家，我们已经认识到技术的价值，也愿意采用科学方法对待技术，然而，却从不重视人的作用。我们的政府拨出很多亿美元的经费去研究电机、物理和天文学的新技术。它支持复杂的经济思想的发展，却几乎没有拨出任何款项从事研究如何管理，以及如何组织人从事生产工作，而这些只有通过对日本人的研究才能学到。美国的生产率问题，依靠货币政策或在科研和建设上投入更多的资金是解决不了的。只有

---

① ［美］理查德·帕斯卡尔、安东尼·阿索斯：《日本企业管理艺术》，200页。

② ［美］威廉·大内：《Z理论》，169页，北京，中国社会科学出版社，1984。

当我们学会了某种管理方式，使得人们能够在一起更有效地工作，才能得到改善。”①

有人认为：《Z理论》一书中的“企业文化”概念比较宽一些，理由是它虽然不包括物质文化，但却包括行政性的规章制度，因为Z型文化中就包括有稳定的雇佣制、缓慢的人事评价和升级制、工作轮换制等内容。这看来是一种误解。《Z理论》所提倡的稳定的雇佣制等内容，并不是要求用强制实施的规章制度明文确定下来，而是要求形成传统和风气。事实上，在日本出现的终身雇佣制等等，也从来不是一种非实施不可的行政性规章制度，而只是大企业一般都那么执行的一种风气。

二、国内多视角的界定

中国学术界不满足于国外企业文化理论的现状，试图给企业文化下一个较为严密的正式定义。在报刊文章、有关书籍或学术研讨会上，有过几十种不完全一致的说法。为了简洁，从中筛选出20种，并取一个概括性的名称，一一简要地介绍如下：

（1）“管理新阶段说”：企业文化是当代以人为中心的管理理论发展的新阶段。

（2）“总和说”：企业文化是企业中物质文化和精神文化的总和，是硬件和软件的结合。企业文化可分为两大部分，一部分是企业中的外显文化，其中包括厂房设施、原材料、产品等等；另一部分是企业中的隐性文化，是以人的精神世界为依托的各种文化现象，包括企业管理制度、行为方式。

（3）“同心圆说”：企业文化包含着三层同心圆，外层同心圆为物质文化，指企业内部的机器设备和生产经营的产品等；中间层为制度文化，包括人际关系、企业领导制度；内层是精神文化，是企业内的行为规范、价值观念等等。物质、制度、精神三者相结合，便形成了企业文化。

（4）“成果或财富说”：企业文化是一个整体性的概念。它作为社会文化的重要组成部分，体现了企业在一定发展阶段生产技术与经营管理的现代化程度，体现了企业物质文明和精神文明建设的成果。企业文化作为企业文明的特征，是企业全体成员共同创造的企业物质财富和精神财富的总和。

（5）“精神现象说”：企业文化是企业生存与活动过程中的精神现象，即企业以价值观念为核心的思维方式和行为方式。

（6）“精神财富及其载体说”：企业文化就是企业职工依据本单位的客观条件，在从事生产经营活动中所创造的精神财富以及承载这些精神财富的组织活动

① ［美］威廉·大内：《Z理论》，3页。

形式和物质形态。它包括职工的思想文化素质、企业精神、民主意识、法律观念、职业道德、风俗习惯、价值准则以及文化环境等。

（7）“群体意识说”：企业文化是企业这个社会形成的群体意识及这个群体意识产生的行为规范。

（8）“共同价值观念与思维行为方式说”：企业文化就是全体职工所共同信奉和遵从的价值观、思维方式和行为方法。所谓“厂风”、“企业精神”、“组织的风格”等等，大体属于这一范畴。

（9）“广义狭义特色说”：广义的企业文化，指企业在经营过程中所创造的具有本企业特色的物质财富和精神财富的总和；狭义的企业文化，指企业在发展过程中形成的具有企业特色的思想意识、价值观和行为习惯，其核心是企业的价值观。

（10）“力量统一说”：所谓企业文化，是指企业内部将各种力量统一于共同方向上所形成的某种文化观念、历史传统、共同的价值标准、道德规范和生活观念等，也就是增强企业员工凝聚力、向心力和持久力的意识形态的总和。

（11）“适应与指导经济说”：企业文化是一种独特的经济文化，它是为适应和指导经济活动而建立起来的，任何经济活动如果没有一种合适的文化观念作指导就必然会遭受挫折。

（12）“带动政治说”：企业文化有个精髓，就是十分重视人的价值，尊重每个人的独立人格。在这样的价值体系中，必然会孕育出企业的民主精神，而这正是社会主义民主政治的基础。因此企业文化不仅是经济文化，而且将带动我们整个国家的政治文化建设，促进社会主义政治民主的进程。

（13）“调动积极性的手段说”：企业文化是提高职工劳动积极性的手段，提高职工劳动积极性是企业文化的目的。

（14）“促进人格发展说”：企业文化是一种直接促进职工人格健康发展并在此基础上间接促进经济发展的精神信息系统，因此检验企业文化建设的根本尺度是看其能否促进职工人格健康发展，而不是看其能否促进经济的发展。

（15）“部分思想工作加部分社会职能说”：企业文化等于一部分的思想工作加上一部分的社会职能，它实际上是在潜移默化地塑造有企业个性的人的人格。

（16）“总体文明状态说”：企业文化就是在企业为社会提供的产品或服务中所体现出来的企业总体文明状态。

（17）“广义企业文化说”：企业文化既包括把企业作为客体来调查、研究、描述和表现（演示）的文化，也包括企业作为主体对文化加以运用和建设的文化。企业作为主体的企业文化，是包括五个层次在内的（“五层次说”），即：企业价值观文化，企业家经营管理文化，职工素质与娱乐文化，企业的社会责任文化，企业家参与宏观决策的意识和能力方面的文化。

（18）“精神财富的生产、分配、消费说”：企业文化就是既能促进企业经济发展，又能提高企业职工尊严，还能加强企业凝聚力与社会凝聚力的精神财富的生产、分配与消费。

（19）“生产经营机制说”：企业文化是合目的的企业的生产经营机制。所谓“合目的”，一是指符合人的全面发展这个目的，二是指符合企业本身全面发展之目的。这里说企业文化是一种“机制”，旨在用“机制”一词来标示企业文化内部各种结构关系的本质。用“企业生产经营”来限定“机制”，一方面既把企业文化和社会文化相对地区分开来了，另一方面又把企业的硬文化与软文化都包括进来而使之成为一个不可分割的整体。

（20）“五非一是说”：企业文化是经济意义与文化意义的混合，即指在企业或企业界形成的价值观念、行为准则在人群中和社会上发生了文化的影响。这里的“文化”不是指知识修养，而是人们对知识的态度；不是利润，而是对利润的心理；不是人际关系，而是人际关系所体现的为人处世的哲学；不是舒适优美的工作环境，而是对工作环境的感情；不是企业管理活动，而是造成那种管理方式的原因。总之，企业文化是一种渗透在企业的一切活动之中的东西，它是企业的灵魂所在（简言之，企业文化非知识、非利润、非人际关系、非工作环境、非管理活动，而是渗透在企业一切活动中的企业之魂）。

所有上述各种说法，如果充分铺展开来，会使人看得眼花缭乱，但它们之间的差别还是容易把握的。它们的不同，是观察问题的角度不同，涵盖面的宽窄不同，所强调的重点不同。在给企业文化下定义时，有人从它的物质载体去观察，有人从它的精神内容去观察，有人则从物质载体与精神内容相统一的角度去观察；有人强调它的活动过程方面，有人强调它的活动结果方面，有人则强调它是企业活动过程和活动结果的统一；有人力求涵盖它的方方面面，有人则尽量突出它的某一个方面；有人下描述性定义，有人下分析性定义，有人下结构性定义，有人下功能性定义，有人下生成性定义，有人下操作性定义。对这些各不相同的定义，不能简单地用“或对或错”来评析。

第三节　企业文化的定义与内涵

同一个概念会有多种多样的定义，是学术界经常发生的基本事实。这种多样性，一方面来自对象的丰富性，另一方面来自学者之间观察问题的角度、强调的重点、涵盖面的宽窄、使用的方法等等的不同。对于多种多样的企业文化定义，虽然不能简单地用“或对或错”来评析，但也不能把它们简单地加在一起，而是应该在遵守形式逻辑的基础上，用辩证逻辑来扬弃。用辩证逻辑来下定义，除了应该坚持全面性原则、发展变化的原则，还应当遵循实践进入定义的原则。列宁指出："必须把人的全部实践——作为真理的标准，也作为事物同人所需要它的那一点的联系的实际确定者——包括到事物的完整的'定义'中去。"①

一、定义

根据下定义的辩证逻辑原则，参照"导论"中所给出的文化定义，可以把企业文化定义如下：

> 所谓企业文化，是企业对环境挑战所作的应战，包括企业的应战过程和结果，是企业在应战过程及其结果中所努力培育并实际体现出来的以文明取胜的群体竞争意识，以及人的其他全部本质力量。

在这个定义中，企业文化归属于培育和体现人的本质力量，并突出强调这种本质力量中的"以文明取胜的群体竞争意识"。这是根据导致企业文化产生的实践而作出的，是贯彻"实践进入定义"这个辩证逻辑原则的必然结果。

把"竞争"写到定义中去，是因为：

国外的企业文化，直观地说，来自竞争中的两个基本事实：一是日本企业的生产率赶上和超过了美国，日本产品占领了许多原属美国产品的市场；二是美国也有一批企业，在激烈竞争中长期立于不败之地。企业文化的提出，是日、美优秀企业竞争取胜的经验总结。

企业文化潮流中的许多思想和方法，尽管可以在我国找到源头，但我们终究没有提出"企业文化"这个概念，也没有形成企业文化的理论体系。究其原因，也是由于新中国成立以后的最初三十年，基本上是搞单一的计划经济，取消了企业之间的竞争。20 世纪 80 年代企业文化之所以能如此迅速地传入我国，并达到一定的"热"度，恰恰是由于我国的改革确立了企业"自主经营、自负盈亏"的竞争主体地位。中国的企业文化，与中国的改革共命运，这是千真万确的。

企业文化之所以必须具备鲜明的个性，是为了适应企业竞争的需要，并不是因为人们主观上喜欢标新立异。两个企业文化完全相同的企业，在竞争中就分不出高低。一个企业在竞争中夺得冠军，必定与其他企业不同，至少在某一点上比其他企业高明。企业之间一旦没有任何竞争，那就没有必要也没有动力去强化本企业特有的群体意识。企业的群体意识一旦失去本企业的特色，企业文化也就相应地转化为社区文化或民族文化。

这个定义强调"群体意识"，而不是强调"集体物质财富"。显然这也是当代市场竞争经验的总结。日本之所以能从一个战败国，一跃而成为可以和美国相比

---

① 《列宁选集》，3 版，第 4 卷，419 页，北京，人民出版社，1995。

的富国，不是因为日本企业拥有比美国更有利的物质条件，恰恰相反，日本企业的物质条件比美国企业差得很远很远。日本企业所拥有的优势，是内部员工共同一致的群体竞争意识。

但是，并不是任何群体竞争意识都是企业文化，只有“以文明取胜”的群体竞争意识才是企业文化。“以文明取胜”，这是企业文化的本质特征。

在企业仍然属于资本主义性质这个限度之内，所谓“以文明取胜”，就是在不触动私有制的前提下，一是通过更好地为社会服务（提供优质产品或优良服务等）来树立本企业的良好形象，二是通过尊重和理解人来赢得人心，以使企业在竞争中能够立于不败之地。这正是日本企业在第二次世界大战以后自觉或被迫作出的选择。在“为社会服务”方面，如日本企业家松下幸之助就提出“企业应以加速社会繁荣为使命”，认为“经营者不应该凭权势与金钱作恶性竞争，而应以建设公平、合理的社会为己任”。在“尊重和理解人”方面，日本企业强调要让工人参与管理，强调培养普通人的自主精神，甚至提出普通职工比企业主管更加伟大，管理者对职工应该怀着尊敬和感谢的心情等等。所有这一切，和资本主义过去的野蛮竞争相比较，和“以武力加欺骗取胜”相比较，无疑是一大进步。只有这种以文明取胜的竞争意识，才有可能被全体员工认同和接受，变成整个资本主义企业的共识，形成企业文化。

正因为国外的企业文化是主张“以文明取胜”，所以才值得我们引进、借鉴和吸收。其实，即使国外没有形成以文明取胜的群体竞争意识（企业文化），即使不从国外引进企业文化，只要我国发动并坚持对经济体制进行改革，也必然或迟或早在我国兴起企业文化。这是因为我国改革所需要大力发展的，不是一般的商品经济和市场竞争，而是社会主义的商品经济和市场竞争。这种竞争的本质，从一开始就是作为“企业全体职工的事”提出来的，就是只允许“以文明取胜”，而绝不允许“以野蛮取胜”，社会主义市场经济本身就是企业文化之源。

由上述看来，企业文化定义中强调“以文明取胜的群体竞争意识”，不仅总结了资本主义企业最近几十年来的实践，而且也把社会主义企业发展商品生产的实践包括进来了，从而体现了把人的全部实践（而不只是一部分实践）包括到定义中去的辩证逻辑原则。

强调企业文化是“以文明取胜的群体竞争意识”，并不是仅仅强调存在于人们头脑中、停留在人们口头上的群体竞争意识，而是强调它们必须贯彻在企业的一切应战活动之中，必须在这些活动的实际结果中真正体现出来。离开了企业的各种活动，企业文化就无从着手建设，就成了无源之水和无本之木。离开了企业活动所取得的各种实际结果，企业文化建设不过是一阵空忙，“文明取胜”也不过是一句空话。

当然，把企业的各种应战活动及其结果包括在企业文化的定义中，也是为了贯彻全面性原则，因为企业文化确实具有意识、过程和结果等多种层面，它作为群体意识也不能没有物质载体。

二、内涵

可以把企业文化概念的内涵表示如下：

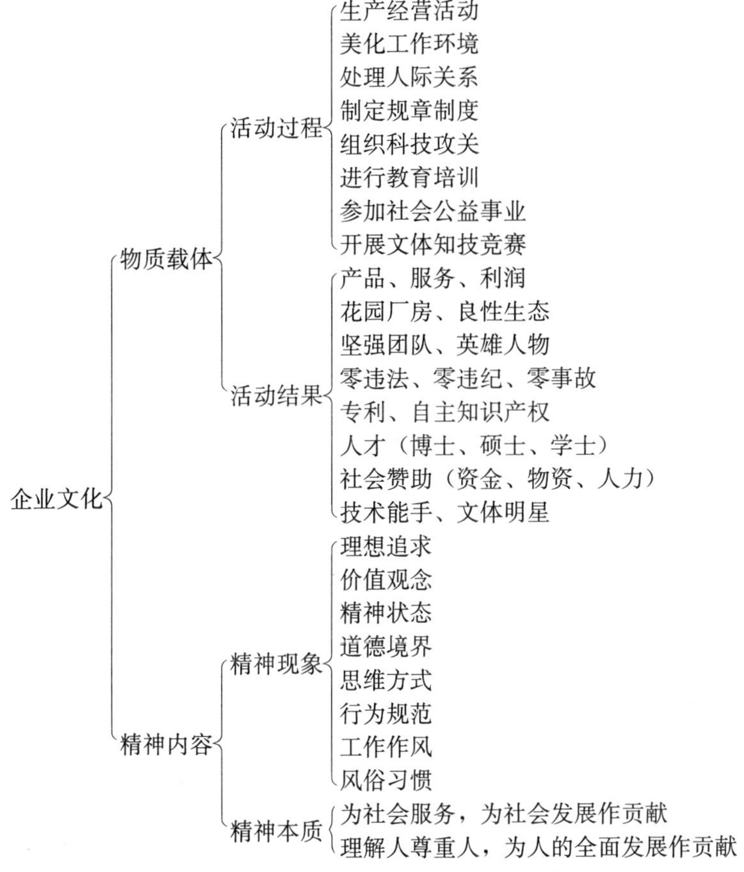

在这张企业文化内涵表中：第一，列举了企业的八种活动（而不仅是生产经营管理一种活动）和八种结果（而不仅是优质产品或服务一种结果），目的不仅是强调企业文化的宽泛性，而且强调企业文化是活动过程和活动结果的统一。第二，八种活动和八种结果是作为物质载体或物质基础而进入定义的，并不是企业文化的全部，甚至不是企业文化的主导部分。企业文化的主导部分，应该是在这些活动和结果中所体现出来的精神内容。因此，企业文化是物质载体和精神内容的统一。第三，精神内容又包括精神现象和精神本质两部分。内涵表中所列举的价值观念等八个方面，之所以归入精神现象，是因为它们既可能是优秀的，也可能是拙劣的，一个企业总会有某种精神状态和价值观念等等，但它们并不一定就代表当代企业文化潮流的本质。定义中所说的“以文明取胜”，即内涵表中所列举的“为社会服务，为社会发展作贡献”和“理解人尊重人，为人的全面发展作贡献”，才是企业文化的精神本质。因此，企业文化也是精神现象和精神本质的统一。

以为企业文化只是价值观念之类的精神现象，而完全撇开“为社会服务”之类的精神本质；或以为企业文化只是态度、心理、观念、感情之类纯而又纯的主观精神，而不包括任何物质载体或基础；甚或以为企业文化只是物质和精神财富等结果，而不包括创造这些结果的活动过程，所有这些都是不全面的，也是对我国的企业文化建设不利的。

第四节　企业文化学的学科定位

任何一门学科，都有自己所特有的研究对象，都在整个科学技术系统中占有一个恰当的地位（从而具有确定的学科性质），都经常使用某些有效的研究方法。企业文化学也不例外。

一、研究对象

企业文化学的研究对象，就是“企业文化”。作为企业文化学研究对象的企业文化，是存在于所有的每种具体的企业文化之中的，是最一般的企业文化，最普遍的企业文化。

企业文化学，既不同于资本主义企业文化学，也不同于社会主义企业文化学；既不同于工业企业文化学，也不同于商业企业文化学，原因就在于它们有不同的研究对象。在所有这些正在或有待建立的学科中，企业文化学的研究对象最为广泛。任何一种具体的企业文化，都是企业文化学的研究概括对象，遗漏了就可能发生以偏概全的失误。但任何一种具体的企业文化，又不完全进入企业文化学的研究范围，它自身特有的东西是特殊企业文化学的研究对象，如社会主义企业文化所特有的东西是社会主义企业文化学的研究对象，商业企业文化所特有的东西是商业企业文化学的研究对象等等。从这个角度来看，企业文化学的研究对象，并不直接就等同于各种具体的企业文化现象，而是存在于这些现象中的一般和普遍的东西。因此，企业文化学的第一个研究任务，就是把作为本学科研究对象的企业文化定义清楚，然后才有可能研究它的各个方面，说明它的发展变化，并揭示它的深层本质与规律。

二、学科性质

现代科学技术是一个错综复杂的体系。按照不同的标准，可以对现代科学技术作出不同的分类。一门学科的性质，可以从它归类后的位置或多或少地显示出来。

按照从实践到理论、从具体上升到一般的抽象程度，人们把科学技术划分为从低到高的四个台阶：工程技术、技术科学（或应用科学）、基础科学、哲学。从这个角度来看，企业文化学还够不上一门基础科学，只能归属于应用科学之列，是文化学或“人学”的一般原理在企业经营管理中的具体应用。

按照研究对象的范围，人们把现代全部科学划分为九大门类；其中七大门类的对象范围是依次缩小的，即自然科学、社会科学（社会的范围比自然界小，而且也是自然界中的一个特殊的部分）、人体科学、思维科学、行为科学（它研究人的与思维相对而言的行为，因而不是西方管理科学发展第二阶段上的那种“行为科学”）、军事科学（军事行动是人类的一种特殊行为）、艺术科学（艺术创造是人类的一种特殊思维与行为）；其他两大门类是数学科学和系统科学，它们的研究对象横跨自然、社会以及人类的思维与行为等一切领域。从这个角度来看，企业文化学似乎可归属于社会科学或人文科学、思维科学、行为科学、文学艺术，但又似乎不能完全归属于五者当中的任何一个，也许应该看成是这五者交叉应用于企业的结果，即企业文化学是一门交叉学科或边缘学科，如图所示。

辩证唯物主义哲学									
哲性科学（啥智慧？）	军事辩证法	美学	认识论	社会论	人天观	历史唯物论	自然辩证法	数学学	系统论
基础科学（是什么？）	军事科学（战略学）	文学艺术（语言学）	思维科学（逻辑学）	行为科学（伦理学）	人文科学（文化学）	社会科学（经济学）	自然科学（物理学等）	数学科学（微积分学）	系统科学（信息论）
技术科学（怎么做？）	攻坚战术学　防御战术学	演奏学　朗诵学	法律逻辑学　创造学	劳动改造学　刑事侦察学	诊断学　心理咨询学	营运学　考古学	应用力学　材料科学	计算数学　统计学	语言系统处理学
工程技术（改造世界）	曼哈顿、万里长城工程	奥运会开幕式演出工程	人工智能模式识别工程	七不规范、反走私工程	基础教育、献爱心工程	夏商周断代工程	都江堰、卢浦大桥工程	环境、建筑计算工程	网络工程　生态工程
人类最基本的实践活动（生产活动、社会活动、科学实验活动）									

现在，许多学者正在致力于建立一门新的科学：企业学。于光远认为：企业学包括有一般企业学、企业经济学、企业文化学、企业政治学、企业法学、企业社会学、企业经营学、企业管理学和企业哲学九个子部门。这就是说，企业文化学是企业学的分支学科，它和企业管理学具有同等的地位。

当然，说企业文化学是一门应用学科，是一门边缘学科，是一门分支学科，这是从不同的角度、不同的范围，与其他学科相比较而言的。企业文化学究竟具有什么样的性质，还要看人们能够把它创造到什么程度。

三、研究方法

企业文化学作为系统化的知识，归根到底是来自企业的有关实践。因此，国内外各类企业，特别是优秀企业开展企业文化建设的实践经验，是建立企业文化学所值得重视的第一手资料。经验总结法是企业文化学必不可少的一个研究方法。企业家的经验之谈，优秀企业文化的个例研究，各种专题调查，对于企业文化学来说是多多益善。

但是，企业文化学不是个别经验的简单总和，它作为一门学科应该有系统的理论和严密的逻辑。因此，归纳与演绎、分析与综合、抽象与具体、逻辑与历史相统一的辩证思维方法，同样是企业文化学中必须运用的研究方法。没有思维，没有逻辑，没有理论，便不会有科学。

企业文化学作为一门正在形成中的学科，作为一门初创的学科，特别需要多视角的研究。仁者见仁，智者见智，众说纷纭，对任何一门正在形成中的学科来说，并不是坏事，而是好事。只有这样，研究对象的所有各个方面和各个层次，才有可能都揭示出来，避免以偏概全的失误；才有可能进行最充分的比较和鉴别，从而有利于作出最优的选择；才能活跃人们的思想，引起深入研讨的兴趣，使企业文化学向纵深发展。因此，对于不同的学说、不同的观点、不同的提法，尽可能予以介绍、比较和鉴别，也应是企业文化学中经常使用的研究方法。

第二章

企业文化系统

从微观上看，任何群体意识总是先在个别人头脑中萌生，然后依靠所在系统的各要素间的相互作用，成长为真正的文化。本章拟从这个微观生成的角度，来说明企业文化系统。

第一节　企业文化要素

一个系统，可以有不同的划分。划分方法不同，所得到的要素也不同。上一章第三节企业文化内涵表中，实际上也已经对宽泛的企业文化系统作了一种划分，并得到了四大类要素，即过程性要素、结果性要素、精神现象要素和精神本质要素。这种划分有助于企业文化这个概念的把握，但不能显示企业文化的微观生成。下面从微观生成的角度来分析企业文化系统中的要素。

一、种子要素（或中心要素）

企业文化系统中的种子要素或中心要素是：价值观念、精神境界、理想追求。说它们是“种子要素”，是因为它们决定着企业文化的内容和方向。整个企业文化的生成，就是某种价值观念、精神境界、理想追求的发育与成熟，就是它们的展开与实现。说它们是“中心要素”，是因为其他要素或是为它们的成长服务的，或是以它们为灵魂的，或是它们的外观表现。

决定未来企业文化面貌的某种新的价值观念、新的精神状态、新的理想追求，总是先在个别人头脑中萌发。这少数个别人物，就资本主义企业来说，往往就是企业创始人或领导人，如松下文化的种子要素——为社会发展作贡献的价值观念和理想追求，首先就是在松下本人头脑中萌发的。也许正因为种子要素首先萌发于企业领导人，或者换一种说法，新的价值观念只有在领导人头脑中萌发后，才有可能被推广而成为企业文化的种子要素，所以那些企业文化搞得比较好的资本主义企业，总是和一两位强有力的领导人分不开的。

社会主义企业的情况有所不同，全体职工都是企业的主人。因此，企业文化的种子要素，不仅可以首先萌发于领导人头脑中，也可以首先萌发于一般职工，特别是那些主人翁意识极强的一般职工。尽管如此，企业领导仍然是企业文化种子要素萌发的关键。这是因为：第一，全体职工是社会主义企业的主人，但企业的指挥职能却只能归属于少数人，任何职工的先进价值观念和理想追求，首先要得到领导者的认同与欣赏，才有可能作为种子要素来加以推广。第二，在推广的过程中，需要领导者带头实行，需要领导者坚持不懈地灌输，因此种子要素首先要根植于领导者的心中。第三，普通职工之所以能首先萌发种子要素，来源于他的主人翁意识。职工的主人翁意识不会凭空产生，需要领导者从所有制、分配制、用工制、决策制、管理制、升迁制等多个方面采取有效措施，职工才有可能摒弃“打工仔”的态度，进而树立牢固的主人翁思想。可以肯定，如果社会主义公有制企业中的领导者不能维护公众利益，甚至以权谋私，那必然会熄灭普通职工产生较高理想追求的热情。

二、催化要素

企业文化系统中的催化要素，是指一个企业的教育培训、科学技术、文学艺术和规章制度，有的时候也可以相应地称之为教育文化、科学文化、艺术文化和制度文化。

任何种子要素，无论是价值观念，还是精神境界或理想追求，如果仅仅是个别人头脑中的思想，那它们实际上就没有作为种子要素来发挥作用。它们必须展示出来，充分地“化”开来，变成全体职工（至少是大多数职工）认同的群体意识，才能作为企业文化的种子要素真正发挥作用。种子要素从个体意识“化”为群体意识，可以依靠教育培训、科学技术、文学艺术、规章制度的作用，并且也只能依靠它们。

教育培训、科学技术、文学艺术这三种活动，都不是简单地下达命令，它们或是进行充分、系统的说理，或是对事物内在本质作深刻揭示，或是采用打动人

心的形象引导等，因此，它们不仅能使一种有利于文明取胜的价值观念、精神境界、理想追求让全体职工熟悉和了解，而且能让全体职工信服、感动，进而认同，变成自己的人生理想和精神追求。规章制度如果不是主观先行规定，而是把职工的共识及时用条文确定下来，无疑有利于认识成果的巩固，同时还可以预防少数人的偶然越轨行为。这样一来，中心要素也就真正“化”成了群体意识。我们把教育培训、科学技术、文学艺术、规章制度，称之为企业文化系统中的“催化要素”，原因正在于它们能催熟群体意识。

中心要素和催化要素的关系是辩证的。没有中心要素，也就没有催化对象和催化任务，从而也就无所谓催化要素。在客观现实中，确实有这样的企业：它们并没有萌发什么有利于文明取胜的价值观念，也没有什么明确的理想追求，更谈不上想要形成什么崇高的精神境界，一句话，没有萌发出中心要素，但它们却也在搞教育培训，在抓科学技术，在办文学艺术节，在制定规章制度，并且声言这就是抓企业文化。也许正是针对这种情况，我国理论界和企业界都有人明确指出：企业文化并不是科技知识，也不是教育培训，更不是文娱体育等等。脱离了催熟“以文明取胜的群体意识”这个中心，教育、科技、文艺、制度就不能并入企业文化系统而视作催化要素。

但是，问题也还有另外一面。如果没有催化要素，有利于文明取胜的价值观念、精神境界、理想追求，就只能是个别人或少数人的思想，不能成长为企业文化，从而也就不能称之为企业文化中的种子要素。因此，那些灌输先进价值观念、体现崇高精神境界、充满理想追求的教育培训与科技文体活动，是应承认其为企业文化建设活动的。

三、品质化要素

企业文化系统中的品质化要素，是指普遍地存在于企业职工身上的各种素养，如文明素养、道德素养、劳动素养等，也指企业职工已普遍牢固地树立的各种意识，如自主意识、参与意识、协作意识、集体意识、服务意识、质量意识、顾客意识、竞争意识、创新意识等。品质化要素的集中体现，就是一个企业的英雄模范人物。

品质化要素的出现，是种子要素在催化要素的作用下，在每个职工心中萌发、生成的过程。这是价值观念、精神境界、理想追求的认同过程，是一个长期的潜移默化的过程，是宣传与灌输的过程。

“品质化”要素中的“化”，就是要把以文明取胜的价值观念、精神境界和理想追求，从少数人的思想“化”为多数人的品质，“化”为普通职工的信念；就是要把外在命令的约束，“化”为全体职工内心自觉自愿的约束；就是要把职工从一个被动的命令接受者，“化”为“主人翁”。这个“品质化”的任务一旦完成，以文明取胜的群体竞争意识也就形成了。企业文化的成长发育虽然并不会因此就停止，但企业文化的基本轮廓应该说已经基本定型。

运用教育培训、科学技术、文学艺术和规章制度的手段，促使成千上万的职工去认同同一种价值观念和理想追求，这是进步还是退步，是自我的实现还是自我的丧失，是精神的解放还是精神的奴役？对于这个问题，不能抽象地加以回答，而应分析所认同的那种价值观念和理想追求的具体内容。以文明竞争取胜的价值观念，愿为社会发展服务并作出积极贡献的理想追求，理解人、尊重人的精神境界，无疑是积极的、进步的、符合生产力发展要求的。使成千上万的职工认同这样的价值观念和理想追求，就是一个伟大的进步潮流。任何一个企业的职工，只有投入到这个进步的历史潮流中去，才有可能达到自我的实现。美国资本主义传统下的极端个人主义观点以为任何“认同”就是自我的丧失，这种片面的看法已经被越来越多的美国企业抛弃，美国人把这称为企业文化的重塑。

四、物质化要素

企业文化系统中的物质化要素，是企业向外提供的物质产品、技术服务、环境保护、社会赞助和企业内部的厂房设施、环境布置等。

企业文化的生长发育，如果只进行到形成“以文明取胜的共有价值观念、精神状态、理想追求”为止，那还只是一种意识，而不是完全的企业文化。种子要素的“种子”本质会继续展开，催化要素的催化功能会继续发挥，使人们的思想激情转化为热情的行动，创造出能够体现出自己理想追求的物质产品等等。

企业文化系统中的物质化要素，一方面是精神目的和理想追求的部分实现，另一方面是社会需要的部分满足。这两者都提供了判断企业文化优劣的客观依据：卓越的企业文化，其满足社会需要的程度最优，其实现理想追求的程度最彻底。外界对企业文化的评价，往往就是以企业文化系统中的这类物质化要素为依据的。尽管它不是企业文化的根（种子），但却是企业文化之果。根系发达，终究会结出丰硕果实。

另一方面，也不能简单化。不能认为一个企业的产品畅销，利润高，就肯定是企业文化搞得好；反之，经济效益低，就断定是由于企业文化没有搞好。从实际上看，美国的国际电话电报公司在吉宁担任总裁期间的经济效益是很好的，可是国际学术界谁也没有认为该公司的文化是卓越的。我国改革开放初期个别企业有较高的经济效益，也不是通过公平的文明竞争取得的。从理论上说，第一，企业文化中的物质化要素是个大类，并不仅仅是畅销的产品一项，从而也就不能仅仅用利润一个指标来衡量；第二，物质化要素仅仅是企业文化中的部分成果，而不是全部成果，更不是整个企业文化系统，用一个要素来判定整个系统显然是片面的；第三，从种子要素到物质化要素，有一个生长凝结的过程，企业文化所产生的经济效益要在较长的历史时期中见分晓，是战略性效益而非战术性效益。

五、习俗化要素

企业文化系统中的习俗化要素，是指企业的风俗、习惯传统、仪式、非正式信息渠道等。

习俗化要素的涵盖面极其广泛，既可以是物质性活动的习俗，也可以是思维活动的习俗。例如，我国南方某乡镇，市场交易不讨价还价，卖主不守摊，由顾客自选货物，自己称量，自动按卖主事先标明的价格结账，并自觉将货款投入无人看管的钱筒，就属于物质性活动方面的习俗。对于表现差的职员，美国经理首先想到的是“将他开除”，日本经理首先想到的是“对他劝告”，这属于思维方面的习惯。原则上说，人类的任何一种活动都可以习俗化。

企业活动一旦习俗化，执行起来便极为自然，既不需要从外部施加压力，也不需要从内部准备动力。因此，企业文化生长发育的最终目标，就是种子要素转化成为习俗化要素。当文明竞争、为社会发展作贡献、尊重与理解人、质量第一、顾客至上等等成为企业全体职工的习惯，成为自然而然的风气，企业文化就真正建成了。文化之为文化，就在于它能历代相传，经久不衰，这种局面，只有在习俗化要素生成之后才会出现。

但是习俗化要素的生成，非一朝一夕之功，需要催化要素反复不断的催化，品质化要素跨越代际的凝结，物质化要素成年累月的积累。其过程是艰辛的，但其影响也是久远的。那些具有卓越文化的企业，之所以不会随着个别领导人的离职而滑坡，之所以能长期立于不败之地，其原因正在于习俗化要素的生成。

企业文化的种子要素、催化要素、品质化要素、物质化要素和习俗化要素，都是企业文化的必不可少的部分，不要因为习俗化要素“文化性”最强就否认其他要素在企业文化系统中的地位。

第二节 企业文化结构

企业文化结构，是指企业文化系统内各要素之间的时空顺序、主次地位与结合方式，它表明各个要素如何联系起来，形成企业文化的整体模式。

上节说明企业文化要素时，实际上已经描述了一种时间上的顺序，即种子要素在催化要素作用下，依次生长出品质化要素、物质化要素和习俗化要素，这就是它在逻辑上的时序结构。但是现实中的企业文化，各国的企业文化，由于各自的历史沿革、经济状况、当前处境不同，因而其要素的时空顺序、主次地位与结合方式是各不相同的，从而也就有不同的企业文化结构模式。

就世界范围来看，出现过三种主要的企业文化模式，可以供各企业选择时参考。下面就来考察这几种主要的企业文化结构模式。

一、利益共同体结构

在这种结构中，物质化要素处于优先地位，是促进其他要素成长的基础，也是用来联系其他一切要素的纽带，从而是整个企业文化的出发点和驱动中心。这种结构模式，主要是通过物质利益共享、物质风险共担，把全体职工捆在一起。在这个前提下，利用物质利益手段刺激种子要素的发育，即对职工认同企业价值观的言行（如提高产品质量）给予重奖，而对背离企业理想追求的言行（如怠慢用户）施以重罚，希望以此来使种子要素品质化，而不太寄希望于种子要素本身的生命力，即不太注意，甚至不相信卓越价值观念和崇高理想追求本身的吸引力。同样地，完全凭借物质力量大力开展教育、科研活动，并且肯在文体设施和各种礼仪活动上花大钱，至于所有这些活动的人生观意义则很少去加以发掘，但也不阻止这种意义的自然扩展。总之，在这种结构中，物质利益被看成是惟一具有凝聚力的东西。

这种结构模式的适用范围，可以分以下几种情况来说明：

（1）对于经济实力低于平均水平的企业来说，这种结构模式是完全不适用的。因为缺乏经济实力，不可能有什么物质利益让职工共享，倒是有物质风险让职工共担，“利益共同体”实质上是“损害共同体”，而且没有任何精神上的需要来支撑这种损害，因而是没有生命力的。

（2）企业的经济实力高于平均水平，而职工的物质生活需要又基本没有得到满足。这时，利益共同体的结构模式是适用的。因为企业有经济实力，有物质基础兑现利益共享，职工也很需要这种物质鼓励，利益共同体因而较易形成。

第二次世界大战以后的20多年内，美国一些企业就是采取利益共同体的模式取得成功的。这是因为，那时美国企业的经济实力高于世界平均水平，有兑现利益共享的物质基础；那时美国的职工也比较看重物质鼓励，并且愿意在物质鼓励之下去生产更多的物质产品。有关文献描述道：“那时的情况比较简单：战后时期，对产品的需求所受压抑已久；国际上又没有什么强硬的竞争对手；经历过萧条后的劳工队伍，那时只要有份工作就觉得运气很不错；他们还有一种作为一个美国工人而为这个渴求时髦的世界生产最好、最光彩夺目的花哨产品的那种飘飘然的自得情绪。”[①] 正因为这种模式曾在欧美等国流行并取得成功，所以我国学术界有人称之为欧美“利益社会”式的企业文化。

（3）企业的经济实力高于平均水平，但职工的物质生活需要已经较好地得到了满足。在这种情况下，利益共同体的结构模式虽然可以继续运用，但效果不会太大。因为这时职工的优势需要，已经不是物质利益，而是希望工作本身更有意义。因此到了 20 世纪 70 年代末，当美国整个社会已经较富裕的时候，美国的理论家和企业家们都纷纷提出要重塑美国的企业文化。他们把目光转向“日本模式”，或者转向与日本企业的做法相似的那些美国企业的模式。

不难看出，由于“利益共同体”模式是以物质化要素为出发点，所以雄厚的经济实力是应用它的前提。在我国，把建立“利益共同体”作为贯彻按劳分配原则的措施之一是适当的，而把它作为企业文化建设的模式则不适当。把它作为贯彻按劳分配的措施之一，其含义只是说：社会主义企业的物质财富，是要靠职工通过劳动来创造的，职工劳动得好，企业物质财富就增加得多，这时职工的个人收入才可能而且也应该增加；职工劳动表现差，企业物质财富就不可能增加甚至可能减少，这时职工的个人收入就不可能增加，而且也不应该增加，甚至应该相应地减少。企业与职工的利益是共同一致的，应该认识到这一点，也应该强化这种利益共同一致的意识。

如果把建立“利益共同体”作为企业文化建设的模式，那就不是把物质利益和劳动好坏来进行比较，而是和理想追求（种子要素）、文明道德素养（品质化要素）、习惯传统（习俗化要素）等进行比较，其含义则是说：第一，把企业凝聚为整体的主要力量是人们的物质利益，而不是共同的理想追求、共同的文明道德素养、共同的习俗传统等。简短地说，就是有利则聚，无利则散。第二，有物质利益，才有可能促使人们产生理想追求，积累文明道德素养，形成优良习俗传统等等。因此，有经济实力就有一切，没有经济实力一切都是白搭。第三，物质利益高于理想追求，高于文明道德素养，高于优良的习俗传统。这种模式，理论上失之偏颇，实践上等于宣布经济实力较弱的企业不能搞企业文化，因而对我国是不适当的。

二、命运共同体结构

在这种结构中，品质化要素处于优先地位，是整个企业文化的出发点和能动中心。这就是说，职工已经具备了文明道德、喜欢劳动、愿意协作、爱厂如家等方面的素养，可以成为企业文化的土壤和生长点。因此，职工值得信赖，他们有能力跨越种种障碍，甚至能超越法律条文和所有制，去认同某种以文明取胜的价

---

① ［美］托马斯·J·彼得斯、小罗伯特·H·沃特曼：《成功之路》，51 页。

值观念、精神境界和理想追求，形成共同的使命感，使企业成为命运共同体。

采用这种结构模式，主要是珍惜人力资源，加倍爱护职工，萧条时也不解聘，以利于建立“风雨同舟、命运与共、有难同当、亲如一家”的思想感情。这样，使职工们对苦的工作不以为苦，难的工作不畏其难，而是当成快乐而神圣的使命去完成；使职工们对劳动结果的关心，主要不是自己能从中得到多少物质利益，而是自己在完成崇高的使命中获得了尊严，精神报酬高于物质享受。企业的各种活动，如生产物质产品，提供物质服务，发展教育事业，进行科学技术研究，举办文体知技竞赛，继承和发扬优良传统，倡导新的风俗习惯，乃至召开一次会议等等，都被赋予了完成历史使命的意义。

命运共同体结构，适用于经济实力差、人员素质好、人际关系比较协调的企业。在这类企业中开展企业文化建设，就是把人的优秀品质加以外化和现实化。种子要素的形成及其催化，物质化要素的丰富与积累，习俗化要素的萌发及其生长，都得到了人、人的品质和人的使命感的可靠保证，都是人的高尚品质展现出来的一种自然而然的结果。

第二次世界大战以后，日本企业就是按照这种模式把企业文化搞上去的。因此我国学术界有人把这称之为日本的“命运共同体”式的企业文化。日本的松下电器公司，是恰当地运用这个模式而取得成功的典型。自20世纪50年代以来，松下公司一直繁荣兴旺，它的成功模式成为日本其他企业效法的对象，“命运共同体”模式在日本广泛流行起来。80年代以来，欧美等资本主义国家的企业，只要它们是重视企业文化的，也都倾向于命运共同体的模式。那么，这种模式是否也适用于社会主义的中国呢？毫无疑问，我们从这种模式中可以得到不少启发，但却不能把它完全照搬于中国。

不管哪一种结构模式，种子要素总是决定企业文化内容和方向的东西。没有种子要素，企业文化就不过是只有空名而无实际内容的东西，种子要素的优劣，决定着企业文化的先进程度和水平高低。这是适用于一切结构模式的普遍真理。

结构模式的不同，主要是供种子要素成长发育的基床或土壤不同。在“利益共同体”模式中，物质化要素被当作种子要素的惟一基床。抽象地说，这种模式也不无道理，因为任何精神状态、理想追求与价值观念，确实可以得益于物质基础，但具体到一个企业或一个职工，如果以为经济实力差的企业就不会有理想追求，以为职工的精神状态只能用物质利益来换取，那就完全错了。

“命运共同体”的结构模式，在理论和实践上具有以下特点：（1）抽象的人性论是它的理论基础。它认为，职工的优良素质是天赋的，人天生就伟大、崇高、仁慈、公正，人本能地就具有集体观念、做好工作的愿望和当家做主的思想。这虽然是对人本身的一曲动人的赞歌，但却否认了人类几千年文明发展的凝结过程，取消了为人类积累优秀素养创造社会条件的宏观任务，也与企业文化如此大力做人的工作这种实践相矛盾。(2) 把人永久性地禁锢在私有制之中是它的前提。它认为，“经营者”是企业中的“王者”，有任意动用人、财、物的权利，据说这也是天赋的。这当然是站不住脚的。(3) 巧妙地利用历史传统为现代企业服务是它的实践特征。日本企业家认为，职工已经具备了许多优良素质，如愿意把工作做好、有集体观念等等。应该认为这是确实的，但这些素质不是天赋的，而是人类几千年来文明发展不断积累的结果。日本“命运共同体”式的企业文化的最大优点，就在于它没有割断历史，善于发掘传统文化中有用的东西，包括被一般人视作封建糟粕的家族主义意识，统统都细心地加以对待，巧妙地利用来为现代企业的管理经营服务，而且收到了较好的效果。在这里所说的三个特点中，前两个决定了我们不能照搬日本“命运共同体”式的企业文化模式，后一个决定了我们必须认真汲取这个模式中有用的东西。

三、自由联合体结构

企业文化的自由联合体结构，有两个明显的特点：一是企业成员比较自由、自主、自律；二是企业具有全体成员共享的明确的理想追求、崇高的精神境界和先进的价值观念，即种子要素处于优先地位，是企业文化系统的出发点和中心。这个出发点和中心，既不是通过眼前的物质利益共享而促成的，也不是公司全体成员的“天性”或“天赋”，而是全体职工客观上主人翁地位的结晶，是他们自由而充分地利用历史积累和积极创造现实条件的必然结果。

我国有些公司，就是通过采用自由联合体结构，而把企业文化搞上去的。以大庆精神为代表的企业精神，以“鞍钢宪法”为代表的企业价值体系，虽然当时没有冠以企业文化的名称，但实质上都属于企业文化，并且是具有自由联合体结构的企业文化。

应该说，我国多数企业都具有通过采用自由联合体结构而把企业文化搞好的优势。这种优势，来源于历史上的三个方面：(1) 为推翻“三座大山”而进行的长期斗争，取得了社会主义革命的胜利，人民翻身做主人的意识特别强烈。(2) 长期以来实行的公有制，以及相应的劳动保障制度、医疗保健制度等等，进一步强化了职工的主人翁意识。(3) 长期的思想政治工作传统，有利于形成共享先进价值观的氛围。

虽然中国企业都具有这三种优势来源，但能充分利用它们而建设优秀企业文化的公司，毕竟还是少数。这是为什么呢？因为从“优势的来源”到形成“优势本身”，还有许多中间环节。任何一环的阻塞，都会使建设优秀企业文化的目标落空。

就我国的国有制企业来说，我国是社会主义国家，是代表中国全体人民根本利益的国家，因此，国家所有也就是全体人民所有，国有企业的全体职工自然而然也是企业的所有者，是主人翁。但这只是从理论上来说的主人翁。全体人民的主人翁权利，是委托国家来行使的，而国家又是委托（或说“任命”）许许多多的董事长、总经理来行使的。因此，普通职工能不能成为实际上的主人翁，在很大的程度上就取决于董事长、总经理是否认识到：自己的权力表面上看是上级授予的，实质上却是包括本公司普通职工在内的人民赋予的，自己所面对的普通职工也是所有者，是自己的“老板”，而绝不能自己以“老板”自居。遗憾的是，真正认识到这一点的董事长或总经理并不是很多，而欣然以“老板”自居的却随处可见。值得庆幸的是，有些国有企业的董事长、总经理，不忘自己是受人民之托，从而充分尊重普通职工的主人翁地位，作风民主，办事坚持公开、公平、公正的原则，在全体职工中培育了共同的理想追求、崇高的精神境界和先进的价值观念，建立起优秀的企业文化。

就我国的集体所有制企业来说，所谓“集体”，是十分广泛的，可以是一个村、一个乡，也可以是里弄、街道，还可以是社区、社团等等。我国最初的集体所有制企业，一方面规模较小，企业职工往往也就是本集体的成员，职工的主人翁地位比较容易理解和认同；但是另一方面，这类小型的集体所有制企业，又往往和基层政权组织分不开，职工的主人翁地位能否得到尊重，受到政治民主状况的制约。随着改革的深入，集体所有制企业的规模也在扩大，越来越多的企业职工并不是本集体的成员，这就在客观上增加了通过自由联合体结构来搞好企业文化的难度。

就我国的劳动者股份合作制企业来说，它是我国企业改革中所采用的公有制新形式。其特点是：企业的职工就是企业的股东，是劳动联合与资金联合的统一；企业的全体职工大会，就是企业的全体股东大会；企业的经营管理，与任何一级的政府机构都没有关系，是真正的“无上级”企业。在这种劳动者的股份合作制中，企业归全体职工所有，生产由全体职工进行，经营管理由全体职工决策，利润由全体职工享用，风险由全体职工承担。显然，采用这种公有制形式的企业，最适合于通过自由联合体结构，来建设优秀的企业文化。但我国的这类企业，无论从规模、数量、素质来看，还是从其在国民经济中所占的地位来看，都很小很低，很难成为推动自由联合体结构发展的主要动力。

我国新近组建了很多混合所有制企业。这类企业面临多种文化的冲突和融合，比较缺乏采用自由联合体结构来建设企业文化的现实条件，即使某个职工头脑中首先萌发了新的先进价值观的种子，也不一定具备萌发、成长的现实条件。

当然，除了现实条件之外，历史上积累而成、可以作为我国企业文化建设出发点的“种子要素”，也还有它自身的弱点。从其内容来看，往往具有一般性，是和共产主义的最高理想挂钩的，因此需要具体化为企业的目标与追求，需要和

当前的生产经营联系起来；从其涵盖面来看，往往属于少数人甚至个别人的一种精神境界，因此使全体职工认同、变成共享价值观的任务还很重；从其历史渊源来看，虽然也是整个文明发展的产物，但毕竟属于新的和公有制挂钩的东西，不像和私有制挂钩的种子要素那样具有深厚的传统作基础，因此迫切需要催化、品质化、物质化和习俗化。

上述表明，为了使种子要素迅速成长发育，不能指望从某一个方面就获得充足的养料，而必须从各个方面吸取养料，联合运用各种条件（历史的和现实的、企业文化系统外的和系统内的、物质化的和品质化的等等）；还必须把吸取养料发展自己，和发展系统内其他要素灵活地结合起来。

简言之，若要成功地运用自由联合体的结构模式，就必须发挥社会主义的优势，联合运用各种条件。只有这样，才有可能把企业办成这样一个联合体，在那里，每个人的自由发展是一切人的自由发展的条件。

第三节　企业文化功能

所谓功能，是指一系统影响、改变他系统以及抵抗、承受他系统的影响和作用的能力，是一系统从周围环境中取得物质、能量、信息而发展自身的功用。企业文化功能可以说出很多，主要有以下几个。

一、振兴功能

所谓振兴功能，是指通过抓企业文化，可以使企业摆脱困境，走出低谷，建立优势，形成特色，持续发展，在竞争中长期立于不败之地。

振兴功能的实践依据在于：国内外许多企业的成功，都是依靠培育先进企业文化的结果。第二次世界大战以后的日本企业，之所以能取得巨大成功的主要原因，就是由于建成了非常强大而且有凝聚力的文化。事实上，强大的文化也是美国企业持续成功的幕后驱动力。

振兴功能的理论依据在于：文化对于经济具有相对独立性，即文化不仅反映经济，而且反作用于经济，先进的文化对发展经济起促进作用，落后的文化则对发展经济起阻碍作用。在一定的条件下，先进文化是经济发展的先导和主要决定力量。企业文化作为以文明取胜的群体竞争意识，具有保证其先进性的三个基本特点：第一，它是与野蛮、武化相对立的文化，深得人心；第二，它是群体一致牢固认同的文化，“紧握成拳”；第三，它是与竞争取胜密切联系的文化，从而能不断适应产品、行业、市场的变化。这样的文化，是富国富民之本。

企业文化发挥振兴功能的基本特色是：

第一，企业文化引导企业经济发展的效果，非一日之功，非一天之效，有一个时间上的积累过程；不能简单地理解为今天抓企业文化，企业经济效益就高上去；明天不抓企业文化，企业经济效益就低下来。持之以恒抓企业文化，坚持不懈，日积月累，定有千秋功业，必然会产生企业经济振兴的效果。从这个角度来看，企业文化的“适应与指导经济说”是能够成立的。

第二，企业文化的振兴功能，不仅表现为振兴企业的经济，也表现为振兴企业的教育、科学以及整个企业的文明总体状态。所有这些振兴功能，是在企业文化系统和其他系统发生复杂的相互作用的情况下，共同显示出来的效果。因此，如果说振兴只是企业文化惟一地发挥功能的结果，往往容易引起争议，但说企业文化有振兴功能，则是没有疑义的。

二、导向功能

一般地说，任何文化都是一种价值取向，规定着人们所追求的目标，具有导向的功能。如果把经济比喻为“列车”，把科学技术比喻为纵横交错、四通八达的“铁路网络”，那么文化就可以比喻为“扳道工”。没有铁路，列车不能运行；没有科学技术，经济不可能发展。没有列车和铁路网络，扳道工是无所作为的，但在具备铁路网络和列车的基础上，文化“扳道工”却规定着经济“列车”在哪条道上奔驰。

回顾历史，同样是火药，西方用它来炸山开矿，旧中国却用它来做爆竹敬神；同样是罗盘针，西方用它航海，旧中国却用它来看风水。这是资本主义文化和封建主义文化各自发挥其导向功能的结果。

现代科学技术是第一生产力，但要它真正发挥第一生产力的作用，而不是用它去发挥第一军事力或第一娱乐力乃至第一诈骗力的作用，取决于文化导向。

特别地说，企业文化是一个企业的价值取向，规定着企业所追求的目标。卓越的企业文化，规定着企业具有崇高的理想和追求，总是引导企业去主动适应健康的、先进的、有发展前途的社会需求，而导向胜利。拙劣的企业文化，使企业鼠目寸光，总是引导企业去迎合不健康的、落后的、没有发展前途的社会需求，最终使企业破产。

三、协调功能

企业文化能够协调企业和社会的关系，使社会和企业和谐一致。因为无论中国或外国的企业文化，其精神内容都是要使企业自觉地为社会服务。具体地说，通过文化建设，企业尽可能调整自己，以便适应公众的情绪，满足顾客不断变化着的需要，跟上政府新法规的实施，因而企业和社会之间就不会出现裂痕，出现

了也会很快弥合。

在市场经济的条件下，企业之间存在着极其激烈的竞争关系，这是肯定无疑的。但是，不管竞争怎样激烈，客观上企业之间总还有或多或少的依赖关系，如甲企业可能是乙企业的用户，乙企业又可能是丙企业的用户等等。这种既竞争又依存的关系，随着条件的变化，有的时候竞争显得很突出，另一些时候相互依存显得很突出。这种情况，不会因企业文化的发展而消失。但是企业文化的发展，却给竞争加上了必须"文明"的限制，这样，即使两个竞争关系特别突出的企业，也不致发生"过火的"、"越轨的"行为。这也是企业文化协调功能的一种表现。

企业文化的协调功能，来源于它为社会发展服务、为人的全面发展作贡献的精神本质。这种本质，还使得企业文化的协调功能可以在更大的范围内发挥作用。企业文化不仅是民族文化精华和社会文化精华的继承者，不仅是民族文化和社会文化在公司范围内的应用，而且主要还是民族文化精华和社会文化精华的"添砖加瓦者"，是发展民族文化和社会文化的能动推进器。

美国理论家已经注意到，20 世纪后半期以来，"整个日本实际上是企业文化在国家范围内的扩展"①。企业文化的协调功能，可以扩展到整个国家，扩展到整个人类社会，成为创建和谐社会的巨大推动力。

四、凝聚功能

企业文化可以增强企业的凝聚力。这是因为企业文化有同化作用、规范作用和融合作用。这三种作用的综合效果，就是企业文化的凝聚功能。

从形式上看，同一个企业内的职工，企业与本企业的职工，总是聚集在一起的。但是传统的管理理论，把企业和职工的相互利用关系，作为管理工作的出发点与归宿。例如行为科学理论研究职工的各种需要，要企业千方百计去满足这些需要，条件是职工必须为企业卖力干活，至于职工的目标和企业的目标是否一致，各个职工之间的目标是否一致，则不大过问，至少不认为它是一个主要问题。企业文化理论则不然，它把个人目标同化于企业目标，把建立共享的价值观当成管理上的首要任务，从而坚持对职工的理想追求进行引导。企业文化的这种同化作用，使企业不再是一个因相互利用而聚集起来的群体，而是一个由具有共同的价值观念、精神状态、理想追求的人凝聚起来的组织。

企业文化中的共有价值观念，一旦发育成长到习俗化的程度，就会像其他文化形式一样产生强制性的规范作用。正如今天若有人赤身裸体上街必然会被扭送进治安机关（直接文化强制），也正如在中国生活就非得说中国话（间接文化强

① ［美］特雷斯·E·迪尔、阿伦·A·肯尼迪：《企业文化——现代企业的精神支柱》，5 页。

制），进入一个共有价值观已经习俗化的企业就非得认同那种价值观不可；反之，让现代人去一个赤身裸体上街的群体中生活会多么不情愿，让从小一直在中国长大的人去外国生活多少会不习惯，让职工离开一个共有价值观已经习俗化的企业而到另一个企业去，也同样会不情愿、不自然。企业文化的强制性规范作用，大大加强了一个企业的内部凝聚力。

但是，文化强制与规章制度强制是不同的。对于本文化圈内的人来说，一点也不会感到文化强制的力量，他们总是极其自然地与文化所要求的行为和思想模式保持一致。对于从外面进入文化圈的人来说，确实会感到文化强制的巨大力量。但是，除直接文化强制之外，间接文化强制并无具体的强制执行者，而是新来者自己感到不习惯和不自然。如果新来者决心在这个文化圈内待下去，他很容易找到"老师"和模仿对象，会感到有一只看不见的手拉着他朝一个既定的目标前进，乃至经过一段时间积累之后，新来者会完全融合到这个文化中去。这就是文化的融合作用。企业文化的规范作用，是一种间接文化强制，因而也是一股潜移默化的力量，它对于新职工来说，对于异质文化的"入侵"，能够产生极强的融合作用，从而显示出凝聚功能。

五、美化功能

俄国作家车尔尼雪夫斯基说："美是生活。任何事物，凡是我们在那里面看得见依照我们的理解应当如此的生活，那就是美的；任何东西，凡是显示出生活或使我们想起生活的，就是美的"①。他举例论证说：农民向往辛勤劳动而又不致令人筋疲力尽那样一种富足的生活，因此随着辛勤劳动而又能吃好、住好、睡好所产生的体格强壮结实，面色鲜嫩红润，在农民看来就是美。有教养的人向往思想丰富、心灵充实的生活，所以作为心灵窗户的眼睛如果富于表情，就必被认为非常美。

但是，西方传统管理理论的一个基本前提却是：把生活与工作截然分开，认为生活是人们所向往的，工作不过是生活的手段；要调动职工的工作积极性，就应该多付钱让职工改善生活；家里是生活的场所，企业则是工作的场所；生活是美的享受，工作则是苦的支出。这也可以说是第二次世界大战以前绝大多数人的看法。

企业文化的理论前提则不然，它力求把职工的生活和工作统一起来。它不仅把企业当作工作场所来对待，而且也当作生活区域来营造；不仅把工作当作谋生手段来利用，而且尽可能发掘工作本身的意义，使之成为职工所愿意、所喜欢从事的工作。在那些企业文化搞得好的企业里：工作本身成了激励因素，职工们觉

① 《车尔尼雪夫斯基选集》，上卷，6页，北京，三联书店，1962。

得上班比下班更有意思；工作环境如同生活环境，“春有花、夏有荫、秋有香、冬有绿”，在厂里如同在家里，有时甚至比在家里还舒服。

企业文化没有否认“美是生活”，但却补充了“美是工作”：是职工所愿意、所喜欢的工作，是使职工自我价值得以实现的工作，是社会意义极其重大的工作。企业文化不仅把工作场所美化了，而且把工作本身美化了，这就是企业文化的美化功能。

六、育人功能

文化具有育人功能。精神文化在哺育人方面，具有全面覆盖性、浓缩集中性、外在内化性的优点。企业文化同样具有育人的功能。企业文化的精神本质，充分体现了精神文化在育人方面的优点，从而使企业成为培养人才的基地。

所谓全面覆盖性，是指企业文化不仅能提升人的精神境界，也影响人的身体外貌、创造能力和社会积极性。当玫琳凯形成了“让‘公正’在商业上发扬光大”的理念，并创办一家公司来贯彻执行这个理念的时候，她不仅精神境界上了一个台阶，而且已经退休的身体也显得年富力强；在她的带动下，新办公司的全体员工，无论男性还是女性，都迸发出创造性。以至她不无感慨地说：“我们所有的人都同心协力，不需分配工作，我们主动去做所有该做的事，包括销售、训练、主持业务会议，还有倒垃圾。”①

所谓浓缩集中性，是指企业文化包含了企业全部实践成果和历史经验，能以时空压缩的形式加速对员工的启迪。如松下写的《实践经营哲学》，集中表述了公司 60 年的企业文化建设经验，员工通过阅读这本书，可以快速获得先进的思想理念。《玫琳凯谈人的管理》一书，既是玫琳凯开公司之前 25 年工作经验的备忘录，也是她开业 30 多年后成功经验的结晶，也是一盘浓缩营养品。

所谓外在内化性，是指企业文化相对于被培育者来说是外在的，但它的精神本质却可以内化为被培育者的品质和自觉行为。企业文化种子要素的成长发育过程，实际上也就是职工的精神境界、文明道德素养得以提高的过程。

非常重视企业文化的松下，经常对职工说：“如果人家问你，‘你们公司生产什么?’你应回答说：‘松下电器公司是造就人才的，也是生产电器产品的，但首先是造就人才的。’”

松下电器公司通过卓越的企业文化，也确实造就了不少人才，确证了企业文化的育人功能。例如，井植薰在松下公司干了 25 年，职位升到常务董事兼制造部长，掌管生产大权，收入超过了常人。然而井植薰却说：“松下公司所给予我

---

① ［美］玫琳凯·艾施：《玫琳凯谈人的管理》，“前言”，4 页，杭州，浙江人民出版社，1995。

的绝不仅仅是这些名利地位。更为珍贵的是，我从松下公司那里学会了经营，懂得了以培养人才为前提的经营之本。这是一笔无形的，但比任何财富都更可贵的思想财产，凭着它，我叩开了一道又一道成功之门。”[①]

1949 年底，井植薰离开松下公司，用松下培育他的方法去创办三洋公司。他说：“我始终把‘造人’看成比造产品更为重要的事情，把‘造人’看成企业参与市场激烈竞争而能取胜的第一要素。在我担任三洋公司的部门领导直至社长（总经理）的全部时间内，我为‘造人’花去了至少一半以上的工作时间和精力。三洋公司之所以花大钱盖起了远比公司总部漂亮和完备的教育中心大厦，目的也就是为了进一步贯彻‘造人’的企业策略。”[②] 这样，井植薰不仅把“三洋”办成了可以和“松下”媲美的跨国公司，还继续发展了育人的理论，丰富了企业文化的内容，他说：三洋电机公司不仅要“育人”，而且还要“育社长”，“育总经理”。他的经验是：要想造就他人，先得塑造自己，这就需要刻苦学习，并有持之以恒的自我约束精神。

西方管理中的行为科学，虽然比较重视人的研究，但主要研究如何适应人的需要，很少或完全不研究如何培育和提高人的素质，这也是它和企业文化学的一个主要差别。

① ［日］井植薰：《我和三洋》，3 页，上海，上海人民出版社，1992。

② 同上书，3～4 页。

第三章

企业文化核心

文化的内涵丰富多彩，但核心只有一个，那就是价值观，或称价值观念体系。美国文化学家克罗伯（A. L. Kroeber，1876—1960）指出：“在历史中形成的价值系统，是文化的核心；不同质的文化，可依据这种价值系统的不同而作出区别。”①

同理，企业文化的内涵尽管千姿百态，但核心也只有一个，那就是企业价值观念体系。在美国学者彼得斯、沃特曼提出的“7S管理框架”理论中，共同的价值观是战略、结构、体制、人员、作风、技巧这六个管理因素环绕的中心（详见第十章第四节）。

第一节　企业价值体系概论

企业价值体系是企业文化的核心。抓住了这个核心，才有可能建设先进的企业文化。

---

① 《文化学辞典》，398页，北京，中央民族学院出版社，1988。

一、企业价值观概念

所谓价值，如果要从最一般的意义上给它下一个定义，那就应该说：价值是一个事物和另一个事物的关系，是一个事物成全另一个事物的性质。

例如，商品有成全交换的性质，所以商品有交换价值；商品也有成全一般劳动（抽象的无差别的人类劳动）的性质，所以商品也有一般价值（简称价值）。滋润的雨露，有成全禾苗生长的性质，所以雨露有帮助禾苗成长的价值。企业有成全职工上岗的性质，所以企业有创造岗位、提供就业的价值，等等。

在价值关系中，获得“成全”的事物叫价值主体，帮助或提供“成全”的事物叫价值对象（或叫价值客体）。任何事物，包括没有生命、没有意志的物件和星球，也包括具有生命、具有意志的个人和组织，在价值关系中都可以是价值主体，也可以是价值对象，究竟是主体还是对象，要由具体客观条件来决定。例如，企业有成全人才快速成长和施展拳脚的性质，这里人才是价值主体；但人才也有成全企业尽快变大变强的性质，这里人才就是价值对象。

所谓价值观，概略地说，是人关于“对象对于主体来说是否有价值”的看法。应该注意，不要把“价值观主体”和“价值主体”混淆起来。价值观主体是人，而且也只能是人。因为只有“人”才会有“看法”，人以外的任何东西，包括各种动物，是无所谓“看法”的，从而是没有什么“价值观”的。当然，由于人有“个体”、“群体”和“类体”的区别，“价值观主体”也是很复杂的。有的时候，在“这个人”所作的价值判断中，是把“某些人”作为价值主体；而在“那个人”所作的价值判断中，这同一个“某些人”却完全可能是作为价值对象。这种价值主体和价值对象的换位，也经常发生在同一个人所作的不同的价值判断之中。但这种换位，并不是“价值观主体”的换位。

所谓企业价值观，是企业全体（或多数）职工一致赞同的、与企业紧密关联的关于“对象对于主体来说是否有价值”的看法。

“企业价值观”和“价值观”的区别有两点：

第一，“企业价值观”是全体（或多数）职工一致赞同的看法，所以有时又称为“共有（或共享）价值观”，个别职工的看法没有资格称为企业价值观。这就是说，“企业价值观”的主体非常明确地肯定了必须是“企业”，而“价值观”的主体虽然也可能是企业，但也可能是个别职工。因此企业价值观的形成，必须有一个让全体员工认同的过程，这个过程可以说就是企业文化的建设过程。

由此不难区分企业的“主导价值观”和“企业价值观”。“主导价值观”是握有企业实权的少数人物关于“对象对于主体来说是否有价值”的看法，它可能被全体（或多数）职工认同，从而转化为企业价值观，但也可能永远不会被多数职工认同，从而只能靠强权硬性贯彻。一种价值观，如果采用强制的办法贯彻执行，那就不是搞什么企业文化，而是搞企业的“分化”（职工心里不服，企业内部价值观实际上四分五裂），在极端情况下甚至是搞企业的“武化”，就像第二次世界大战期间日本、德国有的企业所经历的那样。

第二，“企业价值观”总是和“企业”关联着的，企业或者作为价值对象、或者作为价值主体而出现在价值判断之中。这说明“企业价值观”这个概念的前提，是企业具有自主经营、自负盈亏的独立地位，是企业具备了作为价值主体的资格。

由此不难把“题外价值观”与“企业价值观”区别开来。所谓题外价值观，就是全体（或多数）职工赞同的、但与企业无关的价值观。例如，“月球上缺乏水分对于生命的起源没有价值”这个判断，虽然全体职工赞同，但与企业无关，不能算作企业价值观。

应该从两种不同的角度，全面把握企业价值观的内涵。

从第一种角度提出来的问题是：哪些对象对于企业来说有价值？从这个角度来看，企业价值观就是全体或多数职工一致赞同的关于“哪些对象对于企业来说有价值”的看法。如果甲企业全体（或多数）职工认为，集体主义对于企业来说有价值，就称甲企业具有“集体主义价值观”；反之，如果乙企业全体（或多数）职工认为，个人主义对于企业来说有价值，就称乙企业具有“个人主义价值观”。类似地，不难理解“利润价值观”、“服务价值观”、“为公价值观”、“为私价值观”之类提法的含义。

从这个角度来看，价值主体是确定的，那就是“企业”；价值对象是不确定的，可以是企业之外的，也可以是企业之内的，允许有不同的选择。对象选定之后，讨论它对于企业来说是否有价值，就是确定对象的各种属性能否满足主体的某种需要，能否成全企业的发展。

在确定对象对于企业是否有价值时，之所以出现不同的看法，往往是由于或者对企业的需要有不同的认识和理解，或者对对象的属性有不同的认识和理解，或者掌握与利用对象的属性各有不同的方式。从这个角度来看建立企业共有价值观的过程，乃是一个成员之间加强信息交流以取得共识的过程。

从第二种角度提出来的问题是：企业的价值在于什么？从这个角度来看，企业价值观就是全体（或多数）职工一致赞同的关于“企业的价值在于什么”的看法。例如，有些企业的全体职工赞同“企业的价值在于育人”，另一些企业则赞同“企业的价值在于致富”，还有些企业认为“企业的价值在于创新”等等，对于这些看法，可以相应地简称为“育人价值观”、“致富（脱贫）价值观”、“创新价值观”等。

从这个角度来看，价值对象是确定的，那就是“企业”；价值主体则不仅是不确定的，而且是隐含着的，即似乎用不着选定价值主体，就能回答“企业的价值在于什么”这个问题。人们回答这个问题时，只是指出作为价值对象的企业所具有的某种属性，并不说明这种属性能够满足哪个主体的需要，不说明究竟能够成全什么事物。如说“企业的价值在于育人”，只是指出了企业的一个属性——育人，并没有说明企业的育人属性能满足哪个主体的需要：是工人？经理？股东？还是企业本身？或是社会？

从这个角度来看，企业价值观方面的分歧，往往是价值主体选择上的分歧：企业主不同意“企业的价值在于育人”，是由于他本人并无育人的需要，并不是由于他不认识或不理解企业的某些活动可以满足工人成长的需要，他甚至故意将若干关键性的技术岗位向工人保密，因为他不愿意把工人视作企业价值的主体；同样地，工人们不赞同“企业的价值在于致富”，是因为企业并没有使他们致富，但他们并不否认企业使企业主致富了，他们也不情愿就这样只选定企业主作为企业价值的主体。这个选择价值主体的问题，实际上涉及人们的切身利益和观察问题的立场。从这个角度来看，建立企业共有价值观的过程，就是在企业全体人员中调整利益关系并寻求共同立场的过程。

综合以上两种角度，企业价值观的内涵就是：企业全体（或多数）职工赞同的关于“企业的价值在于什么以及哪些对象对于企业来说有价值”的看法。企业的价值在于什么？什么对于企业来说有价值？这两者一般说来是统一的，例如企业的价值在于培育人才，而人才对于企业来说也是很有价值的；企业的价值在于提供优质产品，而优质产品对企业来说也有价值；等等。但在许多情况下也不统一，亦不必统一，例如原料对于企业来说有价值，但却不能说“企业的价值在于能够获取原料”等。

二、企业价值体系和最高价值

对于企业有价值的对象，不会只有一个，而是有很多很多，这类对象不仅可以是物质客体，而且也可以是思想观念。例如，不仅资金、人才、基础设施等对企业的发展有价值，而且政策、先进理念（“顾客意识”、“质量观念”、“创新思想”）等，对于企业发展来说也具有极为重大的价值。

企业本身的价值也不会只有一种，也有很多很多，这种价值也不仅是物质价值，同样可以是精神价值，即企业不仅有造出新产品的价值，也有造成新观念的价值。例如，企业的价值不仅是可以获取利润、创造岗位、服务社会，也可以是培养人才、推出先进理念、实现职工自我等等。

许许多多对于企业有价值的对象，以及企业本身所具有的多种多样的价值，集合起来就成为一个企业的价值体系。

企业价值体系中的各个价值，有时并不可兼得，于是便发生如何取舍的问题；有时虽可兼得，但各个价值或重要性并不一致，或彼此间有因果之类的关

系，于是便发生如何对各个价值进行排序的问题。裴多菲的一首诗："生命诚可贵/爱情价更高/若为自由故/二者皆可抛"，就是对三种价值（生命、爱情、自由）所作的一种排序和取舍。对有限个价值排序，一般总能得出一个最重要的价值，这个最重要的价值就是该范围内的最高价值。关于如何对多种价值排序、如何确定最高价值，是塑造企业价值体系的一个不可分割的部分。

企业文化建设的核心内容，就是一方面要明确企业的价值体系，另一方面对其中的各个价值进行排序，找出最高价值。企业价值观的区别，往往不是表现为对于"企业是否有某种价值"有不同的回答，也不是表现为对"某对象对于企业来说是否有价值"有相悖的意见，而是表现为价值排序上的区别，表现为最高价值的选择和判定各不相同。

显而易见的是，任何一个企业，总是要把自己最有价值的亮点，总是要把自己认为最有价值的对象，作为本企业努力追求的最高目标、最高理想或最高宗旨；反之，凡被一个企业列为最高目标、最高理想或最高宗旨的东西，也必然是能够代表、象征它的价值体系的东西。因此，"企业价值观"、"共有价值观"、"企业最高目标"、"企业理想"、"企业宗旨"等等，提法虽然不同，但其实质是一样的，所以在文献中可以相互替换，灵活使用。同样，对于"企业的价值在于什么以及什么对于企业来说有价值"这个问题一旦有一致的理解和回答，那么这种理解和回答当然就成为该企业的基本概念与信仰。因此，一些文献中说：价值观就是一个组织的基本概念和信仰。

由上所述，可以作出一个结论：从本质上说，一个公司的企业文化是否先进，要看它所追求的价值体系是否先进。首先是看它选择了哪些价值？哪些价值进入了它的视野，成为了它的追求？其次是看它对各个价值如何排序，特别是它选择了什么作为最高价值，作为它的理想追求。最后看它实现这些价值和理想的程度。

三、国内外有借鉴意义的价值排序

国内外提出的各种企业文化理论，从一定的意义上说，就是对各种价值进行排序定位的理论，并作出了以下一些值得注意的结论：

1. 人的价值高于一切。

企业的价值就在于关心人，培育人，满足人的物质和精神的需要；同时，对于企业要获得成功来说，最有价值的因素不是物，不是制度，而是人。

2. 人的知识不如人的智力，人的智力不如人的素质，人的素质不如人的觉悟。

知识、智力、素质，主要都不是先天生成，而是后天努力培养修炼而成的，觉悟则是修炼的动力。美国培训专家吉格·吉格勒，提出了一个以他的名字命名的管理定理："除了生命本身，没有任何才能不需要后天的锻炼。"有人评论说："水无积无辽阔，人不炼不成才。"但更为关键的是："我要锻炼"比"要我锻炼"的成效大得多。

3. "共同的价值观念"、"经营理念"之类的软管理因素的价值，高于硬管理因素和其他软管理因素的价值。

这首先是成功企业家切身经验的总结。如IBM第二任总裁小托马斯·沃森说："一个企业的基本哲学对成就所起的作用，是远远超过其技术或经济资源、组织结构、发明创新和时机选择等因素所能起的作用的。"① 而被誉为经营之神的松下则说："在企业经营中，例如，技术力量、销售力量、资金力量以及人才等等，虽然都是重要因素，但是最根本的还是正确的经营理念。"②

管理学家们把这些经验概括成为具有普遍意义的结论："共同的价值观对一切企业都是非常重要的，它可能是大公司最为保密的'秘密武器'。"③

4. 控股诚可贵，市场价更高，若为品牌故，二者皆可抛。

失去了控股权，可以再赎回来；失去了市场，可以再争回来。"留得青山在，不怕没柴烧；只要有火种，可以再燎原。"品牌就是青山，品牌就是火种。④

5. 控股决策诚可贵，市场品牌更重要，知识创新胜一筹，主人意识价最高。

控股是用金钱购买权力、决策是用智慧决定方向，市场是舞台、品牌是信誉，知识需要积累、创新需要主动，但如果职工不是主人而是"打工仔"、满脑子雇佣思想而缺乏主人翁意识，那么权力会因为缺乏监督而导致腐败，方向会因为缺乏思考而迷失，舞台会闲置，信誉会失落，积累知识无门，主动创新无人。

6. "为社会服务"的价值，高于"利润"的价值。

一方面，企业的目的、使命和价值，在于向社会提供物美价廉的产品和优质服务，而利润不应成为企业的最高目的，只应视作社会对企业的酬报；另一方面，调动企业人员积极性的最有效的手段，也不是"利润"指标，而是为社会多作贡献的使命感。

7. "共同协作"的价值，高于"独立单干"的价值。

理由很简单，因为共同协作自然而然地适应于现代企业生产的社会性。人类沿时间的箭头走得越远，独立单干的力量就越来越小，任何人离开了共同协作将一事无成。

8. "集体"的价值，高于"自我"的价值。

企业实际上就是一个集体。如果个人要自我膨胀，在企业中总是会产生失

---

① ［美］托马斯·J·彼得斯、小罗伯特·H·沃特曼：《成功之路》，30页。

② ［日］松下幸之助：《实践经营哲学》，2页，北京，中国社会科学出版社，1989。

③ ［美］理查德·帕斯卡尔、安东尼·阿索斯：《日本企业管理艺术》，188页。

④ 这是我国长虹公司成功经验的总结。

落感。

9. “普通岗位”的价值，高于“权力”的价值。

最清楚事情应该怎么办的是处在一线的员工，“凡人创造生产率”；而权力则只是权力，并不会给人带来知识。

10. “企业知名度和美誉度”的价值，高于“利润”的价值。

牺牲利润来提高企业知名度和美誉度，不但可以开始谱写本企业的历史，最终也可以获得更多的利润；牺牲知名度和美誉度而攫取利润，就永远不会有本企业的历史，获取利润的岁月必然不会延续多久。

11. “维持职工队伍稳定”的价值，高于“赚钱”的价值。

一个繁荣时“招聘”、萧条时“解雇”职工的企业，不能赢得人心，不能保住人才，不能形成企业共识。萧条时并不解雇职工的企业，牺牲了一些利润，但留住了人才，赢得了人心，形成了共识，钱还可以再赚回来。

12. “顾客第一，职工第二，本地社区第三，第四也就是最后才轮到股东。”①

这个价值排序所奉行的观点是：顾客不是企业与之争论和斗智的对象，不是企业的恩赐对象，也不仅仅是服务对象，而是企业的衣食父母，给企业职工发工资的实质上是顾客。这个价值排序，彻底摆脱了把为股东赚钱谋利放在第一位的传统价值观。

13. “用户”的价值，高于“技术”的价值。

企业能不能开发出一个全新的市场，固然需要先进的技术，但起决定作用的关键因素，并不是对技术的深刻理解和把握，而是对用户需求的准确理解和把握。英特尔公司发明了微处理器，可是“当时没有人认为它有什么用处，包括英特尔”。名噪一时的软件泰斗基尔代尔写出了专用于微处理器的操作系统，却不知道应该让它来干什么，自以为是地搞了个“占星机”，结果在商业上完全失败了。比尔·盖茨编写软件的水平，虽然没有基尔代尔那样高，但他能够根据用户的需要来写，写得虽然比较粗糙，却开拓出一个出乎意料的大市场。②

海尔集团响亮地提出“用户永远是对的”这个口号，并坚持“以用户为师”的人格化设计，认真听取用户的声音，结果制造出“可以洗菜洗豆洗地瓜的农村多用途洗衣机”，推出了“能够保温的冷柜”，这两种产品的技术含量虽然不是很高，但却开发出了广阔的市场。

美国麻省理工学院的埃里克·冯·希佩尔，曾经深入考察过科学仪器制造业里的革新是从哪里来的。他得到的数据是：11 项“开一类产品先河”的革新，全是来自用户；66 项重大改进，有 85％来自用户；83 项较小的改进，也有大约

---

① ［美］托马斯·J·彼得斯、小罗伯特·H·沃特曼：《成功之路》，229 页。

② 参见罗长海：《微软文化》，60～61 页，北京，清华大学出版社，2004。

三分之二来自用户。冯·希佩尔还发现，有些开一类产品先河的发明，如气象色谱仪、核磁共振质谱仪和波导电子显微镜这类高级仪器，不仅主意是用户出的，而且也是由用户们（而不是仪器制造商）首先予以试验，造出原型样品，加以证实并率先使用的。[①]

从大量的事实中得出结论就是：应该靠用户来驱动，而不是靠技术来驱动，因为技术归根到底是要实实在在为人服务的，而用户的建议总是最为经济实惠的，再高再新的技术脱离了用户的需求，不能为用户服务，不过是高悬太空的一轮明月，看得见用不上。这在文献中称之为服务的“黄金定律”。

14. 产品对路第一，质量上乘第二。

所谓“对路”，当然是指配顾客的胃口，符合顾客的需要，特别是指符合代表未来方向的顾客的需要。当顾客需要空调，企业却只生产质量上乘的电风扇；当顾客需要的是热水器和饮水机，企业却只生产质量上乘的热水瓶；当顾客需要能够和任何硬件兼容的文字处理软件的时候，企业却只生产软硬件一体化的高质量文字处理机：这样的企业迟早会破产！

15. “保证质量”的价值，高于“推出新品”的价值。

上一条讲“产品对路第一，质量上乘第二”，这绝不是说产品对路就可以不讲质量，相反，对路的产品也必须讲质量。固然，不对路的产品，即不符合顾客当前和未来需求的产品，质量再好也只能当作“垃圾”扔掉；但是，对路的产品如果不讲质量，不仅可靠性难以保证，甚至连安全性也不能保证，给用户带来麻烦，这样的“对路产品”也只能当“毒品”销毁。

例如，在20世纪“冬季年代”[②]，个人计算机软件确实是对路的新产品。但微软开始推出的许多软件新品，却以失败告终。失败的主要原因是质量不过关：或功能性缺失，或运行不可靠，或服务不到位等等。其中，运行不可靠，令用户产生厌恶，令微软最为头痛。运行之所以不可靠，是软件中的“臭虫（bug）”太多，由此激起许多客户的极大不满。“比如，1981年与IBM PC机一起推出的BASIC版本就比较粗糙，用户在用‘.1’或者其他数字除以10时，就会出错。”“在20世纪80年代早期微软还有其他的未向世人公开的问题。比如，FORTRAN（一种技术性的程序设计语言）上就有一种腐蚀数据的‘臭虫’。”[③] 最为严重的，是1984年1月推出的“麦金托什·多元计划”，由于“臭虫”太多，导

---

① 参见［美］托马斯·J·彼得斯、小罗伯特·H·沃特曼：《成功之路》，233～234页。

② “冬季年代”一词，是笔者所创，表示一个世纪的最后25年。任何一个世纪都可以划分为“春季年代”、“夏季年代”、“秋季年代”和“冬季年代”，以代替“第一个四分之一世纪”等等过长的表述。这样，25年的时间，也就可以定义为一个“季年”。

③ ［美］迈克尔·科索马罗、理查德·塞尔比：《微软的秘密》，38页，北京，北京大学出版社，1996。

致 20 多万美元的损失等等。不错，那时对软件的需求是饥渴性的，用户可以接受只能勉强运行的软件，但用户内心真正想要的还是没有“臭虫”的可靠性软件。后来，微软认真总结了经验教训，在公司上下树立了“以质量为本”的理念，培育了“零缺陷代码”精神，创建了“灭臭虫”的机制，保证了质量，才逐渐走向胜利。

当然，对于新的产品，在开始的时候不能要求它“质量上乘”，不能要求它十全十美以后再推向市场，“产品对路第一、质量上乘第二”是对的。但是，暂时不要求它“质量上乘”，却不能连起码的质量也不能保证。

“质量上乘”和“质量保证”之间，既相互联系又相互区别。联系之处在于：都要求绝对安全，不会造成人财物的毁坏。区别之处在于可靠性的程度不同，“质量上乘”的产品应该具有 100%的可靠性，“质量保证”的产品大概只有 80%左右的可靠性，至少也得有 60%的可靠性。可靠性太低的产品，会使用户得不偿失。任何一种新技术，即使用它制造出来的产品绝对安全，但可靠性非常差，那就只能说是一种未经证实的技术。就采用未经证实的新技术来说，许多企业都愿意“在市场上以甘居亚军为荣”。这样做的理由很简单：避免造成用户的得不偿失！避免用户花冤枉钱！

16. 做正确的事，比正确地做事更有价值。

理由很清楚：“做正确的事”是战略问题，是方向性问题，“正确地做事”是战术问题，是如何执行的问题。事情本身不正确，甚至有害，做得越积极越正确，损失就越大。

17. 集体路线的价值，高于正确决策的价值。

一个非常正确的决策，如果不是共同的决定，就会伤害没有被邀请来参与决定的相关人员的自尊心。“人人都有自尊心。每一个经理在作出涉及部下的任何决定之前，必须考虑到这一点，不管经理本人喜欢这样做也罢，不喜欢这样做也罢。在作出涉及公司其他领导人的决定时，也必须考虑其他领导人的自尊心。”①

任何正确的决策，都必须由相关人员采取行动来贯彻执行，未能执行的正确决策，等于没有决策。如果让相关人员都来参与决定，听取他们的意见，就不但不会挫伤相关人员的自尊心，而且会提高相关人员执行决策的士气，群策才能群力。

任何正确的决策，都是符合相关事物发展规律的决策。一个企业的领导者，也许是某个方面的专家，熟悉相关事物的客观发展规律，是能力很强的智者。但是一个重要的决策往往涉及许多方面，不是光凭少数几个智者就能够解决问题；

① ［美］玛丽·凯·阿什：《用人之道》，90～91 页，北京，新华出版社，1986。

更何况，智者千虑，必有一失，愚者千虑，必有一得。集体决策是办好企业的法宝。

18. 创新并转卖专利权的价值，高于扩大市场占有率的价值。

盛田昭夫说："我们开始在日本生产磁带录音机时，拥有所有重要的专利，市场占有率为100%。然而这样垄断下去无异于自拆台脚，于是我们开始转卖专利权。不久，市场占有率降到30%，但这仍是很大的市场……令我很担忧，因为没有竞争我们将无法扩大市场和加速新产品的发展，没有竞争便不会引起创新的极大刺激。"① 京瓷公司总裁稻盛和夫认为："日本是一个竞争过头的社会，认为在争夺市场占有率时，只要自己不彻底夺取过来，就将被别人连根端走。这种贪得无厌的占有率之争，带来了狂潮般的挺进海外和暴雨般的集中倾销，形成对世界市场的控制。结果其他国家的许多企业破产，并自然怨恨日本。日本企业的模仿性产生了占有率至上主义和不正当的竞争。日本企业需要一扫模仿之风，要独创，要自己抑制市场占有率。1959年我们创办京瓷公司，立志独创，才有了今天。"1984年初，苹果公司推出"麦金托什"电脑，它采用图形界面，用鼠标操作，在当时是最先进的。盖茨建议把"麦金托什"电脑的技术，转让给3到5个好的生产商，发展"麦金托什"兼容机。但乔布斯说，不！这个先进技术不能转让，任何人都不可能制造"麦金托什"的兼容机。结果，苹果机丧失了成为主流机的机遇。

19. 面对面非正式交流的价值，高于背靠背了解的价值。

面对面的非正式交流，有利于形成自由、平等、亲密、微妙、信任的文化氛围，有利于对职工形成激励并促使职工产生责任感。因此，公共食堂里的边吃边谈，工间休息共饮咖啡时的边喝边聊，散步时的边走边说，走廊上遇见时的打招呼等等，是值得提倡的信息交流方式。即使从经济上考虑，面对面的非正式交流也是成本最低的。

20. 共享知识的价值，高于保密知识的价值。

知识共享，是精神转化为物质力量的前提。知识只有被广大员工掌握，才会变成改造自然、改造社会的物质力量。

知识共享，是创建学习型组织的基础。创建学习型组织，主要不是更多地招聘高学历的人员，也不是把本组织的成员更多地派出去学习，而是要建立成员之间相互沟通、相互配合、相互启发的文化氛围与学习机制，实现知识共享和知识增值。

"知识就是力量，力量就是知识。"这是英国哲学家培根（1561—1626）的名言。比尔·盖茨通过自己创办公司的实践，发现这句"老格言"导致了一个负面

---

① ［日］盛田昭夫：《日本造》，324～325页。

现象，那就是促使人们把知识保密起来，认为这样就可以保证自己成为必不可少的人。针对这种情况，盖茨强调说："力量不是来自保密的知识，而是来自共享的知识。""一家公司的高层经理们需要坚信知识共享的重要性，否则即使再努力掌握知识也会失败。"①

知识共享的障碍，一是来自等级心理的障碍，二是来自利益得失的考虑。解决的办法：一是要打破等级界限，克服等级心理，树立人人平等的价值观念，形成随时随地相互请教的学习风气；二是要建立合理的分配机制，保证那些知识共享的人得到奖励。

21. 善意争论的价值，高于"鸦雀无声"的价值；怀疑的价值，高于盲从的价值。

真理总是越辩越明。善意争论是正确决策的基础，是知识共享的最好形式。一个职工积极展开善意争论，是他参与团队思考的象征；一个企业善意争论不断，是它正在向学习型组织迈进的标志。

22. 三流管理最重规章制度，见物不见人；二流管理最重高薪激励，见人不见心；一流管理最重先进文化，见人更见心。

规章制度可以约束无组织无纪律的人，高薪激励可以利用有技术有本事的人，先进文化则可以造就不断创新、永远进取的人。

23. 二流企业造产品，一流企业创品牌，超一流企业立标准。

一个企业，即使有产品进入市场，却未必能形成品牌。进入市场晚了一步，产品质量略逊一筹，经营战略考虑欠周，广告宣传言过其实，是产品成不了品牌的常见原因；其中，诚信缺失是关键原因。造出了产品的企业，只有诚实经营，忠于顾客，积累信誉，才能创出牌子，变成一流。

一个企业，即使创出了自己的品牌，也未必能成为行业的标准。20 世纪 70 年代中期，日本索尼公司创出一个家用磁带录像机品牌，叫"Beta-Max（贝塔-马可思）"，画面清晰，质量好，体积小；美籍华裔工程师王安，研制出世界上第一个文字处理软件，成为名牌，非常畅销；但它们都没有成为相关行业的标准。

这里所说的标准，是指产品的规格或制式。就全局来说，标准可以区分为三大类：一是法定标准。这是由权力机关规定的标准。从其适用范围来看，又有国家标准、地方标准和行业标准之分；从其推行方式看，分为强制性标准和推荐性标准。当涉及人体健康、人身与财产安全、环境保护等问题时，法定强制性标准仍然是必不可少的。法定标准的形成，是政府行为。二是协商标准。这是由生产同类产品的若干家大公司，通过谈判协商而形成的标准。三是事实标准。这是由市场发现、支持、理所当然地被广大用户选定的标准。例如，钟表上的秒针、分

① ［美］比尔·盖茨：《未来时速》，228～230 页，北京，北京大学出版社，1999。

针、时针都是右旋（即当我们对视钟面、使右手拇指和钟面垂直时，其他四指的抓握方向）；英语打字机和计算机键盘上的字母排列顺序，不同于字母表中的排列顺序，最上一排字母的顺序是 QWERTYUIOP；就都是市场选定的标准。事实标准的形成，是市场行为。在市场经济的条件下，产品的行业标准，大多数应该是事实标准。

超一流企业所努力建立的标准，是事实标准。一个公司，要提供事实标准，从本质上看，就是要建立一张良性关系网。这张关系网，不仅应该包括生产者和消费者之间、上下游企业之间、同一行业的各个公司之间、生产性企业与服务性企业之间等等的良性关系，还应该包括和自然界的良好关系，和所谓“局外人”的良好关系。这里说的“局外人”，不是标准产品的消费者或顾客，不在标准产品的上下游企业中工作，也不是标准产品的竞争者，而是现在已经或者将来会在同一个地球上生存的社会公众，他们非常关心“标准”是优化还是恶化整个自然界的生态。建立标准的企业必须得到这些“局外人”的认同。只有这样，超一流企业才有可能从各个方面得到战略上、财务上和技术上的支持，最终形成一个功能强大的复杂系统。一个创出了品牌的公司，若要能成为事实标准的提供者，就必须大力发展各种良性互动关系，坚决清除各种恶性相互影响。

总之，对“产品”的要求是适销对路；对“品牌”的要求，是在适销对路的基础上，再加上质量上乘和信誉酷美；而对“标准”的要求，则是在适销对路、质量上乘和信誉酷美的基础上，再加上一张良好的关系网。可以用简单的式子表示如下：

产品＝功能实体＋适销对路

品牌＝产品＋质量上乘＋信誉酷美

标准＝品牌＋良好关系网（生产者、消费者、供应商、竞争者、局外人、自然界六者之间的良好关系网）

试问，世界上有哪个公司，在建立标准方面取得了引人注目的成就呢？

美国革新专栏作家迈克尔·施拉格，在 1994 年的一段话中，精辟地论述了比尔·盖茨和微软作为行业标准提供者的目标和成绩：“谁比其他人更理解标准的意义？可能是比尔·盖茨以及微软。微软实际上不是在做软件生意，而是在做标准的生意。微软成功不是因为它编写了最好的程序，而是因为它确立了最好的标准。微软 Windows——使盖茨成为亿万富翁的这种个人计算机软件——被培育和发展成一种标准，而不仅仅是一种操作系统。微软的目标绝非收入甚至市场份额的最大化；它是在与消费者、软件开发商和英特尔这样的微处理器生产商建立关系，以给予微软操作系统最充分的支持——战略上、财务上和技术上的支持。这些关系网络正是使标准成为标准而不是一件产品的东西。标准不是一个公司的产品，而是这些网络的副产品。支配标准意味着支配这些网络。”①

24. 就业诚可贵，深造价更高，若为创业故，二者皆可抛。

就业可以改善一个人的生活，深造可以改变一个人的命运，而成功的创业则可以改进整个社会。

当然，这个价值排序是以“三讲”为条件的。一要讲激情。看一看自己有没有真正的创业冲动。如果没有，就不要勉强，不妨先试着培养创业激情。二要讲条件。创业要成功，特别要取得像微软那样的成功，是颇为艰难的。所以盖茨劝导说：“如果准备开办公司，便需要投入全部精力。我不认为学业一结束就必须去开办自己的公司，为一家公司工作并学习他们如何做事，会让你受益匪浅。”②三要讲时机。行业发展的阶段性转折点，就是时机；政府政策变化的转折点，也是时机。抓住了时机就成功，抓不住就失败。盖茨、艾伦正好碰上了从“大型计算机时代”向“个人计算机时代”的转折点，并果断地抓住了它，从而取得了成功。

所有以上的各种排序，都不是纯理论的推导，而是以某些企业的实际经验为依据的。它们不一定对所有的企业都适用，即使适用也不一定就永远适用，但它们的启发意义却是毋庸置疑的。

四、共享价值体系的意义

企业价值共享，就是说企业全体职工对以下三个问题取得了一致的看法：（1）本企业的价值是什么？（2）哪些对象对本企业的发展有价值？（3）在体现本企业价值的各种结果中，以及在对本企业发展有价值的各种对象中，什么是最有价值的东西？这种一致不可能轻而易举地达到。但是一旦达到，共有价值体系一旦建立，其意义或作用的重大却是显而易见的：

第一，在每一种具体情况下，企业全体职工的努力都会自然而然地集中到一个方向上来，即指向最高价值，这就是共享价值观的导向作用。

第二，在领导面临多种选择时，共享价值观有指导决策的作用，如果把企业所面临的局势告诉全体职工，大家很容易予以认可和赞同。

第三，价值体系共享，职工们知道什么行为有价值，什么行为无价值，因而便有了行动的自主权。正因为这样，“出色的公司几乎都只以寥寥几条主要的价值观来作为驱动力，并给职工们以充分施展的余地，使他们得以发挥主动性，为实现这些价值标准而大显身手”③。这就是共享价值观激励斗志的作用。

---

① ［美］迈克尔·科索马罗、理查德·塞尔比：《微软的秘密》，169～170 页。

② 刘首英主编：《比尔·盖茨访谈录》，8 页，北京，中国发展出版社，2003。

③ ［美］托马斯·J·彼得斯、小罗伯特·H·沃特曼：《成功之路》，95 页。

第二节　企业价值观的塑造

企业价值观的塑造，就是要确立一个企业的共享价值体系。它的基本任务有两个：一是要保证价值观念体系本身是卓越的，二是要使全体职工认同。

一、塑造价值观的一般原则

总结世界优秀企业的经验，塑造卓越的价值观念体系，一般应该坚持以下几条基本原则：

1. 深入细致地总结的原则。

哪些对象对本企业有价值？本企业具有什么价值？这些价值如何排序？企业不同，答案也不同，不能完全照搬其他企业。但是，企业的价值关系是一种客观关系，它会自发地支配企业的历史和职工的思想。因此，深入细致总结本企业的历史，有助于找到适合于本企业的卓越的价值体系。

2. 眼睛向下地发掘的原则。

任何一个企业，每天都面临多种多样的挑战。处在第一线的职工，没有办法回避这些挑战，除了以某种方式应战，别无选择。在职工们多种多样的应战方式中，有的可能是成功的，有的可能是失败的；有的是可取的，有的未必可取。眼睛向下，认真分析职工们的各种应战方式，总结他们切身感受到的点滴体会，就能会聚成塑造企业价值观的宝贵财富。

3. 具体生动地表达的原则。

企业价值观是需要全体职工认同和执行的，应该努力避免那些容易引起误解、飘忽不定的抽象晦涩的表达。比如说“提高生产的关键是人”是一种表达，“凡人创造生产率”也是一种表达，但后一种表达具体生动一些，不但容易被职工认同，而且有激励作用。

4. 千方百计地认同的原则。

价值观的认同，总括起来说，存在五种形式：

（1）自然认同：即成员的思想与组织的思想完全一致，成员进入企业之前就已经接受了该公司的价值观念；

（2）选择认同：选择是双向的，即公司只选聘那些与其价值体系合拍的成员，或者个人只去与自己价值观相符合的公司应聘；

（3）权宜认同：成员行动上服从，但思想上并不接受公司的价值体系，这种表里不一往往是出于维护成员自身切身利益的考虑；

（4）灌输认同：即试图通过灌输和社会化，来导致价值观的一致（一家公司的领导，应该怎样抓住一切机会来灌输企业价值观呢？西方理论界总结出三句话："没有什么机会是微不足道的，没有什么讲坛是无足轻重的，没有什么听众是幼稚可笑的。"）；

（5）禀议认同：即通过组织雇员参加集体活动，来使他们获得一套共同的价值观和信念。这是某些日本公司所采取的方式。

这些日本公司要做重要决定时，不是由主要领导首先拿出方案来，而是责成比较年轻的成员，或者刚刚加入公司的新成员，去搞一个书面方案。这个年轻人（或新成员）不能揣摩上级的意图，他必须与每个人谈话，征求意见，并加上自己的意见，形成方案。当然，这个年轻人（或新成员）会经常出差错。对此，有经验的经理并不给予过多的指导，而是让他消耗时间、精力和费用，以便纠正那些不断产生的差错。理由是：让他犯一次错误，比要他去听一百次课，更有价值。最后正式写成的方案，要从底层一直传阅到最高层，直到有关经理都在方案上盖章表示同意为止。这时，方案上会有 60 到 80 个图章。

在以上五种认同方式中，自然认同是最好、最省的方式，但却是最罕见的；权宜认同是最差、最危险的方式；选择认同是最有周期性（一般每年进行一次招聘）而无法经常使用的方式；灌输认同是最经常使用的、最离不开的方式；禀议认同是过程最长、工作最为艰难的方式，但效果却是最好的。

5. 知行统一地完善的原则。

"认同"只解决思想认识问题，属于"知"的范畴，还要解决贯彻执行的问题。塑造价值体系要左右开弓，知行并重，边说边做。只有让员工按照价值体系的要求干起来，哪怕迈出的步子很小，他们也能切身领会价值体系的精髓，产生达成价值目标的责任心，培育实现价值理想的坚强意志。

行动属于实践范畴。实践是检验真理的标准。企业价值观念体系的某些方面，如果是错误的，例如对某个价值的排序过高，对某个价值的实现条件估计过低等，都可以通过实践暴露出来，并予以纠正，从而使企业价值体系趋于完善。

6. 以身作则地执行的原则。

价值观念如果没有变成领导者的实际行动，就很容易变成空洞的口号；如果领导者自己不能以身作则地执行，便不会有人相信。行动比言辞更有说服力。因此，企业领导只有带头执行，才能使一般职工信服，才能使共享价值观变成职工的自觉行动，并进一步习俗化。

企业价值体系的塑造，是一个漫长的过程。没有坚强的毅力，没有长期的坚持，不可能塑造出先进的企业价值体系，不可能生成卓越的企业文化。

下面且以 P&G 公司为例，说明这个漫长的过程。

1837 年，美国的两位连襟，一位名叫威廉·普罗克特，另一位名叫詹姆斯·甘布尔，在他们岳父的建议下，结为经商伙伴，在美国俄亥俄州辛辛那提市，创立了 P&G 公司。我国很多文献中把它译为“宝洁”或“宝碱”公司。

最初，P&G 公司经营蜡烛和黑色肥皂，主要收入靠蜡烛。早年，由于领导满足于微弱的成功，没有更高的追求，也就没有了先进企业文化的种子，公司没有太大的进展。

然而，领导头脑中没有萌发先进的价值追求，并不等于职工头脑中也没有。正如在“导论”中曾经说过，该公司早年不识字的送货工人，为了快速、准确地把货送达客户，就在蜡烛的外包装箱上画“十”字或“星星和月亮”，以便和外包装完全一样的肥皂区别开来。应该肯定，这是一颗很好的“文化种子”。可惜，对于发生在生产一线的这个事实，管理者们竟然会不知道，不是一月、一年不知道，而是长达 11 年不知道。后来知道了，却又不认可这颗种子，认为星星和月亮之类的图案完全没有必要，责令全部除掉。致使这颗种子没有及时发芽成长。直到后来，顾客把没有画上任何图案的蜡烛作为假冒伪劣产品要求退货，才使管理者们改变了态度，决定承认月亮和星星图案的价值，把它们注册为商标重新使用，并开始树立“顾客至上”的意识。有一次，顾客反映，P&G 公司新制成的白色肥皂，在水里不下沉，而是漂浮在水面。从技术上看，操作工人将各种原料混合蒸煮时，如果煮的时间不是太久，就捞起来固化，就会有许多空气留在肥皂内部，以至比重降低，能浮在水上。管理层打算查处有关工人。但这时不断有顾客来信说“急需浮体肥皂，请供应”。P&G 公司的管理层随即决定：将错就错，把有关的工人请出来，总结出“错误”流程，作为正常生产浮体肥皂的操作规范，从而使浮体肥皂能够源源不断地供应市场。从此以后，P&G 公司开始主动收集顾客意见。例如，1912 年，公司职工带着洗涤产品，深入到用户的厨房里进行试验。只有顾客用过并且说“好”的产品，才肯定为真正的好产品。1922 年，为了知道用户对液体盘子洗涤剂的反应，公司雇聘了许多家庭妇女来做这件事，因为她们最清楚洗涤剂的优劣。就在同一年，P&G 公司开始坚持大范围挨家挨户对佳美香皂的效果进行调查，其工作量相当于每年进行 1 000 人次的盖洛普民意调查。①

经过如此漫长的过程，P&G 公司终于形成一种舆论：“顾客的意见就是正确的意见。”这也是该公司形成的第一个价值观念，它的“种子”最初是工人提供的，但管理层的认可、欣赏、灌输、执行，却是它长成的关键。

19 世纪 70 年代，照明油灯的普遍使用，对 P&G 公司的蜡烛市场，构成了严重的挑战。但是，创业者的子女已经长大，他们怀抱理想追求，接班应战，成

---

① 乔治·盖洛普于 1935 年创办了一个民意调查公司，1936 年准确地预测罗斯福会连任总统，从而声名鹊起。

了企业文化的良种。1878 年，创业者的儿子詹姆斯·N·甘布尔，一个受过教育的化学家，决心改变公司面貌，不再只靠蜡烛，而是想发明白色肥皂来代替黑色肥皂，并希冀成为市场的领先者。他所受到的良好教育，催化着他的理想很快走向现实，他找到了一种完善的新型白色肥皂的配方。负责销售工作的表兄哈利·普罗克特，认同了 P&G 公司必须“领先市场”的理想追求，并努力将其内化成对销售工作孜孜以求的工作品质。哈利·普罗克特提出了三项创新任务：

第一，为白色肥皂起一个好的名字，以增强消费者的印象；

第二，美化白色肥皂的形状；

第三，设计动人的广告作为宣传的工具。

为了给白色肥皂起一个好名称，哈利·普罗克特不惜花上几周的时间。一个星期天，他在教堂唱赞美诗。诗中说：“衣服散发着没药和芦荟的气味/象牙殿外到处桂树飘香/你们感到欣然!”哈利·普罗克特由此得到启发，决定将白色肥皂取名为“象牙”。象牙是白色的，象牙象征耐用，象牙肥皂可以借宗教赞美诗之力走向全国。

哈利·普罗克特开动脑筋，设计出一种肥皂式样，并申请到专利。这种肥皂式样是：长方形，每个角的部位都呈圆形。最大的特点是：两块肥皂连在一起，中间有一凹线，使用时可以从中间切开，一分为二。为了使象牙肥皂畅销全国，哈利·普罗克特说服了公司里的亲戚同事，拨款 11 000 美元，做西方那时还没有尝试过的广告宣传。哈利从纽约请来科学顾问，测定象牙肥皂的纯度为 99.44%。19 世纪 80 年代，象牙肥皂的一系列广告，开始在美国各种报纸杂志上出现。其主题词就是：象牙肥皂——纯度高达 99.44%，它还能漂浮。《企业文化——现代企业的精神支柱》一书，对此评价说：这是个了不起的创新，其结果是两方面的：既给 P&G 公司带来销售的激增；又促成了现代广告的诞生。从此以后，P&G 公司年复一年地坚持尝试新媒体，如 1923 年使用广播电台做广告，后又推出白天演出的肥皂剧，30 年后又率先做电视广告。“紧抓新媒体”最后成为该公司的惯例。

通过白色肥皂的研制、命名、造型和广告等，P&G 公司锻造出来的第二个价值观念是：“不要坐等其成，必须促其而成。”这是从该公司第二代创业者的追求中成长起来的。

第二代创业者中的威廉·库柏·普罗克特，从劳资关系的角度，进行企业价值体系的塑造。他进入公司后，萌生了锻造命运共同体的追求，目标是要做到：员工对公司保持忠诚，公司对员工高度负责。

为此，库柏于 1883 年，下到最底层干装卸搬运，以直接体会工人的处境，了解工人的观点和兴趣。库柏完全像一个真正的工人那样干活，坐在工厂的地板上和工人一起吃饭。1884 年，库柏说服了他的父亲和叔叔，让工人星期六下午休息而不扣工资。当然，这种小小的改革，不可能使工人对公司产生忠诚。风起云涌的工潮，宣告了库柏第一个措施的失败。库柏思考了两年，于1886年提出并实行了让工人分享利润的方案。库柏又失败了。工人把得到的钱看作是额外工资，并没有因此增加对公司的忠诚。在当时工人工资很低、共享利润不多的情况下，这是必然的结局。库柏又经过十几年的思考，终于在1903年提出并实行了“分享利润和购买P&G公司股票合为一体”的方案：工人拿出1美元，公司就追加一美元，使工人能购买公司2美元的股票，直到资本等于年薪为止。这个方案实施后，工人对公司的忠诚确实增加了。

库柏受到成功的鼓舞，继续说服大股东，于1918年制订并执行《职工协商计划》，又于1919年开始在P&G公司董事会中设置了一个工人代表的席位，董事会上有了工人的声音。

库柏没有就此停步，继续做了三件事：第一件：管理层和工人加强双向沟通；第二件：工作时间从每天10小时缩短到8小时；第三件：与工人签订永不解聘合同，并真正履行了合同，即使在1929年世界经济危机的不景气时期，也保住了职工的饭碗。

就这样，P&G公司锻造出了它的第三个价值观念：“职工对公司感兴趣，公司对职工负责任。”这个成功，是和第二代创业者库柏的追求分不开的。

当威廉·库柏·普罗克特首次将管理大权交给理查德·R·德普雷（第一个非普罗克特或甘布尔家族成员）时，他说：“要永远努力去做正确的事。”这是到那时为止的P&G公司企业文化的基本总结。

总之，经过长达大约100年的时间，P&G公司才锻造出它的一个价值体系，其箴言是：做正确的事；顾客的意见就是正确意见；不要坐等其成，而要促使其成；公司对员工高度负责，员工对公司非常忠诚。

应该注意的是，P&G公司锻造上述价值体系的100年，是世界处于“战争与革命时代”的100年。因此，它的做法不可能引发国际潮流。但它的超前探索性，将永垂企业文化史册！

二、质量至上价值观的塑造

现代市场经济条件下的优秀公司，几乎都把质量视作企业的生命线，执著于质量价值观的塑造。这种重视质量的企业文化，体现为十种比较典型的说法，从中可以相应地概括出塑造质量至上价值观的十个基本原理。

1. 尽管经济时起时伏，质量总是灵丹妙药（可指望原理）。

在资本主义经济发展史上，曾多次出现周期性经济危机，近年来，虽然没有发生大规模的危机，但繁荣与衰退的起伏却无法避免。事实上，社会主义国家的经济发展也有起伏。我国1962年的调整，1981年的调整，1985年的软着陆，

1988年的治理整顿，1993年的宏观调控等，就是经济发展有起有伏的证明。

宏观经济的起伏，使每一个企业都面临着严峻竞争的考验。企业如要竞争取胜，惟一可指望的就是质量超群。这有大量事实为证。美国的梅塔格公司，名气并不那么大，可是很重视质量，响亮地提出公司的最高目的，就是要使它造的每一台洗衣机，都能“运转十年无故障”；正是依靠过硬的质量，它在竞争中跟通用电器公司这样的强硬对手较量，还能保住较高的市场份额。

不是人们的主观愿望，也不是政府的法律条文，而是市场竞争的历史发展，确立了质量在企业价值体系中的最高地位：质量是“火车头”，它能真正带动销售额、利润率和市场份额的增长。优秀公司和高明企业家的可贵之处，就在于顺应了市场经济发展的客观规律，把质量变成企业的自觉追求。日本著名企业家盛田昭夫写的《日本造》，叙述了他和索尼公司长达40多年的摸索和奋斗。他们是为了什么而摸索和奋斗呢？用盛田自己的话来回答就是：为了把“MADE IN JAPAN（日本造）”，从“价格低、质量差的模仿品”的代名词，改变成“高质量、高技术”的代名词。这种摸索和奋斗虽然艰辛而漫长，但确确实实使索尼踏上了一条成功之路。

2. 不仅产品和服务，而且公司的一切言行，都要质量至上（全方位原理）。

高质量的产品和服务，要靠高质量的组织和工作来保证。因此，应该全面实现质量的内涵，不仅公司的活动结果（提供的产品和服务），而且活动过程（生产经营、开会决策、信息公布等等）和活动主体（指公司这个组织及其成员），都必须是高质量的。美国数字设备公司的宗旨，就表达了这种全方位的质量追求：“我们的主要目标，不是销售额、利润率和市场份额的增长。我们的目标是要成为一个高质量的组织，干出高质量的工作，这就是说要在今后的岁月里为自己的工作和产品感到自豪。只要我们质量上去了，增长也就会跟上来。”

3. 时时处处关注质量，上上下下都有热情（造氛围原理）。

公司主要领导人重视质量，并把提高质量写入企业宗旨，这还只是万里长征的第一步，远不是一个企业的质量价值观的形成。

一般人以为，接下来最重要的工作，就是要落实提高质量的技术措施和工艺流程。工艺技术虽然是保证质量必不可少的因素，但是正如管理学家们所断言的那样：“质量的核心不是工艺问题”；“不管技术发展到什么程度，抓质量要靠人”；“质量问题涉及道德关心、人员、热情、始终一贯、直接接触和内心感应”。这就是说，最重要的工作是要在公司内部创造一种质量至上的文化氛围，使全体员工时时处处关注质量，对提高质量作出承诺，并把不断改进质量的可能性付诸实践。这种关注、承诺和实践，虽然也离不开制度的规范作用，但最好能够是文化规范的结果，即是由于：上上下下对本职工作热爱无比，把提高质量当作一门充满创造性的艺术，对高质量的工作结果充满自豪，并追求从中获得美的享受。

为了形成质量至上的文化氛围，优秀公司的管理者们总是热情洋溢地进行宣传、教育、规划、检查、奖励、处罚，从不歇气，从不间断，几十年乃至上百年如一日。如麦当劳快餐公司，它不是把“质量超群（Quality）、服务优良（Service）、清洁卫生（Cleanliness）、货真价实（Value）”写进企业宗旨就算完事，而是广泛宣传教育，认真检查落实。该公司创办人雷·克洛克说：“要是我每重述一遍QSCV就给我一块砖的话，我想我可能已经能用它们在大西洋上盖起一座大桥来了”。麦当劳公司在芝加哥市郊设立了汉堡包大学，各级经理和经销商都要去那里学习浸透了“QSCV”精神的各类课程。公司最高领导班子亲自检查各店铺的“QSCV”，名列前茅者给奖，不合格者受罚。有一次，雷·克洛克在温尼伯格的一家特许经销店发现了一只苍蝇，两星期之后这家商店就被取消了特许经销资格。正是通过这种持续不断的努力，使麦当劳公司内部讲究质量成风：只要有一点时间宽裕，就擦擦洗洗搞卫生；牛肉煎饼的料，要选最好的上等牛肉；要是小圆面包被手指戳了一个洞，法式炸土豆炸老了，就把它们扔掉，等等。

一个公司，是否已经形成质量至上的文化氛围，首先应该由顾客来评判。因为质量是顾客所欢迎的东西，顾客对质量最敏感。肯定麦当劳公司具有质量至上的文化氛围，主要就是因为：虽然该公司的快餐并不是人人都爱吃的东西，但是“不论在世界上的哪一个地方，从澳洲到欧洲直到日本，人们对麦当劳公司的每个汉堡包经销点的高标准清洁和处处如一的服务，无不留下深刻的印象”。

造氛围原理要求管理者高度重视公司内部的非正式信息渠道，如有意识地创作若干故事，传入这条自发渠道，进行文化导向。

4. 为百分之百奋斗，给百万分之几处罚（严要求原理）。

首先是“质量标准”定得很高很严。如上海百事可乐公司的产品质量标准，就定得比国家标准和国际标准都高。按国家标准，1毫升饮料中微生物总数不得超过100个；按“百事”国际标准，是不超过1个；可是上海百事可乐公司定出的标准，却是每100毫升饮料中，微生物总数不得超过1个。

当然，光把质量标准定得很高很严是不够的，根本的问题是要严格执行定出来的标准。优秀企业的可贵之处，正在于总是要求产品和服务必须达到百分之百的合格率，认为100件中如有1件不合格就会前功尽弃，最推崇的公式是100－1＝0。这有道理吗？答复只能是它既无道理又有道理。从统计学的观点来看，一个大公司向外提供的产品和服务是大量的，是以千亿、万亿来计数的，因而总会发生质量欠缺的情况，这是由大数定律所决定的，要求百分之百合格是没有道理的。但是从企业经营管理的角度来看，要求百分之百的合格率，却很有道理：第一，不合格的产品或服务一旦出现，倒霉必然降临在顾客头上，尽管可以说“这是敝公司万分之一的失误”，但顾客却是百分之百受损。任何公司都不能要求顾客通过多次选择该公司的产品或服务来降低受损率，都无权把顾客当作统计学上

的对象来对待，而只应该把顾客作为“衣食父母”来尊重，这就逻辑地要求公司能保证产品和服务具有百分之百的合格率。第二，所谓合格，就是符合标准。既然定出了标准，就应该一丝不苟按照标准来做，并相信是能做好的。只有具备这种坚定的信念，才能使整个公司齐心协力，拧成一股绳。任何一家公司，如果一方面定出了较高的标准，一方面又认为偶然的失误可以容忍，那么这家公司的失误就会越来越多，甚至完全垮下来，这就是犯了文化导向上的根本错误。

在出色的企业里，由于坚持百分之百的合格率不动摇，使得从统计学看来是不可能办到的事情，变得几乎能办到了，失误率客观上已经降低到了百万分之几。即使这百万分之几的失误，也总是给予相应的处罚。久而久之，质量至上的价值观便牢固地确立下来了。

5. 抓质量的精力切忌过分耗散于“包装”，而要倾注在顾客的心上（重内容原理）。

在市场海洋中搏击的商人们知道，人要衣装，佛要金装，公司要包装，金玉其表的工作总是少不了的。但同时他们也知道，真正的质量是和料优、可靠、耐久、方便、安全、舒适、及时等等相联系的，这些才是顾客心里真正想要的东西。那么，这两者孰轻孰重呢？

不同的公司，对这个包装质量和内在质量的关系问题，实际上有不同的回答，因此存在着两种不同的质量观。例如：勃兰尼夫航空公司认为，质量就意味着候机楼里挂着名家的大幅绘画，飞机上走着标致的空中小姐；德尔塔航空公司则认为，质量指的是飞机要准点到达。

究竟哪一种质量观对头呢？这应该由市场来检验。如果不是看短期而是看长期的检验，那么应该肯定：把内在质量看得重于包装质量是对头的。美国的P&G公司，往往不跟对手在时髦的花样方面展开竞争；虽然对手总是在做表面文章上打主意，例如不是在增加牙膏防龋能力这类优越性上下功夫，而只是在牙膏里添上一种香味来增加竞争优势，但P&G公司对于这套做法却不予理睬，听任自己在这类竞争中处于弱势，因而被评论家们称为“阿基里斯脚跟”[①]。可是，对于会给顾客带来实惠的东西，该公司却从不含糊。这可以举一个小小的例子来说明：卫生纸有一种安放方式，是把一半塞在墙里（因墙上刚好有一个半圆筒形的凹槽）；可是该公司生产的察尔明牌卫生纸卷，比墙上那个槽要粗出1/8英寸；该公司断然拒绝采用减少纸量的办法来解决这个问题，认为那会有损于产品质量，而是动员有关职工想出一个点子来改装一种机器，使卷卫生纸的速度能加快，因而卷得更紧些，使纸卷的直径缩小到足以嵌进那个安装槽里去。正是这种

① 阿基里斯是希腊传说中的英雄，除脚跟外，全身刀枪不入。所以“阿基里斯脚跟”常被用来表示“惟一的弱点”。

坚持不做表面文章的认真态度，使该公司能在长达150年的激烈竞争中站稳脚跟，并保持在优秀公司之列。

6. 没有最好的，总有更好的（无止境原理）。

历史上有过一个时期，某些生产出了名牌产品的公司，往往不无自豪地说“我们总是这样做”，以此表示其名牌产品的质量总是稳定不变的。

然而，随着科学技术越来越成为第一生产力，随着现代市场经济中的文明竞争日益激烈，质量缺乏改善而稳定不变就意味着落伍，意味着将被淘汰。因此，在优秀的公司里“我们总是这样做”的说法已不复存在，代之而起的口号是“不断改善工作方法”，“没有最好的，总有更好的”。由此带来的结果是，一些质量已经不错的产品，每经过两三年还能得到百分之百的改进。

质量改进的方向无限多，质量提高的程度无止境，但产品或服务总得有阶段。质量达到何种程度，在现阶段才算够呢？这应该倾听顾客的意见，由顾客来决定。

7. 提高质量以力争冠军为上，推出新品以甘居亚军为荣（战略性原理）。

科学技术是质量得以无止境提高的基础。一个公司如果能够不断地推出技术新品，就说明它的科技力量雄厚，有利于在公众中树立它是高新技术企业的优美形象。但是高质量和新技术终究不能完全等同，两者并不就是一回事。当两者不可兼得时，优秀的企业（即使是高新技术企业）总是优先选择高质量，自觉放弃那些未经证实的新技术。这就是所谓“推出新品以在市场上甘居亚军为荣”。

这里有三点不应产生误会：

第一，“推出新品甘居亚军”，绝不是自甘落后、心安理得，而是一种后发制人的战略，所以仍然非常关注任何一种技术新品的出现，并设法超过它。如惠普公司作为高新技术企业，很少在推出新品方面抢占先机；但对手一旦推出新品，惠普公司的工程师们就会向购买了这一新品的用户打听，了解用户对新品的哪些方面喜欢、哪些方面不喜欢、希望还能有些什么特点等等。过不了很久，惠普公司的推销员就会带着改进了的新产品，到用户中登门造访了。同样，国际商用机器公司也很少在新技术方面率先迈步，但它的新产品系列一次又一次地比对手们设计得更完善，销售和服务也做得更有效些。

第二，“推出新品甘居亚军”，并不是技术能力差，更不是舍不得在科技开发方面投资，而是追求以尽可能高的质量、尽可能好的方式来满足消费者的需要，避免顾客花冤枉钱。事实上，像惠普、国际商用机器这样的公司，用于基础研究和技术开发方面的费用，在同行业中乃是名列前茅的。

第三，“推出新品甘居亚军”，不是哪个人随意脱口而出的选择，而是大量经营实践经验的总结，是要克服市场竞争中的战略急躁情绪。计算机外围设备行业的一位高级经理，对这种战略急躁情绪作了生动的回顾：“我们急不可待地把一项新产品塞进市场，因为它很显然是具有很大技术优势的装置。我们想迅速在市场捞一大块地盘，可是那产品的可靠性太糟糕了。我们的市场份额最高一度到过14%，可是如今却连8%都不到了，尽管我们本来应该占有30%或者35%的市场的。我们要是推迟半年投放，把那些毛病克服掉，就能达到这个目标了。真该死！”①

事实表明，在科学技术日新月异的今天，要得到一点创制新产品的启发并不难，而要使之变成真正可靠实用的新型产品，则需要做大量细致踏实的工作，急于求成难免要失败。

8. 谁砸公司质量的牌子，公司就断他吃饭的筷子（动真格原理）。

任何产品或服务，都有数量和质量两个方面。由于数量的多少很容易统计，而质量的高低较难于评定，这导致许多公司制定了不少和产量直接挂钩的分配、奖励制度，却缺乏明确的、可执行的和质量挂钩的分配、奖励制度。这种情况保持的时间越长，就越容易形成“实抓产量、虚抓质量”的氛围，最终导致重大质量事故而使公司陷入困境。

优秀公司宁可让“和产量直接挂钩的分配、奖励制度”缺失，也一定要搞出明确的、可执行的“和质量挂钩的分配、奖励制度”。真正做到“谁砸公司质量的牌子，公司就断他吃饭的筷子”，从而形成动真格抓质量的文化氛围，导致产品或服务的质量越来越好的局面。

9. 谁把质量视为人格，就可以由他来负责（人为贵原理）。

质量要靠管理者来抓。只有当企业的所有管理人员都具有质量至上的观念，都年复一年地贯彻“工作总有进一步完善的可能”这种永无止境的精神，一个企业的质量价值观才会真正确立起来。

然而，口头上重视质量的管理者比比皆是。只有那些视质量如同自己人格的管理者，才可堪当领导建设质量价值观的重任。视质量为人格者那种因质优而高兴、因质劣而动怒的情景，谁见了谁都会震动。让我们看一个例子：马尔斯创办的大型糖果公司，就是靠质量好而发展起来的，该公司的一位高级经理对马尔斯是这样描述的：“他这个人可真不得了，有回给他发现了一批没包装好的棒棒糖，结果他大发雷霆，把这整批货翻出来，一根根朝会议室里一块玻璃板猛砸，他的助手们在旁边看着，一个个吓得目瞪口呆。”

高质量的产品与服务，高质量的组织与工作，既是一个公司崇高人格的展示，也是对顾客人格的充分尊重。中国许多优秀企业家，十分钟情于这种人格的力量。1985年，青岛海尔公司被查出76台冰箱不合格，张瑞敏总经理就严令直接责任者自己用铁锤当众砸毁它们。这一举措，不仅使在场千余名职工目瞪口呆，而且彻底砸毁了制造低劣产品的思想意识，激发了职工的人格力量，使海尔

① ［美］托马斯·J·彼得斯、小罗伯特·H·沃特曼：《成功之路》，216页。

的质量价值观上了一个台阶。到1997年，海尔不仅通过了ISO9001国际质量体系认证复审，而且在冰箱行业率先推出海尔冰箱一条龙星级服务，使用户从参与产品设计、咨询购货到购后使用，都真正享受到人格化的服务。

所谓企业文化氛围，无非就是弥漫于企业整个时空中的“精神波”，其波源则是公司中那些动真情的人。因此，如果把那些对于质量有感情、对于把事情办得更好有干劲的人，都安排在重要的负责岗位上，使他们有职有权，那么质量方面的整个形势就一定会好起来。因为这种人表现出来的精神和情绪，人见人惊，为之动容，会逐渐扩散到他们周围的一切中去，从而把企业融化为一个重视质量的整体，形成质量至上的企业价值观。

“质量就是人格”。过硬的质量，既是公司崇高人格的展示，也是对用户人格的充分尊重。“质量不过硬，应视为人格不健全”。这已成为确立质量至上价值观的座右铭。

10. 支撑质量的脊梁骨是“零缺陷精神”，没有这种精神，就没有质量控制的最佳效果（重精神原理）。

一般认为，生产一线职工“自己自觉执行的质量控制比依靠专职检验员来进行的质量控制要效果好得多”①。这有一定的道理。因为质量高低，和生产过程中的每一步都紧密相关。生产一线职工自己自觉执行的质量控制，就是自觉把每一步都做好。即使由于某些客观条件的变化，或者由于自己主观精神状态的起伏，造成了产品质量的不稳定，那也是一线职工自己最清楚是那几步没有做好，从而最容易找到合适的补救措施。

正是基于“自己自觉”，微软公司成立后最初的10年里，软件产品的质量控制，完全由开发员自己掌握，自己测试，没有设立专职的测试部门来控制质量。但这样做的实际效果却很糟，许多软件“臭虫”成堆，运行极不可靠。原来，开发员自己测试软件，很难做到客观公正，这里存在所谓“视向转换障碍”、“习惯障碍”、“专家障碍”和“情感障碍”四大困难。痛定思痛，微软公司从1984年开始成立专职的独立测试部门，以为这样就可以保证软件的质量。然而，事与愿违，自1984年起，微软独立的专职测试部门不断扩大，开发员则开始变得越来越懒，他们把代码扔在一边等着测试，而专职测试人员测来测去却发现不了多少问题，结果在1987年推出的一个文字处理软件，竟然有700多处错误，其中严重的会破坏数据，摧毁程序，导致微软名誉扫地，经济损失超过100万美元。

微软的这次失误，不在于它采取了建立专职测试部门的组织措施，而在于它是“就事论事”采取组织措施，没有同时倡导和培育“零缺陷代码精神”。

总结历史教训，微软领导层于1989年形成一个共识：软件的质量问题，和

---

① ［美］托马斯·J·彼得斯、小罗伯特·H·沃特曼：《成功之路》，47页。

企业文化密切相关，应该通过建设卓越的企业文化来解决。当年成稿的《微软备忘录》中明确地指出："我们的时间表设计和长期以来形成的企业文化鼓励我们花最少的时间来完成一项特性，从不要求精益求精。只要它能被很好地演示，我们就觉得可以了，所有的人也都这么认为。……几个月以后'臭虫'不可避免地出现了，而我们却认定它与原来的工作毫无关联"。这种"求快而不求精"的价值观念，已经不再适应已经发展起来了的个人电脑市场，必须加以改变，否则会对用户造成致命的后果。为了扭转这个"求快而不求精"的价值观念，微软鲜明地提出了两个理念：一个是"零缺陷代码"，另一个是"以质量为本"。

由于公司上下树立了"以质量为本"的理念，培育了"零缺陷代码"精神，各种组织措施也就取得了正面效果。开发员不再是消极等待测试员来测试，而是和测试员结合起来测试。微软走上了一条"以质量取胜"的阳光大道。①

三、创新概念与创新价值观的塑造

任何一个优秀公司，都毫无例外地重视创新价值观的塑造。其基本原因有三：第一，处在现代市场竞争中的企业，其经营环境千变万化，一个企业如果不建立共有的创新价值观，缺乏更新和再生能力，就不可能随机应变，必然在市场竞争中遭淘汰。第二，以传统生活方式为依托的市场，大多已呈饱和状态，企业用填空补缺所能取得的市场占有率是非常有限的。企业真想赢得市场，就必须在创造消费者新的需求上下功夫，特别应该在创造新的生活方式即创造新的消费文化上下功夫。一个企业，即使目前的市场占有率很高，但如果没有成功的不断创新活动，也会由于别的企业创造了新的生活方式而失去市场。第三，现在世界各国都强调可持续增长。要达此目的，除了要保护和优化生态环境，就是要创新。持续增长不是同一种产品的稳定的数量增加，而是充满质变和飞跃。没有创新，便没有持续增长。

我国企业更应该重视创新价值观的塑造。因为：第一，我国过去长期实施的计划经济体制，使某些国有大中型企业形成了一种按上级指令办、按原定计划做的习惯，这是不利于创新的习惯。而"习惯是不能从窗户扔出去的，必须耐心地从楼梯上一步一个台阶送下去"（马克·吐温语）。第二，我国正在努力建立的现代企业制度，是一种崭新的企业制度。一方面，它应该与市场经济相适应，以使中国企业能够按照国际惯例进行运作，从而顺理成章地进入国内外市场，提高效率和效益；另一方面，它又必须与中国的社会制度相适应，以使中国企业能够体现社会主义制度的优越性，确保提高效益的成果属于人民。要把这两方面协调起来，没有固定的模式可以照搬，只有走创新之路。

---

① 详见罗长海：《微软文化》，132～138页。

那么，什么是创新呢？下面先追溯“创新”中英文用词的源流，后分析其含义。

大约1 300年前，在唐代李延寿撰写的《南史·列传第一·后妃上》中，首次使用了“创新”一词。其含义是指：修造与过去有所不同的新建筑。[①]

1912年，美籍奥地利经济学家约瑟夫·阿罗斯·熊彼特（Joseph Alois Schumpeter，1883—1950），推出了德文版《经济发展理论》一书，其中第一次深入地阐明了创新（Innovations）的内涵。在他看来，所谓“创新”，就是“建立一种新的生产函数”，是企业家对各种生产要素进行新的组合，是把一种从来没有过的生产要素和生产条件的“新组合”引入生产体系。他列举了创新的五种情况：（1）引入一种新产品，或提供一种新的产品质量。（2）采用一种新的生产方法。（3）开辟一个新的市场。（4）获得一种原料或半成品之新的供给来源。（5）实行一种新的企业组织形式。[②]

熊彼特的“创新”概念，有两个明显的特点：一是指生产和经济领域内的创新，二是指以生产性企业及其企业家为主体的创新。经济是整个社会的基础，企业是现代市场经济的主体和细胞，抓住了经济创新和企业创新，也就抓住了整个社会更新向上发展的根本。这是熊彼特“创新”概念的高明之处。

但是，第一，经济创新归根到底是为了人的全面发展，是为了提升人的本质力量，使整个人类日新月异，企业创新不能局限在只是求得本企业的生存和发展，而应该造福于社会，使整个社会日益繁荣和谐。第二，经济创新往往需要政治、文化、观念等等创新的配合，企业创新实际上也离不开科研院所、教育单位、政府机构、社会团体等等的创新。第三，随着现代科学技术的发展，生产制造性企业的比重在降低，而服务性企业的比重在增加，一些原本不属于企业的医疗、教育、科研单位，也开始了企业化的进程。因此，熊彼特在20世纪初期提出来的“创新”概念，到了20世纪末期就显得不够用了。

现在，创新的领域在扩大，创新的实践在发展，“创新”的定义也在深化。下面是六个和熊彼特“创新”概念不同的定义：

（1）“创新”是指能为人类社会的文明与进步创造出有价值的、前所未有的全新物质产品或精神产品（北京师范大学现代教育技术研究所何克抗教授）。

（2）创新是从新思想到行动（new idea to action）（当代国际知识管理专家艾米顿）。

（3）创新是开发一种新事物的过程。这一过程从发现潜在的需要开始，经历新事物的技术可行性研究阶段的检验，到新事物的广泛应用为止。创新之所以被

---

① 有关原文如下：“又讽有司奏曰：‘据春秋，仲子非鲁惠公元嫡，尚得考别宫。今贵妃盖天秩之崇班，理应创新。’乃立别庙于都下。”

② 详见［美］熊彼特：《经济发展理论》，北京，商务印书馆，1990。

描述为是一个创造性过程，是因为它产生了某种新的事物。

（4）创新是运用知识或相关信息创造和引进某种有用的新事物的过程。

（5）创新是对一个组织或相关环境的新变化的接受。

（6）创新是指新事物本身，具体说来就是指被相关使用部门认定的任何一种新的思想、新的实践或新的制造物。[①]

必须承认，创新具有十分丰富的内容和表现。想出前人所未曾想到的新“点子”；推出前人所未曾提出过的新计划；形成前人所未曾有过的思想观念；提出比前人更简练、更清晰、更好懂的新表达；实践前人所未曾做过的新事情；提供前人所未曾见过的“样机”或“样品”；生产出前人所未曾生产过的新产品；掀起珍贵物品能够像自来水那样廉价而源源不断地供应的新潮流……所有这些活动都属于开创性活动，都是开创人类所未曾有过的新事业，都是创新。可以而且也应该给出如下的定义：

> 所谓创新，是指开辟人类所未曾有过的、能够充分体现乃至提高人类本质力量的任何事业，是包括创意、创作、创造、创制和创势在内的动态系统。

这个定义中的创意、创作、创造、创制和创势，既可以看成是创新的五种表现，也可以看成是创新的五项活动、五个环节、五个阶段、五个要素等等。它们的含义，可以进一步界定如下：

“创意”——是想前人所未想，言前人所未言，从而有新点子、新主意、新设计、新计划、新思想、新理念、新理论、新理想等等的提出。

“创作”——是追求把“创意”表达得清楚明确、具体生动，致使精神性的“意境（点子、计划、理念、理论、理想等等）”表达得如见其形、如闻其声、如嗅其味、如尝其鲜、如触其坚。

“创造”——是不惜一切代价，通过实践把“创作”转化成“客观现实”，例如转化成实验室中的样机，或者试验区中的样板。也称“发明”。

“创制”——是把“创造”转化为“经济现实”，即千方百计降低成本，扩大制造规模，把样机转化为可以实营实销的商品，或把样板塑造为可以普遍推广的事实。

“创势”——是使“创制”而成的商品或事实，不仅能够像自来水那样廉价而源源不断地供应，而且能够掀起社会公众普遍消费、乐于消费的潮流和趋势。

例如：

美国学者特·尼尔森（T. Nelson），思前人所未思，在大型计算机一统天下的1966年，提出了“个人计算机”的设想，说它是每个人自己操作的计算机，

---

① 第2～6个定义转引自唐五湘：《创新论》，2～3页，北京，中国盲文出版社，1999。

不需要操作“专员”，更不需要动辄几十万美元的费用。他大声疾呼“去掉蒙在计算机身上的神秘面纱！计算机属于全体人民！”这就是创意。

后来，特·尼尔森把自己的创意集成起来，写成《计算机解放——梦想机器》一书，并于1974年正式出版。这属于创作。

美国施乐公司的帕洛阿尔托研究中心（Palo Alto Research Center，简称PARC），聘用一流的计算机科学家和工程师，于1973年制造出名为“阿尔托”（Alto）的个人电脑。它不但是世界上第一台个人电脑，而且也是全世界第一台具有“图形界面”的个人电脑。许多创意都用在了这台电脑上：它拥有桌面视窗、图标、下拉式菜单、商用鼠标、高清晰度图形显示器、8英寸磁盘驱动器、所见即所得技术和面向对象的Smalltalk语言，每一项都是了不起的突破！施乐公司接待了一批又一批的参观者，无偿地讲解这台个人计算机所采用的各种先进技术。这项成果属于创造（发明）。

但是，施乐公司的“阿尔托”个人电脑一直停留在“实验室中的样机”阶段，没有及时把它转化为市场上的商品。“最先将这项成果转化为产品的人是苹果公司的斯蒂夫·乔布斯，而非施乐公司”①。乔布斯和苹果公司于1984年推出的“麦金托什”个人电脑，不但具有图形界面和使用鼠标，而且售价仅2 795美元，可以实营实销，进入寻常百姓家。这属于创制。

不过，“麦金托什”电脑并没有掀起社会公众普遍消费、乐于消费的潮流和趋势。这是由于苹果公司坚持“封闭独占”的理念，堵死了一切“开放兼容”之路。任何生产商都休想造出和“麦金托什”兼容的电脑，任何应用软件开发商都很难为“麦金托什”写出真正适合的软件。这就是说，许多用户已经买了“IBM-PC”及其兼容机，虽然很想单独购买“麦金托什”操作系统和鼠标，以便安装在自己的机器上，但苹果公司就是不肯单独卖。而且即使那些购买了“麦金托什”机的用户，也还在为缺少适当的应用软件而烦恼。在这种情况下，怎么可能掀起社会公众普遍消费、乐于消费的潮流呢？

比尔·盖茨坚持开发具有兼容性的“图形界面”操作系统“视窗”，并于1995年获得成功，从而掀起了社会公众普遍购买、乐于购买个人电脑的潮流和趋势，这就是创势。

以上“五创”分开来看，其中的任何一“创”，都具有创新必须具备的两个本质特点，即（1）产生了人类过去所未曾有过的东西；（2）体现乃至提高了人的本质力量。所以都可以称之为创新。

以上“五创”联系起来看，则形成了一条“创新逻辑链”或“创业文化逻辑链”：创意⟶创作⟶创造（发明）⟶创制⟶创势。

---

① ［美］迈克尔·科索马罗、理查德·塞尔比：《微软的秘密》，50页。

在这条逻辑链中，前一个环节是后一个环节的前提和基础，没有前一个环节，就不可能有后一个环节。没有好的创意，即没有金点子、好主意、新理念等等，就不会有好的创作；没有好的创作，即新点子说不清、道不明，新设计头绪混杂、欲理还乱等等，就不会有好的创造（发明）；没有好的创造（发明），即样机或样板都还没有过关，就不会有好的创制；没有好的创制，即产品生产的规模太小、成本太高等问题都还没有解决好，就不会有好的创势。这就是后一环节对前一环节的依赖性。

但是，后一环节既是前一环节的发展和提高，也是前一环节的归宿和目标；如果没有后一环节的出现，前一环节也将失去意义。因此任何一个组织或公司，即使自己在创新逻辑链的某个环节上取得了成果，也必须向后一个环节延伸，才能肯定这个成果。一个好的创意，只有用语言、文字、图稿、模型、课件等形式成功地创作出来，才能肯定它为一个卓越的创意；一个好的创作，只有转化成了客观实在的样机或样板，才能肯定其为一个真正优秀的创作；一个创造（发明），只有导致了低成本的大批创制，才能肯定其为卓越的创造（发明）；一个创制，只有引起了改善社会面貌的潮流和趋势，才是伟大的创制。J. A. 熊彼特非常强调创造（发明）的应用，他说："只要发明还没有得到实际上的应用，那么在经济上就是不起作用的。而实行任何改善并使之有效，这同它的发明是一个完全不同的任务，而且这个任务要求具有完全不同的才能。"① 因此发明家未必能成为企业家。熊彼特所说的其实就是：创造（发明）必须延伸为创制，才能肯定为一个经济成果，而这需要另一种才能。推而广之，各种创意、创作、创造（发明）、创制，只有形成了创势，即形成了不可逆转的社会潮流和社会趋势，才算得到了最终实现。

从客观实际情况来看，一个组织或一个公司，既可能擅长创新的整个逻辑链，也可能只是擅长创新逻辑链中的某一个环节。各种咨询公司可能擅长"创意"，各种形象（CIS）设计公司可能擅长"创作"，各种研究机构可能擅长"创造（发明）"，各种制造（包括制造硬件和软件）公司可能擅长"创制"，各种传媒公司可能擅长"创势"。

任何一个组织或公司，如果要充分发挥自己在创新逻辑链上某个环节上的特长，就必须充分尊重、虚心学习、全部掌握上一个环节的所有成果。同时还应该关心、支持本环节的创新向下一个环节延伸。只有实现了创新的整个逻辑链，才称得上一个完美的创新。

当然，就大多数企业来说，就企业作为一种经济组织来看，完成创新逻辑链中的创制，是它义不容辞的责任，是它的本分。这就是说，企业应该千方百

---

① ［美］熊彼特：《经济发展理论》，98 页。

计降低成本，扩大规模，把样机转化为可以实营实销的商品，把样板塑造为可以普遍推广的事实，使各种“创造（发明）”转化成为“经济现实”。也许正是因为要强调企业这个义不容辞的责任，要突出企业的本分，再加上“经济”作为基础的特殊重要性，许多文献（包括熊彼特的著作）实质上才只把我们在这里所说的“创制”定义为“创新”，而把“创意”、“创作”、“创造（发明）”当成和“创新”不同的东西。这是可以理解的，但这不应该成为束缚创新范畴发展的教条。

总结优秀公司的经验，塑造共有的创新价值观，实质上就是要培育和贯彻以下八种意识。

1. 信念意识。

所谓信念（belief），就是“对理论的真理性和实践行为的正确性的内在确信”①。

在极其艰难的条件下，信念如同食物和水，是维持生存的基础。一个人有了坚定的信念，例如确信“侵略者必败，抵抗侵略的正义一方必胜”，即使被关进德国法西斯的集中营，只要不被直接处死，也能生存下来。那些饱经德国法西斯残酷折磨而能幸存下来的人，并不一定是体格上最强壮的，关键是他们在一切看来都毫无希望的环境里能够坚守信念。因此人们对信念的需求，如同对食物和水的需求。

任何创新都是有难度的，因为那是开辟人类所未曾有过的伟大事业。一个企业，只有领导层确信本企业能够进行创新，并且认真培育每个员工都具有这样的信念，才有可能创新。一家公司，只有确信“科学技术是第一生产力”，坚信“具有知识产权的核心技术是企业发展的根本”，才有可能不断地进行技术创新。实事求是地说，这样的企业无论在国内还是在国外，都不是很多。一位美国学者不无感慨地说：“许多组织不能给人们以信念，他们所能提供的至多不过是‘更多的利润，不断的增长’。他们只为股东服务，而对其余的人则漠不关心。那是十分危险的。”②

信念，是理想、意志和乐业的集成。一个公司有没有信念意识，就是看企业家本人及其全体员工，有没有理想追求，意志是不是坚强，能不能以苦为乐（即在自己完成繁重创新任务的过程中感到快乐）。这是一个公司创新的精神动力。正如熊彼特所认为的那样，企业家的创新活动受到三种力量的驱使：（1）发现一个私人商业王国的愿望（这实质上就是一种商业方面的理想追求）；（2）征服困难和表明自己出类拔萃的意志；（3）创造和发挥自己才能

① 冯契主编：《哲学大辞典》，1215页，上海，上海辞书出版社，1992。

② ［美］罗伯特·沃特曼：《创新经营——优秀公司如何赢得并保持竞争优势》，332页，北京，中国财政经济出版社，1989。

带来的欢乐。

2. 实干意识。

如上已述，就大多数企业来说，就企业作为一种经济组织来看，完成创新逻辑链中的创制，是它义不容辞的责任，是它的本分。这就是说，企业创新的重点，应该是把样机转化为可以实营实销的商品，把样板塑造为可以普遍推广的事实，使各种“创造（发明）”转化成为“经济现实”，成为人民生活的一部分。这可不是一件轻而易举的事，连擅长创新的索尼公司创始人盛田昭夫也说：“最困难的莫过于将一种新技术推广到人民生活中去。”①

要完成这个最困难任务，最需要的就是实干！这是因为：

创制，不同于创意和创作，创意是想出新名堂，创作是写（画、演等）出新东西，而创制则是干出新名堂。

创制也不同于基础理论科学家（如数学家、物理学家、天文学家等）的“有所发现”，爱因斯坦提出相对论，发现时空的相对性，预言“光线弯曲”、“引力红移”等等的存在，需要深厚的知识基础、严密的数理推导能力、丰富的想象力和非凡的智力。企业中的新产品创制能手，虽然不必具备如此高的素质，但却必须实干；企业中的“革新闯将并不是想入非非的幻想家，也不是什么智力超群的巨人……不过，他们首先是一些有务实精神的人，必要的时候他们能抓住别人的理论概念不放，以百折不挠的毅力，硬是使它开出花，结出果来”②。

创制，也不同于研究所或实验室里工程师们的“创造发明”。创造发明只提供一个样品或样板，创制则必须把样品或样板成批地推出来，一定要形成规模。创造发明可以不计成本，可以用“金钱”或其他资源“堆积”出一个“榜样”来；而创制则必须降低成本，而且要降到可以实营实销的程度。创造发明未必能够重复，创制则必须能够稳定地加以重复。形成规模，降低成本，稳定重复，是要干许多实事才能达成的目标。

不要以为，创意、创作、创造（发明）等会自动引起创制。其实不然，有创意的人往往把落实到行动上去的责任推到别人身上去。比较而言，能想出许多振奋人心的新主意（即所谓“金点子”），这并不太困难。对于一个企业来说，“真正难能可贵的，是那种具有把主意付诸实行所需要的知识诀窍、精力、胆略和毅力的人……因为所谓企业，就是‘能把事办成’的机构，有创造性而没有实际行动紧跟着去实践，就是一种徒有其表的行为”③。

在世界发展史上，有许多创造（发明）没有导致创制的遗憾。1957 年，法国试制成功快帆式喷气客机，非常新颖地把发动机装在尾部，但却没有进一步创

① ［日］盛田昭夫：《日本造》，256 页。

② ［美］托马斯·J·彼得斯、小罗伯特·H·沃特曼：《成功之路》，248 页。

③ 同上书，247 页。

制出可以销售获利的“尾吊发动机布局”式客机。倒是其他飞机制造商，通过模仿和利用，创制出产品投放市场而获利。因此，以创新著称的日本企业家盛田昭夫说：“倘若创造出某种奇特的东西后便歇手不干吃老本，是极不明智的。你还得从新的发明中做出一笔生意来，这就需要你不断地更新产品，在市场竞争中走在前头。……我认为日本工业之所以如此先进，是由于许多公司都认为它们已经落后，因此派人去上学，学习最先进的技艺，用‘学费’换取进口技术。但你只有再加上自己的东西，你的所学才会有用，而且还要靠自己动手去干。”①

总之，塑造创新价值观，虽然不能把“五创”彼此绝对对立起来，但无论如何不要忘记企业的本分是创制。企业应该全力以赴倡导实干，务求干出实在、实用、实惠，从而可以实营或实销的结果来。

3. 集成意识。

作为企业创新本分的“创制”，是整个创新逻辑链中的最后两个环节之一，它必然要继承和集成前面三个环节的成果，这是容易理解的事实。

另一个不应忽略的事实是：“创制”不是前一个环节“创造（发明）”的简单放大，它还必须集成其他多项技术。例如，创制商用飞机，不是把莱特兄弟1903年12月试飞成功的简陋飞行器加以简单放大，就算完事；而是在30多年以后，麦道公司根据空气动力学理论，融合集成了其他五项重要技术，即可变间距螺旋桨技术、伸缩起落架技术、使用轻质材料铸造特定机体结构的技术、辐射状气冷式引擎技术和摆动副翼技术，造出了DC－3飞机，才算完成任务。多项技术集成，是企业创新的一项基本功。

用集成意识指导行动，企业起码应该把自己各个部门已经分别掌握的技术，汇集起来，创制出未来所需要的一套完整的体系。盛田在1987年说：“我们初建公司时，一个部门生产晶体管，另一个生产录音机，第三个生产收音机。这种方法已不适应于未来。”② 他预言，到20世纪末，“集电视、计算机和通信于一身的情报体系将普遍进入人们的家庭”③。将电视机、计算机、电话机、复印机、传真机、收音机、录音机等等，用新的方式集成组合起来，成为统一的“信息机”，确实是当今的大趋势。只有树立了集成意识、练就了集成本领的公司，才有可能走在这个大趋势的前列。因为这不是把各种机器的制造技术简单相加就能成功，需要有如同熊彼特所说的“重新组合”的创新。

4. 奉献意识。

企业创制相对于“提出创意”、“理论发现”、“技术发明”来说，具有物质资源依赖性强、时间长、难度高和风险大的特点。没有奉献意识是办不成的。

---

①② ［日］盛田昭夫：《日本造》，265页。

③ 同上书，269页。

企业创制对物质资源的依赖性强是显而易见的。把十来个人聚在一起，用“头脑风暴法”相互启发，就能想出许多振奋人心的新主意来，这里所需要的物质资源仅仅是一间小小的会议室。技术发明需要一定的物质手段，但由于只要拿出样品，对物质资源的耗费总是比较有限的。企业创制由于有规模和实营实销的要求，其对物质资源的依赖往往会放大成百上千倍。企业没有奉献于社会和消费者的意识，就不会热心于耗费巨大的创新活动。

问题不仅在于创制需要投入大量的人力财力物力，还在于需要接受长期的时间磨难。“一次一次的正式研究都反复表明，不论在哪种行业里，是低技术性也好还是高技术性行业也好，反正从主意冒头到商业上部署完毕，平均起来总要10年到20年之久。”① 飞机从发明到实现创制，花了32年；彩色电视从第一份专利到能够在全世界推广，花了63年；彩色胶卷从发明到投放市场，花了26年；传真电报机，从发明到第一条洲际传真电报线路的正式启用，花了73年；等等。在漫长的岁月里，不仅仅需要干许多实实在在的工作，而且要克服许多困难，面对风险，承受挫折、失败和损失。没有奉献意识，就熬不过这漫长的岁月而取得创制的胜利。

5. 竞争意识。

如果说，奉献意识是企业创新的内在动力，那么企业内外的竞争环境则是企业创新的外在动力。优秀的公司，总是善于营造和利用竞争环境，鼓励职工的竞争精神，以加速创新价值观的形成和认同。

以技术、产品设计和市场营销“三创新”著名的日本索尼公司，就非常重视创造适度的外部竞争环境，来激发企业内部的创新激情。他们不是抱怨竞争激烈，而是担心没有竞争。关于这点，盛田写道：“我们开始在日本生产磁带录音机时，拥有所有重要的专利，市场占有率为100%。然而这样垄断下去无异于自拆台脚，于是我们开始转卖专利权。不久，市场占有率降到30%，但这仍是很大的市场……其实这一状况令我很担忧，因为没有竞争我们将无法扩大市场和加速新产品的发展，没有竞争便不会引起创新的极大刺激。”②

当然，在市场经济条件下，企业之间的竞争是到处存在的事实，用不着刻意去追求。盛田所说的没有竞争的垄断局面，是暂时的特殊情况，他对这种情况的担忧，表明他对竞争推动创新评价极高。

刻意创新的公司，还把竞争机制引入企业内部：同一件事由许多人、许多组、许多部门同时去做，相互竞争，优胜劣汰。销售部门对于生产部门的新产品、科研部门的新成果，不是依据行政命令非得去推销不可，而是根据市场情况

① ［美］托马斯·J·彼得斯、小罗伯特·H·沃特曼：《成功之路》，276页。

② ［日］盛田昭夫：《日本造》，324～325页。

决定“购买”或“不购买”。“这种内部竞争使出色公司为了重复而付出了高昂的代价——自相火并、产品重复、机构重叠、多重开发项目以及销售队伍不愿买研制出来的新名堂时所白白损失掉的研究开发费用，等等。然而，所得到的好处，尽管不太容易衡量，却是多方面的，尤其是在鼓起职工的责任感与革新精神，以及着重狠抓收益方面，更为突出。”① 简言之，为了创新而实行内部竞争，代价虽然高昂，但值得！

6. 超前意识。

创新贵在超前。不是由过去决定现在，再由现在推断未来；而是要由未来决定现在，再由现在反思过去。企业要创新，就必须超前思考：未来的市场将流行什么产品，未来的顾客需要什么样的服务，未来的社会要求企业采取什么样的组织结构，未来的设计将是什么理论和工艺技术占主导地位，等等。预测未来虽然是一个十分棘手的难题，但若要创新就不仅不能避开它，而且必须用预测的结果指导实践，见之于行动。

美国微软公司，也许是具有超前意识而取得巨大成功的典型。比尔·盖茨写道：“人们常常要我解释微软的成功。他们想知道我们的公司从两个人、小本经营发展到一家拥有17 000名雇员和年销售额超过60亿美元的秘密。当然，不会有一个简单的答案，但运气是一个因素，然而我想最重要的因素还是我们最初的远见。”②

我国一些优秀企业家所说的“手上干一个、眼睛盯着第二个、脑子思考第三个”，是超前意识的形象化表达。当前的产品虽然热销，仍然必须准备好第二代、第三代新产品，并适时地把它们创造出来。

7. 宽容意识。

企业创新，没有现成的道路可走，更没有一定成功的把握，需要大胆摸索、反复试验、失败了再来的劲头。因此，要塑造共享的创新价值观，就要树立宽容意识，造成有利于创新闯将成长的文化环境。

一要宽容“奇谈怪论”。一项真正的创新，开始的时候往往被认为是“不能办的”、“不该做的”、“不会干的”等等。而创新闯将们提出的种种理由，则被视为奇谈怪论。说实在的，其中也确实有不少是“天方夜谭”，然而事实也表明，许多创新恰恰是奇谈怪论的实现。举个小小的例子，美国一家公司一位职工提出：定价为150美元的电影摄影机可以用直接邮寄的办法来出售。表面看来这个主意简直“荒谬绝伦”，但这家公司却愿花1万美元的成本，试一下这个主意。结果成功了，它成了该公司一项赢利颇丰的重要的新业务。

二要宽容“非理性的行为”。企业创新就是要干，要行动。但如果每干一件

---

① ［美］托马斯·J·彼得斯、小罗伯特·H·沃特曼：《成功之路》，261页。

② ［美］比尔·盖茨：《未来之路》，24页，北京，北京大学出版社，1996。

事，每采取一项行动，都得有充足的理由，也许就不再是创新，而是在执行一项非常成熟的工艺流程了。创新闯将们的可贵之处，就在于他们敢于凭直觉作出大胆的尝试，而尝试的理由却很不充分，甚至讲不出任何理由。优秀的公司总是宽容这种非理性的行为，因为它往往孕育着创新（特别是适应性创新）的成功。

文献中引用的如下实验，说明了“非理性行为”的作用，应该予以宽容：

> 如果你把半打蜜蜂和同样多只苍蝇装进一个瓶子里，然后把瓶子平放，让瓶底朝着窗户，你会看到，蜜蜂会不停地努力想在瓶底上找到出口，一直到它们力竭倒毙或饿死，而苍蝇则会在不到两分钟之内，穿过另一端的瓶颈而逃逸一空……在这个实验中，正是由于它们（蜜蜂们）对光亮的喜爱，由于它们的智力，才灭亡了。它们显然以为，囚室的出口必然在光线最明亮的地方；它们据此行动，所坚持的行动过分合乎逻辑了。对它们来说，玻璃是一种它们在自然界中从来没遇过的超自然的奥秘，它们压根儿没遇过这种突然不可穿透的大气；而它们的智力越高，这种奇怪的障碍就越显得无法接受和不可理解。那些愚蠢的苍蝇则对晶体的神秘这类事物的逻辑毫不留恋，全然不顾亮光的吸引，四下乱飞而遇上了经常光顾头脑简单者的好运气，它们总是在智者消亡的地方脱身的。因此，苍蝇终于发现赐它们以自由的那个正中下怀的出口。①
>
> 这件事说明，实验、坚持不懈、试试改改、冒险、随机应变、最佳途径、迂回前进、混乱、僵化和任意处置，所有这些都有助于应付变化。②

确实，无论科学怎样发达，总还会存在用理性暂时还不能说明的自然奥秘，像无头苍蝇那样四处乱飞的摸索，用经验技术而不是用科学技术来解决创新中的某些难题，将永远是无法避免的事实。

三要宽容某些“无组织”、“无纪律”、“钻制度上的空子”之类的行为。企业中的创新，既然起始阶段往往并无成功的把握，许多创新闯将也就秘密地开始，悄悄串联一些有兴趣的人，挤出时间“私下干活”，暗中弄些材料来做试验等等。如果对于这些行为不能宽容，就会把创新扼杀在摇篮之中。

优秀公司不仅宽容这些行为，而且有意鼓励这类行为。美国 IBM 公司创始人沃森的一位老同事甚至提出：“一家公司在发明方面的状况如何，最好是靠看看该公司里正在悄悄进行的私下干活的活动到底有多少来衡量。”③ 明尼苏达采矿制造公司新事业部的负责人则认为：“计划、预算，甚至控制系统，都应该故意设计得‘有点漏洞’。许多人需要有一种门路来‘偷偷地’弄点钱，在预算的

---

① ［美］托马斯・J・彼得斯、小罗伯特・H・沃特曼：《成功之路》，135 页。

② 同上书，136 页。

③ 同上书，176 页。

边边角角处动动脑筋，以便能推进没能排上号的计划。”① 惠普公司似乎走得更远，允许工程师们不仅在工作中可以随意取用电气和机械零件，而且鼓励他们拿回家去供个人使用。有一个周末，惠普公司创始人发现放零件的仓库上了锁，就找来工具把锁剪断，并留下条子，吩咐“请勿再锁此门”。“因为惠普公司认为，不管工程师们拿这些设备所做的事是不是跟他们手头从事的工作项目有关，反正他们无论是在工作岗位上还是在家里摆弄这些玩意儿是总能学到一些东西的，这也就加强了公司对革新的赞助。”②

四要宽容创新过程中所犯的错误和失败。试验，是企业创新的主要手段。完成任何一项创新，一次试验就获得成功的概率很小，一般总是失败的次数多于成功的次数。如果不允许犯错误，不允许失败，就等于取消创新。优秀公司对失败的宽容，集中表现为：对失败举行庆典。其理由是：虽然失败了，但长了知识，至少懂得怎样做必然导致失败，从而避免今后重犯类似错误；虽然失败了，但中止了一项没有前途的探索，却是一项胜利。

微软公司就是通过“屡败屡战、创造条件直至成功”，才进入世界软件企业的最前列。因此，比尔·盖茨对于容忍失败、承认失败并从失败中学习，有深刻的体会和独到的见解。他说：“一切都在于您如何对待失败。从失误中学习和不断完善产品，是所有企业成功的关键。”“任何一个在微软工作过的人，都认为我们有一个优秀的品质，那就是始终认为自己是失败者。我今天仍然认为我们是失败者，就像过去认为我们是失败者一样。如果我们不坚持这种看法，我们的竞争对手会吃掉我们的午餐。”③

8.“特管”意识。

既然创新是开辟人类所未曾有过的事业，那么它在本质上就是和现有东西有所不同，是在做具有特殊性质的事情。特事就得特办，创新需要特殊的管理措施和方法，不必忌讳舆论说这样的管理很“怪”，而要勇于认“怪”，敢于“超常”。

以善于创新而著称于世的索尼公司，在管理上就存在所谓“三大怪”：

第一“怪”，索尼每年都要到理科大学招聘毕业生，但成绩最好的学生，往往落选，而那些成绩中等的学生，却往往被索尼公司看中。索尼公司一位名字叫末富达人的技术骨干，谈到自己大学毕业时应聘索尼的情况，他说：“我的成绩倒数起来更快些。有一位成绩好的要考索尼。我与同一研究室另一位朋友一起劝他说：‘你成绩好，随便挑哪儿都能去。如果索尼不是第一志愿，就别考了。’但他是个很认真的人，没有接受我们的劝告，还是一起去考索尼，结果

---

① ［美］托马斯·J·彼得斯、小罗伯特·H·沃特曼：《成功之路》，176 页。

② 同上书，294 页。

③ 罗长海：《微软文化》，291 页。

他落选了。”①

第二“怪”，索尼分配工作任务，不是谁“空”就给谁，而是谁最忙就把任务派给谁。以至索尼的技术骨干末富达人作出了这样的结论：“在索尼成功立住脚的方法只有一个，那就是即使不是做什么了不起的事，也要装出忙碌的样子。有急活的时候，交给看上去正空手闲着的人，反而会完成得慢。在索尼，看上去空闲的人，谁也不会把工作交给他。”②

第三“怪”，索尼对于招聘进来的员工，只使用不培训。“索尼公司，几乎没有时间给新职员以认真的培训。”③

以上三点，和一般常规情况相比，确实很“怪”。但如果从怎样有利于“创新”的角度来看，就一点也不怪。

大学生所学习的东西，都是比较成熟的东西，是经过实践检验的真理。牢固地掌握它们，是很重要的。学生们的成绩好坏，一般就标志着掌握这些成熟东西的牢固程度。一个学生，成熟的东西掌握得越牢固，成绩就越好，就越容易养成一种习惯，即总是运用成熟的东西来解决他所面临的任务。对于只需要完成常规任务的公司来说，当然非常欢迎这类成绩最好的学生。但对于以“创新”为己任的公司来说，就未必需要那些习惯于运用成熟的东西来完成任务的学生，而是往往需要有能够运用某些“歪路子”来完成任务的人！在这里，招聘那些“有时离经叛道”、成绩靠后的学生，就是合理而可取的。

一个不给自己提出创新要求的人，完全按照成熟的方法做常规的事情，当然不会忙乱。但如果给自己提出创新的要求，必然要忙起来。任何一个创新任务，只有交给那些自己主动创新的人，才有可能更快地完成。这就是“谁忙把任务派给谁”的依据。

既然是创新，是过去没有人做过的，当然也就找不到人来教你怎样做。一切要靠自己去摸索。这就是“只使用不培训”的理由。

四、全息价值观及其塑造

“全息”，原本属于自然科学（如光学、生物学）中的概念。20 世纪 90 年代，我国著名企业改革家黄关从，把它创造性地运用到企业管理中来，提出了在中国纺织机械股份有限公司推行“全息改革”的构想。这对于中国企业特别是国有大中型企业来说，确实是一剂对症之药。

“全息”管理思想的提出，不仅适应了我国企业改革和建立现代企业制度的需要，也是意义深远的文化创举。

---

① ［日］片山修：《索尼法则》，5 页，北京，华夏出版社，1999。

② 同上书，13～14 页。

③ 同上书，5 页。

树立全息价值观，使之被全体职工认同，将大大提高企业的管理水平，使公司的整体质量或素质上一个新台阶。

所谓“全息”，至少有以下三层含义：

1. “全息”就是指全部的信息。从这层含义来看，树立全息观念，肯定全息的价值，就是要做到：管理决策所依据的信息，是全面而不是片面的；为了实现管理目标而采取的措施，是配套成龙而不是孤立推出的。一个优秀的公司管理者，应该是系统工程的设计者和指挥者，是善于把握全局的统帅。例如，一个公司在决定股票发行的溢价水平或配股比例与价格的时候，不能仅仅依据公司内部对资金的需求信息，还必须依据来自社会公众、不同类型的股东、证券市场和证券管理部门等各方面的信息；不能只有保证溢价发行或配股取得成功的措施，还必须有保证取得同溢价水平（或配股价格）相称相配的税后利润的经营措施；等等。

2. 任何一个局部都包含有整体的信息，零碎的全息胶片可以复现整体的图像，一个细胞包含着整个生物体的信息，等等。从这层含义来看，树立全息观念，肯定全息的价值，就是要做到：公司内部的信息联系十分畅通，高度透明；局部与整体之间、局部与局部之间的信息传递，噪声干扰极小，失真度接近于零；考察一个适当的局部，即可窥见公司全貌。这意味着公司成为强文化企业，有统一的企业精神，有全体认同的价值观念体系，有整齐划一的企业识别系统，从而能给社会公众留下深刻鲜明的企业形象。这样的公司，相对于机制不转换、信息传递阻塞、有意制造假象的企业来说，真是天差地别。上海有一家国有大中型企业，2 000多名职工，实际亏损6 000多万元。可是这一亏损信息，其内部任何一个局部都反映不出来：它所办的12家合资、三产、联营企业，即它的子公司或孙公司，都是赢利的，就连它的财务科所提供的账本，竟也赫然记载着该企业连续五年赢利！这种信息阻塞、极不透明、讲盈就盈、讲亏就亏，致使国有资产大量流失的企业，据说并非个别。这无可辩驳地表明：对于正在转制中的我国国有企业来说，树立“全息”观念，使它的每个局部都能较准确地体现整体，具有整体的信息，是何等迫切的要求。

3. 一个适当的局部，在一定的条件下可以发展成为一个整体，例如一片叶子或一根枝条，插入土壤就可以成长为一个完整的植株。动物机体上的一个细胞，可以培育成完整的动物。从这层含义来看，确立全息价值观就是充分调动每个职工的积极性，使公司的每一个局部都能发挥其潜力，能像公司整体那样独立适应复杂多变的市场环境，都成长为合格的市场主体。

按全息第三层含义来组建集团公司，不仅应该要求集团内的每个子公司都具有独立参与市场竞争的能力，还应该确实使它们有一个在激烈市场竞争中摔摔打打的历程。组建和发展集团公司，绝不应该是原来行政性的局或公司的翻牌。这

就像一棵老态的树，绝不要给它披红挂彩，而应卷起狂风巨浪，使之连根拔起，撕得粉碎，使它的叶子、细枝、根须和果实，随狂风、随急流、随食草动物等等而散播开来，让这些支离破碎的部分都有机会接触并抓住土壤，以发展成完整的植株，形成大片大片的茂密森林。

应该指出，国外现代企业内部管理制度最近几十年来的变化发展，恰恰是沿着有利于从局部发展成为整体的轨迹进行的：20 世纪 50 年代以前是垂直管理，从上到下设立职能部门，一级管一级；50 年代到 80 年代是矩阵管理，在传统职能部门之外，还设立若干专门小组承担专项任务，其成员由各个职能部门委派，是一种具有横向联系的组织，它和原来的垂直领导系统交叉组成了管理矩阵；80 年代至今，是所谓市场化管理，即围绕某一块市场或某个新项目，建立配套成龙的市场（项目）开发部，或设立一家子公司，每一块市场、每个项目、每个子公司甚至每一个生产和销售环节，都实行自主经营、自负盈亏，如经营不好就面临破产、清算和改组。显然，这种市场化管理，就是要求公司的各个局部，能像公司整体一样具有独立作战的市场竞争能力。全息价值观，对于知识经济条件下的企业发展，尤其重要。

五、重建我国企业价值体系

我国自 20 世纪 90 年代以来，明确以建立社会主义市场经济为改革的目标模式。我国的企业文化建设，首要的任务就是要确立和现代市场经济相适应的价值观念体系，完成价值重建，使企业的思维取向、精神氛围真正具有社会主义市场经济的气息。具体地说就是要实现以下的转变：

1. 从看重“市长”到看重“市场”。

就发展和壮大企业经济来说，市场的价值高于市长的价值。在传统的计划经济体制下，市长对于一个企业来说千真万确具有绝对至上的价值，因为维持企业运转所必不可少的人力、物力、财力等等，都必须经过市长的批准才能取得。过去几十年的实践证明，这种以市长为最高价值的企业发展模式，虽然取得了一些成绩，但终究不够便捷，不够灵活，不能使企业充满活力。把建立现代市场经济体制作为我国改革的目标模式，就必然要求企业价值体系中的最高价值，发生从市长向市场的转化。有些厂长、经理对于这种必然性缺乏认识，仍然抱住旧的价值观念体系不放：本行业生产能力大大超过需求，但仍然有新的同类企业在筹建，于是他们向市长呼吁，要求市长下达停止新建企业的命令；原材料供不应求，企业开工不足，他们希望省长作出禁止本地原材料出省的硬性规定；本单位留不住人才，他们希望上边有个规定；企业亏损了，他们找市长要补贴。总之，有了问题不是找市场，而是仍然沿用老办法——找市长。在改革的新形势下，这种老办法所能得到的结果是可想而知的：上级或者不予理睬；或者给予某种答复但无法使企业感到满意；或者索性叫企业投入市场竞争来解决所面临的问题，这实质上也就是叫企业转换价值观念，应该说这是上级惟一正确的选择。

市场的价值之所以高于市长的价值，是因为：第一，市场是客观的，市场的供求形势、价格形势和竞争形势是受价值规律支配的现实，而市长的决定、命令等等则是主观的，它们只有在符合市场客观实际、符合价值规律的情况下才能取得预期的效果。第二，市场属于经济基础领域中的现象。从一定的意义上说，市场的发育程度不仅决定着人们的日常生活方式，而且还决定着人们的政治生活和文化生活方式；市长则属于上层建筑领域中的现象，尽管具有极高的能动作用，但终究不能摆脱经济基础的决定作用，不可能想到什么就得到什么。第三，现代市场的范围拓展到了全世界，世上已经没有不受市场经济权力支配的地方；而“市长”作为一种行政权力，其管辖的范围只能是世界上的一个很小的部分。

充分认识和肯定市场的价值，就是要做到：顺应市场，占领市场，领先市场，开拓市场，依靠市场。所谓顺应市场，就是仔细倾听市场的呼唤，密切注视市场的信号，切实了解市场的需要，只生产适销对路的产品，以企业适应市场，而不是指望市场来适应企业。所谓占领市场，包括挤占和抢占：对于已经饱和的市场，采用包括优质、低价、赊销在内的各种文明竞争策略，使本企业产品进入市场，这就是挤占；对于尚未饱和的市场，捷足先登，以快取胜，就是抢占。所谓领先市场，就是要有永做市场之王的理想追求，在经常变化的市场中孜孜以求，策略、措施源源不断，以保持本企业在新产品、高质量、优服务等方面的领先地位。所谓开拓市场，包括质和量两个方面：质的开拓就是建立一个能在某一方面优于他人的合适市场，出色的企业要善于把基本用户细细划分为许多小部分，然后提供经过专门加工、适应特殊需要的对路产品和服务，从而使企业与用户建立起一种很难分开的联系，形成在质上十分牢固的市场；量的开拓就是不仅着眼于国内市场，而且着眼于开拓国际市场，并以国际市场的开发难度来促进企业在产品档次、综合质量、成本价格、交货周期、管理水平等方面的素质迅速提高。所谓依靠市场，就是不仅通过市场来取得企业生产所必需的各种要素，而且坚持通过市场的检验来提高企业的各种素质。

2. 从看重产值到看重利润。

在传统的计划经济体制下，企业属生产经营型，追求产值最大化，最忌讳所谓“利润挂帅”。为了达到建立社会主义市场经济体制的目标，企业就必须转变为资产经营型，追求利润最大化，减少产品积压，杜绝亏损经营，利润的价值高于产值的价值。

无论在社会主义国家还是在资本主义国家，都有人错误地认为赚取利润是丑恶现象，而对于亏损企业反而给予很大的同情。其实，“把利润当作人生最终目的”的人生观才是丑恶的，而“把利润视作为社会继续服务必不可少的手段”乃

是善良的。在平等竞争、文明竞争的条件下，企业的利润越多，说明这个企业善于降低成本，善于体察大众的需求，善于经营管理，因而它对社会的贡献也就越大，应该给予极高的评价。相反，企业没有利润，说明这个企业管理不善，对社会的贡献很小，没有完成它所应肩负的使命。如果企业亏损，说明这个企业实质上是在浪费资源，其领导者应受到法律的制裁。

在平等竞争、文明竞争的现代市场经济中，利润的价值高于产值的价值是显而易见的：产值只意味着生产出了某种产品，这种产品是否符合社会需要则尚无定论，因而它既可能是对社会作贡献（当产品受到欢迎时），也可能是浪费资源（当产品不受欢迎时）；利润则意味着已经满足了社会的某种需要，并从中得到了报酬。企业有了很高的产值，国家未必就有很高的税收，本企业也未必就有很高的积累，股东更未必有很高的股息；相反，如果企业有了很高的利润，国家自然会有更多的税收（从而才能发展教育和社会福利事业），企业自然会有更多的积累（从而才能进行技术改造和扩大再生产），股东自然会有更多的股息（从而使一般股民和作为最大股东的国家得到更多的实惠）。

3. 从看重步调一致到看重文明竞争。

市场经济和计划经济的根本区别之一，就在于倡导竞争还是取消竞争。现代市场经济和过去的市场经济，都是倡导竞争的，区别只在于竞争是高度文明的还是低度文明的或者是野蛮的。所谓企业文化，简短地说，就是以文明取胜的群体竞争意识。牢固树立文明竞争的价值观，是我国企业文化建设中一个极为紧迫的价值重建任务。据了解，有段时期，我国市场上的自行车售价低于造价，这意味着哪家厂生产的自行车卖得越多，哪家厂的亏损也就越大。有关企业家都认识到，摆脱亏损的惟一出路，是以略低于原材料涨价的幅度而适当地提高自行车的售价。尽管国家已经把自行车的定价权下放给了企业，可是仍然没有任何一个自行车厂敢于单独地提高自己产品的售价，而是所有自行车厂一致行动，才把售价提高。究其原因，是怕单独提价后失去市场，国家也不再以退税方式对企业补贴。由此不难看出，此时我国从上到下都还没有真正确认文明竞争的价值。

真正确认文明竞争的价值，以国家来说，就是对所有企业一视同仁，照章收税，不以任何方式支持企业亏损经营，鼓励平等竞争，绝不保护落后。从企业来说，就是要大胆运用自己的经营自主权，敢于以适销对路的产品、精益求精的质量、周到及时的服务来打破现有的平衡，善于运用包括价格策略在内的各种经营手段来突出自身的特色，通过文明竞争而不是通过垄断性的保护来求得发展。

企业之间文明竞争的价值，高于企业之间联合一致的价值，是世界各国经济发展的共同经验。20 世纪初，美国的钢铁工业发展势头本来很好，可是由于美国钢铁公司牵头组织了一个类似卡特尔的“联合公司”，给所有的美国钢铁企业制定了一个“保护价格”，取消了它们之间的竞争，结果美国的钢铁企业普遍缺乏革新技术的上进心，80 多年下来，大部分市场被日本企业夺走了。也许正是这类经验，促使一些资本主义国家制定了反垄断法规。社会主义国家搞了几十年的计划经济，企业之间没有竞争，步调完全一致，虽然使经济得到了一定的发展，但潜力却远未发挥出来。事实证明，有竞争才会有压力，有压力才会去挖掘潜力，发挥了潜力才会有效率。

4. 从看重内部职工到看重顾客与公众。

在传统的计划经济体制下，企业对自身内部职工的价值还是充分肯定的，并给予全面的关心和培育，这是因为企业的生产任务只有依靠职工才能完成。但是，在这种体制下，企业的产品由上级包销，原材料由上级调拨，从而切断了企业与顾客、用户、社会大众的直接联系，以至许多企业缺乏顾客价值观，他们把顾客当作自己恩赐的对象、斗智的对象，最好的也只是当作自己服务的对象。

其实，从现代市场经济的角度来看，顾客或用户绝不是企业的恩赐对象，更不是企业的斗智对象，也不仅是企业的服务对象，而是企业赖以生存的“饭碗”和“衣食父母”，是企业的革新智慧之源。

正因为这样，世界上许多出色的企业特别注意倾听用户的意见，相信用户所作的建议总是较为经济实惠的，主张依靠用户来驱动而不是依靠技术来驱动，并建立起这样的信条：“顾客第一，职工第二，本地社区第三，第四也就是最后才轮到股东。”

可以说，顾客或用户的价值是至高无上的。这样的价值观念，对于中国企业来说实在是太需要了。

第三节　企业价值体系类型

企业文化领域的一个基本事实，就是不同的企业有不同的企业价值体系。同一个企业，在它不同的发展阶段上，也可以有不同的企业价值体系。从全社会来看，不同的时代，占主导地位的企业价值体系也不相同。正是这些不同的企业价值体系，体现着企业文化先进还是落后的不同的程度，导致各个企业在市场竞争中有不同的命运。

通观世界企业发展的历史，从总体上来把握，按照公司所追求的最高价值及其实现的手段与方法，可以把企业价值体系区分为五种不同的类型：“生存至上”类，“阳光利润至上”类，“厚黑利润至上”类，“社会使命至上”类，“空想社会使命至上”类。本节对这五种企业价值体系的形成背景、价值箴言、发展趋势，分别作出说明。

一、“生存至上”类

这是初创小企业所遵循的企业价值体系。

（一）形成背景

“生存至上”类的企业价值体系之所以会形成，是因为一直有新的小企业不断出现。这种新的小企业，从创办者方面来分析，大致有三种情况：

第一种情况，迄今为止，社会上一直有“其生存受到挑战”的弱势群体。他们为了摆脱困境，为了生存，走上了创办企业之路。由于这种小企业的创办，可以减少失业，增加社会稳定，因而许多国家，特别是像我国这种发展中的国家，往往从政策和税收两个方面加以鼓励。我国从计划经济向市场经济转制的过程中，不少原属国有企业的职工下岗后，失去收入来源，在政策鼓励下毅然开办属于自己的小企业，就属于这种情况。

第二种情况，是为了将某种发明创造（特别是创办者自己的发明创造），创制成可以实营实销的产品。如日本的松下幸之助，1918 年之所以要创办自己的只有 3 个人的小企业，就是为了实施自己的设计。他说：“我 24 岁的那年春天，被提升为电灯公司的检查员。”“对普通工程人员而言，检查员的位置是大多数人梦寐以求的奋斗目标，可是说来奇怪，在我得到破格提拔有了一份应付裕如且又轻松自在的工作之后，我的工作热情反倒大不如前了，内心深处总感到缺少点什么。”原来，“在此以前，我设计了一种新型插座，不过这个成果在公司遭到了否定。年轻气盛的我，发誓一定把这个设计付诸实施。于是，我义无反顾，却又不无留恋地提出辞职。离开我已工作过七年之久的电灯公司，去独立经营，自闯天下”①。

第三种情况，是为了实现自我的价值。美国的玛丽·凯·阿什，之所以要在 1963 年创办自己的总共才 11 个人的化妆品公司，就是为了实现自我的价值。她说：“1963 年，我在干了 25 年的直接销售工作后退休。我热爱自己的工作。作为一家大公司的全国培训主任，我实现了自己的许多目标。不过，当我认真思考自己的生涯时，我仍感到伤心。……我的辛勤劳动以及我的才能并未得到公正的对待。”她开始仔细反思自己 25 年的打工生涯，把自己所遇上的好事一一记录下来，又把阻碍自己在事业上取得成功的所有问题一一记录下来，从中悟出一个道理：企业管理者应该希望别人怎样对待自己那样去对待别人。她把这个道理称为关于人才管理的金科玉律，并写出了一本书来阐明这个道理。她打算出版这本书，希望企业家们遵循这条金科玉律，把企业办成最理想的公司，使每一个职工，不管是男职工还是女职工，都能得到公正的对待，都有发挥自己潜力的机

① ［日］松下幸之助：《经营之神：松下幸之助传》，6～7 页，北京，中国卓越出版公司，1991。

会。然而她马上就觉得，她的这种希望不过是自己一相情愿的单相思，“我有资格给谁写一部管理的书？我既不是作家，又不是经理。不管我的想法怎样切合实际，谁会重视我的想法?”面对这个现实，她勇敢地作出了超越自我的应战，她对自己说：“玛丽·凯，不要只是高谈阔论，不要只是写写笔记，你为何不一试身手?”就这样，她决定创办自己的公司，要把自己梦寐以求的理想变成现实，以体现自身的价值。①

当然，创办新的小企业，完全也可能是以上两种或三种情况兼而有之。但不管属于哪种情况，新创的小企业都是从零开始，缺乏根基。而它们所面对的现实却是：四面八方都有比自己强大的竞争对手，必须在夹缝中求生存，随时都有破产倒闭的风险。在文献中，经常读到这样的资料：某年某国有多少万个企业开业，同时又有多少万个企业倒闭。这种成千上万开业又成千上万倒闭的企业，基本上属于初创的小企业。因此，任何一个初创的小企业，第一个紧迫任务，就是要千方百计生存下来，然后才能图发展。

所谓“生存”，一是企业主自己的生存，二是企业员工的生存，三是企业本身的生存。初创小企业开展的生产经营活动必须“赚钱”，以使企业主能够养家糊口，以便按时、足额把工资发给员工而使员工能够养家糊口，以便能够弥补生产经营中的消耗而使企业能够继续生存下去。这样的“赚钱”，有时并不是经济学上所说的“利润”，因为工资、消耗等都是“成本”范畴。这是够本经营，是简单再生产，是维持这个初创小企业的生存。所以，“生存至上”和“利润至上”，是两个不同的概念。

（二）价值箴言

“生存至上”类公司的核心价值是：抓机遇，重前程，无孔不入钻营；求帮助，借外力，诚心诚意合作；肯学习，能吃苦，毫不畏惧艰苦；会对应，巧周旋，能伸能屈灵活。具体内容如下所示：

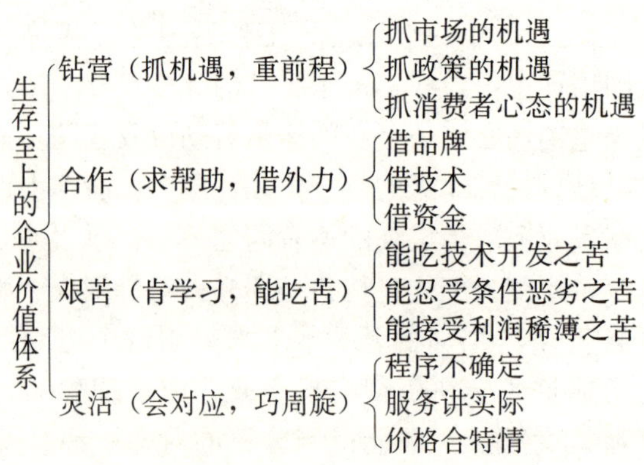

① 参见［美］玛丽·凯·阿什：《用人之道》，2～3页。

（三）发展趋势

一个奉行“生存至上”价值体系的初创小企业，有可能由小变大、由弱转强。

一个因为奉行“生存至上”价值体系而逐渐强大起来的企业，如果在由小变大的过程中，不能坚持“进取性”，不是通过自身的进步来争取胜利，而是满足于落后来牟利，例如钻政策的“空子”而蓄意制造政策“漏洞”，借资金而蓄意赖账，吃了苦而再也不愿再吃苦，灵活而不讲原则等等，那么企业的由小变大、由弱转强就只能是暂时的、虚假的，文化上实际上就会倒退到“厚黑利润至上”，最后必然受到惩罚而倒闭。

一个因为奉行“生存至上”价值体系而逐渐强大起来的企业，如果在由小变大的过程中，坚持“进取性”，总是“通过自身的进步来争取胜利”，例如抓政策的机遇（或者说钻政策的空子）但却帮助政策完善，借牌发展不仅没有损害被借品牌名声反而增加了它的美誉度，吃了苦而毫无怨言，灵活而不丧失原则，那么这个企业的由小变大、由弱转强就是长久的、真实的，它的文化实际上就会前进到“阳光利润至上”，并有可能进一步走向“社会使命至上”。

事实表明，那些努力锻造“钻营、合作、艰苦、灵活”价值的小企业，要最后发展成为大公司，还必须有一定的客观条件。这类客观条件，或是处在时代发展的转折点，或是处在行业发展的转折点，或是处在政府政策的转折点，或是现有大公司之间的竞争留下了巨大的市场空隙等等，或是所有这些情况兼而有之。不过，即使后来发展成了大公司，它当初必然是遵循生存至上的价值体系。

例如，现在的索尼是跨国大公司。但它成立之初，也是个很小的公司，遵循着生存至上的价值体系：1945 年 10 月，即日本天皇宣布无条件投降后大约 2 个月，井深大创办的“东京电讯公司”（索尼公司的前前身），在残垣断壁、一片凄凉的东京正式挂牌成立。这个公司总共才七八个人。为了生存，必须赚钱。他们凑在一起，千方百计寻找市场机遇。有的主张租用东京的空地，开办小型的高尔夫球场，理由是人们需要娱乐。有的认为，战后物质生活资料匮乏，卖甜面酱也是个好买卖。他们都是工程技术人员，讨论来讨论去，觉得还是制造有技术含量的产品来出售，比较有把握。于是，他们动手试制电饭锅，方法挺简单：在木盆的底部装上螺旋电阻丝。他们本来以为，依靠湿米来导通电流并加热大米，当米煮熟、水渐渐蒸干时，米失去导电能力，电流自动切断，饭也好吃了。想得很有道理，但实际上不是把饭烧煳，就是把饭烧成了夹生，最终以失败结束。他们运用同一导电原理，设计了烤面包箱：把湿面团放在一个木箱里，箱子两面安上电极通电，但一台也没有真正造出来。他们把导线缝在布里，制造电褥子或电坐垫，这次成功了，销路也不错，他们把家属都请来帮忙生产，给职工家庭带来了非常需要的收入，公司才算生存下来了。

“电坐垫”之类的产品，虽然维持着这个小公司的生存。但它却是一种连石棉、恒温器都没有安装的危险产品。许多用户投诉，说自己很珍贵的毛毯被烧焦了，或者是被褥上留下了焦痕，使用时担心引起火灾而心惊胆战。井深大的友人岛茂雄也买了一个电坐垫，第一年用下来还不错，他很高兴；但是到了第二年，镍铬电热丝在折痕处发生短路而喷射出火花，将仅有的一条高档裤子化为灰烬，因此他有点恨井深大。尽管投诉信件不断，但情况是矛盾的：一方面有大量的抱怨，另一方面却有大批的销量。这是因为用户的心态也是矛盾的：当时物资奇缺，要抵御寒冷，不得不买个电坐垫什么的。井深大紧紧抓住了这个“心态机遇”，使这个小小的公司站住了脚。

井深大知道，靠“电坐垫”之类的产品成不了气候。在这类产品上他没有署上本公司的名字，而起了个“银座热垫商会”的名字，井深大另有打算。这是他的灵活。井深大千方百计寻求合作，想把自己的公司变成股份公司。正在此时，盛田昭夫给他来信：“我将去东京看你，并想帮助你的新事业。”井深大立即回信说：“欢迎你来看我的新公司。我处境困难，已经入不敷出，开不出工资，正在找钱”。井深大和盛田昭夫在东京的见面，促使他们开始共同筹建新的股份公司。井深大做了大量争取合作的工作。通过各种关系，先后争取到了五位大腕对自己的支持，他们是：自己的岳父、战后第一任文部大臣——前田多门，具有一定的经济实力和信誉的盛田的父亲——久作工门，曾任金融统制会理事、在财界颇有人缘的人物——田岛道治，为人直率的樱花银行会长——万代顺四郎，曾经对井深大关照有加的人物——增谷麟。

就这样：由政界、财界五位大腕担纲监督，拥有19万日元资金，总共二十几名职员的“东京通信工业公司”（索尼的前身）成立了。1946年5月7日，公司举行开业典礼。当时井深大38岁，盛田25岁。井深大在开业仪式上说：“东京通信工业公司”仍然是小公司，如果做和大公司同样的事情，是无法与其匹敌的。但是，未被开发的技术比比皆是。我们要做大公司做不了的事情，以技术力量做特殊的贡献。那么，公司究竟生产什么呢？战争时期，日本政府禁止人们收听短波。越是禁止，人们的心里就越想听。现在战争结束了，人们想听的心理更是强烈和公开。但在当时，人们手中的收音机都收不到短波。喜欢发明创造的井深大抓住这个机遇，设计了一个短波调整元件，由一个小匣子、一段简单的电路和一个电子管制成。它可以方便地联结到普通的收音机上面，使之转化为可以收短波的收音机。该产品成功了，非常畅销，全体职工信心大增。

为了增加产量，东通工不惜用很高的价格，到黑市上去购买作为配件的电子管。为了振兴公司，员工们努力工作，经常加班到很晚。由于太晚，白木屋（东通工租借屋内的场地办厂）的所有出口都已上锁了，只得从太平梯往下爬，有的人因此被警察当成小偷抓了。后来他们配了所有出口的钥匙，才避免了麻烦。产品做出来了，公司却没有车，只好由职员扛着去交货。职工说：苦虽说是苦，但每天也很快乐。

就这样，索尼公司依靠钻营、合作、艰苦、灵活的价值体系，顺利度过了它的初创幼弱阶段。

二、“阳光利润至上”类

这是资本主义上升时代，大多数企业所奉行的价值体系。

（一）形成背景

这种价值体系的出现，是由于腐朽没落的封建社会，被欣欣向荣的资本主义社会所取代；无所事事的封建纨绔子弟，被有所作为的资本开明人士所代替。马克斯·韦伯描述道：

> 有一天，闲适自在的生活突然之间中断了……某一个出生于放利家庭的年轻人来到乡下，仔细挑选了他将要雇用的职工，大大加强了对他们的劳动监督，于是便把他们从农民变成了工人。另一方面，他还尽最大可能直接深入到最终消费者中去，以此来改变自己的销售方法。他们对一切细节，都能了如指掌。他每年还要走访顾客，征求他们的意见，最重要的是，他还调整产品的质量，直接投合他们的需要和愿望。同时他们开始介绍廉价多销的原则。这种理性化过程的结果是那些不愿这样做的人只得关门歇业。这一结果随时随地均可反复见到。①

（二）价值箴言

美国资产阶级民主主义革命家、思想家、科学家本杰明·富兰克林（Benjamin Franklin，1706—1790），用劝世格言的形式，阐明了“阳光利润至上”类企业价值体系的基本内容。它可以概括为以下十条简练的价值箴言：

1. 赚钱至上（这就是利润观念，认为开办企业的宗旨，乃至人生的目的，就是多赚钱、赚大钱）。

“赚钱”不是从属于达到某种目的之手段或方法，而是上升到了企业宗旨、人生目的的地位，是这条箴言最本质的含义。

马克斯·韦伯对此评论道：富兰克林所阐明的一个基本观念，就是“认为个人有增加自己资本的责任，而增加资本本身就是目的。的确，富兰克林所宣扬的，不单是发迹的方法，他宣扬的是一种奇特的伦理。违犯其规范被认为是忘记责任，而不是愚蠢的表现。这就是它的实质”②。

---

① ［德］马克斯·韦伯：《新教伦理与资本主义精神》，48～49页，北京，三联书店，1987。

② 同上书，35～36页。

这就是说，在这个企业价值体系中，利润是企业所追求的最高价值，企业的一切活动都必须围绕增加利润来展开。

2. 多挣少“花”（这就是至善观念，认为最高尚的伦理道德就是尽可能多赚钱与“严格避免任凭本能冲动享受生活”相结合）。

这条箴言所提倡的“至善”，正如马克斯·韦伯所评论的那样，“首先就是完全没有幸福主义的（更不必说享乐主义的）成分搀在其中”。“在经济上获利不再从属于人满足自己物质需要的手段了。这种对我们所认为的自然关系的颠倒，从一种朴素的观点来看是极其非理性的，但它却显然是资本主义的一条首要原则，正如对于没有受到资本主义影响的诸民族来说这条原则是闻所未闻的一样确定无疑。”①

有了利润，挣了钱，不是花在享福和享乐上，从逻辑上说，符合第一条箴言所说的“赚钱不是手段而是目的本身”的要求。问题是：在资本主义上升时代，企业家们赚了钱，却并不把钱花在“任凭本能冲动享受生活”上，这是不是真的？马克斯·韦伯上面所说的话，不但明确肯定了这是真的，而且进一步肯定了它是资本主义的一条首要原则，是确定无疑的事实。富兰克林给自己规定的十三条道德修炼，有三条就是避免本能冲动享受生活的，即第一条“节制，食不过饱，饮酒不醉”；第五条“俭朴，用钱必须于人或于己有益，换言之，切戒浪费”；第十二条“贞节，除了为了健康或生育后代起见，不常举行房事，切戒房事过度，伤害身体或损害你自己或他人的安宁或名誉”②。

确实，资本主义时代的社会生产力，之所以能够比封建时代快几十、几百倍的发展，有这种“至善观念”的贡献。

3. 钱能生钱，钱要生钱（这就是投资观念）。

这条箴言，用富兰克林的原话来说就是：“切记，金钱具有滋生繁衍性。金钱可生金钱，滋生的金钱又可再生，如此生生不已。五先令经周转变成六先令，再周转变成七先令三便士，如此周转下去变到100英镑。金钱越多，每次周转再生的金钱就越多，这样，收益也就增长得越来越快。”③ “钱能生钱”，是一个非常古老的现象。无论在古代中国，还是在古印度、古埃及、古希腊罗马等地，都有大量通过放债（包括高利贷）来“生钱”的事实。资本主义社会的一大进步，就是出现了通过所谓“资本主义的经济行为”来实现“钱能生钱”的社会潮流。那么，什么是“资本主义的经济行为”呢？马克斯·韦伯给出了如下的定义：“资本主义的经济行为是依赖于利用交换机会来谋取利润的行为，亦即是依赖于（在形式上）和平的获利机会的行为。”“这就意味着，这种行为要适合于以这样

① ［德］马克斯·韦伯：《新教伦理与资本主义精神》，37页。

② 《富兰克林自传》，118～119页，北京，三联书店，1985。

③ 转引自［德］马克斯·韦伯：《新教伦理与资本主义精神》，33～34页。

一种方式来有条不紊地利用商品或人员劳务作为获利手段：在一个商业周期结束时，企业在货币资产上的收付差额（或者在一连续营业的企业中，资产的定期估算货币价值）要超过资本，亦即要超过用于在交换中获利的物质生产资料的估算价值。”①

这就是说，“钱能生钱、钱要生钱”的价值箴言，意味着资本主义上升时期的企业主们，赚了钱不是像封建地主那样，或者挥霍一空，或者埋在地下，或者向缺衣少食的穷人放高利贷，而是投资办更多的实业以赚取更多的金钱。从逻辑上说，这种投向也符合第一条箴言所说的“赚钱不是手段而是目的本身”的要求。

马克斯·韦伯具体描述了资本主义上升时期企业主的这种财富投向：“大量财富积聚起来了，这些财富并没有用来贷款从而赚取利息，而总是重新用于商业投资。从前那种闲适自在的生活态度让位于一种冷酷无情的节俭，一些人在商业活动中就是通过节俭而发家致富的。这些人并不想消费而只想赚取”②。

4. 借钱开业（这就是负债经营观念）。

固然，钱能生钱。但如果没有第一枚钱，没有第一桶金，就不可能生出钱来。或者，如果第一桶金数量太少，就不可能迅速地生出大量的钱来，从而无法达成人生多赚钱、赚大钱的目的。在阳光利润至上的价值体系中，这个第一桶金的问题，是通过借债来解决的。

富兰克林指出：一个人如果能够向别人借到钱，并且善于利用借到的钱，那么他会由此得到越来越多的钱。负债经营观念，在 20 世纪 80 年代，对于我国国有企业的厂长来说，还是一个崭新的观念。1984 年，我国国有企业实行“拨改贷”改革，生产经营所需资金，国家不再无偿拨给，而是要求由企业向银行借贷。习惯了计划经济的许多厂长，当时脑子转不过弯来，害怕借了钱会背上既要还本又要还息的“沉重包袱”。于是，怪现象出现了：银行行长请求工厂厂长贷款，厂长还不干。由此可见，计划经济体制下的厂长，缺乏负债经营的理念到了何种程度！当然，也有观念转变得快的。当时上海第二毛纺厂厂长万德明，就贷了 4 000 万元，把总厂设备全部更新，老设备全部转到浦东东沟分厂去。结果：设备焕然一新的上海第二毛纺厂，很快从国外接到很多订单，产销两旺，转亏为盈。不但还清了贷款，增加了利润，而且厂长万德明成为全国闻名的“扭亏大王”。

5. 诚实是上策，信用是金钱（这就是诚信观念）。

负债经营的前提，是能够借到钱。怎样才能向别人借到钱呢？

富兰克林认为“诚实就是上策”。他还说：“切记，信用就是金钱。如果有人把钱借给我，到期之后又不取回，那么，他就是把利息给了我，或者说是把我在

① ［德］马克斯·韦伯：《新教伦理与资本主义精神》，8 页。

② 同上书，49 页。

这段时间里可用这笔钱获得的利息给了我。假若一个人信用好，借贷得多并善于利用这些钱，那么他就会由此得到相当数目的钱。”“切记下面的格言：善付钱者是别人钱袋的主人。谁若被公认是一贯准时付钱的人，他便可以在任何时候、任何场合聚集起他的朋友们所用不着的所有的钱。……借人的钱到该还的时候一小时也不要多留，否则一次失信，你的朋友的钱袋就会永远向你关闭。”①

富兰克林给自己规定了一个任务：“我理应努力使青年人深信：没有任何道德品质会像‘正直’和‘诚实’这两者使穷人发财致富。”②

确实，对于办好一个企业来说，债务人与债权人相互诚信，资金才能周转；生产商与经销商相互诚信，产销才会两旺；上游下游每个环节都诚信，价值才能链接。诚信供应，诚信生产，诚信营销，诚信服务，是一切公司经营之本和致富之道。

6. 谨慎增加信用，欠情记在心头（这就是记恩观念）。

富兰克林劝导说：“行为谨慎还能够表明你一直把欠人的东西记在心上，这样会使你在众人心目中成为一个认真可靠的人，这就又增加了你的信用。”

彼此谨慎，相互知恩，才能集成完美的社会价值链。

7. 勤奋可以赢得信任（这就是勤劳致富观念）。

富兰克林指出：“如果债权人清早五点或晚上八点听到你的锤声，这会使他半年之内感到安心；反之，假如他看见你在该干活的时候玩台球，或在酒馆里，他第二天就会派人前来讨还债务，而且急于一次全部收清。”

富兰克林自己就坚持勤奋，他说：“我向来不在酒馆里虚掷光阴，也不在游戏或者任何聚会上消磨时间，长期坚持不懈地勤奋工作，仿佛是非这样不可。我创办印刷所欠了债，年幼的子女不久又需上学接受教育，此外还有两个对手跟我竞争生意，而且都先于我之前立住了足，尽管如此，我的家境还是日益富裕起来。我原先的节俭习惯依旧没有丢掉。”③

在市场竞争激烈的条件下，勤奋是竞争取胜的基本素质。正如某些企业家所说：“你不能休息，否则你就永远休息。”

8. 节俭积少成多（这就是精打细算观念）。

富兰克林说：“要当心，不要把你现在拥有的一切都视为己有，生活中要量入为出。很多有借贷信用的人都犯了这个错误。要想避免这个错误，就要在一段时间里将你的支出与收入作详细记载。……你会发现不起眼的小笔支出是怎样积成了一笔笔大数目，你因此也就能知道已经省下多少钱，以及将来可以省下多少

---

① 转引自［德］马克斯·韦伯：《新教伦理与资本主义精神》，33页。

② ［美］富兰克林：《从工匠到伟人——本杰明·富兰克林自传》，105页，西安，陕西人民出版社，1987。

③ 同上书，90页。

钱，而又不会感到大的不便。”企业家贯彻这条箴言，就是把生活中的“量入为出”，推广为生产经营中的“按价控成”，即：“按照市场容易接受的价格来控制、降低成本”。这种生产经营方法，相对于“按照自己一贯的成本加上利润来决定价格”的方法，是一个突破。经验证明：企业通过随时随地认真执行的细小措施，节约一度电、一滴水、一个电话、一张纸等等，可以达成保持市场竞争力的鲜活形象。

我国在这方面的一个成功范例，就是“模拟市场核算，实行成本否决”的“邯钢管理经验”。邯郸钢铁公司通过精打细算的成本控制，使得它 1997 年至 1999 年实现的利润在全国冶金行业排列第二；企业总资产由 22 亿元增加到 199 亿元，净资产由 5.8 亿元增加到 96 亿元，资产负债率由 70%下降到 49.5%。2003 年和 2004 年两年，靠节能降耗增效达 3 亿元。邯钢走出了一条主要靠内涵挖潜、内部积累，实现国有资产迅速增长的良性发展道路。

9. 时间就是金钱（这就是惜时观念）。

富兰克林劝导青年说：“切记，时间就是金钱。”“假如你是个公认的节俭、诚实的人，你一年虽只有六英镑的收入，却可以使用一百英镑。”“谁若每天虚掷了可值四便士的时间，实际上就是每天虚掷了使用一百英镑的权益。”①

古今中外，爱惜和珍惜时间的格言名句，已有很多。且看我国这方面的名句：

圣人不贵尺之璧，而重寸之阴。时难得而易失也。（西汉刘安《淮南子·原道训》）

盛年不重来，一日难再晨。及时当勉励，岁月不待人。（陶渊明）

莫等闲，白了少年头，空悲切。（岳飞）

一寸光阴一寸金，寸金难买寸光阴。（《增广贤文》）

今日复今日，今日何其少！今日又不为，此事何时了！人生百年几今日，今日不为真可惜！若言姑待明朝至，明朝又有明朝事。为君聊赋今日诗，努力请从今日始。（明代文嘉《今日诗》）

明日复明日，明日何其多，我生待明日，万事成蹉跎。世人若被明日累，春去秋来老将至。朝看水东流，暮看日西坠。百年明日能几何，请君听我明日歌。（清代钱鹤滩《明日歌》）

昨日兮昨日，昨日何其好！昨日过去了，今日徒懊恼。世人但知悔昨日，不觉今日又过了。水去日日流，花落日日少，成事立业在今日，莫待明朝悔今朝。（在上述《今日诗》和《明日歌》的基础上，后来有人补写了这个《昨日歌》。）

天可补，海可填，南山可移。日月既往，不可复追。（曾国藩）

① 转引自［德］马克斯·韦伯：《新教伦理与资本主义精神》，34～35 页。

时间就是生命。无端地空耗别人的时间，其实无异于谋财害命。（鲁迅）

时间就是生命，时间就是速度，时间就是力量。（郭沫若）

时间是由分秒积成的，善于利用零星时间的人，才会做出更大的成绩来。（华罗庚）

国外这种格言名句也很多。富兰克林就不仅说过“时间就是金钱”，还说过“时间就是生命”。他写道：“你热爱生命吗？那么别浪费时间，因为时间是组成生命的材料。”

这样一个古今中外认同的惜时观念，在我国改革开放之初，在被誉为中国“改革试管”的蛇口工业区重新确立的时候，却仍然掀起了思想波澜，激发出新鲜感。

深圳蛇口工业区是经国务院批准，于1979年1月31日诞生的中国第一个对外开放的地区。1982年蛇口工业区管委会主任袁庚，打算提出四句口号：“时间就是金钱，效率就是生命，安全就是法律，顾客就是皇帝。”当时有人反对，理由是：如果“顾客就是皇帝，那共产党干啥？在皇帝面前得叩首称臣，跪在地上。”袁庚作出了让步，说：“‘顾客是皇帝’可以不写进口号里，但要在实际工作中执行。”这样，口号从四句变成两句：“时间就是金钱，效率就是生命”。它们被制成巨型广告牌，矗立在蛇口最显眼的位置上。口号内容对不对呢？据说在当时，没有人说它错，也没有人肯定它，然而却有人说袁庚既要钱又要命，比资本家还狠。还有人指责其宣扬了拜金主义。也许正是“比资本家还狠”和“拜金主义”的评价，让袁庚心有余悸，他希望权威人士能对这两句口号，作出肯定性评价。

当1984年1月26日邓小平来到蛇口考察时，袁庚就主动汇报说：“我们有个口号，叫‘时间就是金钱，效率就是生命’。”当时陪同在旁的邓小平的女儿邓榕说：“我们在路上就看到了。”接着，邓小平说出了具有双关意义的一个字：“对！”

邓小平回到北京后不久，于当年2月24日召集7位中央负责人开会，并说：“这次我到深圳一看，给我的印象是一片兴旺发达。深圳的建设速度相当快……深圳的蛇口工业区发展得更快，原因是给了他们一点权力……他们的口号是‘时间就是金钱，效率就是生命’。”数月后，在北京举行的新中国成立35周年大庆上，上百部彩车中惟一的一部企业彩车——深圳蛇口工业区的彩车上，有一幅醒目的标语：时间就是金钱，效率就是生命。

20年后，即2004年，已经88岁高龄的袁庚满怀深情地说：是小平同志给我们吃了定心丸，给了我们大胆改革的勇气。

以上事实说明，一个人即使是在执行一个显而易见的真理，例如是在提倡与实行“珍惜时间”这个古老而常新的普通观念，也需要别人的理解、支持和激励。无论这种激励是来自领袖，还是来自公众或个别的小人物，都是强大的精神力量。如果说袁庚所得到的激励来自领袖，那么三洋电机社长井植薰在这方面所得到的激励，则是来自公众和个别小人物。

井植薰说："我这 60 年的工作经历，给我自己和社会留下的最珍贵的经验无非是对时间的珍惜。""我能感到欣慰的是我没有白白浪费时间。""在三洋公司里，我有一个长长的外号，叫做'一月出差 48 次的人'。严格地说这不是外号，而是名副其实的赞美之词。"① 这是从公众给自己所取的外号中得到激励。他还谈到 1969 年某天中午，他和妻子在一家寿司店吃午饭。原本约好，慢慢享用，不谈工作。但无意中看到店里老板贴在墙上的一副对联：

现在不干，更待何时？
自己不干，指望谁人？

猛然间，他被这位老板的精神深深地感动，违约和妻子谈起了工作。说今年是彩电年，竞争很激烈，"稍有迟缓、全盘皆输"。并立即回到公司，召集企业负责人讨论彩电生产的管理和销售问题。他说："现在回想起来，在我 60 余年工作经历中，每一次的成功或者说是进步，其中往往都蕴涵着伊势那家寿司店老板的精神。"② 这是从个别小人物那里得到激励。

10. 劳动是绝对目的自身（这就是劳动天职观念）。

这条箴言，涉及企业应该如何调动员工的劳动积极性。

近代雇主使用过的第一个方法，就是提高工资。"雇主一次又一次地作出这样的尝试，一再提高劳动者的计件工价，从而给劳动者以机会来挣取对他们而言是很高的工资，以鼓励他们提高自己的效率。但是，雇主却常常遇到一个奇特的困难，其发生频率之高往往令人惊讶，即提高计件工价常常招致这样的后果：在同一时间内做完的活儿不是多了，而是少了，因为劳动者对工价提高的反应不是增多而是减少其工作量。"③

例如，某人一天收割 2 亩，每亩工价 1 马克，从而挣得 2 马克。但如果工价提高到每亩 2 马克。结果他不是收割 3 亩，从而挣得 6 马克；而是只收割 1 亩，并仍然可以挣得他已经习惯得到的 2 马克。

这就是说，挣得多一些，并不比干得少一些那样诱人。马克斯·韦伯据此指出："人并非'天生'希望多多地挣钱，他只是希望像他已经习惯的那样生活，挣得为此目的必须挣到的那么多钱。无论何处，只要近代资本主义通过提高劳动强度而开始提高人的劳动生产率，它就必然会遭遇到来自前资本主义劳动的这一主要特征的极其顽固的抵制。今天，它越是遭遇到这种抵制，它不得不对付的劳动力（从资本主义观点看）就越落后。"④

---

① ［日］井植薰：《我和三洋》，7～8 页。

② 同上书，10 页。

③ ［德］马克斯·韦伯：《新教伦理与资本主义精神》，42 页。

④ 同上书，42～43 页。

既然提高工资不能奏效，那就减少工资！“资本主义从它一开始起步，就一再地采取减少工资的方法。”资本家们很快就感到了这种方法的效力，的确，“低工资就是多生产，也即是说，低工资增加了劳动的物质结果”。正是这种情况，导致一种流行达几个世纪的信条：“只是因为并且只要人们还很贫穷，他们才会劳动。”①

但是，正如马克斯·韦伯所指出的那样：“这种表面上非常有效的方法，其效能实际上是有限度的。”原因是：第一，“劳动效率会随着工资不能满足生理上的需要而下降”；第二，“如果生产的商品需要任何一种熟练劳动，或者需要使用易于损坏的机器，或者一般地讲，如果需要高度的专注和创新精神，那么，低工资的方法就必定要失败。”②

这就是说，提高劳动积极性，不仅仅是提高劳动强度，还包括提高劳动技巧，提高劳动中运用和控制机器的能力，提高劳动注意力，提高劳动创新能力等等。

提高工资也罢，降低工资也罢，都不是全面提高劳动积极性的好办法，那该怎么办呢？人们把目光投向了人的素质，并且得出结论说：“劳动者缺乏自觉性”，“以前是、现在在某种程度上仍然是……资本主义发展的主要障碍之一。资本主义无法利用那些信奉无纪律的自由自在的信条的人的劳动，正如它不能利用那些在与他人往来中给人以完全不讲道德的印象的人一样”③。这实质上就是说，近代实业的发展，要求劳动者必须具备三种素质：（1）讲自觉；（2）讲纪律；（3）讲道德。企业要想全面调动劳动者的积极性，就应该下功夫提高员工的这三种素质。

那么，怎样才能提高员工讲自觉、讲纪律、讲道德的素质呢？没有其他什么灵丹妙药，办法只有一个，那就是对员工进行教育。马克斯·韦伯认为，在西方，是宗教在开展这种教育，而“新教伦理”在这种教育方面作出了很大的贡献，为西方资本主义实业的发展提供了精神动力。他得到的结论是：“劳动必须是被当作一种绝对的自身目的，当作一项天职来从事。但是，这样一种态度绝对不是天然的产物。它是不能单凭低工资或高工资刺激起来的，它只能是长期而艰苦的教育的结果。”④ 毫无疑问，对于这条箴言以及马克斯·韦伯的结论，存在着许多有待深入研究的问题，留下了巨大的讨论空间。

我们非常容易举出高工资或低工资调动了劳动积极性的事例。我国最有名的一个事例，就是1979年在修建蛇口的一个码头时，4分钱奖金就使劳动积极性

① ［德］马克斯·韦伯：《新教伦理与资本主义精神》，43页。

② 同上书，43～44页。

③ 同上书，40页。

④ 同上书，44页。

大增。当时，交通部的一个工程处，规定超过工作定额者每超一车奖 4 分钱。实行这一制度后，工人生产情绪高涨，可以使几十个工人一年为国家多创产值 130 万元，而工人每人每月平均得到的超额奖金才 24.3 元，还不到他们多创产值的 2%。但这个行之有效的奖励制度，很快被上级有关部门看成滥发奖金的倾向，勒令停止。于是，原来一天能拉 131 车的工人只能拉 20～30 车了。蛇口工业区负责人袁庚拍案而起，立即报告中央。时任中央总书记的胡耀邦看到这个报告的当天，即提笔批示：看来我们有些部门并不搞真正的改革，而仍然靠做规定发号施令过日子。这怎么搞四个现代化呢？在中央高层的过问下，超一车奖 4 分钱的措施才得以继续，并确实起到了调动劳动积极性的作用。

我们也很容易对“宗教”、“天职”等提出异议，展开应该是为了“工资金钱”还是应该为了“理想信念”而工作的热烈讨论，并且很容易联想起我国 1988 年的“蛇口风波”。

但是，有一点是毋庸置疑的，那就是从总体上来看，资本主义不但尝试过用金钱来调动劳动积极性，也尝试过通过长期而艰苦的教育来调动劳动积极性。“新教伦理”的提倡，“资本主义精神”的发扬，在调动劳动积极性方面的确起过很大的作用。

（三）发展趋势

以上十条格言，表述了“阳光利润至上”类的企业价值体系，构成了资本主义时代特有的实业精神。这种实业精神，固然是把“赚钱”放在至高无上的“目的”或“宗旨”的地位，但为了赚钱却是千方百计行善、投资、负债、守信、诚实、谨慎、记恩、节俭、勤奋、惜时、敬业，并由此促进了社会生产力的巨大发展。

然而，把“赚钱”放在至高无上的“目的”或“宗旨”的地位，在理论上就留下了隐患。一些企业强调：“目的”或“宗旨”是根本的，手段服从目的，为了实现“目的”可以不择手段，从而转化成为“厚黑利润至上”，这实际上就是从上升的资本主义时代走向腐朽的帝国主义时代之路。另一些企业，通过认真的思考与分析，放弃了把“赚钱”放在至高无上的“目的”或“宗旨”的地位，从而转化成为“社会使命至上”，这实际上就是从战争与革命时代走向和平与发展时代之路。

三、“厚黑利润至上”类

“厚黑利润至上”类企业价值体系，属于劣质企业文化。在帝国主义时代，德国法西斯、日本军国主义所控制的企业，就完全奉行“厚黑利润至上”类的企业价值体系。在其他时代，奉行这类价值体系的企业也一直没有绝迹，但所占的比例比较低，而且很少长期得逞。

（一）形成背景

“阳光利润至上”理论上的弱点，帝国主义猖獗一时而导致的两次世界大战，传统文化中糟粕的存在，某些理论人士的提倡，是形成“厚黑利润至上”类企业价值体系的四大原因。

“厚黑”这个名称，取自《厚黑学》。而《厚黑学》的创始人，则是生活在两次世界大战期间的李宗吾（1879—1943）。他在四川高等学堂就学期间（1902—1907）参加了同盟会。大学毕业时，同班好友张培爵对他说：“将来我们起事，一定要你带一支兵。”李宗吾听了很高兴，就着手做准备，想成为带兵打败封建制度的英雄。为此，他通读了四书五经和二十四史，想以此获得成为英雄的秘诀，但毫无所获。1910 年，李宗吾偶然想到《三国志》中的几个人，便恍然大悟，并得出一个结论：“英雄者必面厚如城墙，心黑如煤炭”。于是写文章，写书，把厚黑学发明了出来了。在当时的历史条件下，《厚黑学》的创建和发表，有揭露封建黑暗的积极意义。但是，20 世纪 80 和 90 年代，我国出版了《管理厚黑学》、《商场厚黑学》、《顾客促销厚黑学》等著作，也鼓动企业家要脸厚心黑！在我国以建立社会主义市场经济为改革目标的关键时期，鼓吹这种劣质文化，只能助长一批蛀虫的出现。

（二）价值箴言

“厚黑利润至上”类的价值箴言，比较突出的有以下 8 条：

1. 到处都是利益敌对，企业内部经营管理者之间也是敌对的利益关系。

上一代的企业经营管理者，就是占山为王的敌人。第二代接班人要设法拉拢次要敌人，孤立主要敌人，然后对主要敌人予以致命一击，之后再谋定后动，逐步蚕食掉其他山头。此应为企业第二代接班人的最佳策略选择。

2. 对强大的竞争对手，要引诱设伏，流言离间。

3. 心慈手软是商人的头号大忌！

4. 商场如战场，休谈父子情！

5. 脸厚心黑，是用血和泪凝成的经商“箴言”。

6. 要有好胜猛进的本性，好争善斗的特长和“宰”人不眨眼的胆量。

7. 为了割破顾客的钱袋，把一张张白花花的票子装进自己的腰包，就要想千方，设百计。商场经营谋略应是“黑”的组成部分。

8. 真正的富翁，也是商场上的厚黑家。

（三）发展趋势

在历史上，奉行“厚黑利润至上”价值体系的企业，从绝对数来说不会太少，以至出现了“无商不奸”或“无奸不商”的俗语。在帝国主义阶段，在发生过两次世界大战的 20 世纪上半期，这类公司比较多见。当然，从总体上看，“厚黑利润至上”类仍然是自有企业以来的次要类型，是企业的支流。虽然到目前为止，这类企业还没有完全绝迹，但它们绝对不能长期得逞，总有一天会被彻底埋葬。

四、“社会使命至上”类

这是“和平与发展”时代卓越企业奉行的先进价值体系。

（一）形成背景

在不同的历史时代，在那些具有一定规模的企业中，一般都能找到个别企业，曾努力探索和实行过社会使命至上的价值体系。其中，探索得最认真并获得成功的，要算日本的松下公司。因此，“社会使命至上”的企业价值体系，可以说是开始于日本的松下公司。

松下公司创办于1917年，开始才3个人，属于“生存至上”类公司。生存下来以后，怎么干才好？松下自己说：“也只是按照当时的社会常识和商人的一般想法去考虑：‘应该生产品质优良的产品，应该努力钻研，应该为顾客服务周到，还应该感谢原料供应商的协助，并且竭尽全力去身体力行。’”[①] 从而变成了“阳光利润至上”类型的公司。

可是，随着买卖的发展和人员的增多，松下却渐渐地“感到内心不够充实，似乎缺少点东西”。他说：“极度苦闷之余，我便有意识地对自己的经营目标进行反省。我常常扪心自问：我们生产者的使命究竟是什么?”经过苦思冥想，松下终于在有了15年办公司的经历以后，于1932年明确否定了“利润至上”的经营目的，提出了“社会使命至上”的经营理念。[②]

不过，在1945年世界大战结束之前，松下不可能彻底执行这个理念，日本军国主义不容许他这么做。松下比较彻底执行这个经营理念，是在第二次世界大战结束以后，即20世纪的后半期，或20世纪的第三个季年。到了20世纪80年代，和平与发展明显成为时代的主题，这个理念得到了世界许多卓越公司的认同，并发展成为内容丰富的“社会使命至上”的企业价值体系。

（二）价值箴言

1. 实业人的使命，就是克服贫困，就是使整个社会脱贫致富。

这句价值箴言，是1932年5月5日松下在全体职工大会上讲的原话。

松下特别看重这句话的分量，认为它标志着松下公司已经知道了自己的使命，确立了正确的企业使命观。虽然松下公司创办于1917年，松下却认为它真正诞生的时间是1932年。松下把这一年作为“创业使命第一年”，而把“松下电器过去的十五年”称之为“母体内的胎儿时期”[③]。

---

① ［日］松下幸之助：《实践经营哲学》，2页。

② 参见［日］松下幸之助：《经营之神：松下幸之助传》，12页。

③ ［日］松下幸之助：《实践经营哲学》，10页。

为什么正确的企业使命观，受到松下如此重视呢？因为凡是被明确下来的正确的企业使命，具有以下三种性质：

（1）长期性。任何正确的使命，都是指向未来的长期任务，是和历史时代的发展趋势相一致的远景。树立了正确的使命观，就可以避免制定战略时出现短视观念和短期行为，使战略尽可能预见、符合未来的发展。松下在1932年明确了企业的使命以后，就不再只是考虑企业今后的一年两年，也不仅仅只是考虑十年二十年，而是把“以后的二百五十年定为完成使命的时期”。他说：“这二百五十年分为十个阶段。第一阶段的二十五年，再分为三期。第一期的十年作为建设时期；第二期的十年，是在继续建设的同时，专门从事活动的时期；最后的五年，是在继续建设和活动的同时，利用这些设施主要为社会做贡献的时期。以上三个时期就是第一阶段的二十五年，也就是今天参加大会的我们在工作上大显身手的时期。第二阶段以后，是我们下一代的人们按照和我们同样的道路和方针，重复地去实践。第三阶段以后，仍然同样，由下下一代人们重复再重复地去实践。到达十个阶段二百五十年的时候，社会上的物质产品极大地丰富了，从而就会实现繁荣、富强的乐土。”①

（2）指导性。明确了企业使命，实质上就是明确了企业的最高价值，从而就可以指导企业家和职工进行价值选择和排序。例如，松下公司由于明确到企业的使命在于使社会脱贫致富，就指导着它能够处理好为社会服务与获取利润的关系：首先要考虑怎样为社会服务，利润是为社会服务以后社会给予的报酬；利润不是企业的最高目的，而是实现企业使命的重要条件，是服从于企业使命的，等等。

（3）激励性。明确企业使命，会使全体职工产生使命感，成为努力工作的巨大动力。松下描述了他自己明确企业使命后所受到的激励：“我懂得了真正的使命。心情无比激动，这同以前曾有过的无数次创新时所感觉到的喜悦心情一样，是无法形容的。我全身热血沸腾，深深感到工作的崇高与严肃。”“我得到这样的正确结论，顿时觉得精神振奋、干劲十足了。”松下还说：“全体职工听了我讲的松下电器的使命以及如何完成使命的方法之后，出现了群情激奋的场面。我本来才疏学浅，不善讲话，词不达意也是经常的事。故这不可能是因为我讲话的艺术而引起的反应。但是，在我讲话时全场鸦雀无声，反应特别强烈。这是为什么呢？”松下认为，这是因为“使社会脱贫致富”的企业使命，“确实是真理”，“因而使全体职工深受感动，好像从天而降的声音震动了大家。这就是产生异常严肃、紧张和激奋情绪的原因所在”②。从1932年到现在，70年过去了。其间虽然

---

① ［日］松下幸之助：《实践经营哲学》，9页。

② 同上书，7、10～11页。

经历过第二次世界大战的曲折，虽然遭遇到各种困境，但松下公司确实经受住了考验，发展成为世界著名的跨国公司，的确为社会的脱贫致富作出了应有的贡献，在全世界获得了很高的美誉度。松下认为，之所以能够这样，靠的就是这种社会使命感的支撑。

如此重要的企业使命感，松下是怎样形成的呢？这和松下的积极思考与反省是分不开的。

1932 年 3 月，正当松下感到内心不够充实、对自己的经营目标进行反省的时候，他参观了奈良某宗教本部开展的一次活动。他发现，这次宗教活动“说盛大确实盛大，说繁荣确实繁荣。信徒捐献的木材堆积如山，参加建设‘教祖殿’的信徒充满喜悦地进行着义务劳动，‘正殿’打扫得干干净净，所遇到的善男信女态度都是那么虔诚……所有这些都在秩序井然地进行着”①。

松下不信教，不信佛，那次参观以后，也还没有信仰之心，但他却在认真思考宗教活动为什么能够进行得那么井井有条。他得到的结论是：人都需要有精神上的寄托，而宗教事业恰恰是全力以赴地引导广大有烦恼的人获得精神寄托。可以认为，宗教事业只是因为顺应了人们追求精神寄托的需求，才能搞得那么红火。

松下的思考，使他很自然看到一个事实：“人民的生活既要有精神上的寄托，也需要物质上的丰富，这样，幸福才能得到维持和提高，两者缺一不可。”② 如果说宗教事业是因为顺应了人们追求精神寄托的需求，而搞得红红火火；那么，企业顺应人们追求物质生活丰富的需求，把实业人的使命定位于使整个社会脱贫致富，也一定能够办得轰轰烈烈。这就是结论！

2. 把贵重的生活物资，像自来水一样无穷无尽地提供给社会。

企业应该怎样去实现它使整个社会脱贫致富的使命呢？这是企业家必须回答的问题。

松下从“拧开别人家的水龙头喝水而不会受到谴责”中，获得了解决这个问题的启发。他说：“加了工的自来水是有价值的。今天偷了有价值的东西，就会遭到谴责，这是常识。然而，尽管自来水有价值，如果乞丐拧开水龙头偷水喝，则很少听说受谴责的事。这是为什么呢？因为虽有价值，但是由于量过于丰富的缘故。那么，连直接关系到维持人们生命的有贵重价值的水，因量过于丰富，即使有人偷水喝，也不会受到谴责。这件事对我们有什么启示呢？那就是深刻地教育我们懂得了生产者的使命是把贵重的生活物资像自来水一样无穷尽地提供给社会。无论什么贵重的东西，生产的量多了，就可以达到几乎无代价的价格提供给人们，这样，才能逐渐消除贫穷。”③ 可是，在世界经济危机期间，现实的情况

① ［日］松下幸之助：《实践经营哲学》，5 页。

② 同上书，9 页。

③ 同上书，7 页。

却是：企业不但不增加生产，以便使产品像自来水一样无穷尽地提供给社会，却反而关闭或减少生产；更为痛心的是，即使那些已经生产出来了的产品，也不是用几乎无代价的价格提供给人们，而是宁可让它们倒掉、烂掉、废掉！松下愤慨地指出："这就是经营不当！是只顾自己利益的经营，脱离正义的经营，没觉悟到身负神圣事业的信念的经营……自己必须从这种经营观念中摆脱出来。"[①] 企业必须肩负起"使整个社会脱贫致富"的使命！

3. 利润不是企业的最终目的，而是实现企业使命的手段，是社会对企业完成使命所给予的报酬。

松下非常明确地指出："往往有人认为，企业的目的就是追求利润。……利润确实是进行健全企业活动不可缺少的重要因素。但是，其本身是否就是最终的目的呢？不是的。根本的目的是通过企业的经营活动来提高共同生活，而利润则是更好地实现企业根本使命的重要因素。这一点，绝不能本末倒置。""从本质上说，所谓利润，应该看作是对完成企业使命所给予的报酬。"[②] 这是对"利润至上"企业价值观的否定，松下也许是明确作出这种否定的第一位企业家。

但是，否定"利润至上"，并不是认为利润是不好的东西。恰恰相反，一个企业有了利润，才有可能扩大规模、增加产量，才有可能开展研究、创新产品，从而完成使社会脱贫致富的使命。

松下比较细致地思考了"合理利润"这个概念，并把它和"暴利"区分开来。

他是从利润如何使用的角度，来阐明这个概念的。在他看来，一个企业的利润总额，应该用一半纳税；这是因为，企业是用全天下的人和全社会的基础设施来生产经营的，而全天下的人所受到的基础教育，全社会的基础设施的建构和维护，是政府用税金来进行的。剩下的一半利润中，应该拿出其中的一半用于作为支付贷款的利息、股东的红利和职工的奖金，其中的另一半则应该用来扩大规模、增加产量以及开展研究、创新产品。在松下看来，如果一个企业的利润总额是这样来使用的，就是"合理利润"。

也许有人会认为，不应该根据"利润如何使用"来论证利润是否合理，而应该根据"利润的多少"来论证利润是否合理。其实不然，一个公司的利润多少，最终是由市场来决定的，顾客愿意用多高的价格来购买一个公司的产品和服务，决定一个公司利润总额的多少。这个利润总额无论是很高，还是很低，只要是由公开、公正、公平的市场竞争所决定的，就都是合理的。用利润的多少或利润率的高低，作为衡量利润是否合理的标准，认为利润或利润率超过了某个数量界限

---

① ［日］松下幸之助：《实践经营哲学》，7页。

② 同上书，27～28、39页。

就是不合理的，那是不明智的，它极有可能会挫伤一个公司降低成本、创新产品的积极性。也许正是考虑到这种情况，松下指出："同样说合理利润，利润的幅度大不相同，这是当然的事。"①

可见，松下所说的"合理利润"，是指一个公司在市场上通过文明竞争所取得的并且加以合理使用的利润。企业的合理利润越多，说明它对社会的贡献就越大；企业没有合理利润，说明它没有完成自己的使命；企业亏损，经营者应该辞职，甚至应该受到法律制裁。他说："作为经营者考虑的内容之一，就是用天下的钱和天下的人来经营事业，不赚钱是不能容许的，必须认识到这是极大的罪恶！"②

4."维持职工队伍稳定"的价值，高于"赚钱"的价值。

实施这条箴言的理由是：繁荣时大量"招聘"、萧条时成批"解雇"的企业，不能赢得人心，不能留住人才，会形成不讲义理、不讲恩情的丑陋形象。现在，世界上实行终身雇佣制的公司，比例不会很高，但数量却不会很少。这条箴言，就表达了它们的基本思想和实际做法。本书第一章第一节所描述的索尼公司对多种价值（利润、品牌、职工队伍稳定）的实际取舍与排序，是执行这条价值箴言的典型表现。

美国DEC公司（即数字设备公司）的创办人肯·奥尔森，则提出了和这条箴言相类似的一个口号："一个商人能为社会所做的最好贡献，就是为人们提供工作机会。"③ 确实，要完成"使整个社会脱贫致富"的企业使命，当然要使组成社会的每一个人脱贫致富，但如果连企业职工的岗位都无法给予保障，动不动就要砸职工的饭碗，那根本就没有资格讲什么"使整个社会脱贫致富"！

5. 赚钱并不是高于一切的欲望，"P"和"L"不仅仅是盈与亏（Profit and Loss），而且还是人与爱（People and Love）。

这条箴言的提出者，是美国玫琳凯化妆品公司的创始人玛丽·凯。这既是她25年打工生涯中痛苦心理感受的强烈呼唤，也是她退休后创业20年成功经验的精心总结。她非常痛恨那种"只知道抓钱而目中无人、心中无爱"的拙劣管理。她举例说：

> 我记得，有一次，我同57位其他推销员一起乘长途汽车从得克萨斯州去马萨诸塞州公司总部朝拜总经理（这是我们这些销售领导人的莫大荣幸），往返一趟需要十天时间。这是一次可怕的旅行，途中汽车坏了好几次。不过我们还是乐意忍受一切，因为我们即将得到极其难得的荣誉——到公司总经

① ［日］松下幸之助：《实践经营哲学》，43页。

② 同上书，42页。

③ ［美］格林·里夫金等：《超级企业家》，116页，北京，中国经济出版社，1992。

理家里去做客。

可是，等我们抵达公司总部后，却没有让我们去见总经理，而让我们去参观公司下属的工厂。……最后终于让我们去总经理家，可是只让我们穿过他家的玫瑰园，我们甚至没有机会同他本人见上一面。多么令人失望！不消说，我们58人返回得克萨斯州时又得乘好几天的长途汽车。

还有一次，我们整整开了一天的销售讨论会，销售经理在会上发表了鼓舞人心的讲话。会议结束时，我希望同经理握握手。我排队等了三个小时，终于轮到我同他见面。他在同我握手时甚至连瞧都不瞧我一眼。他用眼去瞅我身后的队伍还有多长。他甚至没有意识到他是在同我握手。……我的自尊心受到了伤害，心里挺生气，因为他根本不把我放在眼里。当时我暗暗下定决心，如果有那么一天有人排队等着同我握手，我将把注意力全都集中在站在我面前同我握手的人士身上——不管我多么累！

我十分走运。玫琳凯化妆品公司已发展成一家大公司。我多次站在队伍的尽头同数百人握手，常常持续好几个小时。不过，不论多么累，我总是牢记当年自己排那么长的队等候同那位销售经理握手时所受到的冷遇，总是公正地对待每一个人，如有可能，总是设法同对方说点亲热的话。……我在同每一个人握手时，总是全神贯注，从不允许任何事情分散我的注意力。在我看来，每一个人在同我握手时都是世界上最重要的人。①

现今世界上的许多公司，都认同这种“人与爱高于赢利”的理念，并提出了不少类似于这条箴言的口号。如“科技有心，微软有情”；“企业的第一位任务是创造顾客，而不是创造利润”（海尔集团）；“客户的体验、客户的忠诚度第一，利润第二”（戴尔公司）。

6. 企业是人的事业，职工是企业的主人。

使“社会脱贫致富”的事业，是对人充满物质关怀的伟大事业。这个伟大事业的实现，既需要客观上把职工放在主人翁的地位上加以尊重，也需要全体职工主观上都具有主人翁意识。松下较早认识到这一点，所以提出了一个和这条箴言相类似的口号：“每个员工都是独立经营公司的老板！”②

任何一个公司，只要是真正遵循这条箴言的，一般都从两个方面深入开展工作：

第一方面，从各种不同的角度采取措施，以便从客观上确保职工的主人翁地位。

从所有制角度所采取的措施是：以各种优惠条件，鼓励职工购买本公司的股

① ［美］玛丽·凯·阿什：《用人之道》，5～6页。

② 刘洁、巢昱：《松下管理金言》，159页，北京，改革出版社，1996。

票，以使每个职工都成为公司的股东。所谓优惠条件，就是职工购买股票所需要的资金，有相当大的比例可以向公司无息借贷，或者由公司部分补助，直至职工持股到某个额度。最优惠的则是大资本家把股票无偿送给职工，例如“在京都制陶创立 25 周年纪念的时候，稻盛和夫（该公司创办人）还把他个人所有的股票拿出来，无偿地分配给每一个职工”①。

从分配制角度所采取的措施是：不仅给职工发工资和奖金，还让职工参与分配利润。如日本京都陶瓷株式会社就实行“利润三分”制度，即税前的毛利要按国家税金（这部分国家得了）、企业积累（这部分股东得了）、职工收入三部分来分配。②

从用工制角度所采取的措施是：即使经营困难也不解聘职工，实行终身雇佣制。如 1929 年世界经济大危机时，松下公司的生产任务减少一半，但却没有解雇一名职工，而是通过职工半天生产半天销售来解决困难；1974 年石油危机时，京都陶瓷公司生产量大大减少，但也没有解雇职工，而是把从生产一线撤下来的职工，编成“预备队”，从事打扫卫生、修理房子、整理花坛等工作；20 世纪 80 年代，数字技术取代了模拟技术，索尼公司没有采用辞退模拟技术人员、登广告招聘数字工程师的办法，而是通过培训使模拟技术人员转化为数字技术人员。其他国家也有许多企业，如德国的大众公司，建立了职工终身就业机制。

从管理制角度所采取的措施是：一是透明管理，二是职工自主管理。

所谓透明管理，松下称为管理的“玻璃式法则”，就是公司的事情一律向全体职工公开，“公开的内容不只在财务，甚至技术、管理方针、经营实况，都尽量让公司的员工了解”。例如，制造电风扇底盘的胶合板，其配方与工艺，在当时被电器行业看成是高级技术机密，每位业主都是由自己家人或亲戚掌握并操作，严格禁止外人待在现场。但松下却不那么干，他允许任何员工待在现场，甚至在他们进厂的第一天，就把这种“机密”告诉他们。松下认为：“如果什么事都把雇员支得远远的，雇员也就不会把企业看成‘自己的厂子’，没有主人翁责任感。”③

所谓自主管理，就职工对于企业中的任何一个问题，都可以自愿组成自治小组或自主管理小组立项研究；这种研究可以得到企业领导的支持，研究结果可以发表，被采纳后如产生效益还能得到奖励。

从决策制的角度所采取的措施是：让职工参与企业的重大决策。例如，许多日本公司都强调，顶头上司作出决定前，都要听取下属的意见。

---

① 《经营之圣稻盛和夫论新经营·新日本》，吴忠魁译，北京，国际文化出版公司，1996。

② 参见上书。

③ 王志刚编著：《松下纵横商海的层层突破》，73 页，北京，金城出版社，2001。

从人事制的角度所采取的措施是：职工可以竞争应聘公司内部的任何一个岗位。例如，美国的玫琳凯化妆品公司，坚持从本公司内部提拔干部。当某部门领导层出现空缺时，人事部门就公布担任该职务所必须具备的条件，在全公司招聘，公司里的每一个人都可以申请担任这个职务。这样，“无论是仓库里的包装工人，会计部门的职员，还是从事文字处理工作的人员，如果他不喜欢现有的工作，都可以在公司内部找到其他工作”①。再如1986年成立的日本ED联合开发公司，实行所谓“董事自荐制”。凡入社1年以上的员工，均可自荐成为董事。每年8月在公司内公开招聘，9月由大家投信任票产生结果。全体员工包括临时工，一律有权对包括社长在内的全体董事候选人投信任或不信任票，得票70%以上者即可获选。

以上第一方面是如何保证职工在客观上具有主人翁地位，除此以外还应该有第二方面，那就是从言教和身教两个角度，培育职工主观上具有主人翁意识。

一般说来，如果一个公司从所有制、分配制、用工制、管理制、决策制、人事制六个方面，采取了确保职工主人翁地位的有力措施，职工主观上树立主人翁意识也就有了客观基础。当然，有了客观基础，还不等于职工就有了主人翁意识，“拿多少钱干多少活”的雇佣观念不会自发地消失，公司领导人还必须经常对职工进行主人翁责任感的教育。

公司领导人应该明白这种教育的艰巨性。因为这种教育不能只有光讲道理的言教，还必须有领导人见之于行动的身教；而且一两次教育也未必有效。且看松下进行身教的两则小故事，一则无效，一则有效：

(1) 东京地震那年除夕，为迎新年，松下布置大扫除。到11点，松下去巡视工厂，到处都打扫得干干净净，就是员工厕所没有打扫。布置大扫除，松下是向第一线负责人M君和U君交代的。现在，两人却为了一件其他的事，待在检查室里吵得面红耳赤。松下想：是他们没向员工交代，还是员工不愿做呢？不管怎样，厕所没打扫总不是一件好事，员工时时都得使用，特别是新年马上来临。“还是我自己来吧！”松下想着，就提水去冲厕所。有个员工过意不去，就帮松下提水。然而，别的员工却无动于衷，袖手旁观，好像打扫厕所与己无关。打扫完毕，松下跟M君和U君说：“没有人打扫厕所，我就去打扫了。以后要好好保持清洁，时常扫扫。”M君和U君听了松下的话，非但不认错，还相互推卸责任。

(2) 一次，松下先生路过一个经销店，见里面的松下电器满是灰尘，就走了进去。女店主不认识他，以为是顾客，非常热情地向他介绍产品。松下

---

① ［美］玛丽·凯·阿什：《用人之道》，202页。

说："您大概很忙，这样吧，我帮你把这些商品擦亮，看哪个更好，我要挑选最好的。"说完，就动手擦拭起来。女店主愣了一会儿，觉得这应该是自己的事情，也动起手来。经过整理擦拭的电器，就像理过发的蓬头少年，精神多了。女店主正要感谢松下先生，松下说："我是松下幸之助，不是来买电器的。我路过这里，进来看看，松下电器有今天这样的成就，多亏你们的关照和支持。"女店主听完松下出自内心感激之言，面带愧色地说："我的工作没做好，真不好意思，松下先生，请多指教。"松下说："卖东西就像嫁女儿，女儿漂亮，小伙子就会喜欢。"自此以后，女店主开门营业之前的第一件事就是打扫……①

7. 力量不是来自保密的知识，而是来自共享的知识。

一个公司要实现"使整个社会脱贫致富"的使命，就必须有力量。力量来自何处？来自人，来自人的知识。英国哲学家弗兰西斯·培根（1561—1626）有一句名言："知识就是力量!"近几百年来，它传遍了整个世界。

比尔·盖茨根据自己创办公司的实践，对这句话进一步加以发展：

第一，盖茨指出了"知识就是力量"这个口号所产生的负面影响。他说："那句老格言'知识就是力量'有时使人们把知识密藏不宣。他们相信把知识保密起来会使自己成为必不可少的人。"因此简单地重复这句老格言，已经不能满足当今时代发展的需要。

第二，盖茨提出了一个取代老格言的新口号："力量不是来自保密的知识，而是来自共享的知识。"并且告诫说："一家公司的高层经理们需要坚信知识共享的重要性，否则即使再努力掌握知识也会失败。"确实，知识只有被千百万群众所掌握，才会形成改造物质世界的巨大力量。

第三，盖茨实际上主张把"知识共享"作为企业文化建设的一个重要任务，认为要确立知识共享的"公司价值观"，营造"一种鼓励合作和知识共享的氛围"。这就要求知识在上下级之间、在职工之间、在企业区域网上迅速地流动起来。知识流和信息流是公司的命脉。

第四，盖茨设计了知识共享的具体形式，那就是"在整个公司里设立具体的知识共享项目，把知识共享变成工作本身一个有机的部分——而不是附加的、可以忽略的虚饰"。知识共享项目的实施，就把形成坚强团队、建设学习型公司的任务落到了实处。

第五，盖茨主张知识共享不应该是无偿的，奖励制度应该反映知识共享的观念，需要保证那些提供知识让别人共享的人得到奖励。在市场经济的条件下，只有在全社会建立明晰的知识产权制度，在公司内部执行"奖励有知、鞭策无知"

① 王志刚编著：《松下纵横商海的层层突破》，198～199、278页。

的实际措施，才能确保知识的创造者和提供者得到鼓励，而使知识的剽窃者得到惩罚。①

8. 企业应该是用来取水灌溉社会之桶，共同的价值观念则是桶上之箍。

这是一条比喻式箴言。职工组成企业，好比木板组成木桶，共同的价值观念是木桶上的箍。没有箍，桶板之间就会留下缝隙而不会紧密结合，木桶就会漏水，甚至完全瓦解。在箍的约束下，各个部分才能拢在一起，从而才能把贵重的生活物资像自来水一样源源不断地提供给社会，才能实现使社会脱贫致富的崇高使命。

企业价值观的先进程度，决定一个公司命运的长短好坏。正如篾箍、铜箍、铁箍和钢箍的不同，决定着桶的可能大小和牢固程度。努力树立最先进的共同价值观念，现今受到一切具有远见卓识的企业家的重视。

但是，世界上最早重视先进的共同价值观念塑造的企业家，是日本的松下。两位美国专家，对此作了具体的描述，并且认为这是松下公司比美国同年龄公司更具有活力的原因：

> 松下提供两种截然不同的培训。一种是基本技能培训，另一种更为基本的是关于价值观的培训。这些价值观是通过长期学徒，即通过一个人的经历灌输的。所雇用的职工不断地接受这些培训。作为任何一个工作小组的成员，每个人至少每两个月要在他的小组中，就企业的价值观和它与社会的关系谈十分钟。……公司领导常要求下属根据松下价值观考虑他们所提出的建议。
>
> …………
>
> 松下的七个精神价值观是：(1) 工业报国；(2) 光明正大；(3) 团结一致；(4) 奋斗向上；(5) 礼貌谦让；(6) 适应形势；(7) 感恩报德。
>
> 将上述价值观铭记在心，就可以为保持巨大活力提供一个精神结构。这些价值观可以促使世界各地的子公司职工形成为一个团结一致的劳动大军，从而可以使一个高度复杂和分散化的企业，即使在经营指挥瘫痪的情况下，亦能坚持经营下去。当我们将松下公司和美国相同年龄的企业，如20年代成立的通用汽车公司、美国电话电报公司、威斯汀豪斯公司和美国无线电公司等进行比较时，在这些美国公司中则很难找到几个能保持他们最初的活力。如果问松下公司怎么能够保持住它的活力，而许多其他公司却落在后面时，必须将它的价值观作为它所以能取得成功的一个主要因素。
>
> 松下的一个主要子公司的总经理评论说："松下的管理哲学对我们极

① 参见［美］比尔·盖茨：《未来时速》，229～230页。

为重要，它使我们能够比得上西方的效率，但却毫不丧失我们日本企业的风格。”①

9. 重要的不是决策本身，而是人们对决策负责和了解到何种程度。

这条箴言，是日本企业管理经验的总结，它强调“集体决策”比“决策正确与否”更加重要。决策，一定要让有关的员工都来参加，并充分听取每个人的意见，“否则‘最好的’的决定也能被搞坏，正像‘最坏的’的决定也能搞得不错一样”②。美国诺贝尔经济学奖得主赫伯特·亚历山大·西蒙（Herbert Alexander Simon，1916—2001），有一句经典名言：“管理就是决策！”但是长期以来，美国人和日本人的决策是截然不同的：

美国人是领导者个人决策。在典型的美国企业里，工人遇到问题得请示干部，下级遇到问题得请示上级，干部和上级对问题该如何解决，都会作出明确的答复：这样或那样解决，行或者不行等等。科长、部的经理、总经理都一致认为，他们不能“踢皮球（The buck stops here)”，不能把问题推给其他人去解决，只有他们自己才应当担起作出决定的责任。他们认为自己果断地作出决定，是称职和有能力的表现。

日本人是集体决策。工人遇到问题固然也找干部，下级遇到问题固然也请示上级，但干部和上级对问题该如何解决却不会给出明确的答复，而是询问有关问题涉及哪些方面，请示者本人希望用什么方法来解决，并要求请示者与上级共同努力，与各个方面联络协商，使每个有关人员都来参与讨论，直到形成各个方面都比较满意的解决方案为止。

美日双方的经理，都能明显感到对方决策模式的缺陷，并加以批评。

> 美国经理们喜欢嘲笑日本人，他们说：“如果你去日本做一笔交易或者签订一份合同，倘若你认为只需要两天，你就得预备两周的时间。如果你运气好，可能会得到一个‘也许’的答复。日本人做个决定需要无限长的时间。”这固然是事实。然而，去美国做过生意的日本人则经常说：“美国人签合同、做决定都很快，可是让他们履行合同呢——他们需要无限长的时间！”③

显然，所谓“需要无限长的时间”，是夸张地嘲笑对方。事实是日本决策慢但执行快，而美国决策快但执行慢，从酝酿决策到作出决策、再到全部落实执行决策，美、日双方所需要的时间其实是一样长。真正的区别是：日本人通过群体决策，同事之间、上下级之间、不同部门之间，加强了沟通和了解，增加了亲密

---

① ［美］理查德·帕斯卡尔、安东尼·阿索斯：《日本企业管理艺术》，36～38页。

② ［美］威廉·大内：《Z理论》，37页。

③ 同上书，38页。

和信任，关系变得更加和谐融洽；而美国的领导者个人决策，常常拉大上下级之间的距离，增加同事之间的误会，把关系弄得很紧张。

从理论上说，美、日双方似乎都同意，决策应该是科学决策和民主决策的统一。但美国人强调决策的“科学性”，认为决策应该符合客观规律，所以应该由科学水平比较高的各级领导干部来拍板，决策是一门领导科学。日本人则强调决策的“民主性”，认为决策应该符合民主，所以应该由全体有关人员来拍板，决策是一种企业文化。

从实践效果来看，日本人的群体决策更胜一筹，取得了更多的成功。看来这是因为：在科学技术高度发达的今天，科学并不是少数几个领导人所专有的事业，而是要由大众来共同探索、共同实践、共同提高的事业。一项决策是不是科学，符合不符合客观规律，是由大众的实践来检验的。实践中发现某项决策不符合科学，违反了规律，如果这项决策又是大众共同作出的，大众自己就会在实践上停止这项决策，纠正这项决策；反之，如果这项决策仅仅是领导者个人的决定，大众就会“由它去，反正是领导叫这么干的！”所谓“最好的”的决定也能被搞坏，“最坏的”的决定也能搞得不错，就是这样出现的。

自20世纪80年代以来，有许多美国专家和美国企业家已经认识到群体决策比领导者个人决策优越。

例如，美国教授弗雷德里克·E·舒斯特，在他的《A战略：人与效益的关系》一书中，就明确指出：

> 提高生产率的一种行之有效的方法，是让普通职工参与重要的管理决策。在美国的企业中，工人们抱怨最多、最为普遍的就是缺少参与管理的机会。[①]
>
> 随着我们越来越看清楚自己在世界经济中所处的新位置，我们已和日本成了面对面的竞争对手。这时，我们才发现使日本成为全世界首屈一指的工业国的竟然不是金字塔式的管理结构，相反日本工人组成了小型的、分权的工作小组，由他们自己作决策，而身居领导地位的人却把工人小组的意见视为圣旨。[②]
>
> 日本人认为，解决意见分歧不能靠滥用权力或单方面的行政命令，而应尽可能通过多方收集各种信息，综合分析后才进行决策。他们认为在各方面都了解上司的意图后，每人都应有调整与参加决策的机会；而一旦全员的意

① ［美］弗雷德里克·E·舒斯特：《A战略：人与效益的关系》，111页，上海，上海科学技术出版社，1989。

② 同上书，112页。

见达到一致时，企业的所有职工均会为之尽心尽责，并努力实干。尽管这种决策方式酝酿时间较长，但仍不失为成功的决策，决策一旦形成，就会迅速地、自觉地、不折不扣地被下属所贯彻实施。相对来说，美国的一些企业在决策的时间上似乎是“冲动式”的，甚至在几分钟内就能完成，但却往往不能在实践上得到有效的贯彻。问题就在于阻力太多，特别是下属对上级的意见不甚了解。[①]

日本经理们认为在大型现代化企业中，许多项目的最佳实施需要全员的有效合作。所以，任何重大的决策都不应是单方面的、个人的意志，而应是群体共同参与和努力的结果。日本人认为，群体的决策从技术上来说就是优越的决策，况且还比较容易得到贯彻实施。然而美国的经理们则相反，他们非常注意个人的价值。在他们看来，需要别人来出谋划策是无能的表现。于是，美国的经理们常常将他们的冲动式决策能力引以为豪，而不顾执行决策的代价如何。由于企业的职工对新的计划没有提过什么意见，所以他们也不会积极去贯彻执行该计划。[②]

再如，美国女企业家玫琳凯·艾施强调指出：“我认为让员工参与对他们有直接影响的决策是很重要的，所以我愿意冒损失时间的风险。如果你希望部属全力支持你，你就必须让他们参与，愈早愈好。”[③]

10.“研究出成果”还不够，必须“创新出产品”；要源源不断地推出一代更比一代好的新产品。

“脱贫致富”，固然有“量”的要求：“丰衣足食”，即衣服多得穿不完、食品多得吃不光；“宽住便行”，即住房宽敞、行路多条，当然都是“富”的表现。但“脱贫致富”更有“质”的要求：从“衣”来说，穿“轻裘革履”，显然要比穿“布衣草鞋”富；从“食”来说，吃“鱼翅燕窝”，显然要比吃“粗菜淡饭”富；从“住”来说，有“楼房别墅”，显然要比有“土屋茅厦”富；从“行”来说，往来乘“飞机”，显然要比出门坐“牛车”富；等等。

企业要完成“使社会脱贫致富”的使命，就既要包括提高人们的富裕程度，更要包括提高人们的富裕质量。这就必须坚持创新，源源不断地推出一代更比一代好的新产品。

日本的索尼公司，就称得上“以创新为己任”的公司。该公司创始人之一盛田昭夫说：“井深大和我经常讨论到，我们公司的方针是以创新发明为主，我们是以独创的手法制造高科技产品的动脑公司。”[④]“我们必须保持创新优势。多年

---

① ［美］弗雷德里克·E·舒斯特：《A战略：人与效益的关系》，145页。

② 同上书，147页。

③ ［美］玫琳凯·艾施：《玫琳凯谈人的管理》，67页。

④ 《控制日本的十大财阀·日本爱迪生盛田昭夫》，50页，北京，中国经济出版社，1992。

来我们用在研究发展的资金，一直都在营业额的6%以上，有几年甚至多达10%。我们的计划是用新产品来带领大众，而不是问他们要什么产品。消费者并不知道什么是可能的，但我们知道。因此我们不去做一大堆市场调查，而是不断修正我们对一个产品及其用途的想法，设法借（试）着教导消费者，与消费者沟通，创造出市场。”①

最近几十年来，善于创新的公司日益增多，成为从“质”上推动社会脱贫致富的巨大力量。

以上关于“社会使命至上”的企业价值体系的十条箴言，展示了这个价值体系的丰富内容，并构成了当今时代所特有的大同精神。

（三）发展趋势

企业发展史上第一个先进的企业价值体系，是“阳光利润至上”的企业价值体系，它和“厚黑利润至上”的企业价值体系是根本对立的。

“社会使命至上”类的企业价值体系，代表当今时代先进企业文化的前进方向，具有比“阳光利润至上”类更强大的生命力。“阳光利润至上”和“社会使命至上”这两个企业价值体系的本质区别在于：第一，最高价值的选择不同，前者选择“多赚钱、赚大钱”，后者选择“使整个社会脱贫致富”；第二，目的指向不同，前者以企业自身为目的，后者以社会和人为目的；第三，前者的精华在实业精神，后者的精华在大同精神。为了使整个社会脱贫致富，为了使贵重物资能够像自来水那样源源不断地向社会供应，不但要产品创新、技术创新、管理创新，更重要的是必须创新价值观念，不但自己不搞“有钱一家赚”，而且反对其他企业搞独家霸权垄断，彻底发扬社会使命至上的大同精神。

从“阳光利润至上”走向“社会使命至上”，是企业价值体系发展的主导趋势。

五、“空想社会使命至上”类

（一）形成背景

一般来说，人类总是有理想、有追求的，人类也总是既有冷静的理性，也有热情的感性。当企业创建者的感性脱离了理性，热情脱离了冷静，就会染上浪漫色彩，提出并执行超越其自身实际能力的社会使命目标，形成“空想社会使命至上”类的企业价值体系。

这类公司的典型个例，在资本主义社会并不多见。因为在“利润至上是不言而喻”的氛围中，坚持“阳光利润至上”就已经不错，把“使命”看得高于“利

① 《控制日本的十大财阀·日本爱迪生盛田昭夫》，79页。

润”就更是一种飞跃（所以直到20世纪后半期“社会使命至上”类公司才多起来），很少会有公司把超越自身能力的使命，放在至高无上的地位。当然，“很少”不等于“没有”，空想社会主义者欧文1824年去美国办的“协和新村”，1832年在英国办的“全国劳动产品公平交换市场”，如果也可以看作企业的话，就应该归属于“空想社会使命至上”一类的公司。

“空想社会使命至上”的公司，是一种特殊类型，包括一些我国改革开放以后创办起来的私有企业。出现这种情况，是有历史原因的。

我国早在1956年，就基本上消灭了私有制。在1966—1978年间，我国的私有企业被彻底消灭，与此同时，各种舆论把私有制和私有企业主搞得很臭。因此，我国改革开放以后办起来的私有企业，一般都很小很弱，不得不“生存至上”。如果某些私有企业很快发展起来了，有了一定的规模，生存看来不成问题，那么就会发生分化。分化的结果，虽然各种类型的公司（“阳光利润至上”类、“厚黑利润至上”类、“社会使命至上”类、“浪漫使命至上”类）都有，但“浪漫使命至上”类显得比较突出。这是由于在我国的具体条件下，私营企业主很容易想到中国曾经有过的消灭私有制的历史，很容易记起自己曾经受到的“剥削可耻”的教育，因而要表明自己并不赞成利润至上，而是要干一番事业，“使命至上”。他们非常渴望自己的使命感能得到官方和社会的认同，以至很多时候他们只考虑一些非经济的因素，既不惜牺牲自己的经济利益，又不顾经济本身的发展规律，成为“空想社会使命至上”类公司。其中比较典型的，要算史玉柱在20世纪90年代创建的“巨人”公司。牟其中创办的南德公司，在牟其中实施金融犯罪之前，也具有“空想社会使命至上”的典型特征。

（二）价值箴言

1. 世界上没有做不到的事，只有想不到的事。

20世纪90年代初，牟其中的南德集团公司，用我国的轻工业日用品，从俄罗斯换回了4架崭新的图-154客机。这次“飞机易货贸易”的成功，是牟其中经商生涯中最辉煌的一笔。但这是许多人事先没有想到的，也是牟其中本人事先没有想到的。牟其中依据这出人意料的成功，总结出了这个唯心主义十足的口号：“世界上没有办不到的事，只有想不到的事”。他把这话作为南德公司的价值箴言，印在每个南德职工都必须佩戴的胸卡上，书写在南德公司办公楼里醒目的地方。

在这个错误口号的导向下，牟其中提出了许多不可能实现的企业目标，什么炸开喜马拉雅山、引进印度洋的暖湿气流来救黄河，什么南德公司要放卫星、开发满洲里、挺进华尔街、救活国有大中型企业，等等。结果是说得好，做不到，最后走上了诈骗犯罪的道路。

2. 冥思苦想非为自己，大胆设计更大梦想。

这条箴言，反映了史玉柱下海经商、最初几战连连告捷时的实际心态。

史玉柱1989年7月带着4 000元钱和他自己研制而成的一个计算机软件，来到深圳创业。到当年年底，就实现了100万元的销售收入。首战的胜利，来得如此之快，以至年轻的史玉柱根本就没有认真思考自己能不能在计算机行业长期生存，就激发出更大的责任心和使命感。“他苦苦地思索着，并非只为了自己，而是怀抱着更大更多的梦想，一个大胆的设想终于出炉了”[①]：他要填补中国高科技领域的空白，开发具有中国文化特色、提供艺术汉字程序、达到小字清晰大字平滑的计算机文字处理软件。想到了就干，自1990年1月起，史玉柱和他的伙伴钱宇，反锁在一间房子里，封闭自己的一切外在空间，用整整150个昼夜来改进自己的软件。结果，研制出功能更完善、质量更可靠的M－6402中文文字处理系统，但史玉柱的妻子也因此不辞而别，离他而去。不过，新的软件产品在市场上受到欢迎，给史玉柱带来了成倍的财富，并激发出他更高的使命感。

1991年4月，史玉柱在珠海正式成立巨人新技术公司，他说：“我给公司取名巨人，就是要做中国的IBM，做东方的巨人！”“不做东亚病夫，要做东方巨人！”“在开发计算机软件方面成为东方巨人！”[②] 从这些话中，不难看出他改变中国落后面貌的使命感。又是说了就干，他亲自挂帅，组织了10多名专家，重演封闭自我外在空间的方式，开发出了当时“在中外文排版、文字处理、图形绘制、图形排版、图文并排等方面，均达到国内外先进水平”[③] 的M－6403软件系统。一切都是这么顺利，到1992年9月，巨人就升格为集团公司，在全国各地成立了38家全资子公司。

事业成功的同时，荣誉也接踵而来。1993年6月，珠海市政府向史玉柱颁发了第二届科技进步特殊贡献奖，奖给白色奥迪牌轿车一辆、103平方米住房一套和奖金63 620元；1993年9月，史玉柱当选为广东省第三届十位优秀科技企业家；1994年11月，史玉柱当选为中国改革风云人物。国家核心领导，一个接着一个到巨人公司视察，有的还挥笔题词，给予极大的关心和鼓励。所有这些奖项、关心和鼓励，又进一步激发出史玉柱更大的社会使命感，包括要为珠海市建造全国最高的标志性大楼，要成为计算机、房地产、保健品三个行业领域内的巨人。

在这里，似乎存在一个导向“空想泡沫”的正反馈机制：

第一个成功→手头上做着更大的事情、脑子里想着承担更高的社会使命→更大的成功→奖项、荣誉、支持、鼓励→手头上做着超越自身实力的事情、脑子里

① 席宏斌：《东山再起史玉柱》，16页，北京，中国经济出版社，2001。

② 同上书，33、26、45页。

③ 同上书，29页。

想着承担不可能完成的社会使命。

当然，这个正反馈机制能不能在实际上发生作用，取决于当事人能不能正确对待成功和荣誉。如果能够像松下那样对待成功与失败，抱着“成功靠运气、失败在自己”① 的态度，认真分析导致成功的客观条件，找出可能导致下一步失败的主观隐患，或者能够树立如同比尔·盖茨那样的成败观，即认识到“成功是一个讨厌的教员，它诱使聪明人认为他们不会失败，它不是一位引导我们走向未来的可靠的向导”②，那么当事人手头上就不会去做超越自身实力的事情，脑子里也不会去想承担不可能完成的社会使命。

3. 要么不做，要做就做第一。

这是史玉柱提出的口号。请注意，不是“争第一”，而是“做第一”。事实上，史玉柱在他所做过的计算机软件、保健品和房地产行业中，从来就没有做过第一。他刚一进入电脑行业就迅速取得明显的效益，也并不是他真正具有搞电脑的核心竞争力，只不过是正好抓住了一个市场空当的机遇而已。因为那时西方16 国组成的巴黎统筹委员会还没有解散，西方国家禁止向中国出口计算机的条令尚未失效，内存很大的计算机还没有进入中国，以至给汉卡及其他外部设备留下一个空当市场罢了。到 1993 年和 1994 年，巴黎统筹委员会解散，西方禁止向中国出口计算机的条令失效，内存越来越大的计算机进入中国，史玉柱连在计算机行业立足的余地都没有，所谓“做第一”、“做巨人”不过是黄粱美梦。

4. 产品五花八门，广告铺天盖地，员工千军万马。

这条箴言，是史玉柱 1995 年实施所谓销售电脑、保健品和药品的“三大战役”的真实写照。当时他一次性就推出电脑、保健品、药品三大系列共 30 个产品，仅在生物工程上投入的广告费就达 1 个亿，送达而覆盖了 50 多家省级以上的新闻媒体，聘用销售人员 1 万名。

脱离本公司的实际控制能力，到处铺摊子，摆架势，是“空想社会使命至上”的特征。

5. 营销组织军事化，广告创意战争化，永远保持“浩浩荡荡”的兴奋感。

这条箴言，也是史玉柱 1995 年所实施的销售管理的真实写照。

史玉柱刻意营造一种战争气氛。对 1 万名营销人员实施军事化管理：史玉柱亲自挂帅，成立战役总指挥部；下设华东、华北、华中、华南、东北、西南、西北和海外八个方面军；其中 30 多家独立分公司都改名称为军或者师；各总经理都改称为“方面军司令员”或“军长”、“师长”。

广告创意的战争气氛就更加突出。且看广告中的几个比较特殊的画面：一架

---

① ［日］松下幸之助：《实践经营哲学》，61 页。

② ［美］比尔·盖茨：《未来之路》，47 页。

具有“巨人”标记的“B－52”轰炸机，出现在一个现代化都市的上空，一连串的标有“电脑”、“医药”、“健康品”字样的重磅炸弹倾泻而下；三辆标有“医药”、“电脑”、“健康品”字样的重型坦克昂然屹立，那略有夸张变形的黑色炮口，使人们不习惯地感受到战争的气息；在世界名人这幅广告中，他们手挽着手昂然地走向前，爱因斯坦手持《巨人报》，撒切尔夫人、里根、卓别林、玛丽莲·梦露等七位名人十分显眼，而后面若隐若现的四个脑门，则使人猜测他们像是第二次世界大战的几个元凶，或者是克里姆林宫里最后的旗手。① 这一切很难使我们相信史玉柱是在开展经商活动，倒像是在制作一部罗曼蒂克的战争影片！

6. “钱是商品，银行是卖钱的商店。”

有偿付能力的人，从银行借来的钱不一定要如期归还，到期支付利息就行了；利息也不一定要付，只要在账本上把利息转成本金就行了。②

这就是牟其中提出的银行商店论。显然，这个理论，不仅片面地理解了银行的职能，也歪曲了“负债经营理念”。

正确的企业负债经营理念，是建立在“信用”观念的基础之上。美国早期思想家富兰克林以格言的方式，表述了这种信用观念：“切记，信用就是金钱。”“切记下面的格言：善付钱者是别人钱袋的主人。谁若被公认是一贯准时付钱的人，他便可以在任何时候、任何场合聚集起他的朋友们所用不着的所有的钱。……因此，借人的钱到该还的时候一小时也不要多留，否则一次失信，你的朋友的钱袋就会永远向你关闭。”③

而牟其中的“负债经营观念”，是建立在抽象的“有偿付能力”的基础上。富兰克林说“钱到该还的时候一小时也不要多留”；牟其中却说只要你是一个有偿付能力的人，“钱到该还的时候只付利息就行了，或者利息也不必付而只要转成本金就行了”。

“有信用”和“有偿付能力”，这是两个不同的概念。在今天的现实中，就有不少“有偿付能力”而“没有信用”的债务人，以至法院不得不强制他们执行偿还债务的义务。

在理论上坚持“信用导向”还是坚持“偿还能力导向”，其实际结果是大不一样的。坚持“信用导向”，必然引导人们勤奋、谨慎、节俭、诚实、惜时，在实际上造就一大批实业家。如果像牟其中那样坚持“偿还能力导向”，必然引导人们炫耀、夸大、吹嘘自己的经济实力，制造“自己具有强大偿还能力”的假象，这就必然在实际上造就一大批牛皮家和骗子。

---

① 参见席宏斌：《东山再起史玉柱》，65页。
② 参见李玉石：《敢冒风险的负债经营》，见《牟其中之谜》，成都，四川人民出版社，1993。
③ ［德］马克斯·韦伯：《新教伦理与资本主义精神》，33页。

（三）发展趋势

这类公司由于提出和实施超过公司自身能力的使命目标，完全脱离了公司自身所拥有的资源基础，所以虽然有强烈的责任心和使命感，虽然也能取得令人感动的一定业绩，但由于没有充分尊重事业发展的固有规律，最后的结果只能是以失败告终。

第四章

企业意识

“意识”，是和“物质”相对立的广泛已极的概念，是人所特有的内在能动状态，它是各种观念、思想、理论、情感、意向、愿景……相互联系起来而形成的系统。“意识”涵盖了物质以外的全部对象，把握“意识”范畴，要运用科学的方法，即应该对有关的意识进行系统的描述。企业意识，涵盖了一个企业内部的物质之外的全部对象，内涵非常丰富。企业价值观念体系，实质上也是一种企业意识，只是因为它是企业文化的核心，所以单独列为一章，在上面作了详细的论述。本章对其他各种企业意识进行阐明。

第一节 企业精神

企业精神的塑造，是企业文化建设的主题。

一、企业精神概念

中外学者和企业家，普遍重视“企业精神”的研究与培育。但比较起来，中国对企业精神的研究和培育，更为经常，更为广泛，更为深入，甚至存在用“企业精神”一词来代替“企业价值观”这个词的现象。因此，弄清企业精神和企业价值观的区别和联系，是一个不应回避的理论任务。

1. 内涵。

所谓企业精神，是一个企业全体（或多数）职工共同一致、彼此共鸣的内心态度、意志状况、思想境界和理想追求。

企业内的个别职工，即使是先进人物或第一把手，无论其理想追求如何崇高，精神状态如何振奋，如果没有被多数职工认同，就够不上代表“企业精神”的资格。职工认同还是不认同，是企业精神形成与否的首要标志。“人心齐，泰山移”；“理论一经掌握群众，也会变成物质力量”。职工的认同，是企业精神具有市场竞争力的基本依据。

“企业精神”和“企业价值观”既相区别又相联系。区别之处在于：“价值”是关系范畴，“价值观”是关于“价值对象的哪些属性能够满足价值主体的什么需要”的看法；价值关系是客观的，先进的价值判断以正确地反映这种客观关系为前提。“企业精神”是状态范畴，是描述一个企业全体（或多数）职工的主观精神状态的；塑造企业精神，主要对思想境界提出要求，强调人的主观能动性。例如，“开拓、奋发、腾飞”，或“奉献、求实、友爱、进取”，是我国极为常见的关于企业精神的提法，不难看出它们都是对思想境界提出要求的，是描述人的主观精神状态的，都没有对企业的客观条件作任何价值判断。还有一些颇为生动的提法，如“大树底下不乘凉”，或“爱心满人间”，由于它们都描述主观精神状态，只对思想境界提出要求，没有对任何对象作价值判断，因而应归入“企业精神”范畴。

根据“企业精神”描述主观精神状态、对思想境界提出要求、不作价值判断的特征，是可以把它和“企业价值观”大致区别开来的。

“企业精神”和“企业价值观”又是紧密联系在一起的。各企业之所以要塑造企业精神，就因为它对企业的发展有极高的价值，而企业价值观作为一种“看法”，当然也属于精神领域的东西。正因为这样，当对企业精神展开说明时，就不仅表示为描述性判断，而且会出现一系列价值判断；而一个特定的企业价值观念体系，也往往构成特定的企业精神。如“阳光利润至上”类价值体系的十条箴言，构成了资本主义特有的实业精神；“社会使命至上”类价值体系的十条箴言，构成了当今时代先进公司特有的大同精神。

2. 意义。

企业精神的意义或作用，也可以从它和企业价值观的区别和联系上来加以把握。

企业价值观的作用，主要是指导选择，解决某件事值不值得做，在许多件值得做的事中应该选择哪一件先做的问题。企业精神的作用，主要是激发主观能动性，鼓舞士气，造成值得做者必做成、最值得做者必先成的精神氛围。但两者的作用又不可分割。一个企业精神境界和理想追求很高的企业，其作出的选择也必然是高水平的，能够众志成城地去实现所选择的价值；反之，一个精神委靡不振的企业，不可能有高水准的价值选择，选择了的价值也往往难于实现，这说明企业精神对于企业价值观的作用有制约性。同样，正确的价值选择，本身就有鼓舞士气、激发斗志的作用，而错误的价值选择则往往会挫伤斗志、降低士气，正确的企业价值观是企业精神发挥作用的前提。

总之，企业精神的内涵与意义，都和企业价值观既相区别又相联系，可以把它们比作企业文化这辆机车上的两只轮子。因此在企业文化建设中，应该给两者以适当的地位，使两者相互补充、相互促进，发挥各自最大的功能，形成最大的市场竞争力。

二、企业精神的培育与表达

人的精神不等同于人的知识，它不是客体的直接反映，而是主体自身的升华。企业精神更不是一个企业物质条件的直接反映，而是企业对自身作为市场竞争主体的觉悟。因此，企业精神绝对不是由企业的物质条件直接决定的。优秀公司从来不是消极地等待高尚的企业精神自然而然地形成，而是积极寻求，精心表达，全力以赴、坚持不懈地进行培育。

1. 培育。

企业精神的培育，至少要完成三个任务：（1）找出最适合本企业发展的精神，或者说对本企业最有价值的精神（这里我们又看到了它和企业价值观的紧密联系）；（2）使最适精神引起全体职工的共鸣，变成全体职工共享的精神财富；（3）以最适精神从事企业的生产经营等实践活动，使之物化，并在实践中丰富和发展这种最适精神。

找出最适精神的任务，一般使用“多渠合流”的方法来解决。“精神”并不神秘，它来自实践。古今中外的实践，都会产生思想和精神。“多渠合流”的方法，就是把本企业历史上产生的优秀精神，本民族历史上的优秀精神，本国其他企业的优秀精神，本企业当前实践中个别先进人物萌发的优秀精神，外国企业文明竞争的优秀精神，都采集起来加以消化，并按照本企业当前和未来发展的需要，融会成为本企业的最适精神。这表明企业精神的培育，不能局限于本企业的生产经营实践。一个企业，职工再多，同全民族人口相比总是少数；范围再大，同全世界相比总是局部；历史再长，同整个社会历程相比总是一小段。聪明的企业家在培育企业精神时，总是力求发扬民族精神，体现国际精神，紧扣时代精神，但又不失本企业特色。这是培育企业精神的辩证法。

使全体职工对企业精神共鸣、被企业精神同化的任务，一般采用“多方引导”的方法来完成。一是领导者反复灌输和以身作则地引导；二是宣传体现企业精神的英雄模范人物的先进事迹来引导；三是放手让职工群众自己引导自己，发动大家就企业精神的培育提建议，想办法。

企业精神的物化及其丰富与发展的任务，则通过全方位的“多种实践”来解决。有关企业的一切活动，无论是生产、经营、销售、科技、教育，还是生活、服务、文体等等，都自觉地以企业精神作指导来开展，并不断总结新鲜经验，加深理解，不断完善。

2. 表达。

企业精神的表达，是培育企业精神不可分割的部分。任何一个企业，都必须回答它的企业精神是什么这个问题。如果表达得好，能促进企业精神的培育，表达得不好，会使企业精神生长缓慢。

企业精神的一个好的表达应该是：简练明确、易记好懂，针对问题、符合厂情，富于个性、形象生动。

“简练明确、易记好懂”，是要给企业精神的培育提供一个好的起点。企业精神是要全体职工认同的，因此必须让每一个职工都记得住、懂得了。文字洗练是为了好记，用语明确是为了好懂。有的企业，用 50 多个字来表达企业精神，不仅一般职工记不住，干部中也很少有人能说全，这就大大影响了培育企业精神的效果。表达的加长，大概是出于完整性的考虑。松下 1933 年提出“松下五精神”，20 字；后来加成“松下七精神”，28 个字，就是为了完整，但也更难记了。长到人们记不住，再完整的提法在实际上也还是不完整的。当然，有的企业为了坚持完整而又能让职工记得住，采取了押韵谱曲的方法，让职工们把它唱熟。这不失为解决问题的一条好思路。不过，即使一首十分容易上口的歌曲，其歌词也不能太长，太长了同样难以记住。

“针对问题、符合厂情”的表达，可以突出企业精神的实质内容，避免“花架子”和形式主义。所谓问题，就是矛盾。旧的矛盾解决了，又会产生新的矛盾。企业精神就是通过解决矛盾来成长和发展的。企业精神的表达也只有针对问题才容易使职工的意志进入激发状态，形成解决问题的高昂士气。问题不断解决，不断变换，企业精神的表达也应该有所不同。由此看来，不仅有一般的企业精神，也可以有“年度”企业精神。

“富于个性、形象生动”的表达，从一定的意义上来说，乃是企业精神富有生命力的象征。第一，“富于个性、形象生动”的表达，同样是职工记得住的条件。就我国的情况来看，把企业精神表达得过长的企业虽然有，但不是太多。更多的企业，是趋向于把企业精神的表达变成高度的抽象概括，感情色彩减少而理性味道加浓，从而使各种企业精神的个性被掩盖起来，共性则被凸显出来。许多企业的企业精神，在表达上大同小异，职工们很容易相互混淆。抽查表明，不仅表述为 16 个字的企业精神职工们记不准确，连 8 个字的也记不准确。这里的问题不是太长，而是缺乏个性。例如，甲厂提“勤奋、求实、开拓、创新”，乙厂提“拼搏、领先、求实、团结”，丙厂提“求实、创新、团结、勤奋”，丁厂提“团结、务实、拼搏、开拓”。某职工本来对本厂的那8个字是能记住的，但四个厂一交流，反而记不准了，而且往往也失去了记准它的兴趣。第二，“富于个性、形象生动”的表达，能使职工看到本企业与其他企业的不同，容易产生“惟我独有”的自豪感，能使职工得到鲜明的印象，容易激发内心的共鸣，产生一种“抱此态度必然成功”的意志状态与思想境界，并进而导致积极的行动，实现把崇高的精神转化为物质力量的飞跃。这恰恰是培育企业精神所希望出现的局面。

3. 追求特色。

如何使企业精神的表达独具特色，是我国企业必须认真解决的问题。

总的来说，应该克服那种追求正规、统一格式的倾向，提倡不拘一格、各显神通。用不着人们挖空心思去规定，企业实践中已经涌现出不少富于个性而又形象生动的表达方式，只需要企业家们加以承认和给予适当的引导就行。这些独具特色的表达方式，大致有以下几种类型：

（1）口号、箴言式表达。

“口号”不可能很长，言简意赅；“箴言”寓意深刻，富有韵味，它们用于表达企业精神，有着天然优势。

中外绝大多数企业精神，都是用口号、箴言式来表达的。这种表达方式本身，并不会导致个性特色的丧失。有些颇具个性特色的企业精神，恰恰是用口号或箴言表达出来的。如美国IBM公司的“IBM就是服务”，日产公司的“品不良在于心不正”，泰国正大集团的“正大无私的爱”，我国某企业提出的“工厂有名气，队伍有士气，职工有志气”，等等。可见，企业精神表达得没有特色，并不是口号、箴言自身的贫乏，而是没有把口号和箴言用好。

（2）比喻式表达。

比喻式表达，不仅形象生动，而且还能突出个性。

同样是艰苦奋斗或艰苦创业，上海建设机器厂表述为“蚂蚁啃骨头”精神，上海异型钢管厂表述为“土鸡生洋蛋”精神，上海有些厂还表述为“螺蛳壳里做道场”精神。同样是开拓创新，日本的索尼公司表述为“豚鼠精神”（豚鼠在茫茫的黑夜里总是不停地挖掘），美国的玫琳凯化妆品公司则表述为“大黄蜂精神”（大黄蜂不理会自己的翅膀太软、身体太重而仍然不停地飞）。

同样是条件艰苦，但情况不一样：有的是设备小而加工部件大，“蚂蚁啃骨头”的精神最适用；有的是要用自制的还比较落后的设备，去生产具有国际水平且是外国才有的新产品，“土鸡生洋蛋”就是最好的写照；有的厂区小，难于扩展，最需要的正是“螺蛳壳里做道场”的精神；同样是开拓创新，索尼公司是要“永不步人后尘，披荆斩棘开创没人敢于问津的新领域”，“干别人不干的事”，这是一种很难确定方向、失败了外人也很少知道其艰辛的开拓，因而最需要是暗地里持续不断使劲的“豚鼠精神”；玫琳凯公司所说的开拓创新，是销售方面的，若展销会失败乃是众目睽睽的，因而最需要敢于在光天化日之下用软弱的翅膀载着笨重的身体去飞翔的“大黄蜂精神”。

我国一些企业虽然萌发过许多很好的比喻表达方式，但一旦正式提出企业精神时，便没有它们的地位。究其原因，可能有两个：一是觉得比喻式的表达太俗，不够庄重；二是觉得比喻式表达容易因厂内条件变化而过时，例如购置了大型设备，“蚂蚁啃骨头”的提法就不适用，不像“艰苦奋斗”之类的提法可以流传千秋万代。其实，从培育企业精神来说，生动活泼比严肃庄重更为重要，更能使职工进入精神激发状态。同时，企业精神的提法可以而且也应该随着企业内外环境的变化而更新，不应当把它当成万古不变的教条。

(3) 故事式表达。

给企业精神取一个富于个性的名称，通过讲厂史中的一个故事来阐明其根据，并进一步展示它的内容。这就是故事式的表达。

例如，上海电机厂把它的企业精神称为“扁担电机精神”。这个名称的根据是：1981 年初，上海电机厂得到一条信息，三中全会后，两广地区糖厂的陈旧设备，适应不了甘蔗丰收的形势而急需技术改造。上海电机厂立即组织了调查组，根据用户的生产现状和需要，拟订了用先进的直流电动机代替老式蒸汽机的工艺方案。当时，用户很担心：如果老设备拆掉，新设备上不去，糖厂就会停产，农民用几千根扁担挑来的甘蔗处理不了，很可能就会把糖厂砸烂。电机厂厂长李文华当即表示：“万一发生那种情况，你打电报来，我李文华一定赶到顺德，陪你 起挨扁担。”糖厂终于放心地签了合同。电机厂的职工行动起来了，把挨扁担的风险化为争挑重担、争分夺秒为用户着想的行动，把生产周期从传统的 9 个月压缩到 4 个月，按质按量完成了任务。“扁担电机精神”的内容是什么呢？上海电机厂职工概括为以下三点：一是在保证质量的基础上争分夺秒地全心全意为用户服务；二是工农结合，振兴经济；三是充分发挥科技人员、管理人员和广大职工的积极性和主动性，勇于开拓创新。

显然，这种表达方式富于个性，形象生动。虽然文字长一些，但它实际上已经把表达和解释融合在一起了，好记好懂，能够起到提高精神境界、鼓舞士气的作用。

(4) 量化概括式表达。

对所要倡导的精神，有根有据地加以量化，且能系统地贯彻到底，使一切部门自然而然地符合这个“量”的规律，就叫量化概括式表达。

例如，上海铁合金厂的企业精神，名之为“三精心”精神，表达为“精心选料、精心维护设备、精心操作”。其根据在于：生产力系统中的直接劳动子系统，是由劳动对象（原料）、劳动资料（机器设备）、直接劳动者（对机器进行直接操作的人）三个要素组成的；这三个要素都精益求精，自然会出精品。这个厂还推而广之，要求所有各个子系统都按照“三精心”精神确定各自的行动口号，例如：科研工作的“精心思考、精心设计、精心试验”；医务工作的“精心诊断、精心治疗、精心护理”；教育工作的“精心备课、精心教学、精心辅导”等等。显然，“三精心”精神的量化概括的依据，是深层次的而不是表面的；而其可推广性，又可使它灵活地扩展（如销售部门可要求其“精心了解市场、精心确定价格、精心服务顾客”等等），这就是它独具的特色。

（5）主要式表达。

不追求全面，而是把企业精神的最主要之点，特别凸显出来，这就是主要式表达。如上海第一钢铁厂的“一厘钱精神”，是把该厂少花钱、多办事的艰苦奋斗提到了首位；原江南造船厂的“全局精神”，则是把该厂勇于承担国家重点项目的风格提到了首位；原中国第二汽车制造厂的“视今天为落后”的精神，特别强调了永不满足；日本的山下俊产把松下公司的企业精神称之为“饥饿精神”，是强调要有24小时的危机感。

显然，主要式的表达易记好懂，虽然不一定很全面，但对于某个有限时期（如一年或两年）的企业精神的培育来说，却完全可能是充分的。

（6）品名式表达。

这是用企业产品的商标名称，来表达企业精神。产品商标用于表达企业精神，必须符合两个条件：一是该产品是名牌，在社会上有一定的知名度和美誉度，用它来表达企业精神能使职工产生自豪感；二是该产品商标的名称和企业精神的内容有相似、耦合等关系，从而能形象生动地将企业精神个性化。只有前一条件，而无后一条件，虽然可用来给企业精神命名，却不能用于企业精神的表意。只有后一条件，而无前一条件，则主要是比喻式表达，品名式表达的成分极少。

例如，上海自行车厂生产的“永久”牌自行车，在国内外有较高的知名度与美誉度，“永久”一词又和该厂的企业精神中“永久为民”的内容相耦合，如果把该厂的企业精神表示为“永久精神”就属于品名式表达。

（7）人名表达式。

当企业出了英雄模范人物，而其先进事迹又广为传播时，那么用这位英雄的名字来表达企业精神，往往能收到体现个性、形象生动的效果。如用“铁人精神”来表达大庆精神，就很有个性，非常生动形象，富于感染力。

（8）厂名表达式。

厂名一般只用作企业精神的名称，但如果厂名本身的意义和企业精神的内容相耦合，就可以用于企业精神的表达。假定某厂叫第九制药厂，那么称该厂的企业精神为“九药精神”，就不过是给出了企业精神的名称罢了。如果某厂叫“爱心制药厂”，那么“爱心精神”就不仅仅是名称，而且表达了企业精神的内容。

上海有个正广和汽水厂。“正广和”三字，就可以用来表达该厂的企业精神。根据该厂的解释，所谓“正”，就是“正本清源”，生产汽水一定要用清洁纯正的水作原料，保证质量上乘；所谓“广”，就是“广泛流动”，要把汽水供应到一切可能到达的地点，“走遍千家万户”，扩大市场份额，提高品牌的知名度；所谓“和”，就是“和颜悦色”，善待用户与顾客，提高服务水平。“正广和精神”，也就表达了该厂“讲究质量、重视市场、善待顾客”的精神内容。

第二节　企业伦理

企业伦理是企业文化建设题中应有之义。东方文明一贯具有重伦理、讲道德的优秀传统。中国是东方文明古国，礼仪之邦。企业文化在中国的兴起，必然使东方文明重伦理、讲道德的优秀传统进一步发扬光大；同时，为了和现代市场经济相适应，伦理道德的观点与内涵，又必然会突破历史上固有的局限，而得到进一步的发展。

一、企业伦理概念

伦理是指“道德关系及其相应的道德规范”[①]。企业伦理是伦理的具体表现之一。可以在理解“伦理”含义的条件下，对企业伦理作更深入细致的分析。

1. 含义。

所谓企业伦理，是指企业全体（或多数）职工认同并在实际处理各种关系中体现出来的善恶标准、道德原则和行为规范。

企业伦理受习俗、舆论的支持，它对成员的约束是自然的而非生硬的，它对企业的影响是长远的而非短期的，因此伦理道德属于企业文化系统中的习俗化要素。伦理道德一般又是人们自觉自愿地追求的，是人们行“善”的内在动力之一，因而又和企业文化系统中的品质化要素紧密相关。企业伦理的优劣对企业发展有着长期而深远的影响，企业伦理建设是企业文化建设的有机组成部分。在文明竞争占主流的现代市场经济中，道德沦丧的企业是绝对没有前途的。

2. 两个层次。

企业伦理有两个层次：第一个层次是职工（个人）道德，其道德主体是单个的职工；第二个层次是企业道德，又称法人道德，其道德主体是整个企业或

① 冯契主编：《哲学大辞典》，583页。

法人。

在我国，职工道德建设的历史较长，积累了比较丰富的经验，而企业道德建设的历史较短，因为企业成为自主经营、自负盈亏、自我积累、自我发展的独立法人（从而取得道德主体资格）也时间不长。职工道德素质的高低，必然会影响整个社会的风气，影响整个企业的形象；但是企业道德的优劣，对整个社会风气的影响更大，并直接决定着整个企业的形象和发展前途。职工道德和企业道德相互联系，相互促进，但企业道德处于主导地位。因此，企业文化中的企业伦理建设，重点应放在企业道德上。

企业道德建设，主要着眼于处理好以下四种关系，并相应地建立四个方面的道德约束机制：

（1）处理好企业、国家、社会的关系，建立“企业社会道德”的约束机制。

就企业和国家的关系来说，资本主义国家的企业文化提倡者明确地指出：税收是国家与企业关系的重要调整手段，交税很光荣，漏税不应该，逃税比破产更可耻，因为破产只是一时的经营不善，但逃税却是不尽国民义务的可耻行为。社会主义企业文化理论则进一步指出：社会主义国家的利益应高于企业的利益，国家不仅通过税收，而且通过计划来调整关系，因此，交税和遵守国家计划是社会主义企业的公德，不遵守国家计划可耻，逃税可恶。

就企业和社会的关系来说，企业文化理论强调，企业不管怎样弱小，绝对不能靠损害社会求发展，不这样考虑的企业是不道德的；企业在力所能及的范围内，应该多做“善”事，资助社会公益事业和社会文化事业，这样做的结果，钞票是花在企业之外，但是自豪感、凝聚力和吸引力却是生效于企业之内，实际上也是为企业自身的发展做好事。

就企业与企业的关系来说，企业文化理论提倡公平的文明竞争，不仅陷害中伤其他企业是不道德的，而且凭借本企业资金雄厚，把产品价格压到价值以下抛售，借以挤垮竞争对手也是不道德的。

一个遵守上述行为准则的企业，就可以说具备了良好的社会道德。

（2）处理好企业与环境的关系，建立企业生态道德的约束机制。

企业的环境，大体上可以区分为“自然环境”和“社会环境”两部分。企业的自然环境，指企业所在地区的地形地貌、地质土壤、河海水系、风云空气、生物植被等等，它们构成了企业所在地区的自然生态系统。企业的社会环境，指企业所在地区的人口密度、习俗民情、舆论倾向、道德风尚、产业结构、市场状况、消费水平等等，它们构成了企业所在地区的社会生态系统。自然环境和社会环境相互影响，相互融合，形成了统一的企业环境。

建立企业生态道德，要求企业在发展生产的同时努力预防公害。不仅劳动条件、工具手段、工艺流程应该人道化，使之符合职工生理和心理特点的需要，而

且对自然生态系统要特别关心、爱护、优化和美化，使之更适合于人类的生存和发展。一方面，要根据生产规律采用最先进的环保设备与工艺，以减少污染物的排放；另一方面，要根据生态学规律重新安排厂区的植物群落，以增强自然环境的自净化能力。

企业不仅改变自然生态系统中的物质流、能量流和信息流，而且也会改变社会生态系统中的物质流、能量流和信息流。企业选定某处建厂，既可能恶化该地区的交通和住房的紧张状况，即恶化社会生态环境；也可能给该地区带来繁荣与兴旺，提供经济腾飞的机会，即优化社会生态环境。这就要求企业所采取的每一项发展计划，都要考虑如何促进社会生态的良性循环，不考虑到这点也是不道德的。

一个能与环境共同优化发展的企业，才称得上具备了良好的生态道德。

(3) 处理好企业与人的关系，建立企业人际道德的约束机制。

企业如果只关心生产而不关心人，不仅是不明智的，而且也是不道德的。企业文化理论认为，企业不仅要关心人，而且要全面关心人。所谓"全面"，有三层含义：一是要全面关心并尽可能满足职工的经济、安全、社交、心理和成就事业等多方面的需要；二是要全面关心企业内部从生产一线到生活后勤的各种不同的人员；三是要全面关心全社会的各种各样的人，如顾客、社区居民、原材料供应者等等。一个全面关心人的企业，才配称具有良好的人际道德。

(4) 处理好企业的本职工作权利和企业的特殊行为责任之间的关系，建立企业行业道德的约束机制。

每个企业都属于一定的行业，有权利开展和本职工作相关联的各种业务，但同时也必须承担和全人类利益紧密相连的各项道德义务。行业不同，道德责任的重点也不同。例如市政工程公司有权开挖马路埋设各种管线，但也有义务在施工现场设立显著标志，以保证交通车辆和行人的安全，还有义务在施工完成后将马路复原如初。矿山采掘企业，应以珍惜自然资源、爱护绿化为美德；滥伐森林，乱开矿藏，是"毁灭儿孙幸福"的极不道德的行为。食品工业企业，应坚决破除"眼不见为净"的陈腐观念，保证食品清洁、无毒无菌、无异物、无尘埃，准确标明出厂期和保质期等等。总之，为了全人类的利益，每个行业都有若干特殊的行为规范，需要着重强调和严格遵守；只有真正遵循了这些特殊行为规范的企业，才算是有了良好的行业道德。

上述企业道德的四个方面，即企业的社会道德、生态道德、人际道德和行业道德，其主体是整个企业或法人，而不是这个企业中的单个职工。企业道德和职工道德是有区别的，两者分属于不同的层次。每个职工单独为社会做好事，不能代替整个企业对社会事业的赞助、支持与贡献；每个职工对生态环境所应承担的道德责任，和整个企业所应承担的生态责任是有较大区别的，企业违犯生态道德所危害的对象往往首先就是本企业的职工；企业所应严格遵守的行业道德规范，固然要由每个职工的行为来体现，但不能归结为只是个体层次上的道德。

当然，企业道德和职工道德也是紧密地联系在一起的。企业为了确立集体主义的社会道德、生态道德、人际道德和行业道德，必然会对每个职工提出相应的要求，也必然要部分地体现在每一职工的言行之中，特别是要体现在每个职工的职业道德之中。因此，在企业文化建设中应该把企业法人道德和职工个人道德这两者统一起来加以考虑，以取得相互促进的效果。

二、集体主义道德导向

在企业伦理建设中，存在是用集体主义还是用个性主义进行道德导向的问题。

1. 企业文化兴起前西方学术界的主导思想。

日本文化比较重视集体，美国文化比较重视个体，这是世界学术界的共识。

美国文化中的个人行为是自律的，而日本文化中的个人行为是他律的。所谓自律的行为，就是重个体而轻集体的，主要根据个人自身的愿望、理解、爱好等等来选择行为模式与策略，而不太顾忌别人的看法，个人对行为的结果负责；同时，任何个人也都不用自己的好恶来约束别人的行为，不必对别人的行为结果负责。所谓他律的行为，则是重集体而轻个体的，个人要根据集体的愿望、共同的理解、一致的好恶来选择行为模式与方式，个人的愿望、爱好等常常要顾忌和服从家人、老师、朋友、上司乃至下级的看法，至少不能与之相冲突。早在 1946 年，美国文化学家鲁思·本尼迪克特所写的《菊花与刀》一书中，就曾指出：日本人的生活准绳，“是迎合世人的‘期望’，避免让世人‘失望’，把自己的个人要求埋葬在群体的‘期望’之中”①。她认为“日本的社会压力对个人要求太苛刻了。社会压力要求他隐蔽个人感情，抛弃个人欲望，而以家庭、团体或民族代表的身份面对社会”②。

本尼迪克特的看法，得到了美国人和日本人的赞同。一位曾经在美国学习企业管理的日本经理，对于日本文化重集体而美国文化重个体的行为模式，用两个图式作了形象而生动的描述，见图 4—1。

图 4—1 中，圆形的石块比喻个人，连接石块的弹簧比喻人际关系。在日本模式中，石块小而轻，弹簧粗而密；在美国模式中，石块大而重，弹簧细而疏。这就是说：美国模式的整体性较弱，个人行为受人际关系的制约较小，个体可以

---

① ［美］鲁思·本尼迪克特：《菊花与刀》，203 页，北京，商务印书馆，1990。

② 同上书，217 页。

美国模式

日本模式

图 4—1

有所作为；但是个人行为对整个人群的影响也较小，很难在较大范围内得到响应，彼此距离稍远的个人就几乎觉察不到对方的活动。相反，日本模式的整体性却很强，个人行为受人际关系的制约很大，一举一动都得考虑协调、平衡和稳定，“出格”行为受到的牵制很大；但是个人行为对整个人群的影响也较大，常常出现“牵一发而动全身”的状况，即一人带头而全体跟上。

试问：重集体的行为方式和重个体的行为方式，或者换一种说法，集体主义和个体（性）主义（collectivism and individualism）究竟哪个更优越、更值得提倡呢？

据记载，英国哲学家赫伯特·斯宾塞（Herbert Spencer）于 1880 年给日本宪法草拟者伊藤写过一封信，其中谈到日本的一大优点，是对长辈等等的传统义务，这将使日本在长辈的领导下稳步前进，“并可克服很多个人主义国家中无法避免的种种困难”①。但是长期以来，大多数西方人却认为：对集体价值的重视是一个时代性错误，因为它与现代化的工业格格不入，很不利于以富兰克林、爱迪生、洛克菲勒等人为例的独立创造力的发挥。富兰克林的“捕捉雷电的实验”，是 1752 年在费拉德尔菲亚城由富兰克林独立完成的，惟一的“助手”是他的儿子；不仅实验之前得不到其他人的支持，而且实验成功之后，仍被英国皇家学会某些人讪笑，甚至遭到当时法国的电学权威诺勒的攻击；如果要考虑其他人的意见来确定自己的行为，富兰克林就不可能去做这个震惊全世界的实验。爱迪生的大量发明创造，都是个人独立完成的，他总是告诫别人不要对他谈论发明创造的任何构想，以免引起发明权的争议。所谓竞争，就是个体与个体之间的竞争，拿灯泡的发明和改造来说，“几个实验家之间的竞赛的确是你追我赶，激动人心的；在新灯泡进入商品市场之前就发生了关于专利权的有效性问题的许多诉讼事件”②。因此，近几百年以来，西方盛行的是个体主义或个性自由主义的价值导向。

① ［美］鲁思·本尼迪克特：《菊花与刀》，56 页。

② ［美］弗·卡约里：《物理学史》，263 页，呼和浩特，内蒙古人民出版社，1981。

著名文化学家霍夫斯坦特甚至得出结论说："一个国家个性自由主义的程度与该国的贫富有很大的关系。所有的富裕国家都在个性主义一边，而所有的贫穷国家都在集体主义一边。"这就等于宣布：任何一个国家，如果想脱贫致富，就必须抛弃集体主义的价值导向，而完全代之以个体主义或个性自由主义的价值导向。

以上就是西方学术界到20世纪70年代为止的主导思想。

2. 个性主义导向失灵与企业文化兴起。

美国是最轻视集体主义、最崇尚个性自由主义的国家。美国许多企业家也把成功的诀窍，归因于个性自由主义的导向。因此，当美国一些企业家来到日本投资并经营工厂的时候，也非常自信地推行他们个体自由主义那一套管理措施，以为那必然会调动工人的生产积极性。然而，事实却给了他们当头一棒。且看两个实例：

(1) 一家美国电子公司，投资在日本开了一家新厂。新厂的最后组装工序里有一项由许多日本青年妇女把电子元件用导线连接起来的工作。这项工作实行计件付酬，即完成的件数越多，工资也就越高。开工之后约两个月，女领班们来找厂经理。"尊敬的经理，"她们深深地鞠躬并且谦卑地说道，"我们如此冒昧直言，真是不好意思。但我们必须向您提出这个问题，因为全体女工威胁说要在本星期五举行罢工……她们想知道，我们厂的报酬制度为什么不能像其他日本厂家一样。当您雇用一个新女工，她的起点工资应当按她的年龄来决定。十八岁的女工应当比十六岁的女工挣得多。在她每年生日那天，厂方应当主动给她涨工资。认为我们中的哪一个人会比其他人生产得更多的想法一定是错误的，因为要不是全厂的其他职工首先把他们的活做好，我们最后组装工序的人谁也不能完成什么活计。挑出任何一个人来，说她产量最高的做法是错误的，而且对我们每个人也是个耻辱。"这家公司后来终于把它的工资制度改成了日本的方式。

(2) 另一家设在日本的美国公司，推出了一个合理化建议制度，宣称工人们如有提高生产率的建议，可以写出来，投入特制的箱内。合理化建议一经采纳，建议人可以获得一笔奖金。六个月过去了，工人们连一个建议也没有提出来。美国经理们感到很奇怪，就找来一些工人，询问他们为什么不对合理化建议作出响应。回答是："没有人能够单独地提出改进工作的方法。我们在一起工作，其中一人所提出的任何方法，实际上也是由于观察别人并和别人交换意见的结果。如果把建议归功于我们之中某一个人，那是会使我们所有的人都感到难为情的。"于是，这家美国公司把它改成集体建议制度，由工人集体提出建议。奖金发给小组，小组可以把它储存起来，以备年底举行会餐之用。如果有足够的钱，也可供工人全家一起出外度假之用。改变制度之后，建议书和生产革新的意见像雪片一般飞来。①

最使美国人震惊的并不是个性主义导向在日本的失效，而是日本在顽强地拒绝个性自由主义的情况下，居然使日本的经济赶上并超过了美国。日本经济的崛起，以及稍后的新加坡、韩国、中国香港和台湾的经济腾飞，突破了霍夫斯坦特根据 1970 年的情况而作出的关于“所有的富裕国家都在个性主义一边，而所有的贫穷国家都在集体主义一边”的结论。这就不能不引起人们的深入思考：在当今的世界上，一个国家要脱贫致富，或者要继续保持富裕，究竟是搞集体主义导向还是搞个性主义导向，才能更有效地达到目的呢?

对于这个问题，一些美国学者改变了原先的看法，得出了新的结论。这种转变的发生，不仅由于美国企业在日本办厂，个性主义的导向一般说来总是失效，还由于日本企业在美国或西欧办厂，采用集体主义的导向却往往成功。这些美国学者的新结论，大致包括以下内容：

第一，集体的价值高于自我的价值，共同协作的价值高于独立单干的价值，“集体路线”的价值高于“正确决策”的价值。

美国传统把自我看成是宇宙的中心，看成是一种可以依靠的支撑力量，因而美国人很容易自我膨胀，觉得在企业这个集体中遗失了自我，于是常常去寻找，常常说他还没有找到他自己，这种失落感是一股无形的阻碍企业经济发展的消极力量。美国管理向来重视“正确决策”，这是有道理的，但是任何正确的决策，如果大家都不了解或不执行，也不过是一纸空文，因此“重要的不是决定本身而是人们对决定负责和了解到何等程度。否则‘最好的’决定也能被搞坏，正像‘最坏的’决定也能搞得不错一样”②。

第二，集体主义价值观比个人主义价值观更符合现代化的性质。

因为现代已经“没有什么重要的事情是由于个人努力而做成的。生活中的一切重要的事情都是由于协力或集体力量做成的。因此，企图把成果归之于个人的功劳或过失都是毫无根据的”③；“工业生活基本上是结合一体而且是相互依存的。一个人不能独自造汽车，一个人无法独立进行银行交易。在某种意义上，日本人的集体主义价值观很自然地适应它的工业环境，而西方的个人主义则经常引起矛盾。”④

第三，企业的集体主义导向，最主要的就是要形成全体职工认同的“共同的价值观念”、“共同的经营理念”和“共同的理想信念”。

美国学者说：“我们认为共同的价值观对一切企业都是非常重要的，它可能

① ［美］威廉·大内：《Z 理论》，41～42 页。

② 同上书，37 页。

③ 同上书，42 页。

④ 同上书，43 页。

是大公司最为保密的‘秘密武器’。”[1] 他们不再鼓吹毫无约束的个性自由主义，而是明确地断定：“自主其实是纪律的产物”，纪律则是“几条共同信奉遵守的价值观”[2]；他们承认：一个出色的企业往往有两个方面，“一方面是严格的控制，但另一方面却同时允许（甚至是坚持让）普通职工享有自主权和发挥创业与革新精神。它们能做到这点，实际上靠的是‘信念’也就是靠价值观体系”[3]。

20世纪80年代国际企业文化的兴起，其实质内容就是要确立以文明取胜的群体竞争意识。竞争，并不能狭隘地看成是个体与个体的竞争，而是群体之间的竞争，是团体赛；而把企业内部力量凝聚起来的措施，则是确立全体职工认同的企业价值观念、企业精神、企业最高目标和企业理想追求；而所谓以文明取胜，就是企业之间的你争我夺，可以而且必须给顾客、用户、社会带来实际利益，增加全社会的稳定和进步。很显然，国际企业文化的兴起，本身就是一种集体主义价值导向。

3. 正确认识和处理几个关系。

集体主义的道德导向，常常会遇到各种矛盾。这一点也不奇怪，因为事物总是在矛盾中发展的。其中特别需要正确认识和处理的，是以下几个矛盾或关系：

（1）社会主义与资本主义的关系。

有人类社会存在，就有“集体”和“个体”的矛盾。人类社会从外观上看是由彼此独立的人即“个体”所组成，但在实质上却具有“集体性”。因此，自古以来，许多仁人志士都看重集体的价值，倡导个体为集体作奉献。中国古代名句“先天下之忧而忧，后天下之乐而乐”（范仲淹《岳阳楼记》）和“百姓多寒无可救，一身独暖亦何情”（白居易《新制绫袄成》），就是例证。从这个角度来看，日本、美国和西欧的资本主义国家，在20世纪80年代兴起的企业文化中，也倡导集体主义的价值，是不足为奇的。

但是，社会主义国家的集体主义导向，是建立在以公有制为主体的基础上的，因而是真实的、彻底的、理论上一贯的。而资本主义国家的集体主义导向，是在不触动私有制的前提下进行的，因而不可能是全部真实、完全彻底的，在理论上也很难自圆其说。这就是在集体主义道德导向问题上，社会主义和资本主义的根本区别。

经济上继续保持私有制，道德上却要倡导集体主义，这两者在理论上如何协调起来呢？日本著名企业家松下的回答是很有趣的，总括起来就是这么一句话：资本主义企业已经是社会的公有物了！他说：“企业是属于所有人的，任何企业

---

① ［美］理查德·帕斯卡尔、安东尼·阿索斯：《日本企业管理艺术》，188页。

② ［美］托马斯·J·彼得斯、小罗伯特·H·沃特曼：《成功之路》，377页。

③ 同上书，381页。

都是属于全国国民所有"[①]。为什么呢？他的理由可归结为三条：第一，资本主义企业的生产和经营具有社会性；第二，如果在思想上不把企业看成公有物，而把企业当成私有物，就会损害社会的利益，形成恶劣的现象；第三，受法律保护的私有制，不过是一种形式，形式并不反映实质。

在我们看来，松下的理由是不能成立的。第一，从资本主义企业的生产和经营都具有社会性的前提出发，只能得出"生产力的发展提出了把企业从私有转变为归全社会所有的要求"这个合理的结论，绝对得不出"任何企业都已经是属于全国国民所有"的结论。第二，在生产已经高度社会化的今天，私有制、以私有为核心的思想观点不利于社会经济的发展。从这个意义上说，松下强调要把企业经营看成"公事"而不是私事，是有一定道理的。但是，私有制是资本主义经济的客观事实，并不会因为人们在思想上把企业"看成"公有物就真的变成公有制。因此，从松下关于"如果把企业当成私有物就会损害社会利益"的前提中，只能导出私有观念已不适合于今天的社会化生产的结论，而不能得出今天的任何企业均属全民所有的结论。第三，资本主义国家的法律，明文规定私有制神圣不可侵犯，这是把资本主义企业从私有转变为公有的主要障碍。不从政治上和法律上解决问题，只是在主观上把私有企业想象成公有企业，那是丝毫也无助于公有制建立的。

总之，私有制是集体主义价值导向的障碍。要真正彻底地坚持集体主义的价值导向，就必须坚持公有制。

（2）道义和功利的关系。

在伦理道德问题上，向来有道义论与功利论之争。争论的第一个焦点问题，是动机与效果在道德评价中的地位问题。

道义论者康德认为：一种行为是否道德，与行为的效果无关，完全取决于行为者是否具有善良的动机。在他看来，只要人们具备善良的动机并据此而为，即使没产生任何效果，他的行为也是善的。例如，一个人跳入水中去救落水的小孩，这个人只要有"救小孩"的动机，不管客观上是否将小孩救了出来，他的行为就是有道德的行为，就是"善"。相反，如果一个人怀着获得个人好处的动机，把小孩救了上来，也算不上有道德的行为，算不上"善"。商人做生意，能做到买卖公平、童叟无欺，这是否算作有道德的行为呢？康德的回答是：如果商人这样做的动机，是为了取信于顾客，从而赚取更多的钱，那么这种行为就只能算作合法行为，而不能算作有道德的行为。只有当商人具有为顾客服务的动机，认为企业的价值和义务就是为顾客服务，是为义务而服务，而没有其他私心杂念，从而做到买卖公平、童叟无欺，这时，他的行为才具有道德性。

① 转引自王敦嬅选编：《松下领导艺术》，11页。

功利论者穆勒则主张：一种行为是否道德，“只问效果、不问动机”。道德不道德，就看道德主体的所作所为，是否带来了最大多数人的最大幸福和最少的不幸。他举例说，有人下水救起了溺水的小孩，这一行为的客观效果是好的，无论救人者的动机是出于道德良心，还是希望因此得到报酬，救小孩这一行为，都是道德的。

早在半个世纪之前，毛泽东就曾明确地指出：“唯心论者是强调动机否认效果的，机械唯物论者是强调效果否认动机的，我们和这两者相反，我们是辩证唯物主义的动机和效果的统一论者。为大众的动机和被大众欢迎的效果，是分不开的，必须使二者统一起来。”① 只凭动机，不问效果，等于一个医生只顾开药方，病人吃死了多少他是不管的，这根本就谈不上讲道德。因此，企业伦理建设中的集体主义道德导向，应该而且也可以和提高企业经济效益、迅速发展我国社会生产力紧密地结合起来。缺乏经济效益的道德先进，是没有说服力的。相反，只看效果，不问动机，不树立社会使命至上的理想动机，就有可能通过损害社会来谋取企业的经济利益，企业伦理建设就会走到邪路上去。

道义论与功利论争论的第二个焦点问题，是目标与原则的关系问题。

有的功利论者主张，为了实现最大多数人的最大幸福（或利益）这一功利目标，可以抛弃一切原则。近代英国的功利论者杰利米·边沁（Jeremy Bentham，1748—1832），就告诫人们：只应当追求最持久、最确实、最切近、最广泛、最纯粹、最合算的快乐，不必考虑其他的什么原则。简言之，为了大多数人的最大幸福这个目标，可以撒谎，可以自杀，这样的撒谎和自杀都是道德行为。

而道义论则主张，一切行为都必须符合道德原则。一条道德原则的成立，不在于它能不能产生功利，而在于它本身就是正确的。

道义论者康德认为，符合道德原则的行为，具有三种性质：第一，行为必须具有可普遍性。例如，撒谎没有可普遍性，因为如果撒谎普遍化，社会上就不存在信用和守约了；自杀也不能成为道德准则，因为自杀原则如果普遍化的话，那么社会就无法存在和延续下去。所以“撒谎”和“自杀”就都是不符合道德原则的行为。第二，行为必须以人为目的，而不是把人只当作工具。第三，行为必须是自律的。即道德原则是行为者自己向自己颁布的，不是客观外物或其他个体强加于自己的。

企业伦理建设中的集体主义道德导向，应该既有为最大多数人创造幸福的目标，也有一定的行为原则。没有目标的行为原则或规范，是教条主义的规范，不可能对职工产生道德激励作用；没有行为原则或规范的目标，是实用主义的目标，会导致道德的沦丧。

---

① 《毛泽东选集》，2版，第3卷，868页，北京，人民出版社，1991。

（3）奉献与取酬的关系。

集体主义的道德导向，鼓励个体为集体作奉献，而不必斤斤计较于个体的得失。但这并不是不要功利，也不是要反对或放弃功利主义。同时，凡是对集体有重大贡献的个体，可以而且也应该给予物质重奖。当然，这绝不是奖励“主观为自己、客观为大家”，相反，这是奖励“我为人人、人人为我”。任何个体，主观上为了集体，客观上也确实为大家办成了好事，就应该给予包括物质鼓励在内的各种荣誉，这恰恰是集体主义道德导向的具体实施，是在保证集体功利的前提下使个体也得到实际利益。

提倡为社会服务，既不是提倡义务劳动，更不是提倡一定得牺牲自己。松下明确向职工宣布：“我们的使命任重而道远。……但是，我不认为，为了下一代的幸福，牺牲我们是至高无上的。至高无上的应该是，我们充分地享受人生的幸福，健康长寿，在这个基础上，把为下一代的幸福而努力工作作为理想。”① 因此，每个人得到适当的报酬是应该的。

（4）协同与竞争的关系。

集体主义的道德导向，显然会促进人与人之间的凝聚和协同，这是没有疑义的。但是这种协同，并不是要取消差别和竞争。一个内部没有差别、没有竞争的集体，就不可能向更高的水平跃迁；或者换一种说法，每个人的自由发展是一切人的自由发展的条件。因此，保持差别和竞争，首先就是为了满足发展集体需要，是集体主义价值导向题中应有之义，并不是外加的条件。但是，差别又必须合理，竞争必须文明，应以有利于集体发展为限。协同与竞争应当辩证地统一起来。

三、培育适应社会主义市场经济的企业伦理

我国正在努力建构社会主义市场经济体制。我国企业伦理建设要取得突破性进展，就必须在发扬我国优秀伦理传统的基础上，培育适应市场经济的新的伦理道德观念。特别要下大力培育以下四个观念：

1. 企业本位道德。

具有独立意志，是取得道德主体资格的前提条件。缺乏意志能力的婴儿，意识不能自控的患者，都没有资格成为道德主体，从而都不能要求他们对自己的行为承担道德责任。偶然碰在一起的人群，或者没有任何决定权的人群，也都没有或者很难具有整体性的独立意志，从而不能以群体方式成为道德主体。

企业作为道德主体，不是任何时代都有的。在企业尚未出现的历史时代，当然不可能有以企业为主体的道德。即使有了企业，也未必就有企业法人道德。一

① ［日］松下幸之助：《实践经营哲学》，9页。

个企业，如果没有生产经营自主权，而只是作为简单执行上级指令的自动机和客观反映职工状况的摄像机，那就没有自身的独立意志，从而也就不存在以自身为主体的道德问题。我国改革的重大成就之一，就是企业具备了整体性的独立意志（可以自主经营、自负盈亏、自我积累、自我发展、自我约束），取得了道德主体的资格，从而开创了我国企业伦理建设的新篇章。

道德的主体，要么是具有独立意志的个人，要么是具有整体性独立意志的群体，相应地也就有了个体道德和群体道德的区分。就全社会来看，个体道德或群体道德的类别都是多种多样的，但其中必有一种在整个社会道德系统中占根本（或关键）地位，它能带动整个社会道德风气的优化或恶化，故称之为本位道德。

在封建社会中，还没有出现企业，从而当然不可能有企业道德，更谈不上企业道德在整个社会道德系统中占根本地位。封建社会是个体小生产的海洋，重视个体道德是自然的。我国封建社会的历史特别长，个体小生产经济的根基特别牢。与此相适应，我国有倡导个体本位道德的悠久传统，早在古代就提出了用个体道德来优化整个社会的道德风气的思想，确立了“修身齐家治国平天下”的道德建设顺序，认为“身修而后家齐，家齐而后国治，国治而后天下平”。可以认为这是历史留给我们的一份珍贵遗产，其中包含着永远不会过时的“从我做起”的道德修炼原则。

但是更应该看到：现代社会早已不是建立在个体小生产经济基础之上，而是建立在社会化大生产经济基础之上；现代市场经济的主体和细胞，不是分散的个体，而是具有法人资格和独立意志的各类企业。因此，在今天的整个社会道德体系中，占根本或关键地位的道德，不再是个体道德，而是企业道德。

今天的道德建设，应该从现代市场经济的现实出发，牢固树立企业本位道德观念，即清醒地觉悟到“企业道德在整个道德系统中的根本或关键地位”，着眼于用良好的企业道德来带动整个社会道德风气的优化。“企业正而后市场平，市场平而后社会稳，社会稳而后民风纯”，这才是和现代市场经济相适应的道德建设顺序。

树立“企业本位道德”观念，一方面，整个社会特别是政府必须尊重企业的独立意志，以保证企业的道德主体资格；另一方面，企业本身特别是企业领导应提高道德觉悟，树立优美形象，自觉承担优化社会风气的道德责任。

2. 能动集体主义。

我国历来提倡集体主义的道德原则，这无疑是正确的。但是在过去那种国家管得过多、统得过死、高度集中管理的计划经济体制下，企业执行集体主义道德原则经常处于被动状态，从而导致被动集体主义的加强。被动集体主义的基本特征是：第一，以个体与集体、小集体与大集体的利益矛盾为出发点，强调道德主体应牢固树立个体利益服从集体利益、小集体利益服从大集体利益的伦理观念，

以不计较本位利益为善；第二，道德主体的行为是他律的，基本上是依照上级指示、家长要求、导师教诲来行动的；第三，道德主体以对上级等的服从来换取集体对自身的保护，即所谓困难靠集体来克服、风险靠集体来承担、利益靠集体来保障，最推崇的道德俗语就是“大河里有水小河里满”。

在过去那种僵化的体制下，企业的一切行为都以上级指示为依据，人们的一切善行都必须由上级来发动，并由此形成“国家→企业→职工”的集体主义行为模式，类似于“以下级服从上级为天职”的军人集体的行为模式。同时，国家对企业，企业对职工，则采取完全包下来的政策：企业赢利、亏损一个样，反正有国家保护，永远不会破产；职工干多干少一个样，反正工资照拿。任务“等”上级布置，困难“靠”政府解决，亏损“要”国家补贴。这种以“等、靠、要”为特征的被动集体主义，甚至被当成了社会主义优越性的表现，从而在人们的头脑中打下了深深的烙印。

现代市场经济具有竞争激烈、变化迅速、日新月异等特征，被动集体主义的道德原则是很难与之相协调的。这就强烈要求树立具有以下基本特征的能动集体主义：第一，从个体与集体、小集体与大集体的利益基本一致出发，强调道德主体应牢固树立以本位利益来带动集体利益的伦理观念，大力提倡通过创造本位利益而使集体增收的行为，相信“上游有水下游就不会干”的道德格言，对企业来说就是把自己的那个“蛋糕”做得越大越好；第二，道德主体的行为是自律的，不是等待上级的布置，不是依靠对上或对外的请示或申请，而是根据内化了的集体利益与个人利益相统一的原则，积极主动地决定自己的行动；第三，不是坐等集体给予自身的保护，而是敢于在风险中寻求发展的机遇，以积极寻求机遇为荣、坐等机遇丧失为耻，以独立承担风险为善、风险推给上级或集体为恶。

能动集体主义是现代化大生产的要求，它的生命力就在于正确反映了现代经济生活中的一个基本事实：随着科学技术成为第一生产力，集体利益的维护与扩大，主要不是依赖规范性的体力协同，而是依赖于创造性的智力协同。如果规范性的体力协同只有通过一个统一的命令来达到，那么创造性的智力协同则只有通过大家的主动寻求才有可能。过分强调上级的统一布置，死守着一种整齐划一的模式，就会窒息创造性，葬送集体利益。

能动集体主义不仅是我国伦理道德的发展趋势，也是整个东方文化的发展取向。这一点在日本企业中表现得比较明显。日本的优秀企业家，致力于把重视集体的东方文化传统，弘扬成为充分调动下属自主能力的集体主义。

著名企业家松下幸之助就说：“尽管我提出问题并指出其含义，但我并不下命令”①。他认为：“一位领导者最重要的工作，就是要启发部属自主的能力，使

① 转引自［美］理查德·帕斯卡尔、安东尼·阿索斯：《日本企业管理艺术》，34页。

每个人都能独立作业，而不是变成惟命是从的傀儡”；“如果指示太过详尽，就可能使部属养成依赖的心理，惟命是从，不肯再动脑筋。”① 同时他又强调：“只有人人在遵循经营理念的情况下自主地去工作才能谈到放手地让下级去工作。”②

在企业中倡导能动的集体主义，虽然不仅不要求集体内部的所有个体在行动上整齐划一，反而允许他们各行其是，各具特色，但严格要求他们价值观认同。这也就是：规范价值观念，放开个体行为，“管头而不管脚”。

3. 差别公正为善。

何谓公正？我国传统文化认为平均就是公正，“均即善”！这既表现在孔子“不患寡而患不均”的思想中，也表现在历代农民起义军“均贫富”的口号之中。

首先必须肯定，“均即善”在历史上有其合理之处：第一，它适应于生产力水平极其低下，而迅速提高生产力又不可能的客观实际条件。因为在这种情况下，只有极少量的物质财富可供人类支配，为了避免劳动者不致饿死而保存生产力，“平均”是增加民族凝聚力惟一可能的选择，此即所谓“财聚则民散，财散则民聚”。第二，它是对旧社会贫富差别过分悬殊的现象所作的一种正义谴责。第三，在劳动者受苦的剥削制度下，它是劳动人民反抗剥削和压迫的一面旗帜，具有聚众起义的革命号召力。

“均即善”，在物资极度匮乏的革命战争年代，如在列宁领导的战时共产主义时期，在中国的工农红军时期，也都起过积极作用。这种“均不生怨”的积极作用之所以能够产生，是由于那时的战争环境极其残酷，敌人的经济封锁极其严密，革命者不可能把主要力量投入经济建设，“患寡意识”再重也于事无补，从而只能用平均意识来体现公正。

正因为“均即善”在历史上有合理之处，在革命战争年代起过积极作用，所以它牢固地统治着人们的头脑，以至成为我国深化企业改革的一个主要思想障碍。但是，“均即善”赖以成立的客观经济条件，在我国已经不再存在。第一，从总体上看，我国已消灭了剥削制度，劳动者受冻挨饿的现象不复存在，“均即善”已失去反抗剥削制度的现实意义。第二，长期以来，我国个人收入分配上的主要问题，并不是差距过分悬殊，而是大锅饭现象严重，“均即善”已经成为阻碍我国人民潜在能力发挥的落后意识。第三，就全世界来看，现代生产力的发展水平，已经能够充分满足人类起码的温饱需要，用极高的报酬来鼓励人们掌握极高水平的生产技术，就可以大量增加整个社会的物质财富，从而使低收入者所分享到的财富的绝对值，也可以较多地增加。这比用“均分”来保障人的基本需要，不知要高明多少倍！

---

① 转引自王敦嫜选编：《松下领导艺术》，297页。

② ［日］松下幸之助：《实践经营哲学》，88页。

社会主义市场经济所需要的新的道德观念，是“差别公正为善”。它的含义可以从两方面来把握：一方面，从质的方面来看，在今天的社会中，个人收益上有差别，才有可能体现公正，才称得上善；相反，没有差别倒不能体现公正，就算不上善。另一方面，从量的方面来看，个人收益上的差别必须适当，必须以有利于生产力的迅速提高、有利于人的潜在能力发挥为准，否则就是差别过小或过大，就都算不上公正，都称不上善。

社会主义一贯倡导“各尽所能、按劳分配”的原则。差别公正，是切实贯彻这个原则所必然要导出的逻辑结论。第一，就劳动的具体内涵来说，它至少包括劳动技能、劳动责任、劳动强度、劳动环境和劳动实绩五个方面。客观现实中的各个劳动者，在这五个方面存在着很大的差别。真正贯彻按劳分配，就必须把这五个方面的差别，体现为各个劳动者具有各自不相同的收益。第二，就劳动的发展实质来看，它总是通过具有一定风险的创造性活动而提高效率的。而现实中的各种劳动，其风险程度是不一样的，所需要的创造性也有区别。对于从事高风险高创造性活动的劳动者，如果不给予较高的报酬，不仅是不公正的，而且会削弱人的闯劲，窒息人的创造性，延缓劳动效率提高的速度，从而是对历史作孽的行为。第三，就劳动的投运方向来说，既有适合于人类需求的劳动，也有不适合人类需求的劳动。劳动一旦完全背离人类的需求，就不再是给人类造福的善行，而只是浪费资源的恶行。因此，根据劳动满足人类需求的程度，给予各不相同的报酬，就是扬善抑恶之举。第四，就劳动的历史积累来看，劳动者手中积攒的资金，乃是过去在劳动中作出了贡献的证据。在发展社会主义市场经济的条件下，这批资金用于扩大再生产，和用于直接消费是有较大区别的。因此，当劳动者把自己本可用于直接消费的资金，转而用于扩大再生产的时候，是应该给予鼓励的。

总之，确立“差别公正为善”的观念，就是要从伦理道德的角度，正视社会主义客观存在着的劳动差别、风险差别、供求差别和资金差别，充分倡导劳动致富为荣，懒惰安贫为耻；闯险创造为荣，偷安守旧为耻；满足民需为荣，压库滞销为耻；投资生产为荣，奢侈无度为耻。就是要充分运用合理的差别，来促进社会的繁荣。

4．人道发展主义。

讲道德，就必然要讲人道，古今中外概莫能外。但究竟什么是人道，自古以来就有不同的见解。一种见解认为，有差别地爱护各种人（“爱有差等”）就是人道，即所谓“亲亲、尊尊、长长、男女之有别，人道之大者也”（《礼记·丧服小记》）。另一种见解则认为，无差别地爱护所有的人（“爱无差等”、“兼爱”、“博爱”）才算人道，也就是要求道德主体“视人之国若视其国，视人之家若视其家，视人之身若视其身”（《墨子·兼爱中》）。

上述两种见解，各有其合理之处，但又都失之偏颇。“爱有差等”的人道观，正确地反映了一个客观事实，即人类社会总是一个充满差别和矛盾的社会，并进而避免了道德观念和道德建设上“一刀切”的方法论失误。但是，它并没有用发展的观点来看待差别，没有把已经失去合理性的现实差别（如已经腐朽没落的封建等级制度）和合理的现实差别区分开来，从而最终变成了维护腐朽没落的封建等级制度的道德工具，也取消了伦理道德批判社会现实、构建理想社会、促进社会发展的道义功能。“爱无差等”的人道观，历史上起过反对封建等级制度的进步作用。但是，它对社会缺乏实事求是的分析，要求人们无区别地普遍施爱，不懂得有差别的现实需要有区分地予以对待，也没有看到道德观念及其实现程度归根结底是由经济基础所决定的，从而使“爱无差等”最终变成了无法兑现、粉饰现实的骗人口号。

适应社会主义市场经济的人道观，并不是对“爱有差等”或“爱无差等”的简单肯定和简单否定。这充分体现在我国正在进行的企业改革之中。一方面，企业改革猛烈地冲击着形形色色的平均主义，拉大了人们之间在工资、奖金、住房等各方面的差别，这明显地和“爱无差等”的传统思想相悖，但也不能简单地用“爱有差等”来概括；另一方面，企业改革也猛烈地冲击着各种不合理的差别界限，如打破干部编制与工人编制、城镇户口与农村户口、正式工与合同工等等之类的身份界限，这明显地和“爱有差等”的传统思想对立，但同样也不能简单地用“爱无差等”来概括。

我国正在深化的企业改革，正在孕育一种崭新的人道观。这种崭新的人道观，可以适当地称之为“人道发展主义”。让我们看一个实例。在上岗靠竞争的改革中，某企业市场部修理员的上岗条件之一，是每年能够出差在外100天以上。根据这个条件，有些家务重、孩子小的女同志，虽然在过去未婚时干修理员干得十分出色，作出过重大的贡献，现在也必须下岗。这件事，在职工中引起了道德观念的巨大震荡。如果从旧的抽象的人道主义出发，确实会觉得这样做有点“残忍”，是不人道的。但是实现了观念转变的职工，包括那些必须从修理员岗位上下来的女职工，却并不认为这有什么不好，她们满怀信心地去竞争修理工之外的其他岗位。其实，让家务重、孩子小的女职工从修理工岗位上下来，既有利于企业的生产经营，也有利于这些女职工转向其他岗位而求得全面发展，因而是人道之举；相反，如果有些女职工仍然留在修理员岗位上，那就是把不适当的人放在不适当的岗位上，不仅会影响企业的生产经营，而且这些女职工也会因以后客观上不能按要求出差而改变自身原有的良好形象，因而是不人道的。

由上述看来，和现代市场经济相适应的人道发展主义，就是把人道理解为人类社会迅速进化之道，理解为人的全面发展之道。任何一种行为、言论、措施、差异等等，只要有利于人类社会的继续进步和人的全面发展，就是人道之举，就是对人的真正爱护。应该强调的是，行为、言论、措施、差异等等，是否有利于社会继续进步和人的全面发展，并不是固定不变的，而是随着生产力的提高而不断发展变化的。因此，同样的行为模式，在一定条件下如果是人道的，在另一种条件下就可能转化为非人道的，超越历史条件的抽象的人道行为是不存在的。

第三节　企业“性质”观

所谓企业“性质”观，是指一个企业全体（或多数）职工认同的关于本企业的性质究竟是什么以及应该具有什么性质的看法。

在“企业的性质究竟是什么”这个问题上，职工们之所以有不同的看法，往往就是由于各自从不同的角度观察问题的结果。企业文化建设在这方面的任务，就是要统一企业全体成员观察问题的角度。

至于在“企业应该具有什么性质”这个问题上有不同的看法，则不仅是由于观察问题的角度不同，还涉及人们的理想追求、利益关系、价值选择等一系列分歧。企业文化建设在这方面的任务，既要确立共同的理想追求，又要协调人们的利益关系，还要寻求优选价值的方法，相对来说艰巨得多。

从实际情况来看，确立优秀的企业性质观，主要是在以下两个问题上作了有益的探索：第一个是企业应该“私有、公有还是混合所有”的问题；第二个是企业应该办成“生产性、中介性还是服务性”的问题。从理论上说，确实应该在这两个问题上下功夫。

一、私有、公有、混合所有

一个企业，特别是本企业，是属于私有性质的，还是公有性质的，或者是混合所有性质的？一个企业，特别是本企业，应该是私有、公有还是混合所有？这是在确立优秀的企业性质观时，首先要在全体职工中取得共识的重大问题。

日本的松下幸之助，是企业文化史上重视企业性质观塑造的第一人。为了在松下电气公司确立全体职工共享的优秀企业性质观，他曾经反复多次、苦口婆心地解释和说明过“应该把企业看作私有还是公有”这个问题。他是在自己的经营实践中，深深地感到这个“公有、私有”问题的重要意义。

松下的这种感受，是和他认真寻找企业价值观中关于“企业的价值在于什么”这个问题的正确回答紧密相关的。松下经过 13 年的经营实践，形成了这样一个价值观念：“企业的价值，就在于促进社会的繁荣，使社会脱贫致富。”松下希望这个价值观念能得到公司全体职工的认同，因此一有机会就宣传、灌输。据松下所述，职工们对此的反映是很热情的，这个价值观念的认同极其迅速。

我国是社会主义国家，和资本主义国家的情况有很大的不同。就全国而言，从所有制的角度来看，公有制是主体，社会主义公有制已经被法律所确认。从生产经营社会化的角度来看，企业是为社会服务而存在的性质也是显而易见的。所有这些，是我国确立优秀的企业性质观的有利条件。

但是，要在我国确立优秀的企业性质观，也有许多不利因素。首先，在极左思潮的影响下，人们往往脱离生产力来谈所有制，以为所有制越是“纯而又纯的公有”就越好，公有化的程度越高也越好，从而取消了寻求“优化的所有制结构”和“优化的公有制结构”的任务。其次，在过去传统计划经济模式的长期运行中，人们往往习惯地认为，公有企业就是由政府直接经营的企业，从而取消了每个公有企业独立自主地进行生产经营的任务。最后，由于历史的原因，我国商品化的程度不如发达的资本主义国家那样高，地方保护主义也比较严重，人们对企业服务于社会的范围，往往理解得比较狭窄，从而容易取消企业走向全国、走向世界的任务。所有这些，是在确立优秀的企业性质观时，需要认真克服的思想障碍。

我国的改革开放，为在我国塑造优秀的企业性质观，开辟了更为广阔的天地。江泽民同志曾指出：十一届三中全会以来，我们党认真总结以往在所有制问题上的经验教训，制定以公有制为主体、多种经济成分共同发展的方针，逐步消除所有制结构不合理对生产力的羁绊，出现了公有制实现形式多样化和多种经济成分共同发展的局面。继续调整和完善所有制结构，进一步解放和发展生产力，是经济体制改革的重大任务。公有制实现形式可以而且应当多样化。一切反映社会化生产规律的经营方式和组织形式都可以大胆利用。

从上述条件以及改革开放的大背景出发，在我国塑造优秀的企业性质观，就是要在以下几个问题上取得共识：

1. 本企业的所有制性质问题。

处在社会主义初级阶段的中国，其每个公司的企业性质观的塑造，当然不能像日本公司那样在肯定私有制的前提下来进行，但也不是非得在实行公有制的前提下来进行。因为“公有制为主体”是就全国来说的，单个的公司完全可以根据自身的具体条件选择“公有”还是“私有”。在选定了“公有”的前提下，还可以根据具体情况选择“国有”、“集体所有”还是“由国家或集体掌握控股权的全体股东所有”。在选定了“私有”的前提下，也还可以根据具体情况选择“纯私有”还是“由私人掌握控股权，但有国家或集体参股的全体股东所有”。当前，我国公司在所有制方面，回旋余地很大。

从所有制的角度来塑造优秀企业性质观，我国公司一个极其重要的任务，就是要使全体职工认同“正确的选择标准”和“选择标准的正确应用”。试问，一个公司选择它自身所有制的正确标准是什么呢？那就是：有利于发展生产力，有

利于提高人民的生活水平和生活质量，有利于增强综合国力。一切符合三个“有利于”的所有制形式都可以而且应该用来为社会主义服务。所谓“选择标准的正确应用”，就是一定要从本企业的实际出发，实事求是。例如，有些亏损的国有或集体所有制企业，如果卖给私人确实有利于发展生产力，就可以改“公有”为“私有”；但作价一定要合理，绝不可低估而使国有资产流失，也不能高估而使购买者吃亏。有些地区的乡镇企业，清一色的集体所有制，过于单纯，竞争不足，缺少活力，就应该增加一些其他所有制的经济成分；但具体到本企业要不要增加，是增加“外资”，还是增加“私有的内资”，或是增加“劳动者个体所有”，要细致分析，切不可“一刀切”、“一窝蜂”。

任何一个公司，如果全体职工既认同了“三个有利于”的标准，又认同了这种“选择标准的正确应用”，那么：第一，它必然能够正确选择自身的所有制结构；第二，它必然会把这种选择变成企业发展的巨大动力；第三，无论它选择的是“公有”还是“私有”，或者是“混合所有”，客观上都是在为社会主义服务。就这点上来说，可以认为公司完成了确立优秀企业性质观的任务。

2. 从生产社会化来看本企业的性质问题。

从生产社会化的角度来看，无论社会主义国家的企业还是资本主义国家的企业，就其生产和经营的内容来说，都是和全社会紧密联系的，确实属于公共范畴。在这方面，松下公司建设优秀企业性质观的经验，是可以借鉴的。

在当前这个时代，一个企业的生产经营，不仅和一个地区、一个国家有关，而且和全世界都有关，具有世界性。但是，我国有些县，有些地区，却明文规定：任何产品，只要有本地企业在生产，居民就只能购买本地产品。买汽车只能买本地企业生产的，喝啤酒也只能喝本地产的，禁止外地产品进入本地商店销售，还美其名曰“保护本地工业”。这实际上就是只承认企业的地方性，否认了企业的社会性或世界性。这样的企业性质观，是个体小生产意识在社会化大生产条件下不肯退出历史舞台的顽固表现，是自给自足的自然经济在思想上的反映，显然是一种十分落后的观念。这种所谓“保护本地工业”的措施，实际上是保护了落后，使那些质量差、成本高、款式落后的本地产品关起门来称王称霸，从而使本地企业不思进取，失去走向全国、走向世界的动力，竞争力会越来越差，水平会越来越低，最后彻底破产。另外，这种保护也是对本地消费者权益的限制，使他们失去了购买选择权，因而和“企业要为社会服务”的卓越价值观是背道而驰的。我国公司要塑造优秀的企业性质观，就必须突破这种“保护”，抛弃这种地方性，对企业具有社会性和世界性形成共识。

3. 用优秀企业性质观指导生产经营的问题。

由上述看来，我国的企业，从所有制的角度来看，多数（或主体部分）具有“公有”性质，少数（或非主体部分）虽然不是公有，但仍然具有通过发展生产力来为社会主义服务的性质。从生产社会化的角度来看，所有企业都具有世界性或公共性质。这种“公有性”、“公共性”、“为社会主义服务性”，是企业自身具有的性质，而不是政府从外部给予的。因此，传统计划经济体制下企业表现出来的“附属于政府的性质”，即企业没有独立自主的生产经营权，企业内部管理者和生产者的积极性和创造性被窒息，等上级拿主意，靠上级保障资金来源和销售市场，要上级给项目等等，应该坚决抛弃。

我国的改革开放虽然已经几十年了，但是旧的“附属性”意识，仍然占据着某些人的头脑。有些企业仍然想完全依赖国家，自主经营意识很差；有些企业负盈不负亏，亏损之后便向国家伸手；国家不再包销产品了，但“皇帝的女儿不愁嫁”的思想意识却顽固地存在；产品积压，只怨市场疲软，不肯花大力气增加产品品种和提高产品质量；经济效益差，不是怨国家征税太重，就是怪别人降价竞争，却很少在降低成本上真下功夫。所有这些问题，虽然是在改革过程中必然要出现的，但无论如何应该而且也可以通过树立优秀的企业性质观来解决。

社会主义初级阶段所有制的“公有主体性”，现代化大生产的“社会公共性”，要求国家积极主动地制定出符合客观经济规律的宏观调控计划，但这绝对不是意味着企业对政府的“依附性”。恰恰相反，这意味着政府只从宏观上管住经济的总体发展和总量变化，再也不会去干预单个企业的决策；意味着企业必须具有自主经营管理的积极主动性，当然也就意味着企业必须具有主动承担经营风险与克服各种困难的义务。只有确立了这样的企业性质观，才有可能真正实现社会主义企业的崇高价值。

社会主义初级阶段所有制的“公有主体性”，现代化大生产的“社会公共性”，还意味着广大职工的主人翁地位不可动摇。公有企业的自主经营，绝不是公有企业的厂长、经理变成了“老板”。当前流行把公有企业的厂长、经理称为“老板”，有些厂长、经理也乐于别人这么叫他。这是一种不良文化，是与在我国建立优秀的企业性质观背道而驰的。

二、生产性、中介性、服务性

一个企业，特别是本企业，是属于生产性企业，还是属于中介性企业，或者是属于服务性企业；企业应该办成生产性企业，还是中介性企业，或者是服务性企业，这也是在确立优秀的企业性质观时，要在全体职工中取得共识的问题。

从企业的活动内容来分析，可以把那些生产实体商品（如电视机）的企业，看作生产性企业；把那些利用动产和不动产并提供劳务来方便顾客的企业（如宾馆、出租汽车公司等），称为服务性企业；而把那些仅仅协助买卖双方成交、自身对成交商品没有所有权的企业（如房屋中介公司、自身并不买卖股票和外汇的投资公司等），视作中介性企业。

但是，如果只是从活动内容来定企业的性质，如果把这样定下来的性质绝对化，就会导致某些不良的后果：

认为自身只是生产性企业的公司，往往会一门心思只埋头生产，全力以赴使产品的质量高、数量多，而忽视市场的变化，即忽视顾客的需求，忽视大众的购买力。一旦本公司产品滞销，不是检讨自身，而是埋怨“市场疲软”，埋怨顾客不识货。这样的公司，在现代市场竞争中必然要败下阵来。

认为自身只是中介性企业的公司，往往会一门心思促使交易成功，而不考虑成交对买卖双方是否公平，更不会去考虑成交后对买卖双方的长远影响。有的时候，明知交易中有欺诈行为，也不予揭露，装作不知道，促使成交，取得中介费，心安理得。如有些房屋中介公司，明知某幢住宅偷工减料，或明知其面积“短斤少两”，也装作不知道，照样积极向居民推荐，致使购房者遭受严重损失。这样的公司，也许短期内可取得较大的“经济效益”，但最终必然信誉扫地，被现代市场所抛弃。

认为自身只是服务性企业的公司，因为是以自己的资产和劳务直接面对自己的顾客，当然不会导致“埋头生产、忽视需求”或“只求成交、不问公平、不计后果”的不良倾向。但是，由于只从活动内容来认识这种服务性，就有可能限制服务的深度，忽视“硬件”设施。

因此，要确立优秀的企业性质观，就不能仅仅根据企业的活动内容来认识企业的性质，而应该根据企业之所以要存在的本质，来认定企业的性质，并按照这样认定的性质来扩展企业的活动。

企业之所以要存在，是社会发展的需要，是维持人类正常健康、丰富多彩的生活的需要，是促使人全面发展的需要。不管什么企业，如果它要在激烈的市场竞争中继续存在下去，就必须能为社会的发展，能为人的全面发展提供优质服务。从本质上说，一切企业都是为社会发展服务的，都是为人的全面发展服务的，都是服务性企业。使全体职工在这点上取得共识，是确立优秀企业性质观的一个重要任务。

承认企业本质的服务性，就不会满足于提供优质产品，更主要的是看这些产品是否真的发挥了为社会和人的发展服务的功能。顾客购买某种产品，也是看中了这个产品所能提供的服务。人们购买汽车，是看中了它能够提供“缩短时空距离”的服务。既然顾客不会为了产品本身而购买产品，企业也就不能为生产而生产，而应该根据能不能为社会和人的发展服务来决定生产或不生产。

承认企业本质的服务性，就不会为交易而交易。任何一次不能为社会和人的发展服务的交易，都是违背企业的服务本性的。

承认企业本质的服务性，也不会满足于一般的服务，而是要使服务有利于社会，有利于人的全面发展。有了这种境界，企业就有可能永远立于不败之地。

第四节　企业思维

所谓企业思维，是指企业全体（或多数）职工认可的思考问题的方式或思路。

一、企业思维的特点

企业思维具有重要性、多样性和隐蔽性等特点。

企业价值观、企业精神、企业伦理和企业性质观方面的结论，总是通过一定的思考而得出的。在很多情况下，思路不同，结论也就不同，思路影响甚至决定结论，并由此导致企业的成功或失败。“成果诚可贵，思路价更高。”“思路即出路。”这些从企业生产经营中总结出来的箴言，是企业思维重要性的生动写照。

所有的企业都承认赢得市场和顾客的价值。但是怎样获得这种价值，却各有各的想法：有的侧重市场调查以发现顾客，有的侧重产品用途的发掘与宣传，以创造顾客；有的公开销毁次品，以使顾客绝对放心，有的则主动暴露次品缺点并降低售价来取得顾客的信赖；有的连续不断地创新以开辟市场，有的则以精益求精的优质来保持市场的占有率；有的奉行“先发制人”的原则，有的则以“后发制人”为座右铭。所有这些，都是企业思维多样性的具体表现。

狭义地说，思维是人们利用概念、判断在头脑中进行各种逻辑推理的过程，别人是无法直接观察的。即使请本人阐明他的思维过程，也不是每个人都能说清楚的。广义地说，思维还包括直觉、灵感、顿悟等非理性形式。这些非理性的思维形式，不仅当事人说不清楚，而且当今科学也还没有把它们完全研究清楚。因此，企业思维相对于企业公开宣布的结论来说，是更深层次上的现象，如果不仔细分析往往是很难觉察出来的。这就是企业思维的隐蔽性。

二、企业思维建设的目标

企业文化建设在企业思维方面所应追求的目标，一是正确，二是高明，三是清晰。优秀的企业思维，就是正确、高明而清晰的思维。

正确的企业思维，是符合客观事物发展规律的思维，能超前看出事物（如市场）未来将如何变化，从而可以保障企业在千变万化的市场竞争中应对自如。一般说来，正确思维并不是惟一的。这大致可以从三个方面来说明：第一，客观具体事物（如市场）本身的内容非常丰富，有各种不同的方面和许许多多的层次。因此除了该客观具体事物的总体规律之外，其中的每一个方面和每一个层次，都有着自身固有的规律，它们构成了客观事物固有的规律体系。符合这个体系中任何一个规律的思维，就都是正确的思维。第二，正确思维作为客观规律的反映，在反映的广度、深度和精度上，仍然存在着差别。我们不能把“正确思维”仅仅定义在某一个精度或深度上，而必须承认它们都是正确思维。第三，思维之所以要正确反映现实，是为了指导实践。而企业的实践也是多方面、多层次的。将某个关于事物发展规律的正确认识，用于指导某一方面、某一层次的实践是一种正确的思路，用于指导另一方面、另一层次的实践也是一种正确的思路。

高明的企业思维，是多种正确思维中最适合本企业发展壮大的思维。这意味着必须进行两种优选和一种结合：一方面在多种正确思路中，选择一种最适合本企业实践的思路；另一方面是在企业多方面、多层次的实践中，选择一种最能发挥所选思路的实践；然后把选中的思路和选中的实践，根据时间、地点、条件，精心地结合起来。

清晰的企业思维，是能够明确地表达而且有较强说服力的思维。企业思维追求清晰，是因为企业思维不是单个人的思维，而是要全体（或多数）职工认同的思维。思维清晰，可以为职工自然认同创造条件。当然，对职工最有力的说服，是用某种思路指导企业实践取得巨大的成功。但是这绝不能成为放弃思维清晰的理由。因为任何一个企业的实践，都是要由广大职工来进行的，不首先使职工在思路上认同，实践本身就会打折扣，再好的思路恐怕也未必能取得良好的效果。

三、企业思维风格

要形成正确、高明、清晰的企业思维，离不开培育具有本企业特色的优秀的思维风格。所谓“优秀的企业思维风格”，就是一个企业进行辩证思维的风度与品格。一切辩证思维都是“两点论”，都是双向思维，即不仅正向思考，也反向思考；不仅想到正面，也想到反面；不仅想到目前，还想到今后，想到长远；不仅考虑到一般情况，还考虑到本企业的特殊情况；等等。这是一切辩证思维的共性。在保持这个共性的前提下，有的企业可能更擅长正向思维，而只是把反向思维作为验证手段，作为补充；有的企业则相反，更擅长逆向思维，而只是把正向思维作为背景与“舞台”，由此想出许多令人信服的聪明的点子来。在坚持两点论的前提下，有的企业可能更善于从思维深度上下功夫，有的企业则可能更善于从思维广度或思维精度上下功夫等等。这个擅长正向或反向、善于加深或拓广等等的事实，就是不同的企业具有不同的思维风格的表现。

卓越的企业思维风格，往往就是更善于辩证处理以下矛盾的思维：

1. 直接与间接。

直接思维就是毫无畏惧地面对现实，正视矛盾，风度与品格显得光明磊落的思维。间接思维就是巧妙周旋地面对现实，转移矛盾，风度与品格显得机智多谋的思维。直接思维与间接思维作为两种风格，不能抽象地论断孰优孰劣，只能根据时间、地点、条件，指出哪种思维风格更适用于当时的具体情况。高明不高明，是优还是劣，全在于会不会将两者灵活地加以运用。

在企业的生产经营活动中，这两种不同的思维风格是比较常见的。例如，企业的市场营销活动，是要把自己的产品和大众联系起来，使大众成为本企业的顾客或用户。但是，怎样联系起来？思维风格不同，情况就大不一样。盛田昭夫所举的两个鞋商的例子就是这样。第一个鞋商具有直接思维的风格，正视“赤脚与卖鞋”不相容的现实，取消发货计划。这是一种“发现”或“寻找”顾客的思路，这条思路的必然倾向是重视市场调查，并根据调查结论来决定某一产品该不该生产，该生产多少等等。第二个鞋商则具有间接思维的风格，他把“赤脚与卖鞋”的矛盾，转换为“鞋子的功能与当地居民尚未认识到这一功能”的矛盾来处理，坚信居民迟早会认可鞋子的功能，变成自己的顾客，所以要求立即运货。这是一种“创造”顾客的思路。这条思路“不是作大量的市场研究，而是在产品上、在它的用途上精益求精，通过对公众的介绍和沟通联系来开创市场”[①]。日本的索尼公司，就是以后一种思路开展生产经营，并取得了极大的成功。

2. 正向与反向。

正向思维就是顺应事物发展的历史过程，尊重实践的时间顺序，风度与品格显得自然流畅的思维。任何一个企业，总是要先投入资金，购买各种生产资料和原材料，形成一定的生产或服务能力，然后进行生产或开展服务。当产品或服务投放市场时，其成本的大小已是一个不容置疑的历史事实。因此，按照成本加上合理的利润，来决定产品或服务的价格的正向思维，在这里就是自然而然的了。

反向思维就是充分发挥人的主观能动性，根据未来所必然要出现的结果，逆向推导出思维主体当前必然完成的行为，以使未来有关结果出现时自己处于有利地位；或者根据思维主体所期望的未来结果，逆向推导出自己当前的行为规范，以保证期望的实现。反向思维一是以未来推导现在，是逆时的；二是从因果链条的终端依次上溯到始端，是逆序的。反向思维显现出来的风度与品格，是高瞻远瞩，能动性强。

成功运用反向思维的范例，可以举出邯郸钢铁公司。该公司不是根据成本来决定售价，而是根据市场可以接受的价格，反过来决定每个生产环节上所必须控制的成本，从而取得了较好的经济效益。

---

① ［日］盛田昭夫：《日本造》，83页。

3. 普适与出奇。

普适思维就是遵从最普遍的规律，适应早有定论的多数人的观念，风度与品格显得从众随和的思维。出奇思维就是根据普遍规律的特殊表现，从与众不同的观念出发来进行推理，风度与品格显得独具特色的思维。

企业文化是以“公司”为主体的文化，只有形成本公司的特色，才能和其他公司的企业文化区别开来，才真正有资格说“本公司的企业文化”如何如何。因此，那些企业文化搞得好的优秀公司，往往有出奇的思维，有特殊的举措，并能取得出人意料的良好效果。

“卫生”对于餐饮业来说，有着极高的价值。因为只有真正卫生的东西，吃喝以后，才能保证健康。绝大多数餐馆依照普适思维的逻辑，总是宣传自己的餐馆如何如何卫生。这种宣传一多，时间一长，人们也就习以为常，不太注意。在这种背景下，国外有一家牛排店，在认真搞好本店清洁卫生的前提下，依照出奇思维的逻辑，给自己取了一个“肮脏牛排店”的店名。这个招牌一挂，格外引人注目。有些好奇者走进了这家牛排店，见到的却是清洁明亮的环境，吃到的也是卫生鲜美、价格公道的食物，获得了真正物质和精神上的享受。结果，一传十，十传百，引来顾客排队就餐。成功的出奇思维，使这家牛排店受益匪浅。这类出奇思维，是和模仿不相容的，一旦“模仿”，便不为“奇”，相应的效果也就会完全消失。

“降低成本”对一切企业都有价值。绝大多数公司依照普适思维的逻辑，对本公司的财物都“加强管理，严防流失”。可是，美国惠普公司却依照出奇思维的逻辑，元器件仓库节假日无人看管，也不上锁，任凭本公司的工程技术人员进库随意取物，拿回家去使用。惠普的奇特思路是：工程技术人员在家里摆弄这些零件，总能学到一些东西，从而有利于公司产品的更新换代。惠普作为高新技术公司，确实从中得到了一定好处。这类出奇思维的前提，一是公司的经济实力雄厚，二是公司职工的素质好、觉悟高。没有这两个前提，是无法效仿的。

4. 理性与非理性。

理性思维，即狭义的思维，是形成概念、作出判断、进行推理的过程，具有逻辑严密的风度与品格。非理性思维，是根据直觉、灵感、顿悟、潜意识等来下判断的过程。其清晰的表达，在企业中往往是借助于仪式和习俗来实现的；其促使职工认同的说服力，则要依靠权威和习惯势力。非理性思维，具有神秘夸张而又庄重严肃的风度与品格。

让我们看一个非理性思维的例子。有一天，美国维克特公司的总裁劳·哈普，信步走过该公司的制造车间，站在那儿观看正在忙着干活的工人。他忽然想：“‘上帝啊，他们比我们更真正代表美国。’他们也许会竞选下一届总统，他们将对经济生活作出重大决策和施加巨大的影响。我想知道他们将说些什么。”

可是劳·哈普发现自己对他们谁也不了解。“对他们来说，了解我是十分重要的，但我愿更多地听他们谈自己的感受。”在这里，许多论断（如“他们会竞选下一届总统”）是根据直觉得出的。最后的结论则是“需要相互了解”。为了让全体职工认同这个结论，在劳·哈普的建议下，公司开始搞“午餐仪式”：每周随机从公司中挑出几名职员，去饭店与总裁或副总裁见面，共进午餐。由此达到相互了解的目的。①

事实上，许多公司不仅得益于理性思维，也得益于非理性思维。当然，优秀的公司往往是善于把两者辩证结合的公司。

四、企业精英思维

科学技术是第一生产力。具有独立知识产权的核心技术，是企业在市场竞争中文明取胜的制高点。一个企业的全体科技人员，可以名副其实称之为“攻占先进技术制高点的企业精英”。这批企业精英思维的高下，决定着这个企业的前途与命运，是企业思维建设中值得重视的一个任务。

企业科技人员应该具有和生产实践紧密结合的理论思维能力，这不仅包括逻辑思维能力，也包括形象思维和顿悟思维能力，特别是创造性思维的能力。所谓创造性思维：第一，是以丰富知识为基础的思维，正如有成就的科学家所体验到的那样，“具有丰富知识和经验的人，比只有一种知识和经验的人更容易产生新的联想和独到的见解”②；第二，是思想最解放的思维，当达尔文说“我一贯力求保持思想不受拘束”③ 时，就道出了他创造性思维的一个特征；第三，是和那种“有方向、受支配”的“思考性思维”相反的思维，这里充满着真正的辩证法。

一个公司重视企业精英思维的提高，培育企业精英的创造性思维，掌握大量具有独立知识产权的核心技术，就能够使自己更上一层楼，掌握世界科技的制高点。

---

① 参见［美］特雷斯·E·迪尔、阿伦·A·肯尼迪：《企业文化——现代企业的精神支柱》，56～57页。

② 泰勒语，转引自［英］贝弗里奇：《科学研究的艺术》，58页，北京，科学出版社，1979。

③ 转引上书，62页。

第五章
企业形象

企业形象是企业文化学的重要内容之一。考察一个公司的企业形象，可以洞察这个公司企业文化的系统概貌和整体水平，也可以评估它在市场文明竞争中的真正实力。

第一节　企业形象概念

文化史表明，“形象”概念早在三千多年前就已经在我国出现，并且独立地发展出丰富的内涵。而“企业”的出现，是近代的事，只有几百年的历史。两者结合起来形成“企业形象”概念，是最近几十年的事。这一方面表明，企业的生产经营管理，越来越重视吸取和运用文化发展的成果；另一方面表明，要理解“企业形象”概念，首先就得理解“形象”概念。

一、“形象”的五层含义

1. 形象：人之相貌，物之形状。这是形象的第一层含义。

这层含义上的“形象”概念，出现得最早，我国古籍中多有所见。在《尚书·说命》篇的正文及其疏注中，就讲了一个“殷王武丁寻找并任命傅说（yuè）

为相”的故事：武丁梦见天帝送给他一个名字叫“说”的助手，可以代替他治理政务。武丁仔细回忆梦中之所见，寻找于群臣百官之中，在寻求无果的情况下，进一步命令百工“刻其形象”，“使百官以所梦之形象”到民间去寻找。这样“按图索骥”，终于在傅岩这个地方（今山西平陆东面），找到了正在筑路的奴隶傅说，并召到都城任命为大臣，主持政务。《周礼・天官・司会注》在解释地契版图时，明确写道：“图，土地形象，田地广狭。”“土地之图，有其形象，即是民之田地广狭多少，皆在图也。”

这层含义下的“形象”概念，其客观依据在于：在多种多样的物质形态中，确实有一部分物质，如某个人、某头牛、某棵树、某块地、某座山、某条河等等，毋庸置疑具有确定的形状，明晰的边界。一个事物的形状和边界，也就是该事物的客观形象。这种具有确定形状、明确边界的客观个体，如果被人们看到或感觉到，就会给人们留下视觉表象或某种印象。这种视觉表象或印象，也被称为该事物的形象。这时，事物的形象就有了双重存在：不仅有了客观存在，还有了在人们头脑中的主观存在。形象的这种双重存在，不是第一层含义下的“形象”所特有的，其他各层含义下的“形象”都具有。

相貌和形状，作为形象的第一层含义，是最基本、最起码的含义。任何形象事业，都必然和相貌与形状相联系，都应该以相貌与形状为起点，都必须追求给人们留下具体的视觉生动性。比如在塑造企业形象的时候，确实应该在视觉识别上下功夫，如建造雄伟的厂房，设计漂亮的产品外观，给领导者整容，选漂亮小姐守“窗口”，选英俊男士做形象大使，以及推出独特的司标、商标等等。但同时也必须强调，相貌和形状只是“形象”最低层次的含义。如果认为“形象”的含义仅限于此，如果认为视觉识别就是企业形象塑造的全部内容，那就大错而特错了。

2. 形象：同类事物的与本质相一致的感觉表象。这是形象的第二层含义。

古籍中说：“类，形象也。”（《淮南子・俶真训・又况未有类也・注》）就是这个意思。唯物主义者们常说：“人按照自己的形象创造上帝，而上帝却成为一种异己的力量来统治人。”[①] 这句话中的“形象”，就不是指这个人或那个人的相貌，不是“个体形象”；而是指人类的相貌，是“类形象”。

早在两千多年以前，在我国先秦时代的文献中，就考察了“类”这个范畴，提出并运用了“比类”方法，即通过比较各类事物之间的“同”和“异”，来把握所考察对象的一种方法。在比类方法中，有一种被称之为“比类取象”的方法。所谓“比类取象”，就是将感官获得的各种现象材料，进行归纳整理，比较分

① 冯契：《逻辑思维的辩证法》，见《冯契文集》，第2卷，168页，上海，华东师范大学出版社，1996。

析，去伪存真，将那些和本质相一致的“相貌和形状等”归为一类，形成一个相应的类的形象。例如《内经》说：“脉之大、小、滑、涩、浮、沉，可以指别；五脏之象，可以类推。”这就是说，中医给人看病时，通过手指触摸，可以识别每个人脉搏跳动的“相貌和形状”（或大或小、或滑或涩、或浮或沉、或强或弱、或快或慢等等），当这类感性材料大量积累起来以后，通过归纳整理、分析比较、去伪存真，就可以形成“五脏健康人”、“五脏轻病人”、“五脏重病人”等等各种不同类型的脉动形象（脉象）。又如我国古代农学家贾思勰，在其所著的《齐民要术》中，也运用“比类取象”的方法，提出用成熟期早晚、植株高矮、产量高低、抗逆性强弱、品质优劣等性状，来对谷物进行分类，从而形成了各类谷物的形象。

“形象”概念，从仅指“个体形象”发展为也指“类形象”，是认识上的一次飞跃。

首先，“类形象”概念不限于视觉形象，而是概括和总结了各种感觉表象。

其次，“类形象”概念的形成，充分发挥了人脑的思维作用。凡是感觉不可逾越的界限，都可以用思维来突破。感觉只解决现象问题，思维才解决本质问题；感觉只能把握个别，思维才能把握本质。

有了“类形象”概念，才有可能从理论上找到一种根据，以便在实践上匡正各种“不伦不类”的形象塑造活动。所谓“不伦不类”，就是塑造形象的活动完全违背了事物的本质。例如，某个炎热的夏天，我国内地某城市的一个公司，为了取得轰动效应，提高知名度，给自己的产品取了个“四不像”的品名，然后通过电视媒体发布了这样一条广告语：“四不像即将进城，请市民关好门窗，管好小孩!”结果倒真是轰动起来了，许多市民心惊胆战，大热天关窗闭户，严禁孩子外出，纷纷向电视台电话询问“四不像”为何物，该如何对付等等，以至于管理当局不得不严令停止播出这条广告，有关单位必须向广大市民赔礼道歉，并予以罚款处理。显然，这条广告就是在鼓吹“不伦不类”的形象。因为任何一个真正的公司，任何一种真正的产品，其本质必然是能够满足社会的某种需要，从而能使大众满心喜悦去迎接它，或者能够心安理得来接受它，至少是能够心平气和地观察它；而这条拙劣广告的设计者，完全不顾这种本质，竟然在广大市民中煽动一种如临大敌、惶惶不安的气氛。

3. 形象：组织的象征。这是形象的第三层含义。

在我国的古籍中，有“大殿者，官府之形象也”（《搜神记·蔡茂传》）之说。这里的官府指汉朝政府。政府是一种组织，“官府之形象”是一种组织形象。

“组织”不同于“类”。类与个体的关系，是一般和个别的关系；组织与个体的关系，是整体和部分的关系，或者说是系统和要素的关系。任何组织都是一个系统，是由若干具有特定性质的要素，通过特定的相互联系而构成的具有特定功能的不可分割的整体。组织的性质，既不是各个组成要素共同特征的抽象，也不再只是重复各个构成要素的性质，而是具有单个要素所没有的新性质。组织的力量，不再是各个构成要素的力量之和，正如马克思在分析劳动组织时所说的那样：单个劳动者的力量的机械总和，与许多人手同时共同完成同一不可分割的操作所发挥的社会力量有本质的区别。①

组织是系统，但系统却未必是组织，组织是具有特殊性质的系统。第一，组织是人们为了特殊的需要而自觉建立起来的一种社会系统，因而是具有自觉目的、共同目标和社会宗旨的自组织系统。第二，任何组织内部，不但包括人的要素、物的要素，还包括过程性要素、关系性要素和精神性要素，因而是复杂系统。第三，任何组织都要与周围环境进行物质交换、能量交换、信息交换，因而是开放系统。

组织系统的特殊性，使得“组织形象”概念的形成不同于“类形象”概念的形成，即不可能用“比类取象”的方法来形成“组织形象”的概念。这是因为：首先，组织作为复杂的系统，其本身不是一个一览无遗的事物，不能形成直观的感觉形象，不是仅仅靠感官就能把握得了的。其次，组织内部虽然有看得见、摸得着的部分，有“相貌和形状”方面的特征，但它们是组织的要素，而不是组织本身，它们的形象并不等于组织的形象。最后，组织还有看不见、摸不着的部分，如组织的目的宗旨、组织的精神氛围、组织中的各种关系等等，它们往往比直接看得见、摸得着的部分更重要。

形成“组织形象”概念，离不开系统的矛盾分析的方法。矛盾分析必须完成的第一个任务，就是区分组织内部的基本矛盾和非基本矛盾，并把主要目光集中于基本矛盾；矛盾分析必须完成的第二个任务，就是要尽全力及时地准确抓住主要矛盾；矛盾分析必须完成的第三个任务，就是要找出组织内主要矛盾的主要方面。“事物的性质，主要地是由取得支配地位的矛盾的主要方面所规定的。”② 通过矛盾分析，一旦弄清了一个组织的主要矛盾的主要方面，也就基本上弄清了这个组织的性质，从而也就可以用这个主要矛盾的主要方面来代表这个组织，作为这个组织的象征，代表这个组织的形象。

当然，能够作为组织象征的形象，不是惟一的。这是因为，属于事物主要矛盾主要方面的东西，不是惟一的。组织形象是一个象征系统。选择或塑造能够突出地表现一个组织的性质的若干个体，特别是选择或塑造能够突出表现一个组织的本质的若干个体，构筑该组织的形象系统，是一切组织形象工程必须完成的根本任务。

“形象”概念的适用对象，从个体发展到“类”，是第一次飞跃；从“类”发展到组织，是第二次飞跃。有了这第二次飞跃，才有可能谈论企业形象，因为企

---

① 参见马克思：《资本论》，第1卷，362页，北京，人民出版社，1975。

② 毛泽东：《矛盾论》，见《毛泽东选集》，2版，第1卷，322页，北京，人民出版社，1991。

业是一种组织。

4. 形象：符合理想或理念要求的感性表象。这是形象的第四层含义。

文学艺术和美学的发展，使得形象概念所适用的对象，又进一步从组织发展到理想或理念。理想的含义非常广泛，既包括革命理想、社会理想、道德理想、人格理想等，也包括建筑师的设计、改造自然界的蓝图，以及移居其他宇宙天体的设想等等。理想的本质特点，在于它是当前现实中所没有的事物，还只是人们头脑中所向往的事物。任何理想都必然是人的一种精神状态，必然和某些理念相联系，都可以用相应的理念来表达，从而使别人能够或多或少地了解这种现实中还没有的“理想”。但如果“理想”及其必然联系着的“理念”，表达得不仅能够或多或少地被别人了解，还能够使别人如见其形、如闻其声、如嗅其味、如尝其鲜、如触其坚……那么这理想和理念就有了感性存在，就有了自己的形象。由于这种形象的表达，主要不是通过哲学或科学做到的，而是通过艺术做到的，所以称之为艺术形象。

“形象”概念的适用对象，从个体发展到“类”，又从“类”发展到“组织”，再从“组织”发展到“理想和理念”（包括个人的、组织的、人类的理想和理念），是“形象”概念的第三次飞跃。“理念”，原本是抽象的，看不见，摸不着，要靠思维来把握，正好是和“形象”相对立的东西；“理想”，是还没有实现的东西，当然也不可能看见和摸到。然而理念和理想这种抽象的或未来才有可能的存在，一旦经过作家的艺术处理，就变得“感性”起来，能使读者如见其形状，如听其声音，如嗅其气味，如尝其滋味，如触其冷暖。这样的“形象”，达到了理性和感性、抽象和具体、现在和未来的统一。

5. 形象：人的本质力量对象化为客观实在。这是形象的第五层含义。

这层含义下的形象，也可以换一种说法：形象是符合理想本质的客观存在。

艺术形象所表达的审美理想，虽然实现了理性和感性、抽象和具体、现在和未来的统一，但是这种统一还只是审美体验中的统一，是思维、情感、意念中的统一，而不是客观实在中的统一。所以，艺术形象所实现的，是“理想和理念转化为感性存在”，还不是“理想和理念转化为客观存在”。要想使艺术形象所表达的各种理想，转化为在人的精神之外的客观存在，还得依靠人在实践基础上的各种创造。

把理想或理念用文字、图像、雕塑、声音等等表达出来，无论是表达在纸上、画布上、崖壁上乃至电影电视或计算机的屏幕上，只要表达得让人觉得身临其境，如见其形、如闻其声、如嗅其味、如尝其鲜、如触其坚，就是成功地塑造了某种艺术形象。这种塑造艺术形象的活动，称之为创作活动。

把理想或理念在客观上实现出来，无论是以较小的规模还是以较大规模实现出来，无论实现出来以后所持续的时间较短还是较长，只要理想的实现是一个毋庸置疑的客观事实，只要理想变成了一个不以人们意志为转移的客观实在，就是成功地塑造了某种“自为形象”。在这里，“自为形象”是笔者造出来的一个新词，表示“理想被实现出来后的客观实在”，以区别于“理想被生动地表达出来”的“艺术形象”。一切塑造“自为形象”的活动，或者属于“创造（发明）活动”，或者属于“创制活动”，或者属于“创势活动”，都不仅仅是一种理想的表达，而是理想的某种实现。这和塑造艺术形象的“创作活动”，是有很大区别的。

因此，所谓卓越的企业形象，着重点应该是一种卓越的自为形象，即企业要能够创造出符合理想的人化自然，创造出符合理想的实际存在着的人格、德性、情操和人际关系，而这是通过成功的实践来实现的。或者换一种说法，这是通过创造价值，创造文化来实现的。冯契说得好：“人类创造了文化，文化的核心就是价值。怎样叫作创造了价值？即人提出理想，并通过社会实践，使理想化为现实，这就创造了价值。一切创造就是创造价值。文化就是在社会实践基础上人的各种创造。”①

二、企业形象的复合集成

企业是一个复杂的组织系统，企业的形象绝不像一个具体物品（如一块地）的形象那样简单，它是多种因素的复合集成。

1. 含义的复合集成。

“企业形象”概念以“形象”概念为基础，形象的丰富含义，决定了企业形象是多种含义的统一。因此企业形象首先就是多种含义的复合集成。

形象有个体形象（相貌与形状）、类形象、组织形象、艺术形象和自为形象五层含义。所以，企业形象首先就是一个公司的个体形象、类形象、组织形象、艺术形象和自为形象的复合集成。

公司的个体形象，是公司内部各种边界清晰的实体的相貌形状的复合集成。一个公司所具有的边界清晰的实体，大体上可以区分为“静件”、“动件”和“活件”。

“静件”指公司的门面设计、建筑样式、道路格局、机器设备位置、办公室布置等。现在许多公司都利用这类静件，来锁定自己的企业形象。例如在上海繁华的商业街上，如果你看到了挂着黄色弧形“M”字的招牌的门面，或者在地球另一端的美国城市的郊区，如果你看见了屋顶采用倾斜状L形设计的独立店铺，那肯定都是麦当劳快餐店。如果你发现了一间硕大无比的办公室，里面井井有条地放着几十张乃至一百多张办公桌，每张桌面上收拾得整整齐齐，而办公桌之间

① 冯契：《中国近代美学关于意境理论的探讨》，见《冯契文集》，第8卷，397页，上海，华东师范大学出版社，1997。

没有任何挡板隔离，那么不用问，这十有八九是日本公司的办公室。但如果你发现一个职员拥有一间办公室，大小相同，设备配置一样，个个如此，但里面收拾得却有天壤之别，有的整洁优雅，有的则杂乱无章，不过相互之间却各不相扰，根本不可能知道关着门的别的办公室里在干些什么，那也不用问，这十有八九是微软公司的办公室。

“动件”指公司及其员工所拥有的各种交通运输工具，以及公司生产经营的、必须运输到各地销售的实体产品及其包装。由于它们的流动性强，较容易形成对企业形象作出特殊贡献或产生特殊损害的积聚效应和辐射效应，因而往往受到企业管理者们的重视。

以上关于静件、动件的划分，是就大多数企业来说的。建筑施工企业的情况相反，其产品是房屋、道路和桥梁等，属于静件；而其办公室、“厂房（工作场所）”等则是流动的，属于动件。建筑施工企业的产品，往往是被称之为“百年大计”甚至“千年大计”，静件对企业形象具有关键性贡献。

“活件”指公司的职工。现在，“职工的相貌外形关系到企业形象”的观念，越来越被广泛认同；相应地，“我的相貌外观是我的私事、与别人无关”的思想，则越来越少见。

公司的类形象，就是和一个公司所属类别的本质相一致的可以感知的外在现象（即感性表象）。物以类聚，人以群分，公司也能以类别。

首先要给企业正确“归类”，把握一切企业共同具有的类本质。企业不是政治类组织，不能靠政绩来树形象；企业不是军事类组织，不能靠军事化来树形象。一切企业共同的类本质是提供优质产品、周到服务等来满足社会需求，并获取报酬（利润）。企业形象设计必须维护这种具有普遍性的类形象，绝不能夸大其词介绍自己，使公司生成“诈骗组织”的形象；也不能仅仅只是介绍各种捐献赞助来赢得名声，使公司违背企业的普遍本质而树立“慈善机构”的形象。

其次要给企业正确“分类”，把握本企业具有的特殊类本质。公司具有丰富的内涵、层面和存在形式，从而可以根据不同的标准，划分为不同的类别。例如划分为：高科技类和非高科技类，建筑施工类和非建筑施工类，提供实体产品类和提供服务类，把握了本企业具有的特殊类本质，才不会形成不伦不类的企业形象。

有些卓越的公司，已经注意到“类形象”有时比“个体形象”更重要。例如微软公司的程序经理们，就不在乎每个开发人员的个体形象，但非常在乎微软作为软件公司的“类形象”。他们说：“谁去在乎一个家伙是否整天不穿鞋子到处乱走？谁去在乎这个家伙上班时间胡子乱糟糟的？我不在乎。我只想知道……是否有人在5点之前没有记录他的程序。如果有，那个家伙肯定知道我要闯进他的办公室。”①

公司的组织形象，是由属于这个公司的主要矛盾的主要方面的各种对象，组成标志和象征系统而形成的感性表象。一个公司的主要矛盾的主要方面，往往是和这个公司的主要业务相联系的。因此，一个主业鲜明的公司，其组织形象也往往比较鲜明。例如美国微软公司的主业，不是定位于一般的计算机，而是进一步明确定位于微型计算机，因为比尔·盖茨创立这个公司的初衷，就是对“计算机只是国防部、研究院、大学才能使用的大家伙”这个现实不满，立志要使计算机小型化，使之能进入每一个家庭。当时计算机小型化的障碍，主要不在硬件，而在软件，所以微软公司又进一步把它的主业鲜明地定位于软件。这样，它的公司名称——“微软”，它提出的价值箴言——“让电脑进入每一个家庭，占据每一张书桌”，就非常鲜明地体现了微软公司这个组织的形象。

公司的艺术形象，是由这个公司的理想、理念以及对它们的具体生动的表达所组成的感性表象。一个没有崇高的理想追求和先进的思想理念的公司，是没有艺术形象可言的，有了崇高的理想追求和先进的思想理念，但却没有具体生动地把它们表达出来，也是没有艺术形象可言的，两者缺一不可。崇高的理想追求和先进的思想理念，加上具体生动的表达，就是一个公司的艺术形象。例如，青岛海尔公司牢固地树立了“优质服务”的理念，认为企业要在市场竞争中取胜，产品质量好固然很重要，但服务质量高似乎更重要。有人把优质产品比喻为马良笔下的龙，认为它能不能在市场上腾飞，要看画龙点睛的最后一笔——服务。这个“优质服务”理念有一个具体生动的表达：“带走用户的烦恼——烦恼到零，留下海尔的真诚——真诚到永远。”这就是青岛海尔艺术形象的一个方面。

公司的自为形象，是这个公司把理想或理念转化而成的客观实在集合起来形成的感性表象。一个制造性公司的新产品展示厅，如果其中展示的产品，确实是这个公司首先创制的，那么这些新产品的集合，就构成了这个公司的自为形象。一个服务性公司，如果把人类的某种理想变成了客观现实，例如提供如同面对面一样的远程通话、远程诊疗、远程教育服务，提供登月旅游等等，那么这些实现了的服务，集合起来就构成了这个公司的自为形象。

企业形象含义的复合集成，不是上述五个方面的简单相加。其中，个体形象是起点和基础，类形象是一个公司的根本。一个公司属于哪一类，就必然具有相应的类本质。公司的类本质，实际上决定一个公司的发展方向，制约一个公司发展动力的大小。自为形象是一个公司的成就的集中表现，它体现了一个公司的价值与生命力。组织形象和艺术形象是为提升类形象和自为形象服务的。

① 罗长海：《微软文化》，152页。

2. 比喻式复合集成。

形象的基本含义，是个体的相貌与形状。因此在说明一个复杂系统的形象时，往往就拿单个的人或物来做比喻。企业形象也可以比喻为单个的人的形象。这样，企业就像人一样，有骨架和轮廓，有血液和肌肉，有内脏，有头脑，有服饰。

企业中的物质性要素，可以比喻为企业形象的骨架和轮廓。企业中的这种物质性要素，直观性最强，衡量尺度也最硬。没有物质性要素，就根本不会有什么企业形象，这样说一点也不过分。物质性要素大致可分为五大类：(1) 企业向外提供的物质产品和物质服务。它们对企业形象所起作用的好坏和大小，由其适用程度、质量好坏、及时与否来决定。产品和服务的质量越好、越是适用、越是及时，其企业形象就越好。(2) 厂房与设备。它们对企业形象所起作用的好坏和大小，由其绝对水平、和谐程度与运用结果三个方面决定。一般说来，其绝对水平越高，那么企业形象就越好。但如果这种水平并不是生产所必需的，厂房的豪华考究和设备的高级精密同企业生产任务并不十分和谐，企业形象的美好程度就会降低。如果运用高水平的厂房设备，却提供不出高质量的产品和服务，企业形象的美好程度更加会降低。(3) 地理位置和厂区内生态环境。它们对企业形象所起作用的好坏和大小，由其“良性循环度”所决定。一个企业选定某处建厂，就是以一定方式参与“经济生态”和“自然生态”的大循环。这种参与，如果促进良性循环，企业形象就好；如果引起或强化恶性循环，企业形象就坏。20 世纪 60 年代后期，日本西部地区农村的人口越来越少，景象冷落，而大城市的人口过密，公害、交通事故和犯罪现象日益增多。面对这种情况，日本松下电器公司在人口外流绝对数最多的鹿儿岛县、比例数最高的岛根县，建立了不少松下电器工厂，从而树立了美好的企业形象。上海宝山钢铁总厂，地处远离市中心 26 公里的长江边，厂区内大搞生态文化，人均绿化面积高达 100 多平方米，宽畅干净的马路两侧黄杨、女贞、珊瑚三种绿篱相映成趣，到处绿浓花香景美，空中有鸟儿飞翔，地上有鹿群徜徉，钢铁厂像个公园，树立了优美动人的企业形象。(4) 经济效益和物质福利待遇。它们对企业形象所起作用的好坏与大小，由其来源和水平所决定。凡以文明竞争取胜而来的经济效益和物质福利待遇，水平越高其企业形象就越好；凡以不正当手段如乱涨价、偷逃税等而取得的，水平越高则企业形象就越坏。(5) 企业排放物，包括废渣、废液、废气、噪声、微波、核辐射等等。显然，企业排放物越少越无害，企业形象就越好。上海第五钢铁厂，在 1989 年原材料涨价、资金紧缺的困难条件下，仍然拨巨款治理烟尘，使厂区的“黄（烟）天黑（尘）地”向着“蓝天绿地”的目标改变，企业形象因而大为优化。

企业中人的品质性要素，可以比喻为企业形象的血液和肌肉。这是由企业全体职工展现出来的企业形象。职工的品质越好，企业形象也就越好。每一个职工的形象，都会对企业形象产生作用，或作贡献，或生损害。根据职工对企业形象产生作用的情况，可分为五类：(1) 企业领导层。他们对企业形象所起的作用最大。在一定的条件下，企业主要领导的形象，也就代表着企业的形象。(2) 在直接与外界打交道的岗位上工作的职工，如推销员、采购员、上门服务修理人员、电话总机接线员、门卫、商店售货员等等。他们的负责精神、友好态度、热情作风，无时无刻不在给企业形象增添光彩。相反，他们若不负责任、态度生硬、待人冷淡，就是企业形象的残缺。(3) 英雄模范人物。企业英雄的形象越真实、越高大、越感人，企业形象也就越辉煌。王铁人的行为不仅体现出他自己的形象，而且也是大庆油田的形象。航天工业部新长征突击手、上海广播器材厂用户服务科的修理电视机能手卜斌，冒风雪步行上博山给博山小学修电视机，登上嵊泗岛以高超移植技术给驻岛部队修理好并不是本厂生产的电视机，三次登门为聋哑人夫妇及其孩子改善电视机音色，这一切都为上海广播器材厂的形象增添了光辉。(4) 知名人士。企业中涌现的作家、诗人、画家、摄影家、歌星、球星、探险家，虽然和企业的生产经营没有直接关系，但却和企业文化紧密相关，反映着企业的精神追求、思想素质等等，因而也参与企业形象的形成。例如，上海广播器材厂青工卜金全，1987 年 7 月请了一个月的事假，自费去青藏高原考察，回沪后又自费举办了为期一周的“卜金全西藏之行摄影展览”。卜金全的敢作敢为、坚忍不拔、勇于探险的精神，间接地加强了上海广播器材厂敢于创业、创新、创优的形象。(5) 其他普通职工。任何一个职工，总会参与一定的社会活动。这时别人问的第一句话，往往是“你在哪个单位工作?”因此，每个职工的素质及其外观，实际上都会参与企业形象的构成。

企业中的科技、教育、制度等，能够促进职工技能、智慧和人格的成熟，是催熟性要素，可以比喻为企业形象的内脏。显而易见的是，一个企业的科技水平越高，教育事业越兴旺，制度越合理而又被严格地加以遵守，其企业形象必然美好。反之，科技水平低，不认真抓教育，制度僵化或虽有合理的制度却不加以遵守，其企业形象必然很差。

企业中的思想性要素，如价值观念、精神状态、理想追求等，可以比喻为企业形象的头脑，或者说是企业形象的灵魂。这是一些无形的东西，但却体现在一切有形的东西之中。没有它们，企业形象就没有生气，没有活力。即使是企业服务人员或公关人员的微笑，如果没有正确的价值观念、振奋的精神状态和崇高的理想追求蕴涵于其中，也会显得做作或浅薄，大大降低客观企业形象的优美程度。

企业中的习俗性要素，可以比喻为企业形象的服饰。以物质性、活动性为特征的风俗习惯，其直观形象很鲜明，故可用来修饰企业形象，并进而成为企业形象的一部分，这很像衣冠也已经成为人的形象的一部分。常见并构成企业形象一部分的习俗有：

（1）贴商标，创名牌。给产品取一个名称，贴上商标，形成品牌，并努力扩大其知名度，提高其市场占有率，这种创名牌的生产经营战略，今天已经成为所有大公司普遍接受的习俗。商标和品牌的实质，是把一个公司的产品和其他公司的产品区别开来，表示公司对自己产品的质量负责。这种习俗的形成，是和制度的催化紧密相关的。法律禁止没有商标的商品流入市场，保护已经注册的商标而不允许其他公司使用。这样，一种品牌及其商标，就和一个公司紧密联系起来了。现在，许多公司索性把品牌的名称，和自己公司的名称统一起来。如长虹公司生产的彩电就叫“长虹”牌，康佳公司生产的彩电就叫“康佳”牌，黑豹公司生产的农用车就叫“黑豹”牌等等；生产“凤凰”牌自行车的上海自行车三厂，则在转制为股份有限公司时，将公司取名为“凤凰”等等。还有一些公司，用商标或品牌名称，来命名和表达本公司的企业精神，使得商标和品牌不仅从产品方面，而且从精神两个方面，代表着一个公司的企业形象。完全可以在一定意义上说，公司的品牌形象就是它的企业形象。

（2）展示荣誉称号。荣誉可能是属于整个企业的，如国家一级企业、国家二级企业、全国精神文明建设先进单位、全国思想政治工作优秀企业、国家级质量管理先进企业等等；也可能是属于产品的，如获得金质奖、银质奖、国际奖等等；也可能是属于个别职工的，如全国劳动模范、全国新长征突击手、全国三八红旗手等等。标志这些荣誉的，是各种奖状、证书、奖旗、奖牌、奖章、奖杯等等。企业取得荣誉及其标志后，并不是把它们收藏起来，而是尽可能展示出来，这已经成为当今企业普遍接受的风尚。显然，展示荣誉称号，就是展示企业形象。荣誉称号是企业形象的一个有机组成部分，荣誉称号的级别越高、数量越多，企业形象就越好。

（3）举行仪式。几乎每一个企业，都有举行特定仪式的习惯。如开业或投产仪式、验收或交货仪式、庆功仪式等，再如誓师动员大会、总结表彰大会、成果发布与鉴定大会等，还有技术大比武、体育运动会、文化艺术节等等。所有这些仪式，也都是企业形象的一个有机组成部分，其内容越充实、气氛越热烈、场面越宏伟、格调越高雅，企业形象就越好。

值得指出的是，习俗性要素对于企业形象的贡献，有如服饰对于人的形象，以合适得体为宜。否则，商标的寓意和产品质量、企业实际精神不相符，荣誉称号靠弄虚作假而来，仪式渲染与客观内容相去甚远，就必然形成一个很差的企业形象。

3. 领域的复合集成。

企业形象有很多方面。在现实的市场竞争中，不同的领域对企业形象感兴趣的方面，是各不相同的。

如果你是法学领域的律师或者法官，或者你是政府里面专门处理消费者投诉的工商管理官员，或者你是学术界的一位专门研究企业的理论工作者，那么你一定对客观企业形象特别关注。所谓客观企业形象，是一个企业实际存在着的文明总体状态，它的核心内涵是企业的客观实际状态。因为客观企业形象是你审理案件、处理投诉、提出理论的依据。

如果你是生产经营领域里的一位企业家，那么你最关注的将是顾客、用户和一般社会大众对你的公司以及对你的竞争对手的公司的印象如何。因为如果他们对你的公司的印象，优于对你的竞争对手的公司的印象，那就意味着你的公司赢得了一定的竞争优势；反之，你的公司就处于竞争劣势。这就是说，企业家最关心的往往是社会企业形象。所谓社会企业形象，就是一个企业在本企业人员以外的公众心目中，主要是在顾客、用户、消费者、社区居民和政府公务人员等等心目中所留下的印象。

还有，如果你是企业界的人事干部，或者你是为公司融资的专职干部，或者你是社会界的工人运动领袖，那么你最关注的将是主体企业形象。所谓主体企业形象，是指本企业的职工、管理者和股东对本企业综合认识以后形成的总印象。显然，主体企业形象的好坏，直接关系到人事干部能不能聘到、留住公司所需要的人才，直接关系到融资干部能不能及时为公司募集到所需的资金，直接关系到工人运动的走向。

完整的企业形象，就是“客观企业形象”、“社会企业形象”和“主体企业形象”三者的复合集成。应该注意，这三者在地位上不是平等并列的。其中，客观企业形象是根本和基础，社会企业形象是目标和指示剂，主体企业形象是动力和抓手。

客观企业形象为什么是根本和基础呢？因为，社会企业形象是社会大众对客观企业形象的认识和反映，主体企业形象是本企业职工对客观企业形象的认识和反映，这种认识和反映无论是正确、近似正确，还是片面、错误、歪曲，归根结底总是由客观企业形象所决定的。一般说来，社会大众和普通职工并没有全面、准确地认识和反映一个企业的任务，他们对企业的认识和反映与其说是认识论上的，倒不如说是本体论上的，因而在这方面对他们来说就不存在犯错误的问题，正如沙漠中和海洋上出现海市蜃楼不存在沙漠和海洋犯错误问题，而是客观条件的实际配置问题。社会大众和普通职工对企业的片面、错误乃至歪曲的反映，乃是企业客观上宣传教育不够、不当、不及时的问题。一句话，在企业形象的复合集成中，客观企业形象是主要矛盾的主要方面。

社会企业形象为什么是目标和指示剂呢？因为，塑造优美的客观企业形象，是为了求得社会大众的认可，使大众乐于接受企业的产品和服务，从而完成企业

的使命。社会企业形象的优劣，可以检验出客观企业形象的好坏，指示今后企业形象塑造工作的方向。

为什么主体企业形象是动力和抓手呢？因为，塑造客观企业形象的一切工作，要靠本企业全体职工去做。职工认为本企业的形象好，是一种自信心，职工认为本企业的形象差，是一种危机感，这些都可以成为企业继续前进的动力。当客观企业形象优于或劣于社会企业形象和主体企业形象的时候，意味着大众和职工的认识和反映偏离了企业的实际情况，那么"正人先正己"，首先应该而且也较容易使本企业职工回到准确反映企业的实际情况上来。

第二节 企业形象战略

战略是涉及全局、事关长远的大计。企业形象是不是涉及公司全局、事关公司长远的大计呢？这是企业形象的战略地位问题。如果企业形象确实在公司的发展中具有战略地位，那么在企业形象的塑造中，必须处理好哪些矛盾，才能保证整个公司的长远良性发展呢？这是企业形象的战略内容问题。

一、企业形象战略地位的确立

并非任何年代，也并非任何一个公司，都把塑造优美的企业形象当作涉及整体的长远之计来重视。企业形象的战略地位，是 20 世纪后半期逐步确立起来的。到了 20 世纪 90 年代，任何一个优秀的公司，才都毫无例外地重视塑造自身优美的企业形象，并积累了较多的经验和教训，以至可以建立一门新的学科——企业形象学，来揭示这方面的发展规律。这种状况的出现，是市场竞争规律起作用的结果，是历史发展的必然。

市场竞争，优胜劣汰是规律。何为"优"？何为"劣"？可以从宏观历史、表层现象和深层本质这三个不同的层面来考察。

1. 企业治理侧重点的历史转移。

从宏观历史的层面上看，市场竞争中的"优胜劣汰"，可以总结为"取胜之道三要点"。即进入优胜行列的国家或地区，都是找准了企业经济行为的立足点，抓准了治理企业内部的侧重点，夺取或掌握了代表生产力发展方向的科技制高点。让我们分三个阶段，回顾一下近三百多年来的市场竞争史，对这里的"三点论"作一个简要的说明：

(1) 第一阶段（17 世纪中期—19 世纪中期）。

在这个阶段上的世界性市场竞争中，进入优胜圈的是西欧各国，尤其是英国独占鳌头。

英国独占鳌头的原因在于：

第一，英国取得反封建革命胜利的时间比较早，掌权的资产阶级颁布了一系列有利于发展经济的政策和法令。英国早于1640—1660年就爆发了资产阶级革命，“到18世纪初，英国已经拥有了一个强有力的中央政府，他的存在意味着英国有了统一的通货、法律制度和税收体系。他也保证了这个国家不存在任何国内的关税障碍或封建性的通行税。……从比较的角度讲，此时的法国仍被关税壁垒分割成三个主要地区。德国甚至还不是一个统一的国家”。“在英国……法律保证了征税主要是针对土地财产而不是能够用于工业化建设的累计资本。”① 17世纪中期，英国议会还通过了一个目标在于“谋求世界贸易霸主地位”的航海法案，其主要内容有四个方面。一是，英国与其殖民地之间的贸易，绝大部分必须由英国或其殖民地的船只来装运，而且必须由英国或其殖民地的船员来驾驶。二是，进入殖民地的商品，绝大多数必须经由英格兰，即使这些商品来自别的地方。三是，殖民地出口的商品，有些必须经由英格兰，纵然是限定出口到英国之外的某些地方的商品。四是，禁止在殖民地从事某些类型的制造业生产活动，以保证殖民地成为英国工业的原材料基地和英国制造商品的市场。②

第二，英国较早完成了从手工业制度（每个人独立地做出产品）到工场手工业制度（严格分工的许多人共同完成一种产品）再到工厂制度的转变。工厂制度和手工业制度相比，有四个明显的特征：一是，在产品制造中，机器补充乃至代替了人力，从而能发挥机器不知倦怠，运转迅速、精确且有规则的优势。二是，集中劳动代替了分散劳动，全体劳动者都得服从由原动机统一推动的机器体系来完成产品。“工厂工作的集中化为雇员和投资者提供了一些相对于老式生产体制的优势。工厂削减了与名为外包体制的早期生产方法相伴的运输成本。在外包体制中，商人将原材料分配或发放给熟练工人，由他们在各自家里将原材料加工成制成品。然后，商人将这些诸如鞋子或棉/羊毛布料的制成品收集起来，并为其寻找销路。将工人集中在工厂内，使企业经营者可以更好地监督其雇员，这样就可以使工作过程的计划安排和产品的质量得到改善。”③ 三是，分工细致的专业化劳动，代替了一个工人事事都得做的全面劳动，从而有利于提高劳动效率。四是，劳动者完全控制生产过程的权利，逐步向所有者转移，所有者开始不断调节工作的进度，并决定应该如何开展工作的问题。

第三，英国最早实现了蒸汽技术的产业化。早在1710年，英国锻工托马

① ［美］曼塞·G·布莱克福德：《西方现代企业的兴起》，33～34页，北京，经济管理出版社，2001。

② 参见上书，4页。

③ 同上书，42页。

斯·纽可门（Thomas Newcomen，1663—1729）就发明了常压喷洒冷凝活塞蒸汽机，并广泛地用于抽吸煤矿的坑道积水。英国技师詹姆斯·瓦特，进一步改进了纽可门的蒸汽机，把“冷凝”这道工序从汽缸内部移到汽缸之外的冷凝器中来完成，使汽缸始终保持工作温度。他还用加工大炮的内圆钻孔机（炮筒镗床）来加工汽缸，终于在1774年试制成功了更精密、更有效的往复式蒸汽机，并从1776年起和博尔顿合伙，在伯明翰附近创办了世界上第一家蒸汽机制造厂。英国工程师理查德·特里维西克（Richard Trevithick），进一步把常压蒸汽机改进为高压蒸汽机，于1800年取得专利权后，又进一步创制出10个大气压的高压蒸汽机。到19世纪中期，以蒸汽技术为中心的第一次技术革命，在英国基本上完成。“英国在1770—1840年的70年中，工人平均劳动生产率提高了20倍，蒸汽机的产量成倍地增长，18世纪末，英国已生产了1 500台。到1833年，蒸汽动力纺织机达到10万台。单是博尔顿和瓦特合办的工厂，到1800年，就有500台投入运转。”① 在蒸汽动力的推动下，英国的煤、铁、纺织品的产量，也几十、几百倍地增长着。

上述原因，用“三点论（立足点、侧重点、制高点）”的话简短地说出来就是：英国之所以能在市场竞争中独占鳌头，一是立足于政治上先进，二是侧重于抓工厂制度，三是掌握了代表当时生产力发展方向的蒸汽技术。

（2）第二阶段（19世纪中期—20世纪中期）。

在19世纪中期到20世纪中期的世界性市场竞争中，上阶段进入优胜圈的国家基本上仍在圈内，但排名顺序有了变化，美国名列前茅。“美国正是在19世纪末和20世纪初才成为世界主要的工业国家，特别是在第二次工业革命的产品方面。在1869年到1919年之间，制造业的增加值从14亿美元上升到了240亿美元，上升了16倍。”②“按当时工业产值而言，美国占世界第一位，德国占欧洲第一位。英国丧失了世界工业的首位和世界市场的垄断地位。”③

美国名列前茅的原因在于：

第一，美国依靠军事实力，不仅扩张了国家的疆土，还掠夺到廉价的原料、劳动力和其他各种资源，取得了各种市场竞争的优势。美国于1845—1848年发动了侵略墨西哥的战争，得到了得克萨斯、新墨西哥、亚利桑那、加利福尼亚、内华达、犹他、科罗拉多等地。19世纪中后期，扩张伸向海外：1867年向沙俄购买了阿拉斯加和阿留申群岛；1898年兼并了夏威夷，通过对西班牙战争，夺取了波多黎各、关岛和菲律宾等地；1903年占领了中途岛，霸占了巴拿马运河区；1917年迫使丹麦“出让”维尔京群岛。

---

① 郑积源编著：《科学技术简史》，176～177页，上海，上海人民出版社，1987。

② ［美］曼塞·G·布莱克福德：《西方现代企业的兴起》，44页。

③ 郑积源编著：《科学技术简史》，240页。

第二，美国以多种多样的方式，扩大企业规模。19世纪中期以来，美国兴起了股份有限公司这种企业组织形式，“到1904年，股份有限公司占了美国工业产出的3/4”。“随着企业经营者热衷于股份有限公司的创办，大企业在美国兴起了。”“1860年，新成立的美国钢铁公司的投资资本总额为14亿美元，成为美国和世界第一个10亿美元级的公司，其雇佣劳动者的人数超过了10万人。到1929年，该公司雇佣的人数达44万人。”① 美国公司规模的扩大，既通过垂直一体化，也通过水平一体化来实现。例如，“41家公司于1882年联合形成了标准石油公司，从而控制了美国石油精炼市场的大部分”。到了19世纪末和20世纪初，标准石油公司又进一步搞垂直一体化，“获得了自己的原油田，建立了自己的远距离输油管道，并建立了自己的销售渠道”②。在垂直一体化或水平一体化的联合、收购和兼并中，充满着“大鱼吃小鱼”的不文明竞争。例如，NCR公司（即国家收银机公司，全称为National Cash Register Company）为扩大自身规模，不惜弄虚作假、造谣中伤来挤垮竞争对手。“NCR发现好物公司生产了一种新型收款机，NCR立即设计一种模样非常类似的机器，但定价却低得多。这些冒牌机器进入了市场，买主买来后用没几个月就坏掉。NCR然后大做宣传说好物公司的产品质量差，NCR产品质量才有保证等等。”③ 那些买主看到宣传后，就暂时不买好物公司的机器。几个月后，好物公司由于货卖不出去，大伤元气而倒闭；而NCR公司却扩大了地盘与规模。就这样，“到1917年，美国已拥有投资资本总额在2 000万美元以上的公司278家。这些公司中的236家属于制造业企业，其中171家存在于仅6个领域：食品加工、化学、石油、金属、机械制造和运输设备”④。正是这些美国大企业，可以利用规模经济性和范围经济性的最大机会，赢得市场竞争的优势。

第三，美国最早实现了电力技术的产业化。无论在把电转化为强大能源的途径方面，还是在把电作为工业和交通的动力、作为信息变换和传递的手段、作为照明和家用的基础方面，美国都走在了前面。美国的佩奇博士，在得到国会拨给的一笔经费后，于1850年制成了一台功率超过10万马力的电动机，于1851年做了以电动机驱动有轨电车的试验。美国的法默和英国的瓦利，于1866年发明了自激发电机。美国技师爱迪生（Thomas Alva Edison，1847—1931），是电力技术革命的中坚人物，他把办研究所和办企业结合起来，把创造发明和组织生产结合起来，为美国实现电力技术产业化作出了不可磨灭的贡献。爱迪生和他所领

① ［美］曼塞·G·布莱克福德：《西方现代企业的兴起》，84页。

② 同上书，87～88页。

③ ［美］刘力明：《电脑业世纪商战——IBM、苹果、微软争霸纪实》，10页，广州，广东旅游出版社，1995。

④ 同上书，92页。

导的研究所，有 2 000 多项发明，“具有代表性的有电灯、留声机、电影摄影机、麦克风、油印机、投票记录机、镍铁电池等发明创造”。“爱迪生发明灯泡后，立即着手研究去建立发电厂的问题。……爱迪生等人提出了并采用了直流三线输配电方式，又制成了当时容量最大的发电机，并于 1882 年在纽约珍珠街建立了世界第一个比较正规的城市公用大型发电厂。它的总容量为六百多千瓦，为六七千盏灯泡照明供电。……爱迪生这一发电、输电、供电、照明一条龙的电力系统的建立，其成就不亚于电灯本身的发明。因为有这一成功，才使各国大力兴建发电厂，才使照明技术的根本变革得以实现，才使电动机能够获得大功率而在工业中取得应用和推广，从而开辟了 19 世纪 80 年代以电照明为主要内容的最初电气化阶段。”[①] 爱迪生通用电气公司与汤姆森-豪斯顿公司于 1892 年合并成立的通用电气公司（General Electric Company），更在 1924—1946 年间形成为一个化创新为产业的阶段：1925 年研制成功密封式家用电冰箱，1927 年即开始批量生产，1931 年的产量就突破 100 万台；1927 年研制出电视技术，次年即建造电视台，1939 年批量生产电视和调频接收器；1941 年生产出 11.5 万马力的发电机，装备美国最大的战舰；1942 年生产出涡轮喷气发动机，装备美国的喷气飞机等等。[②]

上述原因，用“三点论（立足点、侧重点、制高点）”的话简短地说出来，就是：美国之所以能在这个阶段上的市场竞争中超过英国，夺得第一，一是立足于军事上强大，二是侧重于抓规模经济，三是掌握了代表当时生产力发展方向的电力技术。

（3）第三阶段（20 世纪中期至今）。

从 20 世纪中期开始，世界性市场竞争进入第三阶段。这个阶段估计要延续到 21 世纪中期。孰优孰劣要到那个时候才能最终见分晓。但是，一个肯定无疑的事实是：在这个阶段的第一个四分之一世纪里，亚洲的日本和“四小龙”（新加坡、韩国、中国台湾、中国香港），后来居上，取得了很大的成绩。其中特别引人注目的是日本，它出人意料地从一个战败国变成了经济强国，在全世界市场竞争中名列第一。且看一组数据：从 18 世纪以来，世界工业的年平均增长率，以 1951—1976 年最高，达到 6.4%。然而在这个时期，许多主要资本主义国家都低于这个平均增长率，美国是 4.2%，英国是 2.4%，加拿大是 5.1%，法国是 5.4%，德国是 6.3%。惟独日本却大大高于这个平均增长率，达到 12.4%。日本人的成就，使美国人震惊，他们不得不放下架子，开始认真研究和学习日本，并反思美国的成败得失。

在这个阶段的第一个四分之一世纪里，日本名列前茅已经是一个历史事实。

---

① 郑积源编著：《科学技术简史》，248～250 页。

② 参见刘立编著：《通用电气公司——世界企业的哈佛》，48～49 页，保定，河北大学出版社，2001。

下面就是形成这个事实的原因：

第一，日本立足于文化上优秀。日本作为第二次世界大战的战争罪犯和战败国，没有任何政治和军事上的优势，只有（而且事实上也是）依靠文化上的优秀来竞争取胜。文化的核心是价值观，文化优秀的实质是价值观念先进。所谓“市场竞争立足于文化上先进”，就是作为市场竞争主体的公司，努力确立先进的企业价值观念体系。

在上述现代市场竞争的第一和第二阶段上，英国、美国公司的企业价值观体系，是“利润至上”的企业价值观念体系。在现代市场竞争的第三阶段初期，日本公司确立了比“利润至上”更先进的“社会使命至上”的企业价值观念体系。包括美国学者在内的全世界的理论家，现在都比较一致地认为，日本的经济奇迹，是立足于优秀文化的必然结果，并概括、总结和发展出一门新的学科——企业文化学。

第二，日本公司侧重于塑造优美的企业形象。1956 年，美国学者 K. E. 波丁写作并出版了《生活和社会中的形象知识》① 一书。日本人创造性地运用该书的思想，主要把“形象”知识运用于企业。此后，“‘企业形象’这个名词，便开始被用于经营战略中。每日新闻社的《经济人》周刊，曾制作过《形象商人》的特辑，所谓‘贩卖形象的商人’，即指广告公司。到了 1961 年，钻石出版社出版了《企业形象战略》一书，从此以后，在经营战略的广告中，企业形象战略逐渐占有重要地位。”② 1962 年，日本学者大川信明把 K. E. 波丁的书翻译成日文时，既省略了书名中“生活和社会中的”这个定语，也省略了书名中的“知识”，简洁地把书名定为《形象》，完全适应并促进了日本把“形象”主要用于“企业经营实践”的氛围。

日本公司重视塑造优美的企业形象，是自觉有意的，动真格的，全面的。以 1946 年创立的索尼公司为例，正如其创始人之一的盛田所说：“树立企业形象就必须增强意识。我就是这样推进业务发展的。”③

第三，日本公司努力把现代信息技术用来发展民用产品。

尽管现代信息技术的霸主是美国，但它首先是把这种最先进的技术用于发展军事工业，结果错过了许多发展民用产品的机遇。日本公司客观上被禁止生产军事武器，主观上非常重视现代信息技术的非军事应用，结果从美国买来专利大力发展民用工业，占领了绝大部分家电市场和相当部分的汽车市场，在 1951—1976 年的世界性市场竞争中夺得了冠军。

---

① Kenneth E. Bolding, *The Image-Knowledge in Life and Society*, The University of MacMillan Press.

② ［日］八卷俊雄：《企业形象战略》，2 页，台北，艺风堂出版社，1992。

③ ［日］索尼情报中心：《索尼不传奇——索尼公司自述传》，440 页，北京，西苑出版社，2000。

根据以上历史事实，试问：在世界性优胜劣汰的市场竞争中，争取进入优胜圈的历史，是一部什么样的历史呢?

第一，是企业经济行为的主要立足点不断转移的历史，其转移方向是：政治→军事→文化。

第二，是企业管理侧重点不断转移的历史，其转移方向是：建立工厂制度→扩大企业规模→塑造优美的企业形象。

第三，是企业必须掌握的代表生产力发展方向的科技制高点不断转移的历史，其转移方向是：蒸汽技术→电力技术→信息技术。

我们把这称为市场竞争的“三转移规律”。企业形象的战略地位的确立，是这个规律在历史上发生作用的必然结果。

2. “评优论劣”从现象向本质的深入。

市场竞争，优胜劣汰。从表层现象上看，所谓“优”，有四个方面的内容和标准是大家公认的：一是产品对路，二是服务周全，三是质量上乘，四是价格低廉。所谓产品对路，就是适合顾客的需要，包括性能对路（准确算计到了顾客需要用到什么)、时间对路（准确算计到了顾客什么时候需要)、空间对路（准确算计到了顾客在什么地方需要)、条件对路（准确算计到了顾客是在什么具体环境中使用)。所谓服务周全，包括售前、售中、售后乃至“终生”服务，还包括运输、安装、调试、检修、咨询和培训等方面的服务。所谓质量上乘，包括安全、可靠、方便和耐用等。所谓价格低廉，不只是价格水平问题，还包括付款期限、付款方式是否优惠等等。一个公司，产品越对路，服务越周全，质量越上乘，价格越低廉，就越有资格称为“优”；反之，就越应判定为“劣”。从现象这个层次上看，确实可以说：市场竞争，就是产品竞争，就是服务竞争，就是质量竞争，就是价格竞争，或者就是它们的综合竞争。

但是，时间在延续，历史在积累，人类在进步，人们总结历史经验得到的启示是：仅仅从现象这个层次评优论劣是很不够的。不能简单地认为，一个公司的产品对路、服务周全、质量上乘、价格低廉，就可以完全肯定它是一个优秀的公司，就完全支持它进入优胜圈。还必须进一步问：它何以能产品对路？何以能服务周全？何以能质量上乘？何以能价格低廉？等等。19 世纪上半期，英国用大炮轰开中国的大门，英国公司引诱中国人吸食鸦片成瘾，以至向英国公司求购的中国人日众，这样的“产品对路”就绝不是优。靠掠夺殖民地高品位的矿产资源，榨取殖民地廉价劳动力，恶化自然生态等等而形成的“质量上乘、价格低廉”等等，也绝称不上“优”。必须进一步从本质的层次上评优论劣。

从深层本质这个层面上看，所谓“优”，固然包括产品对路、服务周全、质量上乘、价格低廉，但这不是全部，还应包括：(1) 导致这些结果的原因没有非人道的因素；(2) 取得这些结果的手段、方法是文明的；(3) 产生这些结果的过程没有污染环境；（4）指导思想、经营策略等是从为社会服务出发的，是人道的、善意的，等等。显然，前一类优（产品、服务、质量、价格的优）是直接层次上的优，也是浅层次上的优；而后一类优，是间接层次上的优，但却是深层次上的优。

显然，从本质这个更深的层次上来评优论劣，在不同的时代，在不同的历史条件下，其受重视的程度是很不相同的。在资本主义社会的早期，在所谓资本的原始积累时期，是完全忽视这一点的。

然而，当代市场发展的一个显著特点，就是人们越来越不满足于在现象这个浅表层次上评优论劣，而是越来越关注在更深的本质层次上评优论劣。究其原因，从总体上说，是人们的思想觉悟和认识水平日益提高、人类日益走向自由解放的必然结果，也是上述市场竞争“三转移规律”起作用的必然结果。具体地说，则是由以下多个原因共同发生作用的结果：（1）俄国1917年社会主义革命的胜利及苏联作为社会主义强国存在70多年的事实，中国1949年新民主主义革命的胜利及随之而来的坚持走社会主义道路，以及其他一些国家社会主义革命的尝试和工人运动的发展，使得企业主通过延长工作时间、克扣工人工资、使用未成年童工、不购置安全保障设备、不采取劳动保护措施等非人道手段来降低成本、赢得竞争优势的做法，成为人人喊打的过街老鼠；（2）两次世界大战以世界人民取得胜利告终，使得反侵略、反掠夺的意识深入人心，用军事讹诈或强权政治来谋取经济利益的行为，会遭到普遍的谴责；（3）近现代工业发展造成的污染，使人类深受其害，人们的生态觉悟大大提高，优化生态环境的观念被广泛认同；（4）全世界的法制已经相当健全，不正当的竞争会被判为违法行为；（5）经济本身已经比较发达，到了可以过问价廉物美的产品从何、如何而来的程度（如烧毁几十吨象牙并不会给经济生活造成重大影响）；（6）信息传递空前迅速，高新科学技术普及加快，各公司的产品、服务、质量和价格比较容易趋同，以至必须在间接的、更深的层次上，才能分出优劣。

然而在激烈的市场竞争中，相对来说，直接的浅层的优劣是比较容易断定的，而间接的深层的优劣则比较难下结论。这里，很需要一种既具有时代特征又适合广大社会公众的评优论劣的直观标准。在这种背景下，顾客大众以一个公司的企业形象，作为取舍的标准，就是自然而然的了。因为顾客大众心目中的企业形象，正是根据他们所得到的关于该企业的全部信息（直接浅层的和间接深层的、过去的和当前的信息）而建立起来的。他们深信，根据企业形象来判断公司的优劣，是极为可靠的标准。在产品、服务、质量和价格大致相同的条件下，他们会毫不犹豫地选购形象优美公司的产品或服务；而对那些形象拙劣公司的产品或服务，则惟恐避之不及，甚至会积极抵制。

从一定的意义上说，现代社会确实已经是一个“人类遵循形象而行动”的社会：一个公司的企业形象，是消费者购买商品，投资者购买股票，求职者选择去向的依据。当代的市场竞争，确实是企业形象的竞争。一个企业形象拙劣的公司，在市场竞争中必败无疑。企业形象在市场竞争中的战略地位，已经牢固地确立下来。

二、企业形象战略内容的界定

企业形象既然是涉及公司整体、事关公司长远的大计，那么在企业形象的塑造中必须处理好哪些矛盾，才能保证整个公司的长远良性发展呢？这是企业形象战略的内容问题。

1. 坚持“三象”促进、动态平衡。

前面曾经指出：“完整的企业形象，就是‘客观企业形象’、‘社会企业形象’和‘主体企业形象’三者的复合集成。”这三者，简称为“三象”。现实中的“三象”，存在着对立统一关系。实施企业形象战略第一个内容，就是要处理好“三象”之间的矛盾，保持“三象”之间的辩证统一。

所谓“辩证统一”，就是三者“相互促进、动态平衡”。一般说来，社会企业形象或主体企业形象，应该与客观企业形象相符合、相一致，如果不符合、不一致，就必须加以修正。如果社会企业形象或主体企业形象优于客观企业形象，即所谓“盛名之下，其实难符”，就不应该再拼命地宣传，更不应该再“包装”、美化，而应该尽力改善和提高企业的客观实际状况，即塑造好客观企业形象；反之，如果客观企业形象优于社会企业形象或主体企业形象，企业主管既不要埋怨外人不理解，也不要责怪职工太悲观，而应该加强宣传教育，使外人或职工能正确地反映企业实际情况，使社会企业形象或主体企业形象与客观企业形象保持一致。

“三象促进、动态平衡”战略思想的本质，是实事求是，辩证对待。

这个战略思想中的“实事求是”，就是要坚持客观企业形象在整个企业形象中的根本地位和基础作用，明确树立“社会企业形象和主体企业形象归根到底是由客观企业形象所决定的”这一唯物主义观点。因此，形象工作的重点，应该放在塑造优美的客观企业形象上，把企业该“做”的事“做”好，而不应该把重点放在把企业的事情“说”好上，努力避免把塑造企业形象看成仅仅是一种宣传，看成是演戏，是企业职工故意做给社会公众看，是企业领导故意做给普通职工看等等。

“三象促进、动态平衡”战略思想中的“辩证对待”，就是在承认客观企业形象起决定作用的同时，也承认社会企业形象和主体企业形象的反作用。当社会给予公司高于（或低于）实际的评价时，当职工对公司的估计高于（或低于）实际时，如果能有一种“一分为二”的辩证态度，就能够把这种高于（或低于）客观实际的看法，转化为激励公司继续前进的动力（或压力）。反之，如果没有一种“一分为二”的辩证态度，这种高于（或低于）客观实际的看法，就会成为公司骄傲自满的资本（或消极悲观的依据），从而加快公司的衰老。“人们把公司说得那么好，它真的就变得那么好了！”“人们把公司说得那么差，它真的就变得那么差了！”这种情况确实存在。因此，除了应该在一般情况下坚持“先做后说”、“做好了再说”以外，也可以在一定条件下“边说边做”，甚至“先说后做”、“说到做到”，从而达到“三象”促进、动态平衡的效果。但绝对不可以“大说小做”，更不可以“只说不做”。

“三象促进、动态平衡”的战略意图，可图示如下。

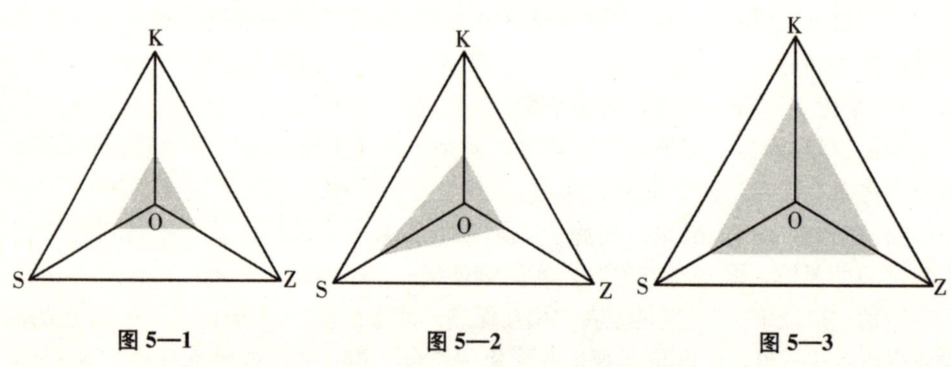

图5—1　　图5—2　　图5—3

图中，OK轴代表客观企业形象，OS轴代表社会企业形象，OZ轴代表主体企业形象。图5—1表示“三象”平衡，复合而成的整个企业形象，是用一个较小的等边三角形表示出来的。图5—2表示“三象”平衡被打破，社会企业形象大大优于客观企业形象，这可能是由于某记者发表了一篇赞美公司好人好事的报道，也可能是由于公司在某种权威媒体上成功地做了广告，也可能是公司对未来作出了某种美好的承诺，还可能是由于形势的发展使公司的某种适合于社会需要的性质被舆论放大了等等，所以复合而成的整个企业形象，不再用一个等边三角形表示，而是用一个沿着OS轴方向的角特别尖的非等边三角形来表示。图5—3表示“三象”在更高基础上的平衡，这是由于公司主管正确地利用了社会舆论的激励作用，改善和提高了客观企业形象的优美程度，并使全体职工也自觉到这种改善和提高，使之和公司在外的盛名相一致，复合而成的整个企业形象，是用一个更大的等边三角形表示出来的。

美国的英特尔公司，是“先说后做”、“说到做到”，成功地实现了“三象”促进、动态平衡的典范。英特尔公司自1979年起，就向每个客户发一块可以挂在墙上的木牌，上面明明白白地写着：英特尔将在哪年推出怎样的产品，即以未来定期开发新产品的坚定承诺，来建立客户对英特尔的长期信心。显然，这样过早地让未来的产品曝光，风险是很大的：一方面，肯定使竞争对手占了便宜，他们可以提前对英特尔的新产品考虑对策；另一方面，如果不能按期推出新产品，或者推出的新产品没有预先宣布的那样好，英特尔就将信誉扫地，就将被客户彻底抛弃。

但是，英特尔公司这种“先说后做”的战略，绝不是主观出风头的产物，而是深刻领会客户需求的结果。英特尔的产品，是作为计算机心脏的微处理器(CPU)，是被广泛地运用于个人电脑、录放像机、洗衣机、空调、飞机、电话、工业控制、汽车的引擎和刹车控制等现代化产品中的关键性硬件；未来微处理器的性能，直接影响到客户用 CPU 装备起来后所提供产品或服务的质量和性能，甚至影响到客户的生产流程、产品结构、服务程序，是任何一家客户都必然十分关心的问题。因此，作为英特尔的客户，“每家电脑公司决定要采用哪一种微处理器，都是深思熟虑后的结果”，而且有总经理、工程师和采购人员的积极参与。总经理会要求了解“英特尔未来将继续供应哪些产品”，“以确保他在软件与硬件的开发投资不会功亏一篑”；工程师则“要知道更详细的微处理器技术进展，会有哪些支援芯片，又有多少软件与发展系统作后盾”，以使他的设计工作容易进行；“采购人员必须了解未来的定价策略与供货趋势，才能让采购作业依计划进行无误”①。客户需要英特尔“事先打个招呼”，需要英特尔“先说一说”，英特尔的态度是：既然是客户的需要，就应该予以满足。

英特尔的“先承诺、后实现”，也绝不是迫于客户的压力而盲目冒险，而是充分考虑到了“客户对本公司的高度信任和期待会产生巨大的激励作用”，即辩证地看到了社会企业形象对客观企业形象的巨大反作用。所以，英特尔把“如期推出新产品”作为一条纪律，来要求本公司的职工。把承诺的压力，转化为开发新产品的动力。就这样，英特尔人在“客户至上”理念的支配下，坚定明确地公开了自己的产品创新计划，又在维护公司信誉的巨大动力下，硬是按照预定的时间开发出了一个又一个新的产品，有的新产品甚至比预期的质量更好，从而在“三象”互动中，塑造出了完整优美的企业形象。

应该指出，形象塑造中的“先说后做”必须慎用。基本的战略还是“先做后说”、“多做少说”，因为“三象”统一的基础终究是客观企业形象。一个公司优美的企业形象，归根到底是“做”出来的，而不是“说”出来的。“说”出来的优美，如果没有做出来，就只能昙花一现；“做”出来的优美，才能天长地久。

滥用“先说后做”，必然导致“多说少做”、“大说小做”，甚至“只说不做”，最后堕落成为“诈骗”。牟其中创办的南德公司，由于牟其中的传奇经历和做成了飞机易货贸易，曾经获得很大的知名度和过高的美誉度，社会企业形象和主体企业形象都大大优于客观企业形象。在这种“盛名之下，其实难符”的情况下，牟其中不是全力以赴去改善客观企业形象，不是“只做不说，做成了再说”，以求得“三象”平衡。相反，他反而大说特说，什么南德公司要放卫星、救黄河、

① 虞有澄：《我看英特尔》，88～89 页，北京，三联书店，1995。

开发满洲里、挺进华尔街、炸开喜马拉雅山、救活国有大中型企业等等。结果是说得好，做不到，最后走上了诈骗犯罪的道路。南德公司的企业形象一落千丈，臭名远扬。南德公司的教训值得吸取，它无可辩驳地证明，那种认为“成功的形象战略，应使企业的形象优于企业实态”的观点，不仅是错误的，而且是危险的。

2. 坚持“五象”并举、重在“自为”。

前面曾经指出：企业形象从含义来看，是一个公司的个体形象、类形象、组织形象、艺术形象和自为形象的复合集成。可以简称为“五象集成”。

显然，“五象”之间既相互区别，又紧密联系，存在着对立统一的矛盾关系。企业形象战略内容之一，就是必须处理好这“五象”之间的关系。

简要地说，处理好“五象”关系的原则是：“五象”并举、重在“自为”。这也是实施企业形象战略的基本内容之一。

所谓“五象并举”，就是在实施企业形象战略的过程中，公司的个体形象、类形象、组织形象、艺术形象、自为形象，无论哪一个都不能忽略。分述如下：

（1）就个体形象来说，它是一个公司整个企业形象的起点和基础。任何一个公司，不能没有个体，没有个体，便没有公司。一个公司优美的企业形象，是通过公司内部优美的个体形象表现出来的。假定，公司内部以静件形式存在的个体，如公司的门面，一派萧条衰落的景观；以动件形式存在的个体，如公司的产品，一堆陈旧破烂的外形；以活件形式存在的个体，如公司的员工，一副没精打采的样子。那就根本没有什么优美的企业形象可言！因此，实施企业形象战略，绝对不能忽略个体形象。这是一个容易看得见、摸得着的事实。正因为个体形象看得见、摸得着，所以在现实的企业形象塑造中，忽略个体形象的情况不是太多。

（2）一个公司的类形象，就是这个公司的类本质，是一个公司的根本。公司的类本质，实际上决定一个公司的发展方向，制约一个公司发展动力的大小。类本质是通过各种个别现象表现出来的。但类本质与各种个别现象并不直接同一，类本质可以表现为真相，也可以隐藏在假相之中。

一个公司在实施企业形象战略时，在类形象方面应该努力去做四件事：第一，要培育“类形象”意识，确立“类形象”有时比“个体形象”更重要的观念。第二，要对企业进行正确的“归类”，培育企业必须具备的共同类本质。明确企业不是政治类组织，不能靠政绩来树形象。企业也不是军事类组织，不能靠军事化来树形象。企业的类本质是提供优质产品、周到服务等来满足社会需求，并获取报酬（利润）。企业形象设计必须维护这种具有普遍性的类形象，绝不能夸大其词介绍自己，使公司生成“诈骗组织”的形象；也不能仅仅只是介绍各种捐献赞助来赢得名声，使公司违背企业的普遍本质而树立“慈善机构”的形象。

第三，要对企业进行正确的“分类”，进而把握本企业具有的特殊类本质。由于公司的内涵非常丰富，可以从不同的角度给公司分类，例如，既可以划分为服装类、食品类、房产类、交通类……也可以划分为工业类、农业类、商业类、咨询类、军工类……还可以划分为生存至上类、阳光利润至上类、厚黑利润至上类、社会现实使命至上类、浪漫使命至上类，等等。因此公司主管必须明确，在特定的时间、地点、条件下，当下应该特别突出本公司的哪一种“类”本质。第四，公司主管还要明确，本公司的“类本质”最好通过哪些个体的哪些现象表现出来，最能体现本公司类本质的形状、颜色、光线、声音、气味、滋味、硬度等等是什么。这四件事都做好了，才算明确锁定了一个公司的类形象。

由于类本质是隐藏在各种现象背后，不是直接呈现出来的东西，所以在现实的企业形象塑造中，忽略类形象的情况比较多见。例如，有这样的正派企业家，当问及他所主管的公司是生产经营什么的时候，他会回答“什么赚钱就经营什么”。这种回答，会使人认为他的公司是属于“厚黑利润至上类”。因为，这意味着他的公司允许通过经营毒品、开设妓院、贩卖人口、印制假钞、生产假冒伪劣产品等等，来赚取利润。事实上这些正派企业家，是绝不会去干这类勾当的，只是由于缺乏“类形象”概念，没有树立优美“类形象”的自觉意识，才给出了“什么赚钱就经营什么”这种不着边际的回答。相反，一些真正“厚黑利润至上类”的公司，倒是比较自觉地利用“类本质直接看不到”的特点，制造种种假象，如假货贴上真商标，劣质产品却偏偏使用优质的包装等等，企图由此去取得市场竞争的优势。这从反面提醒我们，对于优美类形象的塑造，绝不可掉以轻心。

事实表明，许多优秀的跨国公司，虽然生产经营许许多多的产品，跨越很多行业，但对“类形象”却有比较深刻的把握，能够准确地塑造和表达自己的类形象，从而获得了广泛的声誉。例如美国通用电气公司，在它存在120多年（1878—2002）的历史中，生产经营的覆盖面高达30多个行业，生产经营的产品种类数以千计。但如果问它“什么样的产品对贵公司最为重要”这个问题，它的回答既不是“飞机引擎”或“医疗设备”之类的具体产品，也不是“利润最多的产品”，而是：“进步乃是我们最重要的产品。”① 这就表明，通用公司对于自己的类本质和类形象有着深刻、准确而先进的把握，公司的最高追求不是“赚钱”，而是“为人类的进步作贡献”，这就是通用电气公司卓越的类本质和类形象！

（3）公司的组织形象，是公司的组织程度，由公司内部属于主要矛盾的主要方面的各种标志性事物象征性地显示出来。一个公司的主要人物、主要层次、主导制度、主要关系、主要业务、主要品牌、主要专利、主打技术、核心产品、主

① ［美］特雷斯·E·迪尔、阿伦·A·肯尼迪：《企业文化——现代企业的精神支柱》，6页。

销渠道、主要楼盘、关键口号、最高价值、最高使命、最高荣誉、最严纪律、最大捐赠、最大庆典等等，都可以成为公司的象征，集合成为公司完整的组织形象。这是实施企业形象战略过程中不应忽略，看来也较少忽略的内容之一。

（4）一个公司的艺术形象，就是这个公司的理想、理念及其生动具体的表达。公司艺术形象的优劣，既是公司理想、理念先进程度的量度，更是公司表达能力、信息能力的直接量度。艺术重在表达。为了塑造自己优美的艺术形象，一个公司需要用准确、简明、具体、生动的语言、文字、图像、声音、雕塑造型等等，来表达自己的价值箴言、精神信条、道德格言、形象口号、广告用语、经营训诫、管理座右铭、服务金科玉律等等。上海汽车工业（集团）总公司（Shanghai Auto Industry [group] Parent Company，简称 SAIC）的总裁胡茂元，经常用讲故事的方式来表达价值理念和管理思想，并请画家配上插图，于 2002 年 9 月汇集成一本《胡茂元诠释 SAIC 价值观的寓言故事》，大大提升了上汽集团的艺术形象。

公司艺术形象塑造中的表达，不管是采取哪种方式的表达，都不是一件轻轻松松的事。美国通用电气公司总裁杰克·韦尔奇说："我们花了 3 年时间来发展公司价值观的表达方式，这些表达方式能够体现公司的信仰。这是个残酷的过程。我们……向 5 000 名公司人员讲解，我们字斟句酌。"[①]

看来，所有的优秀公司都重视自身的艺术形象。那些表达笨拙、啰唆、词不达意、前后矛盾、图像做作、声音怪异的公司，是不能进入优胜行列的。在实施企业形象战略的过程中，绝不可忽略艺术形象。

（5）一个公司的自为形象，是这个公司自己有所作为的程度，是它在客观上实现人类的理想或理念的程度，因而就是一个公司的成就的集中表现，它体现了一个公司的价值与生命力。实施企业形象战略，不能忽略公司的自为形象，是显而易见的。

"五象"并举，并不是"五象"平等并列。其中，一个公司的自为形象，是最为重要的。一个无权"自为"的公司，例如计划经济体制下没有生产经营自主权的工厂；一个有权"自为"但实际上却毫无作为的公司，例如那些已经停止一切业务、等待破产拍卖的企业，实际上已经失去了作为企业的资格，"因为所谓企业，就是'能把事办成'的机构"[②]。"能把事办成"，就是有所作为。最大的作为，就是把人类千百年来的某种理想变成客观现实，就是能够源源不断地供应人类生存和发展所需要的东西，从而改变我们周围的世界，改变人们的生活方式，使外部世界变得更加美好，使生活方式变得更加有滋有味。最大限度地把世

---

① 刘守英主编：《对话：倾听 46 位世界级商业领袖的声音》，19 页，北京，中国发展出版社，2002。

② ［美］托马斯·J·彼得斯、小罗伯特·H·沃特曼：《成功之路》，247 页。

界改造得适合于人类持续发展，就是一个公司最优美的“自为形象”。

美国学者豪沃德·罗斯曼（Howard Rothman）根据全世界各个公司在改变世界方面的贡献大小，优选出了50家大公司，并按照它们对人类生活影响的宽度、深度、持久程度，排列出它们的名次，按顺序写成一本书，冠名为《改变世界的50家大公司》，于2001年正式出版。这实际上可以称之为“公司‘自为形象’世界50优”的首次排序。微软公司由于创造了支持个人电脑的90%以上的软件，提出了“让个人电脑进入每一个家庭、占据每一张书桌”的宏大理想，并正在大有作为地把这个理想转化为客观现实，被排在了50优第一位。

由于一个“自为形象”优美的公司，就是在改造客观世界、优化人类生活方面大有作为的公司，因而也就是充分展现了公司“类本质”的公司。任何一个公司，“自为形象”优美，必然伴随着“类形象”优美。任何一个公司的组织形象和艺术形象，都是为提升公司的类形象和自为形象服务的。一个公司的组织无论怎样完美，一个公司的艺术表达无论怎样动人，如果没有公司有所作为的实绩，那不过是一个中看不中用的花架子，既是对神圣组织的亵渎，也是对艺术才能的浪费。任何公司的个体形象，也只有在内涵“有所作为”的情况下，才有可能是真正健康优美的形象。这就是在坚持“五象并举”的同时，必须“重在自为”的原因。

第三节 企业形象调查

没有调查，便没有发言权。没有企业形象调查，便没有企业形象的设计权，从而便不会有成功的企业形象塑造。只有进行了企业形象调查，才有可能明确一个公司在形象建设方面有哪些矛盾要解决、有哪些任务要完成，才有可能提出怎样解决矛盾和完成任务的计划与方案，并进而在实际上解决矛盾，实现飞跃。

企业形象调查，归根结底是为实施企业形象战略服务的。为了实现“三象”促进、动态平衡的战略意图，为了成功运用“五象”并举、重在“自为”的战略方法，需要了解一个公司的实际情况，了解该公司“三象”之间的矛盾状态，“五象”各自的优势和劣势。这是任何一个公司都不能回避的调查任务。

一、社会企业形象调查

社会企业形象调查，是要弄清社会公众对公司的印象如何。因此，调查的对象是社会公众，调查的方法适合于采用问卷调查法，调查的内容应该是集成企业形象含义的五个方面。

社会企业形象调查问卷，建议设置成以下六份：

问卷1：公司总体印象调查。请在你认为适当的答案下画“○”。

形象项目及其分值 / 公司名称	1. 企业认知度					2. 企业认同度					3. 评价											
	我非常了解该公司所经营的商品和服务项目	我大致了解该公司所经营的商品和服务项目	我只知道该公司经营的几项商品和服务项目	我只知道该公司的名称	我对该公司一点印象也没有	我非常赞成该公司的主张和行为	我赞同该公司的部分主张和行为	我对该公司的主张和行为既不赞同也不反对	我根本就不知道该公司的任何主张和行为	我对该公司的主张和行为有些反感	综合评价				如果你准备购买股票，你是否会选择该公司的股票？				如果你准备就职，你会到该公司谋职吗？			
											一流	二流	三流	不知道	一定会买该公司的股票	买一买也不错	不知道	不想买	一定要想办法到该公司工作	到该公司工作也不错	不知道	不想到该公司工作
	4	3	2	1	0	3	2	1	0	−1	3	2	1	0	2	1	0	−1	2	1	0	−1
××公司																						

问卷2：公司个体印象调查。请在你认为适当的答案下画“○”。

形象项目及其分值 / 公司名称	1. 静件印象				2. 动件印象				3. 对公司人员的印象											
									德				才				外观			
	我对公司的建筑、道路、办公室等的印象很好	我对公司的建筑、道路、办公室等的印象一般	我对公司的建筑、道路、办公室等没有印象	我对公司的建筑、道路、办公室等的印象很差	我觉得公司的产品外观、车辆整洁等方面很好	我觉得公司的产品外观、车辆整洁等方面一般	我对公司的产品外观、车辆整洁等方面没印象	我觉得公司的产品外观、车辆整洁等方面很差	社会使命感和服务责任心很强	社会使命感和服务责任心一般	不知道其社会使命感和服务责任心怎样	社会使命感和服务责任心很差	能力很强	能力一般	不知道他们的能力怎么样	能力很差	该公司人员衣冠整洁、和蔼可亲	该公司人员衣冠平常、相貌一般	该公司人员没有给我留下什么外观印象	该公司人员衣冠不整、样子难看
	2	1	0	−1	2	1	0	−1	2	1	0	−1	2	1	0	−1	2	1	0	−1
××公司																				

问卷3：公司“类印象”调查。请在你认为适当的答案下画“○”。

形象项目及其分值	1. 技术类印象				2. 规模类印象				3. 最高价值类印象					
	我觉得该公司是高新技术类公司	我觉得该公司是传统技术类公司	我对该公司的技术类型不清楚	我觉得该公司根本就没有任何技术含量	我觉得该公司是大型跨国公司	我觉得该公司是国内一家大型公司	我不清楚该公司的规模	我觉得该公司谈不上什么规模，是家皮包公司	我觉得该公司是把完成社会使命放在第一位	我觉得该公司是把光明正大赚钱放在第一位	该公司把超越自身能力的使命放在了第一位	该公司不得不把自己的生存放在了首位	我看不出该公司是把什么放在第一位	该公司赚钱第一，为了利润不惜缺德和违法
公司名称	2	1	0	−1	2	1	0	−1	4	3	2	1	0	−1
××公司														

说明：公司类型的划分，不仅仅只有问卷中的三种角度，还有许多其他不同的角度。例如，根据公司所属产业的发展前途（即日经社所说的“未来性”），可以划分为“朝阳产业类”、“午阳产业类”和“夕阳产业类”等。因此，应该根据每次调查的具体情况，增加或替换若干问题。

问卷4：公司“组织印象”调查。请在你认为适当的答案下画“○”。

形象项目及其分值	1. 统一性印象				2. 活动性印象				3. 信息畅通性印象					
	该公司建筑格式、人员着装等统一且有特色，一眼就能识别	该公司建筑格式、人员着装等统一但无特色，识别需要点时间	我对该公司的建筑格式、人员着装等是否统一，毫无所知	该公司的建筑格式、人员着装等不一致，不像一个统一的组织	我经常听到（有时还被邀请参加）该公司组织的活动	我听到但没有参加过该公司组织的活动	我不清楚该公司是否组织过什么活动	我清楚地知道，该公司从来就没有以组织的名义开展社会活动	报修、咨询或投诉，无论打电话、写信或上门都会立即有结果	该公司的服务电话是摆设，转来转去没结果，非得写信或上门	向该公司打电话、写信都没用，必须上门才会有结果	打电话、写信、上门都不管用，非得找到公司的头才会有结果	打电话、写信、上门都不管用，找到公司的头也得过几天才有结果	报修、咨询、投诉，电话、写信、上门、找头都不管用，你得有熟人才行
公司名称	2	1	0	−1	2	1	0	−1	4	3	2	1	0	−1
××公司														

问卷5：公司“艺术印象”调查。请在你认为适当的答案下画“○”。

形象项目及其分值 / 公司名称	1. 制作艺术印象				2. 表达艺术印象					3. 支持文学艺术印象				
	我觉得该公司的产品，外观上很美很精致	我觉得该公司的产品，外观上平平淡淡	我没有看到过该公司的产品	我觉得该公司的产品，外观上很难看	我觉得该公司的司标、商标、广告语、价值箴言等很美	我觉得该公司的司标、商标、广告语、价值箴言等较好	我觉得该公司的司标、商标、广告语、价值箴言等都比较一般	我对该公司的司标、商标、广告语、价值箴言等一点也不了解	我觉得该公司的司标、商标、广告语、价值箴言等难看难听	我觉得该公司对社区文化、高雅艺术等的发展有巨大贡献	我觉得该公司对社区文化、高雅艺术等的发展比较支持	我觉得该公司对社区文化、高雅艺术等的发展支持不够	我不知道该公司对社区文化、高雅艺术等的发展是否支持	我觉得该公司的文化拙劣，妨碍社区文化、高雅艺术等的发展
	2	1	0	−1	3	2	1	0	−1	3	2	1	0	−1
××公司														

问卷6：公司“自为印象”调查。请在你认为适当的答案下画“○”。

形象项目及其分值 / 公司名称	1. 本职作为印象					2. 自然生态作为印象					3. 社会生态作为印象				
	该公司首创产品很多，实现了人类很多梦想	该公司的产品中，部分具有自己的知识产权	该公司的产品虽然很好，但没有自己的知识产权	我不知道该公司产品的好坏及其知识产权的有无	我觉得该公司搞假冒伪劣产品，无法无天、为所欲为	该公司的生态觉悟高，排放标准严，主动优化环境	该公司自觉按法规要求保护生态	该公司要在公众监督下才能保护生态	我对该公司在环境生态方面的作为一点也不了解	我觉得该公司有违反环境保护法的行为	选址、用工、上班交通安排等都主动优化社会生态	选址、用工、上班交通安排等能够不恶化社会生态	要在公众呼吁下，才会想到社会生态问题	我对该公司在社会生态方面的作为一点也不了解	该公司没有社会生态意识，决策常引起社会不安定
	3	2	1	0	−1	3	2	1	0	−1	3	2	1	0	−1
××公司															

在以上六份调查问卷中，把每个选答的“分值”也明确标示出来了。凡属于“情况完全不了解”的回答，分值为“0”。了解情况并对公司形象给予肯定性评价，

根据肯定性的程度定，分值为不同的正分；了解情况但对公司形象给予否定性评价，分值为“－1”。分值透明，有利于选答者权衡轻重，作出最能表达自己看法的选答。

二、主体企业形象调查

一个公司的主体企业形象，就是这个公司的员工对本公司所形成的印象。

主体企业形象调查的基本特点是：第一，是向本公司的员工调查，属于内向性调查；第二，是调查本公司企业形象给员工留下的印象，属于主观印象性调查。

公司里的每一个员工，都不仅是本公司企业形象的感受者，同时必然还是本公司企业形象的构成者、塑造者和传播者，其重要性不言而喻。所以在做主体企业形象调查的时候，有搞全员普查的必要性，不要遗漏了任何一位员工；本公司的员工，人数又总是有限的，从而也有搞全员普查的可能性。

一切主观印象性调查，都要求被询问的对象说出自己的真实感受，并不追究这种感受是否符合客观实际情况，是否有充分的根据，是否和别人的感受一致等等。印象性调查的这种特征，对于答题者来说，一般不存在“不知道该怎样回答才对”的认识困难，但却存在一个“要不要把自己的真实感受表示出来”的思想顾虑。为了打消这种顾虑，印象性调查应该采取不记名的问卷调查方式，而不应该采取面对面的口头问答方式。因为面对面的口头问答，提问者的口气轻重、表情变化、动作改变，都可能造成答题人的思想顾虑，从而把自己的真实印象隐藏起来。

在进行主体企业形象调查时，怎样打消员工的思想顾虑，使每一个员工都能把自己的真实感受表达出来，更应该缜密周到地加以考虑。因为员工之间不仅相互熟悉，而且存在着千丝万缕的利益关系、工作关系、上下级关系等等，一位员工对某个答案的选定，在另一位员工看来就可能是对自己某项工作的否定。这种关系上的敏感性，对答卷的匿名性有着更高的要求。所以，除了应该按一般的不记名问卷调查方式操作外，还应该在如何发卷、如何收卷等方面缜密设计。例如，可以选择员工下班走出公司大门时发卷，让员工把问卷拿回家单独选答，避免三五成群集中在一起答题，致使某些员工不得不隐藏自己所感受到的真实印象。收卷可以采取在公司范围内多多设置加锁信箱的方式，由员工自己投入箱内，避免收卷人与交卷人的直接交接，使每个员工都能对自己答卷的匿名性放心。

主体企业形象调查问卷的设置，应该尽可能与社会企业形象调查问卷的设置保持一致。这样，调查结果才有可比性，才能明确一个公司究竟是给社会公众留下的印象好，还是给本公司员工留下的印象好。当然，社会企业形象的调查问卷中某些问题，如果明显不适合用来询问员工，则必须更改或者取消。

在保证答卷真正匿名的前提下，可以设置能够表明答题者属于公司内部哪种群体的提问，以便于分析不同群体对公司的印象是否一致，如果不一致，主要表现在哪些方面。

出于以上考虑，主体企业形象调查问卷，也设置成六份。

问卷1：公司总体印象调查。请在你认为适当的答案下画“○”。

形象项目及其分值 公司名称	1. 一般身份界定					2. 公司认同度					3. 对本公司的评价											
											综合评价				持股愿望				岗位感情			
	我是本公司的高层领导	我是本公司的中层干部	我是本公司的基层干部	我是本公司的一般正式职工	我是本公司的非正式工	我非常赞成本公司的主张和行为	我只赞同本公司的部分主张和行为	我对本公司的主张和行为既不赞同也不反对	我除了上班根本就不知道本公司的什么主张和行为	我对本公司的主张和行为有些反感	一流	二流	三流	不知道	我非常愿意持有本公司的股票	持有一点本公司的股票也不错	我对是否持有本公司的股票无所谓	我不要本公司的股票	我对现在的工作岗位很满意	我觉得我的工作岗位还可以	我很想在本公司内换一个工作岗位	我想到其他公司去谋职
	4	3	2	1	0	3	2	1	0	−1	3	2	1	0	3	2	1	0	3	2	1	0
××公司																						

问卷2：公司个体印象调查。请在你认为适当的答案下画“○”。

形象项目及其分值 公司名称	1. 静件印象				2. 动件印象				3. 对公司人员的印象											
									德				才				外观			
	我对本公司的建筑风格、道路分布、办公室布置等的印象很好	我对本公司的建筑风格、道路分布、办公室布置等的印象较好	我对本公司的建筑风格、道路分布、办公室布置等的印象一般	我对本公司的建筑风格、道路分布、办公室布置等的印象很差	我觉得本公司的产品外观、车辆整洁等方面很好	我觉得本公司的产品外观、车辆整洁等方面较好	我觉得本公司的产品外观、车辆整洁等方面一般	我觉得本公司的产品外观、车辆整洁等方面很差	我觉得本公司所有员工的社会使命感和服务责任心都很强	我觉得本公司只有部分员工的社会使命感和服务责任心强	我觉得本公司员工的社会使命感和服务责任心一般	我觉得本公司员工的社会使命感和服务责任心很差	我觉得本公司员工的能力很强	我觉得本公司员工的能力较强	我觉得本公司员工的能力一般	我觉得本公司员工的能力很差	我觉得本公司人员衣冠整洁、和蔼可亲	我觉得本公司只有一部分人员衣冠整洁、和蔼可亲	我觉得本公司人员衣冠平常、相貌一般	我觉得本公司不少人员衣冠不整、样子难看
	2	1	0	−1	2	1	0	−1	2	1	0	−1	2	1	0	−1	2	1	0	−1
××公司																				

问卷3：公司“类印象”调查。请在你认为适当的答案下画“○”。

形象项目及其分值 / 公司名称	1. 技术类印象				2. 规模类印象				3. 最高价值类印象						4. 领导管理类印象			
	我觉得本公司是一家属于高新技术类的企业	我觉得本公司是一家属于传统技术类的企业	我觉得本公司的技术类型不突出	我觉得本公司是一家没有多少技术含量的企业	我觉得本公司是一家大型跨国公司	我觉得本公司是国内一家大型公司	我觉得本公司的规模在国内也排不上号	我觉得本公司谈不上什么规模，像一家皮包公司	我觉得本公司是把完成社会使命放在第一位的企业	我觉得本公司是把光明正大赚钱放在第一位的企业	我觉得公司把超越自身能力的使命放在了第一位	我觉得本公司不得不把自己的生存放在了首位	我看不出本公司是把什么放在第一位	我觉得本公司赚钱第一，为了利润不惜缺德和违法	我觉得本公司属于民主管理类企业	我觉得本公司属于协商管理类企业	我觉得本公司属于开明独裁管理类企业	我觉得本公司属于专权独裁管理类企业
	3	2	1	0	3	2	1	0	4	3	2	1	0	—1	3	2	1	0
××公司																		

说明：本问卷相对于社会企业形象问卷3来说，增加了“领导管理类印象”一栏。这是由于员工对本公司印象的优劣和公司领导的类型关系很大。而且，公司领导的管理类型，也只有本公司的员工感受最为深刻。

问卷4：公司“组织印象”调查。请在你认为适当的答案下画“○”。

形象项目及其分值 / 公司名称	1. 统一性印象			2. 活动性印象				3. 信息畅通性印象						4. 组织层级印象			
	我觉得本公司的建筑格式、人员着装等统一且有特色，组织性很强	我觉得本公司建筑格式、人员着装虽然统一但无特色，组织性一般	我觉得本公司的建筑格式、人员着装等根本就不统一，没有一点组织性	我公司能经常开展产品促销、社会公益和资金捐献等活动，组织得非常好	我公司的组织活动不平衡，产品促销等经济活动太多，社会公益活动太少	我公司只是偶尔开展一两次活动，也没有发动广大员工参与，效果不大	我清楚地知道，我公司从来就没有以组织的名义开展过什么像样的活动	我觉得本公司内部信息上通下达、外部顾客需求信息的进入与反馈都很流畅	我觉得本公司仅仅只是内部信息的上通下达很流畅	我觉得本公司仅仅只是外部顾客需求信息的进入与反馈很流畅	我觉得本公司内外部信息的传递都不是很流畅	我觉得本公司的信息网络不健全，经常发生信息断流或信息流向不当的错误	我觉得本公司的信息系统紊乱，不仅信息断流，而且信息失真严重	本公司组织层次精简，高层开明，中层鼓劲，员工贡献，一级爱一级	本公司虽然层次精简，高层开明，但中层干部板起面孔训人，员工不服	本公司虽然层次精简，但高层专权，中层管人，员工不能发挥聪明才智	本公司组织层次烦琐，官僚主义严重，效率低下
	2	1	0	3	2	1	0	4	3	2	1	0	—1	3	2	1	0
××公司																	

问卷5：公司“艺术印象”调查。请在你认为适当的答案下画“○”。

形象项目及其分值 公司名称	1. 制作艺术印象				2. 表达艺术印象					3. 支持文学艺术印象				
	我觉得本公司的产品外观及其包装，很美很精致	我觉得本公司的产品外观很美很精致，但包装平平淡淡	我觉得本公司的产品外观及其包装，都平平淡淡	我觉得本公司的产品外观及其包装，不美观，很难看	我觉得本公司的司标、商标、广告语、价值箴言等都很好很美	我觉得本公司的司标、商标、广告语、价值箴言等比较好	我觉得本公司的司标、商标、广告语、价值箴言等都比较一般	我对本公司的司标、商标、广告语、价值箴言等并不都了解	我觉得本公司的司标、商标、广告语、价值箴言等难看难听	我觉得本公司对社区文化、高雅艺术等的发展有巨大贡献	我觉得本公司对社区文化、高雅艺术等的发展比较支持	我觉得本公司对社区文化、高雅艺术等的发展支持不够	我并不知道本公司对社区文化、高雅艺术等的发展做了些什么	我觉得本公司的文化拙劣，妨碍了社区文化、高雅艺术的发展
	2	1	0	−1	3	2	1	0	−1	3	2	1	0	−1
××公司														

问卷6：公司“自为印象”调查。请在你认为适当的答案下画“○”。

形象项目及其分值 公司名称	1. 本职作为印象					2. 自然生态作为印象					3. 社会生态作为印象				
	我认为本公司首创的产品很多，实现了人类很多梦想	我觉得在本公司的产品中，只有一部分具有自己的知识产权	我认为本公司的产品虽然很好，但可惜没有自己的知识产权	我不知道本公司的产品是不是具有自己的独立知识产权	我觉得本公司也搞假冒伪劣产品，无法无天，为所欲为	我觉得本公司的生态觉悟高，排放标准比法律规定的还严，主动优化生态	我觉得本公司能够自觉地按法规要求保护生态	我觉得本公司要在公众监督下才能保护生态，监督放松，就不能保证	我对本公司在环境生态方面的作为，并不是很了解	我觉得本公司有违反环境保护法的行为	我认为本公司选址建厂、招工用工、上班交通安排等都主动优化社会生态	我认为本公司选址、用工、上班交通安排等能够不恶化社会生态	我们公司要在公众呼吁下，才会想到社会生态问题	我对本公司在社会生态方面的作为不是很了解	我认为本公司没有社会生态意识，决策常引起社会不安定
	3	2	1	0	−1	3	2	1	0	−1	3	2	1	0	−1
××公司															

三、客观企业形象调查

一个公司的客观企业形象，就是这个公司实际存在着的文明总体状态，也就是这个公司的客观实际状况。

客观企业形象调查，是要弄清本企业的实际状态，不属于主观印象性调查，而属于公司客观性调查。这是它的第一个基本特点，也是它和社会企业形象调查、主体企业形象调查的根本区别。

客观企业形象调查，是一项重大的基础性工作。因为，公众对本公司的认识和印象，是好于还是等于或差于公司的实际状态？员工对自己所在公司的评价，是高于还是等于或低于公司的实际状态？实施本公司的企业形象战略，当前的重点应该放在埋头优化公司实态还是大力加强对外宣传或对内教育？所有这些问题的回答和解决，只有建立在客观企业形象调查结论的基础上，才有可能是正确的。客观企业形象调查的这种基础性，是它的第二个基本特点。

一个公司的实际状态，本公司自己最清楚不过了，还用得着调查吗？这或许就是人们忽视客观企业形象调查的原因。其实，现在有些公司历史很长，规模很大，跨行业、跨地区，乃至跨国布点经营。如果没有深入细致的调查，即使你是本公司的主要领导，其客观实际状态也未必就非常清楚。即使历史短、规模小的公司，其孤立起来看的客观实际状态，固然很容易搞清楚，但联系起来看的实际状态，例如它的规模在本地区、本行业客观上排在第几名，它的产品或服务究竟客观上属于什么水平，没有深入细致的调查确是很难搞清楚的。因为这里还涉及对其他有关公司实际情况的把握。所以，客观企业形象调查看似容易，实际上却并不那么简单，这就是它的第三个基本特点。

客观企业形象调查的难易程度，和一个公司基础管理的优劣紧密相关。管理基础好的公司，各种原始凭证齐全、完好，信息集散都有记录在案，对这类公司的客观企业形象进行调查，相对来说就比较容易。反之，就比较困难。公司基础管理的优劣不同，会造成难易程度的巨大差别，这就是客观企业形象调查的第四个基本特点。

客观企业形象调查，一般不宜采用问卷调查法。在这里，既不是要公众表态，也不是要职工表态，而是要让事实“说话”。尽可能收集全部有关的事实，特别是收集各种原始凭证，对收集到的原始凭证加以系统的归纳整理，除伪存真，并对有关的事实进行科学的比较，这就是客观企业形象调查的基本方法。

许多事实都表现为数据。客观企业形象调查的基本任务，大体上就是要收集以下几个方面的各种数据：

（一）公司总体形象的数据

1. 时间跨度（建立年份、历史沿革）与地理位置跨度（跨几国或几省、几市等）；

2. 占地总面积、建筑总面积、道路总面积、绿化总面积；

3. 职工总数及其学历结构、专业结构、年龄结构、性别结构、民族结构；

4. 生产经营跨度（跨越几个产业或行业等）；

5. 净资产总额、年销售总额、年交税总额、年工资奖金总额、年利润总额；

6. 历年在世界500强、国内100强、行业100强等等中的排名；

7. 历年信用等级升降记录；

8. 历年股票涨跌、送配、停牌处理、特别处理的情况记录。

（二）公司个体形象的数据

1. 公司内部建筑物、雕塑、园林等获奖的情况、个数与等级；

2. 公司各种交通工具的数量、安全行驶里程、发生事故、违章受罚的全部记录；

3. 公司业务单位（产品或服务项目）的总数，其中金牛类、明星类、问题类、狗类各有几个，它们各自规模的大小①；

4. 公司产品或服务获奖的情况、个数与等级，公司产品品牌或服务品牌的个数以及它们是否名牌的情况；

5. 每年顾客或用户对公司产品质量或服务质量的投诉总量，来信表扬或感谢的总量；

6. 公司产品或服务被起诉、取缔、禁售、召回的情况；

7. 历年公司招聘总人数与来应聘的总人数的比例变化数据，关键岗位上的员工跳槽的数量及其给公司造成的损失；

8. 历年员工受到社会各个方面嘉奖、表扬的总人次，受到社会各个方面处罚、批评的总人次。

（三）公司类形象的数据

1. 每年投入高新技术产品研究开发的总金额，占销售总额的比例；

2. 每年获得专利的总数，投放市场新产品或新服务项目的总数；

3. 每年出售专利的收入总金额，买进专利的支出总金额；

4. 历年公司在世界、全国、全行业等的规模排名；

5. 公司领导或公司出版物阐明本公司类本质的次数，在不同场合下曾经把本公司归属于哪几个类；

6. 历年公司实际追求的价值目标分类（使命类、利润类、生存类）统计，例如每年对外捐献、赞助的总金额占总利润的比例，总利润中暴利、非正常利润

---

① 业务单位划分为金牛、明星、问题、狗，可依照市场营销学介绍的波士顿集团咨询法（BCG法）进行。

的比例，被迫降价处理的产品或资产的总额等等；

7. 公司历年决策的总数，其中广泛征求职工意见之后才作出决策的个数；

8. 公司职工历年提出合理化建议的总数，被采纳的比例，采纳后取得的各种效益。

（四）公司组织形象的数据

1. 公司明确要求统一事项（如着装、门面布置、接听电话第一句用语等等）的件数；

2. 公司自我认定的标志性建筑或工程等的数量；

3. 历年公司开展各种活动的类型，各种类型活动的次数、投入的金额等；

4. 公司对内对外信息双向交流渠道（如报修电话、咨询电话、监督电话、可聊天交流的网站、来访接待站等）的条数，单向信息发布渠道（如刊物、报纸、电子新闻板报等）的条数等；

5. 历年来公司信息失真事件的统计；

6. 从公司最高首脑到普通职工之间的组织层次数量；

7. 历年来下级投诉上级事件的数量与情况；

8. 历年来上级处理下级事件的数量与情况。

（五）公司艺术形象的数据

1. 公司自我认定的象征性标识（如司标、司旗、商标、厂歌、雕塑等）的数量以及受到评价（赞誉或批评）的情况；

2. 历年公司商标被侵权或被起诉的件数与情况；

3. 公司历年使用过的广告用语的数量以及受到评价（赞誉、批评乃至处罚）的情况；

4. 公司历年提出过的价值箴言、精神信条、道德格言、形象口号、经营训诫、管理座右铭、服务金科玉律的条目总数，以及它们被外界媒体报道、被外单位请去介绍、被编入各种书籍或教材的次数和情况；

5. 外界专门介绍本公司发展历史、描写本公司优秀人物、总结本公司先进经验的著作数量、传播范围、社会影响等；

6. 本公司管理层创作、发表和出版各种关于管理艺术作品的数量与情况；

7. 本公司每年赞助社区文化、高雅艺术的金额和情况；

8. 本公司每年开展大型文艺、体育、知识竞赛、技术比武等活动的次数与情况。

（六）公司自为形象的数据

1. 本公司首次推出的能够改变人类生活方式、影响世界进程、使人类某方面的理想成为现实的重大产品的数量与情况；

2. 本公司具有独立知识产权的产品数量、水平、赢利能力等情况；

3. 本公司历年在知识产权方面被侵权、被起诉的案件数量与情况；

4. 公司为了达到国家规定的自然生态标准，每年必须投入的资金总量、每年实际投入的资金总量；

5. 社区居民对本公司在自然生态方面的投诉总量以及解决情况；

6. 本公司职工对生产噪声、现场粉尘、热污染、人身安全的方面的投诉总量与解决情况；

7. 本公司在选址建厂、招工用工、上下班交通安排等社会生态方面被表扬、投诉的总量与情况；

8. 本公司制定的优化自然生态和社会生态的规划件数、实施进展和实际效果的数据。

当然，以上六个方面，可以根据具体情况增加或减少某些项目，但深入细致地收集这些数据，则是客观企业形象调查必须完成的任务。

四、企业形象调查资料的分析

企业形象调查，不能满足于仅仅获得大量的资料和数据，还应该用唯物辩证法的观点，对这些资料和数据进行分析，得出正确的结论。有了正确的调查结论，并且用来指导下一步的企业形象设计工作，资料和数据才算真正起到了基础作用。

调查资料的分析，应该着重寻找以下问题的答案：

1. 本公司的客观企业形象、社会企业形象、主体企业形象三者是否平衡？如果不平衡，三者的优、中、差如何排序？只有把这个问题搞清楚了，才能正确决定企业形象塑造战略的重点，究竟是应该放在内部革新上，还是应该放在对外宣传上，或是放在内部教育上。

2. 本公司如果“三象”基本平衡，那么本公司应该实施客观企业形象优先的战略，还是应该实施社会企业形象优先或主体企业形象优先的战略？这是由哪些实际条件所决定的？只有把这个问题搞清楚了，才有可能自觉地把公司的企业形象提升到一个新阶段。

3. 和竞争对手相比，本公司是“三象”全面优美，还是“三象”全面落后，或是“三象”各有千秋？只有搞清了这个问题，才能提出正确的企业形象竞争战略。

4. 本公司的外观形象（个体形象）、类形象、组织形象、艺术形象、自为形象五者是否全面发展？是否内在协调？五者相比较，强者是哪“象”，弱者是哪“象”？只有搞清了这些问题，才有可能采取提升本公司客观企业形象的正确措施。

5. 和竞争对手相比，本公司是“五象”全面优美，还是“五象”全面落后，或是“五象”各有千秋？能不能从竞争对手那里汲取有利于提升本公司客观企业形象的经验或教训？特别是在提升自为形象方面能不能和对手既竞争又合作？

6. 本公司的哪些条件，提供了实施有特色的企业形象战略的可能性？

7. 本公司是否有条件在企业形象方面进行创新？

8. 本公司的哪些条件，提供了在企业形象竞争方面实施差别化战略的可能性？

总之，客观实际是企业形象建设事业的出发点。通过调查得来的资料，只要符合实际，就是一个宝库。各种问题的解答，应该尽量用心到其中去寻找。详尽的调查材料，加上善于思考和创新的头脑，是企业形象事业必胜的保证。

第四节　企业形象设计

设计的重要性，可以用一句古训来表示：“凡事预则立，不预则废”（《礼记·中庸》）。所谓“预”，就是事先有准备，事先进行设计。设计的内容，既不是过去已经发生的事，也不是现在正在发生的事，而是将来要做的事，是明确将来要解决的矛盾，以及将来怎样解决矛盾等等。

毛泽东说：“一切事情是要人做的……做就必须先有人根据客观事实，引出思想、道理、意见，提出计划、方针、政策、战略、战术，方能做得好。思想等等是主观的东西，做或行动是主观见之于客观的东西，都是人类特殊的能动性。这种能动性，我们名之曰‘自觉的能动性’，是人之所以区别于物的特点。一切根据和符合于客观事实的思想是正确的思想，一切根据于正确思想的做或行动是正确的行动。我们必须发扬这样的思想和行动，必须发扬这种自觉的能动性。”①

这里，实际上提出了一切设计都必须遵守的两条根本原理：第一，任何设计方案的提出，不能只是靠拍脑袋拍出来，而是必须通过对实际情况的调查，从客观事实中引出来；第二，设计是否正确，是否高明，不能依据主观上“觉得怎样”来判定，而是应该依据它是否符合客观事物的发展规律来判定。企业形象设计，也必须贯彻和应用这两条根本原理。

一、企业形象设计的基本原则

除了这两条根本原理，企业形象设计还必须遵守一些基本原则。

① 《毛泽东选集》，2版，第2卷，477页，北京，人民出版社，1991。

（一）合乎事物发展规律的原则（合规原则）

企业形象设计，实际上就是要提出一幅公司未来的蓝图。这幅蓝图能不能变成现实，取决于它是不是必然会出现，取决于企业形象设计是否合乎事物发展的规律。凡是合乎事物发展规律、必然会如此出现的东西，就可以设计到公司未来形象的蓝图中去；凡是不合乎事物发展规律，并不必然会如此出现的东西，就不应该设计到公司未来形象的蓝图中去。这就是在企业形象设计中，坚持符合事物发展规律的原则，简称为“合规原则”。

怎样贯彻这条原则呢？下面通过分析美国IBM公司发展史上的事实来说明。

美国多产作家豪沃德·罗斯曼说：“坚如磐石的IBM是科技行业里的第一位巨人，在行业里占据着统治地位”[①]。但是，IBM自己提出来的口号或箴言，既不是“IBM就是高科技”，也不是“IBM就是行业里的巨人”，而是“IBM就是服务”。这就是说，IBM自己的形象定位，既不是“高科技”的形象，也不是“巨人”的形象，而是把自己的“类形象”定位于“卓越服务”。那么，应该怎样给这个“卓越服务的类形象”进行设计呢？显然，应该按照“卓越服务”本身的发展规律来进行设计。

什么叫服务？青岛海尔董事长张瑞敏有一个分析性的回答：“服务意味着用户的满意”，但这个满意，并不是你“解决了已经出现的问题，而是你可以给我解决潜在的问题”。企业界一般认为：我卖给你产品，你在使用过程中发生了问题，我立即给你上门服务，给你咨询，很好地给你解决了问题，你高兴了，满意了，这就叫“服务”。其实从本质上说，“出了问题的服务不叫服务，这叫补偿，因为不应该出现这个问题，你给用户造成了麻烦，（你上门去解决问题）只是（给用户）一种物质上、精神上的补偿，那不是服务，那不是真正的满意。真正的满意是用户对潜在的问题没有意识到，或者是意识到也隐隐约约觉察到了，不知怎样解决以至提不出来，但是你给我解决了”[②]。这个分析十分深刻，非常准确，对企业提供的服务有很高的要求：已经出现了问题才去服务不能算服务，至少算不上卓越的服务，只有解决了用户潜在问题的服务才是卓越的服务。

可以认为，事前采取切实可行的措施，解决用户的潜在问题，是一个公司卓越服务形象的生成和发展规律。那么，从企业形象设计理论的角度来看，应该设计公司在哪些方面有所作为，才能事前解决用户的潜在问题呢？这里有两种可供选择的设计方案：第一种是设计精益求精的科技行为，提高产品的技术可靠性，以保证各种潜在问题根本就不会发生；第二种是设计严密周全的服务行为，提高服务的覆盖面，发挥服务的优越性，以使各种潜在问题对用户来说不会发生。

---

① ［美］豪沃德·罗斯曼：《改变世界的50家大公司》，59页，北京，民主与建设出版社，2001。

② 张瑞敏：《海尔全面实施国际化战略的思路——2002年12月26日在海尔创业十八周年纪念会上的讲话》，见人民网，2002-12-30。

IBM 正是通过这两种方案的交替运用、结合运用和灵活运用，来生成和发展自己卓越服务的形象。

让我们具体看看，IBM 是怎样设计自己的行为，来解决用户的各种潜在问题的：

在 20 世纪 50 年代生产和经营第一代计算机的市场竞争中，IBM 的主要竞争对手，是雷明顿·兰德公司。当时，IBM 生产 701 计算机，雷明顿·兰德公司生产的计算机叫 UNIVAC（Universal Automatic Computer，通用自动计算机）。从技术上看，UNIVAC 是当时最好的计算机，“功能比 701 多，质量比 701 好”。但是，IBM 充分估计到，用户不管买哪一种计算机，都将要面对大量的潜在问题，因为第一代计算机毛病特别多，真空管很容易被烧坏，使用过程中会出现很多的麻烦。于是，IBM 从这个实际情况出发，设计了一种严密周全的服务行为，以使各种潜在问题对用户来说不会发生，那就是：701 计算机只出租不出售，机器租用期间，IBM 的职工每天 24 小时跟班服务，机器出了毛病，随时加以修理，这就意味着，IBM 实质上不是出售产品，而是出售周到的服务。当时，701 计算机的月租费用仅为 1.5 万美元，只相当于 UNIVAC 售价 100 万美元的 1.5%。虽然，701 计算机出故障的概率比较高，IBM 员工的修理技术也并不比竞争对手高明，但是所有的麻烦，都不是要求用户去直接面对，而是由 IBM 自己去面对，从而等于解决了用户的潜在问题。而雷明顿·兰德的 UNIVAC 虽然出故障的概率比较小，但用户必须面对每一次故障，每出一次毛病都得由用户和雷明顿·兰德公司交涉，叫公司派人来修理，过程相当的艰难。就这样，IBM 通过执行“只出租不出售、职工每天 24 小时跟班服务”的经营方案，赢得了用户，把劣势转化成了优势，打败了竞争对手。①

如果说，在生产经营第一代计算机（电子管计算机）的竞争过程中，IBM 是通过设计严密周全的服务行为，来解决用户的各种潜在问题，那么在生产经营第二代、第三代计算机的竞争过程中，IBM 则是通过投资高新技术，推出高层次、高质量、体现“全方位服务新理念”的产品，来解决用户的各种潜在问题。

生产经营第二代计算机（晶体管计算机）的竞争，始于 20 世纪 50 年代后期。经过大约七八年的较量，IBM 公司占有了全世界一半以上的市场，剩下的一半不到的市场，则由 CDC 等 7 家公司占有。当时戏称，IBM 公司是计算机领域的白雪公主，其他 7 家公司是“7 个小矮人”。但是，这“7 个小矮人”并不气馁，它们频频向 IBM 公司发起挑战。如 CDC 公司于 1963 年宣布，“将推出比 IBM7000 系列质量高很多的 6600 型号计算机”；蜜井公司推出了可以直接使用 IBM 的软件但价格比 IBM 同类产品便宜很多的计算机；通用电气公司推出了

① 参见［美］刘力明：《电脑业世纪商战——IBM、苹果、微软争霸纪实》，34～35 页。

一种新型计算机，价格与IBM的1400系列相同，但速度却快40%；美国广播公司的3301计算机，也比IBM的7010计算机强50%，而且价格还要低。所有这一切，使IBM公司的领导层感到了严重的危机。

IBM针对公司当时面临激烈竞争和发展相对停滞的局面，于1961年12月28日提出了研制《IBM360系列电子计算机》的计划报告，决心抓住集成电路闪亮登场的良机，投入50亿美元的巨额资金（是美国投入研制第一批原子弹的“曼哈顿工程”资金的2.5倍），领先推出第三代电子计算机。在贯彻执行这个计划的过程中，IBM工程设计师吉恩·阿姆达尔（G. Amdahl）博士首创了全方位服务于顾客的“兼容性”概念，第一次打破“研究用计算机”和“商业用计算机”各自封闭独立的界限，采用标准的输入/输出接口，生产出了满足商业与科学两种需要的兼容式产品。新计算机系列以“360”为名，也生动地用“一个圆圈360度”的形象比喻，表示了新计算机可以全方位应用于从工商业到科学界的各个领域，表示了IBM的宗旨是为用户全方位服务。到了1964年4月7日，IBM的360系列，共生产出了6个型号的大、中、小计算机和44种新式的配套设备，都是清一色的“兼容机”。结果是：IBM360成了当时人们最喜爱的计算机，因为它可以方便地应用于不同的领域。

就这样，通过创制体现“兼容性新理念”的第三代计算机，事前就解决了用户在使用第二代计算机过程中所面临的各种问题。在淘汰第二代计算机的过程中，IBM也在世界计算机领域内树立了所谓的“IBM标准”，以后的所有计算机公司在研制新产品时，都将不得不承认IBM的领导地位，都将不得不考虑与“IBM标准”的一致性，否则将自讨苦吃。①

当然，用户在使用第三代计算机的过程中，仍然会发生种种问题，仍然会有许多潜在的问题需要计算机公司去解决。但这是在更高层次上的新问题，它们的存在并不能否认IBM公司通过果断投资高科技、通过产品的更新换代，解决了使用老产品过程中所产生的问题。这是IBM公司顺应计算机发展规律所取得的必然成果。

（二）合乎活动范围所在地法律法规的原则（合法原则）

一切不符合法律法规的言论、行为、措施、战术、战略，都必须坚决摒除在企业形象设计蓝图之外，这就是企业形象设计必须遵守的“合法原则”。

为了贯彻执行这个原则，作为企业形象设计主体的公司或个人，必须特别注意法律法规的如下特点：

第一，多样性。世界上任何一个地区的法律法规，绝不会是只有一个，而是很多很多。企业形象设计中的每一个项目，所涉及的法律法规，也往往不是一

---

① 参见［美］刘力明：《电脑业世纪商战——IBM、苹果、微软争霸纪实》，37～39页。

个，而是很多很多。例如在日本，“关于公司名称的法律规定就有《商法》、《商标法》、《不正当竞争防止法》、《图形构造法》、《著作权法》等 5 种”①。在我国，关于名称设计所涉及的法律法规，则有《商标法》、《著作权法》、《反不正当竞争法》、《广告法》和《国家通用语言文字法》等。因此，企业形象设计工作者，应该深入地学法知法，消除法律上的盲区、盲点。

第二，差异性。世界各国、各地区的经济基础不同，政治制度各异，因而法律法规各不一样。例如“各国的商标权是独立的，所以各国保护商标权的必要条件也不相同……各国使用的方式都不同”②。所以，一个跨国、跨地区生产经营的公司，在设计自己的商标时，应该充分注意到这种差异，必要时最好找专门的律师咨询。否则，就很容易在不知不觉中造成侵权，或者辛辛苦苦设计出来的商标却得不到应有的保护。商标的设计是这样，整个企业形象的设计就更加是这样。

第三，时效性。在企业形象设计中，对法律法规的时效性，应该从两个角度加以把握。第一个角度，有些法律法规，虽然曾经有效，但现在已经被经过修改的法律法规所取代，企业形象设计工作者应该与时俱进，及时了解和研究已经修改部分的真谛，并以此作为自己设计的前提。第二个角度，有些问题，由于立法滞后，无法可依，过去一直作为政策性问题或道德性问题来看待；但现在已经有了相应的法律法规，企业形象设计工作者绝不应该对这类问题再抱无所谓的态度了，而应该深刻反省，树立社会使命感，及时了解和学习这些全新的法律法规，并贯彻到自己的设计工作中去。

（三）合乎伦理道德规范的原则（合德原则）

在企业形象设计蓝图中，不仅应当坚决摒除一切有悖于伦理道德规范的言论、行为、措施、战术、战略，而且应该努力使本公司的企业形象体现出高尚的道德境界。这就是企业形象设计必须遵守的“合德原则”。

遵守“合德原则”和遵守“合法原则”，既相联系又相区别。法律是道德的权力后盾，道德是法律的精神归宿。当现实中存在的某些重大问题，通过道德呼吁而不能解决时，就会有新的法律法规的颁布和实施，以便运用强制手段来解决问题；当某些法律法规，成为人们自觉自愿执行的行为习惯时，就会逐渐演化成为新的伦理道德规范。

有关市场经济的法律、法规、法制体系，是政府为维护正常的市场秩序而建立起来的，是约束每个市场主体的外在强制规定，对每个公司来说是一种硬约束。一个公司遵守有关市场经济的法律法规，完全可能是害怕受到制裁，不得不服从国家政权威慑力量的结果。因此，一个不遵守法律法规的公司，可以肯定不

---

① ［日］加藤邦宏：《CI 推进手册》，114 页，台北，艺风堂出版社，1992。

② 同上书，116 页。

是一个企业形象优美的公司；但一个遵守法律法规的公司，却未必是一个企业形象优美的公司。

只有那些既遵守法律法规，又自觉自愿遵守伦理道德规范的公司，才必然是一个企业形象优美的公司。因为一切伦理道德规范，都是具有独立意志的主体自觉自愿执行的“弃恶扬善”的行为准则。

一个公司遵守伦理道德规范，如果完全是“自律”的结果，也就是说，不是受外界约束和支配的结果，而是根据自己的善良意志、执行自己确立的行事原则的结果，那么就完全可以肯定它是一个企业形象优美的公司。这类公司作为市场行为主体，往往为了创造一个公平、有序、规范的竞争环境，主动按照公认的道德准则、伦理规范和文化传统，自觉自愿地实行“弃恶扬善”的自我约束。

当然，一个公司遵守伦理道德规范，也可能是迫于社会舆论约束的结果，是如同康德所说的“他律”的结果，也就是说，是“服从于自身以外的权威与规则约束”的结果，“不管这种约束是从社会来的（快乐的引诱，幸福的渴求），或从宗教来的（宗教权威，宗教礼仪，宗教狂热与迷信）都属于他律”[①]。即使如此，这种公司的企业形象，和被迫遵守法律法规的公司的企业形象比较而言，也还是要好。直观地说，一个迫于社会舆论约束而向灾区捐款100万元的公司，其企业形象比迫于法律约束而不得不补交100万元税款的公司要好。

形象优美与道德高尚，紧密联系而不可分割。从本质上看，一个人，一个组织，一个公司，不是因为形象优美而可爱，而是因为可爱而形象优美；不是因为可爱而显得道德高尚，而是因为道德高尚而显得可爱。道德是形象的根，是形象之本。根深才能叶茂，本固才会标旺。遵守伦理道德规范，是企业形象设计的根本。

在企业形象设计中，贯彻执行“合德原则”，必然要求设计人员本身树立一系列高尚的伦理道德观念。没有设计人员的高尚道德观，就不会有符合伦理道德规范的企业形象设计。那么，设计人员应该树立哪些思想道德观念呢？

第一，应该牢固树立“以道德塑造企业形象”的指导思想。

所谓道德，在内，表现为纯洁的动机、高尚的目的和各种先进的观念；在外，则显示为按照合理的行为准则来处理各种关系。以德塑造企业形象，在内，就必须时时反省，端正生产经营的目的动机，树立正确先进的企业价值观，不为非德之利所动心；在外，就必须广结缘分，规范行为，倡导新风，周到正确地处理好各种关系。

杭州娃哈哈集团，在它还是一个校办小厂的时候，就提供了一个“以道德塑造形象”的成功经验。当年，该厂负责人来到郑州，在街上兜了3天，亲眼看到

① 朱贻庭主编：《伦理学大辞典》，648页，上海，上海辞书出版社，2002。

了郑州市交通拥挤、学生过马路危险的种种场面。于是他径直找到当地的交通和教育部门，提出要为郑州市 5 万小学生定制黄帽子，这样小学生过马路就非常醒目，容易引起司机的注意，有利于学生安全。有关部门认为这是一件大好事，立即批准。一个星期之后，郑州街头便处处流动着标有“娃哈哈捐赠”的小黄帽。媒体纷纷报道此事，娃哈哈的公益形象大增，同时娃哈哈营养液也顺利地进入了郑州市场，为郑州市的孩子们所喜爱，一举两得。

第二，应该树立“社会发展、公司有责”的道德使命感。

有了这种道德使命感，在设计公司的“类形象”时，就能摆正企业赢利和社会发展的关系。办企业，当然要有利润，有了利润企业才能扩大投资规模，求得发展。但企业利润的增加，绝对不可以来自于损害国家（逃税、走私等）、危害社会（生产经营假冒伪劣商品、满足有害需求等）、加害同仁（窃取其他企业的技术机密等）、破坏生态（购买或启动不环保设备、随意排污等）、毁坏人伦（内压职工、外骗顾客等）、败坏行风（利用本职工作权力或垄断地位巧取豪夺等）；这“三害三坏”既触犯法律，也违背伦理，是塑造企业形象之大忌。

有了这种道德使命感，在设计公司的“类形象”时，就不会沉醉于本公司对 GDP 增长的贡献，而会深入考虑这种贡献是否合乎道德。因为现在的 GDP 统计，是完全忽视道德价值的。例如，大量砍伐森林，生产木质家具、纸浆、一次性木筷等，这类生产被统计为增加了 GDP。但是，砍伐森林导致水土流失、空气质量下降，制浆过程造成河流污染，却没有从 GDP 总值中扣除。具有讽刺意味的是：由于水被污染，人们不得不购买矿泉水；由于空气被污染，富人或中产阶级常常乘飞机去其他地方度假以呼吸新鲜空气。这种对矿泉水的购买和度假的消费等，又被当作对 GDP 增长的贡献。一次破坏，竟然成为 GDP 的两次增值。一个有社会使命感的企业形象设计者，绝不会把这种 GDP 的增长作为自己的“类本质”！

第三，应该树立“为尊重他人而塑造自身美的道德观念”。

有了这种高尚的道德观念，在设计公司的个人形象时，就会要求公司的领导或职工，在公众场合讲究衣着得体，讲究整齐清洁，讲究微笑安静，从而使公司全体人员养成把自己最优美的一面示人的习惯，以表示对别人的尊重，满足别人对美的需求，同时也达到提高自身文明程度、增加企业美誉度的效果。

第四，应该牢固树立“诚信为本”的道德观念。

有了这种高尚的道德观念，在设计和塑造企业形象时，就会把主要精力放在“做好”每一件事上，而不是花在用大钱“说好”每一件事上。当为公司设计企业广告和产品广告时，就会坚持“以德求美”，坚决摒弃“靠吹求美”。

所谓“靠吹求美”，就是在做广告时，“专拣好的说”，视为理所当然；夸大好的一面，视为合理包装；虚构好的一面，视为艺术想象。这样，片面广告、浮夸广告、虚假广告，倾巢而出，只要“说”得大众深信不疑，就被看成是塑造企业形象的巨大成功。在取名称时，“夸大、虚假、空洞，成了时髦。几层高的房子自称大厦；汽车都打不了转，也称为广场；四五张桌子的饭店也敢叫饺子城；没有几平方米绿地也敢喊花园洋房；三五人的公司却起名‘太平洋’、‘环球’、‘宇宙’”[①]。所有这些，是和“诚信为本”的道德观念格格不入的。

相反，“以德求美”，就是诚信为上，实事求是。在设计广告时，崇尚诚实无华，纯真交心。有一则广告说“因为不是第一，所以不断努力”，就体现了这种设计思想，值得发扬。实践证明，以德求美，基础牢靠，路越走越宽广，最终都能如愿以偿；靠吹求美，一味夸张包装，可能一时轰轰烈烈，但最终都没有好下场。

第五，应该树立“广告有善恶”的伦理道德观。

在某些广告主的心目中，广告就是销售量，就是效益，就是知名度。他们之所以要做广告，也仅仅就是为了增加销售量，提高效益，扩大知名度。不少广告经营者迎合这种片面的广告观，只在设计什么样的广告才能增加销售量、效益和知名度方面开动脑筋，统计效果，提供资料，而不顾其他。

然而在事实上，广告绝不仅仅是销售量、效益和知名度，广告也是教育阵地，广告还是企业的独立人格。

广告是教育阵地。一个公司，无论是选择广播、电视、电影、报纸、刊物，还是选择建筑物、车辆、公共场所来做广告，就是占领了一块教育阵地，就是在教人怎样说话写字，教人怎样对待痛苦，教人怎样进行思维。这里有许多问题需要正确地加以解决：是教人说字正腔圆、健康向上的普通话，还是教人说南腔北调、庸俗低级的江湖话？是教人写规范字，还是教人写错别字？是教人意志坚强，还是教人怕痛怕苦？是教人沿着承认辩证矛盾的途径进行思维，还是教人沿着承认逻辑矛盾的途径进行思维？

广告还是企业的独立人格。所谓“企业独立人格”，就是一个企业所具有的价值与尊严、伦理与品格、责任与权利、作用与地位的统一。企业独立人格的高尚程度，取决于企业对社会作用的大小。企业对社会的贡献越大，对人的理解和尊重程度越高，企业就越有价值，就越有尊严，就越会受到大众与社会的敬重。企业越能正确地处理它和国家及社会、它和人、它和环境、它的本职工作权利和它的特殊责任之间的关系，企业的伦理就越卓越和先进，就越有品位、风度与风格，就越有人格。怎样做广告，既是对企业独立人格高低的检验，也是企业展示自己高尚人格的机会。任何一个公司，如果善于利用这个机会，既宣传自己的企业和产品，也宣传真理，展现自己理解和尊重人的诚意，承担自己的社会责任，

① 《谈谈不良文化》，载《人民日报》，2000-06-17。

就一定能赢得尊严和敬重；反之，如果为了宣传自己的产品，竟然无视社会，无视人，无视“不可陷之盾与无不陷之矛不可同世而立”（《韩非子·难一》）这类古老的真理，那就肯定不会赢得尊严和敬重。

正因为广告是教育，广告是人格，所以广告有善恶。对于每一条广告，广告主、广告经营者和广告发布者都应该想一想：它是在行善，还是在作恶?

（四）合乎艺术规律的原则（合艺原则）

卓越的企业形象设计，必须要求它提供典型而又具有个性的远景，形象而又概括的表达，和谐而又具有差异性的达到目标的方案。这些要求是矛盾的，然而却是辩证矛盾的要求。

任何一个公司，都是由年龄、学历、外貌、境界等各不相同的职工，位置、朝向、功能、结构等各不相同的建筑，品种、规格、效用、外型等各不相同的产品，以及其他各种有形物质，相互联系起来而形成的一个系统。但是在为公司设计企业形象，包括设计公司的个体形象、类形象、组织形象、艺术形象和自为形象的时候，既不是给其中的每一个职工、每一幢建筑、每一件产品等等进行设计，也不是从中挑出一个职工、挑出一幢建筑、挑出一件产品等等来设计，而是要设计出他们共有的典型特征、共生的典型形态、互动的典型联系。否则，就不是企业形象设计，而是化妆师、建筑师、产品师的设计。但是，设计而成的典型特征、典型形态和典型联系，又不能是虚无缥缈的，它们不仅是来自现实而又高于现实，而且必须具有活生生的个性，其中的职工有年龄、学历、境界等，其中的建筑有位置、朝向、功能等，其中的产品有品种、规格、效用等。只有这样的设计，才能成为企业形象建设的目标。这也许可以用比喻的方法来说：给一个公司提供企业形象设计，很像给封建社会中的农民写《水浒》，给深受压迫而寻求解放的人们写《西游记》，给愿意进行道德修炼的人们写《复活》。卓越的企业形象设计，应该像知名作家的优秀小说一样，其中既有具体生动的语言文字、简洁明快的组织结构、酣畅流利的逻辑表达、赏心悦目的艺术形象，更有飘逸纯洁的精神境界、崇高伟大的理想追求、宏伟壮观的实践格局、令人神往的光明前景。

当然，比喻终归是比喻，设计企业形象和写小说等文艺创作，仍然是不同的。小说（或其他文艺作品）创作出来了，典型活生生地勾画出来了，这种比现实更高的典型能不能转化成为客观现实，例如农民们是不是照着梁山好汉那样去做，受压迫的人们是不是照着孙悟空那样去闹，追求道德自我完善的人们是不是照着聂赫留道夫那样去办，小说的作者是没有义务去深究的。企业形象设计则不同，它必须深究设计出来的形象蓝图如何实现，必须具有转化成为客观现实的可操作性。

固然，企业形象设计蓝图的实现，并不像工程设计图纸的实现那样丝毫不差，那样刻板。例如，松下幸之助说："松下电器是培育人才的公司。""有些企业以为培育人才是塑造任劳任怨、多做少求的机器人，这种眼光是很短浅的。因为培训目标如果只是效率和知识，那么谁也不敢保证他们能成为社会中的出色人才。说不定还会滥用知识能力危害社会呢。所以培养人才，应保持着以国家社会利益为前提的广义观点，才能培养出真正优秀的、适合企业界及社会需要的人选。"① 从14岁起就进入松下公司干了近25年，职位升到公司的常务董事兼制造部部长的井植薰，在离开松下并创建了三洋公司以后说："培养和照顾了我25年的松下公司所给予我的绝不仅仅是这些名利地位。更为珍贵的是，我从松下公司那里学会了经营，懂得了以培养人才为前提的经营之本。这是一笔无形的，但比任何财富都更可贵的思想财产，凭着它，我叩开了一道又一道成功之门。"② 如果把松下的话，看成是对松下公司企业形象的设计，那么井植薰的成长就是这个设计蓝图的一种实现。但是这种实现，也只是典型设计中的一种典型的体现，因为并不是在松下公司长期工作过的每一个人，都能成为像井植薰那样的出色人才。

企业形象设计蓝图转化成为客观现实，有点像客观自然界中的山山水水转化成为画家笔下的山水画。艺术大师齐白石曾在一幅枇杷画中题道："作画妙在似与不似之间：太似为媚俗，不似为欺世。"借用这句名言，也许可以这样说：兑现企业形象设计蓝图，奥妙也在似与不似之间，太似是对公司的过分苛求，不似则是公司在弄虚作假。

就企业形象设计类似于艺术创作来说，企业形象设计工作者必须掌握和遵守纯艺术规律，包括语言艺术、文字艺术、图形艺术、标志艺术、音乐艺术、雕塑艺术、舞蹈艺术、造型艺术、建筑艺术等等的规律。只有全面符合艺术规律的企业形象设计，只有无论从什么角度去看都充满着美感的企业形象设计，包括声情并茂、朗朗上口，状色有灵、百看不厌，行规如水、出闸自流，理喻于事、神寓于形，等等，才是卓越的企业形象设计，其自身才会有推动职工为之奋斗的吸引力。

就企业形象设计还必须深究形象蓝图如何实现来说，企业形象设计绝不能满足于纸面上解决矛盾，而必须考虑如何从实践上解决矛盾。这样，企业形象设计就不仅必须体现和符合形式美的艺术规律，还必须体现和符合实践美的艺术规律，即要符合领导艺术、管理艺术、待人艺术等方面的规律。

只有既符合纯艺术规律又符合实践艺术规律的企业形象的设计，才会给公司带来真正美好的明天。

---

① 王敦婵选编：《松下领导艺术》，277、282页。

② ［日］井植薰：《我和三洋》，3页。

二、企业形象设计内容的明确过程：CIS的由来与发展

近百年来，企业形象学科建设的一个重大进展，或者说，企业形象设计领域的一次革命，就是把企业形象设计的基本内容，逐步明确下来了。这个内容，不是别的，就是CIS。现在可以明确地说，所谓企业形象设计，就是CIS设计。

（一）CIS萌发的历史前提

CIS起源于"求识"，而非起源于"主识"。所谓"求识"，就是"要求被认识"；所谓"主识"，就是"主动去认识"。

且用故事[①]来说明"求识"和"主识"的区别：

《水浒传》里的杨志，将祖传宝刀插上草标，声言它"砍铜剁铁，刀口不卷"，"吹毛得过"，"杀人刀上没血"。并且当场演示，真的"把铜钱剁做两半"，将一把头发"照着刀口尽气力一吹，那头发都做两段，纷纷飘下地来"。杨志的这些活动，目的是要使自己的宝刀被别人认识，卖个三千贯的好价钱，属于"求识"活动。

相反，《水浒传》里的鲁智深，在五台山出家的时候，怀里揣着银两，到酒店去买酒喝，"连走了三五家，都不肯卖"，因为"长老已有法旨"，不得"卖酒与寺里僧人吃"。在这种情况下，鲁智深"寻思一计"，找了个"旁村小酒店"，装作不是五台山寺里的和尚，高叫着"过往僧人买碗酒喝"，把酒买到了手。鲁智深还要买肉吃，"庄家道：'早来有些牛肉，都卖没了。'智深猛闻得一阵肉香，走出空地上看时，只见墙边砂锅里煮着一只狗在那里"。于是指着要买，又买到了半只熟狗肉吃。鲁智深为了买到酒、买到肉，走店选店，循香找肉，非常主动，很是积极，属于"主识"活动。

在封建社会里，消费者像鲁智深那样，不得不主动去寻找能够把东西卖给自己的商家，不得不主动去寻找自己所需要的货源，应该说具有一定的必然性。而供应者像杨志那样，诚实地介绍、演示自己所要卖出的东西，主动要求大众来认识自己的货物，则不是必然的。这是因为：

第一，从总体上看，封建社会的生产力水平并不高，物质产品有限，经济是短缺经济，市场是卖方市场。和这种短缺经济、卖方市场相适应，占统治地位的商务理念，必然是"手中有货，心中不慌"，"酒香不怕巷子深"。

第二，在封建社会里，明文规定许多东西不能进入市场，许多东西（如粮食、盐、铁、酒、茶）只能由官家（政府）经营，还有许多东西只能由那些位高权重的人来消费。这种自由度很小的盲目官控市场，不仅不会使手中有货的供应者去宣传、彰显自己的货物，而只会使他们藏匿或者尽可能不声不响地卖出自己

① 故事详见《水浒全传》，第四回、第十二回。

可以出售的货物，以免惹出多余的麻烦，就像《水浒传》里卖酒卖肉给鲁智深的庄家那样小心谨慎。

第三，无论古代的东方还是西方，无论在封建社会还是在它以前的社会，占主导地位的政策导向和思想观点都是抑商、贬商。我国古代把一般的人分成四个等级：士（兵）、农（民）、工（匠）、商（人）。商人处在最低等。社会舆论最看不起的，也是商人。据说："商人之所以被人瞧不起，是因为商人不同于士，他们追求自己的私利而不是公共利益，还因为商人不同于农民或工匠，他不能生产实实在在的农作物或产品"[①]，而是专门干"低价进、高价出的欺诈勾当"。这样，人们普遍认为，商务、商业、商人本身就是不道德的或缺少伦理道德的。我国"无商不奸、无奸不商"的俗语，就是这种观点的集中表现。既然商人及其商务本身就被看成是"奸"，就被舆论判定为"谋私利"、干"欺诈勾当"的"恶"，那么，商人不愿意积极主动地宣传、介绍自己的活动和自己的货物，就是自然的了。

第四，在封建社会里，商家的规模很小，每家生产和经营的商品种类不多，相互之间竞争并不那么激烈，基本上没有"必须宣传自己"的市场压力。只是在特殊情况下，才会有如同杨志那种"求识"活动的需要。

总之，要使"求识"活动成为企业的一种必然，第一，必须有生产力的大发展；第二，必须使经济告别短缺经济，使卖方市场变成买方市场，使受到种种束缚的市场变成可以自由发展、自由竞争的市场；第三，必须使被人瞧不起的商品生产经营活动变成普遍受到重视的、能够改变世界面貌的活动；第四，必须使企业生产经营的规模扩大，生产经营商品的种类增多，相互间的竞争既剧烈又文明。这就是萌生CIS的历史前提。

这种历史前提，不但在封建社会不具备，在资本主义社会初期不具备，甚至在自由资本主义向垄断资本主义发展的情况下也不完全具备。只是在资本主义国家实施了反垄断的法律法规，全球形成了既有资本主义企业也有社会主义企业共同参与竞争的世界市场，市场竞争的发展进入到了以文明取胜的时代，企业形象优劣成为市场竞争胜败的决定性因素的情况下，才算是完全具备了。

（二）CIS的形成和发展的四个阶段

第一阶段，可称为"始于西欧各国的雏形阶段"（大约就是20世纪的上半期）。

西欧是资本主义的发源地。到20世纪初，西方各国的生产力，和世界上其他地区相比，有了非常明显的发展。但是，1825年首次发生的，以后每隔大约10年又来一次的经济危机，却一直困扰着西方企业。从本质上看，经济危机的根源，在于生产社会化同资本主义私人占有之间的矛盾；从现象上看，经济危机

① ［美］曼塞·G·布莱克福德：《西方现代企业的兴起》，25页。

是一种造成极大浪费的供求失衡，短缺经济变成了过剩经济，卖方市场变成了买方市场，堆积如山的商品卖不出去。

面对经济危机，西方同时酝酿出两类不同性质的措施。

第一类措施，是加强资本和生产的集中，依靠资金和规模的实力，让大企业吞并小企业，加速和加深较小企业的死亡，形成垄断整个国内市场的大型企业。垄断一旦成为事实，垄断企业就失去提高科技水平、增加生产的兴趣，而是以现有的科技水平只生产能够卖得出去那样多的产品，并靠垄断价格来维持自己的高额利润。这类国内垄断巨头，又进一步以本国的政治、军事实力为根据，和他国的垄断巨头分割世界市场，求得全世界的供应与需求的平衡。简言之，这是一种靠野蛮竞争取胜的措施，是一种以牺牲生产力发展、牺牲市场自由竞争为代价的措施。这类措施，虽然在短期内可以强制性地实现供求平衡，但不可能长期维持，它一方面进一步导致了重新瓜分全球市场的世界大战，另一方面导致了反垄断、反帝国主义、反资本主义制度的社会主义革命。

第二类措施，是在周期地出现的经济危机面前，有些西方企业萌生了一种“求识”意识，加强了“求识”活动，想方设法让社会大众认识自己的企业，认识自己的产品，特别是认识自己产品的优良品质，以争取更多的社会大众成为自己产品的买主。这是一种靠文明竞争取胜的措施。正是这种“求识”意识和“求识”活动，构成了 CIS 的雏形阶段。

CIS 雏形阶段的两个主要特点是：

第一，从内容上看，在这个阶段上所做的工作，是统一公司的名称、标志、商标、公函、名片、对外宣传品等等的视觉形象。所谓“统一”，就是不管名称等等是在什么时候、什么场合、什么媒体上出现，即不管它们是在办公室、会议室还是在广场上出现，是在建筑上、招牌上、产品上、画报上还是在电视上等等出现，都采用相同的写法、相同的色彩、相同的比例等等。它们这样以一体化面貌，在各种载体上反复出现，能够收到语言宣传和奔波销售所不可企及的信息功效，从而使社会大众能够在很多相互竞争的公司中非常容易地认出本公司，在成千上万的产品中非常容易地认出本公司的产品，形成以本公司为中心的社会凝聚体。至于这种统一的视觉形象后面，代表着公司一种什么样的行为，蕴涵着公司一种什么样的价值取向、精神状态、理想追求、经营理念等等，在这个阶段上并没有深入的研究。所以，这个阶段上的设计，虽然毫无疑问地属于“公司识别（Corporate Identity，简称 CI）设计”，但如果把它称之为公司的“视觉识别（Visual Identity，简称 VI）设计”，则更加贴切。

在这个阶段上，是否出现了“CI”这个用语，有两种不同的说法。第一种说法，是冯云廷、李怀斌编著的《企业形象：战略、设计与传播》（东北财经大学出版社）一书中的说法，认为“早在 20 世纪 30 年代初期，美国著名的设计家雷蒙特·罗维和保罗·兰德等人就提出了CIS这一用语，即Corporate Identity System”。有些网站引用了这种说法。如果这种说法成立，那么在这个雏形阶段上，就不仅仅是有了用语“CI”，而是已经有了“CIS”这个用语。不过文献中还有第二种说法，认为“CI此一名词真正出现，始于日本的中西元男先生……《经营策略的设计统合》一书中”[①]。这种说法也被一些网站认同，认为“日本理论家中西元男发表了《经营策略的设计统合》著作，首次较完整地提出了CI概念，奠定了企业形象识别系统的理论框架”。中西元男《经营策略的设计统合》（*Design Coordination Management Strategy*，简称*DECOMAS*）一书的出版，不会早于20世纪60年代。所以，如果第二种说法成立，那么在CIS的雏形阶段上，就只有公司的“求识”实践活动，暂时还没有CI的理论活动。两种说法，谁是谁非，尚待研究核实。

第二，这个阶段持续的时间很长，而企业形象设计的进展却并不是很大，企业“求识”活动的意愿并不是很强烈。

这是因为，20世纪上半期，是垄断和战争的时代。虽然，早在1889年加拿大就颁布了《禁止限制性贸易的合并法》。接着美国于1890年颁布了《保护贸易和商业不受非法限制与垄断之害法》，1914年又颁布了《联邦贸易委员会法》和《克莱顿反托拉斯法》。但是这些反对垄断的法律法规，并没有改变整个资本主义世界加紧垄断、准备战争、用野蛮竞争来解决矛盾和摆脱经济危机的主要举措。这酿成了1914—1918年的第一次世界大战。这次战争虽然以战争挑动者德奥匈意同盟的失败告终，虽然付出了世界经济遭受巨大破坏的代价，但垄断与战争的时代主题并没有任何的改变，企业之间的竞争并没有因此就从野蛮转向文明，公司重视优美形象塑造的程度也并没有因此而提高。相反，统一视觉形象的“求识”活动，作为一种形成凝聚力的手段，倒是被希特勒用来培植战争力量。“第一次世界大战之后，希特勒运用了CI强而有力的说服力，重建战后德国的新气象。由于当时的德国，面临经济萧条，通货膨胀、国民信心颓丧等问题，国家信心亟待恢复。为了使人们相信领导者的力量，希特勒借由制服、旗帜、仪式、口号，甚至肢体活动等识别工具，在国家社会的活动和仪式中，营造出慑人的气氛。进而将新闻、艺术、教育、生产活动……囊括在其思想控制之下。”[②] 结果是酿成了1939—1945年的第二次世界大战。

第二次世界大战，给人类造成了巨大的灾难，给世界经济造成了空前的破坏，但最终还是以德日意法西斯国家失败和投降而告终。如果说，第一次世界大战打出了一个社会主义国家——苏联，那么第二次世界大战则打出了中国等一大

① 吴江山编著：《CI与展示》，20页，台北，新形象出版事业有限公司，1993。

② 同上书，16页。

批社会主义国家。历史清晰地显示出它自己固有的规律：历史的发展是不以战争贩子们的意志为转移的，垄断，战争，野蛮竞争，此路不通！人民群众才是历史的创造者，人心所向的世界和平与发展，以及各国人民为之奋斗的实践，才是历史的必由之路。20世纪后半期，人类开始跨入一个新的时代，出现了和平与发展的新趋势。CIS也因此开始进入它的第二个发展阶段。

第二阶段，可称为“流行于美国的开发阶段”（大约在20世纪50年代—70年代）。

文献记载如下：“CIS是开发于美国”的一种“专门技术”，是“经过科学调查、分析，在视觉上表现企业同一性的”；“20世纪70年代是美国CI全盛时期”①。

在这个阶段上，美国对CIS发展的推动，主要表现在以下三个方面：

第一，继承了上阶段“注重公司视觉形象统一”的传统，强调公司名称以及各种标识的标准化，图案、色彩、字体等在全世界都一样。在此基础上，还进一步强调公司的门面、建筑、办公室等固定实体的统一。从而加强了一个公司在物质层面上的可辨识性。今天我国几乎每个大城市都能看到的“麦当劳”和“肯德基”的门面格局，就是美国强调固定实体统一的典型表现。

第二，美国的CIS设计，一方面强调“易识别性”，使社会大众一眼就能把一个公司从错综复杂的环境中识别出来，一眼就能和另一个公司区别开来；另一方面又强调“易融合性”，使公司形象和环境协调一致。例如，招牌的设置必须认清所在地区的自然环境、社会环境和文化环境，使之与环境产生良好的融合，从而使公司的企业形象成为良好的生态文化、都市文化、地区社会文化的一个组成部分。从而给CIS设计提出了将个性（易识别性）和共性（易融合性）辩证地统一起来的任务。

第三，美国的CIS设计，不再仅仅满足于发挥图标（logo）的识别功能，开创了综合运用图标的新阶段。设计师詹姆士·富格莱门（James K. Fogleman）在1951年指出，视觉图像应该表现公司的个性和特征。在这个阶段上，许多公司提出来的问题，不是怎样向大众传播一个公司的产品信息，而是怎样传播一个公司的文化信息（如怎样传播一个公司的“开拓精神和创造性”等）。设计并不局限于表现“形”和“物”，而且要表现“神”和“意”。

例如，1956年，当美国国际商用机器公司（International Business Machines）要引进CIS的时候，该公司第二代老板、总裁小汤姆斯·沃森是这样提出问题的：凡人都有人格，都有自己的独特的主张和行为模式，从而可以对人进行个性识别（Personal Identity）。这就是说，每个人除了取一个名字，还可以展

① ［日］平沢志郎：《作为市场战略的CI系统》，见《CI理论与实例》，124页，台北，艺风堂出版社，1991。

示自己的个性，来帮助识别。如果用同样的构想来比喻企业的话，那么一家企业也应该有自己统一的人格。他认为，美国国际商用机器公司的人格特色，就是具有开拓精神和创造性。他问当时担任设计顾问的艾略特·诺伊斯："公司应该如何把这些特色传达给世界人士呢?"艾略特·诺伊斯的回答是：可以通过统一化的设计来传达。这位顾问还推荐由设计师保罗·兰德（Paul Rand）来具体做这件事。

为什么推荐保罗·兰德呢？因为，"美国国际商用机器公司的人格特色就是具有开拓精神和创造性"，这是用语言作出的描述，可以看成是一个文案。现在的任务是要把这个文案通过有形的视觉图像表现出来。而保罗·兰德相信，在现代传播中，语言要素和视觉要素就像一首歌的歌词和乐谱一样密不可分，有了歌词就可以把乐谱写出来，有了语言要素也可以把视觉图像创作出来。他在 20 世纪 40 年代，就以极具特色的方法，对若干文案作出了视觉表现，即使文案撰稿人交给他的是只言片语，他也敢于冒险去探索出视觉图像来。他的许多作品，在语言和意象的沟通方式方面，确实能够给人以更多的启发。

保罗·兰德不负众望，最后设计出了公司标志（见图 5—4）。这个标志的特点和成功之处在于：

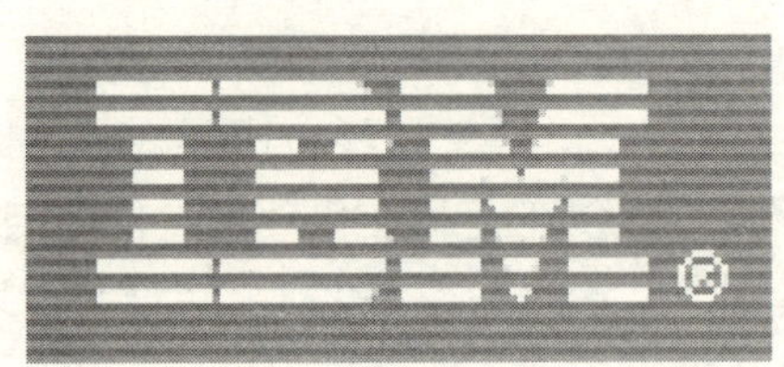

图 5—4

1. 国际商用机器公司的全称是"International Business Machines"，名称长而难记，而且不容易读，是公司形象方面的一大障碍。保罗·兰德取它的简称，变成 IBM 三个线条利落的字母，易记易读，适合于传达公司统一的企业形象。

2. 由于 IBM 公司的人格特色是具有开拓精神和创造性，所以它的生存空间巨大无比，发展前途广阔无量。保罗·兰德选定天空、海洋、远山的蓝色作为标准色，就表现出了 IBM 公司天高任鸟飞、海阔凭鱼跃、万山走泥丸的光明前景。

3. IBM 的发展步伐是扎实的，它是从生产制表机、定时器、打字机而发展到生产计算机的。其中，1911 年创造性地革新打字机，1944 年开始生产计算机，是它发展的关键。保罗·兰德在设计中，对用打字机打印出来的"IBM"三个字进行仿真，将打字体"B"字中的两个小半圆改成两个方洞，并将三个字母以同一风格修正，用这种外形非常贴切地表明 IBM 是以事务机器及打字机起家的，并传达了 IBM 最基本的营业内容。

4. 保罗·兰德后来在他的原始设计中，添加了横条纹，不仅增加了趣味性，具有新的科技感，而且表现IBM公司能够灵活地成长。

IBM公司通过这个完美的设计，以“公司标志”的形式，把自己的开拓创新精神固定了下来，既激发了本公司员工的士气，也赢得了公众的信任，获得了“世界计算机行业里的蓝色巨人”的美名。应该说，这是企业形象塑造方面的巨大成功。

总之，在CIS发展的这个开发阶段上，提出并成功地尝试了把“形”和“神”辩证地统一起来的CIS设计任务。

美国深入开发CIS的原因，除了受和平与发展这个时代主题支配这个大的历史根源以外，还有它自身固有的特殊原因：

(1) 美国是“车轮文化”的国家，人们离家出行，无一不依赖于车辆。因此，美国公司的招牌，必须让在快速运动着的车辆上的人们也容易识别。特别是高速公路两侧公司的招牌，必须让驾驶员不仅一眼就能认出它是加油站，还是餐馆、停车场、旅社、商店、超级市场或其他什么单位，而且要一眼就能认出它是哪家公司经营的。这样一来，每一个美国公司不仅要统一自己的商标，还要统一自己在各个经营点上的建筑格式、门面布局、招牌的形状与色彩以及悬挂方式等等，从而把始于德国的CI向前推进了一大步。正是根据对这一原因的分析，现在许多日本人认为：“CI是重视车辆文化社会的产物”①。

(2) “美国是多民族社会，并不是单一语言国家”，“因此美国是一个非常需要企业标志、标准色等万国共通性情报的国家。”②

(3) “自20世纪60年代末期开始，企业便成为消费者运动的众矢之的。诸如商品缺陷、公害问题等等，使得消费者和地方民众的运动有如风起云涌，非常热烈。此时，美国的企业不再沉默了，因为沉默就表示承认错误。”③

这就是说，美国的消费者已经开始从更深的本质层次上，来对公司的企业形象评优论劣了。他们已经不满足于公司的产品对路、质量上乘、服务周全和价格低廉，还进一步过问做到这些的指导思想是否端正，其方法、手段、过程是否给自然和社会造成了公害，使用其售出的商品会不会形成“人性缺陷”等等。正是广大消费者的这种“生态觉悟”和“人文觉悟”，推动着美国公司进一步开发CIS。它们不再仅仅是将统一的商标系统地用于公司的全部产品，而且还进行各种展示企业形象的活动；不仅做推销商品和服务的广告，还进一步做“推销企业”的广告，即做所谓“企业广告”，向社会公众传播“公司对广大市民做了哪些贡献”、“公司的指导思想是什么”等方面的信息。

第三阶段，可称为“风行于日本的系统化阶段”（大约在20世纪80年代）。

---

① 艺风堂出版社编辑部编译：《日本型CI战略》，6页，台北，艺风堂出版社，1992。

② 同上书，6～7页。

③ ［日］八卷俊雄：《企业形象战略》，127页。

CIS风行于日本，是20世纪80年代的事情，比美国的CIS全盛期，大约晚十年。日本的加藤邦宏在1984年3月写道："十几年前，日本几乎没有人知道'CI'是什么。然而，现在CI已成为企业界的热门话题……那些关怀公司前途的主管们，常在相互间的谈话中提及CI，似乎CI已成为人们生活中所关切的一部分了。"①

这个阶段的重大进展，就是使CIS设计系统化了。具体表现为设计内容系统化，设计主体系统化，设计程序系统化。分别说明如下：

第一，设计内容的系统化。

日本研究人员明确指出："光是具有企业标志并不表示企业实行了CI，因为CI必须系统化，否则就无法发挥情报的有效性，即效率化。"那么，CI怎样系统化呢？回答是："必须先考虑并确立三大要素。第一要素是企业理念，第二要素是企业的结构或行动，第三要素是企业的视觉性表情。"②

所谓"视觉性表情"的设计，就是用图形、字体、颜色等等，设计出各种可视的标识，如司标、商标等，使之具有艺术个性，不仅能够表达一个公司的外在特征，也能传达公司的精神面貌、价值取向和理想追求等。这种视觉识别设计（即VI设计），固然是CIS设计的内容，但绝不是CIS设计内容的全部，而只是它的一部分。由于在人们的认识中，80%的信息是来自视觉，视觉上的变化往往容易引起人们的注意，因此许多人就把VI设计误解成了CIS设计的全部。这种误解，在CIS发展的第三阶段上，才真正被消除。

用语言、文字来设计和表达一个公司的生存价值、社会使命、精神状态、经营宗旨等等，并使这种表达生动、形象，能起到鼓舞全体职工团结一致、努力向前的作用，也是CIS设计的内容之一。像保罗·兰德那样，把文案"视觉图像化"，属于CIS设计，被称为"公司视觉识别"设计，简称为VI设计；提出关于公司生存价值等等的"文案"，并使这种"文案"以箴言、成语、格言、口号、座右铭等形式出现，显得非常简练、具体、生动，以至当人们读到、听到这些"文案"时，能够联想到公司的某种远景，并产生震撼心灵的作用，也属于CIS设计，被称为"公司理念识别"设计，简称为MI设计。

同样，用语言、文字来设计和规范公司及其员工的行为，并使这种语言和文字的表达，十分清晰、准确，容易理解，便于执行，能够促进一个公司的社会使命、精神追求、经营宗旨等等的落实，也是CIS设计的内容之一，被称为"公司行为识别"设计，简称为BI设计。

总之，在这个阶段上已经十分清楚地认识到：CIS设计，就是指企业、公司或团体在形象（image）统一方面的设计。它是一个系统工程，是包括MI、BI、

---

① ［日］加藤邦宏：《企业形象革命》，2页，台北，艺风堂出版社，1992。

② Total Media开发研究所：《日本型CI初论》，"导论"，见《日本型CI战略》，7、8页。

VI 三个子系统的设计。这三个子系统的设计，相互区别，各有自己的特殊任务；但又相互联系，相互呼应，构成一个完整的 CIS 设计系统。它们在分别设计出一个公司的理念形象、行为形象、视觉形象的同时，也通过相互渗透而设计出一个公司的完整形象。

如果说，CIS 设计第一阶段上的代表作，是彼得·贝伦斯为德国 AEG 公司所做的设计，CIS 设计第二阶段上的代表作，是保罗·兰德为美国 IBM 公司做的设计，那么，CIS 设计第三阶段上的代表作，就是中西元男于 1978 年为位于日本东京银座的松屋百货店所做的设计。

松屋创业于明治 3 年（1870 年），是日本的一家百年老店。据文献记载，日本的百货店大致有三种类型：第一类是由古代的“吴服店”发展而来的“布店型”，所谓“吴服”就是“和服”，相传是中国吴越年代传至日本的。第二类是“铁道型”，是铁道公司修铁路时，看中车站客流量大，利用车站现成的土地而盖起来的。第三类是“超级市场型”，这是新出现不久，大量经销小百货的。

20 世纪 70 年代，日本已经进入大量生产、大量消费的年代。由于新的“超级市场型”百货店的冲击，百年的老店已经不吃香了。何况“松屋”在全国只有两间铺面，因而出现了前所未有的危机。当时打算在船桥和横滨收购新店，但由于财力不足而夭折了。就是在这种情况下，松屋委托中西元男创办的 PAOS 公司，担任松屋百货店的 CIS 设计。

中西元男从接受委托的第一天起，就不是把这仅仅作为一项企业标识的设计工作来做，而是把它作为一项系统工程来做。说得更远一点，中西元男从他组建 PAOS 这个承担 CIS 设计任务的专业公司的第一天起，就不仅仅把 CIS 设计作为各种视觉标识的设计工作来做，而是把它作为一项包括 MI、BI 和 VI 在内的系统工程来做。

中西元男把他的设计，称为“扩大的设计”，认为设计并不局限于“形”和“物”。他的一个基本理念，就是要用“美”来改造经营，改造企业，改造社会，而不只是用来改造标识。他所倡导的设计，不只是要设计出一幅美丽的图案，而是要设计出一种新的生活方式、一套新的社会价值，因而是一种要把企业、社会由生意型变成知识型、文化型的设计。

这种“扩大的设计”，表现在 PAOS 公司内部的组织结构上，就是不但有“设计（design）室”，还有“企划（plan）室”，而且“企划室”的人是“设计室”的人的一倍。“企划”被认为是一种动脑型设计。虽然“设计”同样也是要动脑筋的，但更多的却是动手，是按“企划”的意图去制作，是一种动手型的设计。

这种“扩大的设计”，表现在 PAOS 公司的工作特点上，就是从理念着手设计。每当 PAOS 公司接受了一个新的 CIS 设计任务，就在中西元男的指导下，由“企划室”的工作人员进行大量的调查，收集各种各样的资料，形成理念，制定总体方案，然后才由“设计室”的工作人员去设计。PAOS公司的工作非常认真，一丝不苟。他们的调查非常深入。举例来说，如果是为一个食品公司设计标志的话，他们会把世界上所有食品公司的标志都找来，再按国别、企业特性、年代等，在“坐标图”上进行横向和纵向的比较，让人看了一目了然。一件作品，先得在一定理念指导下，绘制出几十个、上百个设计稿，然后从中挑选出三个方案，拿到“提案说明会”上去讨论。会不会因为设计稿太多，反而会挑花了眼呢？不会的，因为PAOS公司设计稿的“多”，是在一定理念下的“多”，再多的设计稿，最终都可以放到归纳成了少数几个标准的“理念坐标图”上来评价。所谓“提案说明会”，实际上也就是介绍这三个方案，是怎样根据“理念坐标图”，从几十上百个设计稿中挑选出来的。这种工作特点，充分体现出PAOS公司的宗旨：要拿出最好的设计方案来说服对象。那些非常挑剔的客户，在看到如此之多的调查资料和设计稿以后，都表示心服口服。

这种“扩大的设计”，体现在松屋百货店的CIS设计中，就是设计出了包括MI、BI、VI在内的松屋形象系统。①

就MI来说，PAOS公司经过了大量的调查和分析后，得出了结论：松屋这个百年老店要想复苏，没有别的办法，只有走新路，突出自己的个性。PAOS公司为松屋设计了如下的理念和意识：

1. 创新的理念和意识。提出的口号有：“新感觉，新松屋”；“创造松屋新文化”。

2. 精品、名品、新品、稀缺品的理念和意识。即在当时大量制作、大量销售的状况下，松屋应该销售具有国际质量水准的国内外精品，销售国际名牌商品，销售“合乎潮流的服装与衣料、使日常生活更舒适的日用品、交际所需的礼品”之类的新品，销售别人没有的、和大路货相反的稀缺品，用物以稀为贵来取胜。通过销售精品、名品、新品和稀缺品，来打造自己的特色。

3. 国际化、创一流的理念和意识。松屋应该抓住银座经常有外国人来的这一特点，在当时还没有完全国际化的东京，首先在店内开始采用多国语言的广播。同时提出了“成为日本服务第一公司”和“顾客第一主义”的口号。

就BI来说，PAOS公司为松屋百货店提出了“改善员工服务态度，振兴员工士气”的设计。其要点如下：

1.“每一位员工均需遵守公司规则，有良好的礼貌及服务态度”。以落实“成为日本服务第一公司”的目标追求。

2. 松屋百货店应该向顾客建议新的生活样式。在顾客试穿衣服或购物时，

① 关于松屋百货店的CIS设计，见［日］左藤治：《创新时代意义的CI/松屋百货公司》，见《CI理论与实例》，90～95页。

售货员必须当场介绍这些服饰商品如何适于新时代的生活。

3. 员工应该了解各种商品的功能，体验使用商品后的感觉，然后才能向顾客说明优秀商品的功能，以及使用它们时产生的感觉，并阐明其价格并不昂贵。

4. 松屋百货店应该了解时代潮流，并配合时代潮流定期改进店内的环境和装潢。

5. 松屋百货店对于都市新生活，应该有专业水平的反应，及时向自己的员工提供商品信息，陈列那些令人感觉到极有价值的商品。

就 VI 来说，中西元男也像德国的彼得·贝伦斯、美国的保罗·兰德一样，为松屋百货店重新设计了标志。

松屋从 1907 年开始，就一直使用“松”和“鹤”所组成的传统性标识（见图 5—5）。在着手设计新标志之前，PAOS 公司曾经把旧标志送到纽约，并对当地几位设计师和一般人做问卷调查。对“看了此标志会令你想到哪一种行业呢?”所做的回答几乎都是“Heavy Industry（重工业）”[1]。在日本国内的调查，则认为“旧有标志的形象是传统性的衣料店”，“具有稳定性和老资格”。显然，这样的标志是不能代表“新感觉，新松屋”的创新形象的。

经过讨论研究，PAOS 公司把松屋新标志设计的关键语，定为“能满足都市进步中成人感的需求”，含有华丽与纤细的形象。以此为基本条件，在收集了大量资料、获得了正确调查结果、确立了正确企业理念的前提下，选择国内外很活跃的四位设计家来设计。设计家们共提出 10 件作品，由松屋的高级主管及各单位负责人、外聘的专家组成审查委员会进行评价，评定后转送松屋董事长批准。结果，设计家仲条正义的作品被选中，被认为最能表现“既华丽又纤细的进步感，并满足成人需求的百货店”。这个新标志，以造就都市型的百货公司为目标，以“关键语”为基本，以英文字体为中心，日文则作为辅助要素而使用，和过去“字体加图形组合成标识”的旧标志完全区别开来了。

图 5—5　　图 5—6

① ［日］中西元男：《CI 的开发与导入》，见《CI 理论与实例》，35 页。

松屋百货店新的 CIS 的实施，使当时的银座店热闹起来了。店里的展示不断翻新，从北欧的家具，到大型的摄影作品，都很有吸引力。甚至连松屋和伊奈制陶合作，在银座店搞的最舒适的厕所，也引起了很大的轰动。为了能亲眼看一看这种新型的厕所，大批的顾客拥到了银座的松屋百货店。当时顾客中就流传着一句美言："要看新，去松屋！"

松屋百货店仅在导入 CIS 短短的头三年里，光银座一家店的年产值就由原来的 432.4 亿，一下子增长到了 576.2 亿，每年的增长率都在百分之十二以上，在银座最佳商店的评比调查中，一下子排到了百货公司的首位。

第二，设计主体的系统化。

在此以前的两个阶段上，一谈到 CIS 设计，往往就是谈专业设计家的作品。例如德国的彼得·贝伦斯、美国的保罗·兰德等人的作品。这很容易使人产生误解，以为 CIS 设计的主体，就是专业的设计公司和设计家。在 CIS 设计的第三阶段上，固然也谈专业设计公司和设计家以及他们的作品，但已经明确地意识到：任何一个企业的 CIS 设计，其主体不能只是专业设计公司，最主要的还是这个企业的领导和全体员工，是企业内部全体人员和外部专业设计人员同心协力构成的设计系统。

日本理论界明确指出："CI 须由企业本身自行推动，不应由 CI 专业公司一手承包。"企业本身和专业公司的关系，如同孕妇和助产士的关系，生孩子"必须靠孕妇自己的力量，只有在情况紧急、需要剖腹生产时，才请助产士……来协助。……此种协助的性质，正是 CI 专业公司所应扮演的角色"①。

显然，设计主体的系统化，是设计内容系统化的必然要求。如果把设计主体限定为只是专业设计师，那么 CIS 设计最多也就只能停留在 VI 设计方面，设计的舞台也就变得很小了。事实上，正如我们在松屋百货店这个个案中所看到的那样，CIS 设计除了设计视觉标识以外，还有很大一部分是设计一个公司的理念和行为，是要改变职工的经营理念，提高工作人员的素质，规范公司整体及其员工的行为。所有这一切，都不是设计公司所能完成的。

第三，设计程序的系统化。

在 CIS 发展的这个阶段上，随着设计内容的系统化，设计程序也逐步明确化、规范化和系统化。根据日本理论界的总结，日本型 CIS 的导入程序如下②：

第一步：董事长发动，高级主管统一认识，设置 CIS 机构。

一个企业的 CIS，如同一个打高尔夫球的人的挥杆姿势。打高尔夫球，要根据前方 300 米以内的地形地势、树木草丛的情况，不断调整自己的挥杆姿势。董事长统领一个企业，也要根据未来 10 年中可能发生的社会环境、市场关系的各

---

① Total Media 开发研究所：《日本型 CI 导入的程序》，见《日本型 CI 战略》，34 页。

② 参见上书，32～40 页。

种变化，不断调整企业的CIS，以保证公司10年以后达到预计的理想状态。“作为公司的董事长，对事业方面须有这种期待与欲求，而且要热诚地领导整个公司，否则企业就无法成长。”因此，“董事长要有导入CI的坚定意志。决定是否导入CI是董事长的职责，自己的公司将来要如何，这种事应该由董事长决定”。简言之，CIS的导入和设计不能采取自下而上的方式，而必须是由上而下地开展，由董事长亲自主持推动。

不过，“如果董事长一个人很强调CI，但其他高级主管并不同意，将无法继续下一步骤。”因此，董事长还必须说明清楚“何谓CI”、“目前本公司为何需要CI”等等，让所有的高级主管都能了解，统一认识。

在统一认识的基础上，成立领导机构CI委员会，下设做具体工作的CI事务局。“CI事务局的人，必须是具有优秀办事能力的人。”“而CI事务局的局长必须挑选人际关系好的人才担任。”

第二步：选择合乎本企业需要的CIS专业公司，签订合同，同心协力开展工作。

为使设计具有针对性，CI事务局和专业公司之间应该坦率地讨论企业存在的种种问题。合同条款中应有不得泄露本企业机密的条款，这样就可以把企业的事全盘托出。

讨论中，双方应该平等友好，互相尊重，实事求是，具有严格的科学态度：对于名词术语，“知之为知之，不知为不知”；对于措施和建议，“合适就是合适，不合适就是不合适”。

第三步：开展形式多样的活动，发动全体员工参加。

“CI是公司内的运动，没有员工的参与就无法在公司内部生根发芽。CI的推动必须采取某种形式，让全体员工都有参与的机会，人人贡献一己之力，产生建立新基础的自觉，否则CI就会变得毫无意义。”

发动员工参与的形式，可以多种多样，包括召开CIS报告会，员工意识调查会，“公司是什么”研讨会，CIS新闻发布会，征稿活动，宣传标语征求活动，等等。

第四步：开展横向沟通。

主要是就“如何开创公司的未来”、“如何描绘公司未来的发展轨迹”这类问题，在各个不同部门的主管之间、部长之间、本公司领导和外部专业公司之间，进行交流研讨，增进彼此的认识。

第五步：着手设计。

这一步，又分成五个阶段来进行：

第一阶段：设计准备。包括明确CIS设计的理由、目的、意义的思想准备，建立设计筹备委员会的组织准备，邀请专家进来讲课和走出去到外单位取经的理论准备，制订设计日程表的计划准备。

第二阶段：现状的深入调查分析。包括对员工意识、企业形象现状、现有视觉标识等在内的内部环境的调查分析，对现代社会、当前市场、竞争对手的企业形象现状等在内的外部环境的调查分析。这是最要花精力做的事情。调查分析是整个CIS设计的生命线。如果把CIS比喻为一棵树的话，调查分析就是树根，它从土地中不断地吸取营养来支撑整个的CIS设计，并使之开花结果。根深才能叶茂，调查分析越是深入，设计出来的东西就越扎实，越有成效。

第三阶段：MI设计。在预测今后10年、20年的情况的基础上，确定公司的事业领域、价值体系和经营理念等。

第四阶段：BI设计。包括企业整体行为（内部组织结构、信息传递系统等）和统一规范职工个体行为的设计。

第五阶段：VI设计。包括确定公司名称、企业标志、标准字、标准色等，确定传递视觉标识的主要媒体（如连锁企业应以店铺、制造企业应以产品及其包装、运输企业应以车辆为主要媒体），确定视觉标识在不同空间、不同场所应用时的比例变动规则等等。

当然，以上五个阶段的顺序和重点，可以根据不同企业的不同情况，灵活地变动。

第六步：准备实施。

设计定稿以后，在正式实施之前，在以前各个阶段上轰轰烈烈地进行的基础上，还要来一个轰轰烈烈的预告，以加强每个职工的改革意识，提高素质，使每一个职工都能加深理解“本公司是一家什么样的公司？将来的变化如何？”

从以上的介绍中，不难看出，在这个系统化的第三阶段上，CIS成熟了。那么，为什么在20世纪80年代，CIS会在日本系统化呢？其原因，可概括为以下四个：

第一是向美国学习的结果。

日本历来就有乐于向外国学习的传统，第二次世界大战结束以后，日本一直紧盯着美国学习企业管理。因此，20世纪70年代在美国进入全盛状态的CIS，80年代在日本风行起来并加以系统化，乃是必然的。

第二是日本经济发展到一定阶段的结果。

20世纪60年代是日本经济高速增长时期。1960年日本政府公布了“经济翻一番”的计划，一般的民间企业纷纷采取相应措施，一窝蜂地增加投资，扩大规模，并走向国际市场。当时，模仿别家公司的新产品，通过广告来热炒市场，产品就不会滞销，经营就能成功。在这种以经济数量扩张为主流的历史背景下，企业不可能想到要导入CIS，而只会发出一片乐观的叫卖声。

20世纪60年代末和整个70年代，是日本达到“成为经济大国”的目标，同时又面临经受国外舆论指责、世界性不景气和石油危机等考验的时期。“1969年6月，日本外销到美国的汽车，被指责具有某些缺点；接着，10月时又被发现输往美国的食品甜味料……含有致癌物质”；“三年后，爆发了石油危机，对企业的批评也愈来愈盛”①。所有这些类似美国当年导入CI的情况，在日本也造成了从美国引进CIS，做“反省型”或“反转型”的企业广告。但是从总体上来说，70年代由于经济不景气，CIS在日本并未形成热潮。

到了20世纪80年代，世界经济的景气度回升，事实表明日本比美国更好地经受住了石油危机的考验，这使日本企业的信心大增，终于兴起了一个CIS热潮。

第三是日本市场竞争的必然结果。

关于这点，日本CIS专家加藤邦宏在1986年作了如下的论述：在1945—1955年间，“第二次世界大战结束时，日本各企业只要推出品质优良而价格便宜的商品，就一定会非常畅销；这是单靠‘商品力’的1轴指向时代”。然而到了1965年时，“光靠物美价廉已经起不了多大作用，还要配合推销能力，才能造成良好的销售业绩；这是依赖‘商品力’和‘销售力’的2轴指向时代。现代则已迈入3轴指向时代，除了上述‘商品力’、‘销售力’之外，还必须加上‘形象力’”②。CIS就是适应日本市场竞争进入3轴指向时代的需要而风行起来的。为了形象地表示这个市场竞争的3轴指向时代，加藤邦宏图示如下：

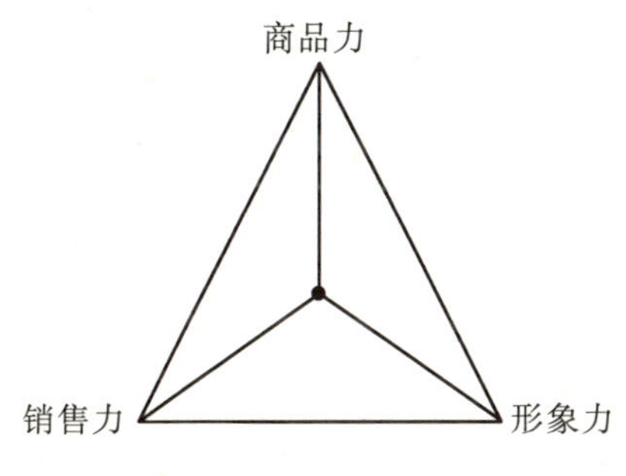

图5—7

第四是日本开始步入成熟社会的产物。

“成熟社会”这个概念，是一位诺贝尔奖金获得者提出来的。他认为：“所谓成熟社会，意指不注重量的发展，而注重质的发展和追求的社会。”据称，20世纪80年代是进入成熟社会的年代，“而在所有先进国家中，日本被认定是成熟的社会”。日本学者用图5—8表示“成熟社会”与“高度成长社会”的差别。③

在日本这个“成熟社会”中，人们普遍感到物质丰富，所以强烈追求心灵上的充实。原本想追上美国而非常努力的日本人，现在因这么快就达到了目标，反而产生了一种失落感，反而感到有进一步深思熟虑的必要。在过去高成长社会中，因把物看得过重，常受商业宣传而购买生活中不需要的商品，这种状况，在

① ［日］八卷俊雄：《企业形象战略》，8页。

② ［日］加藤邦宏：《CI推进手册》，8页，台北，艺风堂出版社，1992。

③ 参见Total Media开发研究所：《CI风行的原因》，见《日本型CI战略》，12页。

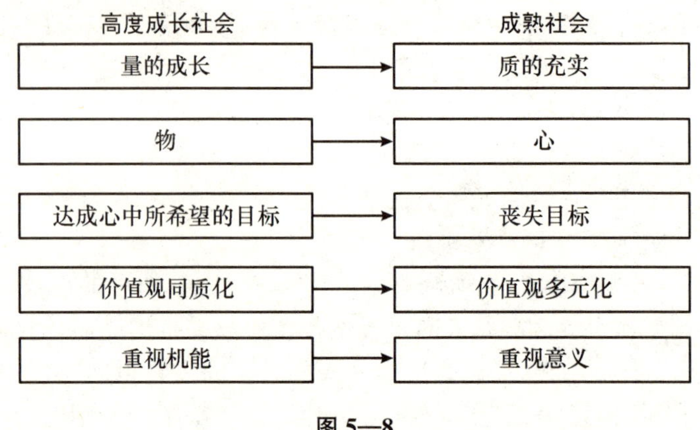

图 5—8

成熟社会里不会再有了，企业以“宣传”为重心的经营战略，很难再有成效了。企业必须下定决心，详细而真实地披露本公司的信息，深入地展示自己的企业形象，并让社会公众易于识别，这才是正确的方向。“总之，成熟社会就是以 CI 观念为导向，企业必须进行讯息传递活动的社会。”① 这可以说是 CIS 在日本系统化的一个主要原因。

第四阶段，可称为“CIS 的普遍化阶段”（大约从 20 世纪 90 年代开始）。

这主要是在发展中国家普及，在迟发展起来的地区生根、开花、结果。

我国作为一个发展中国家，一个 1978 年才开始对计划经济实施改革的国家，一个 1992 年才明确我国经济体制改革的目标是建立社会主义市场经济体制的国家，当然只能在 20 世纪 80 年代末和 90 年代初才开始认识和导入 CIS，当然也是在这个 CIS 的普遍化阶段才登上企业形象建设舞台的。

经过大约 10 年的骚动期，中国终于基本上摆脱了以下幼稚而错误的认识与行为：

1. CIS 是一种花钱少、赚大钱的买卖，广州光一个“太阳神”标志就值好几个亿。于是，不知道 CIS 为何物的人也想搞 CIS 设计，他们还真的“慷慨”地掏钱委托别人搞了起来，以为搞出个什么“月亮神”也能赚它几个亿呢！

2. CIS 是一种时髦，不是真功夫，不实用，是花了大钱又得不到效益的花里胡哨的玩意儿！

3. 导入 CIS 是大公司的事，中小企业没有必要搞。

4. CIS 策划是画家的事，公司的 CIS 好不好，关键就看请来的画家水平高不高。

现在的中国，虽然不敢说利用 CIS 捞一把暴富的心态完全没有了，对待 CIS 抱着虚无主义态度的思想观念彻底消除了，认为 CIS 与我无关的企业根本就不存

① Total Media 开发研究所：《CI 风行的原因》，见《日本型 CI 战略》，13 页。

在了，只指望外部专家学者把本公司的CIS完全“承包”下来的现象已经消失得无影无踪了，但是它们从来没有成为主流，作为支流也正在日益变小，却是一个毋庸置疑的事实。中国的CIS事业，如同中国的经济发展，前途一派光明。

三、CIS的辩证含义和具体内容

CIS的含义不是固定不变的，而是不断丰富的。

所谓CI，是英文Corporate Identity的缩写。直译出来就是“公司同一性”或“公司个性”或“公司身份”。

世界上的一切事物都有同一性，这是包含着差别性的同一性。世界上任何一个公司，也都有同一性，而且也都是包含着差别性的同一性。一个人不管他在学习、工作、吃饭、睡觉，总还是他这个人，这就是他的同一性；但他在学习或工作时的状态，和他在吃饭或睡觉时的状态，是有很大差别的，他的同一性是包含着差别性的同一性。一个公司也是这样。青岛海尔集团公司，不管它是在国内办厂还是在国外办厂，总还是海尔公司；但它在国外办厂所生产的产品，和在国内生产的又不完全相同，它的同一性也是包含着差别性的同一性。

认识和把握一个事物，应该认识和把握它差别中的同一，同一中的差别。以为差别就是差别，没有同一；同一就是同一，没有差别，是错误的形而上学观点。

认识和把握一个公司，也应该认识和把握它差别中的同一，同一中的差别。要想成为一个优秀的企业家，就必须是一个掌握了“差别与同一的辩证法”的行家。

如果你善于把握同一中的差别，那么你就不会用公司的名称来限制你公司所进入的行业、所生产的产品、所提供的服务，而是会根据社会需求和市场竞争态势的变化，进入新的行业，生产新的产品，提供新的服务，从而使你的公司能够不断发展壮大。

如果你善于把握差别中的同一，那么你就不会因为公司横跨好几个行业，生产很多不同的产品，提供许多不同的服务，而给你的公司取好几个不同的名称，使用许多不同的标识，让社会大众无法断定这是不是同一个公司所为。相反，你会强调在这些不同的行业、不同的产品、不同的服务里，有一个同一的你的公司，并突出你的公司个性，以求能和其他公司明显区别开来，即使那些公司所涉及的行业、产品、服务可能和你的公司一样或很相似。

事实上，即使在CIS的雏形阶段上，正如在上一节中所看到的那样，彼得·贝伦斯为德国AEG公司所做的工作，就是突出“差别中的同一”的工作，就是给各自很不相同的产品如电水壶、电风扇、电力设备等等，设计出一个统一的标识。同样，1933—1940年间，英国地铁公司所做的，也是突出“差别中的同一”的工作，即在伦敦地铁的站牌、指示标记和车票等这些不同的载体上，通通使用

"同一种"字体。这种突出"差别中的同一"，相对于其他公司来说，就是突出AEG公司的个性和身份，突出英国地铁公司的个性和身份，从而使社会大众能够根据视觉，非常容易地把这两个公司从其他许多公司中识别出来。

在CIS的开发阶段上，公司掌握"差别与同一的辩证法"的水平提高了。这至少表现在两个方面：第一，不仅仅善于在视觉方面突出"差别中的同一"，突出本公司的个性和身份，使社会大众能够根据视觉，非常容易地识别出本公司，而且善于从理念方面突出"差别中的同一"，突出本公司的特色和身份，使社会大众能够根据理念，非常容易地识别出本公司。第二，不仅善于突出公司自身"差别中的同一"，还善于突出自身与周围环境的"差别中的同一"。正如上节第三目所述，这个阶段上的视觉设计，不仅要满足"易识别性"，还要满足"易融合性"，从而表现出"公司与自然环境、社会文化协调发展"的理念。

在CIS的系统化阶段上，公司掌握"差别与同一的辩证法"的水平进一步提高了。这也至少表现在两个方面：第一，不仅仅在视觉方面，在理念方面，还进一步在行为方面，都善于突出"差别中的同一"，全面突出本公司在理念、行为和视觉方面的个性与身份，使社会公众不仅能够非常容易地对本公司进行视觉识别和理念识别，也能比较容易地对本公司进行行为识别。第二，由于把理念识别、行为识别和视觉识别联系起来，形成一个公司的统一的识别系统，这在实质上就是肯定了"同一中的差别"。也就是明确地肯定，在同一个公司里，存在着三种辩证矛盾："形（视像）"与"神（理念）"的矛盾，"知（理念）"与"行（行为）"的矛盾，"言（觉像）"与"行（行为）"的矛盾。简言之，就是：神形矛盾，知行矛盾，言行矛盾。要办好一个公司，就是要正确处理这三对矛盾双方的既对立又统一、既有差别又有同一的辩证关系。

了解一个概念的含义，最好的方法就是总结这个概念的历史发展。日本专家山田理英，为了从理论上概括这种发展，提出了"新CI"概念。他认为"CI的定义有两种：（1）CI是一种明确地认知企业理念与企业文化的活动。（2）CI是以标准字和商标作为沟通企业理念与企业文化的工具"。日本CI制作人坚持第一种定义，美国CI制作人坚持第二种定义。①

山田理英还认为"CI"中的"I"，应该改成另一个英文单词的简称："随着时代转变，CI的定义被赋予新内涵，与当初的原始构想产生极大的差异，这一点相当值得企业界重视。最初'CI'是'Corporate Identity'（企业识别）的简称，但目前最新的定义，即是将原本属于CI目的之'Corporate Image（企业形象）的形成'，转变为CI的真正内涵，仍然简称为'CI'。"②

---

① 参见［日］山田理英：《新CI战略》，6页，台北，艺风堂出版社，1992。

② 同上书，"序言"，2页。

山田理英的见解，有深刻独到的一面。这集中表现在他坚持了理论应该随着实践的发展而改变的原则，正确地把CI和企业理念、企业文化紧密联系起来，明确指出CI的真正内涵就是企业形象。

确实，当CIS被明确为是包括MI、BI、VI在内的一个系统时，就覆盖了整个企业形象系统了。所谓MI，主要是公司“类形象”的界定和显示；所谓BI，主要是公司“自为形象”和“组织形象”的界定和显示；所谓VI，主要是公司“个体形象”的界定和显示；无论MI、BI、VI，又都是公司“艺术形象”的界定和显示。

CIS就是企业形象，CIS建设就是企业形象建设。这是山田理英在1988年5月出版的《新CI战略》中，就已经明确下来了的正确思想。

山田理英的见解，也有值得商榷的一面。这主要是他所建议的简称，没有完全反映实践本身的发展历史，有不能令人满意的地方：

第一，从形式上看，过去的有关实践简称为“CI”，现在的有关实践也简称为“CI”，并未反映实践本身有了重大的发展。

第二，从内容上看，过去的“CI”是“Corporate Identity”的简称，表示企业识别；现在的“CI”是“Corporate Image”的简称，表示企业形象。但问题在于：任何优美的企业形象，都必须向公众展示，让公众知道，使公众易于识别。离开企业识别来谈企业形象并不妥当。

第三，从被取代的“Identity”看，恰恰是一个辩证含义十分丰富的英文单词，是一个能够很好地反映“同一与差异”的辩证法的词，放弃使用它是可惜的。

也许正是由于上述原因，学术界多数人接受了另一种解决方案：用“CIS”来代替“CI”。

所谓CIS，被定义为是“Corporate Identity System”的缩写，其含义则是“企业统一化系统”、“企业个性系统”、“企业身份系统”、“企业识别系统”、“企业形象系统”这五者的有机结合。也许有人会产生怀疑：它们真的能在同一个概念中结合起来吗？特别是其中的“统一化”和“个性”，“统一化”是指同一性或普遍性，而“个性”则是指特殊性，两者是相反的，怎么能结合在同一个名称中呢？答复是不难的。打开词典，就会发现Identity被解释为：同一性，一致；恒等式；个性，特性；身份；正身；本体。可见，Identity这个英文单词本身，就包含有同一性和特殊性这两种相互对立含义。这是语言自身的辩证法。在汉语中，也不乏这种具有辩证内容的单词，如泛指一切物件的“东西”，既可指外貌美好也可指外貌妖冶的“窈窕”等等。

CIS这个简称，由于把具有辩证含义的Identity包含于自身，因而很适合于用来表达企业形象的内涵、塑造、展示和识别。任何一个企业和其他企业比较起来，总是既有相同之处（共性），又有不同之处（个性）。塑造和展示优美的企业形象，固然要塑造和展示所有卓越企业共同具有的优越之处，但更主要的是必须塑造和展示本企业特殊的优越之处。只有这些特殊的优越之处，才真正体现本企业的价值，代表本企业的身份。现今世界上的任何一个公司，若要使顾客或公众在成千成万个企业中，认出自己，记住自己，不至于把自己和其他企业混淆，就只有一个办法，那就是突出自己的个性。一个企业的个性越突出，顾客或公众就越容易把它识别出来。因此，在反映企业形象内涵、塑造、展示和识别的科学概念中，绝对不能缺少具有“个性”、“特殊性”、“身份”等含义的词。

但是，任何一个公司，如果真正想对外显示自己的优美个性、突出自己的优美身份、使自己和其他公司有明显的区别，那么在该企业内部，在能够代表其优美身份和价值的那些特征上，就必须坚持一致，坚持统一，即公司内部人人、事事、处处都毫无例外地具有。这样，在反映企业形象内涵、塑造、展示和识别的科学概念中，又绝对不能缺少具有“共性”、“普遍性”、“同一性”等含义的词。

可见，塑造、展示和识别优美的企业形象，就是坚持个性与共性、特殊性与普遍性的辩证统一。而 Identity 则恰恰适合于表达这种辩证统一性。

当然，塑造、展示和识别优美的企业形象，不能仅仅局限于可视可见的物体领域，还必须包括企业及其职工的行为领域，以及企业的精神领域，因而是一项系统工程。这是 CI 从西欧传到美国，尤其是传到日本以后的重大发展。为了反映这一发展，在“CI”后面加上了表达“系统性”的“S”。

企业形象的主体是公司自身。这个主体性，在“CIS”中用“C”来表达。

总结以上所说，可以用图来表示具有上述三种性质的 CIS 的含义（见图 5—9）：

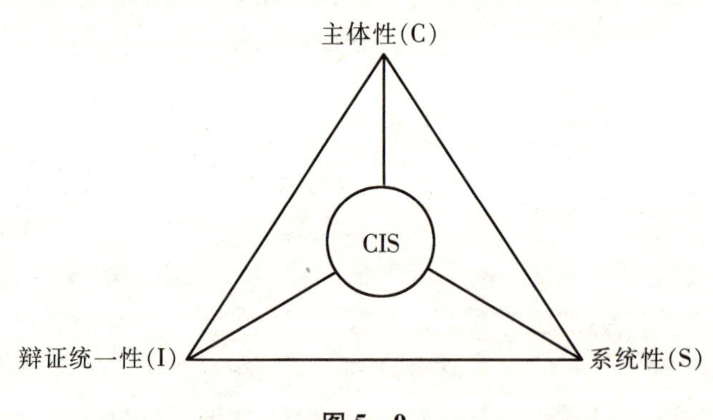

图 5—9

坚持 CIS 的主体性，就是公司自身必须有主见、有计划、有根据地设计、塑造和展示自己优美的企业形象，绝不可主客倒置，不可惟设计公司或广告公司是从。坚持 CIS 的辩证统一性，就是对外突出个性，对内要求一致、强调共性，坚持“差别与同一”的辩证法。坚持 CIS 的系统性，就是要从多方面、多层次开展企业形象工作，绝不可只局限于标志、字体之类的有形之物，而是要形神皆备，知行统一，言行一致。

CIS 的具体内容，可以分别用 VI、BI、MI 三个方面来表示。

所谓 VI，是 Visual Identity 的缩写，其含义是“视觉同一”、“视觉个性”、“视觉形象”、“视觉识别”的辩证统一。它的具体内容，如下所示：

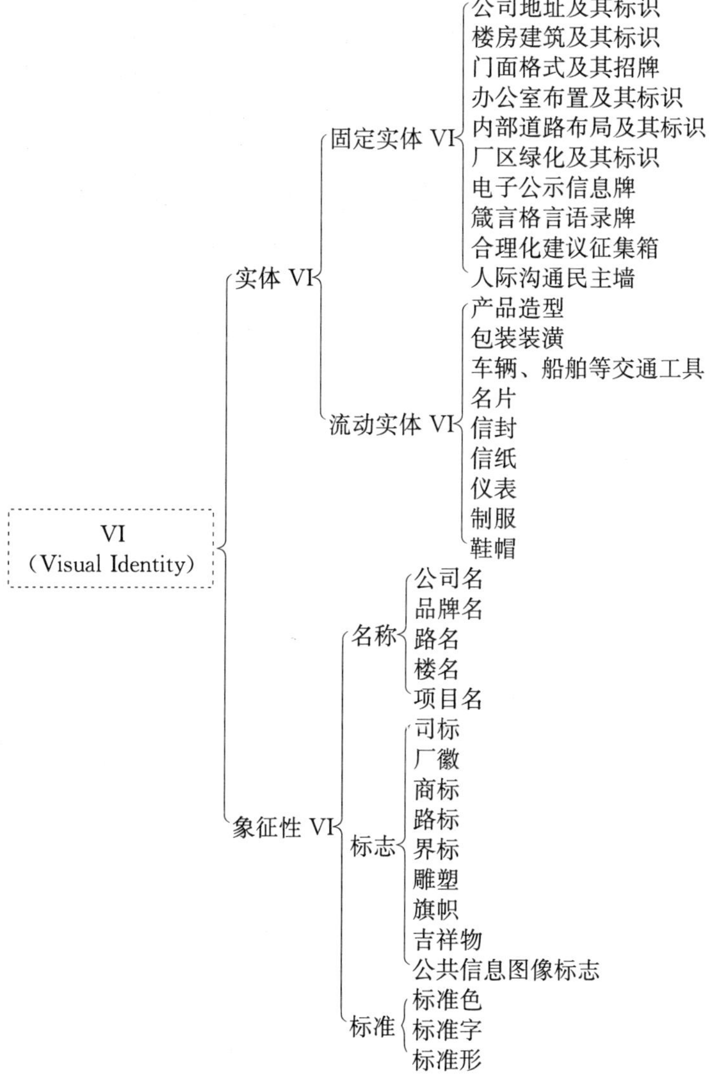

图 5—10

20 世纪 80 年代以来，象征性 VI 有了极大的发展，实体 VI 则因受工业标准化、建筑标准化和需要投入较多资金等多方面的限制，发展相对慢些。

所谓 BI，是 Behavior Identity 的缩写，其含义是“行为同一”、“行为个性”、“行为形象”、“行为识别”的辩证统一。它的具体内容，如下所示：

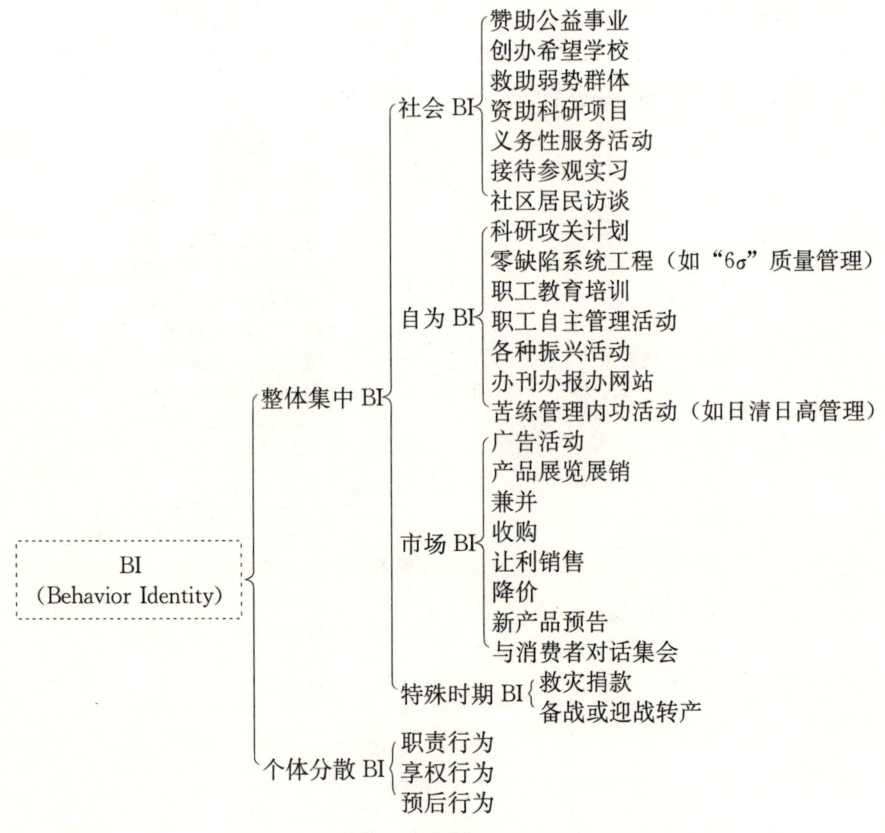

图5—11

一般说来，一个公司的整体集中行为、社会行为、特殊时期的行为，对企业形象的影响更大。

所谓MI，是Mind Identity的缩写，其含义是“理念同一”、“理念个性”、“理念形象”、“理念识别”的辩证统一。它的具体内容，如下所示：

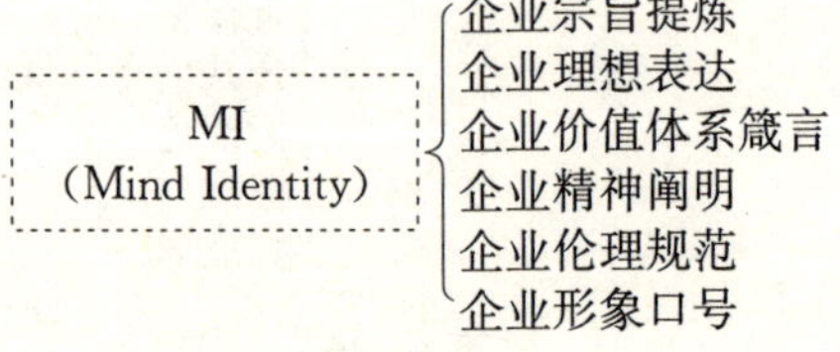

图5—12

概括地说，在CIS的三个组成要素中，VI是可以直接感觉到的物，BI是可以直接感觉到的人，这两者都很讲究“形”；MI则是无法直接感觉到的无形的思想观念，最讲究的是“神”。物是基础，人是本体，观念是灵魂，三者紧密联系，相互渗透，形神统一，才能构成鲜活的企业形象。有“形”而无“神”，便没有生气，便没有生命，便没有灵魂，是一具僵尸般的企业形象。有“神”而无“形”，则无以表达，便没有企业形象。任何一个公司的 CIS 设计，其重点和难点，都是这个形与神的统一。

第五节　企业形象塑造

所谓企业形象塑造，就是要把企业形象设计阶段上描绘出来的关于公司未来的理想蓝图，变成客观上存在的现实。

一、企业形象塑造的基本性质

企业形象塑造，有许多不同于企业形象设计、传播和评价的基本性质。阐明这些性质，有利于明确：在整个企业形象事业中，企业形象塑造究竟是一个什么样的环节，占据着什么样的地位。

（一）企业形象塑造的实践性

企业形象塑造，是公司改造客观世界和自身世界的实践活动；是“做”和“行动”，而不是“设想（设计）”和“说（告知、传播）”。因为要把企业形象设计确定下来的理想蓝图变成现实，除了实践，除了“做”和“行动”，没有别的办法。从这个角度来看，正如一位曾经在日本 PAOS 公司工作过的中国专家所说，真正的 Identity（形象）不是靠嘴去说的。

各种视觉识别（VI）设计出来了，只有通过实践，才能应用到公司的各个方面去。这意味着改变公司产品的造型和包装，改变公司信息交流的方式方法，改变公司内外环境的布置，甚至改变公司的建筑结构和机器设备的型号，其中有许多矛盾和问题需要解决。虽然从总体上看，落实 VI 的难度相对小一些，但绝不是无须努力就能完成的任务。特别是实体 VI 的落实，因受工业标准化、建筑标准化的限制，又需要较多的资金，必须克服更多的困难，付出更多的努力，才能真正做到。

至于行为识别（BI）之所以被设计出来，恰恰就是要规范公司及其员工的行动。离开了公司及其员工的实践，BI 手册就成一纸空文，毫无意义。按照 BI 设计的要求，塑造公司及其员工的行为，是公司改造自身世界的实践活动。其中许多行为的塑造，需要反复培训，直到养成习惯，才算完成任务。麦当劳连锁店快餐公司，之所以被全球公认为企业形象优美的公司，不仅在于它统一设计了许多行为规范，诸如“所有店员都要面带微笑，活泼开朗地和顾客交谈，替顾客做事；所有店员都必须执行麦当劳的清洁格言：'与其背靠着墙休息，不如起身打扫'；汉堡包制作后超过10分钟，法式炸薯条出锅后超过7分钟，应该舍弃不卖"等等，更主要的还在于它开展多种培训教育，雇专人暗中查访，保证了这些行为的塑造成功。例如，"为了彻底实施维持清洁的企业理念，麦当劳企业派出监查员来巡视各连锁店的清洁，对全世界6 500家连锁店均一视同仁。监查员巡视完毕后，再把审查结果向总公司或该地区的总部报告。如果审查结果不良，则该店的店长考绩就会受到影响"①。

各种理念识别（MI）的实现或塑造，相对说来，比较复杂，比较困难一些，因此更应该加以重视，更必须认真对付。但是十分遗憾，正如日本Total Media开发研究所说的那样："在现代社会中，大多数的企业都会提出本身的企业理念，但是能使之行动化的例子并不多见"②。这种现象必须扭转。

企业理念塑造的复杂性，在于只有在每个员工知晓、理解"企业理念自身"真正含义的前提下，才有可能使之行动化。因此，在开展把理念变成现实的实践活动之前，还得开展认识、理解"企业理念本身"的实践活动。这种认识、理解"企业理念本身"的实践活动，要改变的还不是客观世界，而是员工自身的思想认识。

日本Total Media开发研究所认为，可以开展以下五种活动，来塑造"企业理念"：

第一是"反复"。即利用集会，每天或每周一次，集体朗诵以箴言、格言等形式写成的企业理念；或者由主管每天用几分钟讲解企业理念；或者把企业理念谱写成歌曲，刻录成光盘，每天在适当的时机播放，全体员工一起伴唱；等等。总之，就是让员工反复接触、熟悉企业理念，达到能够脱口而出的程度。

第二是"翻译"。即发动全体员工，以企业理念为中心议题，写文章、出板报，开小会、谈感想，打电话、提建议，上网页、闲聊天，看实际、出新闻等等。一句话，就是鼓励每个员工，将企业理念"变换"成自己的语言和见解。谁变换得好，就表扬谁。变换得不好，也不予计较。

第三是"环境化"。即把企业理念变成艺术书法，变成图形标志，做成海报，做成匾额，乃至做成巨幅的超大型壁画，设置于办公室、工厂，或其他工作地方的墙上。

第四是"仪式及游戏"。所谓仪式，指每年举行一次主题明确、隆重庄严的业务交流兼鼓舞士气的公司全体员工大会，代表们轮流上台报告，董事长将理念传达给全体员工，"最后大家一起喊口号"。所谓游戏，形式多种多样，其中最重要的是"创意竞赛"游戏。例如，"本田技研的创意竞赛是由想出点子者将创意制成产品，并自己驾驶参加竞赛"。"本田技研的创意竞赛，目的是培育员工们能

---

①② Total Media开发研究所：《CI实例研究》，见《日本型CI战略》，44页。

脱离既定的模式，自由地发表构想，同时替本田注入新命脉。”因此，只有两类作品才能获得“创意竞赛”奖：一类是根据普通常识做不出来的，而且不是模仿别人的作品；另一类是马上能转变成商品、非常实用的作品。结果，在这种“创意竞赛”游戏中，“不乏异想天开的作品出现，每年传播媒体都视之为一条热闹的新闻”。

第五是“英雄式领导”。就是公司的最高领导，当然最好是公司的各级领导，应该是使企业理念行动化的英雄。他们应该把企业理念转变为自己的人生价值，并且坚定不移地沿着企业理念指引的方向，向前迈进。否则，“阐述企业理念的董事长或主管，若不能体验、实现这个价值，组织的成员更不会有见贤思齐的想法，而企业理念也就沦为装饰性、虚有其表的空洞文化”。

当然，领导者作为塑造企业理念的带头人，应该是能够把大家带动起来的人，是大家可以模仿、可以学习、可以像他那样去做的人。在“领导”前面冠上“英雄式”三个字，其真正的含义是：领导只能是这个部门里的个别人或少数人，不可能人人都是领导；但是在同一个部门里，却完全可能人人都是英雄，英雄是人人都可以做的。“所谓英雄式领导——乃指组织内的人只要努力，就有像那个人一样好的希望；即使不能完全一样，也应该相当接近才行。”①

在以上五种活动中，前三种还是认识、理解“企业理念本身”的实践活动，所改变的还不是客观世界，而是员工自身的思想认识。后两种活动，特别是第五种活动，才属于把理念变成现实的实践活动。正是有了这些实践活动，企业形象设计阶段上提出的企业理念，才不仅仅是公司内部个别先进人物头脑中的东西，而是公司全体（至少是多数）员工头脑中的东西；而且也不再仅仅是员工头脑中的东西，而是变成了客观现实的东西。

总之，通过企业形象的塑造实践，VI、BI、MI 不再只是头脑里想的、嘴巴上说的、图案中画的、手册里写的东西，而是体现在行动上、表现在客观现实中的东西。企业形象塑造，是整个企业形象事业中起决定作用的关键性环节。

从总体上看，企业形象塑造的实践性，固然具有一切实践都具有的一般性质，但还有它自身具有的特殊性质：

第一，一切实践活动，都是实践主体既改造客观世界也改造主观世界的活动，企业形象塑造的实践也不例外。但是，企业形象塑造的实践活动，主要和重点改造的，是作为实践主体的公司自身，是要改造公司及其员工的思想观念和实际行为。这是因为，企业形象塑造的实践主体是公司，实践对象也是公司。“公司既是实践的主体，又是实践的对象”的这种特殊性质，要求企业形象塑造必须有高度的自觉性；否则，就很容易出现“设计轰轰烈烈、塑造冷冷清清”的局面。

① Total Media 开发研究所：《强调企业理念的 CI》，见《日本型 CI 战略》，64～68 页。

第二，任何实践活动，都可以通过改造实践对象而暴露其本质和规律，从而纠正实践主体原来对于实践对象的错误的、片面的、表面的认识，发挥实践作为认识的基础的功能。从认识论的角度来看，实践就是实践主体主动去认识实践对象，属于“主识活动”。企业形象的塑造实践，当然也具有这种认识功能，也可以从认识论的角度去对待和评价。但是，由于企业形象的整个事业，从一开始就不是从认识论的角度提出来的任务，即不是公司主动要求去认识，而是公司主动要求被认识，而且最好是自己优越的一面尽快被认识，属于“求识活动”。落实到企业形象塑造阶段上，就是考虑应该怎样“做”才能突出地显示自己优越的一面，才容易被社会大众认识。这种“求识性”，很容易导致有意无意地忽视实践的认识功能，导致突出现象（因为现象容易被认识）而忽视本质（因为本质不太容易被认识），甚至可能有意用假象来掩盖本质。因此，企业形象塑造实践这种隶属于“要求被认识”的特殊性质，要求企业形象塑造必须实事求是，必须有高度的求实性；否则，就很容易“做”表面文章。

（二）企业形象塑造的长期性

要把优美的企业形象通过实践创造出来，需要解决许多矛盾和问题。不但如此，即使实际上优美的企业形象，要被社会大众认可，也需要消除由于社会、历史、现实等原因而形成的舆论思维定式，需要公司本身主动去传播。所以优美企业形象的形成是长期的。

实际情况是：在整个企业形象事业中，相对来说，企业形象设计，企业形象传播，都是可以用一段集中的、较短的时间来突击完成的任务，而企业形象的塑造，则是必须连续不断进行的长期实践任务。

那么，优美企业形象的塑造，究竟需要多长的时间呢？这不能抽象地加以界定，还是要从实践中来总结。

日本Total Media研究所，根据日本的实践经验，认为：“一般CI计划的导入时间约需1年半（18个月），有2年（24个月）的时间更好，最短也要1年的时间。”请注意，这只是“导入”的时间，是把MI、BI、VI“设计”出来的时间，而不是把它们全部变成现实的时间。

把设计出来的企业形象，从实践上“做”出来，究竟需要多少时间呢？日本Total Media研究所虽然没有说，但可以从它下面的话来推断：董事长发动CIS，“必须考虑10年后的情况来决定公司的作战策略”；“普通企业2年半就有一次成绩评断，若公认为董事长领导不当的话，也许他很快就必须下台。也许有些董事长认为按照他的经营理念，最少也要3年才能达到理想，但是美国公司的股东性子较急，不会等上3年之久”[①]。既然，一方面要求发动CIS的董事长，必须考虑

① Total Media开发研究所：《日本型CI导入的程序》，见《日本型CI战略》，34、36页。

未来10年的情况，另一方面，又把不愿等待3年才达到理想的美国公司的股东，评定为“性子较急”，那么一个合理的推断就是：“该研究所把完成企业形象塑造所需要的时间定为3～10年”。

企业形象塑造的长期性，主要是由MI实现的长期性所决定的，即主要是由于：把企业理念变成客观现实，是一个长期奋斗的过程。

“让个人电脑进入每一个家庭，占据每一张书桌。”这个美国微软公司1975年一成立就提出的理想追求，到现在已经30多年了。这30多年来，微软的这个理念一直在实现，确实有越来越多的个人电脑进入了家庭，占据了书桌。但是，微软的这个理念又还没有完全实现，个人电脑还没有进入“每一个”家庭，还没有占据“每一张”书桌，微软公司还必须为之长期努力奋斗。

同理，松下公司“把贵重的生活物资像自来水一样无穷尽地提供给社会”的理念，索尼公司“干一番不是跟在别人后面的大事业”的理念，青岛海尔公司“要么不干，要干就要争第一”的理念，四川长虹公司“产业报国”的理念，安徽荣事达公司的“和商”理念，都可以说既实现了又没有完全实现，都需要为之长期努力奋斗。

在全世界，第一位认识到实现企业理念的长期性和辩证性的企业家，也许是日本的松下。1932年，当他形成并提出“实业人的使命就是使整个社会脱贫致富”这个崭新的理念的时候，为了实现这个理念，完成这个使命，作出了一个期限非常长的规划。他说：

> 那么，怎样完成这个使命呢？那就是按以下方法和顺序去实现。
>
> 这就是说，把今天以后的二百五十年定为完成使命的时期。而且，把这二百五十年分为十个阶段。第一阶段的二十五年，再分为三期。第一期的十年作为建设时期；第二期的十年，是在继续建设的同时，专门从事活动的时期；最后的五年，是在继续建设和活动的同时，利用这些设施主要为社会做贡献的时期。以上三个时期就是第一阶段的二十五年，也就是今天参加大会的我们在工作上大显身手的时期。第二阶段以后，是我们下一代的人们按照和我们同样的道路和方针，重复地去实践。第三阶段以后，仍然同样，由下下一代人们重复再重复地去实践。到达十个阶段二百五十年的时候，社会上的物质产品极大地丰富了，从而就会实现繁荣、富强的乐土。
>
> 完成使命的第一步，暂以这二百五十年告一阶段。第二步的下一个二百五十年，我认为这个态度不会改变，会向更高的理想继续迈进。但是，适合于那时候的理念要由那时候的人们在传统的基础上进一步去确定！……①

从1932年到现在，80年过去了。其间虽然经历过第二次世界大战的曲折，

① ［日］松下幸之助：《实践经营哲学》，9页。

但松下和他的公司，确实经受住了考验，的确为社会的脱贫致富作出了应有的贡献，在全世界获得了很高的美誉度。当然，这个使命今天又还没有完成，公司还在如松下所说的那样，“重复地去实践”。所以，今天的松下公司，仍然是一个形象优美的公司。

企业形象的塑造，只有具备了如同松下那样的战略眼光，只有在思想上存在如同松下那样的长期打算，才能取得真正的成功。

二、企业形象塑造的基本原则

企业形象塑造的基本原则，第一必须服从“三象促进、动态平衡”和“五象并举、重在‘自为’”的企业形象战略，第二应该符合“企业形象塑造是实践”这种基本性质，第三要有利于在市场竞争中取得战略优势。

企业形象塑造的基本原则，可以区分为：

（一）塑造总原则

从总体上看，企业形象塑造，应该坚持的原则是：

1. 直接面对矛盾与问题的原则。

企业形象塑造，就是要在实践上解决公司存在的矛盾和问题。不解决矛盾和问题的企业形象塑造，一定是假塑造，是装门面、走过场的塑造。

要解决矛盾和问题，首先就必须发现和暴露问题。因此，在塑造过程中，如果发现由于公司存在重大问题，以至几乎不可能实现企业形象的理想蓝图，那么应该认为这是一件好事，是企业形象塑造大展宏图的好机会。因为这样一来，就可以把力量集中到这个重大问题上，一旦予以解决，就是企业形象塑造的一大成果。

有的时候，公司自我感觉太好，不觉得公司还存在什么矛盾和问题，企业形象塑造似乎没有多少实质性的任务要完成。这时，公司可以主动召开用户揭短会，或者主动请新闻媒体记者到公司来自由采访，以发现和暴露存在的矛盾和问题。

矛盾是事物发展的动力和源泉，这是唯物辩证法揭示的真理。企业形象塑造必须尊重和运用这个真理。坚决抛弃如下的错误观念：企业形象塑造乃是一种“艺术”，其高明之处就在于善于回避和掩盖矛盾与问题，从而只是把公司的光明面向社会公众展示。

正确的观念是：企业形象塑造确实是一种艺术，但这是实事求是的艺术，其高明之处就在于善于揭示和解决各种矛盾和问题。

2. 客观为本、重在自为的原则。

一个公司的企业形象，是这个公司的客观企业形象、主体企业形象、社会企业形象的对立统一，也是这个公司个体形象、类形象、组织形象、艺术形象、自为形象的对立统一。企业形象的塑造，首先就必须直接面对“形象自身”的这两类“对立统一”，正确处理和解决好这两类矛盾。

这里所说的“客观为本、重在自为的原则”，就是处理这两类矛盾的原则，其含义有：

第一，正确把握和处理客观企业形象、主体企业形象、社会企业形象的对立统一，必须坚持客观企业形象在整个企业形象中的根本地位和基础作用，把企业形象塑造工作的重点放在“做”好而不是“说”好企业的每一件事情上。只在这个前提条件下，才可以慎重地采用“先说后做”的策略。

第二，正确把握和处理个体形象、类形象、组织形象、艺术形象、自为形象的对立统一，就是在“五象”并举的同时，把塑造自为形象放在最为重要的地位，使公司在改造客观世界、优化人类生活方面大有作为。

3. 全员协作配合、自主自觉、求真实干的原则。

企业形象的塑造，不是公司内部哪一两个人或哪一两个部门的事，而是全体员工的事。而且如上所述，企业形象塑造实践的特殊性质，要求塑造主体有高度的自觉性和高度的求实性。因此，企业形象塑造，必须坚持全员分工协作、自主自觉、求真实干的原则。

怎样贯彻执行这个原则呢？一些优秀的公司，提供了贯彻执行这个原则的范例和经验。

上海汽车工业集团公司提出的核心价值观之一，是“提高创新能力”。怎样使这个写在纸上的价值理念，变成客观现实呢？且看这个公司中发生的一个小故事：

在德国大众总部——沃尔夫斯堡，有世界上第一台最先进的固体激光钎焊机。1999 年，上海大众汽车三厂的技术人员去沃尔夫斯堡实习，发现这台机器有技术缺憾，造成轿车后盖的激光钎焊的缝隙中，时常出现不该有的气孔，导致德国大众帕萨特轿车后盖的报废率高达 25%～30%，却苦于找不到办法。同年 6 月，第二台同样的机器在上海大众汽车三厂安装完毕并开始运行，报废率同样高达 30%。该厂车身车间经理侯顺华，面对每天报废的几十个后盖，产生了进行创新、消灭这种小气孔的强烈愿望。2000 年 4 月的一天，成本中心控制员钟健，找到侯顺华，出了一个富有创意的点子：发动机缸体有时会出现“缩孔”，但是用德国大众的专用金属粉末、黏结剂和黏结技术，可以立即解决问题，能不能把这些技术移植到后盖生产中来减少气孔的出现呢？但是，“缩孔”和“气孔”是两个不同的东西，缸体的材料、工作条件、发生缩孔的位置，和后盖的材料、工作条件、发生气孔的位置，完全不同，能不能用解决“缩孔”的技术来解决“气孔”问题，需要通过试验来摸索。这时，发动机厂缸体车间经理李春明闻讯后，自动加入进来，无偿提供缸体修补技术和材料，三人攻关小组就这样成立了。试验开始以后，更多的职工主动自愿地加入了进来。起初用某种钎焊技术进行试验，没有解决问题。后来用铝粉加固化液体的方法进行试验，也解决不了问题。

最后用固化液体加某种金属粉末的方法进行试验，经过反复摸索，找到了溶质与溶剂的适当比例，明确了适当的环境温度，才取得了重大进展，使后盖的平均报废率降低到了 1%。为了使试验成果能在生产上运用，他们认真进行总结，写出作业指导书，和五个试验成功的后盖，一并送往德国大众沃尔夫斯堡总部的实验部门，接受严格的腐蚀和盐雾实验。在经过长达 130 个周期实验检验后，总部肯定了这项创新，将上海大众提供的“帕萨特后盖激光钎焊返工工艺”列为德国大众集团的一项工艺标准，迅速地推广到大众公司在世界各地的生产厂运用。

不难看出，“创新”理念在轿车后盖生产这个特定事例中变成现实，正是不同部门的员工相互配合、自主自觉、求真实干的结果。

如果说，上汽集团公司的上述小故事，提供了一个可资借鉴的个例，那么，青岛海尔公司却提供了可资借鉴的普遍化方法。海尔公司有一个著名的理念：“要么不干，要干就要争第一”。怎样把这个理念变成现实呢？就是通过全体员工分工协作的“日清日高”实践，即“事事每天都有控制和清理，人人每天都有进步和提高”的日常实践。让我们来具体看看这种“日清日高”的实践：

海尔把整个集团所有应该做的事、应该管好用好的物，建立了三本账：第一本是总账；第二本是把总账落实到各分厂、各职能处室的分类账；第三本是再进一步落实到每一个职工的明细账。使公司里面“人人都管事，事事有人管”。

海尔建立的三本账，天天都要查，天天都要清。

怎么个查法？一是由职能人员到生产现场巡查，并将实际情况记录在案，每隔 2 小时在“日清栏”中公布一次并作出评价，每天要将全部情况汇总存档。二是由员工自查，并将结果记入“日清工作记录卡”，并按照产量、质量、物耗、工艺操作、安全、文明生产、劳动纪律共七个方面的量化价值，计算出自己当天的工资，交班组长考核确认，再报车间主任审核。三是由各级管理人员在班后进行清查整理，并填写“日清表”。

怎么个“清”法？就是对于影响当天工作质量、工作效率和工作目标完成的问题，找不出责任人不放过，找不出原因不放过，找不出改进措施不放过。

海尔要求职工在“查”和“清”的基础上，每天要寻找差距，以求第二天干得更好，“坚持每天提高 1%，70 天工作水平就可以提高一倍。”即使一个工作水平很低的职工，经过每天提高 1%的磨练，1 年之内水平就上去了。当工作水平达到一定高度之后，别说提高百分之一，即使提高万分之一，甚至一直保持高水平，也是非常难能可贵的。这个时候要达到每天提高 1%，只有一条路可走，那就是搞新发明，而这就非得有创造性思维不可了。海尔人说“思路即出路”，就是坚持每天提高 1%的切身体会。

海尔“日清日高”管理法的实质，是使海尔集团中的每一个人，上至总经理，下到每个普通的职工，都十分清楚自己每天应该干什么、干多少、按什么标准干、要获得什么样的结果。这就不仅保证了企业工作的目的性和有效性，减少了浪费和损失，而且更主要的是实现了“人人任务与业绩公开、个个知情平等”，把命运的决定权交给了每一个职工自己，使他们可以充分地发挥自己的聪明才智，自主、自觉地把工作干得更好。

海尔的“日清日高”实践，十分完美地体现了“全员协作配合、自主自觉、求真实干”的企业形象塑造原则，海尔“要干就要争第一”的理念形象正在逐步成为现实。

4. 成熟抢先的原则。

公司总是处在市场竞争之中，任何时候都有竞争对手存在。企业形象的塑造，应该有利于公司在市场竞争中赢得战略优势。凡是“做事”和“成事”的条件和时机已经成熟或相对成熟，就应该比竞争对手抢先一步去做，以取得“一步领先、步步领先”的长期效果，这就是成熟抢先的原则。

贯彻执行这个原则，最为关键的，是必须判断本公司“做事”和“成事”的条件和时机是否成熟或相对成熟，而不是盲目地一定要抢在竞争对手之前。不考虑公司“做事”和“成事”的条件和时机，总是抢先比竞争对手推出新产品，打出新品牌，发动新一轮广告战，并不符合我们这里所说的“成熟抢先的原则”，也并不能在市场竞争中形成战略优势。

就推出新产品来说，必须把握好“质量可靠”的条件和“用户渴求”的时机。这是许多公司实践经验的总结，是需要认真借鉴的。

在抢占先机、推出新产品方面，索尼公司世界闻名。但它最初由于不知道怎样把握“质量可靠”的条件和“用户渴求”的时机，也吃过苦头，闹过笑话。1950 年 3 月，该公司在日本推出了最早的“G 型磁带录音机”。当顾客从机器里听到自己的声音时，都忍不住开怀而笑，称赞“很好玩，很方便”，但却没有想要购买的意思。即使那些名门望族，也是一方面说“这玩意儿真有意思，原来从没见过”，另一方面却没有人肯买。而把机器拿到音乐学校去示范，音感极好的学生们几乎异口同声地说：“速度慢了，音调也变了。”拿到“新日本技术”展示会上展览，“给皇后录完音后却怎么也放不出声来”，急得解说员“满头大汗，他在机器上左敲敲，右叩叩。皇后也被他的样子给逗笑了。也许是真空管的接触不好，后来（才）终于放出声来了”[①]。最后，经过别人的介绍，索尼的营销人员找到了最高法院。由于战争刚结束，法院系统还来不及培养庭审速记人员，非常需要录音机，对机器的质量要求又不像音乐学校那样高，所以很愿意买。这样，

① ［日］索尼情报中心：《索尼不传奇——索尼公司自述传》，40～45 页。

索尼首批生产的录音机，才算卖光了。

正是有了这样的经验教训，索尼以后每推出一种新产品，非常强调事前要做好以下工作：透彻研究新产品所具有的各种功能；分析各种不同的用户将在什么时候、什么场合、什么条件下，必然要用到新产品的哪一种功能，其使用的迫切程度如何，对产品质量要求的程度如何。只有当新产品的质量水平，确实达到了能够满足顾客要求的程度，才果断地把新产品推向市场。

现在，任何一个明智的公司，在对“质量可靠”和“用户渴求”没有多少把握的情况下，是不会贸然推出新产品的。美国惠普公司就“很少在向市场引进新产品方面抢占先机”。“对手们的某种新产品进入市场了，惠普公司的工程师们在为本公司制造的设备专访用户时，就顺便向用户打听，他们对那种新产品的哪方面喜欢，哪方面不喜欢；他们希望那种产品要具有些什么特点……用不了好久，惠普公司的推销员就带着能适应用户需要和要求的新产品，又来登门造访了。结果是：有了满心欢喜而又忠心耿耿的用户。”同样，“卡特彼勒公司很少带头向市场供应新东西。公司也从没把跻身前沿当作自己的目标。它建立自己的信誉，先是靠其他公司在推出新产品方面备受试验和错误的艰辛。随后则靠自己毛病最少的产品在市场上跃居前列”。

在对“质量可靠”和“用户渴求”没有把握的情况下，就率先推出新产品，其结果只能像一位美国高级经理所描述的那样：“我们急不可待地就把一项新产品塞进市场，因为这很显然是具有很大技术优势的装置。我们想迅速在市场上捞一大块地盘。可是那产品的可靠性太糟糕了。我们的市场份额最高一度到过14%，可是如今却连8%都不到了，尽管我们本来应该占有30%或者35%的市场的。我们要是推迟半年投放，把那些毛病克服掉，就能达到这个目标了。真该死！”①

推出新产品要把握好条件和时机，创造新品牌就更应该把握好“公司实力”、“质量可靠”的条件和“学习、借力”的时机。绝不是抢先打出一个品牌名称，就能赢得市场竞争的战略优势的。安徽荣事达公司的发展史，十分清楚地揭示了这个真理。荣事达公司的前身，最初是“新新机具厂”和“合肥洗衣机总厂”。早在1980年，就向市场推出了自己的“佳净”牌洗衣机，但因质量差而无人问津。后改名为“百花”牌，仍由于质量上不去而打不开销路。这就是该厂1980—1986年两次打品牌失败的教训。1986年，陈荣珍调入该厂担任负责人。他清楚地认识到：创品牌和名牌要靠产品质量，提高产品质量要靠知识、智慧、科技水平；而知识和智慧的取得，科技水平的提高，是来不得半点虚假的，只有

---

① 以上两段引文详见［美］托马斯·J·彼得斯、小罗伯特·H·沃特曼：《成功之路》，214～216页。

老老实实地学习、积累，才有可能赶上乃至超过别人。他果断地决定：先砸掉质量不高、会败坏企业声誉的“百花”牌，借当时国内声誉较好的“水仙”牌来生产，老老实实向先进学习，同时努力提高自己的科技水平。经过1986—1992年的六年借牌，在具备创自己品牌实力的基础上，利用与香港丰事达公司、与日本三洋电机株式会社两次合资的机会，才于1993年推出了自己的“荣事达”品牌，并取得了很大的成功，1995—1997年连续三年洗衣机行业产销量全国第一。这就是荣事达从砸牌到借牌再到创牌的曲折之路。

至于在条件和时机都不成熟的情况下，就抢先做广告，这种毫无意义的事也许没有什么公司做过。

（二）“根”塑造原则

一个公司的“客观企业形象”，是这个公司的“社会企业形象”和“主体企业形象”之“根”。因为，通过实实在在的工作而创造出来的“客观企业形象”，在任何情况下都是公司在社会公众和公司员工头脑中留下印象的基础。主体企业形象和社会企业形象，不管怎样说总是扎根于客观企业形象。社会公众的抱怨，企业职工的不满，或者是由于“客观企业形象”中的实体部分确实有缺陷（如产品可靠性差、烟囱直对厂外居民楼、车间机器噪声很大等等），或者是由于“客观企业形象”中的实际行为有缺陷（如没有做好对外的宣传工作、对内的教育工作等等）。

在一个公司的“客观企业形象”中，“自为形象”又是这个公司的“个体形象”、“类形象”、“组织形象”和“艺术形象”之“根”。因为，一个公司的“自为形象”，体现了一个公司的价值与生命力，是这个公司在改造客观世界、优化人类生活、实现人类理想方面的实际作为与客观成就。正是这种实际作为和客观成就，规定了这个公司实际上属于哪一类，决定着这个公司的“类形象”；正是这种实际作为和客观成就，是公司塑造优美“个体形象”、“组织形象”和“艺术形象”的最终目标。一个公司的组织无论怎样完美，一个公司的艺术表达无论怎样动人，如果没有公司有所作为的客观实绩，那不过是无根的浮萍。任何公司的个体形象，只有在内涵“有所作为”的情况下，才有可能是真正健康优美的形象。

所谓“根”塑造原则，就是塑造“客观企业形象”和“自为形象”的原则，就是要回答：怎样才能塑造出优美的“客观企业形象”，特别是怎样才能够塑造出优美的“自为形象”。

一个“自为形象”优美的公司，就是对改变世界作出了贡献和影响的公司。因此，总结这类公司的实际经验，有利于我们从理论和实际相结合的角度，把“根”塑造最主要的原则总结出来。概括地说，是四个因素造成了出色公司的优美的“自为形象”：

第一个因素叫“依靠科学技术”。任何一个“自为形象”优美的公司，都是或者提供了优质的产品，或者提供了优质的服务，或者两者兼而有之。因此他们一般都掌握了相关产品或服务的高超科学技术，有的就是某种相关技术的发明者。

第二个因素叫“依靠顾客用户”。任何一个“自为形象”优美的公司所提供的“优质”，并不是抽象的、理论意义上的“优质”，而是顾客用户所要求的“优质”，而且往往就是听取了顾客用户的意见以后才达到的“优质”。正是在这个意义上，有人评论说：IBM公司是“靠用户和市场驱动，而不是靠技术驱动的”①。

第三个因素叫“依靠经营创新”。任何一个“自为形象”优美的公司，其目标都是要改变世界而不是要保持世界、要优化人类生活而不是要维持人类生活、要实现人类理想而不是要保存人类现状，他们是依靠创新经营来实现这个目标的。因此，当你考察这些公司的时候，你不仅能看到运输方式是怎样从火车、汽车发展为飞机和火箭，通讯怎样从报纸发展到广播、电视直到网络，还能看到电、电话、连锁酒店和快餐联营怎样改变了整个社会。

第四个因素叫“依靠时空规模”。“自为形象”优美的公司，要改变的是世界，要优化的是整个社会和人类，时间太短，空间太小，是难有作为的。

总起来说，“根”塑造的根本原则，就是要坚持“科技”、“用户”、“创新”和“规模”四轮驱动的原则。

（三）“内”塑造原则

所谓内塑造，就是联系主体企业形象来塑造客观企业形象，即要塑造出企业内部全体员工都感到满意的客观企业形象，而且主要是从企业职工的内心世界去塑造。

内塑造，一要塑造正确的共享价值观和崇高的理想追求。职工总是用自己的“理想企业形象”来评价和要求客观企业形象的。如果职工的“理想”受低劣价值观的支配，或者“理想”本身并不崇高，那就别指望塑造出美好的客观企业形象。客观企业形象方面的任何进展，都意味着对于正确价值观念和崇高理想追求的进一步认同。

内塑造的第二个方面，是塑造企业精神。在形成主体企业形象时，职工要对现有的客观企业形象进行综合，要拿理想的企业形象和现有的客观企业形象进行对比。综合也好，对比也好，都有一个以什么样的精神去综合和对比的问题。同样的客观事实，同样的理想目标，以不同的精神状态去综合和对比，也会得出不同的结论。委靡不振的精神状态，必然创造不出优美动人的客观企业形象。客观企业形象的升华与完美，与企业的良好精神状态成正比。

内塑造的上述两个方面，属于软塑造。“软的形象”虽然看不见、摸不着，

① ［美］托马斯·J·彼得斯、小罗伯特·H·沃特曼：《成功之路》，194页。

但却渗透在一切之中。“软形象”塑造好了，企业全体职工具有共同的价值观念、理想追求和精神状态，企业内部的人际关系就必然和谐。和谐的人际关系，既是客观企业形象优美的重要标志，也是从其他各个方面塑造好企业形象的基本保证。

内塑造的第三个方面，是塑造企业内部的管理制度和工作环境。管理制度越是科学化，就越容易成为职工心甘情愿地照着办的习惯；工作环境越优美，对职工就越有吸引力，客观企业形象对于职工来说当然就越好。

（四）“外”塑造原则

所谓外塑造，是联系社会企业形象来塑造客观企业形象，是要塑造出使本企业之外的社会公众感到满意的客观企业形象。外塑造要以内塑造为基础。一个缺乏正确价值观念体系、没有崇高理想追求、精神状态委靡不振的企业，就很难执行外塑造原则。

外塑造的原则，可以概括为四个：

1. 有的放矢的原则。

一般说来，社会公众并无意对某个企业作全面系统的观察和研究，而只是就自己和企业发生关系的那个方面来认识企业。因此，企业与社会公众发生关系的那些方面，就是外塑造的针对所在。对顾客来说，就是要提高产品质量和改善服务态度。产品质量不高，服务态度不好，虽然有宏伟壮观的厂房和世界一流的设备，在顾客心目中也不能树立良好的企业形象；反之，产品质量高，服务态度好，即使厂房陈旧、设备差一些，在顾客心目中也能树立良好的企业形象。对于社区居民来说，则是要改善生态环境，赞助公益事业。一个在厂前公路上堆放工业垃圾，对社区公益事业一毛不拔的企业，即使产品远销全国和世界，也不会在社区居民中留下好形象；反之，企业把自己的厂区四周搞得干净整洁，关心社区公益事业，即使其产品不那么出名，也能在社区居民中树立良好的企业形象。对于政府公务人员即权力公众来说，他们主要关心企业是否遵纪守法，是否照章纳税。如果企业遵纪守法、经济效益好，职工很少甚至没有治安纠纷，在权力公众中就必然留下一个良好的企业形象；相反，如果企业偷逃税，职工中经常出现治安纠纷，就不可能在权力公众头脑中树立良好的企业形象。总之，不同的社会公众，各自从不同的角度对企业提出要求，因此企业应区别不同的对象，有的放矢地做好企业形象的外塑造工作。

2. 永远谦让的原则。

社会公众是企业的服务对象，当企业和社会公众发生矛盾时，不管情况如何，企业都应该主动承担责任，绝对不容许指责和埋怨公众。这就是永远谦让的原则。违背了这条原则，就不可能塑造出社会公众满意的客观企业形象。

有的企业不懂这个永远谦让的原则，出现矛盾总是要和顾客（或用户）等社会公众争辩，推卸责任。如顾客买了不适用的商品来调换，售货员或者不给调换，或者给调换但却要责备顾客；用户反映产品质量问题，厂家就解释说是原材料质量低劣，责任在生产原材料的那家企业，以为这是维护本企业的形象。实际上则恰恰相反，这种辩解使公众对于企业轻则敬而远之，重则内心生厌，绝不会产生优美企业的印象。

3. 小题大做的原则。

根据社会企业形象的“最差点决定原理”，企业对于自己形象上任何一个细小的污点，都应该抓住不放，使污点转化为亮点、洁点。这就是小题大做的原则。既然“最差点”决定着企业的整个形象，那么在这个“点”上不惜工本就是值得的，这是有战略眼光的企业家的远见卓识。

4. 主动在先的原则。

企业事先采取严密周到的管理措施，让那些使公众不满的因素（如不合格品等），消灭在生产过程之中，甚至消灭在生产过程之前，以保证企业在公众中留下好形象。企业还应该树立主动服务的思想，建立主动服务的制度，努力在公众提出某种服务需求之前，就作出服务安排，甚至可以把顾客潜意识中的真正需求代为表达，并予以满足。这就是主动在先的原则。

许多优秀企业，都有一套确保产品优质的管理措施，主动把劣质品消灭在产品出厂之前。德国的奔驰汽车公司，为了保证质量，培养了一支技术熟练的职工队伍，制定并执行了一套严格的质量检查制度：从外厂提供给该公司的零部件，如查出一个不合格，就要全部退货；对本公司自产的引擎，要经过42道检验；公司安全部每年要用100辆崭新的汽车冲撞坚固的混凝土厚墙，以测验前座的安全性。这些措施使该公司信心十足地说：“如果有人发现我们的奔驰汽车发生故障，被修理车拖走，我们将赠送您1万美元。”从而在社会公众中树立了良好的企业形象。

优质产品可以事先主动控制，优质服务也可以事先主动地保证，更可以主动热情地提供公众潜意识中所需要的服务，从而塑造出企业的美好形象。海尔董事长张瑞敏明确提出：服务就是解决潜在的问题。例如，洗衣机要么是欧洲的滚筒式，要么是美洲的搅拌式，各有优缺点，无论选购哪一种，总有一天会出问题。于是，海尔主动把它们的优点集合起来，做成双动力洗衣机，就解决了用户没有意识到的一个问题，满足了用户的一个潜在的需求。

第六节　企业形象传播

企业形象传播，是把已经塑造成功的客观企业形象传送出去，使更多的社会公众了解，其主要任务是保真传远。

一、企业形象传播的基本态度

为什么要进行企业形象传播？公司对于企业形象传播，应该抱什么态度？这是首先应该从思想上明确的任务。

1. 坚持传播真善美，坚决痛击假恶丑。

为什么要进行企业形象传播？一个很实在的回答就是：公司传播自己的企业形象，是为了求得社会公众认识和记住自己，进而认同和购买自己的产品和服务，以使自己能够生存和发展。在现代市场竞争的条件下，任何一个公司在任何时候都面临着“能不能生存和发展”的问题。公司的产品和服务有人购买，这个公司就能生存和发展；公司的产品和服务没有人购买，你这个公司就不能生存和发展。

公司的产品和服务之所以有人买，是因为你这个公司的产品和服务符合社会大众的需要。但是，这种符合社会大众需要的产品和服务，别的公司也提供，顾客之所以更乐于买你这个公司的，是因为你这个公司的产品和服务，质量更好，价格更合理。然而，也还有其他公司提供的产品和服务，其质量、价格和你这个公司的完全一样，或不相上下，顾客之所以更乐于买你这个公司的，那就是因为你这个公司的客观企业形象更好，更加真善美。

所以，一个公司进行企业形象传播，必须坚持传播这个公司客观企业形象的真善美，传播这个公司的产品和服务的过硬质量与合理价格，传播这个公司的产品和服务的社会适应性。这就是一个公司对待企业形象传播所必须具有的第一个基本态度。

在这个基本的态度问题上，有时会出现的第一个错误观点就是：既然我们的产品和服务是适合社会需要的，是质量上乘、价格合理的，既然我们的客观企业形象是真善美的，那我们何必再花钱、花力气去传播呢？这是一种低估了传播作用的观点。持这种观点的人和公司，忘记了一条根本规律：真善美和假恶丑是相比较而存在，相斗争而发展的。只有主动传播真善美，才能揭露和痛击假恶丑，才能为进一步发展真善美开辟道路。否则，你不主动传播真善美，假恶丑就会到处泛滥，就会吞没真善美。这样的经验教训实在太多了。仅举一例：1984 年，邢台一家制药厂研制出了“近视灵糖衣片”，对青少年近视眼（特别是假性近视）有良好的疗效。1986 年获河北省优秀新产品奖，1987 年获全国少年儿童生活用品金鹿奖。这家厂认为，这种药是独家产品，因而一直未作广告传播。结果，从 1988 年下半年起，全国有 20 多家报刊上出现了推销“近视灵”的广告。有的将产品改名为“神奇新药近视灵”、“特效近视灵”、“高效近视灵”等。其使用方法被任意变动，其销售价格也被抬高。当邢台这家制药厂醒悟过来时，其声誉和经济已蒙受了重大损失。从中央卫生部、省卫生厅转去的批评信件，就塞满了六个大圆木筒。厂长痛心地说："我们厂被虚假广告打倒了。"

在这个基本的态度问题上，有时会出现的第二个错误观点就是：正因为我们的产品和服务不太适合社会的需要，质量较差，价格较高，也正因为我们的客观企业形象不那么好，所以我们才需要传播，才需要把我们的产品、服务和形象都包装得好一点，以便在社会大众中留下一个好印象。这种观点，过高地估计了传播的作用，以为夸大优点的传播能够掩盖客观企业形象中的不足，企图用轻松的传播来代替艰苦的塑造。

这种错误的观点，违背了企业形象"客观为本原理"：客观企业形象好，生产经营在本行业客观上位居第一，做广告的效果就大；客观企业形象不怎么样，生产经营在本行业客观上位居末座，做广告也不会有太大的效果。企图利用包装来掩盖公司的缺陷，最终不会有好的结果。

那么，客观企业形象较差的公司，是不是就不应该进行传播，就不需要做广告了呢？当然不是。仍然应该进行传播，仍然需要做广告。但是，传播应该遵守"诚信原理"：不回避公司的缺陷与过失，向社会大众公开企业实态，认真阐明公司"亡羊补牢"的对策，展示坦率正直的企业形象；广告需要遵守"限度原理"：广而告之的内容限制在公司能够提供和达到的，广而告之的范围限制在公司能够适应的某个局部的地区，广而告之的对象是公司能够满足其要求的少部分人。遵守"诚信原理"和"限度原理"的传播，也是坚持传播真善美。

2. 坚持"利众利企"，绝不"损众利企"。

任何一个公司，若要继续生存，就不能亏损；若要继续发展，就必须有利润。企业不能不"言利"。但是，企业的利润，必须是企业为社会、为公众提供了优质产品和优质服务以后，社会与公众给予企业的报酬。企业必须首先给社会公众创造实际利益，然后才能从社会公众处获取回报，才能赚取丰厚的利润。

试问，企业怎样才能首先给社会公众创造实际利益呢？第一，企业应该摆正自己的位置，正确认识企业的价值，规范自己的类型，确定自己为社会服务的宗旨和目标；第二，企业应该练好自己的内功，培训好员工，组织好队伍，形成能够研发创新、擅长攻关艺术的团队；第三，企业应该有所作为，实实在在创造出能够实现人类某种理想的优质产品，的的确确锻炼出能够提高社会公众生活质量的服务本领。简言之，也就是脚踏实地塑造好自己的客观企业形象。

一个公司，实实在在创造出了能够实现人类某种理想的优质产品，的的确确锻炼出了能够提高社会公众生活质量的服务本领，脚踏实地塑造好了自己的客观企业形象，可是，社会公众对于这些还不是很了解，还在为"到哪里去买能够实现这种理想的优质产品"担心，还在为"到哪里去找能够提高某种生活质量的服务"发愁，还在为"世界上哪里有这么好的公司"感叹。在这种情况下，把这个公司的企业形象传播出去，消除社会公众的“担心”、“发愁”和“感叹”，首先“获利”的就是社会公众。当然，通过传播，公司由于被社会公众知晓和认同，产品和服务的销售额提升，企业本身同样“获利”。

因此，应该把企业形象传播，看成是首先使社会公众“获利”、然后才是公司“获利”的活动。每开展一次企业形象传播活动，公司都要认真分析并回答这样一个问题：它将给社会公众带来“什么利益”？如果发现，这次传播活动并不能给社会公众带来“利益”，那就说明这次传播活动根本没有必要，应该取消；或者这次传播活动的组织设计存在缺陷，应该更正，直到肯定能够给社会公众带来“利益”，才着手大规模地展开。这就是一个公司对待企业形象传播，所必须具有的第二个基本态度。

在第二个基本态度问题上，最常见的一个错误，就是根本不考虑社会公众将从传播中获得什么“利益”，而只是考虑公司将从传播中获取什么利益。这种错误，是许多片面广告、虚假广告、污染广告、扰民广告、诈骗广告乃至无赖广告出笼的思想根源。

无赖广告可恶到何种程度，可以用旧中国的一个事例来说明：在解放前的上海老城隍庙，有个出售色布的摊贩，挂出了一条“包不褪色”的广告横幅。由于那时候染色技术还不过关，色布不褪色可称奇迹。因此，出于各种心理，踊跃购买的顾客很多。然而好景不长，没几天就有顾客拿着褪了色的布上门责问。不料，该摊主竟面不改色，大言不惭地说：“我的招牌就是‘色褪不包’，你们念反了。”如此横蛮可恶，顾客只好自认晦气而去。当然，从长远看，大众不可欺，此事一经传开，该摊主信誉全失，生意做不下去了，只能灰溜溜地滚蛋。

今天的情况和解放前大不一样了。但是，根本不考虑“社会公众将从传播中获得何种利益”的经营者和公司，完全只考虑广告主的利益而不惜损害公众利益的广告，并没有绝迹。以至不得不由中华广告网、《国际广告杂志》、《中国经营报》为主，由中央电视台市场研究股份公司协助，进行了《2002 年中国十大恶俗电视广告评选》。恶俗广告之“恶”，正在于只考虑广告主的利益，不考虑乃至损害广大观众的利益。

为了在企业形象传播中，更好地坚持“利众利企”而绝不“损众利企”，不妨建立如下的思考公式：

传播获益＝公众获益＋公司获益

其中：

公众获益＝信息获益＋知识获益＋教养获益＋美感获益＋实物获益

在实际的传播中，公众的利益可能增加，也可受损，所以公式中的“获益”有取正号和负号的区别。

所谓信息获益，是指通过企业形象的传播活动，公众获得了消除事件不确定性的信息，如知道自己所需要的产品和服务哪些公司可以提供，质量和价格如何等等。如果通过传播活动，公众在这些方面反而被搞糊涂了，质量差的反而认为是好的，信息“获益”即为负。

所谓知识获益，是指通过企业形象的传播活动，公众或多或少增加了有关产品的生产、使用、维护等方面的知识，增加了有关服务的手段、过程、特征、客观质量标准等方面的知识。如果通过传播活动，有意偏袒本公司的产品和服务，让公众接受错误的评价标准，形成错误的观念，知识“获益”即为负。

所谓教养获益，是指通过企业形象的传播活动，公众或多或少增加了语言文字的教养、逻辑思维的教养、道德品质的教养等等。如果通过传播活动，造成公众特别是少年儿童的教养缺陷，教养“获益”即为负。

所谓美感获益，是指通过企业形象的传播活动，公众或多或少感觉到了一种艺术享受。如果在整个传播活动中，带给公众的只是强烈的推销感，让人产生备受煎熬的强烈反应，没有任何的美感可言，美感“获益”即为负。

所谓实物获益，就是在企业形象传播活动中，免费向公众提供一定数量的产品或服务。但如果以免费提供一点小产品或服务为诱饵，让公众上当受骗买下一大堆滞销品，实物“获益”即为负。

总之，企业形象的传播，固然要考虑企业的利益，要计划投入传播的费用，估算传播后会不会增加销售量，传播费用能不能收回等等。但是，同时还必须考虑公众的利益。只有公众和公司同时都获益的传播，才是成功的传播；公司获益而公众不获益的传播，是平庸的传播；公司获益而公众受损的传播，是拙劣的传播。

3. 争取平等双向交流，尽量避免单向灌输。

传播在 20 世纪后期酝酿的一个飞跃，是传播方式的革命。长期以来，都是单向传播占主导地位。现在，这种传播格局已经开始变化，双向传播将占主导地位。公司的企业形象传播，应该密切注视、及时顺应这种发展趋势，积极争取选用平等的双向交流的传播方式，尽量避免单向的灌输。这是一个公司对待企业形象传播，所必须具有的第三个基本态度。

传播方式的选择，取决于多种因素：

第一，取决于传播者与传播对象的关系，以及传播者的传播动机。

一般说来，现在气象研究机构进行天气预报，是因为传播对象（社会公众）主动要求了解今后的天气变化，以利于安排自己的活动，并不是传播者（气象研究机构）要求社会公众来认识和了解自己的研究成果，也不是想左右社会公众的活动安排，更不是想研究社会公众的活动安排对今后天气变化的影响（虽然人工降雨或防雨活动确实会影响天气的变化，但进行天气预报却没有这种研究动机）

等等。气象机构对于社会公众听不听自己的天气预报，是一种“悉听尊便”的态度。因此，天气预报可以也应该选择单向传播的方式。

公司传播自己的企业形象，情况就完全不同了。传播者（公司）之所以要进行传播，其动机恰恰是希望社会公众来认识和了解自己，包括认识和了解公司所能提供的产品和服务，认识和了解公司的信誉与形象等等，进而乐于和本公司打交道，乐于选择本公司的产品和服务。相反，传播对象（社会公众）一般是不会给自己提出主动去认识和了解你这个公司的任务的，在买方市场的条件下更是如此。在这种情况下，传播者必然要关心传播对象对传播内容的反应，要关心每一次传播的效果，要根据传播的反馈来进一步塑造自己的客观企业形象。因此，企业形象的传播，最好选择双向传播的方式。

第二，取决于科学技术的发展水平。

在远古时代，科技水平极其低下，人与人之间的信息传播，只有语言一种媒介可供利用，而承载语言媒介的媒体则是每个人自身，这样信息的传播就只能是个人与个人之间的口耳相传。这种信息传播方式，优点是它天然具有的双向交流性，缺点是它所能到达的时间空间规模很小。不妨把这称为人类信息传播方式的第一阶段。

虽然“个人与个人间的对话，是传递信息的原始形态”，但它“对于企业形象之塑造，也会发挥极大的功用”。“过去，当企业规模甚小时，经营者或董事长、总经理可直接访问企业的相关人士，说明公司的种种观念和做法，使各关系者简单地产生对这个企业的某种形象。”然而随着企业规模的扩大，个人间双向交流传播的方式，显然很难满足要求，“如果想在日本全国及全世界中，光靠‘人’的四处走动来宣传企业，实在是不可能的事”①。

随着科学技术的发展，出现了媒介多样化、媒体规模化的局面。除了语言媒介，又出现了文字、音响、影像三大媒介。承载文字媒介的媒体，是大量的书籍、刊物和报纸等；承载音响媒介的媒体是大量的录音机、放音机和广播电台等；承载影像媒介的媒体是大量照相机、摄像机和电视台等。整个20世纪，是出版事业、广播事业（1920年美国人首创电台广播）、电视事业（1935柏林建立了世界上第一个正式的电视节目服务站）蓬勃发展的时期，完成了信息传播由“小众”到“大众”的飞跃。在这个大众传播媒体蓬勃发展的时代，信息的传播主导方面，是单向传播，是“点”对“面”的传播，是对象被动接受信息的传播。作为读者，只能是出版社出什么就读什么；作为听众，只能是广播台播什么就听什么；作为观众，只能是电视台放什么就看什么。这是单向传播的时代，是对过去面谈信息双向传播的否定，不妨把这称为人类信息传播方式的第二阶段，即否定阶段。

---

① ［日］八卷俊雄：《企业形象战略》，13、6页。

由于整个企业形象事业，就是和20世纪相伴随的，是从20世纪后半期才真正发展起来的事业。信息主要是单向传播的特征，也在企业形象的传播中表现出来。有的公司，不下真功夫塑造好自己的企业形象，不认真考虑每一次传播将给社会公众带来什么利益，一味只从公司获益的角度出发，大搞地毯式的广告轰炸。管你要听不要听、要看不要看，反正就是往你的耳朵和眼睛里“灌”；管它真不真，实不实，合不合逻辑，有没有美感，反正是我出钱买下的时间空间段，一切就是我说了算。然而，这种单向大造声势的传播方式，是违背企业形象传播中传播者和传播对象所应该具有的正确关系的。最终都不会有好结果。

应该看到，20世纪90年代以来科学技术的发展，正在为“企业形象传播采用平等双向交流方式”，创造出极为有利的条件。最近十多年来发展起来的宽带互联网，使得信息的即时双向传播成为可能。

互联网是一种全新的媒体，它具有传统媒体所没有的特殊优势。这些优势就是：多媒体优势、数字化优势、实时性优势和交互式传递信息的优势。

所谓多媒体优势，就是互联网可以同时成为语言、文字、音响、影像等媒介的承载媒体。它能够非常融洽地把文字、静态图形、动态影像、声音、音乐、资料等整合在一起，来进行传播和交流。用互联网传播企业形象，可以把一个公司一览无遗。

所谓数字化优势，就是一切信息媒介，包括语言、文字、音响、影像，在互联网上都经过统一的数字化处理，都是以电子信号传播的，因此可以充分发挥计算机的功能，实现快速保真的传播。

所谓实时性优势，就是可以不必事先经过制作，然后进行传播，完全可以对比赛、会议、生产、销售、考试、培训等等的现场进行扫描，并立即传播出去；同时也可以把外界的反应立即反馈到现场。

所谓交互式传递信息的优势，是它与传统媒体的明显区别，就是变“点对面的传播”为“点对点的传播”，变单向传播为双向传播、多极传播，从而有力地突破了时空限制。即时通讯软件的出现，扫除了种种障碍，使双向或多极信息交流变得迅速而方便。

显然，网络传播彻底改变了大众传播中的“传播者”和“传播对象”的关系，它把信息的获知权和传播权向大众开放，使传播过程中的个人与个人、个人与组织、组织与组织之间达到了一种前所未有的平等。这是对单向传播为主的否定，是信息传播中又一次质的飞跃。网络的双向传播似乎又回到了远古时代个人对个人的双向交流传播，但这是在高科技基础上的双向交流传播，不妨把这称为人类信息传播方式的第三阶段，即否定之否定阶段。

第三，取决于传播成本的高低。

即使在单向大众传播占绝对统治地位的时代，采用个人对个人的面谈交流传播的方式也还是可能的。只是一个规模很大的公司，如果全部采用面谈传播，其所需的人数将十分庞大，维持这支庞大队伍的工资开支、培训费用、差旅交通费用等，将使公司难以承受。

然而今天的情况变了，网络双向交流传播，并不需要太高费用。

总之，无论从企业形象传播的“求识”本质来看，还是从科技发展的水平来看，以及从传播成本来看，公司的企业形象传播方式，都应该争取平等双向交流，尽量避免单向灌输。企业形象传播方式发生根本变化的条件，已经完全成熟。一个没有建立自己网站的公司，一个虽然建立了自己的网站但却没有利用它来和社会大众进行广泛交流的公司，将不可能进行卓有成效的企业形象传播。

二、企业形象传播的辩证把握

企业形象的传播，无论是传播者还是传播对象，不管是传播手段还是传播内容，都涉及许多方面，有许多需要正确处理的相互关系。下面阐明其中几个重要的方面，说明它们之间的辩证统一关系，以求企业形象传播能够取得显著的效果。

1.“人人”传播与“大使”传播的统一。

一个公司的企业形象的传播者，首先就是这个公司自身。公司里的每一个职工，无论是领导干部、宣传人员、公关人员、销售人员、外勤维修人员、电话接听人员、保安人员、门卫、生产者等等，不管他们主观上是否自觉地意识到，只要他们和公司之外的人有所接触，实际上也就是在传播本公司的企业形象。因此，公司应该培育“人人都是企业形象传播者”的思想观念，使每一个职工努力养成热情、友好、真诚、坦率地待人接物的习惯，从而使每一个职工都能对企业形象的传播作出自己的贡献。

但是，公司里的每一个职工都是企业形象的传播者，不能取消某些职工承担着企业形象传播的更大的责任，领导干部、宣传人员和公关人员就是企业形象传播的重点责任人员。一般传播和重点传播必须辩证地结合起来。公司对重点责任人员，应该制定待人接物的更高言行标准，全面提高其信息传播的理论水平和能力技巧，下达企业形象传播方面的具体任务，规定企业形象传播方面的具体目标。

公司里的每一个职工都是企业形象的传播者，并不排斥由公司之外的人来传播。事实上，公司产品和服务的卓越质量形象，用户的传播比公司自我传播更有说服力；公司优化环境和保护生态的优美形象，社区居民或环保部门的传播比公司的自我表白要好得多；公司优美的“类形象”，由公司外面的专家学者来阐述，比公司自己的张扬更有吸引力。因此，应该把自我传播和外人传播辩证地结合起来。

企业形象传播中的一个趋势，就是推出“企业形象大使”或“品牌形象代言人”或“系列产品形象代言人”等等。有的公司，是选用本公司的职工来做“形象大使”；更多的公司，则是从公司之外选聘人才。例如：美国百事可乐公司聘请流行歌坛天后“小甜甜”布兰妮担任形象代言人；中国婷美公司，为使其保健内衣进入欧美及日本市场，在前后不到两年的时间内聘请了大学生倪虹洁、香港影视歌三栖明星张柏芝和日本影视巨星中野良子三个形象代言人；中国著名电子企业万利达公司聘请保尔·柯察金的扮演者安德烈·萨米宁为形象代言人；中国首信集团公司聘请跳水冠军伏明霞出任首信手机形象代表；等等。

企业形象传播中的这个发展趋势，是企业形象“自我传播和外人传播辩证结合”的一种具体形式。试问，从外部聘用形象大使的原则是什么呢？许多公司的成功经验回答了这个问题。这些原则，可以用四句简短的话来概括：“美感而非性感”、“同类而非异类”、“建设而非摆设”、“叶绿素而非自力霉素”。简要说明如下：

第一，所谓“美感而非性感”，是说所选用的形象大使，必须能够给社会公众带来美感。理想的形象大使，应该是当他（或她）一出现，无论是真身出现，还是名字、影像、声音出现，社会公众就能感到其心灵美、行为美、语言美和形态美。以担任中国婷美公司的形象代言人之一的中野良子为例，她演过数百部影视剧，是《追捕》中的女主人公“真由美”的扮演者。当她在日本走红的时候却毅然淡出演艺圈，做起了中日友好和平大使。在1979—2001年的20多个春秋里，她曾经访问过中国（包括跟随日本首相访华）30多次。1995年，她用自己的积蓄（200万日元）在秦皇岛市创办了一所希望小学。为了保护环境，这所学校的教学楼是依靠太阳能取暖的。她对孩子们提出的希望，是应该持有三双眼睛生活，一双是深情地注视着自己故乡的眼睛，一双是能够站在对方的立场来看问题的眼睛，一双是能够温柔地从宇宙注视着整个地球的眼睛。选聘这样的人做形象大使，确实使人感到美不胜收。

应该强调指出，“美感”和“性感”是两个根本不同的概念。选聘形象大使，强调和突出性感是错误的。一个既不生产经营乳罩，也不生产经营三角内裤的公司，找一位年仅20出头、没有多少成就、学历水平不明的小姐，安排她仅穿三角内裤和乳罩，拍下巨幅照片，作为形象大使公之于众，就是在强调和突出性感，是不可取的。这种袒露肉体而毫无精神内涵的形象，根本无法传播“为人类的健康作出贡献”的经营理念。

第二，所谓“同类而非异类”，是说形象大使固然可以从公司之外来聘请，但所聘请之人应该能够代表公司的“类本质”，能集中体现公司的“类形象”。绝对不可以任用和公司的“类形象”背道而驰的人来担任形象大使。即使不背道而驰，但如果不能集中体现本公司的“类形象”，也不是最优的人选。

北京飞宇网络学校选聘北京大学中文系二年级女生弓琳为形象大使，就充分

体现了“同类而非异类”的原则。飞宇集团总裁王跃胜说：“我不选择歌星、影星做代言人，而选择北大的学生”，因为“飞宇网校的师资来自北大，地点位于北大，形象代言人也一定要从北大找!”王跃胜特别强调地指出：“弓琳是从北大5 300多名女生中选出来的。”“飞宇不选漂亮的，只选聪明的、优秀的、智商高的。”“就是因为我们办网校提倡知识改变命运。弓琳的形象就是知识的形象。”

社会知名人士，在是否应邀担任有关“形象大使”的时候，也应该认真考虑自己是否能够集中体现有关企业的“类本质”。著名演员濮存昕的态度就是一个榜样。当四川成都杜甫草堂邀请他出任形象大使时，他诚恳地说：“我只有小学文化程度，让我站在草堂门口敲锣，你们不觉得像个小丑吗？我愿为草堂的推广做些工作，但不以草堂形象大使的身份出现。”

第三，所谓“建设而非摆设”，就是所选聘的企业形象大使，要能够为公司企业形象的传播，切切实实地做点事。

中央电视台著名主持人白岩松，被聘请担任“中国志愿者形象大使”，当他从中国国际志愿者委员会副主席手中接过形象大使荣誉证书后，以激动而理性的发言倾吐心声：“第一次担任形象大使，没有经验，对我来说是个挑战!”“我站在这里，不是那种不顾不问的顾问，也不是表演完了就走，希望委员会能制定出十分具体的举措，多给我安排一些实事来做……我愿全力为志愿者摇旗呐喊!”这也应该是一切“企业形象大使”所必须有的态度。任何一个公司，也都应该制定出十分具体的措施，安排“形象大使”做一些实事。

第四，所谓“叶绿素而非自力霉素”，是一种比喻的说法。形象大使是一种抛头露面的工作，社会公众白天看你的真身、听你的真言，晚上看你的影像，每天24小时都“曝光”。叶绿素在光的作用下，可以发挥三种作用：一是把人们呼出来的二氧化碳吸收掉，二是把人们所需要的氧气产生出来，三是叶绿素自身（植物）还得到了发展。“叶绿素式”的人物，是最适合担任形象大使的人选，当他（或她）的真身、声音、影像等出现时，能化解大众的怨气，能增添大众的喜气和勇气，而他（或她）自己则更加成熟和美丽。“自力霉素”虽然是一种很好的药物，“对消化道癌如胃癌、肠癌、肝癌、胰腺癌等疗效较好。对肺癌、乳腺癌、绒毛膜上皮癌等也有疗效”①。但是，自力霉素怕水怕光，它溶于水，其水溶液对酸、碱、光、热都不稳定。所以，“自力霉素式”的人物，不适合担任24小时都得“曝光”的形象大使。况且，任何一个公司都不是也不应该是出现了“生癌”的症状，才想到要推出自己的企业形象大使的。

2. 符号传播与活动传播的统一。

企业形象的传播手段很多，但归根到底就是两大类：一类是以“符号”为手

① 王箴主编：《化工辞典》，2版，209页，北京，化学工业出版社，1979。

段，一类是以“活动”为手段。

语言、文字、音响、影像四大媒介实质上都是符号。符号的本质特征，在于它的含义是由它的使用者赋予的。汉语中每句话的含义，是讲汉语的人赋予的；英文中每个词的含义，是讲英文的人赋予的；鼓声助战、锣声收兵的含义，是中国古代军队赋予的；秦兵马俑塑像的含义，是秦人赋予的。现代影像的含义，也还是它的使用者赋予的。例如，在海南养生堂做的“朵儿胶囊，由内而外的保养”这个电视广告中，影像所具有的“30 多岁的成熟少妇、‘女人味’十足的、温婉的东方丽人”的含义，就是制作者通过配音、化装而赋予的。做这条广告的形象小姐倪虹洁，原来的本色含义是“19 岁的清纯可人的同济大学经济信息管理专业的学生”。

语言、文字、音响、影像四大媒介，加上承载这些媒介的物质性媒体，包括书籍、刊物、报纸、传单、名片、布告栏、电子公示牌、高层建筑霓虹灯、交通工具外壳、招牌匾额、大楼墙体之类的文字与静态图形的载体，录音机、放音机、广播电台、收音机、扩音器、话筒之类的语言与声音的载体，照相机、洗相印相机、摄影机、放映机、电影厂、电视台之类的静态与动态影像的载体，以及互联网这种能够把四种媒介统一综合起来进行双向或多向交流的载体，构成了一个十分完善的“符号传播系统”。任何一个公司的企业形象传播，都应该充分而有效地利用这个系统。放弃或者忽视利用这个系统，是不可取的。实际上，大多数公司也确实在努力利用这个系统，当今社会无时不有、无处不在的广告，就是一个有力的证据。

但是，绝不能因为有了完善的符号传播，就忘记了活动传播。所谓活动传播，简短地说，就是公司开展各种各样的实际活动来传播自己的形象。

从历史事实来看，公司对“活动传播”重要性的认识，是有一个过程的，大致经历了三个阶段：

第一阶段，是 20 世纪初到第二次世界大战结束（前后延续约 45 年）。

在这个阶段上，公司基本上没有企业形象观念，竞争是野蛮竞争，劳资关系紧张，大公司在公众中的口碑很糟，成了众矢之的。在舆论压力和政府的要求下，有的公司被迫开展了一些“公共关系”活动。“公共关系”的英文是“Public Relations”，故有些文献简称为“PR”活动。这类公共关系活动，具有“形象传播”的意义。这是“活动传播”的非自觉阶段。

且看具体事实：

在 19 世纪末 20 世纪初的美国，工商寡头的行为很恶劣，引起了整个社会的不满。据统计，仅在 1903—1912 年的大约十年中，揭露工商企业丑恶内幕的文章，总共就发表了 2 000 多篇，史称“扒粪运动”。为了平息民怨，当时的美国总统罗斯福要求美孚石油公司、美国钢铁公司，宾夕法尼亚州铁路公司等大企业对公众的不满作出解释。

在这种背景下，《纽约时报》记者艾维·李（Ivy-Lee）创立了“宣传顾问事务所”，专职为企业或社会组织提供传播和宣传服务，协助公司与公众建立和维持正常的联系。

当时许多大公司，接受了艾维·李提供的传播和宣传服务，改善了自己的形象：

例1：洛克菲勒公司。本来，在塔贝尔写的《美孚石油公司发迹史》一书中，就揭露了洛克菲勒公司的腐败内幕，描述了它怎样使用不光彩手法把小公司吃掉。不久，洛克菲勒又公然下令残杀罢工工人，企图用武力威胁工人复工。但结果适得其反，不但劳资矛盾更加激化，罢工怒潮更加汹涌，而且洛克菲勒的社会名声也更加丑陋，被称为“强盗大王”。为了扭转这种不利局面，洛克菲勒聘请艾维·李来解决劳资纠纷，并代理公司与新闻媒介的关系。艾维·李果敢地采取了一系列措施：聘请有威望的劳资关系专家，来核实与确定导致这次事故的具体原因，并公布于众；邀请劳工领袖参与解决这次劳资纠纷；建议洛克菲勒增加工人工资，广泛进行慈善捐赠，为儿童度假提供方便，救贫济困等。这些措施使工人对洛克菲勒的看法发生了微妙的改变，使洛克菲勒集团在公众中的形象有了好转。

例2：宾夕法尼亚州铁路公司。1906年，该公司发生了一起意外事故，于是邀请艾维·李来处理善后工作。艾维·李首先保护好现场，然后派车接记者们前来采访，安排有关人员诚实地回答记者的提问，向记者们作技术性解释，为实地采访提供种种方便，让他们了解事故的真实原因；同时，在记者们的众目睽睽之下，公司为处理事故作出种种努力，如向死难者家属提供赔偿，为受伤者支付医疗费，向社会各方诚恳道歉等。这样，当首批有关该事故的专稿公开见报后，公司的董事们惊喜地发现，这家公司得到了有史以来最公正、最善意的评价，大大改善了公司的形象。

艾维·李开展上述活动的同时，也阐明了自己的理念。他坚持的核心思想是“说真话”、“讲实情”；他提出的口号是“公众必须被告知”；他反复向各个公司强调的信条是“凡是有益于公众的事业，最终必将有益于企业或组织”。

艾维·李的开创性工作，促成公共关系正式成为一种职业，也为公共关系成为一门学科积累了实践经验和理论素材，所以现今人们尊其为“公共关系之父”。

从企业形象的角度来看，艾维·李在公司中开展的公共关系活动，具有两个明显的特点：第一，它既是企业形象的塑造，又是企业形象的传播，把两者紧密地结合在一起了。说它是塑造，是因为这些活动改变了公司的客观企业形象；例如在解决劳资纠纷时，邀请有威望的劳资关系专家和劳工领袖来参与，采用提高工资、进行慈善捐赠等方法，这都是美孚石油公司原来所没有的，是艾维·李开展公共关系活动时出现的新内容。说它是传播，是因为活动过程都有新闻记者在场，他们随时随地都在用笔、用照相机等等向外传播。塑造和传播这两个方面，艾维·李是把塑造放在基础和主导地位，是下大力气说服各公司去做“有益于公众的事业”，而不是花大力气说服记者对公司进行美化包装；相反，他请来记者，就是要他们说真话，讲实情。第二，它是资方和劳方、公司内部的员工和公司外部的记者，面对面的双向直接沟通，具有很强的扭转力和说服力。原先不佳的公司形象，通过“艾维·李式”的公共关系活动，基本上扭转过来了。

艾维·李的出色工作，给公司的经营管理提供了示范。1908 年，美国电话电报公司率先在内部设立了专职的公共关系部，由一位公司副总经理主管，早期还聘请艾维·李为顾问。

第二阶段，是第二次世界大战结束以后的大约四分之一个世纪。

在这个阶段上，由于第二次世界大战以残暴的法西斯的失败而告终，由于各国反垄断法的贯彻执行，公司之间的竞争已经从野蛮转向为文明，公司普遍树立了“优化企业形象”的观念。虽然从总体上看，这个阶段上的企业形象的塑造和传播，都有所加强，但以开展活动的方式来传播企业形象，却被淡化了。这是“活动传播”的淡化阶段。

活动传播方式被淡化，其根本原因在于：波及全球的第二次世界大战，使生产力遭到大规模的破坏，物质产品普遍匮乏。企业只要能够提供用得上的产品，就能生存下去；公众只要能够买得到、买得起东西，也就心满意足。至于产品的质量、品位、对环境的影响等等，双方都不太深究。所以公司和公众之间，公司内部劳资之间，都比较容易相安无事。这样，公司就觉得没有必要开展搞更多的活动。

活动传播方式的淡化，还有其他一些次要的原因：一是符号传播技术发展得很快，符号传播方式比较方便，不受时间空间的限制，价格也不贵，各个公司都乐于采用，从而使活动传播的比重自然而然地降低；二是活动传播是人与人面对面沟通，比较难于组织；三是历史上有过的活动传播，就是艾维·李的公共关系活动，而艾维·李是公司外部具有特殊才能的专家，这使人误以为公司内部的职工做不到。

日本学者八卷俊雄对这个时期作了如下的描述：“第二次世界大战之后，大众传播媒体发展迅速，技术革新也很有成绩，因此，人和人之间直接的信息传递活动之比重就渐渐减少，进而针对大众传播媒体及其记者的对策之关心程度愈来愈深。所以，广告宣传部的职员对自己策划的 PR 或全体企业对 PR 的关心，自然就变得稀薄。若对 PR 技术讨论得愈详细愈热烈，自然容易使得大部分人产生：‘PR 是特殊专家才能实施’等的观念。”①

---

① ［日］八卷俊雄：《企业形象战略》，47 页。

第三阶段，是自20世纪70年代以来的40多年。

在这个阶段上，“活动传播”方式开始受到重视，被许多公司自觉地加以运用。公司不仅开展公共关系（PR）活动，还进一步开展公共事务活动。由于“公共事务”的英语是“Public Affairs”，所以有的文献把它简称为“PA”活动。这是“活动传播”的自觉阶段。

20世纪60年代末70年代初，随着战后生产力恢复阶段的结束，社会大众对生活质量的要求也越来越高，消费者运动的规模越来越大，社会公众的环境保护意识越来越强，企业提供的产品能不能保证较高的生活质量、较优的生态环境开始受到怀疑。这样，公司和公众相安无事的局面被打破，公司之间的形象竞争也被提到了首位。“活动传播”被淡化的局面再也不能继续维持下去了。

日本学者八卷俊雄对这种情况作了如下的描述：“从20世纪60年代末期开始，消费者和地区居民对企业的不信任感愈来愈严重，以有缺点的汽车、有问题的药品、化妆品、食品为开端，现在消费者对所有的商品都带着疑惑的眼光来看待，同时由于公害环境问题产生，环保意识的提高，地区居民对这些公害问题也同样很关心，往往很不客气的要求企业改进。由于这种环境变化而指摘原有的PR无力之议论愈来愈高。此乃代替PR的PA（Public Affairs）概念产生的原因。”他还说：“只靠PR活动已经无法反映企业的情愫；企业在活用未来的经营资源而生产商品和提供服务工作之外，也要做善良的市民，对公共事务应免费地义务劳动，换言之，也就是这种趋势的时代已经来临了。企业获得大众的好感而进行各种活动，其中当然包括PR活动，这些活动总称为PA（Public Affairs）活动。”①

那么，PA活动和PR活动的区别何在呢？这可以开展PA活动的典型代表——美国艾克逊公司②为例来说明。艾克逊公司认为，企业的社会责任有三方面：其一是原有的经营责任；其二是保护环境、保护消费者责任；其三是对社会服务的责任。其中，二和三要借PA活动来弥补。PA活动的最高责任者就是担任PA计划的副总经理。

艾克逊公司PA活动的具体内容，有三项：

一是资助公益事业。如捐资把公众喜闻乐见的地方戏拍成电视介绍给市民，资助对黑人和少数民族一视同仁的新世界交响乐团，资助纽约市内落后的少数民族后裔进入大学预备学校读书，提供保护野生动物基金等。

二是开展义务劳动。光投钱还不行，还得派人为社会公众进行面对面的服

---

① ［日］八卷俊雄：《企业形象战略》，47、51页。

② 艾克逊公司又译为“埃克森石油公司”，英文是“Exxon Mobil”，在2003年《日经商务》杂志与美国摩根斯坦利Capital International联合进行的第3次“全球公司1 000强排名”活动中，该公司位列榜首。在美国《财富》杂志2005年公布的世界500强中，名列第三。

务，这就是艾克逊公司开展“义务劳动”的真正含义。义务劳动的内容分成7项：（1）生活辅导；（2）顾问工作；（3）护理活动；（4）个别指导；（5）成人教育；（6）环境保护活动；（7）运动的教练。公司负责人以身作则，带头参加，并号召职工自动参加；如果职工有敢于面对社会大众的勇气，愿意参加，就可以在上班时间来做社会性服务活动；对在义务服务中取得好成绩者，颁发“社会贡献领导者奖”。同时，也雇聘一些学生来参加，这既有利于学生勤工俭学，也有利于社区建设，还有利于公司PA活动的开展。可见，这类活动对公司来说确实是不拿报酬的“义务劳动”，但对个人来说是有报酬的。

三是信息传递活动。就是把公司资助公益事业的情况，开展义务劳动的情况，本职业务的生产经营情况，通过三条路线传送出去：第一条路线是公司创办各种定期或不定期刊物，免费广泛赠送；第二条路线是邀请大众媒体的记者来采访，欢迎他们发表文章反映实际情况；第三条路线就是做广告。

由上所述，不难看出一个公司所开展的作为公共事务活动的PA，和作为公共关系活动的PR，既有区别又有联系：

第一，公共关系（PR）活动的内容，是围绕公司本身的直接需要而展开的，例如本公司出了事故，或者本公司要推出一种新的产品，为了把事故处理得更好，或为了使用户能够尽快接受新产品，于是向有关的方方面面开展工作。而公共事务（PA）活动的内容，是围绕社会公众的直接需要而展开的，如某些弱势群体、某些公共事业需要资金，某些社区居民需要个别辅导等等，于是公司就在力所能及的范围内或捐资，或派人去解决问题。两者的区别如此之大，以至在20世纪80年代，当美国银行营销协会（Bank Marketing Association）的理事长雷诺在日本介绍企业开展公共事务活动时，日本的银行职工很不理解，不但提出了“为什么银行工作还必须参加这种社会性义务活动”的问题，而且认为“这种自愿参加的社会性义务活动，是冒犯了政府和公共团体的工作范围，好像有越权的感觉，甚至有人认为如此做的话会扰乱社会秩序”。但雷诺回答说：“美国人很了解，政府和公共团体的力量有限，所以，若有多余的力量的人，大致上都义务地参加活动。”①

第二，PA活动也像PR活动一样，既是企业形象的塑造，又是企业形象的传播，都是把塑造和传播紧密地结合在一起。当然，两者塑造和传播的重点有所不同。PA活动重点要塑造和传播的形象，是企业“也要做善良市民”的形象，是要在更为普遍的意义上“获得大众好感”的形象；而PR活动重点要塑造和传播的形象，是企业“能够做好本职工作”的形象，是要使自己的产品、服务、品牌等获得大众的好感。

---

① ［日］八卷俊雄：《企业形象战略》，53页。

第三，从纯粹的企业形象传播的角度来看，无论 PR 还是 PA，虽然都包含有用“符号”手段进行传播，但主要是利用“活动”手段进行传播，其扭转力和说服力都很强。

“活动”传播之所以比“符号”传播更具有说服力，第一是因为“活动”本身就有客观性，“活动”本身就有实际意义；第二是因为“活动”能够改变世界，人们清楚地知道，卓越的活动会改变拙劣的实际。而“符号”的意义是使用者赋予的，它可能符合实际，也可能不符合实际。对于“符号”传播的信息的真实性，社会公众持一定的保留态度，是可以理解的。那种广告中说什么就信什么，是消费者不成熟的表现。

所以，企业形象的传播必须把“符号”传播和“活动”传播辩证地结合起来，当公众对你的公司及其产品与服务主要是不太知道的条件下，可以以“符号”传播为主。但当公众对你的公司及其产品与服务主要是有怀疑的时候，就必须以“活动”传播为主，或者开展公共关系活动，如开展展览展销、接待参观、提供咨询服务、有奖征答、赞助等等。特别是当公众对你的公司不仅是怀疑而是很不满、有情绪的时候，就必须把开展公共事务（PA）活动放在第一位了。

3．传名与传实、传形与传神的统一。

在企业形象的传播中，必须处理好“传名与传实”、“传形与传神”的关系。而要处理好这两个关系，就得树立两个基本观点：

第一，赢得人心的目的观。传播企业形象的目的，是为了争取更多的社会公众对本企业的理解，取得他们的信任，赢得公众的心，绝对不能看成是为了从公众身上赚取更多的钱。一个企业从满足公众需要、改善生活质量出发，提供了新服务、新产品，可是公众还不了解、不习惯，甚至也不太信任这种新东西，这时，做个广告，搞点宣传，实事求是地介绍新产品的优点，引导消费，公众确实会产生好感，并进而接受新东西。因此，企业多销产品，多得利润，乃是赢得人心之后的自然结果。反之，如果把“赚钱”看得比“人心”还重要，不惜让公众上当受骗来取得利润，就必然会被社会公众所唾弃。

第二，把形象传播视作企业文化建设一个有机组成部分的整体观。树立这种观念，意味着形象传播必须遵守以文明取胜的原则，必须是正确的价值观念、崇高的理想追求、振作的精神状态的体现，而且，形象传播不是把信息发送出去就算完事了，而是要继续从公众中取得反馈，并根据这种反馈进一步做好企业形象的塑造和传播工作，使本企业与社会公众协调一致。

树立了上述两个基本观点，就不难处理好传名和传实的关系。“名”是肯定要传的。企业及其产品或服务等的名称名牌、名声名望、名气名誉，都可以而且也应该传播。但是，传名必须服从传实，否则就会失去人心，达不到形象传播之目的。所谓“传名服从传实”，有两层含义：第一，所传之“名”要确有其

“名”，不是杜撰，不是捏造。把没有获奖之产品说成获奖，把服务不周吹嘘成服务周全，乃是企业形象传播中之大忌。第二，传播确有其名之“名”时，要掌握分寸，做到名实相符。空间上，要摆正本企业与其他企业的名次顺序，切忌抬高自己而贬低他人，以显示文明竞争的风度；时间上，要承认发展的无限性，切忌没有限度，吹嘘自己“前无古人、后无来者”。凡传名不服从传实者，无不以身败名裂而告终。

树立了上述两个基本观点，也容易处理好传形与传神的关系。既然是企业形象的传播，当然必须传“形”。但这种“形”，是一个企业的文明总体状况，是企业文化系统的全貌，是一种活生生的形象，因此，不传“神”便难以传“形”，形似而神离的传播乃是形象传播的失败。传形固然可以令公众一目了然，但传神却可令公众心悦诚服，使公众与企业心心相印。因此，处理传形与传神关系的基本原则，应该是“神似重于形似”或“传神高于传形”。所谓“传神”，就是要传播一个企业的正确的价值观念、崇高的理想追求和振作的精神状态。

在当今的时代，企业已成为社会的细胞，民族的依托，国家的基础。企业不仅应该向社会提供物质产品和物质服务，还应该为振奋民族精神、净化社会风气作出贡献，而且企业也确实有这方面的能力。今天每个企业都要做广告。正如《申报》馆主人，中国报业先行者史量才早就说过的那样：“广告即有促进人生与指导人生之功能……均可与世人以利益与便宜。故广告不仅为工商业推销出品之一种手段，实负有宣传文化与教育群众之使命也。”企业在利用广告传播企业形象时，忽视这一点是不应该的。现在的影视广告，已成为幼儿少年的模拟对象，多次反复播出后，幼儿少年几乎能惟妙惟肖地重复、一字不漏地背出。企业形象的传播者们，如果也能把相应企业的崇高精神境界传给牙牙学语的孩子，就是为本企业、本民族、本国家以及全社会争取到光明的未来。这与推销更多产品相比，意义要重大得多。

第七节　企业形象评价

企业形象评价，是对一个公司的企业形象优劣成败，作出判断。谁来评价？按什么标准来进行评价？本节简要地论述这两个问题。

一、企业形象的评价主体

对一个公司说三道四，实际上也就是在对这个公司的企业形象进行评价。是“谁”在对公司说三道四呢？这个“谁”，就是企业形象的评价主体。

1. 评价主体的多样性。

有句俗话说："哪个人前不说人，哪个背后无人说。"意思是说，每个人都在评价别人，每个人也都在被别人评价。把这句话用到企业形象上来，是非常合适的。任何一个公司的企业形象，实际上每天都在被许多人和许多机构自觉或不自觉地、全面或局部地、深入或表面地进行评价。这就是企业形象评价主体的多样性。

消费者对公司的企业形象评头论足，是要对已经实现的购买行为作出总结，并决定今后将购买哪个公司的产品或服务，评价的重点是产品和服务的质量。求职者对公司的企业形象细细掂量，是要决定自己首先应该到哪个公司去应聘，评价的重点是工资标准和人性管理。股民深究公司的企业形象，是要决定买哪家公司的股票，评价的重点是赢利能力和发展潜力。这三类评价主体，是分散的个人主体，是从和自己切身利益相关的那个方面来进行评价的。

金融机构密切关注有关公司的企业形象，是要决定给不给公司贷款，贷款期限多长，利率多高，评价的重点是信用等级。供应商关心有关公司的企业形象，是要决定给不给赊销，搞不搞信用销售，评价的重点是资信。代理商关心有关公司的企业形象，是要判断这个公司的形象和它对代理商提出的要求（包括销售量、市场价格维护、产品形象维护、售后服务、资金投入、资金回收、经营年限、经营信誉、销售渠道等方面的要求）是否相称，是不是要求别人严、对待自己宽，从而决定自己是不是给它代理，评价的重点是公平诚恳的合作精神。同行同业者关注有关公司的企业形象，是要通过对比来决定自己的对策，评价的重点是竞争的战略与策略。这四类评价主体，本身就是商务机构，是企业，是从和自身经营利益相关的那些方面来进行评价的。由于其自身的企业形象也有一个如何被评价和排名的问题，所以它们对其他公司的企业形象所作的评价，其客观公正性容易被怀疑，实际上也确实可能差一些。

社区居民对一个公司的企业形象议论纷纷，是因为公司的生产经营和他们的日常生活相关，他们非常关心公司的生产经营是否产生噪声、烟尘、有害气体、有害废水、有害废渣、有害微波辐射等等，是否减少绿化、妨碍整洁、影响交通等等，评价重点是公司的自然生态意识和社会生态意识。地方公共团体关注公司的企业形象，是因为公司也是它所在地区的一员，也应该热心所在地区的公益事业，评价的重点自然是公司的公共事务意识。这两类评价主体，具有显著的地方文化特色，其影响范围的大小，视公司情况而有所不同。有的公司的生产基地远离居民区，有的则靠近居民区；有的公司的生产厂只有一个，有的则很多，而且分散布点，乃至遍布全国甚至全球。所以，这两类评价主体的评价，在整个评价体系中的权重，也就依情况而有所不同。

国家及其政府关注公司的企业形象，是因为企业是现代市场经济的主体，是现代社会的细胞。公司的兴衰成败，企业形象的卓越程度，不仅关系到税收、就业，而且关系到整个国家的物质文明和精神文明。所以国家及其政府对企业形象的评价是全面的，方方面面都加以评论。大众媒体（报纸杂志、广播电台、电视台、互联网等）及其记者关注公司的企业形象，是因为他们本身就有进行各种评价、造成正确舆论的义务和责任。这两类评价主体，一般都不是从同自身利益相关的角度，而是从同整个国家、整个社会的利益相关的角度来进行评价的，加上这两者拥有庞大的传播渠道，所以其评价结论客观性较强，影响也较大。但在现实中，却又往往发生把企业形象的评价和政府官员的政绩结合在一起，把“发布企业新闻”和“收取公司赞助”等结合在一起，搞“有偿新闻”，从而失去评价的公正性。

当然，每个公司也都在评价自身的企业形象，也是自己企业形象的评价主体，目的是要根据这种评价来不断改善自己。

2. 评价主体的权威性。

上述包括公司自身在内的12类企业形象的评价主体，虽然他们都在对公司的企业形象进行评价，但他们都没有把自己的评价当作权威性评价。相反，一般说来，他们都希望有一个权威性的评价结论，以作为自己进行评价的依据。

这个权威性的评价结论，应该由谁来做呢？从理论上说，社会公众是评价企业形象优劣的权威主体，这个结论应该由社会公众来做。但是，社会公众是包括公司以外全体人员在内的，上一目所说的11类评价主体，从相对于被评价的公司来说，都属于社会公众。因此，不是没有进行评价的权威主体，而是应该产生这个庞大的权威主体的代言人。

社会公众需要有自己在评价企业形象优劣方面的代言人。这样的代言人，不能通过选举来产生，因为这不是政治问题，而是市场经济中的文明竞争问题。这样的代言人，应该在市场竞争中产生，应该从能够经受住公正性、科学性的长期考验中产生。这样的代言人，也确实在酝酿产生。这主要表现在：有越来越多的研究者和机构，不收取企业的任何费用，只收集和研究企业的信息资料，根据一定的标准，独立地推出一个国家、一个地区乃至全世界的企业排行榜。

美国《财富》杂志，就是以推出各种企业排名而闻名于世的。1954年，它首次推出了世界500强企业排行榜，并且一直坚持至今。他们认为，其从事企业的排名，有4个是最重要的：美国企业500强，全球企业500强，美国最受欢迎的企业排名，全球最受欢迎的企业排名。《财富》排名所依据的资料都是公开的，排名的标准也是公开的、自主的。大多数公司对他们的排名是服气的，但也有公司认为他们的标准不合理，建议他们修改，但他们都没听。他们一般都不与被统计的公司联系，特别是那些第一次上榜的公司。但经常上榜的公司，他们有时候也会与之联系，主要是询问这些公司的资料为什么还没有公布等。

在美国，对企业进行类似排名的财经类杂志，除了《财富》，还有《商业周刊》和《福布斯》。这三家杂志，各自独立，各具特色，相互竞争。《财富》以一年一度的“财富论坛”获得空前的权威感。《商业周刊》凭借着时效上的优势取胜，以准确、及时反映世界经济动态，客观、真实报道热点经济人物和举办各种世界性的经济论坛而闻名。《福布斯》则力图打破“商业报道只是一堆枯燥数字”的局面，更关注数字背后的人物，具有强烈的人文关怀色彩，并热心于为企业家编排座次。

这三家美国杂志的排名标准、统计范围、统计时间等各不相同。例如，《福布斯》只统计上市公司，国有非上市公司不统计，而《财富》把国有公司也统计在内；《福布斯》以统计截止时间的企业所在国货币与美元比价为准，而《财富》用的是当地货币与美元的全年平均汇率；两者所使用的财务年度的截止日期也不一样。

这三家美国杂志的排名，向来就不是无懈可击，但它们以“长期坚持”的韧性来完善排名的准确性，来建立自己的权威性。

例如，《福布斯》派记者来到中国收集信息，给私营企业家排名，推出中国内地富豪榜，就出现过把牟其中的身价定为3亿元人民币而列入富豪榜的轻率之举，从而遭到了前所未有的质疑和嘲弄，以至在牟其中锒铛入狱后，人们还把这段往事当作笑话来讲。但是《福布斯》并没有因此就洗手不干，它继续花费大量时间和金钱，来调查中国私有企业和企业家们的财产，继续推出“中国大陆首富企业家”的排名。而每当首富名单一出，一些身在富甲之列的若干企业家，就以激烈或婉转的方式批评这种排名不科学、不真实；有些研究人员也批评它对财富计算的方法值得商榷，排名指标的可比性有欠缺，数据不完整，可能漏掉了若干更大的富翁等等。于是有人就说：没有人委托《福布斯》来为中国的民企老板们计算个人财富，《福布斯》此举纯属花钱买质疑，吃力不讨好。然而《福布斯》依然照做不误，它正是要在“吃力不讨好”的长期磨练中，提高自己评价的准确性和权威性。

《财富》杂志也承认，虽然它的世界500强排名越来越准，但还是有遗漏或是搞错的地方。比如，他们凭直觉，认为中国的铁路部门和航空部门也应该有进入500强的公司，但他们不知道从哪里得到这些公司的数据，所以这些公司无一上榜。上榜的中国公司，主要是能源、通信公司和银行。他们承认，可能某一个中国公司在实力上达到了500强的标准，但却被他们遗漏了。也许正是它的这种坦率诚实的态度，以及年复一年的坚持和改进，使得它的准确性、权威性不断提高。

现在，不是因为接受委托，不收取任何费用，自己花时间和经费收集信息，对公司进行评价和排名的机构和个人，正在逐步地增多。

从2001年开始，《日经商务》杂志与美国摩根斯坦利国际投资公司联合，进行一年一度的“全球公司1 000强排名”活动。他们的排名，既不看销售额，也不看利润，而是以流动资金为参照标准。他们认为，所有的企业活动，都是以创造现金为动力之源，流动资金能直接反映出企业的经营活力。根据这个标准，2003年第三次排定的全球公司1 000强，位居榜首的是埃克森石油公司；最终收益占流动资金比例最大的，则是排在第27位的美国微软，其最终收益占流动资金的比例超过了90％。

美国学者豪沃德·罗斯曼则根据一个公司对改变世界所作的贡献，来对公司进行评价和排名，写成了《改变世界的50家大公司》一书，于2001年公开出版。他进行评价和排名的主要标准，不是销售额，不是流动资金，不是利润率，而是改变世界、改变人们生活方式、实现人类理想的创新能力。这实质上可以说，是对世界各个大公司的“自为形象”，所进行的第一次评价和排名。

虽然，还没有什么机构或个人，直接推出“企业形象世界500优”之类的排名。但随着各种从不同的角度、不同的方面对企业和企业家进行评价和排名的增加，对涉及公司方方面面的企业形象，会有机构或个人来进行综合评价和排名。当然，这样的评价和排名，也应该不是接受公司本身的委托，不收取公司的费用，并且通过长期坚持来不断完善准确性，来不断提高权威性。只有这样定下来的“卓越企业形象排行榜”，才有可能是成功的评价和排名。

二、企业形象的三维评价标准

企业形象的优劣，可以用三个标准来评估：第一个叫文明度，第二个叫知名度，第三个叫美誉度。

1. 文明度是根基。

要阐明“文明度”，首先要阐明什么是“文明”。

所谓文明，从哲学基本问题（即物质和精神的关系问题）的高度来看，就是客观物质和正确思想的结合。文明可以区分为物质文明和精神文明。

所谓物质文明，既不是纯粹的自然物质，也不是任何一种人工物质，而只能是打上了人类正确思想烙印的物质。太阳给地球带来光和热，“万物生长靠太阳”，但太阳不能说是物质文明，而只能说是自然界对人类的“物质赐予”，因为太阳还没有打上人类的思想烙印；19世纪30年代到20世纪80年代初的英国泰晤士河，20世纪50年代到70年代的德国莱茵河，20世纪30年代到90年代末的上海苏州河，虽然都打上了人类思想的烙印，但那都是违反生态规律的错误思想的烙印，都是使这些河流变得又黑又臭又肮脏，因而都不能说是物质文明，而只能说是“物质污染”；只有那些打上了人类正确思想烙印的物质，如古代中国的都江堰、现代上海的杨浦大桥，或者现在已经治理好、能够从中钓到鲑鱼的泰晤士河以及又见清澈纯净的莱茵河等等，才有资格被称为“物质文明”。

所谓精神文明，既不是任何一种思想观念，也不仅仅是正确的思想观念，而是用物质手段固定下来了的正确的思想观念。错误的思想观念，如果用物质手段固定下来，如把淫秽思想观念固定下来的黄色磁带或光盘，当然不会是精神文明，而是精神污染。即使正确的思想观念，如果不指导实践，即没有用任何物质手段固定下来，也没有资格称为“精神文明”，而只能称作“精神本身”，虽然是良好的“精神本身”。只有用物质手段固定下来了的正确的思想观念，如把反封建、争自由、求解脱（或称求解放）的精神，以小说形式、用物质手段（书）固定下来了的《红楼梦》，把全心全意为人民服务的精神用电影固定下来了的《焦裕禄》等等，才有资格归属于精神文明。

无论物质文明还是精神文明，都是物质资料与正确思想的结合，都是客观物质与人的正确思想的统一体，区别只在于两者各自的矛盾的主要方面不同。物质文明的矛盾主要方面是物质资料；精神文明的矛盾主要方面是正确思想。这是从理论上分。在实践上，人们往往能够自然而然地按照矛盾的主要方面的不同，把两者区别开来。人们不但能够很容易地把上海的东方明珠和金茂大厦归属于物质文明，而把拍摄得很精美的东方明珠和金茂大厦的照片归属于精神文明，而且能够很容易地把印花绸缎衣料归属于物质文明，而把吴道子画在绸缎上的画归属于精神文明，不会把绸缎画卷当作衣料缝制成衬衣来穿，也不会把印花绸缎衣料裱在镜框里、悬挂在大堂之上当作文化瑰宝来欣赏。

既然“文明是客观物质和正确思想的结合”，那么所谓文明度，就是客观物质和人的正确思想相结合的程度。一个公司的文明度越高，它的企业形象就越优美。评价一个公司的企业形象的优劣，文明度是一个最根本的标准。在贯彻执行这条标准时，可以而且也应该把一个公司的文明度问题，具体化为若干可以测评的子问题，其中包括：

(1)“第一次”问题。即公司在实施“客观物质和人的正确思想相结合”方面，有多少个是属于人类历史上的“第一次”。包括“第一次”提出某种正确思想并加以实施，也包括把人类已有的正确思想“第一次”用物质手段固定下来。例如，松下公司在企业发展史上“第一次”提出并实施了“企业使命至上”的价值观念，通用电器公司在人类历史上“第一次”研制出家用白炽灯、密封式家用电冰箱、家用电视机等等。任何一个公司，这样的“第一次”越多，这个公司的文明程度当然也就越高。

(2)“最合适”问题。即公司选来用作固定正确思想的物质材料，或者选来打上人类正确思想烙印的具体物质对象，是不是最合适的问题。例如，选用氯氟烃作为制冷剂来生产冰箱、空调等，就不是最合适的物质，因为大气中的氯氟烃含量增加，会严重破坏大气圈中的臭氧层，使过量的太阳紫外线直射地面，伤害人类和其他生物。实践证明，选用最合适于某种正确思想的物质载体，是一个不断发展的过程。为了实现人类突破夜间黑暗的理想追求，最初是靠火把（以植物根茎叶为材料）、蜡烛（以生物油脂为材料），后来增加了煤油灯和煤气灯（以埋藏在地下的石油和煤或煤气等为材料），再后来又增加了弧光灯和白炽灯（以电为“材料”）等。每一次照明光源的增加，都扩大了人类选用物质材料的范围，都是在增加选择“最合适”材料的自由度。任何一个公司，只要促进了这个过程，就是增加了它的文明程度；如果阻碍这个过程，就是减少了它的文明程度。

(3)“巧妙性”问题。即把客观物质和人的正确思想结合起来的方法，是不是高明。为了实现人类避暑乘凉的理想，有的用电风扇，有的用空调；为了实现人类自由穿越大江大河的理想，有的造船，有的造桥，有的造隧道，有的造飞机。各自所依据的原理和工艺都不相同。这是从大的方面来说。深入细致地说，例如造桥，也各有各的方法，各有各的工艺等等。哪个公司的方法越巧妙，哪个公司的工艺越先进，哪个公司的文明程度就越高，它的企业形象就越优美。

(4)“数量性”问题。这是把客观物质和人的正确思想结合起来的规模大小问题。用松下幸之助的话来说，就是公司能不能够把符合大众需要的优质产品或服务，像物美价廉的自来水那样源源不断地供应。能够，说明公司的规模很大，而又不是搞垄断经营，使大众普遍得到实惠，所以文明程度高，企业形象好；不能够，说明规模太小，大众得到的实惠不多，文明程度低，够不上企业形象卓越或优美。现在给全球公司排名的许多指标，如销售额、利润额、流动资金额等等，就是一个公司文明度的量化。一个公司出售的产品或服务越多，意味着被这个公司打上了人类正确思想烙印的物质也就越多，或者被这个公司用来固定人类正确思想的物质手段越丰富，这是公司文明度的最终实现。

如果深入研究下去，还可以把文明度进一步具体化。

一个公司文明度的提高，第一要是靠它自身不断的创新实践，第二要靠它自身长期的积累。靠传播，即依靠公司自身购买媒体来宣传本公司如何如何优美，是传播不出来的；靠别人的称赞和吹捧，也是捧不起来的。这可以说是一个公司提高文明度的发展规律。

2. 知名度是主干。

所谓知名度，就是一个公司被社会公众知晓的程度。它是对一个公司进行企业形象评价的主干道。一个公司，如果不被公司以外的任何人知晓，当然也就不会被公司之外的任何人评价，也就等于没有对它的企业形象进行客观社会评价的任何渠道，就只能是公司员工自知自评了。当然，一个公司不为任何外人知晓，实际上是办不到的。即使保密性极强的军工企业，它的权力公众，即主管军事的政府有关部门，总还是知晓的。如果保密工作搞得不好的话，敌方政府的有关部门也会知晓；再如果主管军事的政府有关部门官僚主义严重的话，也许敌方政府有关部门比本方政府知晓得更详细。

所以贯彻执行“知名度”标准的第一个具体任务，就是搞清楚是“谁”知晓，存不存在公司希望其知晓的公众并不知晓，而不该或不必知晓的公众倒是都知晓了。这叫做知名度错位问题。盲目往别人的邮政信箱或电子信箱里乱塞广告的公司，就很容易导致知名度错位。而且，那些因为知名度错位而知晓了你这个公司的人，往往不但不会赞美你这个公司，反而会对你这个公司产生反感，甚至还会向法院起诉你，告你侵犯私人信息空间，或者告你进行信息骚扰与信息污染。

贯彻执行“知名度”标准的第二个具体任务，是搞清公众知晓的程度，知之甚浅还是知之较深。如仅仅知晓你这个公司的名称，还是进一步知道你的产品和服务的详情。这叫“知名度”的深度问题。

第三个具体任务，是搞清楚知晓公众的数量特征，包括绝对人数、占有关人群的比例、地理分布等。这叫“知名度”的广度问题。

只有知名度较广、较深而又不发生知名度错位的公司，才有可能成为企业形象优美的公司。请注意，这只是“可能”，而不是“肯定”。因为“知名度”不像上一目所说的“文明度”，“文明度”是一个公司实践创新的客观积累，文明度提高是客观实际上的变化，因而就是企业形象优美程度的提高；而“知名度”提高是大众认知上的一种变化，这种变化并不一定和企业客观实际情况的优化相伴随。“知名度”也不像下一目将要论述的“美誉度”，“美誉度”提高意味着大众对公司所作所为的肯定，并且一般会伴随着增加对公司产品和服务的购买，从而使公司的文明度得到最终的实现；而“知名度”提高则既可能伴随着对公司赞美的增加，也可能伴随着对公司反感的增加。所以，不能肯定“知名度高的”公司就是企业形象“优美的”公司。不过，知名度不高的公司，一般说来（需要保密的军工企业除外）则肯定不会是一个企业形象优美的公司，因为知名度不高，购买其产品和服务的人肯定不多，其“文明度”就不可能最终实现。

一个人对一个公司的知晓，并不需要事先的积累，所以一个公司可以一夜成名，这是“知名度”发展的显著特征。使公司一夜成名的原因，可能是多种多样的：或者因为成功地做了一个富有创意的广告，正如美国广告大师大卫·奥格威所说，一个伟大的创意是美丽、智慧与疯狂的结合，能使默默无闻的品牌一夜之间闻名全球；或者因为一次成功的收购，如华立集团对飞利浦 CDMA 核心技术部门的收购，导致《财富》中文版把该集团董事长汪力成评为中国第一华商，一夜之间名声大振；或者因为“借壳上市”，如三联集团入主“郑百文”，使该集团及其董事长张继升备受世人关注和瞩目；或者因为一次成功的交易；或者因为一次轰动的赞助；或者因为一次重大的事故等等。总之，“条条道路通罗马”，提高公司知名度的途径和机遇是很多的，只要公司主管用心去抓，迅速扩大公司知名度是完全可能的。

3. 美誉度是果实。

所谓美誉度，就是公众赞美公司的程度。它是一个公司进行企业形象塑造和传播后所得到的果实。一个有美誉度的公司，就是企业形象优美的公司。美誉度越高，企业形象的优美程度就越高。反之，一个公司没有美誉度，甚至引起公众的怨恨和咒骂，就是一个企业形象恶劣的公司。

在用美誉度这把尺子来评价一个公司的企业形象的时候，也应该把它具体化，以便比较各个公司的企业形象的优劣。所谓具体化，至少要搞清以下几个问题：

（1）是哪些公众在赞美公司。这些公众涉及的面是很宽还是很窄，“宽”比“窄”应该在美誉度方面给予更高的打分。不同类型公众的赞美，应该给予不同的权重，至于哪一类公众的赞美应该给予更高的权重，则应根据公司的不同而不同。一个提供高科技产品或服务的公司，高科技专家的赞美比社区居民的赞美更珍贵；一个提供日常生活用品和日常服务的公司，普通市民的赞美比科技专家的赞美更珍贵；一个提供生鲜食品的公司，家庭主妇的赞美比堂堂正正的男子汉的赞美更珍贵；一个提供文化用品的公司，教师学生的赞美比机关干部的赞美更珍贵；等等。

（2）赞美的具体内容是什么。涉及公司的方方面面，还是仅仅涉及某一个方面。显然赞美的面越宽，公司的美誉度得分就应该越高。对不同方面的赞美，应该给予不同的权重。涉及主业的赞美比仅仅涉及非主业的赞美更珍贵；涉及整个公司的赞美比仅仅涉及公司某个人或某个部门的赞美更珍贵；等等。

（3）赞美公司的人数究竟有多少。包括绝对数，相对比例等。还应该注意，在一片赞美声中，有没有抱怨声，有多少人在抱怨等。

应该指出的是，公众对公司的赞美，总是基于他们对公司信息的了解而作出的。因此在对公司的企业形象作出优劣评价的时候，还应该考虑公司所得到的美誉度和它的文明度是否相符合的问题，是否存在“盛名之下，其实难符”的情况。如果有这种情况，公司自身的态度如何，是自我得意，盲目乐观，还是头脑清醒，以公众的赞美作为鞭策，不断努力，确确实实把公司搞得如同公众夸奖的那样好。

4. 三维评价标准的统一。

有一段时间，企业形象的优劣，只用知名度和美誉度两个标准评价。那时认为，一个企业的知名度越大，美誉度越高，那么它的形象就越好；反之，它的形象就越差。这里，知名度是前提，一个企业没有知名度，公众对它的存在都一无所知，当然也就谈不上美誉度；美誉度是目标，一个企业之所以希望广大公众知其大名，当然是希望外界能给它一个好的评价。不妨把这称为“企业形象优劣的两维评价标准”。

两维标准虽然有一定的道理，但终究不够全面，未能抓住本质，起了误导的作用。

由于只有“知名度”和“美誉度”两把尺子，而知名度又确实是美誉度的前提，所以不少公司把知名度当成了企业形象的本质，把提高知名度摆在塑造企业形象的首位。于是，怪现象出现了，为了出名，故意制造诉讼争端，想靠打官司来树立形象；扰民事件产生了，所谓“四不像进城”之类的广告策略，一心只想要轰动出名，却未料到导致了社会的不安定。其结果，名是出了，但出的不是芳名！这是值得深思的。

市场竞争实践启示我们：评价企业形象的优劣，不应该单纯地看它在外面的名声，还应该看它的内在素质。应该采用三维的立体评价标准：一看文明度，二看美誉度，三看知名度。文明度既然是一个公司把客观物质和正确思想结合起来的程度，也就代表了一个公司的内在素质，包括它提出和把握正确思想观念的素质，把握客观物质的能力，以及把这两者结合起来的能力，这种能力具体表现在它进行生产经营、参与市场竞争的指导思想是否端正，它达到产品对路、服务周全、质量上乘、价格低廉的方法和手段是否正当，它的生存和发展过程是否在自然生态和社会生态方面造成负面影响等等。

在评价企业形象优劣的三维立体评价标准中，文明度是根基，是本质，是基础标准。知名度是“中介”，是“媒体”，是大众对公司的浅层反映，是传播标准。美誉度是“终端”，是“目标”，是大众对公司本质的反映，是最高标准。一个公司的文明度高，就可以说它的企业形象基础好，能够通过传播来达到在公众中树立优美企业形象的目标；反之，一个公司的文明度很低，或者根本就不讲文明，野蛮“操作”，那么越是加强传播，知名度越大，其离开树立优美企业形象的目标就越远。

如果把企业形象比作一棵参天大树，那么文明度就是根系，知名度是枝干，美誉度则是花果。评价这棵树生命力大小的标准，首先是根系（尽管根系深藏于地下而无法直接看到）：根系枯萎，枝干就成为无本之木，开不了花，结不出果；反之，根系发达，枝干即使被砍伐，也还可以复生。文明度作为评价企业形象优劣的基础标准，其实也是首要标准。抛开文明度，知名度和美誉度不过是昙花一现的宣传效果。

确立企业形象优劣的三维立体评价标准，意味着一个公司若是真想为自己树立优美的企业形象，就必须坚持：提高文明度的自觉性，扩大知名度的自然性，增加美誉度的自发性。这里的“自觉性”，是指企业对于提高文明度，一要有意识、有目的、有规划，观念上十分清晰明确；二要积极、稳妥、系统、合乎规律地行动，志在必得。这里的“自然性”，是指企业对于扩大知名度，应该当作一项延伸和拓展文明度的工作来做，使得在社会公众看来，该企业名声大振，乃是该企业文明度的自然传播，是文明度这条总根破土而出的自然生长。这里的“自发性”，是指企业应该把美誉度的增加，看成是全社会对于本公司自觉坚持文明、自然转播文明所给予的自发回报，而不是公司强求索取的，强求的美誉度是不“甜”的。

任何一个公司，无论它当前如何弱小，如何不为人所知，只要它坚持提高文明度的自觉性，扩大知名度的自然性，增加美誉度的自发性，踏踏实实，日积月累，就一定会在实际上强大起来，由实生名，得心生誉，永远立于不败之地。

第六章

企业文化建设

企业文化具有普适性，不仅日本企业可以依靠强文化制胜，而且美国和其他资本主义国家的企业也可以依靠强文化制胜；企业文化不仅适用于资本主义企业，也适用于社会主义企业。这是已经被实践证明了的客观事实，也是企业文化学能够作为一门学科来建立的基础。企业文化的普遍性，决定了我们可以概括出企业文化建设中的一般情形。

但是，企业文化又有特殊性。社会制度不同，其企业文化自然会打上不同制度的烙印；民族不同，企业文化的特点也就相异；行业特点不同，企业文化的类型也就不同。企业文化所具有的特殊性，决定了我们可以提出“建设中国特色的企业文化”。

第一节　企业文化建设的一般程序

如前所述，企业文化系统的种子要素或中心要素，是以文明取胜的群体竞争意识，即企业的共享价值观念、共同理想追求和全体认同的精神状态等。这些都属于精神范畴，企业文化建设就是这种精神的确立和发展、应用以及物质化等等。因此，从一定的角度出发，可以把企业文化建设看成是：作为独立主体的企业，对于具有本企业特色的精神财富的“生产、分配和消费”。

一般认为，企业必须向社会提供物质产品或物质服务，现在加上一条，要求企业还得生产主要由人才作为物质承担者的精神财富，所以企业文化建设是一个崭新的任务。企业所生产的精神财富，必须具有本企业的特色，主要供本企业内部“分配”和“消费”。因此，企业文化建设并不是要取代科学研究、教育和文学艺术等机构向社会提供精神产品的任务。不过，企业所生产的具有本企业特色的精神财富，同样有着振奋民族精神、净化整个社会的巨大功能，从而是整个社会精神财富的一个有机组成部分。

一、中心要素的“生产”或设计

明确提出本企业的价值观念体系和理想追求，用准确生动的语言把企业精神定下来，是企业文化建设的第一步。这一步，也就是要把具有本企业特色的精神财富“生产”或“设计”出来。

在这种特殊的生产中，有几个关键性的操作步骤：

(1) 筛选。现代社会已经和正在积累大量的精神产品。所有的企业家都不能对这些精神产品置之不理，特别是当他们要自觉地建设企业文化的时候，更应该组织适当的力量去熟悉和研究。通过研究，企业必须从中筛除精神糟粕，选取精神财富。合格的精神财富的标准，一是要能促进本企业的经济迅速地发展，二是要能促进本企业职工的人格健康地成长，三是要能增强本企业的内在凝聚力，四是要能加强社会凝聚力。这四项标准，是企业文化的本质和精神内容所要求的：要竞争取胜，就必须坚持迅速发展经济的标准；要文明取胜，要使取胜的过程成为理解和尊重人的过程，就必须坚持促进人格健康和增强企业凝聚力的标准；要使企业竞争取胜的过程同时也是为社会服务、为社会发展作贡献的过程，就必须坚持加强社会凝聚力的标准。中外企业家，只要他重视企业文化，就都赞成这四条标准。但是它们实际执行的程度却是不同的。以第四条标准为例，虽然西方某些学者早已提出，如奥雷利奥·佩西（罗马俱乐部创始人，同时也长期担任大企业负责人）就认为：大公司负有重大的社会、生态和教育的责任，“对任何事业的首要要求是明确的社会效益，然后才是确认它的赢利性——二者不能颠倒”；“在人类的全球王国时代，社会的永久权力反而要继续组成许多互不协调的国家企业，这是完全不合时宜的”[①]。但是西方企业实际上执行得不如日本企业好，因为日本大企业的终身雇佣制更有利于社会的稳定。不过，只要还是资本主义企业，就不可能彻底坚持加强社会凝聚力的标准，也不可能彻底贯彻社会效益第一的原则。只有社会主义企业才具备彻底坚持这条标准和原则的基础与前提，才有

① ［意］奥雷利奥·佩西：《人类的素质》，50、55页，北京，中国展望出版社，1988。

可能彻底实现企业利益服从全社会利益。

（2）梳理。通过筛选而得到的精神财富，是以一般形态存在的，并不具有本企业的特色。梳理，是对本企业的历史和现状，特别是对企业实践中直接萌发的观念和意识，进行系统深入的回顾、调查、分析、研究，为一般精神财富与本企业实际相结合打下基础。梳理可以用相互对照的方式进行，主要理清三类事实并找出造成这些事实的全部根源：第一类是不符合被当作财富筛选出来的精神的事实，第二类是符合这类精神的事实，第三类是超出这类精神的范围，从而孕育着更高精神境界和理想追求的事实。

（3）发掘。对梳理得出的第二类和第三类事实，当作一种宝贵资源来加以开发，任务是找出这两类事实的形成机理和进一步发展的生长点。

（4）设计。完整的企业文化建设计划，只有在做好筛选、梳理、发掘的基础上才能形成。因为它必须推出三套东西：第一套，是经过科学论证而又具有本企业特色的价值观念、企业精神、企业信念、企业宗旨、企业理想、行为规范、思维方式等，它们是以理论和口号的形式出现的；第二套，是能够体现这些价值观念、企业精神等等的个例说明，最好是本企业的个例，但也可以是外单位的个例，甚至还可以是设想的个例和生动的寓言故事等，目的是要把第一套东西形象生动地表示出来，使广大职工易于了解；第三套，是灌输或实现这些价值观念、企业精神等等的步骤、设想和可操作性的程序。

二、中心要素的“分配”或催化

合理“分配”本企业生产的上述精神财富，可以视作企业文化建设的第二步。“合理分配”的原则是：

（1）完整性原则。就是把具有本企业特色的精神财富，完整地向每个职工灌输。精神财富用之不损，共享不亏，不像一个物质产品那样给了甲就无法同时给乙，因此精神财富的分配可以“慷慨解囊”。如果说有所限制，那也是来自物质载体的有限性，而不是来自精神财富自身的不可给性。

（2）理解性原则。在形式上每个职工都分配到一份精神财富，但每个职工对精神财富的理解是不一样的。一个职工实际上分配到多少，取决于他对这份精神财富正确认识或理解的程度。任何精神财富，若不能理解，便无法享用；一旦理解，获得真理的愉悦便油然而生。合理分配精神财富的任务，要以企业全体职工获得理解来完成。领导和企业文化的设计者，应在如何使职工理解上采取措施，职工本人要在加深理解上多下功夫。

（3）层次性原则。理解有深浅，有宽窄，要求每个职工的理解都很深刻、都很全面，这既不现实，也不合理。不同部门的职工，理解的侧重面应该有所不同；工人、干部、领导干部、主要领导干部，理解的系统性和深刻性在要求上是不一样的。这种区别，是同一系统中不同层次的区别，是企业内部不同有机组成部分之间的区别。企业文化强调建立共享的价值观，培育职工人人认同的企业精神，把人们凝聚成为群体来发挥作用，但却并不抹杀每个人的特殊角色作用与个性。

（4）培育性原则。对任何精神财富的理解，都不是天生的，而是培养和教育的结果。因此，合理地分配精神财富，实际上就是要给每个职工合理地分配接受培养和教育的时间与机会。从企业文化建设的角度来看，不抓教育，不抓培训，就既是精神财富和人力资源的浪费，也是精神财富分配的落空。

（5）灌输性原则。即企业领导利用一切机会，向广大职工灌输企业价值观念和企业精神，使职工通过点点滴滴的理解，日积月累，达到精神境界的升华。

三、中心要素的“消费”或实现

抓好已被正确理解的精神财富的“消费”，可以视为企业文化建设的第三步。任何“消费”都是一种转化，精神财富的“消费”也可以视作转化。企业精神财富的转化，可以有多种多样的形式：

（1）内化。即具有本企业特色的精神财富，铭刻在企业职工的心灵上，内化为职工的品质，并孕育出本企业特有的英雄模范人物。

（2）外化。即在职工的可见行为、企业的可见产品或物质服务中，以及在企业的一切有形物如厂房、内环境、外赞助等等中，把崇高的企业理想、企业精神、价值观念体现出来。

（3）习俗化。即把本企业的价值观念、精神状态等等，变成全体职工自发地加以遵守的风俗、习惯、舆论、仪式等等。这是一个极其漫长的“消费”过程。

（4）社会化。即企业通过向社会提供体现本企业特有精神的优质服务和优良产品，向社会介绍本企业的英雄模范人物，向社会展示并扩散本企业的风俗习惯，形成得到全社会赞美的企业形象。

为了促使上述转化的实现，企业可以采取各种切实可行的措施，其中也包括经济的、行政的、纪律的措施。以为企业文化建设只能采取文化措施，只能利用潜移默化的影响和约定俗成的力量，这是一种误解，是把企业文化建设的结果当成了先决条件。有了这种误解，当某些转化如不采取行政措施就难以实现时，就往往容易得出“当前搞企业文化建设条件不成熟”之类的不适当的结论。

本节上述的企业文化建设的一般程序，包括“生产”、“分配”和“消费”三个步骤。这三步是相互联系的有机整体。没有第一步，就不能够迈出第二步和第三步，若强行迈出就会走上邪路。例如，没有正确的价值观念和理想追求，却大谈要加强企业凝聚力，结果只是用奖金把全体职工捆在一起，而隐瞒本企业发生的责任伤亡事故。这种做法，形似加强群体意识，实则与企业文化建设背道而驰。只走出第一步，而不走第二步和第三步，也谈不上什么企业文化建设。如果仅仅具有本企业特色的精神财富，如正确的价值观念体系、崇高的理想追求等等，还不能说就是企业文化，只要它们还没有在实际的市场竞争中发挥文明功能，还没有引出文明的果实，它们就只是纯粹的精神财富，而只有当它们被企业职工正确理解并加以品质化、物质化、习俗化和社会化以后，才是企业文化。

第二节　企业文化与人

从一定的意义上说，所谓企业文化，就是企业的“人化”。企业应该为了人，关心人，理解人，重视人，依靠人，尊重人，凝聚（团结）人，培育人。人是企业文化理论和实践的中心和主旋律。企业文化建设与人息息相关。

企业文化理论中所说的人，虽然主要是指本企业内部的全体职工，但却不限于本企业的职工，还包括顾客，包括向本企业供应原材料和能源的其他企业内的人，包括本企业所在社区的全体居民，包括和本企业有关系的一切人，其涵盖面是极其广泛的。

企业文化特别重视人的价值，努力创造条件促成人的价值的实现。企业文化既注意到人对于企业发展的价值，也注意到企业对于人的发展的价值，力求把实现企业的价值和实现人的价值结合起来，统一起来，达到相互促进的目的。人的全面发展，企业的繁荣兴旺，是企业文化理论和实践同时希望达到的两个目标。

一、企业文化与人的素质

“人性”的具体化，就是人的素质。如果说，国外的企业家和理论家喜欢谈“人性”，那么中国的企业家和理论家，则更多地使用“人的素质”一词。企业文化与人的素质的关系问题，是一个理论和实践都不能回避的问题。

1. 提高与适应。

企业文化与人的素质的关系问题之所以不能回避，在于企业文化的精髓是重视人的价值。所谓重视人的价值，有两层含义。第一层含义，是重视人的因素在发展社会生产力中的决定性作用，充分调动人的积极性来发展生产、繁荣经济。从这个角度来看，企业文化建设的任务，就是要根据社会发展的需要，努力提高人的素质。职工素质不提高，企业就不可能有大发展。第二层含义，是重视人的幸福作为生产发展目的的最高地位，全面利用各种手段来关心人、理解人、尊重人、满足人的物质与精神需要。从这个角度来看，企业文化建设的各项措施，又应该适应人的素质，必须是职工乐于接受或者至少是自然接受的，从而是在社会化、潜移默化中贯彻执行的，充分体现出人情味、习俗味、“乡土味”。

对于人的素质，既“适应”又“提高”，这是正确处理企业文化和人的素质关系问题时所必须坚持的两个方面。一心只想提高人的素质，而不考虑如何适应人的素质，提高就变成了“硬拔”，不仅欲速而不达，而且会违反企业文化“尊重人、以人为目的”的初衷。一心只考虑如何适应人的素质，忘记了还有提高人的素质这个任务，就等于把适应变成了“迁就”，其结果会导致人的素质的退化，而不仅仅是人的素质无法提高而已。在适应的基础上提高，在提高的指导下适应，这就是对人的素质问题应有的正确态度。

2. 简单与复杂。

无论提高人的素质，还是适应人的素质，都离不开对人的素质作正确的理解。人的素质，既简单又复杂。所谓“素质”，就是“基础、前提、条件”的意思。说它简单，是因为它无非是指企业人员的现状和基础。说它复杂，是因为它的指标体系很庞大，内部关系及其发展变化难以理清和驾驭。

企业文化建设的各种措施，之所以必须适应人的素质才能提高人的素质，除了由企业文化本身的特性所使然外，就是由人的素质的复杂性所决定的。

第一，人的素质很难用一个指标来描述，它是多种因素结合而成的系统。粗一点分，它包括十个方面，即生理素质、心理素质、语言文字素质、知识素质、科学素质、技术素质、思想素质、道德素质、政治素质和审美素质。细一点，就可以分出更多，即体魄、习惯、性格、交际、技巧、见识、理论、能力、智慧、思维、意志、信念、追求、情感、气度、品德、美感、法律意识、价值取向和精神境界等。再细一点分，每一项又都可以列出若干具体指标，如日本企业界就把品德素质再分解为使命感、责任感、信赖感、积极性、忠诚老实、进取心、忍耐性、公平、热情和勇气。如此复杂的素质系统，若不顺应它的内在发展逻辑，就很难提高它，甚至会挫伤人的积极性。

第二，各种素质指标，其内在差异的性质是不一样的。有的素质差异属于类型差异，并无优劣之别，如生理素质方面的身材高与矮，文字素质方面的使用方块文字与使用拼音文字，习惯素质方面的用筷子进餐与用刀叉进餐，性格素质方面的内向与外向，思维素质方面的爱好逻辑推理与喜欢形象推进，审美素质方面的东方情趣与西方口味等等，就都是类型上的差异，并不是先进与落后的对立。在这个范围内适应人的素质，不存在追赶先进还是迁就落后的问题。有些素质差异有优劣高低之分，如知识素质和科学素质，显然大学程度优于中学程度，中学程度优于小学程度，小学程度优于文盲。这种有优劣程度的素质，其发展往往是严格有序的，超越阶段往往行不通，从这个角度来看，适应和提高人的素质，就要循序渐进，不可操之过急。

第三，反映人的素质的各种指标之间，存在着极其复杂的相互联系、相互促进而又相互制约，甚至相互对立的关系网络。有的时候，一种素质的提高可以带动其余各种素质的提高；有的时候，一种素质提高了，而其余各种素质却未必发生良性连锁反应。这种情况表明，企业文化建设不能永远套用一个模式，应该随时间推移而调整。

第四，企业人员的素质，往往不是一个企业、一个短期行为所能决定的，而是由全社会、由长期历史的积淀所形成的。人降生世上，并不属于任何企业。企业成员，或来自农村，或来自各级各类的学校，或招聘于无业的闲散人员，这些来自四面八方的人，素质参差不齐，在企业中有机地组织起来，才形成了一个企业群体。但任何一个企业人员仍永远脱离不了社会，仍在继续受到社会文化的熏陶。因此，社会的历史及其现状，总是一个企业的人的素质的基础、前提和条件。从这个角度来看，企业文化建设要适应和提高人的素质，就必须适应社会的需要和发展，就应该热心于社会文化的建设，并与之协调发展。

第五，既然社会、历史、企业共同塑造了人的素质，那么不言而喻，人的素质会带有国民性、民族性和“企业性”。不同的国家，不同的民族，不同的企业，人的素质都有不同。这就是人的素质的多样性。因此，对于不同的国家、民族、企业，其适应和提高人的素质的企业文化建设措施，是不能相互照搬的。

3. 从淳朴人走向完全人。

从中国的实际情况出发，企业文化建设应该怎样适应和提高人的素质呢？其实，中国当前的企业也是千差万别的，各个企业在人员素质方面相差很大，因此中国企业文化建设在这方面也应该是丰富多彩的。

有的企业，特别是乡镇企业，其成员绝大多数是刚脱离农业的人。他们很乐意进入企业，珍惜自己在企业中所找到的岗位，工作热情很高，但是他们的文化程度很低，对于企业不太熟悉，对于自己所做的工作理解不深，甚至完全不懂，因此他们一般都希望有人告诉他们什么该做，什么不该做，该怎样做，不该怎样做，特别是领导的详细叮咛会被认为对自己的关心，并且会认真照办，很少或者根本就不会产生怀疑。这种素质不妨概括地称之为“淳朴人的素质”。为了适应和提高淳朴人的素质，企业文化建设应着重于纪律文化和制度文化的确立与完善。这种情况下所确立的纪律文化和制度文化，不仅会使淳朴人有所遵循而感到踏实，也可以避免领导人因淳朴人肯干而使之超负荷、超制度“运转”。具有淳朴人素质的企业，如果不及时抓好纪律文化和制度文化的建设，就将大量出现产品质量事故、伤亡事故，甚至出现危害社会的违法乱纪现象。应该注意的是，从企业文化的角度抓纪律文化和制度文化，具有三个基本特征：第一，这是广大职工的需要，他们感受到这是对他们的支持和保护；第二，从整个气氛中所体现出来的东西，倒很像是要对企业领导加以约束；第三，抓纪律和抓制度的全部过程，都和企业价值观、企业精神、企业理想追求紧密挂钩。这三点，使它和单纯地抓纪律、抓制度有着根本上的差别。

淳朴人的素质有可取之处，但终究只是企业人员素质的起点阶段。人之为人，其特征之一就是有思维。只要对企业有了某种程度的熟悉，企业人员就必然产生思考、比较、选择和自由尝试的要求。这种思考、选择、尝试如果能够自由地或者有领导地进行，企业人员就会产生满意感，一旦取得积极成果更会士气大振；但如果不能够自由进行，或者得不到适当的引导，就会产生压抑感、失落感，导致精神滑坡。这种素质不妨称之为"思考人"的素质。为了适应和提高思考人的素质，企业文化建设应着重于理解文化和情感文化的确立和完善化，并把企业价值观和企业精神，作为需要理解的主要内容和对之产生感情的主要目标。在做法上，一方面要有细致感人的思想工作，另一方面要开展有利于相互理解、有利于对价值观和企业精神予以认同的多种活动，使得领导和职工之间可以双向沟通，形成如下的文化氛围：领导理解职工提出的种种问题与要求，职工理解领导所作的种种安排；企业上下左右思想感情融洽，全体职工受企业价值观与企业精神所鼓舞。应该肯定，在适应和提高思考人而着重于理解和情感文化的建设方面，在思考与理解中培育企业精神方面，我国不少企业积累了许多好经验。

从人的素质不断发展的角度来看，"思考人"向前迈进一步就成为"理智人"。理智人虽有激情，但其思想观念上的特征，是清醒地意识到企业重大问题的解决，光凭个别人短暂思考的激情是无济于事的，主要必须依靠人类全部社会实践的成果和历史发展的经验；光凭感情融洽是不够的，重要的是必须找到符合事物发展客观规律的措施。理智人的行为特征，是努力学习，渴望在学习的基础上有所创造。为了适应和提高理智人的素质，企业文化建设应该着重发展科学文化和教育文化，并且使职工对企业价值观和企业精神形成有科学根据、有理论深度的理解和运用。企业应该把更多的资金投入科学与教育事业，对科学和教育工作者给予更多的物质和精神鼓励，支持职工读书求学。否则，就谈不上对理智人的关心、爱护与支持。应该指出的是，在20世纪80年代以来的中国企业中，"理智人"是大量的，要求学习并掌握科学知识的职工大有人在。

"理智人"再向前迈进一步，就成为"完全人"。完全人不仅努力做好自己的本职工作，还关心整个企业、整个民族、整个国家，乃至整个世界的发展前途；不仅考虑目前的处境，更注重长远的发展；不仅钻研一门科学，而且热心于多门科学的融会贯通，力求把自然科学和社会科学、硬科学和软科学、小科学和大科学统一起来应用。他也许是企业的一名普通的职工，但思考的问题却和企业领导相同，从而希望了解更全面的、正确的和反面的、内部的和外部的情况，以便做一个名副其实的企业的主人。很显然，适应于完全人的素质，企业文化建设应着重发展系统文化和真正自由民主的文化。

二、企业文化与人的需求结构

企业的繁荣兴旺，归根到底是为了人的幸福安康，为了人的全面发展，为了

提升人的本质力量。为了达到这个目标，企业文化建设，应该树立“人的需求结构”的理念，并且在“按人的需求结构进行引导”上下功夫。

所谓“需求结构”，就是需求的“类别多少”以及它们的相互关系。

人的需求类别，可以从各种不同的角度加以区分。马斯洛把人的需求概括为五类（生理、安全、爱、自尊、自我实现）。很容易看到一个事实：不是每一个人都同时具有这五类需求，不同的人其需求的类别和强度是各不相同的，这就是需求结构问题。

人的需求结构，是和人的心理发展程度紧密相关的。如图 6—1 所示：

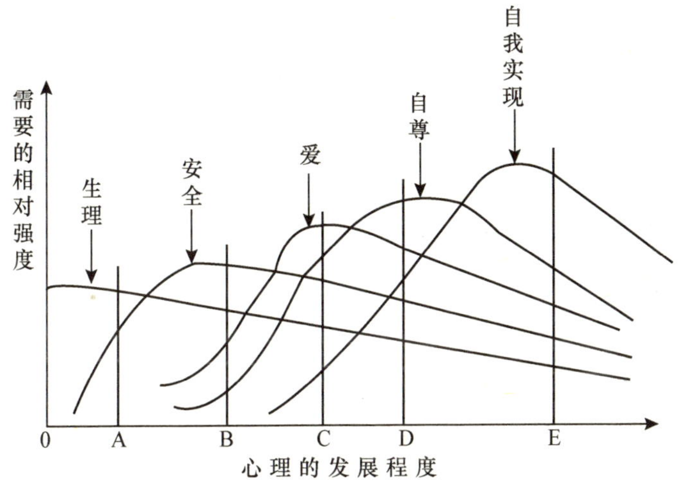

图 6—1　人的需求结构图

当处于“0”点时，只有生理需求。这相当于初生婴儿，当其饥饿时，最脏、最毒的东西也会去吞食。

当处于“A”点时，有生理、安全两种需求，但把生理需求放在第一位。这是和心理发展的婴幼儿阶段相对应的。

当处于“B”点时，有生理、安全、爱、自尊四种需求，把安全需求放在了第一位。这是心理发展的青少年阶段，其世界观、人生观、价值观还没有完全成熟。

当处于“C”点时，五种需求全都有了，但把“爱”的需求放在了第一位。文艺作品中的“爱情至上者”是“情爱至上”，“士为知己者死”是“义爱至上”，都属于这种需求结构。

当处于“D”点时，五种需求全都有了，但把“自尊”的需求放在了第一位。“士可杀不可辱”，说的就是具有这种需求结构的人。

当处于“E”点时，五种需求全都有了，但把“自我实现”的需求放在了第一位。司马迁忍受宫刑之辱，是为了完成《史记》这部伟大的作品，这是有理想、有事业追求者的需求结构。

企业文化建设，要取得丰硕的果实，就应该细心分析不同人群的需求结构，具体了解他们：

第一，有哪几种需求？关心人，质到位。

第二，各种需求强度如何？关心人，量到位。

第三，各种需求如何排位？关心人，序到位。

三、企业英雄模范人物

企业中的英雄模范人物，在我国有很多叫法，如劳动模范、先进生产者、新长征突击手、革新能手、三八红旗手等等，以下统称为企业英雄。一方面，企业英雄是企业文化建设成就品质化的最高体现；另一方面，又是企业文化建设进一步深入开展的最大希望之所在。

1. 企业英雄的概念。

对于企业英雄这个概念，应该从企业英雄个体、企业英雄群体、企业英雄类型三个方面来把握。

企业英雄个体的标准是：(1) 卓越地体现了企业价值观和企业精神的某个方面，和企业的理想追求相一致，可称之为具有“理想性”。(2) 在其卓越地体现企业精神等等的那个方面，取得了比一般职工更多的实绩，可称之为具有“先进性”。(3) 他们的所作所为离开常人并不遥远，表明出普普通通的人也能够完成非同寻常的工作，可称之为具有“可学性”。这三种性质必须很突出，使其他人能够毫无争议地感觉出来。但不能求全责备，即不能要求英雄个体全面体现企业精神的各个方面，不能要求他们在所有方面都先进，不能指望企业全体职工从一个英雄身上就能学会一切。

一个企业的所有英雄个体，构成这个企业的英雄群体。卓越的英雄群体必须：(1) 是完整的企业精神的化身，是企业价值观念体系的全盘体现，这就是它的全面性。(2) 群体中不仅有体现企业价值的模范，也有灌输价值观念、培育企业精神的先进领导，还有企业价值观和企业精神的卓越设计者，这就是它的层次性。(3) 英雄辈出，群星灿烂，但却几乎找不出两个完全相同的、可以相互替代的人，这是它内部具有的多样性。

多种多样的企业英雄，仍可划分为不同的类型。美国理论家将企业英雄划分为共生英雄（幻想英雄）和情势英雄两大类，而情势英雄又可再分为出格式英雄、引导式英雄、固执式英雄和圣牛式英雄四种类型。所谓共生英雄，是指优秀企业的创建者，如通用电气公司的托马斯·爱迪生，P&G公司的普罗克特和甘布尔，IBM公司的托马斯·沃森，还可以把日本优秀企业的创建者补充进去，如松下电器公司的松下幸之助，索尼公司的井深大和盛田昭夫等。他们不仅是企业的创建者，也是企业的所有者，一辈子为他们自己的企业呕心沥血。但这绝不是说，每一个企业主都能成为共生英雄。且不说那些贪婪卑鄙、苟安图逸的企业主们成不了什么气候，就是那些埋头实干但却不知理想和价值观为何物的企业主也成不了共生英雄。只有具备较高的理想追求，价值观念比较正确，而又埋头苦干、赢得人心的企业主，才有可能成为共生英雄。

在社会主义公有制企业中，全体职工都是企业的所有者，也都是企业的主人。任何一个职工，只要自己肯努力，就可以成为任何一个层次上的企业英雄。我国的企业英雄，从实际情况出发，可以划分为七种类型：(1) 领袖型。有极高的精神境界和理想追求，有整套符合社会主义企业发展规律的价值观念体系，常常从这个企业调往那个企业担任领导，但都能把企业办得很好，许多濒临绝境的企业被他们一一救活。(2) 开拓型。永不满足现状，勇于革新，锐意进取，不断进入新领域，敢于突破新水平。(3) 民主型。善于处理人际关系，发挥大家的聪明才智，集思广益，能把许多小股力量凝聚成为无坚不摧的巨大力量。(4) 实干型。埋头苦干，默默无闻，数十年如一日，如老黄牛贡献出自己的全部力量。(5) 智慧型。知识渊博，思路开阔，崇尚巧干，常有锦囊妙计，好点子好主意层出不穷。(6) 坚毅型。越困难干劲越足，越危险越挺身而出，关键时刻挑大梁，百折不挠。(7) 廉洁型。一身正气，两袖清风，办事公正，深得民心，为企业的文明作出榜样。当然，以上各种类型并不是彼此独立的，而是相互交融的。

2. 企业英雄的培育。

企业英雄的培育，应该包括塑造、认定和奖励三个环节，而不要理解为仅仅只是塑造。

企业英雄的塑造，主要靠灌输企业价值观念和企业精神来进行，就是要大力抓企业文化建设。这意味着要改变西方的现代管理方式，因为正如美国的管理学家们所承认的那样："英雄主义是几乎被现代管理忘掉的东西中的一个重要部分。从 20 世纪 20 年代起，企业界一直被理性主义的经理们所统治着。"① 理性主义的经理们，一天到晚忙着规划策略、写备忘录和设计流程图，可就是不研究怎样使普通人成为英雄，不精心培育与扶植革新闯将，不关心人的精神追求。因此，塑造英雄就得改变这种管理方式。

当然，西方也有一些企业是关心人及其精神追求的，因而也孕育了一些英雄，特别是出现了一批"共生英雄"，但总的来说，塑造英雄不是一个普遍现象。我国企业向来有重视人、注意树立先进典型的优良传统，涌现了一大批英雄模范人物。如 20 世纪 50 年代的孟泰、60 年代的"铁人"王进喜，就是其中的优秀代表。应该把这类企业孕育英雄的传统，作为一项宝贵遗产继承下来，并用符合当

---

① ［美］特雷斯·E·迪尔、阿伦·A·肯尼迪：《企业文化——现代企业的精神支柱》，35 页。

前社会发展需要的价值观念和企业精神来充实、丰富和发展。

对企业英雄的奖励，不应该只是一种报酬，而更应该是一种精神价值的肯定，一种文化的激励与象征；不应该只是对英雄过去成绩的肯定，而更应该是对英雄未来的期望；不应该只是着眼于英雄本人，而更应该是着眼于能够产生更多的英雄。因此，优秀的企业在有关如何奖励英雄这个问题上往往“别出心裁”。例如，玫琳凯化妆品公司的最高奖励，是一个用钻石缀的大黄蜂，以鼓励职工们自己张开翅膀去飞翔；IBM公司对年轻人的奖励，是让他们去负责回复客户的抱怨信，而对推销员的奖励是让他们参加“百分之百俱乐部”（全由持续地百分之百完成定额的员工组成），以培育职工对客户的敏感性和对工作的责任心；我国上海宝山钢铁总厂，对在宝钢勤勤恳恳工作达到一定年限的职工颁发奖章鼓励，分设铜牛奖、银牛奖、金牛奖，以纪念牛年（1985年）一期工程投产，并激发黄牛的埋头苦干精神；日本的索尼公司，乐于接受以豚鼠为形象的奖品，因为它提倡豚鼠精神。

3. 企业英雄的作用。

企业英雄的作用，可以从不同的角度来说明。可以说，企业英雄是企业的中流砥柱，是职工的学习楷模；是推动公司的火车头，是化难为易的魔术师；是前进的象征，是成功的保证。企业英雄使得职工理智上方向明确，感情上奋发豪爽，行为上有所模仿。

从企业文化本身的角度来看，企业英雄具有以下作用：

（1）具体化的作用。英雄群体是企业精神和企业价值观念体系的化身，从而向职工具体展示了精神和观念上的内容，客观上起到了灌输价值观念和培育企业精神的作用。

（2）品质化的作用。企业英雄群体，把企业价值观体系和企业精神，内化成了自身的品质，从而使一个企业最有价值的东西得以保存、积累并传递下去。

（3）规范化的作用。企业英雄群体的出现，为全体职工树立了榜样，使全体职工知道应当怎样行动，从而规范了职工行为，而且这种规范，不是生硬的而是自然的，是被英雄事迹所感动、所鼓舞、所吸引而形成的，因而是文化规范。

（4）凝聚化的作用。每个英雄都有一批崇拜者，所有的英雄又都环绕着领袖型英雄，从而使整个企业成为紧密团结的、有文明竞争力的组织。

（5）形象化的作用。企业英雄群体，是企业形象的一个极其重要的组成部分，外界有时就是通过企业英雄来了解和评价企业的。

第三节　企业文化重塑

企业文化重塑，以公司已经具有强文化为前提。因此，刚建立起来的新公司，早已建立起来但却并未形成强文化的公司，企业文化建设还是一个有待进行的新任务，不存在企业文化重塑问题。企业文化重塑，实质上是企业文化建设再上一个台阶的问题，是要使原有的企业文化发生质变，实现升华，使公司能够适应瞬息万变的经营环境的问题。

一、含义与必要性

企业文化重塑，就是要在公司范围内建立一种全新的文化，以代替过去曾经引导公司走向成功，但现在很难满足公司成长需要、越往后越会阻碍公司发展的旧文化。

过去曾经引导公司走向成功的企业文化，现在会变得很难满足公司成长需要，变得越来越阻碍公司的发展吗？会的。世界上没有一成不变的东西，更没有一劳永逸的企业文化建设。一个公司历史上长期自然积累而成的文化，或者公司卓越领导者精心培育而成、曾经结出硕果的强文化，虽然不应该轻易去改变它，但如果公司内外情况发生了根本性变化，那就一定要改变它，进行企业文化重塑。

所谓公司内外情况的根本性变化，主要是指：

(1) 公司所在地区的经济体制发生了根本性变化。

如我国原来实行计划经济体制，20 世纪 90 年代开始向社会主义市场经济体制转化。在这种情况下，公司过去自觉建立的“一切服从国家的计划安排，一切等待、依靠并要求政府决策”的价值观念体系，就必须改变。

(2) 公司的经营权发生了从独家垄断向允许竞争的变化。

如美国的 AT&T① 公司，原来是一个接受政府管理的实体，具有经营垄断权，只要博得政府官员的欢心就可以要求增加收费，因此该公司确立了“全民服务”的价值观：任何地方的选民，哪怕他要求在一条荒凉的乡村小道的尽头安装一部电话，也会马上给装上。因为选民对官员太重要了。AT&T 公司这样做，就可以不断地向政府官员提出增加收费的要求，并如愿以偿。但后来 AT&T 公司失去了经营垄断权，竞争者被允许进入电话电报市场，“全民服务”的价值观念成了 AT&T 公司发展的一大障碍，它不利于公司进行市场细分而寻找自己的目标市场，因而产生了重塑企业文化的任务。

(3) 经济的发展，使市场供求关系发生了根本性变化。

如我国自解放以来，一直是卖方市场，商品短缺，凭票供应。改革开放以后，特别是提出建立社会主义市场经济体制的改革目标以后，情况逐渐变化，到 1997 年发生了从卖方市场到买方市场的根本性变化。这时，以“产值”为最高

① AT&T 是美国电话电报公司 American Telephone & Telegraph 的缩写。

价值的企业文化，就必须重塑。

(4) 科学技术的迅速发展，给人们带来了新的生活方式，使企业传统产品与顾客需求之间产生了断裂性的落差。

例如，半导体技术的发展，给人们带来了口袋里放着收音机随身听的新的生活方式；空调技术的发展，给人们带来了“关窗造凉度酷暑”的生活方式；管道煤气热水器与纯水饮用机技术的发展，给城镇居民带来了“热水随时可用”的新生活方式。所有这些，使得真空管收音机（又大又笨）、电风扇、热水瓶等传统产品，尽管它们有过市场畅销的辉煌历史，但现在都与顾客的需求之间存在着断裂性的落差。在这种断裂性落差面前，一切以传统产品为中心而建立起来的企业文化，毫无例外都必须重塑。以“质量”为最高价值的企业文化，必须转变为以“顾客”或“产品对路”为最高价值。

(5) 空前激烈的市场竞争，使企业的经营环境发生了根本变化。

公司面临的竞争，可以来自不同的方面。

从竞争者的角度进行一般分析，可以来自五个方面：一是来自直接竞争者，这是提供完全相同的产品或服务的企业之间的竞争，如都只生产21英寸彩电的两个企业之间的竞争，是最直接、最明显的竞争。二是来自同行竞争者，这是提供同类产品或可相互替代产品的企业之间的竞争，如两个汽车制造公司之间的竞争，也是比较直接和明显的竞争。三是来自满足同一种需求的竞争者，如高速公路公司与铁路公司的竞争，虽然不直接但却很明显。四是来自满足同一种购买力的竞争者，在许多情况下，顾客的购买力是有限的，如普通市民家庭买了住房就可能无钱买轿车，我国的中小学生花钱玩了游戏机就可能无钱买课外读物，等等。企业之间争夺同一购买力的竞争虽然是间接的，但有时确是很激烈的。五是来自占用同一种资源的竞争者，这是争夺资金、原料、能源、人才的竞争，可以说它存在于所有的企业之间。

如果进行具体分析，各个公司所面临的竞争，其来源是各不相同的：“对花旗银行来说，这种竞争来自非银行系统的、不受政府管制的以及随外国银行国际业务拓展而出现的各种金融机构。对施乐公司而言，竞争者就是日本公司。维笛克斯公司面临着其他食品零售商进入它的大本营——美国东南地区的威胁。苯尼公司、各种折扣商店和专卖商店使营销中的竞争日益加剧。”①

不管竞争来自何方，只要竞争加剧，就会改变企业的经营环境。当然，并不是经营环境的任何改变，都要求企业文化重塑。事实上，有些经营环境的变化，很可能使得原有的企业文化变得大有用武之地，变得更加灿烂辉煌。但是，如果

① ［美］约翰·科特、詹姆斯·赫斯克特：《企业文化与经营业绩》，46页，北京，华夏出版社，1997。

经营环境发生根本变化，原有的企业文化变得无法适应，这时企业文化重塑就是十分必要的了。

（6）公司高速发展，在很短的时间内，企业经营的地理区域大规模拓展，或者从单一经营发展成为多种经营，从而使公司进入了和当初大不一样的经营环境。

公司这种主动性的高速扩张，必然会出现原有企业文化与新的经营环境的不相适应，因此很有必要主动重塑自己的企业文化，否则这种高速发展的势头会出现曲折，甚至导致失败。例如，美国的库尔斯公司，当其“经营范围从原有的落基山地区进一步拓展后，公司开始面临不同的地理区域环境和不同的文化，面临自己公司信誉不高、竞争更为激烈的市场环境。他们那种西部牛仔式、开拓型价值观念却很不容易得到转变——特别是他们的广告意识（‘酒好不怕巷子深’）、工会组织意识（‘没意思’）和债权债务意识（‘借贷经营会使银行控制公司管理’）都停留在原来的认识上，结果导致了企业文化与市场环境适应程度越来越差”①。

（7）公司内部滋生的某些不良风气，逐步积累，达到了发生质变的程度。

优良的强文化，会给公司带来可观的经营业绩。但是，随着“经营获得成功，这种强力型企业文化会出现骄娇二气，产生内部纷争，形成官僚作风”②。这种歪风邪气，一旦积累到占主导地位，原有的优良企业文化实际上已经不复存在，重塑企业文化就显得十分必要了。

以上七种根本性变化，如果是两种或两种以上同时出现，那么企业文化的重塑就更是必不可少的了。

二、基本特性

企业文化重塑有四个显著的特性。

（1）艰难性。要职工放弃曾经引导他们取得成功的价值观念，会产生是非上的困惑；要职工淡忘过去的英雄模范人物，会导致情感上的波动；要职工停止已经习惯了的经营方式，会出现行为紊乱。这些都不是轻而易举就能做到的事。

（2）广泛性。企业文化重塑，既是口号、箴言、战略、象征的改变，也是行为方式的改变，更是最高价值及其主导下的价值观念体系的改变；不仅公司领导层要以身作则、带头改变，而且所有的职工都要改变；不仅公司内部所有各个部门要改变，而且公司作为一个整体也必须改变。

（3）长期性。原有的企业文化是长期积累而成的，来得慢的东西去得也慢，没有一定的时间，它就不可能被新的企业文化所取代。原有的企业文化越强，所

---

① ［美］约翰·科特、詹姆斯·赫斯克特：《企业文化与经营业绩》，46页。

② 同上书，28页。

需要的时间也就越长。“重塑文化需要花费相当多的时间。在一个组织的文化中，需要实实在在地花上几年时间才能达到基本的改变。”①

(4) 艺术性。新文化的建立总会遇到旧文化的反抗。对付旧文化的有效方法，不是正面交锋，而是提高管理艺术。就表现形式来说，成功的企业文化重塑，常常不是一连串的战斗，而是有一定韵律的艺术表演。加快企业文化重塑的进程，不能靠强行的管束，而要靠善于揭示公司的潜在危机，并在实际危机关头提出对职工有吸引力的号召或倡议。

三、取得成功的必要条件

企业文化重塑的艰难性，使企业界和理论界都特别注意探索：重塑取得成功的必要条件是什么？通过理论分析和经验总结，得到的结论是：

第一，在公司的高层管理人员中，要有一个创新能力很强、具有自我牺牲精神、对文化如同“外来者”那样敏感、既德高望重又大权在握的领袖人物。应该由这位领袖人物来负责文化重塑的全过程。只有这样的领袖人物，才能坚定公司全体员工的改革信心。这可视作保证企业文化重塑成功的“主观必要条件”。

第二，公司的发展甚至生存，面临着真正的威胁。任何新文化的形成，都不是所谓伟大人物随心所欲的作品，而是人们对生存环境的挑战进行积极应战的结果。企业文化重塑也不例外。“只有当文化不符合它的环境时，文化变革才属必要。”而且“威胁越大，这种威胁被了解的范围就越广，文化能被转向另一个方向的可能性也就越大”②。这可视作保证企业文化重塑成功的“客观必要条件”。

第三，给新的文化树立有形的象征，为广大员工提供学习新文化的训练机会。新的企业文化表现为新的价值观念、新的行为准则等等，如果它们要被广大员工认同，要变成广大员工的实际行动，光靠理论上的灌输和表面上的思想交流是不够的，那可能会使人充耳不闻。必须树立体现新价值观念、新行为准则的有形象征，如编一些传闻逸事，设置新的组织结构，举行某种不断重复的礼仪等等，以有利于新文化的确立。同时在日常管理中，提供从一种文化向另一种文化转变的训练机会。这可视作保证企业文化重塑成功的“实践必要条件”。

一般说来，以上所说“主观”、“客观”、“实践”条件越成熟，企业文化重塑取得成功的可能性就越大。

四、一个实际案例

下面以日本尼桑公司为例，具体说明和企业文化重塑有关的基本理论。

---

① ［美］特雷斯·E·迪尔、阿伦·A·肯尼迪：《企业文化——现代企业的精神支柱》，149 页。

② 同上书，161 页。

1911年，从美国学成回日工程师桥本次郎，在东京建立Kaishinsha汽车厂。此即尼桑公司的前身。1933年，桥本的公司与其他同类公司合并，正式成立尼桑公司。

1933—1945年间，尼桑公司经营成效卓著，第二次世界大战前夕就发展成为日本第二大汽车制造商。战后初期它发展迟缓，但很快就恢复元气，再次迅猛发展，并走向国际市场。20世纪60年代初，其小型货车在美国十分畅销；60年代末，出口各型汽车30万辆，占公司汽车总产量的26%；70年代，公司继续呈超乎寻常的发展势头。1975年的收益额是1970年的两倍多。

随着公司的持续发展和规模扩大，尼桑滋生出“大型企业通病”：(1) 权力环节增多，影响信息上传下达，决策的准确性和有效性降低；(2) 专业化、部门化加强，滋生出目光短浅的小团体主义；(3) 出台了许多规章制度，它们降低了员工努力工作的意愿与热情。同时，尼桑公司企业文化的一个老毛病，在70年代后期又重新发作。这个老毛病就是劳资关系紧张，没有形成如何处理好这个矛盾的共识。1953年，公司用关厂等强硬措施来对付工会；工人则举行为期百日的总罢工，以示抗议。当时，河俣胜治受命处理这一冲突，他依靠工会领导人之一（盐冶一郎）解决了这一争端。依靠工会，支持工会，向工人作一些让步，这是现代资本主义企业解决劳资矛盾行之有效的方针，也是资本主义企业文化建设的一大成果。因此，河俣胜治在1957—1973年担任尼桑公司总裁的八年中，一直坚持采用这一方针。1965年尼桑兼并王子汽车公司后，也是依靠盐冶一郎接管了该公司的工会。河俣胜治很感激这位工会领导人。但这种感激之情，在公司内部并未得到普遍认同，许多经理人员认为盐冶具有破坏性作用。1977—1985年石原高智担任公司总裁时，就改变依靠工会领导人的策略，试图从盐冶手中夺回对工人的管理权，使劳资关系再次紧张。这样做的结果，不仅没有把权力从盐冶手中夺过来，反而使公司的全部注意力转向了内部，没有精力去考察市场环境的变化，深入细致地体察顾客的需求做得很差。

新老毛病并发，使尼桑公司的经营状况急转直下：国内市场占有率持续下降，从1972年的33.7%下降到1985年的25.6%；而其竞争对手（丰田汽车制造公司）的国内市场占有率，则从39.6%上升至42%。这就是说，尼桑和丰田的差距，从1972年的5.9%，扩大到1985年的16.4%。同样糟糕的是，尼桑公司自1977年开始，纯收入停滞不前。1981年，尼桑首次设计的前轮驱动式轿车“蓝鸟”上市，购买者寥寥无几。如果说，尼桑的不良文化，由于是以缓慢渐进的方式积累起来的，人们不易觉察，那么“蓝鸟”的失败，则是一个众目睽睽的激变事件。这次失败，一方面引发了一种恶性循环：失败使公司在车型款式的设计上更为保守，而保守的设计又使年轻的消费者对尼桑公司的汽车更加没有兴趣。另一方面，还引发了社会上对公司存在问题的流言，使公司的形象恶化。尼桑公司在大学毕业生理想业主排名表上的名次，从第15位猛跌至第40位。观察家们这时对尼桑公司的企业文化持强烈的批评态度，认为那是一种“目光过于短浅、官僚气息浓厚、优柔寡断”的企业文化。

尼桑的企业文化必须重塑，实际上也确实开始了重塑。

主持尼桑企业文化重塑的领袖人物，是1985年6月开始出任尼桑公司总裁的久米裕。久米裕是1944年毕业于东京大学的航空工程学士，1946年进入尼桑公司，长期从事生产管理和工程控制方面的工作，是尼桑公司生产现代化进程中的关键人物。1973年进董事会，历任董事、执行董事、责任执行董事。1979年全面负责公司产品与工程策略部的工作，1983年晋升为常务副总裁。

久米裕主持尼桑公司的企业文化重塑，是以支持下级部门的改革建议为象征的。

1985年8月，尼桑公司科技研究中心产品开发部的13位中级经理，与另一家公司合作，成立“产品市场策略课题组”，提出一个基本思路，认为必须改变科技研究中心的氛围。这实质上就是要重塑尼桑的企业文化。他们针对公司现有企业文化“官僚气息严重、压抑创造性思维”的弊端，提出并动手创建了一个更理想的工作环境：一个支持独立思维、责任与权力下放、基层管理人员不受陈规弊章束缚而能坦诚交往的工作环境。该组的思路和做法，得到了久米裕总裁和各级领导的支持。1986年1月，公司开发研究部在组织结构方面采取了三项改革措施：(1) 过去一个经理至少参加三种车型的开发研制工作，现在一名经理负责一个车型，这样就可以专心一意地深入到这一型汽车开发研制的各个阶段中去，从图纸设计到整车销售。(2) 为了能充分周到地考虑到顾客的利益和需要，他们分成三个市场考察小组，进行详细的调查研究。(3) 引进同步系统工程项目——每一部门必须在尽可能早的第一时间，将相关的开发计划信息通知其他各个部门。

在“产品市场策略课题组”的建议促使下，尼桑公司科技研究中心的经理们提出了许多新观点，并在随后加以实施。主要有：(1) 中心实验室每年对外开放一次，举行汽车碰撞和赛车表演。(2) 举行论文探讨会和新经营观点辩论会，以促进积极思维，鼓励新思想和新观点。(3) 缩小等级差异，员工所佩戴的证件卡上，原来体现等级差异的顺序号码，一律取消。(4) 衣着和外表修饰自主。员工上班时，可以不穿公司的制服，以提高汽车设计中的创新能力。(5) 实行弹性工作时间制，上午十点半至下午三点半，可以自己安排上班时间，早到早下班，晚到晚下班。(6) 鼓励员工注意市场竞争发展趋势，允许中心设计人员购买一辆竞争厂家生产的汽车。(7) 建立“创新俱乐部”，资助特定的业务联系活动，为工作人员开辟“第二课堂”，拓展与他人的联系，进行切磋和交流。

久米裕在支持科技研究中心的改革方案的同时，面对1986—1987财政年度

上半年亏损197亿日元的现实，决定召开“最高层研讨会”，琢磨对策。公司内大约80名高级员工，参加了每年两次、每次为期三天的研讨会。

1986年12月，久米裕签发了代表公司经营观念的公开声明，即所谓“久米裕四原则”：（1）公司必须与国际市场同步，采用可靠的先进技术，制造出受市场欢迎的汽车产品；（2）公司必须了解顾客的需求，并真心实意、不断努力地满足这些需求；（3）公司必须重视世界汽车领域发展趋势，让整个地球成为公司发展的活动舞台，建立起永远与时代进步同步的、实力强大的公司；（4）公司必须加紧培养进取心强、朝气蓬勃的员工队伍，他们在任何时候都愿意而且能够对付新目标提出的挑战。

为了贯彻“久米裕四原则”，在高级员工中进行了两项人事制度改革：一是扩大部门之间管理人员职位交替轮换的数量（久米裕认为这有利于形成工作积极主动的精神）；二是提职加薪以业绩考核为重要依据，而不是论资排辈（久米裕认为这有利于形成重视努力工作和成就的氛围）。营销部门也推出两项改革措施，一是在国内各经销点开辟顾客投诉点：二是进行各种形式的融资，帮助经销商们建设新型汽车展销厅，创造更迷人、更吸引顾客的销售环境。汽车实验部推出的改革措施是：通过亲自进行实地驾驶，而不是仅仅在实验场地内模拟驾驶，来认定车辆是否真正舒适。该部负责人平岛千藏说：“在美国实际的公路上驾驶后，我们才明白开车人所遭受的痛苦是多么令人难以忍受。”

1987年1月，在公司总部成立了一个新的协调机构——产品市场策略开发部。该部介于国内销售部与产品研究开发部之间，任务是协调这两个职能部门之间的权力冲突。该部门存在的实际意义，就是保证公司在解决任何问题时，都坚定地站在顾客的立场上。

公司产品市场策略开发部建立后不久，久米裕把经营权更多地下放给各个汽车制造厂，使制造厂厂长可以自行调动的资金总额翻了九番。同时要求各制造厂树立“顾客至上”的经营思想，创建能大力促进企业经营业绩的各种制度。例如，座间汽车制造厂就创立了一套复杂的管理信息网络。在这一矩阵网络上，三百多名员工可以同时进行产品质量、发货、成本测定等各种因素的计量。该厂运用这一网络，在1985—1988年间使成本下降20%，产品质量提高了70%，发货时间缩短70%。为了密切与顾客的联系，座间汽车制造厂还采取了多种面向社会的措施：（1）发起“观光游乐”活动，任何人都可以自由进入厂区，随意漫游消遣；（2）邀请当地人来厂内办公楼前的空地上，摆摊设点，出售食品、服装等；（3）资助小型体育活动，让体育比赛使用厂区各种设施。座间汽车制造厂的这些措施，受到市民欢迎，并得到了市民的回报，即扩大了公司的汽车销售：1985年，尼桑公司在座间市汽车市场的份额是25%，而丰田是40%；但是到了1990年，两者相互换了一个位置，尼桑增至40%，丰田则减为25%。

以上种种重塑措施，成功实现了公司注意力重心的转移：从内部的劳资关系，转移到了市场与顾客。

当然，优秀企业文化的重塑，并不是一帆风顺的，更不可能立竿见影。就在久米裕出任总经理的1985年，“天籁”车销售失利；1986年公司财务亏损；1987年推出的“银剑”车，也因车型设计不如意，每月销量糟糕透顶，仅200辆。但在当时文化改革的气氛下，所有这些不仅没有影响职工的情绪，反而促进了尼桑的前进步伐。

例如“银剑”车的失利，就促进了尼桑设计队伍的年轻化。面对失败，当时经理人员一致认为：既然“银剑”的目标市场是年轻车手，就应该放手让年轻的设计人员来设计。这样，“银剑”成了尼桑公司首次放手让年轻人决策的车型，设计人员平均年龄为28岁。该车型的业务主管经理，拥有这一车型的最后决定权。公司中任何高级管理人员，如果没有正式的许可，不允许对这一车型的设计工作施加任何影响，连久米裕自己也放弃了“银剑”新车定型的最终决策权。这种权力下放的模式，象征着尼桑公司与自己传统的、权力集中的官僚作风彻底决裂的决心与态度。负责该项目的主管经理，则力图激发年轻的设计人员的创新意识和个性特征，要求他们“设计制造出自己也忍不住想买的汽车来”；他常常向比自己年轻的设计人员讨教，重要的决策都是综合这些年轻设计人员的意见而作出的。年轻的设计者们发现，“银剑”车最初的车型设计，竟是丰田公司“先锋”车的复制品。于是他们开动脑筋，研究这一类型汽车究竟应该为顾客提供些什么方便，怎样特别注重情感和外观因素等等。

对于“银剑”新车的销售，也放弃了传统的促销方式，采用“为年轻人设计的汽车、由一群年轻人来销售”的策略。公司的销售人员，是二十几岁的年轻人；各地经销商主持的“银剑”车宣传工作，其负责人年龄也必须是二十几岁。这些年轻人自由地提出各种促销设想，到各个经销点直接进行促销活动。“银剑”新车向市场推出后，从九州汽车制造厂开出10辆“银剑”车组成的大篷车队，每辆车由一男一女两位年轻人驾驶，浩浩荡荡向东京进发。历时十天，沿途拜访了30位汽车经销商，一路上还对公众进行口头宣传，散发资料。这些年轻的推销人员，还对消费者进行追踪调查，给第一批购买者送去了感谢信。1988年5月，新设计的“银剑”车在市场亮相。这是一种舒适的4人座赛车型轿车，专为25岁左右的年轻人设计制造，售价200万日元（当时合12 000美元）。由于款式新颖，技术先进，且两者融为一体，因而令日本青少年倾倒。加上促销有力，结果战胜了它的直接竞争者。在日本国内市场上，1988年上半年，“银剑”车销量为26 279辆，还低于本田“先锋”车的销量（30 353辆）；1988年下半年就不一样了，“银剑”车销量为34 705辆，而本田“先锋”车的销量仅为10 282辆；1989年下半年，“银剑”车销量已达44 143辆，而本田“先锋”车仅售出16 979

辆。“银剑”车一举囊括了日本国际贸易工业厅颁发的1988—1989年度汽车大奖和优秀设计奖。

到1990年，尼桑的企业文化重塑取得了重大成果，那么重塑是否大功告成了呢？尼桑公司的经理们对此作出了自己的估计。一些人认为在企业文化改革的道路上走完了30%的路程，另一些人认为已完成了60%，但没有人认为已经全部完成。他们都清醒地认识到企业文化重塑的艰难性和长期性。

尼桑公司总裁久米裕说：“六年时光流逝，我看我们的企业文化改革工作也已完成近半。这项工程，我认为，还需要六年或者更长的光景才能有个结果。初期阶段的问题解决起来容易得多，往后困难就更大了。我们已经在改革中上到一定的高度。在这一阶段上，人们总以为尼桑公司已经出现了天翻地覆的变化，我们可不能也只看到这些表面现象。”产品市场策略开发部总经理久富隆治也说：“在五年以前，我们充分利用了公司危机迫在眉睫的现实情况，获得了改革的动力。我们不能再运用这一策略了。改革，过去是一场公司生存的战斗，现在的战役是一场更为积极、更为主动的攻坚战。”①

---

① ［美］约翰·科特、詹姆斯·赫斯克特：《企业文化与经营业绩》，173～174页。

第二篇
国际企业文化及其学说

第七章

国际企业文化的兴起

20 世纪 80 年代，国际上兴起了一个企业文化潮流。

正确认识和分析这个潮流，有助于对企业文化这门学科的掌握。

第一节 国际企业文化兴起的基本标志

企业文化是一种客观存在着的现象，有企业便有企业文化。但我们同时又说，国际企业文化的兴起是 20 世纪 80 年代的事情。岂不是自相矛盾吗？其实并不矛盾。从客观上来说，自有企业以来一直到 20 世纪上半期，企业文化在整个企业发展中的作用并不显著；到了 20 世纪下半期，企业文化的作用才逐渐变得重要起来，并涌现了一大批依靠优秀的企业文化而取胜的企业。从主观上来说，只是到了 70 年代，迫于企业文化对企业发展的巨大功能，理论界才对它进行认真研究，并于 80 年代形成理论探索的高潮。

因此，国际企业文化的兴起有两个基本标志：一个是实践方面的标志；一个是理论方面的标志。

一、实践方面的标志

经过 20 世纪 70 年代的世界性石油危机之后，世界步入 80 年代，一个毋庸置疑的客观事实摆到了企业家和理论家的面前，那就是当人们去认真分析一大批名列前茅的优秀企业成功的原因时，发现主要是由于有优秀的企业文化。这些生机勃勃的企业，由于重视企业文化建设而大大得益，尝到了甜头，甚至有的企业完全依靠优秀的企业文化而起死回生。下面举几例来说明。

例一：在美国的硅谷，有一家很有名气的坦德计算机公司。在 20 世纪 80 年代初，这个公司的利润以每季度 25%的速率增长，年收入超过 1 亿美元，职工流动率很低。是什么原因使坦德公司如此兴旺呢？美国哈佛大学教育研究生院的教授迪尔，以及麦金瑟管理咨询公司的咨询专家肯尼迪，经过分析研究后认为："坦德公司的强文化是取得成功的源泉。"具体说来，它的成功诀窍有四条：第一，在公司内部建立了一个被广为分享的哲学。这个哲学就是强调人的重要性，认为"坦德公司的成员、创造性的行动和乐趣是其最重要的资源"。第二，在公司内部淡化等级观念，建立彼此平等的人际关系。坦德公司没有正规的组织机构，也没有什么正式的规章制度，会议和备忘录几乎不存在，工作责任和时间也是灵活机动的。公司内不挂显示职位头衔的标牌，不给头头保留停车场地。第三，在公司内部树立英雄人物，编成故事，广为传播。第四，在公司内部形成了若干习俗和仪式，如星期五下午人人参加的"啤酒联欢会"。

例二：日本的本田汽车公司美国分公司，只有高层管理者来自日本，其余职工（包括中级管理人员与普通工人）都是美国人。这些美国人本来是在三家美国较大的汽车制造企业中工作的，也就是说，这个公司的职工队伍和美国汽车制造业同行是一样的。可是，该公司的生产率和产品质量，都超过了美国同行。它成功的秘诀在哪里呢？美国《华尔街杂志》于 1983 年对该公司的经验作了如下报道："本田公司美国分公司突出的做法是缩小工人和管理人员在地位上的差别，把工人当作群体的一分子。每个人，不论是工人还是管理人员，同样都在公司的餐厅就餐，公司也没有为高级职员专设的停车场。职工被称作'合伙人'。管理人员和工人一样穿着本田公司的白色制服而非西装革履。"① 这就是说，本田公司美国分公司的成功，应归功于高层管理者"重视人、尊重人、团结和依靠广大职工群众"的管理思想和管理实践。而这一点，恰恰是优秀的企业文化的精髓。本田公司美国分公司是靠形成优秀的企业文化而取胜的。

例三：美国得克萨斯州一家电视机厂，因经营不善濒临倒闭，老板决定请日本人来接管。在日本人的管理下，七年后，产品的数量和质量都达到了历史最高水平，使美国人赞叹不已。日本人靠什么呢？就是靠尊重人的优秀企业文化。这突出地表现在他们所采取的三项措施之中：第一，接管之初，新任经理把职工们召集在一起，不是指责嘲笑他们失败，而是请他们聚会喝咖啡，向每个职工赠送

① 转引自［美］弗雷德里克·E·舒斯特：《A 战略：人与效益的关系》，149 页。

一台半导体收音机，同时也诚恳地向他们提出一些合理的要求。第二，日本经理不像美国资方那样与工会闹对立，而是主动地拜会工会负责人，希望“多多关照”，力图使美国工人解除心理戒备，在感情上与日本人靠拢。第三，工厂生产有了起色以后，需要增加劳动力，日本经理不是去招募年轻力壮的新人，而是把以前被该厂解雇的老职工全部找回来重新任用，以培育工人们的“报恩之心”。

这样的例子还可以举出很多。1982年，美国两位管理学专家，写作出版了一本《成功之路——美国最佳管理企业的经验》，认为超群出众的企业是因为它们有一套独特的文化品质。他们说：“我们发现几乎所有办得出色的企业总有一两位强有力的领导人”，而这些领导人“所起的真正作用看来是把企业的价值观管理好”；“出色的公司所形成的那套文化，体现了其伟大人物的价值观和他们那一套实际做法，所以在原来的领导人物去世后，人们可以看到这种为大家所共同遵奉的价值观还能存在下去好几十年”①。

近年来，“高效益”和“高生产率”的事实，特别容易在日本人管理的企业中找到。日本企业的高效率，是因为优秀的日本企业领导人在企业中培育了一种良好的文化品质，特别是树立了共同遵奉的正确价值观，并且能够把它保持下去。威廉·大内认为，日本人成功的秘诀，并非是技术原因，而是他们有一套管理人的特殊办法，即把公司的成员同化于公司的意识，养成独特的公司风格。盛田昭夫说：“日本公司的成功之道并无任何秘诀和不可与外人言传的公式。不是理论，不是计划，也不是政府政策，而是人，只有人才能使企业获得成功。日本经理的最重要任务是发展与员工之间的健全关系，在公司内建立一种人员亲如一家的感情，一种员工与经理共命运的感情。在日本，最有成就的公司是那些设法在全体员工（美国人称之为工人、经理和股东）之间建立命运与共的意识的公司。”② 总之，日本企业依靠企业文化而获得成功，这已是公认的事实。

二、理论方面的标志

国际企业文化的兴起在理论方面的标志，就是有一批专家学者，花大量精力对世界各国企业文化的现状进行广泛的调查研究，并以论文和专著的形式发表他们的研究成果。同时，一些重视企业文化建设的企业家，也认真总结自己的实际经验，撰写和出版论著，为企业文化理论的建设贡献了力量。因此，20世纪80年代出现了企业文化理论著作的出版热潮，其中不少成为畅销书。下面是或多或少体现了企业文化这股国际性管理新思潮的18部理论著作，其中前4部著作被誉为企业文化的经典之作。

---

① ［美］托马斯·J·彼得斯、小罗伯特·H·沃特曼：《成功之路》，43页。

② ［日］盛田昭夫：《日本造》，140页。

（1）特雷斯·E·迪尔（美国哈佛大学教育研究生院教授）、阿伦·A·肯尼迪［美国麦金瑟（又译作“麦肯齐”）管理咨询公司专家］合著：《企业文化——现代企业的精神支柱》，1982 年出版（中译本由上海科学技术文献出版社 1989 年出版）。

（2）威廉·大内（W. G. Ouchi，亦译作威廉·乌契，美国加利福尼亚大学洛杉矶分校管理学院日裔教授）著：《Z 理论——美国企业界如何迎接日本的挑战》，美国艾迪生-韦斯利出版公司 1981 年出版（中译本由中国社会科学出版社 1984 年出版）。

（3）理查德·帕斯卡尔（R. T. Pascale，美国斯坦福大学商学研究院教授）、安东尼·阿索斯（A. G. Athos，美国哈佛大学工商管理研究院教授）合著：《日本企业管理艺术》，1981 年出版（中译本由中国科学技术翻译出版社 1984 年出版）。

（4）托马斯·J·彼得斯、小罗伯特·H·沃特曼（美国麦金瑟管理咨询公司的研究人员）合著：《成功之路——美国最佳管理企业的经验》，1982 年出版（中译本由中国对外翻译出版公司 1985 年出版）。

（5）汤姆·彼得斯（即《成功之路》作者之一的托马斯·J·彼得斯）、南希·奥斯汀（在美国惠普公司任职，负责公司管理人员进修班）合著：《志在成功——领导艺术纵横谈（成功之路续篇）》，1984 年出版（中译本由中国对外翻译出版公司 1987 年出版）。

（6）弗雷德里克·E·舒斯特（美国管理学者）著：《A 战略：人与效益的关系》，约翰·威利父子出版公司 1986 年出版（中译本由上海科学技术出版社 1989 年出版）。

（7）劳伦斯·米勒（美国著名的管理顾问）著：《美国企业精神——美国未来企业经营的八大原则》（中译本由长河出版社 1984 年出版）。

（8）戴维·布雷德福、艾伦·科恩（美国的管理顾问与教师）合著：《追求卓越的管理》（中译本由中国友谊出版公司 1985 年出版）。

（9）彼得·F·德鲁克（美国著名管理学家，被人称为“当代最重要的管理学思想家”，1988 年被《美国新闻与世界报道》杂志列为 35 位企业界新权威人士之一）著：《创业精神与创新——变革时代的管理原则与实践》，1985 年出版（中译本由工人出版社 1989 年出版）。

（10）彼得·F·德鲁克著：《面对未来的抉择——机会与成功》，1981—1986 年出版（中译本由工人出版社 1989 年出版）。

（11）埃兹拉·沃格尔（Ezra F. Vogel，美国哈佛大学社会学博士兼东亚研究所所长）著：《日本名列第一——对美国的教训》（亦译为《独占鳌头的日本——美国的教训》），1979 年出版（中译本由世界知识出版社 1980 年出版）。

（12）柳田邦男（日本专门从事写作的学者）著：《企业活力的奥秘》，讲谈社1986年出版（中译本由国际文化出版公司1989年出版）。

（13）沃尔特·戈德史密斯、戴维（英国学者）合著：《制胜之道——英国最佳公司成功的秘诀》（中译本由上海翻译出版公司1984年出版）。

（14）霍夫斯坦特（G. Hofstede，荷兰文化协作研究所所长）著：《文化的结局》，1980年出版。

（15）松下幸之助著：《实践经营哲学》，PHP（和平、幸福、繁荣）研究所1978年出版（中译本由滕颖编译，中国社会科学出版社1989年出版。在原著的每一条正文之后，都附加了从松下幸之助其他著作中选译出来的一两个具体的实例）。

（16）盛田昭夫（日本索尼公司创始人之一、国际上知名的企业家）著：《日本造·盛田昭夫和索尼公司》，1986年出版（中译本由三联书店1988年出版）。

（17）玛丽·凯·阿什（美国一位大器晚成的女企业家，于退休后的1963年办起了化妆品公司）著：《用人之道——美国企业家谈人才管理》，沃纳图书公司1984年出版（中译本由新华出版社1986年出版）。

（18）E. 海能（E. Heinen，德国慕尼黑大学教授）著：《企业文化——理论和实践的展望》，1987年出版（中译本由知识出版社1990年出版）。

第二节　时代的酝酿

国际企业文化的兴起，首先是20世纪后半期这个历史时代的产物。文明竞争、扩大开放、各国相互学习，这三大时代特征孕育着国际企业文化高潮的来临。

一、企业之间“既有竞争又讲文明”的时代

20世纪后半期，或者说第二次世界大战结束以来，世界无疑仍然是一个竞争剧烈的世界。有社会主义国家和资本主义国家的竞争，新独立的国家和老牌殖民主义国家的竞争，第二次世界大战中的战胜国和战败国之间的竞争，资本主义各国间的竞争，等等。所有这些竞争，都和企业的竞争息息相关。

企业之间的竞争，向来具有两重性。竞争首先是令人不安的严酷的现实。在竞争中，每年都有许多企业宣告破产，结果是有的人失业，有的人生活水平下降，有的人甚至被推上了绝路。这种竞争制度，正如美国一位研究企业为何竞争以及如何竞争的专家布鲁斯·亨德森（Bruce Henderson）所说：“它不必是一种

公平的制度，或是一种合理的制度。它有它的悲剧和不公平，有它的浪费以及其他只有上帝才知道的事。有些企业会愚弄消费者，使之认为它们的产品比较好。人们会失去自己的工作，永远都有意外灾难。事实上非有灾难不可，因为这就是这一制度实行的方式。”① 竞争带来了黑暗面。有的企业为了击败竞争对手，不择手段，不讲道德，玩弄诈骗术，窃取情报，贿赂官员，甚至恐吓绑架，杀人越货。有的企业甚至不惜重金，来进行反对科学技术的竞争。例如，就在 20 世纪的中期，美国的烟草公司就花钱收买了大量的“说客”，并派遣到各个地方去反驳“抽烟有害身体”这种说法，就连波士顿学校委员会的主席也被每年 20 万美元的资助所收买；它还拨款资助进行反对抽烟与癌症有任何关联的医学研究；它对于英国拍的一部影片，因患癌症的主角相貌很像万宝路香烟盒上的牛仔，就借口该影片引用了万宝路香烟的电视广告，威胁要诉之于法律，使该片被压了下来。但是，竞争还有另一方面，那就是它能促进生产力的发展，提高劳动生产率。具体来说，企业为了在竞争中取胜，往往从以下几方面去努力：第一，产品方面，精心设计和制作，发展新品种，加快实现更新换代，保证供应质量高、价格合理的上乘产品。第二，设备和工艺方面，尽量采用最先进的科学技术，实现高速度、高效率的自动化流水线生产。第三，服务方面，供货及时，顾客至上，售后修理及时周到，诸如横穿城市将一管口红送到顾客手中，用直升机将零配件及时送给用户等等。第四，对事物变化的反应方面，力求全面、迅速。所谓“全面”，就是企业不仅密切注视技术领域中的变化，而且还要密切注视人们在观念、思想、时尚、趣味、爱好等方面的变化。所谓“迅速”，就是在技术上要保持领先地位，例如在属于尖端技术的电子领域，当发生从电子管到晶体管、集成电路、大规模集成电路、超大规模集成电路的变化时总能走在前面，推出最新最先进的产品；而在观念、时尚等文化领域，企业要成为社会文化新潮的敏感器，及时适应和满足社会新文化的需要。企业在技术方面反应迟钝固然会被淘汰，在社会文化方面反应迟钝也无法在世界中继续生存。第五，在推销高技术新产品方面，努力发掘多种用途，肯花钱进行宣传教育，向人们灌输新观念，改变已成习惯的生活和工作方式，如教会人们使用录像机记录和储存信息，使用电脑进行工作和学习等。显然，如果一个企业依靠这五个方面而竞争取胜，那就等于维护了社会和广大消费者的利益，应该给这个企业更多的物质和精神鼓励，让它赚较多的利润，允许它兼并其他企业而扩大规模；反之，如果一个企业因为这五个方面做得很差而倒闭，那也是“咎由自取”，不倒闭倒是不合理的。优胜劣汰，这是市场竞争的规律。

---

① 转引自［美］保罗·索尔曼、托马斯·弗利德曼：《企业竞争战略》，27～28 页，北京，中国友谊出版公司，1985。

对于企业间的竞争，历史上出现过两种截然相反的态度和实践。

第一种态度和实践，是帝国主义阶段所具有的，偏重于野蛮竞争，把动物界的弱肉强食赤裸裸地搬用于人类社会。这种野蛮竞争越演越烈，发展成19世纪大规模掠夺殖民地的侵略战争，又进一步发展成为20世纪上半期的两次世界大战。在这种野蛮竞争中，有些资本主义企业确实掠夺到了它们所希望得到的原料、市场和利润。但是人类历史的发展，却以泰山压顶之势阻断了这种野蛮竞争的出路。第二次世界大战，以野蛮成性的德国法西斯主义和日本军国主义的失败而告终，其野蛮罪行受到应有的惩罚；民族解放运动如火如荼，殖民体系瓦解了，野蛮掠夺原料和市场的行为遭到强有力的抵抗。野蛮竞争，此路不通！

第二种态度和实践，是20世纪新产生的社会主义企业所具有的。社会主义国家的缔造者们，基于对帝国主义时代野蛮竞争的厌恶，又考虑到社会主义企业是归全民所有、人民当家作主，彼此间没有根本利益冲突，因而采用了取消竞争的企业发展模式。在社会主义经济建设的几十年实践中，企业之间没有竞争，步调完全一致，因竞争而带来的各种负面效应是没有了，但企业的各种潜力却远未发挥出来，生产力发展缓慢。在现阶段要高速发展生产力，企业之间就不能没有竞争，这就是历史的结论。

既要文明又要竞争，这就是20世纪后半期这个历史时代向企业提出的挑战。资本主义企业接受这个挑战，就必须从过去的武装竞争走向现代的和平竞争，从玩弄阴谋的竞争走向光明正大的竞争，从野蛮竞争走向文明竞争。社会主义企业接受这个挑战，就必须摆脱自身作为政府机构附属物的被动地位，取得自主经营、自负盈亏的独立法人权，走向市场，参与国内外竞争。

事实上，社会主义企业和资本主义企业都是积极应战的。社会主义企业积极应战是很容易理解的，因为社会主义的本质就是解放和发展生产力，既然竞争有利于生产力的发展，社会主义企业当然也就不怕重新作出选择，抛弃原来那种取消竞争的僵化模式；因为社会主义是在和资本主义社会中的残忍、野蛮、不公平现象进行坚决斗争并取得胜利以后建立起来的，“竞争必须文明”是它自然而然的要求。

资本主义企业积极应战的原因，大致有三个：首先，战争、野蛮、掠夺、玩弄阴谋等等，终究是不得人心的，从而最终会激起公众的义愤和反对，因此企业主们有一种“与其因野蛮竞争受到制裁，倒不如在文明竞争中求生存”的心态；其次，近百年来，在各国人民开展斗争的基础上，许多国家都已制定了反对用不正当手段竞争的法律，甚至还有国际法规，尽管不一定很完善，但对于那些企图靠阴谋手段来取胜的企业或个人来说，不能不说是一种很大的约束；最后，20世纪后半期兴起的科学技术革命，给企业以正当手段开展竞争留下了充分的余地，对于任何一种先进产品，都可以依靠科学技术找到改进、超越它的可能性，这就会大大增强企业通过提高技术水平来击败竞争对手的动机，削弱采取不正当

手段的动机。更何况，“即使采取阴谋手段的公司，也不是一定就能经营成功”①。

由上可见，时代对企业提出“既要文明又要竞争”的挑战，企业则积极应战，由此便导致对企业文化的自觉培育。国际企业文化的兴起，首先就是这种文明竞争时代的产物。

二、扩大开放的世界

企业文化建设，如果只是个别国家的“独唱”，就成不了国际潮流。只有许多国家“彼此呼应”、相互促进，才能形成大潮。这就要求世界上各个国家相互开放，一个国家发生的事情能够迅速地让其他国家了解。同时，公平、文明、正当的竞争，也非常需要在开放条件下形成互相理解、互相监督的气氛来滋养。历史证明，闭关锁国往往是战争、野蛮和掠夺式竞争的不祥之兆。和封建主义闭关锁国政策并存的是资本主义的“大炮轰门”政策，随着帝国主义划分势力范围并且不许别人插足而来的是两次极其野蛮的世界大战。

20世纪后半期，特别是80年代以来，世界确实已经是一个空前开放的世界。主要表现如下：

第一，信息开放。由于现代视听技术的发展，现在几乎每个国家都用多种外语向全世界广播，用多种频道传送电视节目。任何地方发生的任何重大事件，24小时之内就会传遍全世界。封锁消息的动机和行为虽然还存在，但要长期封锁是不可能的。

第二，生产、管理、技术、教育、科学和文化的开放，正在从各国相互交流逐步走向多国合作。不仅社会主义各国之间、资本主义各国之间进行合作，社会主义国家和资本主义国家之间也进行合作；不仅发展水平、历史传统、风俗习惯比较接近的国家之间进行合作，就是在这些方面相差很大的国家之间也在谋求合作。这种合作，并不是竞争的消失，而是文明竞争的一种表现。

第三，市场开放。在当今世界上，几乎没有任何一个国家不进行对外贸易，各国之间的区别仅在于对外贸易额的大小，进出口是否平衡，如果不平衡是顺差还是逆差等等。当然，在开放贸易市场方面，仍然存在一些有待解决的问题，如保护发展中国家的民族工业问题，避免因进口过多而引起本国工厂倒闭、本国工人失业的问题。但这些问题的存在，并没有改变市场日益开放的总趋势，而是激发人们去寻找解决问题的新形式。

第四，经营开放，即世界上绝大多数国家（包括社会主义国家）都允许其他国家来本国投资办企业，并且给予种种优惠。如果说，市场开放可能带来本国工人失业的问题（当本国出口大大低于进口时），那么经营开放则可以给本国人民

---

① ［美］保罗·索尔曼、托马斯·弗利德曼：《企业竞争战略》，3页。

带来就业机会。经营开放依存于某个国家愿意接受他国投资，但是某个国家接受他国投资却未必就是经营的自愿开放。从历史上看，自19世纪到20世纪上半叶，英国企业向世界扩展，形成了世界性企业网。英国的这种“海外投资”，就不一定是所在国自愿开放的结果，而是英国殖民主义者用大炮轰开对方的国门之后，践踏对方国家主权，对原料和廉价劳动力进行掠夺的结果。20世纪中叶以来，特别是进入80年代以后，经营开放具有另一种性质：第一，它是主权国家的一种自觉的政策，任何别国来投资都必须遵守主权国的政策法令；第二，经营开放是相互的，如美国可以到日本投资办厂，日本也可以到美国投资办厂，任何一个国家都可以发展自己的跨国公司。当然，从实际情况来看，20世纪50年代和60年代，主要是美国企业实现了跨国化，而80年代则主要是日本企业“向海外挺进”。日本向海外的投资额1973年度为35亿美元，1981年度增至89亿美元，1984年度终于突破100亿美元大关。

企业一旦步入开放的世界，一旦要到另一个民族中去办工厂、做买卖，立即就会发现企业文化问题有待解决。正如文化学家所说：“我们往往对自己的文化不假思索，视为理所当然，这是因为它早已和我们自身融为一体，无法分割了。”“只有当我们拿自己与其他社会的人们相比较时，才会意识到人们在文化方面的同和异。”[①] 同样，企业对自己的企业文化也往往不假思索，视为理所当然。一旦和其他企业合作办厂，或者拿自己的一套去外国办厂行不通，才知道并非“理所当然”。企业家们不能不思索：本企业的文化究竟有什么特色？其中哪些对提高生产率有利，哪些不利？哪些可以应用于国外？哪些应该加以逐步改变？这种思索的结果必然付诸实践来检验。当一个企业家这样做的时候，也就是在搞企业文化建设，从而为国际企业文化的兴起作出了贡献。

三、各国相互学习管理经验

文明竞争和空前开放的世界，必然导致各国相互学习企业管理经验。竞争，就必然分出先进和落后，而一个企业落后就意味着可能被淘汰，在生死存亡面前不能不奋起拼搏。在文明竞争的大环境中，企图依靠阴谋诡计来摆脱落后是愚蠢的，也是极不可靠的，聪明的办法是承认落后，老老实实向先进的对手学习，并通过创造性学习超过对手，这是企业学习的必要性。而世界空前开放的特点，也给企业相互学习提供了大量机会和可能性。

事实上，国际企业文化的兴起，就是以各国相互学习管理经验的形式表现出来的。

---

① ［美］C. 恩伯、M. 恩伯：《文化的变异——现代文化人类学通论》，22～23页，沈阳，辽宁人民出版社，1988。

首先，是日本人认真地学习了世界各国的管理经验，结合大和民族的传统文化，结合企业的经济活动，熔炼出一种相当完美的企业文化，并使之在日本的经济发展中发挥重大的作用。

日本企业家松下幸之助说：“学习的精神是迈向繁荣的第一步。”[①] 被美国《洛杉矶时报》称为“管理学之父”的彼得・F・德鲁克则说：“我总是被日本的出乎意料的成功所吸引。在我看来，了解这种成功是理解日本的关键。……我越探索这个问题，就越感到迷惑。然而，只有一点是越来越清楚的，那就是日本人取得成功的基础是他们具有利用外来工具的独特能力，不管这种工具是社会体制还是物质技术，都被容纳到日本人的价值体系中，并为其目标的实现服务。”[②]

学习、摄取外来文化或利用外来工具，既是日本走向繁荣的第一步或基础，也是国际企业文化兴起的一个因素。

通过认真仔细的学习，日本从美国引进了不少管理经验，主要包括三个方面的内容：第一方面，是引进两种主要的美国管理技术，一种是企业的生产管理，即工业管理（Industrial Engineering，简称 IE）和质量控制（Quality Control，简称 QC），另一种是一般性的经营管理；第二方面，是引进美国管理技术方面的教育训练，包括 1950 年就引进了“经营者教育”以训练培训部长、课长等中级人员，1951 年引进了“基层管理人员训练计划”以培训工段长、班组长；第三方面，是从美国引进了现代企业的组织机构，参考美国的做法开展了提高生产率运动等。在这三个方面的内容中，日本从第二方面得益最大。因为日本依靠它及时培养了一大批可以委以重任的管理人才。正是这批日本自己的管理人才，不仅吸收了包括美国在内的所有其他各国的先进经验和科学方法，而且把学到的东西进一步日本化。

日本民族在向外国学习方面，有几个明显的特点：

一是全面持久。“全面”，是指日本民族对任何一个国家的长处都愿意吸收。“持久”，是指它向来如此，8 世纪学唐朝完善了封建制度，19 世纪学西方摆脱了殖民地危机而走上了资本主义道路，20 世纪学习外国管理经验而实现了经济振兴，说它具有“学习致强的历史文化传统”是不过分的。

二是学以致用。以学习美国现代管理经验为例，日本民族的可贵之处，不仅在于钻研理论的热情，更在于把理论原则付诸实践，由实践来检验其作用，并通过坚忍不拔的努力使之产生实际效果。正如美国的舒斯特所说：“在很多方面，日本的管理者们倒是替我们的管理理论家做了很多担风险的实际工作去证实这些理论。”[③]

---

① 王敦婵选编：《松下领导艺术》，221 页。

② ［美］彼得・F・德鲁克：《面对未来的抉择——机会与成功》，207 页，北京，工人出版社，1989。

③ ［美］弗雷德里克・E・舒斯特：《A 战略》，4 页。

三是从模仿走向创造。日语中“学习”一词的原意就是“模仿”，因此日本人不拒绝模仿。但是日本人的学习并不停止在模仿上，而是加进自己的东西，从模仿走向创造。正如日本企业家自己所说：“在企业界，我们甘当小孩、学生和新手，通过模仿进行学习。之后，我们逐渐成长，学会了把我们天赋的才智和学到的规律与原则结合起来。”① 因此，日本钢厂从奥地利炼钢厂购得吹氧转炉基本系统的技术，10年之后日本厂家却将改进的炼钢技术返售给这些奥地利的厂家。同样，50年代和60年代日本向美国、西欧、中国学习管理经验，80年代却是全世界向日本学习企业文化建设这一管理上的新鲜经验。

四是不失本民族特色。既学习和吸收其他民族的长处，又保持本民族特色，这可能是世界上一切民族的共同追求。但是“追求”是一回事，实际上是否达到了目的则是另一回事。彼得·F·德鲁克说：“在所有非西方民族中，只有日本人能从西方引进技术和制度建成了现代化国家和现代化经济，而同时基本上保持了自己民族的特征和国家的完整。”②

日本人的成就，使美国人震惊，他们不得不放下架子，开始认真研究和学习日本的企业管理经验，并反思美国的成败得失，提炼出多种企业文化理论。

美国人对日本企业管理的研究，大体上有两种方式：一种是专门介绍日本，从中总结出好的东西；另一种是联系美国来研究日本，进行对比，这是主要的方式。经过研究，发表了许多论文和专著，其中影响较大的专著有三本。

第一本，是埃兹拉·F·沃格尔于1979年发表的《独占鳌头的日本——美国的教训》。该书用大量无可辩驳的事例，从各方面赞扬日本的经济发展和工业成就，摆脱了美国人一向以工业技术先进而自居的习惯和学术研究的风格。作者郑重声明，他为了写这本书，长期以惊异的目光注视着日本最新的成功，并且一直在全神贯注地思考，以便在书中答复：为什么天然资源如此贫乏的日本，却能巧妙地解决美国人认为非常棘手的问题。这本书一出版，就在国际上引起了轰动。

第二本，是理查德·帕斯卡尔和安东尼·阿索斯合写的于1981年正式发表的《日本企业管理艺术》。该书从战略、结构、制度、人员、技能、作风和最高目标七个方面，将日本企业和美国企业进行对比。作者特别选择了松下电器公司及其创办人松下幸之助，作为日本企业管理的典型代表，同时选择了国际电话电报公司以及在该公司担任总裁达20年之久的哈罗德·吉宁，作为美国传统企业管理的典型代表，对两者作出了细致入微的对比分析。该书以大量事实说明，在战略、结构、制度这三个“硬件”方面，日美企业之间没有重大差别，差别在于日本企业更重视人员、技能、作风和最高目标这四个“软件”，并善于从整体配

① ［日］盛田昭夫：《日本造》，170页。

② ［美］彼得·F·德鲁克：《面对未来的抉择——机会与成功》，206～207页。

合上来把握这七个方面。该书一出版，立即成为畅销书，被公认是美国研究日本企业管理的一本名著，美国一些著名的大学也把它列为研究企业管理的必读书。

第三本，是威廉·大内于1981年发表的《Z理论——美国企业界如何迎接日本的挑战》。大内和他的同事理查德·帕斯卡尔合作，制定了一个对日本和美国企业管理方法进行比较研究的两阶段计划。他们访问了20多家日本和美国的所谓“双国公司”，即在日美两国都设有子公司、工厂或办事处的公司。经过深入细致的调查对比，发现了许多发人深省的现象。

首先，通过对比这些双国公司在本国经营的企业，发现总是日本较为成功，尤其是在生产率方面。

其次，通过对比这些双国公司在对方国家开办的工厂，发现总是日本的管理方式能够奏效。

最后，通过对比这些双国公司许多具体措施的成败得失，发现日本提高生产率主要依靠人与人之间的信任和亲密关系以及一些微妙的东西，美国管理中不仅缺少这些东西，而且甚至无法说明和理解它们，从而揭露了西方个人主义价值观对于现代工业生产的不相适应。

美国人通过对日本管理经验的研究，得出了几条重要的结论：

第一，美国的生产率和经济发展缓慢，重要的原因在于：美国的管理不重视人的作用，企业文化没有搞好。相反，日本的生产率提高和经济发展速度之所以能在资本主义世界中名列第一，在于日本的管理重视人的作用，企业文化搞得好。

第二，企业价值观是企业文化核心内容之一，日本的集体主义价值观比美国的个人主义价值观更优越。这是因为，生活中的一切重要的事情都是由于协力或集体力量做成的。因此，企图把成果归之于个人的功劳或过失都是毫无根据的。

第三，企业文化建设的经验具有普遍意义，日本的管理方法虽然不能照搬照抄，但却可以移植于美国，值得美国学习。日美的“双国公司”的实践已证明了这一点，而美国通用汽车公司别克牌汽车装配厂的实践也是一个有力的证明。该厂原是全公司效率和质量最低的工厂之一，后来以近似日本的管理方式重新设计了管理，结果不到两年，该厂的效率和质量就在全公司范围内上升为第一。

日本人和美国人关于企业文化的实际创造和理论研究，立即引起了世界各国的兴趣，一股学习、研究、建设企业文化的国际潮流就是这样形成的。

第三节 人心的向背

国际企业文化的兴起，除了历史时代的原因外，还由于面临“来自我们社会内部价值观转变的挑战，这种转变使人们对企业抱有另外的期望，并想从工作本身寻求另外的意义”[①]，这就是人心的向背方面的原因，主要表现为人们的“超经济超安全要求”。

要把握“超经济超安全要求”这个概念，应该先了解“人类基本需要层次论”，因为前者是从后者引申出来的。

一、人类基本需要层次论

1943年，美国人本主义心理学家马斯洛（Abraham H. Maslow，1908—1970）在《人类动机理论》（*A Theory of Human Motivation*）一书中，提出了“人类基本需要层次论”，认为人类有五种基本需要，并且是以从低级到高级的层次形式表现出来的。

第一层次是生理需要。这是人的最基本、最起码的需要，如人们需要食物、氧气和睡眠。一个缺少食物、自尊和爱的人会首先要求食物，只要这需求还未得到满足，他就会无视所有其他的需要，或把它们都推到后面去。“如果一个人极度饥饿，那么，除了食物外，他对其他东西会毫无兴趣。”“要是面包很多，而一个人的肚子却已饱了，那会发生什么事呢?”马斯洛自己回答道：“其他（高一级的）需要就立刻出现了，而且主宰生物体的是它们，而不是生理上的饥饿。而当这些需要也得到了满足，新的（更高一级的）需要就又会出现。以此类推。我们所说的人类基本需要组织在一个有相对优势关系的等级体系中就是这个意思。”[②]

第二层次是安全需要。一旦生理需要相对地满足了，就会出现这种安全需要。如偏爱职位牢固、有保证的工作，要求有积蓄，需要各种保险（医疗、失业、伤残、养老）；或者总是喜欢选择做那些熟悉的而不是陌生的、已知的而不是未知的事情。

第三层次是爱的需要。当生理和安全的需要得到满足时，对爱的需要就出现了。马斯洛说：“现在这个人会开始追求与他人建立友情，即在自己的团体里求得一席之地。他会为达到这个目标而不遗余力。他会把这个看得高于世界任何别的东西，他甚至忘记了当初他饥肠辘辘时曾把爱当作不切实际或不重要的东西而嗤之以鼻。”[③] 马斯洛很赞成卡尔·罗杰斯关于爱的定义：“爱是深深的理解和接受。”[④] 因此不能把马斯洛所说的爱和性混淆起来。

第四层次是尊重的需要。马斯洛认为，人们对尊重的需要可分成两类，即“自尊”和“来自他人的尊重”。一个足够自尊的人，干事情总是更有信心，更有

---

① ［美］理查德·帕斯卡尔、安东尼·阿索斯：《日本企业管理艺术》，4页。

② ［美］戈布尔：《第三思潮：马斯洛心理学》，41～42页，上海，上海译文出版社，1987。

③ 同上书，188页。

④ 同上书，43页。

能力，也更有效率，自尊是以别人给他应得的尊敬为基础的；而一个缺乏自尊的人，总是自卑、无望，甚至绝望，并产生神经症行为。来自他人的尊重，是指别人所给予的承认、接受、关心、赏识以及名誉、地位、威望等。

第五层次是自我实现的需要。当生理需要、安全需要、爱的需要、尊重的需要都得到满足，就会产生自我实现的需要。自我实现的需要，就是要使自己的潜在能力得以实现，希望自己越来越成为所期望的人物，完成与自己的能力相称的一切事情。如音乐家要演奏，画家要绘画，诗人要写诗，是什么样的角色就干什么样的事情，这样才会感到最大的快乐，具有最充分、最旺盛的创造力。

对马斯洛的需要层次论，学术界争议颇多。当然，人不是只有一种需要，而是有多种多样的需要。在一种情况下，某种需要特别迫切，而在另一种情况下则可能是另一种需要特别迫切，这是没有争议的。分歧在于：(1) 是不是真像马斯洛所说的那样，“一种需要一旦得到满足，它就不再成其为需要”了？(2) 人类需要的产生，是不是真有马斯洛所说的那种顺序？难道确实是只有低级需要充分满足以后，才可能产生高级需要吗？或者反过来问：难道高层次需要的追求，都只能是低层次需要得到满足而引起的吗？马斯洛本人并没有提供什么很有说服力的证据。而其他学者倒是提出了若干反例。例如，霍尔（Hall）和诺盖姆（Nougaim）发现：经理人员得到提升时，其生理需要和安全需要呈下降趋势，而另外三个高层次需要则趋于增强。霍尔认为：这种需要的变化，不是由于低级需要的充分满足，而是由于职务的提升增加了对事业发展的考虑，也是由于年龄的增长和人生进入了新的发展阶段。劳勒（Lawler）和塞特尔（Settle）发现：较高层次需要的迫切程度因人而异，有些人是尊重需要占主导地位，而有些人则是自我实现的需要最强烈。此外，韦巴（Wahba）和伯德惠尔（L. Birdwell）检查了22个研究案例，发现其中18个案例的自我实现需要的强度，与该需要被剥夺的情况有联系。

马斯洛本人在《人类动机理论》发表约10年后，试图修改自己的某些观点。他认为：个人自我实现的需要得到一定满足后，往往是增加而不是减少对自我实现的需要，画家画得越多越要画，作家写得越多越要写。他还认为，高层次需要也可能在低层次需要被长期剥夺或压抑后出现。因此，马斯洛提醒人们不要过于机械地理解各层次需要的顺序，不要以为只有当人们对食物的欲望得到了完全的满足才会出现对安全的需要，也不要以为只有充分满足了对安全的需要后才会滋生出对爱的需要。马斯洛还指出：我们这个社会中有很多人，绝大多数基本需要都部分地得到了满足，但仍有几种基本需要还没有得到满足，正是这些尚未得到满足的需要能强烈地左右人的行为。

如果把各种意见、各种实例综合起来，就使人形成这样的印象：对高层次需要的追求，既可以是由于低层次需要得到了充分的满足，也可以是由于低层次需要长期得不到满足；既可以是由于这些高层次需要本身得到一定的满足，也可以是由于这些高层次需要本身尚未得到满足。真可谓两极相通！这种矛盾现象，也客观地存在于人的群体这个宏观层次上，一个民族或一个国家的人民对高层次需要的追求，可以由完全不同的甚至相反的原因而引起。

承认人有多种多样的需要，又承认在某种条件下有一种需要最迫切，这就等于承认人的需要具有一定的层次和结构。按照马斯洛的设想，人的需要的层次结构，是由人的心理发展所决定的。一个人的优势需要，是随着在心理上的成熟程度而向高层次需要发展的。

马斯洛和西方某些行为科学家，还认为优势需要和经济发展水平直接相关。他们认为：经济不发达的国家，以生理需要和安全需要为优势需要的人数比重较大，而以高级需要为优势需要的人数比重较小，经济发达国家的情况则相反。在同一个国家的不同时期，优势需要也因生产水平的变化而变化。

应当肯定，一个国家的经济发展水平越高，人们就越追求高层次的优势需要，这种情况确实存在。但如果以为就只有这一种情况，那就完全错了。事实上，有些国家恰恰是因为经济发展水平低，低层次需要不能充分满足，才使人们转而追求高层次需要，使高层次需要成为优势需要，这就是所谓“穷则思变”，“人穷志不短”，并由此激发出极大的积极性。另外，一个国家历史悠久，文化源远流长，那么这个国家的人民在心理上也往往比较成熟，从而也会产生高层次的优势需要。只承认追求高层次优势需要的前一种情况，而否认追求高层次优势需要的后两种情况，就不能解释20世纪恰恰是那些经济相对落后的国家爆发了社会主义革命，成千上万的人为共产主义理想而英勇献身，也不能解释经济不如美国的日本，何以能激发出比美国更高层的优势需要，并以这种文化优势日益赶上和超过美国。

二、“超经济超安全要求”与管理方式的改变

所谓“超经济超安全要求”，是指以下两种情况：第一，指不是为了满足生理需要和安全需要而提出的要求，而是为了满足爱的需要、尊重需要和自我实现需要而提出的要求。第二，要求中虽然有为了满足生理需要和安全需要的内容，但不占主要地位，因而是和高层次的优势需要相适应的要求。这是要靠文化来满足的要求。超经济超安全的要求，可以因经济和安全方面的需要已经充分满足而变得迫切，也可以因经济和安全方面的需要没有条件充分地予以满足而变成一种补偿，还可以因经济特别落后而变成一种振兴经济的精神力量。

20世纪后半期兴起的科学技术革命，使企业中劳动构成发生重大变化，即从原来的体力劳动者占大多数，转变为脑力劳动者占大多数，促进了生产的大发展，带来了经济繁荣，使西方许多企业的经济实力加强，因而能够推行高工资、

高福利政策来笼络职工。例如到80年代初，美国的职工中15%是有熟练技术的蓝领工人，45%是白领职员，体力劳动者已是少数。一般说来，美国人都有就业机会，并有各种财务保障，如失业保险、配偶收入、兼职机会和足够的积蓄等。

随着职工队伍结构的变化和工人经济生活水平的提高，工人们并没有像资产阶级原来所希望的那样安于现状，而是提出了超经济范围和超安全范围的要求（简称“双超”要求），即提出了全面发展的要求，努力争取自身的进一步解放。同时，无产阶级和资产阶级的斗争，并没有因为职工队伍结构的变化和工人生活水平的提高而消失，而只是改变了斗争的形式，并以此推动着国际企业文化的兴起。

西方工人的“双超”要求，概括地说，包括四个方面的内容：（1）参与管理的要求。职工希望直接干预工作条件的一切方面，特别希望参与管理的决策，甚至要求接触自己的档案材料和了解企业的财务。（2）做更有意义的工作的要求。这是因为企业推行高工资高福利政策，为谋生而工作的成分已逐渐缩小，人们越来越重视工作本身的意义，越来越珍视成就感，以满足尊重的需要和自我实现的需要。（3）接受继续教育和安排机动休息的要求。科学技术的发展，加速了知识的更新过程，从而使职工产生了间隔性学习的需要，职工一般要求把传统的教育、工作、休息的线性安排，改变为教育、工作、休息的间隔性周期更替的安排。（4）满足个人特殊需要的要求。职工不仅需要物质鼓励，还需要丰富的文娱生活和社交活动，需要特殊的咨询服务等。

西方工人的“双超”要求，得到工会的理解和支持。例如，美国强大的汽车工人工会副主席布卢斯通（I. Bluestone），就说得很明确：“过去我们所了解的主要职责，是保障职工的安全和改善他们的经济生活。但是时代变了，我们有更广泛的责任，让工人参与决策，表达他们的意见，并改善除了金钱以外的全部工作生活质量。”他还说：“传统的办法是管理者号召工人合作，目的在于提高生产和质量。这应该改变了。今后管理者应该与工人合作，寻求提高工人尊严的方法，发挥他们的潜力，使他们获得更满意的工作生活，工作重点应该放在让工人参与决策。”

但是，工人参加管理等方面的要求，如果只得到工会的理解和支持，而得不到来自管理者方面的响应，就不可能和国际企业文化的兴起相联系，至多只会导致法国早就存在着的对立型的工人参与管理模式。20世纪70年代的美国，没有重复50年代法国出现的情形。在美国，一些管理学理论界人士和企业家，认为应当对工人的要求作出积极的反应。例如，美国达特默思大学教授格斯特（R. Guest）就说：“我们正目睹一种对工作发生新要求的革命潜力，这种要求超越了经济和职业安全问题”；“掌握权力者要正视这一潜在的革命要求，作出明智的反应”。哈佛大学劳动计划顾问沃尔顿（R. Walton）也认为：“要回到不理会社会环境的态度是不可能了……我们不应把在生产和服务中所付出的心理和社会性的代价看成个别人的错误而无视制度问题。”他们从理论上形成了一个“提高工作生活质量”的概念，而用来适应工人们的“双超”要求。

当然，也有一部分管理人员对于满足工人的“双超”要求存在着顾虑，认为那样做会失去管理者应有的权力，从而主张加速实现自动化以减少人员。但是这样做是不明智的。通用汽车公司的研究开发部经理兰登（D. Landon）博士于1980年8月在美国管理学会年会上对2 000名管理学院的教授们发问：“当工人纠察队站在工厂大门口时，你还有多少管理权力？”大势所趋，人心所向，迫于各种压力，即使有顾虑、怕丢权的管理人员，也不得不采取试试看的态度，在管理方式上来一个改变。

在工会领导人和管理当权人的共同支持下，“提高工作生活质量”的概念迅速受到西方企业界和学术界的重视。在美国兴起了一场由管理部门、工会和工人联合进行的所谓“提高工作生活质量”运动。

提高工作生活质量运动的实质是什么呢？管理学家西肖尔（S. E. Seashore），把工作生活质量定义为“管理者和职工之间联合决策、合作和培植互相尊敬的过程”。1981年美国《商业周刊》发表的一个长篇专论，把这个运动描述为：“越来越多的公司和工会正在带头改变老的、愚蠢的工厂的习俗。”“一种根本不同的新的劳资关系正悄悄地在美国形成，目的是结束管理者和工人之间那种不断发展的、威胁着许多企业竞争力的敌对关系。”因此很显然，所谓“提高工作生活质量运动”，也就是“企业文化建设”；就是要把每个职工的意识和需要，同化为整个企业或公司的意识和需要。为了使职工需要和公司需要趋于一致，美国有些公司定期举行职工工作生活质量的调查。如格拉荷中心（Grahl Central）公司，从1975年起，每年都和密歇根大学社会调查所合作，共同进行调查。调查结果，一方面向公司内部反馈，作为发现问题、进行改革的依据（一般由公司最高层举行会议，吸收职工提供的建议，拟订改进措施，然后贯彻到每个有关部门）；另一方面，还向社会公开，这种公开是由于认识到：公司应该让股东、顾客、供应商和将来可能应聘的职工了解这方面的情况，因为人力资源是使公司取得成功的最重要的资产。显然，这在客观上使企业文化走向社会，从而促进国际企业文化热潮的兴起。

第八章

市场发展与时代精神

企业文化的兴起，是市场发展的必然结果，也是现代市场提出最新的挑战，而现代企业给予积极应战，并取得一定成果的产物。

市场是很古老的经济现象，可以和各种社会制度共存。市场产生于原始社会末期，存在于奴隶社会、封建社会、资本主义社会和社会主义社会。邓小平指出："说市场经济只存在于资本主义社会，只有资本主义的市场经济，这肯定是不正确的。""市场经济不能说只是资本主义的。市场经济，在封建社会时期就有了萌芽。"① 这是不容置疑的历史事实。

当然，在不同的历史时期，市场的规模、内容、作用和性质，有很大的差别。市场的存在，也不等于市场经济的存在。市场只有发展到了一定的程度，才够格称为市场经济。市场的变化发展，既要求人们的思想观念、精神状态和文化氛围发生相应的变化，也受到文化氛围等等的制约。市场与文化相互作用而变化，受时代精神的支持而发展。不同历史阶段上的市场，它们之间的最大差别，就在于它们是和不同的时代精神相结合的。

第一节　原始边界市场与自愿让渡意志

市场最简单、最基本的内容，是不同产品所有权的交换，即商品交换。

---

① 《邓小平文选》，2版，第2卷，236页，北京，人民出版社，1994。

市场的出现，以财产所有者多元化为前提，以他们彼此当外人看待为条件。在原始社会最基本的共同体即氏族内部，成员之间不存在彼此当外人看待的关系，因此市场不可能首先在原始共同体内部出现。“商品交换是在共同体的尽头，在它们与别的共同体或其成员接触的地方开始的。”① 不妨把这种最早出现的市场，称为“原始边界市场”。

一、原始边界市场的特点

这是人类最早发生的交换，其特点是：

（1）市场的主体不是以独立资格相互接触的个人，而是具有不同血缘关系的各个群体，交换往往是通过氏族首长来进行的。交换次数很少，不是普遍现象（个别性）。

（2）规模很小，内容简单，“间或发生的交换行为也是个别的，只限于偶然的剩余物”②（简单性和偶然性）。

（3）以自然分工为条件（自然性）。

分工是市场得以产生的条件之一。在其他条件具备的情况下，“生产劳动的分工，使它们各自的产品互相变成商品，互相成为等价物，使它们互相成为市场”③。

原始边界市场出现之前，整个原始社会中存在着两种分工。第一种分工发生“在氏族内部，由于性别和年龄的差别，也就是在纯生理的基础上产生了一种自然的分工”④。这种分工，是原始人自己自觉意识到的，原始边界市场并不是由这种分工引起的。因为，随着年龄和健康状况的变化，原始人随时随地可以变换自己的工作，不同的工种对于氏族的任何成员都没有完全分开和分离。

第二种分工，发生在不同的氏族或原始公社之间，以不同的氏族具有不同的自然环境为基础。这种分工是原始人自己没有意识到的，更不是他们自觉建立起来的。因为，各个氏族完全独立，彼此没有任何联系，还没有形成一个统一的社会。这种分工是自发形成的自然分工，它是原始边界市场得以产生的重要条件。正如马克思所说：“不同的公社在各自的自然环境中，找到不同的生产资料和不同的生活资料。因此，它们的生产方式、生活方式和产品，也就各不相同。这种自然的差别，在公社互相接触时引起了产品的互相交换，从而使这些产品逐渐变成商品。”⑤

---

① 《马克思恩格斯全集》，中文1版，第23卷，106页，北京，人民出版社，1972。

② 《马克思恩格斯选集》，2版，第4卷，165页，北京，人民出版社，1995。

③ 《马克思恩格斯全集》，中文1版，第25卷，718页，北京，人民出版社，1974。

④ 《马克思恩格斯全集》，中文1版，第23卷，389～390页。

⑤ 同上书，390页。

二、自愿让渡意志

原始边界市场的最初产生和继续维持，不仅需要一定的物质条件，如生产力发展到了可以提供剩余物的程度，以不同自然环境为基础的不同氏族间的自然分工的存在，这些不同氏族间的互相接触等等，而且也需要一定的精神条件，即氏族首长彼此愿意把剩余物让渡出去的意志。这种自愿让渡的意志，在原始平等的条件下很容易产生，它属于原始社会的时代精神范畴，是一种充满着蒙昧而粗野的自由自在。正是这种自愿让渡的意志，决定着边界上的交换实际上是否进行，决定着物品交换的量的比例，决定着这个市场上既无强买强卖，也无等价交换可言。

原始边界市场产生以后，引起人们思想观念的巨大变化。这主要表现为：

第一，促使人们形成社会分工的观念。分工是市场存在的条件。但不能反过来说"市场是分工存在的条件"，因为在市场产生以前已经有了分工，不过那是自然分工。原始边界市场产生以后，第一个巨大的作用是把原先存在的自然分工转化成了以交换为基础的社会分工。一方面，市场推动了氏族内部不同工种之间的分开、分离和各自完全独立，使一个人调换工种成为必须经过多个独立部门同意的难题，从而只能局限于一个特殊的工种。另一方面，市场又把不同氏族基于不同自然环境而形成的不同生产领域彼此联系起来，变成社会总生产中相互依赖的各个部门。从此以后，每一次社会大分工，都引起了市场的进一步发展；而社会分工的规模，却又往往取决于市场的大小。分工和市场这种相互作用的辩证关系，越往后就越明显，越深入到人们的思想意识之中。

第二，彻底改变了氏族首长对剩余物的看法。过去，氏族首长认为自己有对剩余物予以保管的义务；现在，认为自己有将剩余物占为私有的权利。过去，保管剩余物是一种负担，是降低氏族成员的劳动强度的根据；现在，将剩余物占为己有是一种欲求，是提高氏族成员的劳动强度的动力。过去，剩余物是真正的剩余物，是需求被满足以后不再能引起兴趣的东西；现在，剩余物不只是剩余物，它可以换成紧缺物，换成可以满足新的需求的东西，从而使人们对之兴趣盎然。为了能够换回更多的新鲜的紧缺品，氏族首长开始对俘虏实行既不杀害也不释放的方针，而是把他们变成奴隶，强迫他们从事强度极高的各种劳动。

第二节　低级常设市场与奴隶制精神

原始边界市场的确立，促进了奴隶制的产生。市场在奴隶社会中，继续发展成为低级常设市场。

一、低级常设市场的特点

低级常设市场的特点，具体表现在：

（1）交换不再是偶然行为，有约定俗成的时间和地点作保证。如我国古书所载：“日中为市，致天下之民，聚天下之货，交易而退，各得其所。”（《易·系辞下》）

（2）以奴隶劳动为基础。如在古希腊奴隶制鼎盛期，“奴隶主除把奴隶直接使用于手工作坊或矿场之外，还用出租方式，把奴隶租给直接经营者使用，主要用于采矿。……雅典的富豪尼西亚即有出租奴隶一千人之多”①。

（3）经历了从“物物交换”到使用“自然物货币”，再到使用“仿物货币”的发展过程。古希腊著名诗人荷马在《伊利亚特》这部史诗中，对奴隶社会中的物物交换作了生动的描述：“从兰诺斯岛来了一大批/载着酒的船队……/其他的希腊人急忙前去购买/有的用黄铜，有的用发光的铁/有的用兽皮、牲畜或奴隶。”②

物物交换太麻烦。为求方便，渐渐将某种东西，如贝壳（在古代中国、东印度群岛和非洲）、牲畜（在古代欧洲）、海狸皮（在哈得逊湾地区），固定为一般等价物而成为自然物货币。

自然物充当货币不够使用，于是出现了仿物货币。例如，中国古代仿海贝而制成的石贝、骨贝、陶贝、铜贝；仿农具镈而制成的铜质布币；仿刀具而制成的铜质刀币；仿纺轮而制成的环钱等。金属铸币在奴隶社会已广为流行。

（4）以三次社会大分工为条件，但商品比例很低。

第一次社会大分工是游牧业和农业的分离。游牧者“同其余的野蛮人比较，他们不仅有数量多得多的乳、乳制品和肉类，而且有兽皮、绵羊毛、山羊毛和随着原料增多而日益增加的纺织物。这就第一次使经常的交换成为可能”③。

第二次社会大分工是手工业和农业的分离。随着生产分为农业和手工业，便出现了直接以交换为目的的生产，即商品生产，随之而来的当然是市场的扩大。

第三次社会大分工是商业和生产事业的分离，出现了专门从事交换的商人，即完全依赖市场而生存的人。

三次社会大分工，使每个劳动者生产出来的产品，相对于自身对该产品的需要来说，有了更多的剩余。但是这些剩余产品并没有全部进入市场，有的被统治者以各种形式无偿拿走，有的则在具有自然血缘关系的人们之间自愿调剂，变成

① 周一良等主编：《世界通史（上古部分）》，2版，213页，北京，人民出版社，1973。

② ［英］洛德·埃夫伯里：《世界钱币简史》，1页，北京，中国金融出版社，1991。

③ 《马克思恩格斯选集》，2版，第4卷，160页。

真正商品的比例很低。

关于这一点，马克思曾明确指出："在古亚细亚的、古希腊罗马的等等生产方式下，产品变为商品，从而人作为商品生产者而存在的现象，处于从属地位"；"真正的商业民族只存在于古代世界的空隙中，就像伊壁鸠鲁的神只存在于世界的空隙中"；"这些古老的社会生产机体……或者以个人尚未成熟，尚未脱掉同其他人的自然血缘联系的脐带为基础，或者以直接的统治和服从的关系为基础"①。这里所说的"伊壁鸠鲁的神"，是指古希腊哲学家伊壁鸠鲁的如下观点：神虽然存在，但存在于世界之间的空隙中，对宇宙的发展和人的生活没有任何影响。马克思拿它做比喻，是要突出地说明：商品和市场在奴隶社会中虽然有了一定的发展，但仍然处于从属的地位，不是经济基础中的主导现象。

二、奴隶制精神中几个有关的基本思想

低级常设市场的特点，是和以下基本思想相适应的：

第一个是巩固社会分工的思想。

春秋时期齐国的政治家管仲，进行过"四民分开定居、世代相传"的论证，可以作为这一思想的典型代表。管仲认为：以作战为职业的"士"，以种田为职业的"农"，以制造为职业的"工"，以做生意为职业的"商"，这四种人不能混杂地住在一处，而应该使士人定居在安静的地方，使手工工人定居在官府，使商人定居在市场，使农民定居在田野（"处士也，使就闲燕，处工就官府，处商就市井，处农就田野"）。这样，每个人从小就习惯于他们祖传的职业，心安理得，不会见异思迁（"少而习焉，其心安焉，不见异物而迁焉"）；职业能力容易培养，父兄的教导不必十分严厉就可以成功，子弟的学习不必十分辛苦就可以达标（"其父兄之教，不肃而成，其子弟之学，不劳而能"）；从而自然而然地使"士之子恒为士"，"工之子恒为工"，"商之子恒为商"，"农之子恒为农"②。

这种巩固社会分工的思想，显然有利于初级常设市场的形成、维持和发展。一旦取消社会分工而退回到原始社会的自然分工中去，就不会有以交换为目的的生产，常设市场的必然性也就随之丧失。

奴隶制精神中的第二个基本思想是："劳动可耻，掠夺光荣。"这种思想，在今天看来是十分荒谬的，但在当时却是一种十分自然的观念。

在奴隶社会里，没有奴隶的劳动，没有奴隶所创造出来的剩余物，初级常设市场就不可能维持。这个情况，没有促使人们形成劳动光荣的观念，反而滋生劳动可耻、掠夺光荣的思想，是和奴隶的地位与来源紧密相关的。

---

① 《马克思恩格斯全集》，中文1版，第23卷，96页。

② 《国语·管仲论世业》，见《中国哲学史资料选辑（先秦之部上）》，146～148页，北京，中华书局，1964。

奴隶的处境很惨。奴隶主像宰杀牛羊一样处死奴隶。西周孝王时的青铜器《曶鼎》上记载，五名奴隶的总价格只抵“匹马束丝”（一匹马加一束丝）。这就使得任何人（包括奴隶自己）都不会认为当奴隶光荣，而只会认为当奴隶可耻。这样，当时主要由奴隶承担的劳动，也就自然而然地被认为是不光彩的事。

奴隶的第一个主要的来源，是战争取胜而抓到的俘虏。正如马克思所说：“奴隶市场本身是靠战争、海上掠夺等等才不断得到劳动力这一商品的，而这种掠夺又不是以流通过程作为媒介，而是要通过直接的肉体强制，对别人的劳动力实行实物占有。”① 打赢战争，敢于掠夺，就可以强迫别人为自己劳动而得到丰富的物质享受，这自然会“使人认为用劳动获取生活资料是只有奴隶才配做的、比掠夺更可耻的活动”②。

奴隶的第二个主要的来源，是由于借高利贷而破产的平民。而在奴隶社会里，有钱借给平民的债主，其财富主要地既不是靠自己劳动积攒起来的，也不是靠经营手工业或商业积累起来的，而是通过战争掠夺而来的。奴隶社会里的战争，和原始社会中的战争相比，是根本不同的：“以前打仗只是为了对侵犯进行报复，或者是为了扩大已经感到不够的领土；现在打仗，则纯粹是为了掠夺，战争成了经常性的行当。”③ 在奴隶制最发达、最典型的古罗马，“罗马贵族不断进行战争，强迫平民服兵役，阻碍了他们的劳动条件的再生产，因而使他们沦为贫民……而终于破产。正是这些战争使罗马贵族的仓库和地窖里藏满了掠夺来的铜即当时的货币。贵族不是把平民所需的商品如谷物、马、牛等等直接给他们，而是把对自己没有用处的铜借给他们，而利用这个地位来榨取惊人的高利贷利息，使平民变为自己的债务奴隶”④。简言之，奴隶社会中的人们，是以战争掠夺为媒介，或者占有奴隶，或者沦为奴隶。在这个客观现实面前，“掠夺在他们看来比劳动获得更容易甚至更光荣”⑤，乃是观念上必然的反映。

“掠夺光荣、劳动可耻”的观念，是奴隶社会维持一支以作战为职业的“士”的队伍，并靠这支队伍把多数劳动者转化为奴隶的思想保障，因而是奴隶制的精神支柱。那时生产力低下，劳动全靠体力，没有强制性的超负荷劳动，就生产不出超出劳动者自身消费的剩余物；“掠夺光荣、劳动可耻”不过是对这一历史现实的思想认同。既然奴隶制度作为人类社会发展的一个历史阶段，是必然的、合理的，那么，作为其思想保障的“掠夺光荣、劳动可耻”的观念，在历史上也就是必然的、合理的。只是当奴隶制度达到顶峰并成为生产力发展的障碍时，这种

① 《马克思恩格斯全集》，中文1版，第24卷，539页，北京，人民出版社，1972。

② 《马克思恩格斯选集》，2版，第4卷，165页。

③ 同上书，164页。

④ 《马克思恩格斯全集》，中文1版，第25卷，677页。

⑤ 《马克思恩格斯选集》，2版，第4卷，164页。

观念才变得十分荒谬。尽管如此，这种观念却是初级常设市场进一步发展的障碍，因为它既割断了市场与劳动者及其劳动的联系，也割断了市场与财富的联系：市场的主体不是劳动者，市场上的交换也不必考虑那“可耻的”劳动；财富来自掠夺，与市场无关。有了这种观念，市场就不可能成为经济中的主导现象。

奴隶制精神中的第三个基本思想是：人分等级而不能平等。

奴隶社会初期，人的等级带有氏族、种族的特征。战争往往是在氏族或种族之间进行的。因战败而被征服的氏族，全部变成奴隶，承担生产任务，受到非人的待遇；而取胜的氏族，参战者就成为大大小小的奴隶主，不再参加生产而专事消费和享受，未参战者中也只有少数（不是多数更不是全部）成为自食其力的平民。越往后发展，氏族或种族的特征有所减弱，但奴隶主、平民（或称自由民）、奴隶三者之间的不平等，则贯彻于整个奴隶社会的始终。

人分等级而不能平等的思想，限制了人们对市场的认识。古希腊的伟大思想家亚里士多德，最早分析了商品的价值形式，他说：“5 张床＝1 间屋”“无异于”：“5 张床＝若干货币”。他看到这里要求床与屋必须在质上等同，“没有等同性，就不能交换”。但是他弄不懂这种质上等同的东西究竟是什么，以至错误地认为这种东西“实际上是不可能存在的”。其实，一切相互交换的商品在质上的等同性是存在的，即它们都是一般人类劳动的凝结。亚氏看不到这一点，“是因为希腊社会是建立在奴隶劳动的基础上的，因而是以人们之间以及他们的劳动力之间的不平等为自然基础的”①。在这个对于等价交换一无所知的社会，市场不过是统治者们进行掠夺或收买人心的场所。

第三节　盲目官控市场与封建主义精神

奴隶社会中形成的低级常设市场，在封建社会里继续向前发展。虽然这种发展既艰难又缓慢，时张时缩，曲折蜿蜒，但最终还是形成了市场经济的萌芽。市场在按照它自身固有的规律而向前发展的时候，经常受到封建官府盲目的干涉和控制，故称之为盲目官控市场。

一、盲目官控市场的特点

中国封建社会所持续的时间最长，所显示的特征最典型。因此，对于盲目官控市场的特点，以中国封建社会为例说明如下：

① 《马克思恩格斯全集》，中文1版，第23卷，74页。

（1）行政性都邑普遍市场化。

“都”和“邑”，相传远古时代都是行政区划的名称。“都”、“邑”最初和“市”或“市场”，并无必然联系。在奴隶制时代，“日中为市、交易而退”的初级常设市场，只是和个别的行政区划联系在一起。到了封建时代，所有的都邑几乎都有或大或小、或天天开集或几天一集的市场，都邑普遍市场化，“都”和“市”必然地联系起来成为“都市”。以战国时期为例，大都邑是著名大商业城市，中等都邑称为“有市之邑”，小邑则有“日中为市、交易而退”的集市。这是封建社会初期的情况，到了封建社会的中期和晚期，就更是如此了：“无市（场）不成城、无市（场）不成镇。”

（2）市场主体官私二重化。

据历史学家研究：在我国的奴隶社会中，市场主体基本上是“官家”，“古代从事工艺和经纪的人是官家的奴隶”；到了封建社会初期，即“中国的古代社会发展到战国时代，工商业已经解放，商人阶层已经大大抬头”①，形成了市场主体官私二重化的局面。

“官家”与“私家”，两者不是平等并列的。官家凭借政权优势，处于支配地位。封建时代的市场，受封建官府的控制。封建官府从维护地主阶级的利益出发，在不同的情况下，对市场采取了不同的政策，如：土地的买卖，有时允许，有时部分禁止，有时完全禁止；盐、铁、酒、茶、烟等等，有时只准官家经营，有时也允许私家经营；金属货币的铸造，有时允许私铸，有时严禁私铸；对于私家经营，有时宽容，有时严格限制。所有这些政策措施，基本上是在对市场自身发展规律毫无所知的基础上采用的，由此造成了市场曲折滞重的发展道路。

（3）从金属货币曲折地走向信用货币和纸币。

在奴隶社会广泛使用的金属铸币（金币、银币、铜币），一般说来是足值的。这种足值的金属铸币，本身就是一种特殊的商品，有它自身的价值和使用价值，并全面具有货币的五种职能：既能用作价值尺度、流通手段、支付手段，也能用作贮藏手段和世界货币。

到了封建社会，随着市场交换的扩大，仅仅依靠足值的金属铸币来全面执行货币的五种职能，就显得顾此失彼和十分不便。因此，在漫长的封建社会里，开始了从金属货币走向信用货币和纸币的曲折历程。

中国的封建社会，始于战国时期，当时币制紊乱。“及至秦，中一国之币为二等：黄金以镒名，为上币；铜钱识曰半两，重如其文，为下币。”② 这就是说，公元前221年秦始皇统一中国以后，货币也统一了：黄金为上等货币，每块重一

① 郭沫若：《奴隶制时代》，2版，217～218页，北京，人民出版社，1973。

② 《史记·平准书》，见《史记（简体字本）》，437页，郑州，中州古籍出版社，1994。

镒（20 两）；铜钱为下等货币，每一枚都铸有“半两”二字，实际重量也是半两（12 铢）。秦代货币是足值的金属货币。秦代仅维持了 15 年。代之而起的汉代，从实际的市场中，很快就认识到：这种足值金属货币的最大缺点，就是过于笨重（“秦钱重难用”①）。

那么，应该用什么样的货币，来代替足值的金属货币呢？汉代的人们并不清楚，但是在实际需要的推动下进行了两个尝试：

第一个尝试，是用不足值的金属货币来代替足值的，而且“令民纵得自铸钱”②。其结果，是许多不足值的劣钱、恶钱、薄钱充斥市场。而且由于放纵私人随意铸钱，有些人就通过铸钱来牟取暴利，并进而谋取政权。面对这种情况，汉武帝果断地把放纵私人铸钱的政策，改变成为严禁私人铸钱的政策。但因受利益驱使，往往是禁而不止。

汉武帝严禁私人盗铸的同时，整顿了金属货币。一方面，以银锡合金为材料，发行了三种“白金”铸币。另一方面，于公元前 140 年“令县官销半两钱，更铸三铢钱，文如其重”；后来（公元前 118 年），因“有司言三铢钱轻，易奸诈，乃更请诸郡国铸五铢钱，周郭其下，令不可磨取鋊焉”③。这就是说，作为主要的流通手段，仍然是足值的铜质铸币，即五铢钱。据历史学家研究，“五铢钱轻重合宜，自汉至隋七百余年，基本行用不废”④。

事实表明，汉初进行的用不足值的铸币来替代足值铸币的尝试，毫无疑问是失败了。这是必然的。

第一，不足值的金属铸币自身有价值，却要求它代表另一个更高的价值，这种内在矛盾使它既不能把货币的五种职能统一起来，又不能把货币的某一种职能（如流通手段）完全独立出来。

第二，不足值的金属铸币如要真正发挥流通手段的正常功能，不能靠它自身的价值来保证，而是要靠高度的信用来保证。这种信用，要由发行者来建立，体现为发行者把发行数量控制在流动所必需的限度之内，并保证持币者可以随时随地兑换或购买到和面值相等的金属或货物。然而汉代的发行者，毫无信用意识，私家铸钱只是为了谋利，官家铸钱则是为了弥补财政赤字。汉初如此，汉末也还是如此。如东汉末年三国时的刘备，“拔成都，军用不足，备甚忧之。刘巴曰：易耳，但当铸直百钱，平诸物价。备从之。数月之间，府库充实”⑤。用比五铢稍重的铜铸成货币，却强制地当一百个五铢钱流通，由此来解决军费不足的问题，这实际上是一种搜刮，哪里有什么信用可言。

---

①② 《史记·平准书》，见《史记（简体字本）》，431 页，郑州，中州古籍出版社，1994。

③ 同上书，433 页。

④ 范文澜：《中国通史简编》，修订本，第二编，45～46 页，北京，人民出版社，1958。

⑤ 马定祥批注：《历代古钱图说》，56 页，上海，上海人民出版社，1992。

汉代所作的第二个尝试，是汉武帝于公元前119年发行了我国第一种信用货币，即所谓“皮币”。它是用一平方尺大小的白鹿皮，绘上彩色图案而制成的，每张面额为40万钱。

史实表明，皮币虽然是在劣钱横流、钱轻物贵这种通货恶性膨胀的历史背景下发行的，但其目的并不是要取代劣钱来发挥流通手段的功能。皮币的面值大得惊人，白鹿皮属稀缺资源，因而也不可能广泛流通。为保证发行成功，汉武帝规定各路诸侯进京朝见皇帝、敬献苍璧时，一定要用皮币作为衬垫。皮币与其说是一种流通手段，倒不如说是汉武帝强制分享各路诸侯财富的一种手段。这在当时就引起了大农令颜异的不满。皮币的发行，对于市场的发展并没有起到什么建设性作用。

唐代的主要流通手段，仍然是铜质金属铸币，但不再铸明面值（重量），而只铸上年号，规定标准。公元621年发行铸有“开元通宝”四字的铜钱，规定直径为八分，重二铢四累，是唐代最主要的货币。铜材不足，铜钱太重，各种矛盾依然如故，解决方法还在继续探索之中。

唐代的货币铸造权，始终属于官府。有人因“官铸所入无几而工费多”，又有人因铸币“国用不足”，先后两次建议纵民私铸，但经讨论均被否决。“盗铸者论死，没其家属”；“私铸者抵死，邻保里坊村正皆从坐”①。处罚虽然严厉，但私铸现象仍然相当普遍。究其原因，不外两个：一是交易频繁，对流通手段的需求增加，仅靠官府铸造的货币不够使用；二是私人所铸的钱，基本上是劣钱、恶钱，原料掺假，分量不足，私铸者可以获利。面对这种情况，唐代政府还采取过以下措施：

第一，不给任何补偿地没收各种私铸的恶钱，沉入江湖；或命令商人每卖出一斗粮食，必须上交一百恶钱供销毁。在流通手段不足的情况下，这加剧了交易困难。公元713年，为禁恶钱，“遣监察御史萧隐之使江淮，率户出恶钱，捕责甚峻，上青钱皆输官，小恶者沉江湖，市井不通，物价益贵，隐之坐贬官”②。

第二，官府以善钱，或出米粟布帛，将恶钱收购后予以销毁。虽有补偿，但仍存在“民间藏恶钱以待禁弛”③的事实。恶钱收不尽，毁不完。

第三，禁止铜锡买卖，禁止百斤以上的铜锡装船私运，禁止制造和使用铜器，销钱铸铜器者以盗铸钱罪处死，以保证不可多得的铜材用于铸币。禁令虽严，但未必执行。如唐文宗（公元826年—840年在位）时，“虽禁铜为器，而江淮、岭南列肆鬻之铸千钱为器，售利数倍”④。

第四，限制铸币执行贮藏功能，以保证它的流通功能。唐宪宗（公元806年—820年在位）时，就曾命令商人必须把积蓄的钱，全部拿出来购买货物。公

---

①②③《新唐书·食货志》，见《二十五史（6）》，4277页，上海，上海古籍出版社，2002。

④ 同上书，4278页。

元817年，规定“富家钱过五千贯者死，王公重贬，没入于官”。公元830年，皇帝下诏书规定：“积钱以七千缗为率，十万缗者期以一年出之，二十万以二年。”[①]

以上措施，虽说有其合理性，但很难彻底执行。即使执行了，也不解决根本问题。更好的办法不是出自官府，而是由市场本身酝酿出来的“飞钱”。唐宪宗时，商业发达，来往于京师和各地之间的商人甚多。金属钱币携带不便，加上当时钱币缺乏，地方政府又禁钱出境，于是各地在京师的商人，遂将售货款交各地驻京的进奏院及各军各使等机关，或交在各地设有联号的富商，由机关或富商发给半联票券，另半联寄往各地有关的机关或商号。商人回到本地后，合对票券取款，该种票券就称为“飞钱”。这种飞钱的实质，是便于商品交换的进行，又称为“便换”，可归属于信用货币。飞钱一可缓解因交换频繁而产生的铸币不够用的矛盾，二可解决铸币笨重而携带不便的问题，有利于市场的发展。但唐代统治者对此没有认识，他们先是反对一气，“禁与商贾飞钱者，搜索诸坊，十人为保”；反对的结果，是“家有滞藏，物价浸轻”，于是不得不允许商人飞钱，但却毫无道理地要求“每千钱增给百钱”，这当然又使商人不肯来了；最后出于无奈，才“复许与商人敌贯而易之”[②]。但不管怎样说，“飞钱”的出现总是市场发展中的一个进展。

吸取唐代“飞钱”的优点，宋代进一步设计出“质剂之法”。所谓“质剂”，本是古代买卖时用的契券[③]；宋人把它和飞钱联系起来发展成为纸币（当时称为“楮币”）。宋代在不同的地区先后发行过多种形式的纸币，包括所谓“交子”、“钱引”、“关子”、“公据”、“会子”和“银会”。宋代维持了320年，其纸币发行的动态特征如下：（1）由私办走向官办，并立法禁止私造。“交子”是世界上出现最早的纸币，由四川地区十六家富商联合发行，持券人可以在京川两地的有关商号中兑取金属钱币。但因“十六户主之后，富民赀稍衰，不能偿所负，争讼不息”，于是改由官府发行，“私造者禁之”[④]。（2）从单纯的市场动机，走向夹带着官府的军事和政治目的。当初在四川发行交子的动机，是“患蜀人铁钱重，不便贸易”。但一百多年后南宋发行关子，则是“因婺州（金华）屯兵”，需要用钱。[⑤]（3）从定额发行、定期换界，走向超额发行、延期使用。结果是：通货膨胀，纸币贬值，如“钱引”一千仅值一百。（4）从存款收据或汇票的性质，走向以金属货币做准备金的可兑换纸币。最初发行“交子”、“关子”等，以解决金属

①② 《新唐书·食货志》，见《二十五史（6）》，4278页。

③ 参见《周礼·地官·质人》：“大市以质，小市以剂。”郑玄注：“质剂者为之券，藏之也。大市，人民马牛之属用长券；小市，兵器珍异之物，用短券。”

④ 《宋史·食货志·食货下三》，见《二十五史（8）》，5741页。

⑤ 参见上书。

货币笨重、不便携带的问题，商人在出发地先用金属货币向发行机关换取交子、关子等，到了目的地再用交子、关子等向发行机关换回金属货币。交子、关子等明显具有存款收据或汇票的性质，其发行在外的数量直接就等于商人存入的金属货币。但商人在目的地换回金属货币，是为了购货。为求方便，商人总是要求直接用交子、关子等购货，一旦货主乐于接受这一要求，交子、关子等就因成为商品交换的媒介而具有纸币的性质。随着市场交换中的频繁使用，它们的汇票性质越来越弱，纸币性质越来越强。为了维护纸币的信誉和购买力，应设立发行准备金，还应采取有力的经济调控措施。对此，宋代人已有一定的认识。《宋史·食货志》有这方面的记载，如提到“大凡旧岁造一界备本钱三十六万缗，新旧相因”；“昔高宗因论四川交子，最善沈括称提之说，谓宫中常有钱百万缗，如交子价减，官用钱买之，方得无弊”。但封建官府受阶级私利驱使，做起来大打折扣，这方面的记载更多。尽管如此，宋代广泛使用可兑换纸币，提出“准备金理论”和“称提学说”，并部分地予以实施，无疑是市场发展中的里程碑。

元朝发行过四种纸币：“交钞”，“中统元宝钞”，“至元钞”和“至大银钞”。其中，交钞与银钞通行的时间很短，“而中统、至元二钞终元之世，盖常行焉”。元代采取两个重大措施：一是在 1282 年宣布禁止私人买卖金银，使钞币事实上变成了不兑换纸币；二是在 1287 年颁布了“钞币条画十四条”，它是我国也是世界历史上最早而又最完备的不兑换纸币发行条例，同年发行“至元钞”就执行了这个条例。凡发行不兑换纸币所应考虑到的问题，该条例都作出了相应的规定。

元代实际上形成了一套和纸币相关的正确认识和有效办法，其主要内容①大致如下：

第一，总结唐之飞钱，宋之交子、关子，金之交钞的发行经验，认为发行纸币这种方法是“以物为母，钞为子，子母相权而行”。

第二，“随路（‘路’是元代地方行政区划的名称）设立官库，贸易金银，平准钞法”。

第三，用纸币兑换金、银时，规定其买价和卖价是不相同的：“每花银一两入库，其价至元钞二贯，出库二贯五分；赤金一两，入库二十贯，出库二十贯五百文。”

第四，用严惩重奖的办法，与假钞制造者斗争：“伪造钞者处死，首告者赏钞五锭……以犯人家产给之。”

第五，发行新钞时，明确规定它与旧钞的比价，如在发行至元钞时，规定至元钞“每一贯文，当中统钞五贯文”。

第六，严防哄抬物价，力求纸币稳定，“设各路平准库，主平物价，使相依

① 参见《元史·食货志第四十二·食货一·钞法》，见《二十五史（9）》，7509 页。

准，不至低昂”。

第七，妥善处理破损纸币（昏钞）。元代“定昏钞为二十五样”，“凡钞之昏烂者……委官就交钞库，以新钞倒换”；“所倒之钞，每季各路纳课正官解赴省部焚毁”，“焚毁之所皆以廉访司官监临，隶行省者行省官同监”；而那些“贯百分明、微有破损者，并令行用，违者罪之”。

以上措施，使纸币成为元代市场上的惟一（至少可以说是“最主要的”）流通手段。元代虽然铸过十几种铜钱，但那主要不是用作流通手段的货币，而是皇帝登基或改元的纪念币。

总之，元代基本上完成了向纸币的转化。这是一个重大的进展，但所花的时间够漫长的了。

二、封建主义精神中几个有关的基本思想

封建社会中的市场发展，曲折而缓慢。这种状况，是和封建主义精神中几个有关的基本思想紧密相关的：

第一个是“农本工商末”的思想。

早在中国封建社会初期，韩非子就最先提出了这一观念。他把工商业列为危害国家的五种蛀虫（五蠹）之一，主张“明王治国之政，使其商工游食之民少而名卑，以寡趣本务而趋末作”（《韩非子·五蠹》）；认为“仓廪之所以实者，耕农之本务也，而綦组锦绣刻划为末作者富”（《韩非子·诡使》）。这就是说，不但要使工商业者的人数控制在很低的水平上，而且要使他们的地位很低，名声很臭。

“农本工商末”的思想，被历代封建统治者奉为圭臬。秦始皇《琅邪台刻石》辞里就刻有“皇帝之功，勤劳本事，上农除末，黔首是富”[①] 的话。汉代统治者则把这一思想转化成为各种抑商、辱商政策。例如，《史记·平准书》中就记载着：“天下已平，汉高祖乃令贾人不得衣丝乘车，重租税以困辱之。孝惠、高后时，为天下初定，复弛商贾之律，然市井之子孙亦不得仕宦为吏。”[②] 汉武帝时，加重征收富商大贾的财产税，要求商人自报财产，凡隐匿不报或报而不实而被他人告发，就处以严刑并没收全部财产，结果使“商贾中家以上大率破”[③]。

当然，在长达两千多年的封建社会里，也出现过和“农本工商末”不同的思想观念。

司马迁的“农虞工商并重”的思想：“待农而食之，虞（煮盐、冶铁之人）而出之，工而成之，商而通之。……各劝其业，乐其事，若水之趋下，日夜无休

---

① 《史记·秦始皇本纪》，见《史记（简体字本）》，44 页。

② 同上书，431 页。

③ 同上书，435 页。

时，不召而自来，不求而民出之，岂非道之所符，而自然之验邪？”[①]

桑弘羊提出“重商理论”：“富国何必用本农，足民何必井田也？”[②] 天下名都，富冠海内，“非有助之耕其野而田其地也，居五诸之冲，跨街衢之路也。故物丰者民衍，宅近市者家富。富在术数，不在劳身；利在居势，不在力耕也”[③]。故“立国家者，开本末之途，通有无之用，市朝以一其求，致士民，聚万货，农商工师，各得所欲，交易而退”；“商不出，则宝货绝”，“宝货绝，则财用匮”[④]。

东汉时期王符提出“农工商各有本末”的思想：“夫农民者以农桑为本，以游业为末。百工者以致用为本，以巧饰为末。商贾者以通货为本，以鬻奇为末。三者守本离末则民富，离本守末则民贫。”[⑤]

南宋叶适对“农本工商末”这一口号作了批判：“夫四民交致其用，而后治化兴，抑末厚本，非正论也。”[⑥]

但所有和“农本工商末”不同的思想观念，都没有成为封建社会中的主导思想。它们被提出后，有的无声无息，有的遭到上层统治者激烈反对；有的虽曾导入变法实践，但遭到失败。

第二个是“官本位”的思想。

封建统治者当然不可能有“政治适应经济、适应市场”的观念。相反，他们总是以封建官僚的意志，限制市场，控制市场。

他们明文规定许多东西不能进入市场买卖：“圭璧金璋，不鬻于市；命服命车，不鬻于市；宗庙之器，不鬻于市；牺牲不鬻于市；戎器不鬻于市；用器不中度，不鬻于市；兵车不中度，不鬻于市；布帛精粗不中数，幅广狭不中量，不鬻于市；奸色乱正色，不鬻于市；锦文珠玉成器，不鬻于市；衣服饮食，不鬻于市；五谷不时，果实未熟，不鬻于市；木不中伐，不鬻于市；禽兽鱼鳖不中杀，不鬻于市。”[⑦] 在这若干个“不鬻于市”中，除了最后三个有保护生产、保护生态的意义以外，其余都是以维护封建等级、强化自然经济而抑制市场发展为特征。

每当封建官僚集团遇到困难，特别是发生财政困难时，他们就强制市场为封建政治服务。他们任意向市场投放大量不足值的铸币，或者滥印纸币，以解决军

---

① 《史记·货殖列传》，见《史记（简体字本）》，982页。

② 桓宽：《盐铁论》，6页，上海，上海人民出版社，1974。

③ 同上书，7页。

④ 同上书，2页。

⑤ 王符：《潜夫论·务本》，转引自姚家华等：《中国经济思想简史》，93页，上海，上海三联书店，1995。

⑥ 叶适：《习学记言》，转引自胡寄窗：《中国经济思想史（下）》，182～183页，上海，上海人民出版社，1981。

⑦ 《礼记·王制》，转引自胡寄窗：《中国经济思想史（上）》，38页。

费和官僚行政费用的不足。

封建官僚集团虽然不赞成重商理论，但他们从自身私利出发，却把粮食、盐、铁、酒、茶等重要物资的商业经营权，牢牢地抓在自己手中，造成官商垄断的畸形发展局面。封建官僚们看不起“商”，也不懂“商”，更反对学“商”，他们只是从现有商人中，挑一个或几个能干的出来做官，以其代表封建政府进行垄断经营。

这种限制产品入市、为增加财政收入而滥发货币、官商垄断经营的政策，其执行的结果必然是市场受损。

第三个是“按等级固定消费”的思想。

封建统治者推崇的儒家学说，一方面提倡“节俭”和“知足常乐”，认为“饭疏食饮水，曲肱而枕之，乐亦在其中矣”（《论语・述而》）。另一方面又要求“按等级固定消费”。

孔子就执著地贯彻“俭不违礼”的原则。有一次，他的学生子贡，想免去祭祀中用的羊，他就说“赐也，尔爱其羊，我爱其礼”（《论语・八佾》），认为羊不能免。孔子所说的“礼”，就是封建等级制度，他是在这个框架之内谈“俭”和“奢”。尽管他说：“礼与其奢也，宁俭”（《论语・八佾》）；“奢则不孙，俭则固。与其不孙也，宁固”（《论语・述而》）。但他把维护封建等级放在首位是坚定不移的。这就是说，消费应该和自己的等级、地位相适应。官越大、等级越高，消费就可以越多、越奢侈；而不能做官、等级低下的老百姓，就越应该节俭。

荀子详细地论证了这种思想。他把封建等级制度和满足人们“欲求”的“给养”联系起来，认为制定礼义就是要在“养人之欲、给人之求”时，“使有贫、富、贵、贱之等”。不允许越级消费，“衣服有制，宫室有度，人徒有数，丧祭械用，皆有等宜”（《荀子・王制》）。

这一思想从巩固封建等级出发，要求固定等级消费，其必然的后果是固定生产规模，市场当然也就很难发展了。

当然，在中国封建社会漫长的延续过程中，也提出过和“按等级固定消费”不同的思想。

写作于西汉初期（公元前190年左右）的《侈靡篇》，就提倡消费和奢侈。理由大致有两条：第一，上下消费，奢侈成风，钱就不会被藏起来，而是用来买吃买穿买东西。这样，就会刺激生产，大兴土木，使贫穷者充满就业机会而有饭吃了（“上侈而下靡……则群臣之财不私藏。然则贪动枳而得食矣”）。第二，要吃要喝是人的欲求，快快乐乐是人的愿望，充分满足这些欲求和愿望，就能调动积极性而加以使用（“饮食者也，侈乐者也，民之所愿也，足其所欲，赡其所愿，则能用之耳”）。基于这两个理由，《侈靡篇》的作者提倡：吃就吃味道最好的，玩就玩最乐的，鸡蛋画上彩图再煮，木柴雕刻花纹再烧（“尝至味而罢至乐，而雕卵然后瀹之，雕橑然后爨之”）。为使百姓就业，甚至主张厚葬：坟坑挖大挖深，使穷人有工作机会；墓碑做高做美，使雕工不会失业；棺椁巨大精细，使木工生意兴隆；殉葬衣衾特多，使女工不会停针止绣（“巨瘗培，所以使贫民也；美垄墓，所以使文萌也；巨棺椁，所以起木工也；多衣衾，所以起女工也”）。《侈靡篇》的可取之处，在于把提倡消费和发展生产、扩大就业联系起来，而不是毫无限制地宣扬极端奢侈的享乐主义，这可以从两个方面找到证据：一方面，它清醒地谈到贫民、木工、女工、雕工等等，字里行间为他们争取更多的就业机会，显然知道他们是没有条件奢侈的；另一方面，它明确指出最高层的统治者不能奢侈，不能没有限度地用钱，那样会使最高层的资金少于在它下层的士大夫之家的资金，从而危及政权（“上短下长，无度而用，则危本”）。《侈靡篇》根本不同于“按等级固定消费论”，是中国经济思想史中的一颗明珠。

然而，《侈靡篇》的观点，不仅没有成为封建社会的主导思想，而且知道它这种观点的人也很少。这颗明珠被埋没在错简、错句、错字甚多的古籍之中，以至“宿儒难解”，直到1954年才被著名历史学家郭沫若理清校正，认识到它的真正价值。[①]《侈靡篇》的命运，是封建时代的必然结果。

第四节　自由市场与资本主义精神

西方各国首先冲破封建主义的藩篱进入资本主义社会。随着封建社会的崩溃，它对市场的种种禁锢、限制和盲目干涉，也一同消失。市场自由了，市场经济走向成熟。

一、自由市场的特点

20世纪中期以前的资本主义自由市场，有如下特点：

（1）商品生产普遍化。

不仅为了维护封建等级而由官府自觉明文规定的“不鬻于市”被冲掉了，而且为了自身消费而自发进行的小生产也被自由市场的浪潮洗刷得一干二净。“每一个产品才一开始就是为卖而生产，而生产出来的一切财富都要经过流通。”[②]无论在什么地方，只要自由市场在发展，这个特征就变得越来越明显，变得越来越肯定无疑。

① 详见郭沫若：《〈侈靡篇〉的研究》，见《奴隶制时代》，2版，148～201页。

② 《马克思恩格斯全集》，中文1版，第23卷，644页。

（2）市场规模世界化。

马克思指出："资本主义时代是从十六世纪才开始的。"① 这个时代的序幕，不是某个国内市场拉开的，也不是某几个国内市场以各自独立运行的形式揭开的，而是"世界贸易和世界市场在十六世纪揭开了资本的近代生活史"②。15 世纪末和 16 世纪初所完成的各种地理大发现，即 1497 年葡萄牙人所发现的绕过好望角到达印度的航线，1492—1502 年哥伦布先后四次横渡大西洋到达美洲所发现的新大陆，1519—1522 年西班牙"维多利亚号"第一次完成环球航行所发现的新地区，造成了空前未有的贸易需求，使自由市场从它诞生之日起就具有世界性："这些工业所加工的，已经不是本地的原料，而是来自极其遥远的地区的原料；它们的产品不仅供本国消费，而且同时供世界各地消费。""物质的生产是如此，精神的生产也是如此。"③

（3）市场主体企业化。

与封建时代"市场主体官私二重化"不同，资本主义时代的市场主体是"企业"或"公司"。资本主义的企业或公司，绝大多数是私人的，而不是官府的；但它们得到政府的支持，政府是为它们说话的。资本主义国家，实际上就是私人企业主（或称资本家）的国家，政权是他们自己的。资本主义政府不仅允许各个公司自由进出市场，进行"自由"竞争，而且把政府的某些政治、军事权力也赋予公司。如 1602—1789 年间设立在马来群岛的荷兰东印度公司，就享有独占贸易、铸造货币、拥有武装和宣战、缔约等方面的大量特权。1600 年成立、1858 年撤销的英国东印度公司，不仅拥有垄断贸易权，还拥有军队和舰队。这就使得资本主义的公司，在市场中不仅有权自由竞争，而且有权自由掠夺！

（4）市场竞争野蛮化。

从 16 世纪到 20 世纪中期的资本主义市场，其竞争的野蛮性在各个方面都表现出来：

资本家不满足于榨取工人的剩余价值，而是把工资压低到劳动力的价值之下，把工作日延长到生理所能容忍的极限，置工人于粉尘、噪声、危险的环境中劳动，大量使用童工、女工而使成年男工经常面临失业的威胁。

西方资产阶级对殖民地、半殖民地的掠夺，更加野蛮残酷。马克思揭露道："美洲金银产地的发现，土著居民的被剿灭、被奴役和被埋葬于矿井，对东印度开始进行的征服和掠夺，非洲变成商业性地猎获黑人的场所：这一切标志着资本主义生产时代的曙光。……跟踵而来的是欧洲各国以地球为战场而进行的商业

---

① 《马克思恩格斯全集》，中文 1 版，第 23 卷，784 页。

② 同上书，167 页。

③ 《马克思恩格斯选集》，2 版，第 1 卷，276 页。

战争。”[①]

这种野蛮竞争的高潮，表现为20世纪上半期的两次世界大战。

（5）工业发展周期化。

自16世纪到20世纪中期，世界工业有了巨大的发展。其间，19世纪以来的工业发展，却是以波动起伏的周期形式实现的，是由“中等活跃、生产高度繁忙、危机和停滞这几个时期构成的”。

正如马克思所说：这种特征，“我们在人类过去的任何时代都是看不到的，即使在资本主义生产的幼年时期也不可能出现”[②]。因为它在危机时期的突出表现，不是产品短缺，而是产品过剩，是盈溢的生活资料堆积如山。这在以前是不可想象的。

但是这种生产过剩的危机，绝不是生产的扩张超过了人类的实际需求。这个时期的工人群众仍然十分缺乏生活资料。这种生产过剩的实质，是市场的扩张赶不上生产的扩张，是工人群众的购买力太低。赚钱，乃是资本家发展生产的绝对目的。企业主为了在竞争中赚大钱，拼命扩大生产规模，不断改进机器，并在特定的条件下使生产跳跃式膨胀；同时，却尽可能压低工人的工资以降低成本，提高产品竞争力。在资本主义条件下，“工资按其本性来说，要求工人不断地提供一定数量的无酬劳动”[③]。这样，企业主自己就破坏了自己产品的市场。经济危机成了资本主义的常客，自1825年第一次普遍危机爆发以来，差不多每隔十年左右就来一次。

二、资本主义精神

资本主义的自由市场，是在和资本主义精神相互适应的关系中发展起来的。

什么是资本主义精神呢？德国社会学家马克斯·韦伯提出并研究过这个问题。他认为：“资本主义精神”是一个历史概念，就其内容而言，它指的是具有独一无二的个性的现象，“所以它不能按照‘属加种差’的公式来定义，而必须逐步逐步地把那些从历史实在中抽取出来的个别部分构成为整体，从而组成这个概念”[④]。

哪些具体观念组成了“资本主义精神”这个和资本主义市场经济相适应的概念呢？或者，资本主义精神作为一个系统，作为一个整体，是由哪些和过去不同的具体精神构成的呢？至少有以下四种精神，是在资本主义反对封建主义的过程中孕育出来的，从而是和过去不同的独一无二的精神或观念：

---

① 《马克思恩格斯全集》，中文1版，第23卷，819页。

② 同上书，694页。

③ 同上书，679页。

④ ［德］马克斯·韦伯：《新教伦理与资本主义精神》，32页。

（1）反对迷信、追求知识的启蒙精神。

封建社会，迷信盛行。资产阶级的代表人物，从理论和实践两个方面，发起了反对迷信、追求知识的启蒙运动。英国哲学家培根，响亮地提出“知识就是力量”的口号，是这个启蒙运动的理论象征；美国思想家富兰克林，勇敢地进行“从天上捕捉雷电”的试验，是这个启蒙运动的实践象征。

正是用这种“双管齐下”追求知识的精神，揭开了自然界的许多奥秘，掌握了自然界发展的许多规律。在资本主义时代，自然科学技术迅速发展起来了，并逐步发展成为第一生产力。日益迅速发展的科学技术，为企业的生产活动，开拓了史无前例的巨大空间。过去闻所未闻的物质产品，以一代更比一代新的形式，源源不断地涌现。那些属于人类基本需求的物质产品，能够用相当于过去几十、几百倍的效率生产出来；市场从卖方市场变成了买方市场。

（2）反对神性、追求人性的人文精神。

封建迷信总是和拜神信邪融为一体，总是把人贬低为神的仆役。反对迷信、追求知识，必然要同时反对神性、追求人性，发扬人文精神。

新兴资产阶级思想家主张的人道主义，其最初的形式就是人文主义。它冲破了中世纪教会统治下以神为中心的思想束缚，提出了以人为中心的思想，认为人是自然的一部分，支配自然、追求快乐是人的天然权利和社会发展动因，要求重视“人性”，包括重视人的世俗生活和世俗享受。上升时期的资产阶级，正是根据这种理论，批判了封建教会的禁欲主义，肯定了人拥有享受人间一切快乐的权利；从而使征服自然、寻求人生快乐，进行自由创造、争取个性解放以及建立公正的社会制度等，成为人类理直气壮的事业。

发扬人文精神，就是要求人类通过学习和掌握知识，使自己的才能得到充分的发展和提高，进而开展更大规模的征服自然、改造自然的生产活动，向自然界索取更多的物质产品，使人类的物质生活更加丰富。而这正是企业的主要任务。

（3）反对等级束缚、追求平等自由的解放精神。

人不仅应该从“神”的束缚下解放出来，也应该从人自身规定的各种封建等级的束缚中解放出来，这就是资本主义社会提倡的追求平等自由的解放精神。

以资产阶级的形式出现的自由、平等观念，在 18 世纪启蒙思想家卢梭等人的著作中，得到了充分的阐述。他们宣称：自由和平等是天赋不可剥夺的权利。1776 年发布的美国《独立宣言》说：一切人生来都是平等的，均享有不可侵犯的天赋人权——生存、自由、追求幸福。1789 年法国大革命时期通过的《人权宣言》宣告：“在权利方面，人们生来是而且始终是自由平等的。”这种观念的广泛传播，如同马克思所说，使得“人类平等概念已经成为国民的牢固的成见”①。

① 《马克思恩格斯全集》，中文 1 版，第 23 卷，75 页。

实质上，资产阶级的自由、平等观念，是要求打破封建专制的束缚，实现自由贸易，自由通行，让资本家有发展资本主义的自由，工人有出卖劳动力的自由；所谓平等，是在资产阶级法律面前人人平等，是厂主和工人作为缔约双方的权利平等，是所有人的劳动作为体力和智力的支出的平等，是商品的等价交换，是买卖双方的平等。

显然，资产阶级的自由平等观念的实现，绝没有也绝不可能消灭一切不自由、不平等的现象，但却的的确确促进了市场的进一步发展。

（4）反对“放纵本能享乐”、追求“利润就是人生目的”的实业精神。资本主义人文精神，是重视人的世俗生活和世俗享受的，对封建教会的禁欲主义持批判态度。但是，资本主义实业精神又主张“严格避免任凭本能冲动享受生活”，提倡节俭、精打细算、量入为出。资本主义的人文精神和实业精神，从两者各自强调的趋势来看，确实是相互对立的；但这两者在发展资本主义的过程中，都起重要作用，都是必不可少的，并且在整个资本主义精神中相互统一起来了。

如果不重视人的世俗生活和世俗享受，像封建教会所主张那样认为世俗享受是“虚空”甚至是“罪孽”，那么资本主义生产力如此空前迅速地发展，就既没有道理，也没有必要，更没有精神动力。但如果提倡“任凭本能冲动享受生活”，则发展生产力所需要的人才将无法成长、资金将无法积累、机器设备将无法不断更新、资源将大量浪费并消耗殆尽。一个合理的设想，是强调“数量适度的享受”来解决矛盾。美国早期思想家本杰明·富兰克林提倡“食不过饱、饮酒不醉”以及“切戒房事过度”，就体现了“数量适度的享受”。

不过，资本主义精神的一个最显著的特点，是通过提倡“赚钱至上（即利润观念）”的人生观来解决这个矛盾的。

资本主义精神中的“利润观念”，不仅仅是相对于“成本”、“产量”来说的经济范畴，而且主要还是作为人生最终目的的伦理道德范畴。这种观念，在富兰克林的著作中，特别在他写于1748年的《给一个年轻商人的忠告》、写于1736年的《给愿意发财致富的人们的一些必要的提示》中，作了充分的阐述。

富兰克林认为，任何一个有信誉、讲诚实的人的理想，应该去获取极高的利润，赚很多很多的钱。他热情洋溢地给那些愿意发财致富的人制定了不少规范，认为照着这些规范去做，就一定能赚到很多很多的钱。应该指出，不要以为富兰克林只是在传授发财致富的聪明方法，正如马克斯·韦伯所说的那样：“富兰克林所宣扬的，不单是发迹的方法，他宣扬的是一种奇特的伦理。违犯其规范被认为是忘记责任，而不是愚蠢的表现。这就是它的实质。”①

这是一种什么样的奇特伦理呢？

① ［德］马克斯·韦伯：《新教伦理与资本主义精神》，36页。

按照富兰克林所阐述的观念，尽管一个人要尽可能去多赚钱，赚大钱，但这既不是为了自己能尽情地享受物质生活，也不是为了将来某一天把钱捐献出去让别人过上好日子。那是为了什么呢？什么也不为！赚钱本身就是目的。这种观念之所以奇特，就在于它“认为个人有增加自己的资本的责任，而增加资本本身就是目的”[①]。在富兰克林看来，伦理道德学说中的所谓“至善”并不是什么别的东西，而只是一方面既要“尽可能地多挣钱”，另一方面又要“严格避免任凭本能冲动享受生活”[②]。简言之，“至善”就是，“多挣钱”和“少享受”的结合。

这种把获取利润作为最终目的的人生观和价值观，正如韦伯所指出的那样，是资本主义的一条首要原则。

为了贯彻执行这条首要原则，即为了实现“赚取最多的钱”这个人生的目的，资本主义思想家们大力提倡一系列价值观念，包括行善、投资、负债、诚实、守信、谨慎、节俭、勤奋、惜时、敬业、视劳动为天职的观念。这条首要原则和这一系列的观念，就构成了资本主义特有的实业精神。关于这些观念的内涵，详见本书第三章第三节第二目，这里不赘述。

正是这种“追求最大利润的人生观”和实业精神，成了资本主义市场经济发展的精神动力。既是资本主义对人类生产力发展作贡献的精神动力，也是它作恶的精神动力。

例如，它是市场规模世界化的动力。资本寻找一切可能的空隙，采取殖民制度的方式实现市场规模世界化，绝不是偶然的。正如马克思尖锐指出的那样：殖民制度宣布，赚钱是人类最终的和惟一的目的，这是最适合资本本性的方式。

把获取利润作为最终目的的人生观和价值观，也是资本主义市场竞争野蛮化的根源。早在19世纪60年代，就有人对此作了准确的揭露：“资本害怕没有利润或利润太少，就像自然界害怕真空一样。一旦有适当的利润，资本就胆大起来。如果有10%的利润，它就保证到处被使用；有20%的利润，它就活跃起来；有50%的利润，它就铤而走险；为了100%的利润，它就敢践踏一切人间法律；有300%的利润，它就敢犯任何罪行，甚至冒绞首的危险。如果动乱和纷争能带来利润，它就会鼓励动乱和纷争。走私和贩卖奴隶就是证明。”[③]

“获取利润乃是人生最终目的”这条资本主义的首要原则，实际上也是资本主义工业发展周期化的思想根源。当危机发生时，堆积如山的生活资料之所以卖不出去，不是因为广大人民群众不需要这些生活资料，而是因为他们缺乏对这些生活资料的购买力，是因为资本家早就以获取利润（剩余价值）的方式将这部分“购买力”占有了。

---

① ［德］马克斯·韦伯：《新教伦理与资本主义精神》，36页。

② 同上书，35页。

③ 转引自《马克思恩格斯全集》，中文1版，第23卷，829页。

第五节　资源配置市场与现代精神

现代市场承担着“为优化资源配置服务”的任务，故称之为“资源配置市场”。现代市场与现代精神是相互适应的。

一、资源配置市场的特点

资源配置市场，是市场发展的高级阶段。它的特点，既是市场本身历史发展的必然结果，也是现代精神发挥能动作用的具体表现。其特点如下：

(1) 在经济生活中发挥作用的定位大大提高。

原始边界市场在经济生活中的作用，仅仅定位于为剩余物找出路。

低级常设市场在经济生活中的作用，仅仅定位于辅助社会大分工。在奴隶社会中，士（兵）、农、牧、工（手工）、商之类的分工，主要取决于自然条件和政治强制，市场的作用仅表现在：为极少部分劳动力（奴隶）和产品的买卖提供方便。战争或争取帝王恩赐的成败，是奴隶主获得或丧失奴隶的主渠道，由市场买卖决定的奴隶人数很少。没有市场，社会生产照常进行，社会分工仍能维持。

封建社会中的盲目官控市场，其在经济生活中的作用，也仅仅定位于作为自给自足的自然经济的补充，绝大部分产品并不进入市场。没有市场，也许会对经济生活的某些方面带来不便，但简单再生产仍能进行，经济生活仍可以维持。

资本主义社会中的自由市场，其在经济生活中的作用，是定位于实现利润。利润既是资本主义生产的目的，也是资本家的人生目的。这种利润，必须通过自由市场的价格机制和竞争机制来实现。资本主义是一个商品王国，一切产品都必须通过市场销售这个环节，如果没有市场，相应的生产就会停止，人类的正常经济生活也无法维持。正是在这个意义上，可以断定资本主义社会不但有“市场”，而且有“市场经济”。不仅如此，在资本主义的自由市场上，一切企业主都力求以尽可能高的价格来销售他的产品，以便赚取尽可能多的利润；只是由于相互自由竞争，才迫使价格下降。当某种产品的价格降到一定程度，从而使利润降到平均水平以下，企业主便会抽回他的资本，转而投入其他能赚取更多利润的生产；相应地，各种资源也就重新作一次配置。正是在这个意义上，可以认为自由市场具有资源配置的功能。但是，第一，这种资源配置的功能，并不是人们对市场本身进行“定位”的结果，而是追求利润的盲目后果。正如亚当·斯密所说：每人都在力图应用他的资本，来使其产品能得到最大的价值。他所追求的仅仅是他个人的安乐，仅仅是他个人的利益。在这样做时，有一只看不见的手引导他去促进

一种目标，而这种目标绝不是他所追求的东西。可见，自由市场在资源配置方面具有盲目性。第二，这样实现的资源配置，并不是“优化”的配置，更不是“最优”配置；相反，资本主义一次次经济危机的爆发，证明这种自发式的配置有许多弊端。可见，自由市场在资源配置方面具有局限性。正是由于自由市场的这种盲目性和局限性，大大限制了它在经济生活中发挥有利于人类的正面作用，使它没有资格称为“资源配置市场”。

现代市场在经济生活中的作用，被定位于“为优化资源配置服务”，而不是“为实现利润服务”；同时，也不取消它“实现利润”的作用。显然，这种定位大大高于以往一切市场。它真能起那么大的作用吗？这就涉及它的第二个特点。

（2）自觉性与自发性相结合。

从总体上看，从宏观上看，从全社会看，自由市场完全是自发的；但从个体去看，从微观上看，从每个企业去看，自由市场又完全是自觉的。在这里，自觉性与自发性是完全分离的。

现代市场则不然，它在总体、宏观、全社会这个层次上，注入了自觉性，但是又不完全避免自发性，从而实现了自觉性与自发性相结合。这种情况的出现，是因为现代市场和自由市场相比，在四个方面有了很大的变化：第一，现代市场所依托的社会背景中，不仅有剥削阶级专政的国家，而且有无产阶级专政的社会主义国家。社会主义国家总结自身的建设经验，一方面发挥市场在资源配置中的基础作用，另一方面又坚持对经济作宏观控制，向自发的市场注入了自觉性。第二，作为市场主体的企业，不仅有资本主义性质的企业，而且有社会主义性质的企业。社会主义企业的本质特点，就在于它的经营成果属于全社会，属于全体人民，这使它必然具有“全社会一盘棋”、“全国一盘棋”的思想，必然是在服从国家宏观调控的前提下去获取本企业的利润。第三，资本主义世界经济危机的教训，使当今世界各资本主义国家无一例外都实行宏观经济调控，以求克服自由市场的局限性。第四，自第二次世界大战结束以来，有不少优秀的资本主义企业家，提出了“企业应该把社会效益放在首位”的见解，认为“利润是企业为社会服务后所得到的报酬”。这就在一定程度上修正了那种“把获利作为人生最终目的”的传统资本主义精神。

正是由于上述变化，使现代市场走上了自觉性与自发性相结合的道路，并在一定程度上保证了它能在经济生活中发挥“为优化资源配置服务”的作用。

（3）流通手段向无形化方向发展。

市场的发展，总是伴随着流通手段的发展。作为现代科技革命成果的电子计算机转账系统与信用卡，正在被广泛地应用于现代市场流通。为了实现商品交换，不仅不必携带笨重的金属铸币，也不必携带并不太笨重的纸币，只要携带一张小小的电子信用卡就行了。这就为大量交易和频繁交换创造了极为有利的条件，不仅方便了顾客，更主要的是加速了资金周转，节约了大量流通费用。这一发展被称为“金融革命”。

二、现代精神中几个有关的基本观念

现代市场要发挥“优化资源配置”的基础作用，就必然要求企业抛弃某些陈旧的观念，这既包括在资本主义自由市场条件下形成的陈腐观念，也包括在社会主义传统计划经济体制下形成的僵化观念。与此同时，必然要求企业树立某些崭新的观念，培育和现代市场相适应的现代精神。这种崭新的观念，主要有：

(1) 社会效益观念。

企业的生产经营活动，不但要讲社会效益，而且要把社会效益放在第一位。

(2) 珍惜资源观念。

企业的生产经营活动，要珍惜资源。地球只有一个，物质、能源、人力资源有限。应该用尽可能少的物质、能源、人力，生产出尽可能多的产品。这不仅是降低成本、增加利润的需要，更是避免地球资源过早枯竭的需要。成本极高的企业，生产无人购买产品的企业，不只是经济效益差，而是犯了“浪费地球资源罪”。

(3) 生态效益观念。

企业的生产经营活动，要尽可能使自然生态和社会生态优化，如果达不到优化，至少也不要使之恶化。一个企业，如果以牺牲生态为代价，在市场竞争中取得了胜利，那就是“吃祖宗的饭，断子孙的路”，是和要发挥“优化资源配置”基础作用的市场要求背道而驰的。没有良好的生态，便没有持续的增长，这是当代一切企业必须牢记的座右铭。

(4) 人本观念。

企业的生产经营活动，应该以“人”为根本，依靠人，关心人，为了人。人的自由而全面的发展，是企业一切活动的最终目的。

树立以上观念，既是塑造当今时代精神的重要内容，也是现代市场对企业提出的挑战性要求。企业对此作出积极应战，就是席卷全球的企业文化潮流。

第九章

企业管理科学的逻辑发展

企业文化是一种“管理实践”和“管理思潮”，它在国际上的兴起，是现代企业管理科学逻辑发展的必然结果。本章探讨国际企业文化兴起的学科发展方面的原因。

第一节　决定企业管理面貌的基本因素

企业管理中的一个基本事实，就是在不同的年代、不同的国家、不同的企业，具有各不相同的管理观念和管理风格。管理面貌上的差别，是由许多情况造成的，但基本上是由四种因素决定的。

一、历史传统

现代企业是经过长期演化而形成的生产经营组织，它是一种和老式店铺或手工作坊完全不同的“组织”。任何一个组织，其功能的发挥都有赖于管理。一个组织如果没有管理，就会成为乌合之众，企业也不例外。管理是使企业有效率、有凝聚力、有生命力的手段和内在机制。但是，现代企业远不是人类历史上第一种重要组织，因此首次系统地应用管理理论和管理原则的并不是企业，而是其他比企业出现得更早的组织。显然，其他更古老的组织中形成的管理思想和管理原则，会或多或少地、这样或那样地影响到企业管理。历史传统是决定企业管理面貌的基本因素之一。

在西方，首先出现的重要组织是政府、教会和军事机构。西方最早的关于领导、指挥、协调、控制和职能专业化等概念，都是在这些组织形成过程中产生的。其中，受罗马帝国和天主教会的影响最大。罗马帝国是在公元前 30 年建立起来的，以后的最初两个世纪，在它国境之内形成了基督教。后来，整个基督教逐渐分化为东西两派：东派以希腊语地区为主，自称“正教”，即东正教；西派以拉丁语地区为主，自称“公教”，即天主教。天主教会在西方的地位非常特殊，它是西方文化和所谓“人与上帝的关系”的主要管理者，它垄断了人们的全部精神生活，要求人们对它效忠。它最初只是吸收信徒，但它后来管的事情越来越多，如管理财产、指挥军队，行使非教会的一切权力。它的所有这些做法，在很长时期内都被人们接受，并被认为是正当的。因此，自西罗马帝国于公元 476 年灭亡之后，直到公元 14 世纪，天主教会一直是欧洲社会中惟一占主宰地位的组织。但是，在公元 15 世纪和 16 世纪，由于教会的活动远远超出了它力所能及的范围，以及由于内部的贪污和外部的挑战，教会的威信大大下降了。

经过一段混乱局面之后，一些民族国家相继兴起，其政府取代了教会在物质和军事方面的职能，但是精神生活方面的职能仍然由教会把持着。西方社会历史演变中所形成的国家和教会，是两个各自具有“独立”势力范围的“独立”机构：教会是人的信仰和精神生活的监护人，而政府机构并不过问人的精神生活，它只是和后来出现的商业机构一道，起着提供人类物质生活需要的作用。这种组织二元化的历史传统，对西方管理思想产生了极其巨大的影响。由于教会垄断了人们的精神生活，管理就被看作与思想信仰无关的活动。意大利的马基雅维利，在 16 世纪首先提出了管理不属于道德范围的理论，认为管理是道德准则以外的一个职能。

机器时代的到来，加剧了西方将精神生活和物质生活分割开来的思想观念。如果说，过去的分割还只是从管理者的角度去分割，是教会管精神生活而国家管物质生活，但物质生活和精神生活在被管理者身上还是统一的；那么现在的分割则直接在被管理者身上进行，因为工业技术发明降低了人的手工艺术的重要性，人越来越只被当作劳动力来使用，从而逐渐形成将人作为社会精神存在物和作为生产者分割开来的观点，即认为人的精神和社会生活只应该存在于工作场所之外。这种概念在西方思想中一直持续到现在，这也是西方企业管理中仍然存在问题的根源之一。

对比之下，处在东方的日本具有完全不同的历史传统。日本和中国一样，从来没有出现过能够将人们全部精神生活垄断起来的宗教组织。对人们精神面貌影响最大的儒家思想，同时也是封建王朝的官方思想，没有把人们的物质生活和精神生活分割开来分别管理的不同“组织”。因此，日本的企业管理从一开始就包括了伦理道德问题。日本最早的实业家是涩泽荣一（1840—1931）。他于1873年辞去在大藏省中很有前途的官职，而去担任日本第一国立银行的总经理，同年创建王子造纸公司，十年后建立大阪纺织公司，确立了他在实业界的霸主地位。以后，他的资本渗入铁路、轮船、印刷、钢铁、炼油、电气等各个重要经济部门。当他从政府部门转向经营企业时，认为企业很新颖并且有挑战性，试图引入儒家理论使之驯化。第二次世界大战后发展起来的大企业，在很大程度上是按他的设想建立的。

日本的现代企业，可以说是在农村建立起来的，因为日本不像欧洲，缺乏长期的和渐进的城市化过程作基础，各种公司是突然涌现的。为了便于招募工人，公司不得不在农村附近建厂。农村人口分布得稀稀落落，各企业得派人去农村动员家长们允许子女到几十里路以外的工厂去工作。在这种历史条件下，日本的企业管理对人有较全面的关心，而不把职工的物质生活和精神生活分割开来，这似乎是一件自然而然的事。

二、基础科学的发展水平

企业管理既是一种“实践”，又是一门科学。企业管理具有综合性。企业的生产活动，必须处理好人和自然的关系；企业的购销活动，必须处理好本单位和外部社会组织的关系；企业的内外服务活动，必须处理好人与人之间的关系，等等。企业的各种活动，企业必须处理好的各种关系，彼此交织缠绕，极其复杂，可以说企业就是一个“小社会”，一个“小自然界”，一个“小思维天地”，正是这种情况决定了企业管理的综合性。企业管理作为一门学科，在整个科学技术系统的全局中归属于应用学科，是各种基础性理论在企业领域的实际应用，这就是企业管理的应用性。

正是企业管理的综合性和应用性，使得企业管理的面貌必然要受到基础科学发展水平的制约。一方面，自然科学、社会科学、思维科学以及其他任何一门基础科学的最新研究成果，都可以应用到企业管理中来；另一方面，任何一门基础科学在企业管理中的应用，都不可能长期畸轻畸重，必须和其他各门基础科学在企业管理中的应用求得平衡。基础研究在不断深入，科学在不断地发展，从而不断有某门学科的最新成果被“引进”到企业管理中来，然后又有其他学科的研究成果来与之“平衡”。这样，基础科学对企业管理的影响和作用，就以现代企业管理科学的“引进——平衡——再引进——再平衡”的逻辑发展轨迹表现出来。

三、社会环境

企业总是生存于一定的社会环境之中。社会环境对企业管理面貌的决定性影响，表现为两个不同的方面。

第一，是社会的需要及其变化，决定企业管理必须采取适应性措施。这是社会环境带动企业向前发展的方向。满足社会的某种需要，是一个企业得以存在的根本条件。因此，社会发展了，顾客的要求变化了，人们的新观念形成了，政府的新政策实施了，企业管理就必须跟着进行适应性调整或改革，打破原有的理解问题的框框，废除过时的行为准则，改变企业的价值观，等等；否则，企业就毫无发展前途。这是不难理解的。

第二，是社会环境中的某些现状，会阻碍企业去更好地满足社会需要，这种情况，决定着企业管理必须采取针对性措施。这是企业逆着社会现状前进的方向。例如，在20世纪初的普鲁士，一个城市一般只有数千居民，一个家庭的许多成员往往在同一个企业工作，亲戚朋友关系把职工们紧紧联结在一起，以至难以客观地看待任何问题，裙带关系和偏袒亲人之风成了企业效率低下的主要根源，甚至“理智的”、不受人情影响的决策也很罕见。这种现状，决定了马克斯·韦伯的组织理论的主要观点是：最理想的组织形式，是把各个人彼此分开，迫使他们在技术上专业化，并接受正式的指挥与评价，以保证客观态度的确立。相反，今天企业所处的社会环境，是巨大的人口众多的城市，人们之间既不熟悉也不相互关心，正是这种情况，决定了企业要采取促进人们紧密联系的措施。

四、管理者的能动作用

一个企业的管理面貌，虽然取决于多种因素，但最主要的还是取决于管理者自身的能动作用。历史传统、基础科学和社会环境对管理的作用，都要通过管理者才能表现出来。管理者决定着对历史传统是继承发扬还是否定抛弃，对基础科学是“引进”还是“排斥”，对社会环境是适应还是改造。历史传统中固然有精华与糟粕之分，社会环境固然有好坏之别，基础科学也有成熟的部分和不成熟部分、适用部分和不适用部分的差异，但这一切要靠管理者去细心鉴别。况且，对于企业管理者来说，可以创造条件化腐朽为神奇，化不利为有利，化不适用为适用。被一般人视作封建糟粕的儒家思想，在日本转化成为现代化企业的凝聚剂；日本第二次世界大战后被占领的不利条件，转化成了可以一门心思搞经济振兴的有利条件。正是从这个意义上来说，可以把历史传统、基础科学、社会环境等看成客观上“中性”的东西，它们对企业的发展究竟起“正”作用还是起“负”作用，取决于企业管理者的能动作用。

以上四个因素，也是管理科学分阶段发展的基本依据。从历史上看，管理科学的发展可划分为如下几个阶段：古典管理理论阶段、行为科学管理理论阶段、管理丛林阶段、企业文化阶段。

第二节　古典管理理论阶段

现代企业管理科学发展的第一阶段（1900—1930）[①]，是所谓“古典管理理论”阶段。这个理论主要包括三大部分：一是美国的弗雷德里克·温斯劳·泰罗（Frederick Winslow Taylor，1856—1915）创立的“科学管理理论”，二是德国的马克斯·韦伯创立的“行政组织理论”，三是法国的亨利·法约尔（Henri Fayol，1841—1925）创立的“管理要素或管理职能理论”。

一、科学管理理论

科学管理的代表作，是1911年出版的泰罗写的《科学管理原理》。其主要内容，有以下七个方面：

（1）最佳动作原理。即按照自然科学原理，研究作业顺序，使各部分工作有序地衔接；分析人在劳动中的机械动作，省去多余的笨拙的动作，制定出所谓标准的操作方法，确定完成某一工序的最大速率。

（2）合理的日工作量或恰当的工作定额原理。即选择熟练的工人，对他们完成每道工序所需要的时间进行测量，再考虑到必要的休息时间和其他延误时间，据此规定出一个工人一天所必须完成的工作量。

（3）第一流工人制。即根据不同的体质和禀赋来挑选和培训工人，如身强力壮的就应该分配他干重活，而不应分配去干精细的活。这样挑选和培训出来的工人，就都是第一流的。

（4）刺激性付酬制度。即根据工人是否完成工作定额而采取“差别计件工资制”，超额完成生产任务的，单件的工资额就越高，收入就越多。

（5）职能管理原理或职能工长制。就是将管理工作细致地予以分割，每个管理者只承担一两种管理职能。这样，管理者的职责比较单一明确，培养管理者所花的时间和费用都比较少。但是这样一来，一个工人也就要从几个职能不同的上级那里接受命令了。

（6）例外原理。即企业的高级管理人员，应该把一般的日常事务授权给下级管理人员去处理，而自己只保留对例外事项（重要事项）的决策和监督权。

（7）“精神革命论”。这是对工人进行思想压制的理论。在泰罗进行试验的工

① 各个阶段时间的划分，并不十分严格。这里和后面给出的起止年份，只能理解为相应理论的鼎盛时期，并不意味着在此之前或以后相应理论就不存在或不起任何作用。

厂里，不许四个以上的工人在一起工作。他认为，当工人结帮成伙的时候，会把许多时间用在对雇主的批评、怀疑，甚至公开斗争上面，从而降低效率。如果把工人隔开，工人就会专心致志地按照规范操作，提高工效，并从而提高工资收入。泰罗认为，工人的工资一旦提高，“精神革命”也就会随着发生，即工人和雇主“双方都不把盈余的分配看成是头等大事，而把注意力转到增加盈余量上来，直到盈余大到这样的程度，以至不必为如何分配而争吵”。当然，泰罗所说的“精神革命”并没有实现。

二、行政组织理论

行政组织理论的代表作，是韦伯的《社会组织与经济组织理论》。韦伯认为，理想的行政组织体系是所谓“官僚制”（Bureaucratic，又译作“科层制”，为的是避免对它作贬义性理解）。

韦伯在这方面的主张，可以简略地概括为“六论”：

（1）划分论。为了实现一个组织的目标，要把组织中的全部活动划分为各种基本的作业，作为公务分配给组织中的各个成员。

（2）等级论。各种公职和职位是按照职权的等级原则组织起来的，每一职位有明文规定的权利和义务，形成一个指挥系统或层次体系。

（3）考训论。组织中人员的任用，完全根据职务上的要求，通过正式考试或教育训练来进行。

（4）专职论。管理人员有固定的薪金和明文规定的升迁制度，是一种“职业的”管理人员。

（5）无情论。管理人员必须严格遵守组织中规定的规则和纪律，使之不受任何人的感情因素的影响，保证在一切情况下都贯彻执行；他们全没有个人目标，没有仇视、偏爱、怜悯、同情。

（6）理性论。组织中的各级官员，必须完全以理性为指导，尽管这种理性带有机械性。这种理想行政组织体系的主要特征，是管理的非人格化，依靠单纯的责任感和无个性的工作原则，客观合理地处理各项事务。韦伯认为，这种理想的行政组织体系能提高工作效率，在精确性、稳定性、纪律性和可靠性方面优于其他组织体系。但韦伯同时也认为，由于这种管理体制排斥感情的作用，导致了整个社会感情的匮乏，扼杀了个人的积极性和创造性。在韦伯看来，在现代社会中，有教养的文明的“完整人”减少了，而只知忠于职守和懂专业知识的“畸形人”增加了，这种由官僚制的刻板条例造就的人，目光短浅，安于现状，缺少英雄主义和批判精神，没有发明创造，是“机械行事的小生物”。尽管如此，韦伯仍然十分醉心于按这种行政组织体系进行企业管理，嘲笑那种靠个人非凡魅力来管理的领导，因为他认为只有以规章制度作动力，抛弃一切人事关系的感情色

彩，公事公办，企业才有可能生存下去，这是惟一的生路。

三、管理要素或管理职能理论

管理要素或管理职能理论的代表作，是法约尔 1916 年发表的《工业管理和一般管理》。法约尔的管理理论以大企业的整体为研究对象，但他认为他的理论不仅适用于企业，也适用于军政机关和宗教组织等。法约尔提出了经营六职能、管理五因素和十四条原则的学说。

具体地说，他认为管理不同于经营，只是经营的六种职能活动之一。这六种职能活动是：技术活动、商业活动、财务活动、安全活动、会计活动和管理活动。它们是企业组织中各级人员都多少不同地要进行的，只不过是由于职务高低和企业大小的不同而各有侧重。

法约尔所说的管理五因素，就是计划、组织、指挥、协调、控制。后来，在 1937 年，美国人古利克（Luther Guliek）把它发展成为管理七因素论，即增加了人事和预算这两个因素。

法约尔认为：要管理，就需要依据一定的原则，即依据一些被接受、被论证过的道理。原则是灯塔，它能使人们辨明方向，能为那些知道通往自己目的地道路的人所利用。法约尔提出了 14 条管理原则，它们是：(1) 分工原则。(2) 权限与责任原则。法约尔认为，担任指挥工作的领导，应深入了解自己的职工，深入了解企业与职工之间的协定，在职工面前起维护企业利益的作用，在厂主面前起维护职工利益的作用；领导不能包办一切，应该把所有不一定非要自己做的工作交给部下和参谋部去做，并进行定期检查；一个出色的领导人应该具有承担责任的勇气，有时候为了部下的利益要敢于牺牲自己的面子。(3) 纪律原则。法约尔认为，没有纪律，任何一个企业都不能兴旺繁荣，高层领导和普通员工都必须受纪律的约束。(4) 指挥或命令统一原则。一个下属人员只应接受一个领导人的命令；双重指挥会引起混乱，应该通过划清各部门的界限和合理分配职权来避免这种混乱。(5) 尊重等级和横搭跳板的信息传递原则。一般说来，信息传递应尊重等级路线，使情报自上而下或自下而上经过等级制度中的每一级而传送，这对统一指挥、统一思想是必要的，但是为了行动迅速，各部门也应该横向沟通，建立及时交换信息的“天桥”或“跳板”，以保证那些时间紧迫的事情能够做成。(6) 个别利益服从整体利益的原则。(7) 报酬原则。法约尔认为，报酬是服务的价格，应该合理，并尽量使雇主和雇员都满意。支付报酬的方式也很重要，它对企业的发展有重大影响，因此不能仅仅只有工资一种方式，各种奖金（如考勤奖、积极奖、机器正常运转奖、卫生奖等），实物津贴，福利设施，荣誉满足，以及任何一种能鼓舞各级人员热情的报酬方式，都应受到领导的注意。(8) 集权原则。(9) 等级系列原则。(10) 秩序原则。即应该使每个人都有一个位置，每个人都在指定给他的位置上，如英国格言所说“合适的人在合适的位置上”。(11) 公平原则。法约尔认为，下属人员总是希望公平、平等的，而公平是由善意与公道产生的，因此领导者要保持善意，主持公道，努力使公平感深入各级人员。(12) 保持人员稳定原则。首先要保持企业领导人员的稳定，因为适应一个领导岗位并做好工作需要时间，频繁调人会带来可怕的后果。其次也要尽可能保持企业全体人员的稳定。(13) 首创精神原则。(14) 集体精神原则。

法约尔还特别强调管理教育的重要性，主张普及管理教育，认为可以通过教育使人们学会进行管理并提高管理水平。他还说：没有理论就不可能有教育，重要的是尽快建立一种管理理论，把经验资料系统化，并且建立一个大家都能理解的学说。

四、古典管理理论的基本特征

古典管理理论有四个明显的基本特征：

第一，它是世界历史上首创的管理理论。在此之前，虽然有管理方面的实践，也零星地提出过一些颇有见地的管理思想，但是，只是到了这个阶段，才给管理学下定义，并把它当作一门科学来发展，系统地提出了许多原理、原则，奠定了管理学的基本理论框架。

第二，它在很大的程度上，是以国家和军队这类古老的组织，作为理论概括的实际基础。尽管在其中也总结了企业管理方面的经验，但企业出现的时间毕竟不长，与其说企业是古典管理理论之源，倒不如说是将来用武之地。古典管理理论的缔造者们，是以国家官僚机构和严密军事组织为榜样来要求企业的，希望把企业组织得像军队，下一个命令就能步伐整齐地向前进。

第三，古典管理理论排斥（或者至少是不重视）人的感情，认为感情妨碍人们客观地处理问题。这是由于当时裙带之风盛行，只有采取非人情味的理性管理措施，才能保证较高的工作效率。

第四，古典管理理论和近代机械力学的联系特别紧密。这个阶段上的主要工作之一，就是把以牛顿机械力学为代表的近代自然科学成果，“引入”企业管理，力求把管理科学建设得如同机械力学那样精确，至少也得把它变成一门接近精密科学的学问。正因为这样，两者的紧密关系几乎处处可见，主要表现在以下三个方面：

(1) 从内容上看，科学管理理论中的最佳动作原理、工作定额原理，都是力学研究成果的具体应用。工人生产，当然不能违背力学定律。但是泰罗不考虑人的特点，把工人如同机器一样来对待，机械论色彩很浓，把力学变成了压迫工人的手段。正是由于这点，列宁把泰罗制称为“榨取工人血汗的‘科学’制度”，“是资产阶级剥削的最巧妙的残酷手段”。

(2) 从方法上看，古典管理理论到处贯彻“分割”的原则。管理工作被分割成不同的职能，由不同的管理者来承担；统一的组织被分割成不同的职位，由不同的成员各司其职；同一个工厂的工人，被人为地孤立开来。这种方法论原则，明显地打上了关于机械可以“拆开、再拼装”的机械论思想的烙印。虽然古典管理理论关于管理因素的陈述中有“协调”，关于组织原则中也有协调原则（英国人厄威克发展了法约尔的管理十四条原则，在《组织的科学原则》一书中提出了适用于一切组织的八项原则，即目标原则、相符原则、职责原则、组织阶层原则、控制广度原则、专业化原则、协调原则、明确性原则），但强调不够，而且往往把机械地各司其职就看成是协调了。这种机械论思想，和后来人们的认识是背道而驰的。

（3）从事物发展动力的观点来看，机械力学认为，只要给机器施力，机器就会运转，“力”能左右机器；类似地，古典管理理论认为，只要给予经济鼓励，或者只要有了规章制度和严厉的纪律压力，就能使人拼命干活，使组织高效率运转。法约尔虽然谈到了“荣誉满足”，但远未提到精神动力的高度，而只是视作一种报酬方式。

应当肯定，古典管理理论取得了很大的成功。它毕竟总结了历史上古老组织（国家和军队）高效率运转的经验，满足了当时条件下企业发展的需要，企业管理中也确实有许多地方要依靠它所引进的近代自然科学原理。据英国统计学家艾利斯·帕克在20世纪初对美国和英国30种职业的调查分析，在使用大致相同机器的情况下，美国由于推广了泰罗的科学管理，工人平均生产额比英国高出三倍。

列宁关于泰罗制的评述，可以作为我们评价古典管理理论的依据。列宁在1918年写道：“同先进民族比较起来，俄国人是比较差的工作者。在沙皇制度统治下和农奴制残余存在的时候，情况不可能不是这样。学会工作，这是苏维埃政权应该充分地向人民提出的一项任务。资本主义在这方面的最新成就泰罗制，同资本主义其他一切进步的东西一样，既是资产阶级剥削的最巧妙的残酷手段，又包含一系列的最丰富的科学成就，它分析劳动中的机械动作，省去多余的笨拙的动作，制定最适当的工作方法，实行最完善的计算和监督方法等等。苏维埃共和国无论如何都要采用这方面一切有价值的科学技术成果。社会主义能否实现，就取决于我们把苏维埃政权和苏维埃管理组织同资本主义最新的进步的东西结合得好坏。应该在俄国组织对泰罗制的研究和传授，有系统地试行这种制度并使之适用。”[①]

第三节　行为科学管理理论阶段

现代企业管理科学发展的第二阶段（1930—1960），是所谓“行为科学”阶

---

① 《列宁选集》，3版，第3卷，491～492页，北京，人民出版社，1995。

段。从上阶段向本阶段发展的转机，是霍桑实验的结果。本来，管理学界一边倒，都机械地以为工作环境改善则生产率提高，工作环境恶化则生产率下降。但是霍桑实验却表明，工作环境（如照明）改善也罢，不改善也罢，甚至恶化也罢，生产率总是提高。这是机械论色彩很浓的古典管理理论所不能解释的。管理学界经过长达十年的困惑和探索，终于用心理学理论解释了霍桑实验的结果，使管理科学得以平衡发展。因此，第二阶段的主要工作，就是把心理学的研究成果引入企业管理，建立了管理心理学。同时，社会学的研究成果也被应用于企业管理，建立了管理社会学。这个阶段上产生了两大学派：一个是人际关系学派，另一个是社会系统学派，他们抛弃了机械论，以社会工作者的身份进行研究，推进了管理科学。人际关系学派主要研究工人在生产中的行为，分析这些行为产生的原因，以便通过调节企业中的人际关系来优化人的行为，提高生产，“行为科学”的名称即由此而来。社会系统学派主要把“组织”作为一个系统、作为一个整体来研究，虽然在理论上提出了若干很深刻的见解，但传播面不广，很少为那个时期的经理们所知晓。考虑到这两个学派在这个阶段上的实际影响相差悬殊，所以就用“行为科学”这个名称来代表这个阶段。在我国的管理学文献中，一般把社会系统学派归入管理学发展的第三阶段。但是，从时间上看，社会系统学派几乎是和人际关系学派同时产生的；从方法上看，这两个学派都不像第三阶段的管理理论那样过分强调精确的定量分析；从性质上看，这两个学派都重视人和社会的因素，都侧重于研究人际关系和人与人之间的合作，而不是强调不带个人感情的客观数据等等，因此，有理由把它们归入同一个发展阶段。

一、行为科学关于“人性”问题的理论

行为科学是一种以人为中心的管理理论，对“人性”问题提出过多种假说，主要有：

1. 社会人假说。

这是美国学者梅奥（Elton Mayo，1880—1949）和罗特利斯伯格（Frita J. Roethlisberger，1898—1974）依据霍桑实验的结果而提出的学说：（1）工人是“社会人”，除追求经济收入外，还有社会、心理方面的需求；（2）企业中除了正式组织，还存在非正式组织，即由于抱有共同的社会感情而形成的非正式团体，这种非正式团体通过自然形成的规范或惯例来支配其成员，对企业生产有很大的影响；（3）生产率的高低主要取决于职工的士气，而士气则取决于家庭和社会生活，以及企业中人与人之间的关系。因此，调动职工积极性的决定性因素，是处理好企业中的人际关系，让下级和普通职工在一定程度上参与企业决策。

2. X理论——Y理论。

这是美国教授麦格雷戈（Douglas McGregor，1906—1964）于1957年前后

提出的理论。他把传统管理学说称为“X理论”，他自己的管理学说称为“Y理论”。X理论认为：(1) 多数人天生懒惰，尽一切可能逃避工作；(2) 多数人没有抱负，宁愿被领导，怕负责任，视个人安全高于一切；(3) 对多数人必须采取强迫命令、软（金钱刺激）硬（惩罚和解雇）兼施的管理措施。Y理论的看法则相反：(1) 一般人并不天生厌恶工作；(2) 多数人愿意对工作负责，并有相当程度的想象力和创造才能；(3) 控制和惩罚不是使人实现企业目标的惟一办法，还可以通过满足职工爱的需要、尊重需要和自我实现需要，使个人和组织目标融合一致，达到提高生产率的目的。

3. 超Y理论。

这是美国人莫尔斯（J. J. Morse）和洛希（J. W. Lorsch）提出的。他俩搞了一次试验：在一个工厂和一个研究所中，按X理论来管理，结果工厂的效率高而研究所的效率低；在另一个工厂和另一个研究所中，按Y理论来管理，结果工厂的效率低而研究所的效率高。由此得出结论：Y理论并不一定到处都比X理论优越。这是因为职工素质各不相同（有的人富于主动性、责任感和创造才能，有的人则没有这些品质），工作内容各不一样（有的单调重复，有的丰富新奇），目标性质大相径庭（有的组织目标可以精确定性定量，有的则很难确定）。因此应该根据不同的情况，决定采用X理论还是Y理论来管理。

4. 不成熟——成熟理论。

这是美国教授阿吉里斯（Chris Argyris）提出来的，认为人总是处在从不成熟到成熟的连续发展过程之中。拙劣的管理就是阻碍这个过程，使人的性格不能走向成熟。良好的管理则是促进这个过程，具体办法是：扩大职工的工作范围，使职工有从事多种工作的经验，采取参与式的、以职工为中心的领导方式，加重职工的责任，更多地依靠职工的自我指挥和自我控制等。

二、行为科学的激励理论

行为科学中激励理论的基本思路，是针对人的需要来采取相应的管理措施，以便激发动机，鼓励行为，形成动力，因为人的工作绩效，不仅取决于能力，还取决于受激励的程度，通常用数学公式表示为：工作绩效＝能力×激励。因此，行为科学中的激励理论和人的需要理论是紧密结合在一起的。这方面的理论，除了马斯洛的需要层次论以外，还有以下一些：

1. 双因素理论。

这是美国学者赫茨伯格（Frederick Herzberg）通过近2 000人次问卷调查于1959年提出的。他认为：工资、职务保障、良好的工作条件和人事关系等属于保健因素，没有这种因素将引起许多不满，但是具有这种因素只能消除不满，而不能引起满意感和调动积极性；工作本身及其发展前途、成就、得到赏识、被赋予责任等属于激励因素，有了这种因素就会有满意感和积极性，没有这种因素就没有满意感和积极性，但却不会引起很大的不满。因此，调动职工积极性的管理措施，应该从工作本身着手，进行工作再设计，使工作内容丰富新奇而有责任。

2. ERG理论。

这是生存（Existence）、关系（Relatedness）、成长（Growth）需要论的简称，由美国学者阿德福（C. Alderfer）提出，认为生存、关系、成长这三个层次需要中任何一个的缺少，不仅会促使人们去追求该层次的需求，也会促使人们转而追求高一层的需要，还会使人退而更多地追求低一层的需要。任何时候，人们追求需要的层次顺序并不那么严格，优势需要也不一定那么突出，因而激励措施可多样化。

3. 成就需要理论。

这是美国教授麦克里兰（David Meclelland）及其学生于20世纪50年代提出的。认为人有两类：一类是高成就需要者，另一类则不是。有高成就需要的人，喜欢做难度大、有风险的工作，无论成功或失败都归因于自己的努力或不够努力，对自己的能力充满信心，相信只要尽力而为就没有办不成的事。他们是企业迅速发展和取得经济效益的宝贵资源，应该派去做挑战性工作，如果被放在例行的、没有挑战性的岗位上就会被埋没。麦克里兰还强调，这种具有高成就需要的人，可以通过教育和培训造就出来。

4. 强化理论。

美国心理学家斯金纳（B. F. Skinner）所创立。他认为：凡须经过学习而发生的操作性行为，均可通过控制“强化物”来加以控制和改造。强化方式有：正强化，即用奖金、赞赏、提升等，吸引职工在类似条件下重复产生某一行为；负强化，即预先告知某种不符合要求的行为可能引起的后果，来避免该行为；自然消退，即对某种行为不予理睬，使之逐渐消失；惩罚，即用批评、降薪、开除等，来消除某种不符合要求的行为。

5. 期望理论。

美国心理学家弗鲁姆（Victor H. Vroom）于1964年首先提出。其基本公式是：激发力量＝效价×期望值。这就是说，推动人们去实现目标的力量，是两个变量的乘积，如果其中有一个变量为零（即目标毫无意义或毫无实现可能），激发力量也就等于零，所以某些非常有吸引力的目标，因无实现可能就无人问津。效价是企业目标达到后，对个人有何价值及其大小的主观估计。期望值是关于达到企业目标的可能性大小，以及企业目标达到后兑现个人要求可能性大小的主观估计。这两种估计在实践过程中会不断修正和变化，发生所谓“感情调整”。管理者的任务就是要使这种调整有利于达到最大的激发力量。所以，期望理论是过程型激励理论。

6. 公平理论。

美国心理学家亚当斯（J. S. Adams）于1956年提出。他认为只有公平的报酬，才能使职工感到满意，起激励作用。而报酬是否公平，职工们不是只看绝对值，而是进行社会比较（和他人比较）或历史比较（和自己的过去比较）。报酬过高或过低，都会使职工心理上紧张不安。报酬过高时，实行计时工资制的职工会以提高产量、改进质量来消除自身的不公正感，实行计件工资制的职工则将产量降低而把质量搞得好一些；报酬过低时，计时制职工便同时降低产量和质量来消除不公正感，计件制职工则以降低质量、增加产量的办法来维持收入。

三、行为科学的群体理论

行为科学也研究人的群体，并提出了以下理论：

1. 群体组成四要素论。

这是心理学家霍曼斯（G. G. Homans）在20世纪50年代提出的群体模型，认为任何一个群体都是由活动、相互作用（信息沟通和行为响应）、思想情绪（指群体成员的态度、感受、意见、信念、思维过程等）、群体规范（大多是不成文的）这四种要素组成的系统。

2. 群体动力论。

美籍德国人库尔特·卢因（Kurt Lewin，1890—1947）提出这种理论，认为一个人的行为（B），是个体内在需要（P）和环境外力（E）相互作用的结果，可以用函数形式表示为：B=(P，E)。所谓群体动力论，就是要论述群体中的各种力量对个体的作用和影响。卢因及其后继者通过实验研究，发现了以下群体动力的存在和作用：(1) 群体领导方式动力。群体的领导方式不同（专制型、民主型、自由放任型），则成员的行为表现也不同。对若干名11岁男孩所做的试验表明：在专制型群体中，成员的攻击性言行、引人注目的出风头行为、使用“我”（而不是“我们”）的频率、推卸责任、做给领导看的行为、对群体活动缺乏满足感，都显得很多很突出；在民主型群体中的表现则相反，而且同一个成员一旦从专制型群体调入民主型群体，其行为就立即起变化。(2) 群体组织形式动力。人们发现，在欧洲战场上被德国俘虏的美国士兵，反抗情绪和逃跑率都很高；而在朝鲜战场上被中国俘虏的美国士兵，反抗情绪和逃跑率都很低。心理学家薛恩（E. Schein）1956年对此进行研究，认为这种行为反差是由群体组织形式造成的。在中国战俘营中，看守人员与战俘的伙食、医疗条件平等，战俘经常调动而组成新的战俘群，有意识地让被俘士兵管理被俘军官，战俘被提审后不再回原来的战俘群。在纳粹德国战俘营中，组织管理方法和中国的相反。战俘营的组织形式不同，导致了战俘行为的不同。(3) 群体结构性质动力。威尔逊等人将36名大学生分两组进行试验，甲组成员都是以安全需要为优势需要而自尊需要较低的学生，乙组则是注重自尊需要而安全需要较低的人。结果表明，甲组在平等型群体中的生产率低，而在层次型群体中的生产率高，乙组的生产率高低则正好相反。可见，成员行为取决于个人需要类型和群体领导方式如何搭配。(4) 群体公约动力。卢因在20世纪40年代，曾就公约改变人们行为态度的有效性做过一系列试验，如怎样改变美国家庭主妇不喜欢用动物内脏做菜的习惯。试验结果表明，群体的公约规则，比一般性的宣传说服，更能改变群体成员的行为。(5) 群体多数动力。社会心理学家阿奇（S. E. Asch）于20世纪50年代通过多次实验证明：对于用来做实验的问题，如群体中只有一个成员故意给出错误回答，被试者将坚持自己的正确答案；但若有两个成员故意答错，就会产生群体压力，被试者接受错误答案的比率达13.6%；若有三个成员故意答错，被试者接受错误答案的比率就上升为31.8%。

3. 群体凝聚力八因论。

行为科学认为，有八种因素影响到群体的凝聚力：(1) 成员的共同性。共同性（特别是共同目标和共同利益）越多，凝聚力就越大。(2) 群体规模的大小。群体的大小与凝聚力成反比。(3) 群体与外部的关系。群体与外界越隔离，外部对群体的压力越大，则群体的凝聚力就越大。(4) 成员对群体的依赖性。群体越能满足个体需要，即个体处处得依赖群体，则群体凝聚力越大。(5) 群体的地位。有光荣称号，或有较高技术水平，或有富于挑战性工作，或有较多经济报酬，或有较多晋升机会，或有较多自由而不受太严厉监督的群体，其凝聚力一般较大。(6) 目标的达成。凡能达成目标的群体，其凝聚力较大。(7) 信息的沟通。信息越畅通的群体，凝聚力越大；而噪音很大的工厂、肃静沉闷的大办公室、分散在一条长装配线上工作的小组，由于信息不易沟通会降低凝聚力。(8) 领导的要求与压力。领导越强调成员应遵守组织规定，群体的凝聚力也就越大。

4. 群体凝聚力与生产率的关系论。

行为科学认为，群体凝聚力与生产率的关系，受控于群体目标和组织目标是否一致：如果一致，群体凝聚力高固然会使生产率有极大的提高，但即使群体凝聚力低也能提高生产率；如果不一致，则群体凝聚力高反而会使生产率下降，群体凝聚力低则对生产率不会产生明显的影响。

5. 群体行为论。

行为科学家麦格雷戈认为，群体行为的方向和强度，不是由群体领导人的技能和其他特性惟一地决定的，还有其他一些决定群体行为的因素，那就是：群体成员的态度、知识和技能，群体所负主要任务的各种特性，群体的结构和内部控制，群体所处的环境及其与高层（组织、社会）的关系。由此看来，群体领导人只是群体行为的必要因素，而不是充分因素。

6. 敏感性训练理论。

美国人利兰·布雷德福（Leland Bradford）认为，可以在类似实际工作环境的实验室中组成训练团体，提高受训者对于自己的感情和情绪、自己在组织中所扮演的角色、自己同别人的相互影响关系的敏感性，进而改变个人和团体的行为，达到提高工作效率和满足个人需要的目标。

四、行为科学关于企业领导方式的理论

在行为科学中，企业是比“群体”更大的“组织”。企业领导方式属于组织行为。

1. 两维理论。

所谓两维，是指企业领导者必然要处理的两项工作。一项是要关心生产，抓好组织，以达到物质生产和物质服务的目标；另一项是要关心人，处理好人际关系，维持企业这个群体的良好状态。

1945 年，两位美国教授斯托格第（Ralph M. Stogdill）和沙特尔（Carroll L. Shartle）经过调查，认为企业领导可分为四种：“高度关心人而低度抓组织者”，“低度关心人而高度抓组织者”，“高度关心人并高度抓组织者”，“低度关心人并低度抓组织者”。他们认为，“高度关心人而又高度抓组织”的领导人，必然有高度的工作效率。这个结论引起了争论。因为 1955 年美国的一项调查表明：在生产部门，效率和“抓组织”之间存在着正比关系，而和“关心人”成反比；在非生产部门，情况却正好相反。这是双因素模式论。

类似地，日本教授三隅二不二，也将企业领导人划分为四类：目标达成型（P 型），群体维持型（M 型），两者兼备型（PM 型），两者皆弱型（pm 型）。但他的这种划分是相对的，而不是绝对的。一位领导人究竟划入哪一种类型，不仅取决于这位领导抓目标和抓维持群体的程度，还取决于该单位所有领导抓这两个方面的平均水准，只有高于平均水准才能归入 PM 型。三隅二不二实测了 15 万个以上的案例，发现 PM 型领导所在单位生产量高、团结力强，P 型、M 型居中，pm 型最差。这就是所谓“PM 型领导模式”论。

美国的布莱克（Robert R. Blake）和莫顿（Jane S. Mouton），则把领导“关心生产”和“关心人”的程度，分别划分成 9 个等级，从而把领导分成了 81 类，在平面上图示出来就成为 81 个方格。他们指出了其中五种基本类型：（1.1）型，即贫乏型领导，对生产和职工都漠不关心；（9.1）型，即任务第一型领导，集中关心生产而不关心人；（1.9）型，即俱乐部型领导，集中关心人而不关心生产；（5.5）型，即中间型，平衡地关心人和生产，但都不是很关心；（9.9）型，即战斗集体型，对职工和生产都极为关心。布莱克和莫顿认为，（9.9）型的领导方式是最有效的。

2. “领导的四种管理模式”理论。

美国管理学家李克特（Rensis Likert），于 1961 年将企业管理的领导方式归

结为四种：(1) 专权独裁式。决策、设置企业目标，均由最高一级管理者作出，然后下达命令强制执行；下级被恐惧和不信任所笼罩，连生理和安全需要也得不到满足；常激起非正式组织对企业目标的反对态度。(2) 开明独裁式。实权在最高一级，但授予中下层部分权力；上下级之间有一种类似主仆间的信任，相互交往是在上级屈就和下级畏缩的气氛中进行；非正式组织可能反对企业目标，但也可能不反对。(3) 协商式。重要问题的决定权在最高一级，次要问题的决定权在中下层；上下级之间有双程信息沟通，大致能互相信任；非正式组织对企业目标有时支持，有时作出轻微的对抗。(4) 参与式。决策以各部门广泛参加的形式进行，最后决定则由最高领导作出；上下级之间完全信任，地位平等，有问题通过民主协商解决。李克特认为，前两种管理模式过时了，只有依靠民主管理才能调动人的积极性。

3. “领导方式连续统一体”理论。

美国学者坦南鲍姆（Robert Tannenbaum）和施德特（Warreu H. Schidt）于1958年提出：企业的领导方式，从以上司为中心的专权式，到以职工为中心的民主式，中间存在着多种多样的领导方式，是一个连续统一体，有代表性的模式就有七种。至于应该选择哪一种领导方式，不能一概而论，要根据经理、职工、形势等方面的情况，灵活决定。因此高明的领导者，是那些善于估计自己能力、下属能力和客观实际条件的人，从而也是适应性和灵活性极强的人。

4. “有效领导的权变模式”理论。

这是菲德勒（F. E. Fiedler）从1951年起经过15年调查研究后提出的理论，认为任何领导方式均可能有效，关键是要与环境情景相适应。他认为情景因素有三个：一是领导与职工的关系，即领导对职工吸引力的大小，职工对领导信任、喜爱、忠诚和愿意追随的程度；二是工作任务是否明确，即每个下属是否都知道自己必须干些什么，而且也知道别人必须干些什么，从而明确整个任务的结构；三是领导权力的强弱。根据这三个因素的情况，领导者所处的环境从最有利到最不利，共可分成八种情景类型。

菲德勒根据对1 200个团体所作的调查分析，证明在有利和不利两种情况下，都以采用指令型领导方式（“以任务为中心”）为宜；而在环境情景处于中间状态时，则以采用宽容型领导方式（“以人为中心”）为宜。具体情况如下所示：

对领导的有利性	有利			中间状态				不利
情景类型	1	2	3	4	5	6	7	8
领导与职工的关系 工作任务是否明确 领导权力的强弱	好 明确 强	好 明确 弱	好 不明确 强	好 不明确 弱	差 明确 强	差 明确 弱	差 不明确 强	差 不明确 弱
应采用的领导方式	指令型			宽容型		无资料	无发现	指令型

在实际中，由于环境条件处于中间状态的占大多数，所以总的来说还是应该选用以人为中心的宽容型领导方式。但按照菲德勒的理论，为使企业生产率提高，可以有两种途径：或者改变领导方式，或者改善情景因素。不过菲德勒不谈对领导者的训练，他认为训练不是有效的方法。

5．领导的生命周期理论。

该理论首先由科曼（A. K. Korman）于 1966 年提出，其后由赫西（Hersey）和布兰查德（K. Blanchard）予以发展。主要观点是：领导方式应当适应下属的"成熟"程度，随着下属由不成熟走向成熟，领导行为应按以下顺序逐步演变：高工作与低关系——高工作与高关系——高关系与低工作——低工作与低关系。他们以父母和子女的关系来进行类比：对于学龄前的儿童，父母最适当的行为方式是高工作与低关系；对于处在小学和初中阶段的子女，父母必须特别辛苦，采取高工作与高关系的行为方式，因为子女开始成熟却又不太成熟，物质需要和精神需要都很强烈；对于读高中和大学的子女，在料理生活方面父母可放松控制，但必须在思想感情方面继续抓紧，即父母应采取高关系与低工作的行为方式；子女参加工作并建立自己的家庭后，父母最适当的行为方式就是低工作与低关系了。赫西等人认为，对于高级科技人员和教授等，有效的领导方式应是低工作与低关系。他们还认为，由于 20 世纪以来科技进步很快，职工的教育与生活水平都有很大提高，同时也较成熟，因此领导的管理活动应以帮助职工发展、逐渐减少外部控制并增加职工自我控制为总目标。

五、社会系统学派的管理理论

社会系统学派的创始人，是切斯特·巴纳德（C. I. Barnard，1886—1961）。他曾在美国新泽西贝尔电话公司担任总裁多年，退休后到哈佛大学，回顾自己的经历，于 1939 年写成了他的代表作《经理的职能》。他的学说可概括地表述为以下四种理论：

1．组织互补论。

巴纳德认为，组织有正式组织和非正式组织之分。正式组织是一个协作系统，任何一个个人，如果要达到他作为生物学上的人所力不能胜的目的，就必须和其他人合作。巴纳德的目标，首先就是要为正式组织中的合作行为提供一套合作的理论。但是在一个企业中，不仅有正式组织，而且有非正式组织，这两者是互补的，是互相为对方创造条件的。在某些方面，在某些时刻，非正式组织能够对正式组织的目标产生积极作用，因而是正式组织的一个不可缺少的部分。

2．协作系统论。

巴纳德认为，一个协作系统包括三个基本要素。第一个要素是"协作意愿"。协作意愿意味着自我克制，交出个人行为的控制权，使个人行为非个人化。一个人愿意协作的程度，不可能是固定不变的，而只能是断断续续、时常变动的。一个人睡眠时很难说有什么协作意愿，一个人十分疲倦或不愉快时，协作意愿会明显减少甚至完全消失。协作意愿的获得，一般可以采取两种措施：一是为成员提供物质、威望、权力等客观刺激，二是通过说服来影响成员的主观态度，包括培养成员的协作精神和集体主义精神等。第二个要素是共同目标，这是协作意愿得以产生的必要前提。第三个要素是信息联系。协作意愿和共同目标，都要通过信息联系来沟通。巴纳德制定了六条信息联系的原则：(1) 信息联系的渠道，要让组织成员明白和了解；(2) 信息联系的路线，要尽可能直接或短捷；(3) 信息的传递，应该使用最完整的信息联系路线，即从最高层到基层的信息联系，应该通过组织中的每一个层次；(4) 管理信息中心的各级人员必须称职，组织的规模越大而且信息联系机构越是处在组织工作的中心，就越要求管理人员具有综合能力；(5) 当组织在执行职能时，信息联系不能中断；(6) 每一信息联系必须是有权威的，即每个从事信息联系的人必须是公认的、实际上占据着有关“权力位置”的人，而这个位置的职权范围囊括了有关信息的全部类型，信息则是本机构发出的授权信息。巴纳德认为：这六条信息联系原则，主要是针对复杂组织维持客观的权力需要而说的；至于比较简单的组织，这些原则的具体应用是结合在一起的。

3. 管理“艺术”论。

巴纳德认为，管理是一种把握全局、认识整体的艺术。管理的过程，就是要把组织作为一个整体来领悟，要理解与组织有关的全部形势，从而是组织内部平衡和对外部条件适应的全部综合。一个高水平的管理者所主持的管理机构，其工作人员应该对各个方面都很敏感，相互配合良好，并能统一行动，显示出一种整体效应。

4. 经理职能论。

在管理科学史上，巴纳德第一个谈到，总经理的首要职责就是要塑造和管理好组织的共有价值观。他说：一位领导者的作用，只不过是利用组织中的社会力量来塑造出一定的价值观，并加以引导罢了；杰出的经理，就是良好价值观的塑造者，这是杰出经理和一般经理的根本区别，一般的经理只会运用正规的奖酬制度，一心只顾狭隘的近期效益。巴纳德还谈到，要想确定组织的价值观和目标，得更多地靠经理们的身教而不是言教：“已经很清楚，严格说来，目标的确定主要靠的是行动的积累，而不是言辞的堆砌。”①

关于经理的基本职能，巴纳德认为有三个：一是提供信息交流系统；二是促使人们作出巨大的努力，既要促使人们愿意献身于组织的目标，同时还要对非正式组织进行积极的管理；三是拟出和确定目标，使之能为一切同心协力作出贡献

① ［美］托马斯·J·彼得斯、小罗伯特·H·沃特曼：《成功之路》，124页。

的人们所接受，从而能使目标切实有效。

社会系统学派的另一位代表人物，是菲利浦·塞尔兹尼克。他在 1948 年写了《领导与管理》一书，进一步发展了巴纳德关于价值观的理论，其主要内容包括三个方面：

第一，关于价值观的作用。他认为，一个机构是否形成的标志，就看它有没有自己独特的价值观。他说："把价值观灌输进组织，它们就成为机构了。这种灌输会产生一种独特性。组织向机构的转化进程相当深入时，那些独特的观点、习惯和所尊奉的其他事物就会结合起来，使组织生活的各个方面都染上一层特别的颜色，并导致一种社会一体化的出现，而这是远非形式上的协调与指挥所能企及的。"① 他还说："机构的生存问题，正确地理解起来，应当是怎样维持价值观和自己独特的个性的问题。"② 这种观点简单地说就是：价值观决定一个企业的特色，是企业的生命。

第二，关于价值观的传播。塞尔兹尼克认为，价值观通常并不是靠正规书面程序来传播的，更常见的倒是靠一些比较含蓄、比较艺术的手段来传播的，尤其是靠故事、神话、传奇和比喻来传播。因此，他主张把长远的意义和目的融汇到日常行为中去，把从社会上汇集起来的神话作一番精心的加工，用鼓舞人心的和理想主义的词汇去说明本企业的价值观和方法上的独特之处，以达到建立统一的使命感、促进整体和谐一致的目的。

第三，关于领导班子应该如何对待价值观的问题。他认为，在灌输企业的关键性价值观方面，领导者们别无选择，只能用一种声音说话。他说："一条重要的原则，是要创造出一个和谐一致的工作班子。各种派生的政策的制定和具体运用，则应以为大家所共有的总看法为指导。""创造性领导的艺术，就是建立组织的艺术，就是对人和技术材料进行再加工，使之成为一个拥有新而持久价值观的有机体的艺术。"③

六、行为科学管理理论阶段的基本特征

从以上关于行为科学阶段上各种基本理论的简单介绍中，不难看出这个阶段上的管理理论具有以下的基本特征：

第一，行为科学和心理学的关系非常密切。把行为科学作为一种企业管理理论来看，它主要是从人的心理来解释人的行为，是从满足人的不同需要、实现人的不同动机的角度来激励或调动人的积极性，其心理学色彩是很明显的。其实，许多行为科学家本身就是心理学家，他们很自觉地把心理学的研究成果和研究方法，应用

---

① ［美］托马斯·J·彼得斯、小罗伯特·H·沃特曼：《成功之路》，125 页。

② 同上书，336 页。

③ 同上书，347 页。

到企业管理中来，克服了古典管理理论把人视作机器的缺点，取得了很大的成就。但是，行为科学家们很少或根本就没有谈到文化培育人和滋养人的功能。

第二，行为科学是“以人为中心”的管理理论。但是行为科学所研究的人，主要是单个的人。个体，是行为科学研究的出发点和归宿。这并不是说行为科学没有涉及群体，它是研究过群体的；然而行为科学的着眼点，是组成这个群体的各个成员，而不是群体的整体性。例如，它谈群体的思想情绪，指的是群体中各个成员的态度、感受、意见、信念等等，而不是群体价值观、群体精神、群体信念等等。它谈群体动力，是研究群体对个人行为的影响，而没有深入研究群体本身如何建设。而且，它在研究群体对个人行为的影响时，也往往是谈群体外在的、临时的、表面的领导方式和组织结构等的影响，没有研究思维方式、领导作风，也没有提到群体文化传统和群体价值观的作用。行为科学许多关于群体行为的结论，是以儿童、大学生、家庭妇女、战俘等为实验或分析对象而作出的，而这些对象其实只是暂时聚合在一起，没有真正的群体发展史，是缺乏深远文化背景的“群体”。因此，行为科学家在寻找群体凝聚力的根源时，便必然忽视群体信念、群体价值观之类的文化因素的主导作用，而在阐述领导者的职责时，也必然忽视领导者塑造和管理好企业价值观的责任。也正因为这样，在实际管理工作中，行为科学信奉者是把行为激励的理论和方法，分散地运用到单个对象上去，是在调动个别职工的积极性上下功夫（虽然这也是必要的），而不是把企业精神和企业价值观念体系的形成放在管理过程的首要地位。

这种情况，和心理学最初作为一门实验科学而变成一门独立学科的历史事实是紧密相关的。任何实验，都离不开个体，而且规模不可能太大，时间不可能太长，从而也就不大可能发现需要几年、几十年乃至上百年才能积累起来的文化因素在大范围内的重要作用。

这种情况，看来也受西方社会学发展第二阶段遗风的影响。那个阶段的社会学代表人物，例如塔尔德（J. G. Tarde，1843—1904）就认为社会是个人相互作用的产物，对社会的研究也就是对个人相互作用的研究，因此他就把社会现象的研究还原为个体心理活动的考察。

第三，行为科学家们也像古典管理学家们一样，一点也不关心顾客、竞争、市场以及企业以外的任何其他事情。他们把企业看成一个“封闭系统”，集中全部精力仅仅考虑公司内部的活动，企图以此来解决最佳利用资源的问题。究其原因，也许和他们的实验研究方法有关。正如马克思所说：“物理学家是在自然过程表现得最确实、最少受干扰的地方观察自然过程的，或者，如有可能，是在保证过程以其纯粹形态进行的条件下从事实验的。”[①] 心理学实验也总是力求在最

① 《马克思恩格斯选集》，2版，第2卷，100页。

少受到干扰的条件下来进行。因此，自然科学家和实验心理学家，容易养成一种尽可能撇开外界的干扰来观察和处理问题的习惯。这种习惯也被带到行为科学中来了。例如，行为科学家们不考虑企业无法回避的环境条件，抽象地谈论什么“越是与外界隔离的群体凝聚力就越大”、“群体凝聚力与群体规模的大小成反比”等等。这些话抽象地看是有道理的。但是问题在于：企业与社会环境、与市场环境是不可分离的，企业的规模随着大工业的发展是必须扩大的。管理者的真正任务，应该是研究企业在与社会政治、国内外市场紧密联系并不断受其冲击的条件下，企业规模扩大甚至发展到跨国的情况下，如何增强企业的凝聚力。相对于这个任务来说，行为科学关于群体凝聚力的理论，就显得没有说到点子上。

第四，这个阶段上的社会系统学派，把组织看成一个协作系统，把管理看成一种艺术，强调把握整体，首次谈到企业价值观的重要性。这是很难得的。这一切，直接继承了社会学创始人孔德提出的整体方法论。孔德认为，社会是一个有机整体，它的所有各个部分是互相联系的，不是独立存在的；任何一个部分，离开了其他部分就不可理解，而只有在整个统一体中才能被认识；社会学要研究各种社会事实的相互联系，并要把它们放在社会整体中去考察，因为每个社会现象都同时代、文明、人类的整体性有关。社会系统学派的管理理论，很好地贯彻了这个整体方法论。遗憾的是，社会系统学派创始人的著作，在 20 世纪 60 年代末期之前很少有人读过，更没有人加以推崇，直到 80 年代企业文化兴起，才引起人们的广泛注意。

第四节　管理丛林阶段

现代管理科学发展的第三阶段（1960—1980），是所谓“管理丛林”阶段。

一、已趋成熟的管理科学

管理科学第三个发展阶段的特点，首先就是多种管理学派并存，“管理丛林”这个名称就是表示这个特点的。除了上两节介绍过的古典管理学派、行为科学学派、社会系统学派在这个阶段上继续存在以外，还有决策理论学派、系统理论学派、经济主义学派、权变理论学派和管理科学学派等（其相应的代表人物是西蒙、理查德·约翰逊、彼得·德鲁克、弗雷德·卢桑斯、伯法等）。这种情况表明，管理科学的发展，并不是不同学派的相互取代，而是相互吸收，承认任何学派的合理部分均可延续下去。因此，同一位管理学者，可能既属于这个学派，又属于另一个学派。当然，并不是所有学派都能代表这个发展阶段，只有决策理论学派才是这个发展阶段的主要代表。

管理科学在这个阶段上已趋成熟。一方面，管理学家们把第二次世界大战后迅速发展起来的系统论、控制论、信息论和计算机科学等最新研究成果，应用到企业管理中来，使得管理活动能够采用建立数学模型、进行定量分析的方法。正如马克思所说，一种科学只有当它达到了能够运用数学时，才算真正发展了，数理分析在管理学中的成功运用，正是管理科学成熟的标志。另一方面，这个阶段上的管理理论家们，明确地把企业看成一个“开放系统”，比较清醒地考虑到了各种外部力量对组织内部活动的影响，着力于解决企业在多变环境中求得生存和发展的问题。这个阶段上取得的成就是极其辉煌的，一般的管理问题都能够得到比较满意的解决。世界上有些国家，特别是美国，应用这个阶段上已趋成熟的理论，使企业生产率有了很大的提高。法国人塞尔凡-施顿贝尔在1967年发表的著作《美国的挑战》中说：“闯进来的这些美国佬确实是高人一筹的，但靠的并不是他们的资金或技术，而是他们公司的组织能力。”这就是说，美国人是靠管理上的高明而胜过西欧各国的。

二、管理丛林阶段上的主要代表——决策理论学派

决策理论学派，主要是在第二次世界大战以后吸收了行为科学、系统论、运筹学和计算机科学等学科的内容而发展起来的。其代表人物是西蒙（H. A. Simon）、马奇（J. G. March）等人。西蒙是美国卡内基-梅隆大学心理学系计算机科学和心理学教授，著有《管理行为》、《人的模型》、《组织》、《管理决策新科学》、《关于人为事物的科学》等。西蒙由于对“经济组织内的决策程序进行了开创性的研究”，“西蒙思想的大部分是现代企业经济学和管理研究的基础”，他因而获得了1978年诺贝尔经济学奖。

西蒙所创立的决策理论，主要内容有：

（1）管理决策论。认为管理就是决策，制定计划是决策，选定方案也是决策。组织的设计、部门化方案的选择、决策权限的分配等，是组织上的决策问题；实践中的比较、控制手段的选择等，是控制上的决策。决策贯彻于管理的各个方面和全部过程，是全部管理活动的中心。

（2）决策过程论。认为决策是一个过程，包括三个阶段。第一个阶段是搜集情报阶段，又称参谋活动阶段。在这个阶段上，要搜集企业所处环境中有关经济、技术、社会等方面的情报，还要搜集企业内部的详细情报，同时对这些情报进行分析，找出问题，确定决策目标，以便为后面计划的拟订和选择提供依据。第二个阶段是拟订计划阶段，又称设计活动阶段。这个阶段上的工作，是以企业要解决的问题为目标，根据搜集的情报，拟订几种方案，并对它们进行预测分析、可行性分析和数理论证（包括建立数学模型、进行运算求解等）。第三个阶段是选定计划阶段，又称选择活动阶段。即根据当时的情况和对未来的预测，分析、对

比各备选方案的论证结果，综合评价，选出最优或满意的方案。对这个选定的方案还要进行科学实验，其正确性得到鉴定后才能编制计划、贯彻执行，并对执行情况进行监控，以修正偏差。

（3）决策准则论。西蒙所首创的现代决策论的核心，是所谓“令人满意准则”。现代决策论是相对于古典决策论来说的。古典决策论把人看成是具有绝对理性的“理性人”或“经济人”，在决策时本能地按照最优化原则来选择备选方案，因而这是一种建立在绝对逻辑基础上的封闭式的决策模型。西蒙认为，“理性人”假说是没有根据的，因为人的头脑能够思考和解答问题的容量，同问题本身的规模相比是非常渺小的。因此，在现实中要找到最优的决策方案是非常困难的，甚至是不可能的。西蒙提出，决策的准则有两条：第一是满意准则，即被采纳的决策不一定是最优的，但却是各方面满意的；第二是相关准则，即决策时不考虑一切可能发生的情况，只考虑与问题有关的特定情况，对工商企业来说就是只考虑“适当的市场份额”、“适当的利润”、“公平的价格”等等。

（4）决策技术论。即对各种各样决策进行深入细致的分析，提出有针对性的方法，发展相应的决策技术。决策理论学派在这方面做了大量的工作，例如他们认为：

按照形式来分，有程序化决策和非程序化决策。程序化决策亦称常规决策、例行活动决策或规范性决策，是一些经常重复发生的、决策目标非常明确的，而且判断目标是否达到的标准也非常明确的决策，从而是可以通过制定一个例行的程序来加以处理、不必每次都翻什么新花样的决策。企业基层管理所从事的大多数决策，如订货、材料出入之类具有确定结构的活动的决策，都属于程序化决策。非程序化决策亦称非常规决策、非例行活动决策或非规范性决策，是指那些牵涉面广、问题复杂、不经常出现也不能用对待例行公事的办法来处理的决策。如新产品的研究和开发，企业经营的多样化，新工厂的扩建等，就属于非程序化决策。一般说来，企业最高管理层主要关注的是非程序化决策，而基层管理通常关注的是程序化决策。

按照决策问题的自然状态的性质来分，有确定性决策和非确定性决策（其中又有风险性决策、竞争性决策和完全不确定性决策之分）。所谓自然状态，又叫客观条件，是指各备选方案在执行中可能遇到的客观状况，如天气的好与坏、市场的繁荣与疲软等。当决策问题只存在一种已知的自然状态时（如天气肯定好而市场肯定疲软），就称为确定性决策。这时，客观的因素很清楚，约束条件很明确，有关变量及其相互关系是可计量的，因而能够建立数学模型和求出最优解的目标函数（且为确定的一元函数），能够运用线性规划等优化方法来求出最优解。当决策问题存在着两种以上的自然状态，而各自然状态发生的概率均确知时（例如确知市场繁荣的概率为 0.7，而市场疲软的概率为 0.3），则称为风险性决策。

为解决风险性决策问题，发展了许多决策方法，包括诸如以期望值为标准的决策法、以最大可能性为标准的决策法、以优势原则为标准的决策法、以意愿水准原则为标准的决策法、马尔科夫决策法、模拟决策法、动态规划决策法等等。当决策问题存在着两种以上的自然状态，且自然状态发生的概率不能确知时，就称为完全不确定性决策。这时，由于客观的因素不确定，无法估计各种特定情况出现的概率，从而就无法预测各种有关结果的概率，因此缺乏选择最佳方案的条件，只能选择较好的方案。为了进行这种选择，发展出了最大的最小收益值法、最小的最大后悔值法、最大的最大收益值法、乐观系数法、等可能法或等概率法等等。当决策问题中有竞争对手存在，所出现的状态不是客观的自然状态而要注意竞争对手的策略时，就称为竞争性决策。为了做好竞争性决策，企业管理中引进了20世纪20年代发展起来的一门数学分支学科——对策论，使这类问题获得科学的解决。

按照所考虑目标的个数，有单目标决策和多目标决策。在多目标决策中，有些方案无论从哪个目标来看都比较差，从而是可以淘汰的“劣解”；但是其余的方案却是高低互见的，经常是就达成某些目标来说这个方案比较好，而对达成另一些目标来说则是那个方案比较好，任何一个方案都既不会全面优于，也不会全面差于其他的方案，它们全都被称为“非劣解”。多目标决策的任务，就是要从属于“非劣解”的方案中，选取一个比较满意的方案作为“好解”。为此发展了许多可行的方法，如目标分层法、成本—效益法、乘除法、效用系数法、功效系数法、数学规划法、目的规划法、重排次序法、直接求非劣解法等等。

由上看来，决策理论学派和系统论、控制论、信息论、计算机科学的关系是非常密切的。这主要表现在以下几个方面：第一，决策理论学派创始人西蒙，对系统论、控制论、信息论与计算机科学有较深的研究，他的管理理论很自然地渗透着系统论、控制论、信息论与计算机科学的研究成果。第二，决策理论学派认为，管理就是决策，而决策是由许多阶段、许多步骤组成的系统，这个系统中的每一个步骤，都是建立在搜集到足够丰富的信息资料的基础之上，并且通过信息反馈来加以调节和控制，这就使管理变成了系统论、控制论、信息论的具体运用。第三，决策理论学派所主张的决策，要求尽可能量化，建立数学模式，进行计算，但由于决策问题很复杂，内外因素很多，要完全把这些因素考虑进去而求得最优解几乎是不可能的，所以该学派认为只能把主要的、基本的因素考虑进去而求得满意解；然而即使求满意解，计算工作量也是很大的，离开了电子计算机有时是很难办到的，计算机科学的兴起是决策理论学派得以存在和发展的基础。第四，决策理论学派重点是要解决决策本身的科学性问题，它告诉决策者怎样处理信息、怎样建立模型、怎样进行可行性分析、怎样上计算机、怎样根据计算结果作出选择等等，但它并未进行决策的社会性、群众性和文化性方面的研究。

三、若干需要克服的倾向

在管理丛林发展阶段上，也渐渐出现了若干需要克服的倾向，它们是：

第一，偏重吸取自然科学研究成果，忽视吸收社会科学研究成果。许多管理学家，把这个阶段称为“管理科学”阶段，并把它看成是泰罗“科学管理”的直接继续，而不是在“行为科学”阶段之后的向前发展。著名管理学家卡斯特（F. E. Kast）与罗森茨韦克（J. E. Rosenzweig）就说：“在许多方面，管理科学是科学管理运动的一种继续。”西蒙也认为这个阶段上的管理科学，与科学管理在其原理上并无差异。如此抛开行为科学，导致了管理科学中“重理工轻文科”的倾向，引起了有识之士的忧虑。美国一位颇有名气的著作家兼投资银行家迈克尔·托马斯，在谈到美国的管理学院时，就颇为气愤地说：“（他们）缺少文科方面的丰富知识……没有远大的目光，缺乏历史感和从文学与艺术角度看问题的能力……要是我，就把所有的企业管理研究生院统统关掉。”

第二，重视物的因素，忽视人的因素。这个阶段上占主导地位的管理学理论，没有说明怎样才能使人感到工作得有意义，没有研究怎样使一个普通的人变成企业里的英雄和一贯的优胜者，未能说明如何给工作人员以一定的自主权来调动他们的积极性，没有考虑怎样依靠广大工人的自觉性来控制产品的质量，没有阐明应当怎样去精心培育和扶植敢于革新的闯将，也没有教会企业懂得怎样去与用户建立起真挚的感情等等。总之，这是一种全然不顾错综复杂的人的因素，奉行所谓“用不着讨厌的人来操作机器”这种观点的错误倾向。

第三，过分强调理性因素，忽视了感情因素；崇拜逻辑与推理，贬低了直觉和热情的作用。美国一些管理学者认为这是轻重错置。例如，斯坦福大学的哈罗德·列维特就认为：管理过程就是“道路的探索”、“决策的制定”和“决策的执行”这三个变量持续不断地相互作用的过程。道路的探索，从本质上来说是一个美学的、依靠直觉的过程，需要有诗人、艺术家、企业家那样的灵感；决策的制定，需要头脑冷静和讲究理性的系统分析员、工程师、企业管理学硕士、统计学家和职业经理；决策的执行，其乐趣主要在于能跟别人一起工作，所以需要有热情洋溢的心理学家、推销员、教师、社会工作者，以及如同大多数日本经理那样的人物。显然，这三个方面是互相联系的，只强调某一方面而排斥另外两个方面是危险的。

第四，过分依赖解析的、定量的方法，片面地以为只有数据才是过硬的和可信的。20 世纪 70 年代管理理论和实践的中心主题是经营战略，因此这个阶段上的管理学家们很喜欢谈论“战略”。可是“战略”这个词，本来意味着具有长远意义的某种绝妙的好主意，可借以在竞争中克敌制胜，而这个管理阶段上的理论家们却是在另一种意义上使用它。所谓“战略”，往往是指定量方面的突破、分析方面的高招、市场份额方面的数据等，如学习曲线理论，或把企业的处境摆到一个4格或9格乃至24格的数学矩阵里去分析，并把这些一股脑儿输入计算机加以运算。

定量分析本来是管理工作必不可少的工具，但一旦把它强调过头了，就会产生种种弊端。《成功之路》一书就给这种过头的定量分析列出了八大罪状：

一是内在地滋生保守倾向。有些东西，如产量、成本，比较容易进行定量分析，所以就很容易受到重视；而不太容易进行定量分析的产品质量、服务态度，以及尚不起眼的新产品和新业务的开发，则往往被忽视，从而在这些非常需要有所作为的方面踌躇不前。

二是导致一种抽象无情的哲学。数学定量分析那套方法，把客观现实中生动活泼、人情趣味的成分给抽掉了，总是只谈数字和重量，比如石油多少桶，货币供应量有多少美元等等，而很少谈到有血有肉的人，总是见物不见人。

三是把管理人员培养成爱作否定性判决的法官。因为从定量分析的角度来看，提出一种否定性论点，本来就比提出一种建设性意见更容易一些，如果一切都要通过计算作出决定，那么当初修建第一条铁路时，从经济上来说就很难找到充足的理由来证明此举是值得进行的。

四是助长看不起试验的观点。精确的定量分析，当然是讨厌差错的，可是试验作为科学的基本手段，若要试出成果来，有时难免要出些差错。

五是必然会使事情过分复杂化和缺乏灵活性。以设计组织结构为例，按照精确定量的要求，不仅要能十分明确清晰地规定好目标，还要准确计算为了达到这个目标所必须遵循的途径，按部就班，井井有条。这样精心设计出来的组织结构，必然层次极多，混乱是没有了，但事情也做不成。

六是导致追求徒有虚名的管理过程的正规化，即用一串数字和冗长的数学推导来作出分析、计划、指示、规定和检查。然而事实表明，这种“正规化”管理容易造成空作姿态、辩论不休和拖延等待的局面，而靠经常性的、自然的交往通气来进行非正式的控制，实际上要比依靠数目字来控制更加有效一些，因为靠数目字的控制是可以避免或躲开的。

七是会贬低价值观的重要性。任何一个企业，绝不可能仅仅因为目标定得精确并经过数理分析，就能形成具有雄心壮志的新方向。当然，优秀企业确实也掌握了很高超的分析技巧，但它们的重大决策主要是靠它们的价值观，而不是靠玩弄数字来形成的。企业只有不断激发普通职工开发新产品的热情和提供最优服务的愿望，并且对任何人所做的革新与贡献都采取尊重的态度，才能够创造出一种具有崇高价值的目的感。

八是容不得内部竞争。从精确计算成本的角度来看，搞内部竞争，搞重复的产品系列，搞不统一的生产工艺，显然是不合算的。然而那些经营得出色的企

业，却恰恰设置了重叠的分部、重复的产品系列、众多的产品开发小组，并向它们提供大量信息，以便促使它们在生产率方面进行比较，从而促进生产力的发展。

正是上述这些需要克服的倾向，导致了下一阶段的出现。

第五节　企业文化阶段

现代管理科学发展的第四阶段（1980 年以来），就是企业文化阶段。

一、向企业文化阶段发展的契机

现代管理科学从第一阶段向第二阶段发展的契机，是霍桑实验得到了古典管理理论所无法解释的结果；从第二阶段向第三阶段发展的契机，是系统论、控制论、信息论和计算机科学的兴起；从第三阶段向第四阶段发展的契机，则是日本企业的生产率大大超过美国，并夺走了大量原属美国企业占领的市场。管理丛林阶段上的理论，多数乃至全部产生于美国，在美国企业中得到了充分的贯彻。美国企业的生产率，从世界领先地位降落下来，无疑是对管理丛林阶段上有关理论的沉重打击。事实上，日本企业的成功，恰恰是克服了管理科学发展第三阶段上若干错误倾向的结果。

管理理论第三阶段和第四阶段之间的差别是：前阶段主要关心具体的定量指标，而不太考虑企业宗旨、企业信念、企业价值观之类的“软”因素；后阶段则把这些软因素看得很重，认为掌握了企业价值观和信念宗旨本质的人，能够主动地推导出无数的具体规则和目标，以适应不断变化的情况。后阶段上的这种理论，提供了两个优点：既控制了人们对问题作出反应的方式，又取得了他们之间的协调。故而，解决问题的各种方法就会紧密配合在一起。

二、管理科学的大综合

企业文化的兴起，固然是要克服管理科学第三发展阶段上的某些错误倾向，但却不是对它的全盘否定。第三阶段上一切合理的东西都被保留下来。例如，第三阶段上把企业看成一个开放系统，认为管理者的任务，就是要在多变的环境中使企业存在下去和发展起来，这也正是企业文化学的观点。大力提倡企业文化的《成功之路》的作者，在给出色企业的“出色”二字下定义和确立标准时就认为：出色企业除了需要有长期优异的经营实效，即良好的财务状况以外，首先要有高度的革新精神。这里所说的革新精神，不能仅仅局限于“能够研制出新品种之产品或服务”这种狭义的理解，而是必须更广义地理解为“能够对迅猛变化之环境十分敏感，能灵活敏捷地作出有效的反应”，这是企业在当今竞争剧烈的世界上得以生存和发展的首要条件。《企业文化——现代企业的精神支柱》一书的作者，甚至把“企业环境”看成是企业文化的一个组成因素，虽然这在理论上未必妥当，但是他们不把企业看成一个封闭系统，认为“公司所处的环境决定了它必须怎样做才能臻于成功的境界”、“企业环境是形成企业文化惟一的而且又是最大的影响因素”等等，却无疑是正确的。再如，企业文化学对于管理丛林阶段上的定量分析，也并不抱完全否定的态度，只是认为应当把它置于一个恰如其分的地位，不要用一大堆数字淹没了人的创造精神。

企业文化的兴起，就其重视人的作用来说，确实是行为科学发展阶段的继续，但绝不是行为科学发展阶段的简单重复。行为科学阶段侧重于把心理学研究成果引入企业管理，企业文化阶段则侧重于把文化学的研究成果应用于企业管理，充分发挥文化的作用。显而易见的是，文化覆盖了人的心理和生理、人的现状与历史，因而把以人为中心的管理思想全面地显示出来了。文化的基本特点之一是共享性，即文化是一整套由某个集体共享的理想、价值观和行为准则，是使个人行为能够为集体所接受的共同标准。因此，企业文化中所重视的人，就不仅仅是个人，而是由个人组成的群体；企业文化学所要研究的，就不仅是如何满足不同个体的不同需要，而是如何塑造整个企业的价值观；企业文化学的主要目标，并不是个体的自我实现，而是企业这个群体在多变环境中的精神自主，等等。

企业文化阶段始于20世纪80年代，这时企业已经有了几百年的历史传统，科学已进入既高度分化又高度综合的时期，社会也已经成了一个没有企业就不可能继续生存的社会，而企业管理者也已经有了好几个发展阶段上积累起来的管理经验可资利用，管理科学进行大综合的时机已经成熟，企业文化阶段也确实是管理科学发展的最新综合。企业文化着重于企业精神的培育，但也不排斥一定条件下的精确定量分析；着重于依靠职工为企业发展作贡献的热情，但也不完全否认规章制度的作用；着重于形成上下级之间融洽和谐的合作气氛，但并不主张取消上级和下级的划分；着重于关心社会与顾客的利益，但同样也关心企业与职工的利益；提倡待人宽容的企业管理，但对违反企业价值观的行为往往也严加追究；特别关心产品的质量，但也关注产量和成本；提倡职工的自主自发研究，但是也搞统一开发；特别看重质上的提高，因而总是倡导革新创新，但是也不完全放弃从量上去扩大，从而也搞规模经济；许多问题上粗略笼统，但有些问题也讲究不差分毫，企业内部既搞重复竞争，但也有整齐划一的地方。总之，不是抓住矛盾的一方而片面地否认另一方，而是根据具体条件灵活地把握双方的统一。因此，企业文化既是一种管理理论，也是一门管理艺术。作为管理理论，企业文化总是

把以前各个阶段上的成果综合于自身；作为管理艺术，企业文化总是力求把矛盾处理得有利于生产力的发展。企业文化是现代管理科学发展的最新阶段，它正在把对人与对物的管理以及被西方历史传统分割开来的人的物质生活和人的精神生活，努力统一于企业管理之中。

第十章 国际企业文化的基本学说

国际上关于企业文化的学说有多种。这些不同的学说，所强调的主题基本相同，但其内容各具特色，从不同的角度提出并初步阐明了企业文化的某些基本理论问题。

第一节 影响企业管理的文化四指标说

文化的含义极其广泛，一般地、笼统地说文化对企业管理会产生影响，虽然不致引起异议，但也使人不得要领。荷兰文化协作研究所所长霍夫斯坦特，根据他对 40 个国家的企业工作人员所作的大量问卷调查，写了《文化的结局》一书(1980 年出版)，具体地指出了究竟是文化中的哪些方面对企业管理会产生重大影响。

一、描述文化差异的四个指标

霍夫斯坦特下了这样一个定义：所谓“文化”，就是在同一个环境中的人们所具有的“共同的心理程序”。因此，文化不是一种个体特征，而是具有相同生活经验、受过相同教育的许多人所共有的心理程序。不同的群体，不同的国家或地区的人们，这种共有的心理程序之所以会有差异，是因为他们向来受着不同的教育、有着不同的生活和工作，从而也就有不同的思维方式。那么，不同国家的文化差异，究竟应该怎样来表示呢？霍夫斯坦特从其调查数据的分析中，得出了以下描述各种文化差异的指标：

（1）“权力差距”（power distance）可接受程度的高与低。在一个社会的组织中，权力的分配往往是不均等的。有的国家或地区，对权力差距的接受程度较高，可称之为“高权力差距”的社会；有的国家或地区，对权力差距的接受程度较低，可称之为“低权力差距”的社会。一个国家或地区究竟属于“高权力差距”还是“低权力差距”的社会，必然会从该社会内权力大小不等的成员的价值观中反映出来。因此研究社会成员的价值观，就可以判定一个社会对权力差距的接受程度。

（2）“防止不肯定性”（uncertainty avoidance）的迫切程度。任何一个社会，对于不确定的、含糊的、前途未卜的情境，都会感到是一种威胁，从而总是试图加以防止。防止的方法很多，例如提供更大的职业稳定性，建立更多的正规条令，不容许出现越轨的思想和行为，追求绝对真实的东西，努力获得专门的知识等等。但是，不同的民族、国家或地区，对于防止不肯定性的迫切程度是不一样的。一个强烈追求防止不肯定性的社会，一般说来会产生高度的紧迫感和进取心，会激发人们努力工作的动机。

（3）个人主义与集体主义（individualism-collectivism）。“个人主义”是指一种结合松散的社会组织结构，其中每个人只关心自己，而且也只依靠个人的努力来为自己谋取利益。“集体主义”则指一种结合紧密的社会组织结构，其中所有的人往往以“在群体之内”和“在群体之外”来区分，他们期望得到“群体之内”（小集团内、组织群内、亲戚朋友圈内）的人员的照顾，但同时也以对该群体保持绝对的忠诚作为报答。

（4）男性化与女性化。这个指标所表示的，是所谓“男子气概”（masculine）价值观在社会中占统治地位的程度。而“男子气概”则是指：自信武断，进取好胜，喜欢冒险。这些价值观之所以用“男子气概”这个词来表示，是因为在几乎所有的社会中，男子对这种价值观有较高的评价。有趣的是，一个社会对“男子气概”的评价越高，其男子与女子之间的价值观差异也就越大。

当然，文化差异的指标不会只有四个。但即使只考虑这四个文化差异指标，且认为每个指标都只有两种情况，按照排列组合来分析，也可能有 68 种不同的民族文化类型。霍夫斯坦特的研究方法，和企业文化类型的多样性相兼容。

二、文化四指标对企业管理的影响

霍夫斯坦特认为，以上四种文化指标或因素对于管理中的领导方式、组织结构和激励内容，会产生巨大的影响。

对企业领导方式影响最大的因素，是“个人主义与集体主义”以及“接受权力差距的程度”。霍氏认为：美国是个人主义最高的国家，因此美国的领导理论以被领导者追求个人利益为基点，然而美国的领导理论并不适用于第三世界各国，因为这些国家属于集体主义社会，职工关心群体，希望从群体中得到保障，并且愿意以对群体的忠诚为报酬。霍氏还认为：“接受权力差距的程度”，直接影响到实现职工参与管理的情况。法国和比利时接受权力差距的程度很高，因此人民通常没有参与管理的要求，所以企业中很少看到有工人参与管理的情况；美国接受权力差距的程度处于中间状态，因此企业中存在参与管理，但有一定的限度。

对企业组织结构影响最大的因素，是“接受权力差距的程度”和“防止不肯定性的程度”。这是因为组织的主要功能，就是分配权力以及减少或防止经营中的不确定性。法国接受权力差距的程度较大，又迫切要求防止不肯定性，因此倾向于“金字塔”式的传统层次结构。德国虽然有较强的防止不肯定性的心理，但接受权力差距的程度较小，因此注重规章制度。美国、荷兰、瑞士等国，接受权力差距的程度处于中间状态，因此在这类国家中是各种组织形式并存。

对企业激励内容影响最大的因素，是“个人主义与集体主义”、“防止不肯定性的迫切程度”和“男性化与女性化”。美国和其他盎格鲁民族国家，是个人主义程度很高的国家，所以这些国家的激励方法多从个人出发，以个人的自我实现和个人获得尊严作为激励的主要内容。第三世界国家与日本，是集体主义程度较高的国家，激励就需要着眼于个人与集体的关系，过分奖励个人往往行不通。美国人倾向于“男性化”，所以适于把承担风险、进取获胜作为激励的内容。日本和法国虽然也倾向“男性化”，但是防止不肯定性的心理较强，因此分配一种无危险、很安全的工作岗位就成了激励因素。荷兰和北欧各国人民的价值观倾向于“女性化”，防止不肯定性的心理又比较强，因此他们不像美国人那样爱好个人竞争，而以维护良好的人际关系作为激励因素。

霍夫斯坦特根据他的研究，得出了结论：过去80年，理论家和企业家忽视了文化与管理的关系，是一大弱点。事实上，管理不是处理具体的东西，而是处理对人有意义的“信号”。这种信号是在家庭、学校、社会等文化背景下形成的，因此文化渗透于管理和组织的全过程。

霍夫斯坦特还指出：现代管理产生于美国，第二次世界大战后的所有管理文献几乎都由美国主宰。可是美国有其独特的文化，它的管理理论和经验对其他国家不完全适用。有些欧洲国家，尤其是第三世界国家不注意这一点，把引进管理与引进技术同样对待，结果造成经济和人力的重大损失。相反，日本的管理虽然也主要来源于美国，但结合日本国情进行了改造，取得了很大的成功，例如全面

质量管理小组，其观念创始于美国，但是经过改造以后就成了日本的特色，现在美国反而要向日本学习。霍夫斯坦特明确指出：管理者必须具有“文化敏感性”，管理学可以称为“管理人类学”或“组织人类学”。

第二节　企业文化五因素、四类型说

企业文化五因素、四类型说，是美国两位学者（迪尔、肯尼迪）在《企业文化——现代企业的精神支柱》一书中提出的理论。

一、对“强文化”重要性的理解

迪尔、肯尼迪之所以会去分析企业文化的因素和类型，是基于对文化重要性的理解。他们认识到，每个企业都有一种文化。区别只在于：有些企业的文化支离破碎，职工分成不同的派别，各有各的目的动机，可称之为“弱文化”；有些企业的文化很有内聚力，每个职工都知道企业的目标，并且为这些目标而努力工作，可以称之为“强文化”。无论是弱文化还是强文化，只要是文化，就会在实际上影响到企业中的每一件事，如影响到一个企业提拔什么样的人，采取什么样的决策，把职工变成勤快的还是拖沓的工作人员、严厉的还是友善的管理者、合群的集体成员还是孤独的个人，甚至会影响到职工喜欢穿什么衣服等。

迪尔、肯尼迪认为，强文化是企业制胜之道。他们明确指出：“日本人成功的主要原因，就是由于他们具有一种有持续能力的、可以在全国范围内维护的一个非常强大而且有凝聚力的文化。”美国优秀企业的创始人，也“都着迷似的在他们的公司里建立起了强文化”，“一个强大的文化几乎一直是美国企业持续成功的幕后驱动力”①。强文化对企业为什么会有那么大的作用呢？因为企业中最大的资源是人，“是人在推动企业的发展”。而管理人的最好办法，并不是利用计算机来进行监视，而是运用文化的微妙影响。文化能“把人团聚在一起，并使他们的日常生活充满着意义和目的”。强文化是一套非正式的规章体系，它为职工提供了行为的框架、标准和价值体系，从而明确地告诉人们一言一行应该如何自律。强文化使人对工作感到舒畅，因而人们就有可能更加努力工作。

因此，企业管理人员必须清楚地理解文化是怎样发挥作用的，否则管理工作就会失败。迪尔、肯尼迪说：“一个总经理的最终成功，在很大程度上取决于正

---

① ［美］特雷斯·E·迪尔、阿伦·A·肯尼迪：《企业文化——现代企业的精神支柱》，5、8页，上海，上海科学技术文献出版社，1989。本节后面引用这本书的话，只在引文后注明页码。

确理解本公司的文化，以及对文化进行精雕细刻，并使它形成适应市场不断变化所需要的能力。”（17 页）

二、企业文化五因素

迪尔、肯尼迪认为，企业文化是由企业环境、价值（观）、英雄、习俗和仪式、文化网络五个因素所组成的。这五个因素各自的作用是不同的。

1. 企业环境。

迪尔、肯尼迪所说的“企业环境”，并不是指企业的内部环境，而是指企业“经营所处的极为广阔的社会和业务环境”（99 页），包括市场、顾客、竞争者、政府、技术等等的状况。“企业环境是形成企业文化惟一的而且又是最大的影响因素”（13 页），而企业文化则是企业在这种环境中为了获得成功所必须采取的全部策略的体现。严格地说，这种作为企业文化的“影响因素”的企业环境，并不能视作企业文化的组成因素，它是在企业文化系统之外的东西。迪尔、肯尼迪实际上也没有真的就把它作为企业文化的组成因素来对待，这表现在其他四个组成因素都分别列了一章专门论述，如第二章是“价值：文化的核心”，第三章是“英雄：企业真正的要素”等等，却并没有把“企业环境”专门列出一章。

2. 价值观。

这里所说的价值观，不是指个别人评价是非曲直的准则，而是指“一个组织的基本概念和信仰”，它“以具体的词语给职工规定出成功之路”，“并在组织内制定出成功的标准”（13 页）。企业价值观是企业文化的核心或基石。一个企业的价值观越鲜明，即一个企业的信念越是强烈，就越能吸引企业中每个人的注意力，使大家的力量都集中到企业目标上来；反之，企业的价值观越含糊，即企业的信念越是薄弱，则大家的注意力必定分散，“每一个人都或多或少地在做他自己的事”（19 页）。

价值观应该用具体的语言表示出来，而不应该用抽象难懂、过于一般化的语言来表示。例如，凯特皮勒拖拉机公司把价值观表示为“无时和无处不有的服务”，通用电气公司表示为“进步乃是我们最重要的产品”，杜邦化学公司表示为“通过化学使美好的生活变得更美好”，罗斯住宅公司表示为“为人们创造最美好的环境”，丹纳公司（汽车零部件制造业）表示为“凡人创造生产率”，大陆银行表示为“寻求最佳的途径”，西尔斯公司（批发商）表示为“价廉物美”，等等。同时，不同的企业，其价值观最好尽可能使用不同的语言来表示，避免雷同，要做到这点虽然很难，但应努力去做，使价值观表示得能够反映一个企业的基本特征，能够把一个企业的对内对外态度和另一个企业区别开来。价值观表示得具体和有个性，至少有两个好处：第一，可以使价值观不仅在高级管理人员心目中，而且在企业绝大多数人的心目中，都成为一种实实在在的东西，真正成为凝聚人心、支配行为的东西，而不至于变成空洞的口号；第二，可以使职工产生一种个性感，一种与众不同的自豪感，激励出竞争取胜的信心。

企业价值观的表示，也不一定只限于一两句话，可以用许多句彼此协调的话，它们结合起来就表示一个企业的价值观体系。“文化越强，价值（观）体系就越丰富、越复杂，这些价值（观）真正产生的效用也越多、越显著”（28 页）。

那么，企业怎样才能塑造出一个丰富而又优秀的价值观体系呢？迪尔、肯尼迪强调了以下两点：

第一，企业的价值观体系，不能凭空捏造出来，它往往是而且也应该是企业长期实践经验的概括，是企业职工在特定经济环境中进行尝试后知道什么可行、什么不可行的总结。

例如，P&G 公司的价值观，用一句具体的话来表示，就是“做正确的事”。但是除此之外，还有另外几句话也表示它的价值观，那就是：“顾客至上”，“不要坐等其成，必须促其而成”，“要使所有的职工对公司产生兴趣”。它们共同构成了该公司的价值观体系。后三句话不仅是“做正确的事”的具体化，而且蕴涵着该公司的历史发展经验。

第二，企业价值观念体系的形成，和企业主管的工作和灌输是分不开的。“事实上，形成和增强价值（观）可以构成一个管理人员最重要的工作”（20 页），“不可否认，组织中的个人对形成组织标准和信念也有着强有力的影响”（23 页）。管理人员之所以对企业价值观的形成起重大作用，往往是由于：(1) 他们自己有一种清晰、明确的哲学，并坚持用这种哲学来指导企业的行为；(2) 他们非常重视企业价值观的形成，并注意更有效地调整这些价值观，以适应经济的发展和企业环境的变化；(3) 他们清楚地意识到任务的艰巨性，因为要使成千上万的人都具有强烈的、根深蒂固的企业价值观念，这是对管理的真正挑战，所以他们的行为坚定，在任何情况下都言行一致。

企业价值观有什么作用呢？首先，有引导方向的作用。原因是“管理人员和组织内部所有的人都极为关心公司价值体系中格外强调的事情”（31 页）。例如，一个以“有效地操作”为价值观的石油公司，往往比其他公司更能有效地生产原油产品。其次，有指导决策的作用。“企业总是要做选择，而价值（观）则是选择时必不可少的指导因素”（20 页），“通常在做决策时，真正的管理人员往往会更努力一些，因为他们理解共享价值（观）并受其指导”（31 页）。最后，有激励斗志的作用。因为价值观“决定什么样的人最受尊敬”（29 页），“为所有的职工提供了共同的方向，并指导着他们的日常工作”（19 页）。这样，所有的职工都知道企业的观点，知道自己该坚持什么样的标准，就会从中受到激励，“人们之所以更加努力工作，是因为有了明确的目标”（31 页）。正因为价值观能起这么大的作用，所以迪尔、肯尼迪说：“我们认为，成功的企业经常是因为它们的职工对组织价值（观）的确认、信奉和实践”（19页），每个“组织事实上从共享价值（观）中获得了强大的力量”（20页）。

但是，在塑造共有价值观的时候，不能只看到它会带来好处，同时也要看到会发生危险，主要有以下几种：（1）过时的危险。即当经济环境发生变化时，原来的共有价值观仍然牢固地支配着人们的行为，妨碍企业去适应新的环境。可以想象，一个牢固地树立了“经久耐用”价值观的服装公司，就较难适应顾客的“时装热新潮”。（2）墨守成规的危险，即不愿意或者很难抓住共有价值观所强调的事情之外的机会。（3）不一致的危险，即言行不一的危险。如一个总经理，平常“很有说服力地宣传要更好地为顾客服务的价值（观），但每当临近年终时，他却只过问财务状况而把顾客晾在一边”（33～34页）。这样，“为顾客服务”就不过是骗人的辞藻，起不到建立强文化的积极作用。

3. 英雄。

英雄的标准是：（1）英雄应是企业价值观的化身，是人们所公认的最佳行为和组织力量的集中体现，因而是企业文化的支柱和希望；（2）英雄有着不可动摇的个性和作风，英雄所做的事情是人人想做而不敢做的，因而是每个遇到困难的人都想依靠的对象；（3）英雄的行为虽然超乎寻常，但离开常人并不遥远，往往向人们显示“成功是人们力所能及的”，因此英雄可以使人们在个人追求与企业目标之间找到一种现实的联系；（4）英雄是“通过在整个组织内传播责任感来鼓励雇员”（40页），其鼓舞作用不会随着英雄本人的去世而消失。这最后一条标准，把英雄和一般的“成功者”、“高效者”区别开来了。“经理并非是英雄”，例如国际电话电报公司鼎盛时期的经理哈罗德·吉宁，虽然是一个成就辉煌的人物，但他并不是企业文化理论中所说的英雄，他在公司里的影响，随着他退休就立即消失。

英雄的作用在于：（1）使企业获得成功并且合乎人情；（2）提供角色的模式；（3）向外界展示公司的形象；（4）保存使企业具有特色的东西；（5）建立行为标准；（6）调动员工的积极性；（7）提供把整个组织聚合起来的“黏合剂”以及“在组织中持久的影响力”（37～39页）。

英雄有两种类型。第一类是和公司一起诞生的“共生英雄”。共生英雄在数量上很少，多数是公司的缔造者。他们往往有一段艰难的经历，但面临困难仍然有抱负、有理想，并终于把公司办起来了。所以又被称为“幻想英雄”。这类英雄的特征是：（1）有正确的追求。这种正确的追求，或者是一种新的产品，或者是一种新的工作方法，或者是追求一种具有特殊性的组织。追求什么就得到什么，总是获得成功。（2）有执著的、不达目的不罢休的韧劲。（3）具有使企业不断成功的个人责任感。（4）具有“通过善待雇员、向雇员灌输一种持久的价值观来使企业强大”的信念。在这种信念驱使下所做的工作，使得共生英雄的影响能持续好几代人，英雄已逝而价值观依然存在。正是这个特征，把共生英雄和其他管理者区别开来了。

第二种类型的英雄，是企业在特定的环境中精心地塑造出来的，被称为“情势英雄”。共生英雄对企业的影响是长期的、富于哲理的，可为全体职员照亮征途，而情势英雄对企业的影响是短期的（多则几年，少则几月甚至几天）、具体的，只以日常工作中的成功事例来鼓舞企业员工。

在企业精心塑造出来的情势英雄中，又可以区分为：(1) 出格式英雄。这些人行为古怪，常常故意违反文化准则；但他们聪明过人，有独特的见解，工作能力较强，“这种英雄在公司面临对现有价值（观）的挑战、需要某种创造力时是非常必要的”（48 页）。“‘出格’人物在强文化公司中具有很高的价值，他们使得公司不断地向前发展。知道了这一点，公司主管通常把他们放在具有创造性的工作岗位上，或委派他们担任研究开发部主管。”（49 页）(2) 引导式英雄。这是高级管理人员为了有力地推行经营改革，通过物色合适对象而树立起来的英雄。例如，美国电话电报公司，原来是一个没有竞争对手、接受政府管理的实体，其榜样人物是能够迅速装好电话并保证质量的人，后来，该公司不再受政府管理，参与市场竞争，面临经营改革，于是聘请 IBM 公司从前的一位管理人员麦吉尔担任市场经营的副总裁，他从小就习惯于竞争环境，善于识别和适应市场的各种特征，符合改革需要，属于引导式英雄。(3) 固执式英雄。这是坚忍不拔、锲而不舍、不达目的不罢休的人物。例如，3M① 公司一位职员试制新产品一年而未成功，结果被解雇，但他并不因此就离开公司，而是不取酬继续试制，终于试制成功，而被公司晋升为副总裁，并被尊为固执式英雄，为该公司铸造了一条“做你所信奉的事”的价值观。(4) 圣牛式英雄。这是忠于职守（如卷起袖子只知道工作的高技术人员）、坚持传统、乐于奉献的人物。例如，一个制造大型精密仪器的公司中的一位工程师，为了检查一台声音不太正常的机器而把耳朵贴近机器，结果机器爆炸而烧煳了他的半个脸。但当他治愈后，他自豪地显示着一张破了相的脸。他就是一位圣牛式英雄，他的奉献精神，使人们不仅不觉得他那张脸可怕，反而为此而尊敬他。

英雄不是超人。他们并不总是十分讨人喜欢，并不总是可以愉快相处。由于“把公司牢记在心”，就排斥了他们心中的温情。为了事业的成功，他们的举动甚至有点过分。如 NCR② 公司的约翰·帕特森，为了惩罚一位管理人员的过失，竟把过失者的东西浇上火油烧掉。拍立得公司的埃德温·兰德，为了鼓励开发新产品，实现科研自由，竟允许雇员自由选择岗位。正因为英雄不是超人，所以普

① 3M 是明尼苏达采矿和制造公司（Minnesota Mining & Manufacturing）的英文缩写。

② NCR 是全美收银机公司（The National Cash Register Corporation）的英文缩写。

通人才可以培养成为英雄。“如果公司能像对待英雄一样对待普通员工，甚至是在很短一个时期内，人们也可能最终都能成为英雄。”（54页）

4. 习俗与仪式。

习俗与仪式，是在企业各种日常活动中经常反复出现、人人知晓而又没有明文规定的东西，它们是有形地表现出来而程式化了的并显示内聚力程度的文化因素。

习俗就是指企业的风俗习惯。根据迪尔、肯尼迪对美国企业的研究，那里的习俗类型有：（1）游戏（开玩笑、逗趣、即兴表演、策略判定等）。它的价值是能缓和人们之间的紧张气氛，可鼓励创新活动。（2）聚餐（友谊午餐、啤酒聚会）。其价值是加强上下层、横向之间的联系和了解。如维克特公司，每星期随机从公司中挑选几名职员去饭店轮流与总裁或副总裁见面聚餐，称为友谊午餐。（3）“训人”。如通用电气公司，对于拿着工程师文凭、穿着新买的西装第一次来公司上班的大学毕业生，是递给他一把扫帚让他去扫地。这种教训人的习俗，其价值是教育青年人懂得：自己的聪明才智要与对这块土地的熟悉程度相配，要承认那些在公司里待了很长时间的人所作的贡献与聪明才智。据说在美国，“这种教训人的恶作剧是企业中共同的习俗”（61页）。

仪式是指企业按照一定的标准、一定的程序进行的时空有序活动。根据迪尔、肯尼迪的研究，美国企业中常见的仪式有：（1）问候仪式。个人之间进行非书面交往时使用。这种仪式告诉人们怎样站位，怎样称呼，什么程度的争论或激动是可以容忍的，等等。（2）赏识仪式。当某人出色地完成一项工作或晋升、或退休、或达到可以继续留任的标准时，就举行这种赏识仪式。当事人在仪式上得到奖品、奖章、礼物或纪念品，并使全公司知道他们为什么被赏识。（3）工作仪式。这是在日常工作中经常举行的。如每天上班前的集会唱歌，外科大夫手术前的7分钟盥洗（灭菌实际上只需30秒就够了）。工作仪式是增加自我价值感的途径，在高风险的手术中则提供安全感和加强责任感。（4）管理仪式。这是经理们在处理日常事务时所运用的。如各种正式会议，计划框架与成本曲线分析，行为、评价、复审技术等。它们之所以是仪式，据迪尔、肯尼迪研究，是因为它们与公司实际工作进展之间的关系并不大，只是形式化地例行公事罢了。管理仪式的价值在于：窒息急功近利，肯定深思熟虑，提供集体内聚力和一致性，向外界树立稳固形象。（5）防患于未然的仪式。这是为了避免糟糕局面的出现而使用的仪式。如维萨国际银行组织1974年开会时，就搞了个颁发并佩戴金铸标志的仪式，右臂上的标志是半个世界地图和“志在成功”四个字，左臂上的标志是另一半世界地图和“彼此忍让”四个字；这种仪式有效地防止了各成员国由分歧走向分裂。（6）庆典。这是超凡的、引人注目的仪式，当企业通过特殊里程碑时举行。（7）研讨会或年会。这是颁发科学奖、显示技术开发成果、全面奖励有功人

员的盛大庆典。例如玫琳凯化妆品公司，举行一次研讨会常常要花几百万美元，几百名推销员都可以得到各种不同的奖品（甚至轿车）。拍立得公司举行年会时，4 000多名职工可以和总裁见面，股东们可以在年会上分享到公司技术创新的奇迹，如用刚研制成功的摄影机拍摄现场的舞蹈表演，90 秒钟后立即重放等等。

习俗与仪式往往是在随和、自然、轻松、幽默、戏剧化等气氛中实现的，但其实质却是严肃的，是一个企业价值观的体现。

正因为习俗和仪式也是企业价值观的体现，所以它们并不完全是自生自灭的东西。它们的形成，离不开企业主管的自觉提倡，也离不开反复执行、历代相传、积久而成的自发力量。

把习俗和仪式视作企业文化的一个要素，实质上就是把企业中的每一件事都升格为重要的事情来抓，即所谓“在强文化公司中，没有什么事是不重要的”（56 页）。习俗和仪式给全体员工施加普遍的影响，使他们的语言文字、公共礼节、行为交往、会议进程等等都规范化，从而把企业的价值观、信仰、英雄形象等灌输到每一个人，深深地印入全体员工的脑海中。但是习俗与仪式也不是万能的，并不是随便什么人都可以通过习俗和仪式而同化于企业。习俗与仪式不会使性别歧视和种族歧视自动消失。

5. 文化网络。

这里所说的文化网络，是指企业内部以轶事、故事、机密、猜测等形式来传播消息的非正式渠道，是和正式组织机构相距甚远的隐蔽的分级联络体系。

文化网络的特征是：

第一，对消息作艺术加工。因此，所传播的消息往往故事化，变得生动形象，情趣盎然。例如，IBM 公司关于应该宽容不守规矩的英雄这个信息，由该公司缔造者的儿子用如下的故事来传播：“有一个非常热爱大自然的人，他在每年的十月看着一大群野鸭飞向南方，出于仁慈，他总在附近的池子里扔些食物喂养它们，久而久之，一些鸭子便不再往南飞，就在池子里过冬了，于是，它们飞得愈来愈少，三四年后，它们变得又懒又胖，再也飞不动了。”故事讲述者说：“你能够驯化野鸭子，但却不能将鸭子变野”，“我们坚持企业需要‘野鸭子’，而且在 IBM 公司我们不应该驯化他们”，因为“即使是野鸭子，它们飞起来也是排着队的”（81 页）。

第二，对消息含义的解释，往往与正式渠道的解释不同，能从更深的本质层次去说明问题。“例如：从总经理那儿来的官方消息也许是：副总裁的辞职是为了寻求更有利可图的工作。但是半天以后，网络运行揭示了非官方的‘真实情况’：副总裁没有完成计划中第三年的销售额，而这正是公司所不允许的。”（79 页）

第三，文化网络传递消息的整个过程，没有文件、录音磁带之类的参与，而是依靠人的口头表达。因此每个人都在本企业的文化网络中扮演一定的角色，但这个角色不是由谁任命的，也不能印在名片上，而是隐蔽地自发地形成的。重要的角色有七大类：（1）“讲故事者”。他们形成于地位高、信息量大，但不起领导作用的高级管理岗位上。他们有想象力、洞察力和对细节的辨别能力。因为他们什么都不干，但又知道得很多，所以能根据自己对公司里所发生的事情的感觉，编成故事向别人讲述。（2）“牧师”。他们形成于顶层以下第三到第五管理层，在正式组织系统中担任一些下面没有职员、上面无须经常向副总裁报告工作的职位，如“经济研究部主任”、“人事处行政助理”之类。他们在企业待的时间很长，对企业的每件事、每个人了如指掌，是企业历史的活百科全书。职工犯难时愿意去找他们，他们也有时间聆听职工的坦诚谈话。他们总是通过讲述本企业的历史故事，来为当前的行动寻找依据。（3）“耳语者”。他们往往形成于一个不太引人注目的岗位上，但具备两种关键技能：一是根据极少的线索，能快速和准确地领会上司的意图，从而能通过耳语左右公司的决策，他们的个性是对老板极度忠诚，“他们影响力的来源是——老板的耳朵”（84页）；二是立足于现在努力工作，能在整个企业内建立广泛的支持关系，从而能通过耳语使消息在整个网络传播。（4）“闲聊者”。他们可以形成于任何一个岗位，也不与当权者接近。他们的能力，是善于在饭桌上或休息喝咖啡时与一大群人闲聊，从而把消息传到公司的各个阶层。人们容忍甚至喜欢闲聊者，仅仅是为了消遣，并不指望所得到的消息一定是正确的。（5）秘书处职员。这也许是惟一以正式组织中的身份介入文化网络的人。他们了解公司的真正面貌，很清楚公司中正在进行的事情、谁和谁正在闹别扭等等。他们往往是不愿介入纠纷而又能公正评价事情的人，但他们能通过闲话网络传播公司的功绩。（6）“间谍”。这里所说的“间谍”，不是那种混入会议室搞特务活动或刺探情报的人，而是指那些从来不说任何人坏话、不以任何方式来改变公司气氛而影响他人工作的人。他们能把各方面的意见都听进去，并原原本本地向高级管理人员叙述，因而高级管理人员把他们当作“间谍”来使用。显然，公司里的新来者最容易成为这种“间谍”。（7）非正式团体成员。他们为了提高自己在组织中的地位，常常艺术性地在众人面前讲述本团体内其他人的优秀事迹。

文化网络是传播消息的非正式渠道，管理者不应该避免牵连进去，而是必须灵活地掌握它，充分认识到它的重要性。强文化企业成功地通过开发文化网络，加强了管理者与职工的联系，培育了一大批向组织各阶层揭露事态的人，形象地灌输了企业的价值观，巩固了组织的基本信念，提高了英雄的象征性价值，扩大了人际交流，增强了友谊和内部凝聚力。

三、企业文化的四种类型

企业文化的类型，“取决于市场的两种因素：其一是企业经营活动的风险程

度；其二是企业及其雇员工作绩效的反馈速度”(99 页)。由市场环境决定的四种文化类型是：

1. 强人文化。

强人文化形成于高风险、快反馈的企业，如建筑、整容、广告、影视、出版、体育运动等方面的企业。这类企业有点类似于外科手术和警察部门，风险很大（意味着生或死），绩效反馈极快（手术的十几小时或警察执行任务的几分钟）。如拍一部电影或出一套世界性丛书，要冒耗资数千万美元的风险，是否卖座或畅销在一年内就一目了然。

“强人文化”对人的要求是：必须坚强、乐观，保持强烈的进取心，树立“寻找山峰并征服它”的牢固信念。否则，就不可能大胆地和别人（包括比自己职位高的人）竞争，不可能迅速决策和承担可能很快就被证明是失误的风险，从而也就不可能在这类企业中立足。

强人文化的特征是：(1) 崇尚个人明星。谁敢孤注一掷并取得成功，谁就是明星。“玩命的英雄是这一文化的准则，他们可能行为粗野，但只要每次行动都能开启成功的按钮，他们就是英雄”(102 页)。(2) 机遇扮演重要角色。明星随时产生，但也会突然消失，就如它突然来临一样。曾经是成功的东西可能不会再次成功。(3) 把仪式变成迷信。如果说，外科大夫坚持手术前盥洗七八分钟的仪式，是为了提供安全感和显示责任心，那么，强人文化则把某些仪式变成了迷信。如某本畅销书是从废纸篓里拣出来出版的，于是以后出书都得把书稿扔进废纸篓里待上几天；有一次，播音员穿上绒线衫，收视率立即提高，于是每次（包括夏季）播音都得套上绒线衫等等。

强人文化具有如下的群体习惯：(1) 衣着：追求时髦，注重打扮，喜欢与众不同；(2) 住宅：虽可住在任何地方，但仍追求在稍有特色的地区建造度假别墅；(3) 体育：喜欢一对一的运动；(4) 语言：喜欢使用从来没人听说过的词语；(5) 接待仪式：对来客毫不在意，至少得让他等上 20 分钟；(6) 同事关系：是各干各的，互不干涉。

强人文化的优点，是能够适应高风险、快反馈的环境，以承担风险为美德，勇于竞争，对过失不追究并承认其价值，从而不断推动行业前进。其缺点是：短期行为压倒一切；争当个人明星，置公司精神于脑后；把仪式变成迷信，培养向错误学习的倾向；容忍暴躁易怒行为，导致不成熟。

2. “拼命干、尽情玩”文化。

这种文化形成于风险极小、反馈极快的企业，如房地产经纪公司、计算机公司、汽车批发商、大众消费公司等。这些行业生产与销售的好坏，很快就能知道，但真正的风险并不大：就生产来说，由于有足够的核查和平衡手段，出了差错可以纠正；就销售来说，因产品是必需品（不像足球赛可看也可不看），一次销售不佳并不损害大局，只要多到顾客中去走走，多打打电话，销售量总可以上去。

这种文化对人的要求就是：干的时候拼命干，玩的时候尽情玩，对人友好，善于交际，树立“发现需要并满足它”的牢固信念。

“拼命干、尽情玩”文化的特征是：（1）工作数量扮演重要角色。因为“在这个领域中，压倒一切的是行动。只要员工们不懈地努力工作，就一定会达到目的”（105页）。（2）崇尚优胜群体。“在这里只有群体才能赢得世界，因为任何个人不能造成真正的差异。群体产生数量，这就是为什么……人人都想成为优胜小组中的一员”（106页）。（3）着迷于更有刺激性的活动，如汽车竞赛会、每周啤酒聚会、各种年会等，这些仪式化了的活动，充满了既不担忧也不迷信的气氛。

“拼命干、尽情玩”文化的群体习惯是：（1）衣着：始终按中产阶级的标准选择运动夹克、方格呢上衣、长袖衬衫等；（2）住宅：以住公寓而自豪；（3）体育：喜欢所有的集体性运动，如篮球和足球；（4）语言：幽默逗趣，随机应变，常用隐喻和首字缩略词；（5）接待仪式：门口迎接，拍拍来客肩膀，替来客拿外衣、倒咖啡；（6）同事关系：常在一起饮酒。

“拼命干、尽情玩”文化的优点是：行动迅速，适合于完成所需工作量极大的工作。缺点是：缺乏思考与敏感的一面，常使胜利者变得愚蠢，忘记了今天的成功可能会导致明天的失败。

3. 攻坚文化（亦译作“赌博文化”）。

攻坚文化形成于风险大、反馈慢的企业，如石油开采、航空航天方面的企业，往往一个项目就得投资几百万美元甚至几亿美元，但却需要几年的时间去开发、研究和试验，才能判断其是否可行。如美国国家航天局将数百亿美元用于航天飞机的研制，这是否可行要数年之后才能得到反馈。

攻坚文化对人的要求是：凡事应该仔细权衡和深思熟虑，一旦下定决心，就不要轻易改变初衷，而要坚定并善于自我导向，即使在没有或几乎没有反馈的情况下也仍然具有实现远大志向的精力和韧性。

攻坚文化的特征是：（1）崇尚创造美好的未来。“这种文化的信仰者集中于一个思想，那就是应该给美好的想法有一个合适的成功机会”（110页）。（2）权威、技术能力、逻辑和条理性扮演重要角色。在长期得不到反馈的情况下，那些曾经证明自己是正确的权威，自然赢得了很多人的尊敬，成为困难时期的心理支持。逻辑和技术能力，是说服人们去创造未来的力量，“一句有条理的话，就是一个新产品计划可能得以接受的草案”（110页）。（3）以企业例行会议为主要仪式，不同层次的人员严格地按指定的位置坐好，只有高级主管人员发言，决策自上而下进行，不能容忍不成熟的行为。

攻坚文化的群体习惯是：（1）衣着：保守，力求与自己的地位相配；（2）住宅：与等级相配，如高层领导常住在山坡顶上的高级住宅里，雇员住在离城镇相当远的郊区；(3) 体育：爱打高尔夫球；(4) 语言：经常提及历史，以先生或女士称呼任何人；(5) 接待仪式：要求采访者签名并戴上标志，为了见一个人起码要与五个人会面；(6) 同事关系：彼此相互视为良师益友。

攻坚文化的优点是：完全适应于高风险、慢反馈的环境，可导致高质量的发明和重大的科学突破，从而推动国民经济向前发展。缺点是：有时慢得很可怕，缺乏激情。

4. 过程文化

过程文化形成于风险小、反馈慢的企业，如银行、保险公司、金融服务组织、公共事业公司以及受到严格控制的药剂品公司等。这类企业所进行的任何一笔交易，都不太可能使公司破产，而这里的员工几乎得不到任何反馈，他们写的备忘录和报告似乎消失得无影无踪。

过程文化对人的要求是：遵纪守时，谨慎周到。

过程文化的特征是：(1) 崇尚过程和细节，严格按程序办事而不过问其在现实世界中的意义。"这种文化的核心价值是完善的技术……做到过程和具体细节绝对正确"(112 页)。(2) 小事扮演重要角色，一个电话、一段新闻摘录、一份部门首脑的近期备忘录，都会小题大做。(3) 仪式体现严格的等级观念，连办公设施也严格按照一个人的升等升级而及时调换，而不会早一天或晚一天调换。

过程文化的群体习惯是：(1) 衣着：保守，与自己的等级相配；(2) 住宅：住公寓或简单的四周没有花园等设施的房屋，趋于集中在靠近城镇的郊区；(3) 体育：喜欢散步和游泳之类的消遣性运动；(4) 语言：细腻，对任何问题都给予详尽的解释，并乐于回答没人能解释的特殊问题；(5) 接待仪式：有周密的签到手续，流行信函联系；(6) 同事关系：经常在一起讨论备忘录。

过程文化的优点是有利于稳定，缺点是过于保守。

以上四种文化类型的划分是理论上进行规范的结果。任何一个企业，不会完全属于某一个类型，往往是四种类型的混合：市场部门是强人文化，销售部门和生产部门是"拼命干、尽情玩"文化，研究和发展部门是攻坚文化，会计部门则是过程文化。就强文化企业来说，它们往往善于将这四种文化类型中的最优因素艺术地融为一体，因此，当环境因素不可避免地发生变化时，这些企业仍然能够正常地运转，甚至取得更大的绩效。

第三节　Z 理论

1980 年，美籍日裔教授威廉·大内出版了《Z 理论——美国企业界怎样迎接日本的挑战》一书。在该书中，他把典型的美国企业管理模式称为A(America)型，把典型的日本企业管理模式称为J(Japan)型，而把美国少数几个企业（如IBM公司、P&G公司等）自然发展起来的、与J型具有许多相似特点的企业管理模式，称为Z型。Z理论之“Z”（Zygote，合子、受精卵），就是主张日本和美国的成功经验应相互融合，同时主张在麦格雷戈区分“X理论”和“Y理论”的基础上再来一次重大的理论突破。

一、Z理论的中心议题

无论哪一种企业管理理论，都必须讨论怎样提高生产率。大内从战后日本企业的成功中得到一个启示：使工人关心企业是提高生产率的关键。但是工人不是“单个的人”，而是“社会的人”①。这些人只有以最恰当的方式结合在一起，才能够工作得最有成效。

Z理论的中心议题就是：怎样才能使每个人的努力彼此协调起来产生最高的效率？围绕着这个中心议题，“Z理论的第一课是信任”（4页），即要研究出一种管理制度，使雇员之间、部门之间、上下级之间保持相互信任；“Z理论的第二课是微妙性”（5页），即废除按照资格来分配工作的方法，而根据各个工人之间的微妙关系组成效率最高的搭档，或者废除工长的指挥和监督而由工人小组自己管理工艺，以便充分捕捉微妙性来提高生产率；Z理论的第三课是亲密性，即不仅要在家庭、邻里、俱乐部和教堂里培育人与人之间的亲密性，而且要在工作单位培育这种亲密性。正因为这样，大内才说：《Z理论》这本书“讲述的是信任、微妙性和人与人之间的亲密性。如果缺少这三点，没有哪一个‘社会的人’能够获得成功”（3页）。

二、Z模式的基本特征

Z模式，被认为是能够增加信任、微妙性和亲密性的管理模式。它的基本特征，与A模式不同，而与J模式相似。这可以从以下七个方面来说明：

1. 雇佣期。

在J模式中，是终身雇佣制。就全日本来说，占劳动大军35%的人能在实行J型模式的大企业和政府部门中享受终身雇佣制。日本的大企业，只到各个帝国大学（例如东京大学）招聘毕业生，一经雇聘就让他工作到强制性的退休年龄55岁为止。雇员只要不犯重大刑事罪是不会被解雇的，退休时可得相当于五年至六年工资的一笔退休金，并被安置到该大企业的卫星公司中去干十年左右的非

---

① ［美］威廉·大内：《Z理论——美国企业界如何迎接日本的挑战》，3页，北京，中国社会科学出版社，1984。本节后面引用这本书的话，只在引文后注明页码。

全日性的工作，因而一生的就业和生活都有保障。但这只是大企业雇员的命运，卫星公司的雇员到了 55 岁就只能收下一笔退休金而自己去安排晚年。不属于任何集团的小企业的雇员则随时有失业的危险。日本的企业被明显地分成了等级。日本的学校也被分成了等级，只有名牌或帝国大学的毕业生才能享受到终身雇佣制，因而导致进入帝国大学或名牌私立大学的激烈考试竞争，并使竞争压力向下延伸到中学、小学、幼儿园，乃至为应付特级幼儿园入学考试而专门设立的特级暑期学校。这种以把企业、学校分成不同等级为基础的终身雇佣制，是依靠多种因素来维持的：第一，大企业、卫星公司、帝国大学等等之间相互信赖与关系密切的文化因素。大企业和卫星公司是一种双边垄断关系，即卫星公司的产品只有一个买主，而大企业的每个购入件也只有一个供应者，这种双边垄断经过长期执行，使双方关系紧密，配合默契。大企业总是到有限的几所帝国大学招收新雇员，每所帝国大学的每个系每年都给每一个大企业分配一定数量的毕业生，而且雇主和学生都信赖大学的分配负责人能做出最好的搭配。第二，大企业给雇员发红利的经济因素。红利发放多少，不取决于个人表现，只取决于企业效益。这样就部分地把企业风险由股东转移到雇员身上。当效益差的时候，可以少发、迟发，乃至停发红利来共渡难关，而不必解雇人员。第三，大企业都有一大批以妇女为主的临时雇员，她们工作的临时性，从一定意义上说是由于妇女生儿育女的社会因素。但这种社会因素，却使妇女被作为“缓冲人员”，以保护男工的就业。

在 A 模式中，是短期雇佣制。在美国企业中，辞职和解雇是经常发生的。据统计，就从事体力劳动和办公室工作的职工来说，在一个企业的停留期平均为 2 年；就企业管理硕士来说，毕业后头 10 年平均换过 3 个公司；即使就经理级人员来说，停留在一个企业的平均期也只有 4 年。短期雇佣制造成了员工的临时观点和短期行为。

在 Z 模式中，是长期雇佣制。“长期雇佣关系往往是由于业务复杂而造成的。这种业务通常需要在实践中学习，公司为了培养雇员们在特定条件下的工作技能已经花了钱，因此愿意将他们留下。雇员们则由于他们的技能仅适用于该公司而不能立即在别处找到具有同等报酬和同等性质的工作，所以也倾向于不走。”(60 页)

Z 理论提倡把美国企业的短期雇佣制转化为长期雇佣制。理由是：雇佣期长，职工就更熟悉企业的内情，他们如果有长期工作下去的可能，就乐于与同事融洽相处，发展友谊，也更愿意接受企业的宗旨、作风、传统等，这样就容易被企业同化。方法是：当职工想辞职转厂时，可向他们提供更平等、更有挑战性的工作和让他们参与决策来予以改变；当经济短期衰退时，应该让股东少分红利或承担轻微损失来换取长远利益，同时也可以让雇员缩短工作时间、少得工资、放弃津贴、改变工种等来共渡难关，而不要解雇职工。

2. 评价与晋级。

在J模式中，正式的评价与晋级极其缓慢，青年人要参加工作10年之后才有可能得到各自不同的晋升。这种非常缓慢的评价过程，使得投机取巧、哗众取宠难以得逞，并促使人们以非常坦率的态度对待合作、工作表现和评价。为了避免因缓慢评价和晋级而挫伤青年人的积极性，一方面使正式职衔与实际所负责任脱钩，即资历较深的职工挂名，而实际工作则交给青年去办，在青年的才干得到充分的证明之后才给予不可逆转的提升；另一方面是建立只吸收青年人参加的名目繁多的“工作会”，使青年人能经常得到与自己地位同等的人所做的亲切、微妙和复杂的评价。

在A模式中，由于雇员迅速流动，不得不采取迅速评价和升级的办法。这导致经理层的歇斯底里态度，他们认为如果三年内没有重大升迁就是失败；也导致每个人都只盯着自己能够独立做的那些事情，谁也不关心别人的问题，从而无法形成合作协商的工作态度。

在Z模式中，评价和升级用不着等待十年，但也不像A模式那么快，因而是相对缓慢的。

Z理论主张确定一种缓慢的评价和提升制度，目的是要培育职工的长期观点与协作态度。但为避免人才向A型公司流失，对于新进公司的年轻人，在头十年应实行无差别的整批人的迅速晋升（加薪）；同时，“必须提供一种非金钱的评价制度，如常常同上级一起参与计划，包括得到上级密切的指示和引导”（105页），参加带有挑战性的重要工作，对其中工作成绩好并具有长期观念和协作态度者才能给予单独的晋升，而且这是在他们参加工作十年之后。

3. 职业发展途径。

在J模式中，职业发展途径是非专业化的，是企业内部的终身工作轮换制：“一个电机工程师可以从线路设计调往‘制造’，再调往‘装配’；一个技工每隔几年便被调去照料别的机器或去另一部门工作；而所有的经理都将在本企业各部轮流工作。”（27页）其优点是：能培育熟悉多种专业的通才，有利于不同职能部门之间协调结合成为一个优化的整体；每个雇员都有可能和企业内部任何其他人共事，从而提供了与他人友好合作的动力；能培养雇员献身本企业的忠心，因为本企业的通才转到另一个企业是很难奏效的；经常变换工作的人，“比那些持续担任一个工作的人更为心情舒畅、生气勃勃”（27页）。其缺点是：不能或很难培育出对某一业务特别精通的专家。

在A模式中，职业发展途径是高度的专业化。或者一辈子搞生产，或者一辈子搞销售，或者一辈子搞工程，或者一辈子做会计，转换专业是罕见的。据对50家美国大公司的几十位总经理在近20年内的经历所作的调查，每人平均从事的专业为1.4个，而人事、金融部门经理所从事的专业更少，平均仅1.1个。其优点是：把人培养成特别精通一门业务的专家，可以从甲公司转到乙公司，从一个城市转到另一个城市，而且几天以后就工作得很顺利，可以立即有所贡献，从而使得工业生产的广泛开展成为可能；适应于人员高度流动的社会，企业招聘雇员可节省培训新手的时间和费用。其缺点是：使人的发展片面化；只关心个人与专业，不关心他人与企业；人们之间互不了解，谈不上紧密结合，更谈不上配合默契，彼此之间是“预制标准件”式的机械结合，不能适应发展新的整体目标的需要。

在Z模式中，职业发展途径“常常是从这个办公室调到那个办公室，从这个职务调到那个职务。这些也正是日本企业的特征。这种方法有效地产生了更多地属于该公司所特有的技能，从而在设计、生产和分配过程中走向更密切的协调”(60页)。

Z理论主张扩大职业发展道路，有计划地实行横向职务轮换。理由是：这种轮换可增加工作的热情、效率和满意感，可以使设计、制造和销售合作得更好。

4. 控制方式。

在J模式中，是以微妙、含蓄和内在的方式进行控制的。局外人往往认为，这意味着上级对下级不加控制、放松要求，从感情上加以迁就，这种看法是错误的。其实，微妙、含蓄和内在的控制，乃是一种彻底的、纪律严明的并有严格要求的控制。因为这种控制，是通过向部属提出以下要求来实现的：理解企业应当怎样对待雇员、顾客、竞争对手和政府管理者，理解企业和社会的关系，理解企业在整个世界中的作用。很明显，所谓微妙、含蓄、内在的控制，并不是含糊不清、模棱两可、为人圆滑，而是通过向部属灌输企业的宗旨、信念和价值观并要求部属能据此推导出具体规则和目标的控制，简言之，也就是文化控制。这种控制方式的优点是：“既控制了人们对问题作出反应的方式，又取得了他们之间的协调。故而，解决问题的各种方法就会紧密配合在一起。”(35页)

在A模式中，控制方式是明确的和形式化的，失去了协作生活中的一切微妙性和复杂性。上级给部属下达可以衡量的工作指标，只有完成了这些指标的部属才是称职的。所谓目标管理法、方案计划估值法和成本利润分析法，就是告诉一个管理者应该怎样下达定量硬指标的。

在Z模式中，既有明确的控制方法，也有含蓄的控制方法，“含蓄和明确之间似乎存在一种平衡状态”(61页)。明确的方法用于控制情况的了解和沟通，但重要的决策则用含蓄的方法加以控制。例如，为了控制介入某个新行业的行为，必须计算出介入后所能获得的最大利润，但是，部属是否应该介入这个新行业，则取决于介入这个新的行业后，能否对顾客提供真正的价值，以及是否能够帮助雇员尽快成长。“Z公司内部，矛盾的焦点在于‘价值观’，而不是市场份额或获利性。”“Z公司与众不同的特点之一是，这些价值观不是赝品或化妆品，它

们是在实践中据以作出决定的准绳。”（63页）

Z理论极力主张在企业内部建设高度一致的文化，用自我指挥取代等级指挥，从而是彻底内在的控制。

5. 决策过程。

在J模式中，是集体作出意见一致的决策。要作出重要决定时，每个有关人员都要参与，反复协商，直到取得真正一致的意见。用这种方法决策，需要很长的时间，但往往能作出创造性的决定，而且一旦作出决定，有关人员都会给予支持，使决策能又快又好地得到贯彻。日本企业界有一种独特的“决策观”，认为：“重要的不是决定本身，而是人们对决定负责和了解到何等程度。否则‘最好的’决定也能被搞坏，正像‘最坏的’决定也能搞得不错一样。”（37页）这种集体决策是以共同的价值观和信念为基础的。

在A模式中，是个人决策。“在典型的美国企业里，科长、部的经理、总经理都一致地认为他们‘不能踢皮球’——只有他们自己才应当担起作出决定的责任。”（36页）用这种方法决策，很快很干脆，但贯彻执行起来却很慢。

“在Z型组织中，决策问题是一个多人参加并取得统一意见的过程。”这也是“在企业内部广泛传播情报及价值观的方法之一。它也无可置疑地发出象征性的讯号，表明该企业内部之间的合作意图”。出于这种象征性的理由，“Z型组织典型地付出很大精力来培植这种人与人之间为作出有效率的集体决策而必需的技能”（66页）。

Z理论提倡集体决策，主张让工人也参与进来，认为“应向作为一个集团的工人征求建议而不是从一小批匿名的建议箱那里搜集建议；不要害怕这些建议付诸实施”（111页）。

6. 责任制。

在J模式中，是集体负责的。“在日本没有一个单独的个人对某件特殊事情担负责任，而是一组雇员对一组任务负有共同责任。”（39页）

在A模式中，是个人负责的。例如，“吉姆独自负责购买办公用品，玛丽独自负责接洽维修服务事宜，而弗雷德则专门负责购买办公室用的机器。如果弗雷德发生了较大的事，例如生病，办公室用的机器的订单不能得到正确处理……弗雷德只好被解雇”（39～40页）。

“在Z型公司里，决策可能是集体作出的，但是最终要由一个人对这个决定负责。西方人是否能容忍日本组织所特有的集体负责形式是令人质疑的。对于西方社会来说，维护个人责任感是极为关键的，但它在Z型组织中却产生紧张状态。”这是因为集体决策和个人负责的结合，要求有相互信任的气氛。只有在全体员工目标基本一致，而且没有人为己牟利的前提下，“每个人才会对集体作出的决定负责，并且积极努力地去完成任务”（66～67页）。

Z理论提倡强化共同目标，使每个人都能自觉对集体作出的决定负责，从而避免紧张状态。

7. 企业关系。

在J模式中，企业与职工、雇主与雇员、雇员与雇员之间是一种整体关系。企业不仅向职工提供适当的工作，而且要努力使职工在德智体三方面得到全面的发展。企业不仅仅关心职工8小时之内的工作，也关心职工的吃饭、住宿、学习和娱乐等问题。企业内部人与人之间，通过多种纽带而相互联系，形成一个完整而全面的关系。正是在这种整体关系中，人们的亲密、信任和相互了解才会产生。

在A模式中，人们之间的关系是一种局部关系，人们之间的相互了解仅局限于工作范围之内。西方有的社会科学家甚至认为整体关系是一种变态的东西，只限于监狱、精神病院、修道院及军事单位，和现代工业社会是不相容的。这样，人们只以片面方式在企业相处，各自扮演一种角色，而不是把对方当作一个完整的人来看待。

在Z模式中，情况与日本公司相似，上级对下属、雇员对同事的关心是广泛的。“人与人之间的关系趋向于无拘无束，并且着重于全体人员在工作中互相打交道，而不是那种经理只和工人，办事员只和机械师打交道的关系。这种全面关切的方向是整个组织的中心特点。”（67页）

Z理论主张使整体关系得到发展，因为“在这种局面下，非人性化是行不通的，独裁是不可能的，而公开的思想交流、信任及负责却是常情”（68页）。但是，Z理论也认为：“如果一个组织期望通过使雇员穿上制服、谱出公司歌曲、主办滚木球联赛和野餐会而达到提高生产率和加强社会一体化的利益，那是错误的。整体关系是团结性、内聚力的表现，而后者是在共同工作并共享其归属感情的雇员集团中涌现出来的。”（111页）

三、Z理论的重点研究对象——企业宗旨

怎样才能使管理模式从A型转化为Z型呢？或者说，怎样才能够使一个企业增加信任、微妙性和亲密性呢？Z理论认为，这可以通过制定明确而又被普遍接受的企业宗旨来实现。因此，企业宗旨就成为Z理论的重点研究对象。

企业宗旨是企业文化的重要组成部分，是企业价值观和信念的体现。其作用在于：（1）“一种宗旨提供了一个标准，可以对问题作出反应，阐明为什么某些行为要得到奖赏”，阐明对于一个企业来说什么是重要的、什么是不重要的；（2）企业宗旨可以成为一种有用的手段，“使雇员对目标和价值有共同的理解”，从而使人们的活动统一起来，相互协调；（3）企业宗旨能够“表明公司的形象，而公司的形象甚至可能会影响个人的自我形象”，在宗旨崇高的企业工作会感到自己的道德也是高尚的；（4）宗旨的真正执行，意味着企业文化的发展，而“这

种组织文化的发展可以部分地代替发布命令和对工人严密监督的官僚方法，从而既能提高劳动生产率，又能发展工作中的支持关系”（113～114页）；（5）企业宗旨有助于一个企业保持自己的特色。

Z理论认为：企业宗旨不能只是一种有关公司的是和非的模糊概念，而应该是一种经过仔细考虑的宗旨，所以必须白纸黑字地写清楚，“最好采用所有雇员都能得到的小册子的形式”，使“所有的雇员在发生模棱两可的情况时就可加以查阅”；否则，“就会显得没有经过很好考虑，因而有较大的不一致和缺乏对理想的注意”（113、121页）。

制定明确的企业宗旨，必须说明三件事：（1）企业的基本目标或目的；（2）用以达到这些目标的基本手段；（3）企业同其社会和经济环境的关系。这三个方面，都是企业宗旨所必不可少的内容。

就企业的基本目标来说，“所应包括的不只是增长率和利润率这样一些财务目标，它还应该包括技术进步速度和为顾客服务的质量这样一些较为无形的目标”。“如果在一项有关各种目标的陈述中不包括那些不明确的领域，那么经理当然会把他们的努力集中于那些正式宣布的较能明确衡量的目标，而技术进步或为顾客服务这样一些没有提到的目标就将逐渐萎缩而不能实现。”（116页）因此，有形目标和无形目标，短期目标和长期目标，容易量化的目标和难于量化的目标，都应该写进去。这可以称为企业宗旨制定中的目标全面性原则。

就达到目标的手段来说，应该说明“经理和工人如何分享权力，如何作出决策，如何同当地社区打交道，等等”（117页）。“如果对目标作了有力的陈述和监督，而对营业原则或手段却没有规定，那么，经理就可能会采用任何手段来达到他们的目标。”例如，“一个经理可能采用凌辱雇员或忽略技术发展的手段来达到提高销售或加速生产的目标。这些手段的恶果在短期内可能被隐蔽起来，但最终将对组织的利益产生巨大的损害”（118页）。明确规定达到目标所应采取的手段，就是要防止“不择手段”。这可以称为企业宗旨制定中的手段合理性原则。

就企业同社会的关系来说，应该“描绘出公司同其所有者、雇员、顾客以及同一般公众的恰当关系”。例如，美国的戴登-赫德森零售公司作出了如下的规定：“A. 作为消费者的购买代理人，满足他们对商品和服务的需要和期望。B. 为我们的雇员提供个人和职业上的发展。C. 为我们的股东提供一种有吸引力的财务收益。D. 为我们在其中经营的社区提供服务”（118～119页），如“遵守最高的法律、伦理和道德标准”、“改进我们经营所在社区的环境”、“贡献每年应税收入的5%用于改进社区生活的质量”（204、205页）。这可以称为企业宗旨制定中的关系和谐性原则。

Z理论认为：“不可能凭空制定出一种宗旨来。必须通过对公司在过去所作的四五个重要决策的分析来了解你的公司的文化。哪一个效果好？哪一个失败

了？不一致和遗漏之处在哪里？举行一系列的会议来检验这些决策并发现在许多决策中一贯应用的一些原则。通过这些，一种符合要求的宗旨的基础才可能奠定。”（88～89 页）这也叫调查—反馈法。Z 理论还认为：未被忠实执行的宗旨陈述是没有意义的，因此要通过检查来暴露和纠正言行的不一致。

第四节　7S 管理框架

7S 管理框架，又称“麦肯齐 7S 框架”、“企业管理分子”，也有人诙谐地称之为“幸福原子”。这是美国一些管理学家提出来的一种重视企业文化的管理理论。

一、背景、由来与含义

20 世纪 70 年代，人们普遍关心管理的效益问题，尤其是关心战略、组织结构与管理效益的关系问题。为了弄清这些问题，美国麦肯齐咨询公司组织了两个研究组：一个是战略研究组，任务是要检查一下美国管理学界关于战略的想法对不对；另一个是结构研究组，任务是搞清什么样的组织结构最有效。结构研究组由托马斯·彼得斯（Thomas J. Peters）和小罗伯特·沃特曼（Robert H. Waterman）负责。

早在 1962 年，工商企业史学家阿尔弗雷德·钱德勒就写了《战略与结构》一书，提出了结构要紧跟战略的论断。到 1977 年，美国管理学界已普遍认为钱德勒的这一论断是放之四海而皆准的至理名言。因此战略和结构，是美国研究得很多、应用得很广的管理学范畴。就结构来说，人们把它概括为五种类型：（1）集权式结构，也叫集权的职能性结构。这种组织结构，权力集中在总经理一级，只有总经理才能使生产、研究与发展、销售、供应与财务等活动取得协调。副总经理只负责某一个方面的工作（如生产或销售），权力小，责任也轻。这样，各个部门的积极性难于发挥，整个企业的效率也就受到影响。（2）分权式结构，也叫分权的“联邦式”结构、“事业部制”。这种结构是使总部和下属单位都有真正的职权。总经理坐镇总部，决定企业的主要目标，组织人力资源，选拔、训练并考核未来的领导人员，制定评价工作效率的标准等。各个副总经理所负责的单位，是按不同的产品来划分的，也是一个自治性组织，有对生产、工程、研究、销售、采购、会计、人事等全面协调的权力。（3）模拟分权式结构。有些企业，如大银行和大型化学工业公司，由于规模过于庞大，不宜采用集权式结构，但是，它们的经营活动整体性很强，或者生产过程的连续性很强，也不宜于真的采用分权式结构。因此，在这些企业中，往往或按地区，或按生产程序，或按其他标准，分成许多“组织单位”。这些单位被当作独立核算、自负盈亏的机构，产品在企业内部转移时要按内部价格结账，计算利润，以此来促进经营管理的改善。(4) 矩阵结构，又叫“规划—目标”结构。这是为了加强企业内部各职能部门之间、各部门与规划项目之间的协作，把管理中的垂直联系和水平联系、集权与分权结合起来而建立的一种组织结构。其办法是在垂直的领导系统中，从各单位抽出人员组成临时或长期工作小组，以完成一定的规划为目标，故称为“规划—目标”结构；而由于垂直系统与各规划项目的水平系统组成一个矩阵，所以又称矩阵结构。(5) 系统结构。这是矩阵结构的推广，是为了完成一个共同的大目标（如阿波罗登月），而从范围很广的各个完全独立的单位（包括企业、政府机构、大学、科研单位等）抽调人力、物力建立起来的组织结构。

美国企业界向来重视通过改变组织结构来提高生产率，20 世纪 50 年代和 60 年代出现了分权式结构的浪潮，70 年代时兴的则是矩阵结构。应该承认，组织结构的调整确实曾经大大促进了生产的发展。但是实践也表明，企图仅仅通过调整结构来提高生产率，未必是高明之举。因为集权式结构不利于调动积极性，分权式结构和模拟分权式结构并不是在任何时候都能奏效，矩阵结构和系统结构则由于太复杂而不断遇到麻烦。麦肯齐咨询公司的结构研究组，就是为了彻底搞清楚这个问题而建立起来的。

该研究组向企业家求教，走访了美国和欧洲十来所工商管理院校的理论家，发现尽管仍有少数几位研究者在组织结构上（尤其是在那种最新、最时髦的矩阵结构上）做文章，但很多人对于摆弄战略和复杂的矩阵结构不放心。经过调查分析，该研究组形成了这样的认识：结构问题虽然很重要，但也只能是整个管理有效性问题的一小部分，“所以我们所要做的事，绝不限于在组织结构方面想出些新点子”。而且，组织结构的调整，也离不开人事工作的安排。“脱离了具体的人事方面的考虑，是搞不出好的结构方案来的。反之，不考虑结构，也做不出好的人事安排来。”①

麦肯齐咨询公司的结构研究组，最后得出的结论是：任何一种明智的管理，都涉及七个变量，并且必须把它们看成是相互关联的。这七个变量就是：结构、战略、体制（或制度、程序）、人员、作风、技巧（或管理艺术、长处与技能）、共有的价值观（或指导观念、文化）。对于这个结论，哈佛大学的安东尼·阿索斯和斯坦福大学的理查德·帕斯卡尔建议说：为了便于解释说明，也为了便于讨论记忆，最好搞点头韵式的东西。结构研究组的两位负责人接受了这一建议后，经过一番提炼，下了一点文字推敲功夫，把这七个变量的英文都写成以 S 开始，并画了一个图来表示，因此就获得了“麦肯齐 7S 框架”的名称，如图 10—1 所示。

① ［美］托马斯·J·彼得斯、小罗伯特·H·沃特曼：《成功之路》，23～24 页。

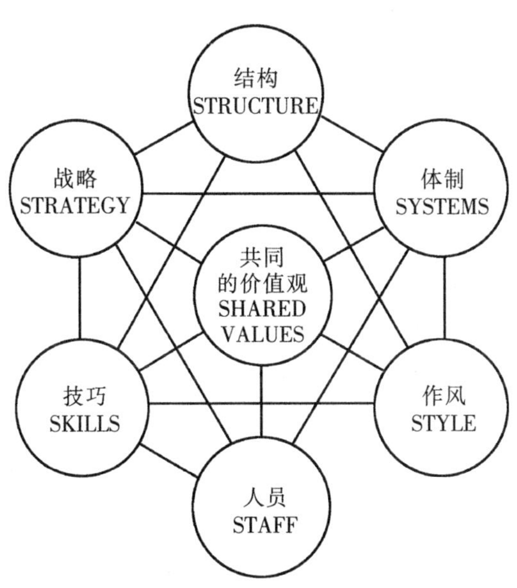

图 10—1 麦肯齐 7S 框架图

7S 框架图中的七个变量，又称管理七要素。按照帕斯卡尔等人的解释："战略是指一个企业如何获取和分配它的有限资源的行动计划。结构是指一个企业的组织方式——是分权还是集权，重视直线人员还是重视参谋人员，即在组织机构图上是怎样排列的。制度是指信息在企业内部是如何传送的，有些制度是正式的'硬拷贝'类型的，如电子计算机的打印输出和计划执行情况报表等，有些制度是非正式的，如会议。"这三者是硬管理要素。其余四个则是软管理要素："人员不只是指直线和参谋人员，而是指企业内部整个人员的组成状况。例如工程师、旧汽车推销员、工商管理硕士和电子计算机操作员等的构成情况。技能是指企业和它的关键性人物的特长，他们的竞争对手所没有的卓越能力。""作风是指最高管理人员和高级管理人员队伍的行为形式"，"也可以指整个企业的作风"。至于共同的价值观，帕斯卡尔等人称之为"最高目标"，并认为："最高目标（包括企业成员的精神、目的和共同具有的价值观）指一个企业及其成员的奋斗目标，这不是指企业的长期经营成果，如每年增长率为百分之多少，或投资收益率为百分之多少，而是指'感动人的'，以及能够将职工个人和企业目的真正结合在一起的价值观或目标。"①

在 7S 框架中，共同的价值观处于中心地位，把其他六个要素黏结成整体，是决定企业命运的关键性要素。

① ［美］理查德·帕斯卡尔、安东尼·阿索斯：《日本企业管理艺术》，71 页。本节后面引自该书的话，只注明页码。

二、日美典型企业在7S框架中的对比

1981年，理查德·帕斯卡尔和安东尼·阿索斯合写的《日本企业管理艺术》一书出版。在这本书中，为了找出日本在经济上赶上并超过美国的原因，根据麦肯齐7S框架所说的七个方面，对比了日本企业和美国企业在管理上的区别。日本企业家固然重视三个硬S，但是更舍得在四个软S上下功夫。美国企业家往往过于重视硬S，轻视软S。虽然美国也有人用各种方法强调四个软S，但这“对于美国企业管理界的主流派来说是可有可无的”。硬S派批评软S派“不科学”，软S派则谴责硬S派“不近人情”，“两方面逐渐地将对方逼向更为极端。一方最后研究出令人厌烦的理性方法，来对抗另一方未受到训练的、非理性的和过于重感情的‘经验’”（72～73页）。

下面是日美典型企业在四个软S上的具体差别：

1. 共有价值观。

“共同的价值观对一切企业都是非常重要的，它可能是大公司最为保密的‘秘密武器’。”（188页）日本企业家总是尽心尽力地向职工宣讲、灌输企业的基本信念，使职工个人目标同化于企业目标，建立起全体员工共享的价值观。美国企业家却往往“拒绝触及更高一级的人的价值观”，恪守西方文化传统而误认为“企业可以任意要求职工作出脑力和体力贡献，但是却不能干涉职工的个人生活和基本信念”（190页）。即使在某些方面和日本松下电器公司很相似的美国联合航空公司，也“没有深入地以精神价值观作为号召，和以细致入微的同化过程来团结职工”（160页）。

美国人一般重视自我的价值，忽视集体的价值，认为自我是宇宙的中心，是可以依靠的一个支撑力量，因而容易自我膨胀，好像在企业这个集体中遗失了自我，于是常常去“寻找”，常常说他还没有找到他自己。日本人则相反，比较重视集体的价值，认为自我是成长的障碍，而不是可以依赖的一个支撑力量，因而要求个人行为与集体活动一致，并在企业生活中对谦虚和自我克制给予很高的评价。

美国高级管理人员强调“独立”，强调与他人分离的价值，而往往忽视相互帮助、相互依存的价值。相反，“日本高级管理人员的传统教导是要和别人相互帮助，要成为大集体的一部分，要和别人相互依存”（109页）；“日本人认为，对于企业来说，独立有消极的含义，它是指不顾别人，而只以自我为中心”（115页）。因此，当对某个管理人员不满意时，美国常用“过分依赖”一词，日本则用“过于独立”一词。

美国高级管理人员重视“权力”的价值，轻视下级和职工的价值，认为“高级管理人员如果轻视他们的权力……早晚要失败……他的下级人员会高兴地剥夺他的地位和权力，从而束缚住他自己的手脚”（146页）。当他们缺乏技能而不得

不求助于下级时，也是把它作为一项考验下级的任务布置下去，绝对不会暴露自己的弱点。相反，日本管理人员虽然意识到权力的重要性，但是他们的权力是来自他们以往的成绩和他们长期工作的经历，权力本身并不是目标而只是为了将工作做好的条件，因此他们并不特别害怕与别人分享权力，并能坦率地承认下级和普通职工的价值。“东西方最大的差别在于，日本企业的上级可以……通过找出下级的长处、暴露自己的短处这种对双方均有利的作风，来吸引下级”，这样一来，不仅下属人员的“长处得以发挥，而且他们还可以从上级人员身上学会如何弥补自己的短处”（130页）。

最后，美国高级管理人员往往重视利润目标的价值，忽视社会、环境和人事关系目标的价值。日本企业则相反，认为社会等方面的目标，比利润目标的价值更高。

上述几个方面妨碍了美国的企业家们，使他们不能在公司内部建立共同的价值观。

2. 人员与人事政策。

美国的高级管理人员，虽然承认每个人都有经济、安全、社交、心理和精神上的需要，但是认为企业的使命仅限于满足职工的经济需要，把满足人的其他需要的责任推给国家、教会、社会和家庭。相反，“日本高级管理人员则认为，照顾一个人的整个生活乃是企业的职责，而不能推卸给其他机构（如政府、家庭或宗教机构）。而且他们还认为，只有当个人的需要在公司内能够得到满足时，他们才有精力从事生产工作”（75页）。显然，日本人的见解要比美国人高明。

美国的高级管理人员，往往把其他人看成是用来达到他个人目标的客体，是被动受管制的工具，甚至是毫无个性的“可以互换的生产零部件”（76页）。日本的高级管理人员，则认为其他人“既是供使用的客体，也是应该给予尊重的主体，所要达到的既是领导个人的，也是全体职工的目标”（74页）。因此，美国企业一般说来并不重视人的作用，只是迫于各方面的压力，在20世纪后半期才不得不拟定出人力资源管理制度。相反，“日本企业长期以来一直重视他们的人员，重视管理人员发展人力资源的技能，并将这种技能传授给他们的接班人”（77页）。

对人及满足其需要的不同看法，导致职工政策的重大差异。包括美国在内的“西方企业喜欢与职工保持一定的距离，不重视训练和指导下属人员，突然调动职工的工作（而不是小心翼翼地移动），依靠命令进行改组，或是对职工进行直率粗鲁的批评等，而不顾及脸面和必要的稳妥步调，这一切都会使职工变得小心翼翼”（186页）。相反，日本企业则尽量缩短与职工的距离，重视职工培训，对职工非常关心。“日本企业的基层管理人员常和下属人员一起劳动，经常向他们提出个人意见，并让工人之间有更多的接触”（189页）。由此而来的效果是：“日本企业管理方式的最大成果是让企业中的每一个人比美国人更积极主动，设法把

工作做得更好，以每人微小的贡献帮助企业成功。”（187页）

3. 作风。

美国公众所赞扬的经理哈罗德·吉宁的作风是：突出总裁个人，寻求“不容置疑的事实”，制造并保持紧张气氛，不断增加压力，坚持重奖严罚。而日本优秀企业家松下幸之助的作风却是：事必躬亲，深入现场；敬谢员工，培育下属；推心置腹，不下命令；赏罚适度，创造和谐。这两位企业家作风上的差别，可以代表日美企业在作风上的差别。从总体上看，美国企业崇尚强硬的管理作风、强硬的语言、强硬的行动，日本企业则崇尚同情和体谅的作风、有礼貌的语言、不使人过于难堪的行动，处处以赢得人心为最高准则。这种作风上的差别甚至在见面礼节中也显示出来：美国人见面时紧紧握手，直言不讳和用双目注视对方；日本人见面时深深鞠躬，说话婉转，避免直视对方。

4. 技巧。

管理中的技巧，就是处理各种矛盾如个人与企业、上级与下级、合作需要与竞争压力、短期与长期、有形报酬与无形奖励等等的艺术。

日本企业家重视技巧的培养，许多矛盾处理得颇有艺术性。美国企业家处理矛盾一般比较生硬，显得缺乏艺术性。

日本人很善于在清楚与含糊、确定与待定、完善与粗略之间求得平衡与统一，显得恰到好处，分寸得当，很有艺术性。美国人则只偏爱清楚、确定、完善，而把不清楚、不确定、不完善视为必须马上予以歼灭之大敌。这样，对比之下，日本人显得很善于使用含糊的方法，而美国人则显得缺乏这方面的技能。

日本人运用含糊方法的技巧，也许集中体现在他们的“语言艺术”和“静待艺术”之中。日本人讲话非常婉转，含蓄地提醒，迂回地建议，随着对方的不同的反应而选择不同的用语（日语中有19种不同的方法说“不”），文明礼貌地建立起不伤害对方自尊心的“语言屏风”。美国人则不然，“往往把语言当作一把锤子，而把别人的意见当作钉子”，时而鼓吹“寡言的牛仔”，时而崇尚“直言不讳、拍桌子的硬汉”，把语言贫乏或简单粗鲁的言辞当成“诚恳和直率”，70年代后期，又时兴一种冷冰冰的、精确按数理公式推导的、令人听得呆若木鸡的语言，毫无艺术可言（90页）。

日本人的“静待艺术”，不仅用于“待人”，而且用于“待事、待物”。不仅人的认识有一个发展过程，其实一切事物的发展都有一个过程。不发愁，不紧张，如同等待春天来临那样等待时机的到来，这种“静待艺术”，“告诫人们不要一直向前冲，而应聪明灵巧地与时推移”。美国人往往缺少这种艺术技巧，沉不住气，“在时机尚未成熟时，由于过分冲动就冲向终点，结果反而破坏了一切。操之过急对企业……是十分有害的”（83页）。

第五节　革新性文化八种品质说

革新性文化八种品质说，是《成功之路》一书中提出的理论。该理论认为，超群出众的企业“有一套独特的文化品质，是这种品质使它们脱颖而出，鹤立鸡群”①。

一、“革新性文化”概念的形成

麦肯齐咨询公司的托马斯·J·彼得斯和小罗伯特·H·沃特曼提出7S框架以后，经理们注意到了这七个因素，而不是只抓两个因素，从而有可能取得较大成绩。但是，7S框架只是告诉经理们，过去他们的失误在于忽视了软因素，但却并没有告诉他们怎样抓软因素，缺乏关于实际设计方面的主意。要使一位企业领导实际上抓好“软因素”，是一件十分复杂的事情。正如彼得斯和沃特曼所说：“这就好比要设计一座高水平的桥，要比理解为什么许多桥的设计都失败了要困难得多，所要干的事情也多得多一样。”（26页）为了解决实际设计或实际操作问题，他俩决定继续研究下去。

正当他们深入思考“软因素”的实际操作问题时，英荷壳牌石油公司的常务董事们请他们去主持一个有关“革新”的讲习班。为了准备主持这个讲习班，他俩初步形成了“革新性文化”这个概念，即认为：“一个具有革新性的企业，不仅要在生产那些在商业上有利可图的新玩意儿方面不同凡响，在对环境中各种变化不断作出反应方面，也应特别突出。……这些公司在环境发生变化时，是会随之发生变化的。顾客的需求改变了，竞争对手的技术提高了，公众的情绪起波动了，国际贸易中各方面的力量重新组合了，政府的法规变动了，这些公司就会紧紧跟上、转向、修缀、调整、改造并适应这些变化。总之，它们具有革新性，是就其整个文化而言的。”（27页）凡是具有这种革新性文化的公司，他们才冠以出色公司的称号。

1979年7月4日，彼得斯和沃特曼在英荷壳牌石油公司就他们的“革新性文化”和“出色公司”观念作了演讲。后来，又有少数几家企业对他们的观点表示了浓厚的兴趣，并敦促他们继续研究下去。几个月之后，他们组织了一套人马，专门研究他们所定义的出色公司，即不断表现出革新性的大企业。他们“挑出了75家颇受公众重视的企业，在1979年至1980年间的冬天，对这些公司中的约半

① ［美］托马斯·J·彼得斯、小罗伯特·H·沃特曼：《成功之路》，43页。本节后面引自该书的话，只注明页码。

数进行了深入、详尽而系统的调查采访”，其余的公司开头是通过书面材料来进行研究的，后来“对其中 20 多家进行了详细采访”。结果发现：“这些出类拔萃而且富于革新的公司都表现出了八种品质，这些品质几乎已成为它们大多数的特征了。”（28 页）这就是说，“革新性文化”不再只是一种抽象理论，而是具体化为公司中实实在在的八种品质，这个概念牢固地站稳了脚跟。

在调查研究的基础上，彼得斯和沃特曼从原先选定的 75 家公司中，抽选出 62 家来进行分析，并补充了美国消费品行业、加拿大出众企业、美国中型企业的若干材料，写成了《成功之路》一书，专门论述革新性文化的八种品质。作者希望通过这种论述，“能够表明企业应当形成并奉行什么样的价值观”（43 页），从而使经理们懂得怎样抓软因素。

二、革新性文化的八种品质

“文化占有主导地位并且贯彻始终，这点已被证实是出色公司的根本性特征，无一例外。”（99 页）“优秀公司的特点是都有很强的文化传统，这种文化传统强到使你别无选择。”（100 页）强文化之所以“强”，在于它有“革新性”。而革新性文化的根本标志，是它所具有的八种品质，“这八种品质无一不是与人有关的”（59 页）。下面逐一论述八种品质。

1. 贵在行动。

贵在行动有两层含义。第一层含义就是强调“组织的流动性”；第二层含义就是提倡“企业实验精神”。

“出色企业的组织是流动性的，灵活可变的。”（150 页）这表现在：（1）管理人员经常走出办公室，搞所谓“巡视管理”、“周游式管理”、“看得见的管理”，在无拘无束、随随便便的气氛中，与各类人员广泛接触，交流信息，研讨问题。巡视管理是一种丰富多彩的信息交流活动，它有一箭双雕的功效：“既能促使人们采取更多行动、进行更多实验、学习更多东西，又能更好地保持联系并驾驭局面。”（153 页）为了不让冗长的文件捆住管理人员的手脚而难于行动，优秀企业如 P&G 公司坚持搞“单页备忘录”，这种简短的文件使企业大受其益，一是引起的争论减少了，二是能使人思想集中，三是把主要问题突出了，四是可靠性也随之提高了。（2）“愿意随时把成批的工程师、经销人员、产品等资源，在各分部之间调拨转移”（154 页），因而能够将复杂的任务进行分解，并组织行动灵活的专题工作组“各个击破”。因此，“小组就是出色公司的基本组织构件，是大厦的砖石”（155 页）。小组特别是专题工作组的真正力量就在于它的灵活性。专题工作组“一般是十个人或者更少点”，成员的资历“要和待解决的问题的重要程度相称”，但“一般是志愿参加的”，“不任命任何专职人员”。“只要需要，就能很快凑成一个专题工作组，一般用不着搞什么章程”，也“很少搞文件”，只是根据问题的重要程度向相应的上

级汇报工作，接受这个上级迅速及时的检查。任务一旦完成，小组立即撤销，“这个特点就是催人快干”，因此有些出色公司组成专题工作组时只要高级人员，只要忙人，因为“他们的主要目标是尽快摆脱那该死的专题工作组，好回他本职岗位去干活”，这就是所谓“忙碌成员定理”。（158～160 页）

“出色企业贵在行动，其最重要和最明显的表现，就是它们愿意去把事情试出来，愿意去试。”（164 页）这也就是企业实验精神。它有三大特点：（1）重视试验甚于分析，重视行动甚于计划，重视实干甚于思考，不花费过多的时间去分析、去辩论、去冥思苦想，而是“干”字当头。（2）重视具体甚于抽象，即从最简单、最容易改变的地方入手，找出一两个具体的具备了成功因素的短期基本目标，把注意力集中在取得有形的具体成果上，以此作为发动工作改进运动的第一步，而不奢求公之于世的新东西必定十全十美。（3）允许犯错误，允许冒风险。“在出色企业里，要是不去担一点风险，不‘走出去干一点事’，这本身反倒成了一种风险了。”（182 页）企业实验精神的优越性在于：“能提高成本效率”，由于通过试验，“手中有了原型样品，思考起来就更有创造性，同时也更直观、更具体了”，“这是抽象的纸面上的分析或描述所无法望其项背的”（170 页）。

总之，重在行动的出色企业，“很少让过分复杂捆住自己的手脚的。它们不让人们去搞那种常设性委员会或是那种一拖好几年的工作组。它们不沉溺于长篇大论的报告，也不设置正规的矩阵型组织。它们的活动和……人的局限性倒是很相符的；这就是说，人们一次只能处理得了一点儿信息，而且只要感到自己有了几分自主权（例如，自己能够适当地搞一些试验），他们就会奋发起来的”（187 页）。

2. 紧靠顾客或用户。

出色的企业从来不把顾客当作累赘，而是当作企业赖以生存的“饭碗”和“衣食父母”，当作企业革新智慧之源。它们甚至提出这样的信条：“顾客第一，职工第二，本地社区第三，第四也就是最后才轮到股东。”（229 页）

出色企业紧靠用户，主要表现在对服务的执著、对质量的执著、开拓合适的市场和倾听用户的意见四个方面。

出色企业“整天想的就是服务”（206 页），“不管它们的本行是金属成形也好，是高级技术产业也好，还是煎汉堡包也好，反正它们全把自己看成是一门服务性行业”（203 页）。它们对服务的执著表现为：（1）把售后服务当法宝，认为推销工作是在货物售出后才开始的，而不是在此之前，因此每当顾客回来要求服务，就给他把事办得尽善尽美，而不是抱着“银货两讫，各不相干”的态度。（2）对用户的每一条意见都给予迅速答复，如国际商业机器公司坚持必须在 24 小时之内给予答复，拉尼尔公司“坚持 4 小时之内就必须对所有的意见作出答复”（198 页）。其中，有高级管理人员深入而积极的参与，他们越过中层而直接“跟那些负责回答用户来信的下级专业人员进行定期碰头”（200 页）。（3）经常开展巡回上门服务和短期现场服务等，一旦产品在用户使用过程中出了毛病，就立即派出专家去帮助处理。(4) 服务不惜代价，如愿意花上几百美元，专门派上一辆卡车，给用户送去只值30美元的产品。这是否值得呢？出色公司认为：“利润指标固然重要，但却是着眼于企业内部的，当然不能广泛地激发起基层的数以千计的职工。反之，服务的目标则肯定对下面所有的职工都是有意义的”(200页)，“强调面向用户本身就是一种很强的激励因素”(205页)。(5) 从思想理论上，总结出所谓关于服务的“黄金定律”，其要点是：出色的企业是靠用户和市场来驱动，而不是靠技术来驱动；对用户所作的每项建议，从用户自身的立场来看，都应该是最为经济实惠的，应该“像拿的是用户的薪水那样来行事”(194页)。

出色公司对质量的执著，主要表现为：(1) 坚持百分之百合格的质量和可靠性，否则产品就不出厂。(2) 为了保证质量和可靠性，出色的企业，即使是属于高技术性的企业，也往往有意放弃一些未经证实的新技术，而采用切实好用的可靠技术，这就是所谓“在市场上以甘居亚军为荣”的现象。这种现象是对用户负责和依靠用户这两种精神的结合。

紧靠用户的含义之一，就是要以量体裁衣的方式来为用户服务，也就是要开拓一个能在某一方面优于他人的合适市场。出色的企业很善于把基本用户细细划分为许多小部分，然后提供经过专门加工、适应特殊需要的对路产品和服务，尽管要价高了，用户也能接受，并使企业与用户建立起一种很难分开的联系。

最后，出色公司善于倾听用户意见，并因此而获益。麻省理工学院的埃里克·冯·希佩尔，曾详细考察科学仪器制造行业里的革新是从哪里来的，“他所观察的11项‘开一类产品之先河’式的革新，全是来自用户的；66项重大改进中，有85%来自用户；83项较小的改进中，则有三分之二是来自用户的”；许多发明创造，如气相色谱仪、核磁共振质谱仪和波导电子显微镜这类高级仪器，“不仅主意是用户的，而且也是由用户们而不是仪器制造商自己首先予以试验，造出原型样品，加以证实并率先使用的”(233～234页)。

3. 鼓励革新，容忍失败。①

这里所说的“革新”，和所谓“创造（意)”是有区别的：“创造（意）是想出新名堂，革新则是干出新名堂”；“所谓企业，就是‘能把事办成’的机构”(247页)，因此企业中最宝贵的人才，不是出创造性新主意的人，而是敢把新主意变成行动的革新闯将。

这里所说的革新闯将，“并不是想入非非的幻想家，也不是什么智力超群的巨人”，“他们首先是一些有务实精神的人，必要的时候他们能抓住别人的理论概念不放，以百折不挠的毅力，硬是使它开出花，结出果来”(248页)。但是，“革

① 这个品质，原作者概括为“行自主，倡创业”，但这种概括，与文中实际论述的内容不相符，故改。

新闯将们是不会自动涌现出来的。他们之所以会出现，是因为企业过去的历史和它所给予的无数支持，鼓励他们去成为革新闯将，通过多次试验来培养他们，在他们取得成功时为他们庆功，在他们偶然失败时给他们安慰。这样，有了这些支持，愿意成为革新闯将的人就会变得很多很多，绝不仅限于寥寥可数的几位有创造才华的天才人物了”（268 页）。

出色公司之所以出色，正在于有鼓励革新闯将的历史传统和环境氛围，有容忍革新闯将失败的气度，又能控制其避免留下重大创伤的失败。这表现为：(1)“出色公司的结构安排就是从创造革新闯将出发的。尤其是它们的体制故意设计得有些‘漏洞’，使那些到处去物色东西的革新闯将们得以有空子可钻，搞到所需的资源，把事情办成。”（252～253 页）(2) 出色公司有意开展内部竞争，允许产品重复、机构重叠、多重开发项目以及销售队伍不买研制出来的新东西。如国际商业机器公司正式鼓励人们偷偷地搞研制并用不同方法去解决同一问题，然后在各个竞争小组中间选拔表现优异的“尖子”。这样虽然要多花一些研究开发费用，然而得到的好处“却是多方面的，尤其是在鼓起职工的责任感与革新精神，以及着重狠抓收益方面，更为突出”（261 页）。(3) 出色企业里有对革新起促进作用的信息沟通制度，即非正式的、程度非常强烈的、有具体物质手段支持的、通过自发性的及时检查来监控的信息沟通制度。正是沟通及时，所以能避免出现会留下重大创伤的失败。

4. 以人促产。

“优秀公司总是把普通职工看作提高质量和生产率的根本源泉。”(30 页）“对职工要当作成年人来对待，当作同伴来对待，待之以礼，尊重他们。把他们，而不是把资本支出和自动化，作为提高生产率的最主要的源泉。这些就是对出色企业进行研究所得出的基本教训。”（286 页）。

出色企业对人很重视，具体表现在九个方面：(1) 保障员工就业。一般都决定，不能把公司办成“要用人时就雇，不用人时就辞”的企业，因此在衰退不景气的时候，千方百计保持全员就业，使人员稳定。(2) 信任职工。相信人们全都想把工作干好，都希望有所创造，只要给他们提供适当的环境，他们就能作出成绩，因此废除了考勤制，而搞弹性工作时间制。惠普公司甚至彻底开放了存放电气和机械零件的实验室备品库，“工程师们不但在工作中可以随意取用，而且实际上还鼓励他们拿回自己家里去供个人使用”，认为他们“摆弄这些玩意儿是总能学到一些东西的”（294 页）。(3) 平等待人，一律尊重。在用语上称工人为“公司成员”、“伙伴”、“演出班底成员”、“主人”等，在人们之间则提倡彼此直呼其名，不冠以头衔，不带姓氏，以示对每个人的尊重。(4) 培训职工。几乎每个优秀公司都自己办有独具特色的大学；有的公司甚至有意去承包一些赔钱的小型项目，目的只是要“给那些晋升神速的年轻项目经理们提供一些实践的机会，使他们能早日在抓全盘工作方面得到磨练提高”（317页）。（5）使新来的干部们适应和同化于本企业。首先，招聘时筛选严格，不少公司会把应聘对象召来进行七八次面试，并要应聘者自己判断能不能适应该企业的文化传统；接下来，把那些有抱负的人开始时先安排在艰苦的岗位上，以“使他们能适应公司的文化传统”（318页）。（6）信息共享。例如把过去“保密的每日营业统计数字告诉给现场人员”（320页），“机器操作工们只要在控制台上按下几个键钮，就能查出自己的产量，还可以跟同事们的产量进行一番比较”（319页）。这种信息共享的主要特点，是既具有又不具有评价性：就它带来同事间的竞赛压力、成为出色企业进行控制的基本手段来说具有评价性，就它不是管理部门用来吓唬人的数目字、上级不据此来吩咐下级去干什么事来说又不具有评价性。（7）广泛进行精神鼓励。“徽章、奖牌、奖章之类像雨点似的向职工们洒来”（321页），于是处于中间状态的一般人也被激励起来而努力争取获奖。（8）划小单位，保证自主权。认为“人们只有在小巧的、他们能搞得懂、弄得清的群体里，才能处于正常状态”（331页），“一个组织就算雇有好几十万职工，只要它的各分部规模足够小，只要还有其他能保证自主权的方式，那么个人就仍然能有重要地位，能脱颖而出”（325页）。（9）以人为本。即把人提高到“目的”的地位。“出色企业都有一条根深蒂固的基本宗旨，那就是：‘尊重个人’，‘使职工成为胜利者’，‘让他们出人头地’，‘把他们当成年人来对待’”（331页）。

5. 深入现场，以价值观为动力。

“绝大多数企业界人士都不愿写到和谈论价值观体系，甚至也不愿认真地对待各种价值观体系。”（333页）与此相反，“出色企业是靠具有连贯性的价值观体系来驱动的”（342页），而且很认真地对待价值观的形成过程。

尽管由于行业的环境不同，各个出色企业的价值观也不同，但是仍有一些共同的特点，主要有：（1）“这些价值观几乎总是用定性的而不是定量式的词汇来表述的”，“财务和战略目标从来不单独提出”，普遍认为“利润是把其他某些事办好后自然而来的副产品”；（2）总是在激发基层职工的积极性方面下功夫，目的是要“能从只有50%能力的职工那里得到最大的贡献”；（3）对于企业中的一些重要的矛盾，如成本与服务、经营与革新、正正规规与不拘形式、重视“控制”的倾向与重视“人”的倾向等等，“出色公司的价值观体系确实是相当清楚地在这些明显的矛盾中偏于一方的”；（4）出色公司基本价值观的具体内容，范围是很窄的，只包括寥寥的七条——认为自己已是“最佳”的信念、认为实施中的各种细节（干好工作的基本功）十分重要的信念、对人的重要性的信念、对优异质量与服务的信念、对组织中大多数成员都是革新者的信念及随之而来的甘愿给失败以支持的信念、对为了改善信息沟通而保持不拘形式的重要性的信念、对经济增长和利润的重要性的明确信念与认识；（5）出色企业的价值观体系，“都

带有树立这套价值观体系的领导人个性的标记”（342 页）。

“领导人所能作出的最大贡献，就是阐明企业的价值观体系并给它注入生命力”，但是“要创立并灌输一种价值观体系，并非一件轻而易举、一蹴而就的事”（347 页）。这就要求企业领导既是思想能手，又是行动能手，要靠“领导人躬亲实践他想要培植的那些价值观，堂而皇之地、诚恳踏实地、持之以恒地献身于这些价值观，并应辅之以非比一般的坚忍去加强这些价值观”。在这方面，最重要的就是“应该深入现场去传播他们的‘真理’，不是待在他们的办公室里，而是远远离开办公室”（343 页）。出色企业的整个领导班子，恰恰也就是这么干的。

6. 不离本行。

出色的企业不搞多行业的经营，尤其不依靠购买和兼并其他企业来搞多种经营。这是因为：所买进来的企业无疑具有不同的价值观，从而很难实现各部门间的协同配合，“买过来的那些公司的干部们往往会挂印而去，留下的只是一具空的躯壳和一堆不值钱的设备罢了”；兼并“会占高层领导人的过多时间。使他们难务正业”；搞多行业经营，与出色企业重视质量和服务的价值观相冲突，企业“如果无所不包，向四面八方都发展，那么像重视质量这种宗旨，哪怕是一般性的宗旨，便也会失去它的意义了”（349～350 页）。

但是，这并不是说出色公司就是只生产少数几样产品的非常简单化的企业，而只是强调它们坚持以自身的专长技术，作为贯彻所有产品的共同轴线，而不去搞自己不知道怎样去经营的行业。

“作为一般规律，经营绩效最佳的企业主要是通过内部发生的多样化来获得进展。”（356 页）有的时候，出色企业“确实也搞些购并，不过是用实验性方式来搞购并和多样化经营的。它们每买进一家小企业或开始一项新行业，都以可控制得住为原则……这显然仍包含着风险，所以如果不行，它们也愿意及早甩手”（359 页）。

7. 精兵简政。

出色公司一是结构简单，二是班子精悍，同时“这两项品质是互相紧密地纠缠在一起，并且是自我完成性的。组织形式简单了，办事所需的人也就少了”（369 页）。虽有五六万名职工，但公司总部也不过一百人，这就是所谓“百人律”。有一句名言说：在公司领导班子方面，少就是多。

许多优秀企业的管理体制，可以近似地用三根支柱来描述：（1）符合业务高效率需要的稳定性支柱，即保持一种简单而又始终如一的基本组织形式（一般来说就是建立以产品为基础的分部），制定与维持一套广泛持久但又很灵活的价值观，最大限度地减少董事长和第一线主管干部之间的层次等级，简化那些会使人们搞不清楚该汇报什么和该向谁汇报的联结点；（2）符合经常性革新需要的创业精神支柱，即以“短小精悍就是好”为核心，不断把新的或发展了的业务分出去成立分部，建立以创业精神的多少及贯彻执行情况为基础的测量考核制度；(3) 符合避免僵化需要的打破旧习支柱，即能定期改组，如当老的分部变得庞大和官僚化时愿意分化出新分部，愿意把产品在各分部间调拨转移以便更好地利用专门的管理人才（或满足市场重新组合的需要），愿意抽出最好的人才组成暂时性的专题工作组去完成会战任务（或解决一些主要的组织问题），必要时愿意重新改组和打乱组织系统图上的那些方框框（但同时又保持基本核心形式的完整性）。

8. 紧中有松，松中有紧，善于处理矛盾。

出色的企业既有松散的特性，又有严格的特征。如俱乐部式的、校园一般的环境，灵活的组织结构，允许自愿参加的革新活动；强调以一种略为紊乱的方式把东西搞出来的广泛的试验活动，都属于松散特征。严格的特性则有：一套认真奉行的共有价值观，注重行动，强调极其频繁的信息沟通和迅捷的反馈，不使不协调的、严重偏离主流的情况发生，简洁的公文和讲求实用，规定一两条主要的纪律，坚决按用户的要求办事，坚持大抓质量等。

出色企业“一方面是严格的控制，但另一方面却同时允许（甚至是坚持让）普通职工享有自主权和发挥创业与革新精神。它们能做到这点，实际上靠的是‘信念’，也就是靠价值观体系……也靠的是煞费苦心地注意具体细节琐事……得把‘鸡毛蒜皮的事情’也全给做好”（377页）。这样，就把执行纪律和自主这对矛盾统一起来了：“自主其实是纪律的产物。纪律（几条共同信奉遵守的价值观）提供了一个整体框架。它使人们产生出信心（例如有信心去试验），这种信心是根植于人们对确有价值的东西所抱的坚定期望的。”（381页）因此，出色企业不是不要规章制度，而是使规章“都带有积极的色彩。这些规章涉及的是质量、服务、革新和试验这类问题。它们的重点在于建立，在于发展，是跟抑制背道而驰的”（382页）。

出色企业“总是既集权，又分权的”：一方面“把自主权一直下放到车间或产品开发组。另一方面，对于他们所珍视的为数不多的核心价值观来说，他们又是狂热的集权主义者”（31页）。

人既有物质需要，又有精神需要。出色企业把这两者统一起来了，既给了职工以工作的意义，又给了他们钱；既“向职工们交代了任务，又给了他们一种觉得自己很重要、很了不起的感觉”，“一种兴奋的感觉，一种自己已跻身于最优秀之列的感觉，一种制造出了某种为大家所普遍器重的高质量的东西的感觉”（383页）。

出色公司很好地处理了短期与长期的得失权衡问题：它们确实都不是什么“善于作远期安排的思考者”，“或者根本就没有什么正式计划”，可是它们有一套长期适用的价值观体系，其内容是高质量、革新精神、不拘形式、为用户服务以及重视人等等，并且依靠“注意日常平凡的细微琐事来贯彻”，每一分钟都以行动来支持这些价值观。

“在出色企业里，甚至连侧重点宜外向还是内向的矛盾也给解决了。”解决的

办法就是既侧重外部，又侧重内部。“侧重外部，是指它们的真正驱动力是它们要提供服务，质量和革新性的解决问题方法来支持它们的用户的愿望”；侧重内部，是指它们把质量控制的重任放在每个生产第一线工人的肩上，服务的标准主要也是靠自我监控的，组织兴隆靠内部竞争，靠重视信息沟通，靠亲如一家的感情，靠开门政策，靠不拘形式，靠内部对人的重视。

总之，在出色企业里“软也就是硬”。文化传统本来是最软的东西，但是在优秀公司里却是最硬的，例如，“谁要是触犯了‘国际商用机器公司就意味着服务’这条崇高的信念，谁就会丢了饭碗，尽管这家公司有着就业保障制度”；“得克萨斯仪器公司那套‘目标——战略——战术’制度（硬的）之所以能行之有效，惟一的原因就在于该公司的那种‘革新性的文化’（软的）”（378～379 页）。

第六节　十六种类型和双层观察说

这是德国慕尼黑大学教授 E. 海能（E. Heinem）在《企业文化——理论和实践的展望》一书中提出来的。

海能认为：所谓企业文化，是“有关企业的、通过象征传播的共同价值观念和行为准则”①。

一、企业文化的十六种类型

海能对企业文化分类时，实际上考虑了以下三种因素：

第一，是企业作为一个系统的强弱。任何企业都可以视作系统，其强弱由该系统领导所采取的控制手段来认定：如果这种控制手段是有效的、适当的、合理的，那么该企业就属于强系统；否则，就属于弱系统，属于无领导的企业，因为领导失去了对企业的有效控制。

第二，是企业文化自身的状况。这可以用两条标准来衡量：（1）牢固程度。这条标准“描述有关企业的价值观念和行为准则在多大程度上成为组织成员个人的价值观念结构和行为准则结构的一部分”（25 页）。换句话说，它表明价值观念和行为准则，在企业职工个人头脑中扎根的程度：是完全接受，还是部分接受，甚至是完全拒绝。（2）一致程度。这条标准是指每个职工所奉行的价值观念和行为准则，相互一致到何种程度：内容上是否一致，对内容的解释是否一致。

① ［德］E. 海能：《企业文化——理论和实践的展望》，102 页，北京，知识出版社，1990。本节后面引自该书的话，只在引文后注明页码。

如果每个职工之间都是完全不同的，那就是企业文化的瓦解；如果全体职工分成几个群体，每个群体都有各自的价值观念和行为准则，就一个群体内部来看是相对同质的，就群体之间来看是相对异质的，那就称为亚文化；如果所有职工的价值观念和行为准则都是相同的，那就称为统一文化。

第三，是企业文化和企业现有领导系统的关系。即有关企业的价值观念和行为准则，对该企业的领导系统是支持还是不支持，同企业的领导模式、领导方式、战略、战术、信息联络等等的关系是和谐的还是矛盾的。这个因素简称为“企业文化与系统的和谐性”。

海能指出：企业作为一个系统的强弱，可以通过单独研究领导系统来明确，从而能够断定相应的控制手段是否有效、适当和合理。企业文化自身的状况，其牢固程度和一致程度，可以通过与系统无关的纯粹的企业文化研究来明确。企业文化和企业现有领导系统的关系，可以通过对照性研究来明确。他假定：系统分为强（控制手段有效）和弱（控制手段无效）两种状况；企业文化自身的牢固程度和一致程度各自分为高与低两种状况；企业文化和系统的和谐性，也只区分为“是”与“否”两种情况。这样，企业文化就可以区分为 16 种类型，如表 10—1 所示。

表 10—1　　企业文化的类型

单独进行的系统研究	与系统无关的企业文化研究		企业文化与系统的和谐性	企业文化的类型	编号
	牢固程度	一致程度			
控制手段有效	高	高	是	强的、支持强系统的企业文化	1
			否	强的 、与系统矛盾的企业文化	2
		低	是	强的、支持强系统的亚文化	3
			否	强的、与系统矛盾的亚文化	4
	低	高	是	弱的、支持强系统的统一文化	5
			否	弱的、与系统矛盾的统一文化	6
		低	是	“无文化”的企业	7
			否	“无文化”的企业	8
控制手段无效	高	高	是	强的、支持弱系统的企业文化	9
			否	强的、与弱系统矛盾的企业文化	10
		低	是	强的、支持弱系统的亚文化	11
			否	强的、与弱系统矛盾的亚文化	12
	低	高	是	无文化、无领导的企业	13
			否	无文化、无领导的企业	14
		低	是	无文化、无领导的企业	15
			否	无文化、无领导的企业	16

对企业文化分类的标准，海能概括为三个：（1）牢固程度；（2）一致程度；

（3）系统和谐性。他还特别申明："企业文化分类标准的各种度量并不是相互无关的。"对上述分类"通过分析可以得出一些看法，这些看法在美国管理文献中尚未见到。首先，上面的分类表明，企业文化并不总是'强'的，组织成员有关企业的'弱'价值观念和行为准则系统也可以称为企业文化。此外，企业文化的'强'不是一开始就可以作为'起作用'的标志。在个别情况中，一个强的，然而与系统不和谐的企业文化对企业绩效的不利影响要超过弱的企业文化。这特别发生在强的企业文化与革新企业策略的努力背道而驰时。其次，当企业所处的环境比较稳定，从而人事领导和经营领导现有的形式工具就能够满足要求时，从整个系统来说企业文化的问题就不那么重要了"（31 页）。

本章第二节曾经介绍过，美国两位学者（迪尔、肯尼迪）将企业文化划分为四种类型；那是从"应有"的角度来立论的，即高风险、快反馈的企业应该建立强人文化，高风险、慢反馈的企业应该建立攻坚文化等等。E. 海能将企业文化划分为 16 种类型，则是从"现有"的角度来立论的；它反映一个公司当前企业文化的实际状况，"强"还是"弱"，"统一"还是"分裂"，对企业领导系统支持还是反对，对企业绩效的影响如何等等。在企业文化建设的实际操作中，可以把这两种立论结合起来考虑：既从本企业现有状况出发，又力求建成符合本公司经营特色的理想企业文化。

二、双层观察

海能认为："在考察企业文化时需要同时进行'双层面观察'。"（91 页）一方面，要考察企业文化的思想体系，即企业的共有价值观念和行为准则；另一方面，要考察企业文化的媒介，即象征、象征性行动和象征性作品。他用一个图示来说明企业文化现象的这两个层面，见图 10—2。

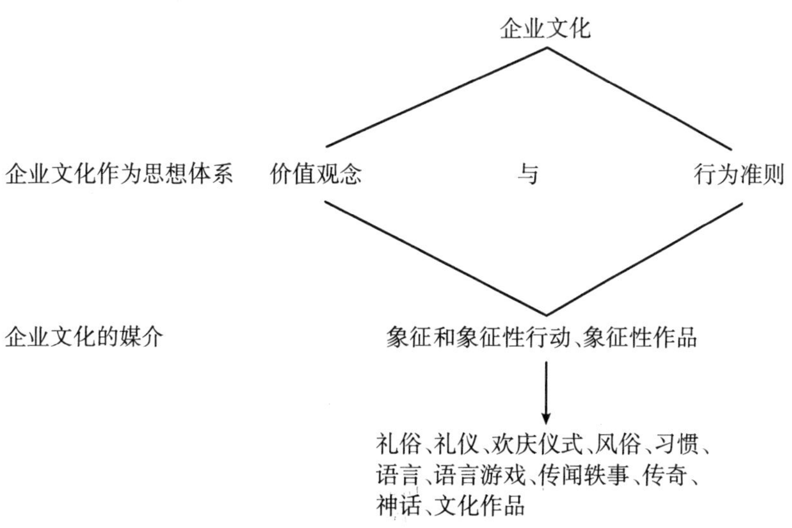

图 10—2

1. 企业文化的思想体系。

海能认为“企业文化是经济学的研究对象”（1 页）。从企业经济学的角度进行深入讨论，就“有必要把企业文化的概念限定为有关企业的价值观念和行为准则，它们是组织成员共同的思想体系”（21 页）。这样，企业文化就被看成是由价值观念和行为准则两大部分组成的。

（1）价值观念。

第一，海能阐明了他对“价值观念”和“价值”相互关系的理解。他写道：“‘价值’这个表达方式常常用来标志正面评价的（广义理解的）事物。”根据这种使用方式，“价值”不仅仅和事物的客观自然属性有关，也和人们的评价有关。价值不是一种纯粹的自然现象，“价值是一种社会现象。每个人用‘好’、‘正确’或‘美妙’等定语称颂实际现象，才使其具有价值。所以价值的‘存在’取决于‘拥有’价值观念的人的固有认识”。“把价值观念理解为关于正确评价状况或事件的基本意识和信念，它就和存在着的价值直接相关。”（21 页）所以，海能用“价值观念”这个名称，既表示价值观念现象，也表示价值现象。

第二，海能指出了价值观念在日常生活中的作用：一方面用它来归纳和领会个人经验；另一方面用它来评价行动方案，从而具有确定行动总体方向的指导作用。

第三，海能认为价值观念的特性在于：价值不同于目标，它没有必要始终显示目标所具有的具体特征；价值也不同于需求，价值和那些由生理条件所决定的原始需求的自然属性并没有可比性；“尽管价值观念有惯性，它还是能够改变的，从而可以对价值观进行评论”（21～22 页）。

（2）行为准则。

海能认为：“关于行为准则概念以及与此有关的问题的最完善的论文是冯·赖特（Von Wright）的文章。尤其是他对行为准则进行了分类，从而详细地刻画了企业文化的行为准则的特征。”（22 页）

冯·赖特把行为准则分为三种主要类型和三种次要类型。

行为准则的三种主要类型：一是规则，它是个人正确行为的标准模式，如竞赛规则、自然语言的语法、逻辑运算或数学运算的规则等。二是规定，它是规定制定者的意志的体现，并要求规定承受者采取相应的行为；存在“规定者”与“承受者”之间的显著差别，这是规定与规则的主要不同之处，此外忽视规定所受到的制裁要超过违反规则而造成的后果。三是技术指令，它是有关必须使用哪些手段来达到目的的陈述，常以条件句的形式出现，“如果”部分说明所追求的目的，“那么”部分指出措施或手段。

行为准则的三种次要类型：一是习惯，它既与规则也与规定相似。一方面，“习惯是无名的、含蓄的规定，其制定者以及惩罚的权力由整个集体来承担”；另一方面，“习惯在一定程度上阐明了集体成员的交往规则，因此具有规则的特征”

(23 页)。二是道德原则，冯·赖特认为它主要和规定及技术指令有密切联系。三是理想规则，它“并非表达应该做什么，而是表达事物和状态应该怎样”，“要求知道理想事物或理想人具有的某些特征”，因而“是与良好状态的价值观念密切相关的”；它处于技术指令和规则之间的中心位置（23 页）。

（3）价值观念和行为准则的认同。

海能认为，在不同的企业中，价值观念和行为准则的牢固程度、一致程度以及它们同企业现有领导系统的和谐性，是各不相同的。这是由于企业成员对于它们的认同程度是不一样的。因此应该深入研究“认同”这个概念。在这点上，海能对西蒙与明茨伯格（Mintzberg）的研究，更加看重明茨伯格。

在明茨伯格看来，所谓认同是“组织成员对于组织的‘思想体系’的自我联结程度”（106 页）。

明茨伯格列举了四种类型的认同：

> a. 自然认同：一个新成员的思想与组织的思想完全一致。该成员在进入企业之前已接受了组织的价值观念或为该价值观念所鼓舞。
>
> b. 选择认同：组织始终只选择那些与其思想体系合拍的成员，反过来也存在着选择，即个人在加入组织时也考虑了组织的思想体系。
>
> c. 激发认同：试图通过灌输和社会化导致思想的一致性。
>
> d. 权宜认同：组织成员服从，但不接受组织的思想体系。这是出于下述考虑：与该思想体系格格不入所带来的损失太大，而与该思想体系保持一致却可以带来一定程度的利益。（106～107 页）

根据明茨伯格的上述见解，海能提出了关于“价值观念和行为准则的不同牢固程度分类的建议”（108 页）：“自然认同”的价值观念和行为准则最牢固，以下依次为：“社会化”认同的、“灌输认同”的、“选择认同”的、“权宜认同”的，“制裁认同”的价值观念和行为准则最不牢固。

2. 企业文化的媒介：象征。

所谓象征，是指“各种有意义的符号”，“它们除了表面意义之外，还能传递复杂的思想内容”（92～93 页）。

企业常用的象征，既有很具体的实物形式的象征（如物质报酬、产品、标识等），也有十分抽象的表现形式的象征（如神话、传说、口号等），两者之间还有许多过渡形式。海能把它们汇集成“组织象征序列图”，如图 10—3 所示。

象征是企业文化的重要媒介，它们有利于在企业内部形成关于价值观念和行为准则的共同认识。其中，纯语言象征和象征性行动尤其重要。

（1）纯语言象征。

语言是文化的载体，它能够使同一文化圈内的个人之间的紧密关系得到发展和巩固，能够把有些难以领会的内容转化为共同的知识。可以毫不夸大地说：

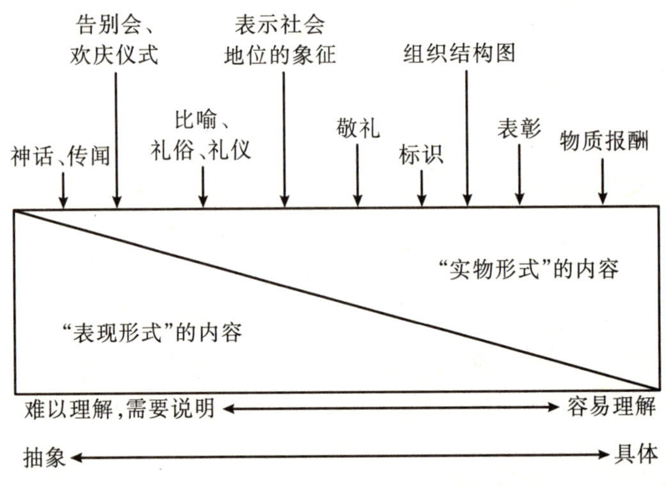

图 10—3

"语言是传递企业特有的价值观念和行为准则的最重要的象征系"；"共有的语言可建立共同的信任与理解"；"一种企业特有的共同价值观念和行为准则的建立，首先是通过使用在企业内部特有的、与其外部环境所用语言不同的语言"（94～95页）。

语言和强文化企业的关系是辩证的："一种强的企业文化一方面会造成思想交流与语言的减少，企业特有的专门用语越多，这种情况就越明显，所谓专门用语概括了许多人们公认的不言而喻的情况；另一方面，一种强的文化也能提高思想交流频率，从而导致组织内部的有效理解。"（95页）

传闻轶事就是纯语言象征之一。它是指"经过加工的、过去曾在企业中发生过的，以及对企业有特殊意义的事件"。这些传闻轶事能建立企业历史与企业现实愿望之间的联系，是解释与巩固企业传统的基本元素。传闻轶事"比表面的说教有更大的说服力"，这是因为它使抽象的文化标准具体化了，并且其内在的"道德寓意"是以含蓄的手法表达的。海能转引赛特（Sathe）的话说："就本质而言，为建立信任与价值观念而进行的表面思想交流只会使人充耳不闻，或仅被视为一种社团宣传，除非辅之以扎扎实实的行动。有趣的是，研究表明，如果应用更多的含蓄形式，如讲一些传闻轶事，可以使思想交流更令人印象深刻、更加可信。"（95～96页）。

神话是另一种语言象征，它"描述的是理想化的、近似于文学作品的、同时又被加强了效果的企业特有事件"。"如果企业成员都相信组织中神话的内容，那么这些内容就无异于确立了一个标准：在组织中哪些行动被看作是合法的，哪些被看作是违反基本规律的。从这个意义上来说，神话与传闻轶事相似，为一定的行动提供了依据。"（98页）

（2）象征性行动。

象征性行动是指企业的礼俗、礼仪和欢庆仪式等，"它们同样具有证实企业

特有的价值观念和行为准则的特性”。

礼俗是“在一定的时间和地点、有一定的角色安排情况下举行的”礼节形式。礼仪则是较高形式的礼俗，其特征在于它们表现为不断重复的社会活动。欢庆仪式是企业中的惯例，如企业成立庆祝会、退休午餐聚会等，它们主要是感情表达的手段。礼俗、礼仪和欢庆仪式，都“在一般情况下确认和稳定现有的权力结构，并有助于巩固有关企业的基本价值观念和行为准则”（99～100页）。

（3）共同象征的产生和应用。

象征极为广泛，“可以是物质的东西、语言表达、艺术作品、姿势、礼俗、行为方式、行动等等。它们都含有一定的意义，这种意义不能从它们的物理性质直接得出或理解。直接感觉到的表象与其中所隐含的特殊意义的联系是从人与人之间的行动与关系产生的。这种联系只有在具体的关系体系中加以理解。象征因而被解释为一种社会作品，它们的有效性既受到空间限制，又受到时间限制”（100～101页）。

任何人进入企业之前，已经在和社会上其他人的交往中形成了他个人的价值观，这是他的第一社会化过程。他进入一个企业，也有一个对企业逐渐熟悉的过程，这可以看作第二社会化过程，即“对机构化的或以机构化为基础的‘亚社会’的承认”。“第二社会化过程需要‘学会’与角色有关的全部词汇。一方面是理解在一个机构中调节日常观点和行为的语义范围，另一方面还要理解这种语义范围的内在前提、它所包含的价值观念和它所反映的微妙情绪差别。”由于“第二社会化过程始终是以业已经历的第一社会化过程为前提的”，“因此，个人已不仅是被动的接受者，在他自己的价值观念和行为准则与企业的价值观念和行为准则之间存在着一定的距离”。海能认为：“这无非表明了，客观事实、组织结构和组织过程都不能事先从其本身来理解，而是通过个人对这些现象的解释来理解。这种理解的媒介主要是象征。”正是这些象征，帮助组织成员来解释“组织”，“这就是说，通过对企业特有的价值观念和行为准则的具体化与传播，给了这种解释过程以方向性的指点，诸如上级明确的行动指令、组织手册、岗位职责等都属于这种指点，因为这些东西在一定程度上带有象征的特征，它们是一个所期望的制度的媒介，它们对制度起到了介绍和使之合法化的作用。这些指点在确定一个组织的角色时，不是把个人放入一个事先准备好的套子里，而是着眼于独立地培养个人的角色身份”（102～104页）。

第七节 学习型组织说

学习型组织说是美国麻省理工学院的一群学者和一些企业家合作研究后所提

出的一种管理理论。他们研究成果的结晶，体现在彼得·圣吉（Peter M. Senge）写的《第五项修炼》[1] 这部巨著之中。该书于 1992 年获得世界商业学会（World Business Academy）的最高荣誉开拓奖（Pathfinder Award），该书作者也于同年被美国《商业周刊》推崇为当代最杰出的新管理大师之一。关于学习型组织，基本情况如下。

一、最有竞争力的公司是学习型组织

任何公司都是一个组织。传统公司是权威控制型组织，但是 20 世纪 90 年代最成功的公司，是那些具有学习型组织的公司。如今的世界，复杂多变，各个部分都更息息相关，企业不能再只靠领导者“一夫当关”、运筹帷幄来指挥全局；“未来真正出色的企业，将是能够设法使各阶层人员全心投入，并有能力不断学习的组织”（3 页）。

把公司建成一个学习型组织，这是否可能呢？回答是肯定的。这是因为：第一，“学习不仅是人类的天性，也是生命趣味盎然的泉源”（3 页）；第二，“全球企业正在形成一个共同学习的社会”，“美国与欧洲的公司师法日本公司，而日本公司又师法韩国和欧洲的公司”（3 页）；第三，人们的工作观因物质的丰足而逐渐改变，工作不仅是为了拿到工资，更看重工作的内在价值，那些需要持续地进行学习和创造的工作，对人们更有吸引力。

二、塑造学习型组织需要创新

“发明”和“创新”是有区别的。发明是起点，是第一步；创新是发明的发展，是第二步。一个新的构想，在实践或实验中被证实，可称之为“发明”；新的构想以适当的规模推广开来，变得很实用，带来经济和社会效益，才可称之为“创新”。例如，1903 年莱特兄弟研制出简陋飞行器并试飞成功，是发明；经过 30 多年的努力，麦道公司于 1935 年推出第一架合格的商用飞机，并发展出服务一般民众的航空业，才成为实用的创新。半导体的发明，是在美国；但半导体的创新，即把它变成各种家用电器，发展出半导体家用电器产业，却主要是在日本。

在区分“发明”和“创新”的基础上，彼得·圣吉指出：“学习型组织已经被发明出来，但是还没有达到创新的地步。”（5 页）为了能把一个公司变成学习型组织，迫切需要创新。《第五项修炼》这部巨著，就是为了适应这一需要而撰写的。

---

① ［美］彼得·圣吉：《第五项修炼——学习型组织的艺术与实务》，上海，上海三联书店，1994。本节引自该书的话，只在引文后注明页码。

三、五项修炼

使学习型组织从“发明”演变成一项创新，就是要使学习型组织普遍化，使每个公司都懂得怎样才能提高自己的学习能力，发展自己创造未来的潜能。彼得·圣吉认为：汇聚五项修炼或技能，是建立学习型组织的关键。

第一项修炼，是自我超越（Personal Mastery）。

进行这项修炼，就是要求：第一，每个组织成员要不断而深入地弄清自己真正的最高愿望，即弄清自己的内心深处最想实现的究竟是什么，这不是“要我的岳母搬走”或“彻底治好背痛”之类的通常愿望，而是会影响到人生态度的最高愿望。第二，为了实现这个最高愿望，每个成员都要集中精力，全心投入，正视现实，终身学习，不断创造，超越自身。

东方文化重整体，西方文化重个体，这是世界学术界的共识。“学习型组织”这个概念，是指一个公司或一个企业要善于学习，是从整体看问题，体现了东方文化的特色；但学习型组织的提倡者又认为，一个组织的学习意愿与能力，植根于个别成员对于学习的意愿与能力，应该强调个体学习愿望与学习能力的培育，这又体现了西方文化的特色。正是在这个意义上，彼得·圣吉说：“此项修炼兼容并蓄了东方和西方的精神传统。”（7 页）

第二项修炼，是改善心智模式（Improving Mental Models）。

所谓心智模式，也可以译为思想模式或思维模式。心智模式，特别是共有的心智模式，无论对个人还是对组织，都具有既深且广的影响。“如果你无法掌握市场的契机和推行组织中的改革，很可能是因为它们与我们心中隐藏的、强而有力的心智模式相抵触。”（8 页）

进行这项修炼，就是要求：第一，要学会发掘自己的心智模式，使它浮上表面，因为人们通常不易觉察自己的心智模式，也不太清楚它对行为所产生的重大影响；第二，要严加审视自己的心智模式，抛弃其中不合时宜的成分；第三，要培育一种有学习效果的、兼顾质疑与表达的交谈能力，以便有效地表达自己的想法；第四，学会以开放的心灵容纳别人的想法。

第三项修炼，是建立共同愿景（Building Shared Vision）。

所谓共同愿景，就是共同的目标理想和共享价值观。“一个缺少全体衷心共有的目标、价值观与使命的组织，必定难成大器。”而“有了衷心渴望实现的目标，大家会努力学习、追求卓越，不是因为他们被要求这样做，而是因为衷心想要如此”（9 页）。

进行这项修炼，就是要求：第一，领导者要有“将个人的目标转化为能够鼓舞整个组织的共同目标”的观念和尝试，因为共同的目标常常是以一位卓越的领导者为核心；第二，一个共同的危机，较容易激发一个组织形成一个共同的目标，这时不应只满足于暂时解决危机，而应该追求更高的目标，这往往是大多数人所愿意选择的；第三，将个人目标整合为共同目标，应该遵循引导学习的原则，努力培养公司成员主动而真诚地奉献和投入的意识与行为，而不应该搞一本行动手册叫每一个成员被动地遵守，一味试图用领导者的主观意图来主导共同目标，会产生相反的效果。

第四项修炼，是团体学习（Team Learning）。

“在现代组织中，学习的基本单位是团体而不是个人。”“当团体真正在学习的时候，不仅团体整体产生出色的成果，个别成员成长的速度也比其他的学习方式为快。”（10页）可见，团体学习的修炼是非常重要的。

进行这项修炼，就要求：第一，学会进行“深度会谈”（dialogue），这是一个团体的所有成员都摊出心中的假设而进入真正一起思考的能力，而不同于一般的“讨论”或“对话”；第二，找出妨碍学习的互动模式，并使之暴露，从而增进学习的速度。

第五项修炼，是系统思考（Systems Thinking）。

世界是一个系统。企业管理如同人类的其他任何活动一样，也是一个系统。系统中每一个元素，都相互联系，彼此影响，以至每一个细小部分的表现，离开了系统整体便无法理解。整体不仅高于各个部分，而且高于各个部分之和。把世界拆成零零碎碎的片段、然后再拼装起来加以认识的方法，就像先把镜子敲碎、然后再把破镜拼圆以求看清镜中真相一样可笑。避免这类笑话的办法是系统思考。

进行系统思考的修炼，就是要：第一，养成对系统整体，而不是对它的任何一个单独的部分，深入地加以思考的习惯；第二，理解系统论的完备知识体系，掌握它所拥有的实用工具，以认清整个变化形态，开创新的局面。

以上五项修炼，缺一不可，应该把它们融合起来。系统思考，恰恰是能把五项修炼融成一体的理论和实务。“少了系统思考，就无法探究各项修炼之间如何互动。系统思考强化其他每一项修炼，并不断地提醒我们：融合整体能得到大于各部分加总的效力。”（12页）系统思考使人们实行了一次观念上的根本转变：“从将自己看作与世界分开，转变为与世界联结；从将问题看作是由‘外面’某些人或事所引起的，转变为看到自己的行动如何造成问题。”（13页）

值得强调的是：“‘修炼’（discipline）的境界并非靠强制力量或威逼利诱所致，而是必须精通整套理论、技巧，进而付诸实行。每习得一项修炼，便更向学习型组织的理想跨进一步。”但是，“学习是一个终身的过程。你永远不能说：‘我们已经是一个学习型组织’，学得愈多，愈觉察到自己的无知。因而，一家公司不可能达到永恒的卓越，它必须不断学习，以求精进”（10～11页）。

四、使工作体现人生的意义

学习型组织说所讲的学习，不是通常意义下的学习，而是真正的学习。第一，通常意义下的学习，是指吸收知识或获得信息；而“真正的学习，涉及人之所以为人此一意义的核心。通过学习，我们重新创造自我。通过学习，我们能够做到从未能做到的事情，重新认知这个世界及我们跟它的关系，以及扩展创造未来的能量”（14 页）。第二，通常意义下的学习主体是个人；而这里所说的学习主体，是包括个人在内的整个组织。一个组织例如一个企业的真正的学习，不能满足于为了适应与生存，还应该着眼于开创美好的未来，使每个成员在这个组织内工作，能感到自己属于一个比自我强大的团体，能体现人生的价值。

第八节　企业文化与经营业绩关系紧密说

企业文化与企业的长期经营业绩之间，是否存在相关性？这是人们普遍关注的问题，也是企业文化研究必须回答的问题。美国哈佛大学的约翰·P·科特教授和詹姆斯·L·赫斯克特教授合作，在 1987—1991 年的四年多时间里，分四个项目深入研究了这个问题，写成《企业文化与经营业绩》一书，肯定了企业文化与企业经营业绩关系紧密，企业文化对企业长期经营业绩有重大作用。

科特、赫斯克特发现，所有关于企业文化的著作，几乎都要讲企业文化与企业长期经营业绩之间的关系，但彼此之间的观点并不一致。他们将这些理论观点，大致分为三种类型，采用“理论观点与公司实际对照”的方法，分别加以验证。

一、“强力型理论”及其验证

第一种理论观点类型，可简称为“强力型理论”，即主张“强力型企业文化必然导致优异的企业经营业绩”。

“强力型理论”的逻辑前提，是将企业文化区分为“强力型企业文化（强文化）和脆弱型企业文化（弱文化）”。所谓强文化，就是一致性和牢固性都很高的企业文化，即价值观念和经营方法被全体职工一致认同并牢记心头。反之，一致性和牢固性都很低的企业文化，就是弱文化。

“强力型理论”进行逻辑论证的三个基本点是：（1）在强文化企业中，全体员工目标一致，方向明确，步调一致，形成了夺取经营业绩的强大合力。（2）价值观念的牢固一致，使员工觉得大家是志同道合的一群，容易产生自愿工作或献身企业的心态，这是夺取经营业绩的力量源泉。（3）价值观念驱动，可以避免对官僚主义的依赖，促进企业经营业绩的增长。

“强力型理论”举出的实际例证，都是一些美国公司，如联网计算机公司

（即坦德计算机公司）、西北互利保险公司，还有声名最为显赫的IBM公司。

“强力型理论”遭到的质疑，主要有两点：（1）怎么能肯定强文化是原因，而优异的经营业绩就是结果呢？实际上，众所周知，优异的经营业绩，也会导致强文化的形成。（2）如果强文化的方向错了，即全体职工一致认同并牢记心头的价值观念和经营方法是拙劣的，那也会导致优异的经营业绩吗？

科特、赫斯克特为了验证“强力型理论”的功过正误，从美国的22个行业中选出207家公司，通过问卷调查，定出每个公司企业文化的强度指数；同时根据财务报表，计算出它们在1977—1988年间的经营业绩，然后深入考察企业文化指数与经营业绩之间存在的关系。他们发现：

第一，强文化与长期经营业绩之间，的确存在一种正比例关系；强文化必然导致良好的企业经营业绩，良好的企业经营业绩也能产生或强化强文化。

第二，但这种比例关系十分脆弱，有十家强文化公司虽然曾经有过业绩辉煌的历史，但在1977—1988年间的经营业绩并不那么好，其中以通用汽车公司最为明显。究其原因，在于随着“企业经营获得成功，这种强力型企业文化会出现骄娇二气，产生内部纷争，形成官僚作风。在目前市场竞争加剧、变革迅速的世界中，这种类型的企业文化无疑会损害企业的经营业绩”①。

第三，“有四家公司企业文化脆弱却有着卓有成效的企业经营业绩”。它们“企业文化脆弱的直接原因似乎在于它们都曾在1977—1988年间前后进行过企业的许多大型兼并活动。其经营业绩辉煌似乎与这些公司在市场中所处的垄断地位有直接的联系”（28页）。

科特、赫斯克特对“强力型理论”的评价是：“这一理论的重要性至少有三点：(1）它率先将企业文化与企业长期经营业绩相联系；(2）它说明了强力型企业文化对企业目标管理、企业活力和企业经营管理的巨大作用；(3）它引起了人们对这一问题的极大关注”（19～20页）。“这一理论……的问题不在于其主要观点是否正确。相反，它对于一个团结、积极的社会群体所具有的潜力的观察极有见地。这些观点（的）分析结果同目前大多数公司企业的实际状况是一致的，中肯的，而且在不远的将来它们也会十分有益。然而，正如我们所了解的那样，强力型企业文化的问题关键在于不完善。它太过于阳春白雪，太过于傲视一切了。”（31页）

二、“策略合理型理论”及其验证

第二种理论观点类型，可简称为“策略合理型理论”。它直接批评了“强力

① ［美］约翰·P·科特、詹姆斯·L·赫斯克特：《企业文化与经营业绩》，28页，北京，华夏出版社，1997。本节后面引自该书的话，只在引文后注明页码。

型理论”，认为“与企业经营业绩相关联的企业文化必须是与企业环境、企业经营策略相适应的文化。企业文化适应性越强，企业经营业绩成效（就）越大；而企业文化适应性愈弱，企业经营业绩（就）愈小”(32 页)。这种理论所说的“企业环境”，主要是指公司的行业环境，以及公司的生产经营内容。

“策略合理型理论”的逻辑前提，是从“适应性”的角度，即适应还是不适应行业环境的角度，来谈企业文化的强与弱，而不是从“一致性和牢固性”的角度来谈企业文化的强与弱。“适应性”是它的关键概念。

“策略合理型理论”进行逻辑论证的基本点是：(1) 公司所在的行业不同，生产经营的产品不同，企业文化建设的策略也就应该不同。一家生产经营高科技产品的公司，应该努力建成官僚气息少、创造性思维强、求贤若渴、内部交往坦诚的企业文化。一家生产经营大众化服装的公司，则应该努力建成重视劳动纪律、强调产品质量、具有强烈的生产意识和工程管理意识、注重财务方针政策的传统性、十分熟悉库存物资控制管理的企业文化。显然，大众化服装公司的企业文化，不仅不适合于高科技公司，而且也不适合于生产经营高档服装的公司。(2) 企业文化好不好，会不会带来优异的经营业绩，不能抽象地下结论，要看它是否适应企业本身及其行业环境的状况。例如：不必层层报批而能迅速果断决策的企业文化，会使从事兼并咨询的公司取得辉煌的业绩，但却会损害传统人寿保险企业的经营业绩；重视尖端科技项目的企业文化，对计算机制造商大有益处，对交响乐团则丝毫无用处；经营决策独断专行的企业文化，对小型企业无甚危害，对大型企业则极为有害；等等。

“策略合理型理论”同样像“强力型理论”一样，可以没有困难地举出有利于它的实际例证，如美国荣华服装集团公司、瑞士航空公司等。

“策略合理型理论”遭到的质疑，主要有两点：(1)“这一理论似乎是一种静态分析”(35 页)。好像一个公司属于一个行业就永远属于那个行业，生产经营什么产品就永远生产经营那种产品。(2) 这一理论没有告诉我们：“当企业（的）行业环境出现变化时，情况会怎么样呢?”(35 页)

科特、赫斯克特为了验证“策略合理型理论”的功过正误，从原来选定 207 家公司中，再挑出 22 家企业进行更为深入的考察。这 22 家企业分布于 10 个不同的行业，每个行业基本上按经营业绩是“好”还是“差”各选一家；作为例外，“饮料行业”和“工业产品零售行业”各选了两家经营业绩好的。这样，22 家企业分成了可以进行对照的两个组，一组是 12 家经营业绩好的，另一组是 10 家经营业绩差的。两组差距明显，从总体上说，好的一组的纯收入，是差的一组的四倍。科特、赫斯克特收集了这 22 家公司有关企业文化的所有资料；走访了 75 位经验丰富、德高望重，至少对这 22 家企业中的一家进行过追踪考察的经济分析专家，向他们请教有关这些公司的企业文化方面的疑难问题。结果他们发现：

（1）尽管财务分析专家们历来被认为是不重视软管理价值的，但对于“企业文化到底是‘帮助’了公司经营业绩，是‘损害’了这种业绩，是‘既帮助，同时也损害’了这种业绩，还是对公司经营业绩‘影响甚微或毫无影响’”这样的问题，“这些专家们几乎一致同意企业文化有助于那 12 家经营业绩优秀公司的业绩增长。在多数案例中，他们也认为企业文化有碍于那些经营业绩不佳公司的业绩增长”。“难以置信的是所访谈的 75 位专家中，仅一人表示自己认为企业经营业绩受企业文化的影响甚微或根本没有任何作用。”（39～40 页）

（2）这 22 个公司的企业文化，如果从“一致性和牢固性”的角度去考察，其强弱程度是基本相同的。导致企业经营业绩出现差异的原因，恰如“策略合理型理论”所主张的那样，是企业文化内涵不同而引起的适应性的不同。“在每一个对照案例中，专家们说两个公司中总有一个公司拥有一种与公司经营环境更协调的企业文化，特别是在那些主营产品市场竞争激烈的公司更是如此。”（42 页）

（3）企业文化对市场环境的良好适应性，会因市场环境的不断变化而湮灭，结果就损伤了企业的长期经营业绩。“这项研究所涉及的每一个经营业绩不佳公司早期都曾有过非常好的企业文化/市场环境适应性。然而，这一适应性日益减弱，通常都是由于这些公司未能适应新的市场环境变化造成的。”（45 页）

科特、赫斯克特对“策略合理型理论”的评价是：第一，“策略合理型理论”可以像“强力型理论”一样，或者比“强力型理论”更充分，来阐述企业文化和企业经营业绩之间的联系。第二，它能解释企业的短期经营业绩，但“不能解释企业长期经营业绩中存在的差异”。第三，“最感不足的是，它不能解释为什么不同企业为了保持与市场环境相适应，对企业文化进行改革，获得完全不同的成功。”（49 页）

三、“灵活适应型理论”及其验证

第三种理论观点类型，可简称为“灵活适应型理论”。它的基本观点直截了当：“只有那些能够使企业适应市场经营环境变化并在这一适应过程中领先于其他企业的企业文化才会在较长时期与企业经营业绩相互联系。”（50 页）

“灵活适应型理论”的逻辑前提，是把企业文化区分为“对市场环境适应程度高的企业文化”（可以简称为“改革型或革新型文化”）和“对市场环境适应程度低的企业文化”（可以简称为“保守型文化”）。它和“策略合理型理论”不同之处，一是强调所要适应的对象是“市场”环境，而不是“行业”环境；二是强调企业以及企业文化本身要不断革新，而不是死守抽象的所谓“策略合理”的文化规范。

“灵活适应型理论”进行逻辑论证的基本点是：（1）那些对市场环境适应程

度低的企业文化，具有以下共同特征：带着某些官僚作风，公司员工对改革持否定态度，缺乏风险精神，企业没有创造能力，企业信息不灵，显得耳塞眼滞。企业特别强调规范化管理，打击了公司员工的积极性和发展企业生产的热心。（2）那些对市场环境适应程度高的企业文化，所具有的共同特征则是：提倡积极寻求、努力开拓企业发展的新机遇；注重和鼓励有助于企业适应市场环境变化的集体观念，员工之间互不猜疑，相互信任，相互支持；企业员工工作热情高；具有愿意为公司发展牺牲一切的精神，具有揭发问题、解决问题的勇气，具有排除一切困难、迎接各种机遇的能力；企业领导讲究领导艺术，以倡导改革风气为自己的基本职责，善于激发敢于冒险、勇于创业、广泛交流的工作热情与积极性。

"灵活适应型理论"推崇的"革新型企业文化"的实际典范，主要有美国数字设备公司的企业文化，以及美国 3M 公司的企业文化。

"灵活适应型理论"遭到的质疑，主要有三点：（1）这一理论"无法解释一个企业文化缺乏冒险精神或集体主义精神的公司为什么会在相当长一段时期保持企业经营业绩的增长"（科特认为这是因为企业文化适应于当前市场环境，当前市场环境又保持着相对稳定）。（2）这一理论"遗留了许多重要的中心问题：为什么要去冒险？与什么相适应？革新行为的原因何在？"这一理论"并没有认识到这些问题的重要性"，"似乎假定只要企业文化提倡改革、反对内部纷争，就具有适应能力，就会促进企业长期经营业绩的增长"。（3）这一理论没有说明，企业文化引导员工进行变革的特定方式究竟是什么，它可能会因为鼓励员工改革一切，而导致错误的改动；这样，越改就越会"成为市场适应程度很差的企业文化。同理，一种注重领导艺术才能的企业文化会产生企业经营方向上的失误"（52～53 页）。

科特、赫斯克特为了验证"灵活适应型理论"的功过正误，在验证"策略合理型理论"的同时，仍然是就那 22 家企业，仍然是请教那 75 位经验丰富的分析专家，深入探讨了和"灵活适应型理论"有关的各种问题。结果他们发现：

（1）关于绩优公司的企业文化，专家们指出其共同的特征是："领导艺术、集体主义精神、对待风险的慎重态度、民主讨论的坦率风格、改革风气和经营中的灵活性等等。"（55 页）正是这些特征，有助于公司在变化无常的市场环境中保持优异的经营业绩。而绩差公司的企业文化，专家们指出其共同的特征则是："官僚习气"、"看重短期效果"等，也正是这些特征，在变化无常的市场环境中，有损于公司的经营业绩。

（2）绩优公司的企业文化：重视经理人员的卓越领导才能，而经理们则很重视顾客、股东、员工三者的实际利益。在绩差公司中，对所有这些企业构成要素的重视程度，都要低得多，或者说得直率一点，就是“不重视”。试问：绩差公司的经理们既不重视顾客，又不重视股东，也不重视员工，那么他们到底看重什么呢？专家中大多数通常回答：“关心他们自己的利益嘛。”“在企业经营业绩不佳的公司中，经理们关心的重点似乎在于自己的个人前途、加班津贴或某一特殊技术和产品。”（61页）

（3）“在企业经营业绩优异的公司中”，“企业文化促进企业改革的例证比在企业经营业绩不佳的公司中要多得多，这似乎已经形成一个一般性规律。”“企业经营业绩优异公司与业绩不佳的公司相比较，他们都更为积极主动地去眼观、耳听和体察，去行动。”“在企业经营业绩优异的公司案例中，我们也很容易找到市场适应性强、促进改革的企业文化例证。特别是那些处于经营环境动荡不定地区的公司更是如此。”（61页）

（4）那么，能不能说上述卓越的企业文化是“原因”，而能够适应市场环境并有优异的经营业绩就是“结果”呢？“要找出其中因果关系的例证”，“十分困难。但例证的存在是肯定的，不过它们不那么明显易见罢了。惠普公司可能是这方面最为突出典型的公司例证了”。“一般的模式似乎应该是这样的：当公司经理们思想上关注企业构成要素，在行动上他们必然密切注意这些要素的发展动态。公司经营环境出现变动——如市场竞争加剧，经理们会很快觉察到这一变化的趋势。公司经理们如果重视各级管理人员领导才能，他们必然会发挥这些才能的作用，为公司降低成本、改进产品结构或从事其他一些与外界环境相适应的经营活动。当公司在适应新的市场环境需求、迫切需要经营战略和战术的调整时，即便原来的经营方式已经在这一企业文化中根深蒂固，公司改革的动因会持续促进企业文化的变革，不改不快。”（62～63页）

科特、赫斯克特在验证“灵活适应型理论”的过程中，实质上对它作出了评价：第一，它和前面两种理论一样，阐述了企业文化和企业经营业绩之间的某种联系。第二，它提出了一个很重要的问题，即：怎样创立并保持对市场环境相对适应的企业文化。第三，它没有令人信服地回答对它的各种质疑。

四、几点结论

科特、赫斯克特经过深入的调查研究，得出结论如下：

（1）关于企业文化与经营业绩相互联系的三种理论（强力型理论、策略合理型理论、灵活适应型理论），虽然都不能使人十分满意，但是它们都为解释“企业经营业绩差异问题”提供了重要线索。“这三种理论观点本身并不存在任何根本冲突”，应该把它们结合起来，因为“结合生成的模式要比其中任何一种理论模式都更强大，更具说服力”（69页）。

（2）具有强力型企业文化（强文化）的公司，全体员工牢固地具有共同一致

的价值观念，“经理人员习惯于协调一致，通力合作按某一经营方向努力。这种协调性、积极性、组织性及统一领导会有助于企业经营业绩的增长”（176 页）。但这是有条件的，即员工们牢固一致的价值观念，和市场环境的需求是一致的。如果是不一致的，企业经营业绩就不会出现增长。在已经不一致的情况下，如果又缺乏适应市场环境的下一步措施，“这种强力型企业文化甚至可能导致明智的管理者做出具有破坏力的行为；这就会不断地削弱公司自身生存、发展的能力”（177 页）。

（3）具有策略合理型企业文化的公司，其价值观念“合理”的标准是符合公司所在的行业特点。这类公司在 20 世纪 40 年代至 60 年代变化较为缓慢的环境中，凭借着雄厚的市场实力地位，获得了十分可观的企业经营业绩。可是在后来市场经营环境竞争更为激烈、变化更为迅速的情况下，企业经营业绩（就）衰落不振。不仅如此，在所有这种类型的公司案例中，都存在着妨碍企业改革的文化成分。

（4）具有灵活适应型企业文化的公司，其价值观念所要适应的对象是变化迅速的市场环境，因而是倡导改革的企业文化。在这种企业文化中，“经理人员十分注重企业经营环境的相关变化，并据此有步骤地进行改革，使企业经营、企业文化与客观外界的变化环境保持协调稳定”（178 页）。改革的原因，在于要维护公司所有关键要素的权益，即要维护顾客的利益，重视股东的权益，热心员工的福利待遇，发挥管理人员的卓越领导才能。“这些构成要素的协调——特别是顾客要素、股东要素、企业员工要素的协调是企业发展至关重要的因素。”（178 页）这样的企业文化，这样一种价值体系，“能够激励经理人员，让他们积极地从事那些使企业与不断变化的市场竞争环境相适应所要求的工作，这一价值体系就成为现今世界中产生优异企业经营业绩的关键因素了”（178 页）。

（5）促进企业经营业绩增长的企业文化，在开始的时候，至少有两点十分关键：第一，企业家的经营指导思想，必须同适应于市场经营环境的价值观念相一致；第二，还要有“一个能够适应企业所处市场经营环境并能够带来经营成功的企业经营策略，从而使得这位企业家（他或她的经营思想）在特定的消费者群体中具有极高的信誉程度”（179～180 页）。

（6）有一些大型公司，结构很完善，但却缺乏促进经营业绩增长的企业文化，它们怎样才能创建出这种企业文化来呢？这实质上是一个企业文化重塑的问题，大量丰富的信息资料表明这“需要企业家个人素质和行为方式的特定结合才得以可能”（180 页）。就企业家个人素质来说，就是要有一两个能力非凡的领袖人物，他们有创见，有能力，有声誉，有权力。就企业家的行为方式来说，首先就是要在公司内部唤起一种危机感，提出与市场经营环境相适应的经营策略，树立明确的经营发展新方向；其次要广泛宣传自己的思想观念和经营策略，要“抓住每一个可能的机会反复宣讲”，要简单明了、通俗易懂地宣讲，更要“允许人们对自己的思想观念提出质疑——用健康随意的交流摒弃原来单一、固定的一人独白的传统”，以争取尽可能多的员工的理解和参与；再次是要以身作则；最后是要让那些思想观念与新方向一致的经理人员有极大的权力，发挥他们的领导才能。“结果，企业发生了巨大变化”，“新型企业经营策略开始扎根于企业之中”，“伴随这些企业文化改革情况会出现企业经营业绩增长”（182～183页）。

第三篇
中国特色的企业文化

第十一章 中国早期的企业文化

有企业，就会有企业文化。中国最早的企业，是在 1840 年 6 月以后，封建社会沦为半封建半殖民地社会的过程中出现的。这种历史背景，使得中国企业从其诞生的第一天起，就具有和西方企业不同的特征。因此中国的企业文化，从一开始就具有和西方企业文化不同的特色。

中国社会的发展，不是从半封建半殖民地社会走向资本主义社会，而是走向社会主义社会。因此中国企业文化的萌芽，不同于西方企业文化的萌芽。

第一节 新中国成立前民族工商业中的企业文化

中国最早的企业，可区分为两类：

一类是官僚资本主义企业，是由晚清政府中一部分官僚，为了维护封建地主阶级统治集团的根本利益而创办的。主要有：江南机器制造总局、金陵机器制造局、福州船政局、天津机器制造局、湖北枪炮厂等军工企业，以及轮船招商局、北平矿务局、汉阳铁厂等民用工矿交通企业。

另一类是民族资本主义企业，是由民间商人、手工业者、华侨、归国留学生等创办的。据文献记载，第一家民族资本主义企业，是铁匠方举贤、孙英德于

1866年合伙创办的上海发昌机器厂，主要从事打铁焊锡、镌刻铜板、器皿镀金以及制造轮船机器等。中国的民族资本主义企业，生于帝国主义列强瓜分中国的痛苦岁月，深刻地感受到中华民族贫穷弱小的艰难与危机。中国的民族资本主义企业，不仅由于我国关税不能自主而得不到保护，面临享有低关税特权的洋货倾销，受尽外国资本主义的欺凌，而且还受到本国封建主义的压制和本国官僚主义的控制和蚕食，其生存每时每刻都受到威胁。但是，中国的民族资本主义企业并没有因此就销声匿迹，中国的民族资本主义企业家们并没有因此就屈服；相反，他们勇敢地迎接各种挑战，机智地确定自己的经营策略，在夹缝中求得生存和发展。

从1840年到1949年的100多年中，中国民族资产阶级创建过成千上万个公司，但真正生存下来并得到发展的，数量上并不是很多。但正是在这为数不多的公司中，出现了今天仍然值得注意和借鉴的企业文化。优秀的中国民族企业家们，鲜明地确立了无愧于那个多灾多难时代的企业宗旨、企业经营理念、企业价值体系和企业理想。

一、普遍认同的企业宗旨：实业救国，不求私利

为什么要办企业？这是任何企业家都必然要回答的问题。

西方第一批企业家的回答是：为了赚取利润。如果进一步追问："赚取利润又是为了什么呢?"别以为他们都会回答"是为了自己或别人能充分享受物质生活"。西方那些具有典型资本主义精神的企业家们的回答是："什么也不为！赚钱本身就是目的。"①

中国民族企业家们的回答则是：为了救国，不为私利。据历史学家考证，1904年《东方杂志》第8期节录发表的《论实业所以救存亡》一文，提出"实业之兴衰、关乎国势之存亡"，是直接将实业发展同民族救亡相联系的较早见解；1910年《东方杂志》第6期发表《实业救国之悬谈》一文，则是"实业救国"这一口号明确提出的标志。②从此以后，随着我国危亡局面的日益加重，"实业救国"被民族企业家们普遍认同，成为我国早期企业文化中的一大特色。

在民族企业家们看来，"实业救国"既是振兴中华的有效手段，也是他们兴办企业的根本目的和拼搏进取的精神动力，是他们人生价值的体现。余芝卿等人，原是在日本经商的华侨，由于认识到"欲救中国之危亡，非振兴实业不可"，便毅然回国创办了上海大中华橡胶厂。顾锡元创办上海振兴毛绒纺织厂，目的是要帮助解决一点由于中国贫弱而造成的种种社会问题，他说："做一个人，对于

---

① 详见本书第三章第三节第二目。

② 参见钟祥财：《中国近代民族企业家经济思想史》，65～66页，上海，上海社会科学院出版社，1992。

社会多少要有些贡献，绝不单单解决了自己的生活，就算已尽了做人的责任。中国是一个贫弱的国家，大多数人穷得饭也没有吃，有饭吃的人，就该替穷人想想法子。如果但求自己的丰衣足食，未免把做人的使命看得太轻了。”他觉得，多一个靠他吃饭的人，“多从外国人手里夺回一文钱，要比多娶一个姨太太，或多置一部汽车要荣耀得多。”中国近代电器工业的泰斗、上海亚浦尔电器厂创办人胡西园（1897—1981）写道：经营亚浦尔厂“所受到的艰难险阻，实在不少；可是我不觉得痛苦，而且颇感兴趣”；“因为我办亚浦尔厂的动机不是要发财；我只求生活可以维持，已经是于愿已足。我的目标，是要使亚浦尔厂的出品，比外国货更好，此外就没有什么企求了”①。

实业救国的企业宗旨，体现在民族企业的市场竞争策略上，就是“内求联合，外御洋货”。民族企业家刘鸿生（1888—1956），是成功运用这个策略的典型。1920年，刘鸿生和朱葆三等人创办上海水泥公司，并在1923年8月正式生产象牌水泥。当时，象牌水泥面临的竞争，来自两个方面：一是来自中国另一家民族企业，即来自启新洋灰公司生产的马牌水泥；二是来自日商的龙牌水泥。由于日商水泥的倾销，中国的两家公司面临着市场日益缩小的威胁。为求生存和发展，资格比较老的马牌水泥，发起对象牌水泥的降价竞争。对此，刘鸿生固然表示不会“坐待受缚”，将“密筹对策，以杀其锋”。但实际上他很反对搞这种“鹬蚌相争、渔翁得利”的内部竞争，因此同时就提出了双方谈判协商的主张，寻求“彼此营业上应行互守之方针”，“一面共制外货，绝其销路；一面力避竞争，以免两败俱伤”②。经过几年的实际较量，启新接受了刘鸿生的建议，生产象牌水泥和生产马牌水泥的两家民族公司，于1925年6月签订了划分营业范围的联营合同。当时正逢“五卅运动”兴起而形成的抵制日货的高潮，于是“象马”合力赶走了“龙”。除了在水泥行业，刘鸿生还在火柴行业成功地实施了“同业合并、增强华商对外竞争能力”的市场竞争策略。

实业救国的企业宗旨，也体现在各种企业象征上。如“振兴”、“振华”、“章华（彰显中华之意）”、“抵羊（抵制洋货之意）”之类的公司或品牌名称，“国人资本、国人制造”之类的广告词等等。

二、民生公司的企业经营理念：服务社会，理智竞争

中国民族企业“实业救国”的企业宗旨，是通过企业的生产经营来实现的。民族企业家们所希望出现的状态，主要有两条：一是老百姓买国货而不买洋货，中国人接受民族企业的服务而拒绝外国企业的服务；二是企业提供的产品与服

① 钟祥财：《中国近代民族企业家经济思想史》，302～303页。

② 同上书，276页。

务，与社会的需求相符合，既不过剩，也无不足。民族企业家们认为，这种状态能不能出现，第一取决于自己所办公司为社会服务的诚意、质量与效率，第二取决于自己会不会理智地展开竞争，特别是能不能与外商企业展开有效的竞争。因此，“服务社会、理智竞争”，就成为中国民族企业的最主要的经营理念。民族企业家卢作孚（1893—1952）于 1925 年 10 月筹办，于 1926 年 6 月正式开业的“民生实业股份有限公司”，是倡导并成功实施这一经营理念的典范。

民生公司是一家航运企业。卢作孚之所以要创办它，是强烈的民族感情使然。他当时感慨万分地说：“扬子江上游，触目可见英、美、日、德、意、瑞典、挪威、芬兰等国的国旗，反而不容易见本国的国旗，岂非怪事。”① 于是他决定创办民营航运公司，以夺回川江（长江上游及其支流统称为川江）航运权，促进四川经济的发展。

民生公司的经营理念，集中体现在它所开展的三个运动之中。

第一个运动，是所谓“建设现代的集团生活运动”。这实质上是一个文化运动。卢作孚认为：“中华民族的问题很多，同时很严重，一个重要原因就是文化落后。”② 他所说的“文化落后”，是指中国人由于长期处于农业社会而养成的狭隘、散漫的生活方式。他说：“中国人只有家庭，没有社会，家庭就是中国人的社会。”“中国人只有两重社会生活——第一重是家庭，第二重是亲戚邻里朋友。”③ 显然，这种过于狭窄的生活方式，根本就不能适应已经在世界各地蓬勃发展的工业社会潮流。“虽然继续安眠在农业生活里，继续安眠在家庭和亲戚邻里朋友的集团生活里，是我们非常情愿的，然而周围的形势绝不容许的。”④ 卢作孚倡导的“建设现代的集团生活运动”，就是要求中国人，特别是要求民生公司的职工，跳出家庭、亲戚邻里朋友的狭小天地，“他们之在公司中是一群工作的分子，不是一群亲戚邻里的朋友，他们之到公司都是凭自己的能力，不是家庭和亲戚邻里朋友关系。”⑤ 任何一个职工，做工作、干事业，不能只是为了发家，而是为了推动社会进步；不能只是为朋友可以两肋插刀，而是为社会可以赴汤蹈火；不能只是帮助亲戚邻里，而是要帮助整个社会。“但愿人人都成园艺家，把社会布置成花园一样美丽；人人都成建筑家，把社会一切事业都建筑完成。”⑥

“建设现代的集团生活运动”的核心内容，是树立社会责任感，培育崇高的

---

① 邱志华编著：《裂缝与夹缝——中国近代企业家的生存智慧》，130 页，上海，立信会计出版社，1996。

② 卢作孚：《我们的一切都要有计划和预算》，载《新世界》，100 期。

③ 卢作孚：《建设中国的困难及其必循的道路》，见《中国的建设问题与人的训练》，5、15 页，上海，生活书店，1934。

④ 卢作孚：《建设中国的困难及其必循的道路》，见《中国的建设问题与人的训练》，28 页。

⑤ 同上书，71 页。

⑥ 卢作孚：《怎样做事——为社会做事》，载《北碚月刊》，第 3 卷，第 6 期。

思想境界，正确处理个人与社会、职工与企业、自己与他人的利益关系。卢作孚指出："要在社会上享幸福，便要为社会造幸福。"但是在心理的天平上，绝不可把享受幸福和创造幸福同等对待，"我们应努力于公共福利的创造，不应留心于个人幸福的享受"[①]。而且享受幸福的重点，应该是享受成功的喜悦，分享社会进步的快慰，而不是得到很多的金钱。卢作孚写道："工作的意义是应在社会上的，工作的报酬亦应是在社会上的，它有直接的报酬，是你做什么就成功什么"；"它有间接的报酬，是你的成功在事业上，帮助却在社会上。"[②] 正是基于这种崇高的思想境界，卢作孚一再宣称："我们努力不是为了工钱与盈余，而是超工钱与盈余的！"[③]"做事应从进展中求兴趣，从成绩上求快慰，不应以得报酬为鹄的，争地位为能事。"[④] 这种融个人于社会的思想境界，应该怎样具体到职工与企业的关系上来呢？卢作孚回答说："民生公司是一个集团，我们在这个集团当中，应该抛去个人的理想，造成集团的理想；应该抛去个人的希望，集希望于集团。"[⑤] 那么，民生公司的理想是什么呢？这可以用被人概括为十六个字的"民生公司基本方针"来简明地回答："服务社会，便利人群，开发产业，富强国家"。在民生公司内部开展的现代集团生活运动，从一定意义上说，就是认同这十六个字的文化运动。

民生公司开展的第二个运动，是"帮助社会的运动"。这个运动的实质，就是要在民生公司，确立"服务社会"、"帮助社会"的最高价值地位，并使全体职工认同。任何最高价值，都要和其他价值比较，进行排序，才能显示出来。卢作孚正是这样做的。他是在把"帮助社会"与"帮助个人"、"帮助社会"与"帮助事业"、"帮助社会"与"赚钱谋利"等的对比分析中，来阐明民生公司的最高价值。

卢作孚写道："我们只帮助社会，帮助个人亦只是因为他要帮助社会，这是我们事业所含的意义，不但要十分明了它，而更要努力实现它。"[⑥]"我们做事业有两重目的：第一是自己尽量地帮助事业；第二是要求事业尽量地帮助社会。""我们做生产事业的目的，不是纯为赚钱，更不是分赃式的把赚来的钱分掉，乃是要将它运用到社会上去，扩大帮助社会的范围。"[⑦] 这些话，十分清楚地表达了民生公司把"服务社会"视作最高价值的经营理念。

这里要注意的是，卢作孚并不是说办企业不要赚钱，而是强调怎样赚钱？把

---

① 卢作孚：《怎样做事——为社会做事》，载《北碚月刊》，第3卷，第6期。

② 卢作孚：《工作的报酬》，见《中国的建设问题与人的训练》，207、208页。

③ 卢作孚：《一桩事业的几个要求》，载《民生实业股份有限公司十一周年纪念刊》，8页。

④ 卢作孚：《怎样做事——为社会做事》，载《北碚月刊》，第3卷，第6期。

⑤ 赵靖等编：《中国近代民族实业家的经营管理思想》，181页，昆明，云南人民出版社，1988。

⑥ 卢作孚：《民生公司的三个运动》，见《中国的建设问题与人的训练》，171页。

⑦ 卢作孚：《"超个人成功"的事业，"超赚钱主义"的生意》，载《新世界》，85期。

赚钱放在什么位置？他说："我们做事应取得利益，但应得自帮助他人，不应得自他人的损失。"① 这就是说，只能采用帮助他人、使他人受益的方法来赚钱，而绝对不能用损害他人利益的方法来赚钱。赚钱应该放在什么位置呢？卢作孚认为：赚钱并不是办企业的目的，不是企业的最高价值，赚钱只是扩大"服务社会"的手段。这就是说，不能把赚钱作为企业的最高价值。

卢作孚还特别强调，帮助社会、服务社会一定要积极主动："我们决心帮助社会绝不是等待机会的，是要寻找机会；不是要人请求我们帮助，是要人接受我们帮助。"②

民生公司"服务社会"的经营理念，第一是通过具体业务来体现的，第二是依靠全体职工来执行的。民生公司的具体业务是航运，其服务社会的经营理念，体现在"安全、迅速、舒适、清洁"的承诺中，这八个大字十分醒目地写在重庆、上海、广州、大连、东南亚各国，乃至日本的客运码头的大型广告牌上。民生公司的全体职工，都必须接受如上所述"建设现代的集团生活运动"的洗礼，以保证他们都能处理好个人与社会的关系，达到服务社会的目的。

民生公司开展的第三个运动，是"联成整体的生产运动"。这个运动的实质，主要是想机智巧妙地开展自由竞争，避免中国民族资本主义企业之间的自相残杀，求得供需平衡。在此基础上，有效地与外商展开竞争，以夺回被外轮占领的中国内河运输市场，并进一步开拓走向世界船运市场的道路。

卢作孚认为："生产是适应需要的，但是在自由竞争的商业状况之下，其结果是非常残酷，如果生产不足，则竭力压迫需求者，如果生产过剩则又为需求者所竭力压迫，永远没有供求相应的时候，如果要办到供求相应，必须作整个的生产运动。"③ 卢作孚说的"作整个的生产运动"，就是"将同类的生产事业统一为一个，或为全部的联合，其意义在消极方面避免同类事业的残酷竞争，积极方面，促成社会的供求适应"④。简言之，就是要把同一行业的乃至相关行业的许多企业，合并起来变成一个大的公司，进行统一的生产和经营。卢作孚声明：倡导全行业的统一生产和经营，"绝非如一般之所误会认为垄断，操纵"；其所要达到的目的，一是避免同类事业的残酷竞争，二是保障供需平衡，三是"节省人力，节省物力，节省财力"⑤。

在卢作孚倡导的"联成整体的生产运动"中，既有追求规模效益的经济因素（节约人力物力财力、降低成本），也有提倡计划经济的理论因素（避免竞争、保障供求平衡）。就其追求规模效益来说，在当时是现实的，可行的。就其搞计划

---

① 卢作孚：《怎样做事——为社会做事》，载《北碚月刊》，第3卷，第6期。

② 卢作孚：《民生公司的三个运动》，见《中国的建设问题与人的训练》，170页。

③ 同上书，165～166页。

④⑤ 同上书，166页。

经济来说，在当时中国的条件下是不现实的，是不可行的。当然，卢作孚的主观愿望是好的，是出自好意，正如他自己强调指出的那样："民生公司之盼望航业联成整个的，不但是对航业界是好意，是帮助的意义，对社会尤其是好意，是帮助的意义。"①但是，好意归好意，现实的发展是不以人们的主观意愿为转移的。要做到既避免竞争，又没有垄断，而且供求平衡，不仅在资本主义条件下办不到，就是在社会主义条件下也不可能，只能是一种空想。

民生公司开展的"联成整体的生产运动"，真正的实际意义，一是既统一了公司内部的经营，又扩大了经营规模，取得了降低成本、提高效率、改善质量的成绩；二是加强了中国民族企业之间的联合，取得了和外商企业展开有效竞争的主动权。

民生公司"联成整体的生产运动"，首先体现在它内部管理中实施的"四统制"。当时，航行于我国内河的外国轮船公司，都实行"三包制"，即把驾驶、轮机、航运三个部门分别包给专人管理。如航运中的客运部分，除大餐厅外，官舱、房舱、统舱都包给大买办，大买办再转包给二买办、三买办、管事等，承包者各自为政，只知谋取私利，不知优化服务。公司只收取承包费，其他一切听任承包者为所欲为。民生公司果断否定了这种"三包制"，实施突出整体、强调统一的"四统制"，即：人员由公司统一任用，业务由公司统一经办，燃料、油料、材料由公司统一核发，财务由公司统一管理。"四统制"是民生公司服务质量的可靠保证。

民生公司"联成整体的生产运动"，同时也体现在它对外的收购与合并上。卢作孚指出："联成整个的，若干轮船只有一个公司，开支应较经济。何条航线需有几只轮船，或某线需要大船，某线需要小船，或有时需要大船，有时需要小船，应看需要分配，更较经济。可以设备比较完备的工厂，担任修理。""这些利益，不是从社会上去取得的，是从航业一经联成整个的时候产生的。"②为了鼓励其他华轮公司与民生公司合并，卢作孚规定了许多优惠条件，如：帮助被并入的公司偿还债务，需要多少现金就交付多少现金；凡卖给"民生"的轮船或并入"民生"的公司，其船员一律转入"民生"工作，不使一人失业。由于条件优惠，短短的几年中，就有14家华商轮船公司、28艘轮船并入或卖给民生公司。卢作孚颇为自豪地说："民生公司之合并任何轮船公司，在事实上都曾经证明是帮助了他们……因为在今天以前，独立的公司曾经折本、负债，至少亦没可靠的赢利；自与民生公司合作起，直至今日，是事实上证明有盈余的。"③民生公司这种"化零为整"的生产运动，不仅达到了"集中人力财力以维持华商航业之生存"

① 卢作孚：《航业为什么要联成整个的》，见《中国的建设问题与人的训练》，173页。

② 同上书，177页。

③ 同上书，173～174页。

的目的，而且迫使外轮公司逐个退出了川江航运市场：1934 年意商的光耀轮船公司破产，其轮船卖给了民生公司；1935 年美商捷江轮船公司倒闭，其轮船也卖给了民生公司。到 1935 年底，民生公司共收购外轮 11 艘。这样一来，民生公司在 1936 年拥有轮船 48 艘，成为川江航运的主力，谱写了一曲夺回内河主权的民族凯歌。民生公司通过理智竞争而取得的这一成果，为它在抗日战争时期运送人员与物资去大后方而立功，为它在抗战结束后开拓远洋航运世界市场，奠定了坚实的基础。

三、东亚公司的价值观念体系：文明高尚，以人为本

中国民族企业的价值观念体系是什么呢？这可以通过理论分析和实际调查两种方法来找答案。

从理论上说，一个深受外族侵略和压迫的民族，必然具有强烈的反对外来侵略和压迫的民族意识。一个深受野蛮、不平等竞争之苦的企业，必然渴望文明、平等的竞争。中国民族资本主义企业在夹缝中求生存的客观地位，加上中华民族讲文明、重礼仪的悠久历史传统，决定了它所追求的价值体系，必然和西方各帝国主义企业截然不同。如果说，西方各帝国主义企业崇尚“野蛮榨取、机器为本”的价值体系；那么我国民族资本主义企业所崇尚的价值体系，则应该是“文明高尚、人才为本”。但是中国的民族资本主义企业，第一，终究是“资本主义性质”的企业，而且处于早期（或说原始积累时期），因此其对工人的剥削与压迫不可能“文明高尚”，也不可能把工人视为“人才”；第二，终究是“中国民族资产阶级”创办的企业，这个阶级既有反对“三座大山”的一面，又有容易和帝国主义、封建主义、官僚资本主义相妥协的一面，因此未必能普遍一致、始终如一地抵制“野蛮榨取、机器为本”的价值体系；第三，终究是生存于 19 世纪中期到 20 世纪中期的企业，这是充满火药味的一百年，发生过两次世界大战，因此中国即使提出了“文明高尚、人才为本”的企业价值观念体系，也只能是个别现象，不可能像“实业救国”那样被民族资本主义企业普遍认同，更不可能像今天那样理解和实行。

事实上，中国民族资本主义的企业价值观念体系，确实存在着“个别与普遍”的差异，“文字与实际”的差距。即：只有个别或少数公司，倡导并培育“文明高尚、人才为本”的企业价值观念体系，而多数则没有这样做；个别公司提出来的企业价值观念体系，从文字和形式上看，可以同今天相媲美，但实际的贯彻执行却肯定不能和今天相提并论。

不管怎样说，个别公司倡导并培育“文明高尚、人才为本”的企业价值观念体系，肯定是历史遗留给我们的一笔宝贵的企业文化遗产。

中国民族资本家宋棐卿（1898—1956），于 1932 年 4 月 15 日创办成立的天津东亚毛呢纺织股份有限公司，就是倡导和培育这种“文明高尚、人才为本”的

企业价值观念体系的典型。这个价值体系是以厂训、口号、格言、短句、厂歌等多种形式表现出来的，并较为集中地编写在职工人手一册的《东亚铭》中。下面是具体内容。①

厂训："己所不欲，勿施于人"；"你愿人怎样待你，你就先怎样待人。"这个厂训高悬于公司大楼的墙上，倡导人与人、企业与企业之间要文明相待。这同美国玫琳凯化妆品公司规定的"管理中的金科玉律就是：'你们愿意别人怎样对待你们，你们也应该那样去对待别人'"②，是完全一样的。但玫琳凯化妆品公司比东亚公司晚成立 31 年！

管理口号："军事纪律，基督精神"。这条口号，以中英文对照的大字，写在东亚职工的食堂里。它可以和今天许多企业倡导的"宽严结合、刚柔相济"相媲美。

排比式的格言短句：集中编写于《东亚铭》，其内容已涉及今天称之为"企业文化"的各个方面，但核心是对如何做人提出要求，共分为 9 个部分：

1. 主义。内称："人无高尚之主义，即无生活之意义；事无高尚之主义，即无存在之价值；团体无高尚之主义，即无发展之能力；国家无高尚之主义，即无强盛的道理。"这里的"主义"，指主张、追求和理想等等。这里看重的价值，是"高尚"：主张要高尚，追求要高尚，理想要高尚。

2. 公司之主义。共有四条：(1)"以生产辅助社会之进步"；(2)"使游资游才得到互助合作"；(3)"实行劳资互惠"；(4)"为一般平民谋求幸福"。东亚公司的这四条"主义"，是它处理社会与企业、资金与人才、劳方与资方、特权阶层与一般平民的相互关系的基本原则。确实表现出对文明高尚的追求。

3. 作事。内称："人若不作事，生之何益！人若只作自私之事，生之何益！人若不为大众作事，生之何益！人若只为名利作事，生之何益！若无事作，要我作什么？若无艰难之事作，要我作什么？若不服务社会，要我作什么？若不效忠国家，要我作什么？"显然，这里把"实业救国、不求私利"的企业宗旨，和献身作事的人生观联系起来，是很深刻的。要实现"实业救国"的宗旨，固然需要懂技术，但首先要有献身精神。

4. 为人。内称："能作事者不怨天尤人，怨天尤人者必不能作事；真人才必不谄上骄下，谄上骄下者必非真才。"这里，提出了企业管理所需人才的素质标准：善于练好内功而把公司办好，不埋怨客观条件，对上不奉承，对下不骄横。

5. 人格。内称："不忠于己者焉忠于人，不忠于夫妇者焉忠于友，不忠于亲族者焉忠于社会，不忠于家者焉忠于国；公而忘私者我们要师法，先公后私者我

---

① 关于天津东亚毛呢纺织股份有限公司的原始材料，转引自张德、刘冀生：《中国企业文化——现在与未来》，"附录"，258～259 页，北京，中国商业出版社，1991。

② ［美］玛丽·凯·阿什：《用人之道》，1 页。

们要征集，先私后公者我们要规劝，有私无公者我们要力戒。”这里强调统一的人格。没有提“无私”和“灭私”，而是提“忘私”、“后私”，比较可信。

6. 尽责。内称：“事成而又不获罪于人者为理想之人才，事成不得已而获罪于人者为有用之人才，事不成而仅图不获罪于人者为无用之人，事不成而又获罪于人者为危险之人；不待命令而自动工作者为中坚分子，等待命令而即工作者为忠实分子，接到命令而懒于工作者为无用分子，有令不作反讥作者为是非分子。”这种对人的划分，可以作为企业用人、用工的根据，以达到既能主动把事办成、又能搞好人际关系的目的。

7. 功绩。内称：“有功而不以为功者谓之真功，有功而以为有功者谓之夸功，无功而以为有功者谓之争功，无功而谤他人之有功者谓之嫉功。”这种“功绩观”确实值得注意，它的贯彻执行，有利于公司业绩扎扎实实地成长。

8. 过失。内称：“从心无过圣贤也，闻过则改君子也，闻过不改庸人也，闻过则怨小人也。”这种“过失观”的贯彻执行，有利于公司经受各种失败的考验。

9. 耶稣圣训。内称：“不要受人的服侍，乃是要服侍人。”这里可以看出，东亚公司也重视中西文化的融合。

厂歌：歌词内容有“爱护东亚、精诚团结”，“打起无畏精神，努力纺织生产”，“精美益求精美，销行南北东西”。这里值得注意的是“精美益求精美”的质量观，因为这是“外御洋货”最有力的手段。用“中国人不用外国货”之类的广告口号，来与进口货竞争，终究不是长远之策。宋棐卿对此十分重视，他在载于公司年刊的一篇题为《对于国人之感谢与希望》一文中强调指出：“敝公司成立以来，对于出产品质之讲求，既不遗余力，复于外观之美丽，亦不稍忽，以图打倒‘洋化’之观念，对外货作猛烈之攻击。”

东亚公司不只是提出了比较系统的企业价值体系，而且利用一切可能的机会进行宣传灌输。如厂歌不只是教会职工“唱”，还摘录其中的精彩句子写在职工食堂的左墙上；公司之主义则写在右墙上。除了职工人手一册的《东亚铭》，还另外编写了题为《东亚精神》的讲义。1946 年又出版了《东亚声》的内部刊物，深入宣传公司的价值观念体系。

东亚公司的价值观念体系，绝不只是写在纸上，还贯彻在行动中，并取得了实际成效。例如，为了实施“使游资游才得到互助合作”和“实行劳资互惠”的“公司之主义”，宋棐卿执行了“不怕股东小、就怕股东少”的招股原则，零散小股东一律被热情接纳，社会名流入股更不在乎其资金多少，而是利用他们的名望和影响吸引更多的股东。结果，东亚公司的股东最多时达到 1 万多户，遍布全国各地和各个阶层。对于这些小股东，宋棐卿一律采取“抓住不放”的措施：凡集中在某地的股东，每年派专人去那里分发红利；凡分散在各地的股东，则由公司负担汇费，分别寄发红利；使每个小股东都对公司产生信任感。对于本企业职工，更千方百计使他们成为股东：规定凡年终分得红利满百元者，其一半按股票计发，从而使职工利益与公司兴衰紧密联系起来，实现“劳资合作、劳方即资方。”东亚公司的股东，虽然都是些小股东，但因数量多，募集的总资金并不少，这使它有充足的资金周转余地。

可以肯定，东亚公司所倡导和实际执行的企业价值观念体系，是我国企业文化发展史上的一朵奇葩，值得肯定和发扬。但也应该指出，不要把这朵近代开出的花现代化，它也有它的问题。例如，在东亚公司制定的28种503条规章制度中，就有带封建性的“不良文化”的条款，如工人出厂要搜身检查，工人上厕所要用恭签。这显然是与该公司“己所不欲、勿施于人”的厂训背道而驰的。

四、宝元通公司的企业理想：天下为公，财富均等

在中国的民族企业家中，有一些人出身贫寒。他们的人生道路曲折而艰难，深刻地感受到社会不公和贫富不均所造的各种弊端。因此其中有些人成长为民族企业家以后，就把“天下为公、财富均等”作为自己所办公司的企业理想。肖则可（1897—1968）办的“宝元通兴业股份有限公司”，就是追求并实施这种企业理想的典型。

肖则可是四川宜宾人，出生在一个普通的市民家庭，父母早亡，小学未毕业就因家境贫困而到一家铸锅厂当学徒，后来又到军队当兵。1920年，他和亲戚朋友一起拼凑了一批小本钱，在宜宾开设了一家铁锅铺，经营铁锅、土铁、小五金等的贩卖转运。虽是无名小店的小本经营，但由于快进快出、薄利多销，重视信誉、包退包换，吃苦耐劳、能肩挑步行就不坐车船，收效颇大。到1923年，资产总额翻了两番。于是扩充门面，正式取名为“宝元通商号”。同时扩大经营范围，代销煤油和香烟。1927年前后，经营重点转移到布匹百货，并在泸州、南溪、江安、重庆、成都分别设立“宝元泸”、“宝元南”等分号。到1932年，宝元通成为川南最大的一家百货商店，享有很高的商誉。1935年，宝元通商号的总管理处由宜宾迁到重庆，并陆续与上海、天津、青岛等大城市的10多家厂商签订了经销和代销合同。在扩大商业经营的同时，宝元通又投资兴办了轮船公司，创办了糖果、皮革等商品的加工厂，发展成了一家涉足商业、工业和交通运输业的综合型公司。1946年，正式改组命名为“宝元通兴业股份有限公司”。1950年转为国营企业。

宝元通公司的文化特色，是倡导“天下为公、财富均等”，多少具有空想社会主义的色彩。肖则可虽然也赞成“实业救国”的口号，但他似乎想得更深一些，看到世界上有些国家工商业发展了，却反而给老百姓带来巨大灾难的事实。他说：“先进诸国之振工商而反以蠹国贫民者，在人私其财，以侵渔为富，贫者益贫，富者日富，天下每每大乱，兵连祸结不解，至于人性绝

灭，衅皆因此。”[①]既然如此，那么根本任务就是：第一，改变“人私其财”的观念，树立大公无私的意识；第二，改变“贫者益贫、富者日富”的现状，实现财富均等的理想。肖则可在他所创办的宝元通公司里，努力营造有利于完成这两个根本任务的文化气息。

首先，“宝元通商号”确立了体现天下为公的“号训”：“牺牲小我，顾全大我，发展事业，服务社会”；“视成业重于逐利，以利群富国为天职”；“图事业于久大”。

其次，宝元通公司于1932年正式制定并实施了一个体现公平原则的《组织大纲》。在这个大纲中，除了明确提出“服务社会为宗旨、便利主顾为前提、经营百货贸易为过程、达到生产事业为目的”的经营方针以外，还明确规定宝元通公司必须“根据社会进化原则，采取合作方式，由股东职工共同组织之”。这里值得注意的有两点：一是“合作方式”，它的实质是强调宝元通公司不应该是私有企业，而应该是集体企业。二是“股东职工”并提，其实质是强调职工要股东化，股东要职工化。事实上，宝元通公司从20世纪20年代末开始，就鼓励职工以劳动报酬入股；1935年以后，不再吸收外股（即持股者不是本商号职工），只允许本公司职工参股；同时严格禁止本公司职工私置产业，不允许职工另有其他的经营或投资，职工存款必须存入本号。这样一来，在宝元通公司里，职工确实是，而且也只能是本公司的股东，本公司的股东确实是，而且也只能是本公司的职工，股东与职工完全统一起来了。

最后，宝元通公司采取了一系列体现财富、权利、义务均等的措施。在宝元通公司，虽然股东与职工完全统一起来了，但“宝元通人”作为职工，仍有职务高低不同；作为股东，仍有持股多少之别。为了使这种差别限制在尽可能小的范围之内，肖则可采取了以下措施：

1. 以不断立法的形式，规定一个股东的最高持股额，限制个人股本恶性膨胀。如1932年宝元通资本总额为10万元，规定每个股东的最高股额为5 000元，占总额的5%。1937年宝元通资本总额为20万元时，规定每个股东的最高股额仍为5 000元，占总额的比例下降为2.5%。1946年宝元通资本总额为6 000万元法币时，规定每个股东的最高股额为50万元，占总额的比例下降为0.825%。

2. 带头放弃创业股的利益，决定旧股本不增值，新旧股东享受同等比例分配盈余。执行这个决定的结果，是到1936年，职工股占到资本总额比例的37.9%，而肖则可等人的创业股只占到资本总额比例的34.5%，即职工股比例高于创业股比例3.4个百分点。以后，随着绝大多数职工成为公司的股东，职工

① 关于宝元通公司的材料，均引自邱志华：《裂缝与夹缝——中国近代企业家的生存智慧》，162～169页。

股的比例进一步扩大。每个股东因受最高股额的限制，到后来每人所持的股份数，也基本相同。这样，在宝元通公司里，任何一个股东都没有可以用来控制企业的股权优势，每个人都处于权利均等、利害一致的地位。

3. 执行有利于实现财富均等的分配原则。在1932年制定的第一个组织大纲中，明确规定盈余的分配比例为：股东红利占30%，职工红酬占30%，公积金占20%，辅助社会事业费占20%。就工资而言，每个职工都不高，相互的差别也不是太大。但宝元通公司还实行半供给制：职工本人衣食住行所需，都按同等的标准，定量无偿供给；伤残婚丧病老退休，以及职工供养的家属（未成年的直系亲属），均给予一定的物质补助。另外，职工还可以享受数量可观的年终奖金和红酬，其数额往往高出全年的工资总额；当然，这部分所得，和整个公司的经营好坏紧密相关。

宝元通公司的上述文化特色，确实带有空想社会主义色彩。因此，肖则可1949年7月派人去香港与中国共产党取得联系，1949年底西南地区解放后申请将该公司完整地交给国家，1950年1月获准转为社会主义国营企业，是顺理成章的事。

1950年担任中国共产党西南局第一书记的邓小平，称宝元通公司是“画地为域的好人社会，近于空想社会主义”，“培养了一批有经营管理经验的人才”。

第二节　社会主义计划经济体制下的企业文化

1949年10月1日中华人民共和国成立，标志着一个崭新时代的开始。这个新的时代，以1978年召开的中国共产党十一届三中全会为界限，可分为两个时期。1949—1978年为第一时期，如果从经济管理和企业发展的角度来命名，可以称之为“社会主义计划经济体制时期”。1978年以后为第二时期，可以称之为“社会主义改革开放时期”。本节考察第一时期，即考察社会主义计划经济体制下的企业文化。

一、企业发展概况

中国企业的发展，1949—1978年大体上经历了三个阶段：

1949—1956年为第一阶段，是社会主义国有企业、国家资本主义企业、民族资本主义企业、集体合作企业、个体工商企业共五种类型并存的阶段。社会主义国有企业，大致有三个来源：一是由老解放区人民政府所创办的企业发展而来；二是没收官僚资本主义企业并加以改造而来；三是国家实施第一个五年计划而新创办起来的企业。国家资本主义企业，是对民族资本主义企业实行社会主义改造而来，其初级形式在工业领域有加工订货和统购包销，在商业领域有经销代销，其高级形式是公私合营。在这个阶段上，民族资本主义企业（私营工商企业）虽然还有，但数量越来越少，据文献记载："一九五五年，在私营工业总产值中，实行各种形式国家资本主义的已占到百分之九十一，完全由私营工厂自产自销的则相应地下降到百分之九。"①

1956—1966 年为第二阶段。在这个阶段上，基本上只有社会主义国有企业、国家资本主义企业、集体合作企业共三种类型。不仅民族资本主义企业整体上消失了，个体工商企业也基本上消失了。据文献记载：1956 年，在工业总产值中，私营工业"所占比重不到千分之一"；在批发商业中，"私营的只有百分之零点一"；在社会商品零售额中，"私营的只占百分之七点六"；在手工业中，"个体手工业产值只占百分之八点三"②。这是由于超速、超范围实现全行业公私合营的结果。所谓"超速"，就是超出了中央预计的速度。中央直接主持私营工商业改造的是陈云，他在 1954 年 12 月 31 日还说："要尽可能摸清楚资本主义工业的情况"，"这不是一下子能够弄清楚的，需要逐年来摸，每年摸一些，几年后就可以全部摸完了。如果现在不摸清楚，以后改造的时候是要出毛病的。"③ 这里预计用几年时间摸清情况，然后进行改造；可是实际上过了不到一年半，对资本主义工商业的改造就已经完成。所谓"超范围"，就是本来不该实行公私合营的小坐商和小摊贩，也纳入到全行业的公私合营中来。陈云当时就说："政府对于不雇店员的商店本来是要采取经销、代销的方式，但是高潮一来，他们天天敲锣打鼓，放鞭炮，递申请书，要求公私合营。没有办法，只好批准。"④ 批准归批准，但陈云明确指出：对于这种小铺子，有一部分"在很长时间里要保留单独经营方式"；"手工业者、摊贩等，更要长期让他们单独经营。""把他们搞掉了，对人民对国家都是不利的。我们是要改组工商业的，但并不是每个小厂统统需要改组，也不是所有的商店都要调整。如果轻率地并厂并店，就会给经济生活带来很多不便。"⑤ 正是这些正确的意见，使得那些占总体比重很低、经营规模极小的私营工商企业和个体手工企业，得以保存到 1966 年。

1966—1978 年为第三阶段。在这个阶段上，只有社会主义国有企业、集体合作企业两种类型。给民族资本家的定息，原定支付到 1966 年底，但由于"文化大革命"的开展，到 1966 年 9 月停止支付，从此国家资本主义企业一律变为

① 《陈云文稿选编》，323 页，北京，人民出版社，1982。

② 同上书，325～326 页。

③ 同上书，245 页。

④ 同上书，271 页。

⑤ 同上书，272 页。

社会主义国有企业。上阶段还保存着的比重很低、规模极小的私营工商企业和个体手工企业，也当作“资本主义尾巴”，彻底割掉了。

二、企业的基本特征

在社会主义计划经济体制时期，中国企业的第一个基本特征，就是从所有制的角度来看，企业的类型越来越少。到这个时期的第三阶段上，只有公有制企业，而且公有制的形式也比较单调，只有国有制企业和集体所有制企业两种类型。凡是有大机器的，准属国有企业；凡是没有机器的，如修理自行车的，剃头的，准属集体企业。改“私”为“公”，固然是实现社会主义和共产主义理想必然要做的一件事，但动手太早，步子太快，形式太少。究其原因，当时只想进入社会主义，但“究竟什么是社会主义”却没有完全搞清楚，没有树立“三个有利于”的标准。其实，早在1956年第一季度，即全行业公私合营和普遍集体化之初，陈云就从实际出发，谈到不少对于发展生产力和改善人民生活不利的情况。例如他说：“现在有些企业已经出现比合营前质量降低、品种减少、管理马虎的情况。”“如不注意，还会发展。”① 北京解放初期修理自行车的地方很多，“每条马路都有，可以就地修理，很方便。后来认为一家一家干是低级的，合起来才是高级的，统统合并起来，高级化了，结果找半天才能找到修理的地方，老百姓很不方便”②。有些行当，如北京的馄饨担，上海弄堂里的白糖莲心粥，陈云认为：“对他们应该很宽很宽。他要求加入合作社，也只能是挂个牌子，报个名，登记一下就算了。把他们组织起来，每个人要在一个小组，统一进货，统一经营，统一核算，那就有一种危险，即馄饨皮子就不是那么薄，而是那么厚了；肉不是鲜，而是臭的了。所以要长期保留这种单独经营的方式。”③ 陈云这些正确的见解，之所以没有成为当时起主导作用的指导意见，在于当时把“国有化和集体化”本身当成了目标，当成了标准，当成了大事。至于生产和人民生活受到影响，人们认为那不过是小事一桩，顶多只能算作国有化和集体化这个“伟大历史潮流”中的一个小小的支流而已！

社会主义计划经济体制时期，中国企业的第二个基本特征，就是政企合一。在那个时期，国有就是国营，所有权和经营权没有分开：大型国有企业和中央政府分不开，中小型国有企业和各级地方政府分不开。不仅国有企业政企不分，就连集体企业也政企不分。农村集体企业，和人民公社内部各级组织分不开，而人民公社的体制就是政社合一的。城市集体企业，和城市基层政权组织的派出机关——街道分不开。

---

① 《陈云文稿选编》，276页。

② 同上书，274页。

③ 同上书，272页。

计划经济体制时期，中国企业的第三个基本特征，就是没有经营自主权，一切由政府统一安排，由上级作主。这就是说，中国企业的政企不分，不是企业与政府平起平坐的难分难解，而是企业的一切都由政府包办作主。国营企业自不待言。早在解放初期的1950年，全国各地财经机关普遍要求作出统一规定、计划和管理的各项问题中，就包括有："国营工厂的生产计划、原料来源、产品推销；外销物资的采购，外汇使用的分配；内地贸易物资的调拨，物价管理；铁道、轮船的合理使用，邮电的管理等等。"[①] 正是根据这些要求，中央人民政府政务院于1950年3月3日作出了统一国家财政经济工作的决定。自那以后，这种由国家高度集中统一地安排企业的"生产计划、原料来源、产品推销"等等，就越来越加强，越来越扩展。不仅扩展到对集体企业，甚至对私营企业，也由政府统一安排生产与原料。国家连私营企业的生产也管，这种情况的出现，是多种原因促成的：

（1）治理通货膨胀使然。我国在1949年8月—1950年2月的短短半年内，就发生过四次物价波动，每一次都使物价大幅度上涨，1949年11月那一次，上海的产品价格竟然以每天20%到30%的幅度猛涨。中央政府必须和这种恶性通货膨胀进行斗争。当时由陈云主持，在全国范围内调集粮食、棉纱等主要物资，事先周密部署和充分准备，各大城市统一行动，在市场高价时大量抛售，结果在几天时间里就给哄抬物价的投机资本以歼灭性打击，夺得了稳定市场、控制物价的主动权。从这里得到的一个经验，就是要尽可能地集中物力财力，并加以统一使用。把这个经验贯彻到底，就必然是尽可能集中统一安排所有各个企业（包括国营企业、私营企业、公私合营企业等等）的生产与销售。

（2）是出于帮助私营企业摆脱困境使然。经济的发展是曲折而复杂的。刚把通货膨胀压下去，我国从1950年4月开始，就出现了商品滞销问题。并由此引起工厂关门、商店歇业、失业增加的险恶局面。为了扭转这种局面，国家采取了"拨给原料、私营工厂加工"（适用于纺织工业）和"对私营工厂订货"（适用于机器制造等工业）的办法，并"帮助私营工厂改善经营管理"[②]。这些帮困措施，是私营企业乐于接受的，但也为政府直接管私营企业的生产与销售积累了经验。因此，当1954年私营企业再度发生开工不足的困难时，国家在控制了原料与成品的条件下，就决定把私营企业的生产也直接管起来。对此，陈云于1954年底作出了如下的阐述："我们在相当长的时期内，对私营工业没有一个专门的业务管理机关，中央各部只管国营还管不了。地方有工商局，这是行政管理机关，只管歇业开业，不管成品和原料，因此对私营工业生产也就管不起来。现在原料、

---

① 《陈云文稿选编》，70页。

② 同上书，89页。

成品都由我们控制了，没有专门业务机关领导是不行的，因此我们在今年十月成立了地方工业部来管私营工业。现在来讨论私营工业生产安排问题，已经具备了一定的条件。”①

（3）是惟一用计划手段来管理全国经济的必然要求。当时人们普遍认为，社会主义与资本主义的主要区别之一，就是反对资本主义的盲目性，克服资本主义生产从全社会来看的无政府状态，搞计划经济而不能搞市场经济。既然“我们要搞经济计划，如果只计划公营，而不把许多私营的生产计划在里头，全国的经济计划也无法进行”。因此必须“有步骤地组织私营工厂的生产和销售”②。从而把国营、合作社营、公私合营、私营“四种工业都纳入国家计划轨道”③。

（4）是决意立即对私营工商业进行社会主义改造的必然结果。应该说，这是最主要的原因。我国对民族资本主义工商企业的社会主义改造，是颇具特色的，从总体上说是采取给定息进行赎买的政策，从具体操作上看就是“通过逐行逐业分配原料、分配生产任务、计算设备能力、安排生产计划等办法，来进行逐行逐业的社会主义改造”④。

计划经济体制时期，中国企业的第四个基本特征，就是相互之间没有竞争。不仅是所有的企业变成公有制企业以后没有竞争，在此以前，在五种类型企业并存的时候，也没有什么竞争，并带来许多负面影响。正如陈云所说：“我们没有什么竞争，统统是国家收购的，结果大家愿意生产大路货，不愿意生产数量比较少和质量比较高的东西。”⑤

三、特别崇尚“自觉性”的经营理念

计划经济体制时期中国企业的上述特征，特别是其中的第三个特征，即“没有经营自主权、一切由政府安排作主”的特征，使得我国学术界有人认为：这个时期中国不存在“真正的企业”。连企业都没有，当然也就不可能有什么企业文化。这种意见不能说一点道理也没有。如果从微观的角度、从局部去看问题，逻辑上必然要得出这样的结论。

但是从宏观的角度来看，从中国的全局来看，又必须承认：在计划经济体制时期的中国，确实存在“真正的企业”。这个真正的企业，是由成百上千个工厂或公司，以国家计划为纽带联合起来而形成的。这个真正的企业，是把全国一切公司包括在内的，是属于整个中国的，是全体中国人民的，不妨把它称为“中华

---

① 《陈云文稿选编》，242页。

② 同上书，92页。

③ 同上书，243页。

④ 同上书，245页。

⑤ 同上书，273页。

民族公司”。其实，民族资本家卢作孚所倡导的“联成整体的生产运动”，如果贯彻到底，最后也必然要形成这样一个全国性公司。中华人民共和国的成立，是中华民族真正获得解放与独立的标志。这个“中华民族公司”，完全由中国人民（通过自己的政府）自主经营，自负盈亏。这个真正的企业是真正特殊的，因而它的企业文化也确实是独具特色的。这种特色，集中地体现在它特别崇尚“自觉性”的经营理念之中。这主要表现在以下三个方面：

第一，“中华民族公司”的生产经营，自觉体现“彻底的计划性”，坚决排除“市场的自发性”。所谓“彻底的计划性”，即从宏观来看，整个社会的需求与供应有计划；从中观来看，每个工厂或企业的生产与销售有计划；从微观来看，每个人的消费，如吃多少粮、油、糖，用多少布、棉、线等等，也是有计划的；而且这三个层次上的计划是协调统一的。所谓“计划经济体制”，是针对市场的自发性而建立起来的，不仅仅是局部的计划，而且是计划整个社会的需求，计划全部生产的供应，计划一切产品的价格，计划贯彻在一切经济生活之中。目的是要完全避免过去资本主义条件下从全社会来看的生产无计划、无政府的状态。

第二，“中华民族公司”的生产经营，自觉体现“高度集中、全国统一”。集中，是集中到各级政府；统一，不只是统一政策，而且是统一人、财、物的运用调拨。例如，早在1950年就有规定：“全国国营贸易机构资金、物资的运用调拨，集中于中央人民政府贸易部。”[①] 从此以后，这种集中统一的趋势不断加强，终于形成政府“管得太多、统得过死”的局面。

第三，“中华民族公司”的生产经营，自觉体现“对内联合、对外抗争”。在中国内部，厂与厂、店与店是绝对没有竞争的，只有联合与协作。但对外的竞争与抗衡，却是坚定不移的。值得注意的是，当时的对外竞争与抗衡，并不表现为争夺市场份额，不是要拿出高质量的产品到市场上去和外国产品决一雌雄，而是要打破帝国主义的封锁。这就是说，帝国主义禁止把东西卖给我们，我们就立志自己生产，只要能生产出来，哪怕质量再差，我们就仍然有饭吃，有衣穿，有房住，有车坐，有东西用，就是我们的胜利。“艰苦奋斗、自力更生”的口号，就是在这种竞争中取得胜利的经验总结。严格地说，这并不是原来意义下的企业竞争。但由于这个时期“政企合一”了，可以称之为特殊的企业竞争。

当时我国的领导人，之所以要坚持“彻底的计划性”、“高度集中统一”和“内联外争”的经营理念，是因为自觉地认识到它们有以下的优越性：

（1）有利于实现供求平衡，不会出现生产过剩的经济危机，从而既可以避免工厂关门而造成工人失业，又可以保证各种资源的合理利用。

（2）有利于消除通货膨胀，保持物价稳定，从而能维持正常的经济秩序，保

① 《陈云文稿选编》，71页。

证社会安定。

（3）有利于对私营工商业进行社会主义改造，保证我国走上社会主义道路。“私营经济的资本主义性质与彻底的计划性是有矛盾的。”① 资本主义性质的私营企业，其生产任务是要自己来决定的，生产原料是要自己去寻找的，销售市场是要自己去挤占的；而彻底的计划性则不然，企业的生产任务由上级主管部门按计划下达，原料由上级主管部门按计划供应，产品由上级主管部门按计划价格统一收购。这两者的矛盾和斗争是显而易见的。当有关主管部门还不可能把全部需求和原料掌握在自己手中的时候，“彻底的计划性”是不可能的，私营企业会利用计划外的需求和原料进一步发展起来。而当有关主管部门能够把全部需求和原料掌握在自己手中的时候，“彻底的计划性”就一定能够实现，私营企业就只有接受政府的订货，或接受政府的来料加工这条路可走了，从而大大有利于对私营企业的社会主义改造。

刘少奇在1955年11月16日发表的谈话中指出：“大体上，废除资本主义所有制有这么几种办法：一种是没收的办法，这是苏联采取了的，东欧各国也是采取这个办法；一种是挤垮的办法，就是不给任务，不给原料，不给生意作，把生意统统揽到我们国营商店、国营工厂里面，这在名义上不说是没收，实际上还不是死路一条？还有一种是赎买的办法。”② 我国有能力采用没收的办法，因为政权在无产阶级手里；我国也有能力采用挤垮的办法，因为政府完全掌握了需求和原料，能实施“彻底的计划性”，但这两种办法都没有采用。没有采用，并不等于“政权”和“彻底的计划性”没有起作用。恰恰相反，采用赎买的办法之所以能够奏效，私营工商业者之所以敲锣打鼓欢迎赎买，正是由于既有“政权”的威慑力量，又有“彻底的计划性”的经济基础，“资本家不接受改造就要垮台，就要破产，接受改造就统一安排，也就有饭吃”③。

在中国，在推翻“三座大山”的统治以后，民族资产阶级一旦乐于接受社会主义改造，就扫清了社会主义道路上的一切障碍。

（4）有利于打破帝国主义的封锁，弘扬中国人的民族骨气，实现毛泽东在1949年作出的“封锁吧，封锁十年八年，中国的一切问题都解决了”④ 的庄严宣告，使中华民族能够早日自立于世界先进民族之林。

应该指出的是，当时我国的领导人，也已经自觉地意识到“彻底的计划性”、“高度集中统一”和“内联外争”的经营理念所难以解决的若干问题。其中最重要的有：

---

① 《周恩来选集》（下卷），44页，北京，人民出版社，1984。

② 《刘少奇选集》（下卷），177～178页，北京，人民出版社，1985。

③ 同上书，180页。

④ 《毛泽东选集》，2版，第4卷，1496页，北京，人民出版社，1991。

(1) 如何处理先进与落后的关系问题。在市场经济体制下，对这个问题的处理很明确，那就是“淘汰落后”。而在计划经济体制下，这个问题就不好解决。

陈云说过这样一段话：“有些地方有本位主义，产品不如上海、天津，但要当地国营商业卖当地货。自由竞争固然不好，也不应该，但这种本位主义的做法，是排斥进步、帮助落后的，是不对的。应该是奖励先进，照顾落后，淘汰有害（如坏药）。”① 在这里，“帮助落后”是不对的，而“照顾落后”则是应该的。但是，要把“帮助”与“照顾”区别开来，是很困难的。

陈云还说过这样一段话：“对落后的先要促使其提高，如果提高不了，将来就要淘汰。这是一般的原则，个别情况可以例外。如有的地方手纺数量很多，挤掉他们，会使很多人失业。河北等地今年有了水灾，国家就需要用棉花去维持当地农民的手纺，借以维持他们的生活。不如此，国家就得拿出救济费。”② 在这里，谈到了要淘汰落后，但那是“将来”的事，而且可以有例外。在当时的价值体系中，维持落后生产的价值，高于“让工人待岗并发给救济费”的价值。

(2) 企业生产经营如何增加品种、提高质量的问题。

陈云曾多次谈到这个问题。他说：“质量降低，品种减少的情况，从一九五三年统购包销后就开始了。”“产品都由政府包下来了，结果大家都不大注意提高质量、增加品种。”1956 年 1 月，全行业公私合营达到高潮，结果 3 月份就“已经出现比合营前质量降低、品种减少、管理马虎的情况”。那么，“为什么会降低质量、减少品种？一是工厂都愿意生产得多，生产得快，如果产品的样式多，经常换机器、原料，生产的就会少，就会慢。所以，有些工厂总是怕麻烦，只生产大路货，只管自己生产的方便，不顾消费者的需要。二是没有利润的刺激了，东西造好了是这样，造不好也是这样”③。

我们看到，陈云对问题的敏感性以及分析问题的合理性，都堪称一流。可是在以“彻底的计划性”等等为经营理念的时期，要在实际上解决这个问题，却是不容易的。

(3) 怎样创名牌的问题。

这个问题，陈云也注意到了。早在 1952 年他就说：“对名牌货不应该打击，应该鼓励。”“如 414 毛巾，固本肥皂，这些名牌货我们要提倡，不要名牌货不好。买货的人，都希望买名牌货。”④ 提倡归提倡，但许多名牌在计划经济体制时期还是没有保存下来，更谈不上创新的名牌了。究其原因，是“彻底的计划性”取消了竞争，供需是事先计划好了的平衡，而且“我国因为经济落后，要在

① 《陈云文稿选编》，244 页。

② 同上书，246 页。

③ 同上书，276 页。

④ 同上书，161 页。

短时期内赶上去，因此，计划中的平衡是一种紧张的平衡”。供不应求，短缺经济的特征非常明显，能买到东西就不错，哪里还顾得上是不是名牌。这就使创名牌的动力，从根本上消失了。

(4) 保留富有传统特色的厂名店名问题。

这在企业文化学中是一个比较重要的问题，既涉及继承优秀的文化传统，也涉及企业形象及其CIS设计。这个问题陈云也有十分正确的论述。早在1949年，他在谈到“要建设好我们的国家”的时候，就明确指出：“我们有勇敢战斗的精神，这很好，但还不够，还要掌握科学技术，并且发扬中国的优秀文化。”[①] 富有传统特色的厂名店名，就是中国优秀文化的一部分。到1955年对资本主义工商业进行改造时，他对这个问题讲得很具体：“原有工厂和店铺的招牌是不是需要改掉？我看最好把它保存下来。如果统统改掉，编成号头，使人搞不清楚，还不如‘瑞蚨祥’、‘全聚德’等各种各样的牌子挂着好一点。这样资本家也舒服，牌子是祖宗传下来的，把牌子搞掉，他们是会心痛的。”[②]

尽管有陈云的呼吁，在整个经济计划体制时期，还是把许多富有传统特色的厂名店名改掉了。在那个时期，我国的绝大多数的工厂和百货公司，实际上并没有自己的名称，只是编了个顺序号，就像父母把自己的几个儿子称为老大老二老三那样。这其实也是追求“集中统一”的经营理念的必然结果。

最最根本的，是“彻底的计划性”、“高度集中统一”和“内联外争”的经营理念，不能解决我国必须迅速发展生产力的问题。从现在披露的资料来看，毛泽东也已经意识到了这个问题。“毛主席老是对计划工作不满意，对这样搞法总是感到心情不舒畅，他引用李清照的词，叫做寻寻觅觅，冷冷清清，凄凄惨惨戚戚。薄一波同志的《若干重大决策与事件的回顾》书里还说到，一九六四年毛主席强调指出，‘要改变计划方法，这是一个革命。学上了苏联的方法以后，成了习惯势力，似乎很难改变’。毛主席对这种计划经济确实不满意，但是他没有能找到一种正确的途径，来改变这种苏联模式。”“毛主席是用‘大跃进’来冲破计划经济，但他搞错了，办法不对，行不通。”[③]

四、企业精神的典范：大庆精神

在计划经济体制下，政企合一、生产经营高度统一集中等特征，决定了中国那时的企业文化萌发，不可能出现“一厂一个样、各厂不一样”的模式，而只能是培养一两个样板，集中体现社会主义计划经济所要求的精神状态和价值观念体系，供全国所有工商企业学习照办。大庆精神和鞍钢宪法，就是那个时期所要求

① 《陈云文稿选编》，39页。
② 同上书，263页。
③ 胡绳：《品评录》，280～281页，沈阳，辽宁教育出版社，1998。

的精神状态和价值体系的典范。

“大庆”，现在人们知道它是一个人口近百万的城市的名称，位于黑龙江省西南部、松嫩平原中部。人们同时还知道，“大庆”也是一个油田的名称。大庆油田就在大庆市，油田面积达1 000多平方公里，是我国目前最大的油田，也是世界大油田之一，年产原油5 000万吨以上。可是在1959年以前，这里并没有什么市，也没有什么油田，有的只是荒原一片。从一片荒原开发成一个大油田的过程，也就是大庆精神形成和发展的过程。

早在解放以前，外国专家就作了结论：中国是一个贫油国。当时的中国，没有什么像样的油田，要用油，就得进口。解放后，帝国主义对我国封锁，要想从资本主义世界进口石油，不可能！石油，只有从社会主义国家进口一条路可走。可是，到了20世纪50年代末和60年代初，中苏关系紧张，从社会主义国家进口石油也不可能了。由于缺油，我国的许多汽车，只好用煤气作动力。当时一个奇特的都市景观，就是在各条马路上行驶的公共汽车，都顶着一个巨大的煤气包。这是一个使每一个中国人都感到沉闷的包。

因此，能不能在祖国的地底下找到石油，找到以后能不能把它开采出来，能不能建成长期稳产高产的油田，是中国石油企业对外竞争的一场硬仗。这场竞争，比中外企业之间争夺市场份额的竞争，绝对更紧张，绝对更激烈。这里需要有科学的态度，更需要有泰山压顶不弯腰的精神，有不达目的誓不罢休的志气。

通过我国石油勘探人员的顽强拼搏，黑龙江省松嫩平原中部的3号探井终于喷油了！时间是1959年9月26日，正值中华人民共和国成立十周年前夕，故取名为“大庆”。人们没有停歇一下，来品尝这喷油的喜悦，而是马不停蹄地在大庆展开了石油大会战。王铁人（王进喜）率1205钻井队从玉门油矿赶来了！成千上万个王铁人式的汉子，从祖国各地赶来了！他们围绕“拿下大油田”的目标，在这千里荒原上夜以继日地工作。他们边劳动边学习毛主席的《实践论》和《矛盾论》，以便及时而正确地解决大会战中所遇到的各种矛盾。他们以“宁肯少活二十年，拼命也要拿下大油田”的革命精神，战胜了生产和生活上的千难万险，终于在茫茫的荒原上建起了大油田，并培育出一朵社会主义企业文化的奇葩——大庆精神。

大庆精神是打破帝国主义封锁的精神，是和超级大国在经济贸易上的霸权主义进行顽强斗争的精神，是高举社会主义旗帜大搞经济建设的精神。具体地说，大庆精神包括以下四种精神：

第一，发愤图强、自力更生，以实际行动为中国人民争气的爱国主义精神。参加大庆石油大会战的每一个职工，心里都很清楚：行进在社会主义道路上的祖国，头上有一顶“贫油国”的帽子，背上有一个“煤气罐”的包裹，前后左右都是铜墙铁壁式的封锁线，哪怕线外“油流成河、波涛汹涌”，也别想从中得到一滴。每一个大庆职工都认为：自己作为中国人，作为国家的主人，能不为祖国分忧吗！能不发愤图强吗！能不自力更生吗！

第二，无所畏惧、勇挑重担，靠自己的双手艰苦创业的革命精神。参加大庆石油大会战的全体职工，一不怕帝国主义的威胁，二不怕超级大国的压力，三不怕外国权威“中国属贫油国”的结论，四不怕荒原上自然条件的险恶，挑起了“从万丈深渊取油”的重担。“石油工人一声吼，地球也要抖三抖!”这就是他们大无畏革命精神的真实写照。

第三，一丝不苟、认真负责，讲究科学、“三老四严”，踏踏实实做好本职工作的求实精神。大庆职工很清楚，找油矿，建油田，固然是一场反对帝国主义封锁、顶住霸权主义压力的社会斗争，但更是一种探索自然规律、按自然规律办事的科学活动。没有一丝不苟、认真负责的工作态度，没有踏踏实实、一步一个脚印的工作作风，是绝对不行的。大庆人的“三老四严”，即“说老实话、办老实事、做老实人，严格的纪律、严密的组织、严肃的态度、严谨的作风”，是大庆人获得成功的基础。

第四，胸怀全局、忘我劳动，为国家分担困难，不计个人得失的献身精神。中国在总体上落后，这本身就是一大困难。而在大庆石油大会战的时候，即在20世纪60年代初，中国尤其困难。让我们听听当时的国家主席刘少奇是怎样说的吧：“实事求是地说，我们在经济方面是有相当大的困难的。”“人民吃的粮食不够，副食品不够，肉、油等东西不够；穿的也不够，布太少了；用的也不那么够。就是说，人民的吃、穿、用都不足。”① 按理说，参加大庆石油大会战的职工，是“用双手搬动地球的人”，劳动强度大，工作很辛苦，应该让他们吃得多一些、好一些，穿得、盖得暖一些，住得、休息得好一些。可是困难呀，国家拿不出东西呀。不仅生活用品缺，连生产工具如吊车和拖拉机也缺。但大庆人毫无怨言。他们说“宁肯少活二十年，拼命也要拿下大油田”。这可不只是一句口号，而是实实在在的行动。著名劳动模范王进喜，带着他的钻井队，冒着零下二十几度的严寒，硬是用绳拉、杠撬、木板垫，把60多吨重的钻机从火车站搬到井场，搭起40多米高的井架和钻台；没有水不能开钻，就用脸盆、水桶端了200多吨水，保证了钻井开工。王进喜这样没日没夜地在荒原上埋头苦干，似乎不知疲劳、毫无倦意，被人称为“王铁人”。可实际上他就是在履行“宁肯少活二十年，拼命也要拿下大油田”的誓言呀！当他1970年离开人世时，年仅47岁！这使我们每一个中国人，一想到他就心里难过，就肃然起敬。王进喜呀王进喜，其实您最有资格多活20年，多活200年！您没有死，您永远活在中国人心中。

大庆油田的建成，使帝国主义的石油封锁政策破产了，落空了。但我国当时

① 《刘少奇选集》（下卷），418页。

并没有立即对此作出详细的报道。这或许是因为中国当时在其他方面还有许多困难，不报道、不宣传有利于避免产生盲目乐观情绪；这或许是因为要保守经济秘密；这或许就是为了使封锁政策的制定者们去盲目欢喜。但是，日本某公司的经济情报人员，还是从中国1960年公开发行的一份画报中发现，北京市公共汽车上的煤气包不见了！由此他们推断，中国一定开发成功了很大的油田。那油田叫什么名字，在哪儿，他们一无所知。直到1964年4月20日，我国报纸上刊登了一篇题为《大庆精神大庆人》的文章，日本人才知道“大庆油田”这个名称，但还是不知道它在什么地方。又过了两年即1966年，他们看到了刊登在中国画报上的王进喜的照片，他们从王进喜头上戴着皮帽来推断，认为大庆油田在东北，但还是不知道它的具体位置。为此，日本人利用来北京的机会，观察原油火车上灰土的厚度，估算出大庆与北京之间的距离。1966年10月，某画报刊有一张王进喜下火车扛着机器部件行进在风雪中的照片，上面依稀可见该小站站牌上写着的站名：“马家窑”。虽然日本人查遍地图也没有找到“马家窑”，但他们沿着中国的铁路线逐段估测，终于较准确地掌握了大庆油田的地理位置。不久，日本人又从一份中国画报上，得到了一张大庆炼油厂的照片；他们据此推测出炼油塔的内外口径，判断其加工能力，估计大庆年产原油约3 600万吨。日本人最后得出了两条有关商业机会的结论：第一，中国必然要大规模开发油田，从而必然要进口开采石油的技术和设备；第二，在如此高寒地带开采出来的原油，要外运是困难的，必然要就地炼油，从而必然要进口炼油设备。他们决定提前准备，对这个商业机会志在必得。若干年之后，当我国就炼油成套设备向国外招标的时候，其他许多国家均不知深浅、理不清头绪，而这家日本公司却胸有成竹，轻而易举地实现了夺标的愿望。

这家日本公司如此挖空心思搞大庆的情报，削尖脑袋钻进来要和我们做这笔生意，说明以大庆精神建成的大庆油田，彻底粉碎了帝国主义的封锁。外国和中国以封锁和反封锁形式而展开竞争的时代，是以我国的胜利而结束的。一个新的竞争时代，立即就接着开始了。这种新的竞争，是以争夺市场份额的形式来展开的。可以预期，大庆精神在新的时期会有新的发展。

五、企业价值体系的典范：鞍钢宪法

所谓“鞍钢宪法”，是1960年3月22日毛泽东在中共鞍山市委《关于工业战线上的技术革新和技术革命运动开展情况的报告》上所作的一个批示。该批示提出了管理社会主义企业的原则，那就是：坚持政治挂帅，加强党的领导，大搞群众运动，实行“两参一改三结合”（即干部参加劳动、工人参加管理，改革不合理的规章制度，领导干部、技术人员和工人群众三结合），开展技术革新和技术革命。这些原则，因为是曾经被称为我国“钢都”的鞍山所首创，又具有根本

意义，所以称之为“鞍钢宪法”。

“鞍钢宪法”所提倡的企业管理，具有以下四个特点：

第一，视政治为统帅，强调思想政治工作，重视精神力量。

企业不是政治组织，而是从事生产经营活动的经济组织，因此不能像管理政治组织那样来管理企业，这是肯定无疑的。但是政治和经济又总是有这样或那样的联系，不可能绝对撇开政治来谈企业管理。正因为这样，企业家如日本的松下，也主张要关心政治。

“鞍钢宪法”的特色在于，不只是主张企业要关心政治，还把政治放在企业管理的统帅地位，即把坚持社会主义的政治方向，视作中国企业的最高价值。这并不是因为“鞍钢宪法”的提出者是政治组织（鞍山市委）和政治家（毛泽东），而是因为当时中国的社会主义企业还刚刚建立起来，帝国主义的封锁还没有解除，霸权主义对我国经济的发展也是一种现实的威胁。在这种背景下，职工的政治热情对企业的发展确实起着决定性作用。

至于强调思想工作（不只是政治思想，还包括经济思想、道德思想、文化思想、经营思想、日常思想等等），重视精神力量，乃是一切重视企业文化的公司所共有的。

第二，以人为中心，相信群众，依靠群众，大胆放手让群众当家作主办企业。

这里所说的“办企业”，并不是指投资权、计划权和自主经营权。如本节第二目已述，在计划经济体制时期，中国企业的基本特征之一，就是没有经营自主权，一切由政府统一安排，由上级作主。但是，这并不排斥政府在作出投资决策、计划决策或经营决策之前，深入群众调查研究，认真听取群众意见，使作出的决策能充分反映群众的意愿，得到群众的拥护。更不排斥在贯彻执行各种决策的时候，鼓励群众自主创造各种不同类型的执行方法。这也就是毛泽东思想中的“从群众中来、到群众中去”的群众路线的工作方法。

要办好企业，固然需要一定的物力和财力，但是最主要的还是要有人、要有人力和人才。物力和财力要靠人去创造，要靠人去掌握。“人的因素第一！”过去搞革命战争是如此，现在搞经济建设也是如此，这也是毛泽东思想中的一贯主张。

“鞍钢宪法”重视人的作用，特别重视和高度评价普通工人发扬主人翁精神所起的作用。当时涌现的著名劳动模范孟泰（1898—1967），就是“鞍钢宪法”所倡导的工人阶级发扬主人翁精神的典范。解放初期，为了使在战争沧桑中已经变成一片废墟的鞍钢恢复生产，他以高度的主人翁精神，努力收集各种废旧物资，建立起闻名全国的孟泰仓库，为恢复鞍钢作出了重大贡献；抗美援朝期间，在鞍钢随时可能遭到敌机轰炸的危险关头，他不顾个人安危，以厂为家，日夜守

护在高炉旁，表现了工人阶级大无畏的献身精神；在1956年以后的大规模经济建设时期，他积极开展技术革新和技术改造活动，为鞍钢发展生产呕心沥血；“文化大革命”开始以后，他同当时普遍存在着的妨碍生产、破坏生产的错误倾向进行坚决斗争，直到生命最后一息。

值得指出的是，“鞍钢宪法”倡导用“大搞群众运动”的方式来发挥人的作用，这是不适当地沿用了过去革命战争的经验。在革命战争中，面对一个手持机枪的凶残敌人，发动成百上千、手无寸铁的群众包围着向他冲去，发扬黄继光用身体堵枪眼的不怕牺牲的献身精神，虽然付出的代价肯定很大，但最终一定能制服这个凶残的家伙。经济建设则不同，面对一个需要生物学家才能解决的问题，派一百个物理学家去，也无济于事。看不到这个区别，经济建设也搞群众运动，像1958年“大跃进”那样大搞“全民炼钢”的群众运动，是搞不好建设，办不好企业的。

第三，强调人际沟通，崇尚彼此合作协同，以形成大大超出所有个体力量之和的群体力量。这可以说是“鞍钢宪法”的精髓，是它的最闪亮之处。

“鞍钢宪法”所强调的人际沟通，并不是通过厂报厂刊发布信息，或者我讲你听、或者电视监察网覆盖公司的每一个房间、或者征求意见箱挂遍厂区的每一个角落等等之类形式的沟通。这类形式的沟通虽然是必要的，但不是强调的重点。“鞍钢宪法”所强调的，是“干部参加劳动、工人参加管理”，是“领导干部、技术人员、工人群众三结合”。在这里，干部参加劳动，主要不是要完成什么劳动任务，也不是要解决某个技术问题，主要目的是实现人际沟通。这里，工人参加管理，也和西方企业的工人参加管理不同，并不是为了从形式上满足某个法律条文的要求，其实质是保证职工的主人翁地位，有利于实现真正的人际沟通。

以“干部参加劳动、工人参加管理”的形式而实现的人际沟通，和其他形式人际沟通的区别是：(1) 双向沟通与单向沟通的区别。干部和工人一起劳动，工人与干部一起管理，随时可以交谈，聊天，不存在谁作报告谁听报告、谁打报告谁批报告等等之类的信息单向流通的问题。(2) 平等沟通与等级沟通的区别。你虽然是干部，但劳动中工人是你的师傅；你虽然是工人，但你是以主人的身份参加管理；因此双方的沟通总是处于平等的地位。(3) 信息加心灵沟通与仅仅是信息沟通的区别。干部去参加劳动，一般并不带什么生产任务下去；工人参加管理，一般也没有什么管理指标必须完成。这有利于双方不仅交流信息，而且交心谈心，达成心灵上的沟通。从企业文化的角度来看，心灵沟通比信息沟通重要得多。领导干部、技术人员、工人群众三者因心灵沟通而形成共同人格所产生的整体力量，比这三者因信息沟通而形成共同认识所产生的整体力量，不知要大多少倍。这是因为，只有心灵上的沟通，才有可能产生如同《Z理论》作者所说的那种微妙性，那种微妙性仅仅靠信息沟通是绝对办不到的。

第四，鼓励职工革新创新。

这里的革新创新，既包括生产技术方面的革新创新，也包括管理制度方面的革新创新。改革不合理的规章制度，建立合理的规章制度，是当时鼓励制度创新的主要内容。

什么是“合理的”？什么是“不合理的”？明确划清这两者的界限，是鼓励职工革新创新能否取得实效的关键。在提出“鞍钢宪法”的时候，即在20世纪60年代初，中国领导人对于这条界限的规定是十分明确的：凡是适合、促进生产力发展的就是合理的，凡是阻碍生产力发展的就是不合理的。并把它具体灌输到各类企业的管理干部中去。在“鞍钢宪法”提出后一年多的1961年8月6日，刘少奇同志对管理林业的干部们说：“‘两参一改’是要改不合理的规章制度，而不是要改合理的规章制度。”“最近几年，林业上有些合理的规章制度被废除了，相反，有些不合理的规章制度却没有废除。”“如根河林区的山上据说丢了不少牛马套子拉不动的大木材，若是截断了集材就要受罚，而丢在山上倒不受罚。我看截断了拉下来不但不应受罚，而且应当受奖。”①

正是在鼓励革新创新、改革不合理的规章制度、建立合理的规章制度的价值观念的支配下，我国在20世纪60年代初，制定了一个《国营工业企业工作条例（草案）》。这个条例，在一定程度上克服了1958年“大跃进”以后我国许多企业存在着的下列弊端：没有严格的责任制，不讲究经济核算，工资、奖金搞平均主义，党委包揽企业的日常行政事务等等。这个条例是改革企业不合理规章制度的积极成果。

由上看来，“鞍钢宪法”中虽然没有提到“企业文化”这个词，政企合一的提出者也不是企业家，但就其实质内容及其发挥的作用来看，确实可以看成是中国企业文化建设的重要成果。

---

① 《刘少奇选集》（下卷），345页。

第十二章

当代中国企业文化潮流及其特征与类型

以1978年12月召开的中国共产党十一届三中全会为标志，中国开始进入一个新的历史时期——改革开放时期。改革开放，是中国当代形成企业文化潮流的内因。

几乎与中国的改革开放同时，国际企业文化潮流兴起。这种时间上的同步，虽然是一种偶然的历史巧合，但它却是中国形成企业文化潮流的有利条件。没有这个外部有利条件，虽然有关企业文化的实质内容并不会有所改变，但中国却可能不会有“企业文化”这个词，其形成潮流的势头也可能没有那么快。

第一节　企业特征的改变及其主体地位的确立

中国计划经济体制时期出现的大庆精神和鞍钢宪法，就其实质内容来说，确实属于企业文化范畴。但其提出者、倡导者却是政治组织和政治家，其内容则适合于中国的每一个企业，很少有仅仅只适用于某一个企业的个性。这是因为，当时企业本身的特征，决定了它还不可能成为企业文化的主体。要发展“一厂一个样、厂厂不一样”的各具特色的企业文化，就必须把企业本身确立为市场竞争和企业文化的主体。

从20世纪80年代初开始，中国企业确实开始向市场竞争主体转化，取得了企业文化主体的地位。这是由于邓小平为中国设计的改革开放方案，使中国企业的特征发生了根本性变化。

一、从所有制单一向所有制形式多样化转变

1979年1月17日，十一届三中全会刚一结束，邓小平就对胡厥文、胡子昂、荣毅仁等工商界领导人发表谈话说："搞建设要利用外资和发挥原工商业者的作用"。"要落实对原工商业者的政策。""落实政策以后，工商界还有钱，有的人可以搞一两个工厂，也可以投资到旅游业赚取外汇，手里的钱闲起来不好。""现在搞建设，门路要多一点，可以利用外国的资金和技术，华侨、华裔也可以回来办工厂。吸收外资可以采取补偿贸易的方法，也可以搞合营"①。同年10月，邓小平又说："利用外资是一个很大的政策，我认为应该坚持。至于用的办法，主要的方式是合营，某些方面采取补偿贸易的方式，包括外资设厂的方式，我们都采取。我到新加坡去，了解他们利用外资的一些情况。外国人在新加坡设厂，新加坡得到几个好处，一个是外资企业利润的百分之三十五要用来交税，这一部分国家得了；一个是劳务收入，工人得了；还有一个是带动了它的服务行业，这都是收入。我们要下这么个决心，权衡利弊、算清账，略微吃点亏也干，总归是在中国形成了生产能力，还会带动我们一些企业。"②

邓小平的这些话，十分明确地规划了中国改革开放后的企业类型：不能只有公有制企业，还可以有工商业者的私有企业、中外合资企业、外商独资企业。不管哪种企业，只要既能增加国家收入，又能增加工人收入，能在中国形成生产能力，就都可以办。这些话解放了中国人的思想，导致了按所有制来划分的中国企业类型多样化的积极结果。18年后（即1997年）召开的十五大，能突破姓"公"姓"私"的思想禁锢，肯定"非公有制经济是我国社会主义市场经济的重要组成部分"，正是以邓小平理论为依据的。

二、从政企不分向政企分开转变

中国计划经济体制下的政企不分，是相当严重的。概括地说，政企不分主要表现为两个方面：

第一是政府机构和企业管理组织不分。所有的企业，都归有关的部、局、"公司"管。而这些部、局、"公司"，实际上是政府的职能部门或派出机构。当时这种管理体制的理由，倒也振振有词：企业要么是全民所有，要么是集体所

① 《邓小平文选》，2版，第2卷，156～157页。

② 同上书，198～199页。

有；只有社会主义的国家及其政府才能代表全民，而“集体”根据其大小也只能由相应级别的政府机构来代表。这也就是所有权和经营权不分，以为企业归谁所有就必得由谁来经营。其结果，是企业的生产经营经常受到行政过多、过大的干预，到头来却谁也不对这种干预造成的后果负责。

第二是企业的经济工作和政府的政治工作不分。政府是政治组织，企业是经济组织，由政府来直接管理企业，就往往不是用经济方法管理经济，而是用政治方法管理经济。尽管主观愿望很好，但经济效益却总是很差。

因此，倡导用经济方法管理经济，排除行政干扰，政企分开，所有权和经营权分离，落实责任制，是邓小平设计的企业改革的主要内容。十一届三中全会后不久，他曾对荣毅仁同志说：“要用经济方法管理经济，从商业角度考虑签订合同，有利润、能创汇的就签，否则就不签。应该排除行政干扰。”① 他还指出：“用多种形式把所有权和经营权分开，以调动企业积极性，这是改革的一个很重要的方面。”“企业下放，政企分开，是经济体制改革，也是政治体制改革。”②

当然，政企分开并不是一说分开就能分开，它是一个随着改革发展而不断进行的过程。但只要按照邓小平理论把改革进行到底，就一定能改变原来那种政企不分的局面。

三、从行政的附庸变到自主经营的法人

计划经济体制下的企业，没有自主经营权，一切由政府作主，听上级安排，因而是行政的附庸。一定要改变这种状况！在涉及企业改革的各种问题中，这是邓小平谈得较早、较多的一个问题。

在十一届三中全会召开之前，邓小平就说：“企业要有主动权、机动权，如用人多少，要增加点什么，减少点什么，应该有权处理。企业应该有点外汇，自己可以订货，可以同国外交流技术。”③“当前最迫切的是扩大厂矿企业和生产队的自主权，使每一个工厂和生产队能够千方百计地发挥主动创造精神。”④ 十一届三中全会以后，邓小平坚决地指出：“我肯定，扩大企业自主权，这一条无论如何要坚持，这有利于发展生产。过去我们统得太死，很不利于发展经济。有些肯定是我们的制度卡得过死，特别是外贸。”⑤

在邓小平理论的指导下，我国20世纪80年代出台的《企业法》中，确立了企业自主经营、自负盈亏的法人地位。1992年7月，国务院又发布了《全民所

---

① 《邓小平文选》，2版，第2卷，157页。

② 《邓小平文选》，1版，第3卷，192页，北京，人民出版社，1993。

③ 《邓小平文选》，2版，第2卷，131页。

④ 同上书，146页。

⑤ 同上书，200页。

有制工业企业转换经营机制条例》，进一步提出：企业转换经营机制的目的，是使企业适应市场的要求，成为依法自主经营、自负盈亏、自我发展、自我约束的商品生产者和经营单位，成为独立享有民事权利和承担民事义务的企业法人。并具体规定企业享有以下14项经营自主权：（1）生产经营决策权；（2）产品、劳务定价权；（3）产品销售权；（4）物资采购权；（5）进出口权；（6）投资决策权；（7）留用资金支配权；（8）资产处置权；（9）联营、兼并权；（10）劳动用工权；（11）人事管理权；（12）工资、奖金分配权；（13）内部机构设置权；（14）拒绝摊派权。

随着改革的深入，这14项经营自主权也逐步得到落实，中国国有企业再也不是行政的附庸，而是具有实实在在的经营自主权的独立法人实体。

四、从彼此无竞争向参与国内国际两个市场的竞争转变

计划经济体制下的中国企业，彼此之间是没有任何竞争的。它们服从一个统一的、彻底的计划，联合成为一个整体，由国家代表它们对外竞争，企业本身也不直接参与对外竞争。长期以来，人们认为这正是社会主义优越性的体现。

改革开放以前，一个普遍流行的观点就是：经济领域中的各种矛盾，如供给与需求的矛盾，在资本主义社会是通过自发的市场竞争来解决，资本主义经济就是市场经济，受“竞争和生产无政府状态规律”的支配；在社会主义社会是通过自觉的计划安排来解决，社会主义经济就是计划经济，受“有计划、按比例发展规律”支配，“竞争和生产无政府状态规律”失去作用。

邓小平坚决批评了这个普遍流行的观点。从1979年到1992年，他先后八次直接讲到，社会主义可以搞市场经济。

第一次：1979年11月26日，邓小平会见美国和加拿大客人时说：“说市场经济只存在于资本主义社会，只有资本主义的市场经济，这肯定是不正确的。”“社会主义也可以搞市场经济。”①

第二次：1980年1月16日，邓小平在《目前的形势和任务》的讲话中，在讲到适合中国实际的发展经济的道路时，提出要“计划调节和市场调节相结合”②。

第三次：1982年10月14日，邓小平在同国家计委负责同志的讲话中，指出我们的经济体制“缺点在于市场运用得不好，经济搞得不活”。接着他提出一个问题：“计划与市场的关系问题如何解决？解决得好，对经济的发展就很有利，解决不好，就会糟。”③

第四次：1985年10月23日，邓小平在同美国企业家代表团的谈话中说：

---

① 《邓小平文选》，2版，第2卷，236页。

② 同上书，247页。

③ 《邓小平文选》，1版，第3卷，17页。

“社会主义和市场经济之间不存在根本矛盾”，“只搞计划经济会束缚生产力的发展。把计划经济和市场经济结合起来，就更能解放生产力，加速经济发展”①。

第五次：1987年2月6日，为准备十三大，邓小平在同几位中央负责同志谈话时指出：“为什么一谈市场就说是资本主义，只有计划才是社会主义呢？计划和市场都是方法嘛。只要对发展生产力有好处，就可以利用。它为社会主义服务，就是社会主义的；为资本主义服务，就是资本主义的。”②

第六次：1990年12月24日，邓小平对几位中央负责同志说：“我们必须从理论上搞懂，资本主义与社会主义的区分不在于是计划还是市场这样的问题。社会主义也有市场经济，资本主义也有计划控制。资本主义就没有控制，就那么自由？最惠国待遇也是控制嘛！不要以为搞点市场经济就是资本主义道路，没有那么回事。计划和市场都得要。不搞市场，连世界上的信息都不知道，是自甘落后。”③

第七次：1991年1月28日—2月18日，邓小平在视察上海时指出：“不要以为，一说计划经济就是社会主义，一说市场经济就是资本主义，不是那么回事，两者都是手段，市场也可以为社会主义服务。”④

第八次：1992年1月18日—2月21日，邓小平在武昌、深圳、珠海、上海等地的谈话中，又再一次明确指出：“计划多一点还是市场多一点，不是社会主义与资本主义的本质区别。计划经济不等于社会主义，资本主义也有计划；市场经济不等于资本主义，社会主义也有市场。计划和市场都是经济手段。”⑤

正是在邓小平反复多次论述的基础上，1992年召开的十四大，对这个问题达成了一致的认识，明确提出：我国经济体制改革的目标，是要建立社会主义市场经济体制。

这样，随着十四大精神的贯彻落实，我国的各种企业，都主动自觉地或被动无奈地走向市场，实现了参与国内外市场竞争的转变。

第二节　抓住企业文化生长的契机

中国的改革开放事业，改变了中国企业在计划经济体制时期所形成的基本特

① 《邓小平文选》，1版，第3卷，148～149页。

② 同上书，203页。

③ 同上书，364页。

④ 同上书，367页。

⑤ 同上书，373页。

征，使企业真正成为市场竞争的主体，从而也就具备了作为企业文化主体的资格，使中国企业文化有可能出现“一厂一个样、厂厂不一样”的生动活泼的局面，并由此导致骄人的经营业绩。然而“可能”并不等于“现实”，取得了企业文化主体的资格，并不等于就已经有了卓越的企业文化。一个企业，能不能培育出卓越的企业文化，归根到底取决于它是否善于抓住文化发展的契机，能不能从实际出发开展有实际效果的建设。本节讨论抓住文化发展契机的问题。

任何文化生长的契机，都是文化主体对各种威胁到自身存在的种种挑战，进行积极应战的结果。企业文化也不例外。我国当代企业文化要取得突破性进展，就要求各个企业积极应对自身所面对的种种挑战，至少要做好以下六种应战。

一、应战改革

改革给中国企业带来机遇，也向每一个企业提出了挑战。

中国改革的目标，是要建立社会主义市场经济体制。这就是说，中国企业既要面向市场，充分认识市场在企业价值体系中的关键地位；又要面对中国已经走上社会主义道路的现实，不可忽视社会主义对于企业发展的巨大价值。

这意味着，中国企业要在完成经济建设这个中心任务方面建功立业，就必须实现两个接轨：一是要和国际市场惯例接轨，二是要和马列主义、毛泽东思想、邓小平理论“接轨”。这两个接轨的任务，对于每一个中国企业来说，都带有挑战性。

先说和市场经济接轨，和国际惯例接轨的问题。由于我国计划经济体制长达30年左右的存在，中国企业对市场经济是陌生的，很少知道或者根本就不知道国际市场的竞争惯例，在市场的大海中显得笨手笨脚，如对外国产品在中国倾销不知道起诉，对外商起诉中国产品倾销也不知道应诉等等。

这个问题对于中国的国有企业来说，显得尤其严重。国有企业是不是、能不能和市场经济兼容，不仅国有企业自己不清楚，而且自己打算向之咨询、请教的经济理论界也不是很清楚。有一些经济学家，就对“国有企业和市场经济的兼容性”持怀疑态度，他们指出：“市场经济是在生产资料私有制的基础上发展起来的，在迄今为止的近代和现代经济发展历史上，还没有在公有制基础上搞市场经济成功的先例，虽然战后许多实行市场经济体制的资本主义国家也实行了国有化政策，提高了国有经济在国民经济中的比重，但从实践的结果看，在相同的市场经济环境下，国有企业多数出现了效率低下和严重亏损的问题，因此，20世纪70年代后期以来，又出现了国有经济私有化的浪潮。”① 这就给中国国有企业的企业文化建设，提出了一个挑战性十足的问题：“国有”和“市场”，能够结合在

① 金碚：《何去何从——当代中国的国有企业问题》，344页，北京，今日中国出版社，1997。

自身的企业价值观念体系中吗?

中国国有企业应该有充分的勇气来接受这个挑战。因为怀疑论者的主要依据，就是历史上没有先例。其实，社会主义国家，社会主义国家的国有企业，在历史上也都是没有先例的。如果没有先例能够成为一种依据，那么世界上就永远不会有创新。资本主义的国有企业办不到的事情，未必社会主义的国有企业也办不到。中国的国有企业，也不应该因为社会主义计划经济体制下的国有企业效率不高，而降低应战的勇气。改革开放前的中国国有企业，是生存于“彻底的计划性”的环境之中，其国有化的形式也十分单调；而改革开放中的中国国有企业，是生存于“计划与市场相结合”的环境之中，其国有化的形式是十分丰富多彩的，它是在邓小平理论的指导下进行生产和经营的。中国今天的国有企业，应该比中国过去的国有企业，办成更多的事情，其中包括创造出卓越的企业文化。

这里我们已经涉及了和马列主义、毛泽东思想、邓小平理论接轨的问题。大家公认，建设企业文化的核心，是塑造先进的企业价值观，培育卓越的、具有本企业特色的企业价值体系。任何价值观，总是和人生观、社会观、世界观相联系的，都存在一个选择最根本的指导思想的问题。既然我们的目标是建立社会主义市场经济体制，是在社会主义条件下搞市场经济，那么我国的企业文化建设，就必须旗帜鲜明地确立马列主义、毛泽东思想、邓小平理论作为指导思想的地位，并使全体职工认同。这个使企业文化和马列主义、毛泽东思想、邓小平理论接轨的任务，是中国企业文化建设所特有的。这个任务的完成，不能想当然地以为是非常容易的。因为这不仅要纠正过去对马列主义、毛泽东思想所作的不科学的、脱离当前实际的、极左教条式的理解，而且要改变过去某些已经成为习惯的形式主义的做法，因而是属于具有相当难度的文化层面上的变革。这里也不仅是要恢复马克思、列宁、毛泽东所阐明的许多基本概念和基本方法的现实意义，而且要从实际出发，深入阐明并继续发展邓小平所开创的中国特色社会主义理论。

在这个应战改革方面，既能很好地和国际市场竞争接轨又能很好地和“马列毛邓”接轨的中国企业，到现在为止还是少数。中国企业在这方面尚需努力。

二、应战社会

企业作为市场经济的主体，同时也是现代社会的主体。中国社会既要发展(经济要起飞)，又要稳定(社会风气要优化)。中国作为社会主义国家，不仅要求每一个企业搞好自身的生产经营活动，还要求每一个企业都对社会风气的优化，作出一份自身特有的贡献。这就是中国当前社会对企业提出的一项挑战性要求。

也许会有人觉得，社会这样向企业提出双重性要求，是否太过分了：自主经营、自负盈亏的企业，只应该以利润最大化为目标，社会风气优化不优化与它无关。这种“无关论”是站不住脚的。不错，市场经济体制下的企业，应该有强烈的利润意识，应该千方百计使利润最大化。但是任何利润，都应该是企业为社会服务后，社会给予企业的报酬。因此，不应该把“企业利润最大化”和“社会风气最优化”对立起来，而应该把两者统一起来。哪个企业统一得好，哪个企业在应战社会方面的成绩就大，其企业文化的质量也必然就高。

中国社会的一个客观情况是值得正视的：在过去计划经济体制下，生产力发展不快，但社会风气相对来说还是比较好的；现在搞市场经济，生产力发展是加快了，但社会风气相对来说确实不能令人满意，各类刑事犯罪增加，贪污、行贿、走私、制假、贩毒、嫖娼屡禁不止。这类情况的产生，当然不能归咎于改革，不能归咎于企业，但要彻底扭转这种局面，却离不开改革的深入，离不开企业培育卓越的企业文化。在优化社会风气方面，建立高尚的企业伦理，处于起决定作用的根本地位。

三、应战转制

自主经营、自负盈亏、具有独立法人资格的企业，显然不能照旧维持过去的“行政等级制度”，这里自然而然地产生了一个转制问题，即中国究竟应该采取什么样的企业制度的问题。十四大以后，党和政府正式提出要“建立现代企业制度”。

关于提出建立现代企业制度的意义，我们先看一本有关专著的评述：

“‘现代企业制度’本身就是一个含义有待确定的概念，不同的人可以对其作不同的界定：有人认为现代企业制度就是公司制；有人认为现代企业制度就是股份制；有人则认为现代企业制度不仅仅只是公司制或股份制，还包括在现代历史上有效运作的其他各种形式的企业制度；有人甚至认为承包制也是一种现代企业制度。”

“那么，提出建立现代企业制度是否就没有意义了呢？完全不是。提出建立现代企业制度，尽管含义笼统，但是，它的深刻意义远比提出一种确定的企业制度改革的具体方案要大得多。可以说，提出建立现代企业制度，对于中国企业改革的思路是一次‘哲学性’的革命：即我们不再谋求建立某种现代史上不曾出现过的企业制度，而是要选择已被世界现代经济发展史证明是行之有效的企业制度”。

“提出建立现代企业制度，正是使得我们的改革哲学从过去那种理想主义的空想转变为务实和科学”。

“很显然，改革‘哲学’的革命，可以使我们的改革有较确定的成功概率，因为，我们所选择的企业改革道路和方向，虽然需要有创造和创新（这一点同样是极端重要的），但并不完全是‘史无前例’的，相反，世界现代经济发展史和现代企业发展史将成为我国企业改革主要的思想来源和经验之鉴，一切被证明是反映了社会化生产规律的经营方式和组织形式都可以为我所用。”①

对上面所引的见解，读者可以作出自己的分析，得出自己的结论。这里笔者要指出的是以下三点：

第一，中国的企业转制，确实没有现成的具体方案可以照抄照搬，而是要求企业树立创新精神，自己搞出具体方案来。

第二，中国的企业转制，不能从主观愿望出发，不能以空想为依据，而是要求企业从实际出发，进行扎扎实实的创新。

第三，中国企业转制的出发点是“客观实际”。这个客观实际，确实有着极其丰富的内涵。它至少包括：(1) 本国的历史实际。从这个角度贯彻从实际出发的原则，就要求企业认真研究本国的企业制度史，找出经验，得出教训，以供当前的转制实践参考。(2) 世界各国的历史实际。从这个角度贯彻从实际出发的原则，就要求企业认真研究世界各国的企业制度史，找出经验，得出教训，以供我国的转制实践借鉴。(3) 当前的客观实际。从这个角度贯彻从实际出发的原则，就要求企业对现状进行深入细致的调查，在正确的理论指导下进行分析，找出规律，以作企业转制实践的指导。

由上可见，以建立现代企业制度为内容的企业转制，确实向企业提出了许许多多的挑战性要求。对这些挑战积极应战的企业，也只有这样的企业，才有可能找到适合于自身条件、适合于生产力发展的具体方案，成功地实现转制，并由此形成卓越的企业文化。

这里想顺便指出，在通过“实事求是”而找到的客观规律的指导下，吸取自身历史发展中积累起来的经验教训，借鉴世界各国历史发展中的是非得失，由此而来的具体实践方案，完全可能是“别人从来没做过或没有人做好过的事”。我国民主革命时期“农村包围城市的武装斗争道路”，社会主义革命时期“对民族资产阶级的赎买政策”，毫无疑问都是在研究、借鉴中外历史经验的前提下作出的重大决策，但却确确实实是“别人从来没做过或没有人做好过的事”。这正是创新的独特之处，艰难之处，可贵之处。在世界走向知识经济的今天，在科学技术是第一生产力的时代，中国企业应该特别重视这种创新价值观念的确立、贯彻和实施。

四、应战复关

我国本来是 1948 年 1 月 1 日开始实施的《国际关税和贸易总协定》(简称“关贸总协定”) 的 23 个原始缔约国之一，后来由于某些原因一度中断了和关贸

---

① 金碚：《何去何从——当代中国的国有企业问题》，10～12 页。

总协定的关系，自20世纪60年代起也只是派出观察员参加它的某些活动。“复关”，就是恢复我国“关贸总协定”的缔约国地位。这是我国1986年7月正式提出的申请。谈判进行得很艰苦，向我国的要价开得很高，以至谈了15年，复关才得以实现。自2001年12月11日起，我国正式成为世界贸易组织成员。

由于复关，我国的关税水准已经或者还将大幅度降落。这，既意味着外国企业及其产品将会成批成批地涌向中国，也意味着中国企业将有可能大跨步地走向世界。由于复关，使得企业活动全球化、商品竞争复杂化、抢占市场白热化、文化碰撞频繁化等这些不可避免的世界发展趋势，又添上了一把熊熊烈火，从而大大加快了它们的进程。由于中国企业和世界先进企业相比，存在着较大的技术落差、管理落差和规模落差，因而复关实现的最初几年里，中国企业不可能以卷席之势去占领新的国外市场，倒是外域跨国公司纷纷进入国内市场。因此，复关是对中国企业竞争实力的严峻考验。

在复关已成事实的今天，中国企业如果想在今后继续生存和发展，就必须不仅对国内市场，而且对国外市场，都进行十分细致的区分，以自己独具特色的供给，有针对性地去满足各种不同的特殊需要。只有这样，才有可能保住和扩大自己在国内外市场的占有率。

弄清千千万万个细分市场的个性及其相应的特殊文化，塑造自己能够牢固地占领这类市场的特色文化，这就是复关对中国企业文化建设提出的挑战性要求。这意味着国内千篇一律、万家齐唱、缺乏个性的企业文化必须重塑。事实上，在我国提出复关申请到复关成为现实的15年中，有的企业已经对这个挑战作出了积极的应战，形成了自己独具一格的企业文化，并由此取得了骄人的经营业绩。这些企业的下一个目标，就是不仅要跻身于世界企业500强，而且要成为500强中的优秀公司，成为强中之强。

五、应战“职工是企业主人”的丰富内涵

在计划经济体制下，企业都是公有制企业，职工一律不会失业（尽管隐性失业严重），“职工是企业的主人”这个命题最容易被自然认同。这种容易被普遍认同的情况，阻碍了两个问题的深入研究。一个问题是：“为什么说职工是企业的主人？‘职工是企业的主人’这个命题有哪些丰富的内涵？”另一个问题是：“职工在企业中，除了‘主人’这个身份以外，还有没有其他身份？尤其是有没有其他值得特别强调的身份？”人们普遍简单地认为：在公有制企业中，职工只有一种身份，那就是“主人”的身份；职工之所以是主人，就因为职工所在的企业是公有制企业。公有制＝职工是主人，主人＝永远不会失业的人。这就是牢固地存在于人们头脑中的两个公式。

因此，当我国的改革开放使非公有制企业的比例增加的时候，当我国也有职

工下岗失业的时候，许多人便以为“职工是企业的主人”这个口号叫不响了。特别值得注意的是，“职工是企业的主人”作为价值判断，职工作为“主人”的价值，很多人没有认识，甚至某些公司的领导人也毫无概念。这是我国企业文化建设所面临的一个极大的挑战。

其实，“职工是企业的主人”这个命题，有着极其丰富的内涵。它既是一个客观事实判断，也是一个价值判断。

“职工是企业的主人”作为一个客观事实判断，当然可以，而且也应当从所有制的角度来考察。在实现单一公有制（全民所有制或集体所有制）的条件下，人们之所以认同“职工是企业的主人”，其理由无非就是：职工乃是全民财产或集体财产持有者中的一员。其实这个理由，并没有因为改革开放的进行，中外合资企业、私营企业、股份制企业的应运而生，公有制一统天下的局面的被打破，而发生不再成立的变化。因为我国的全民财产和集体财产不但仍然存在，而且仍然继续占财产总额的大头，公有制的主体地位没有变。只要还有全民财产和集体财产，职工作为全民或集体中的一员，就总还是主人；而且只要全民和集体的财产增值，职工就是正在富裕起来的主人。不仅如此，在改革开放中，由于部分职工用自有资金购买了由国家或集体控股的公司的股票，从而丰富了其作为主人的形式，加强了其作为主人的地位。由于改革开放而削弱职工主人翁地位的惟一地方，是在私营企业。私营企业中的职工，如果他并不同时又是企业主，或者并不持有自己所在那个私有企业的股份（假定是一个私有股份有限公司，即由某个私人控股的公司）的话，那么按照这里分析问题的逻辑，即“主人＝所有者”的逻辑，他当然就不是他所在企业的主人。不过，同样按照“主人＝所有者”的逻辑，私营企业中的职工却仍然是所有各个全民企业的主人，尽管他并不在任何一家全民企业中工作，尽管这样的“主人地位”看来并无多大的实际意义，但从这里分析问题的逻辑来看，却是必然要得出的结论。如果说，从这种逻辑中得出了毫无实际意义的结论，那么正好说明，这不是分析“职工是企业的主人”这个命题的惟一角度，“职工是企业的主人”也并不仅仅只是表现在所有制方面。

其实，“职工是企业的主人”作为一个客观事实判断，表现在许许多多方面，因而可以从各种不同的角度，而不仅仅是从所有制的角度来考察。例如，可以从分配制、用工制、决策制、管理制等角度来考察。正因为这样，提出“职工是企业的主人”这个命题并得到普遍认同，不仅发生在以公有制为主体的中国，也发生在以私有制为主体的资本主义国家，如发生在日本。倘若我们问日本企业家：何以见得日本职工是企业的主人呢？他们也许会从分配制的角度回答说：日本的职工不仅拿工资奖金，还参与分配利润，如日本京都陶瓷株式会社就是实行“利润三分”的，即税前的毛利要按国家税金（这部分国家得了）、企业积累（这部分企业主得了）、职工收入三部分来分配。[①] 他们也许会从用工制的角度回答说：日本的职工是企业首先要保证其就业并改善其生活的对象，如1929年世界经济大危机时松下公司连一个职工也没有解雇，1974年石油危机时京都陶瓷公司也没有解雇职工，这当然是“主人”的待遇了！他们也许会从决策制的角度回答说：日本职工不仅能及时了解到本企业的政策与目标、投资计划、财务状况、人员调配和培训计划等，还可以参与企业的重大决策，顶头上司作出决定前都要听取下属的意见，所以普通职工也是主人。他们也许会从管理制的角度回答说：日本职工对于企业中的任何一个问题，都可以自愿组成自治小组或自主管理小组立项研究，并得到企业领导的支持，研究结果可以发表，被采纳后如产生效益还能得到奖励，完全是主人待遇和主人风采等等。

当然，“职工是企业的主人”作为一个客观事实判断，有一个是否符合客观实际以及符合到何种程度的问题。显然，这是一个不能一概而论的问题，要一个企业、一个企业进行调查分析才能下结论。而且同一个企业，在不同的时期，“职工做主人”的情况也会有所不同。但不管是哪个企业，也不管在哪个时期，又总存在着“职工是企业的非主人”的客观事实：“职工是雇员”，“职工可以随意处理他自己、但绝不可以处置他所在企业的资产”，“职工必须服从他所在企业的领导的决定”，“职工可以被解雇”，“职工也会自己跳槽”，等等。简言之，职工既是主人又是雇员，这两种身份都是客观存在着的事实。在这点上，不同企业之间的区别，或者同一企业在不同时期的区别，在于这两种身份哪一个占主导地位罢了。企业管理者的任务，就是要全面认识这个矛盾，正确处理这个矛盾。看起来，企业存在一天，这个矛盾也就存在一天。它不断解决，又不断产生。卓越的企业文化，就是在应战这种矛盾的过程中积累起来的。

从企业文化学的角度来看，更为重要的一件事就是：“职工是企业的主人”不能只从它是一个客观事实判断的角度去研究，更应该从它也是一个价值判断的角度去研究。“职工是企业的主人”作为价值判断，其含义是说：“职工是主人”的状态，“职工是主人”的观念，对于企业的发展来说，有着举足轻重的价值。因此，确立“职工是主人”的价值观念，并使之为全体员工认同，是企业文化建设的一个必须完成的任务。一个企业，其客观现实情况可能还没有达到“职工做主人”的程度，或者在这方面还有许多不尽如人意的地方，但“职工做主人”的理想追求不能放弃，“职工做主人”价值观念不能削弱，应该千方百计、从各种不同的方面采取措施，加速这种价值观念的认同，促成这一理想的实现。有了这种认识，就绝对不会发生“‘职工是企业的主人’这个口号还提不提”、“‘职工是企业主人翁’的观念或意识还要不要加强”的问题。

---

① 参见《经营之圣稻盛和夫论新经营·新日本》，177页。

对于一个企业来说，总是“人比物重要，而人的主人翁意识最重要”。因此，职工的主人翁地位必须采取各种有效措施予以加强，职工的主人翁精神必须充分发扬；与此同时，职工的雇佣思想则应该克服，把职工当作残酷剥削的对象更应该坚决抵制。

六、应战跨越管理阶段

国际企业文化的兴起，既是时代酝酿、人心向背、市场发展的必然结果，也是企业管理科学 100 年来逻辑发展的必然结果，即是在经历了“科学管理”、“行为科学”、“管理丛林（即现代管理科学）”三个阶段之后，才进入企业文化阶段的。

中国企业的历史比较短，既没有经历过典型的科学管理阶段，也未曾经历过典型的行为科学阶段。但中国企业又不能等待，不能按部就班地先搞纯粹的泰罗制管理等等，不能过了 50 年或 100 年之后再来抓企业文化。中国经济要起飞，就必须实行“跨越阶段”的管理。

所谓“跨越阶段”，并不是要丢开以前各个阶段上的成功经验，而是要对它们认真消化，以大综合的形式继承下来，并糅合到当前各项管理工作中去。简言之，中国企业必须在加强硬管理措施的过程中倡导企业文化，发展一种“刚柔结合”的管理风格。这就是跨越管理阶段向中国企业文化建设提出的挑战性要求。

就我国的实际情况来看，既有一支善于抓硬措施的生产经营管理队伍，也有一支善于抓软措施的思想政治工作队伍。正是这两支队伍的相互结合，相互取长补短，共同对跨越管理阶段的挑战作出积极的应战，才成功地谱写出了我国企业文化的新篇章。

第三节　从实际出发建设中国企业文化

中国当代的企业文化潮流，具有当代的中国特色。它只能是中国企业职工从中国当代的实际出发，积极开展建设的结果。

一、正确评价中国企业的状态

从中国企业的实际出发，建设有中国当代特色的企业文化，必须首先正确评价中国企业的状态。任何一个企业，可考察状态非常多，不可能对它们都作出评析。但是那些和企业文化建设关系极其密切的状态，则必须极其深入、细致地分析，并正确地加以评价，才能为建设中国特色的企业文化提供可靠的出发点。

例如，中国企业是否全面关心人，就是一种必须深入评析的状态。因为企业文化建设乃是一种以人为中心的管理活动，如果不了解我国企业对人的态度的现状，就谈不上从实际出发。

企业是否全面关心人的问题，可以细分为三个方面来考察：(1) 是否全面满足职工的经济、安全、社交、心理和成就事业等多方面的需要；(2) 是否全面关心企业内部各种不同的人员；(3) 是否全面关心全社会的各种各样的人，如顾客、社区居民、原材料供应者等等。

为了在这个问题上获得比较清晰的认识和作出公正的评价，不妨拿美国、日本企业的一般情况来和中国企业的一般情况对比。

先说美国企业是否全面关心人的问题。第一，美国企业的高级管理人员，虽然承认每个人都有经济、安全、社交、心理和自我实现的全面需求，但是认为企业的使命仅限于满足职工的经济需要，至于其他需要的满足则推给国家、教会、社会和家庭去负责，这样就把同一个职工的多种需要完全割裂开来了。因此美国企业和职工的关系是片面的，是企业主出钱、职工卖力的单一经济关系，完整的人被机械地割裂了。结论是：美国企业不能满足同一个职工的多方面的需要，特别是不能满足职工的精神需要。第二，美国企业内部等级森严，高级管理人员不仅工薪高，而且有高规格的办公室，有专门的停车场，有特殊化的餐厅，有随意解雇工人的权力。美国高级管理人员，往往把一般职工视作他达到个人目标的客体，视作被动受管的工具，甚至视作毫无个性可言的可以互换的生产零部件。因此，如果说美国企业也多少表现出关心人的话，那也只是关心极少数的“高级人员”，结论是：美国企业并不能一视同仁地全面关心企业内部的各种不同的人员。第三，美国的一般企业，很重视财务硬指标，强制规定出必须完成的销售额和利润率，但忽视技术进步速度（减轻劳动强度）和为顾客服务的质量等方面的软指标，尤其忽视企业宗旨的灌输。这一切说明，美国企业十分关心股东的利益，而不太关心顾客和工人的利益。结论是：美国企业不能全面关心全社会的人。所有这三个方面都说明，美国企业文化建设的基础是很差的，所以美国的理论家们提出要重塑美国企业文化。当然，这里讨论的“美国企业”，是就第二次世界大战以来多数美国企业的情况来说的，并不排除有少数例外。

再说日本企业是否全面关心人的问题。第一，日本“不像欧洲那样具有长期的和渐进的城市化过程。日本在工业化涌入时，其农村人口分布得稀稀落落。各个工厂派人去农村动员家长们让他们的子女前往离村很远的工厂去工作。疼爱子女的家长们简直不愿意放孩子们到异地去生活和工作。公司不得不盖宿舍，提供像样的伙食，并向家长们保证让他们的子女受到德智体以及家务方面的教育，以便使他们能为今后生活做好准备。如果是青年妇女，公司还给她们安排一些作为家庭主妇所需的家务训练。在这种情况下，公司与雇员之间，如果只有不全面的

安排以及暂时而不紧密的联系，将是不可能的。雇员和雇主之间所形成的是一个完整而全面的关系”①。正是在这个历史传统的影响下，日本的高级管理人员一般认为，“照顾一个人的整个生活乃是企业的职责，而不能推卸给其他机构（如政府、家庭或宗教机构）。而且他们还认为，只有当个人的需要在公司内能够得到满足时，他们才有精力从事生产工作”②。结论是：日本企业比较能满足职工的全面需要。第二，日本企业内部不太强调权力意识，极力淡化等级观念，职员一律坐大办公室，也没有专门为高级经理设置的停车场和食堂。日本高级管理官员比一名新提升的低级实习干部的工资高七八倍的情况是较为少见的。日本高级管理人员认为，其他职工“既是供使用的客体，也是应该给予尊重的主体”。管理人员一般并不能随意解雇职工，大企业的终身雇佣制是能保证执行的。结论是：日本企业比较能一视同仁地关心企业内部各种不同的人。第三，日本企业比较重视正确经营观、社会观和人生观的建立，重视企业精神和企业哲学的灌输，一般能坚持企业目标的全面性原则、手段的合理性原则和关系的和谐性原则。第二次世界大战以后的日本企业，在不触动私有制和关心股东的前提下，也在一定限度内关心它的工人、顾客、原料供应者、社区居民和整个社会，从而扭转了第二次世界大战前日本企业的形象。结论是：日本企业相对说来，更能关心全社会的人。所有这三个方面都说明，日本的企业文化搞得比较好，所以才引起全世界的注意。但是这里所说的“好”，一是相对于资本主义各国的企业来说的，二是就第二次世界大战以后日本的多数企业来说的，并不排除日本仍然存在以种种不文明手段来进行竞争的企业。

现在来看中国企业全面关心人的情况：

第一，中国企业能够关心职工的全面需要。企业不仅关心职工的衣食住行、婚丧嫁娶、生老病死，也关心职工的交朋结友、文化学习、志向情趣、思想情绪等等。

第二，中国企业对各类职工的关心是一视同仁的。职工是企业的主人，干部是为人民服务的，是公众的仆人。中国企业一贯强调干部要平等待人，要发扬民主，反对干部特殊化。

从上述两点来看，中国企业根本不同于美国企业，而与日本企业相类似。应该说，这是对企业文化建设极有利的状况，明确这一点很有必要。因为仍然有人认为，中国企业关心的事太多没有必要，企业只关心生产就行了，应该向美国式的企业靠拢。其实，一门心思只搞生产的企业，在文明竞争中是不可能取胜的。

中国企业对本企业职工的全面关心，虽与日本企业相似，但两者又有本质上

① ［美］威廉·大内：《Z理论》，45～46页。

② ［美］理查德·帕斯卡尔、安东尼·阿索斯：《日本企业管理艺术》，75页。

的差别。日本企业对本企业职工的全面关心，是建立在私有制的基础上，是以“家族主义”为旗帜，类似于封建社会中长辈对晚辈、父母对子女的关怀，它无法消除笼罩在职工身上的“权威可畏”的阴影，并使他们由此产生一种类似于感激“施主”的服从心态。中国企业对本企业职工的全面关心，是建立在公有制的基础上，是以“社会主义”为旗帜，是同志之间的关怀，没有“企业主”的权势阴影，也不会产生“上帝慈悲为怀、众生俯首帖耳”的心态。这是中日企业之间的一种主要差别。另一种差别是：就全社会来看，日本只有百分之三十五的职工在可以受到全面关心的大企业中工作，这些职工长期处在对比鲜明的大环境中；小企业职工的就业无保障，常常提醒在大企业工作的职工想起“大企业主的恩惠”，保持着对企业主的感激，并由此产生积极性。中国的职工受到本企业的全面关怀，则具有普遍性，无论是大企业还是小企业的职工都无一例外地受到关怀。这种情况，在解放初期培育了全体职工的纵向历史翻身感，焕发出巨大的积极性，但是久而久之，随着在新社会长大的人数在企业中的增加，现在人们已普遍把受到这种全面关心视为理所当然。这种既缺乏空间并存的正反对比又缺乏时间先后的正反体验的局面，要求中国的企业文化建设应该有比日本更高明的新招，以便在层次上和中国的公有制相适应。

当然，由于中国的经济发展水平比较低，中国企业对本企业职工的全面关心必然受到物质条件的限制。这种限制有的时候还被“先生产后生活”之类的口号所加强。这是不利于调动职工积极性的。中国企业文化建设对人的全面关心的要求，在现有条件下，更应该加强对职工物质需要方面的关心，而不是削弱这种关心。

第三，中国企业是否关心全社会的人呢？关心全社会的人这个问题，在社会主义的中国和在资本主义的日本与美国，情况很不一样。在日本和美国，一个企业是否关心全社会的人，主要看它所灌输的价值观念。凡是努力灌输为社会发展作贡献、千方百计为顾客服务、质量至上等等之类价值观的，就是关心全社会的人的；凡是一味强调销售额和利润率的企业，则很难说它是关心全社会的人的。中国的社会主义企业不同，它本身就是公有制，它所赚的利润不能由任何个人占有，只能由全社会来支配，因此，从这个角度来看，它总是关心全社会的人的，这由所有制来保证。

但是，这种由所有制来保证的情况，还必须辅之以合理的经济体制，才能促使企业真正关心全社会的人，否则，公有制的优越性往往得不到体现。在改革以前，中国的企业只和上级主管部门打交道，原料由上级配给，产品由上级包销，利润（甚至连折旧费）统统上缴国库，这就切断了企业和顾客、原料供应者、社区居民等等的直接联系。久而久之，企业的顾客意识、质量观念、环境责任心、社会使命感就相对淡化，认为关心全社会、关心所有的人乃是政府主管部门的事，与企业无关，企业只要埋头按预定计划生产就行了。一句话，企业很注重自己给上级主管部门留下好印象，至于自己给社会留下什么形象则不太关心。一个企业是好是坏，往往也是上级主管部门说了算，缺乏社会公众舆论评判企业的渠道。由此便出现了一种极为矛盾的现象：从理论上说，从所有制的角度去看，中国企业应该是关心全社会成员的，但在实际上，在具体渠道上，中国企业和全社会成员却没有多少直接的联系，是不那么关心全社会成员的。这是企业文化建设所必须解决的矛盾。办法就是给企业自主权，使之能与全社会的各种成员直接发生联系，同时建立社会主义市场，使市场成为社会公众评判企业的渠道。

通过对中国企业全面关心人的情况分析，可作如下的结论：(1) 中国企业对本企业职工的关心是全面的，这是应该坚持和发扬的优良传统；(2) 中国企业经济水平不高，对职工物质需要的满足受到一定限制，应努力创造条件突破这种限制；(3) 中国企业过去对全社会的人关心不够，改革为改变这种状况创造了有利条件，企业文化建设可充分利用改革形势取得较大突破。

如果对其他有关状态，如共享价值观、企业精神等方面的情况，都作出深入细致的分析，就不难找到建设中国特色的企业文化的正确出发点。

二、充分发挥中国企业的优势

就建设企业文化来说，中国企业有许多条件不如日本和美国企业，如经济实力不强、基础管理薄弱等。但是，中国企业也有日美企业所没有的许多优势，建设中国特色的企业文化，就是要充分发挥这些优势。

1. 社会主义制度的优势。

中国企业是社会主义性质的企业。从经济上来说，公有制和按劳分配为主，是社会主义社会中两项最根本的制度。这两项制度，和企业文化的本质内容（为社会服务、尊重与理解人）是完全一致的。相反，资本主义国家中的私有制和按“资”分配，则与企业文化的本质内容背道而驰。正因为这样，像松下等企业文化提倡者，才不得不苦口婆心地反复劝说人们不要把企业“看成”是私有的。这就是说，企业文化的本质内容，在日本和美国是靠人们的“看法”来保证其实现的，而中国则不仅有思想上的保证，而且还有制度和法律上的保证。这是中国开展企业文化建设的一大优势。

坚持公有制和按劳分配的主导地位，不仅是走社会主义道路所必需的，也是搞好企业文化建设所必需的。它们使得企业为社会服务的价值观得以彻底体现出来，使得企业对人的尊重和理解，是真心诚意的，而不是为了榨取更多的剩余价值。而对于资本主义企业来说，这两点只是在缓和阶级矛盾的意义上加以实现，不可能真正地、彻底地、自觉地实现。

充分发挥社会主义制度的优越性，中国企业就可以提出资本主义企业不可能具有的价值观念，使企业文化达到一个新的高度。例如，“全国一盘棋”和“全国人民共命运”的价值观念和企业精神，就是具有中国社会主义特色的群体意识，它们在企业中的灌输和实现，必然开出中国特色的企业文化的奇葩。这不是纯理论的推测，而是有事实根据的科学论断。上海某造船厂为德国承建两艘汽车滚装船，原定进口的球扁钢国外通知无法供货，使船厂陷于窘境。如果造船合同脱期，每天要罚款3 000多美元，逾期3个月，船主可以拒不接船，那将使船厂蒙受巨大的经济损失。这个情况，被隔江相望的上海第三钢铁厂知道了，钢铁厂厂长立即决定：为船厂生产经济效益很低的球扁钢，解决兄弟厂的燃眉之急！上海第三钢铁厂显示出来的，就是“全国一盘棋”的价值观念，就是全国人民共命运的企业精神。这种观念和精神的灌输、认同与奉行，将使中国企业凝聚成为无坚不摧的整体力量。

2. 马克思主义理论的优势。

所谓企业文化建设，简短地说，就是正确的价值观念、崇高的理想追求与振作的精神状态在企业中的确立、认同和实现。这是一个思想意识性较强的过程，理论分析贯穿于它的始终。中国企业坚持学习马克思主义理论，把它作为思想武器，这也是建设企业文化的一大优势。关于这一点，举一例说明。企业文化所反复强调的一个观点就是：人是企业的决定性因素，是企业一笔最有价值的资源和财富。可是在美国，正如一位美国学者所说：这“往往不为高层管理者所认识”，“有价值的资源何以会不被人们所认识？理由很简单，经理们惯于把劳动力作为生产中的必要成本支出，而并不把它视作为公司所拥有的财富——一大笔投资”①。对比之下，一个具有马克思主义理论素养的企业管理者，就很容易认识这种人力资源的重要性。因为马克思早就阐明，商品的价值是劳动创造的，资本之所以能给资本家带来剩余价值，完全是因为可变资本购买的劳动力在生产过程中发挥作用的结果；在社会主义制度下的商品生产，资金本身也不能创造价值，商品的价值是已经当家做主的工人通过劳动创造的，因此，重视人力资源是马克思主义理论的必然结论。

发挥马克思主义理论的优势，可以保证中国企业文化的社会主义方向，还可以加快正确价值观念的认同过程，加速对外国企业文化建设经验的分析消化，从而形成自己特色，而不落入日美企业文化的窠臼。

3. 悠久文化传统的优势。

中华民族有着极其悠久的文化传统。企业文化建设中所提倡的种种思想，许多都可以在中国历史上找到萌芽或渊源。下面是一些例证：

(1) 关于世间一切事物中人是最宝贵的思想，在孔子的《孝经》中就已经提出（“天地之性人为贵”），在荀子的《王制》中则作了说明和论证（“水火有气而

---

① ［美］弗雷德里克·E·舒斯特：《A战略：人与效益的关系》，49页。

无生，草木有生而无知，禽兽有知而无义，人有气有生有知，亦且有义，故最为天下贵也”）。

（2）关于增强人与人之间的凝聚力的重要性，我国古代哲学家也有论述。如荀子在《五霸》中，认为成就事业必须“上不失天时，下不失地利，中得人和”；孟子则早就明确指出“天时不如地利，地利不如人和”。

（3）关于企业价值观和企业精神的种种提法，也可以在我国近代民族工商业中找到雏形。如北京同仁堂等药店提出的企业宗旨（“兢兢小心，汲汲济世”），民生实业公司提出的把公司与职工融为一体的基本原则（“公司问题，职工来解决；职工问题，公司来解决”），久大盐业公司提出的企业四项信条（“原则上绝对相信科学，事业上积极发展实业，行动上宁愿牺牲个人顾全团体，精神上以能服务于社会为莫大光荣”）等，完全能和现代企业提出的价值观念媲美。所有这些，是一笔宝贵的精神财富，是建设中国特色的企业文化的一大优势。

要充分发挥悠久文化传统的优势，就必须树立历史传统“资源观”，摒弃历史传统“包袱观”。这就是说，对于中国长达五六千年的文化历史传统，要采取积极开发利用的态度。历史传统是已经发生了的事实、已经形成了的思想，改变历史是不可能的。但是历史对今天与未来所能产生的影响，则取决于我们对历史传统的态度和运用历史传统的巧妙程度。例如：同样是家庭观念，既可以成为大企业发展的阻力，但是由于巧妙地加以利用，在日本却成为大企业的凝聚力；同样是中庸之道，有的企业把它用来为自己的消极无为、畏惧风险、不求开拓作辩护，而日本企业却把它用于对下级和职工进行不伤感情的含蓄控制；同样一部《论语》，许多人只把它看作糟粕，惟恐中毒而避之不及，可是正如伊藤肇在《圣贤经营理论》一书中所说，“日本企业家只要稍有水准的，无不熟读《论语》，孔子的教训给他们的激励，影响至巨”，他们凡事以身作则、从我做起就是来自《论语》中关于“其身正，不令而行；其身不正，虽令不从”之教诲。所有这类事实表明，如果把历史传统视作“资源”，就会去深入挖掘，就会去巧妙利用，使企业文化建设受益；如果把历史传统视作“包袱”，就会把古籍束之高阁，割断历史与现实的联系，使企业文化建设受损。

4. 思想政治工作的优势。

解放以来的中国企业，形成了从不间断做思想政治工作的传统，有较完整的思想政治工作系统，有一支值得信赖的思想政治工作干部队伍。这是中国企业的一大特色，也是中国企业文化建设的一大优势。

在企业文化建设中，发挥思想政治工作的优势，需要弄清思想政治工作和企业文化建设的区别与联系。两者的区别，是基本性质上的区别，而不是具体事件上的区别。这种区别，主要表现为思想政治工作具有政治性、阶级性和是非性，而企业文化具有文化性、共享性、适应性。

企业思想政治工作的政治性，是指它的理论和实践具有浓厚的政治色彩。如在我国当前条件下，企业思想政治工作的基本点，就是要教育广大职工牢记坚持四项基本原则是立国之本，改革开放是强国之路。思想政治工作的阶级性，是指它总是代表一定的阶级利益。正因为如此，不能指望它得到所有各个阶级完全自觉自愿的支持和拥护，从而必须以强大的国家政权力量为后盾。思想政治工作所关注的中心问题，涉及一个国家坚持什么样的社会制度、走什么样道路的大是大非问题，这就是它的是非性。

企业文化建设的理论和实践，文化性较强，任务在于形成有利于生产和经营的价值观念、精神风貌、理想追求、思维方式、职业行为规范、舆论、风俗、习惯和传统等。所有这些，都是企业全体职工可以共享的，而不管其政治倾向如何，就像不同阶级的人们可以共同使用同一种文字和语言一样。社会主义企业和资本主义企业在政治方向上是根本对立的，但在企业文化方面却可以有许多相通之处。同为资本主义企业，或同为社会主义企业，却可以培育不同的企业文化。企业文化类型的选择，行业特点和经济环境起着重大作用。企业文化上的差别，不一定就是大是大非问题，有的甚至不是是非问题。如对待新产品开发，有的企业着重市场调查以“发现”顾客，有的企业则着重产品用途的发掘以“创造”顾客；在对待尚可使用的生产次品方面，有的把产品质量形象放在首位，有的则把原材料和能源的节省放在首位。诸如此类的差别，就很难说谁是谁非，而只能考察它们是否适应于各自的特殊条件。

当然，说企业文化建设和思想政治工作的基本性质不同，并不是说它们没有任何相同之处。例如，两者就都具有思想性，而且许多思想都是相通的。但是思想的相同，并不妨碍它们各自成为相对独立的领域，正如同一个思想可以同时适用于经济、政治、军事和文化领域，可以同时存在于工业、农业、交通运输业之中，但这并不妨碍经济、政治、军事、文化是不同的领域，也不妨碍工业、农业、交通运输业是各自相对独立的生产行业。

企业文化建设和企业思想政治工作上述这种既不同又相同的性质，使它们在具体事件中总是相互渗透在一起，我们很难运用两个部分重叠的圆来图示，甚至很难完全用形式逻辑的方法来说明。这里应该运用唯物辩证法作深入细致的研究，分析一个具体事件中的主要矛盾和主要矛盾方面，才能正确地对该具体事件作出属于企业文化还是属于思想政治工作的论断。

企业文化建设和企业思想政治工作的相互联系，还表现在功能上两者互为动力、互为手段、互为纽带、互使对方开创新局面。企业文化建设的核心任务，是要建立既明确又正确的企业价值观，为企业发展提供精神动力。如果说思想政治工作总是结合着政治形势来进行，那么企业文化建设则总是结合着经济工作来进行。企业文化建设搞好了，经济上去了，也会推动企业思想政治工作的开展。

企业文化建设和企业思想政治工作互为动力的关系，已经为我国20世纪80年代后半期的实践所证明。企业文化在我国蓬勃兴起，唱主角的恰恰就是思想政治工作部门。与此同时，通过创建企业文化、倡导企业精神，思想政治工作本身也得到了推动。

发挥思想政治工作的优势，把企业文化建设和思想政治工作紧密结合起来，建设中国特色的企业文化这个任务就必然能完成得十分出色。

5. 职工业余文化体育活动优势。

解放以来的中国企业，向来有开展职工业余文化体育活动的传统，其组织者多数是企业工会。比较大一点的企业，都有或多或少的文体设施。各种兴趣小组，如美术、摄影、音乐、戏曲、书法、集邮、弈棋、球类、杂技、气功等等的活动团体，在企业内部如雨后春笋般地建立起来。作为这类活动的检阅，则是企业每年或隔年举办的艺术节和运动会。这是中国企业的特色，也是中国企业文化建设的优势。

把开展职工业余文化体育活动，作为企业文化建设的一种优势来对待，就是不再把这种活动看成仅仅是休息娱乐和调节情绪的权宜之计，而是把它作为企业文化建设的战略步骤之一，在内容上使之升值，变成灌输企业价值观念、体现企业精神、宣传企业理想追求的重要手段。这类活动，在平时就形成一种风气，每当举行正式运动会和艺术节时，则可以搞成一种庄重的仪式。久而久之，企业的价值观念等等也就习俗化了，并由此产生潜移默化地培育人和凝聚人的持久力量。

三、认真攻克中国企业文化建设面临的难点

建设中国特色的企业文化，也面临着两个难点，这是需要认真攻克的。

一方面，企业文化建设，要求企业及其领导充分发挥主动性，独立大胆地创造出具有特殊个性的企业文化。但是，中国的企业以及企业的领导（厂长或经理），其独立性却不像资本主义的企业和企业家那样充分。这种情况，使中国企业在企业文化建设方面独创性不足。如20世纪80年代各企业提出的企业精神，绝大多数都是由“艰苦奋斗”、“团结求实”、“开拓进取”之类的“标准件”组成，没有多少个性，从而降低了对职工的吸引力。这叫“无独创”难点。

国家要独创具有民族特色的社会主义，企业要独创有个性特色的企业文化，应该切实地处理好这两者之间的关系，使它们相互促进。改革为此创造了有利条件。改革就是要调动国家、企业和职工个人三个方面的积极性，给企业较为充分的独立自主权，把国家干预严格限制在“三符合”的范围之内。这就是说，要依靠继续深化改革，来增强企业独立创造的活力，树立起企业文化建设与中国改革的整个形势共命运的思想观念。

要提倡“标新立异”的精神，形成“求实际效果而不求形式正规”的风气。任何一个企业和其他企业比较起来，都既有普遍性又有特殊性，既有共同点又有相异点。唯物辩证法告诉我们：普遍性存在于特殊性之中，没有特殊性就没有普遍性，共性包含于一切个性之中，无个性即无共性。因此，在建设企业文化的时候，在提出和灌输企业的价值观念、企业精神等等的时候，应该突出特殊性和个性，提倡标新立异，这样，才能在全体职工和社会公众中留下深刻的印象，从而使职工们在碰到问题时很快就想到应该以什么精神来对待。标新立异的提法，听起来可能不那么庄重，不那么严肃，但是它容易引起人们的注意，使人们加以重视，绝不能要求企业也像国家、政党、军队那样郑重与威严。

另一方面，中国企业的管理基础比较薄弱，当前仍然需要加强数据分析与规章制度等“刚性”管理措施，这就使得企业文化这一“柔性”管理措施的效力很难被人们认识，以至许多企业只习惯于以完成各项硬性考核指标来衡量工作的成效，从而未能调动起全体职工建设企业文化的积极性。这就是中国企业文化建设中的“刚代柔”难点。

攻克这个难点的办法，当然不是反其道而行之，不是来一个“柔代刚”，而是应该发展一种“刚柔结合”的管理风格。这就是说，要在加强硬管理措施的过程中提倡企业文化。这是不太容易做到的，但并不是做不到。就我国企业的实际情况来看，既有一支善于抓硬措施的生产经营管理队伍，也有一支善于抓软措施的思想政治工作队伍，这两支队伍紧密地结合起来，相互取长补短，共同建设企业文化，是能够攻克这个难点的。

一般说来，硬管理措施收效快，但未必能持久，软性措施见效较慢，但却能持久地发挥作用。因此，要攻克“刚代柔”的难点，就必须树立从长远利益着眼的战略观点，克服“只顾眼前、不顾将来”的急功近利心理。

可以预言，中国企业在建设独具特色的企业文化过程中，能够克服难点，取得举世瞩目的重大成就。事实上，中国已经涌现了一批企业文化建设优秀的企业，它们预示着中国企业文化今后的进一步发展。

第四节　当代中国企业文化的基本特征与类型

中国当代的企业文化，经过20多年（1978—2005年）的风风雨雨，包括开展引进、研讨、倡导、设计、灌输、实施、总结、交流、校正、提升等一系列的创建活动，总算有了重大的进展。有些中国公司的企业文化，以其强大的功能，导致了本公司的经济腾飞；以其特有魅力，引起了全世界的研究兴趣；以其优异的品质，赢得了社会公众的崇敬。这里概括地分析中国当代企业文化的基本特征和基本类型，以有利于总体上的把握。

一、基本特征

中国当代企业文化的基本特征，可以从宏观和微观两个层次来把握。

1. 宏观特征。

中国当代企业文化的宏观基本特征，大致可以从四个方面来看：

(1) 从状态上看，中国当代的企业文化，明显具有“发展不平衡”的特征。

这种特征，主要表现为：改革开放的特区新区，先于、快于、优于一般地区；沿海地区一般说来先于、快于、优于内地；市场竞争激烈的行业，真枪实弹地搞企业文化的程度，远高于仍属垄断经营的行业；大型公司好于小型企业；已经上市的股份有限公司，对待企业文化建设严肃认真的程度，远远高于其他各种公司。

中国当代企业文化的最大不平衡，是在不少公司培育卓越企业文化的同时，却还有另一些公司对于以文明取胜的企业文化不屑一顾，而津津乐道于非文明竞争和野蛮竞争，成了企业文化的死角。仅举一例，就可知中国的这只死角究竟还有多大：据国家海关总署署长钱冠林分析，我国 1998 年走私的六个特点中，就有“法人逐渐成为走私主体，越来越多的私营、三资、集体、全民等企事业单位参与走私活动”，“参与走私的单位有流动领域的企业，也有生产企业、运输企业，港口、码头也参与其中，形成‘一条龙’作业”[①]。这种情况说明，我国企业文化建设的死角还相当大，今后仍然是任重而道远。

(2) 从方法上看，中国当代的企业文化建设，明显具有“崇尚辩证结合方法”的基本特征。如企业文化建设与精神文明建设相结合，与思想政治工作相结合，与建立典章制度相结合，与搞好企业公共关系相结合；发扬本国优良传统与吸收外国先进经验相结合，“硬”措施与“软”工作相结合，严格要求与耐心说服相结合，等等。这多种多样的结合方法，其形成既有着悠久的历史原因，也有着深刻的现实原因。下面我们仅以“企业文化建设和精神文明建设紧密结合”为例来加以说明。

企业文化建设和精神文明建设紧密结合，首先是国家高层领导积极导向的结果。

20 世纪 80 年代后期，当企业文化在我国刚刚“热”起来的时候，在中国共产党十三届三中全会原则通过并于 1988 年正式发出的《中共中央关于加强和改进企业思想政治工作的通知》中，虽然没有出现“企业文化”一词，但提出要

---

① 《中国市场经济报》，1998-07-13。

“大力培育富有特色的企业精神，把实现四化、振兴中华的共同理想同企业承担的特定任务结合起来”[①]。这个通知，在企业文化热的社会背景下，使得“把塑造企业精神作为企业文化抓手”的观念，变成了中国所有企业的共识。实际上，这就为企业文化建设与精神文明建设的结合，奠定了政策和思想基础。

20世纪90年代初，“企业文化”一词开始出现在中央领导人的谈话和中央文件中。从这个时候起，在这个最高的行政层次上，企业文化几乎无一例外地都是作为精神文明建设中群众喜闻乐见的形式，或作为精神文明建设的载体而被提到。1993年11月，中国共产党十四届三中全会通过的《关于建立社会主义市场经济体制若干问题的决定》中，又明确提出了“加强企业文化建设”的要求。这样，中国的企业文化建设，也就以中央肯定、政府支持的形式，正式纳入精神文明建设的轨道，正式成为中国经济体制改革过程中必须认真做好的一项工作。

企业文化建设与精神文明建设紧密结合，实质上也是企业文化本质的必然要求。企业文化作为以文明取胜的群体竞争意识，“文明”是它的本质，它不可能脱离物质文明和精神文明而独立生长。这个问题还可以深入一步追问下去，企业文化的本质是文明，那么“文明”的本质又是什么呢？可以说，文明的本质是自然物质与崇高精神的结合。

从哲学基本问题（即物质和精神的关系问题）的高度来看，所谓物质文明，既不是纯粹的自然物质，也不是任何一种人工物质，而只能是打上了人类正确思想烙印的物质。太阳给地球带来光和热，“万物生长靠太阳”，但太阳不能说是物质文明，而只能说是自然界对人类的“物质赐予”，因为太阳还没有打上人类的思想烙印；上海那条曾经是又黑又臭的苏州河，虽然打上了人类思想的烙印，但也不能说是物质文明，而只能说是“物质污染”，因为打上去的思想烙印是违反生态规律的错误烙印。只有那些打上了人类正确思想的物质，如古代中国的都江堰、现代上海的杨浦大桥等等，才有资格被称为“物质文明”。

从哲学基本问题的高度来看，所谓精神文明，既不是任何一种思想观念，也不仅仅是正确的思想观念，而是用物质手段固定下来了的正确的思想观念。错误的思想观念，如果用物质手段固定下来，当然不会是精神文明，而是精神污染。即使正确的思想观念，如果不指导实践，即没有用任何物质手段固定下来，那也没有资格称为“精神文明”，而只能称作“精神本身”，虽然是良好的“精神本身”。

物质文明和精神文明之所以要一起抓，从哲学高度来说，就是因为“物质文明是打上了人类正确思想烙印的物质”，“精神文明是用物质手段固定下来了的正确思想观念”，两者都是物质资料与正确思想的结合。换言之，“凡文明都是物质

① 转引自赵荫华：《中国企业精神大全（上）》，“序言”，2页，北京，职工教育出版社，1988。

资料与正确思想的结合”。既然如此，离开精神文明来抓物质文明，没有了正确的思想观念，这样的物质文明建设还能不走到邪路上去？反之，离开物质文明来抓精神文明，没有了物质手段，这样的精神文明建设还能不是虚无缥缈的清谈？这就是物质文明和精神文明必须一起抓的哲学根据。所以，物质文明建设和精神文明建设紧密结合起来进行，才是惟一正确之路。

物质文明和精神文明还有没有区别呢？当然有。区别在于这两者各自的矛盾的主要方面不同。物质文明是物质资料与正确思想的统一体，但矛盾的主要方面是物资资料；精神文明也是物质资料与正确思想的统一体，但矛盾的主要方面是正确思想。这是从理论上分。在实践上，人们往往能够自然而然地按照矛盾的主要方面的不同，把两者区别开来。例如，人们很自然地把百货公司货架上陈列的印花丝绸视作物质文明，而把吴道子画在丝绸上的山水画视作精神文明。不会有人把前者放入镜框并挂在客厅供人欣赏，也不会有人把后者裁剪缝制成衬衫穿在身上。

企业文化作为以文明取胜的群体竞争意识，其实也是物质资料与正确思想的结合。在本书给出的企业文化内涵表中，就既有物质载体又有精神内容，是物质资料与正确思想的统一体。但其矛盾的主要方面，则是它的精神内容，是它倡导的“企业要为社会服务、要尊重和理解人”的精神本质。因此，把企业文化归属于精神文明，把企业文化建设纳入精神文明建设的轨道，使企业文化建设与精神文明建设紧密地结合起来进行，是完全符合企业文化的本质特点的。当然，正如物质文明与精神文明要两手一起抓，两手都要抓得很紧很硬一样，在把企业文化建设纳入精神文明建设轨道的时候，也要重视企业文化的物质载体，不能提高企业经营业绩和经济效益的企业文化，是没有生命力的。

中国的企业文化建设和企业精神文明建设相结合，还有着企业组织上的原因和理由。中国的公有制企业，向来就不但有行政组织系统，还有党的组织系统。行政系统主要抓生产经营，党的系统则主要抓思想政治工作。企业文化兴起，从总体上看，党的组织系统表现出更大的兴趣与热情。而我国的思想政治工作，是归属于精神文明建设的。这样，在各个企业的实际操作中，企业文化建设和企业精神文明建设就自然而然地结合起来了。

(3) 从内容上看，中国企业文化明显具有努力以邓小平理论为价值导向的基本特征。

“企业文化”一词来自西方资本主义主义国家，而中国是社会主义国家。中国改革所要建立的市场经济体制，是社会主义的市场经济体制。因此中国所要建设的企业文化只能是社会主义的企业文化。正是根据这种逻辑，中国出版的许多企业文化专著，都冠以“社会主义企业文化”的名称。

那么，为什么不说中国企业文化的基本特征之一，是以社会主义为价值导向呢？这是因为，人们对于社会主义是什么，特别对于社会主义的本质是什么还没有完全搞清楚。正如邓小平所说："社会主义是什么，马克思主义是什么，过去我们并没有完全搞清楚。"① "社会主义是一个很好的名词，但是如果搞不好，不能正确理解，不能采取正确的政策，那就体现不出社会主义的本质。"②

长期以来，人们误以为，社会主义的本质就是"公有制"、"按劳分配"和"人与人平等"三大特征，即把社会主义的本质理解为可以脱离生产力来独立坚持的抽象的生产关系。用这种未被正确理解的社会主义来为企业文化导向，其所追求的企业价值观念体系，就必然会削弱乃至取消和生产力发展紧密联系的各种思想观念。

正是邓小平纠正了人们对社会主义本质的错误认识，明确指出："社会主义的本质，是解放生产力，发展生产力，消灭剥削，消除两极分化，最终达到共同富裕。"③ 这里，"解放生产力、发展生产力"是基础，是最根本的任务；"消灭剥削、消除两极分化"是过程，是必须在发展生产力基础上才能有效进行的过程；"最终达到共同富裕"是目标，也只能是在发展生产力的前提下才有可能逐步达到的目标。

中国当代的企业文化，正是在邓小平理论的价值导向下建设起来的。中国当代卓越的企业文化，特别是公有制公司的企业文化，其价值观念体系一般总是包括三个子系统：

第一个子系统，是和"解放生产力、发展生产力"紧密相关的各种生产经营理念。主要是树立经济效益意识、效率优先意识、市场竞争意识、优胜劣汰意识、争创第一意识、革新创新意识、优质服务意识、合理利润意识、资金增值意识、股东权益意识等等。这是中国企业价值观念体系中最主要的部分，也是可以向西方发达国家的企业文化借鉴的部分，是可以引进资本主义大型跨国公司的生产经营管理经验的部分。

第二个子系统，是和"消灭剥削、消除两极分化"相联系的各种价值观念。我国的实践经验表明，形式上"消灭剥削、消除两极分化"并不难，我国在"文化大革命"时期可以说已经没有剥削，已经没有两极分化。但是，这种形式上的消灭与消除，由于不是建立在生产力高度发达的基础上，所以并不是真正的进步，不是持久巩固的消灭与消除，不是通向社会主义与共产主义，而是走到了平均主义。正如恩格斯所说："只有在社会生产力发展到一定程度，发展到甚至对我们现代条件来说也是很高的程度，才有可能把生产提高到这样的水平，以致使得阶级差别的消除成为真正的进步，使得这种消除可以持续下去，并且不致在社

---

① 《邓小平文选》，1版，第3卷，137页。

② 《邓小平文选》，2版，第2卷，313页。

③ 《邓小平文选》，1版，第3卷，373页。

会的生产方式中引起停滞或甚至倒退。”① 鉴于“文化大革命”的深刻教训，十一届三中全会以后，我们探索了中国怎么搞社会主义。归根结底，就是要发展生产力，逐步发展中国的经济。因此，根据马克思主义和邓小平理论中的这些观点，在中国企业文化建设中，确立和“消灭剥削、消除两极分化”相联系的各种价值观念，就不应该是形式上的“剥削可耻”、“为富不仁”之类的思想观念，而应该是联系发展生产力来强化职工当家做主意识、优化劳动条件意识、兼顾公平意识、控制分配差距意识、奉献为公意识、公有私有都应该为社会主义祖国服务的意识等等。

第三个子系统，是和“最终达到共同富裕”相联系的各种价值观念。“最终达到共同富裕”，是允许和鼓励一部分人通过诚实劳动与合法经营先富起来，然后带动和帮助其他人也富裕起来。这体现在企业文化建设中，就是确立团结互助意识、公益事业意识、帮困扶贫意识等等。作为“共同富裕”导向的一个特殊体现，就是在优胜劣汰的市场竞争中提倡“多兼并少破产”；这实质上就是要求实施兼并的富裕企业，经济上多承担一点义务，从而可以减少工人失业的人数，降低国有银行贷款所遭受的损失。

（4）从发展趋势看，中国企业文化明显具有向好、向上的特征。这有很多表现。如从雷同化向个性化发展，从抽象化向具体化发展，从形式化向实效化发展。下面仅以“从雷同化向个性化发展”为例作一简析。

从“雷同化”向“个性化”发展的趋势，可以用一句话描述为：从“千篇一律、万家齐唱”，走向“一家一个样、家家不一样”。

中国企业文化刚开始“热”起来的时候，中国各厂企业文化雷同化的程度是十分惊人的。1988 年 12 月，职工教育出版社出版的《中国企业精神大全》中，收集了北京 33 家工厂的企业精神。这 33 家工厂的企业精神，几乎清一色都是用大同小异的标语口号表述出来的。让我们按原书排列的顺序，随意抽取几家来看一看它们的雷同程度：第 1 家是：团结、求实、夺魁、奉献；第 10 家是：团结、创业、求实、争先；第 20 家是：求实、求信、求精、求效；第 30 家是：团结、创新、求实、服务。在这 33 家工厂的企业精神表述中，20 家使用了“团结”一词，14 家使用了“创新”一词，12 家使用了“求实”一词，分别占总数的 60.6%、42.4%和 36.4%。其实，雷同程度比这些百分数还要高，因为与“团结”同时使用的还有“互助”、“协作”、“和谐”；与“创新”同时使用的还有“求新”；与“求实”同时使用的还有“务实”、“严实”、“朴实”、“实事求是”等等。那个时候，一切对中国企业文化稍作注意的人，几乎都会产生雷同化的遗憾。

① 《马克思恩格斯选集》，2 版，第 3 卷，273 页。

到了1998年，如果也对中国企业文化作同样的注意，这种雷同感无疑会大大减少。这倒不是中国的各个企业，对自己原来提出的企业精神作一番修改，更不是来一次否定。如果那样做，就既不符合中国的国情，也不符合企业文化建设的基本原则。因为提出那些相互雷同的标语口号，各个工厂都是认真负责、郑重其事的；而且就那些标语口号的内容来说，不仅是正确的，而且的确具有普适性，从而是否定不了的。中国各个公司走向企业文化个性化的方法，就是不再强调那些已经用标语口号表述出来的企业精神，因为他们已经意识到那是中国大部分公司，乃至全部公司都具有的或应该具有的。他们开始强调自己公司特有的东西，或者应该特有的东西，并且一般也不以企业精神的名义出现，而是更多地以企业价值观念、企业哲学、企业经营理念、企业形象口号、企业广告词等等的形式出现。这种个性化的道路，使得中国的企业文化变得五彩缤纷。

值得指出的是，在中国企业文化追求个性化的发展中，是既有喜，也有忧。喜，是因为每家公司的企业文化，已经从开始时的“大同小异”，变得各有特色了，适合于各自的市场环境了。这种变化，有利于提高公司的经营业绩，有利于增强我国的经济实力。忧，是因为有些公司为了突出表现自己，竟然违反必须遵守的普遍性原则。这特别表现为：一些公司别出心裁的广告词，竟然故意修改千百年来已经约定俗成的汉语成语，以至在广大中小学生中出现了不少“成语错别字大王”。

2. 微观特征。

从微观上看，即从一个一个单独的企业去看，或者从企业文化内涵中某一个细小方面去看，中国当代的企业文化也还有许多的特征。这方面的内容非常多，不可能全面论述，只能选几个突出内容简述如下。

——从仅仅塑造企业精神，到塑造比较完整的企业文化体系。

20世纪80年代后期，如果请一个企业介绍它的企业文化，那很有可能谈的全是企业精神方面的内容。到了90年代，如果再请这个企业介绍它的企业文化，那所谈的东西就多了。

拿北京电信局来说，1988年出版《中国企业精神大全》时，也许他们还没有提出自己的企业精神，书中并无该局的企业文化信息。他们自称是“从1993年起进行了全面的、有计划的企业文化建设”[①]。起步不算早，但却形成了比较完整的企业文化体系，包括有：（1）企业宗旨——人民邮电为人民。（2）协作精神——全国一盘棋，全网（本地网、长途网、移动网、数据网、管理网）一条心。（3）服务要求——迅速，准确，安全，方便。（4）服务目标——让遥远的不

① 北京市电信管理局：《近两年企业文化建设的实践与思考》，见《建设社会主义企业文化》，211页，北京，今日中国出版社，1995。

再遥远，让亲近的更加亲近，让北京沟通世界的信息，让世界听到北京的声音。(5) 经营理念（重要的战略思想）——服务为本，服务制胜。(6) 经营方针——以客户为中心，以市场为导向，全方位提高服务水平。(7) 企业精神——客户至上，技术争先，全网协作，务真求实。(8) 服务承诺——从五项到七项，项项认真兑现，缓解装机难、移机难、修机难、交费难、查询难。(9) 服务规范——细心推敲、认真改进《规范用语 109 例》，按改进后的《规范用语 109 例》答话应对。(10) 全新意识——市场，网络，科技，经营，竞争，服务。(11) 企业驱动力——客户满意度。

——对企业文化的竞争力的认识，更深刻、更具体了。

企业文化的核心是企业价值观，一个公司的文化竞争力的大小，核心就是看它的价值观念体系是不是适应市场竞争的环境，是不是体现了当代的时代精神，是不是能促进生产力高速发展的卓越的价值体系。可是中国公司的企业价值观，原来是和计划经济体制相适应的，缺少甚至完全没有和市场经济相适应的价值观念。企业不懂市场、竞争、顾客、服务、形象、品牌等等的价值。中国 20 世纪 90 年代企业文化建设的一大进展，就是逐步树立了和市场经济相适应的企业价值观念体系。但是，这也经历过曲折，是付出了一定代价才做到的。其中，尤以建立品牌、名牌的价值观而付出的代价最为典型。

改革开放以来，我国企业的品牌、名牌意识，大致经历了三个阶段：

第一阶段是 20 世纪 80 年代。在这个阶段上，我国绝大多数企业缺乏品牌和名牌意识。因此，不少中国企业在和外商合资时，对于自己原有的品牌甚至名牌往往轻易撒手，或卖掉，或送掉，或听任其自生自灭。据《经济日报》1996 年 7 月 8 日的文章统计，我国十一种名牌商标中，在向合资企业转让时，竟有五家是无偿转让或未作评估的。我国不少企业合资后，原来的品牌被莫名其妙地吞掉，或被闲置。

当然，20 世纪 80 年代也有确立了名牌意识的企业。如四川长虹，和外商的合资谈判进行了一轮又一轮，但合资之事一次又一次告吹，其原因就在于长虹坚持要使用自己的品牌。长虹人说：外商看重控股权，可以，让他们占 51%以上的股份；外商看中了中国的广阔市场，也可以，让出一部分市场给他们；外商还想打他们的牌子，那可不行。品牌是什么？品牌就是我们自身，一定得打我们的牌子。

另一个早就重视品牌的例子，是青岛海尔。海尔 1984 年就决定走创名牌之路。1985 年，海尔总裁张瑞敏为了体现争创名牌的决心，当众砸毁了 76 台不合格的电冰箱。在 1988 年 12 月—1990 年 12 月，海尔又进一步确立了把出口视为“名牌战略”延伸的基本原则，即明确出口是为了创国际名牌，而不是为了创汇。根据这个原则，他们制定了“先进入发达国家和地区，创出名牌后，再以高屋建瓴之势进入发展中国家和地区”的国际经营策略。这个在 20 世纪 80 年代品牌意识强、创名牌决心大的公司，到了90年代有了可喜的收获：1990年，海尔冰箱通过了美国UL认证，成为第一个进入美国UL名册的中国企业；1993年德国*TEST*杂志对德国市场上的产品进行抽查，海尔产品以八个“10”的得分夺得第一。海尔的名牌战略获得成功。

第二阶段是20世纪90年代上半期。在这个阶段上，我国不少企业开始从“缺乏品牌、名牌意识”走向“树立品牌意识”。一个典型的事例，就是上海家化公司把已经卖给外资的“美加净”等两个化妆品名牌再买回来。上海纺织系统则提出并实施了以“名牌、名厂、名人”为龙头组建企业集团公司的战略。

第三阶段是1996年以后。1996年，我国理论界发生过一次争论。应该说，经过此番争论之后，我国舆论界才真正承认树立品牌、名牌意识是企业文化建设的一个重要任务。我国企业才真正有了树立品牌、名牌意识的社会文化环境。为什么这样说呢？

本来，我国企业在品牌问题上吃了亏，就应该老老实实承认是由于我们自己缺乏品牌意识，认真加强企业文化建设就是了。可是，舆论界却有人认为，似乎这是由于我国对外开放“没有一定原则和限度”造成的，是由于回避了“如何在对外开放中振兴民族工业”这个重大问题造成的。这种舆论不是引导企业加强自己的品牌意识、创自己的名牌，而是呼吁国家缩小开放，设置外国企业和外国品牌进入我国的“三八线”。

显然，造这样一种舆论是不可取的，是不符合市场竞争条件下事物的发展规律的，更不利于我国的企业文化建设。品牌问题，实质上是一个公司对企业价值的比较和选择问题，是企业文化建设中的一个问题，国内国外，莫不如此。把它扯到“国家的开放度”上去，难免让人产生借题发挥的感觉。

中国企业的品牌意识薄弱，应该通过加强自身的企业文化建设、优化自身的企业价值体系来解决。降低对外开放度是无济于事的。实际上，中国企业的品牌意识薄弱，恰恰是过去长期封闭、长期脱离国际市场的必然结果。

1996年7月14日，《人民日报》发表记者述评，对“限度开放论”提出异议，指出：“用堵外国企业，堵外国牌子的方式保护自己，绝非上策。”“利用外资总体上还是利大于弊。”《人民日报》说话了，才使企业没有受到那种用“缩小开放”来解决问题的舆论的影响，而是大门洞开，既让外商进来，自己也大跨步走向国际市场，在激烈的国内外市场竞争中，建立、锤炼、提高自己的品牌意识，创出自己的名牌，使品牌竞争力成为文化竞争力的核心。

——从对“名称”无所谓，到比较重视名称文化。

中国企业对“名称”的无所谓，根源于计划经济体制时期（特别是“文化大革命”时期）取消企业的名称，而分行业将工厂或商店按“第一”、“第二”、“第三”的顺序号码编排起来。这使中国企业的名称意识丧失殆尽。

在中国改革开放的前10年中，中国企业仍然带着计划经济体制时期的巨大惯性，对“名称”抱着无所谓的态度。如果说，中国当代企业文化起步阶段最得到重视的是塑造企业精神，那么最不受重视、最被忽略的就是名称文化。

本来，在这个改革开发的年代，有并厂改组的机会，也有改成股份有限公司上市的机会，完全可以利用这些机会给自己取一个好名称。可是由于名称意识的缺乏，硬是眼睁睁地让这些机会一个一个溜走，听任自己被“老大”、“老二”、“老三”地叫着。有的时候，成立一个全新的企业，不得不取一个名字，却也往往漫不经心，给取了一个毫无特色的“大路货”的名称。据1987年的统计，“仅上海一市以‘长江’命名的单位有256家，取名‘新华’的竟达509家”①。

中国企业不仅对企业的名称无所谓，对品牌的名称也重视不够。本来，有些企业如“上海电缆厂”，仔细分析起来根本就没有自己的名称，“上海”是企业所在地，“电缆”是企业的产品，“厂”是企业的组织形式。可是，这样一个实质上并没有自己名称的企业，其产品的品牌，却进一步用自己这个企业来加以称呼。难怪有人不无感叹地写道：“看看它们的品牌，总感到少了一点诱人的魅力，显得过于单调乏味。有的只是把厂名的简称作为品牌，诸如：上缆牌（上海电缆厂）、上工牌（上海工业缝纫机厂）、上探牌（上海探矿机械厂）……据《1991年上海工业年鉴》上的资料，1990年上海的获奖产品中，此类‘上×’牌居然有46种之多。”②

然而随着市场经济体制的逐步建立，随着企业文化建设的深入进行，这种对名称无所谓的思想状态，从20世纪90年代中期开始，有了比较显著的变化。这只要看一看已经在上海上市的公司，就会发现其中大多数都有了自己特有的名称了。特别像“长虹”、“海尔”、“春兰”、“黑豹”、“神马”、“乐凯”这样一些名称，在公众的脑海中已经和经营业绩优良、品牌知名度高联系在一起了。

——从笼统粗略到深入细致。

中国改革开放时期的企业文化，一方面是从引进国外企业文化理论和经验开始的，另一方面又受计划经济体制时期大一统文化的历史影响。因而必然是从一般走向具体，从笼统粗略到深入细致。如果我们曾经为中国企业文化的一般抽象而遗憾，那我们也一定会为今天中国企业文化的深入细致而欣慰。

下面所举两例，可以说明今天的中国企业文化建设，已经深入细致到何种程度。

第一例：上海宝山钢铁公司，原来的对外口号“要好钢、找宝钢”，后来改为“要好钢、有宝钢”。他们认为，要用户来“找”，反映出“朝南坐”的落后经营意识。虽是一字之改，但却反映出他们在树立现代先进经营意识方面有了重大

①② 张格、张弢编：《名牌商标的保护管理》，“编者说明”，2页，上海，上海译文出版社，1996。

进展，改善了他们的企业形象。不过，他们对“要好钢、有宝钢”的表达仍不满意，还在悬赏征求更好的表达。

第二例：北京电信局对以前的《规范用语 109 例》进行细心推敲。过去当客户要的电话没人接时，规范用语是“电话没人接您还要吗?”如今这句话已变为忌语，改为：“电话没人接，您还要哪儿?”他们认为虽是一字之改，但进一步缩短了与客户的距离。“您还要吗?”是服务员给客户出题，很可能使客户为难。“您还要哪儿?”则表达出客户是“上帝”，我很乐意听从您的指挥，继续为您服务，容易使客户产生亲切感。

二、基本类型

对于企业文化，可以从各种不同的角度去研究，去划分，从而可以得出各种不同的企业文化类型。国外有三种不同的企业文化划分方法。

第一种，是美国两位学者迪尔、肯尼迪在《企业文化——现代企业的精神支柱》一书中所作的划分。他们根据企业生产经营中风险的大小和信息反馈的快慢，将企业文化划分为“强人型”、“干/玩型”、“攻坚型”和“过程型”四种类型。

第二种，是德国学者海能在《企业文化——理论和实践的展望》一书中所作的划分。他根据企业文化的牢固程度、一致程度及其与企业系统的和谐性三个标准，将企业文化分成了由强到弱再到“无”的十六种类型。

第三种，是美国哈佛大学两位教授科特、赫斯克特在《企业文化与经营业绩》一书中实际运用的划分方法。他们实际上是按照企业文化促进经营业绩增长的具体情况，将企业文化分成了三种类型：强力型企业文化，策略合理型企业文化，灵活适应型企业文化。

以上三种划分企业文化类型的方法，当然也可以用来分析我国当代的企业文化。比如说，在必要的时候，一个中国公司也可以根据自己所在行业的风险大小和信息反馈快慢，审视一下本公司实际上是（或者应该是）强人文化、干/玩文化、攻坚文化、过程文化四种类型中的哪一种。当然也可以根据本公司企业文化的牢固程度、一致程度及其与公司整个系统的和谐程度，来估量一下本公司的企业文化是强还是弱，或者根本就是一个“无文化”的企业。当然还可以从公司企业文化与经营业绩的实际联系，来审视一下本公司实际上是（或者应该是）强力型文化，还是策略合理型文化，或是灵活适应型文化。

但是企业文化类型的划分方法，绝不是只有这三种，也不应该局限于这三种。下面将根据我国的实际情况，总结我国文献中的自觉或不自觉的提法，指出我国当代企业文化所可能有的一些类型。

1. 按所有制划分的企业文化类型。

我国向来具有按所有制来区别对待企业的传统。在我国，企业的所有制不

同，其政策环境、历史沿革、所在行业、规模大小、面临任务、组织结构等等，就都不一样。因此，中国企业的所有制不同，其企业文化类型也就不同，这是很自然的。我国当代所有制不同的企业，分别对应形成的企业文化类型，可具体说明如下：

（1）国有独资企业所对应形成的企业文化，是革新型文化。其一般特征可概述为——积极改革管理体制，渴望改造设备技术，重视改组组织形式与产业结构。自1978年改革开放以来，国有独资企业几乎每天都处在革新变化之中。

（2）集体所有企业所对应形成的企业文化，是赶超型文化。其一般特征可概述为——穷而思变，急起直追，后来居上。中国的集体所有制企业，本来是没有机器的街道手工工场，或是白手起家的乡镇企业。无论从哪个角度去看，它们原本都是非常落后的。可是今天一看，它们已经异军突起，旧貌换新颜了！

（3）个体企业所对应形成的企业文化，是灵巧型文化。其一般特征可概述为——求生为主，见缝插针，小巧起家，乘势发展。中国当代的个体企业，一方面和历史上的个体企业一样，是劳动者的一条求生之道；另一方面和国有企业实施“变隐性失业为显性失业”的政策有关，个体业主多为下岗待业的原国有企业的职工。

（4）私有企业所对应形成的企业文化，是自我型文化。其一般特征可概述为——追求自我，实现自我，管束自我，消融自我。中国当代的私有企业，是在曾经被消灭过的历史背景下再生出来的，是经历过“否定之否定”磨难的。因此，私有企业主一般并不以赚取尽可能多的利润为人生目的，而是以“干成事业、实现自我”为人生目的，即所谓“人生为一大事而来，做一大事而去”（张果喜语）。为实现自我，也能管束自我，消融自我，“使自己每一步都符合共和国发展的逻辑”（刘永好语）。

（5）外商独资企业所对应形成的企业文化，是异国型文化。其一般特征可概述为——坚持异国风格、固守原有模式。异国文化是人们最容易感受到的，每个从“麦当劳”经过、进“肯德基”吃过、买“安利”产品用过的中国人，都能体验到他们与我们的差别。

（6）中外合资企业所对应形成的企业文化，是融合型文化。其一般特征可概述为——中外磨合、相互适应、市场选择。不过，这只适合于典型的中外合资企业。由于中外合资的形式很多，各个合资企业的具体情况千差万别，其“融合”状况是大不一样的。有的合资企业，外方只来资金，既不控股，也不来人。如果问该企业职工，合资后与合资前有什么不同？他们是绝讲不出什么“文化磨合”曲折痛苦之类的故事来的，一定会实话实说：“没有什么两样。”

（7）混合所有企业所对应形成的企业文化，是股权型文化。其一般特征可概述为——控股者主导价值观念、参股者形成亚文化群体。这种股权型企业文化，在那些已经在上海、深圳两地挂牌上市的股份有限公司中，表现得尤其明显。

2. 按生长点划分的企业文化类型。

企业文化的生长点，是各不相同的。扎根于不同生长点上的企业文化，由于根基不同，往往伴随着不同的生成特色，形成为不同类型的企业文化。大致有：

(1) 老树开花型企业文化。有些企业，不仅历史长、资格老，而且厂房设备老，所从事的产业也“老”（人称“夕阳工业”），方方面面老态龙钟。许多老牌国有企业就是这样。但正是从这个“老”的实际出发，却培育出了使公司焕发青春的企业文化，故称之为老树开花型企业文化。

(2) 落后奋起型企业文化。有些企业，不仅起步晚，生产出来的产品落后，技术设备落后，而且连职工素质也很落后。不少街道手工企业，大多数乡镇企业，就是这样。但是，这种落后的客观事实，一旦被深刻地感受到，一旦使人忍无可忍，从而激起了改变它的决心，就会成为卓越企业文化的生长点。这就是落后奋起型企业文化的由来。

(3) 改革全新型企业文化。有些企业，在中国完全是改革的产物。没有改革，在中国就不会有这类公司，如证券公司、期货公司、头脑公司之类。还有些企业，从类型上看，中国已经有了；但从这一个企业来看，却是在改革声中诞生，在改革的争论中成长，没有改革也不会有它这个企业。它们都是与改革共命运的企业。所有这些企业，一般都形成了改革全新型企业文化。

(4) 保稳求发型企业文化。我国有些企业，如各种国有独营公益企业，被赋予保证社会稳定、保证国家安定、保证经济持续发展的重任。其完成任务的过程，也就是培育保稳求发型企业文化的过程。

(5) 政策开拓型企业文化。我国在对外开放中，设立了不少特区、新区、保税区、开发区等等，在这些区域内实施若干特殊的政策。有些公司，如某些房地产公司，实质上就是为贯彻落实这些特殊政策而诞生的，并因此培育出政策开拓型企业文化。

(6) 政策夹缝型企业文化。政策作为一个系统，应该是完美无缺的。但“应该是”并不等于“现实是”，这在改革开放时期尤其突出。由此产生了靠打“政策擦边球”而维持的公司，或专门教人如何打“政策擦边球”的咨询公司等等。它们的存在并不违反现行政策，更不违法。每当政策发生重大调整时，它们也调整自己的经营内容和策略，但打“政策擦边球”的实质并无变化，由此便形成了一种政策夹缝型企业文化。

3. 按引进程度划分的企业文化类型。

我国改革开放以来，从国外引进的东西是很多的。但就一个一个企业来看，

其引进程度是各不相同的，相互差别很大，并由此导致企业文化的类型也各不相同。大致有：

（1）全面引进型企业文化。具有这种企业文化类型的公司，不仅从国外引进资金、设备、技术、原料，而且也引进外国的管理模式；不是单项引进，而是成套引进；不只是引进物质经济要素，也引进各种思想观念。

（2）部分引进型企业文化。具有这种企业文化类型的公司，往往只从国外引进资金、设备和技术，而且是有选择地引进。也有少数公司反其道而行之，只从国外引进管理思想，资金一律自筹，硬件一律自造。

（3）土生土长型企业文化。具有这种企业文化类型的公司，资金自筹，设备自造，管理模式刻意独创，思想观念追求传统特色。值得指出的是，不要简单化，不要在“土生土长型”和“封闭型”之间画等号。在对外开放的背景下，充分研究外国，但并不借用，并不借力，更不照办，坚持走自己的路，从单个的企业来说，完全有可能也是一条成功之路。

4. 按内容特色划分的企业文化类型。

企业文化的内容丰富多彩。原则上，每一个公司的企业文化，都会有（而且也应该有）自己的特色。但“特色”有两种：一种是企业家率领职工发挥能动性塑造而成，另一种是由公司生产经营内容所决定的特色。这里是用生产经营内容所决定的特色，作为划分企业文化类型的根据。下面是据此划分而得到的几个明显的类型：

（1）政策调控型企业文化。有些企业，如印钞厂、造币厂、有价证券印刷厂，其生产经营的内容，必须服从国家宏观调控的需要。这决定了它们的企业文化属于特殊类型。

（2）公用事业型企业文化。这是水、电、公交等类公司的企业文化类型。

（3）国家命脉型企业文化。这是和国家存亡关系十分密切的公司（如某些军工企业）的企业文化类型。应该注意的是，这里说的是“国家命脉”，而不是“国民经济命脉”，因而和以上两种类型都不同，应单列一类。

（4）知识智慧型企业文化。任何一个企业，都需要知识，都需要智慧。就一般企业来说，这种知识和智慧，是体现在企业的产品中，体现在企业的服务中，体现在企业的生产经营全过程中。一句话，一般企业并不生产“知识智慧”本身，也不经营“知识智慧”本身。但是现在已经出现一种新型企业，专门生产经营“知识智慧”本身。这种专门生产经营“知识智慧”本身的公司，就是这里所说的知识智慧型企业文化的主体。

5. 按最高价值划分的企业文化类型。

公司不同，其所追求的最高价值往往不同，从而培育出类型不同的企业文化。一个公司的价值体系是丰富多彩的，其可供选择的价值非常多，因而按最高价值划分的企业文化类型，其数量也非常多。除了可以划分为“生存至上类”、“阳光利润至上类”、“厚黑利润至上类”、“社会使命至上类”和“空想社会使命至上类”这五种类型之外，较为常见的是划分为以下十种：(1) 改革型；(2) 创新型；(3) 质量型；(4) 服务型；(5) 市场型；(6) 主人型；(7) 严管型；(8) 育人型；(9) 报国型；(10) 发展型。

下卷

企业文化学个案评析

第四篇

国外优秀企业文化评介

松下的实践经营哲学

松下幸之助的《实践经营哲学》，可视作国外企业文化的瑰宝，它既有实用性，又富哲理性，给人以启发。

1977年6月，日本松下电气公司成立60周年之际，松下幸之助写的《实践经营哲学》一书出版，书中从各种不同的角度阐述了松下对有关经营的看法。

松下认为：所谓企业经营，归根到底是人们为了共同幸福而进行的活动，因此，必须深刻地认识人的本质，并且根据这种认识去从事工作。这可以说是松下的企业经营哲学的基点。其具体内容，可归结为以下20条：

1. 树立正确的经营理念。

所谓经营理念，是对“公司为了什么而存在、其真正使命是什么”这个问题的明确回答和坚定信念。

什么是正确的经营理念呢？松下给出的答案大致有三层含义：

第一，公司是为了社会的繁荣发展而存在，而不是为了公司自身的繁荣发展而存在。企业的使命或“实业人的使命……就是使整个社会脱贫致富”①，“是把贵重的生活物资像自来水一样无穷尽地提供给社会”（7页）。“把商店和工厂繁荣起来并不是经商和生产的目的”，只有在可以促进社会繁荣富强的意义上，“才

① ［日］松下幸之助：《实践经营哲学》，8页。本个案后面引自该书的话，只在引文后注明页码，不再另作注释。

允许工厂和商店的扩大和繁荣”（8 页）。“因此，企业经营不能单纯考虑利害关系和企业的发展”（4 页），“商店和工厂的繁荣永远是第二位的”（8 页）。

第二，“人民的生活既要有精神上的寄托，也需要物质上的丰富，这样，幸福才能得到维持和提高，两者缺一不可。……就像车的两轮一样互为依存”（6 页）。因此，使整个社会脱贫致富的企业使命的执行，只是使人民得到幸福的一个方面，而不是全部。但是这个方面，既是消除贫穷、创造财富的务实的工作，也是“必不可少的神圣的事业”（6 页）。

第三，正确的经营理念以克服错误的经营理念为前提。“只顾自己利益的经营，脱离正义的经营，没有觉悟到身负神圣事业的信念的经营……单纯生意经的经营，单纯立足于传统习惯的经营”，就都是错误经营理念的表现，“都是经营不当的原因，自己必须从这种经营观念中摆脱出来”（6 页）。

松下以自己的切身体验证明：正确的经营理念，可以激发全体员工崇高的使命感和努力工作的干劲。因此无论从哪个方面来说，经营理念都非常重要。第一，对于企业来说，“技术力量、销售力量、资金力量以及人才等等，虽然都是重要因素，但是最根本的还是正确的经营理念。只有在正确的经营理念的基础上，才能真正有效地使人员、技术和资金发挥作用”（2 页）。第二，在千变万化的社会形势中，企业若要对各种问题“采取无误的、恰当的对策，其基本依据仍然是企业的经营理念”（4 页）。第三，要使广大职工“同心协力，发挥巨大干劲，其基础仍然是经营理念”（4 页）。

怎样才能树立正确的经营理念呢？松下认为：正确的经营理念“必须深深地扎根于正确的人生观、社会观、世界观上。从这里才能产生真正正确的经营理念”。进一步说，正确的人生观、社会观和世界观则必须“符合社会的发展规律和自然规律。如果违背它，那就不能说是正确的人生观、社会观和世界观，而由此产生的经营理念，也会欠妥当的”（4 页）。因此，“正确的经营理念，不单是经营者个人的主观见解，还必须是在自然规律和社会规律的基础上产生的”（12 页）。

企业的具体经营活动是经常变化的，但是，“立足于按照人的本质或自然规律而得出的正确的经营理念，无论是过去、现在和未来，以及对国内或国外都是适用的”（5 页）。企业应当坚持一贯地奉行这种正确的经营理念。

2. 用生成发展的观点看待一切事物。

松下认为：一切事物的根本，就是无限地生成与发展，而“所谓生成和发展，简单说来就是：日新，又日新”，“这是不可改变的宇宙的自然规律”（14 页）。用这个观点来看企业生产经营中所必然要消耗的资源，松下指出：“就每一种资源来说是有限的，在使用的过程中也许有的要枯竭”（12 页）。但是，“依靠科学的进步，可以发现其他代用物资。……人的认识是无限的，资源也是无限的，大自然就是这样构成的”（16 页）。从这个观点来看企业的经营，“可以认为各个产品或各个行业也存在着一定的寿命”，原则上必须“不断地进行新的开发、新的投资”（13页）。如果“以老字号自居，店铺门面、广告牌匾、商品质量一切照旧，原封不动，那么……不但生意不会兴隆，相反，必然要衰落下去”（16页）。

从这个观点出发，松下很赞赏观念不断更新的人。明治维新时期的功臣坂本龙马（1835—1867）的意见由于不断更新，被西乡隆盛指责为没有坚定的信念。坂本龙马反驳道：“否，绝不是这样。孔子说过，君子从时。时间在推移，社会形势在天天变化。因此，昨是而今非，这是当然的。顺应时代潮流就是君子之道！”（15页）松下对坂本龙马的这种见解表示赞成，并且指出：“在这走马灯一样的流逝中，也有永远不变的东西，这就是真理。”但“如果以真理不变为理由，认为其发挥的方法也不变，那么，就把真理看成是死的东西了”（15～16页）。

3. 对人要有正确的看法。

因为，“经营是靠人来进行的。身负重任的经营者本身是人，职工也是人，顾客以及各方面的关系户也都是人”。可以说，“经营就是人们相互依存，为人类的幸福而进行的活动”（18页），正确的经营理念必须立足于对人的正确看法之上。松下说：“人就是万物之王，是伟大而崇高的存在。”这里所说的“王”，一方面是指人可以根据生成和发展的自然规律，支配和活用万物，自己给予自己生机；另一方面是指人能够以仁慈和公正的心，担负起使一切事物发挥其作用的责任。

松下为了坚持“人是万物之王”的看法，实质上分析了三种疑惑：

一是内心疑惑，即认为人的内心并不总是那么仁慈和公正，而是既具有和神一样的一面，也具有不如动物的一面。对此，松下并不否定，明确承认“人具有可以走向神，也可以走向动物的内在活动”。但是这两个方面并不是等同的，因此“从总体看来，人仍然是具有万物之王的伟大本质”（19页）。

二是弱者疑惑，即认为现实中的人似乎很难称得上伟大的王者，倒像是处处不能如愿以偿的弱者：“人总是希求繁荣，但往往陷于贫困；人总是希望和平，但往往不知不觉地生活于争夺之中；人总是希求幸福，但往往遭到不幸。”松下解释道：现实中的人之所以如此，主要是单凭个人的智慧和才干去办事的结果。他认为：只有“群众智慧才是把自然规律广泛地体现在共同生活之中，并能最大限度地发挥人的天命的力量！”（20～21页）

三是欲望疑惑，即认为人有欲望，这是肮脏而邪恶的，与伟大而崇高相去甚远。对此，松下明确地指出：“人的欲望的本来面貌是生命力的表现”，“是一种力量”；它本身不是善恶问题，只是由于人们对待它的态度不同，才“可能使其成为善，也可能使其成为恶”（22～23页），因此人有欲望不妨碍人为万物之王。

根据对人的正确看法，松下认为：“经营者是经营组织内的‘王者’，他拥有对经营组织内的一切人、财、物等任意动用的权限。但同时，他也担负着用爱和

公正、最大的关心来对待人、财、物，并采取措施，使之充分发挥作用的责任。”“如果，经营者对这种权限和责任缺乏自觉的认识，那么，这个经营绝不会收到很好的成果。”（19页）

4. 正确认识企业的使命。

企业的使命和正确的经营理念是一致的。企业的使命，在第一条中已经阐明。本条的本质，是强调对这一使命要有正确的认识，并据此处理好四种关系。

第一，为社会服务与取得报酬的关系。提倡为社会服务，既不是提倡义务劳动，更不是提倡一定得牺牲自己。松下明确向职工宣布：“我们的使命任重而道远。……但是，我不认为，为了下一代的幸福，牺牲我们是至高无上的。至高无上的应该是，我们充分地享受人生的幸福，健康长寿，在这个基础上，把为下一代的幸福而努力工作作为理想。”（9页）因此，每个人得到适当的报酬是应该的。

第二，企业完成使命和企业获得利润的关系。有人认为企业的目的就是追求利润，松下则认为利润不是企业的最终目的。他说：“企业的最基本的使命，是把物美价廉的产品充分地供应社会”（29页）；“而利润则是更好地实现企业根本使命的重要因素。这一点，绝不能本末倒置”（28页）。

第三，企业私有和企业经营的关系。松下从企业的使命是使整个社会繁荣的观点出发，一再强调：“企业经营不是私事，而是公事，企业是社会的公有物”；即使那些受到法律保护的私营企业，“就其工作和事业的内容来说，都是带有社会性的，是属于公共范畴的”，“因此，即使是个人企业，其经营方针，不能只从私人的立场和方便来考虑。应该是时时考虑到自己的企业对人们的共同生活影响如何？是起好作用呢？还是起坏作用？必须从这个观点来考虑和判断问题”（28页）。松下还认为：“如果把企业看作是公有物，那么，在企业活动中使用人员就不是私事，而是公事了。”“如果认为用人不是为私，而是为公，那么，这里就会产生一种信念”：“该说的就说，该批评的就批评。这样，才能产生非常强大的力量。”（32页）

第四，经营经济性和社会生态性的关系。既然企业的使命，是向社会提供价廉物美的产品，那么经营就不能忽视经济性，即要尽可能降低成本，选择交通方便、原料供应容易的地方建厂。由于这样的地方大部分是城市及其周围，这就导致城市企业林立、人口过密、交通拥挤和犯罪增多，而农村则人口稀少、景象冷落。这是一种社会生态恶化的现象。因此松下认为，建厂应兼顾经济性和社会生态性，并把它作为公司的一大方针，在人口外流严重的各县建立了松下电器工厂。

5. 顺应自然的规律。

企业经营的秘诀，“不过是顺应‘天地自然的规律’去工作而已”（34页）。

顺应自然的规律去经营，听起来好像很难，其实就像下雨要打伞那样简单，无非就是“生产优质产品，收取合理的利润把它卖出，并严格按时收回货款”（35 页）。

松下说的顺应自然规律，就是要经营者实事求是，讲真话。有的经营者资金短缺，却不敢收回货款，不敢向拖欠货款的客户讲明实情，怕影响信誉，反而找别人借款。松下认为“这是违反商业规律的。这样做反而会信誉扫地”（36 页）。

顺应自然规律，实事求是，不利条件也可以转化为有利条件。正是在这个意义上，松下说他成功的主要因素，一个是他的身体不好，另一个是他没有学问。这当然不是说“身体不好”、“没有学问”对经营有利，而是说松下老老实实地承认自己身体不好，从而真心诚意地信赖人、依靠人、请别人替他办事；老老实实地承认自己没有学问，从而真心诚意地尊重学问，这才使他获得了很大的成功。

企业经营固然要充分运用人的智慧，发挥人的才干，然而从根本上说，还是“必须顺应超越人的智慧的天地自然规律去经营”，“倘若，只靠人的小智慧、小才干去搞企业经营，反而违背自然的规律，终究是要失败的”（35 页）。

6. 利润就是报酬。

松下认为，“企业为社会做贡献这一使命和取得合理利润，二者绝不矛盾”（38 页）。“从本质上说，所谓利润，应该看作是对完成企业使命所给予的报酬。”（39 页）企业利润多，说明这个企业对社会的贡献大，是好事；相反，企业没有利润，说明这个企业对社会没有贡献，没有完成它所应肩负的使命；如果企业亏损，说明这个企业的经营者是不合适的，这个人应该辞职或者受处罚，“将来出现真正正确的社会的时候，法律会规定，这样的人要受到法律制裁”（42 页）。松下也指出：“如果认为追求利润是企业的最大目的，从而，忘记了企业本来的使命，为达到目的而不择手段，这是不能容许的。”（38 页）

7. 贯彻共存共荣的思想。

松下说的“共存共荣”，第一是指企业与社会要共存共荣，第二是指企业与原材料供应商、批发商、协作厂、顾客、社区、提供资金的银行、股东等众多伙伴要共存共荣，第三是指同一行业内的各个企业也要共存共荣。

“所谓共存共荣，就是充分考虑对方的情况，对方的利益来经营”；或者至少“在考虑自己的利益时，同时也要考虑对方的利益”（48 页）。例如，要求原材料供应商降价供应时，一定要与之共同探讨改进工艺的途径，使得降价后还能确保其合理利润；当主厂要求协作厂生产的配套产品大幅度降价时，也不可认为做不到而拒绝，而要抱“应该办得到、努力试试看”的态度。这是因为，“世间的事情，即使是能够办的，但如果认为不能办到，那么，实际上就办不到了。相反，本来办不到的事情，如果想办法努力去做，往往却会出人意料地办到了”（50 页）。

共存共荣的难点，是处理同行业内各企业之间的关系，因为它们之间存在着非常激烈的竞争。贯彻共存共荣，并不是要取消竞争，“竞争本身是好事”，可以激发各自的智慧，提高质量，降低成本；“没有竞争的地方，怎么做也仍然是质量上不去，成本下不来”（48～49页）。贯彻共存共荣，只是要求不搞过火的竞争，也就是不搞连合理的利润也不要，甚至牺牲血本而削价出售的竞争，坚决避免“出现所谓资本的横行霸道”，避免有经营能力的企业也发生倒闭。

8. 应该认为社会大众是公正的。

企业经营活动，是以各种形式与社会大众打交道。如何看待社会大众，对于企业经营非常重要。如果认为社会大众是糊里糊涂的，经营就会轻率从事；如果认为社会大众是正确的，经营就会根据社会的需求来进行。

松下根据自己的切身体会，证明不能把客户作为斗智的对象，“做买卖并不是讨价还价，而是事实和事实的结合。以诚相见进行交易，必然得以顺利成交”（57页）。他认为，从整体的、长远的观点来看，“社会大众的判断会像神一样的正确”（55页）。

但这并不是说社会大众永远不会对企业产生误解，社会舆论有时也会偏向错误的方向。因此，“经常向社会介绍企业的想法、成绩、产品等，从而使社会对企业有个正确的了解是很重要的。所谓宣传活动、广告等，就是为解决这个问题而进行的。毫无疑问，那种夸大宣传，超过实际情况的宣传，是应该严格禁止的。夸大宣传也许能暂时蒙蔽社会，但是，到头来会被群众所看穿，结果反而会失去信誉”（56页）。

9. 树立一定能成功的坚定信念。

松下讲过几句名言：

第一句是：要有“成功靠运气、失败在自己”的思想。他说：“如果顺利的时候，认为是靠自己的能力取得的话，就会产生骄傲和疏忽大意，从而招致失败”；“反过来讲，如果认为运气好，才成功了，这样就会对一些小的失败也一一进行检查和总结了。”同样地，如果不顺利就说是“运气不好”，就不会去找失败的教训，“如果贯彻‘失败的原因在于我’的观点，就会防患于未然，把失败消灭在发生之前”（62页）。

第二句是：确立“景气好、不景气更好”的观念。他指出：即使在整个产业界不景气的时候，也还是有成绩继续稳步提高的企业，这就说明经营方法是无穷无尽的，方法得当，不景气的大背景下仍可取得好成绩。不景气的时候，顾客或社会对经营和产品提出严格的要求，“只有真正物美价廉的东西，他们才购买。因此，对能经得起严格要求的优良企业，可以说不景气才是发展的好机会。因此说，‘景气好，不景气更好’”（63页）。

第三句是：“敢于牺牲，才能取胜。”企业经营必须创新，采用新工艺，造出新产品。但是社会大众不熟悉新产品，未必肯买。这时企业一方面要大批量生产，以降低成本，降低价格；另一方面要免费散发样品进行宣传，以使大众信服新产品的质量。前一方面要求企业承担一定的风险，后一方面要求企业作出一定牺牲。这是必要的，“敢于牺牲，才能取胜”。

第四句是：经营必成的信念应该以谦虚为基础。这是因为“在谦虚的思想基础上逐渐树立起来的信念，才是真正的信念，从而可以导致事业的成功”（66页）。

10. 时刻不忘自主经营。

所谓自主经营，就是在经营的一切方面，如资金的筹集、技术的开发等，应该以自己的力量为主。战后日本经济的飞速发展，在很大程度上是靠外力，资金多半靠借外债，先进技术也是由欧美各国引进的。松下认为这在战后初期是必要的，但不应该长期继续下去，必须转到以自己力量为主的轨道上来。

自主经营的理由是：（1）长期依靠外力的话，会在不知不觉之间产生安逸感，本该自己做的也不能充分地去完成了；（2）企业依靠外力过多的情况下，容易受到外部形势变化的影响，如借外债多了，对方一提高利息，企业情况马上就会恶化；（3）在自主经营的基础上，再充分利用必要的外力，就能极大地搞活经营；（4）以自己力量为主进行经营，必然提高来自外部的信任，即使不求外援，外部也会自动来支援。

松下还把自主经营的思想，推广应用于公司内部，实行了事业部制。每个事业部就像一个独立的企业，必须自主经营，“计划、制造、推销、收回货款等都由自己负责”（70页）。这样，自主经营的单位就变小了。松下认为，这种向下级授权的体制，有利于充分发挥每个人的聪明才智和工作积极性。

11. 实行“水库式经营”。

所谓“水库式经营”，是为了使企业不受外部形势变化的影响，从经营的各个方面创造宽裕的、有备无患的条件，即建立各种各样的“水库”，如“设备水库”、“资金水库”、“人才水库”、“存货水库”、“技术水库”、“计划和产品开发水库”等等，以达到稳定而持续地发展的目的。这“看起来好像是浪费，但是，它如同保障经营发展的保险费一样，绝不是浪费”（73页）。

“水库式经营”，是在准确估计社会需要的基础上，事前就决定保持约十分之一的富余。这与那种主观武断地虚构社会发展需要而造成的产品积压和设备闲置的现象，是有原则性区别的。

水库式经营所追求的，不是赚钱越多越好。因为全部资金、设备用足，可能赚钱更多。“但是，进行水库式经营则比较扎实稳定，失败较少。因此，那些希望能长期稳定发展的企业，水库式经营是很有必要的。”（74页）

松下还认为，在建立各种有形的经营水库之前，必须首先树立起无形的“心理水库”，即形成“水库意识”。只有这样，才能创造出许多符合企业实际需要的具体“水库”。

12. 进行适度经营。

“什么叫适度经营？简单地说，就是适合本公司的实际力量来经营”（80页），“一方面确切地掌握包括自己在内的公司干部的经营能力，另一方面，衡量公司的资金力量、技术力量、销售力量等综合实力，在这个范围内来发展经营”（78页）。

为什么只能适度经营呢？因为经营是由人来进行的，而人不是神，其能力是有限的。“如果企图办一桩超过自身能力的甚至超过公司力量的大事业，常常会以失败而告终。这样做，不仅无法完成企业本来的使命，也会给社会带来不利的影响。”（77页）

适度经营与发展实业并不矛盾。公司发展了，超出了公司总经理的能力，可以把公司分成两个，原来的总经理只负责其中的一个，而全权委托他人搞另一个。如果把公司分成两个有困难，“不妨仍然保留一个公司，而把部门分开，对其负责人要大幅度放权，如同两个独立公司一样”（78页）。这样，一个人经营的规模不大，许多人同心协力经营的规模就会很大，适度经营和公司大规模发展就一致起来了。

适度经营类似“乌龟走路”，步伐踏实，坚持不懈，看起来慢，但积累足够的时间会显得比兔子跑得还快。

13. 贯彻专业化。

企业经营有两种做法：一种是多边化、综合化经营；另一种是专业化经营。松下认为：“原则上应该走专业化的道路，它优于多边化的道路。”（82页）这是因为，多边化经营力量分散，很难取得比竞争对手更为出色的专业成绩。虽然实行多边化以后，一个部门的不足可以用另一个部门的成绩来补偿，使整个公司保持稳定，但这也会导致产生一种非常不好的思想，即认为“一个部门不顺利没啥关系，反正可以由其他部门来补偿”。

专业化经营的优点，是可以使力量集中，在专业领域可以搞得很深。如松下公司一家下属工厂，专搞“风”的产品，结果搞出了电风扇、换气扇、电气暖房温风机、隧道送风机和栽培香菇用的温室通风机。由此，松下得出结论说：“无论什么工作，只要彻底去专搞一行，以这个专业为中心，就可以使事业无限发展”，“就一定能创造出对社会有用、受大家欢迎的新产品来”（85页）。

一个公司，从实际情况出发，如果非搞多边化（或多元化）经营不可，那也可以大胆去干。但是在这种情况下，公司就应该分成许多独立经营的实体，每个实体的力量都集中于一个工作上。

14. 造就人才。

“事在人为”，“企业能否为社会作出贡献，并推动自己兴旺发达，关键在于人。因此，在事业经营中首要的是发现人才和培育人才”（86页）。松下作了如下说明："松下电器公司是造就人才的，也是生产电器产品的，但首先是造就人才的。"（86页）松下对他自己作了这样的介绍："我这个人与其说是实干家，倒不如说是理想者。但一个理想者往往要在现实中失败。经常追求理想的我，所以能够在现实的工作中走向成功，原因主要是在于拥有人才和培育了人才的缘故。"（90页）

怎样培育人才呢？松下提出了两条途径。

一条是"边经营事业，边培养人才；边培养人才，边经营事业"，"使物的生产和人的培养同时进行"，"把工厂经营和学校经营这两个方面合为一个事业来实现"（89页）。根据这一思路，松下公司在20世纪30年代创办了"店员养成所"，从全国小学毕业生中选拔优秀学生入所，每天学习四小时，实习四小时，学习期限为三年。

另一条途径，是由经营者本人对其下属进行培育。为此，松下认为：（1）经营者本人首先要树立正确的经营理念和使命观，这是先决条件；（2）经营者要利用一切机会，反复地向职工进行企业使命观和经营理念的教育，把它变成每个人的血和肉，并按照完成企业使命的需要严格要求职工，该说的就说，该批评的就批评，该纠正的就纠正；（3）在遵循正确经营理念的前提下，经营者应该放手让下级在自己责任和权限的范围内独立自主地开展工作，"使下级开动脑筋、想办法，在工作中充分发挥其主观能力，从而成长起来"（88页），否则就只能培养出机械地按命令行事、唯唯诺诺、不推不动的人；（4）经营者必须明确，培育人才，不仅仅是把人培育成为会工作和技术高超的职业人，同时还要把人培育成为道德情操高尚的社会人。

15. 集思广益。

办企业必须集中多数人的智慧，全员经营。否则不会取得真正的成功。"这是因为，不论多么优秀的人，只要他是人，就不能像神一样无所不知无所不能。"只凭个别人的智慧去工作，"就会发生各种自己想不到的问题以及看问题片面等，这些往往会导致失败"（96页）。

集思广益，并不是说遇事必找人开会或商量，更不是要取消自己的主见或主体性，以致听风是风、听雨是雨、越听越左右摇摆而拿不定主意，绝不是这样的。集思广益，重要的不在形式，而在于经营者的心里必须经常装着"要集思广益地办事"这一原则，要有随时随地听取别人意见的思想习惯。这样，当有事情需要决定时，"即便是经营者一个人作判断，但其判断中已经包含着群众的智慧了"，"自然而然地达到了集思广益的目的"（97页）。

集思广益，要求经营者在公司内造成一种欢迎下级提建议的气氛，允许职工自由地并可越级向上提建议，"让建议人深刻认识到，提建议本身是一种非常崇高的行为"（98～99页）。

16. 既对立，又协调。

松下认为，资本主义企业中的劳资关系，是既对立又协调的关系。松下所承认的对立，或者松下对劳资关系相互“对立”的解释，不是指剥削与被剥削的对立，而是指：“企业经营者所主要考虑的，是在完成其社会使命的过程中来扩大和发展企业。与此相反，工会的主要目的，是要提高工会会员（也是企业职工）的地位和福利以及发扬工人的责任心。因此，围绕着工资以及劳动条件的决定而产生对立。”松下对劳资关系协调所作的解释是：“没有企业的发展，就不能持续地实现工会提高职工福利的目标。同时，没有职工福利的提高，就会削弱职工的干劲，劳动效率也提不高，从而也不会有企业的真正发展。”（102 页）

松下认为，劳资双方的力量对比，最好是大致相等。他说：“劳资双方如同车的两个轮子，如果一个大，一个小，就不能顺利地前进。两个轮子必须是一样大小。因此，我认为，一方力量强的时候，倒是对对方的成长助一臂之力为好。”在松下看来，力量同等的劳资双方，所导致的结果是“公司既能得到发展，职工福利也能得到提高”（103 页）。

松下还把他的这个比喻进一步具体化：“经营者和工会，犹如公司经营车上的两轮。”“两者只有取得平衡，车才能顺利前进!”（105 页）基于这种认识，他认为工会存在是好事；当创建松下电器工会时，他主动出席大会，主动要求致祝词。

松下对劳资关系的上述分析，从他的立场出发是不难理解的，但在我们看来是片面的。

17. 企业的经营管理是一种艺术。

可以把企业的经营管理比作艺术活动。艺术是一种创造性活动，企业的经营管理，从设计、集资、建厂、购置设备，到招工、开发产品、生产、销售等，也是一个连续创造的过程。在艺术作品中跃动着艺术家的灵魂，经营管理过程中也闪耀着经营者的精神。企业的经营管理，涉及研究、采购、制造、销售等许多部门，要把这些部门综合和协调起来，因而是一种包罗了各种各样领域的综合艺术；经营还必须不断适应千变万化的社会经济形势，不断采取各种对策，因而是一种活生生的综合艺术。企业经营管理也同艺术一样，具有极高的价值：松下公司和飞利浦公司合作时，飞利浦公司因负责技术而要求按销售总额的 3%提取专利引进费；松下公司则因负责经营管理，也要求按销售总额的 2%提取经营指导费。

当然，企业的经营管理有优劣之分。只有优秀的管理，即不仅设施、产品、销售、培养和使用人才的方法都是卓越的，而且在综合这些因素的经营本身中也充分地体现出企业精神或经营理念，只有这样的经营管理才是艺术。

18. 要顺应时代的变化。

“正确的经营理念，基本上是在任何时代都可以通用的。”（112 页）但是，根据正确经营理念而制定的具体方针和方法，却必须根据时代的变化而变化。这是因为，随着时代的变化，“往往昨天的畅销产品，今天则已不受欢迎了”（112页），“今天是要求产品不断更新的时代”（113页）。有些历史传统悠久的“老铺子”，墨守成规地使用老一套办法，十年如一日，就难免要衰败下去。

为了顺应时代的变化，企业必须具有经营上的青春活力。什么叫经营上的青春？松下认为：“就是组成企业的人特别是经营者的精神面貌的青春。如果经营者本身朝气蓬勃，充满活力，就可以影响到全体职工，在经营的各个方面产生青春活力。”（114页）

为了使企业不断产生活力，需要采取更具体的刺激措施。刺激的方法很多，其中特别重要的，“是明确地提出每个阶段的目标”（115页）。松下认为：“作为经营者能不能勾画出理想的蓝图：‘想这样做。想办成这样的公司’等等，这是很重要的。……把这种理想作为奋斗目标，不断地向职工提出来。这样，才能保持企业的活力。否则就会安于现状，使企业老化，甚至于被淘汰。”（116～117页）

19. 要关心政治。

松下认为：“在企业完成其使命并为社会作贡献中，有一半……是受以政治为中心的社会形势所左右。”（118～119页）为什么会是这样的呢？因为今天的经济动向，“例如，景气和不景气，过去可以说是纯粹的经济问题。现在则不然，依靠政府的经济政策和财政政策，在相当大的程度上可以调整经济情况”（118页）。

怎样关心政治呢？松下认为不应该只是为本企业和本行业谋取特别的好处，而应该“从经济人的观点出发，考虑如何做对国家、对人民有利”（119页）。例如，松下为了消除社会上那种越是辛勤劳动就越是受损、老实人吃亏、不犯法就无法生活下去的现象，于1946年创立了PHP（Peace and Happiness through Prosperity，通过繁荣来求得和平与幸福）研究所，任务是研究先哲的学说和当代杰出人物的思想，并把研究成果应用于政治、经济、教育、宗教等各个领域。松下还说，虽然战后的日本，“以经济为中心在急速地恢复与发展，达到了世界的领先地位”，但是在“政治、教育以及国民的精神面貌等方面，问题堆积如山”。为了解决这些问题和培育能够推进与实现21世纪繁荣的人才，于1979年创建了“松下政经塾”（121～122页）。所有这些，都是松下关心政治的具体表现。

20. 要心地坦诚。

所谓心地坦诚，就是“不受自己的利害、感情、知识以及先入意识的影响……按事物的本来面貌去看问题”（123页）。

只有心地坦诚，才能知道事物的真实面貌和事物的本质，顺应自然的规律；才能倾听人民大众的呼声，集中公司内群众的智慧；才会产生该做的就做，不该做的就不做的真正勇气；也才会产生宽容的心和仁慈的心。“一言以蔽之，坦诚的心能把一个人变成正确、坚强、聪明的人。正确、坚强、聪明达到顶峰，可以说就是神吧！人虽不是神，但是，越心地坦诚就越接近于神。从而，做什么都能成功，经营也是如此。”（124 页）

松下认为：成为心地坦诚的人绝非易事，因为“人既有好、恶的感情，也有各种各样的欲望”；“人往往为自己的感情或利害所俘虏”；“但是，正因为难，才越需要坦诚的心”（124 页），才越需要人们努力去培养。

索尼哲学

日本索尼（SONY）公司，是具有理工大学本科学历的井深大、盛田昭夫于1946年创立的。当时取名为“东京电讯工程公司”，1958年改名为索尼公司。创建之初，是一个街道小厂，雇员仅20多名，资金只有允许注册的最低数额（19万日元）。40多年后，即20世纪80年代，索尼发展成了世界性大公司，雇员近8万名，年销售额达160多亿美元，向近200个国家和地区销售1万多种音像器材。

井深大在学生时代，就喜欢发明创造，获得过专利，早就成为日本技术界注目的人物；创建索尼之后，由于公司在技术创新方面成果累累，更使他获得了远播世界的“技术天才”之美名。盛田昭夫在索尼公司成立后不久，就自觉适应公司发展的需要，离开技术岗位而走上销售岗位；由于善于营销创新，也获得了“国际超级营销大师”之美称。这对创业搭档，配合默契，使索尼公司一步一个脚印地向着世界企业的巅峰攀登。井深大去世的1997年，索尼公司在财富全球500强公司中名列第30位；盛田昭夫去世的1999年，名列第31位。这两位创业者虽然已经仙逝，但他们创建的公司依然蒸蒸日上；进入21世纪以来，索尼一直保持在财富全球500家最大的公司之中，基本上在第30位前后摆动。近年面临诸多麻烦，2005年排在第47位。

索尼从“婴儿”成长为“巨人”的过程，也是索尼哲学形成和发展的过程，两者相辅相成，彼此促进。在20世纪50年代索尼公司去美国办厂的初期，索尼领导人就向它的雇员灌输索尼哲学。盛田昭夫说：“初期时，我经常去圣地亚哥工厂，管理人员总是让我在中饭时间给雇员们讲几句话，一般十分钟左右。我讲的内容不外乎是索尼哲学，或想到哪儿讲到哪儿。”① 不过，无论盛田昭夫还是井深大，都没有写出一本以“索尼哲学”命名的书。索尼哲学的基本内容，既渗透在井深大、盛田昭夫以及其他领导人写的书中，也可以从索尼情报中心整理出版的著作中看出来。

索尼哲学指导索尼公司走上了一条迅速成长壮大、持续发展的前进之路。

索尼哲学的主要内容，用一个简明的公式来表示就是：索尼的成功之路＝为成大业而智仁勇争的企业精神＋独具特色的营销观念。

一、为成大业而智仁勇争的企业精神

井深大、盛田昭夫创建索尼公司，是想干一番大事业。他们所说的“大事业”，究竟有哪些特征呢？让我们看看他们自己是怎样说的。

井深大写的《公司成立宗旨》中，以及他在公司成立大会的讲话中，都明确地说道：“我们并不能和大公司一样做相同的事情。但是，我们在技术上并不逊色。我们要做大公司不能做的事。”“即使有头脑和技术，如果总是模仿别人或跟在其他公司的后面，那么也永远打不开自己的路子。要想办法做别人没有做的事。”②

盛田也写道：“建立公司之初……我们确实有‘一首’我们信奉的纲领，称之为‘索尼精神’。首先，我们说索尼是开拓者，它绝不跟在人后，随波逐流。”“奉行这样的纲领，公司将‘始终是一个未知世界的开拓者’。”（155 页）

盛田还说：“通过进步，索尼为全世界服务。”（155 页）“索尼的理想是通过它独创的技术、通过国际间共同协作，像本厂一样与当地的劳力、工程师和制造人员共同工作，向要求严格的市场提供高质量的产品，通过这些为世界作贡献。”（135 页）

不难看出，索尼所谓的“大事业”，有四个显著的特征：

第一，从实质上看，是刻意“创新”的事业，是要做其他公司还没有做，甚至不能做的事情，是要成为未知世界的开拓者；

第二，从范围上看，是“世界”性的事业，是要在世界各地建厂生产和销售，成为全世界超一流的公司，而不仅仅是要在日本争第一；

第三，从手段上看，是决心“掌握高新技术制高点”的事业，是要把索尼办成科技含量非常高的先进公司；

---

① ［日］盛田昭夫：《日本造》，234 页。本个案后面引自该书的话，只在引文后注明页码，不另注释。

② ［日］索尼情报中心：《索尼不传奇——索尼公司自述传》，14 页。

第四，从结果上看，是要拿出“高质量”的产品，彻底抛弃过去“日本造”的劣质形象。

这确实是雄心勃勃的大事业，是奋发有为的理想追求。用1959年加入索尼公司的音乐艺术家，后来成为盛田接班人的大贺典雄的话来说，是要“创造令人感叹、令人称赞、令人敬服的公司”[①]。

在实现这个理想追求的过程中，索尼公司的以下认识和实践，起了极其重要的作用：

（一）真正的资本是知识、独创性和热情

盛田昭夫说：“我们真正的资本乃是我们的知识、独创性和热情，我以为这些品质至今仍是办大事业的前提。”（230页）这就是索尼公司的“智”。

不仅索尼的创始人群体，而且它的全体雇员，长期以来都像一个工程技术智囊团。例如早在1952年时，索尼公司“已有约120名雇员，三分之一的人是有大学文凭的工程师，电子、冶金、化学、机械各方面的人才都有”（67页）。

索尼的战略，就是充分发挥自己的智力优势，办成明智的开拓型企业，以独创的方法制造高新技术产品来领导潮流。在盛田看来，选择重视知识和技术的战略，是符合日本国情的决策。他说：“我们脚下的地球每天都在震动。我们就是在这些火山岛屿之上生活着，不断威胁我们的不仅仅是大地震，还有台风、海啸、凶猛的雪崩和春天的洪水。除了水之外，我们的岛屿几乎没有任何原料，而且可耕地和可居住的面积还不到四分之一。”（244页）“我们……要进口99.7%的石油，100%的铝、铁矿、镍，95%强的铜和92%强的天然气。”（250页）正是这种自然条件十分恶劣、矿产资源非常贫乏的现实，使日本公司学会了敬重和保护自然，创造小型化产品，并把技术视为求生存的手段。

无论从理论还是从实践的角度来衡量，索尼都是一家“以技术求生存”的公司。盛田乐观地认为：“只要掌握了技术，一切难题都可以迎刃而解。”（272页）有一种理论观点认为：现在已经进入后工业化社会，今后不会再有更多的技术发明，人们的生活圈将会变小，快乐和享受也会比过去少。针对这种理论，盛田鲜明地回答说：“我不相信这个说法。我的预言是，我们将会消耗更少的能量和原料，利用更多的回收，而且可以拥有比以前更多的生活必需品，使我们的生活充满幸福和富于创造性。”（272页）

理论上坚持“技术可以解决一切难题”，实践上则不停顿地进行技术创新。

索尼公司每年用于科学技术开发的资金，要占到销售总额的6%到12%。每月都召开一次研究与发展汇报会议，由高级管理人员和部门经理参加，每次会议都听取五六个关于重要领域中最新研究成果的报告，然后深入讨论这些成果的商

① ［日］片山修：《索尼法则》，163页，北京，华夏出版社，1999。

业化、市场化前景，无前途的研究项目下马，有前途的继续投入。索尼人认为，“知道何时停止或继续某个研究项目是成功的关键”（266 页）。

索尼公司每年都举办一次内部的技术博览会。只有索尼的雇员才允许入场，客人都是经过严格挑选的。盛田指出：“在这里可以目睹我们的研究和技术的发展状况，并常可发现能够用于他们自己工作中的技术。我们陈列各种各样的材料和加工设备，进行研究成果的现场示范。”（267 页）

重视智力和技术，索尼公司已经持之以恒地坚持了半个多世纪。50 多年的积淀，形成了独特的索尼“技术创新文化”。这种独特的技术创新文化，可以概括为“三不”、“三怪”、“三全”和“三最”四个基本特征。

1. 技术创新目标的确立——“三不”：不模仿，不妥协，不放弃。

盛田指出：“任何人都有创造力，但是很少有人懂得如何运用人们的创造力。”“我的方法是建立目标。”（175 页）“在给工程师和科技人员指定明确的目标后，他们会苦心孤诣地达到这个目标。但是如果没有目标，你的企业或是机构只是给他们大量的钱，对他们说，‘去发明吧’，那么你会一无所获。”（176 页）“我们深知，只要我们有一个明确的目标，才能集中我们的一切研究力量。”（177 页）“工业企业管理，必须不断地给工程技术人员以目标。这是经理们同科技人员合作时最重要的责任。”（170 页）

索尼公司领导给科技人员确立的一般目标，是“不模仿”，必须研制出具有索尼特色的商品。1963 年大学毕业应聘到索尼，后来升到索尼常务副总裁的森尾，在谈到这点时指出：这是井深和盛田“在索尼设立之初就确立的价值观”，“即使错了，也不去模仿别人的产品，模仿就失去了意义。如果模仿别人，索尼就不称其为索尼了。可以说这是索尼的本质”①。

盛田一方面明确表示：“在企业界，我们甘当小孩、学生和新手，通过模仿进行学习。”另一方面又特别强调：不能停留在模仿上，要“把我们天赋的才智和学到的规律与原则结合起来”（170 页）。索尼公司信奉的不是简单的“拿来主义”，盛田宣称：“我们买进科学技术，不但是为了直接使用而且要改进和发展它。”（172 页）

索尼领导人不只是给科技人员提出“不模仿”这个一般的目标，还结合产品提出要求很高的具体目标。

例如，第二次世界大战后的初期，井深听说联合国军总司令部带来了从磁带里（而不是从钢丝里）发出声音的机器，马上就跑去看，回来就对技术人员定下目标说：磁带录音机的的确确比钢丝录音机音质美得多，“我们就做这个”②。刚

① ［日］片山修：《索尼法则》，41 页。

② 转引自［日］索尼情报中心：《索尼不传奇——索尼公司自述传》，31 页。

进公司不久的木原信敏，是早稻田大学机械专业的毕业生，但擅长电器产品的制作；在应聘索尼而递交的履历表中，他在特技一栏中写有“会制作短波接收机、五球超外差收音机、高保真度放大器”。当他听到井深“你也做做磁带录音机吧”的吩咐，马上就回答说：“好，我干。”他凭借自己积累的制作技巧和工作热情，在技术参考资料很少，而且没有电炉、温度计、喷涂机等设备的条件下，用手工做成了录音磁带。1950 年初，索尼推出了它的磁带录音机的第一个产品——G 型机，重 45 公斤，售价 16 万日元，又重又贵，很难卖出。井深说道：“这么笨重是不行的。如果能制造出便携式的，一定卖得出去。”听了井深的建议，当天晚上木原便开始思考改良方案，一夜他几乎就没合过眼。第二天，一到公司他便打开图纸，组装了两台不完全的试验机。[①] 1951 年 3 月，索尼磁带录音机的第二个产品——H 型机上市，重 13 公斤。后来又推出第三个产品——P 型机，重 9 公斤，适合于记者外出采访。

再如 1958 年，日本一些民办新闻社，引进了美国安派库斯公司制造的磁带录像机。井深知道以后，认为安派库斯能够做到的事，索尼也一定能够做到，立即向索尼的技术人员下达了“你们来干”的目标，并问负责人木原信敏：“能行吗?”“木原老实地回答‘不知道’。但是，井深马上就用一句‘不知道可不行哟’堵住了他的嘴。”[②] 并要求 1959 年 11 月 1 日之前，一定要把图纸画出来。图纸按时画出来了，磁带录像机也按安派库斯的方式制造出来了，但井深并不满足，因为那仅仅是适合于广播电视台使用的大家伙。井深要技术人员开发人们日常生活中可以使用的录像机。于是索尼技术人员千方百计使录像机晶体管化，向小型化和轻型化的目标继续创新。到 1962 年 9 月，索尼研制并生产出了只有原来 1/50 大小的录像机，被广泛地用于工厂、学校、医院和航空公司。但是，井深仍深感不满。他说：“这种型号的机器一台就 60 公斤，价格为好几百万日元，不符合我们的原则。”直到 1964 年 10 月，技术人员造出了重量为 15 公斤，价格为 19.8 万日元的录像机（以往广播电视台使用的每台 2 000 万日元、工业用的每台 250 万日元），井深才充满喜悦地说：“这一次的产品，没有模仿他人，完全是在索尼生、在索尼长的产品。在生活中不断变革的产品，这才是索尼的特征、索尼的喜悦、索尼的价值。”[③] 喜悦归喜悦，井深还是认为不能到此为止，进一步提出了把录像带从“开式”改成“盒式”、从“黑白”改成“彩色”的目标要求。对此，一向任劳任怨的木原信敏也发牢骚说：“还要同时进行什么彩色化？你们真不知道技术人员有多辛苦啊！”但井深反驳说：“托盒式的福，录音机的使用变

---

① 参见［日］索尼情报中心：《索尼不传奇——索尼公司自述传》，49 页。

② 同上书，212 页。

③ 同上书，220 页。

得简单了，为什么不让磁带录像机也盒式化呢?”① 再经过5年左右的钻研，到1969年10月，索尼生产的录像机终于实现了彩色化、盒式化和装填作业自动化，整个机器只有一本杂志一半的大小，重量约为450克。然而，“井深的追求是无止境的，他不断将更高的要求摆在技术人员面前，而且从不容许技术人员说‘我做不到’这样的话。”② 再经过大约20年的努力，1989年5月31日，索尼终于推出了让世人大吃一惊的产品：摄录放一体化的机器，重量只有790克，售价仅16万日元，而大小仅仅像一本护照!

正是在井深、盛田提出的不断创新目标的引导下，不少大学毕业生在索尼迅速成长起来了。被人称为“传奇式天才技术员”、拥有700多项专利的木原信敏回忆说：“我进公司后，井深先生以一周一次左右的频率不断地给我布置作业。虽然他只是说：‘不做做这样的东西吗?’我便花一两天时间把它做出来，结果做出了自己都难以置信的为数众多的东西。井深先生特别讨厌模仿别人，因此，如果我的样品和欧美已有的商品有相似的地方，他马上就会指出来。井深先生还有盛田先生，即使对我的作品的优点加以肯定，一定还会说‘不能再做得小些吗?应该还能做得小些……’给我提出新的课题。小型化、轻型化之后，接下来是降低成本的命令。无论如何不说‘行了’，从来没有这样简单地肯定过。‘绝对不模仿、不妥协、不放弃’，我想这就是井深先生也可说是技术人员的精神。但要始终贯彻它却需要付出很多努力。索尼自创业50年来，都始终如一地保持这种精神。”③

2. 技术创新队伍的形成——“三怪”：招聘大学毕业生不要成绩最好的，招进来以后只使用不培训，有了新任务分配给最忙的。

技术创新需要有一支过硬的队伍，这是没有疑义的。但是索尼公司组织这支队伍的方法，在常人看来却是一些“怪”招。

末富达人是索尼公司的技术人才，科级负责人，1989年东京理科大学的毕业生。他回忆当年应聘索尼的情形说：“不知从什么时候开始，曾流传着这样一个不公开的说法：在索尼的就职考试中‘成绩最好的往往落选’。我就职的那年也是这样，当然我的成绩倒数起来更快些。有一位成绩好的要考索尼。我与同一研究室另一位朋友，一起劝他说：‘你成绩好，随便挑哪儿都能去。如果索尼不是第一志愿，就别考了。’但他是个很认真的人，没有接受我们的劝告，还是一起去考索尼，结果他落选了。”这就是索尼使出的第一个“怪”招。

末富达人一进索尼就发现：“索尼公司，几乎没有时间给新职员以认真的培训。突然就让刚刚进来的新职员干某件非常费力的工作，这种事是常有的，而我

① ［日］索尼情报中心：《索尼不传奇——索尼公司自述传》，222页。
② 同上书，226页。
③ ［日］片山修：《索尼法则》，73页。

所属的部门特别厉害。分去的第一天，我的直属上司就对我说：‘今天是第一天就算了，从明天开始，每天给我干到晚上10点。’我想他一定是在开玩笑。”“实际上，第二天我就明白了那不是玩笑。那天他把类似测定器的东西给我，要我在限期内做出来。我接了这个课题……每天忙得不可开交。大学时没怎么学习的我，这时要学的东西堆积成山。果然如上司所说，陷入每天工作到晚上10点的窘境。”这就是索尼使出的第二个“怪”招。

末富达人在索尼待长了还发现：“在索尼，看上去空闲的人，谁也不会把工作交给他。”那些分配任务的领导人似乎有一个共识：“有急活的时候，交给看上去正空手闲着的人，反而会完成得很慢。”因此索尼的职工越是空闲就越没有任务，久而久之，必然自讨没趣而无法在索尼待下去。这就是索尼使出的第三个“怪”招。为了适应这个“怪”招，末富达人得出的经验是：“在索尼成功地立住脚的方法只有一个，那就是即使不是做什么了不起的事，也要装出忙碌的样子。”“当然本来就很忙的时候，又被派任务，有时也会感到痛苦难耐。这其中微妙的平衡很难把握。”①

以上所谓“怪”，是从常规的观点观察问题的结果。如果从真正完成技术创新的任务来看，就一点也不怪。

首先，真正的创新需要具备创造性思维的能力。而日本的教育体制，正如盛田所说，是“强迫学生花费大量时间学习，目的只是为了如何通过考试”（174页），以便拿到学历文凭。这样，一个毕业生的文凭和成绩，就只能说明他熟悉现有知识的深度、掌握传统技术规范的程度，并不反映创造性思维的能力。对于那些不以创新为己任的多数日本企业来说，高学历高成绩的毕业生确实有利于完成企业自身的传统目标和仿造任务，所以招聘时拼命强调学历和成绩。但是对于以创新为己任的索尼公司来说，招聘时就必须多花一些心思，避免把“高分低能”的毕业生招进来。盛田说：“我写了一本《学历无用论》，这是一本反对日本企业界过分强调学历的小册子。在公司里，我在人事政策中提出，在雇用职工时，不要问他学历如何，在评价一个人时，也不要被他的大学学历所迷惑；而是看他的实际能力和表现，以及他的潜力。”（117页）由此看来，索尼“招聘大学毕业生不要成绩最好的”，一点也不奇怪。

其次，真正的创新是要做人类所未曾有过的事业。既然是“未曾有过”，当然也就不会有这个“未曾有过”的事业的教员。没有适当的教员，“只使用不培训”就毫不奇怪了。相反，如果不但有人来给你下达创新任务，而且总是有人来培训、告诉你如何创新，这样的“创新”倒真是“怪怪”的了。

最后，真正的创新是有难度的，真正的创新也是没有终点的，无论何时何地

---

① ［日］片山修：《索尼法则》，4～6、13～14页。

有待创新的事业总是无限多。因此真正从事创新的人，一定很忙。忙碌者未必是创新者，但创新者必定是忙碌者，空闲者也必定不是创新者。从索尼公司的情况来看，就更是如此。由此看来，有了创新任务总是派给忙碌者，就一点也不奇怪了。

招聘不要成绩最好的、新手不予培训的、任务不给空闲的，这都是从否定的角度来描述。索尼的技术创新队伍，如果从肯定的角度来描述，那就是选用对创新“兴趣浓、肯动手、热情高、干到底”的人来组建。形象地说，就是要找木原信敏那样的人来组建。木原信敏是什么样的人呢？且听他自己的介绍：“我这个人如果脑子里产生新的想法，就坐立不安，想立刻动手去试。认为尽快把东西做出来是极其有趣的事情。而且对自己感兴趣的事，不追究到底不罢休。”木原 22 岁（1947 年）大学毕业找工作时，就觉得“兴趣”比“到大公司就职”更重要，他说：“与其到大公司工作，不如到可以从事自己感兴趣的工作的小地方好，因而下决心到东通工（索尼前身）去了。”木原在索尼工作了 50 多年，认为自己的选择是对的。他说：“对于像我这样的人，哪怕是刚入社的新职员，索尼也会认可并给你充分的思考自由。索尼自创业以来就一直保持这样的作风。对于技术人员的思想，井深先生比什么都重视。”①

3. 技术创新实践的开展——“三全”：全自由，全过程，全方位。

所谓“全自由”，是指技术人员作为创新主体，可以在索尼公司自由思考、自由说话、自由尝试和自由调动。

高度的自觉，充分的自由，是技术创新的必要条件。一个人在外部强制和约束过多的条件下，很难创新。因此索尼对于从事创新的技术人员，给予了自由思考、自由说话、自由创造和内部自由调动的充分尊重。1989 年进入索尼公司的末富达人说：“迄今为止，在工作中最深切的感受是，对说出‘我想干这个’的人来讲，索尼是个非常好的企业。”“当一个人有着想干某件事的强烈愿望时，大家都会理解并帮助你的。比如我现在想做这样的工作，就会去同上司说。如果在本部门没有所要求的工作，有时会突然把你调到可以干的部门。”“在我的周围，从这个部到那个部选拔人才相当自由，这种变动和人事部没有关系。”“对别的公司来讲，或许是一件稀奇的事情。平心而论，这种变动，仅仅是工资支出作为哪个部门的人工费计算也是一件重要的事情，通常有必要由人事部门来掌握。”②以此而论，索尼是一家“我想干这个就举手并能得到满足”的公司。

在索尼干了一辈子，已经升到常务副社长的森尾，曾经是木原信敏的部下。他对索尼给予技术人员的自由，体会更深。他写道：“木原先生说：‘森尾君喜欢

---

① ［日］片山修：《索尼法则》，68～69 页。

② 同上书，11～12 页。

做的事就去做吧。’他让我干自己喜欢的事情。部下对技术前辈提议：‘这样试试吧。’回答常常是：‘不，那个以前试过不行。’木原先生即使自己以前做过失败了，部下说想再试试时，他还是让他们干。世界上技术和物质基础在不断进步，有些事以前失败了，现在却可以成功。更重要的是，对部下想干的事予以否决，弟子永远不会超过老师。弟子超不过老师，技术就不会进步。老师失败也让弟子再挑战，成功了，技术就进步了。……木原先生对部下干的事有着宽广的度量和胸怀。我想，也只有在索尼部下对上司可以自由地表达自己的想法。”①

森尾还说：“自由的空气流动在索尼的每一个角落，以此见出索尼的胸怀宽广。而且，这种空气和过去一样没有改变。像我入社不久就能到井深先生处很放松地说话一样，现在的职员也经常直接给我打电话。现在，我有一件必须加紧办的事情，那就是向年轻一代传授井深先生和盛田先生的价值观。我们是与井深先生和盛田先生直接对话过来的最后一代人，只有我们才能把创业时的精神传授给下一代。”②

所谓“全过程”，是指索尼公司要求技术人员尽可能实现完美的创新，努力做到参与整个创新流程：“创意→创作→创造→创制→创势”。

在索尼，第一个人（或组）提出创意，再由第二个人（或组）进行创作（拿出设计图纸），再交给第三个人（或组）进行创造（做出样机），这样的事根本不会发生。从创意到创作再到创造的整个开发工作，全是由一个人（或组）来完成。不仅如此，以后的创制（批量地生产出商品），也还得由这个人（或组）继续负责到底。

关于这点，常务副社长森尾回忆说：“井深先生常常出现在我们工作的现场。井深先生说：‘负责开发的人一直要干到批量生产阶段。’如果开发了新的技术，为了更便于批量生产，技术部常常要重新进行调整设计，这是一贯做法。但是井深先生不喜欢这样。技术部的调整还要花三四个月，做样品时还要花费财力。如果负责开发的人一直负责到批量生产阶段，在开发时他们就会考虑批量生产中可能出现的一些问题。这比开发成功以后的工程都由别人干效果要好得多。井深先生一直对我们说：‘做开发的人一直干到批量生产。’这种想法已经潜移默化地影响了我，融化在我心里。”③

盛田在《日本造》一书中，从总结全世界的经验教训出发，详细论述了创新坚持到创制的重要性。他说：“倘若创造出某种奇特的东西后便歇手不干吃老本，是极不明智的。你还得从新的发明中做出一笔生意来，这就需要你不断地更新产品，在市场的竞争中走在前头。”（265页）在盛田看来，法国研究出快帆式喷气

---

① ［日］片山修：《索尼法则》，47～48页。

② 同上书，40～41页。

③ 同上书，44页。

客机（设计别出心裁，发动机装在后部）却未从中获利，制造出有水压悬置的、别具一格的轿车却未能把它大批量投放市场，拥有高速火车却不能提供其他国家需求的高速铁轨技术；英国制造出第一架喷气客机“彗星”，最后却让美国在这方面超过了自己；等等，都是极不明智的。

索尼公司的广告中，本来有“研究出成果”的口号，为了突出公司的重点是要把创造转化为创制的战略意图，便把这个口号删除了。

为了保证科技人员具有驾驭“从创意到创制”过程的能力，索尼公司的工程技术人员，必须在生产线上长期任职。关于这点，盛田写道：“我们所有的工程师进厂后的第一个职务就是去生产线上干一个长时间的工作，这段时间使他们充分懂得他的工作如何才能适应生产技术的需要。有些外国工程师不喜欢这样做，但是日本工程师似乎乐于这种获得第一手经验的机会。”（151页）

至于怎样把“创制”（批量地生产出商品）进一步推进到“创势”（使批量地生产出来的商品演化成为市场标准，掀起大众争相购买、乐于使用的潮流），是索尼领导原本没有自觉意识到的任务，是索尼的一个弱点。但是，经过创势失利的教训，索尼的领导和科技人员逐步意识到把创新坚持到创势的重要性，学到了不少如何提供市场标准的本领。

且看索尼一次典型的失利。从1976年9月开始，在日本索尼公司（SONY）和胜利公司（JVC）之间，发生了一场家用磁带录像机行业标准之争，被称之为“磁带录像机制式大战”。这在实质上就是谁在“创势”上更高明之争。索尼公司的产品叫“Beta-max（贝塔-马可思）”，胜利公司的产品叫“VHS（家用录像机系统）”，两者在技术内容方面很相似，但规格或制式不同，相互不能兼容。那么，哪一种产品能在标准竞争中取胜呢？从技术上看，索尼的产品比较好，体积小，画面质量非常清晰。但从使用的兼容性来看，胜利公司的产品则略胜一筹：索尼Beta制式的录像带，只能录一个小时，记录一堂课、一次仪式、一次家宴也许够用，但无法记录一部完整的电影，或者一场完整的足球赛。而胜利公司的VHS录像带，可以录三个小时，能兼容并包地、完整地录下一堂课、一部电影或一场足球赛等等，受到顾客们的欢迎。两种标准竞争的结果是，胜利公司取得了成功，用户关心录像带的容量高于关心录像的质量。结果是：“1988年，索尼终于也开始生产和销售VHS产品”①，VHS录像机完成了“一统天下”的大业，演化成为行业的标准。“在这个过程中，围绕推进统一产品规格方式问题，索尼获得了很多经验教训。”②

① ［日］索尼情报中心：《索尼不传奇——索尼公司自述传》，233页。

② 同上书，234页。

试问，索尼究竟取得了哪些经验教训呢?

第一，技术先进、产品质量上乘固然很重要，但充分考虑顾客或用户使用上的兼容性更加重要。

科学技术是第一生产力，掌握了先进科技制高点的公司，可以发展得更快。办公司，归根到底是为人服务的，准确把握了用户需求的公司，可以发展得更快。由此出现了一个情况：有的公司比较强调靠科技驱动，有的公司比较强调靠用户驱动。比较而言，索尼是一家偏重强调靠科技驱动的公司。固然，在强调科技驱动的前提下，索尼开发出了许多既体现科技先进水平又适合用户需求的产品；但确实也推出了一些“科技水平高、却没有找到合适用户”的产品。例如，“虽然U-matic是以家庭用机为目标进行开发的，但作为其软件的录像磁带的价格很高，并且机械部分也很难生产。于是在开始销售前就有人担心：它用于家庭大概不会有什么前途。”这种担心后来变成了事实，“U-matic”这种型号的机器没有进入家庭，是“广播电视界挽救了U-matic型”①。

“磁带录像机制式大战”的结果，使索尼懂得了必须把先进的科技与用户的需求紧密结合起来。满足用户的需求是目的，先进的科技是手段。索尼的用户观念加强了。

第二，生产同类产品的公司之间，固然存在竞争关系，但也可以合作，特别应该在标准问题上加强协作，建立生产上的兼容性，使供需双方形成正反馈良性循环。

早在“贝塔-马可思”和“家用录像机系统”进行激烈的规格战中，索尼人已经意识到：在同一个产业内，两种或多种互不兼容的产品进行竞争，“一定会影响这一产业的发展，用户也会感到无所适从。在接受了‘Beta-max（贝塔-马可思）’的惨痛教训之后，盛田等人深深地感到把大家的产品规格统一起来的重要性”②。因此，在1980年开发小型摄录一体机的时候，索尼与日立制作所、松下、胜利（JVC）、飞利浦共同发起成立了一个委员会，有全世界127家公司参加，就统一规格问题进行协商。在恳谈会进行了两年讨论之后，终于在1984年4月把产品规格顺利地确定下来了。

所谓全方位，是索尼绝不满足于单项技术，而是着眼于把所有的技术融合为一个整体，以适应未来的需要。

盛田就说：“只生产大体系中的零散部件不会再使公司发达；一个成功的公司必须创造出所需要的全部体系。”（268页）“我们必须将我们所有的技术汇集在一起，创造出我们未来所需的一套完整体系。”（265页）盛田还郑重地宣告：

---

① ［日］索尼情报中心：《索尼不传奇——索尼公司自述传》，244页。

② 同上书，236～237页。

索尼公司将来做生意，不会再像以前那样仅仅生产诸如录像机、录音机之类的东西；“世纪末时，我们现在已着手研究的集电视、计算机和通信于一身的情报体系将普遍进入人们的家庭”（269 页）。

索尼已经提出了“数字·梦想·融合”的新设想，其实质就是要把视听器材技术、计算机技术和网络技术融合起来。索尼常务副社长、技术部门总负责人森尾，对这个新设想作出解释说：“在信息产业与视听器材的融合上，有两种方法可以考虑。一种方法是以视听器材为基础，另一种是以计算机为基础。”以视听器材为基础，其关注的主要服务对象，是喜欢听音乐看电视和电影的人；以计算机为基础，其关注的主要服务对象，是喜欢自己敲键盘、追求什么就自己通过人机对话来进行创造性活动的人。索尼的“融合从两个方向来考虑，一是以视听为根本的信息化，一是从信息方面来看的视听化”。“和视听器材相比，索尼在计算机领域比较薄弱，因此有必要考虑怎样结合才能创出索尼特色。”①

4. 技术创新产品的推出——“三最”：最好，最小，最轻。

索尼在“技术创新”的不断追求中，取得了世人瞩目的成绩，推出了许多最好、最小、最轻的视听产品：20 世纪 50 年代推出了晶体管收音机；60 年代研制出晶体管微型电视机、工业用和家用晶体录像机，以及集成电路收音机；70 年代推出了单枪三束彩色电视、U-马蒂克盒式彩色录像机，以及广播电视台用的 1 英寸螺旋扫描录像机，它们都获得了美国电视艺术科学学会颁发的“埃米（EMMY）”奖；80 年代，推出了特别适用于计算机图表与储存功能的新型录像机（获埃米奖）、高保真数字式唱机，以及摄录一体化 8 毫米磁带录像机；90 年代推出了集录像、音响一体化的 VAIO（Video Audio Integrated Operation）装置，充分显示了“和梦想相连接的数字化”具有强大的生命力，等等。

（二）优秀的经理会待人

仁者爱人，这个儒家命题对所有的日本企业有着深刻的影响，索尼公司也不例外。

盛田指出：“日本公司的成功之道并无任何秘诀和不可与外人言传的公式。不是理论，不是计划，也不是政府政策，而是人，只有人才会使企业获得成功。”（140 页）因此，“衡量一个经理的才能应该看他是否能得力地组织大量人员，看他或者她如何最有效地发挥每一个人的能力，并且使他们齐心协力，协调一致”（163 页）。

在盛田看来，“日本经理的最重要任务，是发展与员工之间的健全关系，在公司内建立一种亲如一家的感情，一种员工与经理共命运的感情。在日本，最有成就的公司是那些设法在全体员工（美国人称之为工人、经理和股东）之间建立命运与共的意识的公司”（140 页）。

---

① ［日］片山修：《索尼法则》，39～40 页。

怎样来完成这个最重要的任务呢？

第一，要靠对人的真诚尊重。“强调人的作用，应该出自真心诚意”（140页）；“如果你要发挥人的作用，钱并不是最有效的工具”（147页）；“你要发挥人的作用，就应把他们融为一家，对待他们像对待受尊敬的家人一样”（148页）。

第二，要“把员工当作同事或协作者，不应把他们当作谋利的工具”（150页）。经济衰退时期也不可辞退他们。盛田说：“我无法理解解雇员工究竟有什么好处。”“在经济衰退时，管理人员应该承担雇用人员所带来的损失”；“一旦雇用了某人，我们首先尽力使他们理解应与公司同舟共济的概念，同时让他们知道如果经济衰退，公司情愿牺牲自己的利益而留用他们。”（162页）

第三，要关心公司这个大家庭中的每一个成员。索尼公司总是尽可能“鼓励所有的经理深入了解每一个人”（156页）。英国索尼公司每天上班前开会时，工头对每一个成员都留心观察；如果有人不高兴，就记在心里，了解此人是生病还是有什么不愉快的事。盛田说：“我认为这非常重要，因为员工生病或心存芥蒂，或心事重重，这样的人就不能专心致志地完成任务。”（151页）

第四，要充分调动每一个人的才干，不要相信“一人管理”。盛田说：“我希望我的经理们不要自以为是‘天降圣人’，认为应由他们去带领愚民们创造奇迹。”（162页）“索尼的原则是尊重和鼓励人们的才干——选贤任能——始终要发挥人的最大作用并信任他们，也始终允许人去发展各自的才干。这就是索尼前进中的巨大动力。”（155页）

第五，要让员工有选择工作、选择上级的机会。索尼公司建立了人员内部流动的制度。在公司周报上，刊登征求工作的广告，员工既可以公开应聘，“也可以在厂内另谋工作而不让别人知道”。盛田说：“我们每两年都要调动一下员工的工作，使各得其所，人尽其才。”“从这方面，我们一举两得：个人通常可以找到一项较满意的工作；同时，人事部门可了解某些经理的潜在问题，为什么他们的下属要离开他们。”索尼公司处理不称职经理的办法之一，就是“把他或她调任没有几个下属的职务，这样，一般是奏效的”（152页）。

第六，要处理好投资者和员工的利益关系。盛田认为：“管理人员应该考虑投资者利益的回收，同样应考虑他的员工”；“有时，员工的作用尤为重要，因为他在公司中时间长，而投资者为了一时的利润，常常是出出入入。工人的任务是为公司谋福利，也为自己谋福利，在他一生的工作时期内天天如是，他们也确实需要如此。”“员工也应该帮助管理人员使公司生存，管理人员则应偿付员工的工作。”（150页）

以上就是索尼公司的“仁”。

（三）难闯的市场偏要进

索尼公司的创始人，既然是一群技术人员，要造出新产品来还是相对容易的。但开拓市场对他们来说却是一个难题。开拓日本国内市场难，开拓国际市场就更难。但他们在困难面前没有却步，硬是创下了非凡的成绩。这就是索尼公司的“勇”。

1950年，索尼生产出磁带录音机，虽然又大又笨，但工作状况却极好。盛田他们以为，“只要顾客看到它，听到它的声音，订单就会雪片般飞来”（60页）。但现实给了他们当头一棒，尽管他们卖力推销，就是卖不出去。盛田写道：“每天，只要找到一个听众，我就要在人前表演一番；每天我把它拿到商行、大学等等地方；每天，我把它装上卡车带给朋友们，录下他们的谈话和歌声。我就像个卖艺的，架好录音机录下声音，然后播放出来，让人们高兴和惊讶。人人都喜欢它，但是没有人要买。他们异口同声地说：‘这是个好玩意，可花这么多钱买个玩具实在是不划算。’”（61页）

困难使索尼人“从一场美梦中猛醒”，但却没有使他们退却。他们进行了认真的思考、观察、总结。盛田写道：“这时我才认识到要使企业正常运转，只有优秀的技术、能造出优异的产品，还是不够的。你必须卖掉产品……这时我意识到自己将不得不当一名我们这个小公司的销售商。”（61页）一位工程技术专家，要变成小公司的一个推销员，这是一个挑战。盛田勇敢地接受挑战，实现了这个转变。他在苦苦思索“录音机卖不出去究竟错在哪里”这个问题时，观察到一位顾客毫不犹豫地掏出一大沓钞票在古董商店买下一只旧花瓶。由此他得到启发：这个顾客之所以慷慨解囊，是因为他懂得商品的真正价值，认识到那是文物，而不仅仅是只花瓶。录音机不是玩具，而是记录、储存、传播信息和知识的工具。“必须首先找到认识我们产品价值的个人和团体”（62页），这就是结论！进一步调查发现，日本当时速记员奇缺，这种情况如不改变，就只能使为数不多的法庭记录人员超负荷工作。于是，索尼公司向日本最高法庭展示了录音机，“几乎立即就卖出了20台”（62页），因为法庭人员很快就发现录音机不是玩具，在庭审调查中实用价值很高。接着，索尼又在日本各类学校的英语教学中，找到了录音机的广阔市场。

在开拓日本国内市场的基础上，索尼公司又着手开拓国际市场。盛田认为，如果要把索尼办成一个生产高质量的高档产品的公司，就必须到高消费的富国去开辟市场。美国是首选对象。但要进入美国市场，谈何容易。1953年，盛田第一次去了美国。30多年后盛田写道：“现在我得承认，一看到美国的规模，我的心就凉了”；“我觉得在这儿推销我们的产品是根本不可能的。这个国家把我吓住了。它的经济如此繁荣，似乎拥有一切。”（68～69页）因此，两年之后（即1955年）索尼公司派盛田昭夫带着产品去美国推销，盛田是知其艰难而为之。

正因为是知难而进，盛田的销售工作做得非常认真。他特别发挥市场营销方面的创造性，并在实施索尼公司“以新产品领导潮流”这一战略中，形成了一整套颇具特色的索尼销售观念（这些观念将在本个案第二部分介绍）。

（四）越是严酷就越要争

索尼公司面临的竞争形势，无论初创期还是它成名之后，都是十分严酷的。研制一个新产品，必须投入大量资金、大量尖端技术和许多极为复杂的程序；而新产品一旦制造成功，同行便一齐模仿，没有多久（开始是一年或两年，后来是半年甚至三个月）类似商品便充斥市场。索尼的高投入，经常被竞争浪潮推向可能得不到高收益的悬崖之上。尽管如此，“新产品出自索尼公司”的追求不变，并力争把推出新产品的周期缩短到对手难于赶上的程度。这就是索尼公司的“争”。

索尼人的竞争意识是积极而警觉的。

所谓积极，就是对于市场竞争主要从正面去观察和总结。索尼人认为：日本企业的“盛衰荣辱是一部古老而美好的竞争史”，竞争虽然严酷，但“正是因为这种国内竞争的残酷性使得日本公司在海外很有竞争力”；竞争是企业发展的动力，“是正常的生意经”，价格上竞争不过，就在服务上打主意；许多企业“为保持竞争力而着眼于未来”，“倘若一部昂贵的设备在短期内会降低利润，但却可指望将来为公司扩大市场面，公司的决策往往是站在企业未来的角度进行这笔投资”，因为竞争市场比马上赢利更为重要；竞争使许多企业充分发挥科技人员的聪明才智，不断推出新产品，如20世纪80年代中期，本田摩托车公司“竟然在一年的时间里保持每星期推出一种新产品”。竞争虽然使企业处于高度紧张的状态，但却“使消费者变成了国王”（219～222页）。

值得一提的是，盛田昭夫虽然也批评“我们社会中存在的过分竞争的趋势”（238页），但他更多的是担心没有竞争。他说：“多年来……海外没有一家竞争对手能与我们相抗衡，这一形势一直令我不满意”（324页）；“其实这一状况令我很担忧，因为没有竞争我们将无法扩大市场和加速新产品的发展。没有竞争便不会引起创新的极大刺激”（325页）。他还说：“企业竞争的观念在许多非共产党国家已经消失，这使我感到担忧。在欧洲，尤其是在法国……从总体上说仍是强调削弱竞争，提高利润。由数家企业形成垄断局面更合乎他们的口味。这对消费者和雇员都是不利的。”（230页）

盛田认为，社会主义国家不搞市场竞争也很难进步。他说：“当地市场的竞争，在中国仍是一个缺少的环节。没有这种刺激，进步是很难取得的。”（234页）他赞赏中国改革开放后倡导竞争，断言“为了消费者的利益而展开真正竞争的观念在苏联尚不普及，中国的尝试却可能会刺激苏联”（238页）。

索尼人的竞争意识又是警觉的。这种警觉，表现在防御方面，就是对市场竞争中的各种非道德手段（包括工业间谍活动）严加防范。他们建立了保密制度，自办非营利性酒吧，只接待索尼人，防止职工外出饮酒而在闲谈中泄露公司的技术和商业情报；表现在进攻方面，就是绝不因成绩而沾沾自喜，清醒地看到“变化是永无止境的”，任何人都“不可能阻遏、放慢或使其停驻”（227 页），因而总是竭尽全力紧跟科学技术日新月异的发展，密切注视顾客在观念和兴趣上的变化，从不间断地培训生产人员，一次又一次地重新教育销售人员，以越来越短的周期推出高质量高技术的新产品。

二、独具特色的营销观念

索尼哲学中最吸引人的篇章，是它独具特色的营销观念。盛田昭夫为世人所知，不是因他的工程技术，而是他的销售工作；是他使索尼产品打入了美国、西欧和世界市场，他被全球誉为生气勃勃的“世界超级推销员”。

以盛田为代表的索尼公司的营销观念，是适应索尼公司要以新产品领导世界潮流的战略而在销售实践中积累而成的，大致包括以下十个方面：

（1）不要指望找到现成的顾客，要通过广告、展览和表演，使潜在购买人认识待售产品的真正价值，掌握其正确使用方法，从而把顾客创造出来。

（2）不要贪图利润而允许自己的产品贴上人家的商标来出售，要创出自己的名牌。

（3）不要把商标只看作引人注意的小手段，而要看成企业的生命，是对顾客负责和保证产品质量的承诺；要动足脑筋想出独具特色的商标名称，并通过注册加以保护。

（4）不要把产品全部卖给批发商，应该建立自己的销售网络，以便于尽量接近顾客，听取直接消费者的意见。

（5）不要依赖外贸单位搞出口，虽然它们了解外国市场并在国外有办事处，但它们不懂产品，也不懂生产企业的经营思想，应该建立自己的国外销售网。

（6）不要认为订货数量越多，就越应该降低单价给予优惠；订货数量如果多到很难保证生产能力稳步提高，就应该相反地提高单价。

（7）不要寻找乐于出卖低质低价产品的商人作销售代理，应该坚持提供高质量高技术的新产品，面向要求严格但有购买力的顾客。

（8）不要认为为顾客服务是令人讨厌的工作，虽然配件的库存意味着利益的损失，但储备足够的配件以建立完善的售后服务网络，却是绝对必要的。

（9）不要迷信广告万能，低劣的或时机不对的产品，靠广告和宣传也是无法推销的；而靠大幅度削价来清除存货，则是败坏企业声誉的、最坏的办法；真功夫要用在提高产品质量和抓准上市时机上。

（10）不要以为销售机构的权力越大越好，它的权力过大就会成为技术革新的敌人，不能让销售机构来指挥生产，但生产要有销售观念。

玫琳凯公司的用人之道

企业文化既然是一种以人为中心的管理理论，那么就必然要总结怎样用人的经验。玛丽·凯·阿什于 1984 年出版的《用人之道》一书，在这方面作了有益的尝试。

一、由来

玛丽·凯·阿什是美国的一位富有实际经验的管理人员，也是一位大器晚成的女企业家。1963 年，她在干了 25 年的直接销售工作之后退休。回想起来，她认为自己热爱工作，作为一家大公司的全国培训主任也曾经实现了自己的许多目标，但是仍感到自己的辛勤劳动和才能未得到公正的对待，脑子里想的是消极的东西。为了消除这些消极的想法，她决定把 25 年中自己所遇到的好事一一记录下来。有一次，她突然想："在这些笔记的基础上，也许能撰写一部旨在帮助其他人的书。"[①] 于是，她又反思了阻碍自己在事业上取得成功的所有问题，并记录下来。

正反两个方面的经验总结，应该是一部有价值的书。

但是正如玛丽·凯自己所说："我有资格给谁写一部关于管理的书？我那时

① ［美］玛丽·凯·阿什：《用人之道》，"引言"，2 页，北京，新华出版社，1986。本个案后面引自该书的话，只在引文后注明页码，不另注释。

既不是作家，又不是经理。不管我的想法怎样切合实际，谁会重视我的想法?”（引言 2～3 页）为此，她决定以自己总结出来的经验为指导，创办一家公司。

1963 年 9 月 13 日，玫琳凯化妆品公司正式开业，当时雇员仅 9 人。但是 20 年之后，该公司发展成拥有雇员 5 000 多人、年销售额超过 3 亿美元的大公司，有 20 多万名美容顾问使用该公司提供的产品而建立了独自经营的销售机构。该公司及其创始人受到了大量的宣传，开始引起了人们的注意。在这种情况下，玛丽·凯抓住了“讲话有人听”的时机，完成并出版了她从 1963 年就开始撰写的《用人之道》一书，将她的 23 条经验公之于世。

玛丽·凯说：“我们着意提出能使企业光明正大地繁荣的独特的管理概念。我们的办法适用于任何企业。”（引言 1 页）她还说：“玫琳凯化妆品公司最重视的是人——是我们的美容顾问、销售主任、雇员，是我们的顾客，是向我们提供原料的厂商。”

“关心人与我们作为一个公司必须赚钱这二者并不矛盾。不错，我们是把眼睛盯在赚钱上，不过赚钱并不是高于一切的欲望。在我看来，‘P’和‘L’的含义不仅仅是盈与亏，它还意味着人与爱。”①（引言 6 页）

二、主要内容

玫琳凯公司的用人之道，概括为如下 23 条主要内容：

1. 像希望别人怎样对待自己那样去对待别人。

管理中的金科玉律就是：“你们愿意别人怎样对待你们，你们也应该那样去对待别人。”玛丽·凯力求公正、平等待人，从下属的角度来考虑问题。她也要求公司成员从顾客的角度考虑问题，她说：“在展销我们的化妆品时，我们不喜欢一个美容顾问这样想，‘我能够向这些女人卖出多少商品?’相反，我们强调的是‘我怎样才能使这些女人今天离开这里时满意而归？我怎样帮助她们把自己打扮得好看一些?’我们知道，如果一个女人感到自己外表美，她心里会感到更美。她回到家里，会成为一个更加贤惠的妻子，更加慈祥的母亲，更加让人喜欢的一员。”（4 页）

2. 把公司和人才看成一个整体，千方百计挽留人才。

一家公司的好坏只取决于该公司的人，首屈一指的公司必有首屈一指的人才，人才是一家公司最重要的资产。因此，买进一家公司，现今的买方常常“坚持要求卖方公司的经理留任一段时间，并常常用条件宽厚的协议鼓励这些经验丰富的经理人员继续增加营业额和利润”（16 页）；创办一个公司，首先是要招聘人才，要不惜重金聘请高级人才。“只要有人加入我们公司，我们就会千方百计

① 英文字母 P 和 L 既可代表盈和亏（Profit and Loss），也可表示人和爱（People and Love）。

挽留。如果他们似乎不能在某一部门发挥出自己的才干，我们尽量为他们调换工作。”（17页）

3. 相信每个人都有专长，必须使别人感到他们自己很重要。

应该诚心诚意地相信：“每个人都有自己的专长!”“无论你多么忙，也必须花时间使别人感到他们重要!”（19页）“一个经理怎样才能使人们感到自己重要？首先是倾听他们的意见，让他们知道你尊重他们的想法，让他们发表自己的见解。”（22页）其次是既要人们承担责任，又要向他们授权，“不授权会毁掉人们的自尊心”（23页）。最后，应该用语言和行动明确地“告诉人们你赞赏他们”（24页）。

4. 以表扬的方式鼓励人们去取得成功。

“作为一个经理，你应当意识到人人需要表扬。不过，你必须诚心诚意地去表扬人家。你会发现，有许许多多的机会给予诚挚的表扬，如果你希望得到这种机会的话。”（36页）表扬的方式多种多样，如口头赞扬、奖给绶带、上台就座、鼓掌祝贺、在刊物上公布先进名单与事迹等。虽然物质鼓励也是需要的，但是促使人们“取得优异成绩的因素，远远不只是金钱”（32页）；“上台接受同行们的赞扬比接受一份装在信封里的贵重物品要重要得多”（33页）；“站起来接受别人的鼓掌祝贺，比得到海蓝色运动衫要重要得多”（34页）。

5. 把听意见当作头等重要的大事来抓，掌握听意见的艺术。

聪敏的管理者是多听少说的人。“‘听’是一种艺术。这种艺术的首要原则，是全神贯注地听取对方发表意见”，“绝不可心不在焉。如果不约束自己，不集中注意力，听着听着脑子就会走神。”（39页）这种艺术的第二条原则，就是要能忍受沉默的压力：“每当谈话中断时，听的一方常常感到着急，这时，听的一方感到有压力，好像非得插进来说上几句不可。这时听的一方要是保持沉默，对方也许会澄清或提供更多的情况。”（40页）最后，光听还不够，有时还必须来点刺探，但“刺探时要掌握好分寸，否则，别人就会认为你在干涉其私事。有时，干涉一个人的私事与关心一个人这二者之间并没有明确的界限”（40～41页）。应该鼓励部下反映下面的意见，并遵循三个原则：第一，听他们发表意见；第二，感谢所有来信；第三，适当表扬一切有参考价值的建议。

6. 批评要讲策略。

“假如某人的工作不能令人满意，你绝不可绕开这个问题而必须表达自己的看法。”（48页）不过，在提出批评时，一定要讲究策略，否则就有可能出现适得其反的结果。这里应该注意的是：第一，要记住批评的目的是指出错在哪里，而不是要指出错者是谁。第二，要创造出一种易于交换意见的气氛，明确“经理同自己雇员保持亲密的关系是正常的”，而“总是保持雇主与雇员的关系……则是反常的”，因此经理对雇员“既要关心，又要严格”，“既要十分‘亲热’，又不

能损害自己的监督作用”（48～49 页）。第三，无论批评什么事情，都必须找点值得表扬的事情留在批评前和批评后说。第四，绝不当众批评人。

7. 以实际行动向别人表明你是一个善始善终的人。

经理只有善始善终，才能取得巨大成就。“最好的善始善终是说干就干。”（58 页）作为管理者，千万不能自食其言，不能不负责任地许诺，“最好是小心谨慎——不能兑现的诺言是成事不足，败事有余的”（61 页），向已经失望的人空许无法兑现的诺言，则会毁掉他们。“纪律和计划是善始善终的保证”（61 页），个人管理技术（可称之为“做好准备工作”）是善始善终地办一切事的前提。

8. 给别人以热情。

热情是一个人身上的宝贵品质，不管此人干什么工作。“一个能激起热情的平凡主张比一个不能激起热情的非凡高见好得多。因此，经理必须能激起部下的热情。要实现这一目标，经理本人必须首先要有热情。”（72 页）一帆风顺时保持热情并不难，但是在逆境中要保持热情却不太容易，这时“必须强迫自己保持热情直到自己身上自然而然地产生出热情”（73 页）。“经理在自己的情绪达不到最佳状态时，必须更加努力地工作，因为经理的工作态度会影响其他人的热情。”（74 页）正如顾客的购买欲望会因为售货员的冷漠态度而消失，“一位经理对部下提出的新方案三心二意，那他十有八九得不到部下的支持”，“缺乏热情有可能导致毁灭性的后果”（77 页）。

9. 领导者应以自己的工作速度去带动众人的速度。

领导的速度就是众人的速度。因此，称职的经理应该以身作则，依据经验（而不是抽象的理论）办事，身教重于言教。经理不能要求部下总是“照我说的而不是照我做的那样去做”（80 页）。经理不应该只是简单地发号施令，而应该树立一个好的榜样。经理的形象是十分重要的。“作为一家公司的领导人，你的形象是建立在许多复杂的因素上的：你得了解本公司的产品，你必须得到众人的信赖，你必须意识到他人的自尊心，你得有良好的工作作风，你得显示出你对工人们的问题了如指掌。”（87 页）经理总是处在众目睽睽之下，“以身作则吧——过不了多久，你的部下就会照着你的样子去做”（89 页）。

10. 应该让直接有关的人参与决策，人们会支持自己帮助建立的东西。

人人都有自尊心。经理在作出涉及部下的决定时，如果不让经理以外的其他人来参与，就会损伤他们的自尊心，引起他们的激烈反对。“如果你能让其他人参与决定，即听取他们的意见，那你非但不会挫伤他们的自尊，反而还会提高他们的自尊心。”“被征求意见的人多一些，人们的士气也就会高一些。”（91～92 页）对于和自己有关的事情，人们总是希望自己能出一份力，“如果他们感到自己对与己有关的事没有出一份力，就会觉得自己被别人瞧不起，由别人摆布”（97 页）。“人们是会支持自己帮助建立的东西的。每当你建议改革现状时，千万

要想到这一点。”（95 页）

11. 敞开办公室的门。

开门有两个目的：一是使来访者对公司有个好印象，二是为公司内部人员提供增进了解与彼此合作的机会。开门的内容，一是雇员可以直接找董事长和总经理交谈，二是公司所有的人都彼此直呼其名，三是经理向同事表示出极大的热情，“好经理应当是集体的一员”（106 页）。

12. 帮助别人如愿以偿。

办企业的最重要的动机，是为他人提供服务。“因此，作为经理，我们首先考虑的问题，应当是如何帮助别人。”“我们确实认为，如果你帮助足够多的人如愿以偿，那么你本人也会如愿以偿！”“帮助其他人的最好的办法，是使他们成为强者。”（111、117 页）

13. 坚持原则。

“在原则问题上应当坚如磐石，在其他问题上可随波逐流。”（119 页）“经理人员要是不坚持自己公布的原则，就会毁灭同事们的士气，就会有损于同事们对他们的信任。”（121 页）例如，嘴上高喊“顾客第一”，但不付诸行动，不提供售后的维修服务，雇员们的信心、自豪感就会丧失。

14. 培育职工的自豪感。

自豪感有助于提高士气，是改善工作的一个主要动力。自豪感来自本公司职工的优美形象（如玫琳凯化妆品公司的雇员满身散发着袭人的香气，衣着考究，发型新颖等），来自本公司最先进的设备和最优质的产品，来自本公司对所在地区的文化、教育、慈善机构的贡献。

15. 告诉职工不能吃老本。

“最能使人自毁者，莫过于吃老本。”“事业之途，不进则退；不要故步自封，每一个经理都应当制定一个自我提高一辈子的规划，不断提高自己的管理术。”制定规划时，“牢记下列准则大有裨益：（1）跟上变化。（2）对公司的各个方面了如指掌。（3）不要忘掉你起家的基本技能。（4）工作上绝不要‘过分包揽’。（5）把你的想法告诉其他人，这有助于你和你的意见变得更有力量”（139～140 页）。

16. 制造敢于冒险的气氛。

冒险能大大激发人们的创新、拼搏精神，能够大大鼓舞人们的士气。“制造冒险气氛要从公司的最高领导做起”，总经理有没有冒险精神，决定着全公司有没有冒险气氛，“这是一种自上而下潜移默化的特点”（148 页）。冒险精神的基本内涵，一是提倡试验，二是允许失败但不俯首认输。真正的冒险精神，就是坚决相信失败是成功之母，认真实践从失败向成功的转化。

17. 创造一种使部下热爱本职工作的环境。

人们越是热爱自己的工作，干劲就会越大，也会把那项工作干得更好。“因此，每个经理都应该努力创造一种使自己的部下能够热爱本职工作的环境。”“实现这个目标的一个方法是，创造一种使自己的部下感到自由和无拘无束的气氛。”“因为人们在心情十分压抑的情况下不可能干出最佳水平。”（158 页）另一个方法是，承认各人的志趣有差别，区别对待每一个人，分配他们去干自己有兴趣的工作，“精明的经理还会发现某人什么时候缺乏做某种工作所需要的爱好，他会尽力找出更适合此人干的工作”（160 页）。最后还有一个方法，就是经理自己对本职工作像对业余爱好一样，以自己的工作热情去感染部下，而不是用自己的消极情绪去影响部下。

18. 重视销售机构，尊重销售人员。

“产品推销不出去一切都是徒劳空忙”（162 页），因此“整个公司应该着眼于销售”（164 页），“必须使公司的每个雇员为销售服务。做研究工作的也罢，当会计的也罢，搞运输的也罢，每个人的工作都是在支持销售机构”（166 页）。毫无疑问，“销售人员一定要有把工作做好的自尊心和自信心。然而他们有没有这种自尊心和自信心，在很大程度上取决于公司对销售人员的态度”（168 页）。重视和尊重销售人员的必要性，可以用一个简短的公式来表示：“生产－销售＝废料”。

19. 绝不要拿政策做挡箭牌或“摆臭架子”。

公司的每一项政策，都应该有它存在的理由，如果理由充足就要遵照执行，但是绝不可拿政策做挡箭牌。这就是说：第一，不能只是宣布政策，而要解释制定这一政策的原因；第二，应该从思想上明确，任何一个公司，都可能出现一项或多项政策过时的情况，这时就应该避免贯彻执行这类政策；第三，对于一项不合时宜的政策，不能只是发发牢骚，而是必须用新政策去取代它。经理们要能做到这些，就不能摆臭架子，不能因晋升而冲昏头脑，而要依靠全体人员的共同努力，发掘和激励他人的积极性。

20. 成为解决问题的能手。

“无论干哪一行，人们遇到的大都是与人有关的问题。”“作为经理，你必须采取措施解决这些问题。解决问题的程序通常如下：（1）承认问题，（2）认真分析问题，（3）确定可供选择的解决办法，（4）选择最佳解决办法，（5）付诸实施，（6）注视并研究实施结果。”（184 页）

21. 减轻对部下的压力。

“一个好经理会把对部下的压力减轻到最低限度。”（192 页）但这并不是要彻底消除压力，而是区别不同的压力，“如果一种急迫感能促使人工作得更出色，那就可以认为，这种压力是有益的”（193 页）。减轻压力的方法，一是创造一种友好的多出成果的工作气氛，二是给部下明确指出方向，三是不能要求部下十全十美，四是在实行变革时一步一步来，不能操之过急。

22. 从公司内部培养人才。

“当一个部门的领导层出现空缺时，该部门的经理必须向公司人事部门正式提出担任这一职务必须具备的条件，人事部门即在每栋办公楼的布告栏上公布这一消息，公司里的每一个人都可以申请担任这个职务。无论申请者现在干什么工作都没有关系。”（201页）只有所有申请者都不理想时，才聘请外人补缺。从公司内部提拔人才的好处是：可以激励雇员们从长远角度考虑自己同公司的关系，表明任何人都有晋升机会，不会永远待在最底层。事实上，这种政策有时能产生良性的连锁反应。

23. 无论工作时还是工作之余，都应该像希望别人怎样对待自己那样去对待别人。

这样做的理由是：“必须使工作与生活协调一致起来，因为假如你不能处理好个人问题，它们很可能会影响你的工作。你不可能把工作和生活截然分开。你必须使自己各方面的言行举止一致起来。”（214页）管理者要赢得同事们无条件的尊敬，就必须在企业内和在企业外保持一致，工作时与工作之余一致，不能同时忠实于两个截然不同的原则。

英特尔的企业文化特色

美国英特尔公司，创立于 1968 年，是计算机微处理器的设计者和制造商，在 2005 年公布的世界 500 强中位列第 141 名。全世界公认：20 世纪 80 年代以来，英特尔公司和微软公司，是信息产业领域内发展最快、影响最大、最受称赞的两个榜样。

1995 年，三联书店出版了英特尔资深副总裁、华裔科学家虞有澄博士的《我看英特尔》一书。下面根据该书的内容，来阐明英特尔的企业文化特色。

一、研究单位与生产部门紧密合作

英特尔公司，是由诺宜斯、摩尔、葛洛夫三人共同创立起来的。

诺宜斯，原本是肖克利（晶体管的主要发明者、1956 年诺贝尔奖得主）实验室中八位年轻的工程师之一，后因与肖克利意见不合，故带领“八人帮”全部离开该实验室，于 1957 年由工业家费尔柴尔德出资、以这八人为骨干创立仙童半导体公司。仙童半导体公司成立不久，诺宜斯就发明了将多个晶体管安装在同一芯片上的集成电路技术。

摩尔，是创立仙童半导体公司的“八人帮”之一，任仙童公司实验室总监。他擅长思考分析，善于把握技术发展的大方向。他根据 1959 年到 1965 年的数据，于 1965 年发表了著名的摩尔定律：集成电路（芯片）上可容纳的零件数量，每隔一年半左右就会增长一倍，性能也提升一倍；过去如此，未来这种增长仍会延续下去，半导体技术的增长没有极限。

葛洛夫，匈牙利移民，原是仙童公司实验室内一个小小的主管，因表现突出、工作深入、对细节了如指掌、深具潜力，摩尔破例将他擢升二级，任命他担任实验室副总监。在葛洛夫领导下，仙童实验室取得了两项重要成果：一是发现了金属氧化物半导体之所以不稳定，是由于钠离子作祟；他们设计出免用钠离子的工艺方法，造出了稳定的金属氧化物半导体，从而可以在同一颗芯片上放入几千个晶体管。二是研究出代替“金属栅”的“硅栅”，不仅批量生产容易，而且由于体积小，可以在一片集成电路上放入更多的元件，应用极为广泛。这两项成果，对超大规模集成电路的发展，有着巨大的贡献。葛洛夫还在1967年写成并出版了《物理学与半导体技术》一书，对硅元件及其技术作了相当详尽的解说。

工业家费尔柴尔德投入一大笔资金，确实物色到了一群半导体技术方面的英才。但是，费尔柴尔德既没有最终把他们留住，也没有利用他们的研究成果来开发崭新的市场。究其原因，在于费尔柴尔德没有塑造出能够留住科技英才的企业文化，没有塑造出研究单位和生产部门可以共享的价值观念，没有使生产营销部门认同“科学技术第一”的思想，以至生产营销部门对这些科技英才的研究成果毫无兴趣，相反却要求这些科技英才去解决一些枝枝节节的工艺问题。仙童公司的研究单位和生产部门之间，存在着企业文化鸿沟。

关于这个“企业文化鸿沟问题”，1967年6月30日才到仙童实验室报到工作，1971年升任仙童公司部门经理，1972年转而加入英特尔的华裔科学家虞有澄博士，在其《我看英特尔》一书中，作了如下的描述：

> 除了位于帕洛奥图的研究实验室外，仙童半导体公司的另一重心是位于景山市（Mountain View）的生产及行销部门，两地相距虽只有十英里远，但彼此间沟通之困难与缺乏共识，足可比美东西德统一之前的对峙。企业文化上的基本差异使二者之间极少往来，实验室的成果经常不为生产部门所信赖，他们宁可重来，也不愿采纳；研究发展人员也因无从得知业务状况与市场需求，只能埋头苦干自求多福。
>
> 1968年初，由于我的同侪简金斯（Ted Jenkins）偶然间发展出一个极完美的铝—硅肖特基元件，使我“有幸”亲身体验这道鸿沟。我兴冲冲地与简金斯整理研究心得，好不容易发展出一个实际有用的元件，真恨不能马上就将这个产品排上生产线，尽快上市。但我很快就发现这比登天还难。
>
> 我与位于圣罗菲的二极管工厂联络，得到的反应是他们对此毫无兴趣，却希望我能帮他们解决其他的工艺问题。这实在令人气结。二极管厂已经是整个仙童半导体公司获利最丰也最先进的工厂，居然还有如此后果，其余的可想一斑。
>
> 气结之余，我们还是得面对现实。首先我得帮厂方解决一些问题，并且

在多次造访之后，很快地与工厂经理建立合作关系，希望可以动之以情，使我们的研究结晶尽快在生产线上呱呱落地，只是这个愿望往后从未实现过。①

正是上述这种无法跨越的企业文化鸿沟，使得诺宜斯、摩尔、葛洛夫于1968年7月决定：离开仙童公司，自立门户。8月，他们为自己的新公司取名为Intel（英特尔），它由“Integrated”（集成）和“Electronics”（电子）两个英文单词组合而成，是摩尔的杰作。这个名称，表明新公司的业务发展方向，就是生产集成电路。这个方向，不是凭空选定的，而是建立在摩尔定律的基础上。这三位创始人认为：根据摩尔定律，半导体技术增长没有极限，因此可以大量生产，进而导致价格下降；而由于价格便宜，又可以取代“磁芯存储器”（magnetic core memory），因而市场前景看好。在这里，显示出英特尔企业文化不同于仙童公司的一大特色：根据科技发展规律，来决定生产什么样的产品，开发什么样的市场；而不是根据生产来指挥科技研究，来决定科研人员该研究什么、不该研究什么等等。从英特尔创立到现在为止的三十年间，集成电路的进步，确确实实是沿着摩尔定律所揭示的轨迹进行的。科技第一的理念，保证了英特尔创业的成功。正如虞有澄博士所说：“经验告诉我们，懂技术趋势的人可以预测未来，因而也降低了创立新公司的风险。”（33页）

英特尔公司的企业文化，“与仙童公司截然不同，这……是往后两家公司走上不同方向的主要关键”（51页）。

英特尔公司一成立，就在存储器领域独领风骚。它不仅在1969年，推出了全球第一颗半导体双极性存储芯片和第一颗互补金属氧化物半导体存储芯片，而且在1970年推出了代号为1103、记忆容量为一千比特、可以批量生产、达到了商品化要求的动态随机存储器。英特尔人充满信心地公开宣称：“1103将以低价位掠夺市场，从此宣告磁芯存储器之死亡。”（36页）这就表明，英特尔公司不仅具有很强的科研创新能力，而且也有很强的将科研成果商品化的能力。

英特尔公司这种将科研成果商品化的能力，恰恰是仙童公司所没有的，它来源于填平了研究单位和生产部门之间的企业文化鸿沟。对此，1972年从仙童公司转入英特尔公司的虞有澄博士，有着极为深刻而具体的体会。

在仙童公司，虞有澄虽然是带领25位研究员负责半导体技术开发的实验室总监，可是生产部门并不认同他们的开发，多数研究成果排不上生产线。这样，实验室和生产等部门没有联系，不存在互动关系；实验室内部则各自独立作业，各搞各的课题，也没有太紧密的联系。虞有澄作为总监，在管理上并不要花太多的精力，一半以上的时间都用在自己的研究工作上，每周还可以抽两个上午到大学里去讲课。虞有澄形容自己那时当总监是“游刃有余”，可以“心有旁骛”。

① 虞有澄：《我看英特尔》，30页。后面引自该书的话，只在引文后注明页码，不再另注。

虞有澄到了英特尔公司，给他的第一项任务，是带领其他三位工程技术人员，建立一个隶属于生产部门的工艺研究小组，将生产集成电路所用硅片的直径，由2英寸改为3英寸。这既是虞有澄的研究专长，也是生产第一线的迫切需要。当时，半导体公司如雨后春笋，相互之间竞争十分激烈，其他公司也在努力研究用3英寸硅片取代2英寸硅片的工艺方法。谁先发展成功，谁就是赢家。因此，扩大硅片直径，就不仅仅是一个十分麻烦的工艺技术问题，同时还是一个必须处理好各种人际关系、使各方面形成共识、尽可能缩短时间、从而文明地战胜对手的市场竞争问题。

虞有澄博士写道：

> 我们这小小的工艺研究小组，必须与生产部门合作无间，以尽可能缩短实际批量生产所需的时间。(45页)
>
> 虽然只是三人小组，可是我们的任务却相当重大，因此我们必须分工合作，分头解决不同的问题，而且还要确保步调一致，才能完成使命。我第一次体验到自己就像是控制方向盘的驾驶员，要驱动四个轮子克服不同路况，朝着同样的目标一齐前进。
>
> 与此同时，我们还必须将研究结果写成书面报告，让生产线了解我们的开发工作，同时也训练作业员改用新的方法操作。此外，为确保1103存储器的特性不会因硅片工艺不同而有所改变，我们还得和设计人员密切合作。为了确保工艺成品率稳定，也需要品管工程师的参与。简而言之，为了能顺利将工艺改成3英寸硅片，让产品尽快上市，我要和公司里许多小组打交道，这是以前从未有过的经验。(50页)

英特尔公司不但没有在研究机构和生产部门之间划一条鸿沟，而且为各方面的融合创造了种种便利条件。正因为这样，虞有澄博士扩大硅片直径的工作，才领先于竞争对手而大功告成。虞有澄博士对这次成功，作了如下的总结：

> 回顾这段历史，我想我们成功的关键，在于我们的研究工作就在生产部门内进行。由于使用的设备完全相同，因此要将研究成果转移到生产线上时，显得格外容易。此外，我们与生产部同仁密切配合，所以新的批量生产工艺中许多细节或难题，都能逐一化解。(46页)
>
> 每逢星期五，所有生产部门的同仁都会吆喝着到附近一家汉堡店，喝喝啤酒、共进午餐，话题东南西北无所不谈，舒缓一下紧绷的工作压力。后来我们发现，这种午餐聚会的妙用还真不少，它让我们可以利用非正式场合讨论问题或工作难题，许多疑难杂症就此迎刃而解。(47页)
>
> 我最庆幸的是，在英特尔没有像在仙童半导体公司一样，发生研究单位与生产部门水火不容的现象。(47页)

英特尔将研究人员放到生产部门里，让他们所用的设备与生产线完全一样，这样大家对研究成果就不会有争议。同时由于同样隶属于生产部门，研究人员们也较能实地体会生产线上的困难。最重要的是彼此容易建立共识，是“我们”在共同面对问题，而不是互踢皮球。（47 页）

总之，研究单位与生产部门紧密结合，目标一致，任务共担，组织统一，设备一样，双方经常交流。这是英特尔企业文化的一大特色。

二、独树一帜地强调纪律与平等

英特尔企业文化的又一特色，就是独树一帜地强调纪律和平等。分述如下：

（一）关于纪律

英特尔的纪律要求，包括准时、整洁、规范。英特尔总裁葛洛夫称之为“纪律之美”。“当时硅谷风行人性化管理，许多公司都以重视员工为号召，只有英特尔强调纪律胜于一切，这使英特尔的企业文化独树一帜。”（52 页）

英特尔的员工，必须准时上班。“每天上班时间从早上 8 点整开始，8 点零 5 分以后才报到的同事，就要签名在‘英雄榜’上，背负迟到的罪名。即使你前一天晚上加班到半夜，隔天上班时间仍是上午 8 点。”（51 页）即使是总裁，也不能例外，“有一次，上班从不迟到的葛洛夫极为难得地破例迟到，他同样也在‘英雄榜’上面签名，一点也没有特权。他还在上面加注：‘没有人是十全十美的。’自我揶揄一番”（52 页）。然而，英特尔的准时要求，绝不仅仅局限于上班，还包括研究人员“必须如期设计出新产品”（132 页），工程部门必须“准时发展出高品质的产品”（131 页），营销部门必须准时完成产品上市计划等等，所有各项工作都有一张明确的时间表。

英特尔的整洁，是从制造部门抓起的。葛洛夫认为，只有整洁才能有效率地生产。“后来他将这种观念扩充到所有的部门，要求所有的办公桌、档案柜都要整整齐齐，才能表现出公司的‘纪律之美’。”英特尔公司“还特别设立‘清洁大使’的检查制度，由资深经理人巡视各办公区域，就其清洁程度予以评分。如果哪个人的评分成绩不太理想，就得立刻清理，并在下周获得较高分数，以洗刷前耻”（130 页）。

在葛洛夫的严格要求下，“整个公司管理纪律分明，从制造、工程、财务，甚至行销部门，每件事都有清楚的规范，甚至连公司留言都分为 AR（action required，需要行动）、BI（background information，背景资料）、II（important information，重要资料）等不同等级，人人都依此标准而行。”（52 页）

一个高科技公司，为什么如此独树一帜地强调纪律呢？葛洛夫的道理非常简单：“公司就像部大机器，各部门必须同步作业，无论制造、工程、行销或财务部门，都必须遵守相同的纪律，才能让机器运转最顺畅，产能也最高。”（130 页）

（二）关于平等

“人人平等，事事从简”，是董事长摩尔与总裁葛洛夫在内部管理上的共识。英特尔的纪律，从下到上都必须遵守，概莫能外。英特尔的办公室，是一个大间分隔成若干个相等的小间，每个人都同样分配到一个小间，完全没有私人办公室。英特尔的“停车场也不会为任何人保留车位，完全是随到随停，即使是葛洛夫，每天也得为找停车位而四处打转”（52页）。只要是英特尔职工，人人都可以平等地提出和讨论任何问题或困难，任何人都必须根据事实或以数据说话。在美国企业普遍强调一级管一级、升到什么级别享受什么待遇的大环境中，英特尔强调平等，也是独树一帜的。

一位专栏作家问道：“葛洛夫先生，贵公司在管理上强调一切平等主义，是否过于虚伪呢?”葛洛夫很诚恳地回答说：“这并非虚伪，而是我们的生存之道。”英特尔人认为：任何一个高科技企业，各种决策必须由经理与技术精英共同制定。经理有管理经验，了解趋势，但脱离研究工作；技术精英“经常是实际在做研究的年轻人，拥有最新的技术”；因此两者要经常沟通。如果强调等级差别，突出职位象征，那“对促进意见交流，显然是有百害而无一利，因此强调平等的管理形式才真正能符合高科技公司之需求”（54页）。

可以认为，强调平等是英特尔企业文化的灵魂。

没有平等，纪律就不过是上级对下级进行管卡压的手段，只能导致形式一致而人心涣散的结局；有了平等，纪律才是将上下左右凝聚成整体的力量，才有可能换来市场竞争取胜的结果。虞有澄博士指出了英特尔“纪律制胜”的事实：“20世纪60年代时，英特尔还只是初创的小公司而德州仪器可以说是市场老大，纪律的管理理念让英特尔一举超前。70至80年代间，英特尔再度面临日本NEC的强烈竞争压力，也是靠纪律才打赢最后的仗。”“想想看：如果工程部门毫无纪律，如何期望他们准时发展出高品质的产品呢?如果行销部门组织松散，又如何要求他们完成产品上市计划呢?”（131页）然而“纪律制胜”的事实，在市场竞争的条件下，只有在“平等文化”的氛围中，才有可能出现。“战场纪律”和“公司纪律”是根本不同的：“战场纪律”是靠“军人以服从为天职”的观念和“违者处死”的残酷来维持的，“公司纪律”是靠“平等”观念和“位高权重者的模范遵守”来维持的。违反公司纪律，固然可以给予处罚，但最高处罚也只能是开除。在同行公司存在人才竞争的条件下，离开一个缺乏平等文化氛围的公司，在职工的感觉上是一种解放，而不是处罚。因此，市场竞争中的纪律制胜，实质上是平等制胜。

没有平等，公司内的各种职位就是将各个成员分割开来的高低不同的“墙”，无法充分调动公司内一般职工的积极性；有了平等，各种职位才真正是分工合作的需要，才是把各个职工联系起来的大小不同的“桥”，成为集思广益的结点。

"英特尔非常难能可贵的，是开放自由的企业文化，人人可以公开讨论任何困难或成就。提出问题的人并不会因此受到责难，或担心'秋后算账'，反而可以刺激团队深入问题，并寻求解答。"(55页)

例如，虞有澄博士讲的"386沟通事件"，就是平等对话的典范：1984年英特尔公司开发386微处理器的时候，虞有澄作为质量管理工程总监，向工程部门提出必须把高速存储器放入微处理器的要求，"然而有几个人不同意我的见解，跑来找我，于是我们辩论放入高速存储器的优劣得失。有个人说：'由于摩托罗拉现在已经领先推出32位元的产品，我们应该尽所有可能赶快让386上市，以免丧失商机。'如果我们坚持要加入高速存储器，会延误推出的时间，386芯片的体积也会更大。更糟糕的是，由于过去从没有将高速存储器放入微处理器的先例，我们得花更多的时间去说服客户采纳。……在听完所有的意见后，我很快同意他们的建议，并决定将386的高速存储器拿掉。后来证明这是明智的决定，386较原先计划更早上市，而英特尔也因此在32位元的微处理器竞赛中，让摩托罗拉瞠乎其后"(129～130页)。

"平等"，是英特尔公司能够把纪律和创意统一起来的文化基础。"许多人都同意，高科技人才在管理上有一大挑战，就是既要能激发创意，又要能维持纪律。以前有个似是而非的说法：有创意的人不能受到纪律的束缚，需要享有特别待遇。英特尔的发展经验让我可以斩钉截铁地说：事实不然。"(132页) 1976年，有位客户发现英特尔生产的DRAM(动态随机存储器)，有些会突然失去作用，但过一会儿通常又会自动恢复。这个问题不解决，会给客户带来很大的财务灾难，可当时没有人知道原因，因而难以解决。"必须解决这个问题"，英特尔把它作为一条纪律规定下来，因此每天都开会，上上下下都面临着极大的压力。在这种纪律压力下，是否就没有解决问题的灵感了呢？在当时巨大的压力下，董事长摩尔带头"轻松"，半开玩笑说：DRAM失去作用，无规可循，时断时续，让我想起了宇宙线。这真是异想天开，将宇宙线和存储器失灵扯在一起。"当时由于已无计可施，我们还是做了一些实验，希望能证明这就是原因，但很快地就发现并不其然。不过他的想法触发了另一位年轻工程师的灵感。梅仪很快就发现：如果在陶瓷封装内放一小片含辐射性的材料，轻微的辐射就会导致这种失误。他很快作了一些实验，证明这就是症结所在。"这个在极端压力下发挥创意解决问题的例子，虞有澄称之为"纪律下的创意"。虞有澄还说："大量的创意会在严谨的纪律或极端压力下诞生。事实上我常常私下替我们的工作小组定下许多最后期限，以迫使他们产生最佳表现，而每次也都奏效。"(132～133页)

当然不应该忘记，"纪律下的创意"，是以存在平等文化氛围为前提的。正如虞有澄博士所说："每当英特尔遭遇技术瓶颈极难突破之际，'创新'之神往往就在不期然中降临。我想是由于英特尔鼓励开放沟通的企业文化，让创新之神乐于

经常现身。”（224页）

三、以“客户至上的技术创新”取胜

英特尔的业务，前期以生产经营存储器为主，后来以生产经营微处理器为主。存储器和微处理器，都衍生自硅半导体技术。但存储器的功能比较简单，只用于存储资料，就像空白笔记本可以记载各种信息；微处理器的功能则非常丰富，它可以因为程序化方式不同，而有各种不同的应用，就像一本内容丰富的书可以派上各种各样的用处。微处理器被广泛地应用于个人电脑、录放像机、洗衣机、空调、飞机、电话、工业控制、交通红绿灯控制、汽车的引擎和刹车控制等等。个人电脑中的微处理器，是关键性硬件，简称CPU，负责整台电脑的基本运作，被称之为电脑的心脏。正如英特尔人创制出第一颗微处理器时所宣称的那样，微处理器将巨大的运算装置浓缩在一颗指甲大小的芯片上，开启了“集成电路的新纪元”。也正如人们所形容的那样，微处理器把海沙变成了黄金：从海沙中提炼出硅，制成硅片，再经过加工蚀刻处理，就变成了微处理器；微处理器的“身价和同样滤取自沙粒的黄金不相上下，有时候单颗微处理器的价格比一两黄金还高”（70页）。

英特尔的技术创新，集中表现在存储器和微处理器的发明创造与更新换代上。起初，英特尔的产品更新换代，是“习惯于开发完成一代产品后，再转而开发下一代产品”。到了1991年底，英特尔基于市场竞争的经验，认识到“惟有加快发展新科技与新产品，才能真正地领先”，于是执行技术开发新策略：从486开发完成后，就同时进行Pentium处理器与P6的开发设计。这个新策略使英特尔“在技术上超过所有的竞争者”（222页）。

“技术创新”是所有高科技企业的共性。但英特尔的技术创新，却是和“客户至上”的企业理念紧密地联系在一起的。正如英特尔副总裁虞有澄所说：“虽然英特尔一直强调以技术创新取胜，但从来不敢疏忽客户。”（59页）“客户跺一下脚，我们就会地震”（57页）。

英特尔之所以能创制出微处理器，是和他们绝不轻易拒绝客户的要求相联系的。1969年，日本一家计算机公司找上英特尔，希望英特尔为他们程序化的计算机开发几颗特制芯片。从做生意赚钱的经济观点来看，生产特制芯片是很不合算的，因为“只为某一特定客户开发特制芯片，投资是固定的，但回收却受限于这家公司”；如果生产“标准化的产品，就可以卖给许多客户，投资是相同的，但回收却多了许多倍”。英特尔董事长摩尔，考虑到“这毕竟是找上门来的客户”，就把这任务交给经验丰富的霍夫（Macron Hoff），“看他是否可以制造出来，最好还可以成为标准化的产品，卖给其他更多公司”（71页）。霍夫研究了这家日本公司的要求，“发现可以用简单的方法完成逻辑功能，制作成一个可程

序化的机器。其程序可储存在只读存储器中。由于电脑的功能大同小异，每一个不同品牌的电脑，只需要使用不同的只读存储器，其他的逻辑电路都是一样。如此一来，也能符合摩尔的愿望，制造一些标准化的产品。微处理器的观念就这样意外地萌芽了”（72 页）。紧接着，英特尔就推出了代号为 4004 的全世界第一颗微处理器。

英特尔之所以把“如期推出新产品”，作为一条纪律来要求职工，实质上也是为了满足客户的需要。在 20 世纪 70 年代最后的两三年里，在和摩托罗拉公司的市场竞争中，英特尔公司处于劣势。怎么办？英特尔公司的管理层经过分析后认为：“每家电脑公司决定要采用哪一种微处理器，都是深思熟虑后的结果”，而且有总经理、工程师和采购人员的积极参与；总经理会要求了解“英特尔未来将继续供应哪些产品”，“以确保他在软件与硬件的开发投资不会功亏一篑”；工程师“要知道更详细的微处理器技术进展，会有哪些支援芯片，又有多少软件与发展系统作后盾”，以使他的设计工作容易进行；“采购人员必须了解未来的定价策略与供货趋势，才能让采购作业依计划进行无误”（88～89 页）。既然是客户的需要，就应该予以满足。1979 年，英特尔采取了三条开风气之先的营销措施：一是在各地分公司设置工程师以就近支援客户；二是“为全球各地的公司总经理、采购员与工程师们，举办多场不同的技术研讨会”；三是向每个客户发一块可以挂在墙上的木牌，上面“斩钉截铁地写着：英特尔将在哪年推出怎样的产品”，即以未来定期开发新产品的坚定承诺，来建立客户对英特尔的长期信心。显然，这样过早地让未来的产品曝光，风险是很大的：一方面，肯定使竞争对手占了便宜，他们可以提前对英特尔的新产品考虑对策；另一方面，如果不能按期推出新产品，或者推出的新产品没有预先宣布的那样好，英特尔就将信誉扫地，就将被客户彻底抛弃。然而英特尔人在“客户至上”理念的支配下，坚定明确地公开了自己的产品创新计划；又在维护公司信誉的巨大动力下，硬是按照预定的时间开发出了新的产品，特别是 1982 年如期推出了 80286 微处理器，并且比预期的质量更好。正是这样，英特尔才摆脱了市场竞争中的劣势，赢得了许多客户的支持。特别是赢得了 IBM 公司的支持，“英特尔当然不敢怠慢这位大客户，很快就成立了一个称为‘特殊客户部’的小组，专门服务 IBM 公司”（100～101 页）。说来也巧，“IBM——这家大型电脑的龙头老大”，也是“在 1982 年正式推出第一代 IBM 个人电脑，开始进入个人电脑市场。虽然起步较晚，可是挟着丰富资源，却让其他电脑公司望尘莫及”（91 页）。1984 年，由于 IBM 采用英特尔的微处理器推出 286 个人电脑，个人电脑很快就成为英特尔微处理器的最大市场。

正是由于英特尔对客户作出了未来定期开发新产品的坚定承诺，才促成了英特尔“以成果为导向”的企业文化。在英特尔的管理目标中，绝对不容许有“将召开三次会议来讨论营销计划”之类的目标，而只能有“将在1994年3月31日以前完成这项产品的设计并出货一百万颗”之类的目标。这就是“以结果（或成果）为导向”。它是独具特色的英特尔企业文化的基石。英特尔的企业文化建设，往往就是围绕着这块基石来展开的。英特尔人经常考虑的问题是：“如何在通常很残酷的现实环境中，准时达到预期成果？如果你的上司观念不对，使你不能很快获得成果，该怎么办呢？如果与你一起工作者观念不对，而他又个性敏感不愿接受指正时，又该如何?”（128页）英特尔人经过分析比较，发现比较婉转的传统方法虽然有时可能有效，但有时也不尽然，不过肯定“会浪费许多时间”，这显然不利于按时拿出成果。因此，英特尔公司“宁愿用更直接的方法”，即提倡每个员工直接与上司沟通，明确指出上司的想法可能影响“新产品上市时间”，并以客观数据来支持自己的理由。英特尔的经验证明：“在快速变迁的环境中，这种直接的诉求，可以更快也更有效解决问题。”（128页）同时，英特尔重点要求所有的总经理，都要“直接与内部员工沟通，避免让意见在组织中层层过滤因而消失”（280页）。

由上不难看出，“客户至上”在英特尔企业文化的生成中占有多么重要的地位：客户需要知道英特尔将在什么时候推出什么样的新产品，英特尔就作出“将在什么时候推出什么样的新产品”的坚定承诺；因此，准时或提前开发出新产品，就成为英特尔的一条纪律；为了保证“准时或提前”实现承诺，绝对不能浪费宝贵的时间，因此直接诉求就成为英特尔内部沟通的最佳选择；而要使“直接诉求”变成现实、显得有效，就必须有人与人平等的文化氛围。“客户至上”、“准时守纪”、“技术创新”、“直接诉求”、“人人平等”，就是这样成了英特尔企业文化生态系统中的关键词。

英特尔“客户至上”中的客户，不仅仅是指采用英特尔芯片来生产计算机整机的电脑公司，还包括直接使用计算机的集体和个人，即包括客户的客户或最终用户。1985年，英特尔推出32位元的386微处理器，希望IBM尽快采用它开发出386电脑，但IBM的代表却回答说：“我们只需要286再快一点，32位元软件现在还不普及，所以根本不需要386。”（175页）原来，IBM在大型电脑和个人电脑之间，人为地划了界限：32位元是大型电脑的领域，个人电脑只能采用16位元的微处理器；“如果发展386个人电脑，很可能会影响到原有大型电脑的生意，因此他们一心只想让专属的16位个人电脑，用来作为连接大型电脑的基本终端机”（176页）。同时，IBM还打算采用自己的微处理器，用自己的作业系统，来大力发展286个人电脑。由此看来，IBM拒绝采用386也就是自然的了。然而，英特尔却看准了个人电脑的升级换代是世界性潮流，市场前景广阔，并据此采取了三项措施：一是继续做说服IBM的工作。二是对那些愿意生产386电脑的公司，尽管不是如同IBM那样的大客户，如康柏、ALR、台湾的宏碁等，都一律保证给予优质服务。三是直接面对电脑用户，即面对客户的客户，向他们作广告，明白告诉他们“286是过气的产品，买电脑就应该买386，32位元取代16位元的时候到了”。结果，“效应非常明显：电脑用户指名要买386电脑，286无人问津”（188页）。

1992年，英特尔推出了50M与60M赫兹的486版本（即DX2），比原来的25M与33M赫兹的486（即DX）快一倍。英特尔在开发这种速度极快的486处理器时，就考虑到了客户，就想到了还“没有任何一家公司知道如何去设计这样高速的电脑”。怎么办？英特尔人经过反复讨论琢磨，终于认识到“没有必要将处理器内部频率与外部总线频率设定为相同”，于是他们只“将486的内部速度尽可能加快，使它的运算处理速度加快；但外在的总线则以二分之一的速度运作”；由于“486芯片上加入快闪存储器，许多程序处理可以在微处理器内部执行，外部总线的功用只是资料传输通道而已，其速度慢并不会造成很大困扰”。后来DX2上市之所以非常成功，正是因为英特尔事先就想到了客户，“首先是DX2将电脑性能提升一倍……客户可以将系统售价提高，利润空间因而加大。其次，由于外部总线速度与过去的DX系统相同，客户不需再更改系统设计，只要用原先生产方式即可推出更快一倍的电脑”。英特尔人还想到：既然“电脑公司可以轻轻松松地将DX2插入他们原先设计的DX系统中；为何用户不能同样如法炮制，将DX系统微处理器换成DX2?”这就是英特尔人的“升级保障用户现有的电脑投资”的观念。从1992年底开始，英特尔通过销售渠道，DX2“直接卖给个人电脑使用者”。这样，英特尔也为自己开辟了一片新天地。正如虞有澄博士所说：“在此之前，英特尔一直将处理器销售给个人电脑公司，我们称之为客户；从未想过有朝一日，我们可以将处理器直接卖到电脑消费者手上。这显然对我们也是新起点。”（220～223页）

英特尔在技术开发过程中，曾经存在432与386之争，后来延续为860与486之争；这些争论，是不同架构之争，是发展“专用系统”还是发展“兼容系统”之争，是发展“精简指令集电脑”（RISC）还是发展“复杂指令集电脑”（CISC）之争。从技术上看，争论双方的方案都是可行的。然而从用户的角度来看，既有原来买下的电脑、原来学会的技巧是否继续有效的问题，也有新买的电脑有多少软件可供使用的问题。英特尔由于树立了牢固的“顾客至上”意识和正确的市场观念，使这些争议最终得到了很好的解决。英特尔的顾客至上意识，就是坚持为最终用户着想，认为“个人电脑的基本概念之一，就是所有的电脑不论制造品牌，都可以使用相同软件”，都必须兼容，“任何一点点不兼容都会带来严重麻烦”（156～157页）。英特尔的市场观念，就是要进入容量很大很大的市场，如果还没有这种市场，也应该千方百计把它创造出来，“对电脑经营者而言，最重要的……是确实掌握电脑产业的游戏规则：市场规模决定一切，只有足够的市场规模才能创造业绩、产生利润、继而保障未来持续的投资”。“在电脑产业里，没有持续投资就没有希望；而没有市场规模就等于死亡。”（215页）

既然英特尔的技术创新是以“客户至上”为指导，那么“重视质量”、“品质至上”就是必然的了。因为客户并不是要任何新的产品，而只是要符合质量要求的新产品。有一回，英特尔的客户“突然发现有一些封装会引起电路板短路，这下非同小可”（59～60页）。英特尔人经过彻底清查，发现是装配工人不小心将一些剪掉的电线留在芯片内造成的。问题是怎样才能找出这些不良产品。“大家绞尽脑汁，后来我们才想到我们可以简单地摇动这些封装芯片，再以超声波侦测，如果芯片内有电线就会产生噪音。这个方法试了一下，果然奏效。于是我们订了一部大机器，让芯片可以在其中摇动以侦测出电路板上的不良产品，再以正常的芯片置换。”英特尔总裁葛洛夫则亲自拜访客户，将已经出厂的封装产品全部追回来进行检测。“为了解决这次危机，整个工程部简直日夜无休、昏天黑地地工作，仿佛经历一场浩劫。事件结束后我们办了一场庆功宴，以庆祝劫后余生。”

四、鼓励尝试风险

英特尔公司的领导人，对于风险较大的创新工作，总是鼓励职工去大胆尝试。公司创始人诺宜斯“生性洒脱，对未来充满幻想”；每当听别人讲新点子时，“他总是双眼发亮，像小孩子看到新世界般的快乐”；“他热爱新想法”；“他最常用的口头禅就是：‘别担心，只管去做。’”英特尔董事长摩尔也经常说：“改变是我们的挚爱。”（133～134页）

英特尔人认为，尝试风险有利于成长。因为“有限度地承担风险。可能会带来两种结果：成功或失败。如果你获得成功，你可以提升至新领域，显然这是一种成长。就算你失败了，你也可以很快学会哪里出错了，不应该做些什么，这也是一种成长”（134页）。

尝试风险难免会有失败。“英特尔很难得的一点是，不会看轻‘战败将军’。”英特尔人认为，“人在失败时比在成功时成长更快”，因为人在失败时往往有忧患意识和危机感。“生于忧患、死于安乐”，个人如此，企业也是如此。英特尔总裁葛洛夫“有句至理名言经常挂在嘴边：‘惟具有忧患意识，才能永远长存’（only the paranoid survive)”（135页）。他常说：“英特尔一直战战兢兢、丝毫不敢懈怠。”

善于从失败与错误中学习，是英特尔的管理特色之一。虞有澄写道：英特尔“坚持从尝试错误中学习，不管是别人或我们自己的错误经验，最后都成为我们学习的最佳跳板，这应该也算是我们在高科技管理上的独到秘方吧！”（291页）

五、让能人自闯天下，为新人提供机会

英特尔自1968年创立以来，一直面临严峻的市场竞争。这种竞争的表现形

式，是英特尔的新产品对其他公司的新产品的竞争，如8088对6500、286对6800、386对68000、486对8040与SPARC、奔腾（Pentium）对威力等；这种竞争的实质，则是产品的性能、架构、价格、兼容性、适用软件数等等的竞争。曾经对英特尔构成一定威胁的竞争对手，有日本的NEC、东芝、日立等公司，有美国的摩托罗拉、太阳等公司。在激烈的竞争中，英特尔在全球半导体公司的名次，时升时降，1982年排名第八，1987年排名第十，1992年终于名列第一并一直保持至今。

英特尔公司之所以能在不长的时间内发展壮大，并稳稳地坐上世界半导体工业的第一把交椅，与它汇集了大量高技术人才是分不开的。“英特尔成功的最大功臣”，正是那些进行产品开发和生产的技术人员，由于他们总是一再突破技术的极限，使得英特尔在面对市场挑战时，“永远都能有最先进精良的产品为后盾”（250页）。“英特尔扎实的技术人才，使代代产品都是强棒，成功自然也就水到渠成了。”“这些人真是英特尔最珍贵的宝藏。”（251页）

在高科技产业里，懂技术趋势的人越多，就越能预测未来，因而可以降低公司的风险；而“非技术背景的人一下子跳槽到高科技公司里居于高位，通常都无法胜任”（37页）。英特尔董事长葛洛夫，本身就是一位技术造诣很高的学者，能够吸引志同道合的人走在一起。正如虞有澄博士所说：“我一直觉得英特尔聚集了最聪明也最具创意的一群员工，在这里，我们真是乐在工作。”（4页）

然而，这并不是说，英特尔可以避免不同公司之间为争夺人才而进行的竞争；相反，这种竞争同样在英特尔公司尖锐地表现出来，造成英特尔公司的人才外流的问题。英特尔公司正是在处理人才外流的问题上，表现出一种善聚人才之道：充分尊重每个有才之士的自由选择，慷慨让能人自闯天下；坚定树立每个英特尔人都可以成才的观念，大胆为新人提供机会。

20世纪70年代初期，英特尔公司有一个五人研究小组，由费根领头，组员有西玛、安则曼等。这个小组，1971年开发出了全世界第一颗微处理器4004，1974年开发出速度比4004快20倍的8008微处理器，1976年又开发出“世界上第一颗可程序化的微电脑控制器，不但创造无限商机，也对提升人们生活品质很有贡献”（79页）。在这个小组里，“个个都是高手，不但经验丰富，对产品开发方向也掌握得丝毫无误”（73页）；他们是英特尔公司的技术尖子，是当时微处理器领域的舵手。“不料，一夕之间情势急转直下，让英特尔首度面临严重的人才外流危机：费根突然宣布将率同安则曼与西玛另创新公司。”原来，他们“无法拒绝来自埃克森（Exxon）企业的诱惑。埃克森企业是由石油巨子埃克森公司新成立的创业投资公司”，它也像当时的许多财团一样赶潮流，“希望物色适当人选，以创办一家微电脑方面的新公司”（81页）。费根等人的跳槽，虽然是英特尔的一大损失，但英特尔人却能给予理解，视为正常。一则，英特尔公司不也是诺宜斯、摩尔、葛洛夫等人，从仙童公司跳槽出来而建立起来的吗？二则，正如虞有澄博士所说：高科技行业的迷人之处，正在于“技术变化很快，有才能的人很容易闯出自己的一席之地”。另一方面，英特尔对全体员工充满信心，费根等人走后，“立即提拔几位资历较浅的经理，让他们接手开发微处理器业务”。“这正是英特尔最有利的优势：管理与技术人才济济，任何个人或小组另谋他就，都不会对公司造成致命伤。同时，英特尔一向不吝于提供新人出头的机会，甚至常常在新人还未完全准备就绪之前，就先赋予重大使命。由于新人上台没有包袱，同仁也都乐于为他提供各种真诚的见解，因此成功的几率远远高于失败。这种直接开放的工作环境，往往可以加速员工的成长，而且很快就作出一番成绩。”（83页）

1982年，英特尔又发生了一次大规模人才外流事件。究其原因，一是“外界的诱因实在太多了”；二是完成286创制这一大型计划后，许多人不清楚自己下一步该做什么，情感脆弱，“更难抗拒新公司的秋波频传”（143页）。这次事件还有一个特点，就是外流人才中，中国工程师占很高的比例。这引起了葛洛夫的高度重视，“因为大家都已认同，华裔工程师头脑灵敏，是英特尔不应错失的优异人才”。葛洛夫私下对虞有澄说：“你们是同文同种，也许你可以帮忙解决这问题。”（143页）虞有澄经过深入了解，发现这和文化差异有关。有的华裔说：“英特尔……允许冲突的企业文化，似乎和传统中国文化大异其趣，因此很难适应。”有的说：“我们会受到英语沟通能力的限制，结果卖力的工作却未获得应有的认同。”为了解决这个华裔人才外流的问题，英特尔成立了“多重文化整合委员会”，开展各种各样的文化融合活动，成效很好。后来，又“将‘多重文化整合’的对象，扩充到日本人与以色列人等等”。结果成效显著，“大规模人才外流现象，从此在英特尔没有再发生”（145页）。

一方面，英特尔人才不再外流；另一方面，英特尔也一贯坚持“工作表现重于一切”（204页）、从内部选拔干部的用人原则。自1983年起，英特尔训练出了许多一流的高科技执行主管。虞有澄写道：“我们的高级主管几乎都是内部擢升，很少外聘，而且人员相当稳定，很少有罢黜或临时更换的现象，这也在竞争激烈的高科技产业中独树一帜。”到20世纪90年代中期，英特尔共有十五位执行主管。“由于高科技产业充满不确定性，变动速度也快，因此我们执行主管经常在发展方向上有许多意见冲突，所以我们的会议绝不是形式而已，经常都是在辩论中进行。”葛洛夫作为首席执行官，“鼓励有建设性的对立，认为这样才能使意见充分交流，并且是获得最佳结论的不二法门。”葛洛夫还“经常调动高级执行主管的职责，借尝试不同的工作领域，来增加他们的历练，因此我们的高级主管几乎都是自己培育出来的”（273页）。“英特尔公司一向少用空降部队，我们的高级主管几乎都从基层做起”（276页）。

英特尔有多种培养人才的措施。如办英特尔大学，举办总经理研习会，还有所谓“七年进修假”，即“效法大学的做法，在员工服务满七年后即提供长达八周的给薪假期。其用意是希望通过长假，让员工可以重新充电；同时也弥补同仁平时因工作忙碌，无法与家人沟通的遗憾”（179～180 页）。

英特尔的企业文化，有一个形成与发展过程。1973 年秋，英特尔公司将最高层主管共约 30 名集中起来，举办了一个管理训练研习营。虞有澄写道：“经过三日管理训练研习营，我们归纳出三点简单但重要的管理原则，逐步建立起英特尔独特的企业文化，而这正是公司高速度成长的秘诀之一。”（127 页）后来，这三条原则扩充为六条。现在把这六条原则的图示作为结尾，因为英特尔的企业文化特色就体现在这六条原则之中。

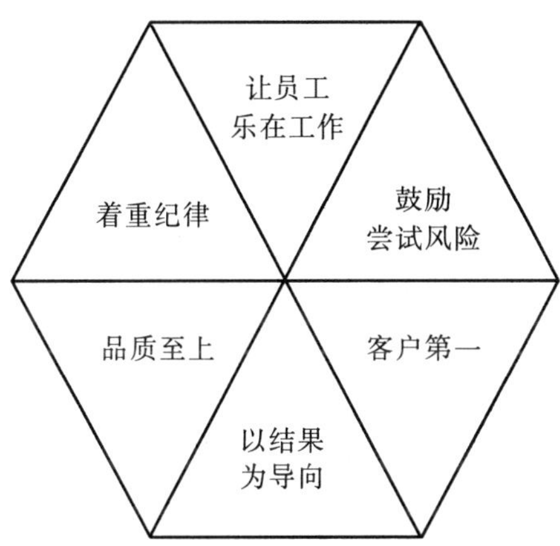

微软文化

1975 年，美国哈佛大学的学生比尔·盖茨（William [Bill] H. Gates），追随他的老朋友保罗·艾伦（Paul Allen），在新墨西哥州的阿尔伯克基（Albuquerque），合伙建立了名为“微—软”（Micro-Soft）的公司。这个名称是“微型电脑”和“软件”的结合，象征着他们看好个人微型电脑（即 PC）。至于名称中的连字号，主要是为了强调公司还刚开始。

微软公司诞生之时，仅有 1 种产品，3 名员工，年收入 16 000 美元。可是到了截止于 2002 年 6 月的上个财年，微软公司的收入达 283.7 亿美元，在 78 个国家和地区开展业务，全球的员工总数超过 50 000 人。创始人比尔·盖茨，成了全世界的首富，其私人财富高达 500 亿美元左右；另一位创始人保罗·艾伦，虽然因病于 1983 年离开了公司，但由于拥有微软公司的股份，“在《福布斯》杂志全美 400 位富豪名单上位列第三”[①]。微软已经在全世界牢固地树起了科技含量高、速度发展快的公司形象。

微软公司的企业文化类型，可以概括为“面向未来型”。据文献记载，比尔·盖茨 1955 年 10 月 28 日生于美国西部城市西雅图；在他 7 岁那年，美国国际商用机器公司（International Business Machines，后文一律简称 IBM）在西雅图的世界博览会上，举办了一个“明日世界”的展览。幼小的比尔·盖茨，立即

① [美] 加里·里夫林：《对抗比尔·盖茨的阴谋》，73 页，北京，华夏出版社，2000。

就被这个展览所描绘的未来，深深地吸引和震动，并开始了对 IBM 的景仰。功成名就之后，比尔·盖茨写的两本书，也都是以未来为主题：一本是 1995 年出版的《未来之路》，另一本是 1999 年出版的《未来时速》。盖茨在《未来之路》中这样写道："当我 19 岁时，我展望了一次未来，把我所看到的一切作为我理想生活的基础，结果事实证明我是正确的。"①

微软公司大约 30 年的历史，可以区分为几个阶段：

第一阶段，可称为"弱小的初始阶段"，前后大约持续了五年（1975—1980），员工从 3 人发展到 40 人。② 微软的创立，发生在计算机从大、中、小型向微型发展的关键转折点上，是比尔·盖茨向往个人计算机、迷恋软件、善于果断地抓住创业机遇的必然结果。这个阶段上的微软公司，经历了"事业寓于兴趣，抱负高于能力"、"有心抓机遇，苦干出成绩"、"直面纪律法律、探寻道德伦理"的文化磨练。

第二阶段，可以称为"借力迈步阶段"，前后也大约持续了五年（1980—1985），员工从 40 人发展到 910 人。一切弱小的企业，如果要迅速发展壮大，都必然要向外借力。或者"合作借力"，或者"利用借力"。所谓"合作借力"，是企业之间直接沟通、谈判、签约，共同完成一个产品，协力达成某个目标。所谓"利用借力"，是企业之间并无直接的沟通、谈判和签约，而是利用对方畅销的产品、公开的技术、建立的标准、造成的声势等等，来达到发展自身的目的。"合作借力"靠诚意，"利用借力"靠机智。有诚意，"合作借力"左右逢源；有机智，"利用借力"处处得利。在这个阶段上，微软既坚持保持诚意，又充分发挥机智，抓住了与蓝色巨人 IBM 主动上门要求合作的机遇，迈出了发展自己的关键性的第一步。

第三阶段，可以称为"自强成长阶段"，前后也大约持续了五年（1986—1990），员工从 910 人增加到了 5 636 人。在上阶段的后期，微软和 IBM 之间的合作，虽然由于 IBM 看不起微软，已经出现了缝隙，但并没有破裂。在微软自强成长的本阶段上，这两家公司也一直维持着合作关系，但这是包含着根本分歧的合作，是难以取得重大成果的合作。微软公司作为弱小的、不够成熟的、不被对方看重的合作方，发扬了自强精神，提高了自己的实力，快速地成长起来了。

微软公司发展的第四阶段，可以称为"提供行业标准阶段"，前后也大约持续了五年（1991—1995），员工从 5 636 人发展到 17 801 人。美国革新专栏作家迈克尔·施拉格，在 1994 年的一段话中，精辟地论述了比尔·盖茨和微软作为行业标准提供者的目标和成绩："谁比其他人更理解标准的意义？可能是比尔·

---

① ［美］比尔·盖茨：《未来之路》，5 页，北京，北京大学出版社，1996。

② 根据兰德尔·E·斯特劳斯：《微软之路》，26 页所载，下同。不同的资料，记载微软员工人数略有出入。

盖茨以及微软。微软实际上不是在做软件生意，而是在做标准的生意。微软成功不是因为它编写了最好的程序，而是因为它确立了最好的标准。微软 Windows——使盖茨成为亿万富翁的这种个人计算机软件——被培育和发展成一种标准，而不仅仅是一种操作系统。微软的目标绝非收入甚至市场份额的最大化；它是在与消费者、软件开发商和英特尔这样的微处理器生产商建立关系，以给予微软操作系统最充分的支持——战略上、财务上和技术上的支持。这些关系网络正是使标准成为标准而不是一件产品的东西。标准不是一个公司的产品，而是这些网络的副产品。支配标准意味着支配这些网络。”①

自 1996 年开始，微软进入第五个发展阶段，这既是微软走向“名列世界第一”阶段，也是微软的企业文化集成阶段。在这个阶段上，微软的员工不断增加，至 20 世纪末发展到了大约 30 000 多名。②

微软公司通过近 30 年的软件生产经营实践，培育了它卓越而独具特色的企业文化。下面或者选择盖茨与微软人自己的简洁语言，或者用有关专著中概括出来的结论，或者用简洁的箴言或格言，就微软企业文化的各个方面，作一个总括性的描述。每段话都有文献依据，符合原意，但未必是原文，可能进行了文字修饰。同一段话，往往涉及企业文化的好几个方面，从而可能会重复出现，但一般尽可能不重复使用。对于微软企业文化的每一个方面，也作一些简短、比较性的评析。

一、公司使命

【普及电脑】

1. 让个人电脑进入每一个家庭，占据每一张书桌。（《电脑业世纪商战》，46 页）

2. “让每一个家庭，每一张书桌都有一台计算机”成为微软公司的使命，为了完成这一使命，我们已经做了很多工作。（《未来之路》，5～6 页）

【普及网络】

一个网络，如果只是最富有的 10%的人愿意使用，那它将无法吸引足够充实的内容而兴旺发达起来。信息高速公路如果无法实现大众化，就毫无价值可言。信息高速公路应该能真正为每个公民，而非仅仅一部分高层人士所利用。一个连接少数几个大公司及有钱人的昂贵的系统，绝对不会是信息高速公路——它大可被称为信息高速“私”路。（《未来之路》，318 页）

---

① 转引自［美］迈克尔·科索马罗、理查德·塞尔比：《微软的秘密》，169～170 页，北京，北京大学出版社，1996。

② 参见罗长海：《关于微软公司的发展阶段与文化》，见《微软文化》，北京，清华大学出版社，2004。

【开发软件】

我们的核心使命是开发计算机网络所需要的大量软件，为硬件公司提供软件工具。(《未来之路》，308 页)

【改变世界】

世界在变化着，正是像微软、索尼这样的公司，改变着这个世界。(《比尔·盖茨访谈录》，173 页)

【创造未来】

没有谁能够对未来了如指掌，未来并不是靠算命先生那张嘴说出来的，而是靠你自己创造出来的。我敢于走出去，聘请顶尖的技术人员，让他们设计出未来的发展蓝图，然后我们便全力以赴去实现它。(《比尔·盖茨访谈录》，173 页)

【评析】

微软的公司使命，全面地说就是：普及电脑，普及网络，开发软件，改变世界，创造未来。其中，“普及电脑”有一个具体的表达，那就是“让个人电脑进入每一个家庭，占据每一张书桌”。这个表达，如同日本松下公司把实业人的使命表述为“把贵重的生活物资像自来水一样无穷无尽地提供给社会”一样，通俗易懂，形象生动。一个公司以什么为使命，决定着公司的价值观念，指导着公司的长期战略，孕育着公司的激励机制。公司使命是企业文化先进与否的第一判据。近 30 年来，微软人怀着“普及电脑、普及网络、开发软件、改变世界、创造未来”的使命感，在发展世界软件产业方面作出了有目共睹的社会贡献，其企业文化的先进性是不容置疑的。

二、企业目标

【永远领先】

我的目标是：通过不断创新，使微软公司能保持其领先地位。我们的雇员一个个才智超群。如果微软能够利用他们睿智的眼光，同时广纳用户的忠言，那么，我们就还有机会继续独领风骚。我们能够持续不断地提供精益求精的软件，使个人计算机成为一个举世无匹的强大工具。(《未来之路》，344 页)

【自我更新，继续弄潮】

我的目标是要证明：一个成功的公司可以自我更新，继续做时代的弄潮儿。(《未来之路》，87 页)

【开发能看、听、学习的电脑】

微软公司现有的大胆目标是：创造新软件，让 PC 的功能超越所有的现存系统，开发能“看、听、学习”的电脑，给新型的个人数据伴侣增强功能。(《未来时速》，251 页)

【评析】

企业目标是公司使命的具体化。微软提出的企业目标，可以分成两类：第一类是比较性的竞争目标，即想在“网络时代”和“数字化时代”，继续保持它在“个人电脑时代”名列第一的地位；第二类是非比较性的、根据自己做出的结果就能判断是否达成的目标，即想开发出能够“看、听、学习”的电脑。微软的这两类目标，都是标准很高的：在计算机科学技术迅速发展的今天，要连续几个时代名列第一，谈何容易！开发出来的新电脑，不但能看能听，还要能学习，这距离智慧的人不是没有多远了吗，谁敢来比！提出这样两类目标，微软也确实是够大胆的。微软的这两类目标，又是紧密联系、不可缺一的：如果只有第一类目标而没有第二类目标，就有可能采取“阻止竞争对手进步”的野蛮手法来达标；如果只有第二类目标而没有第一类目标，那么第二类目标就有可能失去“高标准”的性质，从而谈不上什么改造世界、创造未来。微软两类高标准目标并提，是它坚持企业文化先进性的一个标志。

三、企业精神

【思考精神】

1. 微软公司的企业精神，用一句话来概括就是：开动头脑，设计和推出比别人更好的软件。（《比尔·盖茨访谈录》，106 页）

2. 使员工转移到思考性工作上来。（《未来时速》，212 页）

【创新精神】

1. 我的目标是：通过不断创新，使微软公司能保持其领先地位。（《未来之路》，344 页）

2. 像我们这样的行业，你每隔四五年，确确实实地需要在技术上有大的突破。你必须去冒风险，更新你的公司。（《比尔·盖茨访谈录》，176 页）

3. 微软公司研制的每个产品，都在 3 年之内变得陈旧。惟一的问题是我们使它们陈旧还是其他人使它们陈旧。（《未来时速》，174 页）

【团队精神】

1. 微软的发展和成功来源于 28 000 人的共同努力。（《比尔·盖茨访谈录》，186 页）

2. 现实是不可思议的，就是一个小小的技术，也都是集体智慧的结晶，如果没有我们的研究小组，许多东西不会像今天看到的这样。（《比尔·盖茨访谈录》，228 页）

3. 微软公司的组织增减变动，只是一种取舍关系，所有的组织建设都属于取舍关系，它优化了产品制造的团体精神。（《微软的秘密》，45 页）

4. 一家高智商公司的员工能有效地合作，因此做一个项目的所有关键人物都消息灵通，干劲十足。最终目标就是让一个小组发扬全公司的最佳思想，然后就像积极性很高的一个人一样，目标一致、全力以赴地行动。数字信息流可以带来这种群体的团结。(《未来时速》，229 页)

5. 微软只聘请聪明人。聪明人反应敏捷，善于接受新事物，富有创新精神和合作精神。(《微软的秘密》，59 页)

6. 为了招聘和留住聪明的员工，需要使聪明员工之间的合作变得很容易。一种被信息流强化的合作性文化，将使得全公司的聪明人能够互相联系。当高智商的员工处于通力合作的临界状态时，他们的能量就会更加高涨，就会营造一个激励人的、干劲十足的工作环境，整个公司就会更明智地经营。(《未来时速》，244 页)

【认败精神】

任何一个在微软工作过的人，都认为我们有一个优秀的品质，那就是始终认为自己是失败者。我今天仍然认为我们是失败者，就像过去认为我们是失败者一样。如果我们不坚持这种看法，我们的竞争对手会吃掉我们的午餐。(《未来时速》，174 页)

【屡败屡战，直到成功的精神】

1. 我们当然知道微软公司的不少失败。一切都在于您如何对待失败。从失误中学习和不断完善产品，是所有企业成功的关键。(《未来时速》，176～177 页)

2. 承认错误并且确保自己从中学到了一些东西是重要的。另外，不因错误而试图回避新的尝试，也是重要的。(《未来之路》，86 页)

【乐业敬业精神】

1. 对我来说，大部分快乐一直来自于我能聘请到有才华的人并与之一道工作。我乐于向他们学习请教。我常常说，我从事的工作是世界上最好的工作。我的话绝非虚言。(《未来之路》，344 页)

2. 工作几乎是我最大的乐趣。(《比尔·盖茨访谈录》，135 页)

3. 修建信息高速公路绝不会像说一声“让光纤遍及各处”那么简单，任何卷入的政府或公司都要跟踪最新的发展，时刻预备转向。要做到如此的灵活，需要有对技术的精通，而为了避免其他风险，最好还要加上工作中的敬业精神。(《未来之路》，295 页)

【献身精神】

我们相信：有我们这样的软件开发技术，有我们这样的为个人计算机的发展事业献身的精神，我们一定能够从自己的投资中获得回报。(《未来之路》，283 页)

【评析】

微软公司的企业精神，如果不是要求用一句话来概括，也许可以表述为：

“思考创新，团结合作，认败求成，乐业献身”。其中，最具特色的也许是“认败求成精神”。“认败”，这不仅和“阿Q精神”相比显得针锋相对，而且在“喜欢肯定自己是胜利者”的美国文化中，也算得上独树一帜；微软人“始终认为自己是失败者”，是危机意识、竞争意识、谦虚谨慎意识、高标准严要求意识的一种集中表达，它可以和松下的“成功靠运气、失败在自己”的名句相媲美。正因为有了这种“认败精神”，微软对自己实际上的失败才从不忌讳。盖茨在《未来时速》中，就坦陈了微软的六大失败：一是多元计划表格软件败给了 Lotus 1－2－3，二是花5年开发 Omega 数据库软件失败，三是在 OS/2 上耗资几亿美元而不了了之，四是20世纪90年代初搞的牛顿式个人数字助理器被迫封杀，五是1993年搞的“微软办公”集成没有成功，六是20世纪90年代中期“微软网络在线服务搞的电视化因特网节目”化为泡影。微软最为可贵之处，在于它的“认败”是和“求成”联系在一起的；它把每一次失败的教训，都转化成了后来成功的经验：多元计划表格软件的失败帮助了“微软超越”的产生，从 Omega 数据库软件失败中学到的东西帮助了 Microsoft Access 的开发，不了了之的 OS/2 变成了备受欢迎的 Windows NT，搞牛顿式个人数字助理器和“微软办公”的经验有助于理解后来开发 Windows CE，在因特网上的投资导致了一批实用的、软件密集性产品的问世。屡败屡战，直至成功，这就是微软之路。

但如果要用最简练的语言来概括微软的企业精神，看来应该是“团队思考”。微软不仅是每个员工都在独立思考，而且通过电子邮件、数字神经系统、“争论求决”等等，使全体员工都在整体思考，团队思考精神弥漫了整个公司。团队思考精神，是微软能够创造未来的宝贵财富。

四、价值观念体系

【利润观】

1. 微软重视利润，对带来利润的大众市场感兴趣，相信只有把有价值的东西提供给顾客才能获得最大的利润。（《微软的秘密》，405页）

2. 盖茨聪明得令人畏惧。他是地地道道的利润导向型的人才，他就像是一台知道如何去赚钱的巨型计算机。（微软程序经理吉姆·康纳尔语，《微软的秘密》，23页）

【财富观】

1. 我的财富的确像个天文数字，大得让人觉得荒唐。但是请你记住，我会把95%的财产捐赠出去，捐给慈善机构和科研机构。如果日后我有了孩子，我也不会认为把钱全都留给他是什么好事。我只会留给他们足够的钱，他们会丰衣足食，会过得很好。（《比尔·盖茨访谈录》，127页）

2. 我对钱的看法比较坚定，可能是由于我父母的影响、我的工作和我的信仰的缘故。有些人问我为什么不买一架飞机，或其他类似的问题。为什么呢？因为一个人会对这些奢侈的东西习惯的，这可不是什么好事。从某个角度来说，它们使你脱离正常的经历，让你变得虚弱。所以我有意地控制自己对这些东西的态度，这也是属于自律范畴的事。如果我自己也失去了自律的能力，那我在面对这么多的钱时也会感到困惑。因此我必须防止这样的事发生。（《比尔·盖茨访谈录》，128 页）

3. 带着财富入棺材，死也不光彩。[盖茨语，《发现》，51 页，2003 (3)]

4. 财富是一种责任。我有责任让自己的财富变成别人的幸福，为更多的人消除饥饿、贫穷和疾病。（盖茨语，《今晚报》，2004-03-12）

【公益观】

1. 微软公司每年都有一个向慈善机构捐钱的募捐活动。在活动的开始，每个职员都会收到鼓励他们参与的电子邮件。电子邮件的内容中包括一个电子许诺卡程序，只要点中邮件中的图标，许诺卡就出现在雇员的计算机的屏幕上。他（她）可以许诺交现金也可以签字认可自动扣除工资的部分。（《未来之路》，182 页）

2. 我将把出售《未来之路》这本书得来的经济收益，都用来资助那些正在把计算机引入课堂的老师。通过美国国家教育改善基金会及全世界性质相似的机构，这笔资金将帮助教师为学生创造机会——就像当年湖滨中学的母亲俱乐部使我能够在计算机领域中第一次探险一样。（《未来之路》，343 页）

【知识观】

1. “知识就是力量。”这句老格言有时使人们把知识密藏不宣，他们相信把知识保密起来会使自己成为必不可少的人。力量不是来自保密的知识，而是来自共享的知识。一家公司的价值观和奖励制度应该反映这个观念。（《未来时速》，230 页）

2. 一家公司的高层经理们需要坚信知识共享的重要性，否则即使再努力掌握知识也会失败。（《未来时速》，229 页）

【信息观】

1. 将您的公司和您的竞争对手区别开来的最有意义的方法，使您的公司领先于众多公司的最好方法，就是利用信息来干出色的工作。您怎样搜集、管理和使用信息将决定您的输赢。（《未来时速》，3 页）

2. 信息流是公司的命脉，因为它使您从雇员那里得到最多的回报，从客户那里获取更多的信息。（《未来时速》，4 页）

3. 无论你有多么聪明的员工，多么优秀的产品，多么良好的顾客信誉，多么巨额的资金，你仍旧需要一整套的信息流通机制来提高质量，改进商业策略。信息流通是公司的血液，因为它能够使你的员工了解顾客。（《比尔·盖茨访谈录》，191 页）

4. 坏消息必须尽快传递。您应该专注于坏消息，以便着手解决它。带来坏消息的人应予奖励，而不应被视为犯上。业务领导必须倾听来自销售人员、产品开发人员和客户的警告。您不可能关掉闹钟而继续酣睡，除非您不想让您的公司生存下去。(《未来时速》，152、171页)

【公司智商观】

在今天的动态市场上，一家公司需要高超的公司智商来获得成功。我说公司智商，并不是说公司要有许多睿智的人——尽管开始时有智囊团当然是大有裨益的。公司智商的衡量标准，是看公司能多么自如地广泛共享信息，看公司里的人怎样善于互相利用对方的思想。公司智商牵涉到共享历史和现有知识。对公司智商的贡献来自个人的学问，来自不同人员思想的交流。(《未来时速》，228～229页)

【成败观】

1. 成功是一个讨厌的教员，它诱使聪明人认为他们不会失败，它不是一位引导我们走向未来的可靠的向导。(《未来之路》，47页)

2. 一切都在于您是如何对待失败的。我们当然知道微软公司的不少挫折。从失误中学习和不断完善产品，是所有企业成功的关键。(《未来时速》，176、177页)

【创业机遇观】

世界上第一个微型计算机软件公司诞生了。我们把它称为“微软”公司。我们知道要想让一个公司运转起来就意味着要付出代价。但我们也意识到我们要么那时就去做，要么就永远丧失在微型计算机软件行业去创业的机会。在1975年的春天，保罗辞去了他的程序员工作，而我则决定离开哈佛继续休学。(《未来之路》，24页)

【评析】

微软公司的企业价值体系，当然不会仅仅是上面出现的那几个价值。不过，上面那几个价值观念，确实有微软的特色。它们大致上可以分成三组：

第一组，是关于“利润”、“金钱”、“财富”等的价值观念。微软追求利润，认为投资应该有回报。盖茨是利润导向型人才，但是微软并不强调利润至上，而是强调公司的使命：让个人电脑进入每一个家庭，占据每一张书桌等等。盖茨很有钱，但他既不是守财奴，也不是肆无忌惮放纵本能享乐的花花公子，甚至不打算把全部财产留给自己的子女，而是许诺把95%的财产捐赠给慈善机构和科研机构。应该说，微软的企业文化属于社会使命至上型。

第二组，是关于“知识”、“信息”、“知识共享”、“信息流”等等的价值观念。微软所着重强调的，不是“知识”的价值，而是“知识共享”的价值。盖茨认为，保密的知识不是力量，共享的知识才是力量；公司的高层如果没有知识共享的信念，即使努力掌握知识也会失败。知识共享的程度，就是一个企业的公司智商的高低。那么，大力提倡知识共享的微软，是不是主张知识无偿公开呢？看来不是。在微软内部，一切知识无偿共享；对外则是有偿共享，因为所谓“软件”本质上也是知识，是知识性产品。微软所特别看重的，不是“信息”的价值，而是“信息流”的价值，宣称信息流才是公司的生命线，无论是好消息还是坏消息，都应该让它尽快地流动起来。

第三组，是关于“就业”、“深造”、“创业”的价值观念。1975 年，为了创办微软公司，保罗·艾伦辞掉了程序员的工作，比尔·盖茨中止了在赫赫有名的哈佛大学的学习深造。这里的价值取向是令人深思的：就业诚可贵，深造价更高，若为创业故，二者皆可抛！

五、企业哲学

【决策哲学】

1. 无论从事何种业务，如果根据不可靠的数据或想当然决策，最终将付出沉重的代价。微软一贯坚持掌握精确的数据，并对这些数据做深入的分析。在决定产品的发展方向时，数据给出真实的依据，客观地显示客户的喜恶，并帮助您确定优先处理事情的顺序，使您能快速采取战术上或战略上的行动。（《未来时速》，205 页）

2. 技术促成策略。信息时代的一个常识性政策，就是让所有的知识型工人都成为制定策略的一部分；但如果我们没有电子邮件技术，我们就不能使这样的政策成功。（《未来时速》，158～159 页）

【生产经营哲学】

1. 我们从来不认为我们的能力是有限的，也从来不以我们自己的喜好决定要生产什么样的软件，只要是有开发潜力的软件我们就会生产，我们关心的是什么样的软件能够有很好的销路。（《比尔·盖茨访谈录》，22 页）

2. 我一直都相信，只有致力于少数几项中心技术的公司才有可能干得最出色。计算机行业给人的启迪之一——那也是生活给人的启迪之一——就是什么都干几乎是不可能的。IBM、DEC 以及旧的计算机行业中其他的一些公司都试过大包大揽，提供包括芯片、软件、系统及咨询在内的一切服务。然而当技术发展的步伐因为微处理器和个人计算机的标准更新而大大加快的时候，兼营的战略就被事实证明是容易失败的了，因为，从长远来看，专攻某一领域的竞争者可能有更出色的表现。一家公司生产一流的芯片，另一家拥有一流的个人计算机设计，而再有一家其离散与集成技术为一流。每一家获得了成功的新公司，都是选择了一块狭窄的领域，然后在其上投入自己的全部人力物力。（《未来之路》，307 页）

【客户支持哲学】

1. 微软的支持哲学强调，每一次客户支持活动都是改进产品设计的机会——相应地，我们会用更便于使用、更无须产品支持组织关注的产品回报客户。微软的实践证明，这种客户驱动法在产品设计上的应用，改变了软件开发循环的目标。以前，开发员们关注的焦点是“计算机设计”目标——如果没有额外编码就能完成很出色的设计，他们会感到心满意足。现在，只有当他们完成的特性制作使客户初次使用就能理解时，他们才会满意。（《微软的秘密》，364页）

2. 无论何时推出了一种新产品，无论需要与否，开发员都要被派去处理客户的各种询问。这真是让大家对客户有了丰富的认识。这种哲学就是真正让开发员、让每个人都以最终用户为着眼点，记住他们是我们的老板，我们成功的惟一原因是他们喜欢我们的产品。（《微软的秘密》，377～378页）

【组织哲学】

1. 自20世纪80年代中期以来，针对质量问题和出品延误问题，微软一直在对其组装产品的方式进行改进。微软经理们发现，有必要组织更大的小组来开发软件产品。微软的哲学就是在产品开发中使结构松散的小组不断扩大，使大组能够像小组一样有效地运行。（《微软的秘密》，13页）

2. 我们会尽力保护企业的文化，不仅要保持一个大公司应有的优越性，比如生产线、稳定的产出、国际声誉和巨大的资金支持，还要有小公司特有的优势。（《比尔·盖茨访谈录》，49页）

【渐进式创新的哲学】

微软一直主要依赖渐进式创新而开展竞争。偶尔它把这些创新集合起来，与新科技相结合，然后推出新产品，使老产品过时。（《微软的秘密》，428页）

【评析】

微软公司的巨大成功，究竟是在什么哲学指导下取得的？上面的几段话回答了这个问题：第一，决策不能想当然，要根据精确的数据，要集中知识型工人的智慧；第二，生产什么样的软件，不能由微软人自己的喜好来决定，而要由市场或顾客的需要来决定；第三，微软虽然是高科技企业，但仍然依靠客户驱动，每个微软人都要着眼于为最终用户服务，牢记最终用户是自己的老板，自己成功的惟一原因是生产了最终用户喜欢的产品；第四，微软人虽然不认为自己的能力是有限的，但并不主张大包大揽、什么都做，而是主张集中力量专攻某一个领域；第五，公司要发展，要做大，但应该力求把大公司的优越性和小公司的特有优势统一起来；第六，创新是质变，是除旧布新，但也要靠渐进式的积累。就这六点来看，微软奉行的哲学究竟是唯物论还是唯心论，是辩证法还是形而上学，已经是一目了然啦。

六、思想意识

【创新意识】

通过不断创新，能够使微软公司保持领先地位。我认为，成功的公司不能创新无非是一种倾向而已，并不是一种必然，是过于把精力集中在当前的业务上，才很难变革和刻意创新。(《未来之路》，344 页)

【风险意识】

1. 大赌注可能意味着大输，也可能是大赢。(《未来时速》，250 页)

2. 在一门新崛起的工业里，冒风险是自然而然的事。在很发达的工业里，虽然销售商在大部分领域里都接近平等，但冒一下信息技术能改变游戏规则的风险，是做出产品和市场突破的最佳方法。(《未来时速》，251 页)

3. 我们在“视窗”上下了赌注，而且我们注定是要胜利的。当初的冒险现在已为我们带来了丰厚的利润。现在没有人能低估图形界面的威力，使用图形界面已经成为再自然不过的事情。(《比尔·盖茨访谈录》，112 页)

【忧患意识】

1. 你不能高枕在从前的桂冠上休息，因为总有竞争对手从你身后向你逼近。(《未来之路》，84～85 页)

2. 我们总是拧紧了发条，我们担心竞争失利，我们习惯于思前想后。这是我们文化的一部分。(微软人语，《微软的秘密》，333 页)

3. 对落后的恐惧颇有激励人的作用。对我而言，忧患意识不能被抛之脑后，应当让它时不时地警醒自己。(《比尔·盖茨访谈录·语录》，3 页)

【危机意识】

1. 在 1995 年微软公司成立 20 周年庆典的时候，盖茨表示担心，个人电脑时代的微软公司要在即将来临的以网络为中心的电脑时代继续保持目前的地位，也许将面临着“失去资格”的危险。(《微软之路》，6 页)

2. 我非常清楚，在未来的 10 年里，如果微软仍是领头羊，我们将不得不经历至少 3 次危机的洗礼。(《比尔·盖茨访谈录》，202 页)

3. 市场只会让一个公司背负着重担不断前进，生产出更好的产品，除此之外别无其他。我们没有后路可言。这个世界上的竞争比人们想象的要激烈得多，尤其是在高科技领域。如果一个公司不再发展生产，止步不前，如果它转而去做其他事情，例如权力方面的事情，那它在这个领域的地位很快会被别人代替。(《比尔·盖茨访谈录》，111 页)

4. 可能有一天有人会使我们猝不及防，可能有一天某个急迫的暴发户会把微软赶出市场。我只希望这是在 50 年之后，而不是 2 年或 5 年内。(《未来时速》，174 页)

【竞争意识】

1. 实践证明，竞争机制是非常有效的结构经济体制，过去的10年充分证明了它的优点。信息高速公路将会进一步加强这种优点。它将使那些产品生产者比以往任何时候更有效地看到消费者究竟需要什么，也使得那些未来的消费者更有效地购买产品。(《未来之路》，231页)

2. 我可不想控制软件市场。一枝独秀并没有什么好处。只有在整个软件市场兴旺发展、健康运作的前提下，微软才可能有很好的发展。(《比尔·盖茨访谈录》，110页)

3. 政府可以帮助确保一个竞争性极强的市场主框架。如果在某些特定的领域，市场调节不到，政府应当主动干预，但又不能过于热切。因为政府不可能比竞争性市场更灵活，不可能控制市场，尤其在对顾客的喜好及技术的发展还存在疑问的情况下。(《未来之路》，287页)

【合作·双赢意识】

1. 要能在同一个时间里既竞争又合作，这种局面变得越来越重要了，但是这就要求在许多方面条件都很成熟。(《未来之路》，74页)

2. 在许多方面大小型公司之间是可以互相借鉴的。大型企业可以有效地利用科学技术，相对来讲小型企业没有什么技术优势。然而大型企业也可以从小企业中学到一些有用的东西，比如，更强的责任感，以及企业吸引顾客的组织机构。因特网意味着竞争规则已经改变，这给小公司一个发展的机会，他们会对顾客的要求做出最好而且最快的反应，进而发展与顾客的密切联系，以此来与最强大的竞争对手较量。许多成功的小公司就是依靠有限的资源做出非凡的成绩，这令人叹为观止！(《比尔·盖茨访谈录》，188页)

3. 我们相信合作的力量，并热切地希望参与到合作中去。(《未来之路》，308页)

4. 无论什么时候，任何软件行业的人如果想了解我们对行业发展前景的看法，他们都可以来和我们交谈。因为我们会把自己的展望告诉他们，和他们分享。我们认为这与竞争优势无关。我们只是希望能让更多的人了解我们的设想，并且赞成我们的设想，这样，他们就能够帮助我们把这些想法变为现实。(《比尔·盖茨访谈录》，31页)

【质量意识】

1. 有了高质量，就有大客户。如果客户不买我们的产品，其原因肯定是我们的产品质量不是足够好，因此，提高产品质量就是了。(《比尔·盖茨访谈录》，3页)

2. 市场会原谅我们的迟到，但不会原谅我们的错误。(微软人语，《微软的秘密》，328页)

3. 我们成功的基础只有一个：好的产品。（盖茨语，《对抗比尔·盖茨的阴谋》，121 页）

4. 计算机对用户的价值大小，取决于质量和可供计算机使用的各种应用软件。（《未来之路》，64 页）

【政府意识】

从某种意义上说，对于我们这样成功的、具有实力的公司，政府有关部门来审查运作情况既是意料之中的，也是合理的。我们要抓住这次难得的机会，花些时间向那些官员们好好解释一番微软是怎么运作的。官员们只是想确定，微软作为国民经济中的重要产业——软件业中的重中之重和龙头，是否竞争力依旧强劲，是否运作合理。政府对我们的审查还是很合理的。（《比尔·盖茨访谈录》，113～114 页）

【评析】

微软名列软件行业第一以后，仍然保持危机感和忧患意识，这是难能可贵的。在上述思想意识中，最引人关注的还是微软强大以后，对竞争是不是厌倦了，是不是想搞垄断？盖茨说“一枝独秀并没有什么好处”，这是确实的：搞垄断，就是形成特权；有了特权，公司便会失去创新动力，腐败随之而来，灭亡的日子也就到了。

七、办事作风

【勤俭苦干】

1. 1975 年的冬天，我和保罗睡得很少，可谓夜以继日。当我睡着的时候，他常常是睡在我的书桌旁或睡在了地板上。好些日子我既不吃东西也不会见任何人。但五星期以后，我们的 BASIC 语言写成了。（《未来之路》，23 页）

2. 我有时不分昼夜工作。我们都非常激进，只知道按时把工作完成，为编写适用的程序而拼命工作。这挺有趣的。（《比尔·盖茨访谈录》，18 页）

3. 盖茨常常以一种让常人累断腰的速度，在微软总部的楼群间巡视，检查他的那些充满理想的、干劲十足的年轻人的进度怎么样了。他聆听他们的报告，赞扬一些他认为是高明的观点，并把其他一些观念称作是“前所未闻的愚蠢想法”。（《比尔·盖茨访谈录》，97～98 页）

4. 我一刻都不能停，我们只能永不停息地、无休止地努力工作下去。（《比尔·盖茨访谈录》，112 页）

5. 炫耀并非微软的风格，辛苦的工作和审慎的开支才是。每逢“工作狂的星期三”，软件设计师们必定废寝忘食地工作，不到深夜绝不罢休；参加研讨会的工作人员，不间断地从一个城市飞到另一个城市，即使是到了睡前都还得一再确定，明日的设备及示范产品安然无恙；公司员工的衣着打扮也充分反映出低层主管的风格，触目所及尽是为了推销视窗 NT、新的 CD-ROM，或是参加电脑演示会所设计的 T 恤，偶尔点缀着一些佩戴昂贵手表及穿得衣装笔挺的人。（《“魔鬼”经营法——比尔·盖茨经营秘诀》，117 页）

【认真务实】

微软公司给人印象最深的，并不是它的市场占有率，而是它认真务实的作风。（《微软之路》，3 页）

【工作尽善尽美，生活起居随意】

1. 我们对所作所为不能尽善尽美永不妥协。我们总是奋斗不息。（微软人语，《微软的秘密》，333 页）

2. 事实上，每一个微软经理都非常肯定经过仔细挑选的精英群体的价值：“我们公司与其他公司最本质的区别就在于所雇用的员工素质不同。公司整个系统的基础就是员工们敏锐的思维方式和惊人的工作效率。如果你的员工在几个小时内就完成别人需要花许多天的工作，你就会拥有更大的灵活性，就会觉得有更丰富的资源可以利用。”比尔·盖茨也颇为自得地吹起了法螺：“这些最优秀的员工参与程序设计、思想创新以及具体的编码过程，他们所熟知的代码范围宽广，这使公司受益匪浅。他们能检查出任何编码过程中的缺陷，他们对各种程序设计变化所产生的副作用了如指掌。”（《微软的秘密》，70 页）

3. 微软公司对于雇员的着装没有硬性规定。1994 年，应邀参加盖茨婚礼的微软职工，有相当一部分平时根本不穿西装，不系领带，他们是为出席这场婚礼而不得不购买西装和领带的。在微软园区的办公楼房里，沿着门厅走一走，你就会发现有人光着脚，有人穿着皱巴巴的 T 恤衫，有的办公室杂乱无章。（《微软之路》，30～31 页）

4. 如果没有组织性你就不可能做成任何复杂的事情……你要做的就是使这种组织性尽量隐蔽起来，要给所有这些傲慢的家伙造成一种印象，觉得他们仍可以喜欢什么就干什么。谁去在乎一个家伙是否整天不穿鞋子到处乱走？谁去在乎这个家伙上班时间胡子乱糟糟的？我不在乎。我只想知道……是否有人在 5 点之前没有记录他的程序。如果有，那么那个家伙肯定知道我要闯进他的办公室。（微软管理者语，《微软的秘密》，18 页）

【呼来喝去】

如果有人说得不对，其他人应该立即指出来，而不是坐在那里一言不发。在大公司里，每个人都需要有一种高度的责任感。一旦我认为某件事是错误的，或纯粹属于浪费时间，我会毫不迟疑地指出来，一点时间都不可浪费。要是问我和微软副总裁史蒂夫·巴尔默，为什么微软发展这么好，恐怕我们给出的惟一答案，就是两个人一起向职员们呼来喝去。（《比尔·盖茨访谈录》，117 页）

【评析】

微软的办事作风，也许可以概括为：干劲十足，认真务实；不图形式整齐，不求表面和气。其中，有普遍适用于一切企业的真理，例如：勤劳吃苦，成功基础，东方西方，概莫能外。其中，也有微软和其他公司根本不同特有的文化，例如：着装修面随意、表意呼来喝去，就和 IBM 公司的人人西装革履（白衬衫、蓝西装）、意见逐级反映，存在着显著的差异。

八、特色文化

【电子邮件文化】

1. 多年以来，微软公司里的每个人都有自己的 PC 机和电子邮件账号，它是我们的著名企业文化的一部分，正是它促成了我们思考和行动的方式。（《未来时速》，159 页）

2. 电子邮件是削平等级差别的有力手段。如果通信系统足够良好，公司就不需要设立那么多管理层。曾经作为上下级指令传输链条上的中间管理人员，现在不再像过去那样重要了。微软公司天生就是一个信息时代的公司。我们的目标，就是在我和公司中的任何人之间，不得设有超过六个以上的管理层次。在某种意义上说，由于电子邮件，在我和公司的任何成员之间都不存在着等级差异。（《未来之路》，194 页）

3. 电子邮件是价值认同、接受职工监督的极好手段。“有时一个想法会很快得到认可，有时您却会收到一个尖刻的邮件说您完全错了。在不同的时期，人们鞭策我和其他高级经理加速前进。”（《未来时速》，161 页）

4. 电子邮件是组成数字神经系统的关键部分，它帮助中层管理者由“信息过滤器”转变为“实干家”。毫无疑问，电子邮件可以使公司等级制度平等化，鼓励人们发言，鼓励管理者倾听。每当客户问我“开发信息资源、加强公司内部合作的首要条件是什么”时，我总是回答“电子邮件”。（《未来时速》，168～169 页）

5. 在紧要关头我们总是以面对面交谈的方式来做出最重要的决策。但是我们的决策总是通过电子邮件先期进行交流意见，并有充足信息为依据。电子合作无法取代面对面的会议，但是它可以保证更多工作提前进行，这样在现场开会时会更富有成果。会议时间非常宝贵，您必须保证您处理的事实和建议来自精确的分析而不是捕风捉影。您要保证会议的结果是可执行的决定，而不仅仅是坐在一起玄思臆测、空谈哲理。（《未来时速》，166 页）

6. 有成效的会议是精心准备的结果。会议不应当主要用于展示信息。使用电子邮件使大伙事先对数据进行分析，准备好之后召开会议做出各种建议或进行各种有意义的辩论，这样就会更加有效些。（《未来时速》，19 页）

【争论求决文化】

1. 人们屡次三番与盖茨进行争论，只有这样才能获得盖茨的尊重。但是人们必须有显明的技术根据和数据事实作为后盾。那些基于私人的或感情上的原因，或者是内部政治而建立起来的观点，对盖茨及其他关键人物丝毫不起作用。特别地，对于盖茨来说，需要用新型的智力模式（其观点必须颇有见地，其世界观则需与众不同）来改变他冥顽不化的头脑，引起其共鸣。（《微软的秘密》，34页）

2. 长期以来，测量标准和资料在微软占有特殊地位。要是缺了它们，人们就可能把决策建立在感情用事或主观争论上，就可能在是否容纳一个特性、是否发布一个产品、是否采纳某种方法或工具上争论不休。微软各级现在还存在这些争论，但感情化的方案从来不会得到比尔·盖茨或微软其他高级经理的批准。人们提出各种建议，如果不能利用技术性材料说明这些建议，就有可能受到忽视。微软人都知道这点。凡是以感情化的或政治化的背景引发的方案，就不用去理它；就当什么也没发生。但是，如果有人向你提出的建议是有技术支持的，而你却置之不理，那将是你的终生大错。（《微软的秘密》，352页）

【数字至上文化】

在微软公司数字至上的文化里，每个人都必须有足够的事实数据，才能说服他人接受任何业务提议。（《未来时速》，25页）

【合作性文化】

为了招聘和留住聪明的员工，您需要让他们能很容易地与其他聪明的员工合作。这就会营造一个刺激人的、干劲十足的工作环境。一种被信息流强化的合作性文化将使得全公司的聪明人能够互相联系。当您的有高智商的员工处于通力合作的临界状态时，他们的能量就会更加高涨。相互刺激会产生新思想——而经验不足的雇员也会被推到一个更高水平上去。整个公司会更明智地经营。（《未来时速》，244页）

【大、小公司优越性相结合的企业文化】

我们会尽力保护企业的文化，不仅要保持一个大公司应有的优越性，比如生产线、稳定的产出、国际声誉和巨大的资金支持，还要有小公司特有的优势。（《比尔·盖茨访谈录》，49页）

实际上，我认为在许多方面大小型公司之间是可以互相借鉴的。大型企业认为，有效地利用科技是一种战略手段，而这恰恰是小型企业所无法比拟的。相对来讲小型企业会没有什么技术优势。小企业当前处于一个有影响力的地位，可以洞察大型设备的发展，尤其是对消费者有益的产品，我们在发展技术问题上积极努力，使得小型企业减少对技术的担心，让他们将焦点放在产品和顾客上。然而大型企业也可以从小企业中学到一些有用的东西，比如，更强的责任感，以及企业吸引顾客的组织机构。因特网意味着竞争规则已经改变，这给小公司一个发展的机会，致使他们会对顾客的要求做出最好而且最快的反应，进而发展与顾客的密切联系，以此来与最强大的竞争对手较量。许多成功的小公司就是依靠有限的资源做出非凡成绩的，这令人叹为观止！（《比尔・盖茨访谈录》，188 页）

【独树一帜的公开招股文化】

1. 公开招股把微软的良好形象展现在公众面前，向人们宣传我们的业绩和我们领导软件市场的能力，并且把一大群股民集中在微软的旗下。公开招股取得了很大成功，股票在以 21 美元的价格上市后就一路上涨。（《比尔・盖茨访谈录》，47 页）

2. 招股筹集来的资金，我们并没有使用，只是将它存入银行，和我们以前挣的钱放在一起。因为公司现在的利润很可观，我们有很多现金。我们上市招股的目的，与其他公司出售股票的目的不一样。但股票易兑换现金的这种资金流动性会让很多人受益。（《比尔・盖茨访谈录》，48 页）

【评析】

微软的特色文化，不会只是上述几个方面。有兴趣的读者，不妨阅读《微软文化》一书，从中不难发掘出其他一些独具特色的微软文化。况且，微软的特色文化也还在继续生成、继续积累。从总体上看，微软文化的特色，基本上是和先进的高新信息技术紧密相关的，是和信息的数字化、流动化、操作化、预警化、解题化紧密地联系在一起的。在科学技术已经成为第一生产力的今天，微软竭尽全力围绕科技创新产品来建设和发展自己的企业文化，应该说，这就走上了一条确保文化先进性的可靠道路。

第五篇

当代中国企业文化突出类型的个例评介

“双全型”——上海宝钢文化

宝钢文化，是指宝山钢铁股份有限公司（简称“宝钢股份”或“宝钢”）的文化。该公司坐落于中国上海，最初的名称叫上海宝山钢铁总厂，1998年通过联合重组发展成为上海宝钢集团公司。宝钢股份就是该集团公司独家发起成立的上市公司。

宝钢的历史不长，比中国的鞍钢、武钢、马钢、攀钢都年轻：一期工程始建于1978年，1985年建成投产；二期工程1991年投入正式生产；三期工程2000年底全部建成。2000年2月，组建为股份制上市公司，同年12月在上海证券交易所上市。短短的20几年，宝钢已经建设成为中国最大、最现代化的钢铁联合企业。2004年度，宝钢首次进入美国《财富》杂志排定的世界企业500强，位列第372名；2005年度，大幅提升63位，成为第309名。①

所谓“双全型”，可以分两个阶段来解释。

第一阶段，是宝钢在20世纪所经历的20多年。在这个阶段上，一方面从宝钢生长点的角度去看，其命运扎根于改革，属“改革全新型企业文化”；另一方面是从对外引进的程度去看，又属于“全面引进型企业文化”。全面改革的实质，

---

① 美国《财富》杂志每年公布一次世界企业500强，公布时间不在年初也不在年尾，而是在每年的六七月份。本书把哪年公布的500强，就称为该年度或该年的500强，即2004年公布的，称为2004年度或2004年500强，等等。这样，2004年500强的数据所反映的情况，就是公布之前一年的实际情况。特此约定。

是打破一切束缚生产力发展的生产关系，创建能够充分调动人员积极性的企业制度；全面引进的实质，是虚心学习世界上一切先进的东西。

第二阶段，是进入新世纪以来的宝钢。在这个新的阶段上，随着各种改革措施陆续到位，随着发达国家愿意出售的先进科学技术都已经引进，宝钢人不失时机地开始了“全面自主创新”、“全面赶超世界”的新征程。即从“全面改革”、“全面引进”向“全面自主创新”、“全面赶超世界”的新阶段提升。

下面大致按照前后两阶段的顺序，评介宝钢的双全文化。

一、全面改革、全面开放的宝钢

1. 在历史的转折点上诞生。

位于上海市东北部的宝钢，诞生于中国一个伟大的历史转折点上。1978 年 12 月 22 日，中国共产党十一届三中全会胜利闭幕。第二天，全会公报公开发表，标志中国改革开放的新时代正式开始。也就是在这一天，即 1978 年 12 月 23 日，宝钢正式动工兴建，在建设工地上打下了第一根桩。

在任何一个历史转折点上，人们的认识总是很难完全取得一致，总会有人在历史的列车上左摔右倒。于是，有人会高声呼喊“当心摔倒”，有人会左拉右攀，有人会要求停车，整个列车上真是热闹非凡。宝钢的建设正是这样热热闹闹地开始，争争吵吵地进行。

在宝钢建设的利弊得失和抢建、停建问题上，发生了举世瞩目的争论。这也不奇怪，宝钢的许多作法，在中华人民共和国的历史上是没有先例的；宝钢迈出的步伐，令某些赞成改革开放的人也觉得太大太急了点：

第一，宝钢的投资额近 130 亿元，国家一下子拿不出这么多的钱，要向国外大举借贷，这意味着改写过去曾经引以为荣的“既无内债又无外债”的历史。有人心里嘀咕：值吗？

第二，宝钢不仅要从国外引进成套技术设备，而且生产用的矿石也几乎全部要靠进口；不仅从国外买进设备硬件，还买进技术软件，甚至买进全套管理软件。有人问：有这个必要吗？

第三，宝钢选址，基于和平与发展已经成为当今世界的两大主题，没有像过去那样出于“备战”考虑选在内地的山区，这没有引起太多的异议。但把厂址定在地面土层软、地下水位高、桩基难固定、工业污染已经够严重的上海，却引来了不少的非议和怀疑。有人甚至担心，工厂建成后会不会滑到长江里去！

各种疑虑，集中反映到了最高权力机构。1980 年 9 月，在全国五届人大三次会议上，部分人大代表对宝钢建设中有关厂址选择、进口矿石、投资、环保和桩基位移等一系列问题，提出了质询。其影响之大，前所未见。宝钢建设，全国上下关注。

万事开头难。我国1978年底刚决定要以经济建设为中心，要提高经济发展速度，1979年鉴于实际情况便不得不提出国民经济的调整方针。1980年底，宝钢大量引进的设备刚到达工地，国务院就从宏观调整出发而作出了“宝钢停缓建”的决定，宝钢不得不服从。当然，“调整”的方针并不是“消极”的措施，正如邓小平在1979年10月4日所说：“调整是为了什么？我觉得，是不是可以这样说，是为了创造条件，使得在调整过程中，特别是调整以后，能够有一个比较好的又比较快的发展速度。”① “停缓建”也不是“放弃”，正如宝钢人实际上所做的那样，他们对现场设备采取了有效的保护措施，“克服了重重困难，做到了人心不散，队伍不乱，维护不断，物资不丢”②，充分准备着，坚信总有那么一天，“停缓建”的宝钢会恢复建设。

1981年宝钢建设大型论证会召开。全国220多位专家，从已经形成的现实出发，反复权衡利弊，提出了“分期建设，拉长周期，缓中求活”的建议性方案。理由是：“对外合同已经签订，大部分设备已到现场，工程已经铺开，如果下马，将损失100多亿元；如果不停，再花20多亿元，把建设周期拉长，再用5年时间，宝钢就可建成。这样，可以用20多亿元救活100多亿元，而且国家每年只需花5亿元左右资金。”③国务院采纳了这个建议。1981年8月7日，国家计委、建委联合发文，决定宝钢工程恢复建设，并把整个工程分为一、二期进行。1985年9月15日，一期工程建成投产，从高炉投料到炼钢和出初轧坯，仅用6天时间就一次投产成功。

从1978年12月23日到1985年9月15日，“十月怀胎、一朝分娩”，宝钢作为一个企业终于“呱呱坠地”正式诞生了。这是一个健康的、理想的“婴儿”吗？他是不是一个“生米已成熟饭”而不得已让他出生的、不那么健康、不那么理想的“婴儿”呢？我们看到，1981年专家们进行论证时，并没有涉及人们所提出的全部问题，而只是就已经形成的局面提出建议。读者也许今天还在关心着这些问题的答案。

实际上，有些问题不是通过论证就能解决的。即使经过论证的问题，也还要接受实践的检验。实践才是检验真理的惟一标准。

建设中的宝钢，是大型企业而不是中小型企业，是现代化企业而不是近代化企业，再加上钢铁工业本来就属于资金密集型产业，所以投资总额很大。规模要不要那么大，现代化程度要不要那么高，固然可以争论，但归根结底还是要看社会主义现代化建设实践究竟有没有这种需要。我国要搞现代化，可是当时全国年产钢还不到3 000万吨，钢铁厂中没有一个算得上现代化的。而当时美国、日本

① 《邓小平文选》，2版，第2卷，197页。

②③ 黎明、朱尔沛、莫臻：《企业改革主要是搞活国有大中型企业——宝山钢铁（集团）公司的探索》，13页，上海，上海人民出版社，1994。

的年钢产量，都已经达到 1 亿多吨，钢铁厂的自动化程度都已经很高。连韩国、巴西、印度，当时都已经建成或正在建设千万吨级的现代化钢铁厂。最能说明实践需要，因而也是最能说明问题的，是我国当时每年从国外进口钢材所用的外汇，就可以建设一个年产钢 300 万吨的现代化工厂。我国现代化建设的实践，迫切需要有自己的现代化大型钢铁厂。因此，在宝钢一期工程还没有完全建成投产的 1984 年，邓小平就亲临宝钢，催促二期工程要提前干，要上得快一些，不要耽误时间。他还说：宝钢二期工程原来安排在“七五”（即 1986 年）上马，现在每年进口 1 000 万吨钢材，这种局面怎么扭转？宝钢二期工程早投产一年，就可以少进口 300 万吨钢材，进口 1 吨钢材要 300 多美元。从长远看，宝钢二期是否能想想办法，争取早些上。如果到“七五”上，要推迟两年建成，这样很不利。宁肯借点债，付点利息，也要争取时间。付点利息，我们早一点拿到钢材，总算起来还是划得来的。[①]在邓小平的关心下，原定要在 1994 年建成的二期工程，提前于 1991 年全面建成投产。这虽然增加了我国钢铁产品的数量，弥补了我国钢铁产品在品种和质量方面的不足，但社会主义现代化建设实践的需要仍然无法完全满足。为此，宝钢决定自筹资金搞三期工程，并于 1993 年 12 月 23 日打下了第一根桩，到 2000 年底全部建成。三期工程的建成，不仅使宝钢年产钢达到 1 100 万吨的规模，而且使我国钢铁工业的技术装备水平和产品结构得到进一步的优化。虽然取得了如此巨大进展，但我国的钢铁工业在产品数量、品种和质量等方面，都还不能完全满足社会主义现代化建设实践的需要。由此看来，20 世纪 70 年代末关于借点外债搞钢铁建设、关于宝钢规模和现代化水平的战略决策，是经得起实践检验的，是完全正确的。

宝钢搞全面引进又怎么样呢？引进现代化设备和技术，这没有多大的异议。但进口矿石、引进管理软件，就有了分歧。

先说进口矿石。实际情况是，我国铁矿石的储量虽然很丰富，但含铁品位低、成分复杂、多分布于交通运输不便的偏僻地区，采选困难。即使不建宝钢，每年也都要从国外进口矿石。而由宝钢进口矿石来生产的钢材，可以替代进口钢材，在经济上合算多了。当然，有人不同意进口矿石，并不是从经济上合算不合算来提问题，而是说：“原料掌握在外国人手里，一旦被人家‘卡脖子’怎么办?”这实质上是一个要不要、能不能开放的问题，只能由“开放”的实践来回答。我国开放 20 多年所取得的成果，已经对此作出了肯定的回答。

再说引进管理软件。这是一个不能一概而论的问题。有的公司，从国外引进了现代化的机器设备，但由于没有引进相应的管理软件，结果不会管，管不好，

① 参见黎明、朱尔沛、莫臻：《企业改革主要是搞活国有大中型企业——宝山钢铁（集团）公司的探索》，15～16 页。

引进的硬件发挥不了应有的作用，甚至成了一种摆设，成了一堆废铁。但也有只引进硬件而获得成功的企业。因此，在引进硬件的同时要不要引进管理软件，应该作为一个具体问题具体分析的任务来对待，并接受引进后的实践检验。宝钢在引进国外现代化技术装备的同时，还引进了整套现代化管理方式，共花了8 000万美元引进包括管理资料在内的各种软件。得到的结果是：一、二期工程建成后，能顺利投产，能按期或提前达产，生产一直“安全、顺行、持续”。那么，这是不是引进管理软件的功劳呢？也许，宝钢人本来的素质就很高，不引进这些软件，他们也同样能干得这样好吧！这只有问亲身实践着的宝钢人了。让我们听听曾任宝钢董事长黎明、党委书记朱尔沛、宣传部长莫臻的回答：“宝钢的同志在实践中意识到，像宝钢这样一整套复杂的、高度自动化的装备，生产过程又用电子计算机集中控制，如果不实现现代化管理，而沿用传统管理方式，那么，要保证设备高速正常运转，达到高质、高效益，是根本不可能的。”① 这就充分证明，宝钢引进现代化管理软件是十分必要的。当然，宝钢人的素质是高的，他们一方面实事求是地承认，不引进国外的管理软件不行，另一方面也不是完全照搬外国。他们按照我国与外国在社会条件、文化传统、风尚习俗等方面的差异，对引进的国外现代化管理方式，不断进行消化、吸收、充实、创新，探索出一条具有中国特色的管理现代化企业的新路子。

宝钢选址于上海，实践证明也是对的吗？

上海的地面土层是软，地下水位是高，承载力是低，但这并不是说就不能建厂，只要大量打桩、善于打桩就行。宝钢人在大量试验的基础上，对重大设备和厂房，首次大规模采用了开口钢管桩；在原料场地基处理中，三次修改外国专家的设计，在不同地区分别采用天然地基，或扩大沙桩的桩距，使沙桩增强地基承载力的效果更为经济可靠。就是这样精打细算，宝钢打桩（包括钢管桩、混凝土桩和沙桩）的费用，也占了一期工程投资总额的4%左右。费用是多花了一点，但却奠定了宝钢赖以建立的稳固基础。

上海的工业污染，在20世纪70年代确实就已经够严重的了。但宝钢作为现代化程度很高的工厂，在设计中就采取了许多环境保护的措施。宝钢的设计本身，可以保证宝钢投产后不会增加上海污染。后来20年的生产实践证明，也确实没有增加污染。

然而不管怎样说，土地太软、污染已重，总是选址上海的两大弱点或弊端。问题就看选址上海的好处，是不是大于这些弊端。

纵眼看世界，当代工业发达的国家，一般都在沿海建有大型钢铁厂。究其原

---

① 黎明、朱尔沛、莫臻：《企业改革主要是搞活国有大中型企业——宝山钢铁（集团）公司的探索》，21页。

因，在于钢铁厂吞吐量大，运输任务繁重，建在沿海可以充分利用水运。中国海岸线很长，为什么选中上海？这是国务院八个部委和许多专家反复调查研究和多方权衡的结果。例如连云港，因曾有过回淤现象，建港条件不如上海而被否定。再如镇海，虽有可停靠十万吨级货轮的码头，不用转驳，但因工业基础薄弱，在短期内难以建成现代化钢厂。而在上海建厂的主要优点则是：有强大的工业作依托，有大电网可以承受宝钢轧机开动时的冲击负荷，有江运和海运的便利条件（可使宝钢的水运达到运输总量的 80％以上），有钢材市场营销方面的得天独厚的优势。

利弊相权，选在上海建厂利大于弊。特别是水运和市场两大优势的综合运用，可以使建成后的宝钢，在市场竞争中占有一个比较有利的地位。

实践的发展，正如邓小平早在 1979 年就预言的那样：历史将证明，建设宝钢是正确的。①

宝钢从打第一根桩，到第一期工程建成投产，大约花了六七年的时间。在这六七年里，“企业文化”一词在国外虽然已经开始频繁出现，但中国却还处于引进这个词的前夜，还没有出现企业文化热。这种情况，决定了宝钢这个时期还没有正式命名的企业文化，包括没有正式提出并正式命名的企业精神、企业宗旨、企业目标等。

这六七年，是中国改革开放的起始阶段，历史把宝钢推上了改革开放的最前线，舆论把宝钢放在了历史转折时期的风口浪尖。宝钢是上马还是下马？这对全国来说，是一个要改革开放还是不要改革开放的挑战性问题，对宝钢自身来说则是一个“新生”还是“死亡”的更具挑战性的问题。宝钢的命运在它的胎儿时期，就这样和改革开放紧密地联系在一起了。面临这陌生的、尖锐的挑战，宝钢人没有退缩，没有怯场，没有任何消极和埋怨，而是积极向前、沉着稳健地应战。不管人们认识还是不认识，承认还是不承认，宝钢人的这种应战实践，客观上就已经是在孕育、创造、积累宝钢的企业文化，已经形成了在后来用文字肯定下来的宝钢精神。宝钢的企业文化，也已经深深地烙上了“改革开放”四个大字的胎记。

2. 在现代化的起点上思考。

宝钢从一期工程建成投产，再到二期工程建成投产，相隔大约也是六七年。这六七年，是中国企业文化“热”的六七年。宝钢在这个时期，发生了企业文化从自发积累到自觉创造的飞跃。

一期工程建成后，宝钢人非常清醒地认识到：自己所在的工厂，不是一个一般的企业，而是一个曾经在全国人大质询过、全国上下十分关注的现代化企业，

① 参见《在历史的连接点上》，39 页，北京，昆仑出版社，1988。

它代表着改革开放的方向，寄托着中国现代化的希望。因此，当宝钢开始进行企业文化建设的时候，当宝钢人思考为什么要追求卓越的企业文化的时候，就自觉地站到了现代化的起点上。他们十分明确地意识到：作为现代化企业的宝钢，需要有一种和现代化相适应的文化力量，来凝聚和激励全体员工去争取物质文明和精神文明建设的更大胜利。因此，培育和建设卓越的企业文化，创造良好的文化氛围、工作秩序和企业形象，使生产建设与时代脉搏的跳跃同步，绝不是追逐热点的一时冲动，而是宝钢主客观环境的必然要求。宝钢人的具体理由是：

（1）建设卓越的企业文化，是由宝钢的现代化规模所决定的。

1991年，宝钢两期工程建成。1993年一、二期各生产单元全面达到设计水平，形成年产650万吨铁、671万吨钢、50万吨无缝钢管、400万吨热轧带钢、210万吨冷轧带钢的生产规模。这个规模，和我国过去比，当然是很大了；但是和中国现代化的需要比，则还不够大。所以宝钢人决心依靠自身所取得的经济效益来继续扩大规模。这个决心，宝钢人当时形象地表达为：要在第一次投产后短短的十多年里，使宝钢产生巨大的直接经济效益，做到：归还“一个宝钢”（即把国家通过各种渠道、包括借外债筹集的投资款128亿元，如数归还），上缴“一个宝钢”（即向国家上缴的税利，足够建设一个规模相同的钢铁企业），再建一个宝钢（即自筹资金建三期工程），使钢产量突破2 000万吨的规模。

可见，宝钢的现代化规模，具有“宏伟壮观”和“不断扩展”两大特征。适应于这两大特征，需要培育宝钢人放眼世界、创造未来的企业意识、企业责任感、荣誉感和紧迫感，使职工的主观精神能与宝钢的现状和发展相一致；需要把职工的个人理想同化于宝钢目标，使宏伟发展的企业目标融合在每个职工的潜意识中；需要全体职工树立富有时代感的宝钢观念，养成良好的宝钢风气，培育奋发向上、争做世界一流钢铁巨人的“宝钢精神”。

现代化规模需要先进的企业文化，卓越的企业文化促进现代化的规模。今天，宝钢终于成长为我国现代化程度最高、生产规模最大、品种规格最齐全的大型钢铁企业。宝钢的年产量已经达到了2 200万吨钢，主体生产工艺和装备全部达到了国际先进水平。

（2）建设卓越的企业文化，是由宝钢生产的现代化程度所决定的。

宝钢宏伟而不断发展的规模，不是依靠增加人的数量来实现的，而是依靠提高人的素质来保证的。如果说，宝钢那些具有当代世界先进水平的设备和管理软件，是可以而且也确实是从国外引进的；那么驾驭这些设备和管理软件的人，以及宝钢人的素质，是不可能从国外引进的。这就是说，宝钢现代化的物质生产，不仅宏观上要求整个企业具有一种与之相适应的文化氛围，而且微观上也要求每个职工都具备一种与之相匹配的文化气质，从而需要全面提高职工的思想、文化、科技与身体素质。

宝钢筹建之初，国内外不少人担心：中国人能否掌握先进技术？宝钢人清楚地看到了这个问题，下决心加强了对人的管理，从上到下全员进行政治思想、业务技术和文化知识的连续轮训。他们把这三种轮训称为打好“三根桩”，目的就是要为建好宝钢、管好宝钢、发展宝钢并赶超世界一流水平打下坚实的基础。本来，宝钢一、二期设计定员为 4 万人，但由于注重人的素质管理，投产一年后就开始逐年减员，到 1989 年已减员 6 500 人，1990 年再减员 1 500 人，减到 1997 年只有 2 万人左右。尽管宝钢的人员不断裁减，但由于素质不断提高，技术不断创新，投产以来钢产量平均每年增加 20 万吨。实践证明，宝钢的希望所在是人，宝钢的管理重心是人。建设卓越的企业文化，恰恰也就是把管理重心放在人这个基础之上。企业文化从全面培养和提高人的素质入手，启动人的主观能动性和积极性，增强职工的使命感和群体意识，激发职工最大的想象力和创造力，消除职工的内能损耗，减少逆向力；这些正是现代化企业保持勃勃生机的基础。

(3) 建设卓越的企业文化，也是宝钢适应国际上先进企业之间日趋激烈的竞争的需要。

提出建设宝钢时，美国已拥有强大的钢铁工业实力；日本在 20 世纪 70 年代中期已经有了 7 个宝钢式的大型钢铁联合基地；韩国也奋起直追，在 20 世纪 70 年代后期和 80 年代初先后兴建了两个大型钢铁企业，其中一个年产量达 1 000 万吨；中国台湾在 20 世纪 70 年代后期也从外国引进，兴建了现代化的大型钢铁基地；而拥有 10 多亿人口的泱泱祖国大陆，却没有一个现代化的大型钢铁联合企业。宝钢正是在这样一种世界钢铁工业迅速发展和激烈竞争的大环境中诞生的，每一个宝钢人都感到了自己所应该肩负的重任。

世界最先进的现代化企业之间的竞争，既是产品内在质量、品种和外形美观的竞争，更是科技进步的竞争。这些竞争，绝不是仅仅依靠少数几个企业家所能取胜的，它必须依靠企业职工的群体力量。人类创造的任何产品，都是人类文化形态的表现。越是现代化的企业，越要创造“质优形美”的产品，就越要依靠企业群体的协作和群体素质的提高。追求卓越的企业文化，正在于它能增强职工的群体意识，能培育崇高的企业精神，从而能凝聚全体职工的力量去创造世界一流产品。

(4) 建设卓越的企业文化，还是宝钢的特殊地位和作用所要求的。

1990 年，当时的国务院总理李鹏在宝钢冷轧、热轧、连铸投产仪式上的讲话中提出：“今后 10 年，我国钢铁工业的发展主要是依靠现有企业挖潜、更新改造和扩建，做到投资省、工期短、效益高。宝钢在这方面具有优越条件，可以为今后的钢铁工业的发展作出更大的贡献。”“党和国家不仅希望宝钢的产品是优质的，生产水平是高的，经营管理是先进的，经济效益是好的，而且希望你们坚持企业的社会主义方向，在物质文明与精神文明建设上都取得优异成绩，充分发挥大型联合企业在国民经济中的骨干作用，为我国的钢铁工业的现代化建设作出应有的贡献。”中央领导同志还要求宝钢起到“三个样板”、发挥“三个基地”作用，即：成为全国基本建设首先是冶金基本建设的样板、全国首先是冶金战线移植引进新技术的样板、全国企业首先是钢铁企业管理现代化的样板；成为推进钢铁工业技术进步的基地、生产优质板管钢材的基地、培养和造就现代化人才的基地。

要达到“三个样板、三个基地”和创一流的目标，宝钢就必须制定发展战略和发展实施规划，同时制定与之相适应的文化发展战略和发展实施规划，并把它灌输给全体职工，使之成为全体宝钢人工作、生活的共同轨迹和共同目标。

3. 在文化的大融合中塑造。

宝钢的历史并不长，一期工程建成投产至今不过20年，从破土动工算起也才27年。但在这短短的岁月里，宝钢就塑造成了颇具特色的企业文化。宝钢企业文化的特色，是和宝钢建成与发展过程分不开的。简言之，宝钢建成与发展的特色，决定着宝钢企业文化的特色。

宝钢建成与发展的特色，就是对内对外的彻底开放，就是博采百家之长。哪个国家的机器设备好，就买哪个国家的；哪个公司的管理模式合理先进，就采用哪种模式；谁的意见对，就按谁的意见办。宝钢的企业文化，也是在对内对外的彻底开放中，在集成多种文化的精华中塑造而成的。这具体表现为：

（1）宝钢的企业文化，融合了全国各地企业文化之所长。

宝钢的职工来自全国29个省市的2 800多个不同的企业，各自带来了对宝钢有用的文化知识和科技知识，带来了不同企业的管理经验、生产方式和工作习惯，带来了各企业的英雄形象和优良作风，也带来了各自对宝钢建设的看法和一些独具个性的传统观念与陋习。在宝钢这块土地上，他们都在各自的实践中扬长避短，既怀念老企业的传统风俗习惯，也向往现代化新企业的未来。这种融百家之长而归于一统的文化模式，具有较高的起点，构成了宝钢特有的知识形态和观念形态，成为建设宝钢企业文化的一大优势。

（2）宝钢的企业文化，融合了上海的优秀文化。

宝钢地处上海这个全国最大城市的边沿。上海本来就有十分发达的工业、商业、交通运输业、科学技术与文化教育，它们对形成宝钢企业文化无疑起着滋补的作用。宝钢有50%以上的职工散居于全市城乡，其余的职工则集居于宝钢新区和单宿区。历史悠久的上海城乡文化、社区文化，对宝钢企业文化的形成和发展都有着重大的影响。宝钢可以广采博取，吸收其精华，然后酝酿出具有自己特色的宝钢文化。

（3）宝钢的企业文化，既是各种外来现代文化的融合，也是外来现代文化与中华民族传统文化的融会。这奠定了宝钢企业文化深广的基础。

宝钢的设备，基本上是从国外进口的，但却不是从某一个国家进口，更不是从某一家公司进口，而是从多个国家、从许多公司进口。例如，宝钢的三台450平方米的烧结机，其主要设备是从日本、英国和美国三个国家进口的；宝钢的炼钢系统，包括三套300吨转炉，两套250吨转炉，一套150吨双炉座超高功率直流电弧炉，两套1 930毫米连铸机，两套1 450毫米连铸机，一套六流弧形多点矫直型圆（方）坯连铸机，以及数台炉外精炼装置，则是从日本和德国两个国家的许多主要厂家进口的。

据统计，宝钢一期工程中，引进设备占90%；二期工程中，连铸、热轧、冷轧三个主体项目的引进设备占56%，同时引进专利和技术诀窍400多项。这些设备涉及日本、德国和美国等10多个国家的200多家厂商，集中了20世纪80年代的世界先进水平。仅在宝钢工作的外国专家及其家属，多时达五六百人。

更为重要的是，全面引进的先进设备，不管来自哪个国家或公司，宝钢人都一方面虚心学习，把这些设备“吃透”；建厂初期，宝钢的干部、工人先后出国学习和接受培训，就多达3 000多人次；另一方面，又从实际出发，努力进行适合中国情况的技术改造，融入了中华儿女的智慧，并使设备的国产化率不断提高。宝钢一期工程的国产化率为11.3%，二期工程国产化率就提高到60.17%，三期工程达到了81.64%。例如，宝钢3号高炉，是我国目前容积最大的高炉，容积为4 350m^3，也是国内装备最先进的高炉。这个总重量约3.5万吨的高炉设备，就是由重庆钢铁设计院设计，设备制造和成套设备的供应国产化率达到了95%。

总之，外来文化通过各种渠道涌入宝钢，宝钢人对此表现了可贵的自主性和积极性。他们认为“他山之石，可以攻玉”。他们在继承传统文化精华的同时，吸收和融会外来文化精华，使之“宝钢化”，从而充实和丰富了传统文化。

宝钢人正是通过在文化大融合中的塑造，在它历史上第二个大约六七年的时间里，取得了至少三项阶段性成果，标志着宝钢企业文化已初步形成。

第一，在1985年底召开的宝钢一期工程投产表彰总结大会上，正式提出了宝钢的企业精神：热爱宝钢，为国争光的主人翁精神；善于学习，勇于创新的科学求实精神；从高从严，一丝不苟的苛求精神；顾全大局，团结协作的艰苦创业精神；奋发向上，勇攀高峰的争创一流精神。

宝钢的企业精神，明显具有文化融合的特征：（1）它是宝钢人在建厂实践中表现出来的精神状态的概括和总结。试想，如果没有主人翁精神，在“停缓建”中怎么可能做到“人心不散，队伍不乱，物资不丢”？如果没有创新求实精神，怎么可能三次修改外国专家的设计，而在软土地上既可靠又经济地建成了钢铁厂？（2）它是大庆精神的继承与发扬。（3）它融合了中央多位领导同志以“题词”形式向宝钢提出的要求与希望。例如，邓小平的题词是：“掌握新技术，要善于学习，更要善于创新。”陈云的题词是：“埋头实干，从严要求，精益求精，不断创新。”（4）毫无疑问，它也融合了全国各地许多企业的企业精神，使人感到它同中国其他各个公司的企业精神大同小异。

第二，宝钢涌现了一大批英雄人物，他们集中体现了宝钢的企业精神，代表着宝钢人的价值取向。例如，38岁的炼钢工人，全国劳动模范王增亚，被称为“争第一的能手”，他在宝钢各部门以及科技人员和操作工人的配合下，炼出宝钢第一炉钢，在国内第一个炼出芯棒钢、第一个炼出高炉炉壳钢、第一个创造回收能源大于消耗的“负能炼钢”……上海十大科技精英，号称“焊神”的宝钢副总工程师、焊接专家曾乐，创造了国内独一无二精密焊接实验室，为电子计算机的插件板和集成块的焊接提供了新的手段。从工人晋升为工程师的劳动模范陈建国，被国际组织邀请赴布达佩斯宣讲论文并获奖。为表彰先进，宝钢几年来坚持开展季评“十佳”、年评“百佳”活动，《宝钢报》、宝钢电视台都辟有“宝钢英豪”专栏。通过宣传本企业的先进模范事迹，树立本企业的英模形象，使职工的价值取向在活样板的感召下趋向一致，增强了企业的活力和凝聚力，使广大职工有较高的群体意识和精神境界。

第三，宝钢致力于生态绿文化的建设，大力改善职工的劳动和生活条件，并产生了令人向往的效果。宝钢的生态绿文化，不仅在国内是一流的，在国际上也是先进的。在宝钢厂区，不仅粉尘和噪声控制达到国际一流水平，看不到黑烟和“天灯”，也不仅是马路宽敞干净，车间明亮整洁，而且绿树成行成荫，桃梅桂桔成林，花卉香飘四季，草坪连绵如茵，梅花鹿引颈四顾，大骆驼安然迈步，一派公园的景致。连日本新日铁官员也惊叹宝钢的绿化美化已超过他们。

宝钢职工的住房也解决得很好。新建住房就在厂区附近，上下班很方便。职工文化生活丰富多彩。业余文化设施有电视台、工人俱乐部、影剧院、体育馆等，组织了文学、书画、音乐、舞蹈、戏剧、摄影、影视、花卉、体育、教育、科技等几十个协会，还有文联组织，每年要举行多种形式的文艺、体育竞赛活动。宝钢已经形成了一个厂区整洁而优美、工作紧张而有秩序、任务繁重而生活丰富舒适的良好内部环境，职工生活、工作在其中感到自豪和欣慰。

4. 以主人翁的姿态进行创造。

宝钢是社会主义性质的企业，职工是企业的主人。在这点上，宝钢人有着牢固的共识。所以，宝钢人的工作，宝钢人的学习，宝钢人的创造，总是积极主动地进行。

历史把宝钢人推到了开放的第一线。他们惊奇地发现，在资本主义企业中，也存在着职工积极主动进行工作和创造的情况。有的时候，其积极主动的程度，比我们社会主义职工还高。这使他们大开眼界。原来，“职工是企业的主人”作为一个客观事实，不仅可以由于公有制而造成，也可以由于分配制、用工制、决

策制、管理制等等的原因而造成。

不管怎样说，宝钢人作为社会主义企业的职工，天然更具有更广阔的气度和更高尚的境界。只要他们发现了资本主义企业中有比我们更好的东西，虽然不是领导交给的学习任务，也毫不犹豫地学习、吸收过来，使之为我发展经济所用。宝钢的自主管理活动，这个可以大大弘扬职工主人翁意识的活动形式，就是这样从日本学来的。而这也恰恰表现出宝钢人的主人翁风采。

1984 年 7 月，为确保“85・9”顺利投产，宝钢原焦化厂（现化工厂）煤焦处理车间组队去日本新日铁大分制铁所焦炉工场实习，实习队进工场后获得第一个深刻的印象，就是日本工人干活非常认真负责，有的下了班也不走。经打听，才知道他们是在搞“JK”即自主管理活动，是职工自愿结合起来，研究怎样改进设备和降低消耗等。这件事引起了实习队的反思：资本主义企业的管理者尚且把雇员视作“大家庭”的一员，让工人在企业管理中占一席之地，为什么中国的管理人员不可这样去想、这样去做呢！中国工人是企业的主人，社会主义企业搞自主管理应该更积极，更有成效。因此，实习队回国后立即把这件事抓起来，提出二三年内要把车间的各项管理都转移到自主管理的基础上来。

煤焦处理车间打响了宝钢自主管理活动的第一炮。车间成立了自主管理活动促进委员会。按照自愿参加、自由结合、自提课题、自觉研究、自己动手解决问题和自己总结发表成果的原则，车间成立了四个自主管理小组。

宝钢总厂及时总结、推广煤焦处理车间的经验，自主管理活动在宝钢迅速扩展。1988 年 1 月，作为宝钢自主管理活动的经验总结，总厂编印了《自主管理知识手册》（简称《手册》）。在这个手册中，简洁地阐明了宝钢自主管理活动的会标、特点、目的、意义、组织管理、基本程序、常用工具、总结发表、成果评审和奖励办法，正确地说明了自主管理活动同企业其他管理活动的关系。《手册》明确指出：自主管理活动的目的，就是发动全厂职工参加企业的生产、经营、管理、技术革新等活动，使广大职工本身真正得到锻炼，增长聪明才智，发挥潜在能力，提高思想道德素质和技术业务素质，激发主人翁责任感，促进企业不断发展，把宝钢建成国内外第一流的钢铁企业。《手册》认为，宝钢的自主管理虽然是从新日铁引进的，但结合自身实际情况形成了不同于日本的特点：（1）以行政为主，党政工团齐心协力共同推进自主管理活动；（2）自主管理小组除现场工人组成的小组外，同时也有工人、技术人员和干部参加的“三结合”小组；（3）课题分现场型、攻关型、管理型和服务型；（4）总结成果采用“一张纸”的形式（即把选题理由、现状调查、确定目标、原因分析、对策措施、组织实施、取得效益、评定总结、遗留问题和下次课题，简明有序地写在一张纸上）。总之，宝钢的自主管理活动，在组织领导方面，有更加可靠的保证；在工人、技术人员和领导成为企业的主人方面，有更加丰富的表现；在活动范围方面，有更加广阔的天地；在具体操作方面，有更加规范的要求。

宝钢职工的主人翁责任感确实激发起来了。没有多久，宝钢的自主管理小组及其研究成果，就成千上万地涌现出来，已经取得的直接经济效益数以亿元计。有19位岗位操作工人，通过研究，改进了现代化设备的操作方法，并分别获得以自己的名字来命名新方法的殊荣。炼铁厂引进的设备中，有一个管道灰尘外扬，一位日本专家在上海现场研究，又拿回到日本进行研究，都没有解决问题；倒是宝钢四名操作工人，主动研究出一种适度移动管道阀门的办法，使这一难题迎刃而解。据不完全统计，宝钢在消化引进技术的基础上，取得了237项重要科研成果，试制开发出100多个新的钢种，其中27个填补了国内空白。

5. 拿国际的高水平来衡量。

宝钢从二期建成投产，到2000年底三期建成投产，也是大约六七年时间。这是宝钢发展中的第三个六七年。宝钢的企业文化，在第一个六七年中，是实践打上“改革开放”胎记的直接孕育时期；在第二个六七年中，是在现代化的起点上以主人翁姿态进行自觉塑造的时期；在第三个六七年中，则是以国际高水平作标准大力提高的时期。

为什么要拿国际的高水平来衡量？宝钢人的回答就是有宝钢人的特色。

首先，宝钢人牢记宝钢所特有的“改革开放的胎记”，把改革开放总设计师邓小平的分析作为回答问题的理论依据。在宝钢人所著的书中明确写道：“邓小平同志曾指出，落后就不能生存，谁也不能安于落后，对于我们的经济发展和企业的竞争能力，要拿国际水平的尺度来衡量。邓小平同志的这一思想，对于我国企业、特别是国有大中型企业的企业文化建设，价值观的抉择和确立，有着极其重要的指导意义。”①

其次，宝钢人牢记国家在宝钢一、二期工程中总共投入了300亿元的资金，把这看成是11亿中国人民对宝钢创造国际一流所寄予的重托。“宝钢坚持一切工作都从300亿元投资和11亿人口这个角度出发”（43页）。黎明董事长多次对宝钢的干部们说：“树立创世界第一流企业的思想，不能以国内水平来衡量宝钢，要以300亿元投资来衡量宝钢，要在高起点上发展宝钢，要以把宝钢办成具有中国特色的世界第一流的社会主义现代化钢铁企业为己任，继续在职工中开展光荣感、责任感、紧迫感教育。300亿元投资不能忘，骄傲了，要想想300亿元；工作不努力了，要想想300亿元，要继续加把劲，不加劲对不起300亿元。建设第一流企业，不能同国内相比，国内有哪一家花300亿元建设起来的。我们要和国际的、当代的先进企业相比。”

① 黎明、朱尔沛、莫臻：《企业改革主要是搞活国有大中型企业——宝山钢铁（集团）公司的探索》，21页。后面引自该书的话，只在引文后注明页码，不再另注。

用国际高水平来衡量，同世界上当代先进企业比试，最最关键的东西是什么呢？是市场竞争能力。现在的时代，既不是军事战场上决胜负的时代，也不是政治舞台上分高低的时代，和平与发展成了主题，因而是市场上文明竞争见分晓的时代。市场竞争能力强，则胜则存；市场竞争能力弱，则败则亡。

市场竞争能力又是什么呢？固然，是产品对路、服务周全、质量上乘、价格低廉这些有形或可感的东西，但又绝不仅仅是这些东西，还包括有宗旨动机、目标理想、精神观念、价值取向、策略思路、方式方法等等这样一些无形或要靠思维来把握的东西。后一类东西往往可以放大或缩小前一类东西的实际竞争能力。这后一类东西不是别的，就是企业文化。正如宝钢人所说，“企业文化，被称之为改变企业竞争力的无形杠杆”（36 页）。

正是基于上述认识，“宝钢将企业文化建设的命题概括为‘建设具有竞争力的宝钢文化’。”（39 页）宝钢人认为，这项建设的主要内容包括 15 个方面，它们是：企业宗旨，企业目标，企业精神，经营哲学，根本机制，公司体制，企业动力，系统效益观，企业发展观，民主管理，员工形象，现场管理模式，现代科技观，内外环境观，信誉观。宝钢人认为：前三个方面，“属于办厂的价值观，是整个企业文化体系的灵魂，居于支配地位”（39 页）。下面我们就来看看宝钢文化的这三个主要方面。

（1）企业宗旨。

宝钢办企业的宗旨是：创造物质财富奉献于社会，而不是为了养人。

所谓“养人”，就是认为：企业的价值，就在于保证就业，即保住劳动者赖以生存的饭碗。这种企业价值观念，在计划经济体制时期是普遍存在的。显然，这种企业价值观，和市场经济优胜劣汰的市场竞争规律，是根本不相容的。既然我国经济体制改革的目标，是要建立社会主义市场经济体制，那么天生就具有改革开放本性的宝钢，抛弃“养人”价值观乃是必然的。

宝钢人认为，这里涉及两个重要问题：

第一个是什么是社会主义的问题。“过去有一种误解，认为社会主义就是人人有饭吃，因此企业就得把养人放在第一位，似乎不讲效率，不讲效益，盲目地养人是天经地义的事”（40 页）。宝钢人认为，这样盲目养人的结果，是生产力不能解放，是奉献不出物质财富而不能共同富裕，因而不符合邓小平明确论述过的社会主义的本质。

第二个是怎样看国情的问题。中国的国情是人口多，底子薄。有人就认为：保证就业，保证人人有饭吃，是一副很重的担子；这副担子，企业特别是国有企业不挑，谁挑？因此办企业必须以养人为宗旨。宝钢人则认为：越是人口多，消耗的财富就越多，就越须要更多地创造财富，因此办企业必须以创造物质财富奉献于社会为宗旨。宝钢人明确主张把“企业宗旨”和“社会宗旨”区别开来：

“养人及就业不是办企业的宗旨，而是社会的宗旨。社会通过优化经营环境，制定公平的竞争规则吸引投资和兴办企业，使企业越办越多、越办越好，从而增加就业机会。这对于社会来说是完全正确的。但如果机械地将这一套在企业中加以贯彻，势必使企业坐吃山空，国家将积弱积贫，民生将致富无望。实践证明，企业搞多就业、低效率、低工资，企业的资产难以增值、职工的生活难以改善、国家的补贴难以为继，是没有出路、没有活力的。”（42页）①

宝钢“创造财富、奉献社会”的企业宗旨，是和宝钢人时刻不忘增强竞争实力紧密地联系在一起的。宝钢人认为：“讲奉献，并不是讲苦劳和疲劳”；“讲奉献就是要有功劳。”“而要讲功劳、建功立业，就要有危机感，就要有竞争意识，就要有能够取胜的竞争实力。”（43页）他们对增强竞争实力的孜孜追求，具体表现在下面就要介绍的企业目标中。

（2）企业目标。

宝钢的企业目标是“三高一流”：“高质量，高效率，高效益，创世界第一流水平。”（46页）

应该肯定，这个目标是很高的。这里特别值得我们注意的，是“创第一流”，而不是“达第一流”。“创”是要破纪录的，“达”是平纪录就可以了。

“宝钢集团董事长黎明提出了宝钢创世界一流水平的三个台阶。即：第一台阶，到1993年，宝钢建设15年时，要缩小宝钢与世界先进水平之间的差距；第二台阶，到1995年，宝钢建设17年时，要赶上日本和德国第二次世界大战以后50年的恢复和发展的水平；第三台阶，到2000年，宝钢建设23年时，宝钢要超过日本和德国战后发展的55年的水平，要用23年超过发达资本主义国家战后发展的55年，从而显示出社会主义国有企业的优越性。”（65页）

宝钢人深知实现这个企业目标的艰巨。他们在1994年具体分析道：宝钢“所用的国内的原料、燃料还没有达到国际市场的价格，计划外汇与调剂外汇的汇率‘并轨’后，宝钢在采购进口矿石、备品备件等方面的成本还将上升，而钢材的价格在将来的国内外市场连接之后将可能下降”。“更何况就从国内来说，宝钢与其他企业相比也不见得都是优势。比如宝钢用铁矿石的价格要远远高于国内其他的钢铁厂，宝钢在这方面的成本比其他钢铁厂要高得多，仅此一条，宝钢就

① 宝钢人提出的办企业宗旨，对宝钢来说是完全正确的，对大多数企业来说也是正确的。但是不是适合于全部企业？可不可以办以解决就业为宗旨的企业？少量国有企业，一些个体企业，如果以“就业”作为企业宗旨，从理论上看未必就能肯定其不是合理的企业文化。下面这种见解是值得注意的：“在现代企业制度下，国有企业是一种特殊的企业。其特殊之一就是通常总是负有一定的特殊社会政策义务。”“国有企业在任何国家都是国家实现一定的政策目标的一种手段，这种政策目标包括：社会公平、增加就业、稳定市场（供应或价格）、发展民族经济特别是高新技术产业、国家安全等等。”（金碚：《何去何从——当代中国的国有企业问题》，45～46页）也是基于这种考虑，宝钢虽然是国有大型企业，但本书并不把它的企业文化作为“国有型”来评介，而是列为“双全型”即“改革全新型”和“全面引进型”。

不能掉以轻心。”（44 页）因此他们总是保持时不我待、争分夺秒的紧张状态，以争取企业目标的早日实现。特别是在他们“将原定的达到世界一流水平的时间从本世纪（20 世纪）末，提前到 1995 年”（44 页）以后，更是抓得很紧很紧。宝钢人清醒地认识到，即使有一天实现了企业目标，已经“创世界第一流水平”了，也不可骄傲，因为“世界一流水平在时间上是动态的，应‘视今天为落后’”（48 页）。

宝钢人认为：在“三高一流”的企业目标中，“其核心是高效率。即在实物形态上，实物劳动生产率要创世界一流水平；在价值形态上，工资经营奉献率（年经营奉献总额/年工资总额×100%）创世界一流水平。”应该“以高效率为‘主旋律’，创造队伍、作风、管理、技术、产品等各方面的世界一流水平”（48 页）。

宝钢人对“实物劳动生产率”和“工资经营奉献率”这两个指标，在 1994 年也进行了具体分析。就实物劳动生产率来说，“目前国内冶金行业年人均产钢 30 吨左右，宝钢为 400 吨”，而世界一流水平是 800 吨，因此“宝钢的近期目标是达到人均年产钢 800 吨以上”（48 页）。就工资经营奉献率来说，宝钢已经达到世界一流水平，是一个优势，但有一个重要问题值得注意：“在国内，人们往往把企业员工的工资高看成是企业的优势。在国外，人家往往把企业员工的工资总额低看成是优势。”（45 页）工资是成本的一个组成部分，工资总额高意味着成本高，企业的竞争力下降。所以国外认为，工资占到成本的 20%是一条警戒线，超过了它，企业就要亏损了。宝钢离这条警戒线还远，“但也要警觉，要将工资的增长率自觉地控制在劳动生产率和利润增长率的增长幅度以下”（45 页）。同时，也不要盲目以为中国的劳动力便宜，联系劳动生产率来看未必便宜：“我国钢铁工业的平均工资水平大约是发达国家先进的钢铁企业的 1/12.5，但实物劳动生产率却是 1/14.6，并由于发达国家的钢铁企业的高附加值产品比例高，如按销售额来算，其差距则更大。这样一比，我国的劳动力就不见得便宜了。”（55 页）

宝钢人认为：“企业只有有了高效率，才能获得高效益。宝钢的效益观是全面的、系统的，它包括质量效益、结构效益、规模效益、速度效益、资源配置效益、政策效益，不仅要讲经济效益，而且要讲社会效益；不仅要重视硬件效益，而且要重视软件效益。”（56 页）

关于质量效益，“宝钢认为，企业的产品打开市场靠质量。如果产品质量不好，在市场上就没有销路，生产越多，积压越多，效益越差”（57 页）。“宝钢是以提高操作质量、检修质量、服务质量、工作质量来确保产品质量的提高的，从而保证了投入产出全过程、全方位的优化，这样，就保证了企业生产成本的下降和经济效益的提高。”（57～58 页）

关于结构效益，宝钢人一是向产品结构要效益，二是向产业结构要效益。

“宝钢的生产方针是‘胸怀全局，扬长避短，多产国家急需的、别人不能或难以生产，能够替代进口或可供出口的产品’，做到‘人无我有，人有我优’。”（58页）“宝钢还十分重视调整产业结构，发展多元化产业。”认为“这是提高经济效益、减少经营风险、安排富余人员的有效途径”（59页）。宝钢早已不是一个只搞传统钢铁工业的公司了，它已经向保险、金融、运输和高科技产业发展。1998年6月26日，宝钢又与东北大学软件集团合作，各出资2.4亿元组建了宝钢东软信息产业集团有限公司。这是宝钢“调整产业结构、提高经济效益”的重大举措，它将使宝钢在建设过程中由于自身需要而形成的电子计算机信息技术队伍，使它下面原来就有的四个经营性全资、合资计算机技术和软件公司，更好地发挥提高效益的作用。

关于政策效益，宝钢发扬自身固有的传统，积极执行、用好中央和地方政府的各项改革开放政策，“在浦东和宝山开发区内开办一系列中外合资、沪台合资、沪港合资企业，这些项目将收到可观的效益”（61页）。

关于速度效益，包括“努力加快建设速度、生产速度、资本回收速度和资金周转速度”（61页）。

关于资源配置效益，是指“钢铁企业运用资源的种类多、数量大、范围广，应该想办法取得更高的资源配置效益”。比如配煤，“宝钢冲破了日方提供的‘八点配煤方案’的约束，确定了宝钢自己的配煤方案，配用低廉的低灰不粘煤，少量配用进口焦煤，实现了提高焦炭质量和创造最佳效益的完满结合”（62页）。

关于社会效益，宝钢除了以自己的优质产品和服务来赢得社会的好评以外，还一直十分重视救灾扶贫，支持文化、教育、体育、卫生、高雅艺术等方面的工作。如1993年为支持高雅艺术，就出资1 000万元设立了“宝钢高雅艺术奖励基金”。

（3）企业精神。

宝钢人认为：“成熟的企业精神其构成为三个部分：一是企业精神的最高的概括；二是对最高概括……的纲领性陈述；三是通过宣传灌输，形成员工的职业道德规范，在实践中加以贯彻。”（66页）

宝钢精神的最高概括是：继往开来，团结奋进。

对宝钢精神最高概括的纲领性陈述，主要有五个方面。其中三个方面是陈述“继往开来”的：“一是热爱宝钢、热爱祖国的主人翁精神”；“二是善于学习、敢于创新的进取精神”；“三是从高从严、一丝不苟的苛求精神”。另外两个方面是陈述“团结奋进”的：“一是顾全大局、互相协作的团结精神”；“二是奋发向上、勇攀高峰的创一流精神。”（66～68页）显然，这五条纲领性陈述，是1985年提出的宝钢精神的继承和发展。

宝钢精神成熟了，宝钢的企业文化成熟了。成熟的果实不是生命的结束，而

是可以萌发出成千上万的新生命，结出成千上万倍更新的果实。

二、全面创新、全面赶超的宝钢

时间沿着不可逆的箭头奔向未来，人类进入了21世纪。作为新世纪的起始年，有的人认定是2000年，有的人认定是2001年。就宝钢来说，2000年是三期工程的建成投产年，2001年则是国务院和上海市有关部门对宝钢三期工程进行竣工验收的一年。这就是说，伴随着20世纪的结束，宝钢以大规模引进、安装、调试先进设备为主要内容的工程建设期，暂时告一段落。宝钢进入新世纪的突出任务，是怎样高质量、高效率、高效益地运转和改进这些先进设备，以达到使我国钢铁产业跃居世界最前列的目的。

面临新任务，迎接新挑战，宝钢捷报频传：2000年三期工程建成投产，2001年三期工程通过竣工验收，2002年在世界钢铁行业不景气的背景下，宝钢克服困难仍获得发展，2003年被评为上海市工业企业知识产权工作先进集体，2004年度进入了世界500强（名列第372位），2005年度在世界500强中的名次大幅提升（名列309位）。在这一系列成功面前，宝钢人头脑清醒，没有沾沾自喜，想到的不是辉煌，而是挑战，是更加自觉地思考如何进行更高阶段上的企业文化建设。

1. 制定发展战略，落实企业目标。

如前已述，宝钢的企业目标是“高质量、高效率、高效益，创世界第一流水平”（三高一流）。“创”是要破世界纪录的。

宝钢几代领导人和宝钢全体职工，一直咬定这个要求非常高的企业目标不放松。因此，当记者就“宝钢在世界500强中的名次提升63位”一事进行采访时，“宝钢负责人指出，‘跻身世界500强’本身并不是宝钢发展的目标，它只是宝钢发展过程中的一个标志性成果”①。

宝钢最初提出成为世界500强的目标时间，是在2010年之前。结果提前6年，于2004年就实现了，2005年在500强中的排名又提前了63位。不仅如此，世界最有影响力的钢铁信息服务商——世界钢铁动态公司（WSD），每年要从赢利能力、技术创新能力、营业成本、市场支配力、本国支配地位、低成本融资渠道等20个方面，对世界钢铁企业进行综合竞争力评价排名。宝钢2002年、2003年、2004年以“宝钢股份”参与评选，都是名列第三。股份公司是宝钢最优秀的资产，排名靠前，理所应当。2005年，宝钢首次以集团名义参加评选，结果仍然得到了位居第三的良好评价。业内分析人士指出，这表明宝钢的联合、重组工作取得了成功，可以发挥作用。所有这一切，在一般人看来，都是激动人心的

① 郑蔚：《宝钢目标：世界一流钢铁巨子》，载《文汇报》，2005-09-11。

喜事。但宝钢人却以平常之心，一言带过，说这不过是“宝钢发展过程中的一个标志性成果”。这种在重大喜讯面前的高度文静和清醒，不仅仅是一种大目标在胸的优秀品质，更是一种先进企业文化已经酝酿成熟的标志。

确实，进入世界500强不是宝钢的目标。宝钢的企业目标是“三高一流”。这是宝钢第一代领导集体提出来的。当时对这个目标的阐述，运用了速度相对比较法。就是说，在2000年，如果日本和德国的钢铁产业的水平是世界一流的，那它们是在战后用了55年才达到的；宝钢则必须用23年就达到同样的水平。人家用55年才做到的事情，宝钢用23年就做到了，这当然是创世界第一流水平了。

宝钢现任领导集体，把宝钢的企业目标的内涵，作了进一步的拓展、落实和具体化。2003年6月12日，宝钢提出了新一轮发展战略目标。那就是宝钢负责人对记者所说的：“宝钢的目标是成为拥有自主知识产权和强大综合竞争力，备受社会尊重，‘一业特强，适度相关多元化’发展的面向国际资本市场的公众公司，成为世界一流的跨国公司。”①

这个新一轮战略发展目标，把“三高一流”的企业目标落到了实处。道理很清楚，一个公司，没有自主知识产权，没有强大的综合竞争力，谈何高质量、高效率和高效益；一个公司，不讲诚信，不优化生态，不回报社会，从而得不到社会的尊重，谈何世界一流，谁承认和支持你世界一流；一个公司，在全球经济一体化的条件下，局限于一国一地，不办成跨国公司，不集成全球资源，又怎样成为世界一流！一家公司，在世界大格局是和平与发展，但局部动荡、短期波动还无法避免的现实情况下，不在“一业特强”的前提下搞适度相关多样化，又怎样稳定地保持世界一流的地位！

面对企业目标，宝钢负责人深有体会地说：“目前思考得更多的是‘挑战’，而不是‘辉煌’。20多年前，宝钢从新日铁引进了当时最先进的成套设备；10年前，宝钢还可以买到当时比较先进的技术；而现在，宝钢成为‘世界级钢铁公司综合竞争力第三强’以后，必须清醒地认识到：世界上最先进的钢铁产业核心技术是买不到的，决定宝钢未来发展的关键是能不能盯住国际钢铁业的发展潮流，宝钢能不能在原创技术的研发上实现大的突破。”②

多想一些环境对自身的挑战，少想一些自身的辉煌！这既是宝钢人实事求是的优秀品质，也是宝钢人目标高远的表现。不错，2005年度宝钢在世界500强中的名次，大幅提升了63位；但如果就500强中的钢铁企业来排名，宝钢是向后退了1位。

2004年，进入500强的钢铁企业共8家，按名次排列是：卢森堡的阿塞洛

---

①② 郑蔚：《宝钢目标：世界一流钢铁巨子》，载《文汇报》，2005-09-11。

（第 148 名），日本的新日铁（第 182 名），挪威水电（第 199 名），日本的 JFE（第 227 名），美国的美铝公司（第 229 名），韩国的浦项制铁（第 361 名），中国的上海宝钢集团（第 372 名），加拿大铝业（第 404 名）。也就是说，宝钢是世界钢铁业的第七强。

2005 年，进入 500 强的钢铁企业共 9 家，按名次排列是：卢森堡的阿塞洛（第 118 名），日本的新日铁（第 157 名），日本的 JFE（第 202 名），加拿大铝业（第 214 名），挪威水电（第 216 名），美国的美铝公司（第 223 名），韩国的浦项制铁（第 276 名），中国的上海宝钢集团（第 309 名），英国的康力斯集团（第 350 名）。也就是说，宝钢从上个年度的世界钢铁业的第七强，下降为世界钢铁业的第八强。

显然，这是由于 2004 年排在宝钢后面、名列第八的加拿大铝业，2005 年大步流星赶超到前面，名列第四了。这是宝钢面临的一个挑战！

面对各种各样的挑战，宝钢人充满着竞争取胜的信心。宝钢董事长谢企华说：“宝钢不仅要成为世界 500 强，而且要成为世界 500 强中的优秀企业，成为世界钢铁业的前三强。我们将以提高自身的核心竞争力求发展，以钢铁精品树信誉，以可持续发展回报社会，以优异的经营业绩实现新一轮的战略目标，实现公司的使命，成为备受社会尊重的世界一流跨国公司。”[①] 这种以实事求是为基础的信心，是攻无不克的文化力量。

2. 做大做强做高，自主原始创新。

做大、做强、做高，是办世界一流企业、创世界一流水平的三项基本功。

先说做大。一个小公司，不可能创出世界一流的水平来，就钢铁产业来说更是如此。

我国的实际情况是：2005 年钢产量将首次突破 3 亿吨，连续 10 年钢产量世界第一，但却没有几家钢铁企业称得上世界一流，原因之一就是每家公司的规模太小。以 2004 年为例，我国名列前茅的 15 家钢铁企业的产量，才占我国钢铁总产量的 45%；而日本前 5 家钢铁企业的钢产量，占全日本钢产量的 75%；欧盟 15 国 6 家钢铁企业的钢产量，占欧盟整个钢产量的 74%；韩国浦项占据了韩国 65%份额；而卢森堡的阿塞洛钢铁公司，几乎囊括了卢森堡的钢铁生产。

中国钢铁产业的集中度，实在太低了。据英国《金属通报》的统计，2004 年世界钢铁企业按粗钢产量排序，中国那么多的钢铁企业，只有宝钢一家入围前十名，位列第六。河北是中国钢产量最多的省，连续四年名列全国第一，年产量已突破 5 000 万吨大关；但河北全省钢铁企业多达 202 家，厂均产量只有 25 万吨，其产能的分散程度，世界罕见。

① 谢企华：《董事长致辞》，见 http：//www.baosteel.com/05AR2003/01.htm。

一家公司，只有做大，才可以提高自身说话分量，才会拥有对原材料供应商和客户的定价能力，才能获得与国际巨头平等对话的机会，才有可能比较彻底地解决钢铁行业结构不合理、产品层次低、能耗严重等弊病。简言之，只有做大，才能降低成本，保证产品在价格上的竞争力；只有做大，才能投入较多的研发资金并形成自主开发能力，保持产品在技术上的竞争力。

规模分散，实际上给中国钢铁企业造成了许多困难。对此，宝钢人有切肤之痛。兼任中国钢铁协会会长的宝钢董事长谢企华直言：目前我国钢铁工业所存在的布局不合理、重复建设一再发生、技术创新能力低、市场供求波动巨大、企业间充满无序竞争，等等，都与产业集中度太低有着直接的关系。当然，让这位“铁娘子”感受最深的，莫过于2005年春天的铁矿石危机。当时，日本新日铁突然同意矿石商提价近七成的要求；作为中国最大钢铁企业的宝钢，几乎没有还价的余地，就被迫含恨签约。中国既是最大的钢铁生产国，也是最大的铁矿石进口国，在铁矿石贸易中却没有获得定价权，原因就在于无论哪一家中国钢铁企业，都还没有做得像日本新日铁那么大。

世界经验还表明：

第一，大公司和大型企业集团，是技术创新的主力。如果我国没有自己的大企业，也就没有产业技术进步真正的基础。

第二，大公司和大型企业集团，是产业结构调整的主体。正是大企业的技术创新和产业化活动，不断创造出新的产业群，把产业结构一步一步推向更高的层次。

第三，大公司和大型企业集团，是国家综合国力和国际经济地位的基础，是国有经济主导作用的体现。在经济全球化的背景下，竞争已完全超越了国界。国与国之间的经济竞争，越来越演化成为各国大公司和企业集团之间的竞争；一个国家的经济实力和国际竞争力，集中地体现在大公司和企业集团的实力和竞争力上。美国、日本和西欧几个经济大国的国际经济地位，是以一大批国际知名的大公司为后盾的；像芬兰、瑞典这种经济总规模并不很大的国家，由于有了诺基亚、ABB、沃尔沃、爱立信这样世界级的大企业，也确立了其在国际经济中不可小看的位置。一个国家没有自己的大公司和企业集团，在国际经济舞台上就没有发言权，在国际分工、资源配置、财富分配上必然要吃亏，在国际经济竞争中必然陷于被动。

那么，是不是“做大”就行了呢？也不是！大而不强（即产量很高但精品甚少），等于虚胖；强而不高（即精品虽多但并不代表未来高新技术的发展方向），难于持久。宝钢人清醒地认识到这一点，并努力把做大、做强、做高统一起来。

国外的“做大”，一般是通过兼并收购来实现的。1994年7月出任宝钢集团副董事长兼总经理的谢企华，从中国钢铁产业的实际出发，认为“做大”应该放

弃兼并收购而走联合重组之路，并开始从企业外部寻找联合伙伴。1998 年 11 月 17 日，经国务院批准，上海冶金控股（集团）公司和上海梅山（集团）有限公司委托给宝钢经营，正式成立上海宝钢集团公司。总经理谢企华也因此获得了良好的口碑，称赞她是“弃并购而走联合之路，转变母子集团化的自我扩张思路”① 的女强人。

通过联合重组，成立上海宝钢集团公司，首先是一个“做大”的措施，它使宝钢的总资产超过千亿，成为中国最大的钢铁联合企业；但同时也是“做强、做高”的有力措施。宝钢装备水平高，上海冶金系统品种全，梅山有资源；三者联合重组成为集团公司，可以优势互补，促进资源优化配置；这是把张开的指头捏成拳头，更好地发挥和挖掘科研、技术、人才的优势和潜力，以早日达成“办世界一流企业、创世界一流水平”（两个一流）的目标要求。

联合之初，宝钢集团公司鲜明地提出了要建成“两个基地”的战略：一个是钢铁精品基地，另一个是新工艺、新技术、新材料研发基地。在接下来的岁月里，宝钢不是急匆匆地要这联合起来的三家公司充分发挥已有的生产能力，使钢产量成倍成倍地增加，使利润翻番，而是相反，宝钢坚持与国际一流的钢铁企业“对标”，淘汰了原来上钢一、三、五厂技术落后、污染严重的炼钢能力 370 万吨、轧钢能力 400 万吨的设备，虽然这些被淘汰的设备当时仍能为企业赢利。宝钢集团公司坚决不要污染环境的产能，而要能够优化环境、可持续发展的产能，并因此投入了 500 亿元以上的资金，上了一批技术改造项目，主要包括有：一钢不锈钢热轧及其配套项目、梅山热轧薄板技术改造项目、五钢不锈钢长型材工程和特冶改造项目、益昌冷轧薄规格家电板及无锡板产品配套改造等。这样做的结果，在 1998—2005 的七年里，宝钢的生产规模虽然只增长了 30%，达到年产 2 200 万吨钢的规模，与同期我国钢产量的年平均增长率持平，“做大”的效果似乎不突出；但“做强、做高”却迈出了一大步，宝钢集团公司的主体生产工艺和装备全部达到了国际先进水平，成为我国现代化程度最高、品种规格最齐全的大型钢铁企业，为以后的持续发展奠定了坚实的基础。这符合宝钢人的追求。

2002 年，当谢企华总经理宣布“上海宝钢集团公司要在 2005 年成为世界 500 强之一”的时候，她就特别强调是“成为”而不是“进入”。也就是说，宝钢人的眼睛，不只是从销售收入上盯住 500 强的最低门槛，而是盯住自主知识产权和核心竞争实力，注重做强、做高。

为了做大，先要更强；为了更强，又要继续做大。这就是宝钢人的辩证思维方式。

2005 年 9 月，宝钢集团董事长谢企华在解读宝钢“十一五”规划（即

---

① 见 http://finance.sina.com.cn，2002-12-25。

2006—2010年的规划）框架时强调指出："要在做强的前提下干3 000万吨、看4 000万吨、想5 000万吨。"①

谢企华的解读，一方面意味着宝钢还必须继续做大，因为按照宝钢目前已建和在建的项目，到"十一五"结束的2010年，宝钢能够达到年产量也只有3 000万吨钢，离4 000万、5 000万吨还有距离。更不用说，离印度米塔尔钢铁公司2005年3月宣布的"已经获准并购美国国际钢铁集团"从而能够达到7 000万吨钢铁的年产量，差距就更大了。因此宝钢还将按照国家不久前公布的《钢铁产业发展指南》，继续寻求合适的伙伴和时机，通过联合重组继续扩大规模，继续做大。

谢企华的解读，另一方面更意味着宝钢做大的前提是做高、做强。做高、做强才是宝钢做大的目的。试问，强到什么程度？高到什么水平？2005年9月15日，宝钢举行了投产20周年纪念大会。董事长谢企华在题为"继往开来，加速发展，实现两个世界一流"的发言中，回答了这些问题，那就是通过未来15年的努力：力争成为"世界钢铁业领导者"。她说：宝钢有信心进一步做高、做强，跻身世界钢铁企业前三强，牢牢确立世界钢铁业领导者的地位。宝钢确定了实现这个目标"三步走"战略：第一步，今明两年，进行战略调整，主要目标是：钢铁精品基地全面建成，相关产业全面整合，钢铁主业实现一体化运作，产能规模稳步提高，保持在国内板材市场的主导地位，战略性非钢产业保持国内的领先地位。第二步，2006—2010年，进行战略发展，主要目标是：钢铁主业综合竞争力进入世界钢铁业前三强（我们记得，宝钢在进入世界500强的钢铁企业中，2004年度排在第七，2005年度排在第八），成为一个拥有自主知识产权和强大综合竞争力、备受社会尊重的"一业特强、适度相关多元化"发展的世界一流跨国公司。第三步，2011—2020年，进行战略提高，主要目标是：成为具有规模和技术优势、拥有核心竞争力、具备国际市场影响力的世界钢铁业领导者。

做高、做强，就是要做世界钢铁业的领导者！要实现这个目标，关键是要自主创新，要在原创技术的研发上实现突破。从一定的意义上说，"做大"可以花钱购买。你可以多花钱买进更多的设备建立更多的工厂，你也可以花钱收购别人的工厂，你也可以花钱自己建厂与收购同时进行，从而达到"做大"的结果。但"做高"、"做强"是花钱买不到的。花钱买到的设备可以是先进的，但不会是代表未来发展方向的、名列世界第一的高新技术成果，倒很有可能是现在先进、但过若干年后肯定要被淘汰的。正是清醒地看到了这点，当宝钢成为500强的时候，集团董事长谢企华代表决策层给全体宝钢人敲响了警钟：20年前，宝钢通过引进新日铁的设备和技术，力争要站在巨人的肩上；20年后的今天，要是宝

① 转引自郑蔚：《宝钢目标：世界一流钢铁巨子》，载《文汇报》，2005-09-11。

钢真的将要站在巨人的肩上，我们将不可能再从"巨人"那里引进核心技术，未来的宝钢应当怎么办?

答案只有一个，未来的宝钢必须自主创新。自主创新，是把"做大、做高、做强"统一起来的基础、关键和灵魂。

宝钢人非常重视创新。他们用实际行动，认真实行着邓小平1984年2月15日视察宝钢时的题词：掌握新技术，要善于学习，更要善于创新。宝钢人创办了《学习与创新》的内部刊物，来宣传鼓励创新，来总结推广创新的经验。

为加快技术创新的步伐，宝钢人于1999年8月5日组建了上海宝钢研究院，加大了科研创新的投入，保证各种优秀人才能够发挥聪明才智，实现精英创新。并以此向各种世界难题和世界第一挑战。

在全世界琳琅满目的钢铁产品中，有一种生产彩色电视显像管必须用到的"荫罩带钢"，被人们称为"钢铁工艺品"。因为它的纯净度、磁性能、力学性能、尺寸精度、表面质量、板的形状及表面形貌，都有非常严格的标准。多年来，世界上只有分别属于日本和德国的两家公司可以大批量生产。我国彩管企业所需的荫罩带钢，一直依赖进口。宝钢冷轧厂首席工程师李俊博士针对这种市场形势，主动提出在宝钢现有工艺设备条件下开展"超低碳彩电显像管用荫罩带钢的研究开发"工作。通过不懈努力和多次试验，解决了一次冷轧荫罩带钢的一系列技术难题，终于成功地将该板材需两次冷轧成材的工艺，改为只需一次冷轧即可成材的领先世界的工艺，并于2004年获得发明专利。这项发明，不仅极大地降低了生产成本，还使产品质量位居世界前列，大大提高了我国荫罩带钢产业链的竞争优势。2004年3月投产后，很快赢得了国内外用户的青睐。

宝钢在引进"专烧低热值高炉煤气的燃汽轮机发电机组"时，采用了法国阿尔斯通公司独创的轻油枪专利技术，用于机组启动点火。但自1997年投产后，轻油枪内部经常结焦，不仅需要频繁清洗、更换，而且功能始终不能正常发挥，致使机组启动成功率仅为47%。这影响了机组的稳定运行，给宝钢电厂带来很大损失。作为供应商的法国阿尔斯通公司，经过多次努力，都无法解决这一难题，只能赔付一根新的轻油枪作为备件更换。针对这一进口设备的缺陷，宝钢电厂技术人员2000年开始进行自主创新的技术攻关。宝钢技术人员仔细查找和分析产生问题的原因，对轻油枪的结构和吹扫系统实施改造，经过反复跟踪试验和调整，最终取得突破，形成了关于"轻油枪防结焦"的一项专利和两项技术秘密。该专利技术投入使用后效果明显，结焦问题得到彻底解决，启动成功率达100%，且延长了使用寿命，保证了设备的连续作业。虽然，宝钢人开始着手攻克这项难题时，阿尔斯通公司怀疑宝钢人的技术能力；但在宝钢人的创新成果面前，这个世界500强企业之一的法国阿尔斯通公司，也表示了佩服。该公司于2004年11月与宝钢正式签订合同，以23.36万瑞士法郎（折合人民币150万元）

的价格，购买宝钢电厂“轻油枪防结焦”的专利技术，合同期限为20年。据悉，阿尔斯通公司在购买了宝钢此项专利技术后，把它用于存在同样问题的日本水岛电厂的同类机组中。

宝钢肯定职工是企业的主人，鼓励职工在自己平凡的岗位上自主创新。结果，人人创新，成了宝钢科技创新活动最鲜明的特色和最具有活力的源泉。2004年，宝钢获得专利260多项，其中70%是一线职工的发明。2005年1至8月，宝钢分公司人均实施合理化建议数为2.53条，超过了2004年全年人均2.27条的水平，合理化建议经济效益达到了6.02亿元，人均效益为3.9万元。

2005年初，宝钢分公司炼钢厂确定了挑战世界生产纪录的目标。为此，该厂在生产组织中坚持和世界一流钢厂进行各项指标的对标。经过半年多精益求精的磨练，2005年9月6日，该厂一炼钢单元300吨级转炉日产钢121炉，计3.59万吨，打破了韩国浦项光阳钢厂此前创造的大型转炉日产114炉的世界纪录。

进入新世纪以来，宝钢几乎每年每月每天都会冒出灿烂的创新火花。但要成为世界钢铁业的领导者，光冒火花是不够的，火花必须形成燎原之势的创新熊熊大火。也许正因为还看不出宝钢点燃创新熊熊大火的潜力，世界钢铁动态公司在对宝钢的综合竞争力评价时，对宝钢的“赢利能力”、“本国支配地位”、“低成本融资渠道”等三项指标都给了满分10分；而对“技术创新能力”和“营业成本”只给了8分。

宝钢人头脑清醒，他们没有陶醉于点点滴滴的创新火花，而是在脚踏实地酝酿。宝钢出现熊熊燃烧的创新大火，指日可待。

3. 建设生态型钢铁企业。

宝钢从它第一天打桩建厂开始，就十分重视环境保护，重视优化生态。经过20多年的积累，形成了独具特色的宝钢生态文化。

宝钢明确提出的环境方针是：控污染、节资源、兴利用，建设生态型钢铁企业。

宝钢向社会公开承诺：严格遵守国家和地方的环保法律法规，以严于国家、地方的宝钢股份环保标准进行控制；加强污染防治，努力实现全面达标，排量递减；从原燃材料、设备、物资的采购，到钢铁冶炼、产品制造、成品外运全过程预防和控制污染，各阶段努力减轻环境负荷，实现清洁生产；不断改进工艺，节省资源、能源，开展三废综合利用，推进循环经济；全员参与，建设生态型钢铁企业；加强国际合作，促进环境保护发展；坚持走新型工业化道路，在快速发展生产的同时，努力营造一流的生态环境。

宝钢的环境目标形象口号是：“‘蓝天、绿地、繁花’的花园式工厂”。

宝钢从2003年开始，在国内率先发布环境报告，向社会介绍宝钢环境保护的方针、措施及生产过程中的主要环境因素。其初衷是“让社会了解宝钢，让宝钢接受社会监督”。

宝钢是中国冶金行业和上海市首家获得“环境友好企业”的公司。

独具特色的宝钢生态文化，是宝钢生态绿文化、宝钢生态蓝文化、宝钢生态白文化的集成。“绿”是植物繁茂的象征，“蓝”是大气清新的象征，“白”是生产清洁的象征。

宝钢生态绿文化的主要内容，是在厂区内种树种草种花。这些树木花草，既是厂区内吸收二氧化碳、制造氧气的大宝库，也是厂区内是否存在污染的指示剂，还能转化某些有害的排放物。宝钢采用了科学设计手法，按生产区域划分栽种不同的植物，因地制宜，不断丰富植物配置。2004 年末厂区绿化面积为 933 万平方米，绿化率 41.8%。厂区内有乔木 386 万株，灌木 2 290 万株，草坪 112 万平方米；植物共有 423 种，分属 111 科、290 属。由于大面积的厂区绿化，为鸟类的生息、繁殖提供了良好的生态环境。厂区现有鸟类 13 目、27 科、84 种。

宝钢生态蓝文化的主要内容，是节料节能节水。道理很清楚，生产同样多的产品，如果使用的原料、能源、水最少，那么向环境排放最少的废物、废能、废水也就有了基础。宝钢为此做了很多工作，取得了明显的成绩。例如从 1985 年开始，在焦炉工序上就采用国内第一座干熄焦装置，利用惰性气体在干熄炉中吸收红焦热量，而后惰性气体又将热量传给干熄焦锅炉产生蒸气。目前从红焦回收的蒸气，已占全厂气源总量的 67%左右。2005 年以来，宝钢每炼 1 吨钢，综合能耗不到 689 公斤标准煤，比全国平均水平低近 10 个百分点；每炼一吨钢消耗新水 3.72 立方米，已达到世界先进水平。

宝钢生态白文化的主要内容，是善治善化善用，实施资源、能源的循环使用，实现零排放，清清洁洁办厂，干干净净生产。宝钢出现了很多善治善化善用的事迹。例如在宝钢炼铁厂引进的设备中，有一个管道灰尘外扬，一位日本专家在上海现场研究，又拿回到日本进行研究，都没有解决问题；倒是宝钢四名操作工人，主动研究出一种适度移动管道阀门的办法，使这一难题迎刃而解。再如 2004 年，宝钢焦炉副产煤气回收利用率为 100%，高炉煤气回收利用率为 99.84%，转炉煤气采用先进方法回收，全年回收能量折标准煤 29.22 万吨，连续 16 年实现了转炉负能炼钢。

4. 宝钢文化的主线和基本价值观。

宝钢人把自己的企业文化建设区分为四个发展阶段：

第一阶段，是 1978 年到 1985 年的七八年，属于创业期文化。宝钢围绕一期工程的建设、生产准备和投产等工作，在引进日本新日铁“集中一贯”管理模式的基础上，提出了“高质量、高效率、高效益，建设世界一流钢铁企业”的文化理念，注重“光荣感、责任感、紧迫感”的教育，提出了“确保 85·9 投产万无一失”的口号，成为当时宝钢员工和各路建设大军强大的精神动力。“85·9精神”鼓舞并且锤炼了第一代宝钢人，是宝钢文化的源头。

第二阶段，是1985年到1992年的七八年，属于转轨期文化。这一时期，我国正从计划经济体制逐步向市场经济体制转轨，宝钢勇敢地接受转轨的挑战，提出了“建设一流的队伍、培养一流的作风、掌握一流的技术、实行一流的管理、生产一流的产品”的争创一流文化理念，确立了宝钢的市场意识。与此同时，建立了量化可考的职业道德规范。

第三阶段，是1993年到1998年的六个年头，属于发展期文化。这一时期，宝钢在全国普及用户满意理念，逐步形成了具有宝钢特色的用户满意文化；推出了《建设具有竞争力的宝钢企业文化的构成体系》和《宝钢形象手册》。

第四阶段，是1998年至今的七八年，属于整合创新期文化。1998年年底，宝钢成功实现了与文化各异的上海冶金、梅山钢铁的大联合，为实现从“成功联合”到“联合成功”的转变，宝钢走了一条文化逐步融合与创新的道路。宝钢通过“六统一”管理，从向上钢、梅山选派干部，输出管理，技术改造等方面入手，逐步实现宝钢管理模式向上钢、梅山移植以及宝钢与上钢、梅山的文化融合。

2004年1月8日，宝钢正式提出企业文化的主线是“严格苛求的精神、学习创新的道路、争创一流的目标”。宝钢人认为：“严格苛求”是企业发展的基础；严格苛求文化是一种实干和从严的文化，是一种基本的态度取向。学习创新是企业发展的关键；学习创新文化是一种对外开放、崇尚科学、自主发展的文化，是一种充满时代气息的开拓性文化。争创一流是企业发展的动力；争创一流文化是一种面向全球，为民族复兴而追求卓越的文化，是一种高层次的目标激励文化。

宝钢人选择的基本价值观是：诚信。

为了使全体职工认同这个基本价值观，宝钢深入开展诚信教育，精心建立诚信制度，动真格实施诚信监督，形成了可以让用户、顾客和社会放心的诚信体系。

2004年12月6日，标准普尔评级公司宣布：将宝钢的信用评级从“BBB”调升至“BBB+”，前期展望为“稳定”。在此次评级中，宝钢成为我国国内企业中信用级别最高的企业，也是惟一获得投资级别的国内钢铁企业。

宝钢人以诚实、诚恳的态度，以遵守信用、兑现承诺的实绩，以“说话算数”的人格，正在认认真真地实践着：以核心竞争力求发展，以钢铁精品树信誉，以可持续发展回报社会，以优异的经营业绩立于市场，时刻不忘公司的使命，满怀信心向着“成为备受社会尊重的世界一流跨国公司”迈进。宝钢是中华民族的希望。

文化控股型——青岛海尔文化

青岛海尔集团公司，是以青岛电冰箱总厂为核心企业，以冷柜厂、空调器厂为紧密层企业，于1991年12月20日组建起来的大型企业集团。把它的企业文化归属于“文化控股型”，是因为：一方面从所有制角度看，海尔集团属于国家控股的混合所有制企业，它的核心部分——海尔电冰箱股份有限公司已于1993年在上海证券交易所挂牌上市；另一方面，海尔文化具有移山填海般的神奇力量，一切被海尔兼并企业的起死回生，主要不是靠资金和设备，而是靠文化。

“海尔”这个名称象征着什么呢？大概引起了人们三种想象。第一种，这像个外国名字，大概是个合资企业，是我国开放的产物，其目标是要走向世界，办成跨国大公司。这种想象，从它“引进德国利勃海尔电冰箱生产技术”的报道中，得到了证实。第二种，“海尔”是“孩儿”，是初生的朝阳，充满生命力，前程远大。这种想象既从海尔大楼前面的孩童雕塑，也从海尔职工带着浓重胶东口音所作的“‘海尔’是‘孩儿’”的直接解释中，得到了证实。第三种，“海尔”是“海啊”，博大精深，辽阔无际。这种想象同样也得到了证实，在孩童雕塑的基座上，就镌刻有海尔总裁张瑞敏这样的题词：“海尔是海！”

“海尔”这个名称，究竟象征着什么呢？让它作为文化悬念，叫读者去想象吧！我们还是来看看海尔集团公司的实际。

一、成功取决于观念转变

海尔集团的核心企业——青岛电冰箱总厂，原本是一个600多人的落后小厂。1984年底，在中国已经有了不少电冰箱厂为争得国内市场份额而展开激烈争夺之时，它才从德国引进利勃海尔电冰箱生产技术，是最后一个由国家批准定点生产电冰箱的厂家。1985年的三件事实，颇能说明它当时的素质和水平。第一件，在当时出台的第一个管理文件《十三条》中，竟然有“不准在工作时间喝酒”、“不准在车间随地大小便”之类的内容，由此不难想象当时生产现场的脏乱差程度！第二件，生产出来的电冰箱，许多质量不合格。第三件，亏损147万元，工资发不出。

从1985年到1998年，只有十三四年的时间，比一位伟大人物诗词中所说的“三十八年过去，弹指一挥间”还要“弹指一挥间”，然而海尔发生的变化却真可谓“翻天覆地”。为了便于对比，我们还是从同样的三个方面，来看一看海尔吧：

第一，现在海尔的生产现场，可谓谁见了谁佩服。

任何生产现场，无非一是人，二是物，三是事。用几句简单的话来描述海尔现在的生产现场，那就是：人人都管事，事事有人管，物物皆清理，天天都平静。①

堪称国内一流的宝钢职工，参观海尔以后是这样说的：“到海尔的厂区和车间里走走看看，就会发现，海尔的现场管理水平及其效果确实令人称绝：厂区内，大到设备，小到花草树木，就连每一块玻璃，都有专人负责，都擦得明净光亮；车间内，流水生产线上的空中传动链，都用干净的蓝布罩着，且布罩上也一尘不染”。“海尔的规章制度已成为员工遵守的自觉行为。比如厂内不准吸烟，整个厂房看不到烟头。午饭后我们几个烟瘾较大的想找个地方吸支烟，但就是找不到一个有烟灰缸的地方，后来我们想到我们自己开来的车上去吸，车停在大楼外的广场上，我们上车后烟还没点上，海尔一位门岗值勤迅速向我们挥手跑来，说厂区不能吸烟，要吸，车开到门外去吸。我们为他们的精神所感动，把烟灭了。”

《上海证券报》的两位记者采访、参观海尔后，其中一位写道：“我看后曾开了一个不够恭敬的玩笑：青岛海尔车间的管理艺术，已近乎于‘洁癖’了。”

第二，现在海尔的产品和服务质量，已经是世界级水平了。

中国电冰箱行业惟一的国家质量管理奖，是海尔夺走的。在全国消费者“最受欢迎的轻工产品”评选中，海尔冰箱连续九年（1987—1995）夺得了冰箱类第一名。1993年德国 *TEST* 杂志对德国市场的产品进行抽查，海尔产品以八个“10”的得分夺得第一。海尔集团还获得了国际星级服务顶级荣誉“五星钻石奖”，是亚洲惟一获此殊荣的家电企业。到1997年，海尔集团的冰箱、冷柜、分体式空调、柜式空调、洗衣机相继通过了ISO9001认证，成为世界级的合格供应

① 美国一位管理学家认为，企业应该在任何时候都没有激动人心的事发生。海尔总裁张瑞敏解释说：没有激动人心的事发生，说明企业运行过程时时处于正常。

商。中国家电行业中，有五个主导产品通过此项认证的，只海尔一家。海尔的产品已经批量出口到欧美、日本等发达国家和地区。仅 1998 年上半年，就出口冰箱 16.3 万台。海尔不但出口产品，还出口技术。1998 年 7 月，西班牙 MOLI 公司与海尔达成协议，该公司向海尔购买目前居世界领先水平的变频空调技术，以便在西班牙境内建立合资工厂，生产新一代变频空调在西班牙及欧盟各国销售。这是中国企业首次向欧洲输出变频空调技术。

海尔根据未来冰箱“营养化、环保化、节能化、智能化、多元化、隐形化”六大发展趋势，1998 年上半年成功推出了我国第一台变温冰箱、第一台变频冰箱、第一台整体带画冰箱。1998 年 7 月 27 日，海尔与德国 METZ 公司共同开发研制的我国第一台全媒体、全数字化彩电——海尔“先行者”彩电，通过了国家级技术鉴定。该技术被认为达到了国际尖端科技水平，填补了国内空白。

第三，现在海尔的经济效益，在中国家电行业中是屈指可数的。尤其是电冰箱部分，在整个海尔集团中，是利润率最高的。仅以 1995 年为例，海尔的人均销售收入是 46.3 万元（电冰箱公司为 95 万元），人均创利税 40 101 元（电冰箱公司为 129 000 元）。

到了 1996 年、1997 年，海尔集团的销售收入，名列中国家电行业第一。海尔产品的品种，囊括了几乎所有的白色家电，是我国白色家电种类、规格最多的生产企业。1998 年，海尔已开始进入黑色和米色家电领域，包括彩电、VCD、电脑等。就电冰箱来说，1996 年的产量为 150 万台，1997 年超过 200 万台；这个规模，和日本松下的电冰箱生产规模已不相上下。松下 1996 年在日本本土生产的冰箱产量只有 110 万台，加上在日本之外生产的共约 250 万台。

试问：究竟是什么原因，使得一个原本亏损落后的小企业，在短短的十几年里，就变成了现在这样一个先进的集团公司呢？海尔集团总裁、青岛海尔电冰箱股份有限公司董事长张瑞敏，非常明确地回答说：“一句话，观念一变天地变，观念不变原地转。”

那么，究竟是哪些观念引导海尔走上成功之路呢？今天已经广为传播的海尔人的话，既是他们成功经验的总结，也是他们新观念的集中体现。下面基本上引用海尔人的话，特别是海尔总裁张瑞敏的话，来介绍引导海尔走上成功之路的观念：

（一）以人为本的观念

“如果一个企业天天只盯住有形的产品，只看财务报表上的数字，而忽视对人的教育与感化，忽视对人的积极性与创造性的调动，忽视人性方面的东西，那么这个企业是长远不了的。”

1985 年，青岛电冰箱总厂的产品中，76 台有质量问题。从经济上考虑，可以有两种处理办法：一是返工修理，因为都是一些轻微的质量问题，修好并不难。二是降价作为次品销售，当时中国还是卖方市场，老百姓口袋里的钱也不多，这种办法也是可行的。

然而，当时任青岛电冰箱总厂厂长的张瑞敏，看到的并不只是这 76 台冰箱，考虑的不只是财务问题，他更加看重的是造这些电冰箱的人，着重考虑的是怎样通过这件事来教育和感化全厂的职工。处理办法终于想出来了：令直接责任者自己用铁锤当众把这 76 台冰箱砸毁！那天，随着一声令下，“咣当”、“咣当”一阵铁锤声之后，那“亭亭玉立”即将“出嫁”的一排排电冰箱，统统变成了一片狼藉的“工业垃圾”。其实，那锤子看上去是砸在冰箱上，实质上却是砸在了冰箱厂人的心上或思想上。特别是挥动锤子执行这“光荣使命”的直接责任者，那真是一锤下去，心上一个印，痛啊！痛心的不是自己现在砸毁了这些冰箱，而是自己在生产这些冰箱时砸烂了自己厂的牌子。正是这一声声很难说清其酸甜苦辣的锤击，激发了每一位职工的人格力量，既然“高质量的产品是由高质量的人干出来的”，那么谁都愿意“高质量的人”也是自己！正是这震撼心灵的“砸举”，彻底摧毁了职工们“产品有点质量问题没有什么大了不起”的思想意识，砸掉了“二等品”观念，树立起海尔人“重质量、创名牌”的新观念：“要么就不干，要干就要争第一。”“只要市场上有比海尔冰箱更好的产品，我们就一定要超过它。”“先把产品拿到发达国家去卖，考验我们的质量，树立我们的品牌。”

（二）全员自主管理的观念

“人的管理以及人的素质的提高，这是一个永远的题目。不论做什么事，假如一个人有抵触情绪，派上十个人去管他也没用。海尔在管理上的最高目标，是要达到全员自主管理，进入自觉状态。”

海尔有一个全国闻名的“OEC”管理法。不要以为这是从国外引进的管理方法，它是海尔人自己多年实践的结晶，是海尔人的独创。“OEC”管理法，就是日清日高管理法，或者说得啰唆一点就是“全方位地对每人每天所做的每件事，进行控制和清理并要求人人每天都有进步和提高”的管理方法。这种管理方法，译成英文是“Overall Every Control and Clear”，其缩写就是“OEC”。不知是由于图简短，还是由于要“和国际接轨”，或者是由于要显示深奥，在那份被我国高层领导批阅过的关于这个管理方法的报告中，题目中用的名称是“OEC”管理模式。不过，张瑞敏谈到它的时候，称之为“日清工作法”。

让我们丢开名称问题，来看一看这种管理方法的实际内容吧。

海尔把整个集团所有应该做的事、应该管好用好的物，建立总账。根据这本总账，各分厂、职能处室建立分类账。再落实下去，就是每一个职工都建立工作明细账，明确各人管事管物的范围、工作内容、工作标准和指标（分先进水平、上期水平、本期目标）等等。这就是海尔的“人人都管事，事事有人管”。这对所有企业来说可能都不陌生，那不就是“目标分解、层层落实”吗？是的。不

过，很多企业讲是讲层层落实，可到底落实不落实，却是无账可查。海尔则不同，第一，不但有账可查，而且账目精细，真正做到了一项不漏。去海尔参观的人都能看到：每条道路，每块花坛草坪旁，都挂着“负责人×××、检查人×××”的牌子。在车间，这种牌子就更多了，大到每台设备、电梯、消防器材，小到一块窗玻璃，都挂。第二，海尔的账不但是目标责任账，而且也是劳动报酬账。因为账本上不但规定了该你做的事和该你管的物，同时还规定了事情完成多少给多少分，做得好加多少分，做得不好扣多少分等等。多少分也就是多少工资。可以说，每个职工的责任和权利的精细化程度、定量化程度、公开化程度，海尔集团在全国都是第一名。

海尔建立的三本账，不是一年查一次，也不是一月、一周查一次，而是天天都查；不但天天要查，而且天天要清，天天要把查和清的结果公开。要不怎么叫“日清工作法”。

怎么个查法？一是由职能人员到到生产现场巡查，将巡查到的质量、工艺纪律、设备、材料物耗、生产计划、文明生产和劳动纪律等方面的实际情况，记录在案，每隔 2 个小时在现场设立的“日清栏”中公布一次并作出评价。每天要将全部情况汇总存档。二是由员工自查，自查的结果要写入“日清工作记录卡”[①]，并按照产量、质量、物耗、工艺操作、安全、文明生产、劳动纪律共七个方面的量化价值，计算出自己当天的工资，交班组长考核确认，再报车间主任审核。三是由各级管理人员在班后进行清查整理，并填写“日清表”。

所谓“清”，就是对于影响当天工作质量、工作效率和工作目标完成的问题，找不出责任人不放过，找不出原因不放过，找不出改进措施不放过。显然，“清”比“查”难，特别是刚刚实施日清日高管埋法的时候是这样。有那么一个小故事：1992 年 11 月 23 日，一位总装质量检查员，在巡检时发现一台冰箱温控器的螺丝没有固定到位，于是找出了责任人，并按规定扣分。可是责任人（一位工人）不高兴了，出言不逊，拒绝签字。既然如此，质检员就再按“拒绝签字”加重扣分。这位工人火更大了，一拳就砸了过去。结果：厂方对这位工人通报批评，并降为临时工。“日清”就这样坚持下来了。不过，后来工人们发现，虽然出现问题的当天马上就受到处罚，并要立刻整改，但到月底一算，在质量方面的收入反而比以往增加了，因为“日清”的坚持，提高了自己在质量方面的达标程度。所以张瑞敏说：“重要的是一丝不苟的坚持，坚持不懈才能使一种制度从强制到最后成为员工的自觉追求。”通过日清，提高了工人生产高质量产品的能力，这就已经涉及“日高”的内容了。

---

① 又称“3E 卡”。因为每人、每天、每件事，译成英文就是“Everybody”、“Everyday”、“Everything”，三个英文单词的第一个字母都是“E”。

所谓“日高”，就是在“日清”的基础上，每天寻找差距，以求第二天干得更好。海尔要求职工“坚持每天提高1%，70天工作水平就可以提高一倍”。这在原有工作水平较低的情况下，每天提高1%，看来不是太难。但当工作水平达到一定高度之后，别说提高百分之一，即使提高万分之一，甚至一直保持高水平，也是非常难能可贵的。这个时候要达到每天提高1%，只有一条路可走，那就是搞新发明，而这就非得有创造性思路不可了，难怪海尔人要说“思路即出路”，这是坚持每天提高1%的人的真正切身体会。

当然，对海尔的“日清日高”管理法，我们也得要转变观念，可不能只看到它的这个制度、那个规定，只看到这个分值、那个百分比，而看不见贯彻在其中的价值观念和精神实质。要记住张瑞敏总裁在1998年4月对一位记者说的话：“现在许多企业到海尔来学习，却感到学不了。原因就在于，企业文化有三个层面，一般人看到的就是最外边的物质层面的文化，即企业每年增长多少、产品销售多少、成本高低、工资增减、技术装备等等；中间一层就是制度文化，即规章制度、对员工的约束等等；而最核心的东西就是价值观。所有的一切都是价值观产生的，把价值观抽掉了，表面的东西看得再多也不行。现在到海尔取经，一般都只是要制度层面的东西，你有多少规章制度、这些事你是怎么决策的、那些是怎么规定的……我通通都可以给你，但你还是学不到海尔的真髓。”

那么，海尔“日清日高”管理法的精神实质究竟是什么呢？这个管理法，使海尔集团中的每一个人，上至总经理，下到每个普通的职工，都十分清楚自己每天应该干什么、干多少、按什么标准干、要获得什么样的结果，这就不仅保证了企业工作的目的性和有效性，减少了浪费和损失，而且更主要的是实现了“人人任务与业绩公开、个个知情平等”，把命运的决定权交给了每一个职工自己，使他们可以充分地发挥自己的聪明才智，自主、自觉地把工作干得更好。所以，“日清日高”管理法，实质上就是全员自主自觉管理法。

（三）“赛马”出人才的观念

“要‘赛马’，而不要‘相马’。”

“相马是封建社会寻找人才的办法，用到今天已经不适合了。现代是竞争的社会，人才必须经得起竞争，要不然怎么去面对这个竞争的社会。”

海尔“日清日高”的日常管理模式，也可以说是给广大职工设置的一个赛场，这里每天都在“赛马”，每天都要决出名次。只要是“千里马”，随时都有脱颖而出的机会。如果你是试用工，但你在这个赛场上天天争一夺冠，就可以转成合格工，就可以进一步转成优秀工。当然，如果你在这个赛场上天天名落孙山，那也得实行相反的转换。这就是海尔“三工并存、动态转换”的用工制度。即使你是操作工人，但是你有创造性，提高了工作效率，不仅你“3E卡”上的分数、你工资单上的工资上去了，而且你转成了优秀工，并且你的名字还会载入创造发

明者史册。在海尔冰箱厂，就有以操作工高云燕命名的“云燕镜子”。这位女工负责给电冰箱门体钻孔，以前钻完后需要把门体翻过来，才能知道孔眼钻好了没有，既制约操作，又影响质量和效益。后来，她发明了在钻台前面放置的这面镜子，操作时可以清楚地观察到钻孔情况，大大提高了加工质量和进度。仅在海尔冰箱公司，这种以员工名字命名的小发明成果，就有 11 项之多，如为解决冰箱温控器化霜按钮极易脱落难题而发明的“晓铃扳手”，为方便操作、防止烧坏冰箱压缩机漆面而创造的“启明焊枪”等等。

海尔这个由“日清日高”所提供的赛场，和国内外竞争激烈的市场，是紧密联系的。因为“日清日高”所规定应该做的事及其必须达到的标准，是根据市场的变化而不断调整的。

除了由“日清日高”所提供的赛场，海尔还提供了其他多种赛场。例如还有一个职业生涯设计，分成管理、技术、工人三大类。给每一类人都提供了一个通过“赛马”一步一步往上走的机遇。假若你认为自己是搞技术的，那你就走技术成才之路，从技术员可以一步一步上升到高级工程师。只要你有再上一步的能力，海尔都提供舞台，都允许来竞争。竞争第一关是考试，通过了就进入考察期，列入每个月都公布一次的人才库名单。在考察期内，如果有建树，你就上去了；如果没有建树，你的名字就在人才库名单上消失。同样，如果你认为自己可以当处长，也可以申请，一旦有这个空缺就可以参加考试，竞争上岗，如果上岗后的业绩平平，也可能下岗。在这个赛场上，海尔公司许多有理想、有作为的青年脱颖而出，20 多岁的处长、分厂厂长随处可见。

（四）企业文化力量大的观念

“每个企业都有自己的文化，问题是这种文化是否成功和成熟。”

“企业文化，从它的载体或外部来看是一个品牌，但从内部来看就是一种价值观。如果全体员工都来认同这个价值观，就会产生巨大的力量。”

“企业文化就是企业的一种价值观，海尔的企业文化就是要营造一种氛围，一种把个人奋斗同企业发展结合起来氛围，使你在实现个人价值观的同时，也实现了企业的价值观。换句话说，企业的价值和企业目标被实现的同时，你自身的价值也得到了实现。”

“给每一个人都提供一种实现个人价值目标的氛围。”

海尔的企业文化，特别在中国企业的兼并重组中，发挥着巨大的威力。关于这一点，下面将会评介到。

（五）借力的观念

“借力也是一种文化。”

“包容别人的文化、思想，看准其中的某一个亮点，汲取其精华，为我所用，就是一种高层次的借力。”

比如，海尔在波士顿成立了一个设计中心，由当地的技术人员来设计在当地销售的海尔产品。这就解决了在中国设计不到位，或者产品运到美国而在当地不适应的问题。这使海尔产品打进美国市场不是一句空话，1997年海尔冰箱在美国就销售了20多万台。

再如，海尔投资600万元，成为中国科学院工程塑料研究中心的控股者。海尔生产需要的工程塑料，就用不着自己从头搞起。这也是借力。

（六）艺术地对待中国传统文化的观念

“中国的传统文化对企业有着非常直接的影响。不管社会怎样进步，中国人总还是比较习惯中国思维。绝对不要把传统文化全当作垃圾给扔了。即使是习惯势力，目前你也得尊重这个现状。对付习惯势力的有效办法，是提高管理艺术，而不是正面交锋。‘不患寡而患不均’、‘谁成功谁就成为众矢之的’，这是中国当前无法回避的现状。所以我们在分配时就比较注意，最低和最高收入相差不超过十倍，实行‘差别受控’制。因为一旦失控，就可能造成新的不公平，出现两极分化，导致企业内部矛盾激化。”

（七）推动社会进步的观念

“企业存在的目的是和社会融为一体，推动社会的进步。”

当然，海尔也和其他企业一样，追求长期利益的最大化。张瑞敏说：“但这只是一个目标，并不是目的。”实际上，企业追求长期利益的最大化，和企业要推动社会的进步，这两者是统一的。

（八）“打倒自己”的观念

“海尔要永远追求哲学上否定之否定的境界和高度，在市场竞争中，与其让别人来打倒你的产品，不如先打倒自己的产品，只有不断地打倒自己，才能在市场上永远不被打倒。”

所以，“打倒自己”就是不断提高自己。为此，海尔总是把世界上最好的产品作为自己的对手，把自己的产品拿到欧美等发达国家去竞争，不怕人家把自己的产品打得落花流水。他们说：海尔同国外名牌竞争，实际是在同海尔自己竞争，压力越大，爆发力也越大。

（九）优质服务的观念

企业要在市场竞争中取胜，产品质量好固然很重要，但服务质量高似乎更重要。有人把优质产品比喻为马良笔下的龙，认为它能不能在市场上腾飞，要看画龙点睛的最后一笔——服务。这对于有安装调试任务的产品来说，有使用技巧的产品来说，有需要其他东西配套才能使用的产品来说，有易耗零件需经常调换的产品来说，尤其是如此。就家用电器产品来看，服务的重要性，空调大于冰箱，因为空调有安装调试问题；电脑又大于空调，因为电脑不但有安装调试问题，还有使用技巧、软件配套等许多问题。海尔集团既然要从做“白色家电”产品（指

能减轻家务劳动强度或优化家务劳动环境的产品如洗衣机、冰箱、冰柜、空调等)，扩大到做“黑色家电”产品（指供人们在家享乐的视听产品如电视机、录音机、录像机等）和“米色家电”产品（指供人们能在家办公、写作、进行社会交往的产品如电脑等)，就必然要越来越重视优质服务。

海尔人提出了“三零”服务目标：“产品零缺陷，使用零抱怨，服务零烦恼。”

海尔人主动、准确向社会提供各种产品信息，解除顾客购买决策的烦恼；为顾客送货上门，解除顾客的搬货烦恼。

海尔产品售出后，贯彻执行“一、二、三、四服务模式”，即：

一个结果：顾客满意。

二个理念：带走用户的烦恼——烦恼到零，留下海尔的真诚——真诚到永远。

三个控制：服务投诉率小于十万分之一，服务遗漏率小于十万分之一，服务不满意率小于十万分之一。

四个不漏：一个不漏地记录用户反映的问题，一个不漏地处理用户反映的问题，一个不漏地将处理结果反映到设计生产部门，一个不漏地进行跟踪服务和信息收集。

海尔人的跟踪服务，就是在维修之后三天、一周、一月时，进行三次跟踪回访，耐心询问有没有新问题，还有什么不满意的地方。

（十）创造顾客的观念

“企业第一位的是创造顾客，而不是创造利润。不能局限于在现有市场中争份额、切蛋糕，应该以自己的优势去创造顾客，创造市场，另做一块蛋糕。”

“创造市场，另做一块蛋糕。”从全球来看，这正是某些世界级优秀公司的成功之路。他们的创造市场，大致有两种类型。

一种类型，是通过“创新——创造新的生活方式”来创造新的市场。它的特点，是和高科技的联系很紧密，制造出来的产品科技含量很高；而和顾客的联系不仅不紧密，甚至是隔离的，即这种产品的运用，会改变顾客当前的生活方式。这时，企业创造市场的任务，就是千方百计让顾客熟悉新产品，认识并体验新生活方式的优越性。这个任务一旦完成，新市场将非常广阔。

另一种类型，是通过“顾客驱动”而创造出新的市场。它的特点是和顾客的联系很紧密，而和高科技的联系不一定那么紧密，新产品的科技含量并不是很高。这时，企业创造市场的任务，就是千方百计熟悉顾客，倾听他们的意见，发现其中尚未开发出来的市场。这个任务一旦完成，也将开辟出一块新的市场。

海尔到现在为止的创造市场，看来属于第二类。我们在下面的第二目中，就来评介这方面的情况。

二、市场来源于用户意见

海尔集团有两个口号：

一是“用户永远是对的”。这是海尔人的真正信仰，不是谦虚的客套话。

二是“绝不向市场说不”，并把它变成1.7万多名海尔人的实际行动。

海尔的销售战略不是“推”，而是“拉”。所谓“推”，就是把产品向批发商一推了事，使产品仅仅沿着“生产商→批发商→经销商→消费者”的轨道流动。所谓“拉”，有两层意思：一是生产者要把消费者“拉”在自己身边，以便能随时听到用户的声音，了解“终端”的需要，及时掌握市场上正在发生的细微的变化；二是了解到用户的意见和需求以后，不仅抱着“用户永远是对的”这种正确的态度，不和用户争吵或辩论，而且根据这些意见和需要，设计和生产出新的产品来，以便进一步“拉”动市场需求。

海尔为了实施这个“拉”的销售战略，不惜投入大量资金，建立起自己的销售网络。到1998年，这个网络已经建到了县一级，大约有8 000多个销售点或代理点。张瑞敏非常明确地说：“我们搞这个网络的目的不仅仅是为了销售，更重要的任务是为了了解市场信息，可以及时让我们了解人们需要什么。”这正是张瑞敏的高明之处。什么是市场？市场就是人们的需求。人们的物质需求也好，精神需求也好，总是在日益增长。这可以说是一条“需求公理”。承认这条公理，就必然要承认“只有疲软的思想、没有疲软的市场”。可是在现实生活中，埋怨市场疲软的厂长、经理还真不少。究其原因，就在于他们忽视了“需求公理”多种多样的表现形式。他们或者只知道到国家的发展计划中去找需求，或者只知道到订货会上去找需求，而不知道到社会舆论中去找，不知道到用户毫无针对性的泛泛而谈之中去找，更不知道到用户的直接投诉中去找；他们甚至害怕和有意见的用户见面，害怕用户打来太多的电话。只有优秀的企业家们，才知道用户抱怨的可贵。只有他们才知道：自己孜孜以求的市场，就在用户的意见和抱怨中。

海尔人新开发的许多市场，就来源于用户的抱怨，就来源于海尔人转变观念后，正确地处理了用户的意见。让我们看两个实例：

第一个实例是“农村多用途洗衣机”市场的开发。

1996年10月，张瑞敏在四川出差时，有人对他说：“海尔洗衣机的质量不太好，排水管经常堵塞。”这是用户有针对性的直接抱怨。张瑞敏立即派人向用户作深入了解。原来，四川一些农民，把洗衣机买回去以后，不是专门用来洗衣服，而是经常用来洗地瓜。地瓜泥沙多，排水口自然堵。排水口经常堵，农民便不愿用，洗衣机在农村销售受阻。

面对这种情况，张瑞敏认为：“我们绝不能因此责怪老农说，你怎么能用洗衣机来洗地瓜呢？这只是说明市场有了这种需求。”于是，他向有关部门下达指

令：开发能洗地瓜的洗衣机。有的技术人员对此想不通，认为太“土”，也太不“合理”了！但张瑞敏说：“不！对用户的要求说不合理是不行的。应该转变观念。开发产品不能从‘洗衣机’的定义出发，而应从用户的需求出发。只要你开发出一个适应需求的产品，你就能创造出一个全新的市场。”

没有过多久，一种能洗地瓜、土豆等多种农产品的洗衣机，就由海尔人开发出来了。它在技术上其实并不复杂，只需要把里面的摩擦系数减小、出水管道加粗，并将过滤系统改得疏一些，不让泥沙把管道堵塞就行了。

大地瓜洗衣机开发出来后，果然在农村市场大受欢迎。一个新的细分市场——“农村多用途洗衣机”市场，就这样被海尔人创造出来了。

第二个实例是“保温冷柜”市场的开发。

1997 年，广州百佳超市的门前，放着一台海尔展示柜和一台微波炉。百佳超市的营业员，从展示柜中取出冷藏的肉串，放在微波炉里烤熟，然后放在外面出售。现烤现卖，生意倒也顺畅。不过有的时候烤得多了点，或者顾客买得少了点，熟肉串放在外面的时间一长就凉了。营业员就想，要是作冷藏用的展示柜，同时也能够保温，那该有多好。营业员的这个想法，在海尔冷冻设备有限公司的人来回访时，不经意地说了出来，立即就引起了回访人员的注意。海尔回访人员还注意到，一位住宾馆的客人说过这样的话：“说展示柜能够保鲜，但是我把一杯热腾腾的咖啡放进去，怎么保鲜呢?”这再次给海尔人启发：消费者需要能够制热保温的冷藏柜。这就是市场！他们加紧研制。仅仅用一个月的时间，一种新产品——“双温”展示柜便诞生了：它的上面两层可以加热，并能把温度保持在30℃～50℃；下面两层可以冷藏，温度可以控制在 0℃～10℃。这种新型展示柜，运到广州等地后，一夜之间便销售一空。在冷藏展示柜供过于求的“买方市场”的情况下，双温展示柜却创造了它独享的“卖方效应”：无法对付源源不断的催货电话。

以上两个实例，回答了国内外企业文化建设中一个有争议的问题：一个公司，是靠技术推动，还是靠用户推动？在今天这个时代，科学技术已经是第一生产力。因此任何一个公司都必须重视科学技术，加大科技投入，提高自己产品的科技含量，这无疑是正确的。不符合科技原理的产品，在市场上没有立足之地，这也是真理。但问题是任何人也不能保证：符合科技原理的产品，就一定有市场；产品所符合的科技原理越深刻、越是最新成果，市场也就越大。相反，海尔的实例证明：产品所符合的科技原理虽然比较浅显、虽然不是什么最新成果，但由于用户需要，就仍然有市场，需求的用户越多市场就越大。海尔坚持“以用户为师”的人格化设计，收到了开发市场的实效。这就证明，企业要有技术，但不能仅仅靠技术来驱动，还要靠用户来驱动。对于企业来说，脱离用户需求的高科技，不过是高悬太空的一轮明月；只有适于用户需求的高科技，才是推动企业在大海上破浪前进的核动力装置。

海尔人的“创造市场，另做一块蛋糕”的观念，也有“不能只盯住国内市场，还应该开辟国外市场”的含义。

海尔的市场目标，是“三个”1/3：1/3国内市场，1/3国际市场，1/3海外建厂。

海尔的市场策略，从一开始就是“先难后易”：先到发达国家，后到发展中国家。到发达国家，是考验质量，树立品牌，提高市场竞争实力；到发展中国家，主要是占领市场。

海尔从1992年开始进入美国市场。到1998年做到了三条：一是实现了从定牌生产到打自己牌子的转变；二是实现了从“低价销售”到“以国际市场价销售”的转变；三是在扩大市场份额的同时，进一步加强了竞争能力。这是经历了艰难的历程以后才做到的。

海尔冰箱第一次出口到德国时，正赶上一个展销会。可人家不相信我们中国人的产品，连门也不让进。为了说服德国人，海尔人就送2台冰箱过去，同所有的国外产品放在一起，拿下商标，再请德国人从中把中国产品找出来，结果行家也分辨不出来。德国人服了，海尔当场就拿到了2万台冰箱的订货单。

三、有形生于无形

20世纪90年代中期，中国出现了企业兼并重组的强大潮流。这对每一个中国企业来说，都既是严重的挑战又是巨大的机遇：可能被兼并而使自己消失，也可能被兼并而使自己新生；可能兼并别人而发展壮大自己，也可能兼并别人就使自己背上沉重的包袱而永远爬不起来。

在这股强大的兼并重组潮流面前，海尔人作出了自己特有的冷静分析，提出了自己特有的“休克鱼”概念。海尔总裁张瑞敏分析道：

> 从国际上看，企业兼并可以分成三个阶段：先是“大鱼吃小鱼”，这发生在资本经营的初级阶段，企业的资本存量、经营规模起决定作用，兼并的主要形式是大企业“吃”掉小企业。然后是“快鱼吃慢鱼”，这时技术含量上升为竞争胜负的决定性因素，谁的技术含量高，谁的发展快，谁就能赢；这个阶段主要表现为资本向技术靠拢，高技术企业兼并传统企业。到了90年代，则是“鲨鱼吃鲨鱼”的阶段，这时已不存在谁“吃”谁的问题，而是一种“强强联合”，也可以说是目前企业兼并重组中的最高级形式，波音和麦道的合并就是这种强强联合的结果。
>
> 我认为，从实际情况看，这些兼并的形式在中国目前都还做不到。大鱼吃不了小鱼，因为小鱼不觉其小；快鱼吃不掉慢鱼，因为慢鱼并不感到自己慢，各有所倚，各得其所。只要银行有贷款注入，亏损再大也没关系。另

外，还有一个重要原因是体制结构问题，产权不可以交易，政府干预较多。越是国有企业，只要有一口气喘，就不会让你吃掉。

活鱼不让吃，死鱼吃了要坏肚子，弄不好自己要生病，所以海尔就选择了吃“休克鱼”。所谓“休克鱼”，就是指一些硬件比较好而软件不行的企业。就像一个人身体非常强壮，但是脑子不行，思想观念有问题，处在“休克”状态。

张瑞敏的“休克鱼”概念，既是一个很形象、很好记的鲜活比喻，也是符合我国当代企业文化发展不平衡这种实际的生动概括。即一方面，我国有些公司形成了卓越的企业文化，有一套和市场经济相适应的企业价值观念体系，并取得了显著的经营业绩，积累了用文化的力量来发展经济的经验；他们是充满活力的“清醒鱼”、“快鱼”、“大鱼”，像海尔就是这样的企业。另一方面，我国也有不少企业的价值观念落后，没有进行自觉的企业文化建设，或者只是做表面文章，从其他企业那里抄袭了一些口号和箴言，根本不知道怎样结合本企业的实际来塑造自己的企业文化；这类企业还可细分为两种，一种是硬件也不行，设备老化，工艺陈旧，厂房破败，是张瑞敏说的“死鱼”；还有一种是硬件不错，甚至有刚刚引进的全套先进生产线，即张瑞敏说的“休克鱼”。

海尔按照专吃“休克鱼”的思路，截至 1998 年 6 月底，连续兼并了 15 家企业。这些企业被兼并时的亏损总额是 5.5 亿，兼并以后都已经扭亏为盈，而且盘活了近 15 亿的资产。这不仅使得作为兼并者的海尔得到了发展壮大，同时也使得被它兼并的企业获得了真正的新生。海尔兼并了那么多的厂，没有一个是一进去就添置设备的，都是用原有的设备，在原有的厂房里，生产原有的产品，但都比较快地改变了面貌，靠的是什么呢？靠的就是输出海尔的企业文化。

在海尔集团，无论是核心企业、紧密层企业，还是后来兼并进来的企业，他们生产、销售出来的冰箱、冰柜、空调器、洗衣机、展示柜、微波炉、电视机等等，都是有形的电器产品，而他们主要依靠的力量却是文化这种无形的东西，这叫作什么呢？海尔总裁张瑞敏借用老子《道德经》中的话回答说：这就叫“有生于无”。他认为：“许多有形的东西都生于无形的东西，这个‘无’并不是万事皆空，而是灵性、文化或规律这一类看不见但极重要的东西。”“中国的传统文化，对企业有着非常直接的影响。要搞好一个企业，就应该把国际先进的管理思想和民族文化融合在一起，形成自己的企业文化。如果你在企业内部创造了一种充满活力、充满文化品位的氛围，这说明你的企业文化搞得比较好。如果你又去兼并其他企业，能把自己的企业文化输出去，并且能够奏效，更说明你的企业文化是成功的。”

那么海尔究竟是怎样输出他的企业文化呢？下一目就来回答这个问题。

四、积极行为来自公正氛围

张瑞敏指出：“‘休克鱼’问题说到底是文化问题，你要激活它，就首先要激活人!”一个企业，如果所有的职工都积极行动起来，心往一处想，劲往一处使，这样的企业是不可能搞不好的。

问题是职工的积极性怎样才能调动起来？职工的积极行为来自何处？是来自高额的工资奖金？还是来自稳定的就业保障？或是来自干部的榜样力量？一句话，是不是来自这些实实在在的有形的东西？答曰：都是又都不是。说“是”，理由在于每个职工都不可能不关心自己的工资高不高、“饭碗”端得牢不牢、顶头上司好不好之类的关系到切身利益的问题。说“不是”，理由至少有两条：第一，对工资、就业、干部都有一个怎么看的观念问题。观念不同，对工资的价值、就业的价值、干部的价值等等，就会作出不同的结论，这也就是价值观问题。在某种价值观支配下，工资低一些也会有满意感；在另一种价值观支配下，工资再高也不会产生激励作用等等。第二，不同的时代，有不同的文化背景；不同的企业，有不同的文化氛围；从而也就会有不同的价值观念。不首先解决价值观问题，不营造适当的、卓越的文化氛围，也就无法调动职工的积极性。因此，海尔每兼并一个工厂，为了激活那里的人，为了调动那里的职工积极性，首先要做的事，就是把海尔卓越的企业文化输出到那里去，并结合那里的具体情况，营造出最能调动职工积极性的文化氛围。

试问：什么样的文化氛围才是最能调动职工积极性的呢？这没有现成的答案，要调查研究、具体分析之后才能下结论。海尔人最可贵之处，就是自己进行了独到的分析，得出了自己的结论。张瑞敏说：“现在的中国企业，你说企业文化也好，企业哲学也好，职工最需要的是什么，是公平公正的观念，是平等竞争的环境。如果你提供了这种文化氛围，满足了这种需要，就能调动起他们的积极性。”

我们来看一个实例：

1995年7月4日，海尔兼并了青岛红星电器厂。“红星”主要生产洗衣机，累计亏损达2.39亿元，无法还贷。海尔只是派了三个人去。这三个人去之前，张瑞敏对他们说：“红星厂搞成这个样子，是人的问题，是管理问题。一千万，一个亿，海尔都拿得出，但现在绝对不能给钱。要通过海尔文化，通过海尔的管理模式，来激活这个企业。”

这三个人到了红星厂，做的第一件事是按海尔文化来建立干部队伍。因为干部是企业的头，首先要把“鱼”脑子激活，才有可能把整条“鱼”从睡梦中唤醒。他们通过职代会来评议现有的108名干部。职工代表说干部太多了，一半就够了。职工代表评议出来的可信任的干部，只有49名。原来这个厂的干部拉帮结派很严重，有很多小圈子，办事情讲圈子而不是讲原则，只要你是我这个圈子里的人，分房不够条件照样可以拿到面积很大的住房，提干也可以连升几级，什么都能占到便宜，好端端一个厂就这样被搞得乌烟瘴气，这怎么能调动职工的积极性呢？

海尔人在红星厂烧的第一把火，就是营造一个公开竞争的氛围，让原来所有的干部和全厂职工一起参加干部岗位竞争。原来的科长可以竞争处长，原来的处长也可以竞争科长，工人也可以参加干部岗位竞争。结果：原来的100多名干部，通过竞争上岗的只有30多人；从来没有当过干部的人，有10多个通过竞争成了干部。这件事，一下就把大家的积极性激发出来了。原来的干部，下去了不少，虽然不满，也说不出什么。新上来的干部，虽然只有10多个，可这使多数人看到了希望。公开公平公正竞争的氛围，是一股强大的推动力，人们不知不觉地就被推动得从迈方步到跑步前进了。中央电视台记者去红星厂采访，工人们说，海尔集团进来之后，工人们自己也感到不理解，同样的机器，同样的人，为什么会完全变了个样？他们原来最愿意干的一件事就是上厕所，因为厕所离厂比较远，慢点儿走一个来回要20来分钟，叫上四五个人出去转一圈，一个多小时就过去了。他们现在上厕所都是跑着去的，海尔集团其实并没有这样的要求，是工人自己的一种自觉行为。

干部问题解决以后，还面临一个难关——资金问题。在当时的红星厂里，退回来的洗衣机堆积成山。所有的销售人员都在家里待着，工人没有活干，发工资的钱也没有。红星厂的一些人找到海尔总部要钱。张瑞敏对他们说："钱肯定不给。你们的货都套到商场去了，要想办法把货款要回来发工资。现在虽然是淡季，但从海尔的理念来看，只有淡季的思想，没有淡季的产品。如果你思想处在淡季，就会把消极等待的行为看成是正常的；如果你认为没有淡季，就会创造出一年四季都一样卖得很好的产品来。树立了这样的观念，什么事情干不成呢！"于是，他们以山东潍坊市作为试点，派人去催要货款。潍坊的商家说："不行。你们厂有很多产品质量太差，都积压在仓库里，要钱的话，这些问题得先解决。"派去的人在总部的支持下，就以海尔的名义作出担保："第一，以后给你们的产品肯定不再有质量问题。第二，原来有问题的产品全部收回，如果你们不放心的话，现在就可以把这些产品收回来当场销毁。"商场的人感动了，说："行了，有了这些担保就信任你们了，你们也不必在这里销毁，拿回去处理吧。"这样马上就把资金拿回来了，一点也不难。张瑞敏就这件事总结说："最关键的是你和商家之间的信誉——你有没有这份认真！"潍坊的试点成功以后，立即推广，红星厂里的销售人员全派出去催收货款，缓解了资金困难，至少可以发工资了。

海尔兼并红星，就是这样派了三个人去，没有增加一分钱的投资，没有换一台设备，主要是去营造公开公平公正竞争的文化氛围，灌输并实践海尔的生产经营理念，输出海尔的企业文化。结果是：兼并的当月即1995年7月，亏损了700万元；8月、9月仍然亏损，但亏损额大大减少；10月份达到盈亏平衡；11月份赢利15万元，年底完全摆脱困境。红星厂救活了。

被救活了的红星厂的职工们，牢固树立了"只有淡季思想没有淡季产品"的经营理念，他们开始把目光投向市场，决心开发出多种多样的产品，使本厂没有淡季。“小小神童”洗衣机就是填补淡季的产品。它是针对夏季的上海市场而设计的，因为上海人很喜欢清洁，每天都要洗衣服，而一般的洗衣机都太大，夏天的衣服比较少，很需要“小小神童”这种体积比较小、耗水和耗电都比较少的洗衣机。“小小神童”一生产出来就往上海送。果然不出红星厂设计人员所料，一上市就大受欢迎。在北京一些大城市，也出现供不应求的局面。结果，在过去认为是淡季的日子里，红星人的生产已经忙不过来了。

原本属于“休克鱼”的红星厂，被海尔激活以后，也开始为“吃”其他“休克鱼”作贡献了。海尔兼并广东顺德一家电器厂的时候，派到顺德去的三个人，就是当年红星厂被兼并时通过竞争上来的红星厂干部。他们是在红星厂被激活过程中一步一步走过来的，对海尔文化有丰富的感性认识，有比较深刻的理解，所以到了顺德之后，操作比较得当。他们在输出海尔文化的同时，看到了广东文化和青岛文化的差别，注意到两者的融合是需要时间的，移植海尔文化采取了循序渐进的办法。比如，广东人来干活，首先问你给多少钱；工资讲定以后，工作时间给你好好干活，下班以后就是他自己的时间，你可管不着。派往顺德的三个人，每天早上一起来总是要一直干到晚上九十点钟，吃方便面，睡招待所，长期坚持，从无怨言，这种吃苦精神终于把广东人也感动了，说这三个人是“可怕的海尔人”。再如海尔的日清工作法，在本部每个厂都必须执行。在广东就没有这样硬性规定，一开始只要求几个厂级领导做到“日清”。一段时间下来，效果很不错。顺德厂的干部就提出，中层以上干部都要参加日清，就这样一层一层推广开来了。

顺德这个厂，是一个停产时间很长的厂。兼并前，顺德市长问张瑞敏，半年能不能让它启动起来。张瑞敏不敢作肯定的回答。张瑞敏对派往顺德三个人提出的要求，是三个月把这个厂启动起来。结果这三个人用一个月就搞定了。

“海尔文化激活‘休克鱼’”的事实，引起了世界的关注。美国哈佛大学把它写成案例，编入 MBA 班“企业文化与企业发展”这门课的教材。1998 年 3 月 25 日，这部分内容第一次进入课堂与 MBA 二年级学生见面时，张瑞敏也应邀出席。按照哈佛大学教授的安排，张瑞敏当场讲解了案例中的有关情况，并回答了研究生们的提问。有人认为：这件事所显示的意义，绝不亚于“中国企业进入世界 500 强”这个目标的实现。

产业报国型——四川长虹文化

长虹，产业报国，以中华民族繁荣昌盛为己任！这在我国几乎是家喻户晓了。在四川长虹集团公司的价值观念体系中，报效祖国的价值最高。长虹人自豪地说："长虹因为有了自己'产业报国'的信念，使长虹人的精神境界达到了一个至高的界限。"

"长虹"这个名称，"产业报国"这个口号，"红太阳一族"、"红双喜系列"的产品品牌，都会唤起每一个中国人的直觉：这是我们中华民族自己的公司。

一、开门借力为报国

长虹人的"产业报国"口号，既很容易使我们想起解放前民族企业家们提出的"实业救国"口号，也很容易使我们想起20世纪60年代大庆人"发愤图强、自力更生、以实际行动为中国人民争气"的爱国主义精神。应该肯定，这三者确实有着一脉相承的关系，长虹文化正是中国民族文化中爱国主义传统的继承和发展。

但是同样应该肯定，解放前民族企业家们的"实业救国"，20世纪60年代大庆人的爱国主义精神，当代长虹人的"产业报国"，又是有所区别的。这种区别，既和三者提出时的历史背景不同有关，也和三者的指导思想不同有关。

解放前民族企业家们提出"实业救国"的时候，中国还是一个半封建半殖民地国家，从民族的意义上来说不是一个完全独立的国家，从阶级的意义上来说则是大地主大资产阶级专政的国家，人民群众穷困潦倒、饥寒交迫，外国列强占我领土、夺我资源、杀我同胞，中华民族危在旦夕。在那个时候，中国的海关行政管理权、关税自主权、关税收支权等等，都被帝国主义列强夺取；外国剩余商品可以在中国肆无忌惮地倾销。面对这样一种局面，民族企业家能以民族主义思想为指导，积极发展实业，提倡国货，抵制洋货，敢于以“中国人只用中国货”的口号与洋商抗衡，确实是一种值得赞赏的爱国主义精神。虽然在没有政权的前提下，中华民族的危亡不可能通过发展实业来挽救，但“提倡国货、抵制洋货”的实际潮流，激发了中国人民的爱国热情，推动着历史的进步，却是不容置疑的。

20 世纪 60 年代大庆人发扬爱国主义精神的时候，中国已经是一个取得完全独立的社会主义国家，人民已经当家作主。当时中国所面对的国际环境，是帝国主义反动派的经济封锁、冷战叫嚣、热战威胁。在那个时候，像石油之类的战略物资，作为生产力制高点的高新技术，是不可能从国外获得的。在这种情况下，如果只是重复历史上“中国人只用中国货”的口号，显然是够不上爱国主义精神的，因为帝国主义反动派搞经济封锁，还禁止外国货进中国！大庆人的可贵之处，就在于他们以毛泽东思想为指导，在“发愤图强、自力更生”的口号下，用实际行动建成了中国最大的油田，粉碎了帝国主义的经济封锁，大长了中国人民的志气。这就把中华民族的爱国主义精神推上了一个新的阶段，使之成为推动我国社会主义建设事业的巨大力量。

当代长虹人提出“产业报国”的时候，中国不但政治上是一个完全独立的、人民当家作主的社会主义国家，而且经济上也已经打破了帝国主义的封锁。世界已经是一个以和平与发展为主题的世界，时代是一个以经济决胜负的时代：谁的经济发展得快和好，谁就是胜利者，谁的经济发展得慢和差，谁就要被淘汰出局，被开除“球籍”。在这种情况下弘扬爱国主义精神，简单地以“提倡国货、抵制洋货”为号召不行，简单地重复“自力更生”也不行；如果那样的话，就等于把发扬大庆精神而打破的“国际经济封锁”，重新又以“自己关门”的形式恢复起来；如果那样的话，实质上就不是在继承和发扬大庆精神，而是在否定和糟蹋大庆精神，愚蠢得连大庆精神所取得的成果也不会利用。在这种情况下弘扬爱国主义精神，就只能是：以邓小平理论为指导，解放思想，敞开大门，积极借力，发展经济，用尽可能短的时间提高市场竞争实力，早日达到并创造世界第一流水平。长虹人恰恰就是这么干的。

早在 1974 年，长虹集团公司由之发展而来的长虹机器厂，虽然前不久才从纯粹的军工企业转为生产民用产品，虽然地处内陆四川省绵阳市郊，但是在帝国主义的经济封锁已经被打破，美国也不得不改变态度而与我建立外交关系的情况下，就进行了一次解放思想、走出国门、试图借力以改变我国彩电工业落后状态的积极尝试。那年 10 月，经周恩来总理批准，由四机部部长王诤点将，组成了

12 人的中国电子工业代表团，团长由长虹厂长王治东担任，前往美国考察并洽谈引进彩色显像管生产线。经过两个月的考察和艰苦谈判，与康林公司达成了合作意向：中方以 7 300 万美元从该公司引进一条年产 75 万只彩色显像管的生产线。为纪念谈判成功，美国康林公司送给代表团一件礼品：一只象征长寿吉祥的玻璃蜗牛。因为康林公司也是世界驰名的玻璃制品的生产商，送此礼品既很自然，也是情理中的事情。可是代表团中一个成员，却以“接受帝国主义的污辱”、“洋奴哲学”、“爬行主义”为罪名，向江青告发。[①] 江青跑到四机部大骂说：“帝国主义污辱我们，说我们像蜗牛一样爬行，丧失了国格，生产线不要了。”王治东因此被软禁在北京。周总理知道后，非常生气，指示说：“美国人送蜗牛到底是不是对中国人污辱，问一问黄华、黄镇不就清楚了。”由于周总理的干预，“蜗牛事件”总算平息了，但引进生产线的事却就此告吹。

明明是为了填补我国彩电工业空白、以求缩小我国与国际先进水平差距的爱国行为，硬是被“四人帮”说成卖国求荣的行为。可见，发扬爱国主义精神，有时并不那么容易。

长虹人没有泄气，他们填补我国电视工业空白、缩小我国与国际先进水平差距的爱国主义初衷没有变，但实际行动却被极左路线限制在所谓“自力更生”的框架之内。结果，1978 年之前，长虹虽然研制出 5 个型号的黑白电视机和 4 个型号的彩色电视机，但质量却很差，图像不清，屏幕雪花闪烁。厂长王治东幽默地形容说：“无风花自舞，晴日雪满天。”

1978 年 12 月的十一届三中全会，开创了中国改革开放的新时代。这为中国的每一个企业，都提供了缩小自己与世界先进水平差距的机遇，提供了弘扬爱国主义精神的广阔舞台。长虹人积极行动起来了。

1978 年，四川长江贸易公司和日本松下公司签订了一份合同，内容是从松下进口 14 英寸彩电套件 5 000 套。长虹人了解到这个信息后，立即到了长江贸易公司，费尽口舌，争取到了这批彩电的组装任务。为此，长虹与松下于 1979 年 10 月达成协议：长虹花 45 万美元从日本购进检测仪器和仪表，松下方面则赠送一些设备。在双方技术人员完成设计后，1980 年 5 月，中国第一条从国外引进

---

① 说“代表团中的一个成员”写信告发，是根据姬旭升、尹百亨所写《长虹告诉中国》（中国青年出版社，1998）一书 108 页上所记载。丁群写的《蜗牛事件始末记》，对此有不同的记述：“事情起于第四机械工业部的第十设计院。这个院的总工程师李湘，也是这次赴美考察团的成员。他在向院革命委员会负责人汇报访美之行时，也将美国人送的包括玻璃蜗牛在内的几件小礼品，全部摊在桌面上。这时，江青已开始发动批判安东尼奥尼，说他借拍影片污蔑中国，这个院的宣传干事许文彬不声不响地给江青写去一封告密信，说美方给我考察团送玻璃蜗牛，‘这显然是美国反动派精心策划的，对我国的恶毒攻击和侮辱！但令人奇怪的是，我们的考察团竟没有一个人提出任何异议，而是当作宝贝高高兴兴地拿回来了’。这封信还指责四机部和设计院的领导对此麻木不仁，无动于衷。”（见 1998 年 11 月 22 日的《文汇报》）看来，丁群写得比较可信。

的彩电生产流水线在长虹建成，日产能力150台。长虹人从组装这批产品中，多少知道了一些当今世界先进彩电企业的情况，同时也赚了24万美元。

1985年，长虹要扩大规模。但怎样扩大？展开了一场大讨论，出现了三种观点：一是主张通过全盘引进来扩大，即采用长虹和松下第一次合作的模式来扩大；二是主张用全部国产化的模式来扩大；三是主张采取部分进口和部分国产化相结合的模式来扩大。得出的结论是：应该选择第三种模式。

就在这一年，倪润峰到长虹来任厂长，时年41岁。在此之前，他曾担任过该厂研究所副所长，熟悉厂情，懂得技术。他的到任，催化了长虹厂引进更先进生产线的决心。他们决定从松下引进第二条生产线，并坚称这次所引进的生产线，一定要达到当时的世界水平。而日本人却觉得，长虹既要盖彩电大楼，又引进最先进的生产线，根本就没有足够的资金。但长虹决心很大，为什么？为的是早日达到世界先进水平，报效国家。长虹人不仅倾囊而出，而且四处举债，终于如愿以偿。1985年引进的生产线，真正具有20世纪80年代先进水平，技术含量大，自动化程度高，单班日产1 000台，在国内堪称第一。

但是长虹对1985年从日本引进的这条生产线，作了消化和改进：一是针对中国电视播放和中转系统设备落后，下功夫提高了彩电接收的灵敏度；二是突破了原设计产量，单班日产达到1 300台。后来，长虹再以复制加创新的方式，一共制造了13条这样的生产线，使长虹彩电的年生产能力，以每日只开单班计算，也已达到了600多万台。

长虹人没有满足，没有陶醉，因为中国的彩电工业虽然有了很大的进步，但是和世界先进水平相比，仍然有差距，特别是在大屏幕彩电方面。

1991年初，29英寸松下画王彩电在中国率先上市，中国消费者十分喜爱。接着，东芝29英寸火箭炮进入中国市场。它们共同控制了中国的大屏幕彩电市场。不久，中国的大屏幕彩电也在市场上亮相，但技术不过关，是在21英寸彩电电路的基础上，稍加改进而成，换了个大屏幕而已，即行家所说“小马拉大车”。当时在国际彩电业流行一种说法：生产中小屏幕彩电，可以赚利润，而要树立强大的国际形象，只有靠大屏幕彩电，只有大屏幕彩电才能在设计、技术等方面，代表一个国际化企业的真正实力。

怎么办？以产业报国、以民族昌盛为己任的长虹人认为：长虹就代表着中国彩电业的实力，它不仅要在中小屏幕上同进口彩电抗衡，也要在大屏幕上同进口彩电抗争；早一天加入这个竞争，民族彩电业就早一天找到出路，如果因为决策和胆量的原因，不加入这个竞争，那么中国的彩电业迟早要付出致命的代价。

问题是怎么样参加？像第一次那样“全盘引进”？像第二次那样“引进加改造和仿制”？看来都不行。长虹人知道，这一次日本人绝对不会主动把最新的大屏幕技术送到中国来的，而大屏幕彩电中最先进的机芯技术就在日本。倪润峰辗转反侧，思虑再三，最后决定：人家不进来“教”，我们就出去“学”。长虹人借力发展自己的思路没有动摇。这样，一个“来而不往非礼也”的局面出现了：当日本的“画王”牌和“火箭炮”牌大屏幕彩电来到中国，并在中国市场上大赚钱的时候，长虹的技术人员却前往日本，并闷在东芝研究中心与日本人合作开发自己的大屏幕彩电机芯 NC-2 和 NC-3。这是长虹开展中外合作的第三次。

试问：为什么不把东芝大屏幕彩电的机芯技术全盘买过来，而一定要派人到日本去呢？倪润峰说出了很多理由：(1) 那样经济代价会更大。(2) 日本的大屏幕技术虽然已经初步成熟，但终究是第一代，单纯的买进会因为没有技术积累而造成技术滞后，参加一起研究可以和日本方面保持同步。(3) 有利于针对国内具体情况进行特别设计，省略一些不必要功能以降低成本。(4) 有利于培训技术人员，提高他们的设计能力。(5) 想让长虹的技术人员感受一下这个世界彩电技术第一国家的气氛和精神，从中接受一些必要的刺激，增加民族使命感。

长虹人与日本东芝公司合作，先开发出了 NC-2 机芯。它虽然具有 20 世纪 90 年代世界最先进的水平，但长虹还落后世界彩电潮流半拍，因为 NC-2 只是 29 英寸大屏幕彩电的机芯，还不是 34 英寸超大屏幕彩电的机芯，而 34 英寸超大屏幕彩电才真正是彩电企业的“脸面”。没过多久，作为 34 英寸超大屏幕彩电基础的 NC-3 机芯，也开发成功。长虹终于使中国彩电工业的技术水平，提高到了世界第一流。然而，长虹人很清楚，市场竞争是激烈而紧张的，功亏一篑的事屡见不鲜。因此，他们以“行百里路半九十”的精神，抓紧解决整机试制和大规模生产的问题。

1993 年冬，倪润峰在长虹会议上说：34 英寸超大屏幕彩电会异军突起，世界各大公司都在加紧研制，有的已经拿出了样机。长虹如果要在 34 英寸彩电上和进口货拼第一时间的话，形势不容乐观，要马上动手才行。就在这次会上，34 英寸彩电正式立项，技术攻关小组同时成立。

这时的长虹电器有限公司，已经在上海证券交易所上市，并且由于其经营业绩特别好，“中国股市第一绩优股”的美誉正在形成。长虹可以通过配股筹集资金，资金面再也不像 1985 年那样紧张了。长虹人看准了大屏幕彩电的大好前程，大规模投资开始了。为了给生产大屏幕彩电配套，长虹花 3 000 万美元从美国环球公司引进了首次公开推出的世界上最先进的贴片机群，从日本松下公司引进了最先进的插件机生产线。花 2 000 万美元从德国引进了数控模具加工设备。加上合作开发的费用为 1 000 万美元，总投入约 6 000 万美元，合人民币约 5 个亿。

到了 1994 年秋天，长虹人既已解决了超大屏幕彩电的“外壳”问题，即在双层塑料之间充氮气的世界最先进技术问题（为此长虹从德国引进了世界最先进的注塑机群），也已解决了“丽音”问题，即保证沿海地区收听效果好的问题。在此基础上，长虹人第一轮试制样机成型。

1995年上半年，长虹人又进行两轮样机的再论证试验。10月25日，样机最后通过鉴定，倪润峰和总工程师卓荣邦双双签字。中国第一台具有国际先进水平的34英寸超大屏幕彩电正式诞生，品牌型号为长虹“红太阳1997”C2418PN。1995年初冬，中国第一批超大屏幕34英寸彩电在长虹诞生。其上市时间比日本同类彩电相差仅一年多一点。

长虹的彩电生产技术，已经能够和世界第一流水平并驾齐驱了。这是长虹人“产业报国”的一份厚礼，是长虹公司追求本企业最高价值的一大胜利。这个胜利的取得，是和长虹人积极向外借力分不开的。在短短的十多年里，这种借力经历了三个阶段：第一阶段叫“全盘引进”，第二阶段叫“引进加改造和仿制”，第三阶段叫“合作开发”。长虹人的这种“解放思想、敞开大门、积极借力，以实际业绩推动中国经济上台阶”的爱国主义精神，是20世纪60年代大庆人“艰苦奋斗、发愤图强、自力更生，以实际行动为中国人民争气”的爱国主义精神的继承和发展，是中国社会主义现代化建设事业的希望。

二、长虹品牌是生命

长虹人的对外借力，和大庆人的自力更生，在本质上是完全一样的，两者都是要争取以尽可能快的速度来发展中国的经济，都收到了增强中国经济实力、大长中国人民志气的客观效果。但两者的表现形式却大不一样，这特别表现在对外、对内的各种关系的处理上。

“自力更生”，中国企业和外国企业的界限划得很清楚，相互之间基本上没有什么来往，更不可能有使对方得到巨大帮助的来往；这一方面是由国际政治大背景所决定的，另一方面也是“自力更生”这个概念的内涵所要求的，如果企业办成一件事，依靠了该企业以外的力量，一般也就不能算作“自力更生”了。“对外借力”则不然，中国企业和外国企业的界限不一定划得那么清楚，这主要表现在以下三个方面：

第一，作为借力主客双方的中国企业和外国企业，来往频繁，关系密切。想从对方借力，却又不和对方接触，不与对方来往，不与对方发生关系，这在客观上是不可能的。客观上可能发生的只能是：有的双方来往的频率高一些，有的低一些；有的双方关系密切到了可以“风雨同舟”的程度，有的只是“晴时握手阴时散”的程度；等等。

第二，借力总是相互的。你从对方借到了力，说明对方确实给了你一个作用力，你在接受这个作用力的同时，必然同时也给了对方一个反作用力；对方完全可以利用你的这个反作用力，来办他所希望办的事。长虹三次向日本企业借力，获得了彩电生产的基本工艺、流水线设备和先进技术；日本企业同时也为自己的产品、设备和技术找到了市场，从中获得了中国市场的许多信息。

第三，借力有很多复杂的关系要处理。这表现在很多方面，既有“借力”内容方面的关系要处理，也有“借力”外在环境方面的关系要处理。就“借力”的内容来说，就有一个选择问题，是选择借对方资金之力，还是借对方技术之力，或是借对方管理之力，或是借对方品牌之力，或是借对方所有各个方面之力，即综合借力等等。就“借力”的外在环境来说，就有如何处理国内市场竞争和国外市场竞争之间的关系问题，如何处理国内不同行业之间的配套关系问题，以及如何处理国内外的市场容量问题，等等。

总之，借力是一种艺术，是一种文化。在今天扩大对外开放的中国，几乎每个企业都在寻求对外借力，但不同的企业，选择的借力对象、借力内容是各不相同的，与借力对方的密切程度是有很大的差别的，处理各种关系的态度与方法也大相径庭。这正是不同的企业，有不同的企业文化特色的表现。

长虹文化的一个显著特色，就是在对外借力的过程中，始终坚持要打自己的品牌。长虹人视长虹品牌为生命。

原来的长虹，不仅彩电技术落后，而且资金十分短缺，管理观念陈旧。因此在对外借力的内容上，长虹人不仅希望借对方技术之力，同样也希望借对方资金之力，借对方管理之力。所以自 1980 年以来，长虹一直在和外商谈判合资事宜。索尼、松下、飞利浦等世界彩电业的巨头，都曾经和长虹洽谈过合资问题，其中有些谈判还进行得很深入。法国最大的电子公司——汤姆逊公司，曾 13 次派人来到长虹，为的也是洽谈和长虹的合资问题。但所有这些谈判，毫无例外全都失败了。

为什么谈不成呢？倪润峰总结说：“没有谈成的原因是他们要求用他们的品牌来生产全部或者是部分产品，而保卫长虹的品牌是我们的基本原则，这是我们的命运所在，所以丝毫不能让步。当时我们想，如果通过合资真能引进一些高新技术，还是划得来的。况且引进这些高新技术的目的是为了我们品牌的发展，为此我们可以在市场份额和股份方面作出一些牺牲，比如市场份额可以让给你一部分，甚至还可以控股。但是，即使这样也还没有谈成。”这里我们不难看出，对于控股、市场份额、品牌这三种对企业有着极高价值的东西，长虹人作出了自己的排序：“控股诚可贵，市场价更高，若为品牌故，二者皆可抛。”

长虹人作出这种排序的理由是：失去了控股权，可以再赎回来；失去了市场，可以再抢回来。“留得青山在，不怕没柴烧；只要有火种，可以再燎原。”品牌就是青山，品牌就是火种，长虹品牌就是长虹自身。失去了品牌，就失去了将来东山再起的基础，就失去了将来燎原的火种，就失去了自己本身。就像一个只有独生儿子的贫困家庭，可以借钱给儿子吃饭上学，可以让儿子给别人干活还债，就是不能把儿子卖给人家。

这就是长虹的品牌观，它和长虹的“产业报国”紧密地联系在一起。长虹集团董事长兼总经理倪润峰说："长虹产业报国的一个重要目标正是要在竞争中创造出中国人的世界名牌。"

这就是长虹的品牌观，它参与构成长虹独具鲜明特色的企业价值观念体系，参与构成长虹独具鲜明特色的企业文化！倪润峰在回答"长虹产业报国的含义是什么"这个问题的时候写道："通过引进与自主开发相结合，充分发挥科技的作用，创造世界名牌，不断提高同国际大公司的竞争能力；培养大批高素质的长虹人，铸造有鲜明特色的企业文化。这就是长虹产业报国的基本内容。"

三、力争市场主体权

长虹彩电技术的先进性，长虹品牌价值观的优越性，既不能由长虹人自己说了算，也不能由理论上的对比来确定，更不能靠政府主管部门来"钦定"，而是必须由市场竞争的实践来检验。这在市场经济的条件下，既是理所当然的，也是实际如此的。市场的权威性，必须取代中国传统计划经济体制下行政的权威性。

市场的"检验权威性"，是和企业的"市场主体权"分不开的。试想，如果一个企业，连市场主体权都没有，它既不能自主决定生产什么、生产多少、怎样生产等等，又不能自主决定自己的产品在什么时候、以什么样的价格进入市场，那么市场所检验的，就不可能是这个企业有关方面的先进性或优越性，而只能是"吞没了企业市场主体权"有关主管部门的先进性或优越性。

长虹，在过去很长的岁月里，是没有市场主体权的。这也是很自然的。因为在1957—1974年的最初10多年里，它是一个百分之百的军工企业；在1974—1979年间，它也只是奉命保军转民，何况整个中国实行的是计划经济体制，任何一个中国企业都没有市场主体权。长虹人最可贵之处，就在于他们在1979年以后，紧紧抓住了我国改革开放的机遇，迅速摆脱了传统计划经济经济体制下形成的"等、靠、要"思想，积极主动去争取自身作为企业的市场主体权。这特别表现在他们对自己产品的三次主动定价之中。

长虹的每一次主动定价，都在全国引起了争议，都掀起了一场不大不小的风波。但实践证明，长虹人每一次都是对的。这并不是因为长虹人特别聪明，也并不是倪润峰的智商比别的企业家要高，而是由于长虹人念念不忘广大人民，念念不忘中华民族，念念不忘以自己的品牌报效国家，因而有着强烈的使命感和责任心，而不在乎别人会怎样说。

长虹的第一次主动定价，是在1988年。

不过，那其实也并不是什么定价，而只是巧妙地、合法地打了一次"定价擦边球"。现在就来看看当时的实际情况吧。

1987—1988年，那可是我国彩电空前绝后热销的岁月，在当时卖方市场条件下形成的抢购风潮中，彩电是人们抢购的第一目标。彩电生产厂家门庭若市，商场的彩电柜台前万头攒动，都是为求购而来。在市场经济的条件下，如果一种商品供不应求，提高售价乃是自然的事。但问题就在于：当时我国改革开放虽然已经约 10 个年头了，虽然改革开放总设计师邓小平已经四次谈到社会主义可以搞市场经济，但是传统观念仍然牢固地控制着人们的头脑，忌言“市场经济”仍然是普遍现象，中国僵硬的价格体系没有改变。生产企业没有定价权，它对自己产品的出厂价，既不能增加一分钱，也不能减少一分钱。商业企业也没有定价权，它的商品零售价，同样既不能自行增加一分钱，也不能自行减少一分钱。定价权牢牢地掌握在国家物价局手中。在那些供应大大不能满足需求的日子里，国家物价局的干部们倒也非常辛苦，忙忙碌碌，东奔西走，但这并不是要及时掌握供求关系的变化，以便根据经济规律来提高或降低物价，而是要仔细检查那一成不变的价格体系的执行情况，严厉处分那些敢于擅自提价的单位，以便维护政策的严肃性。说实在话，如果国家当时的彩电定价，确确实实能够百分之百执行，长虹人的心态可能会非常平静，因为作为彩电用户的一般老百姓可以少花一些钱。为比较贫穷的中国老百姓着想，可也是长虹“产业报国”的实质内容啊！可是，当时严格执行国家定价的，只是生产企业和国家正规的销售部门。在当时供需差距较大的情况下，滋生出一批倒爷，形成了彩电黑市。倒爷们上蹿下跳、活跃异常。一般的老百姓，如果想要得到一台彩电，他们付的价钱，往往要高出国家牌价一倍以上。以成都和绵阳市场为例，一台 47cm 的长虹卧式彩电，国家规定的牌价是 1 400 多元，而黑市价格已经超过了 3 000 元。这批黑色利润统统落入了倒爷们的腰包。倒爷们无孔不入，找靠山，搞批条。往往一个条子就是几十、几百，甚至上千台的彩电，根本不用搬动，仅仅把出库单做一个交易，几十万不义之财便成了倒爷们的囊中之物。

看着自己创造的利润竟然落入倒爷们的腰包，长虹人能不痛心疾首吗？倪润峰能不痛心疾首吗？如果能把这些资金拿过来扩大再生产，为长虹的“产业报国”服务，早日赶上和超过世界先进水平，那该有多好啊！

倪润峰一方面三令五申，绝对不允许在长虹为倒爷开辟通道；另一方面在苦苦寻求对策，以使长虹创造的利润不再流失，或者至少流失得少一点。按市场经济规律办事，供不应求，应该提高售价，可这是违反当时的国家价格政策的，是违反国家纪律的。不按市场经济规律办事，屈从于命运的安排，在纪律束缚之下忍气吞声，企业的发展又会受到损害。难道就没有两全其美之策吗？倪润峰在寻找“打擦边球”的机会。

机会终于来了。它来自银行。不过这是只有倪润峰才能看出来的机会，或者也可以说是由于有了长虹人的主意而形成的机会。当时为了抑制由抢购风而带来的过热的消费势头，国家大幅度提高银行存款利率，鼓励居民储蓄。银行除了按国家规定的标准支付利息以外，还搞有奖储蓄。倪润峰从这里看到了机会，他的思维就是从这里开始的：搞有奖储蓄，就得有奖品。奖品不能太一般，一般化的奖品对居民的吸引力不大。如果用彩电作为奖品，在当时恰恰会对居民产生最大的吸引力。但是银行没有彩电，它也得不到国家计划内的彩电供应。好了，长虹可以把彩电卖给银行做奖品，价格可以不受国家牌价的限制。因为银行只是借彩电来吸引居民的存款，目的不是要通过买卖彩电来赢利，所以银行能够接受略低于黑市的价格；老百姓得到“一台彩电”这样的奖品，一定很高兴，他们或者不会去考虑价格，或者会说“这样的彩电到黑市上去买得花3 000多元钱呐”；更主要的是，长虹和银行的供求关系，不属于通常的商业供销关系，因而是在国家销售计划之外，可以不受国家牌价的约束。机会成立，这个“擦边球”可以打！倪润峰大喜过望。他立即找到工商银行，和盘托出自己的合作意向。早就对长虹彩电可望而不可求的银行，同样大喜过望。双方一拍即合，马上签署协议，并向省物价局报告，经批准后立即实施。

就这样，长虹以高于国家的牌价、略低于黑市的价格，将一大批47cm（18英寸）彩电卖给了工商银行。据后来流传的数字，长虹因此多赢利一个多亿，也有的说是两个亿。正是这笔资金，在第二年彩电购买进入低潮时期，对于长虹的生产经营起了很大的作用。长虹人取得了争取市场主体权的第一个胜利，这是通过一种巧妙的方法而实现的。

当时全国的彩电生产厂已经为数不少，各地也都有工商银行，但是其他厂都没有采用长虹那种方法来增加自己的利润。究其原因，或者是根本就不太重视利润，或者是没有想到有这么一种方法，或者是价格政策观念极强，或者是怕惹麻烦，或者是其他什么。因此长虹的做法一传开来，人们的褒贬也就不一。不过，由于有省物价局的批示，长虹做法的合法性也就没有人否认了。但长虹做法的合理性，则是随着我国经济改革体制的深入，随着市场经济体制目标的建立，而越来越被人们认可。

长虹人的第二次主动定价，是在1989年下半年。

中国的彩电市场经过1987—1988年的热销，在1989年一下就冷了下来，准确地说是在1988年12月就冷了下来。究其原因，倪润峰经过冷静分析发现，并不是消费者的需求已经饱和，而是《经济日报》一则语焉不详的消息，说国家要对彩电征收特别消费税，使得所有商家都不敢贸然进货。

既然是商家在生产者和消费者之间筑起了一道高墙，那就拆除它，使生产者和消费者直接联系起来。倪润峰从长虹的党政工团各系统中，紧急抽调几十人组成销售突击队，分赴重庆、成都、攀枝花等地的大企业，找和自己对口部门的职工，直接推销长虹的彩电。这一招果然灵，在1988年最后的二三十天里，直接销售的总额达1.5亿元。

尽管长虹人走出厂门，直接销售，取得了喜人的成绩，但1989年的销售形

势仍然不容长虹人乐观。截至 6 月 30 日，长虹产品积压总值达 3.2 个亿，银行存款只剩下 1 000 元！

经过分析，长虹人认识到，这次彩电滞销的导火索，是彩电特别消费税的征收，使得每台彩电在国家牌价的基础上涨价 600 元。表面上看，这个价格虽然和黑市价格还有一段距离，但实际上却使得消费者的心理出现了严重的不平衡。他们不买这个账，持币观望。

尽管长虹人向来认为：消费者是企业的衣食父母，对于消费者的意愿，企业只有接受的义务，没有指责的权利。但是他们这一次的体会，无疑更具体了，无疑更深刻了。这一次消费者的意愿，就是认为彩电的提价太厉害了，把 600 元的特别消费税全部加在消费者头上是不能接受的。你可以辩护说："这可是国家定的，与我们企业无关。"但消费者就是不买你的彩电！长虹产品积压已经 3 个多亿了，偌大一个厂的账面上只有 1 000 元钱，要是还要和消费者较劲，那还有饭吃吗？还能活下去吗？

1989 年 8 月 9 日，倪润峰和长虹的决策者们经过几个昼夜的计算分析和风险权衡之后，毅然作出决定：长虹彩电在全国范围内全面降价，向消费者让利，每台让利幅度为 350 元，同时保证国家的税收一分不少。

长虹销售处立即将这个决定，电告全国 24 个省市自治区的销售联络员，并要求他们从速通知全国各地的长虹销售商，按照新的价格订货销售。同时，长虹派出由 300 多人组成的销售大军，奔赴各地开展销售攻势。

如果说，长虹人第一次主动定价是"打擦边球"，那么这一次就是公开向旧的定价体系宣战了。他们不办任何报批手续，自说自话地行使着尚未授予给企业的定价自主权。中国彩电行业沸腾了！所有的彩电厂家愤怒了！他们纷纷向北京方面告状：长虹严重违反国家物价政策，强烈要求上级主管部门给予严厉制裁。一位同行朋友连夜给倪润峰送来一封好心的规劝信："千万小心，老倪，弄不好可要蹲班房呀！"然而长虹人坚持他们自己的逻辑：长虹降价有什么错？降价，平了老百姓的怨气，稳定了市场和人心，国家的税收也没有因此而减少一分，难道说长虹因此而有罪了吗？

有趣的是，尽管不少彩电厂愤愤不平，争相告状，可是国家主管部门却一直保持沉默，并没有将目无"法纪"的倪润峰绳之以法的迹象，甚至连一点纪律处分的意思也没有。直到长虹作出降价决定 50 天之后，国家主管部门才算表了个态，但不是处分长虹，而是出台了关于彩电降价的决策。

那些一直没有停止对倪润峰口诛笔伐的同行们，这才如梦方醒，纷纷从库房里捣腾出自己的彩电去市场，按照降低了的价格进行销售。而此时的长虹库房里却是冷冷清清，20 万台积压的彩电早已经销售一空了。于是同行们从对长虹人的谴责，转向了对长虹人会如此决策的分析：有人夸奖，说倪润峰是神算子，是先知春江水暖的鸭子；有人不太服气，说倪润峰不过是预先得到了国家要出台彩电新政策的信息而已。

从长虹人两次自主定价的前前后后来看，实质上涉及三个根本问题：第一，商品的价格，是由长官意志来决定，还是按照市场规律、根据供求关系来确定？第二，一般商品的定价权，是牢牢地抓在国家手里，还是下放给企业自主掌握？这涉及我国的经济体制改革，是推进到实行有计划的商品经济为止，还是要进一步以建立市场经济体制为目标？第三，处在改革过程中的国有企业，是消极等待国家出台各种改革措施，还是自己努力塑造卓越的企业价值观，抛开个人、小团体的利益得失，以国家繁荣昌盛为己任，从自己的生产经营实际出发，进行创新，争做改革带头羊？长虹人在这三个问题上，都用实际行动，给出了他们的正确答案。

然而长虹人打破常规的创新行为，要被人们普遍接受，却是需要时间的。1991 年，即在长虹第二次主动定价两年之后，《中国体改研究会通讯》第 9 期上，把“长虹现象”列为“四大超常经济现象”①之一，展开研究和讨论。《中国电子报》也开辟专版，以“国有企业能否像长虹那样自行定价”为主要议题，展开讨论。

讨论中，两种意见相持不下。

一种意见认为：长虹没有组织纪律，无视国家政策法律，“不让你涨价你涨价，不让你跌价你跌价”。我国实行的是有计划的商品经济，而不是完全的市场经济，这种经济体制的特点就是国家必须采取行政、经济、法律等手段来控制物价和稳定市场。长虹擅自涨价、降价的做法，违反了国家物价政策，刺激了消费者的需求，扰乱了市场。如果全国所有的大中型企业（如钢铁、汽车、化工等）都这样做，后果不堪设想。长虹“不让降价你降价”的做法，直接冲击了国家的彩电专营政策，使政府失信于民，并且损害了其他彩电生产厂家的利益，也破坏了来之不易的消费者的心理平衡。长虹的做法给长虹本身带来了利益，但从国家、从全局、从长远利益考虑，是错误的。

另一种意见认为：价值规律承认商品价格随供求的变化而围绕价值上下波动。长虹牌彩电涨价和降价之举，是顺应商品价值规律与市场供求规律的行为。长虹彩电在供不应求的时候涨价，既帮助银行吸引了储户，为国家增加了利税，又堵塞了不法分子的“黑路”。长虹彩电在销售不景气的时候降价，打破了滞销的僵局，回收了资金，救活了企业。这都是利国家、利社会、利企业的大好事，不应该受到指责。

当然，报刊上的讨论不可能有什么最后的结论。真正的结论，是由我国深入

① “四大超常经济现象”是指斯米克现象、亚细亚现象、长虹现象、明月现象。

改革的实践作出的：1992 年 7 月，国务院发布《全民所有制工业企业转换经营机制条例》，规定企业享有 14 项经营自主权，其中第 2 项就是“产品、劳务定价权”。同年召开的党的十四大决定，我国经济体制改革的目标，是要建立社会主义市场经济体制。这就为长虹的自主定价行为，作出了肯定性的评价。长虹为自己，也为中国所有的国有工业企业，在力争市场主体权方面，开辟了一条宽阔的大道。

然而，如果没有敢冒风险的披荆斩棘，如果没有以振兴中华民族为己任的主人翁品格，就不会有这一马平川的康庄大道。正如曾处于旋涡中心的倪润峰所说：

“平心而论，要作出涨价和降价的决定，都是要担负相当风险的。但是正因为风险壁立，才使得绝大多数人不敢冒天下之大不韪，才使得绝大多数人不得不墨守成规。但是这种所谓的安全状态，无助于企业真正掌握自己的命运，而只能听任别人的安排，长此以往地下去，企业永远也获得不了主宰自己命运的权利，等到他们从骨子里适应了没有自主权的经营生活，那么这个企业也就永远地完了，他的出路也许只有一个，就是做国家不得不永久背负下去的包袱。

“至于‘不让我涨价我涨价、不让我降价我降价’的罪责，其实在这样评价我的时候，它本身就已经完全错了。看那句话的口气，涨价也好，跌价也好，其权力根本就不应该在我们长虹手里，而只能在我们自己的能动性之外听从安排。其实，我们的涨价和降价，本身都是对自我命运的一种把握，我们长虹人自己要做长虹命运的主体，我们长虹人自己要掌握长虹的命运。

“事实证明，只有穿越禁区，才能真正和自己的命运联结在一起，才能猎取机遇的硕果，总在警戒线外打转儿，不是长虹人的性格。”

长虹人的第三次主动定价，是在 1996 年。

这一次和前两次不同：第一，国家已经把产品定价权给予了企业，合法性不成问题，人们争议的是合理性问题。第二，长虹已不再是一个普通的、无足轻重的彩电企业了。它 1995 年的彩电产量已经超过 300 万台，销售收入达 75 亿元，国内市场占有率达 22%；它在 1995 年初冬，生产出了中国第一批具有国际先进水平的 34 英寸超大屏幕彩电；它已经被正式授予“中国彩电大王”、“中国最大彩电基地”，它的第一把手倪润峰也已经被正式授予“经营管理大师”。

然而，在 1995—1996 年之交的四五个月里，长虹人却是在心事重重之中度过的。每年的这个时候，通常都是彩电的旺销季节。特别是春节之前大约一个月的时间里，商店彩电柜台前面总是熙熙攘攘，人们高高兴兴地挑选购买，营业员忙忙碌碌地接待开票，是彩电的爆销季节。但是 1996 年春节之前却看不到这种爆销的景象。长虹彩电在各地的销售，都出现了不同程度的滑坡。原来，消费者都在等待 4 月 1 日的到来，等待那个中国政府向世界承诺进一步降低关税的日子。这意味着消费者期待彩电价格有一个较大的回落。

尽管有关方面一再解释，这次关税调整只是总水平由35.9%降到23%，而不是进口彩电的关税也下降相同的百分点，更不是进口彩电的销售价格也会降低一个等同的幅度。然而消费者并不理会这种解释，他们依然纹丝不动，照旧持币观望。这意味着国产彩电和进口彩电之间的新一轮市场竞争，已经在消费者的观念中提前展开起来了。

这至少还说明：第一，中国老百姓鉴于自己当前的收入水平，还很在乎当前彩电价格的高低，毕竟买一台彩电要花去他们几个月甚至全年的工资啊！第二，中国老百姓有着通情达理的开放意识，他们既不盲目媚外也不盲目排外。对于国外的名牌彩电，如日本的松下、索尼、日立、东芝，韩国的三星，荷兰的飞利浦等等，在总体上还是相信其内在质量的，只要价格适当，他们是乐于选购的。“中国人只用中国货”的口号，对于当代中国的老百姓来说，不再是合适的了。他们现在遵循的原则是“只选购物美价廉的货！”

面对国内彩电市场低迷的严峻局面，长虹人本着“产业报国”的态度，按照“消费者不会错”的思路，十分重视已经在消费者观念中提前反映出来的与进口彩电的竞争，充分肯定中国老百姓购买彩电一看质量、二看品牌、三看价格的选择标准，实事求是地分析长虹产品在这三个方面的优势与劣势。

就质量来说，长虹彩电完全可以和进口彩电比美。不过，由于我国原来的彩电工业基础较差，是改革开放以后通过引进国外的先进技术才赶上来的，这就自然而然地会使消费者将国产彩电的质量看低，即使权威部门公布的质量检测结果说明两者是一样的，消费者也必然还是要自己亲自考察一番。在这个考察期内，长虹彩电和进口彩电相比，是没有优势可言的，至多只能算势均力敌。

就品牌来说，虽然长虹已经成为中国彩电业的第一品牌，1995年的无形资产评估已达87亿元，并多次被评为消费者最喜爱的国产名牌，但所有这一切都是和国内其他品牌相比。如果和国际名牌如松下、索尼、东芝、夏普、飞利浦相比，长虹则处于劣势。

长虹惟一的优势，就是价格。请看1996年春节前的市场价：一台29英寸大屏幕彩电，进口货1万多元，长虹货8 000多元，相差2 000元左右；一台25英寸的彩电，进口货6 000多元，长虹货约4 500元，相差1 500元左右；一台21英寸的彩电，进口货4 000元以下，长虹货约2 800元，相差1 000多元。

进口彩电的优势是品牌，长虹彩电的优势在价格。现在消费者把钞票装在口袋里，等待着降低进口关税那一天的到来，等待着进口彩电降价，即等待着长虹优势的丧失。这就是长虹人当时所面对着的市场形势。尽管你可以有把握地说，彩电进口的关税降低不了几个百分点，进口彩电的销售价格也降低不了几个钱，等着瞧吧！可是，消极等待，从来就不是长虹人的性格。难道真的要等到那一

天，去和消费者讨个谁是谁非不成？这更不符合长虹人“产业报国”、“消费者是衣食父母”的价值观念。再说，进口彩电的售价降多也好，降少也好，只要是降了，就总是长虹优势的削弱，难道就这样等着优势的削弱、市场份额的丧失乃至失败的到来？

不能等待，现在就必须积极行动起来，主动发挥自己的优势！这就是长虹人的结论。我们从倪润峰当时说的一段话中，不难看出长虹人特有的危机感和积极行动的迫切感：“现在长虹彩电和进口彩电的价格相差过小，这是长虹彩电出现滞销的关键所在。现在我们虽然不承认自己和进口彩电在技术水平，尤其是质量上有明显距离，但现实容不得我们去为消费者做深入可信的比较，这需要时间，而频频告急的市场又不给我们这时间。怎么办？急症必须用急药来医，只有一个办法，就是用自己的价格优势去拼掉对方的品牌优势。”

怎么个拼法？就是进一步降低长虹彩电的价格，降到足以拼掉进口彩电品牌优势的程度，降到足以使消费者动心并乐于掏钱购买的程度。这个“程度”，经过价格学专家的论证，是“国产彩电应该比进口彩电便宜30%”。

下面的任务就是要仔细测算一下，如果把长虹彩电的价格，降到比进口彩电价低30%的程度，长虹能不能承受？在经济上到底合算不合算？这是不是一种硬拼实力而大丧元气的低级竞争行为？长虹人经过测算发现：第一，和我国其他彩电企业相比，长虹的销售利润率高出约10个百分点。长虹实施拟议中的降价后，利润率仍可稳定在16%左右，而其他企业仅为13%。这就是说，长虹有充足的实力实施拟议中的降价。第二，实施拟议中的降价，把全部库存产品，包括那些不再生产的旧型号彩电，统统卖掉，等于进行一次彻底清仓，对企业的后续发展极为有利。第二，可盘活20亿资金，这在当时银根很紧的背景下，是非常宝贵的。一石三鸟，自主降价是对的。

1996年3月26日，长虹宣布：从即日起，也就是在4月1日降低进口关税之前，长虹所有牌号的彩电一律大幅度降价让利销售，降价比例为8%～18%，降价幅度为每台100～850元不等。至于这次降价的宗旨，长虹人明确指出不是针对国内同行，而是为了“参与国际竞争，创世界名牌，振兴民族工业”。长虹的口号是：“长虹要成为世界的长虹。”

长虹的降价措施迅速引起了强烈的反响，彩电市场又热闹起来了。在降价的第一阶段，即“降价突发”、消费者“意外惊喜”、其他品牌“降价不及”的阶段，取得了令长虹人激动不已的效果：长虹25至29英寸彩电的市场占有率，由降价之前的16.68%迅速上升到了31.64%，增加了14.96个百分点，使进口25至29英寸彩电的市场占有率由49%下降到46%。如果仅就25英寸来看，则效果更好，长虹的市场占有率由降价前的20.7%猛增到45.25%，增加了24.55个百分点，而进口25英寸彩电的市场占有率减少了7.02个百分点。就1996年全年来看，长虹也因此而向前跨越了一大步：生产各种型号彩电480万台，超过原计划80万台，销售收入125个亿，实现利润20个亿；市场占有率由降价前的22%增加到了27%，突破了25%的垄断线。

倪润峰事后对这次降价进行理论阐述时指出："长虹彩电这次让利销售的决策，是在紧缩银根、降低关税的背景下作出的。这次长虹彩电降价，与1989年的降价不同，那时长虹公司和国内的一些彩电生产企业比，尚不具备优势，降价实在是市场所逼，目的只是使将处于停产的生产线转动。长虹的这次降价，是在长虹公司拥有强大的规模经济和自配能力，因而降价是在不会影响长虹利益的前提下作出的，所以是一个主动性决策。""长虹彩电降价的根本目的，就是让广大长虹消费者直接受益，满足不同层次的需求，因为市场资源是有限的，怎样保护市场是每一个企业首先应该考虑的。"

然而，对长虹这次降价持否定态度的人，仍然不少。其主要意见是：

第一，"长虹事先没有和任何一个同行打招呼，搞突然袭击，缺乏对同行的起码尊重"。

一个在计划经济体制下长期运行、习惯于事事靠别人（上级、同行中的老大）的企业，提这样的意见也是自然的。他们对长虹决策前的危机感、紧迫感、无暇顾及其他的专一程度，是毫无体会的。退一万步说，长虹提前一两天打招呼（也只能是一两天，因为长虹自己几天前也还没有拿定主意），他们又能怎么样呢？除了能提前从他们那里听到反对的声音，恐怕不会有其他什么结果。他们也一起来降价吗？如果他们也有可以降价的实力，有"报答国家、报答民众、让老百姓花最少的钱而得到最多的享受"的价值观念，那么不用事先打招呼，他们也一定参加进来了。

第二，"长虹所挑起的竞争，在很大程度上是和国内厂家的恶性竞争，即所谓的'窝里斗'，如果长虹真的有足够的实力，应该到国际上去竞争"。

如果说，长虹在很大程度上是和国内厂家的竞争，那是事实。降价第一阶段上的统计资料就是证据：长虹25至29英寸彩电的市场占有率，增加了14.96个百分点，而进口25至29英寸彩电的市场占有率只下降了3个百分点，这意味着长虹所增加的市场占有率中，有11.96个百分点是从国内厂家夺取的。就25英寸彩电来说，长虹的市场占有率增加了24.55个百分点，而进口25英寸彩电的市场占有率只减少了7.02个百分点，这同样意味着有17.53个百分点是从国内厂家夺取的。

但如果认为这是"恶性竞争"，就完全错了。长虹不仅没有把价格降到仅仅够本的程度，降价以后的销售利润率仍然比同行其他企业高出3个百分点。长虹的降价，是建立在它的科技优势、规模优势和成本优势的基础上，这恰恰表明长虹搞的是文明竞争。如果一个企业，掌握了高新技术，有很大的规模，花的成本

又很低，却执意要攫取高额的利润，不肯以较低的价格销售它的产品，不愿像价格很便宜的自来水那样源源不断地供应社会，这是一种拙劣的企业文化的表现。长虹的可贵之处，就在于它的掌握高新技术，它的扩大规模，它的控制成本，最终都落实到一点上，让中国老百姓得到实惠，并由此而实现长虹人产业报国的夙愿。

第三，“长虹的举动迫使国内一些中小彩电厂家退出彩电市场，给外国彩电势力让出了市场份额，影响了民族工业的进程”。

一些中小彩电厂家退出了彩电市场，这是事实。这个市场份额，给长虹夺走了。说“给外国彩电势力让出了市场份额”等等，则不是事实，事实是：外国彩电在中国的一部分市场份额，也已经由长虹夺回来了。

市场竞争的规律，就是优胜劣汰。没有竞争能力的中小彩电厂家退出彩电市场，既是市场竞争发挥资源配置基础作用的表现，也是中国特色的社会主义市场经济正在逐步走向成熟的标志。优胜劣汰有它痛苦的一面，但不搞市场经济，搞优不胜劣不汰，搞平均主义，中国就将继续落后下去，这将是更大的痛苦。

第四，“长虹的降价，是拼成本，不仅会给自己带来难以承受的结果，甚至会成为一种自杀行为”。

这也许是一种善意的担心，但却完全不符合长虹的实际。

第五，“价格只是影响消费者购买心理的若干因素中的一个，并且不占绝对主导的地位，一味地打价格牌，并不一定就能够赢得市场”。

这完全正确。但长虹绝对不是“一味地打价格牌”。他们的“科技牌”、“品牌牌”、“质量牌”等等，打得都不错。不过，他们实质上打的是“改革牌”、“开放牌”，最大的一张是“产业报国”牌。

四、走到了转折点上

不管从哪个方面来看，现在的长虹都走到了转折点上。

第一个方面，是从产品来看的转折点。

长虹人从一开始就追求规模经济，立志成为中国民族彩电业的“航空母舰”，而不去做“船小好掉头”的鱼雷快艇。长虹历年的彩电产量数据，就是长虹人追求规模经济留下的足迹：1980 年 1 万台，1986 年 19 万台，1992 年 100 万台（这是专家认可的彩电行业的规模经济线），1996 年 300 万台，1997 年 668 万台（排名世界彩电生产企业第七位、国内市场占有率为 35%），1998 年的目标是 850 万台（排名世界彩电生产企业第五位、国内市场占有率为 45%）。最为可贵的是，长虹的“规模”扩张，和净利润的增长是同步的。在这方面，长虹在中国上市公司中是名列前茅的，给它的 40 万股东带来了丰厚的回报，树立了极为良好的企业形象。长虹股份有限公司上市后，连续五年大规模送股，股本扩张已达 10 倍多，净利润也扩大了10倍多，所以它的每股收益在中国股市中一直排名第一，其高成长、高收益已经成为市场人士的共识。然而，长虹1998年6月12日召开的股东大会的公告，却发出了一条和长虹历史发展不一致的信息：长虹的彩电产量1998年虽然将比1997年增长27%，可是利润总额（30.62亿元）和净利润却仅仅将比1997年增长0.36%，几乎是零增长。

长虹的利润总额和净利润怎么会是几乎接近零增长呢？这有内外两个方面的原因。就内因看，是长虹内部发展趋势的必然结果。长虹的股本扩张，一直存在着大于净利润扩张的趋势，这表现在它的每股收益虽然一直雄踞中国股市第一，但却是高开低走：1994年为2.97元，1995年为2.28元，1996年为2.07元，1997年为1.71元；即1995年比1994年下降了23.2%，1996年比1995年下降了9.2%，1997年又比1996年下降了17.4%；根据长虹1998年30.62亿的利润总额，考虑它的送3配3的扩股方案，再把长虹机器厂放弃的配股额也考虑进去，则可大致推算出长虹1998年的每股收益将为1.38元左右，又将比1997年再下降19.3%。就外部原因来说，在于自1997年7月爆发东南亚危机以来，日元、韩元的汇率大幅度下降，从日本和韩国进口的彩电，价格已大大降低；为保护国内市场，国产彩电也都降价应战，据1998年4月的统计，长虹、康佳、熊猫、TCL四大国产品牌的价格，与国外进口产品价格的差距，已拉大到50%左右，而不是长虹1996年降价时的30%。

这样，无论从内因还是从外因来看，都必然使长虹走到一个转折点，即必须开发彩电以外的产品来获利，也就是要改变过去只通过扩大彩电生产规模来增加净利润的"独生子女策略"，转而执行产品多元化策略，特别是要全面进军信息产业。

在这方面，长虹集团已经有了一个很好的开端。1996年，长虹就决定上年产规模100万台、技术水平一流的空调生产项目，并在长虹家电城加紧施工。当时到长虹视察的朱镕基同志问倪润峰："老倪呀，你们上这么大的空调项目，事前经过论证了吗？现在的空调器市场竞争这么激烈，你们怎么能保证自己能够挤进去呢？"倪润峰回答说："我们经过论证，有很强的可行性。"事实上，空调20世纪90年代初才开始进入我国居民家庭，到1997年底我国城镇居民每100户也才有空调30～40台，市场发展空间仍然很大。长虹人正是准确地掌握了这种市场状况，才决定上空调项目的。他们曾预计1997年的中国空调市场一定看好，结果正如所料，火暴得令商家大吃一惊，长虹人只可惜自己的空调厂投产晚了，没有赶上。但当时倪润峰说："过了今年，还有明年，明年的空调市场肯定还会火暴，而且会从三四月份就开始，所以长虹的空调项目绝对不能放慢速度，要在冬季的时候就把产量抢出来，一过春节就发动攻势，搞它个铺天盖地。"情况果不出其所料。以上海为例，由于1998年夏秋之际35℃以上的高温天气多达

30天左右，为历史上所罕见，全市空调的销售额直线上升，商店忙得不可开交，以至进货来不及，安装来不及。上海如此，其他不少大城市也如此。长虹空调自然一炮打响，在四川的市场占有率达到了40%。

长虹还生产VCD，1998年计划产量为300万台。长虹集团已决定和厦华电子、广州通信研究所共同组建合资公司，以生产我国自主开发的、拥有软件自主知识产权的手机，目标规模为第一年生产手机50万台，以后每年生产300万台以上；长虹持有该合资公司51%的股本，并上了一个供手机配套使用的"镍氢电池"项目。倪润峰在1998年召开的股东大会上宣布，长虹将全面向信息产业进军，把数字视听产品、计算机、通讯产品、网络产品等列为重大支柱产业，年内在这方面的研究、开发、生产将取得阶段性成果，为明后年大规模商品化、市场化奠定基础。

在这个产品的转折点上，对长虹的最大考验，是它有没有技术创新能力。正如倪润峰所说："技术创新是保持长虹持续发展的根本动力。"这是由于长虹所要进军的领域——信息产业，是竞争极其激烈的高新技术领域，没有技术创新能力便没有进入这个领域的资格。在这里，仅仅单项技术领先，仅仅生产某几个单项的产品，很难形成可能"坐上第一把交椅"的竞争优势。只有能把各种先进技术融合成为一个整体，能生产出集电视、电话、电脑、摄像录像、传真等等于一身的"信息机"的公司，才有可能"坐上第一把交椅"，才有可能毫无争议地说"我们是产业报国了"。

在这方面，长虹所遇上的竞争对手是十分强大的。美国的微软公司、英特尔公司自不必说，没有任何迹象表明长虹目前能有实力与它们较量。即使那些并不是搞计算机，而是像长虹那样搞家用电器的跨国公司，长虹也没有多少优势。当然，这类公司应该是长虹首先要赶超的目标，并且有实现的可能。位列"1998年全球500强"第30名的日本索尼公司，其创业人之一的盛田昭夫，在1986年写道："在不远的未来，计算机将与大的信息网络联系起来，成为家庭安全、气象预报、财政管理、采购等整体系统中的一部分。只生产大体系中的零散部件不会使公司发达；一个成功的公司必须创造出所需要的全部体系。我们将来做生意不会再像以前那样了，仅仅生产我们认为其本身有用的产品如录像机、录音机等。我们过去制造这些产品是因为人们需要它们，出发点在产品自身。然而在未来的世界中，这种观念就不适宜了——它必须加以扩大和延伸。""很显然，世纪末时，我们现在已经着手研究的集电视、计算机和通信于一身的情报体系将普遍进入人们的家庭。"① 截至1998年8月份，离20世纪末只有一二年的时间了，但这种"集电视、计算机和通信于一身的情报体系"还没有普遍进入人们的家庭，

① ［日］盛田昭夫：《日本造》，268～269页。

索尼的目标尚未实现。如果长虹能首先把这样的“信息机”创造出来，并使销售价格降低到能够普遍进入人们家庭的程度，那就是超过索尼了。那就将是长虹人“产业报国”的一份厚礼。

第二个方面，是长虹走到了从市场来看的转折点。

在长虹的经营决策特色中，有一个所谓“根据地”策略。长虹人认为：“80年代后期，长虹的当务之急不是走向世界，而是扎扎实实拓展国内市场，站稳脚跟。”“从西部走向东部、从农村走向城市”。应该肯定，长虹的这个策略取得了很大的成功。以1994年推出大屏幕彩电，长虹产品进入北京、上海为标志，长虹的根据地策略进入了它的巅峰阶段。以长虹彩电1998年的国内市场占有率将达到45％为标志，则必须认为长虹的根据地策略已经到达了它的终点，即必须认为长虹彩电的当务之急是如何走向世界的问题了。理由很清楚：第一，45％的市场占有率，已经大大超过公认的市场垄断线，而长期垄断肯定不利于文明的市场竞争，肯定不利于技术进步和生产力发展。第二，中国的彩电生产能力已经达到年产3 000万台，而国内的市场容量为2 000万台，即有1 000万台的彩电必须到国际市场上去找出路；已经稳坐国内彩电行业第一把交椅，且以“产业报国”为最高价值、以“振兴民族工业为已任”的长虹，理应在开拓国际市场上作出自己的贡献。第三，是长虹自身规避风险的需要。必须看到，企业走向世界，既有增加风险的一面也有规避风险的一面。例如，这次东南亚发生金融危机，日本与韩国彩电对中国市场的冲击很大，如果设想长虹也像海尔一样，有1/3的市场是在欧美发达国家，有1/3的生产能力是在东南亚等发展中国家建厂，那么长虹1998年的利润几乎零增长的局面，可能就不会发生。实际上，世界上之所以出现那么多的跨国公司，这些公司自身要规避风险，也是原因之一。

在这方面，长虹集团也许有所考虑，但尚未见实际举动。

在这个走向世界的转折点上，对长虹的最大考验，是它有没有市场创新能力。从一定意义上说，市场创新比技术创新更加艰巨。

第三个方面，是长虹走到了从筹资方式来看的转折点。

改革开放以来，长虹的发展资金，或是来自自己的利润，或是向银行贷款，或是来自股票的发行，其中主要靠股票的发行。长虹电器股份有限公司于1988年7月18日成立后，于1988年10月—1990年3月间，曾三次自行办理发行股票。1992年12月，向个人股东配股一次，同时向绵阳市61个单位转让了部分法人股。1994年3月11日在上海证券交易所上市后，分别于1995年和1997年各配股一次。1995年的配股价为7.35元，1997年的配股价为9.80元。以长虹的业绩和它历年给予股东的回报来看，继续从股市融资来求发展，应该是没有困难的。但是，长虹1998年的增资配股预案一经披露，却引起了轩然大波。

该预案每10股配售3股，配股价为16～22元。长虹的小股东们算了一笔账：长虹进军电脑行业，需要大约三五十亿的资金，如把配股价定在 8～10 元，也完全可以筹足这笔钱。那么为什么要定 16～22 元那么高的价格呢？原来，作为最大股东的国营长虹机器厂，本应配 2.6 亿多股，但它没有钱，只能配 0.23 亿股，其余作放弃处理，由此便出现了约 20 亿元的资金缺口。为了弥补这个资金缺口，于是把配股价定高。可是，长虹的每股净资产仅 5.87 元，16～22 元是它的 2.7～3.7 倍。这对广大社会公众股东来说，显然是不公正的。因此在股东大会上，就这个配股价的浮动幅度进行表决时，有 1 200 多万股投了反对票。虽然 1 200 万股相对于长虹的总股本来说微乎其微，无法否定预案；但持反对态度的股东人数却不少，他们是小股东，是长虹可流动股的持有者。作为最大股东的国营长虹机器厂，没有听取这些小股东们的意见。究其原因，大概是看到在当时的股票二级市场上，长虹的股价还保持在 38 元左右，比 16～22 元的配股价还高出了一大截。长虹的第六大股东就说："配股价从绝对数来看是很高的，但纵向比较……从相对数来看，这个配股价并不算高。"

然而股东大会之后，上海股市上的长虹股价，就从 38 元左右一直往下掉到只有 28 元左右。当长虹实施分配（每 10 股派息 0.58 元并送 3 股）除权后，其股价还是往下掉，最低曾跌破 16 元。这就是小股东们对大股东的回答："你可以不听我们的意见，但我们也可以卖掉长虹的股票，咱们就分道扬镳吧！"这是长虹的企业文化悲剧。

现在长虹决策者面临的选择是：（1）要么坚持 16～22 元的配股价，大股东仍然放弃认购绝大部分配股，执意贯彻在小股东看来是很不公正的方案，那么长虹的股价就会跌到 16 元以下，重蹈许多上市公司配股失败的覆辙；（2）要么坚持 16～22 元的配股价，大股东承诺以现金和注入优质资产（如空调器那一块）的方式，购买全部应该由它来认购的配股，高扬公平与公正的大旗，权利共享，风险共担，使这次配股完满成功；（3）要么降低配股价，使之仅仅略高于每股净资产，大股东仍然放弃部分配股权，但只能筹集到全面进入信息产业所需资金的一部分，不足部分想其他办法另筹。

这里说的"其他办法"，有很多很多，如发行可转换债券、利用外资、国有大股东转让部分股权等等。长虹已经有了一定的规模，它想要干的事业又很宏伟，任何单一的融资方式看来都难以完全满足它的发展需要。长虹的筹资方式，必然要发生从单一性向多样性的转折。

我们看到，长虹在这个筹资方式的转折上，需要处理好的重大问题很多。而且筹资方式越多，涉及的方面就越多，需要处理好的重大问题也就越多。仅就这次配股预案风波来看，长虹所遇到的问题就有：怎样处理好国有大股东和社会公众小股东的关系？在筹集资金这个问题上，简单的一股一票的表决方式究竟有没有意义？怎样处理好作为股本的钱和作为股东的人的关系？配股价的确定，究竟应该以每股净资产为依据，还是应该以二级市场上的股价为依据？在处理各方面的关系时，怎样坚持公平、公正、公开的原则？

当然，在这个筹资方式的转折点上，对长虹的最大考验，还不仅仅是它能不能处理好涉及各方面的单个问题，最主要的还是它有没有制度的创新能力。这一点，也许倪润峰已经有所考虑。1998年6月10日，长虹召开股东大会前夕，倪润峰在上海虹桥机场接受记者采访时曾经说道："今后国家肯定会主要在有关国计民生行业的企业中占有控股地位，而加工行业的上市公司是否要纯国有，是否要控股，很值得探讨。因为只有符合经济规律，这个企业才能真正市场化。比如说，国家能不能配股……"很可惜，由于要上飞机了，倪润峰的话没有说完。但有一点可以肯定，他把配股融资问题，和"国家对加工行业的上市公司要不要控股"的问题，联系在一起思考了。有理由相信，长虹在现代企业制度的创新方面，也会有所作为。

第四个方面，是长虹走到了从文化来看的转折点。

长虹已经走出了四川。不仅是在全国各地建立了销售和售后服务网络，还在江苏的南通、吉林的长春建立了两个彩电生产基地。长虹要走向世界，在全国各地乃至世界各国建厂是不可避免的。长虹管理所要面对的文化环境，再也不仅仅是单一的四川绵阳文化了。

早在1995年，倪润峰在绵阳市委、市政府祝贺长虹荣获三项殊荣大会上的讲话中，就曾宣告："本世纪末，（长虹）将成为跨地区、跨行业、多门类的跨国经营企业集团，进入世界500家大公司行列。"这是长虹人的宏伟目标。这个目标确实已经到来了吗？如果确实，那么长虹就面临着一个企业文化重塑的转折点。美国学者根据已经进入世界500强的公司的经验，归纳出必须进行企业文化重塑的五种情况之一就是："当公司确实刚踏入一个大公司——一个在《幸福》杂志榜上有名的公司巨人的门槛时。"①

在这个文化的转折点上，对长虹的最大考验，是它有没有文化创新能力。一旦长虹能够跨地区、跨行业、跨门类吸取各种文化的精华，融合形成自己卓越的企业价值观念体系，并能在长虹所到之处生根开花，能为长虹所用之人认同执行，长虹"产业报国"的宏愿也就真正实现了。让我们迎接这一天的到来。

---

① ［美］特雷斯·E·迪尔、阿伦·A·肯尼迪：《企业文化——现代企业的精神支柱》，147页。

奋起赶超型——合肥荣事达文化

安徽合肥荣事达集团公司，最初是一家手工业合作工厂，于1954年由17名个体铜匠和失业工人组成，取名“新新机具厂”。原本没有什么机器设备，技术陈旧；无论在全国还是在安徽的企业中，都是无名小卒。落后思改变，无名要奋起。这家小厂抓住改革开放的机遇，几经合分曲折，1980年开始生产洗衣机，后来改组为合肥洗衣机总厂，但产品销路不畅，名声不大。1986年陈荣珍调入该厂担任领导，继续思变创新，终于使该厂变成了闻名遐迩的荣事达集团公司，取得了1995—1997年洗衣机产销量分别为127万台、150万台、175万台的骄人业绩，连续三年稳坐全国洗衣机行业产销量方面的第一把交椅。到1998年6月底，荣事达集团拥有9个公司，总资产26.2亿元，生产能力为：洗衣机200万台，环保电冰箱120万台，橡胶制品300万套，电机250万台，大中型模具200副。荣事达在自己的发展过程中，形成了典型的奋起赶超型企业文化。

一、砸牌借牌创牌，决心虚心雄心

企业是什么？企业就是品牌。一个没有自己品牌的企业，很难说它是一个自主经营的企业。这在今天已经是很多企业的共识。

品牌要靠人来经营，经营存乎一心。心无智则品不良，心不坚则牌难树。荣事达公司的发展，经历了一个砸牌借牌创牌的曲折过程；荣事达人的经营，经受了有没有决心虚心雄心的严峻考验。

荣事达的前身“新新机具厂”和“合肥洗衣机总厂”，当然想创自己的品牌，从一开始就向市场推出了自己的“佳净”牌洗衣机。但是，由于这个厂的科技基础太差，历史上的智慧积累不多，“佳净”牌洗衣机因质量差而乏人问津。后改名“百花”牌，仍由于质量上不去而打不开销路。这就是该厂1980—1986年严重落后的现实。

1986年，陈荣珍调入该厂担任领导。面对该厂历史上智慧积累不多、科技水平很低的现实，陈荣珍一上任，就作出了两项重要决策。

第一项决策，是坚定创自己品牌的决心，而不是动摇创自己品牌的决心。不过，陈荣珍是以他特有的辩证思维方式，来设计创自己品牌的道路。一方面，他坚持必须创自己的品牌，创自己的名牌，这个决心不可动摇。另一方面，他又清楚地认识到，创品牌和名牌要靠产品质量，提高产品质量要靠知识、智慧、科技水平；而知识和智慧的取得，科技水平的提高，是来不得半点虚假的，靠说大话、靠主观上的善良愿望是无济于事的，只有老老实实地学习、积累，才有可能赶上乃至超过别人。你真有创自己品牌和名牌的坚定决心吗？那就得先砸掉质量不高、会败坏企业声誉的“百花”牌，借一个声誉好的品牌来生产，老老实实向先进学习，同时努力提高自己的科技水平。待科技水平提高到适当的程度，再伺机打自己的品牌。这就是陈荣珍设计的否定之否定道路。这里，决心是和虚心联系在一起的，争创名牌是和刻苦学习分不开的。

在陈荣珍的建议下，合肥洗衣机总厂于1986年作出了“砸牌借牌经营”的决策，即砸掉“百花”牌，借用上海的“水仙”牌。荣事达人借牌的指导思想，一是为了学真本事，二是为了在今后创自己的品牌。既然要学真本事，就要虚怀若谷，学得惟妙惟肖，绝不能坏了被借品牌的形象；既然今后还要创自己的品牌，就不能有完全依赖别人的心理，而要有超越被借品牌的观念，更要真刀实枪下功夫，苦练内功，积累技术。荣事达人在1987—1992年的六年借牌中，注重产品质量的不断提高，加强销售网络的营建，不仅为被借品牌巩固了形象，创造了利润，而且为争创自己的品牌奠定了雄厚的基础。

第二项决策，是向银行贷款2 700万元，从日本三洋公司引进生产双桶洗衣机的先进技术设备。负债2 700万元，相当于当时合肥洗衣机总厂总资产300万元的九倍。这是一箭双雕的决策：一方面为保证产品质量提供了硬件基础；另一方面又扩大了企业规模，可取得规模效益，为实现资本积累创造了条件。到1992年，合肥洗衣机总厂连续四年利税居全国同行业之首。但是，一家名不见经传的小厂，能借到相当于自己总资产九倍的贷款，则是陈荣珍善于抓住机遇的结果。中国一直是国有企业占主导地位。国有企业扩大投资的钱，原本都来自财政拨款。1979年，国务院决定实施“拨改贷”的改革，即基本建设投资所需资金不再拨款，而是由有关国有企业向银行贷款，实行有借有还，谁借谁还的原

则。这种“拨改贷”制度，经过大范围的试点后，国家决定从1985年起全面推广，所有国有企业扩大投资所需要的钱，国家财政都不再拨款，而是由企业向银行贷款。这样做的目的，是要促使企业家树立起利息观念、工期观念、资金周转观念，大大提高资金的运用能力。然而人的观念转变不是一件容易的事。当时不少国有企业的厂长，习惯于通过财政拨款来扩大生产，不太愿意向银行贷款。在开始全面实施“拨改贷”的一两年里，不是国有企业的厂长追着银行行长要贷款，而是银行行长追着国有企业的厂长问要不要贷款。整个银根比较松。显然，合肥洗衣机总厂作为集体所有制企业，扩大生产所需要的资金，不可能由财政拨款，向来只有向外借贷一条路可走。银行银根宽松，对于合肥洗衣机总厂来说，是一个千载难逢的机遇。陈荣珍具有明确的负债经营的观念，立即抓住了这个机遇，实现了企业第一次资本大扩张。经过大约六七年的运作，合肥洗衣机总厂的总资产就从300万扩展到了近一个亿。陈荣珍在回顾这次扩张时写道：“第一次扩张是1986—1992年，这一阶段的特点是‘抓住机遇、负债经营’，资产负债率曾高达900%，但由于当时的宏观经济环境和政策环境较好，加上我们自己艰苦奋斗，迅速还清了债务，完成了资本的原始积累，1992年总资产达到了近一个亿。”

通过借牌、引进而实现的技术积累，必须从组织上肯定下来，才能形成自己的新产品开发能力。1991年，在“站稳身子练内功，吃好洗衣机这碗饭”的口号下，陈荣珍决定建立被称为“工业之母”的大型塑料模具中心，同时还上马两个检测中心、两个计算机工作站和四个研究所。其中，塑料模具中心和洗衣机环境试验中心，在当时全国还是独一无二的，连自己向之借牌的上海“水仙”公司也没有。很显然，有了这些精心的准备，加上在砸牌借牌这条曲折道路上锤炼而成的成熟心理，创自己的品牌和名牌的条件已经成熟。剩下的任务，只是抓住机遇、掌握时机的问题了。

机遇终于来了。这机遇来自合肥洗衣机总厂的第二次资本扩张。1992年年尾，陈荣珍作出了“卖掉一些旧家具、添置若干新设备”的决策，并获得突破性进展：香港丰事达公司愿意出资1亿元，购买合肥洗衣机总厂49%的股权，合资成立合肥荣事达电器有限公司。出让股权所得的1亿元资金，再用来与日本三洋电机株式会社合资，成立合肥三洋洗衣机有限公司，引进了具有国际先进水平的人工智能模糊全自动洗衣机的生产技术。这两次合资事宜，在1993—1994两年内全部办妥；荣事达集团公司也同时建立，集团净资产达到6个亿，总资产10个亿。

1992年底，既是向“水仙”借牌合作期满之日，也是酝酿成立荣事达公司之时。趁此良机，借牌历史结束，荣事达公司推出了自己的“荣事达”品牌。新的公司名称，新的品牌名称，荣事达人雄心勃勃地重新走上了创自己品牌之路。

二、零缺陷是真谛，红地毯是象征

什么是品牌？什么是名牌？经历过砸牌、借牌艰辛的荣事达人，深知名牌就是高质量，名牌就是零缺陷。

1991年，一位叫李建国的员工提出建议：应该借鉴国外的“无缺点运动”，完善荣事达的质量管理。这引起了领导层的高度重视。围绕着这一建议，荣事达人很快就形成了一整套关于“零缺陷”的理念。

“零缺陷必要性”理念：消费者既不会选购有缺陷的产品，也不会满意于有缺陷的服务。“产品或服务若有0.1%的缺陷，对消费者来说就是100%的缺陷”。荣事达人“视用户为上帝、尊顾客为贵宾、全心全意为用户着想”，对消费者的零缺陷偏好必须说“行！”

“零缺陷现实性”理念：“零缺陷”要靠人来实现。人可能犯错误，但人也可能不犯错误。一个人干从来就没有人干过的事，犯错误的可能性就大些；一个人干别人已经干过的事，特别是干自己试验过、培训过的事，不犯错误的可能性就更大。在今天的世界上，任何一个负责任的企业，向消费者提供的产品和服务，一方面都必须符合世界、国家、行业的有关标准，或者自己制定有一套向用户承诺的标准；另一方面又都必然是比较成熟的，即都是经过试制试行、纠错补正、规范达标、考核鉴定通过之后才向市场推出的。任何一个员工，在走上新的岗位之前，都必须经过相应的学习与培训。因此从理论上说，企业经营“100%合格”，即“产品100%合格”、“服务100%合格”、“岗位工作100%合格”，都是可以完满实现的。

“零缺陷辩证性”理念：零缺陷的必要性来自用户的需求，零缺陷的现实性来自企业的生产经营水平。企业的生产经营水平必须适应用户的需求，应该预见到用户需求的发展。市场需求与生产经营两者既对立又统一，推动着企业的发展变化。“用户”是一个动态概念，用户的需求是不断发展的，零缺陷的需求没有止境，老缺陷克服了，新缺陷又会产生。过去中国广大农村没有电，洗衣机的用户仅仅限于用上了电的城镇，现在有电的地区越来越广，洗衣机的用户越来越多。过去不造农用洗衣机不是缺陷，现在不造农用洗衣机就是缺陷。农民不仅用洗衣机洗衣服，还用来洗红薯、土豆、蔬菜等等；过去洗衣机不能洗地瓜不是缺陷，现在就是缺陷了。现在的用户只要求洗衣机把东西洗干净，将来的用户也许会要求同时还对衣物作适当的消毒，那时不能消毒的洗衣机就又是一种缺陷了。荣事达人的可贵之处，就在于把用户这种变化发展着的零缺陷需求，视作企业的理想目标，使各种规格标准都根据用户的需求而量化，根据用户需求的发展而提升。陈荣珍认为：零缺陷目标的确立，可以使企业在不断提升管理水平方面有一个永无止境的追求；零缺陷目标的达成，则是一个无限展开、无限逼近的过程。

在每一个具体阶段上，零缺陷必须量化为确定的管理指标，凡达不到指标就是缺陷，就是应该被歼灭的对象；每一个荣事达人，都应该全力以赴，歼灭缺陷，使产品、工作、企业运行都100%合格。但是，形势在变化，事物会发展，量化的标准必须主动地、超前地提高。荣事达在1995年就规定了几十项产品内控标准，其中21项高于日本规定的标准，12项高于国际电工协会规定的标准，5项高于国家标准。这样，新标准不断取代旧标准，才能适应“老缺陷克服了、新缺陷又会产生”的用户需求的发展。零缺陷的追求，使荣事达的事业永远欣欣向荣，永葆青春年华。

“零缺陷系统性”理念：零缺陷的追求固然要体现在生产中，但又不能仅仅局限于“零缺陷生产”。荣事达人认为，应该把“零缺陷生产”向前延伸为“零缺陷供应”，向后延伸为“零缺陷服务”，向上提升为“零缺陷决策”。零缺陷是一个系统，其表现出来的成果不只是某一个方面的零缺陷，而是“产品的零缺陷，工作的零缺陷，企业整体运行的零缺陷”；一句话，有关企业的一切，都必须是零缺陷。

在零缺陷系统中，“零缺陷生产”既是起点，也是重心。荣事达人为这个重心设置了四种保障：一是强调质量至上的意识，形成观念保障；二是建立专业化的质量管理部门，形成组织保障；三是购置先进的质检工具和设备，形成硬件保障；四是建立各种质量规范，形成制度保障。

“零缺陷供应”作为零缺陷生产的向前延伸，要求生产过程中所使用的原料、辅料、零部件，都必须是没有缺陷的。然而荣事达公司所用的原料、辅料和某些零配件，是要靠外协作单位来供应的。仅五大系列洗衣机产品的零配件，就在1 000种以上，其中80%以上是外协件，涉及外协作企业数百家，其中较为稳定的也有将近200家。为了保证自己从各个方面得到的供应都是零缺陷的，荣事达人创造了“矩形把关制”，即供应处把合同关，财务处把核算关，质检处把质量关，研究所把选点关；只要其中一关没有通过，有关的供应就不能进入生产环节。同时，荣事达还按照国际通行惯例，实行“合格分承包方”管理制度，将所有外协件生产企业视作本公司的配套分厂，以“分承包”的市场契约方式建立稳定的协作供货关系。通过这些管理措施，荣事达人对外部供应实现了有效的督促和控制，防止了各种隐患的产生。

作为“零缺陷生产”向上提升的“零缺陷决策”，是决定公司命运的环节，陈荣珍特别重视。他坚持的原则是：第一，充分、准确地掌握信息。陈荣珍经常提到，决策不能离开三个基本要素，那就是：(1) 企业自身条件，包括技术装备、人员素质、工作效率、管理水平等；(2) 外部环境，包括市场态势、宏观政策、同行竞争、产业走向等；(3) 企业发展需要，包括现有实力和潜力、发展可能性、预期目标等。所有这三个方面的信息，都要广泛、及时地收集，深入地加工分析，准确地加以把握，真正做到“知己知彼”。有些信息，光靠企业的信息网络来收集还不够，决策者还必须直接参与到实践中去获得，亲口去品尝“梨子的滋味”。陈荣珍说，亲临一线，自己动手，可以获得别人无法代替的切身体会和感受。决策的灵感和创造性思维，往往来自决策者直接实践的强烈感受。第二，仔细地评估风险和机遇。任何一项决策，都是机遇与风险并存的。零缺陷决策不是不冒风险的决策，而是对机遇和风险进行对比分析，权衡得失。陈荣珍认为：如果你通过评估，能够肯定机遇所带来的发展，足以化解风险所产生的弊端，那么冒险是值得的，此时果断拍板准没有错。“无限风光在险峰”，不登险峰就永远看不到无限美好的风光。但如果不作比较评估就拍板，那就是盲目冒险了。第三，慎之又慎，细而再细。陈荣珍认为：作为大企业的决策人，左肩有上十亿的资产，右肩是数千名员工，责任委实太大，倘有不慎，把企业带入误区，那就成了罪人了。你惟有谨慎从事，才能做到决策不糊涂。他还说：“荣事达现有的实力，远不能同世界级大公司相提并论；我国的市场经济也还不成熟，运行欠规范；因此企业的决策目标不可能过于长远。我们的决策，是立足于当年和以后一两年的目标，做力所能及的有把握的事；领导执行连续的滚动式决策，企业实行连续的滚动式发展；一步一步递进，一阶一阶上升。在企业尚不具备条件的情况下，我们绝不好高骛远，不作不切实际的、欲速不达的所谓‘长远目标决策’。”事实表明，按照这些原则所作的决策，如1986年大规模举债引进日本三洋生产线的决策，砸掉“百花”、借牌“水仙”的决策；1992年卖掉49%的股权而引进港资的决策，中日合资引进人工智能模糊全自动洗衣机生产技术的决策，创自己的“荣事达”品牌的决策；都是十分成功的，是名副其实的“零缺陷决策”。

作为“零缺陷生产”向后发展的“零缺陷服务”，荣事达人既有高标准的量化承诺，又有高品位的文化创造。国家新三包规定洗衣机整机保修一年，荣事达则承诺全自动洗衣机免费保修五年，双桶洗衣机的主要关键部件免费保修四年。荣事达售后服务部门必须：坚持上门服务；从接到用户报修到排除故障，市内不超过24小时，省内不超过3天，省外不超过7天；一次维修成功；用户来信100%回复。在荣事达集团公司，其他一切业务部门均实行经济包干，独独售后服务部门没有实行，它是以用户100%满意为指标。这种独具匠心的安排，是为了突出用户的“上帝”地位。

荣事达人推出的红地毯服务，则是尊用户为“上帝”的具体象征。荣事达维修人员的工具包里，都有一块红地毯。每当他们进入用户家中，先换上自带的拖鞋，进门后就铺开那块红地毯，把待修的洗衣机和维修零件放在红地毯上，实现无噪声、无污染的维修。荣事达人说：红地毯只是不起眼的器具，铺开红地毯也是很容易办成的细节，但这是一种寓意，代表着荣事达人的一种心意：消费者应该享受到国宾级的待遇。

三、和和气气经商，老老实实赚钱

在荣事达奋起赶超的企业文化中，陈荣珍的和商理念处于经营哲学的核心地位。发财靠和气、竞争讲伦理，和和气气经商、老老实实赚钱，渗透在荣事达集团公司的一切生产经营活动之中。

陈荣珍将“和商”经营理念，概括为四句话：互相尊重，互相平等；互惠互利，共同发展；诚信至上，文明经营；以义生利，以德兴企。

“和商”理念的基本用武之地，是处理和供应商、销售商的关系。陈荣珍说：“在交往中，千方百计算计别人，那是一锤子买卖。做生意关键是讲究诚与信，与合作者形成利益链、共同体，不光要各算各的账，还要善于换位思考。”只想本位胸自窄，换位一想天地宽。荣事达人从供应商、协作厂的角度着想，独创了每年两次的“技术质量恳谈会”制度，沟通信息，交流分析技术质量问题，共同研究改进对策，并在协作企业中评好选优。这种真诚的合作方式，增进了感情，促进了整机质量提高，巩固了彼此的合作。几年来，元旦、春节期间荣事达总是连续加班。为保证荣事达生产，配套厂家总是主动改变作息时间，跟着荣事达的节拍运转，春节没过完，就专门派人送来了配套件。

对于经销商，荣事达人持理解、关心的态度。生产商一般希望经销商能喜爱、偏好自己的品牌，能忠诚地固定经销自己的产品，然而经销商却有经销商的选择。因此有人就讥笑他们只选择那些能给他们带来利润的商品，是“四处采花的蜜蜂”。陈荣珍却不这样看，他常说，蜜蜂采的花，是适销对路的“花”。他理解经销商，支持经销商。他提出“先交朋友，后做生意”。全国各地较大的经销商到合肥，陈荣珍一定叮嘱要热情接待，并亲自前往看望。在常驻合肥的外地经销人员那里，能常常见到陈荣珍登门拜访的身影；当他们遇到困难，总能得到陈荣珍的极力帮助。许多经销商都亲切地称陈荣珍是老朋友。陈荣珍还制定了充分考虑经销商利益的有关规定，例如：市场出现变化导致价格需作整体调整时，必须预先和大多数经销商协商，然后确定标准；当市场相对饱和、价格下降而引起利润下降时，首先是要求荣事达内部挖潜，降低成本，以保证经销商的合理利润。在遇到突发事件时，陈荣珍总是“换位思考”，替他人着想。1995 年夏，贵阳经销商因水灾损失 20 多万元，陈荣珍当即决定：损害严重的，无偿退货；部分受损的，荣事达负责更换零件。结果，荣事达损失 19 万元，但却以此赢得了经销商的信任和称赞，“和”气更盛了，财源更旺了。荣事达 1997 年生产洗衣机 175 万台，却没有工业库存，就是和经销商的鼎力相助分不开的。

陈荣珍的“和商”理念，不仅适用于供应商和经销商，也适用于竞争者。和和气气竞争，也是“和商”理念的本质特征之一。作为这一特征的体现，是 1997 年 5 月 18 日在《经济日报》上推出的《荣事达企业竞争自律宣言》，倡导

"规范竞争、从我做起"。

关于推出这个宣言的理论根据，陈荣珍写道："市场经济的实质是分散决策和利益驱动，这必然带来竞争。竞争会提高效率，会导致资源配置的优化。但是市场竞争必须有明确规定的市场秩序，否则就有可能导致一片混乱和巨大的效率损失。市场秩序强有力的支撑，来自自律和他律两个方面。他律，是政府为维护市场秩序所建立的法律、法规、法制体系，这是约束每个市场主体的外在规定性，是市场秩序的硬件系统；自律，是市场主体按照公认的道德准则、伦理规范和文化传统，自觉执行的一种自我约束，是市场行为主体的内在规定性，是市场秩序的软件系统。仅有他律，没有自律，他律的社会成本会无限增大，甚至大到无法操作实施；仅有自律而没有他律，就不能对那些不讲道德的违规者以强制性制裁。所以，他律和自律是市场秩序建立和完善不可缺少的两个方面。正如一位西方思想家所说：'法律是道德的权力支柱，道德是法律的精神支柱'。"

关于推出这个宣言的历史背景，陈荣珍写道："近年来，国家为了尽快建立和完善市场经济秩序，经济立法步伐大大加快，但是实施的效果不尽如人意，原因在哪里？市场行为主体缺少自律不能不说是一个重要原因。"客观情况也确实像陈荣珍所描述的那样。以轻工行业为例，就有两种使人们倍感忧虑的"竞争"现象：一种是自我吹嘘，过去吹自己是省优、部优、国优、世界优；现在则吹自己这第一，那第一，换汤不换药。另一种是相互诋毁，仅1996年，就有好几家全国闻名的家电企业，在新闻媒体上展开笔墨官司，你贬低我，我攻击你。这种情况，如任其发展，将危及整个民族工业，危及我国社会主义市场经济体制的建立。陈荣珍指出："我们在竞争实践中深深感到，绝大多数竞争主体主观上并不愿意去参与那些不正当的竞争，大家都希望中国能有一个公平、有序、规范的竞争环境。出路究竟在哪里？我们认为应当在全社会提倡企业自律，尤其是在我们的法律法规体系还不完善的情况下，更应当如此。""在中国市场经济已经蓬勃发展的今天，实践呼唤着企业自律。荣事达'企业竞争自律宣言'正是在这一历史背景下产生的。"

《荣事达企业竞争自律宣言》是"和商"理念的自然延伸，共五章十八条，内容包括自律总则、竞争道德、对外行为自律准则、对内行为自律准则、自律准则的检查与监督等。宣言从头到尾，都贯穿着"严于律己、宽以待人"的和商理念，显示出荣事达人"和商"理念所适用的对象，是包括竞争对手在内的所有的方方面面。宣言同时也体现了荣事达人"一切从消费者利益出发"、从推动社会进步出发而积极参与市场竞争的态度，表明荣事达人并不是害怕竞争，不是要退出竞争，而是像陈荣珍所说："我们带头自律，正是为了进一步加强管理，提高竞争能力，适应新的竞争形势。"

《荣事达企业竞争自律宣言》是我国第一部企业竞争自律宣言。它的可贵之处，在于它表明荣事达人在种种不规范的市场竞争面前，既不是怨天尤人，也不是盲目效仿，而是把矛头指向自己，明确提出“规范竞争、从我做起”，真正把竞争规则和竞争道德变成企业自身的行为准则，开创了企业自我加压、规范竞争的先河。《荣事达企业竞争自律宣言》首先得到了中国轻工总会的大力称赞，认为它将对我国轻工行业的职业道德建设和行业文明建设产生积极的影响，所以总会家电办和家电协会特地向全行业作了转发。全国许多新闻媒体，都纷纷报道了这一消息，认为这种“从我做起、规范竞争”的态度，不仅对轻工行业，而且对各行各业都具有普遍的借鉴意义。荣事达还作为我国惟一的企业代表，参加了1997年9月在布拉格召开的第十届国际企业伦理年会，宣读、介绍了自己的这个宣言，引起了到会的60多个国家和地区的代表的热情关注。

向社会公布自己的竞争自律宣言，会产生好的社会效果，但对企业自身是不是有利呢？陈荣珍坦言：“对此我们也有一个认识过程。开始有人担心，会不会因此束缚了自己？会不会‘老实人吃亏’？会不会削弱自己的竞争力？经过反复讨论，大家统一了思想，我们认为：加强企业自律对企业自己也是有利的。”“首先，有利于树立良好的企业形象”；“其次，有助于进一步改善企业内部管理”；“最后，有利于全面提高企业素质”。陈荣珍还结合荣事达的企业发展史指出：“‘和商精神’的本质就是自律。荣事达人在经营实践中深深体会到企业自律的重要性，什么时候履行企业自律好，企业就得到顺利发展；什么时候忽视了企业自律，企业就会遇到挫折和麻烦。1989年下半年，洗衣机市场全面困难，在商业单位的大力支持下，我们迅速摆脱了困境；1993年我们自己创牌，又是在众多商家的支持帮助下，一炮打响，创造了创牌当年销量增加40%以上的奇迹；1996年初，在我们零部件生产出现不足的情况下，配套的兄弟厂家加班加点，满足了我们生产的需要……我们深刻认识到，荣事达无时无刻不是在一个众多利益相关者的链条中生存，离开了这些利益相关者，也就没有荣事达，而处理好这些利益关系，则需要自律。”

四、发展不是成功，创新才是出路

从1986年到1998年，荣事达的事业高峰迭起，取得了一次又一次的成功，激动人心。但在陈荣珍看来，在市场经济条件下，企业只有发展，永远与成功无缘。他的座右铭是：高峰不是顶峰，发展不是成功，创新才是惟一的出路。

对于陈荣珍的创新，应该和他的两句名言联系起来，才能看得更清楚。他的第一句名言是“站稳身子，再出双拳”。他的第二句名言是“市场饱和之中伴有饥饿”。这说明陈荣珍的创新，一是稳扎稳打的创新，二是买方市场下的创新。

要在买方市场的条件下稳扎稳打地创新，就必须不折不扣地依靠科技进步。

陈荣珍写道："在买方市场下，需求的推陈出新、产品的更新换代必将十分频繁，速度加快。要适应这种走势，企业惟有依赖科技进步，由此不断开发新产品。科技作为第一生产力要素的地位，在买方市场条件下更显突出。"因此，荣事达规定，每年必须提取3%的销售收入用于新产品研制。从1991年至1997年，荣事达共投入科技进步及新产品开发的资金就达14亿元，建立了拥有100多名高中级科研人员的5个研究所，研制开发新产品5项70多个。陈荣珍说："如果我们把近年来投入科技进步的14亿元资金用于生产，至少可以再建两个新项目，形成双倍于此的产值规模。但是，如果我们不舍得这笔投入，不能在市场变化中灵活应变，那么无论企业有多大的数量规模也难逃绝路。"

要在买方市场的条件下稳扎稳打地创新，还必须给自己一个正确的市场定位。1993年，荣事达开始创自己的品牌时，全国洗衣机行业早已是群雄逐鹿，在大中城市消费品市场上展开着激烈的竞争。但是陈荣珍认为，我国人口众多，收入参差不齐，市场不平衡性十分突出。他说："事实上，我国是发展中国家，中低收入消费者所占比重最大，其市场区间也最大，而这一市场区间的开发却相当不够。"陈荣珍指出，耐用消费品的生产商，过分拥挤在一个狭窄的市场区间，两头的市场却还空着，一头是高精尖产品尚未上去，另一头是中低收入特别是小城镇及农村消费者的需求未能满足。根据这种"饱中有饥"的情况，荣事达制定了有侧重点的全方位开拓市场的经营战略：首先，把重点定位于中小城市、乡镇、农村，面向中低收入消费者；其次，充分考虑经济发展以及整体收入水平提高的趋势，发展具有国际先进水平的新产品，向大中城市挺进。因此，1993年4月，在政府部门率领的一次赴广东佛山的引资洽谈会上，大多数人事先都看好滚筒洗衣机项目，而陈荣珍却谢绝上这个项目。他一方面与香港公司达成合资协议，上适合于中低收入消费者的双桶洗衣机项目；另一方面又于同年8月，决定与日本三洋公司合资，生产具有国际先进水平的模糊控制全自动洗衣机。荣事达1997年产销的175万台洗衣机中，129万台是适应中低收入消费者的双桶洗衣机，46万台是适应高中收入消费者的全自动洗衣机。荣事达不仅占领了广阔的中低档市场，而且也已经是全国最大的模糊控制洗衣机生产基地，占据着国内同类产品的80%的市场。

陈荣珍认为："国际市场也有其不平衡性，只要寻找到正确的目标市场即合适的消费层次，我们的产品仍然具有竞争优势。"1997年，荣事达集团就出口洗衣机9.5万台，创汇1 000万美元。

陈荣珍清醒地认识到："在买方市场态势下，企业的经营风险无疑是大为增加了。"要化解风险，就必须调整经营结构，"不要把鸡蛋放进一个篮子"，既要有第一支柱产品，又要有第二支柱产品。然而，荣事达的第二支柱产品上得比较晚。陈荣珍说："这并不是我们不想上，而是我们对什么时机上第二支柱家电产

品有自己的理解。”荣事达特有的理解，陈荣珍指出了以下三点：“(1) 第一支柱产品不成熟，不上第二支柱产品。我们将这一点比作‘站稳身子，再出双拳’。我始终认为家电企业的第一支柱产品是基础，基础不牢就急于上新项目是企业发展战略思路不成熟的表现。”“(2) 准备不足，不上第二支柱产品。什么时候上第二支柱产品，很重要的一条取决于资本、技术、管理、销售能力这四方面的准备。从资本运作的角度来讲，资本准备尤为重要，掌握不好会恶化资本结构，削弱竞争力，背上沉重的包袱。”“(3) 上第二支柱产品的最佳时机，应当是第一支柱产品赢利能力处于稳定上升时期，而不是出现下降之时。”

陈荣珍将荣事达上第二支柱产品的时间，选在 1996 年。其理由是：(1) 荣事达生产洗衣机已有 15 年历史，1995 年终于争得产销量全国第一，已经拥有很强的新产品开发能力，洗衣机作为第一支柱产品已经成熟。(2) 荣事达以“存量资产作价入股，引资扩张”的谈判取得突破性进展。1996 年 8 月 28 日，荣事达与美国第四大家电公司美泰克正式签约合资：荣事达集团共投入五个现存企业，作价 6.7 亿元人民币，引进美泰克公司 8 200 万美元，共同创办 6 个合资企业。(3) 荣事达洗衣机的赢利能力，1996 年正处于上升势头，陈荣珍认为其市场份额的扩大趋势至少可以保持五年。

那么，荣事达选择什么产品项目，作为自己的第二支柱产品呢？陈荣珍选择了无氟冰箱项目。他提出了如下根据：“(1) 按照蒙特利尔协议，中国政府已经承诺在 2005 年停止生产有氟冰箱，目前冰箱行业正处于有氟向无氟过渡的技术更新换代期。这种大规模的技术换代，极大地减小了老冰箱企业的传统技术优势，极大地降低了新市场竞争者的市场进入障碍，为新上冰箱项目提供了难得的机遇。(2) 中国冰箱市场需求仍在不断扩大。目前城镇家庭拥有量为 67%，社会需求量……本世纪末约为 1 200 万台，社会需求仍处于上升阶段，今后若干年内仍有一定新的市场份额可供竞争者分享。(3) 有氟到无氟的技术转换，将使现有冰箱企业的竞争能力削弱。中国现有冰箱生产能力约 1 500 万台，但 85%只能生产有氟冰箱，要使这部分生产能力转变为生产无氟冰箱，存在巨大的投入缺口，这也为新竞争者进入市场提供了有利条件。(4) 荣事达上的冰箱项目，是引进美国先进的无氟冰箱技术，这是荣事达独特的竞争优势。目前中国冰箱技术主要是从日本、欧洲、韩国引进，而美国是电冰箱发明国，在世界家电市场占有重要地位的美国冰箱，在我国几乎处于空白。荣事达上无氟冰箱项目，运用美国的冰箱技术，会充分展示其产品差异性，形成特有的竞争优势，美国冰箱技术在中国只要占有 8%～10%的市场份额，我们就将获得完全成功。”

按照陈荣珍的估算，荣事达所上的电冰箱项目，基本建设花 1～2 年，产品导入期 2～3 年，“所以在 3～5 年内不会有投资回报”。到 1998 年 8 月，离荣事达和美泰克签约合资也才刚刚过去两年，荣事达第二次创业的成败，还有待今后市场竞争的检验。

然而，荣事达人日积月累而形成的奋起赶超文化，使我们有充分理由相信：越是坚信“高峰不是顶峰、发展没有成功”，就越能攀上一个又一个高峰，就越能获得一次又一次的成功。愿荣事达的事业永远蒸蒸日上。

政策调控型——上海印钞厂文化

上海印钞厂，是中国印钞造币总公司下属的近10家专业厂之一。钞票的印制和发行，必须服从国家的经济政策。上海印钞厂的企业文化，归属于政策调控型，是很自然的。

一、自觉培育特殊行业意识

对于大多数人来说，钞票印制厂是个很神秘的地方。曾有不少人误以为，钞票是犯人们在严密监视下生产出来的。这和我国把印钞厂列为保密工厂，多少有些关系。长期以来，上海印钞厂不仅对外用代号同社会进行联系，而且对内也以代号命名车间，称呼产品；其貌不显，其名不扬，只是默默无闻地奉献于社会。这样，许多人过其门而不知其厂，使用“钱”而不知这“钱”就是自己的“邻居”所印制，反而想象那是在遥远的荒无人烟的地方，由在严密监视下的劳改犯所为，也就不奇怪了。

改革开放以后，有人参观了上海印钞厂，才不无惊讶地发现，原来印钞厂完全不是想象中的那个样子。走进这家工厂，整洁祥和的内部环境，紧张有序的劳动节奏，奋发向上的精神面貌，都给人留下极其深刻的印象。有几位研究企业文化的专家、教授参观了这家厂，同该厂的中层干部进行了座谈讨论，目睹了工人们自觉勤奋的工作，亲身感受了这个厂的文化氛围，都由衷地称赞该厂的管理艺术和思想政治工作，认为它已经形成了一种与其特殊使命相适应的、卓越的企业文化。

上海印钞厂的企业文化建设，和我国其他几座印钞、造币厂一样，其任务之一就是在全体职工中强化特殊行业意识。原中国人民银行行长陈慕华在一次印制会议上指出："印钞行业是我国的特殊行业，它肩负着特殊使命，是光荣的行业。"印钞作为特殊行业，是一个客观事实。但成熟的特殊行业意识，却不会自发产生，要靠不断地教育和强化培养。这是因为，成熟的特殊行业意识，是和自觉的理智行为相联系的，要靠不断的灌输和培养来加以强化；而自发所能形成的，只能是好奇的心理，往往会伴生一些非理智的行为。

第一，印钞行业的"特殊"，表现为产品特殊。印钞厂的产品是"钞票"，它既不像食品厂的产品那样可以直接吃，也不像制衣厂的产品那样可以直接穿，更不像电视机厂的产品那样可以直接丰富人们的精神文化生活；但是，它却可以直接用来购买任何一种可吃可穿可用的商品，在商品世界里它是万能的。印钞厂印制"钞票"，可不是为了满足这个或那个具体客户的需要，人们可不能像到制衣厂定制服装那样而到印钞厂去定制"钞票"。印钞厂也不能像食品厂那样通过调查人们的口味来决定自己的生产。上海印钞厂为了使自己的职工对"钞票"有正确而全面的认识，使他们树立正确的金钱观，做了大量艰苦细致的思想工作。离开了这些工作，要全面正确地认识自己这种特殊的产品，是办不到的。

第二，印钞行业的"特殊"，表现为印制质量特殊。上海印钞厂印制的人民币，其质量如何，不仅仅只是表现本厂的水平高低，更主要的是反映我们整个国家的经济、文化、科技的水平，体现综合国力，代表国家的形象。用印钞厂职工的通俗语言来说，人民币的质量是"中国的脸面"，是"中华人民共和国的名片"，关系到国家的形象和声誉。显然，只有通过充分的说理教育，才有可能把质量提到国家形象的高度。

第三，印钞行业的"特殊"，表现为管理特殊。考虑到"钞票"这种产品的特殊性，我国的印钞厂、造币厂长期实行半军事化管理。一方面，这些厂生产哪几个币种，每个币种生产多少，何时出厂，交付给谁等等，工厂本身是无权决定的，这一切必须绝对服从国家的指令，不能有丝毫的改变，否则就要受到如同违反军事纪律一样的严厉制裁。因此，1992 年 7 月国务院发布的《全民所有制工业企业转换经营机制条例》中具体规定企业享有的 14 项经营自主权，绝大多数对造币厂、印钞厂是不适用的。但是另一方面，印钞厂、造币厂的内部管理也要改革，使国家荣誉、企业效益和员工利益三者有机联系起来，使整个管理过程充满人情味，充分体现出尊重职工的主人翁地位。简言之，宽严结合，刚柔相济，在制钞行业的管理中占有特殊的地位。上海印钞厂的各级管理干部，不但自己有着这种刚柔相济的管理意识，而且经常向全体职工灌输，得到了全体一致的认同。

二、强化与祖国共命运的主人翁责任感

上海印钞厂的管理者们认识到，要充分地调动人的积极性、主动性和负责精神，首要课题就是使企业员工具备强烈的主人翁意识，能与企业共命运。存在决定意识，企业员工只有在切身感到自己处于主人翁地位时，才有可能产生较强的主人翁意识。照理说，社会主义制度已经确立了企业员工的主人翁地位，为什么还要提出这个问题呢？这是因为，社会主义实践说明，如果管理体制搞得不好，个人、集体、国家三者关系处理不妥，那么公有制的本质（职工是企业主人）就不容易体现；职工就会把国家、企业的利益看成是与个人利益相对立的，从而难以感受到企业主人翁地位，不会产生强烈的主人翁意识。这反映在企业管理过程中，就表现为管理者与被管理者之间的片面对立。改革使企业经济独立性大大增强，企业效益与企业员工的利益产生了直接相关性。这就不仅从所有制方面，而且从收益分配方面，确立了职工与企业共命运的基础。在这种情况下，上海印钞厂通过各方面努力进一步强化职工的主人翁精神。他们的做法是：

第一，从经济地位和管理地位两方面着手，确保和完善职工主人翁地位。

在确保职工的经济地位方面，上海印钞厂抓住经营承包这一契机，将企业经营好坏与职工利益直接挂钩，克服了企业经营好坏与职工利益缺乏内在联系的弊病。当企业发展时，职工的经济收益和福利待遇就明显提高，而当企业出现事故或失误时，企业和职工的利益都相应地受到损失。这正反两方面的事实大大强化了职工与企业共命运的思想意识，成功地增强了职工对企业经营状况的关注。

在确保职工参与管理的地位方面，上海印钞厂真正尊重大多数职工的意愿，发挥职工主宰自己命运的主人翁作用，不仅在厂一级切实发挥职代会和职工代表的作用，而且十分重视在车间一级发挥职工的主人翁作用。我国印钞厂的特殊性质，使得该厂职工与领导的矛盾，不是表现在战略决策上（如生产什么，生产哪些品种等等），而是表现在日常经营管理过程中。如果在车间管理中不注意确保职工参与管理的地位，职工的积极性极易受挫伤。在这方面，有一位车间主任很有感触。他曾下决心要整顿好劳动纪律和工艺纪律，于是每天深入班组，严格检查，给违纪者处分。但事与愿违，工人们不仅在感情上同他疏远，而且班组核心作用也有所削弱，违纪现象越来越多，闹得顾此失彼，车间主要干部整天像消防队救火。后来，这位车间主任改变管理方式，他不再跑到班组去监管工人，而是广泛地征求职工对车间各项决策的意见，对好的建议加以采纳和赞扬，使职工感到自身在车间工作中的价值，从而收到了较好的效果。例如，过去每个月评奖，车间领导班子要花整整一天时间进行评议，发奖后至少有两天职工吵吵闹闹。因此一到评奖发奖日期，车间干部心里就“发毛”。后来，把评奖问题印制成表格，交给全车间职工讨论。表中提出：“假如你是车间主任，根据以下工种劳动强度、

技术难度、工时长短等特点，应如何较合理地确定工种之间的分配比例系数?”结果职工们都认真参与讨论，定出了合理奖励的依据。从此以后，不同工艺、不同机台之间的不平衡问题得到解决，吵闹现象没有了。

另一位车间主任对此也深有体会。有一段时间，由于没有把管理从严同尊重职工主人翁地位结合起来，结果管理者吃力不讨好，对事情明明处理得不错，也得不到职工大力支持。钉子碰多了，这位车间主任就变得聪明起来。凡遇车间大事如改动奖励方案、完成生产任务、处分违纪职工等问题，都交给职工代表小组商议，自己则讲管理从严的道理，然后根据多数同志意见决定。职工代表的参“政”，对形成车间的正确舆论极为有利，职工思想容易统一。过去处分职工，职工甚至拖着主任一起跳楼；现在同样从严，由于支持领导的多了，吵闹就没了市场。

第二，多角度关心职工，力所能及地为职工排忧解难，使职工感受到企业温暖，增强对工厂的深厚感情。

该厂改造了浴室，使之达到一流水平。该厂的图书馆是市、局先进，一到休息时间人们纷至沓来，炎夏送凉风，寒冬有春意。车间的休息室有车厢式座椅，被许多职工戏称为“厂内的酒吧”。所有车间的更衣室都文明、整洁。许多职工情不自禁地说：“在厂里比自己家里还舒适。”该厂努力改善职工住房条件，还注意帮助职工解决各种突发困难。诸如此类的工作，增添了职工对工厂的归属感。职工经常听到周围邻居羡慕的话，对工厂的感情也日渐加深。

第三，发扬思想政治工作优良传统，干部以身作则，与群众同甘共苦，建立干群之间的相互信任感。

上海印钞厂的干部，尤其是工段、车间的干部，形成了以身作则、与工人同甘共苦的良好风气。油墨车间全体干部就体现出这种好作风。这个车间色粉多、油脂多、清洁工作任务重。车间领导班子成员常常亲自动手清扫，并且挑最脏、最差的地方进行整理。制墨原料中有一种油脂是装在铁桶里的，天冷时刮取油脂很吃力，有些工人不愿干这种活，车间干部没有多讲道理，而是常常跟他们一起干，时间长了，工人们的情绪也逐渐顺了。

在上海印钞厂，已经形成了干部关心和尊重工人，工人体谅和喜欢干部的浓烈的文化氛围。这种文化氛围，大大增强了职工与企业共命运的承受能力。

三、确立与企业目标相适应的价值体系

一个企业要获得成功，不仅需要职工发挥高度的积极性，还需要职工的行为协调，统一到有利于实现企业目标这个方向上来。这就必须对全体员工的行为进行规范。企业文化对员工行为的规范，不排斥规章、制度的硬约束，但更看重价值观念对员工的软约束作用。

上海印钞厂的领导深刻地认识到，由于不同的企业有各不相同的目标和环境，因此适应不同企业目标而发展起来的优秀文化，就有其各不相同的价值观念。因此，他们在建设优秀企业文化时，特别重视提炼或明确归纳出适应于印钞厂发展的价值观念，并且精心加以培育。那么上海印钞厂精心培育的价值观念是什么呢?

第一，培植与社会责任、历史传统相联系的“确保发行、稳定社会”的强烈使命感。

印钞厂担负着特殊的社会使命，他们的任务能否按要求完成，直接关系到社会经济能否正常维持，甚至影响到社会和政治的稳定。中国共产党领导下的老一代印钞工人，在革命战争年代之所以能在环境危险和设备极简陋的情形下，坚持生产边区货币，满足革命的需要；在解放战争中之所以能做到“大军解放到哪里，解放区的货币发行到哪里”，都是由于他们把印钞生产和人民解放事业联系起来了，具有强烈的使命感、责任感和自豪感。这种传统是建设印钞厂优秀文化的重要基础。

在改革开放前的几十年中，由于商品经济发展不快，社会对货币的需求量不大，生产任务还不曾构成对该厂的重大压力。然而自 1984 年以来，该厂经受了历史上前所未有的严峻考验。特别是 1988 年，国家发行货币总量大大增加，而且这是在前几年连续超量发行的情况下出现的。这使该厂进入严重超负荷的境地，工人的任务极其繁重。在生产任务和生产能力之间显然有相当的差距面前，印钞工人正是依靠确保改革开放事业顺利进行、确保社会经济稳定运转的信念，依靠强烈使命感的支撑，边扩建、边改造、边生产，竭尽全力克服困难，胜利地完成了任务。

第二，造就与钞票生产特殊性相联系的“一丝不苟、严密谨慎”的企业作风。

如果说，军队以服从命令为天职，那么印钞工人则以绝对服从发行指令，严格执行管理制度为天职。钞票生产的特殊性质，使它必须处于严格数字管理之下进行。它的基本要求是“数字绝对准确、经手必须过数、严格执行双管”等，与之相配套的是一系列特种管理制度。这是该厂与普通厂最基本的差别，也是印钞厂、印钞工人必须具备一丝不苟、严密谨慎作风的根本原因。在生产过程中，从白纸进厂到成品出厂，所经过的每一个环节、每一道工序，都必须保证产品数字收付的绝对准确。正品是这样管理，废品同样是按这样的要求管理。只有数字绝对准确，成品的防盗安全才有保障。否则，数字上的错乱会导致钞票印发混乱的严重后果，金库不安全，社会也不安全。

厂和车间的领导，逢会必讲安全生产和数字管理。各班组每周的班会，都要重温一下本工种的安全操作规程和岗位生产责任制。“安全第一，数准至上”的原则，深深地铭刻在每个员工的脑海之中，并化作他们的自觉行动。

假如在印刷过程中不慎发生大张产品破碎，工人们就会自觉地停机，把散在滚筒、印版、机器底下的碎片找出来，直至拼成完整的一张，然后换成好品，使得交付下道工序时依然保持原有数字。如果发生产品串混而出现多缺现象，工人们会立即翻查。为了查出一张串混产品，有时要翻好几万张到几十万张，直到查出为止。而且只要查找过程没有结束，即使下班铃响了，工人们仍自觉地不走，更积极地翻查。如果这次事故发生在夜班中，部门领导还常常赶到厂里来处理。

为了强化这种观念，维护这种作风，该厂设有“人为造成短缺以检验计数是否正确的制度”：数字管理员不定期地秘密地在待数产品中抽取若干张，考核将要领取产品的人是否认真过数。如果领取者没有数出来，就要被扣奖，两次没有数出者就要被公开批评。1989 年该厂共抽取了近 1 500 次，没有数出的只有 9 次。为了鼓励专职的跨部门的点数产品职工，该厂规定凡满 4 200 万张点数不出差错的职工，可以晋升浮动工资半级，有好几位职工因此而得到晋升。

第三，培育职工站在钞票堆里而能“不贪钱财、诚实劳动”的思想道德品质。

上海印钞厂的职工，天天与大量钞票打交道。令一般人难以置信，该厂一年生产的人民币面值达数百亿元，以实物量计达数十亿张。一个机台的工人每天经手多达数万大张，检封女工一天经手也是成千上万。处于成堆钞票之中的印钞员工们，绝大多数洁身自好，有很强的自我约束力，这不能不令人赞叹。老工人教育青年工人的话是朴素的：“你们要把做的产品看作是花纸头，不要当作钞票去想。”听上去几乎没有什么大道理，然而几十年来确实靠这种观念维系了安全。在我国向市场经济转制的过程中，该厂进一步加强了抗腐蚀的教育：青年工人上岗前必经的一课，是专门安排一周的时间进行印钞工人价值观和道德品质的教育；党内经常进行树立为人民服务的人生观的教育，团内经常开展“我为工厂多奉献”主题活动。

某国一家印钞厂，工人只有 500 名，而在生产过程中持枪巡逻的保安人员却多达二三百名，仍感不安全。还有个国家的印钞厂厂长，专门问上海印钞厂：“你们怎样保证产品安全?”得到的回答是：“我们中国的印钞厂以职工为主人翁，确保安全除了靠必要的制度和措施外，更靠人的素质。”这是确实的。

第四，树立人民币直接关系到我国形象的“保证质量、维护国誉”的高度责任心。

印钞工人不无自豪地说，许多外国人是通过人民币认识中国的。确实，钞票的质量关系到国家面貌和国家信誉。印钞工人从这一要求出发，不断地强化为国争光的高度责任心。检封女工们把“质量在我手中、信誉在我心中”的口号具体化为行动，认真地对待自己检验的每一张产品。

正是这样一种责任心，使得有的员工十余年来经手上亿张产品而未出过质量上的差错，使得一个车间一年几十亿的产品仅出数十张坏票，失误率大大低于规定的百万分之一的指标。

上述四个方面，是上海印钞厂适合企业发展、为确保企业目标实现而确立起来的价值观念。它们并非什么一语惊人的口号，但却贯彻在这个企业的各种文化要素之中，构成了具有自己特色的强文化。

四、全方位强化既定的价值观念

使企业员工对既定价值观高度认同，离不开理论的、思想的教育，也离不开基本的制度制约。但企业文化则更强调员工在强文化熏陶下，潜移默化地接受既定的价值观念。

上海印钞厂不断地强化他们的价值观念，主要从以下几方面着手。

第一，从实际出发表彰先进，使之切实地发挥激励作用。

上海印钞厂的领导认为，树立典型示范，发挥激励作用，是一种普遍适用的经验。但如要达到理想效果，则要对员工的心理进行深入研究。要考虑大多数员工的思想水平和实际表现，使这一工作符合对象的特点；使树立的标兵既有高层次的，更有一般员工“跳一跳就够得上”的典型，从而更能激励一般员工的好胜心。他们还研究了竞赛的组织形式，因为他们觉得，有些竞赛内容很好，可惜响应者寥寥无几，其中原因是组织形式不切合实际。例如他们过去搞过以班组为单位的竞赛，搞得很吃力，可是响应者不多，班组长觉得难度大。分析下来，发觉各个班组之间有许多不可比因素，硬性比较则容易挫伤积极性。于是，他们缩小竞赛评比单位，开展了名为“明星机台”的竞赛，以机台为单位赛产量，赛质量，赛机台保养，并分别设置产量明星、质量明星、保养明星等等。这样，果然受到全厂各机台工人的积极响应，连不在范围内的运输队车辆也要求加入竞赛，很快形成一种氛围。哪个机台落后，就感到不光彩，有压力。通过竞赛，有一批机台由后进变先进，有的连续十几次得冠军，有的评上局先进。在这种竞赛和表彰中，既定价值观念化作活生生的典型，员工行为凡符合既定价值观念的都容易得到肯定，先进成为多数。少数高层次的典型固然还是少数，但大多数人都乐于仿效。

第二，注重文化仪式，形成热烈氛围。

先进最怕孤立。上海印钞厂领导特别注意避免出现这种情况，其方法是：一是注意实事求是，恰如其分地表彰先进的行为和事迹。介绍先进事迹，不说空话大话，尽可能于细微事实中见精神，使众人信服。在表彰会上，该厂领导往往能如数家珍般地叙述职工的良好表现，令人有亲切感。二是把表彰仪式搞得热烈庄重，党政工团领导都到场。同时，凡被表彰的对象，都在厂报上郑重其事地刊登个人照片和事迹摘要。由于他们的厂报印刷精美，在企业报中有一定的影响，因此职工希望社会承认的心理需求得到一定程度满足。三是精神鼓励和物质鼓励并重。这样内容充实，气氛热烈，正气上升，先进成为大家认同的对象。

第三，毫不妥协地维护既定价值观，形成刚柔结合的管理风格。

上海印钞厂凝聚力的增长，得力于该厂干部毫不妥协地维护他们企业的既定价值观，以既定价值观标准来统一企业员工的行为。这不仅表现在对于违背企业价值观的行为，坚决、果断地予以杜绝；而且更表现在对于符合企业价值观的行为，热情、及时地予以肯定，并千方百计创造条件使之巩固、继续下去，充满了人间温情。这就是上海印钞厂刚柔结合的管理风格。

第四，厂党政领导满腔热情地宣传，坚忍不拔地实践既定的价值观念，使企业的价值观念在职工群众中深深扎根。

上海印钞厂的党政领导虽然不断更替，但新老领导对他们长期努力培养起来的企业精神和共同确立的价值观念，都极力倡导，并满腔热情地宣传，坚忍不拔地实践。正是该厂主要领导干部言传身教，才使该厂优秀的企业文化不断发展，并在职工群众中深深地扎了根。

20 世纪 80 年代中后期是我国货币需求急骤增长的时期，又是我国印制企业进行改建、扩建、调整布局的关键时期。在当时的几次印制系统“厂长经理紧急会议”上，在普遍对国家安排的印制任务感到“力不从心”的情况下，该厂领导在行长面前立下“军令状”，把一个一个艰苦的任务“背了回来”。厂领导深知，该厂的扩建任务系国家大型项目，属上海市的重点工程，原有的生产任务在系统内已是最大的，但“确保发行、稳定社会”的强烈的使命感和社会责任心，使他们义无反顾地接受了更重的任务。每次“背回”任务后，厂领导都是深明大义，克服百般困难，并以自身卓有成效的实际行动，带领全厂职工努力完成任务。

该厂党委领导，有意识地把加强思想政治工作和开展企业文化建设有机地结合起来，积极地组织中层干部研究企业文化建设的发展规律。在工作实践中，他们注重企业文化建设。为了加强舆论导向，于 1987 年初创办了《上海印钞报》。厂里拨出专款，购置了电脑打字、排版、印刷系统，以解决报纸的印刷困难。《上海印钞报》的创办本身，既是企业文化建设的一项基础工程，也很好地促进和推动了企业文化建设。党委领导和有关部门经过认真研究，决定在对职工进行全面轮训时，把印钞企业职工价值观作为教学的主要内容，对职工进行价值观念的灌输。

厂党政领导对企业文化建设的高度重视与身体力行，对该厂价值观念的有效宣传和认真实践，使该厂的企业文化建设出现了长期持续地蓬勃发展的气象。

上海印钞厂的企业文化，正在按照它的行业特点和产品特性，发展成为具有鲜明个性特征的“上钞文化”。上海印钞厂的企业文化，在中国企业文化百花园中，是一朵有自己特色的花。

中外融合型——上海施贵宝文化

中美上海施贵宝制药有限公司（简称上海施贵宝，英文名 Sino-American Shanghai Squibb Pharmaceuticals Ltd，简称 SASS），成立于 1982 年 10 月 14 日，是中国改革开放后第一家中美合资的制药企业和上海新建的第一家中外合资企业，也是按照世界卫生组织制定的《优良药品制造规范》（GMP）设计、生产、经营和管理的一座现代化制约公司。

上海施贵宝的中方投资者，是中国医药对外贸易总公司和上海医药对外经济技术合作公司；美方投资者原是美国施贵宝公司，后为美国百时美公司兼并，改称为百时美施贵宝公司（即 Bristol-Myers Squibb Company，简称 BMS，该公司在 2005 年公布的世界 500 强中，排在第 259 位）。投资总额2 948 万美元，注册资本1 164 万美元。1993 年中方有偿转让 10%股权，双方投资比例由 5∶5 改变为4∶6。中方任董事长，美方任总经理，中外董事名额对等。

上海施贵宝目前共有职工 900 余名。生产工人、销售人员和管理人员各占约三分之一。财务总监、市场销售总监由外方人员担任，其余高级职位均由中方人员担任。

上海施贵宝，一方面由美方控股，总经理、财务总监、市场销售总监由美方派员担任，所生产的一切药品的知识产权都属于美方，上海施贵宝本身并无新药品的研究机构和开发能力，这使上海施贵宝的企业文化必然要打上美国文化的烙印；另一方面由于它设在中国，董事长由中方派员担任，多数高级管理人员和全部一般职工都是中国人，这又使它必然要打上中国文化的烙印，因此我们把上海施贵宝文化归属于中外融合型。然而这种融合，是悄然无声地进行的，不仅没有硝烟弥漫的“战争”，甚至也没有发生过激烈的争吵，是真正的“文化”融合。

一、基本框架和主要内容

经过十余年的探索和实践，SASS的企业文化已形成较完整的框架和丰富的内容，主要包括以下12个方面：

1. SASS宗旨。

以高品质的产品延长人类的生命，提高人类的健康。

2. SASS战略目标。

办成国内领先、国际一流的现代化医疗保健品公司。

3. SASS形象口号。

上海施贵宝，健康之瑰宝；

欲穷千里目，更上一层楼。

4. SASS企业精神。

贵宝人和，亲如一家；一针一片，追求卓越。

5. SASS核心价值观。

追求效率，卓越表现，认真负责，客户至上，团结合作，开诚布公。

6. SASS承诺。

对用户——保证提供优质产品和优质服务，并使其不断改进；

对员工——保证充分尊重、平等相待、报酬公平，提供整洁和安全的工作环境，提供对卓有成效者晋升的机会；

对供应商和客户——保证敞开门户，友善、高效、正当经营，并尊重他们获得公正利益的权利；

对所在社会——保证成为自觉的公民，愿为公益事业伸出援助之手；

对我们所生存的世界——保证坚持责任感、诚实感和正义感，以获得全社会的信任。

7. SASS新观念群。

质量观——人人事事与质量有关，质量是企业的生命线，一针一片不得一失；

市场观——以市场为导向，市场是指导一切生产经营活动的出发点；

营销观——信誉第一，服务至上，不满足于卖掉，而立足于用掉；

人事观——德才兼备，择优聘用，按能力定职位，按职位定工资；

生产观——生产条件的均一和无缺陷的管理；

职业道德观——敬业尽责，追求完美；

企业文化观——以人为本，贵宝人和，中外一家，融会中西。

8. SASS经营理念。

(1) 致力于关怀人类的生命与生活;

(2) 奉行“顾客至上”的信条,弘扬“健康是金”的信念;

(3) 不断推出创新的产品,发展与客户的伙伴关系;

(4) 以世界最优秀的公司产品和人力资源,致力于开拓市场、领先于全球;

(5) 凭借持续增长、高生产率和能动的经营管理优势,在中国和海外市场上取得成功;

(6) 要求每位员工牢记肩负的职责和使命,满足公司和社会的期待,并从奉献中得到充分的回报;

(7) 让上海施贵宝在开展业务活动中成为上海、中国乃至世界上令人向往的企业;

(8) 通过企业形象、企业文化来表明上海施贵宝永远充满活力;

(9) 守法经营,信奉职业道德;

(10) 崇尚“欲穷千里目,更上一层楼”。

9. SASS社会伦理。

倾心于资助中国医学研究和教育事业,积极参与国内各项社会公益活动,赞助巨额款项或药品,表达回报社会的一片爱心。

10. SASS职业道德。

(1) 热爱公司,严禁损害公司声誉,不兼职于其他企业;

(2) 忠于职守,养成严谨细致、认真负责的工作作风,高效优质地完成各项任务;

(3) 遵章守纪,秉公办事;

(4) 维护公德,讲礼貌,讲文明;

(5) 克己奉公,见义勇为,助人为乐;

(6) 保守机密。

11. SASS员工沟通制度。

倡导多渠道、多层次、全方位、经常及时的员工沟通制度,鼓励员工参与管理,办好作为公司最直接、最基本沟通载体的“二报一刊”,即每周一期的SASS周报、每月一期的《SASS新闻月报》和每季一期的《上海施贵宝通讯》(对外彩刊),以达到相互理解、相互支持、确保工作任务圆满完成之目的。

12. SASS员工礼仪。

仪表——注意自我修饰,保持外表整洁和良好的精神状态。

工作服装——整洁得体。车间及工程人员应穿着公司统一的工作服。夏天男士在公司里要穿长裤。

待客——礼貌,热情,称谓得体,语言语调适应场合;主动、诚恳地接待来客；善于倾听与接受别人的建议，切忌随意打断对方说话和否定对方的意见。

接听电话——要有“自己代表公司”的意识，注意使用“请讲、谢谢、抱歉”等礼貌用语，切忌使用任何不礼貌的语言；铃响三次迅速接听电话；正确应答，自报部门姓名；当临近同事暂离时，主动代接电话，及时转告；工作时间避免打私人电话。即使有重要私事通话，应尽量扼要。

办公区域——不乱扔废纸、垃圾，不乱涂乱贴；办公用品堆放整齐，保持整洁；不直接用手推门窗玻璃，做到随手关门；公私分明，切忌将公物挪为私用；爱护公司绿化，爱护公司一切物品；下班时作好交接班，收拾好使用的物品，锁好门窗。

用餐——按时去餐厅用膳，自觉排队领取饭菜；吃剩之物放在盘子内；勿将水果等食品带出餐厅。

乘车——严格遵守班车规定的时间、地点等候，有序地上车；随身携带的包、伞等物品放在行李架上或椅子底下，不要放在座位上；不在车内外随地吐痰和乱抛杂物。

上下班——进出公司大门，应主动出示证件，并自觉按序刷卡考勤；骑自行车的员工进出大门应推行，自行车在车棚内按秩序放好并上锁；中途离开公司，应将假单主动送交警卫并刷考勤卡；下班应按规定时间和车号有序地上车。

以上12个方面，相互联系，彼此呼应，形成一个比较完整的体系，是上海施贵宝企业文化建设总体纲要的基本框架和主要内容。它们原原本本地载入1996年6月版《员工手册》之中，发给所有员工，以求全体认同。这表明：上海施贵宝已经把企业文化建设列入企业日常管理，孜孜以求激励人心的口号和富有特色的箴言，转化成为全体员工的内在素质和实际行动，以求凝结出精神文明和物质文明的丰硕成果。

二、四个方面的积极成果

上海施贵宝的企业文化建设，不追求表面形式，不搞“花架子”，而是从自己的实际情况出发，经过不断的探索，确定企业的宗旨与企业精神，制定企业的战略目标，提出企业的形象口号、企业信约和企业的核心价值观，形成了一系列的新观念和新的经营理念。当然，企业文化建设的精髓，不仅在于提出崇高美好的口号和箴言，更主要的是执行和实现这些口号和箴言。

上海施贵宝企业文化建设最可贵之处，就是紧紧抓住了贯彻、执行企业宗旨和企业精神这条主线，使之体现在企业的各个方面，并取得了以下四个方面的积极成果：

1. 始终如一，坚持不懈地培育文明健康的行为习惯，不断提高员工素质。

上海施贵宝员工深深懂得，要增进别人的健康长寿，员工自身就必须养成文明、合理、健康的行为习惯。可以想见，在凌乱肮脏的环境中，生产不出能够治病和保健的药品；蓬头垢面、行为粗野的人送上来的补品、营养品，文明人是难以下咽的。制药企业全体员工文明健康行为习惯的培育，既是保证药品质量合格的工艺措施之一，也是吸引客户的形象保障。因此，上海施贵宝从成立的第一天起，就重视职工的行为规范训练，使崇高的企业宗旨体现在文明健康的行为习惯之中。他们着重抓了以下几点：

第一，抓宣传教育和舆论导向，提高职工的认识水平，把个人的日常行为习惯和贯彻企业崇高宗旨，完成企业根本使命挂起钩来，使企业宗旨从口号箴言转变为员工的内在思想品质。

如讲究清洁卫生的行为习惯，原先很多人认为是个人的小事，现在他们公认是企业的大事，是医药企业优秀文化的重要组成部分；原先很多人认为清洁卫生就是“大扫除”，现在认识到“大扫除”是以生产和生活的环境已经被污染，生产和生活的正常条件已经被弄乱为前提的。因此，养成文明健康的行为习惯，根除导致污染的人为因素，保持环境的清洁卫生和条件的正常稳定，是比“大扫除”重要得多、高明得多的管理措施，是优秀企业文化和先进企业管理水平的重要表现。

第二，抓规范标准和制度建设。

1989 年，上海施贵宝集中一年的时间，抓了以“改变陋习，规范行为，改善形象，提高素质”为中心的学习、教育、训练活动，使全体员工在“什么样的行为是文明健康的，什么样的行为是陈规陋习”等问题上取得共识，然后用规章制度的形式把这些认识成果固定下来，形成了厂规厂纪。在提高思想认识的基础上使行为有标准，训练有依据，大大促进了上海施贵宝员工文明健康行为的习俗化进程。

第三，抓现场检查和督促纠错，使思想上的认识和手册上的明文规定，真正体现在每个员工的日常行为之中。

上海施贵宝员工很清楚，健康文明的行为习惯不是一天能形成的，陈规陋习不是说改就能改掉的。一个吸烟成瘾的人，要他任何时候都不在厂区范围内抽烟；一个把脏话变成了口头禅的人，要求他同任何人讲话都要文明；一种喜欢靠着墙单脚站立，而另一只脚总是向后弯曲并在洁白的墙面上留下鞋印的坏习惯，要彻底地予以根除……所有这一切，没有经常性的督促检查，没有反复不断的纠正措施，是难以奏效的。

谁来督促检查呢？这当然是领导者和有关职能部门的责任。要负起这个责任，看似简单，实际上并不容易。正人先正己，领导者以身作则，其督促检查才能使人口服心服。领导者所倡导的价值观，领导者自己必须带头去追求，这是企业文化建设的一条基本原则。上海施贵宝的领导层正是这样做的。

领导层以身作则，为督促检查创造了有利的前提，但这并不意味着督促检查就肯定能够取得预期的效果，还要讲究方式方法。在这方面，上海施贵宝的领导和职能部门动了很多脑筋，做了大量工作。例如，进出厂区内的任何一扇门，按照文明健康的要求，应该用手抓住把手把门推开。可是不少人原来养成了一种陋习，往往用手推门玻璃或其他部位进出，甚至索性用身体把门撞开，用脚把门踢开。怎么办？上海施贵宝最初采取的就是现场检查督促的办法。一旦有人推门玻璃等不规范动作，检查人员就会很有礼貌地递上一张整改单，并说："请您把推门玻璃留下的痕迹擦干净。"同时通知他去接受行为规范培训。现场督促检查的第一天，就有15位员工被通知接受培训。这氛围既紧张严肃，又自然顺畅。培训时，董事长、经理们都在场，令接受培训者感到了事情的分量，但接受培训的内容却一目了然，使受训者对今后的行为达标充满信心。

文明健康的行为习惯，在公司高度自觉的培育下，日积月累，终于达到了可以明显感觉出来的程度。原来一年内各类违规者占了全体员工的百分之十，以后逐年下降，现在已降到百分之五以下。整个厂区，整齐清洁；无论道路、绿地、水面上，还是车间、走廊、停车场，都没有烟蒂、痰迹和果壳纸屑；所有的室内墙壁，从天花板顶到地板根底，都洁白如洗，没有鞋印和污迹；所有的窗门玻璃，都清澈透明，以至必须提醒外来人员格外注意，不要误以为前面没有障碍物而撞上玻璃。据民意调查资料显示，现在上海施贵宝的多数员工，最喜欢向别人介绍的，就是上海施贵宝优美洁净的厂区环境。对员工文明健康行为习惯的培育，同时也培育出了员工对公司的自豪感。

第四，抓内涵的拓展和境界的升华。

上海施贵宝对员工文明健康行为习惯的培育，其外延是十分广泛的：既涉及坐立行走，也涉及言谈举止；上海施贵宝把它们归纳为"品格、仪表、语言、态度、行为、整洁、绿化、礼仪、社交、保密"等十个方面。但所有这些的实质性内涵，不仅是对每个员工提出要求，同时也是对公司整体提出要求。对于上海施贵宝来说，员工的文明健康，公司的文明健康，当然很重要，但贯彻企业宗旨，增进人的健康长寿，使整个社会都文明健康，才是它的最高目的。因此，上海施贵宝培育文明健康行为习惯的过程，就不仅仅是一个规范动作的过程，而且还是一个思想境界不断升华的过程。它取得的成果，不仅是培育了文明健康的物质生活行为习惯，而且也培育了文明健康的精神生活和行为习惯。见钱不贪，拾金不昧；先人后己，助人为乐，这类高尚的思想境界正在上海施贵宝形成和发展。有位职工拾到了十张各种图章已经盖好、只要填上金额就可以到银行取钱的空白支票，另一位职工拾到三只金戒指，还有许多职工拾到钱包或其他贵重物品，都立即上交，积极寻找失主。有的找到失主，使失主避免了巨大损失，而自己却隐姓埋名。文明健康的精神生活行为与物质生活行为共生，是实现SASS宗旨的有力保障。

2. 以“一针一片，追求卓越”的观念建设优良的质量文化，不断提高药品质量。

企业的产品质量，不仅仅反映企业的技术和管理水平，还反映企业的质量文化。质量文化是企业在长期生产经营中形成的一系列有关质量问题的意识、规范、价值取向、行为准则、思维方法等的总和。建设优良的质量文化才能生产出优良的产品，药品行业更要重视质量文化建设。

SASS增进人的健康长寿的企业宗旨，主要是靠它生产高质量的医药产品来实现的。拿不出高质量的药品，不仅SASS宗旨无法实现，甚至可能失去作为制药企业的资格。SASS员工很清楚这个道理，因此他们提出“人人事事与质量有关”，“质量是企业的生命线”，“一针一片不得一失”。

其实，所有能够继续生存下去的制药企业，都必然要重视质量。为了确保药品的质量，美国于1962年颁布了《优良药品制造规范》（GMP）；世界卫生组织于1969年提出所有各国的药品生产企业都应该采用GMP；我国也于1988年颁布了内容与GMP相同的《药品生产质量管理规范》。确保药品质量，是对制药公司的法定要求。

产品是由人生产出来的，产品质量的提高离不开人的努力，特别是离不开处在生产一线的操作工人的努力。正是基于这种认识，上海施贵宝提出了“质量就是人格”的箴言和“用户在我心中”、“质量在我手中”的口号。

培育文明健康的行为习惯，首先体现在生产现场。他们提出“GMP与每天的工作有关，与每个员工有关”。为此，他们制定了十条执行GMP的基本准则：（1）所有操作均要有书面程序；（2）严格按书面程序操作，不准走“捷径”；（3）保证投料准确无误；（4）必须使用合适的、清洁的设备进行生产；（5）避免发生交叉污染和药物混杂；（6）时刻警惕贴错标签现象；（7）准确无误地进行操作；（8）保持环境和自身的清洁、整齐；（9）在工作时，时刻注意可能发生的失误、差错和错误的操作；（10）清晰准确地进行记录和复核。为了保证这十条基本准则能严格执行，上海施贵宝不仅仅对直接操作人员进行教育和训练，而且还在生产现场实施生产主管和质检人员的双重控制；生产主管严密观察现场所发生的一切，杜绝一切违反规程和标准的行为；质检人员则运用物理、化学和生物手段，及时检测各种质量指标。这样，就为SASS的药品质量构筑了一条保障线。

上海施贵宝员工深深懂得，生产现场虽然是质量管理的重要环节，但如果只有一线操作工人、生产主管、质检人员三者构筑起来的这条保障线，是远远不够的。因为这些人本身并不能创造出“均一而稳定”的生产条件；相反，他们的各种努力，只有在“均一而稳定”的生产条件下，才能取得保证药品质量上乘的预期效果。SASS“均一而稳定”的生产条件，是由投资决策人、药厂设计师、工程建设人员共同构筑的厂房设备硬件保障线来提供的。

走进上海施贵宝，立即就会发现这里的厂房别具一格。约两层楼的高度，但二楼没有窗户，没有玻璃，而是16块厚厚的、涂上了浅黄色的、长方形的墙面，两块之间有一条凹槽，远远看去整个生产厂房像一列载着集装箱的火车。底楼虽有窗户和玻璃，但并不开启。这种全封闭式的厂房，里面的温度、湿度、气压、换气量和清洁度，全都是由计算机监控和自动调节的，从而保证SASS的生产条件总是“均一而稳定”的，为药品质量的有效性、安全性、稳定性和均一性提供了硬件保障。

有了厂房设施的硬件保障线，加上生产现场的操作保障线，SASS人并不认为药品质量就肯定不会出问题，因为药品质量和公司内部任何一件事都有关联。于是，他们又构筑了一条覆盖公司内部方方面面的“无缺陷管理”的保障线。他们对公司内部的文件管理、原料贮存、成品放行、成品储运与分发、售后服务与用户抱怨处理、产品和系统的验证等等，都作了严密细致的规定，并从严执行。例如，成品的放行，不能仅仅根据被抽查的样品经化验是否合格，还必须严格审阅和这一整批产品相关的原始记录是否完整，所记录到的生产条件是否均一。这就是说，一要样品化验合格，二要记录完整且记录到生产条件确实均一。只有同时具备了这两条，才能确信整批产品的均一性和样品具有足够的代表性，这批成品才能准予出厂上市。

上海施贵宝员工还认为，药品质量的保障线，不能仅仅在公司内部构筑，还必须延伸到本公司以外的供应商中间去。这是因为：成品药的质量，不仅受供应商提供的原料药的直接影响，还受他们提供的包装材料的影响。如果瓶塞漏气或塑料透气，那么装在瓶内或塑料袋中的原料药就会回潮，质量也就没有保障。这里有两条路可走：第一条是在全世界范围内选择供应商，谁的原料药和包装材料的质量最好，就向谁购买。从实际情况来看，在全球范围内要找到能保证质量的供应商是不难的，这对采购部门来说是一条可以省去许多麻烦的捷径。但是，完全从境外进口原料药和包装材料，不仅会留下外汇平衡的难题，而且会使成本大幅度上升，从而使成品药失去竞争力，不能保持和扩大市场占有率。再好的药品，如果无人购买，无人服用，就不能发挥作用，增进人的健康长寿的企业宗旨也就无法实现。因此，这第一条路未必就是最理想的路。第二条路是尽可能在国内选择供应商，实现原料药和包装材料的国产化；为了保证国内供应的质量，SASS对供应商实行严格的审计制度。他们不只是对供应商提供的样品，进行化学含量、规格尺寸等方面的测试，而且深入现场，对供应商的厂区环境、仓库、生产车间、质检部门进行检查。如发现质量隐患，就帮助供应商予以改进；如帮助后也达不到标准，就取消其供应商资格。这样，既保证了原料药和包装材料的质量，又提高了国产化率，从而降低了生产成本。目前，SASS原、辅、包装材

料的国产化率，就品种来说已达 85%，就金额来说也达到了 30%。由于 SASS 采购部门构筑的审计保障线十分可靠，美国等外国公司在中国购买原料药，也往往委托 SASS 的采购部门全权代理。

上海施贵宝生产的药品，就是在生产现场的操作保障线、厂房设施的硬件保障线、无缺陷管理的软件保障线和原料供应商的审计保障线的共同作用下，达到了国际一流的质量标准。1988 年，SASS 第一次通过了美国食品、药品管理局（FDA）的检查，成为我国第一家获准向美国市场出口制剂的制药公司；不久，又通过了加拿大、新西兰的类似检查，并获准向加拿大、新西兰出口。

3. 迎接 EHS 的挑战，搞好企业的环境文化建设。

一般认为：一个企业，如果生产出了符合人类需要的产品，就是为社会造福；一个制药公司，如果生产出了高质量的药品，就能治病救人，就是增进了人的健康长寿。这种观点，虽然是正确的，但却未必全面，未必深刻。

全世界近几百年来的工业发展表明，企业虽然提供了大量适合人类需要的物质产品，但同时也向环境排放了大量的废气、废液、废渣、粉尘、废热、噪声、微波、放射性物质等等，以致人类赖以生存的自然生态环境急剧恶化。有的产品在生产过程中，就直接损害生产工人的健康，甚至危及他们的生命安全。工业生产的这种负面影响，如果得不到有效遏止，工业发展就不能为社会造福。这也就是人类所面临的环境保护（environmental protection）、职业卫生（hygiene of occupation）和安全保障（safety）方面的严峻挑战，即所谓“EHS”的挑战。从企业文化角度说，就是必须切实搞好企业的环境文化建设。

如果 SASS 生产出了高质量的药品，但同时却又使人类赖以生存的生态环境恶化，使生产工人患上职业病，甚至人身安全都没有保障，那么“增进人的健康长寿”就不是它的宗旨或目的，而只是它攫取利润的手段。相反，如果 SASS 既生产出了高质量的药品，又优化了（至少是不恶化）生态环境，确保了生产工人的卫生与安全，那么它所提出的“增进人的健康长寿”的企业宗旨，就是真实可信的；而它所取得的利润，不过是它贯彻这个崇高的企业宗旨而得到社会给予的合理的回报。

在环境保护方面，SASS 主要抓了以下几点：

第一，在思想观念上，SASS 认同了 BMS 公司总部在 EHS 方面所确立的价值取向、战略目标和政策方针，把 EHS 的挑战看成机遇，把环境保护、职业卫生和生产安全视作可持续发展的精髓。

BMS 总裁韩保德先生明确指出：“当公司各部门发挥各自职能，解决 EHS 挑战并分享其成果时，我们就营造出一种朝气蓬勃的企业文化。”SASS 人认同了这一价值取向，积极主动地宣传和解释这个思想，并使之成为上海施贵宝企业文化建设的新的生长点。

在1995年9月召开的BMS全球EHS交流会上，在副总裁托马斯·海尔门先生主持下，确立了BMS“在EHS方面一定要领先于全球”的战略目标。总裁韩保德先生承诺将给予EHS事务“第一优先权”的政策方针。SASS认同了这个战略目标和政策方针，既深受鼓舞，又感到关系重大，激发出自豪感和责任感。

第二，在硬件设施上，SASS舍得投资，高标准，严要求，真正做到了EHS方面的硬件设施和生产设施同时设计、同时施工、同时启动。

20世纪80年代建厂时，依照当时的法令和排放标准，上海施贵宝公司的生活废水是可以直接排放到河流中去的，但他们考虑到公司地处上海市的上游，仍根据BMS的要求，把所有废水统统排入闵行区污水处理厂，经集中处理后再排入黄浦江。这一举动，给环保局留下了非常深刻的印象。

SASS的所有制药机、储存器和空调设备，都选用具有世界先进水平的，科技含量高，能确保药味气体不外泄，从而不存在对空排放问题。SASS厂区周围都有消防设施，厂内的每个区域都有喷淋装置，都纳入自动换气控制系统，使卫生与安全具备可靠的物质基础。

SASS人还不断更新硬件设施，提高安全度。他们在生产工艺安全评估中，发现对被酒精浸湿的药品实施干燥工艺时，会产生药物粉尘和静电，存在产生爆炸的潜在危险。他们立即采取了两项措施，一是安装空气流量监测仪，二是安上快速接地装置，以避免爆炸产生。现在他们已经用每台120万马克的贵重设备，来替代旧的干燥设备，新设备有自动保护装置，即使爆炸也能实现人与设备分离，保障操作工人的人身安全。SASS开工投产十余年来，没有发生过火警和工伤，是和高标准投放EHS的硬件设施紧密相关的。

第三，在内部管理上，SASS绝不把EHS和各项业务活动对立起来，而是把两者融为一体。他们认为深入做好EHS方面的工作，正是降低生产成本、提高管理效率、扩大市场占有率的有效途径。他们深深懂得，任何环境污染和工伤事故的发生，都意味着资源、能源和人力的极大浪费。因此，SASS以EHS为目标而开展的“废弃物生成最小化”的绿色工程和“零工伤活动”，总是和细致分析药品生产、销售、服用的全过程，紧密地结合在一起的。

哪里可能产生污染，哪里也许就存在着降低成本的潜在的机遇。1996年5月，一位姓严的“施尔康”用户，打电话到SASS，抱怨药品有质量问题。但究竟是什么质量问题，用户却不肯说，也不肯把他买到的那瓶“施尔康”拿出来调换。质量保证部的职工和经理，耐心地先后五次登门做工作，才弄清是塞在瓶子里作减震用的棉花有点弄脏了。原来这位用户也是搞质量工作的，他懂得从高度严格的要求来评判，药瓶内的减震棉花不允许有一点脏，电话投诉也许就是要看看你SASS执行质量标准到底严格不严格。SASS人以五次登门的诚意，换回了

那瓶药。但 SASS 人想得更深更远：弄脏了的棉花可能造成污染，那点棉花即使没有弄脏难道就不造成污染吗？答案看来是否定的。因为用户要的是药片，那点棉花必然要被丢弃。这种向环境丢弃废棉的行为，虽然发生在用户身上，但 SASS 人觉得自己有责任使之最小化，乃至使之不再发生。于是，SASS 人反复测试金施尔康片的硬度，多次做抗震实验，发现并无裂片现象产生，得出了“瓶内塞入减震棉花完全没有必要”的科学结论。现在，金施尔康瓶内不再放棉花，既根除了污染，每年又降低了约 80 万元的成本。

SASS 人在分析药品生产全过程中还发现，“菌克单”的生产频率并不高，大约两个月才生产一次。由于它是一种无菌产品，各种设施不生产时也要保持无菌状态，这就要消耗大量的电。用电越多，在火力发电的条件下，意味着烧煤或烧油增加，向大气排放二氧化碳和硫化物也会增加。这种气污染虽然是发生在 SASS 之外的发电厂，但 SASS 人认为自己也有责任使之最小化。他们经过科学分析，认为每次生产“菌克单”时，提前两三个星期通电，就足以保证各类设施进入无菌状态。这样，既减少了电费支出，也减少了环境污染。

环境保护不只是一笔很大的投资，同时也是一笔很大的收益。这就是 SASS 人在迎接 EHS 的挑战中，所形成的一种辩证观念。

第四，在外部协作上，SASS 视野开阔，全局在胸，一贯采取主动、积极的态度。他们清楚地意识到：全世界的公司成万成亿，但地球只有一个，光靠少数几个公司孤军奋战，EHS 成不了气候；只有所有的公司联合作战，才能取得决定性胜利。

SASS 在生产过程中，要对各种原材料进行质量检验。这必然要使用大量化学试剂，生成许多排放物，污染环境。为了控制这个污染源头，SASS 走出公司，到供应商中去，真心诚意地帮助他们提高质量，认认真真地对他们的生产条件和工艺进行评估并提出改善建议，使之提高质量，成为 SASS 的“放心供应商”。如向 SASS 供应氧化镁的浙江诸暨化工厂，供应头孢原料药的五洲、新华制药厂等，正是在 SASS 的积极配合和建议下，采取各种措施或改变工艺，成为 SASS 的放心供应商。

4. 发扬团队精神，增强效率意识，以最小的投入争取最大的产出。

SASS 的药品质量很高，其制造过程又不污染环境，可称之为“绿色药品”，是“一切为人的健康长寿”这个企业宗旨的真正体现。这样的药品，受到用户的欢迎，市场的需求量很大。

为了满足不断增长的市场需求，最终实现崇高的企业宗旨，就必须以最短的时间、最小的资金、最少的人力，生产出最多的药品。这个提高效率的任务，SASS 是通过发扬团队精神和增强效率意识来完成的。他们主要开展了以下几项活动：

第一，群众性合理化建议活动。

他们认为，真正的效率来自广大员工的智慧。最懂得事情应该怎么办的，是处在第一线的工作人员。因此，SASS较早地开展了提高效率的群众性活动。当制造部经理赴美培训归来组织合理化建议（Q/P）活动时，就由董事长、总经理召开公司全体员工大会，发动大家提合理化建议，设立了好几个合理化建议投稿箱，造成了很大的声势，每天都可以收到一大沓建议书。正是根据这些建议，有关部门制定了整改项目，予以落实；对没有采纳的意见，也及时给予回复，说明理由。这次活动持续了三个月，取得了较大的经济效益，有几个项目获得了BMS设立的效率奖。

为了使“提高效率”成为人人参与的群众性活动，SASS成立了四个提高效率团队，即头孢团队、非头孢团队、set-up（准备工作）团队和GMP团队。参加人员打破部门与部门之间的界限，由制造部、工程部、储运部、QC、QA、EHS等部门有关的主管、工长、操作工和机修工共同组成。召集人由大家推选产生，定期召开会议，交流情况，集中大家的智慧，解决问题。

第二，多面手培训活动。

提高效率的关键是人。设备和资金的充分利用，所费绝不大于所当费，所得绝不小于所可得，都必须靠人来运筹。人的潜能非常大，一旦充分发挥出来，效率就能直线上升。

SASS为了提高效率，除了合理安排各类人员的工作，还鼓励和培育员工成为多面手，掌握多种技能，使之能适应不同的岗位。如在头孢制造部，头孢粉针生产线上的工人，也能熟练地完成头孢口服悬浮剂、胶囊包装的操作，还能到非头孢制造部承担任务。1996年，该部的效率指标比上年增加50%。再如工程部，安排冷冻工和锅炉工互换岗位进行培训与学习，使每个工人都学会这两种技能，从而达到减少值班人员的目标。

第三，缩短生产周期（Cycle Time Reduction，简称CTR）活动。

这里说的“生产周期”，是指从原料收到直至成品送到客户这一整体过程的总的时间长度。这个时段，既是原料被改造成为产品的过程，也是生产资金的运动过程。缩短生产周期，主要不是减少物耗和能耗，而是缩短“资金——原料——成品——资金”的运动时间，加速资金周转，用很少的资金生产出大量高质量的药品，使“时间就是金钱”这句市场经济中的名言，在SASS变成活生生的事实。这个“生产周期”是包括销售和回收货款在内的，是以SASS药品在市场上畅销为前提的。

生产周期是一个完整的过程，涉及计划、物料、制造、技术、检验、安全、分发、销售、财务等各个部门。为了缩短这个周期，SASS首先树立了安全观念和整体意识，明确自己所做的工作在整个周期中的位置，努力缩短自己这个环节

的时间长度，为总长度缩短作出自己应有的贡献。

当然，每个环节的时间长度都达到理论上的最小值，并不能保证总周期最短，这里还有一个各个环节之间如何衔接的问题。SASS是通过发扬团队精神和奉献精神来解决这个问题的。团队中的各个成员，及时交流信息，准确地把握每个批号产品的生产进度；每道工序都把下道工序视作自己的顾客，努力为下道工序创造有利条件，而绝不给下道工序留下麻烦。任何药品的制造一旦开始，就必须使它处在连续不断生产过程之中，没有停留，没有等待，原料从外地运到了，储运部立即去提货，质检部门立即检验分析，车间立即投产，打破了“下班”和“双休日”的常规。原料正好是下班时候到的，就立即安排加班处理；原料正好是周末到的，“双休日”就不休息了。任何环节吃紧，其他环节上的员工就会主动来问：“我能为您做点什么?”并给予有力的支援。

SASS缩短生产周期的活动，取得了显著的成效。头孢粉针的生产周期，从原先123天减少到40天，因而获得了BMS总裁奖。“开博通”的生产周期，也从110天缩短到55天。人还是这些人，设备还是这些设备，但设备利用率1996年比上年几乎翻一番，总混工序中原料过筛时混合机的等待时间大大缩短，颗粒干燥工序从过去的每班做5～6料提高到8料。

第四，以空间换时间活动。

效率问题实质上是个时间问题。效率的理想状态，就是人的等待时间为零，设备的停转时间为零，资金的沉淀时间为零。充分利用每分每秒，以最少的时间做成最多的事情，尽量缩短每件事所花费的时间长度。

SASS懂得，时间和空间紧密联系在一起，缩短时间长度可以通过缩短空间距离来实现。SASS的制药设备都是从国外进口的。在生产过程中，每年都有大批零配件损耗。如果全都去国外采购补充，来来去去得花不少时间。特别是新规格新产品上市时，原有的机器不能适应，部分零件要改制。如果这也拿到国外去定制订购，就更加费时劳神。为了提高效率，SASS工程部努力实施零部件调换国产化，大大缩短了自己与机器供应商的空间距离，从而赢得了时间，保证新规格新产品能按时投产，尽快上市。

第五，广泛开展关心员工活动。

工作效率、生产效率的提高，必须调动广大员工的积极性、创造性。SASS通过各种方式和活动，密切了同员工的联系，增进了同员工之间的感情。全公司900多名员工，每逢员工生日，公司都要一一向他（她）们表示祝贺；员工生儿育女，就在员工刊物上对其祝福；在公司工作满5周年的员工，公司都以董事长、总经理和工会主席名义，联名请他（她）们的家属到公司来作客，共进午餐。为了帮助各部门领导了解和关心员工的思想、生活和工作，工会和人事部门每年都要开展一次员工满意度调查，征求员工的意见和要求，整理后发给有关部门参考改进。

四、展望未来任重而道远

上海施贵宝的企业文化建设，取得了不少的积极成果，也积累了宝贵的经验。然而展望未来，其任重而道远。

上海施贵宝提出了自己的企业文化观："以人为本，贵宝人和，中外一家，融会中西。"在SASS企业精神中，也有"贵宝人和，亲如一家"的追求。应该说，这是卓越的企业文化观，是崇高的理想追求。其实现的标志，则是在施贵宝内部建立人与人之间的信任、亲密性和微妙性。然而施贵宝是一个由美方控股的中美合资企业，既没有单纯日本企业所具有的家族传统，也没有单纯中国企业所具有的社会主义传统，要达到"亲如一家"、相互信任、亲密性和微妙性，谈何容易！这里存在着语言障碍、文化障碍、制度障碍、观念障碍、等级管理障碍等等。要突破这些障碍，必须做大量工作。

企业文化建设的根本任务，是要使卓越的价值观念和崇高的理想追求，为全体职工认同，变成全体职工的共识和行为指南。一般分两步来达到这个目的：第一步是在全体骨干中求得共识，第二步再实现全体职工的共识。不跨出第一步，就不可能跨出第二步；但实现了第一步，也未必能顺利实现第二步，从"骨干共识"到"全体共识"，有大量工作要做。上海施贵宝的企业文化建设，今后的路程还将是漫长的。

如果进一步考虑，中美合作不应局限于生产领域，还应扩大到研究领域；上海施贵宝不应该只是百时美的一个生产车间，也应该有新产品的研究开发能力；那么，上海施贵宝的企业文化建设，就更是任重而道远了。

循环向上型——中科三环文化

中科三环是简称，全称是“北京中科三环高技术股份有限公司”。它从事稀土①磁性材料及其应用产品的研发、生产和销售。由于它是从其母公司“北京中科三环新材料高技术公司”孕育而来的股份公司，故本文的“中科三环”，自然涵盖了该股份公司诞生前处在孕育期的胎儿，有时“中科三环”也作为其母公司的简称来使用。

别误会，别以为这家由中国科学院牵头组建的公司的总部是位于北京市三环

① 稀土，是化学元素周期表中的镧系元素［镧（La）、铈（Ce）、镨（Pr）、钕（Nd）、钷（Pm）、钐（Sm）、铕（Eu）、钆（Gd）、铽（Tb）、镝（Dy）、钬（Ho）、铒（Er）、铥（Tm）、镱（Yb）、镥（Lu）］加上与镧系元素密切相关的两个元素［钪（Sc）和钇（Y）］共17种元素的简称（记为RE或R）。对于非专业人员来说，要记住它们不容易。那就虚构一个故事帮助记忆吧：兰市有一个普通妇女居住区，她们善良、机智、勤劳。居住区旁的山林里有山鼬，引来被称为“伙儿”的一群人进山猎杀，取其皮毛制成衣帽出售；导致山鼬越来越少，而山鼬皮毛制成的衣帽的价格则越来越高；价格越高，“伙儿”的猎杀就越猖獗，山鼬几近灭绝，而作为山鼬食物的老鼠则乘势大量繁殖，鼠害成灾，恶性生态循环大行其道。妇女们临危生智，创办山鼬饲养场，并获得巨大成功；饲养山鼬大量进入市场后，山鼬皮毛衣帽价格应声大跌，进山猎杀山鼬因经济价值不高而减少，野生山鼬数量开始上升。家养山鼬产业的发展，既开创了新的经济生长点，也促进了野生山鼬所在山林的良性生态循环。如此好事，却惹怒了“伙儿”，他们认为是妇女们抢走了本该属于他们的利润。在一个月黑风高的夜晚，“伙儿”闯进山鼬饲养场，杀死家养山鼬，并把它们的尸体一路丢弃。妇女们愤怒抗议，把“伙儿”告上法庭，最终使“伙儿”得到了应有的惩罚！故事的梗概就用17个字来描述吧：“兰市普女区，山鼬价特低，伙儿丢一路，抗议！”这17个字是不是有助于17个稀土元素的记忆呢？未必。不过我就是这样记住的。

路。名称中的“三环”和地名没有关系。

“中科三环”这个名称，有独特的文化内涵，蕴涵着公司想要完成的企业使命，就是要让科研、生产、营销三者畅通无阻地循环向上。

科研的主要活动场所是实验室，其直接目标是夺取科研成果；生产的主要活动场所是工厂，其直接目标是制造优质产品；营销的主要活动场所是市场，其直接目标是售出产品并实现丰厚利润；中科三环不主张把“科研成果”、“优质产品”和“丰厚利润”三者彼此孤立隔离起来观察和评价，实验室里的科研成果应该尽快转化为优质产品，工厂制造的优质产品应该迅速进入市场转化为丰厚利润，丰厚利润应该及时投入实验室的建设，以促成科研成果的升级。应该让科研成果、优质产品、丰厚利润三者畅通无阻地循环向上。

人是公司一切活动的主体。科研的主体是研发人员（包括科学家、研究员、工程师等等），生产的主体是工人（包括操作工、质量检控人员、厂长等等），市场的主体是营销人员（包括推销员、市场调查人员、客户服务经理等等）；中科三环不主张把他们各自的角色固定僵化，不主张把他们彼此孤立隔离开来培育和使用，而应该使他们彼此亲密无间、相互理解、配合默契，并能循环畅通地实现人才流动和角色转换，从而提升每一个人的本质力量。

简言之，中科三环追求三个“三者”循环向上：

第一，追求科研、生产、营销三者畅通无阻地循环向上；

第二，追求科研成果、优质产品、丰厚利润三者畅通无阻地循环向上；

第三，追求科学家、企业家、营销专家三者畅通无阻地循环向上。

这种循环不是以负反馈为特征的“稳定不变的”循环，而是以正反馈为特征的“螺旋形上升的”循环，是一个成功孕育着另一个成功的良性循环。

中科三环建立以来几十年的经营实践过程，就是这种良性循环向上的企业文化孕育和发展的过程。

一、实事求是定起点

循环，既存在于客观事物之中，也存在于人为事物之中。人为事物的循环，是人对环境挑战进行应战的过程和结果。

20世纪70年代，面对欧美日等生产力发达国家高度富裕、亚洲四小龙经济已经起飞而中国大陆仍然贫穷落后的挑战，中国高层积极迎战，写下了鼓舞斗志的“攻城不怕坚，读书莫畏难，科学有险阻，苦战能过关”（叶剑英）和“合金钢不坚，中子弹何难。群英钻科技，敢破世上关”（张爱萍）的诗句。就是在这种挑战、应战的时代背景下，中国科学院开始了自觉地把自己的科研成果转化为优质产品等等的循环向上之旅。

万事开头难。循环，从哪里开始？如何确定起点？

表面上看，可以从任何一个环节开始。循环链条上的环节越多，可供选择的起点也就越多。但这未免过于肤浅。千万不要以为，起点的选择是无所谓的事情，随便从哪里开始都行。从实例来看，联想公司从“技工贸”到“贸工技”的调整，至今还留下了许多说不清、道不明的纠结和遗憾。从哲理来看，正如德国哲学家黑格尔所说：“当一种事情在其开始时，尚没有实现，但也不是单纯的无，而是已经包含它的有或存在了。开始本身也是变异……还包含有向前进展之意。”①

任务在于，要善于从实际出发，细心洞察那“已经包含的有”是什么，准确判断它的重要性级别，预测它能不能发生上升性变异，估计它向前进展的空间究竟有多大。在此基础上，树立起对它的信心，给予它充分的信任。

不要以为这是一个轻而易举就能完成的任务。举例来说，关于“中东有石油，中国有稀土”② 的判断，既明确肯定了中国“有稀土”，也准确判断了“稀土是如同石油一样重要的战略性资源”。但这个论断得来却很不容易。

稀土在中国的客观存在，已经几十亿年了。但直到1935年，科学家何作霖对另一位科学家丁道衡从内蒙古包头带回的白云鄂博矿石进行研究，才发现该矿石中同时也含有两种稀土矿物。至此，虽然知道中国有稀土，但远远不能准确地判断它的重要性。1954年开始建设、1959年投产的包头钢铁厂，仍然只把白云鄂博矿石当铁矿石使用，而把与之共生的稀土当作废渣抛弃。直到投产两年后的1961年，才开工建设稀土实验厂。

虽然我国面临外国的严密封锁，但研制“两弹一星”（导弹、原子弹和人造卫星）的工作仍得到逐步开展，稀土的重要性级别也逐步被我国高层所认识。自告奋勇主抓“两弹一星”的聂荣臻元帅，指示国家有关部门于1963年和1965年先后两次召开“包头矿综合利用和稀土应用工作会议”，深入探讨白云鄂博矿石中的稀土、铌、钍等多种价值极高元素的综合利用。1972年，中央给北京大学化学系下达了一项军工任务，要求把稀土元素中的镨和钕分离开来。以徐光宪教

---

① ［德］黑格尔：《小逻辑》，197页，北京，商务印书馆，1980。着重号是原来就有的。

② 网上有秦恨海于2009年6月8日写的一篇文章，内称：“1992年春天，邓小平在视察南方时还惦念着北方草原上的包钢白云矿，他多次指出：‘中东有石油，中国有稀土。一定要把稀土的事情办好，把稀土的优势发挥出来。’”王珺之编著的《中国稀土保卫战》（中国经济出版社，2011）30页上也说：“1992年，邓小平同志先后到武昌、深圳、珠海、上海等地视察，并发表了一系列重要讲话。在谈到中国的稀土资源时，小平同志讲道：‘中东有石油，中国有稀土，中国的稀土资源占全世界已知储量的80%，其地位可与中东的石油相比，具有极其重要的战略意义，一定要把稀土的事情办好，把中国的稀土优势发挥出来。’”但在《在武昌、深圳、珠海、上海等地的谈话要点》一文中，根本就没有谈到稀土问题，更别说“多次指出”了。在牛正武所著的《南行记——1992年邓小平南方谈话全记录》（广东人民出版社，2012）一书中，也没有关于邓小平谈论稀土的任何记录。上市公司包钢稀土网站的首页，有白云鄂博稀土矿的照片，并配有“中东有石油，中国有稀土”十个红色斜体字，但并没有说这是邓小平的话。各种传言，不足为凭。因此，这段话究竟是谁所说，尚待考查。

授为首的北京大学的化学家们，义不容辞地接受了这项科研任务。

这项科研任务非常重要，它涉及“两弹一星”的成败与质量。“两弹”准确命中目标，卫星准确运行在设计的轨道上，靠的是制导、通讯设备。而这类设备中的不同部件，要用到各种不同的稀土元素（尽管数量很少），从而需要把17种稀土元素分离、提纯。稀土元素的纯度越高，相应的制导、通讯设备的质量也就越高。说到底，没有高纯度的稀土元素，就不会有高质量的“两弹一星”。

这也是一项艰巨的任务，属世界性难题。17种稀土元素，彼此的物理、化学性质很相似，本来就难于分离。而其中的镨和钕，是最难分离的一对。当时，最先进的稀土分离技术，掌握在法国人手中。法国的罗地亚厂，能用萃取法分离绝大多数稀土元素，而分离镨和钕，则必须用成本很高、生产速度很慢的离子交换法。

徐光宪执行这个艰巨的任务，无非有三种可能的结果：

第一种是糟糕的结果，经过努力，却无法把镨和钕分离。这将使我国的“两弹一星”事业受阻。不错，当时法国有纯钕和纯镨，美国、日本也有，但发达国家对我国实行封锁，不会卖给我们。

第二种是较好的结果，经过努力，赶上了当时的国际先进水平，用离子交换法或分级结晶法，把镨和钕成功分离。但是由于用这两种方法，过程上不连续，成本很高，提炼出来的稀土元素纯度也较低，不能进行大规模的工业生产，这将使我国的“两弹一星”事业付出更高的代价和拖延更长的时间。

第三种是最好的结果，经过努力，用成本低、速度快的方法，把镨和钕成功地分离开来，从而大大促进我国“两弹一星”的伟大事业。这是中央和全国人民最希望的结果。北京大学的化学家们，在徐光宪教授的带领下，没有辜负中央和全国人民的殷切希望，果然取得了这种最好的结果。

徐光宪接到任务后，思虑再三，用什么方法来分离镨和钕呢？他不打算采用当时国际上的主流方法（离子交换法和分级结晶法），决定采用自己研究多年的萃取法。他说：“我们做科研的有这么一个信念，就是立足于基础研究，着眼于国家目标，不跟外国人跑，走自己创新之路。”“我是学理科的，主要从事理论研究，我们的习惯还是开辟自己的创新之路。”①

白天，徐光宪和同事们一起在实验室里不厌其烦地“摇漏斗”，做串级萃取模拟试验；晚上，徐光宪动脑筋进行理论思考，琢磨串级萃取的规律。规律是看不见摸不着的，只能靠思维去把握。“多想出智慧”②，成果总是垂青勤奋思考的头脑，徐光宪终于发现了恒定混合萃取比规律，创造出镨钕分离系数高达4的世

---

① 转引自《百年潮》，2010（6），44、45页。

② 《毛泽东选集》，2版，第3卷，948页。

界最高纪录。同时，徐光宪建立了串级萃取理论，发明了稀土萃取分离工艺一步放大技术，并在上海跃龙化工厂大规模投产成功。徐光宪也因此被大家誉为中国稀土之父。

至此，中华儿女可以自豪地说：中国不但有稀土资源，中国还有稀土科技！

毋庸置疑，“有科技”比“有资源”更重要。

事实表明，中东有石油，只是使中东富裕起来了，却没有使中东强盛起来，没有使中东各国进入发达国家的行列，这是因为它们的石油科技落后。

1975 年，邓小平继承马克思主义、毛泽东思想的理论思维，根据世界各国达成富裕强盛的实际原因，作出了“科学技术是生产力”的正确论断。1978 年我国改革开放事业起步的时候，邓小平重申了这个论断。到 1988 年我国改革开放积累了十年经验的时候，邓小平进一步发展了这个论断，他说：“马克思讲过科学技术是生产力，这是非常正确的，现在看来这样说可能不够，恐怕是第一生产力。”①

“科学技术是第一生产力”，这是对科技重要性的最高肯定。

只有依靠科学技术，才能提出和实现更加高远的富民强国目标。正因为我国的稀土科技，在徐光宪等科学家们的努力下，一步一步地向世界高峰攀登，国务院副总理方毅才有可能在 1978 年至 1986 年期间，先后七次去包头组织召开资源综合利用会议时，提出“三个第一”的目标：我们不但要做世界第一稀土资源大国，还要做世界第一稀土生产国，世界第一稀土应用国，世界第一稀土出口国。很快，我们就达成了“世界第一稀土生产国”和“世界第一稀土出口国”的目标。但是到目前为止，“世界第一稀土应用国”的目标，还远远没有实现，集中表现为，我国在稀土产业链高端的经济循环，仍然落在西方发达国家的后面。只有继续努力提高我国的稀土科技水平，才能达成这个目标。

资源是大自然赋予的，只有原始价值，不会自动生长成为富民强国的产业链；只有科技才能够提升资源的价值，使“土”（或“草”，或“脏水”）提升为“宝”；只有科学技术，才能够把大自然赋予的资源打造成为富民强国的产业链。

一个国家也好，一个企业也好，其科技水平决定了它是在产业链的低端、中端还是高端实施经济循环。就稀土产业链来说，它大致包括从低到高六个台阶：原矿→精矿→分离产品→功能材料→器件→实用商品。如果科技水平低下，就只能在这个产业的低端，用那不高的科技水平，采矿选矿，生产原矿和精矿，然后投入市场获得利润。只有具备了高科技，才能在这个产业链的中端和高端施展拳脚。

因此，一个单位或一个人，当决定要办企业的时候，最重要的就是要准确判

① 转引自龚育之：《一段历史公案和几点理论思考》，载《解放日报》，1991-05-29。

断自己有没有相应的科学技术，其水平达到了什么程度。

1984 年，当中国科学院准备要办稀土企业的时候，时任副院长的周光召，准确地认识到，中科院有稀土科技，那就是物理研究所王震西主持开展的研究，成功地搞出了低纯度稀土钕铁硼永磁合金，达到了当时的世界先进水平。周光召下定决心，动员王震西下海，要求他把在实验室里取得的成果，转化为工厂里生产出来的稀土永磁材料产品。

就这样，中科三环将追求科研、生产、营销三者畅通无阻地循环向上的起点确定为科技成果和科研人员。

二、科研主将“下海”难

被周光召赋予重任的王震西，1942 年 9 月 3 日出生于江苏海门，1964 年毕业于中国科技大学，旋即被分配到中科院物理研究所工作，主攻磁性材料研制，参与研制成功我国第一代国防用多种微波铁氧体材料和器件，获中科院重大科技成果奖。

20 世纪 70 年代初，法国总统蓬皮杜来中国访问，与周恩来总理共同签订了多项协定，其中一项就是法国政府给中国提供 10 个最高的国家奖学金，让中国政府派出 10 个科技人员到法国的国家实验室学习。1973 年，周总理亲自批准从中国科学院和北京大学、清华大学等单位挑选了 10 名科研人员，派往法国的国家实验室从事高科技方面的学习与研究。王震西就是中国科学院仅有的 3 个名额中的一个。这样，1973 年 10 月—1975 年 10 月，王震西在法国国家科研中心奈尔磁学实验室做访问学者，师从物理学诺贝尔奖金得主、著名国际磁学专家路易·耐耳（也译奈尔）。

王震西回国后，记住了法国导师耐耳关于“搞科学千万要走自己的路”的教诲，没有回到自己熟门熟路的传统磁性研究领域，而是立志创新，转向研究稀土磁性材料。

当时的稀土磁性研究，属于世界科研的前沿，其历史不到十年。1966 年，美国科学家采用粉末法制造出钇钴永磁体（YCo_5）和钐钴永磁体（$SmCo_5$），由于其磁性能比传统永磁体（铁氧体）优越，引起世界各国的广泛研究，进而制造出镨钴永磁体（$PrCo_5$）和钐镨钴永磁体（$SmPrCo_5$）。所有这些以稀土元素与钴元素相结合而构成的合金永磁体，被称为第一代稀土永磁材料。

第一代稀土永磁体的磁性能，虽然比传统永磁体（铁氧体）要好，但由于钴的价格很高，很难推广运用，基本上只能用于不计成本的某些军用品上。于是，研究人员试验着用铁、铜、锰等廉价元素，来部分取代昂贵的钴，从而研制出了能够在工业上广泛应用的第二代稀土永磁体，即美国科学家在 1972 年研制出钐钴铁永磁体［$Sm(Co, Fe)_{12}$］，其磁性能比传统永磁体（铁氧体）高出 3 倍，其价格则比第一代稀土永磁体低。① 试问，能不能用某个廉价元素，不是“部分取代”而是“完全取代”昂贵的钴呢？这正是科学家们追寻的第三代稀土永磁体。

王震西的创新目标，就是要带领一个课题组，研制出世界第一块第三代稀土永磁体。就全世界来看，从研制出第一代稀土永磁体的 1966 年，到研制出第二代的 1972 年，花了六年时间。到了 1982 年，第二代稀土永磁体问世已经整整十年了，第三代却还不见踪影。难点在于，不知道在已知的一百多种元素中，应该用哪种元素来完全取代第二代稀土永磁体中的钴，才能达到既提高磁性能又降低费用的目标。为了攻克这个难点，需要对不同元素的电子层结构进行深入的理论分析，并相应地做大量的各种实验。各国的科学家们都在加油，都想第一个攻下这个科技制高点。王震西的课题组也一直在加紧自己的步伐。

1983 年 9 月，第七届国际稀土永磁材料讨论会在北京科学会堂举行。著名日本学者金子秀夫教授发言时宣布：日本住友公司下属的 Neomax 公司最近已研制出磁能积高达 38 兆高奥（MGOe）的第三代稀土永磁材料——钕铁合金。这立即引起全场的注意和惊讶。“磁能积”是永磁体性能高低的主要指标之一，传统铁氧体只有约 4 兆高奥，第一代稀土永磁体最高曾经达到 20 兆高奥，第二代稀土永磁体在 1980 年达到了 35 兆高奥，现在金子秀夫宣布的是 38 兆高奥，显然创造了世界纪录；而且他宣布的是“钕铁合金”，名称中没有“钴”，那它的价格或费用肯定不会太高；同时他有意隐去了替代“钴”的“硼”，因此人们很想知道住友公司是用什么元素完全取代了第二代稀土永磁体中的“钴”。但是，金子秀夫接着说：“请原谅，我只能说这一句话，请诸位不要提任何问题，我也不能做任何回答。”他要严守技术机密！

也是在 1983 年 9 月，美国的通用公司也宣布其下属的麦格昆磁（Magnequench）公司研制出了第三代稀土永磁体。

日本和美国的宣布，轰动了世界磁学界，让王震西及其同事们感到了极大的竞争压力。但他们没有泄气，没有放弃，而是按照自己原来的思路，加快研制的速度。当时，他们的研究室正在加固改建，为了抢时间，他们就在电子所的一间材料仓库里清理出一块 10 多平方米的空地，利用一台 50 年代国产的振动台，一台需要经常修理的扩散炉和千斤顶，继续艰苦试制。时值隆冬，北风凛冽，由于所用的材料易挥发、易燃、有毒，但却没有通风柜，大家只好穿着大棉袄，跑到露天的院子里干，手冻僵了就进屋暖暖再接着干。那时王震西还兼任物理所科技

① 参见刘丽琴等：《稀土永磁体研究发展动态综述》，载《稀土》，第 29 卷，2008（6）；刘小珍编著：《稀土精细化学品化学》，139 页，北京，化学工业出版社，2009。笔者于 2012 年 3 月 13 日从网上查询得知：超细钴粉（1.2um）价格 360 元/公斤，铁粉（40—400 目）价格 16～18 元/公斤，超细铜粉（—1 000 目）105 元/公斤。大致上，钴价是铜价的 3 倍以上，是铁价的 20 倍以上。

处的处长，白天要安排处里的工作，就利用早晚和中午到实验室加班。做实验时，大家都全神贯注，密切监视着有关自然物质的变化。晚上做完实验后下班回家，大家就边走边谈，畅谈自己从实验中看到了一些什么，下一步该如何分工合作。有时走到岔路口该分手了还没谈完，干脆就站在路灯下，裹着棉大衣开“路灯会议”。就这样，又奋斗了3个月，王震西和他的同事们终于研制出第三代稀土永磁材料——低纯度钕铁硼永磁体。

其实，日本和美国宣布的第三代稀土永磁体，也是钕铁硼。三个国家的科学家们，都是用“硼”完全取代了第二代稀土永磁体中的“钴”。大家都成功了。只是中国取得成功的时间比美国、日本晚了3个月。但中国研制的钕铁硼，性能已经超过美国，和日本则不相上下，同处于当时世界领先水平。

面对已经取得的世界领先的科研成果，王震西没有满足，他踌躇满志，要继续向世界科研的最高峰攀登。但就在王震西研制钕铁硼取得成功后的第二年，周光召找他个别谈话，动员他“下海”办厂。

一“谈”激起千层浪，王震西感到自己处在了痛苦抉择的矛盾中。他说：“这一抉择对我来说不仅仅是艰难，甚至可以说是痛苦，我当时有3个月没睡着觉，头发全白了”①。

王震西犯难了，两对矛盾现实地摆在了他的面前，他必须正确认识和处理。

第一对是，个性和角色的矛盾。王震西说：“从我本人的个性上，我更适合做科技工作者”②。他读的是科技大学，毕业后做科技工作已经20年了，如鱼得水，现在要他转换角色，如何割舍得下呀！

第二对是，“登顶”与“奠基”的矛盾。王震西说：“中科院有一位著名的超导专家赵忠贤，我们是同一年毕业，一同分到物理所，他搞超导，我搞磁性材料研究，又一同出国深造，我到法国跟Neel（奈尔）先生学习，他到英国剑桥学习，后来一同回国。过了10年后，我和赵忠贤都被科学院和国务院批准再赴美国工作一段时间，去充充电，去感受一下世界最新动态。正要动身的时候，中国科学院周院长找到我，告诉我不要出去了，留下来创办中科三环。”显然，到国外去充电，是要在已经取得世界领先科技成果的基础上，进一步做好准备，去攀登那已经不远的科技顶峰；如果去办工厂，则是要在“中国没有科学家去办工厂的先例”的空地上，动土奠基。这就难免要发生“选择与放弃的痛苦”③。

① 转引自路文志：《访问中科三环董事长王震西（2001年4月8日—12日）》，见金牛网，“科学升值的天平”。

② 王震西2002年3月25日做客人民网联谊会馆与网友进行交流时的谈话，见人民网，2002-03-25。

③ 转引自路文志：《访问中科三环董事长王震西（2001年4月8日—12日）》，见金牛网，“科学升值的天平”。

尽管艰难，尽管痛苦，王震西还是选择了“下海”办厂。这意味着什么呢?

第一，意味着王震西接受了转换角色的挑战，决心完善自己的个性、全面发展自己的智慧、提升自己的本质力量。

请注意，是完善、发展和提升，而不是放弃。

不错，每个人都有自己的个性。你有你的性格，我有我的爱好，他有他的气质。但是，这并不妨碍具有各种不同性格的个人，去担当同一类型的角色。当然，这也并不否认，不同类型的角色，往往要求某些不同的个性（性格、爱好、气质）。

正如王震西所说：“搞科学必须要有创新性、前瞻性，而且思维要敏捷，要走在别人前面，只跟在别人后边永远也做不出新东西来”；“搞科研必须从实际出发，因为搞科研来不得半点虚假，假如你去搞泡沫……就会违背自然规律”①。王震西 20 多年的科研工作，培育了他个性中的这种创新意识、超前观念和求实作风。这些素质不仅不能放弃，而且要发扬，因为办工厂、做实业、搞经济，也迫切需要这些素质，这是王震西转换角色的有利条件。

当然，作为企业家，要有市场观念、利润意识，要筹集资金、计算成本、巧定价格，一句话要和金钱与货币打交道，而这是王震西个性中的薄弱环节。他说：搞科研的人“有一个‘天生’的弱点，那就是搞科研的不懂得赚钱，或者说不懂得经营，更不懂得市场，因为作为国家培养的科研人员，生老病死、退休、保险全部是由国家负担的，包括原来搞研究做学问的经费都是由国家直接提供的，所以他无须考虑钱的问题”②。这是王震西转换角色的不利条件。但是，对于一个具有超前意识和创新精神的人来说，自己的弱点也正是自己未来发展的广阔空间。王震西的抉择是难能可贵的。

第二，意味着王震西不仅要攀登科技水平的高峰，还要攀登科技文化的高峰。

近代以来，中国科技落后。1949 年新中国成立后，中国一大批科学家勇攀高峰，取得了一个又一个科技成果，缩短了与世界高科技水平的差距。

试问，科技成果的价值究竟是什么呢?

有人说，科技成果的价值，在于为祖国填补空白，缩短差距。有人说，科技成果的价值，在于能获得国家科技进步奖、人类重大发明奖，乃至世界最高等级的诺贝尔自然科学奖。还有人说，科技成果的价值，在于能释疑解惑，解开自然之谜。……所有这些关于科技成果价值的不同回答，不能说哪个是错的。它们都对，但它们又彼此不同。这种不同，不是科技水平的不同，而是科技观念的不

①② 转引自路文志：《访问中科三环董事长王震西（2001 年 4 月 8 日—12 日）》，见金牛网，“科学升值的天平”。

同，是科技文化先进与落后程度的不同。

毋庸置疑，我国不仅科学技术落后，科技文化也落后。科技工作者开立科研课题，申请科研经费，开展科学研究，取得各种数据，写出科研论文，一经专家鉴定通过，说该项研究达到什么水平，可以给予什么奖，可以给研究者评定什么职称，然后就什么事也没有了。科技成果的价值，就是报奖、拿奖、评职称。这就是我国长期以来的主流科技文化！

邓小平关于“科学技术是第一生产力”的论断，指明了我国先进科技文化的前进方向。既然科学技术是第一生产力，那么科技成果的价值，就不应该只是体现为获奖和评职称，而是更应该体现为劳动对象的扩大和优化，体现为劳动资料的强大化、智能化、高速化和神奇化，体现为劳动者素质的全面提高和本质力量的迅速提升。中国的生产力发展了，中国的经济基础才能强大稳固，政治文明才能高超、和谐。

王震西选择“下海”办厂，就是为了祖国的富强，去攀登邓小平指明的这座先进科技文化的高峰。他是中国研制成功第三代稀土永磁体的第一位科学家，也是新中国攀登科技文化高峰的第一位科学家。

三、首破关隘略显慢

王震西下海，第一个目标就是要打破科研成果和优质产品之间的分离，使作为科研成果的钕铁硼，转化成为工厂里生产出来的合格产品。这是他首先要攻破的关隘。

在实验室中研制出钕铁硼，我国仅比日本和美国晚3个月。但是，日本和美国研制出钕铁硼后，很快就在工厂里把它生产出来了，并在1984年就把它投放到了市场。而我国第一次在工厂里生产出合格的钕铁硼永磁体，是1986年6月18日，比日本和美国晚了大约两年半！

从科研成果到合格产品，在我国为什么要花那么长的时间？原因就在我们的科技价值观念或科技文化落后。日本和美国的主导观念认为，科研成果的价值就在于能够转化为产品。他们的实验室是公司的，他们的科研人员是公司的，公司本身就进行着生产经营。具体说，例如日本的Neomax公司的研发人员，是在自己公司的实验室里研制出钕铁硼，再拿到自己的工厂去生产，能不快吗！我国的主导观念则是，科研成果的价值就在于能够获奖和评职称。实验室和科研人员是属于并不进行生产经营的科学院，他们取得成果之后，就耐心等待获奖和评职称。

王震西课题组在实验室里研制出钕铁硼的1983年底，正值我国改革开放初期，人们的科技价值观开始转变。但这种转变需要时间，中科院领导周光召下决心打破科研与生产的分离，需要时间；王震西转变观念，接受下海办厂的任务，也需要时间（那可是“没睡着觉，头发全白了”的3个月）；筹备办厂就更需要

时间了。所以直到1985年，才建立三环公司，并建立三环宁波磁性材料厂。

值得庆幸的是，建立三环宁波磁性材料厂，不是从一片空地开始，否则就更要延误时间了。原来，早在1968年，我国就创建了一家名为“宁波磁性材料厂”的国有企业，产品是铁氧体。在这家企业里，有一位磁性材料技术专家，名叫姚宇良，是王震西大学里的同窗，毕业后一同分配到中科院物理所从事磁性材料研究。姚宇良于1971年调动工作，到了宁波磁性材料厂，历任该厂技术科长、副厂长、厂长。当姚宇良得知中科院研制成功具有世界先进水平的钕铁硼后，就“多次进京，拜访当年的同窗——中科院物理研究所科技处处长王震西，希望尽快把该科研成果产业化”。同时，不管王震西是否下了决心，姚宇良就自己在厂里试着干了起来。“1984年冬到1985年夏，是姚宇良最难忘的岁月。传统而陈旧的设备，30多名从厂内职工中抽调的人员，30万元的市政府财政拨款，这些组成了全速推进钕铁硼产业化的‘家底’。在这个全新的领域实现产业化困难重重，原料熔炼炉温度难控制，成型压机压力要求高，球磨机使用风险大……姚宇良一方面千方百计消除新老职工的畏难情绪；一方面以身作则，带领大家攻坚克难。”①

因此，当1985年成立中科三环公司的时候，王震西自然不会忘记姚宇良，地方性国营企业宁波磁性材料厂，顺理成章与中科院合作，改制成为三环宁波磁性材料厂。这就有力地催生了钕铁硼产品的问世。1986年6月18日，三环宁波磁性材料厂生产出了直径12.5毫米、厚度1.5毫米的三款不同品种的钕铁硼产品，经过严格质量检查，证明合格后，立即投放市场。“姚宇良记得，第一批小薄、超薄型磁性钕铁硼，用在国内一家电声厂的扬声器配套产品上。产品一出炉，就有了销路，该厂首次收到小批量订单。这一小步，迈开的是扬声器领域更新换代的一大步。”②

科研成果终于从实验室走进了工厂，变成了合格产品。科研成果与合格产品的分离，终于被打破！王震西、姚宇良以及和他们一起奋斗的同事，个个都喜出望外。

四、国内市场任驰骋

永磁材料是一种重要的基础功能材料，应用广泛，全世界有将近3 000种产品要使用永磁材料，几乎遍及所有的生产部门和生活领域。稀土永磁材料出现之前，是铁氧体唱主角。现在，既然已经有了性能优越的钕铁硼永磁材料，国内各行各业的许多生产厂就纷纷用它来取代传统的铁氧体。三环宁波磁性材料厂接到的订单爆发性增长。看来，把钕铁硼这种性能优异的产品转化为丰厚利润，是轻

---

①② 罗佳旻：《只争朝夕·生无所息》，载《宁波日报》，2010-07-13。

而易举的了。

但问题并不那么简单。订单确实越来越多，但小打小闹的三环宁波磁性材料厂，年产钕铁硼不到20吨，满足不了市场的大量需求。在越来越多的订单中，对钕铁硼产品的规格、性能、形状、质量要求也各不相同，用现有那些落后的设备，根本无法应对。

要能满足需求，就必须大量添置先进设备，扩大生产规模。这就需要资金。买土地，造厂房，需要大量资金；到国外去购买先进设备，还需要外汇。将欲取之，必先予之；想获得丰厚的利润吗，必须先投入大量的本钱。可是正如王震西所说："中科三环的前身就是中科院物理研究所和电子学研究所的一个研究小组，主要是从事科学研究的，没有用于高科技成果产业化的专项经费。"①

王震西这位过去"无须考虑钱"的科研人员，这位在磁性材料研究领域具有世界先进水平的科学家，现在不得不斤斤计较于钱了，不得不为钱犯愁了。王震西后来不无感慨地说："我们曾经住3块钱一个晚上的浴室旅馆，我曾经在西湖边上嚎啕大哭"②。

艰苦归艰苦，大哭归大哭，王震西并没有放慢使钕铁硼大规模产业化的脚步。他是中科院派出来搞产业的。他首先争取到中科院投入自有的90万元美金，还说服中科院借款200万元人民币。资金够了吗？远远不够啊！王震西说："据了解，国外很多公司，像日本的住友公司、美国的通用公司，他们对钕铁硼材料产业化初期的投入都是1亿美金，而且是一步到位。"③王震西筹集到的90万美元加200万人民币，不过是1亿美元的1%左右，这能够搞大规模产业化吗？

王震西手上的资金确实太少，这成了钕铁硼大规模产业化的主要困难。但是，国家的改革开放政策，可以化解这个困难。可以引进外资，建立中外合资的钕铁硼永磁体生产厂。当然，改革开放初期，政策规定组建中外合资企业时，中方占股必须51%，王震西手上的资金很难满足这个51%的要求；但这不要紧，可以找国内各个地方的多家企业来合作，共同来筹集资金，以达到中方控股的要求。于是，王震西开始了一系列与地方的合作谈判，与外方的合资谈判，并获得成功：

与地方合作谈判建立起来第一个工厂，是投资404万元人民币建立的广东肇庆京粤磁厂。它是"1987年由广东省信息技术开发公司、肇庆市技工学校、三环公司三方组建而成立的高科技企业，投资比例分别为41%、39%、20%"。该厂到1989年，就建成了年产40吨钕铁硼生产线。④

1988年2月25日，由三环公司、宁波市磁性材料厂、宁波市经济技术开发

①②③ 转引自路文志：《访问中科三环董事长王震西（2001年4月8日—12日）》，见金牛网，"科学升值的天平"。

④ 见北京中科三环高技术股份有限公司招股说明书概要。

区工业公司、美国特瑞达斯（Tridus）公司共四家企业出资，成立了中外合资企业——三环宁波科宁达工业有限公司。初始投资总额和注册资本为200万美元，各方出资比例依次为38.51%、23.06%、13.43%、25%，注册地址在宁波经济技术开发区，法定代表人王震西。从筹建这家公司的第一天起，王震西、姚宇良就抱定了一个宗旨：一定要把它打造成为具有雄厚的技术力量、一流的生产工艺、精良的生产设备、先进的检测仪器、完善的检测手段、能够与我国具有世界先进水平的钕铁硼科研成果相匹配的、大型的钕铁硼永磁材料生产基地。因此这家公司刚一建立，姚宇良就前往美国，根据钕铁硼生产原理选购了气流磨、自动压机、烧结炉等三套价值不菲的关键工序设备。然后就带领全体员工，马不停蹄地安装、调试、生产、改进、提高。这家公司正式投产以后，在王震西的倡议下，各方出资人先后6次按其出资比例追加投资，使公司注册资本到1999年增至415万美元，投资总额达到600万美元。这家公司确实成了，而且至今也还是我国规模最大、具有世界先进技术水平的钕铁硼永磁材料生产基地。

1988年7月，由中科三环公司、中科院物理研究所和新加坡永庆私人有限公司、科新技术私人有限公司合资创办了中外合资企业——新环技术开发有限公司。股份情况如下：中科三环公司占35%，中科院物理研究所占30%，新加坡外方占35%。这家中外合资企业的规模不大，投资总额800万元人民币。

1990年，中科三环与韩国的两家公司（乐喜金属公司、乐喜金星国际公司）合资，建成了天津三环乐喜新材料有限公司，中方投资112.5万美元，韩方投资112.5万美元，各占注册资本的50%。1994年6月，台全（美国）金属股份有限公司参加进来，也投资112.5万美元，由此，三环乐喜公司的股东达到3家，各占33.33%。后来三家各自又按三分之一的股权比例增资，即每方都增资40万美元，总共投资达457.5万美元。

1991年中科三环又与日本相模公司合资，共同投入1 669万元人民币，建立了三环相模新技术有限公司。这次，我国对外开放的程度扩大了，中科三环投资的比例仅占32%，而日本相模公司占68%，由日方控股。

上述五家公司的建立，不仅扩大了中科三环生产钕铁硼永磁材料的能力，还孕育了中科三环制造相关设备的能力。从美国把最先进的设备买回来以后，中科三环的技术人员没有满足于只是熟练地使用它们，而是进一步深入研究它们，在掌握这些设备工作原理的基础上，结合公司生产特点和中国元器件特性，自主开发出新的同类生产设备。这些新的设备不仅满足了中科三环自身继续扩大生产的需要，同时还提供给国内同行业的其他公司，推进了该引进设备的国产化，从而大大加快了我国钕铁硼大规模产业化的进程。

到了大约1992年底，中科三环成了中国钕铁硼生产企业的翘楚，国内市场的老大。自王震西在实验室里研制成功钕铁硼的1983年以来，已经过去十年了，真是“十年磨一剑，辛苦不寻常”！但王震西没有歇口气的想法，相反，他想到的是要抓紧时间，加快三环产品占领市场的步伐。因为他非常清楚，中科三环的钕铁硼永磁材料，虽然被送到法国国家科研中心，成功地应用在超大规模集成电路蚀刻机上；虽然被送至美国伯明翰国际高科技博览会上参展，在国际界获得好评；但是要在国际市场上占有一席之地，还有很多工作要做。

五、跨出国门试深浅

王震西想把中科三环的钕铁硼产品销往国外，于1992年组建了北京三环国际贸易分公司，专门做钕铁硼的出口贸易。但是，这件事却遇到了“专利拦路虎”。

原来，早在钕铁硼首次研制成功的1983年，日本住友（Neomax公司当时属于它，后来属于日立）就首先向日本、欧洲、美国申报了钕铁硼的成分专利；紧随其后，美国通用（麦格昆磁当时是它的下属公司，后来脱离通用成为独立公司）也向这三个地区申报。最后，日本住友取得了在欧洲和日本的专利权，而美国通用则取得了在美国的专利权。此后，Neomax公司和麦格昆磁公司达成相互授权协议，两者都容许对方在自己专利覆盖的区域内，生产和销售钕铁硼，而不必缴纳专利费用。除了这两家公司，其他任何一个公司，若要在日本、美国和欧洲生产和销售钕铁硼，都必须得到Neomax公司和麦格昆磁公司的授权。任何一家公司，如果未经授权就把钕铁硼销往它们的专利覆盖区，将遭到侵权起诉。不仅如此，在它们的专利覆盖区，任何一家用户公司，如果购买了未经它们授权的钕铁硼产品，也将遭到侵权起诉。①

专利制度的确立，既和科技水平的高低相关，也与科技文化的先进程度相连。一个科技水平低下的国家，没有或很少有符合专利条件的科研成果，往往会认为没有建立专利制度的必要。一个科技文化落后的地方，严重低估科技成果的价值，往往会认为，建立不建立专利制度来保护科研成果是无所谓的事情。

王震西课题组研制成功钕铁硼的1983年底，我国还没有颁布专利法，还没有确立专利制度。因此，中国研制成的钕铁硼虽然比美国的要好，和日本的差不多，具有世界先进水平，但却得不到专利的保护。

随着“科学技术是第一生产力”的理念在中国孕育，随着中国改革开放事业的扩大，1985年4月1日，中国的专利制度正式确立。中科三环的钕铁硼，顺理

---

① 麦格昆磁公司在1998年、2001年、2004年分三次对非专利磁体使用商提起了大规模诉讼。同时Neomax公司也宣称：“若不理解我公司的专利情况，且发生专利侵权行为时，将提起诉讼，诉讼对象包括使用和销售专利侵权品的单位部门”。麦格昆磁公司和Neomax公司的诉讼对象主要为HP、LG、IBM等大型电子公司，其目的在于：震慑具有侵权可能的公司，同时通过这些电子公司将压力传递到部件生产公司再到钕铁硼生产企业（参见王会良、和金生：《国际钕铁硼生产企业专利战略探析》，载《稀土》，第28卷，2007（1））。

成章取得了在中国的专利权。当时，日本的Neomax公司、美国的麦格昆磁公司也派出代理人到中国专利局，申请注册它们的钕铁硼专利，但是由于其钕铁硼产品的新颖性问题，被中国专利局驳回。这样，中科三环在中国生产和销售钕铁硼，不存在任何专利限制；但如果想到日本、美国和欧洲销售，就遇到了Neomax公司和麦格昆磁公司的“专利权拦路虎”。

也许，中科三环可以仿照“Neomax公司和麦格昆磁公司达成相互授权协议”的方式，来解决自己产品进入国际市场的问题。也就是说，中科三环、Neomax、麦格昆磁三方签订协议，三方都不仅可以在自己的专利覆盖区内生产和销售钕铁硼永磁产品，也可以在其他两方的专利覆盖区内生产和销售，而都不收取或缴纳专利费用。但是，由于中国专利制度的滞后，那些使用了Neomax公司和麦格昆磁公司的钕铁硼而制成的商品，实际上已经被容许在中国销售了，中科三环想用自己专利覆盖区的销售权，来换取外国公司专利覆盖区的销售权，为时过晚，已经不可能了。再说，Neomax公司和麦格昆磁公司的钕铁硼，大多数是用在了高新技术产品上，如果中科三环起诉它们侵权，客观上岂不是助长了西方国家禁止向中国出口高科技产品的错误政策，这显然是不明智的。

王震西只有两种选择：或者立即掏钱购买国际销售的许可权，或者满足于做国内市场的老大，十年后再考虑进入国际市场的问题。

因为十年以后，即到2003年，Neomax公司和麦格昆磁公司的专利权基本上到期，那时中科三环把自己钕铁硼拿到国外去销售，当然就没有了“专利拦路虎”。但这显然会延误中科三环执行使“科研成果、优质产品、丰厚利润三者畅通无阻地循环向上”的企业使命。仅仅在国内市场呼风唤雨，不进入国际市场，是不可能向上登高的。

王震西没有犹豫，他决定缴纳专利费。这笔费用是很大的，因为不仅在进入专利市场之初需要花钱购买专利，并且在今后的销售收入中，还得按一定比例向拥有专利权的厂商缴纳专利抽头费。但王震西深信，自己的钕铁硼一旦进入国际市场，获取的利润将大大超过这笔费用。

1993年4月5日，中科三环在人民大会堂与日本住友公司签订了专利许可协议，同年5月又与美国通用公司签订了专利许可协议。至此，中科三环的产品就作为专利产品开始在全世界范围内销售，成为全国最早和唯一的一家拥有了专利许可权的钕铁硼专营公司。

在全世界，除了中科三环，当时总共只有10家公司拥有专利许可权。其中，日本4家，即住友、信越、TDK、日立；美国3家，即通用汽车、UGIMAG、坩埚；欧洲3家，即荷兰的飞利浦、德国的西门子、芬兰的尼奥姆（Neorem）。中科三环作为世界第11家拥有专利许可权的公司，挤进了这个钕铁硼生产经营的强势阵营。

中科三环向美国正式出口产品之初，短短3个月就签订了100多万元的合同，第一、二批产品运抵美国便销售一空。经美国圣地亚哥磁测中心检验，产品质量全部合格，完全可与美、日同类产品相媲美，有些产品性能甚至远远超过了美、日产品。为此，三环公司的产品被制成美方特制的样品装，三环公司的产品广告由美商出钱刊登在美国专业杂志上。

国内市场如湖泊，国际市场似海洋。湖泊有时会起风浪，海洋有时会突然掀起惊天动地的海啸。自称原本不懂市场的王震西，当然不会满足于最初几次出口的顺利，他的目标是要在国际市场长期扎根，为了能够在不知哪天会出现的“海啸”中应对自如，中科三环全神贯注于打造以下三个价值理念：

1. 诚信。

人而无信，不知其可。企业无信，终将破产。中科三环之所以坚定地购买日本住友和美国通用的专利许可权，用王震西的话来说，是“为了使中科三环的产品能够变成专利产品，能够在全世界范围内建立销售网，能够成为一个合法的销售产品，而不至于成为所谓的‘水货’”①。中科三环就是要以诚实守信的企业形象，光明正大地进入国际市场。中科三环向商标局申请并获准了钕铁硼产品的注册商标，下属各厂在国内外销售的产品都有“SANMAG®”这个标志，明确无误地把自己的钕铁硼和其他公司的钕铁硼区别开来；中科三环把这个标志，看成保证货真价实的承诺，无论自己的产品出现什么问题，决不推卸责任，一定把它彻底解决，以此来积累中科三环的声誉。

2. 质量。

质量是产品扎根市场之本。没有过硬的质量，就没有长期稳定的市场。虽然美商出钱在美国杂志上给中科三环的产品做广告，但三环人自己并不指望通过广告来提高质量。他们知道，“王婆卖瓜、自卖自夸”的现象在市场中屡见不鲜！中科三环提高产品质量，是通过建立严格的质量管理体系来实现的。从新产品开发、工艺设计、原料采购、生产过程控制、产品检验直至包装，都严格按照国际质量管理的标准运行。质量管理究竟合格不合格，中科三环既不喜欢自己吹，也不太在乎产品经销商的夸奖，而是恳请权威机构来进行客观、公正的认证。中科三环1993年签订专利许可协议后，立即抓紧进行了ISO9002质量体系认证工作。结果，下属的宁波科宁达公司于1994年、天津三环乐喜公司于1996年、京粤磁厂于1997年，接着还有新环公司，都通过了这种具有国际权威性的认证。实践是检验真理的标准，用户使用中科三环产品后的评价，是质量好坏的最高检验。因此中科三环的产品拿到国外销售以后，特别看重国际知名企业用户如松下、索

---

① 转引自路文志：《访问中科三环董事长王震西（2001年4月8日—12日）》，见金牛网，“科学升值的天平”。

尼、通用、飞利浦等国际知名企业用户对中科三环所给予的“最佳供应商”、“优秀供应商”、“最佳合作伙伴”、“系统质量奖”之类的荣誉。

3. 合作。

中科三环进入国际市场，免不了要和国际企业展开市场竞争。但竞争不是战争，市场也不是战场。战争是你死我活，竞争却可以双赢。这种双赢往往是通过合作来实现的。

中科三环建立的中外合资企业，是与国际企业在资金方面的合作。美国特瑞达斯公司，是宁波科宁达工业有限公司的外方股东，是中科三环在资金方面的合作伙伴。由于它主要从事钕铁硼产品的进口与销售业务，在北美具有广泛的销售网络，中科三环就与它签署《产品独家销售合同》，使之成为中科三环钕铁硼永磁材料在美国市场销售的独家代理，从而也就成了中科三环开辟国际市场的合作伙伴。

中科三环在与国际企业开展合作的过程中，努力打造“同行非冤家、对手是伙伴”的价值理念。如果说，美国特瑞达斯公司只是一家贸易公司，与中科三环并不构成严格意义上的竞争关系，双方开展合作，看不出中科三环对国际合作的刻意追求，那么，美国的麦格昆磁、芬兰的尼奥姆、日本的爱普生，这些都是专业生产和经营钕铁硼的公司，它们与中科三环客观上具有直接的竞争关系，但是中科三环仍然刻意和它们合作，表现出高度的国际合作诚意。

经过大约六七年的努力，中科三环闯出了一条通往国际市场的路子，使中国同美、日、德一起成为世界上少数几个钕铁硼生产与供应商之一。中科三环的国际市场占有率不断攀升，到 1999 年，公司产品 90%以上出口，占公司销售收入的 90%以上。

至此，科研成果、优质产品、丰厚利润三者的隔离被彻底打破，王震西、姚宇良及其同事们，成功开辟了“实验室—工厂—国内外市场”三者紧密联系的通道。

2000 年中科三环在中国深圳证券交易所挂牌上市，为公司在国内、国际两个市场上做大、做强，开辟了直接融资的渠道。

六、盘旋向上登高端

稀土产业链，有低端、中端和高端之分；钕铁硼永磁材料的应用领域，也有低端、中端和高端之别。这两个“低中高端”，既相互联系，又相互区别。

稀土产业链的“低端中端高端”（也称为“上游中游下游”），从低到高大致可以表述为六个台阶：原矿→精矿→分离产品→功能材料→器件→实用商品。开采并精选出优质稀土矿石，属于低端；把 17 种稀土元素各自分离提纯出来，使之成为经济实用的各种材料，属于中端；用稀土材料制造出各种元器件和实用商品，并创造出一片广阔的市场，属于高端。稀土产业链“低中高端”的特点是：

（1）没有低端，就没有中高端；

（2）有了低端，未必就有中高端；

（3）越是到高端，就越需要多种科学技术的融合和集成。

中科三环从一开始就介入到稀土产业链的中高端，研制出钕铁硼永磁材料，并把它应用于扬声器和电动自行车等领域，这就把我国的稀土产业链延伸到了中高端。

但是，钕铁硼永磁材料的应用领域，也还有低、中、高端之别。大致的划分是：扬声器、轴承、自行车等属于低端领域；发电机、医疗仪器、手表、照相机、录音机等属于中端领域；航天器、新能源汽车、变频空调、计算机硬盘、光盘驱动器等属于高端领域。

钕铁硼永磁材料应用领域“低中高端”的特点是：

（1）低中端领域属于传统产品，高端属于最近半个多世纪以来出现的创新产品；

（2）越是高端领域，知识就越密集，技术含量就越高，进入难度就越大；

（3）高端领域的需求与供应，主要集中在少数几个发达国家，这些国家近些年来正在积极寻找和研发钕铁硼永磁材料的升级换代产品或替代品。

中科三环1983年研制成功钕铁硼永磁材料后，在起初的20年里，其应用领域基本上是局限于中低端。但是，中科三环人一直孜孜以求，牢记自己循环向上的企业使命。他们通过深入的试验研究，一是不断提高钕铁硼的性能，使高牌号的产品日益增多；二是抓紧开发、生产与新兴产业下游产品配套的永磁材料。他们扎扎实实，一步一个脚印向国际中高档市场渗透。终于在2003年，中科三环公司的烧结钕铁硼产品进入到了计算机硬盘驱动器音圈电机应用领域。这标志着中国的稀土永磁产品达到了高端应用水平。

中科三环的盘旋向上登高端，需要有盘旋向上的大道。这条大道，是以每年不断创新的成果来构筑的。以2010年为例，公司就申请了专利27项，其中发明专利23项。最终获得授权的专利18项，其中发明专利5项。

在中科三环人看来，高端不是顶端，即便是世界第一的高端，在它的上面也还有高端，盘旋而上的攀登是没有止境的。他们将持之以恒、坚持不懈地去执行自己确立的企业使命，让科研、生产、营销畅通无阻地永远循环向上！

中科三环人深知，高端，世界第一的高端，永无止境的高端，只属于有智慧、肯钻研的头脑，他们将用辛勤的劳动来打造他们最为珍爱的核心价值：始于研发，赢于创新。

中科三环人也不会离开永磁材料领域，因为他们奉行的企业哲学是：宇宙始于混沌，有序源于磁石。我们有理由相信，第四代稀土永磁材料，或者其他什么更强势、更经济、更环保的永磁材料，一定会有中科三环人的巨大贡献。

第六篇

失败公司的企业文化评析

巨人公司：从浪漫到现实

“浪漫使命至上”的公司，是一种特殊类型，很多是我国改革开放以后创办起来的私有企业。出现这种情况，是有历史原因的。

我国早在1956年，就基本上消灭了私有制，据文献记载：1956年，在工业总产值中，私营工业“所占比重不到千分之一”；在批发商业中，“私营的只有百分之零点一”；在社会商品零售额中，“私营的只占百分之七点六”；在手工业中，“个体手工业产值只占百分之八点三”[①]；在1966—1978年间，我国的私有企业被彻底消灭；与此同时，各种舆论把私有制和私有企业主搞得很臭。

因此，我国改革开放以后办起来的私有企业，一般都很小很弱，不得不“生存至上”，钻市场的空子，钻政策的空子，钻体制的空子，钻消费者不成熟的空子，以求生存和发展。

如果某些私有企业发展很快，有了一定的规模，生存看来不成问题，那么就会发生分化。结果，虽然各种类型的公司（“生存至上”类、“阳光利润至上”类、“厚黑利润至上”类、“社会使命至上”类、“浪漫使命至上”类）都有，但“浪漫使命至上”类显得比较突出。这是由于在我国的具体条件下，私营企业主很容易想到中国曾经有过的消灭私有制的历史，很容易记起自己曾经受到的“剥削可耻”的教育，因而要表明自己并不赞成利润至上，而是要干一番事业，“使

① 《陈云文稿选编》，325～326页。

命至上”。他们非常渴望自己的使命感能得到官方和社会的认同，以至很多时候他们只考虑一些非经济的因素，既不惜牺牲自己的经济利益，又不管经济本身的发展规律，成为“浪漫使命至上”类公司。

史玉柱创办的巨人公司，就是“浪漫使命至上”类公司的一个典型。

一、软件事业高奏凯歌，巨人集团横空出世

史玉柱，1962 年出生于安徽省怀远县城一个普通的公安干警家庭。1980 年以优异成绩考入浙江大学数学系，1984 年毕业，分配到安徽省统计局工作。不久，史玉柱开发出一个统计系统软件，于 1986 年全国统计系统年会上向全国推广使用。上级决定把他作为第三梯队预选干部，送到深圳大学软科学管理系进修研究生，一毕业就可以定为处级干部。1989 年初，史玉柱完成硕士论文答辩，从研究生班毕业。这时他作出了一个出人意料的抉择，要求辞职下海经商。

1989 年 7 月，已经拿到了硕士学位的史玉柱，带着他东挪西凑的 4 000 元钱，以及他花了 9 个月心血研制而成的计算机软件——M-6401 桌面排版印刷系统，来到深圳创业。当时，最少需要两项投入：一是买一台电脑，以便写作和修改软件；二是做一个广告，以便推销“M－6401”；而这两项加起来就需要 17 550 元！史玉柱创业的第一步，就碰上了资金短缺的困难。这点困难，没有难倒聪明的史玉柱。他用多付一千元的承诺，换得了推迟半个月付款的条件，从商场抱回了一台电脑；又利用先打广告、后付钱的时间差，冒着风险于 8 月 2 日在《世界计算机》上登出了广告。接着，史玉柱就进入了度日如年的期盼之中。就在广告登出后的第 13 天，第一次有三笔订货汇款，划到了史玉柱的银行账户上，共计 15 820 元。做广告带来的这种效果，使得史玉柱充满着苦尽甘来的喜悦。接着，订单纷纷飞来，到了九月下旬，软件销售额已经超过 10 万元。史玉柱把这 10 万元又投入下一轮的广告宣传之中，结果仅仅四个月，就实现了 100 万元的销售收入。

首战的胜利，来得如此之快，以至年轻的史玉柱根本没有认真思考自己能不能在计算机行业长期生存，就激发出更大的责任心和使命感。“他苦苦地思索着，并非只为了自己，而是怀抱着更大更多的梦想，一个大胆的设想终于出炉了”[①]：他要填补中国高科技领域的空白，开发具有中国文化特色、提供艺术汉字程序、达到小字清晰大字平滑的计算机文字处理软件。想到了就干，自 1990 年 1 月起，史玉柱和他的伙伴钱宇，反锁在一间房子里，封闭自己的一切外在空间，用整整 150 个昼夜来改进自己的软件。结果，研制出功能更完善、质量更可靠的 M－6402 中文文字处理系统，但史玉柱的妻子却因此不辞而别，离他而去。不过，

① 席宏斌：《东山再起史玉柱》，16 页。

新的软件产品在市场上受到欢迎，给史玉柱带来了成倍的财富，并激发出他更高的使命感。

1991年4月，史玉柱在珠海正式成立巨人新技术公司，他说："我给公司取名巨人，就是要做中国的IBM，做东方的巨人！""要么不做，要做就做第一！""不做东亚病夫，要做东方巨人！""在开发计算机软件方面成为东方巨人！"① 从这些话中，不难看出他改变中国落后面貌的使命感。又是说了就干，他亲自挂帅，组织了10多名专家，重演封闭自我外在空间的方式，开发出了当时"在中外文排版、文字处理、图形绘制、图形排版、图文并排等方面，均达到国内外先进水平"② 的M-6403软件系统。一切都是这么顺利，到1992年9月，巨人就升格为集团公司，注册资金从200万元增加到1.19亿元，员工从15人发展到100人，下设八个分公司。1992年，M-6403共销2.8万套，居全国同类产品之首，销售额1.6亿元，获纯利润3 500万元。1993年，巨人集团继续高奏凯歌：开发出M-6405排版系统、巨人钻石财务软件、巨人中文手写电脑、巨人中文笔记本电脑等13个新产品；销售总额3.5亿元，创利4 600万元；在全国各地成立了38家全资子公司。

事业成功的同时，荣誉也接踵而来。1993年6月，珠海市政府向史玉柱颁发了第二届科技进步特殊贡献奖，奖给白色奥迪牌轿车一辆、103平方米住房一套和奖金63 620元；1993年9月，史玉柱当选为广东省第三届十位优秀科技企业家；1994年11月，史玉柱当选为中国改革风云人物。国家核心领导，一个接着一个到巨人公司视察，有的还挥笔题词，给予极大的关心和鼓励。

二、为避风险二次创业，多元发展雄心勃勃

但是，要实现"东方软件巨人"的使命，谈何容易！早在1990年，当M-6402系列产品推向市场的时候，香港金山电脑公司也推出了很有竞争力的同一类产品——金山汉卡，使巨人的产品销量退居其后。1993年，巨人公司推出M-6403，并取得显赫的成果。但就在1993年，史玉柱进一步感到了国际计算机行业的激烈竞争：美国王安电脑公司宣告破产；同时，随着西方16国组成的巴黎统筹委员会的解散，西方国家禁止向中国出口计算机的条令失效，康柏、惠普、AST、IBM等国际著名品牌的计算机大量涌入中国市场，使得中国的计算机企业处境艰难，以至有人称1993年是中国电脑业的灾年。史玉柱也说："1993年下半年，王安电脑公司的破产对我影响很大，感到巨人集团也迫切需要新的产业支柱。"③

---

① 席宏斌：《东山再起史玉柱》，33、26、45页。

② 同上书，29页。

③ 同上书，60页。

在这种市场竞争的大背景下，史玉柱决定跳出单一的电脑产业，走产业多元化扩张之路。于是从1994年起，巨人集团公司除了生产经营电脑软件，还一方面自觉地进入了保健品行业，另一方面又违背初衷进入了房地产行业。史玉柱明确提出这是第二次创业，发表了《巨人集团第二次创业的总体构想》。

其实，史玉柱一进入电脑行业就迅速取得明显的效益，不过是正好抓住了一个市场空当的机遇，并不是他真正具有搞电脑的核心竞争力。正如史玉柱后来所说的那样："我是……靠巨人汉卡起家的。那时. 计算机内存都很小，汉卡及其他外设都有市场。1994年以后，全球计算机发展的速率越来越快，内存越来越大，汉卡早已失去存在的必要。于是，我们面临全新的选择：是继续从事软件？还是投资硬件？搞软件，这盗版实在厉害，合法权益得不到保障。搞硬件，我国还没有掌握核心技术，我们这种民营企业也搞不到银行贷款。"[①] 可是，当初的史玉柱可不是这么想的，他响亮地提出"要做中国的IBM"、"要在开发计算机软件方面成为东方巨人"。这就表明，"要做中国的IBM"也好，"要做东方巨人"也好，都既不是建立在客观分析基础上的远大的科学目标，也不是建立在主观坚定意志基础上的终生矢志不渝的理想追求，而只是在短暂热情驱使下提出来的一些充满使命感的浪漫口号。

问题还在于，这种既脱离客观现实又缺乏主观坚定意志支撑的浪漫使命色彩，在进入保健品和房地产行业之后，仍然一直伴随着巨人集团公司。

史玉柱进入电脑行业，是以"知本家"的身份，他手中握有自己研制的计算机软件。而史玉柱进入保健品和房地产行业，则是以"资本家"的身份，因为他对生物工程和房地产都知之甚少，他手中握有的是卖电脑软件得来的资金。这是1994年以前和以后，史玉柱的不同之处。

当年，史玉柱对自己研制的软件究竟有多大的价值，在世界计算机行业中究竟处于什么位置，并没有进行过什么分析，没有多少科学的把握，他只是一门心思改进自己的软件，凭着初生牛犊不怕虎的精神，宣告要做计算机软件方面的东方巨人；同样，1994年，史玉柱对自己手中握有的资金究竟能创多大的事业，在保健品和房地产行业究竟能做多少事情，其实也还是没有科学的把握，他只是想到公司要发展，并用"外行不懂人讥笑"的大话宣称"从公司发展来看，巨人和很多企业追求的目标不一致，并不是短时间内获取一些利润，赚一点钱就可以了。巨人有远大的目标，要轰轰烈烈干一番事业，规模越大，目标就越高"。简言之，和过去要做"软件巨人"一样，现在要做"保健品巨人"和"房地产巨人"，巨人的浪漫依然如故。这就是1994年以前和以后，史玉柱的相同之处。

史玉柱本来并无进入房地产的念头。1992年，巨人公司虽然决定盖一座巨

---

① 席宏斌：《东山再起史玉柱》，158页。

人大厦，但那是打算公司自己用的，所以楼层不高。最初一闪而过的想法是盖18层，出来的方案是38层，自用以外，只能剩下一小部分出租。据说当年一位领导到巨人公司参观，看到这座楼的位置非常好，就建议把楼盖得高一点，由“自用”改为“房地产开发”。史玉柱接受了这个建议，把设计改到54层，很快又改到64层。史玉柱说：“其中的因素有两个：一是设计单位说54层改64层对下面基础影响并不大；二是我们也想为珠海市争光，盖一座具有标志性意义的大厦。当时，广州想盖全国最高的楼，定在63层，我们要超过它，就定在了64层。但是，1994年初又有一位领导来视察珠海，同时要参观巨人集团，我们大家觉得64层有点犯忌讳，集团几个负责人就一起研究，最后提到了70层，打电话向香港的设计单位咨询，对方告之技术上可行，所以就定在70层。”① 就这样，巨人集团进入了房地产行业，1994年2月2日巨人大厦破土动工。在这里，我们看到了一种典型的“浪漫使命至上”：公司进入一个行业，主要不是考虑市场的需求和自己的经营能力与特色，而是主要考虑领导的意见与心态，而是出于一种如同政府那样的为城市建设作贡献的责任心和使命感！

盖楼需要资金。巨人大厦如果盖38层，经过预算，需要资金2亿元，工期2年。改为70层（260米高）后，预算增加到12亿元，工期6年。如果说，史玉柱创业之初面对资金困难是忐忑不安、小心谨慎；那么现在史玉柱面对资金问题，却显得那么从容不迫，过于乐观。他认为：由于巨人大厦是写字楼，不用统一装修，可留给租楼或买楼者自己去装修。把这一块除掉，实际上只需要7亿元资金。这7个亿，可以通过自筹1/3、卖楼花筹1/3、向银行贷款1/3来解决。

卖楼花筹资，在香港和内地同时展开，进行得比较顺利。

巨人大厦的楼花，在香港一平方米卖到一万多港币，很走俏；巨人公司在香港收到首付款8 000万港币，到大厦竣工时还可以收到5 000万港币。在已经收到的8 000万港币中，扣除给香港律师和代理商的2 000万港币，实际上有6 000万港币可以投入大厦建设。在香港卖楼花，是依据香港的规范进行的，无论今后工程进度如何，是不用退款的。

在内地卖楼花，以签订合同的方式进行。楼花契约规定：买主先付一定数额的定金，3年内大楼的一期工程完工后（盖完20层），买主再付清全部购房款；如果未能如期完工，则必须退还定金并给予经济补偿。3年的合同期限是1994年初至1996年底。巨人公司总共收到定金4 000万元人民币。

这样，通过卖楼花，巨人大厦一开始总共就筹集到相当于1.2亿元人民币的资金。如果工程能够按计划达到进度，史玉柱关于“卖楼花筹1/3”资金的计划是能够实现的。

---

① 席宏斌：《东山再起史玉柱》，38页。

问题是“向银行贷款1/3”，史玉柱一开始只是说说而已，并没有立即付之于行动。这其中的原因也许很多，但史玉柱对于自筹资金的能力，有着非常乐观浪漫的预期，则肯定是主要原因。

史玉柱曾说：“在1993年时，巨人M-6403汉卡在市场上卖得非常好，销售额比上年增长300%，一年要回报四五千万资金是不成问题的，这样两年就是1个亿。”① 巨人大厦要建6年，按照史玉柱的如意算盘，仅仅从软件业务中，就可以筹到3亿资金。当然，就在1993年，美国王安电脑公司的破产，使得史玉柱失去了做“软件巨人”的信心：他知道他的软件不可能有6年的旺销期，他必须另找突破口。

“史玉柱苦思冥想后得出了一个绝妙的资金运作方式：用卖楼花所筹的1亿多元资金，发展一个新兴产业。所赚利润再反哺巨人大厦。”②

那么，发展什么样的新兴产业呢？史玉柱瞄准了生物工程。史玉柱对于生物工程的获利能力，有着很高的预期。早在1992年，他就朦胧地觉得，生物工程是一个利润很高的产业。1993年，史玉柱开始有意识地寻找生物工程项目。当他得知有一位在美国定居的同学，手上有一种在美国已经卖得比较好的保健品——“脑黄金”的技术，就高薪聘请过来，让他专职搞“脑黄金”开发；同时投资300万元，注册成立了专门启动“脑黄金”的康元公司。当开发出10余个产品，完全能形成一个保健产品系列的时候，史玉柱于1994年8月通过广告开路，将“脑黄金”正式投放市场。结果一炮打响，效益十分显著。

三、“三大战役”三种结果，巨人倒下匍匐前进

“脑黄金”初战告捷，效益显著，这是一个事实。但是，这个事实是怎样形成的？它说明了什么？这种事实能扩大到什么范围？能有多长的生命期？史玉柱并没有深思熟虑地想过。他只是简单地认为，大战保健品的时候已经到了。1995年，他真的大干起来了，提出并实施了所谓销售电脑、保健品和药品的“三大战役”。

史玉柱的所谓“大”，一是大量的产品，他一次性就推出电脑、保健品、药品三大系列共30个产品，其中，仅保健品就一下子推出了12个新产品；二是大量的广告，仅在生物工程上投入的广告费就达1个亿，送达面覆盖了50多家省级以上的新闻媒体；三是大量的营销人员，全国设立了8个营销中心，下辖各地180个营销公司，销售人员1万名，营销网络铺满全国，后来又改组建立新的营销体系，在全国成立200多家子公司。这一切，使得巨人公司1995年投入的营

---

① 席宏斌：《东山再起史玉柱》，39页。

② 同上书，50页。

销成本就高达好几个亿。

史玉柱的所谓“战”，就是刻意营造一种战争气氛。一是营销组织军事化，史玉柱亲自挂帅，成立三大战役总指挥部；下设华东、华北、华中、华南、东北、西南、西北和海外八个方面军；其中30多家独立分公司都改名称为军或者师；各总经理都改称为“方面军司令员”或“军长”、“师长”。二是广告创意战争化，且看广告中的几个比较特殊的画面：一架具有“巨人”标记的“B-52”轰炸机，出现在一个现代化都市的上空，一连串的标有“电脑”、“医药”、“健康品”字样的重磅炸弹倾泻而下；三辆标有“医药”、“电脑”、“健康品”字样的重型坦克昂然屹立，那略有夸张变形的黑色炮口，使人们不习惯地感受到战争的气息；在世界名人这幅广告中，他们手挽着手昂然地走向前，爱因斯坦手持《巨人报》，撒切尔夫人、里根、卓别林、玛丽莲·梦露等七位名人十分显眼，而后面若隐若现的四个脑门，则使人猜测他们像是二战的几个元凶，或者是克里姆林宫里最后的旗手。[①] 这一切很难使我们相信史玉柱是在开展经商活动，倒像是在制作一部罗曼蒂克的战争影片！

“三大战役”究竟给史玉柱带来了什么呢？大致说来，史玉柱依次尝到了三种结果。

首先，史玉柱尝到了“甜果”。

30个产品集中上市后的15天内，订货量就突破3亿元。我们不要忘记，史玉柱之所以要上保健品，就是要赚钱，以筹集资金，保证巨人大厦的建设进度。如果说，史玉柱搞巨人大厦，我们感到他充满着为珠海市搞标志性建筑的使命感；那么，史玉柱搞保健品，我们只感到他“利润至上”的强烈愿望，很少感到他有提高人的健康水平的使命感。既然订货量这么大，利润似乎不在话下，史玉柱心里甜滋滋的，也就是不言而喻的了。因此他说：“1995年上半年是巨人集团最辉煌的时期，每个月，账上的一大笔钱还没用完，上千万的钱又来了。我印象最深的是，一次在青岛开会，我把一个分公司经理批了一顿，因为他一个星期只上交了800万元，而这个分公司一般一星期汇来的钱至少在1 000万元以上，多的时候能达到2 000万元。这种形势使我们认为就用自有的资金盖楼也应该没有什么问题。”“到1996年6月前，我没感到资金紧张，生物工程方面的销售回款源源不断，账上的钱花不完。”[②]

接下来，史玉柱尝到了“酸”果。

“由于产品供应的短腿难以追上营销的长腿，因此不得不错过销售的黄金时节，公司在这一方面损失较大。”[③] 令人心酸，此其一。

---

① 参见席宏斌：《东山再起史玉柱》，65页。

② 同上书，76、85页。

③ 同上书，66页。

由于扩张过快，职工队伍鱼龙混杂，泥沙俱下。虽然史玉柱于1995年7月搞了一次干部整顿，8月又搞了干部集中军训，还设置了各自独立、双轨并行、互相监控的审计总监与财务总监，可后来还是发现，“巨人集团出现各类违规、违纪、违法案件，截留、坐支、挪用公款，搞虚假广告、冲货的人屡见不鲜”；“子公司私自坐支货款，财产丢失严重。财务账不能及时反映公司经营状况，特别是低价抛售货物，应收的账款本来已经结账，但仍挂在账上。有些人胆子更大，严重侵占公司财产。”① 这一切不能不使史玉柱十分心酸，此其二。

第三方面的心酸事来自广告。巨人公司的广告渲染战争气氛，引起了舆论的非议。《重庆晚报》说，这种广告给人们留下“地狱”的感觉，使人们很容易联想到50年前日本人对重庆的轰炸，令人感到愤怒；《华商时报》认为，这种广告不健康，与当前的和平环境不相符合；《北方市场导报》则认为，这种广告用刺激甚至恐怖的方式给人们造成了不良影响。1995年7月10日，国家工商局对巨人集团发出紧急通知：“珠海巨人高科技集团近来推出的所谓‘巨人健康大行动’系列广告，其中一些广告创意内容在全国引发了众多的猜忌和议论，造成不良的社会效果和政治影响。为此，特紧急通知各地，立即暂停发布珠海巨人高科技集团公司的‘巨人健康大行动’系列广告，何时恢复，另行通知。”同时，国家工商局广告监督司的有关负责人指出：在巨人系列广告中，有的广告违反了《广告法》第7条关于禁止刊登荒诞、反动、淫秽内容的广告的规定，以及第3条关于广告应符合社会主义精神文明的规定，并认为该系列广告中的“名人手挽手”的形象还存在侵犯名人肖像权的问题。②

虽然史玉柱立即改正错误，在当年8月中旬推出新的广告，将“飞机”、“坦克”换成了一个个健康活泼、人见人爱的儿童。这样，广告创意合格了，可是后来的广告措辞却又出现了不当。这集中表现在两件事上：

第一件，1996年3月，巨人浙江公司在海报上将巨人脑黄金说成是能够“有效提高学生学习成绩”，并承诺说：“购买10～40盒脑黄金的顾客，如果小学升不上初中，保证100%退款。”在宣传“巨不肥”的性能时，称“一天减肥一斤”而且“效果持久”。这种浮夸广告，在消费者中造成了不良的影响，并引起了工商部门的干涉，巨人集团浙江公司不得不将海报全部撤回并向杭州市市民道歉。

第二件，1996年初，巨人集团将“巨人吃饭香”投放全国市场时，专门印制了名为《巨人集团健康产品销售书——巨人大行动》的宣传小册子，广为散发。册子中竟然称：“据说娃哈哈的产品有激素，会造成小孩早熟，产生许多现

① 席宏斌：《东山再起史玉柱》，84、87页。

② 参见浙人编著：《沉浮：九位企业家成败启示录》，74～75页，长春，时代文艺出版社，2000。

代儿童病。”为此，娃哈哈集团将将巨人集团告上法庭。法院审理后判决：巨人集团散布虚伪事实，损害了娃哈哈集团的商品声誉，是不正当竞争行为，应该承担相应的法律责任。巨人集团必须立即停止不正当竞争行为，并以新闻发布会的形式，向娃哈哈集团正式赔礼道歉。巨人集团向娃哈哈集团赔偿直接经济损失人民币 200 万元，其他费用 190 340 元。案件受理费 59 660 元由巨人集团负担。

违法广告、浮夸广告、虚假广告，给史玉柱的巨人集团酝酿了一个巨大无比的“酸”果：销量大幅度下降，产品大量积压，利润急剧萎缩，企业形象大受损失。

所有的心酸事，集中到一点，就是“实事求是”太少，“浪漫色彩”过浓。

最后，史玉柱尝到的是“苦”果。

自 1994 年 2 月 2 日巨人大厦破土动工以来，史玉柱实质上就是在干这样一件事情：用卖楼花所筹到的 1.2 亿资金，投资搞生物工程，也就是生产经营“脑黄金”等各种保健品，所赚到的利润再反过来投入巨人大厦的建设。开始的时候，这件事情看上去进行得很顺利。例如，1996 年 5 月，各地上交巨人总部的毛利是 2 570 万元，史玉柱将其中的纯利润 850 万元全部投入到了巨人大厦，是投放资金最高的一个月。

可是，巨人集团一跨入 1996 年下半年，就感到资金紧缺，下面上交的资金明显减少。这时的史玉柱，就不得不既把纯利润也“把本该用于产品生产和广告促销的资金全部投入到大厦建设中去，结果导致生物工程一度停产”①。如此坚持到 1996 年 9 月 11 日，巨人大厦终于浮出地面，完成了地基工程。再坚持到 11 月，相当于 3 层楼高的首层大堂完工。这时，史玉柱已经没有任何可供调用的资金了。1996 年底，兑现承诺的时候到了，应该“盖好 20 层并交付使用”，可是巨人大厦却因为没有资金而被迫在第三层完全停工。大批购买楼花者蜂拥上门，要求退还定金并给予经济补偿。与此同时，专为启动脑黄金等保健品而建立起来的康元公司，虽说这时的自有资产已达 5 000 万元，债权 5 000 多万元，但债务也高达将近 1 个亿；史玉柱指出：“就在这一个多亿的债务中，我明知道有不少水分，并不一定全是欠别人的，而是公司内部有人在侵吞或者渔利。”② 康元公司成了巨人集团的一个大包袱，一个肿瘤。总之，史玉柱搞的生物工程和巨人大厦，已经两败俱伤，他只能吞下失败的苦果。

1997 年初，到巨人集团讨债的人越来越多了。其中，少数是为脑黄金做辅助品、为保健品做包装或商标的小业主，绝大多数是买了楼花的普通老百姓。他们当初之所以把自己辛辛苦苦挣来的血汗钱，省吃俭用积攒下来的活命钱，全部

① 席宏斌：《东山再起史玉柱》，86 页。

② 同上书，103 页。

拿了出来买楼花，除了因为完全相信了巨人集团广告中的自我描述，除了因为被广告中关于巨人大厦具有“优良的环境、尖端的设计、齐全的功能”所吸引，还因为广告中写有：“中国人民保险公司提供本金保险及100%的回报保险”，“珠海市涉外经济律师事务所见证”。他们万万没有想到，这样一条“双重保险、法律见证”的发财之路，竟然变成了一条“血本无归”的死亡之路，他们怎么能不伤心、气愤，乃至疯狂！

就在这个外债紧逼、需要内部团结起来渡难关的关节点上，史玉柱用军事化方法建立起来的经济组织却顷刻瓦解。巨人集团的“一名副总裁、七名分公司经理携款携物失踪”①；巨人集团的2亿多元货款再也收不上来了，这中间既有代理商欠的货款，“也有巨人的员工趁火打劫，私分等”②。

债权人将巨人集团告上了法庭。巨人集团的资产被法院查封。

史玉柱失败了，巨人倒下了。这已经是一个毋庸置疑的事实。问题是怎样解决这次失败所遗留下来的债务问题。

史玉柱曾经考虑过资产重组，提出过各种方案，但都没有成功。

那么破产清算吗？巨人集团既没有主动申请破产，也没有被债权人申请破产。

巨人集团为什么不申请破产呢？这也许可以从史玉柱1997年初讲的一段话中找到答案：“巨人集团不可能破产。从资产负债状况看，还没有到资不抵债的地步。巨人集团现在拥有的资产规模是5个亿。而从债务结构看，香港卖楼花得款8 000万元，但这是良性债务，因为在香港售出的楼花是不能要求退楼还钱的；而内地卖楼花共得的4 000万元已经还了1 000万元，还剩3 000万元，这是恶性债务。因为楼花的合同到期后未能兑现，至少应退人家本金，也就是说，我的恶性债务也就3 000万元，巨人集团哪能因为这笔钱而破产呢？还有，从政治上考虑，巨人集团也不能破产。社会需要稳定，我千方百计也不能让巨人集团倒了，大厦还包括香港同胞8 000万元的楼花呐，我不能给政府抹黑呀！”③

巨人集团为什么没有被申请破产呢？要知道，上面是史玉柱自己在1997年初算的账：他把已经投入巨人大厦的资金1.7亿元，珠海市政府在巨人大厦地皮上的优惠让价0.7亿元，合在一起说巨人大厦值2.4亿元；当时巨人集团还有2亿元尚待收回的货款；巨人集团总部办公大楼值0.5亿多元；这样加起来就是5亿元的资产规模。可是1997年国庆节前后客观地一算，巨人集团确实是资不抵债了：拥有资产2.2亿元，就是1.7亿元的巨人大厦和0.5亿元的巨人办公大楼；负债2.5亿元，其中，包括香港与内地在内的楼花款1.5亿元，欠电脑与保

①② 席宏斌：《东山再起史玉柱》，118、131页。

③ 同上书，92页。

健品原料供应商的货款1亿元。至于巨人集团的2亿元应收货款，随着巨人集团在全国的子公司、办事处等等的土崩瓦解，也就灰飞烟灭、消失得无影无踪了。所以，如果债权人要求，巨人集团是可以被申请破产的。确实也“曾经有债权人想提请破产，后来又没有提。因为巨人就剩个巨人大厦，进入破产程序大厦就要拍卖，拍卖是拍不出多少钱的，因为全要现金，再扣掉律师费，他一算拿不到多少钱”①。事实上，巨人大厦已经是人见人弃的烂尾工程，当时根本就拍卖不出去；真正可以套出一点现钱的，就是巨人总部大楼了，几经拍卖，最后在2000年夏也只卖到2 000万元用于抵债。

不过，史玉柱多次表示，即使破产，欠老百姓的钱他也一定要还。他说：“这老百姓的钱我一定要还，我现在年纪还不算大，还想做点事，不愿一直背着这个污点，除非我自己将来只甘心当个小老板。”②

资产重组的路没有走通。破产清算的路没有去走。史玉柱走上了“负重再创业还债”之路，不妨称之为匍匐前进吧。早在1997年资金最紧张的时候，他仍然借钱支撑巨人美国公司搞新产品的研究开发，结果搞出了具有改善睡眠、润肠通便功能的脑白金，批准文号是卫食健字（1997）第723号。于是，史玉柱就注册了一个专门搞脑白金的康奇有限公司。1998年，史玉柱离开了熟悉他的珠海，避开了一切新闻媒体，利用给以前在上海的合作伙伴做市场策划得来的50万元资金，在江阴、无锡、南京、苏州、常熟、常州、吉林等地，悄悄地进行着脑白金的生产经营活动。在取得一定经济效益的基础上，1999年7月中旬，史玉柱移师上海，注册了上海健特生物科技有限公司。所谓“健特”，就是“巨人”的英语“GIANT”的音译。2000年，健特公司脑白金的销售量超过10亿元，上交增值税1.04亿元。这里应该指出，史玉柱对于自己与健特公司的关系，作了一种特殊的微妙的安排：“从法律意义上讲，史玉柱本人并非健特的股东，在法律上是没有股份的。在健特，史玉柱的职务仅仅是策划总监。”但是，史玉柱作为健特的参与者之一，又用法定条款肯定他拥有一定的“权益”：可以用个人的名义向健特公司借相当数量的钱，这就为解决巨人遗留问题提供了可能。史玉柱说：借钱还是可以的，“至于怎么还，内部可以协调”③。

当史玉柱能够从健特公司借到足够的钱的时候，就从2001年初开始，着手进行“明债暗还”活动。他注册成立了一个“士安公司”，以两种方式，用现金收购珠海巨人集团发售的巨人大厦楼花：一是以100%的价格收购，分两期支付，现期支付40%，2001年底再支付60%；二是以70%的价格一次性收购。史玉柱因卖楼花而欠下香港和内地老百姓的债，就是这样来偿还的。至于巨人集团

---

① 席宏斌：《东山再起史玉柱》，169～170页。

② 同上书，180页。

③ 同上书，177页。

对其他企业法人所欠下的债务，史玉柱是用实物偿还的：一是用珠海巨人集团办公大楼拍卖所得（2 000 万元）抵债；二是用回购的楼花抵债；三是将债务转化为巨人大厦的股权予以了结。

1997 年巨人集团爆发资金短缺危机，上门讨债者络绎不绝。4 年之后的 2001 年，史玉柱实施了天经地义的欠债还钱。但这个还债的行为却引起了争论。“有人对他守信还钱的行为十分推崇，称他为‘道德典范’、‘真正巨人’、‘真正的英雄’、‘是条汉子’；有人则嗤之以鼻，认为史玉柱此举又是在为他的新产品推销做广告；还有人认为，不管出于何种动机，至少他没让那些投资人血本无归，到底还算‘有良心’。”还有人说，史玉柱不应该只是归还本金，还应该兑现 100%的回报，再加上利息以及精神赔偿费，全部还清。舆论界还批评史玉柱对“谁还了谁的钱？”“谁应该还谁的钱？”“谁必须还钱？”“谁可不可以不还钱？”这些问题都没有理清楚，而是一味强调“老百姓的钱我一定要还”[①]。况且，“法律界人士认为，从法律上讲，还钱的应该是巨人集团这个法人，而不是史玉柱个人。作为巨人的股东，如果注册资金足额到位……而且没有挪用过资金，史玉柱个人不需要还钱。惟一的办法是破产清算”[②]。

尽管意见纷纭，但事实只有一个：史玉柱用回购楼花、拍卖楼宇、“债转股”的方式，确实了断了巨人集团的一切债务。巨人集团公司没有破产，没有注销。史玉柱完全有可能重新高举“巨人集团公司”的大旗，东山再起，继续向着“做东方巨人”的目标挺进。

四、成功失败都是财富，实事求是第一要义

总起来看，史玉柱的下海经商的历史，大致可以划分为三个阶段：

第一阶段：1989—1993 年，单一生产经营电脑软件。在这个阶段上，史玉柱投入的主要是知识，扮演着“知本家”的角色。知识的投入，取得了激动人心的经济效益，这一方面固然是由于知识本身的价值，另一方面则主要是由于抓住了“空当市场”的机遇（或者说得粗俗一点是由于“钻了市场的空子”）。可是，史玉柱当时对于自己的成功缺乏冷静的科学分析，对自己的知识价值估计过高，而对“空挡市场”所起的作用估计过低，因而提出了“要做中国的 IBM”、“要在软件方面做东方巨人”这种不切实际的目标追求，使自己所办的企业成为“浪漫使命至上”一类的公司。

第二阶段：1994—1997 年，同时生产经营电脑软件、保健品和房地产。在这个阶段上，史玉柱的主要精力，一是放在调集资金、完成工程项目上，二是放

① 席宏斌：《东山再起史玉柱》，194～196 页。

② 同上书，203 页。

在组织队伍、聘用干部、决定营销策略等管理事务上，扮演着“资本家”和“人本家”的角色。史玉柱不但没有放弃做电脑巨人的目标，而且以迅速组成上万人营销队伍、搞地毯式广告轰炸、盖全国最高大楼的方式，摆开了要做“保健品巨人”和“房地产巨人”的架势。“浪漫使命至上”的特征表现得十分突出。如果说，这个阶段的前期，一切看上去进行得很顺利并取得了经济效益，那也不过或者是“钻了消费者不成熟”的空子，例如他们一看到广告上写有“100%的回报保险”就去买楼花，一看到铺天盖地的广告就去买脑黄金；或者是钻了体制上的空子，例如全国那么多有影响的报纸竟然同意刊登了巨人集团渲染战争气氛的违法广告。随着时间的延续，日子一长，这类“空子”被堵死，消费者成熟了，体制上完善了，巨人集团在这个阶段上以失败结束也就是必然的了。

第三阶段：1998—2001年，单一生产经营脑白金。在这个阶段上，史玉柱有意避开一切新闻媒体，连“巨人集团公司”也“隐姓埋名”，在既不熟悉史玉柱也不熟悉巨人公司的地区，小心谨慎进行着“负重再创业还债”生产经营活动，静悄悄地匍匐前进。“战略上，稳扎稳打，步步为营，不贪大、不求快，开拓市场，注重实效，成熟一个，发展一个。”“营销策略极为讲究，每开发一个城市，先建立班子。然后铺货，货铺到20多天时打广告。”“广告计划严格审批，注重实效，严格和销售挂钩。”“各地销售执行先收款后发货的原则。再急的催货单、再大的代理商、统统执行先收款后发货的原则。”[①] 结果取得了较好的经济效益，并在这个阶段快要结束的时候，归还了巨人集团所欠下的债务。虽然只是归还本金，但这还是表明：史玉柱仍然是有责任心、有使命感的企业主，巨人集团公司仍然是有责任心、有使命感的企业。至于这种责任心和使命感的浪漫色彩，在史玉柱“负重再创业还债”的过程中，已经彻底抛弃。

所以我们有理由期待，结束匍匐前进而东山再起的巨人集团，将不再是“浪漫使命至上”一类的公司，而是现实的“社会使命至上”的公司。

---

① 席宏斌：《东山再起史玉柱》，160页。

南德形象：从雄伟到诈骗

20 世纪 90 年代中期，社会上流传着“北有牟其中、南有史玉柱”的说法。对此，史玉柱不以为然，他说：“其实，我和牟其中的经营理念、方式完全不同，我是搞实业的，他是搞投资的，我和他走的是两条路。”①

确实，这两人有着很大的不同。史玉柱 1962 年生于安徽怀远县城一个公安干警家庭，是改革开放以后培养出来的大学生和硕士；下海经商，搞的是电脑软件、保健品和房地产等实业，虽然经受挫折，但因年纪尚轻，东山再起有望，前途不可限量。牟其中 1941 年生于重庆万县一个金融家和实业家的家庭，受到极左路线的不公正对待而与大学无缘，“文化大革命”中饱经磨难；下海经商，搞的是贸易、服务和金融投资，虽然多次从危难中崛起，但最后还是因犯信用证诈骗罪而在 59 岁（2000 年）时被终审判处无期徒刑，余生很难再有作为。

然而，最不相同的人，也还是会有相同之处。他们两人都是 1994 年中国十大改革风云人物，就是证明。牟其中办的南德公司，也和史玉柱办的巨人公司一样，都属于“浪漫使命至上”类的公司。但南德没有从浪漫走向现实，而是从浪漫走向诈骗，走向违法犯罪，因而和巨人公司又根本不同。这个根本的不同，也是南德公司拙劣的企业形象战略的必然结果。

① 席宏斌：《东山再起史玉柱》，158 页。

一、聪明——未上大学，有志——进了监狱

青年牟其中，是一个敢于和命运抗争、有理想有抱负、有责任心和使命感的人。“高中毕业后，牟其中连续两次参加高考，先后以优异成绩考取了北京大学和北京广播学院，但两次都没有被学校录取。”① 其原因当然应该是没有通过政治审查。牟其中没有听凭命运的摆布。1960年的一天，当他从《长江日报》上看到了武汉中南工业建筑设计院大专班春季招生的广告，也不管该班只招湖北籍学生，就卖掉家中仅有的一床棉被，买了一张船票，沿长江顺流而下到了武汉，用坚强的意志和决心感动校方同意他参加考试，结果以优异成绩被准许进校深造。但入学几个月，万县公安局就是不给他办理户口迁移证明，牟其中被迫退学。后来他在报纸上发现新疆八一艺术学院招生，又毅然决定去报考；然而当他日夜兼程赶到了乌鲁木齐，该校却由于我国遭受自然灾害，国家实行调整方针，停办了。牟其中上大学的梦彻底破灭了，他回四川的路费也没有了，只好在新疆各地流浪。是当地政府设立的救济站，资助他粮票和车票，他才回到了家乡。不久，进万县玻璃厂当了一名工人。

1966年，“文化大革命”开始。1971年发生的两件大事（一是中国和美国签署了恢复外交关系的联合公报，二是林彪政变未遂、仓皇叛逃而摔死在蒙古的温都尔汗），引起了青年牟其中的理性思考。强烈的使命感，使他和几个志同道合的年轻人一起，组织了一个马列研究小组。他们认真学习马列著作，严肃思考现实问题，形成了许多与“文化大革命”背道而驰的观点，并把它们写成了一系列文章，如牟其中写了《从文化革命到武化革命》、《社会主义从科学向空想的倒退》，刘忠智写了《中国向何处去》、《劳动价值学说质疑》，并广泛散发。结果引起了公安部门的注意，并给他们定下三条罪状：组织非法团体马列研究会，反对“文化大革命”，拥护邓小平的资本主义路线。1975年8月25日，已经有了两个儿子的牟其中，以及马列研究小组的其他主要成员共7人，同时被抓了起来，投进监狱。“3个月后，牟其中等二人被判处死刑，一人判处死缓，其余为无期徒刑和有期徒刑。”② 死刑为什么没有立即执行，现在许多人认为是一个不易揭开的谜，牟其中自己在1997年回答美国《环球邮报》记者英迪拉小姐提问时的解释是：“这里有很多偶然的因素。一是他们反复地讯问我，希望牵连更多的人；同时，我们这伙人中有一个人正好和周恩来有点关系，他们怀疑周恩来是我们的后台，他们不相信年轻人能写出这样的东西。”一年之后，“四人帮”垮台，按理说牟其中他们应立即获得释放，但又出现了“两个凡是”的思想路线，所以直到

---

① 浙人编著：《沉浮：九位企业家成败启示录》，264页。

② 《财富月刊》，总第八期，21页，1994。

邓小平“实事求是”的思想路线取得了决定性胜利之后，即在 1979 年 12 月 31 日，牟其中坐牢四年又四个多月以后，才终于获得自由，而这时他已经将近 40 岁了，永远告别了青年时代。

二、经商——初显才华，捐款——遭人怀疑

1980 年，牟其中借来 300 元钱，找了几个回城的知识青年，还有一个老太太，共 6 个人，借一间 12 平方米的小屋，成立“万县江北贸易服务部”，开始了他的经商生涯。他做的第一笔生意，是推销万县的土特产：藤椅。他生意越做越多，越做越大，办法也越来越多。1982 年，牟其中和几个个体户一起，向工商局申请办一家民营商店。当时，工商局的同志翻遍了国家的所有政策规定和法律条文，也没有找到“民营商店”这个词。牟其中用他自己“使命至上”的想法，来说服工商部门的干部，他说：办民营商店绝不单单是为了赚钱，而是想把分散的力量集中起来，为地区的经济发展做些事情。最后工商局同意了，牟其中获准办“中德商店”，可以在银行建立一个账户，但为了与国营企业和集体企业区别起见，中德商店只能用一个菱形的业务章，而不能用圆形的图章。

牟其中很会做生意，中德商店办得很红火。那时，上海的座钟很缺，只有新婚夫妇才可以凭结婚证购买。牟其中得知这个信息后，就极力劝说重庆一家实力雄厚但却处于半停产状态、准备军转民的军工厂生产座钟。果然，重庆的座钟到了上海很热销，这个势头保持了很长的时间。生产企业靠座钟起死回生，上海的消费者对座钟的需要得到了满足，而牟其中也赚到了钱。

牟其中赚了钱以后，仍然保持生活简朴的作风，但却开始到处捐款。这就引出了新的问题。有些人的警惕性很高，怀疑牟其中这样做是不是别有用心？是不是在利用经济组织进行反革命活动？于是万县公安局派人开始对牟其中进行调查，但并没有发现什么问题。就在这时，万县市一位主要领导严肃地说：“你们太天真，牟其中做生意绝对不是为了赚钱，而是为了同社会主义较量！”[①] 这样，1983 年 9 月 17 日，执法部门宣布中德商店犯有“投机违法”等六大罪名，予以查封，11 名店员全部被拘捕，牟其中第二次入狱。

牟其中进拘留所 11 天后，就寄出了致总书记的《狱中入党申请书》。然后，又写了《论中国特色的社会主义学说和我们的历史使命》、《从中德商店的取缔看万县市改革的阻力》等论文，并寄到了成都、北京等地，引起了有关方面的注意。由于牟其中的这些文章，也由于万县地区还有很多人给《经济日报》去信反映该市领导的问题，该报决定派出两位资深记者于 1984 年 3 月 4 日到万县调查。记者的调查行动虽然受到阻碍，但回到北京后，其中一位还是写了一篇题为《一

---

① 转引自浙人编著：《沉浮：九位企业家成败启示录》，269 页。

批曾受表彰的个体户处境维艰》的文章，在内参上发表，其中有200字叙述牟其中案的始末。这篇文章引起了有关领导人的重视。“中共中央、国务院负责同志胡启立、田纪云、姚依林等批示，要求有关部门调查牟其中一案真相。”① 8月上旬，四川省委省政府在弄清真相的基础上，提出三条处理意见：第一，立即放人；第二，不定性为投机倒把违法；第三，不追究刑事责任。但万县市委副书记、市长王杰不服，不但拖了20天才于1984年8月29日放人，还在9月6日作出了《关于中德商店投机违法一案的处理决定》，以“骗取工商登记、偷漏国家税收、骗取国家贷款”为由，要对牟其中等进行罚款，要限制中德商店的经营。这样一来，又引发了新的一轮上访。1985年2月27日，新华社内部刊物又刊发了《四川万县市出动百名干警查封中德商店，调查一年未获罪证至今仍不认错》的报道。第二天，《经济日报》二版头条还发表记者王青撰写的长篇通讯《拳拳赤子心——记万县市中德实业开发总公司总经理牟其中》。不久，《人民日报》也披露了牟其中第二次入狱的始末，并加上了按语：《医治“左”的顽症》。

由于大报的连续报道，也由于两次坐牢、两次平反的特殊经历，牟其中成了一个名人，他的经商业务顺利多了。原来说他骗取工商登记，可现在“中德商店复业了，市工商局立即同意改为中德总公司，办理了登记手续”；“原来被扣上‘偷税漏税’的罪名，现在税务局退还了经公安局专案组查出多交的4 000多元”；“原来被扣上‘骗取国家贷款10万元’的罪名，现在农业银行立即给贷款250万元，后又重新贷到1 000万元”②。牟其中好不高兴，于是摩拳擦掌，招兵买马，上下联络，八方出击，办起了中德贸易公司、中德工艺竹编厂、中德霓虹灯厂等等。

三、绝望——差点自焚，承包——打开局面

牟其中第二次出狱后的经商活动，获得了工商管理部门和金融部门的大力支持。然而好景不长，1985年3月，由于宏观经济失控，国家不得不收紧银根，无可奈何地实行信贷“一刀切”。这一刀切下来，中德公司可以支配的流动资金，从700多万元的高峰突然降到了几乎为零的深渊，已经建立起来的工厂无法运转而变成了巨大的负担，许多与中德公司有业务往来的企业倒闭了，原本经营良好的中德公司被拖入巨大的债务之中，总额高达160多万元。心急火燎的牟其中来到北京向国务院求助，一位领导为他给银行写了条子，希望给予支持，但遭到银行的委婉拒绝。牟其中绝望了，他写下遗书，准备到天安门自焚，以谢曾经支持过他的朋友，以示信贷“一刀切”的弊端。有人说是因为中德合伙人、后来成为牟其中妻子的夏宗琼的一封长达30多页的信把他骂醒了，也有人说是因为他想

①② 《财富月刊》，总第八期，23页，1994。

到了国务院曾经派工作组到四川救了他两次命，所以没有去自焚，而是来到了国务院办公厅信访局。接待他的汪学京说："牟其中，你的事《人民日报》、国务院都作了许多批示。解放后，《人民日报》点名批评县级党委的只有两件事，第一件是批评山东临沂县委，第二件就是为你批评万县市委。你这个企业若有三长两短，就要有很多人难以交代。"① 这番话激发了牟其中把公司继续办下去的责任心，他想到如果自己的公司垮了，所有支持过他的人都会受到伤害，再难再苦也要想办法支撑下去。

当时，中德公司60%的职工和40%的董事离开了。牟其中拖着沉重的脚步，带着他的贸易部长孙文化，向北作"战略转移"，来到了河北省廊坊市；经人推荐，拜访了廊坊食品技术中心的董事长兼总经理赵振新。经过接洽交谈，赵振新觉得牟其中是个人才，于是同意他承包廊坊食品中心贸易部，每年向中心上交30万元，并且还规定了一个条件：牟其中必须自己拿出5万元，以食品中心的名义单独开一个账户，自负盈亏地经营。牟其中冒着风雪，来往于北京和廊坊之间，四处奔波，终于贷来5万元钱，在廊坊站住脚，开始了他的承包经营。

经营什么呢？当时，新加坡、日本、韩国商人在我国大量收购海蜇皮。牟其中就决定做海蜇皮生意。他以食品中心的名义，在廊坊注册一个水产品加工厂，叫孙文化出任该厂的法人代表。他们设想，做生意得有一定的规模，打算派一拨人在辽东、另一拨人在烟台搞海蜇收购（收购价是每吨12万元），然后都集中运到廊坊，放在食品中心原有的冷库里，再由工厂加工后卖给外国商人。

如此大规模的收购，没有资金是不行的。牟其中找到赵振新原来手下的一位局长，时任廊坊安次区建行办事处主任的回振东，要求贷款。回振东表示：安次区建行办事处太小，没钱可贷。也许是因为牟其中是银行家的儿了，也许是因为此前的信贷"一刀切"逼得牟其中钻研过金融，牟其中对金融操作显得很内行，他说办事处没有钱不要紧，只要给他开银行承兑汇票就行，由他自己拿汇票到北京去贴现。回振东犹豫了：给开，属违规操作；不给开，牟其中毕竟是老上级赵振新介绍来的人，又在承包食品中心贸易部，算是一家人了，而且牟其中是以食品中心的名义来开票，有食品中心这份大家业做后盾，风险就比较小了。回振东经过一番权衡后，终于同意给牟其中开票。

口子一打开，牟其中便在小小的建行安次区办事处，先后开出了28笔银行承兑汇票和两份银行保函，金额高达8 000万元人民币。

有了资金，牟其中如鱼得水，大展宏图。他不仅大搞海蜇皮的收购、加工和出口，还拿出一大笔钱做起了从韩国进口冰箱的生意，又拿出100多万元还掉了中德在万县等地的债务。1987年1月，他把中德实业总公司从万县转移到重庆。

---

① 《财富月刊》，总第八期，24页，1994。

从此，他的承包经营开始向南方扩张：1987年4月，承包深圳市一家公司的贸易部，取得了外汇账号、外贸经营权和通汇权等；8月，在广州承包中南实业公司，开始涉足石油贸易。1988年8月，牟其中拿出1 000多万元，在海南注册成立了“南德经济集团”，搞股份制，组成股东是：中德公司、廊坊食品中心、北京青年咨询公司。从此，牟其中的名字开始与南德公司紧紧联系在一起。1988年10月，南德经济集团迁到了北京。

有了钱后，牟其中开始广泛接触政界、经济理论界、新闻界的高层人物和知名人士。他拿出钱来赞助他们的活动。牟其中在北京，特别是在经济理论界的名气越来越大，被认为是一个具有独特思维，并拥有相当经济实力的民营企业家。

1989年1月17日，世界经济论坛在瑞士达沃斯举行，牟其中应邀参加了这次会议。这也是中国企业家第一次被邀请参加。就在开幕式刚结束的当天下午，大会安排的第一个内容，就是听取一位中国民间企业家做关于中国经济的专场报告。牟其中与其他到会的各国嘉宾相比，略显土气，所以当他走向讲坛时，会场上投来的多是怀疑和好奇的目光。然而，牟其中站在讲坛上，面对全球商界巨头，迎着他们审视的目光，坦然自若，侃侃而谈。他没有讲稿，自然而然地讲述他自己探讨和研究中国经济发展的艰难历程，讲述他以300元借款起家，讲述他们合伙创办的中德商店，讲述他在中国创办的股份制企业——南德经济集团，并以此来展望中国经济体制改革的巨大潜力和光明前景。牟其中的报告一结束，台下的提问便送了上来。牟其中以敏锐的思维和流利的口才，清楚明确、简洁得体地回答了提问，其中一些富有幽默感的“答辩”，不时在台下引起会意的微笑和掌声。整个会场活跃起来，各国的商界巨头开始对这个名不见经传的中国商人刮目相看了。当牟其中结束讲话，整个大厅响起了热烈的掌声。牟其中开始在国际上为人所重视。

会后，有一位常驻瑞士的中国工作人员，找到牟其中，握住他的双手，激动地说：“我连续几年采访世界经济论坛年会和在日内瓦举行的国际会议，你是第一个让我感到自豪的中国人，谢谢你。”有一位欧洲议会议员，会后专程找到牟其中的住处，邀请他到欧洲各国作巡回演讲。这位欧洲议员风趣地说：“牟先生，你不用去做其他生意，你单靠演讲就可以成为富翁。”世界各地驻瑞士的记者，很多向本国发回了消息，对牟其中的演讲给予了高度的评价，有人称赞牟其中是中国有学者风度的商人。

1989年五六月，由于时局变化，牟其中的生意也受到影响。国外客户纷纷取消海蜇皮的订购合同，从韩国进口的冰箱开始滞销。牟其中必须向新的领域挺进。

四、易货——换来飞机，效益——皆大欢喜

牟其中也许早就认识到，中苏两国在贸易上有很大的互补性。但是真正采取

行动，是1989年才开始。当时，已经“定居”北京的南德总部，设在羊坊店。恰逢退役下来的老将军们也在那里筹办“老区扶贫基金会”，牟其中就从自己的办公楼中腾出几间房供基金会落脚，免费送上纸张、墨水、电话、电脑之类的办公用品，以表示支持。有空之时，牟其中也去和这些德高望重的老军人“侃大山”。在一次闲谈中，几位从空军退役下来的老军人提供了一个十分重要的信息：苏联的大型客机滞销。苏联客机的性能，虽然略逊于西方，但价格便宜，只有西方客机的三分之一乃至四分之一；耗油量高些，但飞行安全、可靠。而中国的空运严重不足。牟其中在得知这个信息后，萌生了一个大胆的“飞天计划”：用中国大量积压在库的轻工产品，去换取苏联制造的客机；在双方都缺少硬通货的情况下，采取以货易货的贸易方式来进行。

要实现这个“飞天计划”，有大量工作要做。第一，要具体落实飞机的买家和卖家；第二，要落实苏联所需要的轻工业品的具体清单；第三，要具体落实中方的供货单位；第四，要建立便于双方沟通的渠道；第五，要解决资金问题……所有这些工作，在太低的层次上是无法解决的。

然而机遇总是存在的。牟其中一次去四川参加商务谈判，巧遇四川省航空公司经理杜定欢。两人同桌进餐，杜定欢谈起川航没有大型客机的苦衷，想买大飞机，但资金不足，而且也不知道上哪儿买。牟其中当即抓住机遇，表示南德公司可以做中介，牵线搭桥，“组装”一个易货贸易市场，使川航买进苏联飞机。买家就这样初步确定下来。

1989年3月，牟其中经航空航天部副部长何文治介绍，与苏联航天工业部有关人员在北京钓鱼台国宾馆多次洽谈购买飞机事宜。沟通渠道已经打通。

1989年7月，牟其中向中央写了《历史性的机会和我们的选择》的报告。同月，南德经济集团北京展厅正式开幕，迎接苏联贸易代表团。苏方给予很高评价，承认过去对中国产品认识不足，并就贸易合作进行了友好洽谈。苏方邀请南德公司展厅去莫斯科展览。这就使苏方初步确立了向中国购买轻工产品的意向。

做大生意需要时间。直到1991年1月，牟其中两次会见了苏联航空出口公司副总经理巴甫洛夫、喀山直升机制造厂厂长斯鲁切夫斯基和苏联商务代办处撒尔契等人以后，双方在业务合作方面才取得了突破性进展。

1991年4月，各种工作进展迅速。月初，南德集团汪兆京等人，在莫斯科签订了有关图一154飞机易货贸易协定。3日，牟其中率员赴四川签署了“川航图一154飞机换货协议书”。飞机买卖双方以南德为中介，以协议书的形式明确肯定下来了。6日，南德集团对苏贸易协调办公室在总后招待所主持召开了出口商品委托洽谈会，机械出口公司和北京国际易货贸易公司成为出口代理商。11日，南德集团在北京京通饭店召开了有100多个厂家参加的对苏贸易洽谈会。18日，苏联航空出口公司代表抵京，开始在“南德展厅”采样选货。

1991年6月11日，苏联航空出口公司萨鲁汉诺夫一行抵京，与北京易货贸易公司、南德集团公司正式签订四架图－154飞机的易货出口合同。

正当“飞天计划”接近成功之时，好事多磨，苏联发生了总统戈尔巴乔夫被软禁的事件，政局不稳，而此时南德公司已经投入资金1 500多万元，形势十分严峻。不过，牟其中相信：那里无论谁上台，都要解决吃饭穿衣问题，而那里市场匮乏的状况在短时间内无法改变，所以中苏之间原来的经贸关系不会受到影响。

1991年9月，最后的两轮谈判终于在北京落下帷幕。中俄贸易史上最大的一桩单宗易货贸易，即将从各种协议变成客观事实。这笔易货交易的进出口总额达2.36亿瑞士法郎，相当于四五亿人民币，光是购买换飞机的商品就得两三亿人民币。当然，由于是易货贸易，双方都不用给对方现金。但是，南德公司要购买换飞机的商品，要把这些商品运送出境，却必须有现金。为了解决这个问题，牟其中又表现出高超的融资技巧。他千方百计取得对方的信任，说服俄方同意先把飞机飞到成都。

1991年11月20日，第1架图－154客机顺利抵达成都，接着第二架、第三架，到1992年2月，四架崭新的图－154客机全都平稳地降落在四川成都机场。这样，银行看到了飞机，就马上同意将飞机作为抵押，贷款给牟其中。然后，牟其中拿着这笔贷款，带着他的精干人马，夜以继日地奔赴全国各地，向300多家企业组织货源，租用500多个火车皮，将中国的罐头食品、服装鞋帽、机电产品运往俄国。就这样，牟其中奇迹般地成功了。

应该肯定，这笔交易取得了皆大欢喜的效益：俄方以飞机换取了他们所急需的紧俏商品；中方300多家参与供货的国营大中型企业，因售出积压的货物而获得了利润，增强了活力；南德公司因帮助那么多的企业销售积压产品，获得了4 000多万元的贸易利润；北京国际易货贸易公司等获得400多万元的代理费。

现在剩下的问题，是必须还掉用飞机作抵押的贷款。飞机是四川航空公司要买的，只要它拿出钱来，飞机就可以归它支配营运，贷款也可以还清。但问题是，川航虽然非常想要飞机，可又没有钱。在这种情况下，牟其中又显示了非常卓越的金融才能。他于1992年从北京工行以6.4%的年利率贷出2.2亿元，又以11.8%的年利率转贷给川航，期限为五年。川航满心欢喜接受了这笔贷款，因为这可以使它买下梦寐以求的飞机，并立即投入营运。南德公司则不仅可以用卖飞机得来的钱还掉贷款，还可以每年坐收5.4%的巨额利差1 000多万元，5年即5 000多万元。这样，南德做飞机生意的利润就不是4 000多万元，而是大约1亿元。所以牟其中说：“做飞机生意赚了一个亿。”

“飞天计划”的成功，在全世界引起了轰动。中外几十家报刊、电台、电视台进行了报道和评论。在很长一段时间里，中国许多老百姓知道牟其中，除了知道他在“文化大革命”时期是个死刑犯以外，就是知道他“倒飞机”。

五、“赌气”——要放卫星，目标——不顾实力

飞机易货贸易成功的亮点，不仅在于它的宏大规模，也不仅在于它的科技含量与交易层次，更为重要的在于它非常切合中俄双方特殊的客观实际情况，在于它按经济本身的规律办事。可是，牟其中对于这次飞机贸易，最看重的恰恰不是它切合客观实际情况的操作过程，而是看重它的规模和层次。从此以后，牟其中一心只想做大生意，而很少考虑自己主观上究竟有多大的实力，客观上究竟占有多大的市场。

牟其中下一步想要做的大生意，第一个是经营通讯卫星，第二个是开发满洲里，建立欧亚大陆新通道。做这两桩大生意的念头，都萌发于飞机易货贸易期间。

为什么要经营通讯卫星呢？是因为内地有单位像“川航”迫切需要飞机那样迫切需要卫星吗？不是！是因为俄国卫星像飞机那样滞销而低价抛售吗？不是！是南德已经握有海外客户要求租赁卫星的意向书吗？不是！是南德自身需要卫星作为工具来开展业务吗？也不是！……难怪有人说，牟其中经营卫星是为了赌气。据说，早在1991年，牟其中为了要做“图－154飞机”生意，去四川一家信托投资公司借钱。投资公司负责人听了他侃侃而谈的宏论，大不以为然。一位女同志很客气地送他出门后，可能因为牟其中的长篇大论使她十分反感，一转身就以嘲讽的语气说：“哼，做飞机（生意），我看你还要做卫星咧！”没料到，牟其中听到了这句话，他的心像针扎一样“痛”了一下，便“赌气”似地自语道：“好，我就要做个卫星（生意）给你看看！”我们无法对“赌气”一说作进一步核实，但牟其中经营卫星的市场基础，不如做飞机生意那样扎实，则肯定无疑。

1992年8月，南德聘请王福恒教授参与商用卫星公司的筹建工作。10月，北京南德商用卫星公司注册工作完毕，正式开始实施购买俄罗斯卫星并在俄国发射的计划。王福恒教授立即奔赴莫斯科，与俄方商谈合作发射卫星事宜。所谓“合作发射”，实际上只要买下一个卫星中的几个转发器，就可以算共同发射这颗卫星。王福恒教授发现，俄国当时只有一颗打算发射在东经145°轨道位置上的、取名为“地平线”的卫星，适合南德的需要，而且有些天线的覆盖方位需要修改。虽经几轮谈判，俄方实际上并未认真考虑南德的合作要求，而是单方面决定于1993年5月27日发射。俄方说：卫星进入轨道后，再进行实测，如果适合南德所用就签订合同，不适合就不签合同。很不幸，因火箭第三节发生故障，这次发射失败。显然，俄的“地平线”卫星，是为了其他目的而发射的，成功或失败其实都与南德无关。可是，南德公司办的《南德视界》，却在5月28日头版头条登出这样的消息：“南德——地平线地球卫星首次发射失败”。牟其中也对外界宣布说：“我们公司发射了一颗卫星，虽然第一次发射失败，但是我们准备最近发

射第二次。”硬要把自己说成是“地平线”卫星的发射者。

让我们记住“1993年5月27日”这个发射失败的日子。因为到这天为止，南德公司的卫星业务实际上还没有铺开，还没有签订任何有关的合同，没有什么较大的资金投入。

现在来谈谈，牟其中为什么要开发满洲里？飞机易货贸易期间，当南德公司把罐头食品、服装鞋帽、机电产品等不断运抵离俄最近的边境口岸满洲里的时候，发现满洲里落后的基础设施是一个卡脖子的“瓶颈”，货物被堵在了那里。开发满洲里，投资建设这里的基础设施，就这样萌发了。1993年4月，牟其中正式选择投资满洲里的基础设施项目。5月，牟其中带领人马考察满洲里。牟其中在为宣传满洲里的画册《冠以名珠》写的序言中，对他的考察作了如下的描述：“我55天3次带团到满洲里考察。望着大漠的孤烟，河上的落日，听着隆隆地开进新国门的推土机的咆哮，想着一两年后戏剧般矗立的新的现代化城市，深深感到造化无穷，盈虚有数，发财有地。这个地，就是满洲里。”“如果你是商场真正的大手笔，你能面对这原始灵动、生机一派的绝好的机会而无动于衷吗？满洲里欢迎您！”①

让我们也记住“1993年4月、5月”这些日子。因为到这时为止，南德公司的“满洲里工程”还只是处在考察阶段，当然也没有什么较大的资金投入。

我们之所以强调记住具体的时间和日子，是因为1993年的上半年和下半年，企业所面临的金融环境是大不相同的。1993年7月，中央开始整顿已极度混乱的金融秩序，朱镕基同志下令全国银行限期于8月15日之前收回一切贷款。这样，牟其中于1992年以6.4%的年利率从北京工行贷出，又以11.8%的年利率转贷给川航的期限为五年的2.2亿元资金，必须提前4年立即还清。政令如山，国家将严惩金融违法者，牟其中老老实实把钱还了。这样，南德原想赚进的4 000多万元的息差，也就打了水漂。因此，牟其中心里很不痛快，说朱镕基根本不懂市场经济，只搞计划经济那一套。牟其中还认为这是对私营企业的歧视，他说：“1992年邓小平同志南方谈话发表后，对私营企业、民营企业……的那种歧视可以说是没有了，具体反映在银行贷款上。但93年下半年，这种歧视观点又重新提出来。”② 牟其中的这种不痛快，一直没有消除，在大约三年以后的1996年6月20日，牟其中在给江泽民同志（时任总书记）的信中还说：“1993年8月……将我们按合同应于1997年归还的2.2亿元的贷款提前4年一次性收回。我们因此损失利润4 600万元，各项业务也因此而中断。为了弥补提前还贷所带来的损失，我们只得以平均30%的年息‘拆东墙补西墙’，维持生计，开展

① 《市场法制导刊'97增刊》，68页，1997-09-10。

② 《财富月刊》，总第八期，28页，1994。

业务，并准备用国际卫星业务的利润来弥补上述亏损。这就是人民银行总行一再不理解我们债台高筑的原因。”牟其中 1996 年 6 月 28 日给朱镕基同志的信中也说：“事实上，南德目前的贷款是 1993 年工行提前 4 年一次性收回 2.2 亿元贷款，拆东墙补西墙的结果。”①

其实，1993 年整顿金融秩序对牟其中经商的影响，和 1985 年信贷“一刀切”对牟其中经商的影响，情况是根本不同的。1985 年牟其中借来的钱，是用来建厂生产，信贷“一刀切”使这些厂无法开工而成为负担，致使牟其中负债 160 万元。1993 年的金融整顿根本没有造成牟其中的任何债务，更不是牟其中债台高筑的原因：第一，被银行提前收回的 2.2 亿元贷款，牟其中并不是用于开展实际业务，而是转手以更高的利率贷给了“川航”，牟其中的所谓提前还贷，无非就是叫“川航”提前把钱还回来就是了，对南德的实际业务毫无影响。要说损失，是未来四年继续吃“利率差”的损失。然而，南德作为一家非金融性的公司，吃“利率差”本身就是金融秩序混乱的表现；更何况，北京工行作为国有银行贷出了 2.2 亿元，“川航”作为国有企业贷入了 2.2 亿元，中间居然插入一个非金融性私营企业吃“利率差”，这样的混乱不加以整顿还得了！第二，1993 年 7 月开始整顿金融秩序的时候，南德的飞机易货贸易已经完成，而卫星业务、满洲里工程又都没有实质性展开，从而根本就谈不上“各项业务也因此而中断”的问题。牟其中在 1994 年 2 月 4 日倒是讲过真话：“1993 年我们没有进行实际上的资金投入，于是不会产生资金压力。”②

南德的资金压力，是在 1995 年下半年，它来自于牟其中不顾自己的实力，坚持要经营卫星这类大生意。就在 1993 年下半年，王福恒教授代表南德，再次到莫斯科与俄方谈判购买“航向”直播卫星事宜。刚开始，谈判比较顺利。但就在要签合同的那一天，俄方后悔了，认为卖给南德的报价太低，要重新报价。即使这样，南德公司也同意了。1994 年 1 月，南德公司与俄罗斯国际卫星组织签订了购买“航向一号”卫星的合同。南德首付发射费 300 万美元。在卫星业务上，这是南德公司第一笔实际上的资金投入。不久，“航向一号”卫星发射成功。紧接着，也就在 1994 年初，南德与俄罗斯又签订了合作生产、发射“航向二号”卫星的协议。

“航向一号”卫星上天了，效益却不怎么样。租用这颗卫星的台湾客户，本来资金就不雄厚，加上领导人之间发生了分歧，不能按合同给南德付款，仅仅租用了 3 个月，南德就不得不中止了租赁合同。紧接着，南德为这颗卫星寻找新用户的驻美主要负责人，又不辞而别离开了南德。这样，在空中翱翔的“航向一

① 《市场法制导刊'97 增刊》，15、20 页。

② 《财富月刊》，总第八期，30 页，1994。

号”就成了无人使用而“空转”的卫星，造成南德每天要承受1万美金的损耗。

巨额的收入不能实现，直接影响到“航向二号”卫星的发射计划，发射日期一再推迟。但即使是这样，南德仍然坚持要实施牟其中提出的“卫星天网”项目，宣称最迟到1997年底，南德将至少拥有4颗卫星，29个DBS频段转发器。南德的如意算盘是：“每个转发器可压缩成8～10个频道，每个频道的平均租金为100万美元，星的寿命是5～7年。”这将是“难以估量的丰厚的利润”。

在牟其中的演说中，在南德公司的宣传资料中，卫星业务赢利的前景确实是十分诱人的，但现实的情况却是：“航向一号”在天上空转，“航向二号”没有发射资金。无论如何，必须首先筹措发射资金。为了能在国内外“融资”，南德公司做通了俄罗斯有关人员的工作，先把南德买断卫星的合同签下来，以后再付款，就像先把图－154飞机飞过来然后再把轻工物资运过去一样。牟其中只有拿到了这种买断合同，才可能到美国、加拿大等西方国家融资，去买壳上市；也才有可能吸引国内的国有企业和金融机构来投资。南德的筹资工作，在国内外紧张地进行着。

据说，由于南德公司没有按约及时向俄方支付有关“航向二号”的费用，美国、印度以及中国香港的一些卫星公司瞅住了这一空子，纷纷赶往莫斯科。它们各显神通，企图以高价从南德手中将“航向二号”夺走，有的还与俄方签订了意向性的协议。这样，俄方提出：1995年11月10日，是谈判的最后一天，如果南德公司还不能满足俄方的分期付款的要求，将终止1994年初签订的协议。南德公司的谈判代表王德国，向牟其中传真报告了这一严峻形势。

很侥幸，虽然南德公司在国外花掉几十万美元的操作费，没有融到一分钱，但在国内，凭着牟其中日益升高的名气，凭着“投资卫星项目可以获得40%回报”的宣传承诺，倒是筹措到一部分资金：无锡市生产资料总公司对“航向二号”卫星投资1 200万美元；中国华夏银行、中国投资银行和中国农业银行江西信托投资公司等金融机构，则为这颗卫星的制造、发射和租赁提供金融服务。

有了资金，牟其中立即指示王德国答应俄方提出的要求，并立即拨出第一笔巨款300万美元作为发射费，同时又预付出第三和第四颗的研制费100多万美元。1995年11月10日这天的谈判，以皆大欢喜而告终。

1995年11月17日，俄罗斯在哈萨克斯坦共和国境内的拜科努尔宇航中心，发射“航向二号”卫星成功。牟其中好不得意，于11月20日举行新闻记者招待会，向海内外新闻界宣布南德“航向二号”卫星发射成功。新华社、中央人民广播电台、路透社等20多家国内外新闻单位的记者出席了招待会。据不完全统计，到当月底，海内外有300多家新闻媒体报道了南德“航向二号”卫星发射成功的消息。牟其中的知名度升到了顶峰。

然而在事实上，这时的南德公司已经岌岌可危，债台高筑。因为无锡生产资料总公司作为国有企业，向外高达上亿元人民币（1 200 万美元）的投资，虽然是南德邀请该公司的总经理和总会计师到莫斯科“考察”后作出的承诺，并且资金也确实划到了南德，但最终仍然需要政府主管部门的审批同意。审批的结果，正如牟其中写给中央领导的信中所说，是“无锡生产资料总公司在政府指示下要求收回投资”①。这样，1 200 万美元实际上就是南德公司的债务。当然，如果卫星经营的收入，真像牟其中说的那样好，“预计年经济效益可达一二亿美元”②，这点债务真是小菜一碟，算不得什么！问题就出在牟其中预期的经济效益并没有出现，南德不得不将价值 4 440 万美元的卫星股权，以 1 450 万美元的价格卖出变现，以还掉对无锡生产资料总公司欠下的债务。

问题还在于，南德公司不仅仅只是没有经济效益地经营着通讯卫星，它还同时在搞许多其他类似的“大手笔”。

就在 1993 年下半年，牟其中派人与俄罗斯商谈购买卫星的同时，还派出了骨干张琼、周学军去满洲里注册南德的公司，他要在那里投资，搞公路、机场等基础设施的建设。面对国家当时治理通货膨胀、整顿金融秩序的宏观形势，牟其中要在交通和通讯方面大展宏图。他说：“只有一个行业不会出现通货膨胀，那就是中国的基础产业。根据我的预测，中国的基础产业在 10 年到 20 年内是不会出现饱和状态的。所以我就把所有的力量用于研究如何在基础产业上投资的问题。”“我们修铁路会有好处……再穷也要坐火车吧，也要运东西吧？”“通讯有市场，不存在电话没人打、装电话没人装啦，不存在这个问题。”③

1994 年 3 月，牟其中向外界宣布：“南德集团全面参与开发满洲里，决定分三个阶段投资 50 亿元，准备将此项目的股票在香港上市。”④ 南德在满洲里承诺要开发的项目，一是国际公路口岸，二是国家二类公路口岸，三是中桥机场。作为对南德巨大投资的补偿，满洲里市政府以非常优惠的价格，划给南德土地，南德只支付了 150 万元，就取得了 11.8 平方公里土地的 50 年使用权。

一个商家，投资短期内肯定没有效益的基础建设，不仅需要社会责任心和使命感，还需要有相当的资金实力。牟其中显然没有这样的实力，他是指望将满洲里工程在香港上市融资，而这却不是他说要上市就能上市的。所以，南德公司投入大约 2 000 万元之后，就已经没有钱可投了。就连国际公路口岸的工程款，也是由承建此口岸的国营齐齐哈尔市轻工建筑总公司，从几家银行贷出 1 000 多万元先垫上的。由此形成了南德的一笔工程债务款。

问题还在于，牟其中展开的业务，除了经营卫星和开发满洲里，同时还有国

---

① 《市场法制导刊'97 增刊》，21 页。

② 同上书，19 页。

③ 《财富月刊》，总第八期，30 页，1994。

④ 《市场法制导刊'97 增刊》，68 页。

际金融和国企改造。

六、要钱——走向国际，赚钱——经营国企

牟其中对我国 1993 年 7 月开始的整顿金融秩序，印象深刻，念念不忘。他在 1994 年 2 月，抱怨这次整顿中断了南德公司与国内金融界良好的关系，他说："我们和国内金融界关系极好，我们可以拉到贷款。我们的计划他们很欣赏，他们知道我们会有很好的经济效益，他们就愿意把钱给我们。但宏观调控以后，国内金融短缺了，只有把我们逼到国际上去。"① 直到 1996 年，他在写给中央各位领导的信中，几乎都要直接或间接、明显或隐蔽地抱怨这件事：

> 当我……几乎是空手完成了中俄民间贸易史上最大的一笔单项易货贸易时，有关部门即向全国各金融机构发出明传电报：不准给南德贷款。我只好从 1994 年开始去开拓国际金融市场。（给胡锦涛同志的信）
>
> 1993 年后，由于国家决定不给民营企业贷款……为了坚持正常业务，也为了赚钱来还国家的贷款，我从 1994 年起开始了国际融资和国际卫星业务。（给曾庆红同志的信）
>
> 我在国外投资两个领域：一、金融产业；二、通讯产业。因为这两个行业相互作用，极有前途，而在国内又不允许我们非国有企业涉足。国外钱多，我办银行是为了以民间企业的名义给国内借钱，这样做不至于扩大外债规模。（给江泽民同志的信）
>
> 企业经营不可能没有负债。早在 1994 年我就开始在国外建立投资银行，筹措资金投资于国内并归还国内贷款，同国内不再发生任何贷款关系。（给朱镕基同志的信）②

牟其中把南德公司到国际上去融资，一方面说成是被逼无奈，是国内歧视私营企业所造成的结果；另一方面又把它描绘成能够源源不断地提供巨大资金的科学的融资渠道。在他看来，西方发达国家有大量资金，由于近十几年来经济低迷，用不出去，只要南德公司在美国等发达国家开设几十家投资银行，就既可以通过发行股票和债券，也可以通过吸收存款和向国外其他银行借款，搞到大量的资金到中国来。牟其中写了《黄金潮》一文，阐明西方的"黄金"会像潮水一样涌入中国。牟其中的如意算盘是：利用这些资金，不仅可以发射卫星、开发满洲里、还清南德在国内的一切债务，还可以"经营中国的国有大中型企业"。

1994 年初，牟其中一行来到了美国，向美国各界宣传南德的构想：在美国

① 《财富月刊》，总第八期，31 页，1994。

② 《市场法制导刊 '97 增刊》，14～20 页。

设立一个中国投资者担保银行，为前往中国投资的人士作担保。其操作方法是：在把钱贷给中国的同时也要产权，这样就可以在美国的股票市场上上市。牟其中宣布，南德将在美国各大城市成立公司（包括咨询公司），购买工厂或合资办厂，以及引导美国公司到中国办合资企业。

1994 年 2 月 21 日，南德在美国建立投资银行的协议正式签字。这一天是华盛顿的生日，牟其中就把南德的银行叫华盛顿担保银行。

南德公司还在美国纽约华尔街 100 号，注册设立了自己的分支机构，取名为“罗斯福对华投资公司”，聘请美国前财政部总审计长莫天成出任管理财务的副总裁，聘请温元凯主持工作。

牟其中及时打出了“为搞活国有大中型企业服务，振兴社会主义经济”的旗帜。南德集团下属的“罗斯福对华投资公司”，将以外商的身份，打回来收购国有企业。

1994 年 8 月 12 日，罗斯福对华投资公司同山西省经贸委签订了合作意向书。载明：罗斯福对华投资公司将在山西省建立办事处，通过同山西省经贸委的合作，做好对国有企业的投资及管理工作。同时，将由山西省经贸委组织 20 个左右的大中型国有企业，经由罗斯福对华投资公司出资，去美国开设中国工业集团银行。

在仅仅只有单方面意向的情况下，牟其中就宣布：南德找到了把美国资金大量引入中国的方法！在他看来，有了从美国融来的大量资金，就不仅可以实现他的卫星天网计划和开发满洲里的宏图，还可以实现他经营国有大中型企业的伟业，并通过这种经营来赚取超额利润。

七、设计——周到精心，结果——南柯一梦

牟其中把南德公司要经营国有企业的“伟业”，具体设计为“765 工程”。

所谓“765 工程”，其含义是说：只要投入 7.65 万美元，就可以把一个国有企业收购、包装为中外合资企业。因此，“765 工程”也被看作是一条能够不断把“中外合资企业”制造出来的生产流水线。牟其中宣称：“南德的产品是企业。”[①] 生产农产品叫第一产业，生产工业品叫第二产业，生产“服务”叫第三产业，牟其中把生产“中外合资企业”叫第四产业，并且断定：“传统的第一、二、三产业只能创造平均利润，新的我们称之为第四产业的方式才能创造超额利润。”[②] 简言之，牟其中要通过把国有企业变成中外合资企业来赚取超额利润。

围绕“765 工程”，牟其中确实动了不少脑筋，做了不少工作：

---

① 《市场法制导刊 '97 增刊》，122 页。

② 《给乔石委员长的信》，见《市场法制导刊 '97 增刊》，22 页。

1. 别出心裁的设计——“765 工程”。

我国的法律规定：中外合资企业自注册成立之日始，外方资金的15%，必须在90天内到位，其余部分3年内到齐。南德集团在美国已注册了“南德罗斯福对华投资公司”，故可以外方身份，与国有企业共建中外合资企业。

南德选择的国有企业，其产品必须能够直销海外，在国际市场上有较强竞争力。

南德拟建的规范的中外合资企业，注册资本为100万美元。其中，罗斯福公司出资51万美元，获得控股权。国有企业可以用固定资产入股，这个国有企业可能很大，罗斯福公司却仅仅“割取”其中在海外市场最有竞争力的那一部分进行合资，这部分的价值应合49万美元。这样，罗斯福公司首批到位的资金数，应是51万的15%即7.65万美元。如此一来，一个新的中外合资企业就诞生了，“765”生产流水线便制造出了一个中外合资企业。

接着，这个中外合资企业应该拿出“扩股计划”，内容是根据国际市场的需求，扩大再生产，由100万美元的资产扩股为1 000万、5 000万乃至1亿美元的资产。股本的扩张，当然要通过外国机构或个人实际购买该公司的股票来实现。为此，该公司的产品在国际市场售出之后，货款存入指定的国外银行，作为扩股融资之信用保证。一旦扩股融资成功，就扩大了作为外资代表的罗斯福公司的股份，国有企业要保持49%的股份，也就要继续投入相应的固定资产和流动资金。

这样，仅仅投入7.65万美元的启动资金，就可以得到一个庞大的中外合资企业的控股权。

2. 理直气壮的论证——又讲政策又讲法律。

“765 工程”的政策根据是什么呢？牟其中说：根据党的政策和决定，“国有企业可以股份化，应该股份化。除了军工企业和与国计民生相关的企业不能股份化外，其余的，我理解都可以股份化”。

“765 工程”的法律根据是什么呢？牟其中说：“国有企业的状况是‘富裕的贫困’。国有企业有强大的生产能力，还有完整的管理系统、训练有素的工人、精明能干的领导，它缺乏的是市场机制。我们想来想去，现在在中国关于企业地位的立法中，中外合资企业法是规范的。只有中外合资企业作出了完整的规定，而且我们理解，所有大企业要有发展，只有走向国际市场。所以我们选择中外合资的道路，自己在境外建立一家行业性公司，一家中国人自己控股的公司，还有一家与之配合的投资银行。这家行业性公司与国内的公司组成合资企业，这就解决了一个大问题，即大规模的利用西方资金完成我们的工业化，而且不至于形成殖民化。既要完成中国的工业化，又要避免工业化过程中的殖民化。”“外方有了控股权后，就不会受中方的行政干扰。我们的控股公司，厂长仍然是厂长，一个人说了算。”很多人不理解，为什么只投7.65万美元呢？“并非我们投不起，假如投得很多，我们就得非常谨慎，就得审核资产，结果你审核我，我审核你，拖很长的时间。”①

3. 鼓励融资的措施——境外境内人员都奖励。

“765工程”成败的关键就在于融资能否成功，倘融资不成，后续资金3年内不能陆续到位，即为南德违约，7.65万美元是不退的。这是南德的风险。为此，牟其中制定了许多奖励措施：

南德对融资的奖励，区分为信用证贴现融资和扩股融资两种情况。信用证贴现融资，就是罗斯福公司控股的中外合资企业的产品取得信用证之后，融资人员持信用证到银行去抵押，取得一定比例的贴现资金。扩股融资，就是为罗斯福公司控股的中外合资企业增发的股票找到买主。

南德规定：信用证贴现融资成功，按实际贴现金额提取一定比例佣金，境内操作人员提取0.5%，境外操作人员提取0.2%～0.3%。这是由于国外信用证业务成熟，容易得手，故国外提成比例较国内低。

扩股融资成功，按实际出资额提取一定比例的佣金。佣金数额比照国际惯例上浮50%。这部分佣金的分配原则是：境外融资人员提取佣金数额的50%，境内融资人员所得与集团办公厅提取的行政基金费用之和为佣金数额的50%。境内外的所有融资人员（包括企业设计人员、企业厂长、经理）还可获得该企业（项目）中南德股权部分10%的红股。

扩股融资的提成，一般国际通行比例为1%，上浮50%，即1.5%，其中50%即融资额的0.75%为境外融资人员的提成，其余为境内包装、上网等办公费用和其他相关人员的提成。

4. 具体细致的方法——企业设计7步骤。

正如生产“飞机”的公司必须有飞机设计师，南德公司生产“企业”，所以必须有“企业设计师”。南德公司将怎样把“中外合资企业”生产出来？直接从事这个工作的南德员工很关心，有关国有企业的厂长、经理、党委书记们也很关心。为此，牟其中提出了企业设计的7个步骤：

（1）从人开始。把原企业的厂长、经理、党委书记转型为终生的企业职业家，从而建立起一支终生的职业企业家队伍。同时，按照“权责明确”的原则，以他们付出的劳动和所承担责任付给他们很高的报酬。

（2）建立一个由南德集团控股的有限责任公司，南德占51%的股份。

（3）实行一厂两制，不搞独资企业。因为一旦全面改造国有企业，就要面临债务、贷款、人事等一系列问题。独资企业很难把这些问题分别理清楚。

（4）一定要实行中外合资，这是转制的需要，也是融资的需要。因为目前转

① 《市场法制导刊’97增刊》，139页。

制在中国缺乏法律依据，但实行中外合资却有一个《中外合资经营企业法》可循，企业法人的法律地位也能得到保护。另外，通过中外合资，可以和国际科技市场、国际销售市场接轨等等。

（5）要从小起步，不能大。

（6）债权与债务的问题。应该让老厂表现为债务，新厂表现为债权。即把原来企业遗留的债务等问题先划到老厂去，在新厂产生利润以后，每年把相当部分红利分配到老厂去，解决那些老工人、老干部的生活问题。只有这样分开，今后才有可能靠先搞活的部分逐步带动起不活的部分。否则整个企业都难搞活。

（7）与国际金融接轨，进行大量的国际融资。新的中外合资企业建成以后，可以制定一个超出国际市场的高报酬的聘用计划，以吸引国际金融人才。这样，有了好的项目、好的业绩，由会计师、律师整理出符合国际规范的财务报表、可行性计划等，就能够大量融资。

5. 规模宏大的宣讲——“三转一化”研讨会。

何为“三转一化”，牟其中定义为：“企业转制，干部转型，资产转活”，“资产来源、产品出售、科学技术国际化”。

所谓“企业转制”，就是把国有企业中产品有市场、有竞争能力的那一部分，转化成为由南德罗斯福对华投资公司控股的中外合资企业。

所谓“干部转型”，就是原来国有企业的厂长、经理，仍然做新成立的中外合资企业的厂长经理，但他们不再是计划经济体制下上级任命的干部，而应该转化为市场经济体制下终生的职业企业家。牟其中还提出通过南德第四产业大学来培养这样的职业企业家：“我们要招收有社会经验的人，经过国际、国内短期培训后，为他们提供实验大楼，让他们模拟开办公司。集团为他们提供必要的设备、费用和启动资金，由学员自己经过调查研究，提出经营项目，创办企业，开拓市场，待能够平稳运行后，逐渐分蘖出去，形成一个自主经营、自负盈亏、自我约束、自我发展的公司。”①

所谓“资产转活”，就是要把国有企业几十年积累起来的资产运作起来。

所谓“国际化”，就是拿中国的“机会”去吸引国际上的资金和技术。

为了保证“765工程”顺利推出，牟其中大造舆论。从1995年到1996年初，南德在北京、包头、焦作、保定、蚌埠、锦州、淮南、沈阳等地，举办了八次国有企业“三转一化”的研讨会。每一次研讨会上，都是由牟其中作“三转一化”主题报告，大力“推销”南德的“765工程”。所到之处，应者云集，全城轰动：听牟其中报告者，人头攒动，赞不绝口，掌声雷动；要求与南德合作的国企，一批一批，如旱苗之望甘霖。经过南德的筛选，结果：“与南德签订合作协议的国

① 《市场法制导刊'97增刊》，122页。

有企业有 48 家，已经注册的有 19 家。南德在 96 年初宣称：它掌握着国企，有职工 7 万人，资产 85 亿人民币，计划引资 18 亿美元。”①

1996 年 2 月 5 日，南德公司还以会议决议的形式宣布了年度规划：它要在 1996 年“建立 150 家合资企业”，“在世界各地建立 20 家证券公司”，“在国外建立两家商业银行”，“在国外建立 20 家行业公司”，“在世界各地建立 30 个南德港和招聘 250 名金融设计师”，“招聘 250 名企业设计师”②。

6. 令人失望的结果——南德的资金不能到位。

且不管南德的年度规划如何宏伟，还是先看看已经注册、已经签约的企业的实际命运吧！

让我们算一笔账，按照“765 工程”，19 家已经注册的合资公司，在 90 天内南德必须有 145.35 万美元的资金到位。如果 48 家签订协议的企业都合资成功，则 90 天内南德必须有 367.2 万美元的资金到位。和南德引资 18 亿美元的计划相比，这可以说是一个非常非常小的数目。

然而令人吃惊的是，1996 年 3 月 18 日，南德同安徽蚌埠八一化工总厂合办的合资企业举行首次董事会，由于南德出尔反尔，今天推明天、明天推后天，拿不出钱来，投资不到位，给蚌埠八一厂造成重大损失，董事会不欢而散。原来，南德设在美国纽约华尔街 100 号的分支机构——罗斯福对华投资公司，除了每年花掉南德几十万美元的工资和费用外，并没有筹集到什么资金。南德公司庞大的“765 工程”，竟然是建立在财力如此脆弱的基础之上！

更加让人吃惊的是，也就在 1996 年 3 月 18 日，牟其中按计划要去美国，但在北京首都机场，护照被边防检查官扣了下来。牟其中和南德公司有关人员，被告知不能出国。

八、融资——违规违法，结局——无期徒刑

牟其中在首都机场出国受阻，名义上是因为所持护照是在满洲里办的异地护照，实质上则是因为违法犯罪。由此，牟其中和南德公司在社会大众心目中的形象，也就一落千丈。

毫无疑问，牟其中的形象，他所创办的南德公司的企业形象，在 20 世纪 80 年代末和 90 年代初，无论在国内还是在国外，都有很高的知名度。这是多种因素造成的：第一，牟其中本人受过两次冤案，令人们深感同情；第二，牟其中操作“飞机易货贸易”成功，使人们普遍佩服；第三，牟其中对各种非商业性活动的捐赠或资助，向来慷慨大方，让人们心里高兴。

---

① 《市场法制导刊'97 增刊》，143 页。

② 同上书，134 页。

下面是牟其中所作捐赠或资助的不完全列举：1990年，南德资助中国老区建设促进会成立；1991年，出资17万元在人民大会堂举办“南德杯”桥牌赛；1992年，南德花巨资包乘飞机，组织职工和南德朋友560人畅游长江三峡；1993年，向七运会“捐赠”300万元，投入150万元与上海财经大学合办“南德国际经济管理学院”；1994年，为见美国总统克林顿，向陈香梅“捐赠”50万美元；1995年，向北极考察队“捐赠”300万元；1993—1995年，每年向上海财政“捐赠”200万元；1996年，牟其中自称当选“中国航天基金会”理事，捐资100万元；1997年，出资1.3万元赞助编写《股份制就是公有制——马克思主义经典作家论公有制》一书。

牟其中作为一个商人，能够拿出那么多的钱来资助非商业性活动，再加上他的特殊经历和飞机易货贸易的成功，就给社会公众留下了非常好的印象；人们普遍认为，牟其中是一位历经磨难、很有社会责任感、很有经商才干因而是很值得信赖的私营企业家；南德公司是一家很有钱、很会赚钱而又很讲道德的公司。南德公司这种优美的社会企业形象，在1993年就已经是非常突出了。

对于牟其中和南德公司来说，1993年是一个非常重要的关节点。因为，这个时候他的飞机易货贸易已经完成，他和南德公司不但已经树立起良好的社会企业形象，而且在各种媒体上已经出现了过誉的赞美之词，已经显露出“盛名之下，其实难符”的苗头，社会企业形象开始脱离客观企业形象而被美化；而1993年7月开始的整顿金融秩序，虽然暴露了他“吃息差”的违规行为，使他预期的5 000多万元的“利差”收益落空，但他的盲目大规模投资尚未开始，还没有多少债务，也还没有太多的违规融资记录。如果牟其中在那个时候采取正确的企业形象战略，即对外低调宣传南德公司的业绩、规划、项目，停止一切违规融资，对内收缩经营战线、选择有绝对把握的生意扎扎实实地再干出成绩来，以取得客观企业形象的文明度赶上社会企业形象的美誉度的动态平衡，那么南德集团公司就会走上一条良性持续发展之路。

可惜，牟其中实际上采用的企业形象战略，却是继续扩大社会企业形象和客观企业形象之间的差距，继续给社会公众描绘出一个更加雄伟壮观的南德公司，继续不顾自己的实力而资助非商业性活动。1993年，牟其中在卫星没有发射成功的情况下，就吹嘘“发射卫星对南德来说只是一件平常的事了”[①]；手中没有资金，却宣告要开发满洲里，投资张家界，要在那些地方建机场、修铁路、筑公路、开隧道。1994年，牟其中接受《财富》杂志总编关山采访时更是大话连篇：“我们南德公司前景非常良好，最近两三年还可以保持每年5倍、10

① 《市场法制导刊’97增刊》，102页。

倍的增长。比如说今年赢利2.5亿元，净资产达到25个亿到50个亿，甚至100个亿都是可能的。”① 正是这种大话，使得该杂志当年将牟其中排为中国的第二位富豪、“中国大陆首富”。1995年，作为私有企业主的牟其中，居然宣称自己发现了企业改革的突破口，找到了既引进外资又保存中国工业民族性的改造国有企业的灵丹妙药，吹嘘“我们今后肯定要得到诺贝尔经济学奖，因为我们解决了非常复杂的经济学问题”②。

直到1996年1月25日，牟其中对外的宣传才似乎有了一些改变。这也许是牟其中已经认识到讲大话、空话、假话对于一个公司的发展有百害而无一利，也许是他有了“勿说谎”的良心发现。他在那天晚上答淮南电视台记者问时，不仅没有摆出“大陆首富”的架子，而且说他“不是百万富翁”，指出称他为百万富翁“完全是哗众取宠”，并且坦然地说“我的工资可以告诉你们，去年是9万元，今年是15万元，我并不比别人高多少”。当记者问：“你成功的经验、关键是什么?”牟其中沉吟了片刻回答说：“真诚。”还说：“你不要认为我很成功，我也有我的苦恼”；“我有很多危机，都是有很多人帮我渡过去的，他们为什么帮我？不外乎就是说：老牟这个人至少不会骗他，人生最重要的是以诚相待。有些人自觉很有学问，很好，得意于骗人，可是总有骗到头的时候，下一次就该你倒霉了”③。

然而已经晚了。因为到那时为止，牟其中不仅讲了太多太多的空话、大话和假话，还采取了许多违规违法的行动，他已经迈开的诈骗脚步再也没有办法停止下来。

南德的违规违法，都是围绕着资金而发生的。

牟其中很清楚：钱不是万能的，而没有钱是万万不能的。经商没有本钱是绝对不行的。经营大项目，更需要大资金。“现金是王”，资金代表着一个公司的经营实力。应该说，牟其中对此曾经有深刻的体会和切肤之痛。早在1985年，尽管他那时已经两次坐牢而磨练出了坚强的意志，然而他在中德总公司“资金周转不灵”面前，还是败下阵来，万念俱灰，想走“自焚”的绝路。

可是自那以后，牟其中先是成功地解决了承包经营中的资金问题，接着又成功地解决了飞机易货中的资金问题。也许正是这种成功，使他过高估计了自己的意志、能力和技巧。别人说他是“空手套白狼”，他自己也陶醉于“两手空空做成了飞机贸易”，陶醉于赞扬他的夫人夏宗琼“随意可以调动10亿元资金!”日本的松下有一句名言：“成功靠运气，失败在自己”。松下解释说：“如果顺利的时候，认为是靠自己的能力取得的话，就会产生骄傲和疏忽大意，从而招致失败”；“反过来讲，如果认为运气好，才成功了，这样就会对一些小的失败也一一进行

---

① 《财富月刊》，总第八期，33页，1994。

② 《市场法制导刊’97增刊》，119页。

③ 同上书，133页。

检查和总结了。”[①] 看来，牟其中并不这么认为，他对自己的成功融资，毫无检查和反省，把特定条件下不规范的融资成功，看成是自己的聪明才智和高超技巧的结果，并相信自己“两手空空”也能够做成任何其他的大生意。

然而，客观事实的进程是不以人的主观意志为转移的。牟其中的违规融资，留下了诉讼后遗症。早在1990年，当牟其中还在为做飞机生意而四处奔走的时候，河北省建设银行就派人到廊坊市，调查处理在1985年以后，安次区办事处违规开出承兑汇票、总金额达8 000万元的问题。结果，廊坊市建行中心支行行长被撤职，安次区办事处包括回振东主任在内的三名干部也被撤职。廊坊食品中心被告上法庭。牟其中的“聪明才智”就在于他是以一家国有单位（廊坊食品中心）的名义来开票，所以没有成为第一被告。在这种情况下，牟其中被迫还了5 000万元；还有3 000万元，牟其中提出以海南“南德经济集团”的名义担保，以剩余的冰箱、海蜇皮做抵押。这等于把卖不出去的存货用来抵债，河北建行不干，于是法院开庭审理。一审下来，食品中心败诉，但又拿不出钱来。二审根据实际情况调整被告顺序，南德经济集团从连带第三人改为第一被告，水产加工厂为第二被告，廊坊食品中心从第一被告改为连带第三人；审下来，判南德经济集团承担债务1 900万元，水产加工厂承担900多万元，食品中心负连带责任。但南德仍然不爽爽气气还钱，于是河北省高院经济庭全体法官出动，到西安、万县、海南、烟台等地封了南德的56个账号。这就是牟其中承包经营期间成功解决资金问题留下来的后遗症，难道不值得牟其中深刻地反省？

我们看到，自1990年起，牟其中一方面是债务未了，官司缠身；另一方面是“两手空空”但仍积极行动，要做更大的飞机易货贸易。极而言之，这是一个矛盾的两个方面：一方面是“债台高筑”，另一方面是“生意大做”。这是发生在比较成熟的牟其中身上的矛盾。1985年，他欠债160万元，就万念俱灰，想要自焚；这一次，他欠债1 900万元，却坦然以对，还干大事，所以说他成熟了。当然，1985年是作为私有企业主欠的债，这一次是以国有单位（廊坊食品中心）的名义欠的债，这在心理上的感受可能不同。不管怎样说，结果是飞机贸易成功了！也许正是这个“空手套白狼”的成功，更使得牟其中看不到、看不起、不在意“债台高筑”的一面。他认为在债台高筑的基础上，同样可以做成更大的生意。

不错，“负债经营”是市场经济发展中的一个成功的经验。但它的成功是和许多原则紧密地联系在一起的：第一，“光明正大地借钱”的原则。即老老实实地向债权人交代自己的财产实力和借钱投向，而不是骗债。第二，“钱能生钱、钱要生钱”的原则。即“负债”是去“经营”，是要使借来的钱生出更多的钱来，而不是用来纯粹的消耗。第三，“按期还债”的原则。欠人的钱到了该还的时候

① ［日］松下幸之助：《实践经营哲学》，62页。

一分钟也不要滞留。第四，“遵规守法”的原则。任何一个国家，任何一个时期，借贷也好，经营也好，都会有若干规则和法律条文来加以约束；尽管这些规则和法律未必完善，未必合理，但作为企业，只能把它们作为环境来加以适应和遵守，而不应该把企业当作一个革命组织那样而试图对抗法律。

牟其中坚持要负债经营，却无视以上的原则。除了上文已经谈过的廊坊借款和飞机贸易中的融资以外，且看牟其中所进行的一些其他借贷活动：

1994 年，南德向中国农村发展信托投资公司借钱。“中农信”表示：没有钱，但“只要拉来企业在我这里‘存款’，我就可以向你贷款”。南德立即找到北京某公司说：你只要把钱存入中农信，我就向他贷款，你将得到年利率为 25%的高息，其中 10%是书面的，一年后连本带利还清，而 15%在你存入我贷出时就以现金的形式付给你。在高息的引诱下，该公司把钱按 10%的年利率存入中农信。南德则以 13%的年利率从中农信把钱借出来，并且爽爽气气用现金向该公司支付了事前承诺的 15%的利息。当时三方皆大欢喜：南德借到了钱，北京某公司得到了 25%的高息，中农信赚取了 3%的息差和借款手续费和保险费等等。然而，到了 1995 年 6 月 23 日和 7 月 16 日，南德分两笔从中农信这样借出的、总额为 900 万元的债务到期了，南德却拖欠不还。以至中农信不得不在 1996 年把南德告上了法庭。

1994 年 9 月，南德公司与大连信托投资公司天津证券业务部签订了两份“证券成交协议书”：第一份，南德 1 500 万法人股卖给证券业务部，总价 1 000 万元，成交时间 1994 年 9 月 8 日；第二份，南德从证券业务部买回 1 500 万南德法人股，总价 1 109.8 万元，成交时间 1995 年 9 月 8 日。南德付给证券业务部手续费 140.2 万元。这两份成交协议书的实质就是，南德公司向证券业务部借钱 1 000万元，年利率 25%。1995 年 1 月，南德与该证券业务部又做了一次完全一样的生意，区别在于：这次是两次买卖就写在同一张“收购协议书”上，金额为 1 500 万元，期限是半年，月息为 10.98%，先付利息 200 万元。这样，形成了南德对该证券业务部总额为 2 500 万元的债务。到了该还的时候，南德又是拖欠不还。该证券营业部于 1996 年 8 月将南德告上了法庭。

南德还用一份房屋产权，多次向银行抵押获取贷款；给有关人员高额回扣以获取贷款；通过各种关系开出不符合实际情况的资金证明而获得贷款。

当牟其中出国受阻，知道国家要严打金融领域的犯罪时，牟其中表态说：“1993 年宏观失调不准民营企业贷款，我们面临非常大的困难，只能拆东墙补西墙。1994 年我们探索用国际金融贷款还国内的钱，已经操作起来了，就是高风险、高利息……也有改革当中经营手段似是而非的问题，例如协存，不算犯罪，犯罪是私人拿没拿钱，给没给人送钱。……我可以保证：南德绝对没有行贿、受贿问题，充其量只是违规、协作不合理。但全国都在搞，我们也没有办法，这不是犯罪问题。”[①] 在这个表态中，第一，把南德的困难说成是1993年整顿金融秩序造成的，而不是牟其中自己硬要上大项目的失误引起的，显然是文过饰非；第二，所谓“用国际金融贷款还国内的钱”，却举不出任何一桩国内债务是从国外借钱来偿还的事实；第三，有意隐瞒了搞假进口进行信用证诈骗犯罪的问题。下面就是南德的犯罪事实：

1995年2月，牟其中为获取银行资金，组建临时突击融资小组，牟其中挂帅，组员有姚红、车臣、牟波等人，商讨如何进行信用证“融资”。

1995年6月，牟其中通过他人，认识了湖北省轻工业品进出口公司离职人员、时任澳大利亚澳华公司经理的何君。于是两人合谋，以进口贸易的方式，通过对外循环开立180天远期信用证，获取银行资金。由何君寻找可以为南德开立信用证的外贸公司。

1995年7月2日，何君在武汉电告牟其中，已经找到了可以为南德开立信用证的外贸公司。牟其中非常高兴。

1995年7月，牟其中通过他人与香港东泽科技有限公司的王副董事长取得联系，两人在南德集团总部商定：由东泽公司作为信用证受益人，即扮演境外的货物出口公司，与南德公司里应外合，在境外将汇票贴现，扣除手续费后，余款转至南德集团。牟其中同意付给东泽公司“总货款”5%的贴现手续费。

1995年8月8日，牟其中根据何君的要求，不仅同意支付开立信用证的一般手续费，还同意支付给何君2%的开证手续费。同时，牟其中指示姚红起草、打印了由何君“协助南德集团进口产品”的《协议》，上面既无进口货物内容又无进口代理公司。

1995年8月10日，姚红持牟其中签署的《授权委托书》到武汉。何君看过《协议》后，让姚红在《协议》上再填进口代理公司为湖北省轻工业品进出口公司、进口产品等内容，姚红照办。何君才在《协议》上签字盖章。次日，姚红又与何君签署了上述进口所需费用的《补充协议》。就在同一天，经牟其中同意，姚红还与何君签署了1 040万美元的委托《协议书》，规定由何君“负责代表外商与外贸公司签署有关合同及相关手续”。南德就是这样通过何君，向湖北省轻工业品进出口公司进口“货物”。

湖北省轻工业品进出口公司总经理助理王某为使本公司获取外贸代理费，竟与何君签订虚假进口合同，并向中国银行湖北省分行申请开立总额为10 727 181.88美元的7单信用证。

1995年9月，香港东泽公司搞到了表示货已装船的备运提单（其中一部分是从香港力辉船务公司骗取来的，另一部分是已经注销的中勉有限公司的），然

① 《市场法制导刊'97增刊》，25页。

后将它们连同编造的装箱单、发票各 29 份，通过中介银行转给中国银行湖北省分行。

中行收到这些“单据”后，曾有一些怀疑，但仍在东泽公司的汇票上盖章，同意承兑。东泽公司将已承兑的汇票在境外贴现，扣除手续费后，余款均按牟其中指令转款至南德集团。

有了第一次诈骗的成功，牟其中顺理成章地要一次一次干下去，这既是他干大项目的需要，也是返还上一次即将到期的信用证款项的需要。所以，1995 年 10 月，东泽公司的王副董事长吵着要将贴现手续费增到 10%，牟其中害怕影响继续骗证贴现，也就同意了。

由于牟其中所经营的“大项目”，根本就没有他所吹嘘的什么“超额利润”，所以继续开证的金额必然是越来越大。中行湖北分行提出，由于金额增大，必须提供担保。1996 年 1 月至 7 月，牟其中指使姚红等人先后找到交通银行贵阳分行的李某，索取了 18 份《见证意见书》用于开证担保。

就这样，截至 1996 年 8 月，南德在中国银行湖北分行骗开信用证 33 份，开证总金额 8 000 余万美元，实际承兑信用证 31 份，承兑总金额达 7 500 余万美元。南德集团从中支取 21 978 096.58 美元、4 158 121.19 元人民币，用于返还债务及集团业务，余款用于循环开立信用证、支付利息及手续费，造成实际损失 35 499 478.12 美元。

2000 年 8 月 22 日，牟其中被湖北省高级人民法院作出终审判决判处无期徒刑。牟其中和他的南德公司走到了终点。

九、理论——面广类多，证明——似是而非

中国改革开放后出现的私营企业主中，牟其中是理论讲得最多的一位。牟其中自己曾经洋洋自得地说：“南德的经济业绩不可谓不辉煌，但我们依然认定，南德的理论成就超过了经济成就。”① 评析牟其中的理论，是一个不能回避的任务。他提出的理论确实面广类多，但有的明显错误，多数似是而非，只有少数是正确的。

1. 儒商理论：“学者的智慧，商人的精明，社会活动家的使命感和责任感，这就是南德所理解、所要塑造的一代儒商。”

1990 年，南德集团的内部报纸——《南德视界》创刊，牟其中写了一篇题为《造就一代儒商》的发刊词。这篇文章认为：新时期宏伟目标的实现者，绝不是奉行“苍蝇也是肉”这种信条的小倒爷，也不是炫耀“茴香豆的‘茴’字有四种写法”的腐儒。“天下尚未宁，健儿胜腐儒。”新时期需要敢于在商品经济的惊

① 《市场法制导刊 '97 增刊》，117 页。

涛骇浪中搏击的一代儒商。

文章指出："轻商"是历代中国知识分子的一种错误心态。其实，经商与其他自然科学、管理科学一样是一门艰深的学问，有其复杂的客观规律，包括生产、流通、分配和消费全过程在内的广义的经商是人类社会活动的最重要的内容，是人类衣、食、住、行的物质基础。牟其中说：建立社会主义市场经济是中华振兴的必由之路，一切并非腐儒的知识分子，都应勇敢地投身到这一跨世纪的大工程中去。

牟其中认为，南德事业成败的关键，就在于能否"造就一代儒商"。他在1991年12月4日写的一篇题为《社会主义市场经济初步探索》的文章中说："学者的智慧，商人的精明，社会活动家的使命感和责任感，这就是南德所理解、所要塑造的一代儒商。"[①]

牟其中的儒商理论是对的。自20世纪后半期以来，没有智慧、没有社会使命感和责任感的商人，其必然的归宿都是被淘汰出局。

在20世纪90年代初期，特别是在1990和1991年，牟其中的经商活动还没有取得什么非常重大的成就，他的使命感和责任感也还没有感染"浮夸风"，而是比较谨慎、比较实在地开展工作，所以才做成了"飞机易货贸易"这笔大生意。

2. 价值箴言："世界上没有办不到的事，只有想不到的事。"

牟其中经商生涯中最辉煌的一笔，是他做成了"飞机易货贸易"。这是许多人事先没有想到的，也是牟其中本人事先没有想到的。这出人意料的成功，确实有许多东西值得总结，以得出经验，形成理论。

牟其中总结了，得出的结论是：世界上没有办不到的事，只有想不到的事。他把这话作为南德公司的价值箴言，印在每个南德职工都必须佩戴的胸卡上，书写在南德公司办公楼里醒目的地方。

"飞机易货贸易"的成功，给了这句价值箴言一个似是而非的证明：它就是一件没有想到的事，但却办到了。所以，不怕办不到，就怕想不到。于是，牟其中就用箴言的形式提倡"敢想"，把思想的价值看得高于行为的价值，认为凡是想得到的事，就一定办得到。

显然，这句价值箴言所提倡的，是一种主观唯心主义的哲学。事实上，人的思想有正确和错误之分。错误的思想，例如错误的设计、错误的构想、错误的期待等等，肯定是办不到的，要失败的。即使是正确的思想，也未必能够立即办成。毛泽东说："在社会斗争中，代表先进阶级的势力，有时候有些失败，并不是因为思想不正确，而是因为在斗争力量的对比上，先进势力这一方，暂时还不

① 《市场法制导刊'97增刊》，121～122页。

如反动势力那一方，所以暂时失败了，但是以后总有一天会要成功的。”[①] 毛泽东这段话，虽然是针对社会阶级斗争来讲的，但实际上具有普遍性。经商中的有些失败，也不是因为思想不正确，而是因为资金实力不够。所以，想到的事，无论是想错了还是想对了，都有可能是办不到的事。

其实，牟其中自己就有许许多多“想到”而“没有办到”的事。其中，既有想错了的，也有想对了的。请看：

牟其中想到要上大学，可就是没有办到。应该说，一个青年想上大学，想得很对，想得很好。可是在当时“教育为无产阶级政治服务”的路线下，出生于资产阶级，而又总是要“指点江山”的牟其中，却肯定是办不到的。

1989 年，牟其中想到要投资 1 000 万元设立“华人经济论坛”，但就是没有办，可能是没有钱吧。

1992 年 8 月 3 日，牟其中与著名民办科技实业家陈某签约，要投资 5 000 万元在北京门头沟建一座高科技产业城，谈到高兴处，牟其中答应替陈偿还 800 万元债款，当天即给了陈某 400 万元，随后又花 70 万元注了册。陈答应为南德提供可视电话、草纤维薄膜等高技术。几天以后，经过论证，这些所谓的高科技项目，无一具有可行性、可用性。470 万元就这样打了水漂。显然，这件事没有办成，是因为那些所谓“高技术项目”都是一些错误的设想。

1992 年 10 月，牟其中想到要组建航空公司，要在上海浦东建造一百多层的摩天大楼，可是没有办到。当时牟其中手上也许有几千万的资金，可是要办到这两件事就差远了。

1993 年 4 月，牟其中想到要投资 2 亿元人民币，建立重庆麻辣烫火锅快餐公司。他决定由南德公司与重庆大学合作，使重庆山城的火锅科学化、规范化、规模化，推向世界，计划五年内达到销售收入 100 亿元人民币，1 亿美元。半年后，即 1993 年 10 月，在南德公司仅仅划给重庆大学 30 多万元作为“火锅世界工程”的启动费和差旅费之后，牟其中说“搞火锅太麻烦了，算了”，以一纸传真正式宣告工程终止，事情终究没有办成。真正的原因不是“太麻烦”而是“没资金”。

1994 年，牟其中第二次考察陕北，在榆林地区行署想到要帮助老区人民脱贫致富，他非常动情地说：“我决定在陕北投资 50 个亿，帮助陕北老区人民彻底赶走贫困。”当场赢得当地干部群众如雷的掌声和满含泪眼的一片感激之情，陕西省的一个副省长第二天就从西安赶到了榆林与牟其中会谈。这件事又是说到而没有办到。牟其中后来对陕北官员说：我手中暂时没有钱，但陕北可以把国家下拨的扶贫贷款转划到南德账上，然后由南德去“运作”，保证能够“搞到更多的

---

① 《毛泽东文集》，第 8 集，321 页，北京，人民出版社，1999。

资金”。

1994年10月，牟其中想到：救活重庆地区国有企业的方法之一，是组织一批企业，特别是不景气的纺织行业，去越南投资办厂，建立专业工业园区，“国内不活国外活”。他当着重庆几十名企业负责人的面，承诺这件事由南德来组织，去越南考察的费用由南德集团负担，使在座的国有企业的厂长、经理们感激不已。这件事至今也还没有办，大概也是缺乏资金。

1995年4月17日，美国罗斯福对华投资公司、牡丹江制药厂、南德集团三家合资组建的“黑龙江南德制药有限公司”，在牡丹江市隆重开业。3个月后，南德集团通知牡丹江方面：南德要单方面毁约，不再进行该项目投资，愿意赔偿几十万元的违约金。这件事又是没有办到！为什么呢？原来依照合同，南德药业公司的投资总额为3亿元，南德占股80%，应投2.4亿元。不过南德用不着拿出2.4元的现金来投资，因为在3亿元的投资总额中，原牡丹江制药厂已经从农行贷款1.258 6亿元，按股权分摊，这贷款的80%便挂在南德名下，南德从1995年6月起开始支付这部分贷款的利息。南德只需再投资约1.3亿元的基建费用和流动资金就行了。但南德拿不出这么多的钱，只好违约认罚了结。

1997年9月，牟其中想到要在6～8个月内，生产出每秒运算速度为10～100亿次的半导体芯片。这不仅南德办不到，目前世界上任何一个公司都办不到。因为这个目标本身就是没有科学根据的。

牟其中还想到要炸开喜马拉雅山，引进印度洋的暖湿气流，把西藏真正变成江南；想到用定向爆破的方法，在横断山脉中筑起一道拦截大坝，从南方6条江河调水救黄河，使黄河增加4倍的水量！当然，这只是罗曼蒂克幻想而已，办不到！

…………

牟其中有那么多想到却没有办到的事，却还要大言不惭地说什么“世界上没有办不到的事”，其唯心主义到了何种程度，已经不言自明。

3. 一度（指摄氏度）理论：别人把水烧到99度就走了，我牟其中跑来增加关键的1度，水就开了。

牟其中的这个比喻，是哲学教科书中最常举的量变质变规律的例子。牟其中用它来比喻他经商成功的经验：俄罗斯企业生产出了图-154飞机，中国企业生产出了大量罐头食品、服装鞋帽和机电产品，但都没有找到市场把产品销售出去，这就是“把水烧到99度就走了”；牟其中的南德集团在中俄之间穿针引线，组装出一个易货市场，使双方把产品都卖出去了，又都得到了自己所需要的东西，这就是“增加关键的1度把水烧开”。推而广之，南德公司就是只做这个“增加1度的工作”。牟其中自认为他自己最善于发现“增加1度”的商机，所以南德公司就能够取得超额利润，就能够以每年10倍以上的速度增长。

由于牟其中的“飞机易货贸易”做得很成功，加上他有两次受到错误对待而蹲监狱的历史，“一度理论”又是作为一个商人提出来的，所以理论界采取了宽容、鼓励、赞赏的态度。然而，“一度理论”却是一个似是而非的理论：

第一，中俄双方各自企业的产品之所以卖不出去，并不是原来的工作（埋头生产）在数量上积累不够，即不是像烧水那样“烧到99度就走了”，而是因为长期以来，双方搞的都是计划经济，都缺乏市场机制，厂长经理们普遍缺乏市场观念。从理论上来说，用“把水烧到99度就走了”来比喻是不恰当的。因为这里所需要的，恰恰不是要把原来“埋头生产”之类的工作，从“量”的方面继续积累下去；而是需要改革，需要走出去，并且抬起头来看一看市场的需求和市场的竞争形势；需要有与原来的计划经济“质”上不同的观念和行动，即需要市场经济的观念与行动。牟其中在“飞机贸易”上如果有什么值得肯定的地方，那就是他的市场行为，而不是他的“一度理论”。

第二，在哲学教科书中，以烧水作为例子，是强调量变是质变的基础：任何质变都必须有量的积累，而量的积累往往需要耐心细致的、长期坚持的工作，任何华而不实、急于求成，都会造成功亏一篑的遗憾。而牟其中的“一度理论”所强调的恰恰相反，他认为量的积累是别人的事，他和南德公司的事只是寻找“一度商机”，专门做“在别人把水烧到99度的基础上再加热1度”的工作，以获得超额利润。牟其中夸大其词地说：“由于我发现了计划经济转化为市场经济过程中产生超额利润的秘密，即轰动学术界的‘一度理论’，南德集团的总资产才能以每年10倍以上的速度增长。”①

什么“一度理论”的秘密！只要中国建立市场机制，只要中国的企业家们树立市场观念，原有的资产就可以通过市场重新配置，按照优胜劣汰的规律来发挥它应有的作用。理论上就是这么简单！

牟其中所说的“秘密”，无非就是他“别人笨蛋我聪明”的自我陶醉。试想：别人想喝开水而烧水，烧了很长时间，到了99度，却反而不干了，这不是笨蛋是什么！在牟其中的其他理论中，都弥漫着这种“别人傻帽我聪明”、“我是先知先觉”、“我有智慧赚大钱”的自我陶醉的精神。这和他“世界上没有办不到的事，只有想不到的事”的唯心主义是一致的。

4. 第四产业理论：把已有的资源、产业作为劳动对象，对之加以重新组合。

对于第四产业理论，牟其中同样充满着主观得意的自我陶醉。他在给中央领导的信中写道：“南德的一切来源于我们对理论上的艰苦探索。我们认为，人类已进入信息时代。在这个时代更强调人的智慧，传统的第一、二、三产业只能创造平均利润，新的我们称之为第四产业的方式才能创造超额利润。所谓第四产业

---

① 《市场法制导刊'97增刊》，118页。

就是：把已有的资源、产业作为劳动对象，对之加以重新组合。我们认为，智慧文明时代是中华民族发达复兴的黄金时期。”①

按照牟其中的定义，专门从事“资产重组”的公司，就是第四产业公司。只有这种公司才能创造超额利润。这样，牟其中把他所要寻找的“一度商机”，具体明确为就是专门从事“资产重组”。比如，牟其中宣布：他发现中国的国有企业积累了庞大的资产，培养出了大量的人才，这就是中国已有的资源；但由于缺乏资金，中国的这些资源没有“活”起来。而美国等发达国家，积累了大量的资金，这就是美国等发达国家已有的资源；但由于没有好的投资去处，这些资源也没有“活”起来。现在，牟其中要在美国等发达国家组装一个“金融市场”，吸取那里的资金到中国来组建中外合资企业。这既是南德所要从事的第四产业，也是南德所要寻求的“一度商机”。牟其中宣称：南德从事第四产业的结果，将是生产出一个个“中外合资企业”，当然也将带来“超额利润”！

应该肯定，牟其中在这个第四产业上，确实动了脑筋，做了不少工作：

第一，南德公司办了个“第四产业大学”。牟其中说：“要把第四产业大学与南德集团融为一体。我们要招收有社会经验的人，经过国际、国内短期培训后，为他们提供实验大楼，让他们模拟开办公司。集团为他们提供必要的设备、费用和启动资金，由学员自己经过调查研究，提出经营项目，创办企业，开拓市场，待能够平稳运行后，逐渐分蘖出去，形成一个能自主经营、自负盈亏、自我约束、自我发展的公司。”② 所以牟其中说：南德的产品是企业家。

第二，牟其中精心设计了一个上文已经详细介绍过的“765工程”，以便把“中外合资企业”源源不断地制造出来。

这样，牟其中通过第四产业理论，给我们描绘了一幅美丽的图景：南德经营第四产业，一是源源不断地生产出“中外合资企业”，二是一批一批地生产出“企业家”，三是大把大把地赚取超额利润。

然而，事实却使人大失所望。南德既没有办成什么合资企业，也没有培养出什么企业家，更没有赚到什么利润。当然，这未必就是第四产业理论错了。

所谓“第四产业”理论，说白了，就是要对国有资产进行收购、兼并、重组。在我国的国有资产中，确实有相当数量的闲置资产，如果能够卖一个好价钱，让别人收购、兼并去了，是有利于发展生产力的，何乐而不为？就是在我国的优质国有资产中，也确实有一部分因为缺乏资金而不能充分发挥作用，如果有外资来合作合资，也是有利于生产力发展的，何乐而不为？所以，只要有人拿得出资金，在符合我国政策的前提下，来收购、兼并、重组我国的国有企业，那就

① 《市场法制导刊'97增刊》，22页。

② 同上书，122页。

是一件好事，各有关方面都会积极配合和帮助成功。至于出资收购、兼并、重组的人，是不是把自己的这种行为称为从事“第四产业”，那是无所谓的。

印尼华侨黄鸿年，就没有讲什么“第四产业”理论，却成功地以合资的方式，改造了部分国有老企业。他利用自己控股的、在香港上市的“中策”公司，在香港增发大批新股，又把中策在港的大部分物业卖掉，筹集到大批资金。他还请他父亲黄奕聪拥有的金光财团担保，从西方银行搞到贷款。他拿自己的这些资金和贷款，在20世纪90年代进入中国，与中国国有企业合资。在控股大批中国企业之后，将其中的山西、杭州两家轮胎厂在美国注册成一家由中策全资控股的中国轮胎公司，于1992年7月在纽约上市，得美金约9 400万元。然后中策又将这笔资金投入中国，部分用于以控股的方式与其他国有橡胶厂合资。这样，黄鸿年控股了上百家国有企业。

例如，福建泉州就有37家市直属国有企业与中策合资。这些企业大部分是小型加工企业，技术装备落后，产品档次低，经济效益很不理想。通过黄鸿年的收购、兼并、重组，建立起中外合资的中侨公司，黄鸿年任董事长，市经委主任担任了总经理。结果，37家企业经过清产核资，调整改制，生产经营平稳发展，到1992年底，就已经显出效益。整个集团1992年完成销售收入4.39亿元，比上年增长了15.28%；上缴各种税金3 900万元，增长47.49%，实现利润1 808万元；此外还归还国家专项贷款3 027万元。原企业职工的就业问题，离退休人员的福利问题，合资公司也给予了解决。

最让人惊叹的是杭州橡胶厂。1992年，该厂以全员合资的形式，与香港中策投资有限公司共同投资2 990万美元，合作创办了杭州中策橡胶（股份）有限公司。1993年，通过设备更新改造和企业转制，利润在一年内竟增长了4倍多。在1996年全行业呈现40%亏损面的严峻形势下，“杭胶”却实现了3 233万元利润。合资后，出口金额从合资前的2 974万元扩大到1996年的26 000万元，还在阿联酋的迪拜开设了窗口，为企业走上国际经济舞台打下了坚实基础。杭胶中策公司在发展生产的同时，不断增加员工收入，每年增幅达20%以上，1996年企业人均收入达到11 000元。

当然，成功收购、兼并、重组国有企业的，也不仅仅是黄鸿年和他的中策公司，如香港的华润公司、青岛啤酒公司、青岛海尔公司等，都取得了各自的成绩。为什么他们能成功而牟其中却总是败北呢？因为他们或者有资金实力，或者有产业优势，或者兼有资金、产业、文化三方面的优势。而牟其中除了讲得头头是道的第四产业理论，是什么也没有。

5. 威士理论：信息时代更强调人的智慧，“威士”就是英文wisdom（智慧）的译音，也是南德的智慧单位。

牟其中为了圈住人才，在南德搞股权奖励。1992年，平均每人奖8.5万股。

牟其中解释说：8.5 万股是什么意思呢？按天津市给我们规定的最低价 1 股 3 元，就二十几万元！只有这样才能吸引中国第一流的人才。

牟其中在 1995 年提出：南德集团的正式员工，都要进入南德集团威士发展委员会。南德集团最高的行政机构，是“南德威士发展委员会理事会”。他解释说：“威士”是英文 wisdom（智慧）的译音。犹如物理学上的“瓦特”、“焦耳”等，它是南德的智慧单位。南德的每个职工，每年在南德的发展中起了什么作用，都要量化为一定的“威士”单位，今后就按每个职工的威士单位给予股权奖励。

牟其中提出：要用世界上最壮丽的事业和最高的工资，来吸引第一流的人才。所谓最高的工资，就是相当于西方发达国家员工每个月的工资。他说：“根据我们的劳动合同制度，进入南德集团就成为我们自己的成员，一年以后拥有威士股权，根据威士分红，货币收入会大大增加。”

威士理论的确不错，可惜褒奖“威士”是很费钱的。连牟其中的夫人夏宗琼（1993 年已与牟离婚）也说：我和牟年年在门头沟税务局被评为先进。我不知道，借银行的钱发高薪，用贷款在年底作为“威士”股红利直接分给员工，然后成为先进，该是怎么个说法。

6. 银行商店论：“钱是商品，银行是卖钱的商店。”有偿付能力的人，从银行借来的钱不一定要如期归还，到期支付利息就行了；利息也不一定要付，只要在账本上把利息转成本金就行了。①

这是一种片面的、似是而非的理论。银行不只是以利润为主要经营目标的商业银行，还有中央银行、政府银行、投资银行等等，其目标是多方面的，包括执行国家货币政策，对整个国民经济进行宏观调控等等。

其实，牟其中自己想在美国办的投资银行，就不是要“卖钱”，而且他也无钱可卖。他是想通过投资银行来卖股票和债券，从而是要“买钱”。

也许正是他这种片面的银行理论，加深了他对我国 1985 年、1993 年两次进行治理整顿，银行收回相关贷款的宏观调控措施的不满。

牟其中用他片面的银行理论，歪曲了“负债经营观念”。正确的企业负债经营观念，是建立在“信用”观念的基础上。美国早期思想家富兰克林以格言的方式，表述了这种信用观念：“切记，信用就是金钱。”“切记下面的格言：善付钱者是别人钱袋的主人。谁若被公认是一贯准时付钱的人，他便可以在任何时候、任何场合聚集起他的朋友们所用不着的所有的钱。……因此，借人的钱到该还的时候一小时也不要多留，否则一次失信，你的朋友的钱袋就会永远向你关闭。”②

---

① 参见李玉石：《敢冒风险的负债经营》，见《牟其中之谜》，成都，四川人民出版社，1993。

② ［德］马克斯·韦伯：《新教伦理与资本主义精神》，33 页。

牟其中的“负债经营观念”，是建立在抽象的“有偿付能力”的基础上。富兰克林说“钱到该还的时候一小时也不要多留”；牟其中说只要你是一个有偿付能力的人，“钱到该还的时候只付利息就行了，或者利息也不必付而只要转成本金就行了”。

“有信用”和“有偿付能力”，这可是两个不同的概念。在今天的现实中，就有不少“有偿付能力”而“没有信用”的债务人，以至法院不得不强制他们执行偿还债务的义务。

在理论上，坚持“信用导向”和坚持“偿还能力导向”，其实际结果是大不一样的。坚持“信用导向”，必然引导人们勤奋、谨慎、节俭、诚实、惜时，在实际上造就一大批实业家。如果像牟其中那样坚持“偿还能力导向”，必然引导人们炫耀、夸大、吹嘘自己的能力，在实际上造就一大批牛皮家和骗子。

牟其中自己为了能从银行得到贷款，为了塑造“南德公司有偿付能力”的高大形象，就走上了一条炫耀、夸大、吹嘘、欺骗的道路。他吹嘘南德有几十个亿的资产，以至国内国外都有杂志把他列入全球富豪龙虎榜，甚至列为“大陆超级富豪之首”。他夸大南德业务的科技含量和经济效益，明明只是买下卫星上的若干个转发器，然后租赁出去，却要说成是参与研究和制造；明明许多业务没有产生效益，却偏偏要说预计年经济效益可达多少个亿的美元。他炫耀自己设计的华而不实的项目，什么炸开喜马拉雅山救黄河，在满洲里再造一个深圳。他吹嘘自己的似是而非的理论，狂妄地说他的“思想一旦整理成书，就能得诺贝尔奖!”①

在牟其中看来，炫耀、夸大、吹嘘、欺骗都算不得什么，“只要中央首长接见了，理论界首肯了，（电视）图像出来了，就算我们南德欠人家几个亿，又有什么了不起?”这就是牟其中在自己“银行商店论”导向下的实际行为。

十、简短的结论

从企业形象战略的角度来看，自 1993 年起，南德公司的社会企业形象开始脱离客观企业形象而被人为地美化。它的形象“泡沫”，是由牟其中吹嘘大型项目、空谈宏伟工程、编造利润故事、夸大自有财富、提出迷人理论等等而形成的。它首先激起了熟悉内情的南德职工的不满，最后客观事实大白于天下，牟其中和南德公司同时从高高的云端陨落。

---

① 《市场法制导刊'97 增刊》，118 页。

第3版后记

我国的企业文化建设，与我国的改革开放共命运。1989 年发生的那场风波，造成了我国改革开放事业一个小小的曲折：西方掀起了“制裁中国”的逆流，极左思潮认定“企业文化冲击思想政治工作”。党中央坚持改革开放不动摇，并旗帜鲜明地把企业文化与精神文明建设联系起来。这就为中国企业文化的发展，预设了光明的前景。

感谢中国人民大学出版社的领导，感谢当时在该社担任责任编辑的林坚，正是在他们的大力支持下，使得我写的《企业文化学》在那时市场未必看好、学科前景不明的情况下，能够在那场风波后不久的 1991 年出版。也感谢他们敏于市场变化，及时约我增补该书，于 1999 年出了修订版，并多次重印。

本书的“企业文化学基本原理”部分，继承和发展了《企业文化学》第 1 版和修订版的理论部分。企业文化学作为一门新的学科，需要进行长期的学术积累，应该开展深入的概念梳理和范畴创新。现在还不是这门学科的收获期，而是它的深耕期。基于这种想法，在进入新世纪的五六年中，我主要对企业文化核心、企业形象以及作为“企业文化”属概念的“文化”，作了较为深入细致的研究与思考。我的这些研究和思考，以及目前已经得出的自以为是的结论，都总结在这本书里了，它们能不能成立，要由今后的实践来检验。敬请理论界、企业界、教育界人士，对本书给予更多的关注和指正。

企业文化个案评析和企业文化原理研究，是带动企业文化这门学科向前发展的左右轮。企业文化学的深入发展，需要积累更多的企业文化个案资料。企业文化的教学与培训，更需要丰富生动、准确深刻的个案评析。本书“企业文化学个案评析”部分，就是基于这种考虑，在《企业文化学（修订版）》已有个案的基础上，经过修改、增补而独立成卷的。其中，“强势价值型——东方希望文化”是王世华写的。

感谢中国人民大学出版社对本书出版的大力支持，感谢符爱霞编辑对本书出版所做的细致而扎实的文字工作。

每当有企业文化新作要发表的时候，我都会想起理论家于光远，感谢他对我研究企业文化这门新兴学科的鼓励和支持，并祝他健康长寿。

当我在空调房里敲击着键盘，写出上面这些话的时候，我的夫人陈爱容教授正在为装修我们的新居而奔波在烈日炎炎之中。我难以用语言表达对她的感激。

罗长海

2005 年 6 月 26 日

第 4 版后记

这一次的修订与再版，在第 3 版的写作构思和基本框架的基础上，进行了局部的增补，如第六章第二节、第十一章第二节增补了部分内容，并将第五篇中“强势价值型——东方希望文化”替换成“循环向上型——中科三环文化”。

在这次修订中，还在文字和标点符号上修正了一些错误，在文献引证上也改正了一些不当之处，力求使文句更加精确。缺点和错误在所难免，诚恳地希望广大读者指正。

罗长海

2013 年 8 月 8 日

图书在版编目（CIP）数据

企业文化学/罗长海著. —4版. —北京：中国人民大学出版社，2013.6
21世纪通才教育系列教材
ISBN 978-7-300-17574-4

Ⅰ.①企… Ⅱ.①罗… Ⅲ.①企业文化-教材 Ⅳ.①F270

中国版本图书馆CIP数据核字（2013）第109592号

21世纪通才教育系列教材
企业文化学（第4版）
罗长海 著
Qiye Wenhuaxue

出版发行	中国人民大学出版社		
社　　址	北京中关村大街31号	**邮政编码**	100080
电　　话	010－62511242（总编室）		010－62511239（出版部）
	010－82501766（邮购部）		010－62514148（门市部）
	010－62515195（发行公司）		010－62515275（盗版举报）
网　　址	http://www.crup.com.cn		
	http://www.ttrnet.com(人大教研网)		
经　　销	新华书店		
印　　刷	涿州市星河印刷有限公司	**版　　次**	1991年6月第1版
规　　格	170 mm×240 mm 16开本		2013年9月第4版
印　　张	45.75 插页1	**印　　次**	2013年9月第1次印刷
字　　数	879 000	**定　　价**	88.00元

版权所有　侵权必究　　印装差错　负责调换

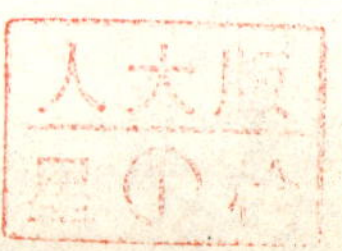